PALESTINE.

DESCRIPTION

GÉOGRAPHIQUE, HISTORIQUE

ET ARCHÉOLOGIQUE,

PAR S. MUNK,

EMPLOYÉ AU DÉPARTEMENT DES MANUSCRITS
DE LA BIBLIOTHÈQUE ROYALE.

PARIS,

FIRMIN DIDOT FRÈRES, ÉDITEURS,

IMPRIMEURS-LIBRAIRES DE L'INSTITUT DE FRANCE,

RUE JACOB, N° 56.

M DCCC XLV.

L'UNIVERS.

HISTOIRE ET DESCRIPTION
DE TOUS LES PEUPLES.

PALESTINE.

PARIS.
TYPOGRAPHIE DE FIRMIN DIDOT FRÈRES,
RUE JACOB, N° 56.

L'UNIVERS,

ou

HISTOIRE ET DESCRIPTION

DE TOUS LES PEUPLES,

DE LEURS RELIGIONS, MŒURS, COUTUMES, ETC.

PALESTINE,

PAR M. S. MUNK.

Le nom seul de Palestine fait naître en nous les sentiments les plus élevés et les plus divers. Il n'est aucun pays, quelque peu important qu'il soit par lui-même, auquel se rattachent d'aussi grands souvenirs. Dès notre première jeunesse, notre imagination, nourrie des traditions sacrées des Hébreux, aime à se transporter sur ces hauteurs où jadis dans chaque écho les âmes pieuses entendirent la voix de Dieu, où chaque pierre est un symbole de la révélation divine, chaque ruine un monument de la colère céleste. Le flambeau sacré qui éclairait le sanctuaire de Sion a répandu ses clartés sur les peuples de la terre; Jérusalem fut la première chaire des apôtres, et c'est dans la religion de Moïse, dans celle de Jésus, que Mahomet vint chercher ses inspirations. Les sectateurs des trois religions se tournent vers ces ruines de deux mille ans avec des sentiments de vénération; tous y cherchent des consolations, les uns par les souvenirs, les autres par l'espérance; le Turc qui écrase sous son joug les faibles restes des anciens do-minateurs, le Bédouin qui établit sa tente dans les plaines désertes, jadis bénies du ciel, foulent avec un pieux respect les tombeaux des prophètes. Ceux-là même dont les croyances se sont effacées devant l'esprit sceptique du siècle aiment encore à chercher dans la Palestine des impressions poétiques; ils rendent une justice historique aux grands événements dont ce pays a été le théâtre et aiment à s'y arrêter comme à des souvenirs d'enfance. La description de ce pays, l'histoire abrégée de tout ce qui s'y est passé sont donc d'un intérêt palpitant pour nous tous; mais comme nous n'écrivons point dans un but poétique et religieux, comme nous n'avons en vue que l'instruction historique, nous devrons nous défendre autant que possible de toute impression qui nous serait personnelle, pour présenter au lecteur une peinture fidèle de ce pays mémorable, un résumé succinct de l'histoire de ses premiers habitants et une histoire plus développée du peuple hébreu, qui y a accompli la grande mission que la Providence lui avait

1ʳᵉ *Livraison.* (PALESTINE.)   1

confiée. Nous résumerons ensuite les événements, qui, depuis la dispersion des Juifs, se sont passés en Palestine, et nous suivrons aussi les débris de ce peuple parmi les nations au milieu desquelles ils ont conservé jusqu'à nos jours leur culte antique. Les matériaux que nous avons à notre disposition sont extrêmement nombreux; mais au lieu de faciliter le travail, l'abondance des sources peut devenir pour l'écrivain un écueil dangereux. Nous devons puiser dans les écrits d'un grand nombre d'historiens et de voyageurs anciens ou modernes, dominés souvent par certaines préoccupations et qui ne voyaient pas toujours les choses sous leur vrai jour. Ce n'est que par le moyen d'une critique impartiale que nous pouvons arriver à la vérité; selon nous, la Bible elle-même, source principale de notre travail et où l'idée divine s'est incarnée dans la parole humaine, ne saurait, comme œuvre des hommes, échapper entièrement à la critique humaine. Simple historien, nous traiterons l'histoire des Hébreux, leurs institutions, leur religion et leurs monuments littéraires sous un point de vue purement rationnel. Notre rôle ne sera ni celui du théologien qui ne voit que le dogme, ni celui du sceptique philosophe, pour lequel le doute lui-même est un dogme non moins étroit. Notre but sera de rechercher la vérité historique, l'enchaînement naturel des faits, sans nous préoccuper des conséquences qui peuvent en résulter, soit pour le théologien ou pour le philosophe. Selon nous, l'idée divine, déposée dans la Bible, les sentiments grands et généreux que respirent les paroles des prophètes, sont placés hors des atteintes de la critique, et l'examen des faits ne saurait jamais nuire au vrai sentiment religieux.

Quoique nous ayons particulièrement en vue les gens du monde, et que nous ne soyons pas appelé à faire un livre d'érudition, notre travail, par cela même que les sujets qu'il renferme ont été traités tant de fois et sous tant de faces différentes, a nécessité des lectures très-variées et des recherches consciencieuses. Nous présenterons les résultats de tout ce qui a été dit avant nous, sans pourtant nous effacer nous-même. Nous espérons, au contraire, soumettre au lecteur un travail neuf, tant par le cadre que nous nous sommes tracé que par la manière dont nous tâcherons de le remplir. Tout en évitant le pédantisme de l'érudition, nous sommes jaloux de mériter l'approbation des érudits.

LIVRE PREMIER.

ÉTAT PHYSIQUE ET TOPOGRAPHIE DE LA PALESTINE.

CHAPITRE PREMIER.

La Palestine, ses noms, sa position, ses limites.

Sous le nom de *Palestine*, nous comprenons le petit pays habité autrefois par les Israélites, et qui aujourd'hui fait partie des pachalies d'Acre et de Damas. Il s'étendait entre le 31 et 33e degré latitude N. et entre le 32 et 35e degré longitude E., sur une superficie d'environ 1300 lieues carrées. Quelques écrivains jaloux de donner au pays des Hébreux une certaine importance politique, ont exagéré l'étendue de la Palestine; mais nous avons pour nous une autorité que l'on ne saurait récuser. Saint Jérôme, qui avait longtemps voyagé dans cette contrée, dit dans sa lettre à Dardanus (ep. 129) que de la limite du nord jusqu'à celle du midi il n'y avait qu'une distance de 160 milles romains, ce qui fait environ 55 lieues. Il rend cet hommage à la vérité bien qu'il craigne, comme il le dit lui-même, de livrer par là la *terre promise* aux sarcasmes des païens [1].

Quant au nom de *Palestine*, qui nous a été transmis par les auteurs

---

[1] *Pudet dicere latitudinem terræ repromissionis, ne ethnicis occasionem blasphemandi dedisse videamur.*

grecs, et dont se servaient aussi Josèphe et Philon, il dérive du nom hébreu *Peléscheth*. Il ne désignait que la partie sud-ouest du pays, habitée par les Philistins et qui forme encore aujourd'hui la Palestine proprement dite. Le plus ancien nom du pays que nous trouvions chez les auteurs hébreux est celui de *Canaan*. Ce nom cependant ne désignait que la partie située entre le Jourdain et la Méditerranée, mais il comprenait aussi la Phénicie et le pays des Philistins. Il dérive de Canaan, fils de Cham, auquel les anciens habitants du pays faisaient remonter leur généalogie. On trouve ce nom sur les monnaies phéniciennes, et saint Augustin rapporte qu'il était usité encore de son temps en Afrique parmi les paysans des environs de Carthage qui s'appelaient eux-mêmes *Canani*, comme descendants des Phéniciens. Depuis l'entrée des Hébreux, la Palestine est désignée sous plusieurs autres dénominations, telles que *terre des Hébreux*, *terre d'Israël*. Après l'exil de Babylone, elle fut appelée *terre de Juda*, d'où vient le nom de *Judée*, dont se servent les auteurs romains. Le prophète Zacharie l'appelle *terre sainte*, nom qui est en faveur auprès des juifs modernes et des chrétiens. Le nom de *terre promise* appartient au Nouveau Testament; on le trouve dans l'*Épître aux Hébreux* (ch. 11, v. 9).

Il est difficile de bien fixer les limites de la Palestine, qui varièrent beaucoup à différentes époques et sur lesquelles nous ne trouvons pas toujours des données bien précises. Selon la Genèse (ch. 10, v. 19), l'ancienne terre de Canaan s'étendait sur la côte de la Méditerranée depuis Sidon jusqu'à Gaza; de là la limite méridionale tournait vers l'ancien emplacement de Sodome et Gomorrhe ou vers la mer Morte, et s'avançait à l'est jusqu'à Lasa, qui, selon saint Jérôme, est Callirrhoë au sud-est de la mer Morte. L'auteur de la Genèse ne nous dit pas jusqu'où s'étendait la limite septentrionale à partir de Sidon vers l'est. Quant à la limite orientale, elle était formée très-probablement par le Jourdain, de sorte que nous ne sommes dans l'incertitude que sur l'intervalle qui se trouve entre les sources de cette rivière et la ville de Sidon. Mais les limites de la *terre d'Israël* ne sont pas les mêmes que celles de l'ancienne Canaan. A l'est les possessions des Hébreux s'étendirent bien loin au delà du Jourdain; les limites du pays en deçà du Jourdain n'ont jamais été en réalité celles que Moïse avait assignées aux Hébreux (Nombres, ch. 34, v. 2-12). Les conquêtes de David et de Salomon, au delà des limites de Canaan, ne doivent point nous occuper ici, et pour ne pas nous perdre dans des conjectures hasardées, nous nous en tiendrons à quelque passages de la Bible qui nous paraissent contenir les données les moins douteuses et les moins vagues sur les limites de la *terre d'Israël*. Voici ce qui résulte de plus certain de la combinaison de ces passages : A l'orient, au delà du Jourdain, le pays des Hébreux s'étend jusque dans le désert, vers l'Euphrate, sans que les limites fussent bien fixées (sous Salomon, qui bâtit Tadmor (Palmyre), la ville de Thapsacus, sur l'Euphrate, est le point extrême du royaume vers le N. E.). Au nord il aboutit au territoire de Damas, à l'Antiliban et au territoire de Tyr. La limite occidentale est la Méditerranée jusqu'à l'embouchure du torrent d'Égypte (maintenant *Wadi-el-arisch*), bien que plusieurs villes aient été longtemps occupées par les Phéniciens au nord et par les Philistins au midi. La limite du midi partant d'El-arisch se dirige vers la pointe méridionale de la mer Morte (Jos., ch. 15, v. 2); mais à l'est de cette mer et du Jourdain, les possessions des Hébreux ne dépassaient pas vers le midi le *torrent d'Arnon* (maintenant *Wadi-moudjeb*) qui les séparait du pays des Moabites.

CHAPITRE II.

GÉOGRAPHIE PHYSIQUE.

Aspect du sol. — Montagnes. — Plaines. — Eaux. — Climat. — Phénomènes. — Fertilité.

Dans le Deutéronome (ch. 11, v. 10 et 11), Moïse s'exprime ainsi à l'égard de la Palestine : « Le pays où « tu vas entrer, pour en prendre possession, n'est pas comme la terre « d'Égypte d'où vous êtes sortis, et « où tu jetais la semence et l'arrosais « avec ton pied (par des machines) « comme un jardin potager. Mais le « pays dans lequel vous passez pour « en prendre possession est un pays « de montagnes et de vallées, qui « s'abreuve d'eau par la pluie du ciel. » Dans d'autres passages de la Bible la Palestine est souvent caractérisée comme pays de montagnes, de là les expressions de *monter* et *descendre*, si souvent employées dans la Bible pour dire : entrer en Palestine ou en sortir. A l'est et à l'ouest du Jourdain deux chaînes de montagnes, partant du Liban, traversent le pays du nord au midi, pour aboutir aux montagnes de Horeb et de Sinaï. Ces montagnes et les différentes branches qui s'en détachent sont coupées çà et là par des plaines et des vallons. Entre les deux chaînes se trouve la grande vallée que parcourt le Jourdain. Moins hautes vers le nord, les montagnes, couvertes d'arbres et de verdure, ont un aspect plus riant; vers le midi, dans la Judée proprement dite, et surtout vers la mer Morte, elles sont stériles et les plaines elles-mêmes désertes et incultes. Sous le rapport géologique, la Palestine appartient à la grande formation du calcaire alpin. En comparant ce qui a été précédemment écrit sur le sol de la Palestine et sur ses montagnes avec ce qu'ont dit les voyageurs modernes qui ont visité les contrées voisines[1], on est amené à conclure que les montagnes sont formées de roches calcaires et crétacées, entrecoupées d'éruptions basaltiques, qui prédominent au nord-est; et que le voisinage du lac Asphaltite a été tourmenté par des phénomènes volcaniques. Au sud-ouest le pays est presque entièrement plat, et quoiqu'il manque d'eau en été, le sol est pourtant noir et gras.

Au nord nous remarquons d'abord les célèbres montagnes du Liban. Leur nom hébreu *Lebanôn* signifie *mont blanc*; les neiges qui couvrent la partie orientale du Liban lui ont donné ce nom. Sur sa tête, disent les poëtes arabes, il porte l'hiver, sur ses épaules le printemps, dans son sein l'automne, et l'été sommeille à ses pieds. Le Liban, qui sépare le pays de Canaan de la Syrie, se compose de deux chaînes de montagnes : le Liban proprement dit et l'Antiliban. Dans la Bible cependant on ne trouve qu'un seul nom pour les deux chaînes [1]. Elles sont séparées par une grande vallée appelée par les anciens auteurs profanes *Cœlésyrie* et dans la Bible *vallée du Liban*, maintenant en arabe Bouqha (la vallée). Nous n'avons ici à nous occuper que de l'Antiliban qui seul, par ses branches méridionales, pénétrait dans le pays des Hébreux. L'une de ces branches, à l'est des sources du Jourdain, est souvent mentionnée dans la Bible sous le nom de *Hermon*. Aujourd'hui la montagne du Hermon s'appelle *Djebel-el-schéïkh*; au sud-est *Djebel Héisch*. Selon Burkhardt, cette montagne forme le sommet le plus élevé du Liban; ses neiges éternelles lui ont fait donner par les Arabes le nom de *Djebel-el-theldj* (montagne de neige). En deçà du Jourdain une autre branche de l'Antiliban s'étend au sud-ouest; c'est la montagne de Naphtali (Jos., ch. 20, v. 7), aujourd'hui appelée *Djebel safed*. Si maintenant nous restons placés à l'ouest du fleuve, nous trouvons au sud-ouest le mont *Carmel* qui forme dans la Méditerranée un promontoire,

---

[1] Surtout M. Ainsworth. Voy. Bulletin de la société géolog. de France, t. IX, p. 348.

[1] Dans le cantique (ch. 7, v. 5) on trouve cette image poétique : *la tour du Liban qui regarde vers Damas*; il ne peut ici être question que de l'Antiliban.

au-dessous de Saint-Jean d'Acre. C'est un pic écrasé et rocailleux d'environ 350 toises d'élévation (Volney). Son nom signifie *plantation* (de vignes, d'arbres); en effet le Carmel, ainsi que ses environs, sont couverts d'arbres et de verdure : sur le sommet on voit des pins et des chênes, plus bas des oliviers et des lauriers. Aussi le Carmel est souvent dans la Bible l'emblème de la fertilité, opposé au désert : *Au désert sera donnée la beauté du Carmel et de la plaine de Saron*, dit Isaïe dans une de ses visions prophétiques; et Amos, le berger de Thécoa, dit : *Les pâturages des bergers sont en deuil, et la tête du Carmel se dessèche.* Cette montagne a beaucoup de cavernes; l'on y montre encore celle qu'habitait, selon la tradition, le prophète Elie. Le couvent de saint Elie, que les *Carmélites* bâtirent sur la montagne, en l'année 1180, fut détruit par les Turcs en 1799, après avoir été transformé par les Français en un hôpital pour les pestiférés.

Au sud-est du Carmel, à une distance de six à sept lieues, nous trouvons le mont *Thabor*, appelé par les Grecs *Ittabyrion*, et par les Arabes de nos jours *Djebel Tour*[1]. C'est un cône tronqué entièrement isolé. *In omni parte finitur æqualiter*, dit saint Jérôme. Ses pentes sont couvertes de buissons, de chênes et de pistachiers sauvages. Sur le sommet, qui forme un plateau ovale d'une demi-lieue de circuit, on voit les ruines d'un fort, et sur les bords est un mur épais où se trouve à l'occident une porte voûtée. Cette montagne est célèbre dans les traditions sacrées des juifs et des chrétiens. C'est là que Barak, sur l'ordre de Débora, rassembla son armée, pour combattre contre Sisera, et, selon saint Jérôme, c'est au Thabor qu'eut lieu la *transfiguration* de Jésus. — Entre le Thabor et Safed, se trouve une colline oblongue, ayant deux pointes aux deux extrémités ; de là son nom de *Koroun-hotteïn* (les cornes de Hotteïn)[1]. Les chrétiens l'appellent *montagne des béatitudes;* car, selon la tradition, ce fut là que Jésus prononça son discours appelé *le sermon sur la montagne.*

Au midi du Thabor, après avoir traversé la plaine d'Esdrélon, on voit s'élever une chaîne de montagnes, qui s'étend jusqu'au désert d'*El-Tyh*. La partie du nord s'appelle dans la Bible la *montagne d'Éphraïm*, celle du sud la *montagne de Juda;* elles ne sont point séparées par une limite naturelle, et se terminent à l'occident en une plaine qui aboutit à la mer; leur pente orientale forme la côte pierreuse à l'ouest de la plaine du Jourdain et de la mer Morte.

Josèphe présente la montagne d'Éphraïm comme riche en sources, en vignes et en arbres fruitiers. Là nous trouvons les monts Ébal et Garizim, l'un au nord de la plaine de Sichem, nu et escarpé, l'autre au midi, couvert de jardins, qui s'élèvent en forme de terrasses. Il est parlé des monts Ébal et Garizim dans la loi de Moïse. Les tribus israélites après avoir pris possession du pays de Canaan devaient bâtir un autel sur l'Ébal et y célébrer un sacrifice solennel. Ensuite six tribus devaient se placer sur cette montagne pour prononcer la malédiction contre ceux qui n'observeraient pas la loi; les six autres tribus sur le Garizim pour prononcer la bénédiction sur ceux qui suivraient la loi. Josué en effet fit exécuter cet ordre de Moïse (v. Deutéron., ch. 27, et Jos., ch. 8, v. 30-35). Les Samaritains, qui, sous Alexandre le Grand, bâtirent un temple sur le Garizim, substituèrent dans le Deutéronome le nom de cette montagne à celui d'Ébal, afin de désigner le lieu de leur sanctuaire comme celui où jadis s'était conclue l'alliance solennelle. Encore aujourd'hui les Samaritains

---

[1] M. Schubert, botaniste bavarois qui tout récemment a visité la Palestine, donne au Thabor une hauteur de 1747 pieds de Paris.

[1] Hotteïn est le nom d'un village qui se trouve au pied de la colline; c'est là que Saladin battit les Francs, le 4 juillet 1187, dans la célèbre bataille où Guy de Lusignan, roi de Jérusalem, fut fait prisonnier.

de Nablous se tournent en priant vers la montagne de Garizim. Au nord-est la montagne d'Éphraïm se termine par le *Gelboa*, maintenant *Djebel Djilbo*, célèbre par un combat entre les Israélites et les Philistins où Saül et ses enfants perdirent la vie. Au nord-ouest elle se lie au Carmel dont nous avons déjà parlé.

La montagne de Juda s'étend jusqu'à la limite méridionale de la Palestine; elle portait avant la conquête des Hébreux le nom de *montagne des Amorites*. A l'est elle est limitée en partie par la mer Morte. Là nous trouvons les célèbres hauteurs de Jérusalem, les monts *Sion* et *Moria* et la *montagne des Oliviers*. Sur cette dernière on ne trouve maintenant qu'un petit nombre d'oliviers; mais on y voit des vignes, des citronniers, des amandiers et des figuiers. — Au nord-est de Jérusalem jusqu'à Jéricho, on ne trouve que des montagnes pierreuses et des vallées stériles. La plus remarquable de ces montagnes est celle qu'on appelle *Quarantania*, située au nord de la plaine de Jéricho. Elle tire son nom du jeûne de quarante jours observé par Jésus, et les traditions placent ici la scène de la *tentation*. — Au midi de Jérusalem les montagnes sont également stériles; ce n'est qu'aux environs de Béthléem qu'on trouve quelques collines plantées de vignes et d'oliviers. Dans ces environs Seezen trouva un mont *Carmel* qu'il ne faut pas confondre avec la célèbre montagne du même nom, mais qui est très-probablement le *Carmel* mentionné dans le premier livre de Samuel (ch. 15, v. 12, et ch. 25, v. 5).

Si maintenant nous retournons au Hermon pour suivre la chaîne des montagnes qui s'étend du nord au sud, à l'est du Jourdain, entre les rivières d'*Hieromax* (Scheriat-mandhour) et d'*Arnon* (Wadi-moudjeb), nous trouvons les montagnes de *Basan* et de *Gilead* (maintenant *Djebel Djelaad*). Ces montagnes s'étendent au delà du *Wadi Zerka* (le *Yabboc* de la Bible) jusqu'à Rabbath Ammon. En avançant vers le sud, s'élèvent les montagnes d'*Abarim*, qui s'étendent jusque dans le territoire des Moabites. Ici on remarque, comme le point le plus élevé, le *Djebel Attarous* qui est très-probablement le *Nebo* ou *Pisgah* sur lequel monta Moïse avant sa mort, pour voir le pays que les Hébreux allaient conquérir.

Les deux chaînes de montagnes, à l'est et à l'ouest du Jourdain, se continuent au midi de la mer Morte et vont se joindre aux *montagnes de Seïr* (maintenant *Djebâl*) qui se prolongent jusqu'au *golfe élanitique*.

Dans toutes ces montagnes, l'on trouve un grand nombre de grottes et de cavernes, qui dans les temps anciens étaient habitées par les peuplades encore sauvages et qui plus tard servaient souvent de lieux de sépulture. Le nombre prodigieux de cavernes que l'on trouve en Palestine s'explique naturellement par le caractère des montagnes. Les cavernes ne manquent jamais dans les formations du calcaire *alpin* et *jurassique*.

La plaine la plus importante de la Palestine est celle du Jourdain. Dans la Bible elle est appelée, par excellence, *Ha-arabah* (la plaine); maintenant on l'appelle *El-Ghôr*. Elle s'étend entre les deux chaînes de montagnes depuis le lac de Tibériade jusqu'à la mer Morte, où elle a près de deux lieues de largeur. Cette partie est appelée dans la Bible *plaine de Jéricho*. Elle sert de pâturage aux troupeaux des Bédouins, mais elle est peu cultivée maintenant. Voici comment M. de Chateaubriand décrit la plaine du Jourdain : « La vallée comprise « entre les deux chaînes de montagnes « offre un sol semblable au fond d'une « mer depuis longtemps retirée : des « plages de sel, une vase desséchée, « des sables mouvants et comme sillonnés par les flots. Çà et là des « arbustes chétifs croissent péniblement sur cette terre privée de vie; « leurs feuilles sont couvertes du sel « qui les a nourries, et leur écorce a « le goût et l'odeur de la fumée. Au « lieu de villages on aperçoit les rui-

« nes de quelques tours. Au milieu de
« la vallée passe un fleuve décoloré ;
« il se traîne à regret vers le lac em-
« pesté qui l'engloutit. On ne distin-
« gue son cours au milieu de l'arène
« que par les saules et les roseaux qui
« le bordent : l'Arabe se cache dans
« ces roseaux pour attaquer le voya-
« geur et dépouiller le pèlerin. »

La Bible mentionne beaucoup d'autres plaines, dont nous nous contentons de nommer ici les plus célèbres. La plaine de *Yesreel* ou *Esdrélon* (maintenant *Merdj Ibn-Amer*), au sud du Thabor, a environ huit lieues de long sur quatre lieues de large. Ce n'est pas une plaine dans le sens propre du mot ; elle consiste, dit un voyageur moderne (Buckingham, p. 552), en une série d'élévations et de dépressions dont quelques-unes sont fort considérables. Maintenant elle est fort peu cultivée, quoiqu'elle soit propre à la culture des blés. Dans l'histoire elle est célèbre par plusieurs combats qui s'y livrèrent, entre Gédéon et les Madianites, entre Saül et les Philistins, entre Achab et les Syriens. Là tomba le roi Josias frappé par les archers du roi Pharaon-Nécho. — La plaine de *Saron*, célèbre pour ses pâturages, était située probablement près de Yâfa et de Lydda, comme le dit saint Jérôme, quoique la Bible ne nous donne là-dessus aucun renseignement. — La *Schefélah* (lieu bas) est sans doute la plaine qui, sur la côte de la Méditerranée, s'étend de Yâfa jusqu'à Gaza, et où se trouvaient les cinq principautés des Philistins. — Dans les environs de Jérusalem nous trouvons les vallées des *Rephaïm* ou *géants*, de *Josaphat* et de *Guéhinnôm*. Dans cette dernière vallée se célébraient les cérémonies du culte barbare de Moloch, et plus tard les Juifs désignèrent par son nom l'enfer ; de là le nom de *Géhenne* qu'on lit dans le Nouveau Testament. — A l'est de la mer Morte nous trouvons les *plaines de Moab* (maintenant *El-Kuráh*), où les Hébreux campèrent quelque temps avant de passer le Jourdain.

Les lieux qui dans la Bible sont appelés *déserts* (Midbar) ne sont pas toujours des terrains stériles et entièrement incultes. Souvent ce sont des lieux peu propres à l'agriculture, mais où l'on trouve toutefois des pâturages. Dans le nord nous ne voyons mentionné que le *désert de Bethsaida* où se rendit Jésus après la mort de saint Jean-Baptiste. Dans le midi il y en a plusieurs, dont le plus important est le *désert de Juda* qui contenait six villes et était situé près de Thécoa sur la côte occidentale de la mer Morte. Au nord-est de Jérusalem est le désert de Jéricho et au sud-est sont les déserts de *En-guedi* et de *Ziph*, qui renferment, l'un et l'autre, beaucoup de montagnes et de cavernes.

La Palestine n'est point riche en bois, si on en excepte la Batanée au delà du Jourdain, qui abonde en chênes. La Bible mentionne cependant plusieurs forêts en deçà du fleuve comme, par exemple, la *forêt d'Éphraïm* (2 Sam. ch. 18, v. 6) et la *forêt de Hareth* (1 Sam., ch. 22, v. 5) dans le pays de Juda.

Il nous reste à parler des eaux de la Palestine ; nous allons les examiner en allant de l'ouest à l'est et en commençant par les golfes de la Méditerranée. Nous verrons d'abord quelques petits torrents qui se jettent dans la mer ; ensuite le Jourdain se présentera avec les trois lacs qu'il rencontre sur son chemin, et enfin les torrents qui viennent de l'est se jeter dans le Jourdain et dans la mer Morte.

La Méditerranée est appelée dans la Bible *la mer* par excellence, la grande mer, la mer extrême. Le golfe le plus important sur les côtes de la Palestine est celui de Saint-Jean d'Acre ; celui de Yâfa est moins considérable, quoique le port, d'ailleurs très-mauvais, lui donne une certaine importance. Les cèdres du Liban destinés à Jérusalem étaient transportés par radeaux jusqu'à Yâfa (2 Chron., ch. 2, v. 15). Le flux et le reflux sont peu sensibles sur ces côtes.

On ne trouve à l'ouest du Jourdain que de petites rivières qui ne sont point propres à la navigation. Nous en remarquons cinq : 1° Le *Belus* (maintenant Nahr-Halou?) qui traverse la plaine de Saint-Jean d'Acre et qui se jette dans le golfe près de cette ville. Il ne se trouve pas mentionné dans la Bible, mais il est célèbre dans l'antiquité, car ce fut sur ses bords que les Phéniciens inventèrent le verre [1]. Selon Josèphe (*de Bello Jud.*, 2, 11), il ne parcourt que l'espace de deux stades ou de 250 pas. 2° Le *Kison* (*Nahr el-mokatta* et *Nahr-Haifa* [2]) a sa source à quelque distance du Thabor, et après avoir parcouru la plaine d'Esdrelon, il touche le Carmel au nord et se jette près de Haifa dans le golfe d'Acre. En hiver il se gonfle par les torrents qui descendent des montagnes de Samarie. Débora l'a célébré dans son cantique; car ce fut sur ses bords que Barak remporta la victoire sur Sisera. 3° Le *Kanah* a son embouchure entre Césarée et Yâfa; il formait autrefois la limite entre les tribus de Manassé et d'Éphraïm. 4° Le *Besor* tombe dans la mer près de Gaza; il est connu dans la Bible par l'expédition de David contre les Amalécites (1 Sam., ch. 30, v. 9, 10, 21). 5° Le *torrent d'Égypte* (Wadi-el-Arîsch), qui forme la limite méridionale de la Palestine. Il tombe dans la mer près d'El-Arîsch, autrefois *Rhinocoroura*. — Nous remarquons encore à l'ouest du Jourdain deux petits torrents, le *Crith* et le *Kidron* (Cédron); le premier tombe dans le Jourdain à l'est de Samarie [3], le second, sorti de la vallée qui sépare Jérusalem de la montagne des Oliviers, court vers le midi se jeter dans la mer Morte, après avoir passé près du couvent de Saint-Sabas.

Le grand fleuve de la Palestine, le seul qui mérite réellement ce nom, est le JOURDAIN (en hébreu *yarden*). Il est formé par le confluent de trois petites rivières; ce sont : 1° le *Hasbeni* ou *Moyet-Hasbeïa*, qui prend sa source près de Hasbeïa, au pied du Djebel-el-Scheïkh; 2° le *Dan*, qui sort au sud-est du Hasbeni, près de Tell-el-Kadhi, et qui après un court trajet se lie avec 3° le *Banias* (Paneas) venant de l'est; celui-ci sort d'une grotte près de Banias, l'ancienne Césarée-Philippi, et sa source fut considérée par les anciens habitants comme étant la seule véritable source du Jourdain [1]. Elle paraît être en rapport avec le lac appelé *Birket-el-Râm*, autrefois *Phiala*, qui se trouve à deux lieues de là au nord-est; car Josèphe rapporte (*de Bell Jud.*, l. 3, ch. 16) que le tétrarque Philippe, ayant fait jeter de la balle dans la *Phiala*, elle reparut dans la source du Banias. Les trois rivières réunies forment donc le Jourdain, qui va couler d'abord dans le lac d'*Elhoula*, autrefois appelé *Samochonitis* et dans la Bible *eaux de Meróm* (hauteur). Ce lac a environ deux lieues et demie de long sur une lieue de large; son eau est quelquefois bourbeuse et malsaine, ce qui ne l'empêche pas d'être très-poissonneux. En été il est presque à sec, et on y voit pousser des joncs et des buissons qui servent de repaire aux serpents et aux sangliers. Ses bords orientaux sont les seuls habités; au sud-ouest le sol est couvert d'une couche de terre saline, en sorte que les Arabes ont appelé le bord occidental du nom de *Meláha*. Là Josué vainquit Jabin, roi de Hasor, et quelques autres rois des Cananéens. Après avoir traversé ce lac, le Jourdain parcourt les vallées autrefois si florissantes de la Galilée, se di-

---

[1] V. Tacit., Hist., liv. 5, ch. 7. Plin., Hist. Nat., liv. 5, ch. 19 : *Rivus Pagida, sive Belus, vitri fertiles arenas parvo litori miscens : ipse e palude Cendevia a radicibus Carmeli profluit.*

[2] Ce dernier nom se trouve dans *la Vie de Saladin* par Boha-eddin. Voy. l'*Index geograph.* de Schultens, aux mots *Fluvius Haiphæ*.

[3] Selon Eusèbe et St. Jérôme le Crith était à l'est du Jourdain. Nous avons suivi l'opinion de Brochard (*Descript. Terræ sanctæ*, p. 178) et de Sanuto (*Liber secretor. fidel. crucis*, l. III, part. 14, cap. 3) qui ont trouvé la source du Crith près de l'ancienne ville de *Phasaélis* au nord-ouest de Jéricho.

[1] Voy. Josèphe, *de Bello Jud.*, l. 2, ch. 21. Dans le Talmud (Bava Bathra, fol. 74 verso) on lit aussi que le Jourdain sort de la grotte de *Pamias*. Voy. aussi le commentaire de *Raschi* au Deutéron., ch. 33, v. 22.

rigeant au sud. A une demi-lieue du lac se trouve le *pont des fils de Jacob* (Djisr Beni-Yacoub), ainsi appelé parce que, selon la tradition populaire, ce fut là que Jacob passa le Jourdain en revenant de la Mésopotamie avec sa famille. Le pont, bâti en basalte, a quatre arches; la largeur du fleuve, dans cet endroit, est de 35 pieds. A deux lieues de là le fleuve tombe dans le *lac de Tibériade*. Ce lac appelé en hébreu *Yam-Kinnéreth* (mer de Kinnéreth), du nom d'une ville des Naphthalites située sur ses bords à l'occident, fut plus tard nommé *lac de Genesar* ou *Genesareth*, nom qui se trouve déjà employé dans le premier livre des Machabées (ch. II, v. 67) et souvent dans le Nouveau Testament et dans les écrits des anciens rabbins. La *mer de Galilée*, dont il est question dans les Évangiles, est encore ce même lac. Le nom qu'il porte maintenant, celui de *lac de Tibériade*, ou (comme prononcent les Arabes), *Tabariyya*, est également très-ancien; on le trouve dans l'Évangile de saint Jean (ch. 6, v. 1, et ch. 21, v. 1). Ce lac, dont le fond est sablonneux, a des eaux limpides et douces et on y trouve beaucoup de poisson, surtout dans la partie du nord. Ses environs forment la plus belle contrée de toute la Palestine; on y jouit de la température des tropiques, et Burckhardt rapporte que les melons y mûrissent un mois plus tôt que dans les environs de Saint-Jean d'Acre et de Damas. Tous les voyageurs modernes parlent encore de la beauté de ce lac, comme le font Josèphe et les auteurs du Talmud. Autrefois les villes de Tibériade, Tarichée, Bethsaïda, Caphernaüm et autres animaient les environs de ce lac; maintenant on n'y trouve plus que des ruines. Tibériade, autrefois capitale de la Galilée, n'est plus qu'une petite bourgade. La longueur du lac est, selon Josèphe, de 140 stades (environ 6 lieues), la largeur de 40 stades (une lieue et demie). Des voyageurs modernes lui donnent une étendue un peu moins grande. La pêche y est encore aujourd'hui assez productive, quoiqu'elle ne se fasse que sur ses bords. La mer de Galilée est célèbre dans les traditions chrétiennes; le calme et la paix qui y régnaient ordinairement furent troublés, sous Vespasien, par un combat qui s'y livra entre les Juifs et les Romains (Jos., Bell. Jud., III, 10).

Sorti du lac, le Jourdain continue son cours vers le sud à travers la vallée du Ghôr, et à une distance de 25 lieues il se jette dans la *mer Morte*. Les Arabes appellent cette partie du fleuve *Scheria* ou *Scheriat-el-kebir*, tandis qu'ils donnent à la partie supérieure le nom d'*Ordoun*. La largeur du fleuve ne passe guère soixante-dix à quatre-vingts pieds, mais il a une profondeur de dix à douze pieds (Volney, t. II, ch. 6). Il offre beaucoup de sinuosités : en sortant du lac de Tibériade, il parcourt d'abord trois lieues le long des collines occidentales, puis tourne vers l'orient, et après avoir encore fait plusieurs lieues dans cette direction, il se dirige de nouveau vers l'occident et va ensuite en ligne assez droite du nord au sud jusqu'à son embouchure. Il résulte de plusieurs passages de la Bible que le Jourdain débordait quelquefois vers l'équinoxe du printemps. (Jos., ch. 3, v. 15. I Chron., ch. 12, v. 15. Ecclésiastique, ch. 24, v. 36.) Parmi les voyageurs modernes, Volney est le seul qui parle de ses inondations. Quaresmius (Elucid. Terræ S., t. II, p. 738) dit positivement qu'elles ne paraissent plus avoir lieu, qu'il a visité plusieurs fois les rives du Jourdain à l'époque de la Pâque, pour y célébrer la messe, et que le fleuve alors non-seulement ne sortait pas de son lit, mais qu'il le remplissait à peine. On pense que les bords du fleuve sont maintenant plus élevés que dans les temps anciens et que par cette raison les débordements sont plus rares. Au reste, tout dépend de la fonte plus ou moins prompte des neiges de l'Antiliban, seule cause du gonflement du Jourdain. L'embouchure du fleuve offre le plus grand contraste avec le beau lac de Tibériade. Là une nature pleine de charme, une végétation riante, ici la tristesse et la mort. Dans la mer Morte le Jourdain trouve son tombeau.

Cette mer porte dans la Bible plusieurs noms : dans le Pentateuque elle est appelée la *mer de sel* ou *la mer de la plaine* (parce qu'elle est située près de la grande plaine du Jourdain, *Araba*). Quelques-uns des derniers prophètes, comme Joël, Ézéchiel, Zacharie, l'appellent la *mer orientale*. Les Grecs et les Romains lui donnèrent le nom d'*Asphaltitis*, à cause de l'asphalte qui y surnage et qu'elle dépose sur ses bords. Enfin les Arabes l'appellent Bahret-Lout (lac de Lot), parce que Lot, neveu d'Abraham, demeurait dans ses environs. Le nom de *mer Morte* que nous lui donnons communément se trouve déjà dans les écrits d'Eusèbe et de saint Jérôme. Ce dernier, dans son commentaire sur Ézéchiel (ch. 47, v. 9), dit qu'on l'appelle ainsi parce qu'elle ne renferme rien de vivant, et il ajoute : *Revera, juxta literam huc usque nihil, quod spiret et possit incedere, præ amaritudine nimia in hoc mari reperiri potest, nec cochleolæ quidem parvique vermiculi et anguillæ et cætera animantium sive serpentum genera quorum magis corpuscula possumus nosse quam nomina. Denique si Jordanes auctus imbribus pisces illuc influens rapuerit, statim moriuntur et pinguibus aquis supernatant.* Il sera intéressant de rapprocher de ces paroles de saint Jérôme ce qu'a écrit quatorze siècles après lui un voyageur dont le témoignage n'a pas moins d'autorité. Voici comment s'exprime Volney (État physique de la Syrie, ch. 1, § 7) : « Le « seul lac *Asphaltite* ne contient rien « de vivant ni même de végétant. On « ne voit ni verdure sur ses bords, ni « poisson dans ses eaux[1] ; mais il est « faux que son air soit empesté au « point que les oiseaux ne puissent le « traverser impunément. Il n'est pas « rare de voir des hirondelles voler « à sa surface, pour y prendre l'eau « nécessaire à bâtir leurs nids. La « vraie cause de l'absence des végé- « taux et des animaux est la salure « âcre de ses eaux, infiniment plus « forte que celle de la mer. La terre « qui l'environne, également impré- « gnée de cette salure, se refuse à pro- « duire des plantes ; l'air lui-même « qui s'en charge par l'évaporation, « et qui reçoit encore les vapeurs du « soufre et du bitume, ne peut conve- « nir à la végétation. De là cet aspect « de mort qui règne autour du lac. » Il est facile de se maintenir sans nager sur la surface de l'eau, à cause de son poids spécifique. Josèphe raconte que Vespasien y avait fait jeter des hommes, les mains liées sur le dos, et que ces hommes ne périrent point (de Bell. Jud. l. 4, ch. 8). *Periti imperitique nandi perinde attolluntur*, dit Tacite (Hist., v. 6).

On n'a su se rendre compte de la consommation des eaux que le Jourdain verse sans cesse dans le lac. Quelques-uns ont supposé une communication souterraine avec la Méditerranée ; d'autres l'ont expliquée par l'évaporation, et cette dernière opinion est la seule vraisemblable [1].

---

[1] M. de Chateaubriand ayant entendu quelque bruit sur le lac, on lui dit que c'étaient des légions de petits poissons qui viennent sauter au rivage. Pococke aussi, étant à Jérusalem, avait entendu dire qu'un missionnaire avait vu des poissons dans le lac Asphaltite. Mais ces données sont trop vagues, pour pouvoir être opposées à l'opinion généralement adoptée par les anciens et les modernes. Ce qui est plus positif, c'est que Hasselquist et Maundrell découvrirent des coquillages sur la rive du lac.

M. de Buten a fait transporter sur les bords de la Méditerranée plusieurs litres d'eau puisée dans la mer Morte. Des poissons pêchés à l'instant même dans la Méditerranée et encore pleins de vie furent placés dans un vase contenant l'eau de la mer Asphaltite : ils n'y vécurent qu'une demi-minute. L'autopsie de ces poissons fut faite par le docteur Grassi, médecin en chef du service sanitaire en Égypte et se trouvant alors en Palestine. Les organes digestifs ne présentaient aucune lésion apparente, et il en conclut que la mort avait été causée par une asphyxie ou que le poison avait agi sur le système nerveux.

[1] La première hypothèse n'est guère admissible, si l'on considère le niveau de la mer Morte comparé à celui de la Méditerranée et de la mer Rouge. Tout récemment plusieurs voyageurs ont constaté, par des observations thermométriques, une dépres-

Le lac a environ 19 lieues de longueur, et une largeur de 5 lieues. A sa place était autrefois, selon la Genèse (ch. 14, v. 3), une vallée appelée *Siddim*, dans laquelle se trouvaient des *puits d'asphalte* (*ib.*, v. 10)[1]. Le lac se serait formé par le terrible phénomène qui causa la destruction des villes de Sodome, Gomorrhe, Adama et Seboïm, situées dans ces environs.

La catastrophe de ces villes fut amenée sans doute par l'éruption d'un volcan. Les laves et les pierres ponces qu'on trouve sur les bords du lac ne laissent pas de doute sur la nature volcanique de ces contrées, et il paraît que le feu n'est pas encore entièrement éteint. « On observe, dit Volney (ib., § 4), qu'il s'échappe souvent du lac des trombons de fumée, et qu'il se fait de nouvelles crevasses sur ses rivages. »

Parmi les petites rivières de l'est nous en nommerons trois, qui sont les plus remarquables : 1° *Le Scheriat-el-mandhour* ou *Menadhiré*, appelé aussi *Hiéromax* ou *Yarmouk*. Ses sources sont, selon Burckhardt, dans le Djebel Hauran et dans le Golan. Il coule d'abord dans un profond lit de basalte; en sortant des montagnes sa largeur est de 65 pas, et il se jette dans le Jourdain à deux lieues au-dessous du lac de Tibériade. Il n'est point mentionné dans la Bible. 2° Le *Zerka*, dans la Bible *Yabbok*. Selon Burckhardt, il vient du Djebel Hauran et après être sorti des montagnes, il va à une lieue 1/2 O. se jeter dans le Jourdain. Autrefois il séparait les Ammonites des Amorites; maintenant il forme la limite entre les districts de Morad et de Belka. 3° Le *Wadi Moudjeb*, dans la Bible *Arnon*. Il sort des montagnes de l'Arabie déserte près de Katrane, station des pèlerins de Syrie; il coule d'abord vers le midi, ensuite il tourne vers l'ouest pour se jeter dans la mer Morte, près de son extrémité septentrionale. Il sépare le Belka du Kerek, ancien pays des Moabites, et il formait autrefois la limite méridionale de la Palestine orientale.

On trouve aussi en Palestine plusieurs sources chaudes. Josèphe et Pline parlent des eaux thermales de *Callirrhoë*, au sud-est de la mer Morte; elles ont été retrouvées récemment par Legh, voyageur anglais[1]. « Ce sont là très-probablement les *Yémim* que, selon la Genèse (ch. 36, v. 24), Anah fils de Sibéon trouva dans le désert[2]. » Dans les environs du lac de Tibériade il y a également des bains chauds : à l'ouest près de la ville de *Tibériade*, et à l'est près de *Gadara*, maintenant *Omm-Keïs*, où Burckhardt trouva dix sources d'eau minérale. Dans la Bible il n'en est pas question.

On voit par la description que nous venons de faire, que si, à raison des latitudes, la Palestine devrait être un pays très-chaud, son climat est cependant très-varié à raison de l'élévation du terrain. Peu de pays offrent sous ce rapport autant de variété dans une enceinte aussi étroite. Il suffit souvent de se transporter à quelques lieues pour se trouver dans un climat tout différent. Ici vous trouverez des palmiers et les fruits des tropiques,

---

sion très-forte du niveau de la mer Morte. Voy. les observations communiquées à ce sujet à l'Académie des sciences par M. le capitaine d'état-major Callier. Comptes rendus des séances de l'Acad. des sc., année 1838, second semestre, p. 798. — Selon les observations de MM. Moore et Berlou, la mer Morte serait placée environ 600 pieds au-dessous de la Méditerranée. Voy. le Bulletin de la société de géographie; 2e série, t. XI, p. 328.

[1] Le mot *hémar* חֵמָר qu'on trouve dans le texte hébreu est le même dont se servent encore aujourd'hui les Arabes pour désigner l'asphalte. Brochard dit : *Hi putei usque in hodiernum diem cernuntur in littore ejus* (lacus) *habentes singuli pyramides erectas, id quod oculis meis vidi* (Descr. Terræ S., cap. 7). La même chose est confirmée par Volney.

[1] Voy. Journey from Moscow to Constantinople on the years 1817, 1818, by Will. Macmichael. Lond. 1819, 4°, p. 181.

[2] Le mot יֵמִים a beaucoup embarrassé les interprètes; les uns y ont vu une race de *géants*, les autres des *mulets*. Mais la Vulgate le rend déjà par *aquæ calidæ*, et saint Jérôme observe que les sources chaudes s'appelaient *Yemim* dans la langue phénicienne.

là des noyers et d'autres productions des pays plus froids; ainsi on y voit réunies, dans un rayon peu étendu, les productions des climats les plus différents et des pays les plus éloignés les uns des autres.

Le soleil se lève, dans le solstice d'été, un peu avant 5 heures et il se couche à sept heures et quelques minutes; dans le solstice d'hiver il se lève un peu après 7 heures et il se couche un peu avant 5 heures; la longueur des jours varie de 9 heures 48 minutes à 14 heures 12 minutes. L'année se divise en deux saisons, celle des chaleurs et celle des pluies, ou en été et hiver [1]. Les chaleurs de l'été sont tempérées par la rosée qui tombe pendant la nuit et qui dans la Bible est souvent présentée comme une des plus grandes bénédictions du ciel. Elle est tellement abondante que ses effets ressemblent souvent à ceux de la pluie. *Ouvre-moi,* dit l'amant dans le cantique (ch. 5, v. 2), *ouvre-moi, ma sœur, mon amie; car ma tête est pleine de rosée, les boucles de mes cheveux sont pleines des gouttes de la nuit.* L'été est presque sans nuage et les orages sont fort rares. La saison des pluies commence vers la fin d'octobre. Après la première pluie ou la *pluie hâtive,* qui est suivie d'un second été, on s'occupe des semailles d'hiver, qui consistent en orge et en froment. Au milieu de l'hiver, aux mois de décembre et de janvier, les pluies deviennent de plus en plus fortes, et dans le pays élevé, elles prennent la forme de neige. Plusieurs passages de la Bible, où il est question de neige et de glace, prouvent que dans quelques contrées de la Palestine le froid est quelquefois très-sensible : *Il envoie de la neige (blanche) comme la laine, il répand le frimas comme les cendres, il jette sa glace en morceaux; qui pourrait tenir devant sa gelée?* (Ps. 147, 16.) *Les eaux se cachent comme sous une pierre, et la surface de l'abîme se consolide* (Job, ch. 38, v. 30). — La dernière pluie ou la *pluie tardive* tombe aux mois de mars et d'avril, avant la récolte des fruits d'hiver. C'est à la fin d'avril et dans le courant de mai qu'on coupe le froment et l'orge. On profite de la *pluie tardive* pour faire les semailles d'été, telles que le sésame, le doura, le tabac, le coton, les fèves et les pastèques[1], dont la moisson se fait dans les mois de septembre et d'octobre. C'est à la même époque, c'est-à-dire, à la fin de septembre, que se font les vendanges dans les montagnes.

La marche des vents est très-régulière. Vers l'équinoxe d'automne le vent du nord-ouest commence à souffler, et il dure jusqu'en novembre, alternant surtout avec le vent d'est. De novembre jusqu'en février règnent ceux du nord-ouest, de l'ouest et du sud-ouest; ces deux derniers sont appelés par les Arabes *les pères des pluies*[2]. Ils sont remplacés, au mois de mars, par les pernicieux vents du sud qui soufflent ordinairement trois jours de suite. Les vents d'est qui leur succèdent durent jusqu'au mois de juin. Tandis que le vent d'ouest amène la pluie, le vent d'est, qui vient du désert, est extrêmement chaud, et brûle les plantes. Ézéchiel (17, 10; 19, 12)[3] parle du vent d'est qui dessèche la vigne; par une image dont se sert Osée (13, 15) nous voyons qu'il fait tarir les sources. Il souffle avec force et souvent dégénère en tempête. Aussi, dans la Bible, se sert-on souvent du mot *est* (KADÎM) dans le sens de *tempête. Le vent d'est brise les vaisseaux de Tarsis* (Ps. 48, 8). Après le vent d'est, c'est le vent du nord qui s'établit, et qui permet d'aller et de revenir à la voile sur toute la côte[4].

La Palestine nous présente quelques phénomènes extraordinaires, qui, dans les temps anciens et mo-

---

[1] *L'hiver est passé, la pluie s'en est allée,* (Cantique, ch. 2, v. 11.)

[1] Volney, État phys. de la Syrie, ch. I, § 10.

[2] Volney, ib., § 11.

[3] Voy. aussi Isaïe, 27, 8; Jérémie, 18, 17.

[4] Volney, même endroit.

dernes, sont devenus quelquefois pour ce pays des fléaux redoutables. Tels sont les tremblements de terre et les sauterelles. Les tremblements de terre sont dus sans doute à la même cause que les éruptions volcaniques, dont la Palestine fut autrefois le théâtre[1]. L'histoire nous a conservé le souvenir de plusieurs tremblements, qui ont détruit des villes entières dans la Syrie et la Palestine. Le prophète Zacharie (ch. 14, v. 5) parle d'un grand tremblement de terre qui eut lieu sous le règne d'Ouzia, roi de Juda; ce qui prouve que cette catastrophe resta longtemps dans la mémoire des hommes, car entre Ouzia et Zacharie on compte plus de 250 ans. Cet événement avait formé une ère nouvelle; car dans l'épigraphe des prophéties d'Amos, pour fixer l'époque de la mission de ce prophète, on dit qu'il prêcha *deux ans avant le tremblement*. — Sous Hérode, lors de la bataille d'Actium, il est fait mention d'un autre tremblement de terre qui fit périr dix mille personnes (Josèphe, Antiqu., l. 15, ch. 5, § 2). Les terribles tremblements qui, pendant le règne de l'empereur Justinien (527-565), se renouvelèrent presque chaque année, firent surtout de grands ravages dans la Syrie et la Palestine[2]. Plusieurs écrivains du moyen âge parlent également de semblables fléaux dont ils furent témoins dans ces contrées; le tremblement de terre de 1169, dont parle Guillaume de Tyr (Hist., l. 20, ch. 19), se renouvela pendant quatre mois[3]. On trouve dans la *relation de l'Égypte*, par le médecin arabe Abdallatif[4] des détails sur celui de 1202, qui détruisit presque toutes les villes sur la côte de Syrie et dans la Galilée, et qui s'étendit jusqu'en Égypte. Dans les temps modernes, Volney parle d'un tremblement arrivé en 1759, qui fit périr plus de 20,000 personnes. Enfin de nos jours encore la Syrie et la Palestine ont cruellement souffert de ce fléau; en 1822 la ville d'Alep fut détruite en grande partie, et tout récemment (janvier 1837), Tibériade, Safad et plusieurs autres villes de la Galilée ont subi le même sort. Il est digne de remarque, que de tout temps le territoire de Jérusalem est resté presque intact dans les grandes secousses; un des plus anciens poëtes a dit : *Dieu est au milieu d'elle, elle ne chancelle pas* (Ps. 46, v. 9).

La Palestine, ainsi que d'autres contrées de l'Orient, est en proie au fléau des sauterelles, qui arrivent quelquefois par nuées ravager les campagnes. Nous citerons ici la description d'un auteur moderne, elle offre la plus grande analogie avec celle que nous a laissée le prophète Joël : « La quantité de ces insectes, dit Volney (l. c, § 5), est une chose incroyable pour quiconque ne l'a pas vue par lui-même : la terre en est couverte sur un espace de plusieurs lieues. On entend de loin le bruit qu'elles font en broutant les herbes et les arbres comme d'une armée qui fourrage à la dérobée. Il vaudrait mieux avoir affaire à des Tartares qu'à ces petits animaux destructeurs : on dirait que le feu suit leurs traces. Partout où leurs légions se portent, la verdure disparaît de la campagne, comme un rideau que l'on plie; les arbres et les plantes dépouillés de feuilles, et réduits à leurs rameaux et à leurs tiges, font succéder en un clin d'œil le spectacle hideux de l'hiver aux riches scènes du printemps. Lorsque ces nuées de sauterelles prennent leur vol pour surmonter quelque obstacle ou traverser plus rapidement un sol désert, on peut dire à la lettre que le ciel en est obscurci. » Voici maintenant quelques passages de la description du prophète Joël, qui compare l'arrivée des sauterelles à l'invasion d'un peuple ennemi : « Il « est précédé d'un feu dévorant, une « flamme brûlante est à sa suite; la « terre était devant lui semblable au « jardin d'Éden, et (il la laisse) der-

---

[1] Voy. ci-dessus, page 11.
[2] Voy. Gibbon. Hist. à la fin du T. VII; Ritter *Erdkunde*, T. II, p. 338 (première édition).
[3] Comparez aussi Benjamin de Tudèle, *Itiner.* Éd. L'Empereur, p. 33 et 58.
[4] Traduction de M. Silv. de Sacy, p. 415.

« rière lui comme un désert de déso-
« lation; rien ne peut lui échapper. Ils
« ont (les ennemis) l'aspect de che-
« vaux, ils courent comme des cava-
« liers. Avec un bruit comme celui
« des chars, ils sautent sur les sommets
« des montagnes; c'est comme le bruit
« d'une flamme de feu qui dévore le
« chaume; comme un peuple puissant
« rangé en bataille...... Ils courent
« comme des héros, ils escaladent le
« mur comme des hommes de guerre;
« ils s'avancent, chacun dans son
« chemin; ils ne dévient pas de leur
« route...... Ils pénètrent dans la ville,
« ils courent sur le mur; ils mon-
« tent dans les maisons, ils entrent
« par les fenêtres comme un voleur.
« Devant eux, la terre tremble, le ciel
« s'ébranle, le soleil et la lune s'ob-
« curcissent, et les astres retirent
« leur clarté. » — Poussées dans la
Méditerranée par les vents d'est et de
sud-est les sauterelles s'y noient en
très-grande quantité. Même dans la
mer, ces terribles ennemis ne cessent
pas leurs hostilités; leurs cadavres
rejetés sur le rivage infectent l'air pendant plusieurs jours à une grande distance [1]. »

« Ne craignez rien, animaux, des
campagnes, dit le prophète Joël; car
les pâturages du désert se recou-
vrent de verdure, l'arbre porte son
fruit, le figuier et la vigne donnent
leurs richesses. » Les écrivains bibliques vantent beaucoup la fertilité de
la Palestine; on connaît cette expression si souvent répétée dans la Bible:
le pays où coule le lait et le miel, et
Ézéchiel ajoute: *le plus beau de tous
les pays* (ch. 20, v. 6) [2]. « L'Éternel,
ton Dieu (dit Moïse au peuple d'Israël),
te conduit dans un bon pays, pays à
torrents d'eau, à sources d'eaux sou-
terraines, jaillissant dans la vallée et
sur la montagne; pays de froment,
d'orge, de vignes, de figuiers et de
grenadiers, pays d'oliviers, d'huile
et de miel; pays où tu ne mangeras
pas le pain avec pénurie; tu n'y man-
queras de rien; pays dont les pierres sont du fer, et de ses montagnes
tu tailleras le cuivre. » (Deutéron.
ch. 8, v. 7-9.) Le témoignage des auteurs profanes vient confirmer les paroles de Moïse. Tacite parle de la fertilité du sol de la Judée [1]. Justin, en
parlant de la vallée de Jéricho, loue
sa fertilité et sa beauté [2]. Ammien
dit également: *Palestina cultis abun-
dans terris et nitidis* [3]. Strabon seul
paraît être en opposition avec les témoignages que nous venons de citer;
il dit que la contrée où se trouve Jérusalem avait pu facilement être conquise par le peuple que conduisit Moïse,
parce qu'elle ne pouvait être un objet
d'envie, et que ce sol pierreux et stérile ne valait pas la peine qu'on se bat-
tît pour sa possession [4]. Mais la contrée de Jérusalem n'est pas toute la
Palestine; d'ailleurs Strabon ne connaissait la Palestine que très-imparfai-
tement, comme l'a fait voir le
savant Reland [5]. Les relations d'un
grand nombre de voyageurs prouvent
que la Palestine a même conservé
beaucoup de traces de son ancienne
fertilité [6]. Les plaines offrent partout
la végétation luxuriante d'un climat
méridional, les montagnes, il est vrai,
ne présentent pour la plupart que des
rochers nus, mais la main de l'homme
est venue en aide à la nature: des terrasses furent taillées dans les montagnes et on y apporta de la terre propre
aux plantations. Maundrell, d'Arvieux

---

[1] Volney, l. c. Comparez Joël, ch. 2, v. 20.
[2] Saint Jérôme, dans son commentaire sur ce passage, s'exprime ainsi: *Inclytam esse terram Judææ et cunctis terris fertiliorem dubitare non poterit qui a Rhinocorura (El-Arisch) usque ad Taurum montem et Euphratem fluvium cunctam consideraverit terram et urbium potentiam amœnitatemque regionum.*

[1] *Uber solum. Exuberant fruges nostrum ad morem, præterque eas balsamum et palmæ.* Hist., l. 5, c. 6.
[2] L. 36, ch. 3.
[3] L. 14, ch. 8.
[4] Voy. Strabon, l. 16, ch. 2, § 36.
[5] Palæstina, p. 390.
[6] Ces relations ont été recueillies avec beaucoup de soin par l'abbé Guénée. Voy. *Recherches sur la Judée, considérée princi- palement par rapport à la fertilité de son terroir, depuis la captivité de Babylone jusqu'à notre temps.* (Mémoires de l'Acadé- mie des inscriptions et belles-lettres, t. 50, p. 142-246.)

et Volney parlent de ces terrasses, dont ils ont retrouvé les débris. Encore aujourd'hui la Palestine fournit un grand nombre de productions diverses; mais les guerres qui ont si souvent dévasté ce pays, l'oppression barbare que les Turcs ont fait peser sur ses habitants, le brigandage des Arabes nomades, expliquent suffisamment la désolation qui règne dans ces contrées jadis si fertiles. Volney [1] dépeint avec les couleurs les plus sombres l'état des paysans et de l'agriculture dans la Syrie : « Dans les can-
« tons ouverts aux Arabes, tels que
« la Palestine, il faut semer le fusil
« à la main. A peine le blé jaunit-il,
« qu'on le coupe pour le cacher dans
« les *matmoures* ou caveaux souter-
« rains. On en retire le moins que l'on
« peut pour les semences, parce que
« l'on ne sème qu'autant qu'il faut
« pour vivre; en un mot, l'on borne
« toute l'industrie à satisfaire les pre-
« miers besoins. Or, pour avoir un
« peu de pain, des oignons, une mau-
« vaise chemise bleue et un pagne de
« laine, il ne faut pas la porter bien
« loin. Le paysan vit donc dans la
« détresse; mais du moins il n'enri-
« chit pas ses tyrans; et l'avarice du
« despotisme se trouve punie par son
« propre crime. »

De la fertilité plus ou moins grande de la Palestine dépend naturellement la question de sa population dans les temps anciens. Sans vouloir complétement justifier les nombres que nous donnent les différents recensements rapportés dans les livres de Samuel, des Rois et des Chroniques, nous devons dire cependant qu'on les a trop légèrement révoqués en doute en raisonnant sur des analogies tirées de l'Occident et des temps modernes. Non-seulement les terres d'Asie sont beaucoup plus fécondes et peuvent nourrir plus d'hommes que celles d'Europe, mais tous les voyageurs s'accordent à dire que les Orientaux consomment beaucoup moins que nous. Burckhardt dit que ses compagnons de voyage, qui marchaient au moins cinq heures par jour, se contentaient pour toute nourriture, pendant 24 heures, d'une livre et demie de pain [1]. Nous ne voulons pas ici discuter les différents recensements que nous présente la Bible. Il est permis de douter de l'exactitude des chiffres, d'autant plus que pour l'un de ces recensements, celui qui eut lieu sous David, nous trouvons deux nombres différents; il y a là évidemment une erreur de copiste. Cependant le chiffre de ce même recensement n'est pas aussi exagéré que quelques personnes ont pu le croire, et nous pensons que, combiné avec d'autres recensements, il peut servir de base pour fixer approximativement le chiffre de la population de l'ancienne Palestine. Joab, chargé par David de faire le recensement des guerriers, trouve, selon le 2me livre de Samuel (ch. 24, v. 8) 800,000 hommes dans Israël et 500,000 dans Juda; selon le 1er livre des Chroniques, il y avait 1,100,000 hommes dans Israël et 470,000 dans Juda. Total, selon Samuel, 1,300,000; selon les Chroniques 1,570,000. Dans les chiffres du livre de Samuel il y a une trop grande disproportion entre Juda et les dix tribus d'Israël, même en comptant Benjamin avec Juda; dans les Chroniques cette disproportion est moins grande, mais le nombre total a l'inconvénient d'être plus grand que celui de Samuel. Plus tard, après la défection des dix tribus, Abia, roi de Juda, avait, selon les Chroniques (II, ch. 13) une armée de 400,000 hommes; celle de Jéroboam, roi d'Israël, se composait de 800,000 hommes. Ici le total est à peu près égal à celui que le livre de Samuel donne pour le recensement de David.

Je pense que les documents que nous possédons étant tous d'origine *judéenne*, on peut les soupçonner de quelque exagération en faveur de Juda. Cette exagération n'est que trop évidente, lorsqu'on donne au roi Josaphat une armée de 1,160,000 hom-

---

[1] T. II, ch. 13.

[1] Voy. aussi Volney, l. c, ch. 2.

mes[1]. En considérant comme plus exact le chiffre 800,000 que nous trouvons deux fois pour l'armée d'Israël, et en tenant compte de la prépondérance numérique qu'offre la tribu de Juda dès les temps de Moïse (voy. Nombres, ch. 1 et 2), nous pouvons accorder aux deux tribus de Juda et de Benjamin, sous David et ses successeurs, une armée de 200,000 hommes ce qui nous donnerait un total d'un million de guerriers. Ce nombre ne paraîtra pas exagéré, si l'on réfléchit que, en temps de guerre, tout cultivateur devenait soldat, et qu'ainsi l'armée se composait de tous ceux qui étaient capables de porter les armes. Nous pouvons, d'après cela, compter un guerrier sur quatre individus, ce qui nous donnerait 4,000,000 d'habitants. A ce nombre il faut ajouter les Cananéens qui étaient restés parmi les Israélites, les esclaves, enfin les lévites, qui, exemptés de la guerre par la loi de Moïse, n'étaient probablement pas compris dans le recensement. Ce surplus de population pouvait se monter à un million; ce qui donnerait un total de *cinq millions d'âmes*. C'est beaucoup, sans doute, pour un pays d'environ 1300 lieues carrées; mais nous savons que la Palestine pouvait y suffire, car d'après le tableau de la Judée au temps de Titus, tableau que Volney trouve *assez bien constaté*, le pays devait contenir encore à cette époque quatre millions d'âmes. Si nous en croyons Josèphe[2], le moindre bourg de la Galilée avait à cette époque plus de 15,000 habitants. Strabon dit que les seuls territoires de *Jamnia* et de *Joppé* (*Yafa*) pouvaient armer 40,000 hommes. Au reste, les ruines innombrables semées dans ces contrées attestent combien étaient nombreuses les populations qui jadis y avaient fixé leurs demeures.

CHAPITRE III.

HISTOIRE NATURELLE.

Nous donnerons ici le résumé de tout ce que la Palestine ancienne et moderne offre de plus remarquable dans les trois règnes de la nature, en recueillant ce que nous trouvons à ce sujet dans la Bible et dans les relations des voyageurs. Les poëtes hébreux aiment à contempler le Créateur dans les merveilles de la nature, et pour bien comprendre leurs images il faut connaître surtout le monde qui les entoure. L'Écriture, en vantant la sagesse de Salomon et les livres qu'il composa, nous dit qu'il parla sur toutes les plantes *depuis le cèdre du Liban jusqu'à l'hysope qui croît sur les murs*, ainsi que sur les quadrupèdes, les oiseaux, les reptiles et les poissons. Malheureusement nous ne possédons plus ces trésors scientifiques, mais des savants modernes y ont suppléé par de savantes et minutieuses recherches. L'histoire naturelle de la Bible a été traitée dans plusieurs ouvrages spéciaux, où sont expliqués tous les objets d'histoire naturelle mentionnés dans l'Écriture sainte[1]. Nous nous bornerons dans ce chapitre à ce qui a rapport spécialement à la Palestine; le reste appartient aux antiquités bibliques et à l'histoire du commerce et des sciences chez les Hébreux.

A. MINÉRAUX.

Les pierres *calcaires* et *crétacées* dominent dans les montagnes de la Pa-

---

[1] Chroniques, liv. II, ch. 17, v. 14-18.
[2] De Bello Jud., l. III, ch. 3, § 2.

[1] Le travail de ce genre le plus important est l'immortel ouvrage sur la zoologie biblique, de Bochart, ministre protestant né à Rouen, en 1599. Cet ouvrage intitulé *Hierozoicon, sive de animalibus sacræ scripturæ*, 2 vol. grand in-fol., a eu plusieurs éditions, dont la dernière fut publiée par Rosenmuller, professeur des langues orientales à Leipzig, en 3 vol. in-4°, 1793. — Celsius, savant suédois, publia un ouvrage sur les plantes: *Hierobotanicon s. de plantis S. S.* 2 vol. in-8°, Upsal, 1745, 1747. OEdmann, son compatriote, a écrit en suédois plusieurs mémoires sur l'histoire naturelle et la physique de l'Écriture sainte. Ces mémoires, traduits en allemand, ont été publiés à Rostock, 1786-95. — Récemment Rosenmulter, qui par ses travaux (dont la plupart sont des compilations) a rendu de très-grands services aux études bibliques, a publié une histoire naturelle de la Bible, en allemand: *Biblische Naturgeschichte*, vol. in-8°, Leipzig, 1830, 1831.

lestine; çà et là on y trouve des couches de *grès*. Au nord-est cependant, dans le pays de Basan et surtout dans le Hauran, le *basalte* prédomine, et on en trouve encore sur quelques points à l'ouest du lac de Tibériade. Seetzen parle de travaux exécutés en basalte, qu'il trouva dans ces contrées; il y vit particulièrement beaucoup d'anciens sarcophages. Ritter [1] a pensé que le *lit de fer* d'Og, roi de Basan, dont il est question dans le Deutéronome (3, 11), pouvait bien être un sarcophage de basalte. Cette conjecture a beaucoup de vraisemblance; d'autant plus que le basalte [2] renfermant quelquefois jusqu'à un cinquième de fer, pouvait être considéré par les Hébreux comme étant de même nature que ce métal et en porter le nom [2]. Dans le Hauran on se sert du basalte pour les constructions et le pavage. Il paraît que Salomon fit venir du basalte du pays de Basan pour paver les routes de Jérusalem; ce sont là, sans doute, les *pierres noires* dont parle Josèphe (Antiq., liv. 8, ch. 7, § 4).

Les environs de la mer Morte fournissent à la Palestine plusieurs substances minérales fort utiles, telles que le sel, le soufre et l'asphalte. Au sud-ouest du lac, il y a des mines de *sel gemme*, situées dans le flanc des montagnes qui règnent de ce côté [3]. L'eau du lac renferme elle-même beaucoup plus de sel que toutes les autres eaux connues. Sur cent parties d'eau il y en a 42,80 de sel [4]. A l'est du lac, le sel se dépose en couches d'un pied d'épaisseur, et toutes les pierres sur cette partie du rivage sont incrustées de sel; les objets qui tombent dans le lac se couvrent bientôt d'une croûte saline [1]. On trouve aussi sur le rivage des morceaux de *bitume* et de *soufre* [2]. Nous avons déjà parlé des *puits d'asphalte* mentionnés dans la Génèse; on en trouve aujourd'hui à l'ouest de la mer Morte [3].

Parmi les *métaux*, le *fer* et le *cuivre* devaient, selon les paroles de Moïse (Deutér. 8, 9), être abondants dans la Palestine, et surtout dans le canton de la tribu d'Aser (ib. 33, 25), entre Sidon et le Carmel. Cependant il n'en est pas question dans les relations de voyages. Volney dit seulement que le fer est abondant dans les montagnes de Kesrâouan et des Druzes, et qu'on parle d'une mine de cuivre à Antabès, au nord d'Alep. Mais il ne sait rien dire de positif sur la Judée.

B. VÉGÉTAUX.

Nous avons déjà dit que le climat de la Palestine favorise la végétation la plus variée. Nous ne pouvons pas avoir la prétention d'énumérer ici toutes les plantes que produit ce pays [4]; nous nous bornons aux plus remarquables et à celles dont il est souvent fait mention dans la Bible.

a. CÉRÉALES ET LÉGUMINEUSES.

Le blé le plus commun en Palestine, comme dans toute la Syrie et

---

[1] *Erdkunde*, II, 363. (1er édit.)
[2] Selon Buttmann, cité par Ritter, le mot *basalte* (le *basanites* des anciens) vient d'un mot oriental *vas*, qui veut dire *fer*. Comparez Pline, Hist. nat. 36, 7. Burkhardt rapporte que les Arabes croient encore maintenant que les pierres de basalte se composent principalement de fer, et qu'on lui demandait souvent s'il ne connaissait pas de moyen pour en extraire le métal. J'observerai encore que le mot hébreu BARSEL (fer) ressemble beaucoup à *basalte*.
[3] Volney, Voyage; État phys. de la Syrie, ch. 1, § 7.
[4] Ritter, l. c., p. 336.

[1] Les pétrifications salines qu'on remarque dans ces contrées peuvent expliquer l'origine de la tradition sur la femme de Lot, qui, s'étant arrêtée trop longtemps dans ces lieux de désolation, y trouva la mort et devint *une colonne de sel* (Génèse, ch. 19, v. 26.). Jahn, professeur de théologie et chanoine de l'église métropolitaine de Vienne, savant orientaliste, mais nullement favorable au rationalisme, n'a pas hésité à prendre le NECID MELAHH de la Génèse pour un *monument* élevé à la mémoire de la femme de Lot, et qui consistait en un monceau de pétrifications salines. Voy. *Biblische Archæologie*, t. I, p. 161.
[2] Volney, l. c.
[3] Il y a encore d'autres puits d'asphalte dans les environs de Hasbela dans l'ancienne Galilée.
[4] Dans la Bible, qui ne renferme que quelques débris de la littérature hébraïque, nous trouvons 250 noms de plantes.

l'Égypte, est le *froment*. Les Hébreux le cultivaient beaucoup; ils en tiraient aussi du pays des Ammonites, et c'était un de leurs articles de commerce. Salomon donnait chaque année à Hiram, roi de Tyr, vingt mille *cor* de *froment* et vingt *cor* d'huile, en échange du bois de cèdre et de cyprès que lui fournissait ce roi. Parmi les denrées que les Juifs apportaient sur les marchés de Tyr, nous trouvons en première ligne le *froment de Minnith* [1] (Ézéch. 27, 17). On mangeait aussi les épis, coupés avant d'être mûrs et rôtis au feu; des épis rôtis se trouvaient parmi les offrandes du temple; on en offrait particulièrement avec les prémices (voy. Lévit. 2, 14 et 23, 14). La récolte du froment se fait à la fin d'avril. L'*épeautre*, espèce particulière de froment, se trouvait aussi en Palestine; il paraît résulter d'un passage d'Isaïe (28, 25) qu'on le semait au bord des champs.

L'*orge* était peu estimée; elle servait surtout à nourrir les chevaux (I Rois, 5, 8), et de nos jours encore on en fait le même usage; on la coupe à la fin de mars. L'*avoine* est fort rare [2].

Le riz est maintenant cultivé avec succès sur les bords du lac d'*El-houla* [3]. Dans la Bible il n'en est pas question; le Talmud le connaît sous le nom de *Orez* (ὄρυζα). — Le *dourra*, maintenant très-commun en Palestine et en Égypte, est une espèce de *millet*. Les Arabes pétrissent la farine de *dourra* avec du beurre, de l'huile, de la graisse et du lait de chameau, et ils en font du pain dont Niebuhr trouva le goût fort désagréable. Une autre espèce de millet est mentionnée dans la Bible (Ézéch. 4, 9) sous un nom usité encore aujourd'hui chez les Arabes, c'est le *dokhn* [1] (*holcus dochna* Linn). On le cultive en Syrie et en Égypte; étant encore vert il sert de fourrage; quand il est mûr on en fait de l'empois; mais on le mange aussi comme bouillie, ou même sous la forme de pain, ce qui résulte aussi du passage d'Ézéchiel.

Parmi les plantes légumineuses la Palestine produit surtout des *lentilles* et des *fèves*. Les premières sont déjà mentionnées dans l'histoire du patriarche Jacob, auquel Ésaü vend son droit d'aînesse pour un plat de *lentilles* [2]. Dans le 2ᵉ livre de Samuel (ch. 23, v. 11) il est question d'un champ semé de lentilles, et dans le même passage il est parlé des fèves, sous le nom de *Phôl* (2 Sam. 17, 28), qu'elles portent encore aujourd'hui chez les Arabes.

b. PLANTES POTAGÈRES OU CULTIVÉES.

Les *herbes amères* (Merorîm) qui servaient de salade sont mentionnées dans l'Exode (12, 8); on devait en manger avec l'agneau pascal. A ce sujet le Talmud nomme plusieurs espèces, entre autres la *laitue* et l'*endive*. — Les Hébreux aimaient le *porreau*, l'*ail* et l'*oignon*, qu'ils regrettaient de ne plus trouver dans le désert après leur sortie d'Égypte (Nombres, 11, 5). Les Égyptiens s'abstenaient de manger ces plantes auxquelles ils rendaient un culte [3], et elles se trouvaient probablement en grande quantité à la disposition des Hébreux, qui, plus tard, n'auront pas manqué de les cultiver dans leurs jardins en Palestine. En effet, il est souvent ques-

---

[1] Minnith était situé dans le pays des Ammonites (Juges, 11, 33.)
[2] Volney, État phys. de la Syrie, ch. I, § 8. Selon cet auteur, le *seigle* se cultive également en Syrie. L'*avoine* et le *seigle* ne sont pas mentionnés dans la Bible; mais il en est question très-probablement dans la *Mischna* (texte du Talmud). On y mentionne deux espèces de blé sous les noms de SCHIBBOLETH SCHOUAL (épi de renard) et SCHIPHON. Selon les commentateurs le premier désigne l'*avoine* et le second le *seigle*.
[3] Volney, l. c.

[1] En hébreu DOHHAN.
[2] Il ne peut y avoir aucun doute sur le sens du mot hébreu *adaschim*; maintenant les *lentilles* portent le même nom chez les Arabes, qui disent *adas*.
[3] *Porrum et cepe nefas violare, ac frangere morsu.*
O sanctas gentes, quibus hæc nascuntur in hortis
Numina! (Juvénal, Sat. 15, v. 9, 10).
Les Brahmanes s'abstiennent également de ces plantes. Voy. les *Lois de Manou*, liv. 6, § 5.

tion de ces plantes dans la *Mischna*, au sujet de la dîme et de l'année sabbatique. — Les *concombres* et les *pastèques* figurent également parmi les plantes d'Égypte tant regrettées des Hébreux; nous les rencontrons aussi dans la Palestine ancienne et moderne. Le prophète Isaïe compare la montagne déserte de Sion à la cabane du gardien dans un *champ de concombres*. Volney trouva à Yâfa des pastèques, préférées même à celles de *Broulos* sur la côte d'Égypte. — Isaïe (ch. 28, v. 25, 27) parle de la *nielle* et du *cumin*; Jésus-Christ mentionne la *menthe* et l'*aneth*, comme des plantes dont les pharisiens payaient la dîme[1], et qui, par conséquent, étaient *cultivées*. Dans l'Évangile de St. Luc, Jésus parle aussi de la *rue*, que la Mischna compte parmi les herbes potagères non soumises à la dîme. — Le *sénevé*, à ce qu'il paraît, était cultivé dans les jardins, car il était soumis à la dîme[2]; maintenant il croît sans culture. Chez les rabbins le *grain de sénevé* a passé en proverbe, pour désigner une chose extrêmement petite; ce qui explique ces paroles de l'Évangile (Luc. 17, 6.) : Si vous aviez une foi semblable au grain de sénevé[3].

c. Herbes et arbustes sauvages.

Parmi les plantes qui croissent sans art il en est une qui joue un grand rôle dans la loi de Moïse, où elle est appelée *Ézob*, mot qu'on rend ordinairement par *hysope*, mais que tous les rabbins arabes expliquent par *Sahtar*[4], qui est l'*origan*, plante aromatique de la famille des labiées et analogue à notre *hysope*. Cette plante aime un sol sec et pierreux, et on la voit quelquefois croître au milieu des bâtiments en ruine; c'est pourquoi l'Écriture dit : « l'*Ézob* qui croît sur le mur. » (I Rois, 5, 13.) Pour les aspersions du sang des sacrifices et de l'eau lustrale, Moïse recommande de se servir d'un bouquet d'*ézob*. Dans plusieurs cérémonies symboliques de purification, on se servait en même temps de bois de cèdre et d'*ézob*[1], comme des deux degrés extrêmes de l'échelle des plantes. — La *câpre* est mentionnée dans l'Ecclésiaste (12, 5), selon les anciennes versions, et souvent dans le talmud. — Le prophète Jérémie (2, 22) parle de la *saponaire*. St. Jérôme, qui conserve dans sa traduction le mot hébreu *borith*, dit dans le commentaire, que ce mot désigne une herbe qui croît en Palestine dans des endroits humides et qui sert au lavage. — L'*indigo*, dit Volney, croît sans art sur les bords du Jourdain au pays de *Bisân*, et il ne demande que des soins pour acquérir de la qualité. Selon le même auteur, la Palestine abonde en *sésame* propre à faire de l'huile. — Dans l'histoire du prophète Élie il est question du *genêt* (I Rois, ch. 19, v. 4 et 5); le prophète, fugitif dans le désert, s'endort sous un arbuste de *genêt* (*Rôthem*, en arabe *ratam*). Dans les déserts de l'Orient on fait du feu avec cet arbuste; dans les Psaumes (120, 4), la langue du calomniateur est comparée à la braise du genêt. — L'arbre merveilleux du prophète Jonas à Ninive est, selon le commentaire de St. Jérôme, très-commun en Palestine; il croît dans des endroits sablonneux. Le mot hébreu est *kikayón*; les rabbins arabes expliquent ce mot par *El-kherowa*, qui est le *ricin*. Les détails que donne St. Jérôme s'appliquent parfaitement à cet arbuste. De ses graines on fait de l'huile; il en est question dans la *Mischna*, où on l'appelle *huile de kik*. N'oublions pas le *roseau de marais* du lac de Merôm, qui, selon Pline, sert à faire d'excellentes flèches (Hist. Nat. 6. 13); là, dit le même auteur, il croît aussi du *papyrus*, comme à Babylone et sur le Nil.

En fait de plantes nuisibles, ou

---

[1] Matth. 23, 23.
[2] Mischna, *des dîmes*, ch. 4, § 6.
[3] Voy. aussi la parabole sur le royaume des cieux, Matth. 13, 31; Marc. 4, 31; Luc, 13, 19.
[4] Voy. le *Sépher schoraschim* (livre des racines) de R. David Kimchi.

[1] Voy. Lévit. ch. 14, v. 4 et 49; Nombres, ch. 19, v. 6.

qu'on prenait pour telles, à cause de leur goût amer, la Bible mentionne les *pakkouôth*[1], espèce de *concombres sauvages* (cucumeres asinini); l'*absinthe* qui chez les auteurs hébreux est très-souvent l'image du malheur et de tout ce qui est désagréable et nuisible; le *rôsch*[2] que quelques commentateurs ont pris pour la *coloquinte*, d'autres pour la *ciguë*. Il paraît que le mot hébreu signifie *plante vénéneuse*, en général. Selon un passage du prophète Osée (10, 4), le *rôsch* pousse dans les sillons des champs; ici c'est probablement la *zizanie* (ζιζάνιον, *lolium temulentum*, l'ivraie annuelle des botanistes), dont il est question dans l'Évangile de St. Matthieu (ch. 13, v. 25 et suiv.), et qui cause des vertiges et des éblouissements[3]. Volney dit, en parlant des paysans de la Syrie[4] : « Pour ne rien « perdre du grain, ils y laissent toutes « les graines étrangères, même l'i- « vraie (en arabe *Ziouân*), qui donne « des vertiges et des éblouissements « pendant plusieurs heures, ainsi qu'il « m'est arrivé de l'éprouver. »

C'est ici qu'il y a lieu de dire quelques mots du fameux *arbre de Sodome*, mentionné déjà probablement par Moïse sous le nom de *vigne de Sodome* (Deutéron. ch. 32, v. 32). Selon Josèphe, on trouve dans les environs de la mer Morte un fruit d'une belle apparence, mais qui, dès qu'on le touche, se change en cendres (De bello jud. l. 4, c. 8, § 4). On pense bien que les voyageurs et les pèlerins ont cherché ce fruit; quelques-uns ont douté de son existence, d'autres, comme Hasselquist, l'ont pris pour le *solanum melongena* de Linné, que l'on trouve en grande quantité dans le voisinage du lac et qui est quelquefois rempli de poussière, lorsqu'il est attaqué par un insecte. M. de Chateaubriand, après avoir cité les opinions de différents autres voyageurs, ajoute ce qui suit : « Me voilà bien « embarrassé, car je crois aussi avoir « trouvé le fruit tant cherché : l'ar- « buste qui le porte croît partout à « deux ou trois lieues de l'embouchure « du Jourdain; il est épineux, et ses « feuilles sont grêles et menues; son « fruit est tout à fait semblable en « couleur et en forme au petit limon « d'Égypte. Lorsque ce fruit n'est « pas encore mûr, il est enflé, d'une « séve corrosive et salée; quand il est « desséché il donne une semence noi- « râtre qu'on peut comparer à des « cendres, et dont le goût ressemble « à un poivre amer. »

d. ARBUSTES ET FLEURS D'AGRÉMENT. — BAUMES.

Les jardins de la Palestine étaient riches en parfums de diverses espèces; au milieu de cette nature enchanteresse qui entoure de toutes parts les deux amants du Cantique des cantiques s'exhalent les odeurs les plus suaves, les fleurs et les parfums viennent répandre tous leurs charmes sur le langage d'amour des fiancés. Plusieurs plantes qui offrent des images à l'auteur du Cantique n'étaient connues parmi les Hébreux que comme des objets de luxe introduits des pays étrangers, surtout de l'Inde et de l'Arabie. Nous ne parlerons ici que des plantes indigènes : « Mon ami (dit l'amante dans le Cantique) est comme une grappe de *Copher* dans les vignes d'En-Gadi. » Cette plante est celle que les Arabes appellent *Al-henna*; elle est très-commune en Palestine et en Égypte. Chez les anciens elle s'appelait *cyprus* (κύπρος), nom qui se trouve aussi dans les versions grecque et latine pour le mot hébreu *copher*. C'est la *lawsonia inermis* de Linné, arbuste de hauteur d'homme, dont les feuilles, qui ressemblent à celle du myrte, ne tombent pas en hiver. Les fleurs qui poussent au bout des branches forment une espèce de grappe. La variété des couleurs et l'odeur agréable des bouquets du henna en font une parure dont les femmes sont fort jalouses. Cette plante joue

---

[1] 2. Rois, 4, 39.
[2] Ce mot signifie aussi *poison*. Voy. Deutéron. 29, 18; 32, 33.
[3] *Et careant loliis oculos vitiantibus agri.*
Ovid. Fast., I, 691.
[4] T. II, ch. 13.

un grand rôle dans la toilette des femmes orientales; ses feuilles cuites dans l'eau, séchées et pulvérisées, donnent une poudre de couleur orange, avec laquelle les femmes se teignent les ongles et les cheveux [1]. L'amante du Cantique parle aussi de la *mandragore qui répand son parfum*. Cette plante croît sans culture en Palestine et dans les pays environnants. Il en est question aussi dans la Genèse (ch. 30, v. 14 et suiv.) et il résulte de ce passage, que déjà du temps de Jacob, les Orientaux voyaient dans le fruit de la mandragore un remède contre la stérilité, superstition répandue encore aujourd'hui dans tout l'Orient.

En fleurs, la Palestine nous offre des *jacinthes*, des *jonquilles*, des *anémones*, des *tazettes*, dans les environs du Carmel; la plaine de Saron est riche en *roses*, en *lis*, en *narcisses* et en *giroflées*. La fiancée dit (Cant. ch. 2, v. 1): *Je suis le narcisse de Saron, le lis des vallées*. Autrefois il y avait de belles *roses* dans les environs de Jéricho (Sirach, 24, 18); maintenant on en trouve au village de Saint-Jean, dans le désert du même nom. Ce qu'on appelle la *rose de Jéricho* (anastatica hierochuntica, Linn.) n'est qu'un arbuste de quatre à cinq pouces de hauteur, qui se compose d'une multitude de petites branches sur lesquelles poussent des feuilles et des fleurs extrêmement petites. Les pèlerins disent que ces roses croissent dans le désert à tous les endroits que Marie, dans sa fuite en Égypte, toucha du pied. On dit que la rose de Jéricho, étant déjà desséchée, s'ouvre de nouveau lorsqu'on la met dans l'eau. Ritter cite une expérience faite, après sept cents ans, sur une des roses rapportées de la terre sainte au temps des croisades et conservées comme reliques [2].

La Palestine était autrefois célèbre pour son *baume*. Pline dit (Hist. nat. l. 12, c. 25): *Omnibus odoribus præfertur balsamum, uni terrarum Judææ concessum*. Strabon dit également que le baume ne se trouve que dans les jardins de Jéricho, et, selon Justin, la Judée en tirait une grande partie de ses revenus [1]. On voit que tous ces auteurs ne connaissaient pas le baume d'Arabie. Il ne faut pas confondre le baumier de la Judée, arbuste de la hauteur d'une ou deux coudées [2], avec celui de la Mecque, qui arrive à la hauteur du grenadier. Le baumier se cultivait dans deux jardins célèbres près de Jéricho et d'Én-gadi. Ces jardins, détruits par les Juifs dans leur guerre avec les Romains, furent rétablis par ces derniers. Il en est encore question au huitième siècle (voy. Ritter p. 349, 350). Le baumier suait aux mois de juin, juillet et août. On obtient le baume en faisant des incisions dans l'écorce, opération qui demande beaucoup de précaution et pour laquelle il faut se servir d'un fragment de pierre ou de verre [3]. Abdallatif, médecin arabe du douzième siècle, donne de longs détails sur la manière de recueillir le baume; il dit aussi que, selon Galien, le meilleur baume se trouvait autrefois en Palestine, mais que de son temps on n'en voyait plus dans ce pays [4]. Sous Pompée le baumier de Jéricho fut apporté en triomphe à Rome. Dans la Bible on nomme plusieurs fois le pays de Gilead comme la patrie d'un baume salutaire [5]. Comme les auteurs grecs et romains placent le baumier dans les environs de Jéricho, OEdman [6] et après lui

---

[1] Voy. Hartmann, *Die Hebræerin am Putztische* (sur la toilette des femmes chez les anciens Hébreux), t. II, p. 356 et suiv.
[2] *Erdkunde*, t. II, p. 431.

[1] *Opes genti ex vectigalibus opobalsami crevere, quod in his tantum regionibus gignitur.* Hist. L. 36, c. 3. Voy. aussi Tacite, Hist. L. 5, c. 6.
[2] *Modica arbor*, dit Tacite.
[3] *Si vim ferri adhibeas, pavent venæ, fragmine lapidis aut testá aperiuntur.* Tacite, *l. c. Inciditur vitro, lapide, osseisve cultellis; ferro lædi vitalia odit.* Pline, *l. c.*
[4] Relation de l'Égypte par Abdallatif, traduction de M. Silv. de Sacy, page 21.
[5] Genèse, 37, 25; Jérémie, 8, 22; 46, 110
[6] *Sammlungen*, troisième cahier, p. 11, et suiv.

Rosenmüller [1] ont pris le *baume de Gilead* pour l'*huile du zakkoum* (elæagnus angustifolius, Linn.) qui est le *myrobalan* des anciens (Pline, l. 12, ch. 21). L'arbre du *zakkoum*, qui existe encore maintenant en Palestine, ressemble à un prunier; son fruit est un gland sans calice, sous l'écorce duquel est une pulpe, puis un noyau dont on tire une huile que les Arabes considèrent comme un médicament fort précieux pour les blessures. Parmi les produits de Gilead la Genèse mentionne encore deux substances sous les noms de *Necoth* et *Lôt*. Les anciennes versions et les commentateurs ne sont pas d'accord sur le sens de ces mots; la plupart des savants modernes prennent le *necôth* pour la *gomme adragant* que donne la *tragacante*, et le *lôt* pour le *ladanum*, substance résineuse qui se trouve sur les branches du *ciste*. Il paraît résulter d'un passage du Cantique (ch. 4, v. 6) que la Palestine ancienne produisait aussi la *myrrhe* et l'*encens*.

e. Matières textiles.

La Palestine produit le lin, le chanvre et le coton. Le *lin* y était cultivé déjà avant l'entrée des Hébreux. Les deux explorateurs que Josué envoya à Jéricho sont cachés par Rahab sous des *tiges de lin* qu'elle avait disposées sur le toit, probablement pour les faire sécher au soleil. Avant l'époque de l'exil de Babylone nous ne trouvons pas d'indications certaines d'une plante filamenteuse autre que le lin. Le *schesch* (שֵׁשׁ), dont il est très-souvent question dans le Pentateuque (dans les versions grecque et latine *byssus*) et que beaucoup de savants modernes prennent pour le coton,

[1] *Biblische Naturgeschichte*, t. I, p. 168 et suiv. On peut observer contre cette opinion que les Septante rendent le mot hébreu Çori par ῥητίνη (gomme, résine), et que, selon le Talmud, le Çori est une résine qui coule des arbustes du baumier (Kerithoth, fol. 6 recto). Voy. aussi le commentaire de *Yarchi* à la Genèse 37, 25. Il est donc plus probable que le baumier était autrefois cultivé dans le pays de Gilead.

n'est, selon l'opinion des anciens rabbins, qu'un fil particulier de lin. La femme forte, dans les *Proverbes* de Salomon (ch. 31, v. 13), n'emploie dans ses travaux que la laine et le *lin*. Les vêtements des prêtres étaient de lin; Isaïe parle de *mèches de lin* (42, 3; 43, 17) et de l'*étoupe* (1, 31); Jérémie mentionne des *ceintures de lin* (13, 1). Le *chanvre*, originaire de la Perse, n'était pas cultivé par les anciens Hébreux; il n'en est pas question dans la Bible, mais la *Mischna* le mentionne sous le nom de *Kanbos* ou *Kannabos* (cannabis). Le *cotonnier* ne fut probablement introduit en Palestine que sous les derniers rois de Juda. Le mot *bouss* (בוץ le *byssus* des anciens) que l'on trouve dans les livres bibliques de la dernière époque, tels que les Chroniques, Esther, Ezéchiel, désigne peut-être le coton. Cependant les anciens rabbins prennent le mot *bouss* lui-même dans le sens de *lin*, et la Mischna appelle le coton צֶמֶר גֶּפֶן *laine de vigne* [1], ce qui prouve que les rabbins ne trouvaient pas de nom biblique pour le coton [2]. Quoi qu'il en soit, la Palestine a su s'approprier cette plante, et encore, dans les

[1] Sans doute parce que les feuilles du cotonnier ressemblent à celles de la vigne.
[2] Comparez Braun : *De vestitu sacerdotum hebræorum*, lib. I, c. 6 et 7. — Jahn, Rosenmüller, Gesénius, et d'autres savants qui ont écrit sur l'archéologie biblique, voient le *coton*, non-seulement dans le *bouss*, mais aussi dans le *schesch* que l'on trouve déjà dans l'histoire de Joseph en Égypte (Genèse, ch. 41, v. 42); mais les traditions des anciens rabbins, plus rapprochés des temps bibliques, ne sont nullement à dédaigner. La ressemblance des mots *bouss* et *byssus* ne prouve rien, car le mot *byssus* lui-même a un sens très-vague et se prend aussi pour le lin. Au reste, le célèbre philologue J. H. Voss s'est livré au sujet du *byssus* à des recherches profondes et il a prouvé que le *coton*, originaire de l'île de *Tylos* dans le golfe Persique, n'a été apporté aux Hébreux que peu de temps avant l'exil de Babylone, et plus tard encore aux Égyptiens. Voy. *Mythologische Briefe*, deuxième édition, t. III, p. 262 et suiv. Voy. aussi, à l'appui de cette opinion : Dutrochet, *Note sur la substance végétale qui a servi à la fabrication des toiles qui enveloppent les momies d'Égypte*. Compte rendu des séances de l'Académie des sciences, vol. IV, pag. 739; séance du 15 mai 1837.

temps modernes, elle y fut cultivée avec beaucoup de succès. Dans la seconde moitié du dix-septième siècle, on exportait seulement pour Marseille cent trente et un mille livres de coton par an, comme on peut le voir dans les relations du chevalier d'Arvieux. Du temps de Volney (1783-85) le village de *Mesmié*, à quatre lieues de Ramla, fournissait beaucoup de coton, et il y avait au village de *Loudd* (Lydda), une fois par semaine, un marché où les paysans de tous les environs venaient vendre leur coton filé (T. II, ch. 7). « Avant le ravage des derniers troubles, dit le même voyageur (État phys., ch. 1, § 8), *Yâfa* voyait dans ses jardins deux plants du coton-arbre de l'Inde, qui grandissaient à vue d'œil. » Le coton fait partie des semailles d'été; sa récolte tombe dans le mois de septembre.

f. Vigne.

Dans la bénédiction que Jacob, avant de mourir, donne à ses douze fils, il dit, en parlant de Juda : « Il « attache à la vigne son ânon, et au « cep le petit de son ânesse; il lave son « vêtement dans le vin, et son manteau « dans le sang de raisins. Il a les yeux « pétillants de vin, et les dents blan- « ches de lait. » Les montagnes et les collines qui traversent le pays des Hébreux favorisaient la culture de la vigne, et le canton de Juda surtout était célèbre pour son vin. Là se trouve la vallée d'*Escol* (grappe), d'où les explorateurs qu'avait envoyés Moïse rapportèrent un pampre et une grappe de raisins que deux hommes portèrent sur un bâton. Des voyageurs modernes ont trouvé dans ces contrées des grappes qui pesaient jusqu'à 12 livres et dont les grains avaient la grosseur de petites prunes; un seul homme ne peut se charger de les porter bien loin, si on veut les conserver dans toute leur beauté. Là sont aussi les vignes d'En-gadi (Cantique, 1, 14) et de Thimnath (Juges, 14, 5), ainsi que la vallée de *Sorek* qui, sans doute, a tiré son nom d'une espèce de vignes renommée. Mais il y en avait aussi dans d'autres contrées de la Palestine. Naboth possédait à Yezréel une vigne, pour laquelle le roi Achab lui en offrit une meilleure (I Rois, ch. 21, v. 1, 2). A l'est du Jourdain, Moab était un pays de vignobles, et lorsque Isaïe prédit la chute de Moab, il pleure la vigne de *Sibma* : « Les maîtres des nations en « écrasent les ceps, qui touchaient « Yaazer, allaient se perdre dans le dé- « sert, et dont les jets se répandaient « au loin et passaient la mer, » c'est-à-dire le *lac Asphaltite*. La Palestine, au milieu de ses ruines et de sa désolation, n'a pas perdu cette belle plante, même sous le gouvernement des Turcs, dont les principes religieux sont hostiles au vin. C'est toujours l'ancien pays de Juda qui se distingue par ses vignes; on en voit beaucoup dans les environs de Hébron. L'on ne s'en sert, dit Volney [1], qu'à faire des raisins secs mal préparés, quoique l'espèce soit fort belle [2]. A Béthléem, où il y a des chrétiens, on fait du vin blanc, qui, selon le même auteur, justifie la réputation qu'avaient jadis les vins de Judée; mais il a l'inconvénient d'être trop capiteux. Étienne Schulz, voyageur allemand, raconte que dans un village des environs de Saint-Jean d'Acre il soupa avec ses compagnons de voyage sous un grand cep de vigne, qui avait environ un pied et demi de diamètre et trente pieds de hauteur, et dont les branches, soutenues de tous les côtés, formaient un abri de plus de cinquante pieds en long et en large : « Je « me rappelai alors, dit-il, le verset de « Michas (ch. 4, v. 4) : *Ils demeureront,* « *chacun sous sa vigne et sous son* « *figuier* [3]. » Le raisin de Palestine était, pour la plupart, rouge, de là l'expression *sang de raisins* [4] : « Pour- « quoi ce rouge sur ton vêtement, et

---

[1] T. II, vers la fin du ch. 6.
[2] Selon Shaw, on en fait aussi du sirop dont on exporte en Égypte 300 charges de chameau par an (*Travels*, p. 339, deuxième édit.).
[3] Schulz, *Leitungen des Hœchsten*, t. V, p. 285. — *Être assis sous sa vigne et sous son figuier* est, dans la Bible, une expression proverbiale, qui veut dire : *vivre en paix*.
[4] Genèse, 49, 11; Deutéron. 32, 14. Comparez Isaïe, 63, 2 et suiv.

« tes habits comme d'un homme qui « foule la cuve? » (Isaïe, 63, 2.) Dès les mois de juin et de juillet on avait du raisin mûr, mais les vendanges ne se faisaient qu'en septembre. Nous aurons l'occasion de revenir sur les fêtes des vendanges dans une autre partie de cet ouvrage. Les poëtes bibliques comparent le peuple d'Israël à une vigne. Dans les Psaumes (80, 9) ce peuple est appelé un cep de vigne transplanté d'Égypte. Israël est une vigne luxuriante, dit le prophète Osée (10, 1). Tombé dans le péché, il est comparé par Isaïe (ch. 5) à un vignoble qui a trompé l'espérance du vigneron; la même image se trouve dans la parabole de Jésus (Matth. ch. 21, v. 33-41).

g. ARBRES FRUITIERS ET FORESTIERS.

Outre les arbres fruitiers, communs dans nos contrées, tels que le pommier, le poirier, le noyer, le cerisier, l'abricotier, l'amandier, etc., la Palestine en possède plusieurs d'une noble espèce et qu'il est important de connaître pour l'intelligence de la Bible. L'*olivier*, toujours verdoyant, et qui, selon Pline (l. 16, ch. 44), arrive à l'âge de deux cents ans, est toujours compté dans la Bible parmi les richesses dont le ciel avait béni le pays des Hébreux. Il paraît que la contrée la plus riche en oliviers était la *Scheféla* ou le bas pays au sud-ouest; car parmi les ministres de David nous trouvons un inspecteur des oliviers dans cette contrée (I Chron. 27, 28). C'est là aussi que des voyageurs modernes ont trouvé un grand nombre d'oliviers. Hasselquist en trouva dans trois vallées entre Yâfa et Jérusalem, et Volney en a vu à Ramla, qui croissaient à la hauteur des hêtres. Çà et là il y avait aussi des plantations d'oliviers dans les montagnes; on connaît la célèbre montagne près de Jérusalem autrefois plantée d'oliviers, qui ont presque entièrement disparu. Seydlitz, voyageur du seizième siècle (1556), en a rencontré dans les montagnes du midi [1], et Belon sur les collines de Nablous [2].

Selon la bénédiction de Moïse (Deutér. 33, 24), Asser devait *baigner son pied dans l'huile*. Les anciens Hébreux exportaient beaucoup d'huile d'olives, en Phénicie (Ézéchiel, 27, 17) et en Égypte (Osée, 12, 2). Salomon donna 20,000 *bath* d'huile aux ouvriers de Tyr (II Chron. 2, 9). Les olives de Palestine sont encore maintenant préférables à celles de Provence; si l'huile qu'on en tire est aujourd'hui moins estimée, il faut en attribuer la cause au peu de soin qu'on met dans la fabrication. L'*olivier sauvage*, appelé dans la Bible : *arbre d'huile* [1], a été remarqué dans les temps modernes, aux environs de Jéricho [2]. Il porte un fruit bien plus grand que celui de l'*olivier cultivé*, mais l'huile qu'on en prépare n'est pas aussi bonne et on ne s'en sert que pour des médicaments. Le *figuier* de Palestine n'est pas moins remarquable; pendant dix mois de l'année il porte ses fruits [3], et, en trois récoltes, il en offre trois qualités différentes. Quand les dernières pluies sont passées, *le figuier parfume ses fruits verts* (Cant. 2, 13) qui germent dès l'équinoxe du printemps; ces *figues de primeur* se cueillent au mois de juin : ce sont les meilleures (Jérémie, 24, 2). Pendant que celles-ci mûrissent, les *figues d'été* commencent à pousser. Les Arabes les appellent *Carmous;* elles se cueillent au mois d'août, et se conservent longtemps. A la même époque les *figues d'hiver* commencent à se montrer; celles-ci ne mûrissent que fort tard dans l'automne, lorsque l'arbre a déjà perdu son feuillage. Si l'hiver n'est pas trop rigoureux, on ne les cueille qu'au mois de janvier. Elles sont plus grandes que les autres figues, d'une forme plus ovale et de couleur violette. Dès la plus haute antiquité les figues sèches étaient très-estimées; pour les conserver plus longtemps, on en formait des masses ou *cabas*, que

---

[1] Jahn : *Archéologie*, t. I, p. 397.
[2] Rosenmüller, l. c., t. I, p. 259.

[1] Dans un passage de Nehemias (8, 15) il est expressément distingué de l'*olivier cultivé*, qui s'appelle *Zaïth*.
[2] Schulz, l. c. p. 86.
[3] Josèphe, *de Bello jud.* l. III, ch. 10, § 5.

les Hébreux appelaient *Debélim* (דְּבֵלִים). Les *figuiers sauvages* ou les *sycomores* se trouvaient en grand nombre dans la plaine appelée *Scheféla* (I Rois, ch. 10, v. 27). Le sycomore a le tronc très-fort, et ses branches horizontales, toujours vertes, s'étendent au loin. Il a des feuilles semblables à celles du mûrier; ses fruits, qui ressemblent aux figues, ont un goût fade et peu agréable. Le bois, quoique léger, est très-durable; les Hébreux l'employaient aux constructions (Isaïe, 9, 9). Les cercueils des momies, que les Égyptiens faisaient du bois de sycomore, se sont conservés jusqu'à nos jours[1]. Cet arbre par sa forte constitution, ses branches d'un vaste développement et sa verdure perpétuelle, est un lieu de rendez-vous fort agréable et fort commode; les Orientaux y grimpent encore maintenant, comme Zacchée dans l'Évangile de saint Luc (19, 4), et ils s'y installent pour fumer et causer. De nos jours cet arbre paraît être rare en Palestine; Hasselquist ne le trouva que sur la côte, près de Yâfa.

Le *palmier* était dans les temps anciens un des plus beaux ornements de la Judée, surtout des environs de Jéricho, qui fut appelée, dès la plus haute antiquité, la *ville des palmiers* (Deutéron. 34, 3). Les auteurs grecs et romains vantent beaucoup les palmiers de la Judée; selon Strabon (l. XVI, c. 41), leurs dattes sont préférables à celles de Babylone et de la Thébaïde. Cet auteur parle du bois de palmiers près de Jéricho qui, dit-il, avait cent stades de longueur. Pline parle dans le même sens[2], ainsi que Tacite (Hist. l. 5, c. 6) et Justin (l. 36, c. 2). Il existe encore des monnaies du temps des Maccabées, sur lesquelles on trouve le palmier comme emblème de la Judée, et il y a des monnaies romaines qui portent le même emblème, avec l'inscription *Judæa capta*. On portait des branches de palmiers dans les marches triomphales (voy. Maccabées, l. I, 13, 51, et II, 10, 7; Évang. de saint Jean, 12, 13), et pendant la fête des tabernacles, qui était celle des récoltes, on portait en procession les branches du palmier, ce *roi du règne végétal*, comme l'appelle Linné. Cet usage existe encore aujourd'hui chez les Juifs, et la plus petite synagogue des régions boréales se procure pour la fête des tabernacles quelques branches desséchées du noble arbre, souvenir de l'ancienne indépendance. Aujourd'hui la Palestine a presque perdu ce bel ornement; les palmiers de Jéricho ont succombé sous la hache des Bédouins. Des voyageurs modernes en ont trouvé dans les environs de Saint-Jean d'Acre, de Yâfa et de Gaze; mais ce n'est qu'à Yâfa, dit Volney (l. II, c. 7), que les palmiers commencent à porter de bons fruits. Gaze, dit le même auteur, a des dattes comme la Mecque (État phys., c. I, § 8). — C'est à Gaze aussi qu'on voit le *grenadier*, autrefois très-commun en Palestine, comme le prouve le nom de *Rimmon* (grenade) que portaient plusieurs villes. Dans le Cantique (4, 13) on parle d'un *jardin de grenadiers*; des grenades ainsi que des dattes on tirait une espèce de moût (ib. 8, 2). — Les *citronniers* et les *orangers*, que la Palestine possède en grande quantité, ne sont pas mentionnés dans la Bible. Le *cédrat*, espèce de citronnier, est, selon la tradition rabbinique, l'arbre *hadar* ou le *bel arbre* dont parle la loi de Moïse (Lévit. 23, 40), au sujet de la fête des tabernacles. Les versions chaldaïque et syriaque sont d'accord avec cette tradition. — Le *pistachier* était, dès le temps de Jacob, un des arbres les plus nobles de Canaan[1]; parmi les présents que Jacob envoie à Joseph en Égypte (Genèse, 43, 11), se trouvent

---

[1] Voy. Ritter, *Erdkunde*, II, 432. Cet auteur cite aussi, d'après Clarke, des tableaux sur bois de sycomore, trouvés dans l'église de Sainte-Anne à Siphori en Galilée, et transportés à Cambridge. Ces tableaux, qui remontent bien au delà du dixième siècle, se sont conservés sans être piqués de vers.

[2] *Judæa vero inclyta est vel magis palmis* (l. 13, c. 6). — *Sed ut copia ibi atque fertilitas, ita nobilitas in Judæa, nec in tota; sed ad Hierichuntem maxime.*

[1] Maintenant Alep a le privilége exclusif des pistaches. Volney, l. c.

des *botnim* (בָּטְנִים), qui, selon toutes les versions orientales, sont des *pistaches*. Les Septante et la Vulgate ont *térébinthe*; mais le fruit du térébinthe est trop insignifiant pour figurer parmi les cadeaux offerts à un viceroi. Au reste, cet arbre, qui est de l'espèce du pistachier et qui lui ressemble beaucoup, est très-souvent mentionné dans la Bible, quoique, de nos jours, il soit fort rare en Palestine. A *Mamré* près de Hébron, il y avait un bois de térébinthes. Saint Jérôme dit que, dans son enfance, on montrait encore, non loin de Hébron, le vieux térébinthe sous lequel avait demeuré le patriarche Abraham. — Nous devons accorder une mention au *caroubier*; il est question de son fruit dans la parabole du fils perdu (Évang. de Luc, 15, v. 16); le *caroube* était si commun qu'on en faisait manger aux bestiaux.

En arbres forestiers la Palestine possède surtout beaucoup de chênes. Richard Pocock en a compté cinq espèces. Au rapport de plusieurs voyageurs, tout le pays à l'est du Jourdain, entre le Mandhour et le Zerka (Yabbok), est riche en bois de chênes. Ce sont là probablement les chênes de Basan mentionnés dans plusieurs passages des prophètes [1]. Ézéchiel dit que les Tyriens s'en servaient pour faire des rames; Isaïe mentionne les chênes avec quelques autres arbres dont on se servait pour le chauffage ainsi que pour la fabrication des idoles (c. 44, v. 15).

Parmi les bois que les Hébreux employaient aux constructions et que, en partie, ils tiraient des pays voisins, nous trouvons, du temps de Moïse, le bois de *sittim* (très-probablement une espèce *d'acacia*) dont on se servit pour construire le *tabernacle* ou le temple portatif [2]. Plus tard, pour le temple de Salomon, on employait le bois de *cyprès* et de *cèdre*. Le cèdre, qui joue un si grand rôle dans la Bible, n'est pas indigène dans le pays des Hébreux; il en sera parlé dans la description de la Syrie et du mont Liban. —

C. ANIMAUX.

La zoologie de la Palestine ne diffère point de celle des autres pays voisins. Ici encore nous n'avons pour but que de donner quelques détails qui intéressent le lecteur de la Bible, et qu'il est important de connaître pour l'intelligence de certains passages.

a. MOLLUSQUES. — POISSONS. — REPTILES.

La Bible ne mentionne qu'un très-petit nombre d'animaux mollusques. David, en parlant du juge inique et oppresseur, désire *qu'il s'en aille comme le limaçon qui se fond* à mesure qu'il s'avance (Ps. 58, v. 9). Dans cette image le poëte fait allusion à l'humidité que le limaçon laisse sur son chemin. — Un autre animal de la classe des mollusques mérite de fixer notre attention, c'est la *pourpre*. Quoique son nom ne se trouve pas dans la Bible, il y est question cependant des belles couleurs qu'elle fournit. Deux genres de coquilles, fournissant les couleurs dites *pourpre* et *conchylienne*, se trouvent, selon Pline, sur les rivages de Tyr et sur plusieurs autres points du littoral de la Méditerranée. Selon les anciens rabbins, des coquilles employées pour les teintures se trouvaient sur le littoral de la Galilée [1]. Seetzen y a trouvé deux espèces de coquilles, celles que Linné appelle *murex trunculus* et *helix ianthina*.

Les *poissons* sont très-abondants dans le lac de Génésareth ou de Tibériade et dans le Jourdain. Quant aux espèces, nous ne les connaissons que fort peu; la Bible parle des poissons en général, mais elle ne nous fournit aucun nom particulier. Parmi les poissons

---

[1] Isaïe, 2, 13; Ézéchiel, 27, 6; Zacharie, 11, 2.
[2] L'arbre *sitta*, en arabe *sant* est la *spina ægyptia* (mimosa nilotica, Linn.) On le trouve surtout en Égypte et en Arabie; il devait être commun dans le pays de Moab sur les limites de la Palestine, où nous trouvons la *vallée des Sittim* (Joël, 4, 18; comp. Nombres, 25, 1; Jos. 2, 1).

[1] Voy. la paraphrase chaldaïque de Jonathan, Deutéron, ch. 33, v. 19, et plusieurs autres passages cités dans le *Lexicon chald. talmud. et rabbinicum* de Buxtorf, col. 760.

qui se trouvent dans le lac de Génésareth, Josèphe mentionne le *coracinus* (κοραχῖνος), qu'on pêchait près de Caphernaüm, et qui, dit-il, se trouve aussi près d'Alexandrie en Égypte (de Bello jud. l. 3, c. 10); Hasselquist ajoute le *silurus*, le *mugil* et le *sparus*, espèces qui se trouvent également dans le Nil (voy. Ritter, p. 316). Les anciens rabbins parlent d'un poisson de mer qu'on pêchait sur les côtes de la Galilée et qu'ils appellent *Tarith* [1]; selon les commentateurs, c'est le *thon*.

En *reptiles*, nous trouvons plusieurs espèces de *lézards* et de *serpents*; sur les huit espèces de reptiles dont parle Moïse (Lévit. ch. II, v. 29 et 30), six appartiennent à la famille des *sauriens* ou des lézards. On en compte encore maintenant un grand nombre de genres en Palestine et en Syrie. — Les *serpents* mentionnés dans la Bible n'appartenaient pas tous à la Palestine. Dans la Genèse le serpent est appelé *le plus rusé de tous les animaux*; Aristote appelle également les serpents des animaux *illibéraux et insidieux* (ἀνελεύθερα καὶ ἐπίβουλα) [2]. Parmi les modernes, Seetzen parle de plusieurs espèces de serpents qu'il a rencontrées dans la Judée; mais il dit n'y avoir pas vu de serpents venimeux. Le même auteur parle aussi de *tortues*.

b. Insectes.

Dans les environs inhospitaliers de la mer Morte les *scorpions* se trouvent en grand nombre. Dans les Nombres (34,4), dans le livre de Josué (15,3) et dans celui des Juges (1, 36) nous trouvons mentionnée la *hauteur des scorpions*, située sur la limite méridionale de la Judée, et par conséquent, à l'ouest de la mer Morte. Volney a ouï dire qu'il y a d'énormes scorpions dans les nombreuses ruines qui se trouvent au sud-est du lac (t. II, ch. 7). Étienne Schulz en a vu beaucoup dans la plaine du Jourdain, au-dessous de Jéricho. Nous avons déjà parlé des sauterelles, qui deviennent souvent un fléau redoutable pour la Palestine, ainsi que pour la Syrie, la Perse, l'Égypte et quelques autres parties de l'Asie et de l'Afrique. Dans la Bible, on trouve neuf noms différents pour les sauterelles [1]; il est impossible de dire quelles sont les différentes espèces désignées par ces noms; les vastes recherches auxquelles s'est livré Bochart dans le *Hierozoïcon* n'ont produit aucun résultat satisfaisant. Ses successeurs, Michaélis et Tychsen, n'ont pas été plus heureux; le premier a pensé que les quatre noms du Lévitique (ch. II, v. 22) indiquent quatre *âges* ou *époques* des sauterelles, selon leurs différentes transformations; cependant le texte dit très-clairement que ce sont différentes *espèces*. L'hypothèse de Michaélis pourrait s'appliquer avec plus de succès aux quatre noms donnés par le prophète Joël (ch. 1, v. 4), parmi lesquels on ne retrouve qu'un seul de ceux du Lévitique; mais là encore il serait difficile d'arriver à des résultats positifs. Les anciennes versions ne nous offrent aucun secours; car non-seulement elles se contredisent les unes les autres, mais les noms que nous y trouvons ne nous sont pas plus connus que ceux du texte hébreu. Tout ce qu'on peut dire de certain, c'est que les Hébreux connaissaient plusieurs espèces de sauterelles, dont quatre pouvaient, selon le Lévitique, leur servir de nourriture. De ce nombre étaient sans doute les ἀκρίδες que mangeait Jean-Baptiste dans le désert (Matth. 3, 4; Marc, 1, 6). Encore aujourd'hui les Orientaux mangent des sauterelles salées, ou rôties [2]. Niebuhr dit, dans sa description de l'Arabie, que les

---

[1] Paraphr. chald., l. c.
[2] Hist. anim., l. I, vers la fin du ch. I.

[1] Voy. Oedmann, deuxième cahier, ch. 6; de Wette, *Archæologie*, § 82, IV, not. *a*.
[2] Joseph de Saint-Ange dit dans son *Gazophylacium persicum* : « J'ai mangé de « bons plats de ces sauterelles à l'exemple « des Arabes, qui les mangent cuites dans « l'eau avec du sel. Elles sont aussi bonnes « comme les plus grosses chevrettes de mer, « auxquelles elles ressemblent. » Job Ludolf dit que les Éthiopiens les mangent avec avidité, et il ajoute : *suavis enim valde, necnon salubris est cibus*. Voy. Historia æthiop. l. I, c. 13. Le même auteur cite à ce sujet une foule de naturalistes et de voyageurs anciens et modernes. *Commentar. ad hist. æthiop.*, p. 168 et suiv.

Juifs de l'Yémen en mangent avec autant de plaisir que les Mahométans, et ils prétendent que les oiseaux que Dieu envoya aux Hébreux dans le désert n'étaient que des sauterelles [1]. En Orient, ces insectes remarquables sont beaucoup plus grands que chez nous; les ravages qu'ils font de temps en temps ont été décrits par un grand nombre d'historiens et de voyageurs; de même que Volney, que nous avons cité, tous les autres auteurs confirment la description du prophète Joël. Les sauterelles trouvent un ennemi redoutable dans l'oiseau *samarmar*, qui ressemble au loriot; cet oiseau, dit Volney, les suit en troupes nombreuses, comme celle des étourneaux; et non-seulement il en mange à satiété, mais il en tue tout ce qu'il en peut tuer.

Il paraît que la Palestine est aussi incommodée quelquefois par une espèce de *mouches*. A Ekrôn, dans le pays des Philistins, on cherchait protection, contre ces ennemis, auprès d'une divinité spéciale, appelée *Baal-Zeboub* (dieu des mouches). Eugène Roger, voyageur du XVIIe siècle, raconte que pendant son séjour à Nazareth une troupe de petites mouches noires, appelées *bargasch*, fit invasion dans la plaine d'Esdrelon, où se trouvait un camp de Bédouins composé de six cents tentes. Hommes et bestiaux manquaient d'être étouffés par ces insectes, qui leur entraient dans la bouche et dans le nez [2]. Dans le livre de Josué (ch. 24, v. 12), on dit que deux rois des Amorites furent chassés de leur pays, non pas par les armes des Israélites, mais par un insecte appelé *Sirâh* [3]. Ce mot est rendu communément par *frelon*. Élien raconte aussi que les Phasélites, peuplade cananéenne, furent forcés par les *guêpes* de quitter leur pays [1].

Les *abeilles* qui, dans l'Orient, deviennent quelquefois très-incommodes et même dangereuses [2], étaient pourtant une des bénédictions de la Palestine. L'éducation des abeilles y avait fait sans doute de grands progrès; car nous trouvons le *miel* parmi les articles de commerce que les Israélites exportaient pour Tyr (Ézéchiel, 27,17). On y trouve aussi beaucoup d'*abeilles sauvages*, dont les essaims, logés dans les arbres creux et dans les rochers, y préparent un miel qui est fort estimé [3]. C'est là, sans doute, le *miel sauvage* de Jean-Baptiste (Math. 3, 4; Marc, 1,6), et le *miel du rocher* dont parlent Moïse et le poëte Asaph (Deutéron. 32,13, et Ps. 81, 16).

Le *kermès* (le *coccus* des anciens), insecte de l'ordre des hémiptères, qui s'attache à certains arbres, notamment à l'yeuse, mérite ici une mention; il en est souvent question dans la Bible, où on l'appelle *tholaath schani* (ver à cramoisi). Les Hébreux en faisaient un grand usage pour leurs teintures, et il est toujours mentionné dans l'Exode lorsqu'on parle des tissus coloriés employés dans le sanctuaire [4].

c. OISEAUX.

Dans le Lévitique (ch. 11) Moïse énumère vingt espèces, et dans le Deutéronome (ch. 14) vingt et une espèces d'oiseaux que les Israélites ne doivent pas manger. Nous ne connaissons plus maintenant la valeur exacte de tous les noms hébreux donnés par Moïse, mais nous rencontrons

---

[1] La même opinion a été soutenue par Ludolf, l. c., p. 185 et suiv. Mais la plupart des commentateurs anciens et modernes prennent les *selaw* pour des *cailles*, et c'est aussi l'opinion de Buffon.
[2] Voy. *La Terre sainte* par Roger, p. 84.
[3] Moïse avait prédit que cet insecte serait un puissant auxiliaire pour les Hébreux. Exode, 23, 28; Deutéron. 7, 20. Selon le Talmud il piquait les ennemis aux yeux et sa piqûre était mortelle.

[1] Histoire des animaux, l. XI, ch. 28.
[2] Voy. Oedmann, *Sammlungen*, sixième cahier, p. 131 et suiv. Dans la Bible les abeilles sont quelquefois l'image d'ennemis nombreux et persécuteurs. Voy. Deutéron. I, 44; Psaume 118, v. 12.
[3] Voy. les rapports de plusieurs voyageurs cités par Rosenmüller: *Biblische Naturgeschichte*, t. II, p. 425, 426.
[4] Volney dit que la plante à *cochenille* croît sur toute la côte de la Syrie, et il ajoute qu'elle nourrit peut-être déjà cet insecte précieux comme au Mexique et à Saint-Domingue.

parmi ces noms, ceux de l'*aigle*, du *corbeau*, de plusieurs espèces d'*autours*, et on peut dire avec certitude qu'ils désignent, pour la plupart, des oiseaux de proie [1]. A côté de ces *oiseaux impurs* nous voyons figurer, dans la loi de Moïse, la *colombe* et la *tourterelle* comme les oiseaux les plus purs et les seuls admis à l'autel de Jehova, comme offrande du pauvre. Au reste, nous ne trouvons en Palestine aucun oiseau bien remarquable qui mérite ici une mention particulière, à l'exception peut-être de la *columba Palæstinæ* mentionnée par Hasselquist, et dont le plumage est d'une blancheur éblouissante. Parmi les animaux domestiques des anciens Hébreux nous remarquons l'absence des coqs et des oies. Il n'en est jamais question dans l'Ancien Testament; sans doute, ces oiseaux domestiques ne furent introduits que plus tard dans la Judée. S'il faut en croire le Talmud, le coq était banni de Jérusalem, pour ne pas souiller la ville sainte par les ordures qu'il répand en grattant la terre. Cependant, dans le Nouveau Testament, il est question du chant du coq dans Jérusalem (Matth. 26, 74; Marc, 14, 68).

La loi de Moïse renferme une disposition spéciale en faveur des nids d'oiseaux (Deutér. ch. 22, v. 6, 7.) Il y est défendu, lorsqu'on rencontre un nid d'oiseaux sur le chemin, de prendre à la fois la mère et les petits: « Tu renverras la mère, dit Moïse, et « tu prendras les petits. » Michaëlis a vu dans cette loi un règlement de chasse, ayant pour but d'empêcher la destruction de certains oiseaux dans lesquels l'agriculteur peut voir tout d'abord des ennemis dangereux pour les semences, et qui pourtant sont très-utiles dans ces contrées pour détruire les serpents, ainsi que les troupes de mouches et de sauterelles [2]. Je rappellerai à ce sujet que de nos jours l'oiseau *samarmar* (turdus seleucis), le redoutable ennemi des sauterelles, est généralement respecté en Orient; l'on ne permet en aucun temps de le tirer.

MAMMIFÈRES.

Animaux domestiques.—Animaux sauvages.

La Palestine possède, comme la Syrie, tous nos animaux domestiques, auxquels elle ajoute le *buffle* et le *chameau* à une bosse. Dans les temps anciens ce furent le *bœuf* et l'*âne* qui jouaient le plus grand rôle parmi les animaux domestiques des Hébreux; l'un et l'autre étaient d'une grande importance pour un peuple d'agriculteurs, et nous les voyons figurer de préférence dans deux passages du Décalogue. Nous les trouvons aussi parmi les richesses des patriarches, à côté des brebis et des chameaux. Les meilleurs bœufs se trouvaient autrefois dans le pays de Basan, où il y avait de bons pâturages. David appelle ses ennemis puissants *les forts* (taureaux) *de Basan* (Ps. 22, v. 14); les femmes voluptueuses de Samarie sont appelées par le berger et prophète Amos (ch. 4, v. 1) *vaches de Basan*. La plaine de Saron, entre Yâfa et Lydda, avait aussi des pâturages de bœufs pour lesquels David nomma un inspecteur spécial (I. Chron. 27, 29). On se servait des bœufs non-seulement pour labourer la terre et pour triturer les grains, mais aussi pour porter des charges et pour traîner des chariots. Il se faisait aussi une grande consommation de bœufs, non-seulement pour la table, mais aussi pour l'autel. Du lait des vaches on faisait du fromage; le beurre, à ce qu'il paraît, était rare chez les Hébreux, comme chez tous les peuples de l'antiquité. L'*âne*, animal impur pour les Hébreux, leur servait de bête de somme et de monture. Grâces aux soins que les Orientaux donnent à cet animal, il devient chez eux plus grand, plus

---

[1] Les oiseaux carnivores et les oiseaux de proie sont aussi défendus aux Brahmanes. (Lois de Manou l. 5 § 11 et 13).

[2] Voy. dans le *Syntagma commentationum* de Michaëlis, t. II, la dissertation intitulée: *Lex mosaica Deut. XXII, 6, 7, ex historia naturali et moribus Ægyptiorum illustrata*, et le *Droit mosaïque* (Mosaisches Recht) du même auteur, t. III, § 171.

courageux et plus alerte que dans nos contrées. Il devait surtout être estimé en Palestine, pays de montagnes, et où le cheval, dans les temps anciens, était très-rare. — Le *mulet* est souvent mentionné dans la Bible, à partir de l'époque de David, soit que les Hébreux achetassent les mulets à l'étranger, ou qu'ils dérogeassent sous ce rapport à la loi de Moïse qui avait expressément défendu la copulation de deux espèces (Lévit. 19, 19). C'est à la même époque, et surtout sous Salomon, que nous voyons le *cheval* devenir de plus en plus commun chez les Hébreux. A la vérité, quelques anciennes peuplades cananéennes avaient des chevaux et elles s'en servaient dans la guerre [1]; mais en général les chevaux ne pouvaient pas rendre de grands services dans un pays aussi montagneux, et Moïse, qui ne voulut pas faire des Hébreux un peuple guerrier et conquérant, se montra peu favorable à la cavalerie (Deutéron. 17, 16). Mais Salomon, qui se permettait mainte infraction à la loi de Moïse, tira beaucoup de chevaux de l'Égypte. Ce roi avait des haras bien fournis, quatorze cents chariots de guerre et une cavalerie de douze mille hommes. Ce luxe fut continué et même augmenté par ses successeurs, ce qui ne pouvait manquer de scandaliser les prophètes [2]. Une belle description du cheval se trouve dans le livre de Job (ch. 39, v. 19-25). En menu bétail nous trouvons la *brebis* et la *chèvre*; de tout temps elles étaient extrêmement abondantes chez les Hébreux. Du temps de Josèphe on tuait pour la Pâque 256,500 *agneaux* [3]. La Palestine possède, comme tout l'orient et le nord de l'Afrique, une espèce de *béliers* qui ont la queue très-longue et très-grasse. Cette queue pèse quelquefois jusqu'à quarante livres, et on est obligé de la soutenir par un petit chariot que le bélier traîne après lui (voy. Tab. III). On comprendra maintenant, pourquoi chez les Hébreux la queue des béliers figure toujours parmi les meilleures parties de la victime qui devaient être brûlées sur l'autel [1]. Russel, dans son histoire naturelle d'Alep, parle d'une espèce particulière de chèvres, que l'on trouve en Syrie et en Palestine et qui se font remarquer par leurs longues oreilles. Elles ont les cornes petites, le corps long et mince, le poil court, et leur couleur est presque toujours d'un rouge clair. Selon Sonnini, on appelle cette espèce *chèvre de Mambré*, parce qu'elle est très-commune sur la montagne de ce nom dans les environs de Hébron [2].

Il paraît que les Hébreux même avant Moïse s'abstenaient de la chair de *porc*; parmi les bestiaux des patriarches nous ne trouvons jamais des pourceaux. Les Arabes, les Phéniciens, les Égyptiens, les Indiens ne les avaient pas moins en horreur. Quoiqu'on puisse conclure de plusieurs passages de la Bible que le cochon se trouvait dans l'ancienne Palestine, on ne saurait nullement admettre qu'un Hébreu se soit permis de l'élever en troupeaux. On pourrait donc s'étonner tout d'abord du *troupeau nombreux de pourceaux* qui, selon les Évangiles, se trouvait dans les environs de Gerasa (ou mieux *Gadara*), non loin du lac de Tibériade [3], et qui, selon saint Marc, se composait de 2000 individus. Mais il ne faut pas oublier que le district de *Decapolis* (dix villes) était habité en partie par des Grecs [4]. Les *chiens*, quoique très-utiles aux nomades, et fort nombreux dans toutes les localités, sont frappés du plus profond mépris chez presque tous les peuples de l'Orient, qui évitent leur attouchement comme immonde. Les Hébreux

---

[1] Voy. dans le tome IV de la Bible de M. Cahen, *les Réflexions sur le culte des anciens Hébreux* par S. Munk, page 31.
[2] Voy. Rosenmüller, t. II, p. 85.
[3] Matth. ch. 8, v. 30; Marc, ch. 5, v. 11 et 13; Luc, ch. 8, v. 32.
[4] Les villes de Gerasa, de Gadara et de Hippos sont appelées par Josèphe des villes grecques. *Antiq.*, l. 17, ch. 11, § 4.

---

[1] Voy. Josué, ch. 11, v. 4; Juges, ch. 5, v. 22.
[2] Voy. Isaïe, ch. 2, v. 47; Osée, ch. 1, v. 4.
[3] De Bello jud., l. 6, c. 9.

avaient sous ce rapport les mêmes préventions que leurs voisins, et les chiens vivaient chez eux dans le même état où nous les voyons encore aujourd'hui dans toute la Syrie. Selon Volney[1], « on y voit une foule de chiens « hideux, qui n'appartiennent à per-« sonne. Ils forment une espèce de « république indépendante qui vit des « aumônes du public. Ils sont canton-« nés par familles et par quartiers, et, « si quelqu'un d'entre eux sort de ses « limites, il s'ensuit des combats qui « importunent les passants. » Anciennement, comme aujourd'hui, ils mangeaient des charognes (Exode, 22, 30) et quelquefois même des cadavres humains[2].

Parmi les *animaux sauvages* de la Palestine, nous trouvons en première ligne *le lion*; de nombreux passages de la Bible ne nous permettent pas de douter que le lion n'ait existé autrefois dans ce pays, quoiqu'on ne l'y trouve plus à présent. Il habitait principalement dans les forêts de Basan (Deutéron. ch. 33, v. 22), et sur quelques points de l'Antiliban (Cant. des cantiques, ch. 4, v. 8); mais on le rencontrait aussi dans d'autres contrées de la Palestine. Samson, David et Benaïa luttèrent avec des lions et les tuèrent; un prophète fut tué par un lion près de Bethel et un autre près d'Aphek, non loin de Sidon[3]. Les colons que le roi d'Assyrie envoya à Samarie furent maltraités par les lions[4]. La Bible parle aussi d'*ours*: David se vantait d'en avoir tué un; des enfants qui avaient insulté le prophète Elisa, furent tués par deux ours (II Rois, 2, 24). La fureur de *l'ourse privée de ses petits* avait passé en proverbe chez les Hébreux[5]. Volney dit que la Syrie est maintenant exempte des lions et des ours[1]; mais cette assertion, du moins pour ce qui concerne les ours, se trouve contredite par le témoignage de plusieurs autres voyageurs, tels que Seetzen, Burckhardt, Buckingham, Ehrenberg. Ce dernier tua sur le Liban un ours d'une espèce particulière qu'il cite sous le nom de *ursus syriacus*. — *Le sanglier*, appelé dans la Bible *pourceau de forêt*[2], se trouve encore maintenant en Palestine dans les montagnes et les marais; selon Volney; il est moins grand et moins féroce que le nôtre. Burckhardt l'a vu dans le Ghor; on le trouve surtout dans les joncs du lac d'El-houla, et c'est là très-probablement *l'animal des roseaux* dont parle David (Ps. 68, v. 31). Dans les lieux écartés il y a aussi des *hyènes* et des *panthères* ou des *onces*. L'*hyène* est mentionnée par Jérémie (ch. 12, v. 9), comme l'a bien vu Bochart, et comme l'avait déjà vu avant lui l'auteur de la version grecque[3]. On parle plus souvent dans la Bible de la *panthère* ou de l'*once* (NAMER, comme l'appellent encore aujourd'hui les Arabes). Dans le Cantique (3, 8), plusieurs hauteurs de l'Antiliban sont appelées *montagnes de panthères*. Burkhardt a vu le *namer* dans différentes contrées du Liban, mais il l'appelle faussement *tigre*. Seetzen l'a rencontré aussi dans les environs de Baniâs, au pied du Liban. C'est là et près de Hasbeïa qu'on a trouvé des *loups*; mais selon Volney, le *loup* ainsi que le vrai *renard* sont très-peu connus dans ces contrées. Une espèce mitoyenne, appelée *chacal*, s'y trouve en fort grande quantité. « Les chacals, dit Volney, habitent par troupes[4] aux environs des villes dont ils mangent les charognes; ils n'attaquent jamais personne, et ne savent défendre leur vie que par

---

[1] Voyages, t. II à la fin du ch. 9.
[2] Voy. I Rois, ch. 14, v. 11; ch. 16, v. 4; ch. 21, v. 23 et 24; II Rois, ch. 9, v. 35 et 36.
[3] Voy. Juges, ch. 14, v. 5; I Sam. ch. 17, v. 39; II Sam. ch. 32, v. 20; I Rois, ch. 13, v. 24, et ch. 20, v. 36.
[4] II Rois, 17, 25.
[5] On lit dans les Proverbes de Salomon (17, 12): *Il vaut mieux rencontrer une ourse privée de ses petits, qu'un sot dans sa sottise*. Voy. aussi 2 Sam. 17, 8; Osée, 13, 8.

[1] État physique de la Syrie, ch. 1, dans la note à la fin du § 8.
[2] Ps. 80, v. 14.
[3] Les mots de l'original que la Vulgate rend par *avis discolor*, signifient *rapax bestia hyæna*. La version grecque porte σπήλαιον ὑαίνης, *caverne d'hyène*.
[4] Selon Belon, ces troupes se composent quelquefois de deux cents individus. *Observations*, l. II, ch. 108.

la fuite. Chaque soir ils semblent se donner le mot pour hurler, et leurs cris, qui sont très-lugubres, durent quelquefois un quart d'heure. » Les animaux dont Samson réunit trois cents, à qui il fit porter le feu dans les champs des Philistins [1], étaient très-probablement des *chacals*, quoique les versions rendent le mot hébreu par *renards* [2]. Encore maintenant on trouve les chacals en très-grand nombre près de Gaza et de Yâfa.

En gibier, le *lièvre* est fort commun; Moïse l'avait défendu aux Hébreux, et c'est à ce seul sujet qu'il est mentionné dans la Bible (Lévit., 11, 6; Deutéron. 14, 7). Le *lapin* est infiniment rare. Enfin nous trouvons le genre *cerf*, représenté principalement par le *cerf commun*, la *gazelle* et les *chamois sur les hautes montagnes* (Ps. 104, v. 18). Ces animaux sont dans la Bible l'image de la prestesse et de la grâce; la bergère dans le Cantique compare plusieurs fois son berger *au cerf et à la gazelle qui saute sur les montagnes;* dans les Proverbes de Salomon (5, 19), la jeune femme fidèle et aimante est appelée *une biche pleine d'amour, une gazelle pleine de grâce.*

Nous bornons ici nos observations sur l'histoire naturelle de la Palestine; nous verrons plus tard comment les Hébreux savaient lire dans le livre de la nature ouvert devant eux, comment leurs poëtes ont su comprendre le langage de toutes ces œuvres de la création pour s'élever jusqu'au Créateur, et nous donnerons aussi quelques renseignements sur les connaissances que possédaient les Hébreux en physique et en histoire naturelle.

[1] Voy. Juges, 15, 4.
[2] Le mot SCHOUAL qui, en effet, est le nom hébreu du *renard*, désigne quelquefois le *chacal*. David désire que ses persécuteurs soient la proie des *schoualim* (Ps. 63, v. 11); ici il ne peut guère être question des *renards*, mais bien des *chacals*, qui, selon le témoignage des voyageurs, mangent des cadavres.

QUATRIÈME CHAPITRE.

DIVISION DE LA PALESTINE. — TOPOGRAPHIE

La Palestine, renfermée dans les limites que nous avons indiquées plus haut (ch. 1), se divisait naturellement en deux parties, l'une à l'est, l'autre à l'ouest du Jourdain. Avant l'arrivée des Hébreux le pays était divisé en différents cantons, portant les noms des peuplades cananéennes qui y étaient établies. Les Hébreux divisèrent la Palestine en douze cantons, selon les douze tribus. Sous Roboam, fils de Salomon, dix tribus se séparèrent de la dynastie davidique, et le pays fut divisé en deux royaumes, celui d'Israël et celui de Juda. Depuis l'exil jusqu'à l'époque d'Alexandre nous manquons de données positives. Depuis les Maccabées jusqu'à la destruction de Jérusalem par Titus, nous trouvons la Palestine divisée en quatre provinces, savoir la Galilée, la Samarie, la Judée et la Perée, cette dernière à l'est du Jourdain, les trois autres à l'ouest, en allant du nord au midi. Cette division non-seulement est la plus conforme à la nature du pays, mais c'est aussi celle sur laquelle nous avons le plus de données certaines. Nous la trouvons dans plusieurs auteurs grecs et romains, dans le Nouveau Testament, dans les écrits de Josèphe et dans ceux des premiers Pères de l'Église. Nous prendrons donc pour base de notre topographie cette division en quatre provinces, en nous réservant de revenir, dans l'histoire, sur les autres divisions que nous venons d'indiquer. Dans chaque province nous nommerons les villes qui ont une certaine importance dans l'histoire du pays.

I. LA GALILÉE.

Le nom de Galilée vient de l'hébreu *Galîl* ou *Galila*, qui signifie *cercle, district*. Le mot *Galîl* se trouve déjà dans le livre de Josué (20, 7, et 21, 32) comme nom géographique désignant un district de la Palestine septentrionale, surtout le canton de Naphtali. Salomon donna à Hiram, roi de Tyr, vingt villes du pays de Galîl (I Rois, 9, 11); les Phéniciens s'y établirent, beaucoup d'autres étrangers vinrent fixer leur demeure dans le nord de la Palestine, et de là cette contrée fut appelée *le Galîl (district) des païens* [1]. Mais la province de Galilée dont nous parlons ici était beaucoup plus étendue que l'ancien Galîl. Elle était limitée au nord par le territoire de Tyr et par l'Antiliban, à l'est par le Jourdain avec les deux lacs de Samochonitis (Merôm) et de Tibériade, à l'ouest par cette partie de la Phénicie qui s'étendait, le long de la côte, depuis Tyr jusqu'au Carmel qui du temps de Josèphe appartenait aux Tyriens [2]. Au sud-ouest et au sud la limite, partie du Carmel, passait près de Ginée (Djennîn) devant la montagne d'Éphraïm, et allait de là au sud-est jusqu'au Jourdain, un peu au-dessus de Scythopolis. On voit que la Galilée embrassait les montagnes de Naphtali et la plaine d'Esdrelon. Là où les montagnes s'approchent du Carmel elles forment avec celui-ci le défilé que parcourt le Kison et par lequel les habitants de la province pouvaient communiquer avec la côte. Cette communication, très-importante pour la province, la mettait continuellement en rapport avec le territoire phénicien de la côte. Les relations forcées avec des voisins païens exercèrent de tout temps une grande influence sur le caractère des Galiléens. Ils montrèrent moins d'éloignement que les habitants du midi pour la religion et les mœurs de l'étranger et moins de zèle pour la religion de Moïse. Après le retour de l'exil de Babylone, les relations entre les Galiléens et les païens étaient bien plus étendues, car la province renfermait dans son sein un grand nombre de ces derniers. De là le mépris que les Juifs affectaient pour les Galiléens, qui se faisaient reconnaître d'ailleurs par leur langage corrompu et par leur mauvaise prononciation.

La Galilée était moins grande que la Judée, mais un peu plus grande que la Samarie. Sa longueur du nord au midi était d'environ vingt lieues; sa largeur, de l'ouest à l'est, de neuf à onze lieues. Mais sa population était très-forte à raison de sa grande fertilité. Au nombre les Galiléens ajoutèrent le courage guerrier et un certain esprit d'indépendance, et ils savaient tenir tête aux nations étrangères qui les entouraient. Dans la guerre contre les Romains Josèphe y rassembla, sans beaucoup de peine, une armée de 100,000 hommes.

Composée de montagnes au nord et d'une grande plaine au midi, la province se divisa en haute et basse Galilée [1]. Nous allons énumérer les principales villes, en allant du nord au midi.

DAN, ainsi appelé par la tribu de Dân qui en fit la conquête (Juges, ch. 18), est souvent nommé dans la Bible comme ville frontière à l'extrémité septentrionale de la Palestine. Avant la conquête elle s'appelait *Laïsch* ou *Léschem* [2]. Elle était située, selon Eusèbe, à une distance de 4 milles romains à l'ouest de Paneas (Banias), et du temps de saint Jérôme il existait encore, à la même place, un bourg de ce nom [3]. A Dân se trouvait l'un des deux veaux d'or de Jéroboam.

KÈDES, ville lévitique et l'une des six villes de refuge [4], était également située dans les environs de Paneas, sur la limite du territoire de Tyr, et, selon saint Jérôme, à vingt milles de cette ville.

KINNÉRETH, qui a donné son nom au lac de Génésareth, était situé sans doute à l'endroit où le Jourdain tombe

---

[1] Isaïe, ch. 8, v. 23. Comparez I Maccab. 5, 15.

[2] De Bell. jud., l. 3, ch. 3, § 1.

---

[1] Josèphe, *de Bello jud.*, l. 3, ch. 3. *Mischna*, traité de *Schebiith* (année sabbatique), ch. 9, § 2.

[2] Il peut paraître singulier, lorsqu'on considère le Pentateuque comme l'ouvrage de Moïse, d'y trouver le nom de la ville de *Dân* (Genèse, 14, 14; Deutéron. 34, 1). Mais il se peut que Moïse ait écrit *Laïsch*, et qu'on se soit permis plus tard de substituer le nom de Dân, qui était plus connu.

[3] *Onomasticon* sous le mot *Dân*.

[4] Voy. Nombres, ch. 35, v. 9 et suiv., et Josué, ch. 20, v. 7.

dans ce lac. A deux lieues de là était
CAPHARNAOUM (village de Nahoum). Cette ville n'est pas mentionnée dans l'Ancien Testament, mais elle joue un certain rôle dans les Évangiles. Jésus y avait fixé sa demeure, et il y séjournait très-souvent pendant les trois années de sa vie publique. Il prêchait dans la synagogue de cette ville et y opérait plusieurs cures merveilleuses. Boniface, évêque de Dalmatie, qui visita la Palestine au XVI° siècle, vit les ruines de Capharnaoum au milieu desquelles s'élevaient deux palmiers. Quaresmius, au XVII° siècle, vit également ces deux palmiers, et non loin de là un caravansérai nommé *Meniéh*. Les ruines de Capharnaoum que Burckhardt vit, non loin de *Meniéh*, sont appelées par les Arabes *Tell-Houm*.

BETHSAÏDA (lieu de pêche) sur le lac, au-dessous de Capharnaoum, lieu de naissance des apôtres Pierre et André. A côté de Bethsaïda, les Évangiles mentionnent *Chorazin* ou *Corozain* [1], qui devait être situé dans les mêmes environs, mais dont on ne trouve aucune trace dans les anciens auteurs. En continuant de suivre les bords du lac, on trouve, à environ quatre lieues de Capharnaoum, la ville de

TIBÉRIADE (ou *Tabariyya*), une des principales villes de la Galilée, et encore assez considérable dans les temps modernes. Elle fut bâtie par le tétrarque Hérode Antipas qui en fit sa capitale, et le nom qu'il lui donna était un hommage rendu à l'empereur Tibère. Située dans une plaine étroite entourée de montagnes, elle pourrait par une culture plus soignée obtenir tous les fruits des tropiques, mais elle est très-chaude et malsaine. Pour peupler la ville, Hérode y attira des Juifs pauvres et même des païens, en leur donnant des terrains et en leur accordant beaucoup de priviléges; car les Juifs orthodoxes avaient une certaine répugnance pour le séjour de cette ville, pour la fondation de laquelle il avait fallu détruire beaucoup d'anciens tombeaux. Tibériade resta capitale de la Galilée, jusqu'à l'époque où Hérode Agrippa II lui préféra Séphoris, l'ancienne capitale. Tibériade se soumit, sans attendre un siège à Vespasien arrivé de Syrie; ce qui lui valut dans la suite plusieurs faveurs de la part des Romains. Après la destruction de Jérusalem, les plus grands docteurs juifs, qui ne voulurent pas quitter la terre sainte, s'établirent à Tibériade, qui devint un point central pour l'érudition rabbinique. De l'académie de Tibériade émana la *Mischna* ou le texte talmudique, rédigé par *Rabbi Juda le Saint*, et plus tard la *Masora*, ou l'appareil critique du texte biblique [1]. Sous Constantin le Grand une église chrétienne fut fondée dans cette ville, qui devint un des siéges épiscopaux de la Palestine. Les juifs et les chrétiens furent expulsés de Tibériade en 636, lorsque la Syrie fut conquise par les Arabes. L'évêché y fut rétabli pendant les croisades. — La ville moderne de Tabariyya, appartenant au pachalik de Saint-Jean d'Acre, et entourée d'un mur en basalte, est beaucoup plus petite que l'ancienne Tibériade, qui, selon Burckhardt, était située un peu plus vers le midi. Elle avait dans les derniers temps 4000 habitants, pour la plupart musulmans; les habitants juifs, au nombre de 1000, sont originaires d'Espagne, de Barbarie et de Syrie; 40 à 50 familles y sont venues de Pologne. Leur quartier est séparé du reste de la ville par un mur n'ayant qu'une seule porte, qui se ferme au coucher du soleil. Il n'y a dans la ville que très-peu de chrétiens; leur église, consacrée à saint Pierre, se trouve, selon la tradition, à l'endroit où l'apôtre pêcheur jeta son filet. Des missionnaires de Nazareth y viennent dire la messe à la fête de saint Pierre. Selon les rapports des Juifs de Jérusalem que nous avons sous les yeux, le tremblement de

---

[1] Matth. II, 21; Luc, 10, 13.

[1] Voy. l'ouvrage publié par Jean Buxtorf, le père, sous le titre de *Tiberias*, p. 1-22.

terre du 1er janvier 1837 a presque entièrement détruit la ville de Tabariyya, qui ne présente plus qu'un monceau de ruines. — Les célèbres thermes de Tibériade existent encore maintenant au sud-est de la ville, sur les bords du lac; ils ont quatre sources, et la masse d'eau, selon Burckhardt, serait suffisante pour faire marcher un moulin. Ces eaux thermales ont de l'analogie avec celles d'Aix-la-Chapelle; les habitants les considèrent comme un bon remède contre les rhumatismes. On y vient de tous les points de la Syrie, surtout au mois de juillet.

La dernière ville sur les bords du lac est TARICHÉE, conquise par Vespasien. Son nom ne se trouve pas dans la Bible.

Si maintenant nous nous rendons dans l'intérieur de la province, nous trouvons, à 4 lieues N. O. de Tibériade, la ville de

SAPHET, maintenant *Safad*, au N. N. E. du Thabor. Elle est mentionnée dans le livre de Tobie, selon la Vulgate [1]. Avant le dernier tremblement de terre elle renfermait 7000 habitants et 600 maisons, dont 150 appartenaient aux juifs et environ 100 aux chrétiens grecs. Les juifs, au nombre de 300 familles, d'origine espagnole ou polonaise, y possédaient sept synagogues et une école rabbinique. Safad est considérée par les juifs comme une ville sainte, de même que Tibériade, Jérusalem et Hébron [2].

SEPHORIS, ancienne capitale de la Galilée, et, après la destruction de Jérusalem, siège du synedrium, qui plus tard se transporta à Tibériade. Elle était située sur une montagne. Hérode Antipas, qui avait fait élever beaucoup de constructions et des fortifications, lui donna le nom de *Diocæsarea*. Dans la Bible on ne parle pas de cette ville; mais elle est mentionnée par Josèphe et souvent dans le Talmud. La tradition chrétienne y place la demeure des parents de Marie, mère de Jésus. En 339 elle fut détruite par les Romains, parce que ses habitants s'étaient révoltés contre Gallus. A sa place on trouve maintenant le village de *Safouri*, avec 600 habitants.

KANA (maintenant *Kefer Kanna*), à 2 lieues S. E. de Sephoris, célèbre dans l'histoire de Jésus, qui, selon l'Évangile de saint Jean (ch. 2), y opéra son premier miracle. C'est un misérable village habité principalement par des chrétiens catholiques, qui prétendent indiquer aux voyageurs la maison où Jésus changea l'eau en vin. L'impératrice Hélène y fit bâtir une église dont on voit encore les ruines.

Au midi de Kana, en montant à travers des collines calcaires, couvertes de broussailles, on arrive à la petite ville de

NAZARETH, célèbre dans l'histoire du christianisme, et qui aujourd'hui porte le nom de *Nasra*. Cette ville, qui joue un si grand rôle dans le Nouveau Testament, comme le lieu où demeuraient les parents de Jésus et où celui-ci reçut son éducation, était en elle-même très-insignifiante. Elle n'est mentionnée ni dans l'Ancien Testament [1], ni dans les écrits de Josèphe, ni dans le Talmud. « *Est-ce que quelque chose de bon peut venir de Nazareth?* » demande Nathanaël dans l'Évangile de Jean (1, 46), ce qui prouve assez le peu de cas que l'on faisait de cette petite ville. Cependant elle eut le privilège de prêter son nom à Jésus et à ses partisans, qui furent appelés *Nazaréniens* ou *Nazaréens*, épithète d'abord injurieuse, mais par laquelle les sectateurs de Jésus ne dédaignèrent pas de se désigner eux-mêmes jusqu'à ce que, sous le règne de Claude, ils

---

[1] Tobie, ch. I, v. 1. La ville de *Saphath* ou *Saphet*, mentionnée Juges, I, 17, était dans la Judée.

[2] Voy. les voyages de Burckhardt et de Jowett. Volney place Safad à 7 lieues au nord de Tabariyya, et, selon lui, c'est un village presque abandonné.

[1] Selon l'Évangile de Matthieu (2, 23), les prophètes auraient prédit que le Messie serait appelé *Nazaréen*, c'est-à-dire habitant de la ville de *Nazareth*. Mais une pareille prédiction ne se trouve nulle part, et l'assertion de l'évangéliste ne repose probablement que sur une interprétation allégorique du mot hébreu *Nécer* (surculus), Is. ch. II, v. 1. Voy. le commentaire de St. Jérôme sur ce passage d'Isaïe.

adoptèrent le nom de *Chrétiens* [1]. Selon la tradition, l'impératrice Hélène fit bâtir à Nazareth l'église de *l'Annonciation*. Du temps des croisades cette ville devint le siège d'un archevêché. Après les victoires des musulmans elle tomba presque entièrement en ruine. En 1620, la confrérie de *terra santa* obtint la permission de restaurer l'église de l'Annonciation. Dans la seconde moitié du XVIIIe siècle, Nazareth se releva un peu sous la domination du cheik Dâher [2], qui traitait les chrétiens avec assez d'humanité. Du temps de Volney, les chrétiens formaient les deux tiers des habitants; mais en 1812 Burckhardt, qui appelle Nazareth une des villes les plus considérables du pachalik d'Acre, y compta 2000 Turcs et 1000 chrétiens[3]. Ce qu'on trouve de plus remarquable à Nazareth, c'est le couvent des franciscains avec l'église dite de l'Annonciation. Burckhardt y trouva onze moines, pour la plupart Espagnols. Sous le chœur de l'église, 17 marches conduisent dans un souterrain que les chrétiens prennent pour le lieu de l'Annonciation de Marie. On y trouve deux colonnes de granit dont l'une est brisée au milieu. On sait que, selon la légende, la maison de Marie, qui s'y trouvait autrefois, fut, dans l'année 1291, transportée par les anges à *Lorette*. L'église de l'Annonciation est, après celle du Saint-Sépulcre, la plus belle de la Syrie. On montre, en outre, à Nazareth la demeure de Joseph, le puits de Marie, et, dans la partie occidentale de la ville, une église qui, dit-on, se trouve à la place de la synagogue dans laquelle Jésus avait prêché. Enfin, du côté de la plaine d'Esdrélon, on montre le rocher du haut duquel les Nazaréens voulurent précipiter Jésus (Luc, 4, 29).

EN-DÔR, au midi du Thabor, est connu par la pythonisse que consulta le roi Saül. On montre sa grotte près du village de *Denouni*, à 2 lieues et demie de Nazareth.

NAÏM, dans la plaine d'Esdrélon, près d'En-dôr. Cette petite ville, à la place de laquelle Mariti trouva des ruines et un petit village, est mentionnée dans l'Évangile de Luc (ch. 7, v. 11), où l'on raconte que Jésus ressuscita un jeune homme dont il rencontra le convoi à la porte de la ville.

APHEK, dans la plaine d'Esdrélon. Près de cette ville se livra, entre les Hébreux et les Philistins, le combat dans lequel Saül et son fils Jonathan perdirent la vie. Cette ville appartenait à la tribu d'Isachar. Un autre Aphek, appartenant à la tribu d'Aser, était situé près du territoire de Sidon. Deux autres villes de la plaine, MEGIDDO et THAANACH, se présenteront dans l'histoire des Hébreux. Elles sont célèbres par plusieurs combats.

Sur la côte de la Galilée nous trouvons quelques villes qui de fait n'avaient pas été conquises par les Hébreux, mais qui, selon le plan de Josué, devaient faire partie du canton d'Aser [1]. Parmi ces villes nous remarquons Achzib et Acco.

ACHZIB, appelé par les Grecs *Ecdippa*, à trois lieues au-dessus d'Acco. Maintenant on y trouve un bourg appelé *Zib*.

ACCO (Ptolémaïde, Saint-Jean d'Acre), au nord du Carmel, ancienne ville phénicienne et port de mer. Le nom de *Ptolémaïde* lui fut donné, sans doute, par l'un des Ptolémées d'Égypte; mais on ne saurait dire positivement par lequel d'entre eux. Sous Alexandre Jannée, elle était momentanément entre les mains des Juifs, mais elle fut bientôt prise par Ptolémée Lathyre d'Égypte. L'empe-

---

[1] Voy. les notes de Lipsius sur Tacite, Annal., l. 15. ch. 44. Plus tard le nom de *Nazaréens* fut donné à une secte hérétique. En Orient c'est encore aujourd'hui le nom des chrétiens en général.

[2] Voy. un précis de l'histoire de ce cheik dans les Voyages de Volney, t. II, ch. 1.

[3] D'autres voyageurs modernes sont loin d'être d'accord avec Burckhardt. Tandis que Joliffe ne compte que 12 à 1,400 habitants, Prokesch, un des plus récents, en compte 5,000.

[1] Voy. Juges, I, 31.

reur Claude en fit une colonie romaine. Dans les premiers temps du christianisme elle était le siége d'un évêque, dépendant du patriarche d'Antioche. Sous l'empereur Héraclius, en 636, elle tomba entre les mains des Arabes conduits par Omar. À l'époque de la première croisade, elle appartenait, comme toute la Palestine, au sultan d'Égypte. Prise par Baudouin Ier, roi de Jérusalem, en 1104, elle acquit bientôt une grande importance, surtout par son port, très-commode pour le débarquement des croisés et pour l'arrivée des provisions. En 1187 elle se rendit au sultan Saladin; mais en 1191 elle fut prise de nouveau par les chrétiens, sous Richard Cœur de lion et Philippe-Auguste, roi de France. En 1192 elle devint le siége des chevaliers de l'ordre de Saint-Jean, d'où elle reçut le nom de *Saint-Jean d'Acre*. Les chrétiens se maintinrent pendant un siècle dans cette ville, qui fut la dernière à se rendre aux musulmans. Ce fut en 1291, le 4 mai, que Mélic El-Aschraph, ou Serapha, sultan d'Égypte, la prit d'assaut; 60,000 chrétiens y perdirent la vie. Depuis cette chute elle était restée presque déserte. En 1517 elle fut prise par les Turcs. Dans la seconde moitié du dix-huitième siècle le pacha Dâher et, après lui, le fameux Djezzâr, y firent exécuter des travaux importants, qui la rendirent une des premières villes de la côte. Depuis elle a acquis quelque célébrité par l'expédition de Napoléon, et tout récemment par la victoire des Anglais. Chez les Orientaux la ville a toujours conservé son nom antique, que les Arabes prononcent *Acca*. On dit qu'elle a maintenant près de 15,000 habitants qui font le commerce de blé, de soie et de coton. Les ruines anciennes et même celles du temps des croisades ont presque entièrement disparu; elles ont été employées aux nouvelles constructions. Le port, un des mieux situés de la côte, est comblé. La campagne autour d'Acca est une plaine d'environ huit lieues de longueur, sur une largeur de deux lieues; le sol est fertile et l'on y cultive avec beaucoup de succès le blé et le coton. Mais les ondulations du terrain y causent des bas-fonds où les pluies d'hiver forment des lagunes dangereuses en été par leurs vapeurs infectes [1]. La plaine est traversée par le Bélus.

II. LA SAMARIE.

Cette province, la plus petite des quatre, tire son nom de la ville de Samarie, qui depuis le roi Omri, son fondateur, avait été la résidence des rois d'Israël. Ses limites septentrionales sont celles du midi de la Galilée; à l'est elle est limitée par le Jourdain, au midi par la Judée; à l'ouest elle ne s'étendait pas jusqu'à la mer, car le pays de la côte à partir du Carmel appartenait à la Judée. Les montagnes d'Éphraïm traversent la province du nord au midi, mais elle renferme au nord une partie de la plaine d'Esdrélon et à l'est la plaine du Jourdain avec quelques autres vallons formés par les branches orientales des montagnes. Le sol, même celui des montagnes, est très-fertile et encore maintenant assez bien cultivé; il produit du blé, du coton, du tabac, des olives, beaucoup de fruits et quelques soies. La plus belle végétation, des montagnes aux formes pittoresques, des vignes, des bois d'oliviers, des prairies et des champs arrosés par les torrents qui descendent des hauteurs, font du pays de Samarie une des plus belles contrées de la Syrie. Maintenant on appelle cette contrée le pays de *Nablous*, qui en est le chef-lieu. Aujourd'hui, comme dans les temps anciens, les habitants, renfermés dans leurs montagnes presque inaccessibles, y sont jusqu'à un certain point à l'abri de la tyrannie de leurs maîtres et des commotions qui peuvent venir du dehors. Aucune grande route ne traverse la province, les voyageurs s'en écartent généralement, attirés au nord sur la route qui conduit de Damas à

---

[1] Volney, II, ch. 5.

la mer, et au midi vers les mémorables hauteurs de Jérusalem. Les habitants n'ont pas perdu à cet isolement; beaucoup de gens aisés sont venus chercher chez eux un refuge contre la persécution, et ils passent maintenant pour le plus riche peuple de la Syrie [1].

Mais c'est aussi le pays sur lequel les voyageurs nous ont donné le moins de détails; aucune des cartes que nous possédons ne nous donne exactement la position et les distances respectives des différentes localités [2]. Dans l'histoire des Juifs nous verrons jouer aux Samaritains un rôle très-secondaire à côté des habitants de la Judée; nous verrons aussi la cause des inimitiés qui ne cessèrent de diviser les deux provinces, l'origine et le développement de la secte des *Samaritains*, dont quelques faibles débris existent encore aujourd'hui dans le pays de Nablous, reconnaissant la loi de Moïse, dédaignant Jérusalem et se tournant dans leurs prières vers la montagne de Garizim, siége de leur ancien sanctuaire.

Voici maintenant les villes les plus importantes de la province de Samarie, en commençant par la plaine du Jourdain et en montant de là dans l'intérieur.

BETH-SEAN, maintenant *Bisân*, selon Burckhardt, à deux lieues du Jourdain et à 4 de Tibériade. Du temps de Saül cette ville était encore entre les mains des Cananéens [3]; mais sous Salomon elle appartenait déjà aux Hébreux [4]. Les Grecs l'appelèrent *Scythopolis*, ce qui a fait supposer à quelques savants que les Scythes, à l'époque de leur passage à travers la Palestine (631 avant J. C.), passage dont parle Hérodote [5], avaient établi une colonie dans cette ville. Mais il n'est pas probable que cet événement (dont, du reste, les monuments des Hébreux ne parlent pas) ait pu donner lieu, après plusieurs siècles, à un changement de nom, lorsque la langue grecque se répandit en Palestine. D'autres ont supposé que le nom de *Scythopolis* était une corruption de *Succoth-polis*, mot moitié hébreu moitié grec, et qui signifie *ville des tentes*, hypothèse qui nous paraît encore moins satisfaisante que la première. Du temps de Josèphe, cette ville faisait partie du district de *Decapolis* [1], mais nous en parlons ici à cause de sa position à l'ouest du Jourdain. Dans les premiers siècles du christianisme elle était le siége d'un évêché, et d'un archevêché au temps des croisades. Maintenant Bisân est un petit village composé de 70 à 80 maisons. On y trouve encore des ruines considérables à travers lesquelles coule un ruisseau appelé *Moyet-Bisân*. Burckhardt, qui a vu ces ruines, pense que la ville ancienne devait avoir trois milles anglais de circonférence. Au midi de Scythopolis, à une distance d'environ trois lieues, était situé

SALEM ou SALUMIAS, petite ville qui intéresse le lecteur chrétien, parce que Jean baptisait près de là, dans un endroit appelé Ænon (Évang. de Jean, 3,23). Selon saint Jérôme, c'est le *Salem* de Melchisedek, que d'autres prennent pour Jérusalem.

ABEL-MÉHOLA, également dans la plaine du Jourdain, et, selon saint Jérôme, à dix milles romains de Scythopolis, était la patrie du prophète Elie.

Dans l'intérieur nous remarquons les villes suivantes :

GINÉE (Djennin), sur la limite septentrionale des montagnes d'Éphraïm vers la plaine d'Esdrelon. Cette ville n'est pas mentionnée dans la Bible; mais, selon Josèphe, c'était la ville frontière de la Samarie, du côté de la Galilée, à 6 ou 7 lieues N. de Samarie.

YEZREEL ou ESDRELON (Stradela), à 4 lieues N. E. de Samarie, une des villes les plus importantes du royaume d'Israël, et qui avait donné son nom à

---

[1] Voy. Volney, II, ch. 6.
[2] Voy. Ritter, *Erdkunde*, II, p. 393.
[3] Voy. I Sam. 31, 10.
[4] I Rois, 4, 12.
[5] L. I, ch. 105.

[1] De Bello Jud., l. 3, c. 3.

toute la plaine dans laquelle elle était située. Le roi Achab y avait un palais, des fenêtres duquel Isabel fut précipitée dans la rue, par ordre de Jéhu (2 Rois, 9, 33). Au temps des croisades il n'y avait à la place d'Esdrelon qu'un petit bourg, que Guillaume de Tyr appelle *parvum Gerinum*. Brochard l'appelle *Zaraïm*. Dans les environs d'Esdrelon était située, selon le livre de Judith, la ville de *Bethulia*, qui n'est point mentionnée ailleurs.

SAMARIE, ville forte bâtie par Omri, roi d'Israël, sur une montagne qu'il avait achetée d'un certain *Schemer*; de là le nom de *Schomrón* (Samarie). Cette ville, située à environ 16 lieues N. de Jérusalem, devint, depuis la septième année du règne d'Omri [1], la résidence des rois d'Israël, qui avant cette époque avaient résidé à Thirsa. Détruite par Salmanassar, roi d'Assyrie, elle fut bientôt restaurée par les colons assyriens. Plus tard elle fut encore détruite par Jean Hyrcan, le Maccabéen. Rebâtie par Gabinius, gouverneur romain en Syrie, elle devint très-florissante sous le roi Hérode. Celui-ci y fit bâtir un temple en l'honneur de l'empereur Auguste, et changea le nom de *Samarie* en celui de *Sebasté* (mot grec, en latin *Augusta*). Les écrivains arabes du moyen âge la mentionnent encore sous le nom de *Sebastiyya*. Cotwyk, voyageur du XVIe siècle, n'en trouva plus que quelques ruines peu considérables. D'Arvieux y trouva encore les ruines d'une église, où l'on prétend montrer le tombeau de Jean-Baptiste entre ceux des prophètes Elisa et Obadia. Environ quarante ans après, Maundrell [2] vit à peine quelques traces de cette église. A l'endroit de l'ancienne *Sebasté*, il ne trouva qu'un jardin, et au nord un carré où l'on voyait de grandes colonnes. Clarke qui, en 1801, ne trouva plus aucune trace de *Sebasté*, place l'ancienne Samarie à 3 lieues S. de Djennîn, où il vit sur une montagne une forteresse appelée *Santorri*, inconnue à tous les autres voyageurs. Mais le témoignage de Maundrell est trop positif, et il n'est pas étonnant que cent ans après lui le nom de *Sebastiyya* eût disparu avec ses ruines.

SICHEM (Nablous), une des villes les plus anciennes du pays de Canaan, située dans une vallée entre le mont Ébal au nord et le mont Garizim au midi, à 2 lieues S. de Samarie. Au temps d'Abraham il y avait là un bois de térébinthes appelé *Moré* (Genèse, 12, 6); mais déjà du temps de Jacob, nous y trouvons la ville de Sichem, sous un prince des Hévites, nommé Hamor. Ce prince avait un fils nommé *Sichem*, et il est probable qu'il fut le fondateur de la ville, à laquelle il donna le nom de son fils. Après la conquête des Hébreux, Sichem, appartenant au canton d'Éphraïm, devint une *ville lévitique;* on y transporta les restes de Joseph. Ce fut là que Josué, avant de mourir, convoqua une grande assemblée nationale, et donna aux anciens et aux chefs des tribus ses derniers conseils. La ville fut détruite par le juge Abimélech contre lequel les Sichémites s'étaient révoltés (Juges, ch. 9). Nous ne la trouvons ensuite mentionnée que sous David (Ps. 60, v. 8). Après la mort de Salomon, il se tint à Sichem une assemblée nationale par suite de laquelle eut lieu le schisme des dix tribus. Jéroboam, le premier roi d'Israël, embellit la ville et y fixa sa résidence. Sous les rois de Perse, Sichem devint le siége principal du culte des Samaritains, qui bâtirent un temple sur le mont Garizim. Ce temple, après avoir duré environ deux cents ans, fut détruit par Jean Hyrcan. Dans l'Évangile de Jean, la ville de Sichem est mentionnée sous le nom de *Sichar* [1]; près de la ville se trouvait le *puits de Jacob*, auprès duquel Jésus eut son entretien avec la *Samaritaine*. L'empereur Vespasien fit de Sichem une colonie romaine, qui reçut le nom de *Flavia*

---

[1] Voy. I Rois, ch. 16, v. 23, 24.
[2] A journey from Aleppo to Jérusalem, p. 59.

[1] On pense que c'est un sobriquet que les Juifs, par mépris, donnaient à la ville de Sichem; on y ferait allusion au verbe שכר *s'enivrer*.

Neapolis. Depuis cette époque l'ancien nom disparaît peu à peu dans les auteurs. De *Neapolis* les Arabes ont fait *Nablous*, qui est encore aujourd'hui le nom de l'antique Sichem. Cette ville eut de bonne heure une communauté chrétienne; Justin le martyr y vit le jour. L'empereur Zénon expulsa les Samaritains du mont Garizim et y bâtit une église; Justinien rétablit à Sichem cinq églises que les Samaritains avaient brûlées [1]. Nablous, incendiée pendant les croisades, fut rebâtie en 1283. C'est encore maintenant une ville considérable par son commerce et son industrie. Parmi les habitants on trouve 20 à 30 familles chrétiennes du rit grec et un très-petit nombre de Samaritains pauvres et opprimés [2]. Les habitants de Nablous se distinguent par un esprit turbulent et guerrier; ils sont gouvernés par leurs propres cheiks, et le pacha a beaucoup à faire pour les tenir en respect. On montre au nord de la ville le tombeau de Joseph, sur lequel les musulmans ont bâti une petite mosquée.

SILOH, ville de la tribu d'Éphraïm, où Josué fit placer le tabernacle ou le temple portatif, était située au midi de Sichem et au nord de Bethel. Il n'en reste plus aucune trace.

BETHEL, petite ville d'une haute antiquité; elle s'appelait d'abord *Louz*. Le patriarche Jacob, après y avoir vu en songe l'échelle qui touchait au ciel, lui donna le nom de *Beth-el* (maison de Dieu). Elle fut prise par les Éphraïmites, quoique, par le sort, elle dût appartenir à la tribu de Benjamin. Après le schisme, Jéroboam y plaça l'un de ses deux veaux d'or; c'est pourquoi les prophètes Osée et Amos appellent la ville *Beth-aven* (maison de crime). Elle existait encore du temps des Romains; Vespasien la conquit et y mit une garnison. Au temps de saint Jérôme, Bethel n'était plus qu'une petite bourgade; les itinéraires n'en parlent pas.

Nous devons encore mentionner les villes de *Thimnath-Sérah* et de *Thirsa*, qui appartenaient à la province de Samarie, mais dont nous ne saurions fixer la position. La première fut donnée à Josué pour prix de ses grands services. Au temps de saint Jérôme, on montrait encore le tombeau de Josué sur l'une des montagnes d'Éphraïm. — *Thirsa* mérite une mention comme ancienne résidence des rois d'Israël, avant la fondation de Samarie. L'amant du Cantique appelle sa bergère *belle comme Thirsa* (c. 6, v. 4).

III. LA JUDÉE.

Sous le nom de *Judée*, qui, comme nous l'avons déjà dit (ch. 1), est souvent employé pour désigner tout le pays des Hébreux, nous comprenons ici la province qui, à l'ouest du Jourdain, s'étend des limites de la Samarie à l'Arabie Pétrée. La limite du nord, qui, selon Josèphe, passe près du bourg d'Anoua [1], va de là au Jourdain, en face de l'embouchure du Yabbok; à l'est nous trouvons la limite naturelle formée par le Jourdain et la mer morte; les limites méridionales sont celles que nous avons indiquées pour la Palestine en deçà du Jourdain. A l'ouest, la Judée, longtemps limitée par le territoire des Philistins, s'étendait plus tard jusqu'à la Méditerranée; elle embrassait même tout le bas pays de la côte de Samarie et s'étendait au N. O. jusqu'au Carmel.

Les montagnes de la Judée sont les plus élevées de la chaîne occidentale. A l'est de Rama le pays s'élève de plus en plus en différents plateaux; plus on avance et plus le terrain est nu et stérile; les sommets les plus élevés ont généralement la forme conique. Aucun sentier ne guide le voyageur dans ces rochers presque inaccessibles; ce n'est que par deux gorges, appelées la vallée de Jérémie et la vallée des Térébinthes, que les voyageurs venant de Yâfa peuvent pénétrer à Jérusalem, située au point le plus élevé de la Palestine.

---

[1] Voy. Relandi *Palæstina*, p. 1010.
[2] En 1815 Otto de Richter ne trouva plus que 15 familles samaritaines.

[1] Selon Eusèbe, Anoua était situé à 15 milles S. de Sichem.

La Judée, naturellement la moins fertile de toutes les provinces de la Palestine, était cependant, selon le témoignage de Josèphe, riche en blé, en fruits et surtout en vin. Les plaines à l'est et à l'ouest offraient de bons pâturages, et même sur les hauteurs, où la nature abandonnée à elle-même ne semblait rien promettre, le travail de l'homme ne fut pas sans succès [1].

La province de Judée, qui, depuis les conquêtes de Jean Hircan, renfermait aussi une grande partie de l'Idumée, fut divisée en onze *toparchies*, savoir : Jérusalem, Gophna, Acrabata, Tamna, Lydda, Ammaüs, Pella, Idumée, En-gadi, Hérodion et Jéricho. Nous ne nous arrêterons pas à cette division mentionnée par Josèphe et Pline [2], mais dont il n'existe aucune trace dans le Nouveau Testament. Pour notre topographie la nature même du pays nous offre une division plus commode. Nous commencerons par les villes situées dans la plaine orientale, à l'ouest du Jourdain et de la mer Morte ; de là nous monterons dans la contrée montagneuse de l'intérieur, et nous terminerons par les villes de la côte et du pays des Philistins, en allant, dans chaque division, du nord au midi.

A. JUDÉE ORIENTALE.

JÉRICHO, appelée aussi *la ville des palmiers*, à deux lieues du fleuve, et à six lieues N. E. de Jérusalem, une des villes les plus célèbres de la Judée et d'une haute antiquité. Son local est une plaine de six à sept lieues de long sur trois de large, autour de laquelle règnent des montagnes stériles qui la rendent très-chaude (Volney, t. II, ch. 6). Ce fut la première ville de Canaan conquise par les Israélites. On trouvera les détails de cette conquête dans la partie historique de cet ouvrage. Josué la fit raser, et il maudit celui qui la rebâtirait ; nous la retrouvons néanmoins sous les juges ; car après la mort du juge Othniel, nous voyons les Moabites s'emparer de la *ville des palmiers* (Juges, 3, 13). Sous David aussi il est question de *Jéricho* (2 Sam. 10, 5). Cependant, selon le premier livre des Rois (16, 34), cette ville ne fut rebâtie que du temps du roi Achab, par un certain Hiel de Bethel, et ce fut alors seulement que s'accomplit la malédiction de Josué. Pour lever la difficulté on a pensé que Josué avait voulu défendre seulement de rétablir les fortifications et que ce fut là ce que fit Hiel [1]. Bientôt après, nous y trouvons une école de prophètes (2 Rois, c. 2, v. 5 et 15) ; les célèbres prophètes Élie et Élisa y demeurèrent quelque temps. Quand les Juifs furent revenus de l'exil de Babylone, Jéricho devint, après Jérusalem, la ville la plus importante de la Judée. Nous la trouvons parmi les villes fortifiées par Jonathan, prince maccabéen. Un fort appelé *Doch* se trouva, du temps des Maccabées, au nord de Jéricho (I Maccab. 16, 15). Hérode Ier fit élever à Jéricho un palais, un amphithéâtre et un hippodrome. Ce roi, dans les dernières années de sa vie, résidait souvent à Jéricho et il y mourut. Pendant le siége de Jérusalem, sous Vespasien, la ville de Jéricho fut détruite ; mais elle fut restaurée par l'empereur Adrien. Pendant les croisades elle fut réduite en cendres. Maintenant on ne trouve à sa place qu'un misérable village que les Arabes appellent *Rihá* ; il est habité par 40 à 50 familles musulmanes qui vivent de brigandage. On n'y voit presque plus de ruines de l'ancienne ville ; l'abbé Mariti n'y trouva qu'une espèce de tour démolie, que l'on prétendait être le reste d'une église bâtie à l'endroit où se trouvait la maison de Zacchée, chef des publicains (Évang. de Luc, ch. 19). Encore au XVIIe siècle on montrait aux crédules pèlerins le *sycomore* sur lequel monta Zacchée pour voir Jésus. Dans les environs de Jéricho on montre *la source d'Élisa* dont les eaux furent adoucies par un mira-

---

[1] Voy. ci-dessus, page 14.
[2] Voy. Jos. *de Bello jud.*, l. III, c. 3, § 5. Plin. *Hist. nat.*, l. V, c. 14. Ce dernier n'indique que 10 toparchies.

[1] Voy. Michaëlis, *Mosaisches Recht* (Droit mosaïque), t. III, § 145, p. 13 et 14.

cle de ce prophète (2 Rois, c. 2, v. 19 et suiv.). « Cette source, dit M. de Cha- « teaubriand [1], est située à deux milles « au-dessus de la ville, au pied de la « montagne où Jésus-Christ pria et « jeûna pendant quarante jours. Elle « se divise en deux bras. On voit sur « ses bords quelques champs de doura, « des groupes d'acacias, l'arbre qui « donne le baume de Judée [2], et des « arbustes qui ressemblent au lilas « pour la feuille, mais dont je n'ai pas « vu la fleur. Il n'y a plus de roses ni « de palmiers à Jéricho, et je n'ai pu « y manger les nicolaï d'Auguste : ces « dattes, au temps de Belon, étaient « fort dégénérées. Un vieil acacia « protége la source; un autre arbre se « penche un peu plus bas sur le ruis- « seau qui sort de cette source, et « forme sur ce ruisseau un pont natu- « rel. »

GUILGAL ou GALGALA, sous Jé- richo, à une distance de dix stades. Après avoir passé le Jourdain, les Israélites campèrent à Guilgal, qui resta le quartier général de Josué pen- dant tout le temps que dura la guerre avec les Cananéens. Cette place joue aussi un certain rôle dans l'histoire de Samuel et de Saül. Nous y reviendrons dans la partie historique. Depuis long- temps il ne reste plus de trace de Guilgal. Josèphe ne le mentionne pas dans l'histoire contemporaine [3].

ÉN-GADI, situé sur le milieu du ri- vage occidental de la mer Morte, à environ 13 lieues de Jérusalem. Seetzen trouva au même endroit un ruisseau qui porte encore le nom de *Ain-djiddi*. Il y avait dans les environs beaucoup de palmiers [4]; les vignes d'Én-gadi sont mentionnées dans le Cantique. Au milieu du dernier siècle Hassel- quist y trouva encore des vignes cul- tivées par les Arabes, qui en ven- daient le raisin aux chrétiens.

[1] Itinéraire de Paris à Jérusalem.
[2] C'est-à-dire l'huile de *Zakkoum*. Voy. ci-dessus, page 22
[3] Un autre *Guilgal* se trouva dans les en- virons de *Sichem*.
[4] Pline dit (Hist. nat., l. 5, c. 17) : *Engad- dum oppidum fuit secundum ab Hierosoly- mis fertilitate palmetorumque nemoribus.*

En continuant notre voyage le long du lac Asphaltite, laissant à l'ouest la ville de *Carmel*, ainsi que les déserts de *Maôn* et de *Ziph* avec les villes du même nom, nous trouvons au midi du lac une plaine renfermée entre les branches des deux chaînes de monta- gnes entre lesquelles se trouve le Jourdain et qui viennent se rapprocher ici. Dans cette plaine était située la ville de

SOAR ou SEGOR, la seule des cinq villes de la *vallée de Siddim* qui ait été épargnée dans la terrible catas- trophe arrivée au temps d'Abraham et dont nous avons déjà parlé (voy. page 11). Cette ville d'une haute anti- quité avait porté d'abord le nom de *Bala*; le nom de *Segor* a traversé plus de trente siècles. Eusèbe et saint Jérôme rapportent que de leur temps Segor avait une garnison romaine. Dans les premiers siècles du christia- nisme cette ville fut le siége d'un évê- que, dépendant du patriarche de Jé- rusalem. Nous la trouvons encore mentionnée sous le nom de *Zoghar* par le géographe arabe Aboulféda, qui vivait dans la première moitié du XIIIe siècle. Burckhardt place Segor à l'en- droit où se trouve maintenant le vil- lage de *Ghor-Safiéh*, au S. E. de la mer Morte. Le même voyageur nous a donné le premier une description exacte de la plaine dans laquelle se trouve ce village et dont la largeur varie entre 1 et 5 milles. A l'ouest elle est sablonneuse et stérile, mais au sud- est elle est très-fertile en plusieurs endroits. Elle est habitée par environ trois cents familles arabes, qui y cul- tivent le dourra et le tabac et qui por- tent le nom de *Ghowarin* (habitants du Ghôr). Ils sont très-pauvres et ils ont beaucoup à souffrir des Bédouins de ces environs. En été il règne dans la vallée une chaleur insupportable qui amène des fièvres intermittentes.

B. JUDÉE INTÉRIEURE.

GUÉBA (Gaba), une des villes fron- tières du royaume de Juda au nord [1].

[1] Voy. II Rois, ch. 23, v. 8.

Près de cette ville les Philistins sont vaincus par David (II Sam. 5, 25). Il ne faut pas la confondre avec GABAA, située dans les mêmes environs et qui fut le lieu de naissance de Saul (de là *Gabaath-Saül*). Cette dernière ville s'était rendue fameuse par un événement raconté dans les derniers chapitres du livre de Juges et dont nous parlerons plus loin. A quelque distance à l'ouest de *Gaba* et de *Gabaa* était située la ville de

GUIBEÔN ou GABAON, à environ 2 lieues N. O. de Jérusalem. Du temps de Josué cette ville formait avec celles de *Chephira*, *Beéróth* et *Kiriath-yaarim*, un district indépendant qui avait une constitution démocratique. Les Gabaonites échappèrent par une ruse à la destruction commune des peuplades cananéennes (Jos. ch. 9). Après la conquête, Guibeôn devint une des villes lévitiques. A la fin du règne de David et au commencement de celui de Salomon le temple portatif se trouvait à Guibeôn.

Laissant à l'ouest *Gazer* et *Beth-Horón* (divisé en *haut* et *bas Beth-Horón*), nous trouvons, à peu de distance S. E. de Guibeôn, la ville de

RAMA, selon Eusèbe et Jérôme à six milles N. de Jérusalem, sur le chemin de Bethel. On l'appelait aussi *Ramathaïm-Sophim*[1]. Ce fut le lieu de naissance et la résidence du prophète et juge Samuel. Après le schisme, Rama tomba entre les mains du roi d'Israël, mais Asa, roi de Juda, reprit cette ville. Quelques auteurs prennent Rama ou Ramathaïm pour la ville d'Arimathée du Nouveau Testament, lieu de naissance de Joseph qui donna la sépulture à Jésus. Plusieurs voyageurs modernes ont trouvé dans ces environs un village appelé par les Arabes *Nebi-Samouïl* et où l'on montre dans une mosquée le tombeau du prophète Samuel. [Il y avait encore trois autres villes du nom de Rama, dans les cantons d'Aser et de Naphtali et dans la Pérée.] Dans les environs de Rama était probablement *Mispah* ou *Maspha*, où se réunissaient, dans les temps anciens, les assemblées nationales des Hébreux[1].

De Rama nous nous dirigeons vers Jérusalem, en traversant le bourg d'*Emmaüs* (qu'il ne faut pas confondre avec la ville d'Emmaüs, située dans la Judée occidentale et appelée, par les Romains, Nicopolis) et les villes sacerdotales d'*Anathôth* et de *Nôb*.

Nous arrivons enfin à la capitale de la Palestine dont l'histoire remonte jusqu'au temps d'Abraham, qui depuis son commencement portait les noms de *justice* et de *paix*, et qui dans ses ruines s'appelle encore la *sainte*. Objet de tous les bienfaits du ciel comme de ses châtiments les plus sévères, Jérusalem a obtenu, au prix de ses vicissitudes, les hommages qui lui sont adressés des différentes parties du monde. Dans sa lutte contre les nations elle a dû périr pour devenir l'objet de leurs respects et de leur culte. Maintenant qu'elle ne présente plus qu'une image de désolation, le voyageur s'arrête à chaque pierre pour y chercher un souvenir; mais malgré les mille investigations dont elle a été l'objet, sa topographie ancienne, après tant de bouleversements, présente de nombreuses difficultés. Entre les traditions d'une pieuse crédulité et les paradoxes du scepticisme, il n'est pas facile de démêler la vérité. Nous ne pouvons pas nous livrer ici à de longs développements, mais nous remplirons le devoir de l'historien impartial, en présentant les résultats d'un examen consciencieux des documents les plus authentiques.

JÉRUSALEM.

Probablement l'ancienne *Salem* (la pacifique) où régnait Melchisedek. Avant David cette ville s'appelait *Jébus* (Yebous), parce qu'elle était habitée par les *Jébusites*. On ne saurait dire précisément à quelle époque elle reçut le nom de *Jérusalem* (Yerouschalem, *héritage de la paix*). Ce nom se trouve

---

[1] Voy. I Sam. ch. I, v. 1 et 19.

[1] Voy. Juges, ch. 20, v. 1; ch. 21, v. 5 et 8; I Sam. ch. 7, v. 5; ch. 10, v. 17.

déjà dans le livre de Josué (10, 1, et 12, 10); mais cela ne prouve nullement qu'il remonte jusqu'à l'époque de la conquête. L'empereur Adrien, qui rebâtit la ville détruite par Titus, lui donna le nom d'*Ælia capitolina*, et les géographes arabes du moyen âge l'appellent encore *Ilia*, mais plus souvent *El-Kods*, ou *Béit-el-Makdas* (le sanctuaire). Il est probable qu'elle portait ce nom déjà dans les temps anciens, car *Cadytis*, grande ville de Syrie, dont parle Hérodote[1], et qui, dit-il, fut conquise par Nécho, roi d'Égypte, ne saurait être que Jérusalem. Le nom de *Cadytis* n'est sans doute qu'une corruption du mot araméen *Kadischtha* (la sainte).

I. L'ANCIENNE JÉRUSALEM.

La ville de Jérusalem est située à 31° 47′ lat. N. et 33° long. E. au point le plus élevé des montagnes de la Judée, sur les anciennes limites des cantons de Benjamin et de Juda. La montagne qui sert d'assiette à la ville, descendant en pente vers le nord, est entourée à l'est, au midi et à l'ouest, de profondes ravines, au delà desquelles se trouvent des montagnes plus élevées, de sorte que la ville ne peut être vue de loin. On y distinguait autrefois trois collines, l'une au sud-ouest, la plus étendue et en même temps la plus élevée : c'est le mont Sion, le fort des anciens Jébusites, qui ne fut conquis que sous le règne de David. En face du Sion, au N. E., se trouvait une colline moins élevée, en forme de croissant, dont les Hébreux avaient probablement pris possession dès les premiers temps de la conquête, et où la ville s'agrandissait de plus en plus depuis le temps de David[2]. Un poète sacré a dit (Ps. 48, v. 3) : *Il s'élève magnifiquement, délice de toute la terre, le mont Sion; du côté du nord est la ville du grand roi*. La seconde colline ne porte pas de nom particulier dans la Bible; plus tard la citadelle qu'y avait élevée Antiochus Épiphane lui fit donner le nom d'Acra (ἄκρα). Sion fut appelée la *haute ville*, Acra la *basse ville*; elles étaient séparées l'une de l'autre par un vallon qui, courant du nord-ouest au sud-est vers la fontaine de Siloé, aboutissait dans la vallée de *Kidrón* (Cédron), et s'appelait, selon Josèphe, le *vallon des fromagers* (τῶν τυροποιῶν φάραγξ). Au sud-est d'Acra était une troisième colline, appelée Moria[1], sur laquelle était assis le temple. Elle était d'abord séparée de la colline d'Acra par une large vallée; mais le prince maccabéen Simon, qui rasa la citadelle d'Antiochus, fit aplanir l'Acra et combler la vallée, de sorte que les deux hauteurs de Moria et d'Acra n'en formèrent plus qu'une seule[2]. A l'ouest, ou plutôt au S. O du temple, il y avait, sur la vallée de *Tyropœon* ou *des fromagers*, un pont qui conduisait à l'angle N. E. du Sion, où se trouvait une plate-forme, appelée *Xystus*[3].

[1] Selon la tradition, c'est ce même mont Moria, sur lequel Abraham voulut offrir en sacrifice son fils Isaac.
[2] Ainsi les trois collines de Jérusalem n'en formaient que deux : *Duos colles, immensum editos, claudebant muri*. Tacit. Hist., V, 11.
[3] Il paraît que Moria, à l'occident, regardait Acra et la partie N. E. du mont Sion. Selon d'Anville (*Dissertation sur l'étendue de l'ancienne Jérusalem et de son temple*), le côté occidental du Moria regardait Acra, et le pont qui conduisait au *xystus* du mont Sion se trouvait du côté du midi. Mais cette opinion est réfutée par deux passages que nous trouvons dans les ouvrages de Josèphe. Dans les *Antiquités* (l. 20, ch. 8, § 11) Josèphe raconte que les prêtres firent élever un mur à *l'occident* du temple, pour empêcher le roi Agrippa II d'observer les cérémonies sacrées du haut de son palais qu'il avait fait construire près du *xystus*. Le même auteur raconte dans la *Guerre des Juifs* (l. 6, ch. 6, § 2) que, après la conquête de la basse ville et du temple, les Juifs retranchés sur le Sion demandèrent un entretien à Titus, et que celui-ci se présenta *du côté occidental du temple* (κατὰ τὸ πρὸς δύσιν μέρος); car, ajoute-t-il, il y avait là sur le *xystus* des portes et un pont qui joignait la haute ville avec le temple.

Ces passages de Josèphe peuvent aussi servir de réfutation à l'opinion émise par

---

[1] L. 2, ch. 159; l. 3, ch. 5.
[2] C'est peut-être cette partie de la ville, qui dans la Bible est désignée sous le nom de משנה *Secunda*. Voy. II Rois, 22, 14; II Chron. 34, 22; Sophonia, I, 10.

Les trois collines que nous venons de nommer formèrent depuis David et Salomon l'emplacement de la ville de Jérusalem. Quant au mont Moria, il n'avait été d'abord qu'une colline irrégulière, dont la surface n'aurait pas suffi pour toutes les constructions dépendantes du temple. Salomon fit élever un mur du fond de la vallée de l'est et remplir de terre tout l'espace intérieur, pour augmenter ainsi l'aire de la colline. Le mur était d'une hauteur de 400 coudées (v. Jos. Antiq. l. 18, ch. 3, § 9). Dans la suite des temps, des constructions immenses furent encore entreprises pour agrandir la colline et en soutenir les côtés (v. Guerre des Juifs, l. 5, ch. 5, § 1). La surface ainsi encadrée formait un carré d'un stade en long et en large.

Au nord du Moria il y avait une quatrième colline, qui, sous Agrippa Ier, fut jointe à la ville par un agrandissement de son enceinte, et qui s'appelait *Bezetha*[1] ; le quartier qui l'entourait fut appelé la *ville neuve*. De ce côté la ville était beaucoup moins fortifiée par la nature ; aussi de tout temps les siéges de Jérusalem se faisaient-ils du côté du nord. Des trois autres côtés les profondes ravines la rendaient inexpugnable. Celle de l'est s'appelait la *vallée de Kidron*, du nom du torrent qui la parcourt, ou la *vallée de Josaphat* (Joël, ch. 4, v. 2 et 12), nom qu'elle porte encore aujourd'hui ; elle a environ 2000 pas de longueur et elle sépare Jérusalem de la *montagne des oliviers*, qui est à l'est. La ravine du midi s'appelait *vallée de Hinnom*, ou *du fils de Hinnom* (Gué Ben-Hinnôm) ; à l'une des extrémités de cette vallée se trouve la source de *Siloé*, ou de *Guihon*, au pied du Moria et au S. E. du Sion. La ravine moins profonde de l'ouest s'appelait *vallée de Guihon*.

Les différents quartiers de Jérusalem furent, à différentes époques, entourés de murailles. Josèphe en distingue trois : la première, appelée *la plus ancienne*, environnait Sion et une partie du Moria ; la partie du nord commençait au nord-ouest de la tour nommée *Hippicos* (du nom d'un ami du roi Hérodes, tombé dans un combat contre les Parthes)[1], s'étendait de là au *xystus* et aboutissait au portique occidental du temple ; elle séparait ainsi la *haute ville* d'avec la *basse*. A l'ouest, partant de la tour *Hippicos*, la muraille passait par un endroit appelé Bethso, jusqu'à la porte dite des Esséniens ; de là elle tournait au S. E. et environnait tout le midi de Sion jusque vers la source de Siloé ; puis elle tournait au nord, et au N. E., traversait la place appelée Ophla[2], et venait aboutir au portique oriental du temple, de sorte qu'elle enfermait, outre le Sion, tout le côté méridional du Moria.

La *deuxième muraille* commençait

Clarke, et adoptée par Ritter (*Erdkunde*, II, 406 et suiv.), selon laquelle le *Tyropœon* de Josèphe serait la *vallée de Hinnom* de la Bible. Ce qu'on appelle maintenant le mont Sion ne serait alors qu'une partie de l'Acra, et le véritable Sion serait une autre montagne au midi de la vallée de Hinnom. Cette opinion, qui changerait toute la topographie de l'ancienne Jérusalem, est d'ailleurs en opposition avec deux passages de Josué (ch. 15, v. 8, et ch. 18, v. 16) desquels il résulte que la vallée de Hinnom était au midi de la ville des Jébusites, c'est-à-dire de Sion.

[1] Selon un passage de Josèphe (Guerre des Juifs, l. 5, ch. 4, § 2) le nom de *Bezetha* signifierait *ville-neuve* (καινή πόλις); mais il n'existe aucun mot hébreu ou chaldaïque, ressemblant à *Bezetha*, qui ait ce sens-là. Dans d'autres endroits Josèphe écrit *Bethzétho* (Βηθζηθώ), village près de Jérusalem (Antiq., l. 12, ch. 10, § 2, et ch. 11, § 1.) Les mots *Beth-zétha*, par abréviation *Bezétha*, ne peuvent signifier autre chose que *plantation* ou *jardin d'oliviers*. Ainsi, dans la version syriaque du Nouveau Testament (Act. des Ap. 1, 12), le mot ἐλαιών, *olivetum*, est rendu par *Béth-zétho*. Je ne doute pas que le passage où Josèphe parait rendre ces mots par *ville neuve*, ne soit tronqué ; cet auteur, dans le 2e livre de la *Guerre des Juifs* (ch. 19, § 4), distingue lui-même *Bezetha* de la *ville neuve*.

[1] La tour Hippicos se trouvait à peu près à l'endroit, où est maintenant la *tour de David*.

[2] *Ophla* ou *Ophel* est le nom d'une *place* de Jérusalem et non pas d'une *colline*, comme l'ont cru plusieurs auteurs. Le mot hébreu *Ophel* parait signifier *lieu élevé, fortifié par l'art, tour*. La place Ophla était située au midi du temple. Voy. Reland, Palæst., p. 855 ; d'Anville, Dissert., § 2.

à la porte de *Genath* ou *des jardins*, qui se trouvait dans la première muraille à l'est de la tour Hippicos. S'avançant de là vers la partie septentrionale de la ville, elle tournait ensuite vers l'est et venait aboutir au château Antonia, qui flanquait l'angle N. O. du temple.

La *troisième muraille*, commençant à la tour Hippicos, s'étendait en droiture vers le nord jusqu'à la tour Psephina. Se tournant ensuite vers l'est, elle passait devant le tombeau d'Hélène [1] qu'elle laissait au nord, traversait les *grottes royales*, et se repliant enfin vers le midi, elle venait se joindre à l'ancienne muraille dans la vallée de Kidron. Cette troisième muraille ne fut commencée que sous le roi Agrippa Ier; elle avait 25 coudées de hauteur et 10 coudées d'épaisseur.

Les murailles étaient construites obliquement ou en zigzag [2], et garnies d'un parapet crénelé. De distance en distance elles étaient flanquées de tours : dans les Psaumes (48,13) on parle des tours de Sion; le roi Ouzia en fit élever à plusieurs portes de Jérusalem (2. Chron. 26, 9). Dans les temps anciens une des plus importantes était, sans doute, la *tour de Hananel*, mentionnée par Jérémie (31, 38), Zacharie (14, 10) et Nehemias (3, 1, et 12, 39); ce dernier nomme aussi la tour *Méah* et celle *des fours* (3, 11; 12, 38). Dans les derniers temps les trois murailles avaient 164 tours, dont 90 se trouvaient dans la muraille extérieure, éloignées de 200 coudées les unes des autres; dans la deuxième muraille on en comptait 14, et dans l'ancienne 60. Elles avaient pour la plupart vingt coudées de largeur, et elles étaient élevées d'autant de coudées au-dessus de la muraille. Josèphe nomme, comme tours principales, *Hippicos*, *Phasaël*, *Mariamne* et *Pséphinos* [1]; les trois premières se trouvaient dans la partie septentrionale de l'ancienne muraille, en allant de l'ouest à l'est; la dernière, comme on l'a vu, était dans la troisième muraille, à l'extrémité N. O. de la ville. Elle était octangulaire et d'une hauteur de 70 coudées; du haut de cette tour on pouvait voir l'Arabie à l'est et la Méditerranée à l'ouest.

Les *portes* de l'ancienne Jérusalem sont nommées dans différents passages de la Bible, surtout dans le livre de Nehemias; mais il est impossible de bien fixer leur position respective. Ce que plusieurs savants, d'ailleurs peu d'accord entre eux, ont dit à ce sujet, repose sur des hypothèses bien vagues; l'illustre Reland lui-même n'a cru pouvoir rien dire de positif, et il s'est contenté d'une simple nomenclature. Nous énumérons ici les portes de Jérusalem dans l'ordre qui est, sinon certain, du moins le plus probable, en partant du nord-est, et en allant de là à l'ouest, au midi et à l'est, pour faire le tour de la muraille.

1. La porte dite *Ancienne* ou *Première*, au N. E.; 2. la porte *d'Éphraïm* ou *de Benjamin* au nord, conduisant dans les cantons de ces deux tribus; 3. la porte *de l'Angle* [2], au N. O., à une distance de quatre cents coudées de la précédente; 4. la p. *de la Vallée*, à l'ouest, conduisant probablement à la vallée de Guihon et à la *source du Dragon* (Nehem. 2, 13); 5. la p. *des Ordures* au S. O., à mille coudées de la précédente (ib. 3, 13) : il paraît que c'est la même qui plus tard fut appelée la *porte des Esséniens*; 6. la p. *de la Source*, au S. E. ainsi nommée de la source de Siloé (?). Peut-être est-ce la même que Jérémie (19, 2) appelle *Harsith* (p. de la Po-

---

[1] Hélène était mère d'Izates, roi d'Adiabène, qui embrassa le judaïsme, ainsi que l'avait fait sa mère. Celle-ci rendit de grands services aux Juifs dans la famine qui eut lieu sous le règne de l'empereur Claude. Voy. la partie historique de cet ouvrage.
[2] Selon Tacite : *per artem obliqui, aut introrsus sinuati, ut latera oppugnantium ad ictus patescerent*. Hist., V, 11.

[1] *Phasaël* était le nom du frère d'Hérode, tombé à la prise de Jérusalem par Pacorus, général des Parthes. *Mariamne* était le nom de la reine. On peut voir la description de ces différentes tours, dans Josèphe, *Guerre des Juifs*, l. 5, ch. 4, § 3.
[2] La porte de *l'angle* n'est pas mentionnée par Nehemias; mais on en parle 2 Rois, 14, 13, et dans quelques autres passages.

terie) et qui conduisait à la vallée de Hinnôm. Au midi, où le mont Sion était inaccessible, il n'y avait probablement pas de portes. Il nous reste encore cinq portes, qui devaient se trouver à l'orient, ou au S. E. du temple en allant du midi au nord; ce sont : 7. la porte *de l'Eau;* 8. la p. *des Chevaux;* 9. la p. *de la Revue* ou *du Recensement* (Vulg. *porta Judicialis*, Nehem. 3, 31); 10. la porte *des Brebis;* 11. la p. *des Poissons*[1]. — La *porte de la Geole* (Nehem. 12, 38) était, à ce qu'il paraît, une des portes du temple.

La mesure de l'enceinte de l'ancienne Jérusalem, après la construction de la troisième muraille, était, selon Josèphe, de trente-trois stades, qui, selon le calcul établi par d'Anville, font 2,493 toises 2 pieds. On pourrait donc s'étonner de lire dans Josèphe, que, pendant le siège de Jérusalem par Titus, *onze cent mille* hommes y perdirent la vie. Hécatée d'Abdère cité par Josèphe (*contre Apion*, l. 1, ch. 22) fixe le nombre des habitants de Jérusalem, au temps d'Alexandre le Grand, à environ 120,000. Ce nombre variait sans doute aux différentes époques, mais on ne trouve nulle part des données positives à cet égard.

Quant aux *rues de Jérusalem*, la Bible n'en nomme qu'une seule, c'est la *rue des Boulangers* (Jerem. 37, 21). Dans le *Talmud* on nomme quelques *marchés* ou *bazars*, tels que le *marché des Engraisseurs* (où l'on vendait des animaux engraissés), le *marché des Lainiers*[2] et le *marché Supérieur*, qui, selon quelques talmudistes, était habité par des foulons païens[3]. Devant les portes il y avait, comme dans toutes les villes de grandes places qui servaient aux assemblées populaires[1].

Les *principaux édifices* de l'ancienne Jérusalem étaient : 1° le *Temple*, fondé par Salomon sur le mont Moria, rebâti sous Zorobabel et magnifiquement restauré par Hérode : nous donnerons dans l'histoire de Salomon et d'Hérode la description des deux temples et des édifices qui en dépendaient; 2° le *fort de Sion*, conquis sur les Jébusites par Joab, général de David, et appelé depuis la *ville de David :* il était protégé au nord par un rempart appelé *Millo;* 3° le *palais de Salomon*, surnommé la *Maison de la forêt du Liban*[2], à cause de la grande quantité de bois de cèdre dont on s'était servi pour sa construction. Ce palais devait être situé dans la partie méridionale du Sion, la plus élevée de la ville; car la reine, logée d'abord dans la citadelle de David, *monte* de là dans sa maison, qui faisait partie du palais[3]. Nous reviendrons sur cet édifice dans l'histoire de Salomon.

Dans la conquête de Jérusalem par les Babyloniens tous les grands édifices devinrent la proie des flammes (2 Rois, 25, 9; Jérémie, 52, 13). Sous Zorobabel le temple fut rétabli avec beaucoup moins de magnificence. Plus tard les princes maccabéens firent bâtir au N. O. du temple un château appelé *Baris*[4]; Hérode le for-

---

[1] Voy. Nehemias, 8, 1; 2 Chron. 32, 6.
[2] Voy. I Rois, ch. 7, v. 1 et 2. La plupart des commentateurs, ayant mal compris ces deux versets, ont cru qu'il s'agissait de deux palais différents, et ils ont pris la *maison du Liban* pour un palais d'été. Mais toute la description, v. 2 — 11, ne peut s'adapter qu'au palais où résidait Salomon. C'est dans ce sens aussi que Josèphe a compris ce passage; cet auteur ne parle que d'un seul palais, auquel il rapporte la description du ch. 7, sans mentionner la *maison de la forêt du Liban*. Voy. *Antiquités*, l. 8, ch. 6, § 1 et 2.
[3] Voy. I Rois, ch. 7, v. 8; ch. 9, v. 24; et II Chron. ch. 8, v. 11.
[4] Voy. Josèphe, Antiquit., l. 15, ch. 11, § 4. Le mot βάρις, ou, comme prononçaient les Juifs, *Birah*, signifie en général, *château fort, citadelle*. Le mot hébreu *Birah* fut sans doute emprunté par les Juifs aux Perses; on ne le trouve que dans les livres postérieurs à l'exil de Babylone.

---

[1] Selon la paraphrase chaldaïque, au 2° livre des Chroniques, ch. 33, v. 14, c'était une porte où se tenaient les marchands de poisson.
[2] *Mischna*, ou texte du Talmud, traité *Éroubin*, ch. 10, § 9.
[3] Voy. ibid. traité *Schekalim*, ch. 8, § 1, et les commentaires de Maimonides et de Bartenora.

tifia et lui donna le nom d'*Antonia*, en l'honneur de Marc-Antoine, son ami et son protecteur. Le château formait un carré dont chaque côté était d'un demi-stade; à l'intérieur se trouvait un palais entouré d'un mur quadrangulaire qui était flanqué de quatre tours. Trois de ces tours avaient une hauteur de 50 coudées, la quatrième de 70; cette dernière était celle du S. E., la plus rapprochée du temple. Du haut de cette tour la garde romaine observait ce qui se passait dans les cours du temple. Depuis le temps d'Hérode on élevait dans Jérusalem beaucoup de beaux édifices dans le goût grec. Outre le temple, restauré et agrandi par Hérode, nous remarquons le *palais royal*, bâti en marbre blanc. Entouré d'un mur de 30 coudées de hauteur, il occupait avec ses plates-formes et ses jardins, ornés de bassins et d'aqueducs, le N. E. et l'est du Sion. Josèphe dit que la magnificence de ce palais était au delà de toute description (παντὸς λόγου χρείσσων) [1]; Agrippa II y ajouta un nouveau bâtiment.

Au milieu de la basse ville se trouvait le palais d'Hélène d'Adiabène. Josèphe, qui mentionne ce palais (Guerre d. J. VI, 6, 3), parle, au même endroit, de deux édifices publics incendiés par les Romains avant la conquête du Sion et qui, par conséquent, se trouvaient dans la basse ville : il les appelle ἀρχεῖον (*palais des magistrats* ou *archives*) et βουλευτήριον (*palais du conseil du Synedrium*). Nous savons, par plusieurs passages du Talmud, que le Synedrium, qui avait toujours tenu ses séances dans l'une des dépendances du temple, fut transféré, quarante ans avant la destruction de Jérusalem, dans un endroit du Moria appelé *Hanouyóth* (les boutiques) et de là dans un autre local de la ville [2].

Avant de passer à la description de la moderne Jérusalem, nous rappellerons brièvement les principaux événements dont cette ville fut le théâtre.

[1] Guerre des Juifs, V, 4, 4.
[2] Voy. Selden, *de Synedriis*, p. 958.

Les détails de son histoire se trouveront dans l'histoire générale de la Palestine.

La Bible ne nous fait pas connaître l'époque de la fondation de Jérusalem. Josèphe, les rabbins, tous les anciens Pères de l'Église, à l'exception de St. Jérôme, s'accordent à retrouver Jérusalem dans la ville de Salem, où régnait, du temps d'Abraham, le roi *Melchisédek* (roi de la justice). Du temps de Josué nous y trouvons le roi *Adonisédek* (maître de la justice), qui trouva la mort en tombant entre les mains des Hébreux, avec quatre autres rois cananéens, près de Guibeón (Jos. ch. 10). Quelque temps après, la basse ville fut conquise par les Hébreux; les Jébusites y restèrent établis à côté des enfants de Juda et de Benjamin. La haute ville ne put être arrachée aux Jébusites que dans la huitième année du règne de David, qui en fit sa résidence. Par le temple de Salomon, Jérusalem devint le centre du culte hébreu. Après le schisme elle resta la capitale du royaume de Juda. Dans la cinquième année de Rehabeam (Roboam), elle fut prise et pillée par Sésac, roi d'Égypte. Sous le régne de Joram, des hordes de Philistins et d'Arabes pénétrèrent dans la ville, pillèrent le palais du roi et emmenèrent captifs ses fils et ses femmes (2 Chr. 21, 17). Sous le roi Amasia, la ville fut saccagée par Joas, roi d'Israël. Sous Ézéchias, elle fut vainement assiégée par les Assyriens; mais environ 130 ans après, les Chaldéens, sous Nabuchodonosor, la détruisirent de fond en comble. Rebâtie, ainsi que le temple, par suite de la permission accordée par Cyrus, la chute de l'empire des Perses lui amena de nouveaux malheurs. Jérusalem se rendit à Alexandre, qui la traita avec beaucoup de bienveillance. Après la mort d'Alexandre elle fut prise par le roi d'Égypte Ptolémée, fils de Lagus. Antiochus Épiphane, roi de Syrie, la saccagea (170 ans avant l'ère chrétienne) et profana le temple en y plaçant la statue de Jupiter Olympien. Après quelque temps de paix, sous les princes maccabéens, Pompée entra victorieux dans Jérusalem, l'an 63 avant J.C., et quelque temps après, le temple fut pillé par Crassus. Hérode embellit Jérusalem par de magnifiques édifices. Mais bientôt la Judée devint province romaine : une révolte des Juifs amena cette guerre qui se termina par la terrible catastrophe de Jérusalem; conquise par Titus, l'an 71 de l'ère chrétienne, elle fut entièrement détruite. Quelques tours et un petit nombre de maisons que Titus avait épargnées furent rasées par l'empereur Ælius Adrien, par suite d'une nouvelle révolte des Juifs (136). Adrien voulut détruire jusqu'au nom de Jérusalem; il fit bâtir à sa place une nouvelle ville qu'il nomma *Ælia Capitolina*, en l'honneur de *Jupiter Capitolinus*, et dont l'entrée fut défendue aux Juifs, sous peine de mort. Lorsque le christianisme monta sur le trône des Césars, Jérusalem vit s'élever, au lieu des temples païens, un grand nombre de monuments chrétiens, dans les endroits que la tradition avait désignés comme le théâtre de la vie et de la mort de Jésus. En 615, la ville fut conquise par Cosroës, roi de Perse. L'empereur Héraclius la reprit en 627; mais peu de temps après, en 636, elle tomba entre les mains des hordes arabes conduites par le khalife Omar. Elle tomba ensuite successivement au pouvoir des sultans persans, des Fatimites d'Égypte, des Seldjoukides. En 1099 elle fut prise par les croisés sous Godefroi de Bouillon, et elle devint le siége des rois chrétiens. En 1187, le sultan Saladin la conquit et mit fin au royaume de Jérusalem. Le sultan Malec El-Camel la céda, en 1229, à l'empereur Frédéric II, mais elle fut reprise par les musulmans en 1244. Elle resta ensuite sous les sultans d'Égypte et de Syrie de différentes dynasties jusqu'à ce que, en 1517, elle fut conquise par les Turcs sous Sélim Ier. Ibrahim-Pacha s'en empara en 1832; mais, par suite des derniers événements de la Syrie, elle vient de rentrer de nouveau sous la domination immédiate de la Porte.

2. LA MODERNE JÉRUSALEM.

Le terrain de Jérusalem n'a pu traverser tant de bouleversements, sans se modifier sensiblement; c'est pourquoi il est si difficile, souvent même impossible, de reconnaître les anciennes localités dans la ville moderne. Les hauteurs sont abaissées dans plusieurs endroits; la vallée de Tyropœon est comblée, et il en reste à peine quelque légère trace près de la fontaine de Siloé. La ville n'occupe plus toute l'ancienne enceinte, car le mont Sion en est exclu en grande partie, et nous savons qu'il l'était déjà à l'époque où Adrien fit bâtir *Ælia*[1]. Il paraît que depuis ce temps Jérusalem a conservé à peu près la même étendue. Les descriptions qui nous restent du moyen âge, par Guillaume de Tyr, Jacob de Vitriaco, Brochard et autres, s'accordent, sur tous les points essentiels, avec celles des voyageurs modernes. Mais alors Jérusalem n'offrait pas encore cet aspect de misère et de désolation qui frappe maintenant les regards du voyageur. Le géographe arabe Kazwini cite un auteur natif de Jérusalem, qui vante les belles constructions de cette ville[2]. Nous donnons ici un extrait de la description d'Edrisi, auteur arabe du XIIe siècle[3] :

« Beït-el-Mokaddas est une ville illustre, ancienne et pleine d'antiques monuments. Elle porta le nom d'*Ilia*. Située sur une montagne d'un accès facile de tous les côtés[4], elle s'étend

---

[1] Voy. sur *Ælia* : Dissertations pour servir à l'histoire des Juifs, par M. de Boissi. T. I, p. 312 et suiv.
[2] Voy. l'ouvrage de Kazwini, intitulé *adjaïb al-boldàn* (les merveilles des pays), manuscrit de la bibl. roy. — troisième climat, l'article *Beït-al-mukdas*.
[3] Géographie d'Edrisi, traduite de l'arabe en français, par P. Amédée Jaubert. T. I, p. 341 et suiv. Edrisi acheva son ouvrage en janvier 1154.
[4] Ceci est inexact, mais l'erreur n'appartient qu'au traducteur; le texte arabe dit : *Elle est située sur une montagne, et de tous les côtés on y arrive en montant.*

de l'ouest à l'est. A l'occident est la porte dite d'el-Mihrâb ; au-dessous est la coupole de David (sur qui soit le salut!); à l'orient, la porte dite de la Miséricorde, laquelle est ordinairement fermée et ne s'ouvre que lors de la fête des rameaux ; au midi, la porte de Seïhoun (Sion); au nord, la porte dite d'Amoud el-Ghorâb. En partant de la porte occidentale ou d'el-Mihrâb, on se dirige vers l'est par une large rue et l'on parvient à la grande église dite de la Résurrection et que les Musulmans appellent Komamé....

« A l'orient de cette église, en descendant par une pente douce, on parvient à la prison où le seigneur Messie fut détenu et au lieu où il fut crucifié....... Si vous sortez de l'église principale en vous dirigeant vers l'orient, vous rencontrerez la sainte demeure qui fut bâtie par Salomon, fils de David, et qui fut un lieu de pèlerinage du temps de la puissance des Juifs...... C'est aujourd'hui la grande mosquée connue par les Musulmans sous le nom de Mesdjid el-Aksa. »

Benjamin de Tudèle, qui écrivit environ vingt ans après Édrisi, donne aussi quatre portes à la ville de Jérusalem[1]; il les appelle : porte d'Abraham[2], porte de David, porte de Sion, porte de Josaphat. Sans doute ces noms étaient plus usités parmi les Juifs.

La muraille qui maintenant environne la ville de Jérusalem fut bâtie en 1534, par ordre du sultan Soliman. Elle a une hauteur de 40 pieds, sa largeur est de trois pieds, et elle est flanquée de tours de 120 pieds de hauteur. On y trouve sept portes, dont deux sont condamnées.

Dans le mur septentrional il y a deux portes : vers l'occident, la *porte de Damas*, appelée par les Arabes Bâb el-Amoud (porte de la Colonne), qui mène à Nablous, à Nazareth, à Saint-Jean d'Acre et à Damas; vers l'orient la *porte d'Hérode* ou *d'Éphraïm*, en arabe Bâb el-Zaheri[1]; elle est fermée.

A l'orient il y a aussi deux portes : vers le nord, la *porte Saint-Étienne*[2]; c'est là, dit-on, que saint Étienne fut lapidé; les Arabes l'appellent Bâb Sitti-Mariam (porte de Notre-Dame Marie), parce qu'elle conduit au tombeau de Marie. Par cette porte on va à Jéricho, en passant par la montagne des Oliviers. Vers le sud est *la porte Dorée* qui donne sur le parvis du temple ; elle est murée.

Au midi, on trouve, vers l'orient, la *porte des Ordures*, qui mène à la fontaine de Siloé; en arabe elle s'appelle Bab el-Mogharebé (porte des Barbaresques). Vers l'occident, sur le Sion, que le mur traverse, est la *porte de Sion* ou Bab el-Nabi Daoud (porte du prophète David.) En dehors de cette porte, sur le sommet du Sion, on montre la maison de Caïphe, maintenant une église arménienne; non loin de là est une mosquée, bâtie, dit-on, sur le *tombeau de David*. A l'ouest se trouve un édifice, qui autrefois était un couvent franciscain, et qui maintenant est un hôpital turc. On y montre deux salles : dans l'une, dit-on, Jésus célébra la dernière pâque; dans l'autre le Saint-Esprit descendit sur les apôtres. Sur le Sion se trouvent aussi les cimetières chrétiens.

A l'occident on ne trouve que la *porte de Bethléhem*, qui mène à Bethléhem et à Hébron. A droite est le chemin de Yafa. Les Arabes appellent cette porte Bâb el-Khalîl (porte de *l'Ami de Dieu*, c'est-à-dire d'Abraham), probablement parce qu'elle

---

[1] Itinerarium Benjaminis, ed. l'Empereur, p. 42.
[2] Je ne doute pas qu'il ne se soit glissé une faute dans le texte de Benjamin; au lieu de אברם *Abrám* il faut lire, sans doute, אפרים *Éphraïm*. La porte d'Éphraïm est celle qu'Edrisi appelle Amoud el-Ghorâb; la porte de David est celle d'El-Mihrâb, et la porte de Josaphat celle de la Miséricorde.

[1] M. de Chateaubriand traduit Porte de *l'Aurore* ou *du Cerçeau;* le mot Zaheri n'a pas ce sens, c'est probablement un nom propre.
[2] Près de cette porte, à l'intérieur, on trouva une piscine desséchée et à demi comblée; elle est longue de 150 pieds et large de 50. On croit que c'est la même qui, dans l'Evangile de Jean est appelée *Bethesda*.

mène à Hébron, surnommée el-Khalîl, comme ville d'Abraham. Près de cette porte se trouve le *château des Pisans*, monument gothique du temps des croisades; la *tour de David*, qui en fait partie, existait cependant avant cette époque.

Plusieurs voyageurs ont fait le tour de la muraille et ont compté le nombre des pas. Voici les mesures indiquées par Maundrell, qui sortit par la porte de Bethléhem :

De cette porte à l'angle N. O. de la muraille.	400 pas.
De là à la porte de Damas.	680
— à la porte d'Hérode.	380
— à la prison de Jérémie.	150
— à l'angle N. E.	225
— à la porte de Saint-Étienne.	385
— à la porte Dorée.	240
— à l'angle S. E. du Moria.	380
— à la porte des Ordures.	470
— à la porte de Sion.	605
— à l'angle S. O.	215
— à la porte de Bethléhem.	500
Total	4630 pas.

Ces mesures nous font très-bien connaître les proportions de la ville; nous avons au nord 1435 pas, au midi 1290 pas, à l'est 1005 pas, à l'ouest 900 pas. On voit qu'elle forme une espèce de trapèze, dont les côtés les plus longs sont au nord et au midi; c'est pourquoi Edrisi dit qu'elle s'étend de l'ouest à l'est [1]. Voici maintenant les noms des rues de Jérusalem, d'après l'Itinéraire de M. de Chateaubriand : Les trois principales se nomment : 1° *Harat bâb el-Amoud*, la rue de la Porte de la Colonne : elle traverse la ville du nord au midi; 2° *Souk el-kebir*, la rue du Grand-Bazar : elle court du couchant au levant; 3° *Harat el-Alam*, la Voie douloureuse : elle commence à la porte de la Vierge, passe au prétoire de Pilate, et va finir au Calvaire.

On trouve ensuite sept autres petites rues :

Harat el-Moslemin, la rue des Musulmans.

Harat el-Naçâra, la rue des Chrétiens : elle va du saint sépulcre au couvent latin.

Harat el-Arman, la rue des Arméniens, au levant du château.

Harat el-Yahoud, la rue des Juifs : les boucheries de la ville sont dans cette rue (elle est située entre le Sion et le Moria, là où était autrefois la vallée de *Tyropœon*).

Harat bâb-Hotta, la rue près du Temple.

Harat el-Zahara. « Mon drogman, dit M. de Chateaubriand, me traduisait ces mots par *strada Comparita*. Je ne sais trop ce que cela veut dire. Il m'assurait encore que les *rebelles* et les *méchantes gens* demeuraient dans cette rue. »

Harat el-Mogharebé, la rue des Maugrabins ou des Barbaresques.

Ces rues sont étroites et irrégulières, elles ne sont pavées qu'en partie. Les maisons présentent des masses lourdes de terre argileuse ou de pierre; elles sont très-basses, et elles ont, pour la plupart, des toits plats ou des coupoles.

On ne voit de fenêtres que dans la partie supérieure; elles sont petites et grillées [1].

Les relations des voyageurs diffèrent beaucoup entre elles sur le nombre des habitants de Jérusalem. Elles balancent entre quinze et vingt mille; dans ce nombre les Juifs paraissent entrer pour un tiers.

Nous indiquerons encore rapidement les principaux édifices de la moderne Jérusalem : 1° L'*église du Saint-Sépulcre* vers le N. O. de la ville; elle fut incendiée dans la nuit du 11 au 12 octobre 1808, mais elle a été rebâtie plus tard. 2° *Le couvent San-Salvador*, entre les portes de Damas et de Bethléhem. 3° Le principal *couvent des Grecs* près de l'église du Saint-Sépulcre. 4° L'*église des Arméniens*,

---

[1] D'Anville évalue les 4630 pas de Maundrell à 1955 toises 4 pieds 2 pouces, et il montre que cette mesure s'accorde assez exactement avec le plan de Deshayes (voy. Dissertation sur l'étendue de l'ancienne Jérusalem, § 3). Selon Sieber, voyageur allemand, le plus grand diamètre de Jérusalem est de 1500 pas.

[1] Voy. *Wallfahrten im morgenlande*, par Otto de Richter, p. 48.

au pied du Sion, bâtie, dit-on, à l'endroit où était la maison d'Anne le pontife. 5° *La grande mosquée d'Omar* avec ses dépendances. Elle est bâtie sur le Moria, où des voyageurs modernes ont encore découvert des traces des anciens murs [1].

Dans l'histoire moderne de la Palestine nous donnerons sur quelques-uns de ces édifices des détails topographiques. Mais nous devons, pour compléter la topographie de Jérusalem, ajouter quelques mots sur les lieux qu'on appelle le *Calvaire* et le *saint sépulcre*.

Golgotha ou le *lieu du crâne* (calvariæ locus) était situé, selon Eusèbe et St. Jérôme, au nord du Sion. C'est là tout ce que nous savons sur cette place destinée aux exécutions; il n'est dit nulle part que ce fût une colline. Près de cet endroit, dans un jardin, se trouvait, selon l'Évangile de Jean, le tombeau où Jésus fut déposé. Le Calvaire ainsi que le tombeau étaient hors de la ville; maintenant on les montre en dedans, presque au milieu de la ville. Cette circonstance n'a en elle-même rien d'étonnant; cependant l'inspection des lieux a fait naître dans l'esprit de plusieurs voyageurs des doutes fort graves sur l'authenticité du *Calvaire* et du *saint sépulcre*; et la plupart des savants modernes qui ont écrit sur cette matière, refusent d'admettre que ces lieux aient pu exister là où on les montre maintenant [2]. M. de Chateaubriand, après avoir tâché de corroborer la tradition par le témoignage de plusieurs auteurs anciens, envie le sort des premiers voyageurs, qui n'étaient point obligés d'entrer dans toutes ces critiques, parce que, dit-il, ils trouvaient dans leurs lecteurs la religion qui ne dispute jamais avec la vérité. Cependant dès le quatorzième siècle il s'était élevé des doutes sur le saint sépulcre, et il y a plus de deux siècles que Quaresmius se plaignit amèrement de ces misérables hérétiques d'Occident qui nient que le saint sépulcre soit celui où le corps de Jésus fut déposé [1]. Il y a environ cent ans, Korte, voyageur allemand, malgré l'exaltation religieuse qui se manifeste dans son ouvrage, se prononça avec beaucoup de vivacité contre la tradition reçue; il s'était aperçu au premier regard que ce qu'on appelle maintenant le *Calvaire* ne pouvait nullement être le véritable *Golgotha*, ce qu'il prouve avec beaucoup de détails [2]. Il se pourrait bien, à la vérité, que le Golgotha ait été situé dans le quartier de Bezetha, qui lors de la mort de Jésus était encore exclu de la ville; car la troisième muraille n'existait pas encore. Mais il paraît être bien difficile d'exclure le Calvaire actuel même de la deuxième enceinte de l'ancienne Jérusalem; d'Anville, malgré la précision et la rigoureuse exactitude qui caractérisent ses recherches, s'exprime à ce sujet d'une manière si vague, que, loin de dissiper les doutes, il leur donne une nouvelle force. Après avoir dit que, avant l'accroissement de Bezetha, l'enceinte de la ville ne s'étendait pas au delà du côté du nord de la tour Antonia, il ajoute : « Il faut même « rabaisser un peu vers le sud, à une « assez petite distance de la face occi- « dentale du temple, pour exclure « de la ville le Golgotha ou Calvaire, « qui, étant destiné au supplice des « criminels, n'était point compris « dans l'enceinte de la ville. » — Sans

---

[1] Voy. Clarke, *Travels*, vol. IV, p. 386, et la relation du voyage de MM. Robinson et Smith, missionnaires américains (1838), insérée dans le recueil allemand *Zeitschrift für die Kunde des Morgenlandes*, t. II, p. 346, 347. Ces deux voyageurs ont découvert près du mur les débris d'une arche faisant partie du pont qui conduisait au *Xystus*.

[2] Voy. surtout le savant ouvrage allemand : *Ueber Golgatho und Christi Grab*, par Plessing. Halle, 1789. — Jahn, Arch. bibl. t. III, p. 252. — Ritter, *Erdkunde*, t. II, p. 417. La question a été définitivement résolue, dans le même sens, par MM. Robinson et Smith, l. c, p. 349.

[1] *Audivi nonnullos nebulones occidentales hæreticos, detrahentes iis, quæ dicuntur de jam memorato sacratissimo Domini nostri sepulchro, et nullius momenti ratiunculis, negantes illud vere esse in quo positum fuit corpus Jesu.* Elucidatio Terræ sanctæ historica, vol. II, p. 515.

[2] *Reise nach dem weiland gelobten Lande.* Altona, 1741, p. 210 et suiv.

vouloir rien décider à cet égard, nous observerons seulement que la tradition primitive de la découverte du saint sépulcre ne se présente pas avec assez de garanties pour ne pas donner prise à la critique. Voici comment cette tradition est rapportée par M. de Chateaubriand lui-même : « Constan-« tin, ayant fait monter la religion « sur le trône, écrivit à Macaire, évê-« que de Jérusalem. Il lui ordonna de « décorer le tombeau du Sauveur d'une « superbe basilique. Hélène, mère de « l'empereur, se transporta en Pales-« tine, et fit elle-même chercher le « saint sépulcre. Il avait été caché « sous la fondation des édifices d'A-« drien. Un juif, apparemment chré-« tien, qui, selon Sozomène, *avait* « *gardé des mémoires de ses pères*, « indiqua la place où devait se trouver « le tombeau. Hélène eut la gloire de « rendre à la religion le monument « sacré [1]. » Quelque faible que soit l'autorité de cette tradition, elle a encore trouvé des défenseurs parmi les modernes [2].

3. Environs de Jérusalem.

A l'orient se présente la *montagne des Oliviers*, qui s'étend le long de la vallée de Josaphat. Elle a trois sommets ; celui du nord est le plus élevé [3], on y voit les ruines d'une tour. Sur le sommet du milieu est la chapelle de l'Ascension ; au même endroit l'impératrice Hélène avait fait bâtir une magnifique église ; car ce fut là que, selon la tradition chrétienne, eut lieu l'ascension de Jésus. Dans la chapelle on montre encore aux crédules pèlerins la trace de son pied gauche. Le sommet occidental s'appelle la *montagne du Scandale* (mons offensionis), à cause du culte idolâtre qu'y célébra le roi Salomon. — Du haut de la montagne des Oliviers on a une vue magnifique. A l'orient s'étend la plaine de Jéricho, à travers laquelle on voit couler le Jourdain et se verser dans la mer Morte ; à l'occident on voit la ville et au delà on aperçoit la Judée, jusque dans les environs de la Méditerranée ; au nord la vue s'étend au delà des monts Ebal et Garizim, et au midi jusqu'à Bethléhem et Hébron.

Au pied de la montagne, du côté de la ville, on trouve au nord, presque à la naissance du torrent de Kidron, le jardin des Oliviers, connu dans l'Évangile sous le nom de *Geth-semani* (pressoir d'huile), maintenant *Djesmaniyyé*. On y arrive de la ville, en sortant par la porte Saint-Étienne, et en passant sur un pont du Kidron. Le jardin appartient aux Pères latins du couvent San-Salvador ; il a environ 160 pieds carrés, et on y trouve encore huit gros oliviers, que l'on croit très-anciens. Au nord du jardin, on montre dans une chapelle souterraine le prétendu sépulcre de Marie, mère de Jésus. On y descend par 47 marches de marbre. Arrivé au milieu de l'escalier, on trouve d'un côté le tombeau de Joachim et d'Anne, parents de Marie, et de l'autre côté celui de Joseph, son mari. Toutes les sectes chrétiennes et même les musulmans ont des oratoires dans cette chapelle. — De Gethsemani jusqu'au village de Siloan, situé au S. O. de la montagne des Oliviers, s'étend la vallée de Josaphat. Là se trouvent les tombeaux des juifs. Voici ce qu'en dit M. de Chateaubriand : « Les pierres du cimetière des Juifs se montrent comme un amas de débris au pied de la montagne du Scandale, sous le village arabe de Siloan : on a peine à distinguer les masures de ce village des sépulcres dont elles sont environnées. Trois monuments antiques, les tombeaux de Zacharie, de Josaphat et d'Absalon, se font remarquer dans ce champ de destruction. A la tristesse de Jérusalem, dont il ne s'élève

---

[1] Itinéraire de Paris à Jérusalem, Introduction, second mémoire.
[2] M. Scholz, professeur à l'université de Bonn, qui a fait le voyage de Jérusalem, a publié sur ce sujet une dissertation intitulée : *Commentatio de Golgothæ et sanctissimi D. N. J. C. sepulcri situ.* Bonnæ, 1825.
[3] Tout récemment, M. Schubert, voyageur bavarois, a mesuré les hauteurs de la Palestine. Selon lui, la montagne des Oliviers est élevée de 2555 pieds au-dessus de la mer, le Sion de 2381 pieds.

aucune fumée, dont il ne sort aucun bruit; à la solitude des montagnes, où l'on n'aperçoit pas un être vivant; au désordre de toutes ces tombes fracassées, brisées, demi-ouvertes, on dirait que la trompette du jugement s'est déjà fait entendre, et que les morts vont se lever dans la vallée de Josaphat. » En face du village de Siloan, au pied du Moria, est la fontaine dite de *Marie*. C'est peut-être la même qui, dans la Bible, est appelée la fontaine *Roghel* ou *du foulon* (Jos. 15, 7). Entre le Sion et le Moria, là où la vallée de Josaphat vient se joindre à la vallée de Hinnôm, se trouve la source de *Siloé*, qui jaillit d'une roche calcaire (voy. pl. 25). C'est la seule source d'eau vive que possède la ville de Jérusalem; ses eaux se divisent en deux branches et forment deux étangs, qui existaient déjà du temps d'Isaïe, et qui servaient alors comme aujourd'hui à laver le linge. L'un est appelé par Isaïe l'*étang supérieur* (ch. 7, v. 3), l'autre l'*étang inférieur* (ch. 22, v. 9); le premier, qui arrosait les jardins royaux, est appelé l'*étang royal* (Néhém. 2, 14). Toutes les fois que Jérusalem était menacée d'un siége, on détournait l'eau de Siloé et on bouchait la source, de sorte que la ville était toujours suffisamment pourvue d'eau, tandis que les assiégeants en manquaient. Ce moyen fut également employé par Hiskia (ou Ézéchias) lors du siége des Assyriens, et à l'époque des croisades. Saladin força par là Richard *Cœur de lion* de renoncer au siége de Jérusalem [1]. Près de là on montre, à côté d'un mûrier blanc, l'endroit du chêne *Roghel* où, selon la tradition, Isaïe fut scié en deux, par ordre du roi Manassé, et où il fut enterré.

Au midi du Sion, au delà de la vallée de Hinnôm, on montre *Hakel-dama* ou le Champ du sang, acheté des trente pièces d'argent de Judas. Derrière ce champ s'élève le mont du Mauvais conseil. Cette montagne paraît être celle que Clarke prend pour le véritable Sion. Il trouva dans sa paroi septentrionale beaucoup de tombeaux taillés dans le roc, et qui en partie portent l'inscription grecque τῆς ἁγίας Σιών.

Dans le vallon à l'ouest de la ville, appelé *Guihon*, on trouve une piscine portant le même nom; elle est presque à sec et on ne voit pas de source dans ses environs, ce qui peut faire supposer qu'elle était destinée à recevoir les eaux de pluie descendant des hauteurs voisines. En tournant de là au nord de la ville, on rencontre, avant d'arriver à la porte de Damas, une grotte dans laquelle, dit-on, Jérémie composa ses lamentations. Elle a environ 30 pieds en long et en large et 40 pieds de profondeur. Le toit est soutenu par deux colonnes. Il ne faut pas la confondre avec une fosse qui se trouve plus à l'est et qu'on appelle la *prison de Jérémie*.

A trois ou quatre portées de fusil de la grotte, on trouve un des plus beaux monuments d'architecture ancienne; c'est celui qu'on appelle les *Sépulcres des rois*. Il ne faut pas penser ici aux tombeaux des rois de Juda; car nous savons par la Bible que ces tombeaux se trouvaient sur le mont Sion. D'ailleurs on reconnaît dans les ornements l'art grec. Pococke et Clarke ont pris les *Sépulcres des rois* pour le monument d'Hélène, reine d'Adiabène, dont parle Josèphe; mais cet écrivain, en faisant la description de la troisième muraille de Jérusalem, distingue expressément le monument d'Hélène des *grottes royales*, qui sont, sans aucun doute, les sépulcres en question. Ce qu'il y a de plus probable, c'est que ces sépulcres datent des derniers rois de la Judée, successeurs d'Hérode. Nous reproduisons ici la description qu'en a donnée M. de Chateaubriand :

« En sortant de Jérusalem par la porte d'Ephraïm, on marche pendant un demi-mille sur le plateau d'un rocher rougeâtre où croissent quelques oliviers. On rencontre ensuite au milieu d'un champ une excavation assez

---

[1] Voy. Barhebræi *Chronicon syriacum*, p. 421.

semblable aux travaux abandonnés d'une ancienne carrière. Un chemin large et en pente douce vous conduit au fond de cette excavation, où l'on entre par une arcade. On se trouve alors au milieu d'une salle découverte taillée dans le roc. Cette salle a trente pieds de long sur trente pieds de large, et les parois du rocher peuvent avoir douze à quinze pieds d'élévation.

» Au centre de la muraille du midi, vous apercevez une grande porte carrée, d'ordre dorique, creusée de plusieurs pieds de profondeur dans le roc. Une frise un peu capricieuse, mais d'une délicatesse exquise, est sculptée au-dessus de la porte : c'est d'abord un triglyphe, suivi d'une métope ornée d'un simple anneau ; ensuite vient une grappe de raisin entre deux couronnes et deux palmes. Le triglyphe se représente, et la ligne se reproduisait sans doute de la même manière le long du rocher ; mais elle est actuellement effacée. A dix-huit pouces de cette frise règne un feuillage entremêlé de pommes de pin et d'un autre fruit que je n'ai pu reconnaître, mais qui ressemble à un petit citron d'Égypte. Cette dernière décoration suivait parallèlement la frise, et descendait ensuite perpendiculairement le long des deux côtés de la porte.

« Dans l'enfoncement et dans l'angle à gauche de cette grande porte s'ouvre un canal où l'on marchait autrefois debout, mais où l'on se glisse aujourd'hui en rampant. Il aboutit par une pente assez roide, ainsi que dans la grande pyramide, à une chambre carrée, creusée dans le roc avec le marteau et le ciseau. Des trous de six pieds de long sur trois pieds de large sont pratiqués dans les murailles, ou plutôt dans les parois de cette chambre, pour y placer des cercueils. Trois portes voûtées conduisent de cette première chambre dans les autres demeures sépulcrales d'inégale grandeur, toutes formées dans le roc vif, et dont il est difficile de comprendre le dessin, surtout à la lueur des flambeaux. Une de ces grottes, plus basse que les autres et où l'on descend par six degrés, semble avoir renfermé les principaux cercueils. Ceux-ci étaient généralement disposés de la manière suivante : le plus considérable était au fond de la grotte, en face de la porte d'entrée, dans la niche ou dans l'étui qu'on lui avait préparé ; des deux côtés de la porte deux petites voûtes étaient réservées pour les morts les moins illustres, et comme pour les gardes de ces rois, qui n'avaient plus besoin de leur secours. Les cercueils dont on ne voit que les fragments, étaient de pierre, et ornés d'élégantes arabesques.

« Ce qu'on admire le plus dans ces tombeaux, ce sont les portes de ces chambres sépulcrales ; elles sont de la même pierre que la grotte, ainsi que les gonds et les pivots sur lesquels elles tournent. Presque tous les voyageurs ont cru qu'elles avaient été taillées dans le roc même ; mais cela est visiblement impossible, comme le prouve très-bien le P. Nau. Thévenot assure « qu'en grattant un peu la poussière « on aperçoit la jointure des pierres, « qui y ont été mises après que les « portes ont été posées avec leurs pi- « vots dans les trous. » J'ai cependant gratté la poussière et je n'ai point vu ces marques au bas de la seule porte qui reste debout : toutes les autres sont brisées et jetées en dedans des grottes. »

En allant un peu au nord-ouest on trouve d'autres tombeaux qu'on donne pour ceux des *juges d'Israël*. On prétend que Othniel, Gédéon, Samson, Jephta, et d'autres anciens héros d'Israël y sont enterrés. Maintenant ces tombeaux offrent souvent une retraite aux bergers [1].

Avant de quitter Jérusalem pour continuer notre voyage vers le midi, nous ferons encore une excursion à *Bethphage* et *Bethania*, villages célèbres dans les Évangiles, et qui étaient situés à l'est de la montagne des Oliviers, sur la route de Jéricho. Ce fut à Bethphage que Jésus fit chercher l'âne sur lequel il fit son entrée à Jérusa-

---

[1] Voy. Quaresm. Elucidat. t. II, p. 728.

lem. Depuis longtemps il n'existe plus de trace de ce village; Quaresmius dit (t. II, p. 335) que de son temps on montrait encore l'endroit où il était situé.

Bethania est à environ trois quarts de lieue de Jérusalem; là demeura Lazare avec ses sœurs Marie et Marthe, et Jésus y passait souvent les nuits, dans les derniers temps de sa vie, lorsqu'il ne se croyait plus en sûreté à Jérusalem. Maintenant Béthanie est un petit village de la plus misérable apparence. On y trouve quelques familles arabes, dont les chefs mettent à profit la crédulité des pèlerins chrétiens, en leur faisant montrer, pour une rétribution, la maison de Lazare et son tombeau taillé dans le roc. A côté de ce tombeau se trouve une mosquée.

Le premier endroit qui au S. E. de Jérusalem attire notre attention, est la petite ville de

BETHLÉHEM, de la plus haute antiquité; elle avait porté d'abord le nom d'*Ephratha*[1]. La vallée de Rephaïm la sépare de Jérusalem, dont elle est éloignée à peine de deux lieues. Elle est assise sur une hauteur dans un pays de coteaux et de vallons, et Volney nous assure que c'est le meilleur sol de ces cantons; les fruits, les vignes, les olives, les sésames y réussissent très-bien. C'est de là, sans doute, qu'elle portait le nom d'*Ephratha* qui signifie *fertilité*. M. de Chateaubriand dit pourtant n'avoir point remarqué dans la vallée de Bethléhem la fécondité qu'on lui attribue. Bethléhem, qui a toujours été une des plus petites villes de la Judée, est célèbre cependant dans l'Ancien Testament, comme lieu de naissance de David, et, dans le Nouveau, comme celui de Jésus. Maintenant Bethléhem est un village qui a environ cent maisons, habitées par quelques centaines de familles, pour la plupart chrétiennes. On y voit peu de Mahométans et point de Juifs. Déjà au XIIe siècle Benjamin de Tudèle n'y trouva que douze Juifs qui exerçaient la profession de teinturiers.

Volney trouva à Bethléhem 600 hommes capables de porter le fusil dans l'occasion. « De ces 600 hommes, dit-« il, on en compte une centaine de « chrétiens latins, qui ont un curé « dépendant du grand couvent de Jé-« rusalem. Ci-devant ils étaient uni-« quement livrés à la fabrique des cha-« pelets; mais les RR. PP. ne consom-« mant pas tout ce qu'ils pouvaient « fournir, ils ont repris le travail de « la terre. » A l'est du village, à deux cents pas de distance, se trouve sur une hauteur le couvent latin qui, par une cour fermée de hautes murailles, tient à la célèbre église de la Nativité ou de *Maria de præsepio* (Notre-Dame de la Crèche). Cette église fut fondée par l'impératrice Hélène à l'endroit où, selon la tradition, naquit Jésus. Elle fut souvent détruite et a été nouvellement restaurée, et l'architecture grecque qu'on y reconnaît encore se mêle aujourd'hui aux différentes parties ajoutées par les princes chrétiens. Le géographe arabe Edrisi dit (p. 346) qu'elle est belle, solide, vaste, et ornée à tel point qu'il n'est pas possible d'en voir qui lui soit comparable. On en trouve la description dans l'Itinéraire de M. de Chateaubriand. Des deux côtés de l'autel il y a deux escaliers tournants ayant chacun 15 degrés, par lesquels on descend à la grotte où Jésus vit le jour; elle occupe l'emplacement de l'étable et de la crèche. Selon M. de Chateaubriand, elle a 37 pieds et demi de long, onze pieds trois pouces de large, et neuf pieds de haut. Elle est taillée dans le roc; les parois de ce roc sont revêtues de marbre, et le pavé de la grotte est également d'un marbre précieux. Trente-deux lampes éclairent cette grotte. La place qu'on donne pour celle de la naissance de Jésus est du côté de l'orient; elle est marquée par un marbre blanc entouré d'un cercle d'argent radié en forme de soleil. A l'entour on lit cette inscription : *Hic de virgine Mariá Jesus Christus natus est.* La crèche se trouve à sept pas de là vers le midi.

---

[1] Genèse, 35, 19.

On va même jusqu'à montrer, à deux pas de la crèche, la place où Marie était assise lorsqu'elle présenta l'enfant aux adorations des mages; on y a élevé un autel. Enfin on montre au pèlerin une chapelle souterraine où la tradition place la sépulture des enfants massacrés par ordre d'Hérode, et près de là on voit la grotte de saint Jérôme, avec son tombeau et ceux de sainte Paule et de sainte Eustochie. A côté de l'église, au midi, est le couvent des Grecs, et, à l'ouest de ce dernier, celui des Arméniens.

A une demi-lieue de Bethléhem, au N. O., on montre le tombeau de Rachel, épouse du patriarche Jacob. On lit dans la Genèse (35, 20) que Jacob y éleva un monument. Benjamin de Tudèle et le rabbin Pétachia y trouvèrent un monument composé de onze pierres, selon le nombre des onze fils de Jacob [1]; il était surmonté d'un dôme qui reposait sur quatre colonnes. Edrisi dit : « Sur ce tombeau sont douze pierres placées debout; il est surmonté d'un dôme construit en pierres. » Le monument qu'on y voit maintenant n'est plus le même; c'est un petit édifice carré de fabrique turque, surmonté d'un petit dôme. L'abbé Mariti croit qu'il ne date que de 1679.

Au midi de Bethléhem, un chemin pierreux d'environ une lieue conduit à trois réservoirs d'eau qui sont d'une haute antiquité et qu'on fait même remonter jusqu'à Salomon. Ils sont placés sur une pente; le plus élevé verse son eau dans le deuxième, d'où elle coule dans le plus bas. Selon Richardson, le premier a 480 pieds de long, le deuxième 600, et le troisième 660; leur largeur est de 270 pieds; ils sont taillés dans le roc, d'une forme carrée, et ils avaient en haut un encadrement de pierre, comme l'a observé l'abbé Mariti. Le premier de ces réservoirs reçoit son eau d'une fontaine qui en est éloignée d'environ 140 pas, et qu'on appelle la *fontaine scellée*, par allusion à un passage du *Cantique des cantiques* (4, 12). Les Arabes l'appellent plus communément *Râs-el-Aïn* (tête de la source). A côté des réservoirs est un aqueduc construit en briques, par lequel une partie de l'eau de la *fontaine scellée* était conduite à Jérusalem. Maintenant il se trouve en fort mauvais état; mais il est très-intéressant pour l'archéologue à qui il présente, ainsi que les réservoirs, un véritable monument hébraïque. La *fontaine scellée* ne coule plus avec abondance; aussi les réservoirs sont-ils presque à sec. Autrefois ils arrosaient le vallon qui se trouve près de là et qu'on appelle le *jardin fermé* de Salomon (Cantique, 4, 12), sans doute parce qu'il est entouré de collines.

Au S. E. de Bethléhem, à la distance de six milles romains, était située la ville de

THECOA, patrie du prophète Amos. Dans ces environs se trouve la *montagne des Francs*, sur laquelle on voit les ruines d'un château du temps des croisades.

HEBRÔN, situé à 5 lieues au sud de Bethléhem, est une des villes les plus anciennes du pays de Canaan. Selon le livre des Nombres (13, 22) elle fut bâtie sept ans avant Soan ou Tanis en Égypte. Son nom primitif était *Kiriath-Arba* (ville d'Arba) [1]. Abraham s'établit sur le territoire de Hebrôn, dans le bois de *Mamré* (Genèse, 13, 18); il y acheta un caveau, appelé la *caverne double*, où il enterra sa femme Sara. Plus tard il y fut enterré lui-même, ainsi que son fils Isaac avec sa femme Rebecca, et Jacob avec sa femme Léa [2]. Du temps de Josué, Hoham, roi de Hebrôn, fut fait prisonnier et mis à mort par les Hébreux. Hebrôn avec son territoire fut donné à Caleb, qui fit valoir une

---

[1] Car Benjamin, ajoute Pétachia, n'était pas encore né, et ce ne fut qu'en mourant que sa mère lui donna le jour (voy. Nouveau journal asiatique, novembre 1831, p. 396).

[1] Elle fut fondée probablement par *Arba*, père des *Anakim*, anciens habitants de ces contrées (voy. Josué, ch. 14, v. 15, et ch. 21, v. 11).

[2] Du temps de Josèphe on voyait encore les monuments des patriarches en beau marbre et construits avec élégance. Voy. *Guerre des Juifs*, l. IV, ch. 9, § 7.

promesse de Moïse; mais bientôt la ville fut donnée aux Lévites de la famille de Kehath, et elle devint une des six *villes-asiles*. David y avait sa résidence jusqu'à la conquête du fort de Sion. Nous trouvons Hebrôn parmi les villes où les Juifs s'établirent de nouveau après l'exil; mais il paraît que plus tard les Iduméens s'en emparèrent, car ils en furent chassés par Judas Maccabée (I Macc. 5, 65). Occupée par les Romains, elle leur fut arrachée par Simon fils de Gioras, un des chefs de l'insurrection; mais le général romain Céréalis la prit d'assaut, tua la garnison juive et brûla la ville. Pendant les croisades Hebrôn était un évêché, et portait le nom de *Saint-Abraham*, en l'honneur du patriarche qui y avait demeuré. Benjamin de Tudèle dit que l'église de Saint-Abraham, bâtie sur le tombeau des patriarches, avait été une synagogue sous la domination musulmane. Maintenant il y a là une mosquée appelée *Mesdjed-al-Khalîl* en l'honneur d'Abraham, que les musulmans surnomment *Al-Khalîl* ou *l'ami* (de Dieu). Ils donnent ce dernier nom à la ville elle-même, quoiqu'ils l'appellent aussi par son ancien nom, qu'ils prononcent *Habroun*. Maintenant Hebrôn a 400 maisons; les habitants sont musulmans, on ne trouve parmi eux qu'un petit nombre de Juifs. Voici la description de Volney (Voyage, t. II, à la fin du ch. 6) : « *Habroun* est assis au « pied d'une élévation sur laquelle sont « de mauvaises masures, restes informes « d'un ancien château. Le pays « des environs est une espèce de bassin « oblong, de cinq à six lieues d'étendue, « assez agréablement parsemé « de collines rocailleuses, de bosquets « de sapins, de chênes avortés et de « quelques plantations d'oliviers et de « vignes....... Les paysans cultivent « encore du coton, que leurs femmes « filent, et qui se débite à Jérusalem « et à Gaze. Ils y joignent quelques « fabriques de savon, dont la soude « leur est fournie par les Bédouins, et « une verrerie fort ancienne, la seule « qui existe en Syrie : il en sort une « grande quantité d'anneaux colorés, « de bracelets pour les poignets, pour « les jambes, pour les bras au-dessus « du coude, et diverses autres bagatelles « que l'on envoie jusqu'à Constantinople. Au moyen de ces branches « d'industrie, Habroun est le « plus puissant village de ces cantons. » Outre le tombeau des patriarches, qui se trouve sous la mosquée, et qui est inaccessible aux Juifs et aux Chrétiens, on montre à Hebrôn le tombeau d'Isaï (Jessé), père de David, et celui d'Abner, général de Saül. Au midi de la ville, Troilo trouva, en 1666, une ancienne piscine ayant 66 pieds de long et deux fois autant de large; on y descendait par quatre escaliers en pierre, ayant chacun 40 degrés. Une piscine de Hebrôn est mentionnée dans le deuxième livre de Samuel (4, 12). Dans les environs de Hebrôn était située la ville de DEBIR, anciennement *Kiriath-Sépher* (ville des livres).

BEERSCHÉBA ou BERSABA était la ville la plus méridionale de la Judée et de tout le pays des Hébreux; c'est pourquoi on dit souvent dans la Bible : *de Dân à Bersaba*, pour désigner tout le pays du nord au midi. Le nom signifie, selon la Genèse (21, 31), *puits du serment;* ce fut Abraham qui nomma ainsi cet endroit, à cause du serment d'alliance qui y eut lieu entre lui et Abimélech, roi des Philistins. Nous voyons par deux passages du prophète Amos (5, 5 et 8, 14) que de son temps un culte idolâtre avait été établi à Bersaba. La ville existait encore du temps d'Eusèbe et de saint Jérôme; elle était alors occupée par une garnison romaine. Seetzen y trouva encore un village qui porte le nom de *Bir-sabea*.

C. JUDÉE OCCIDENTALE.

La Judée occidentale embrasse toute la côte du pays de Samarie, ou la *plaine de Saron*, ainsi que la grande plaine appelée *Schefèla*, et le *pays des Philistins*. Les villes suivantes méritent une mention particulière :

DOR, au pied du Carmel, qui, de ce côté, est appelé par les Arabes *Râs-el-hedjl* (tête de la plaine). Anciennement cette ville fut la résidence d'un roi cananéen (Jos. 12, 23). Plus tard Dor était une forteresse considérable; le roi de Syrie, Antiochus Sidètes, l'assiégea par terre et par mer, avec 120,000 hommes d'infanterie et 8000 cavaliers (I Maccab. ch. 15, v. 11, etc.) Du temps de saint Jérôme on n'y voyait plus que des ruines. Maintenant on trouve à sa place un village qui porte le nom de *Tortoura*.

CÉSARÉE, sur la Méditerranée, et appelée *Cæsarea Palestina*, pour la distinguer de *Cæsarea Philippi* dans la Pérée. Elle fut appelée d'abord *Tour de Straton*, probablement du nom de son fondateur; Hérode, qui l'entoura d'une nouvelle muraille et l'embellit par des palais de marbre, lui donna le nom de Césarée, en l'honneur de l'empereur Auguste, auquel il y consacra un temple. La ville acquit une grande importance par le port magnifique qu'Hérode y fit construire, et dont Josèphe nous a donné la description (Antiq. l. 15, c. 9, § 6). Les habitants étaient pour la plupart Grecs ou Syriens, et ils s'accordaient fort mal avec les habitants juifs. Une rixe sanglante, qui s'éleva entre les Juifs et les païens, sous le gouverneur romain Gessius Florus, devint la première cause de l'insurrection générale des Juifs contre les Romains. Après la destruction de Jérusalem, Césarée était la capitale de la Palestine et la résidence du gouverneur romain. On parle souvent de cette ville dans les *Actes des Apôtres*: le centurion Cornélius y fut converti au christianisme; l'apôtre Paul s'y rendit plusieurs fois, et y passa deux ans en prison. Dès les premiers siècles de l'Église, Césarée devint le siège d'un évêque; sous Constantin elle possédait une des trois églises métropolitaines de Palestine. En 1101 elle fut prise d'assaut par les croisés, sous Baudouin Ier roi de Jérusalem; elle fut reprise par Saladin. Maintenant on n'y voit plus que des ruines, au milieu desquelles sont quelque huttes de pêcheurs. Ce lieu désert, séjour de chacals et de sangliers, porte encore le nom de *Kaïçariyyé*. Entre Césarée et Yâfa (Joppé) était situé *Apollonia*, sur la mer, et à peu de distance de cette dernière ville, à l'est, était *Antipatris*, sur la route de Césarée à Jérusalem.

YAFO (appelée par les Grecs *Joppé* et maintenant par les Arabes *Yâfa*), située sur la Méditerranée, à quinze lieues N. O. de Jérusalem, est une des villes les plus anciennes de l'Asie. D'anciennes traditions la font même remonter avant le déluge [1]. Selon la fable grecque, ce fut près de Joppé qu'Andromède fut attachée sur un rocher par la vengeance des Néréides. Pline rapporte que de son temps on montrait encore dans le rocher les traces des chaînes d'Andromède [2]. Le rocher auquel Andromède fut attachée se montrait même encore du temps de saint Jérôme [3]. Dans les temps anciens, Yâfo était le seul point par lequel les Israélites communiquaient avec la Méditerranée. Les cèdres du Liban dont on avait besoin pour le temple et les autres constructions, arrivèrent par le port de Yâfo (2 Chron. 2, 15; Ezra, 3, 7); le prophète Jonas s'y embarqua pour Tarschisch. Au reste, il est peu question de cette ville dans les écrits bibliques. Plus tard les princes maccabéens Jonathan et Simon la conquirent sur les Syriens (I Maccab. 10, 76; 14, 5). Lors de l'insurrection des Juifs contre les Romains, la ville fut prise d'assaut et brûlée par Cestius; huit mille habitants furent massacrés par les soldats romains. Quelque temps après, les Juifs relevèrent les

---

[1] *Joppe Phœnicum, antiquior terrarum inundatione, ut ferunt.* Plin. Hist. nat., l. V, ch. 13.

[2] Hist. Nat. l. c: *Insidet (Joppe) collem, præjacente saxo, in quo vinculorum Andromedæ vestigia ostendunt.*

[3] Comment. in Jonam, c. 1: *Hic locus est in quo usque hodie saxa monstrantur in littore, in quibus Andromeda religata Persei quondam sit liberata præsidio.*

murs de la ville; des pirates sortis du port de Yâfo inquiétèrent les côtes de la Phénicie et de la Syrie, ce qui attira de nouveau contre cette ville les attaques des Romains. Vespasien la conquit par une surprise nocturne, la rasa, et fit élever à sa place une citadelle, dans laquelle il mit une garnison romaine. Depuis Constantin le Grand jusqu'à l'invasion des Arabes, Yâfo était le siége d'un évêque. Plus tard les croisés rétablirent cet évêché. Yâfa ou Jaffa, comme on l'appelle communément, était une place très-importante pour les chrétiens. Baudouin Ier la fortifia; Saladin la reprit en 1188. Depuis cette époque elle a partagé le sort de toute la Palestine sous ses différents dominateurs. A la fin du seizième siècle, lorsque Cotwyk visita la Palestine, Yâfa ne présentait qu'un monceau de ruines. En 1647, Monconys n'y trouva qu'un château et trois cavernes creusées dans le roc[1]. Ainsi la moderne Yâfa a, tout au plus, un siècle et demi d'existence. Dans les temps modernes, Yâfa est de nouveau devenue célèbre par l'expédition de Napoléon et par le fameux massacre de 4000 prisonniers turcs. Ce fut le 6 mars 1799 que les Français prirent la ville après une lutte acharnée. Nous reviendrons sur cet événement dans la partie historique de cet ouvrage. Après le départ des Français, les Anglais bâtirent un bastion à l'angle sud-est de Yâfa. Cette ville ne présente, selon M. de Chateaubriand, « qu'un méchant amas de maisons rassemblées en rond, et disposées en amphithéâtre sur la pente d'une côte élevée. Un mur qui par ses deux points vient aboutir à la mer l'enveloppe du côté de terre, et la met à l'abri d'un coup de main. » Yâfa a environ 5000 habitants. On y trouve un hospice pour les pèlerins; c'est une simple maison de bois bien bâtie sur le port et appartenant aux Pères du couvent de Saint-Salvador à Jérusalem. Dans les environs il y avait autrefois des jardins magnifiques; on y trouve encore des grenadiers, des figuiers, des citronniers, des palmiers, des buissons de nopals et des pommiers. Le port de Yâfa, formé par une ancienne jetée, est petit et presque comblé. Les bâtiments sont obligés de jeter l'ancre loin du rivage.

LYDDA ou LOD (Diospolis), à trois lieues à l'est de Yâfa. Cette ville fut bâtie par un descendant de Benjamin (I Chron. 8, 12) et elle est mentionnée dans le livre de Néhémia (11, 35) comme ville des Benjaminites. Il paraît cependant que, sous la domination syrienne, elle faisait partie de la province de Samarie; car Démétrius Soter la détacha de cette province, ainsi que les villes d'Apherema et de Rama, et il donna les trois villes à Jonathan Maccabée (I Maccab. 11, 34). Détruite par Cestius, elle fut rétablie plus tard sous le nom de *Diospolis*. Depuis le quatrième siècle Lydda eut un évêque, dépendant du patriarche de Jérusalem. L'évêché rétabli par les croisés reçut le nom de saint George; ce saint, disait-on, y avait subi le martyre. Il y avait dans cette ville une église consacrée à saint George et dont Guillaume de Tyr fait remonter la fondation à l'empereur Justinien. D'Arvieux en trouva encore des ruines. Maintenant il n'y a à la place de Lydda qu'un misérable village, portant encore le même nom, que les Arabes prononcent *Loudd*. Volney dit que l'aspect d'un lieu où l'ennemi et le feu viennent de passer, est précisément celui de ce village.

RAMLA est à une demi-lieue au sud de Lydda, dans la belle plaine de Saron. Selon le géographe arabe Aboulféda, cette ville fut fondée en 716 par le khalife Soliman fils d'Abdalmélik. Réland dit (Palæst., p. 959) qu'il ne connaît pas d'auteur plus ancien, qui ait fait mention de cette ville, que le moine Bernard, qui visita la Palestine en 870. Plusieurs auteurs la prennent pour l'ancienne *Arimathia*, que saint Jérôme place près de Lydda (voy. Reland, p. 580). Volney trouva la ville de Ramla presque

---

[1] Chateaubr. Itinéraire, 3e partie.

aussi ruinée que *Loudd;* elle avait cependant quelque importance par le commerce de coton filé et de savon. On y trouve le couvent des moines de terre sainte, qui sert d'hospice aux pèlerins, et qui fut fondé, dit-on, par Philippe le Bon, duc de Bourgogne. Près de la ville, sur le chemin de Yâfa, est la tour des *Quarante martyrs*, autrefois le clocher d'un monastère bâti par les Templiers, aujourd'hui le minaret d'une mosquée ruinée.

Dans ces environs étaient situées très-probablement les antiques villes d'*Adoullam* et de *Thimna* ou *Thamnatha*, qui existaient déjà du temps du patriarche Jacob (Genèse, 38, 12), et la forteresse de *Modéïn*, où demeurait le prêtre Mattathias, père des Maccabées.

La Judée se terminait au S. O. par le TERRITOIRE DES PHILISTINS, qui renfermait les villes suivantes du nord au midi :

YABNÉ (2 Chron. 26, 6). Cette ville, appelée par les Grecs *Jamnia*, est souvent mentionnée dans les livres des Maccabées. Elle est située à peu de distance de la mer, et, selon Volney, à trois lieues de Ramla. Philon (dans sa relation de l'ambassade envoyée à Caligula) appelle Jamnia une des villes les plus populeuses de la Judée, et il nous dit que, de son temps, la plus grande partie de la population était juive [1]. Déjà quelque temps avant la destruction de Jérusalem, le siège du grand Synedrium fut transféré dans cette ville, et bientôt elle fut illustrée par une grande académie rabbinique. A sa place est maintenant un village qui porte encore le nom de *Yabné* : « Ce village, dit Volney, n'a de remarquable qu'une hauteur factice, comme celle du *Hesi* [2], et un petit ruisseau, le seul de ces cantons qui ne tarisse pas en été. Son cours total n'est pas de plus d'une lieue et demie. »

EKRÔN (Accaron) fut, comme Gath, Ascalôn, Gaza, et les autres villes de ces contrées, prise plusieurs fois par les Hébreux et reprise par les Philistins. Alexandre Balas, roi de Syrie, donna cette ville à Jonathan Maccabée. Du temps de saint Jérôme Accaron était un grand bourg, habité par des Juifs. Il était situé entre Jamnia et Asdôd, mais plus à l'est, à quelque distance de la mer.

GATH, à l'est d'Ekrôn, fut la patrie de Goliath. David, poursuivi par Saül, se réfugia auprès d'Achis, roi de Gath. Devenu roi, il fit la conquête de Gath et de ses environs (I Chron. 18, 1). Plus tard cette ville tomba pour quelque temps au pouvoir des Syriens (2 Rois, 12, 18). Le roi Ouzia en démolit les murailles; depuis lors elle ne joue plus aucun rôle dans l'histoire. Maintenant il n'en reste plus de trace.

ASCHDÔD ou ASDÔD, environ à dix lieues au nord de Gaza, à quelque distance de la Méditerranée [1]. Les Grecs l'appelèrent *Azotos*. Sous Salomon, qui possédait tout le pays jusqu'à Gaza, elle fut au pouvoir des Hébreux. Plus tard les Philistins la reprirent, mais Ouzia la leur enleva de nouveau et fit démolir les fortifications. Sous Hiskiah (Ézéchias) elle fut prise par les Assyriens (Isaïe, 20, 1). Hérodote raconte (l. II, ch. 157) que Psammétique, roi d'Égypte, assiégea Azot pendant vingt-neuf ans et il ajoute que c'est le plus long siège qu'on connaisse. Probablement le siège fut abandonné et repris plusieurs fois. Il paraît qu'à cette époque la ville fut presque entièrement détruite; car le prophète Jérémie parle des *restes* d'Asdôd (ch. 25, v. 20). Judas Maccabée y renversa les autels des idolâtres; ses frères Jonathan et Simon, après avoir vaincu, près de

---

[1] Philonis Opera, p. 790, édit. de Genève.
[2] Autre village des Bédouins, non loin de Yabné.

[1] Selon Reland (p. 608) il y avait deux villes de ce nom, l'une sur la mer, l'autre dans l'intérieur. Mais il paraît que dans les passages cités par Reland, il est question tantôt du port d'Asdôd, tantôt de la ville, qui était située à quelque distance à l'intérieur. C'est dans ce sens que Pline parle aussi de deux villes du nom de Jamnia (Hist. nat. V, 13, § 14).

cette ville, Apollonius, général des Syriens, la brûlèrent, ainsi que le temple du dieu Dagôn. Le général romain Gabinius la fit rebâtir. Un village du nom d'*Esdoud,* célèbre pour ses scorpions, est tout ce qui rappelle au voyageur l'ancienne Azot.

ASCALON, sur la Méditerranée, entre Asdôd et Gaza. La tribu de Juda s'empara de cette ville après la mort de Josué, mais elle retomba bientôt au pouvoir des Philistins. Ce ne fut que sous les Maccabées que les Juifs s'en rendirent maîtres, mais les habitants étaient, pour la plupart, païens. Ascalon est la ville natale de Sémiramis et d'Hérode le Grand. Diodore de Sicile (II, 4) raconte que Derceto, mère de Sémiramis, honteuse des liaisons qu'elle avait eues avec un jeune Syrien et dont Sémiramis était le fruit, se jeta dans un lac près d'Ascalon, après avoir fait tuer son amant et exposer sa fille dans un lieu désert. Les Syriens lui élevèrent près du lac un temple magnifique, où ils l'adoraient sous la forme d'un poisson, ayant une tête de femme. Cette déesse Derceto est probablement la même qu'Hérodote (I, 105) mentionne sous le nom de Vénus Urania, dont le temple à Ascalon fut pillé par les Scythes. Ce temple, ajoute Hérodote, est le plus ancien qui ait été consacré à cette déesse. Depuis le quatrième siècle jusqu'à l'invasion des Arabes, Ascalon était un évêché. Sous les musulmans, elle était une des villes maritimes les plus importantes; elle avait une double enceinte de murailles [1], et sa beauté la fit surnommer *Arous el-Schâm* (la fiancée de la Syrie). Les croisades furent funestes à cette ville : Baudouin III, roi de Jérusalem, s'en empara en 1153, après un siége de huit mois. En 1187 elle fut rendue à Saladin. Lorsque, en 1191, les chrétiens, sous Richard Cœur de lion, s'avancèrent de nouveau contre Ascalon, le sultan y fit mettre le feu, et l'année suivante, par une convention faite entre les deux rois, les chrétiens et les musulmans achevèrent en commun la destruction de la ville. Depuis cette époque elle n'a plus été rebâtie, mais on en voit encore les ruines, qui ont été visitées par plusieurs voyageurs. et notamment par M. le comte de Forbin, dont nous citerons ici la description pittoresque [1]. Après avoir parlé du village d'*El-madjdal* [2] et de la plaine qui conduit à Ascalon, il continue ainsi : « Cette ville, qui ne compte plus un seul habitant, est située sur un coteau immense, formant le demi-cercle : la pente est presque insensible du côté de la terre, mais l'escarpement est très-considérable au-dessus de la mer qui forme la corde de cet arc. Les remparts, leurs portes sont debout; la tourelle attend la sentinelle vigilante. Les rues vous conduisent à des places, et la gazelle franchit l'escalier intérieur d'un palais; l'écho des vastes églises n'entend plus que le cri du chacal; des bandes entières de ces animaux se réunissent sur la place publique et sont à présent les seuls maîtres d'Ascalon. Les Arabes qui la nomment *Djaurah* [3], frappés sans doute de sa tristesse imposante, en font le séjour des esprits malfaisants : ils assurent que, la nuit, cette ville est souvent éclairée, qu'on y entend le bruit de voix innombrables, le hennissement des chevaux, le cliquetis des armes et le tumulte des combats.

« Non loin de ces monuments gothiques, se trouvent les grands débris d'un temple de Vénus : quarante colonnes de granit rose de la plus haute proportion, des chapiteaux, des frises du plus beau marbre, s'élèvent au-dessus d'une voûte profonde et en-

---

[1] Voyage dans le Levant, par M. le comte de Forbin, p. 48, 49, de la grande édition.

[2] Selon Volney, c'est à El-madjdal, situé à trois lieues d'Esdoud, qu'on file les plus beaux cotons de la Palestine, qui cependant sont très-grossiers.

[3] M. de Forbin s'est trompé; les Arabes nomment la ville *Ascalân.* Joliffe qui visita ces lieux à la même époque (1817), dit, dans ses *Letters from Palestina,* que *Djorah* est un hameau près d'Ascalon, au nord.

---

[1] Edrisi, p. 340.

tr'ouverte[1]. Un puits d'un orifice immense descend dans les entrailles de la terre; des figuiers, des palmiers, des sycomores, voilent en partie ce grand désastre. Quel contraste pittoresque et philosophique que celui de ces ruines grecques disputant d'élégance avec l'ogive et les colonnes accouplées qui supportent le dôme d'une chapelle de la Vierge! Elle dominait ce rivage, et fut sans doute invoquée plus d'une fois au milieu des périls de cette côte orageuse. On lit encore sur l'azur de sa voûte ces paroles écrites en caractères gothiques : *Stella matutina, advocata navigantium, ora pro nobis.*

« Les travaux du port sont devenus le jouet des vagues; elles se rompent avec furie et à une grande hauteur sur des rochers, bases inébranlables de ces tours inutiles, de ces créneaux abandonnés. Je ne pouvais m'arracher de ce lieu; j'aurais voulu attendre les ténèbres, qui devaient, ce me semble, repeupler ce séjour lugubre et redoutable. »

Volney dit que les ruines d'Ascalon s'éloignent de jour en jour de la mer, qui jadis les baignait, et que toute cette côte s'ensable journellement, au point que la plupart des lieux qui ont été des ports dans l'antiquité sont maintenant reculés de quatre ou cinq cents pas dans les terres.

Plusieurs auteurs anciens parlent d'une espèce particulière d'oignons qui venaient des environs d'Ascalon. Les Romains les appelaient *ascalonia*[2], d'où les Italiens ont fait *scalogna* et les Français *escalote, échalote.*

GAZA, à cinq lieues d'Ascalon, était la dernière ville importante de la côte de Canaan, du côté de l'Égypte. Nous la trouvons déjà mentionnée dans la Genèse (10, 19), comme limite de Canaan. Comme Ascalon, elle fut conquise par la tribu de Juda et reprise par les Philistins. Ce fut ici que, selon le livre des Juges (ch. 16), Samson renversa le temple de Dagôn et mourut avec les Philistins qui y étaient assemblés. Alexandre le Grand, en se dirigeant de Tyr sur l'Égypte, prit Gaza après un siège de cinq mois, et y mit une garnison. Plus tard elle se rendit par capitulation à Jonathan Maccabée, qui en avait fait brûler les faubourgs. Le roi des Juifs Alexandre Jannée détruisit la ville, après l'avoir assiégée pendant un an. Elle fut restaurée et fortifiée par Gabinius, général romain; saint Jérôme en parle encore comme d'une ville considérable. Les musulmans s'en emparèrent en 634. Restaurée par les chrétiens, sous Baudouin III, elle fut donnée aux Templiers (1152). Saladin la reprit en 1187. Sur la moderne *Gaze*, c'est Volney qui nous donne les meilleurs renseignements; aussi nous ne pouvons mieux faire que de citer ici ses propres paroles :

« *Gaze*, dit-il, est un composé de trois villages, dont l'un, sous le nom de *château*, est situé au milieu des deux autres sur une colline de médiocre élévation. Ce château, qui put être fort pour le temps où il fut construit, n'est maintenant qu'un amas de décombres. Le *seraï* de l'aga, qui en fait partie, est aussi ruiné que celui de *Ramlé*; mais il a l'avantage d'une vaste perspective. De ses murs, la vue embrasse et la mer, qui en est séparée par une plage de sable d'un quart de lieue, et la campagne, dont les dattiers et l'aspect ras et nu à perte de vue rappellent les paysages de l'Égypte : en effet, à cette hauteur, le sol et le climat perdent entièrement le caractère arabe. La chaleur, la sécheresse, le vent et les rosées y sont les mêmes que sur les bords du Nil, et les habitants ont plutôt le teint, la taille, les mœurs et l'accent des Égyptiens que des Syriens.

---

[1] Nous ne savons comment mettre d'accord cette relation avec celle de d'Arvieux qui, en 1658, ne trouva plus que sept ou huit colonnes debout, et avec celle de Joliffe qui a vu seulement beaucoup de fûts de colonnes mutilées, dont la plupart étaient de granit gris, et une ou deux de très-beau porphyre; mais il n'en trouva plus ni base ni chapiteau assez bien conservé, pour pouvoir reconnaître à quel ordre d'architecture appartenaient ces colonnes.

[2] Voy. Pline, Hist. Nat. L. 19 c. 6.

« La position de *Gaze*, en la rendant le moyen de communication de ces deux peuples, en a fait de tout temps une ville assez importante. Les ruines de marbre blanc que l'on y trouve encore quelquefois, prouvent que jadis elle fut le séjour du luxe et de l'opulence : elle n'était pas indigne de ce choix. Le sol noirâtre de son territoire est très-fécond, et ses jardins, arrosés d'eaux vives, produisent même encore, sans aucun art, des grenades, des oranges, des dattes exquises, et des oignons de renoncules recherchés jusqu'à Constantinople. Mais elle a participé à la décadence générale; et, malgré son titre de capitale de la Palestine, elle n'est plus qu'un bourg sans défense, peuplé tout au plus de deux mille âmes. L'industrie principale de ses habitants consiste à fabriquer des toiles de coton; et comme ils fournissent eux seuls les paysans et les Bédouins de ces cantons, ils peuvent employer jusqu'à cinq cents métiers. On y compte aussi deux ou trois fabriques de savon. Autrefois le commerce des cendres ou *qalis* était un article considérable. Les Bédouins, à qui ces cendres ne coûtaient que la peine de brûler les plantes du désert et de les apporter, les vendaient à bon marché; mais depuis que l'aga s'en est attribué le commerce exclusif, les Arabes, forcés de les lui vendre au prix qu'il veut, n'ont plus mis le même empressement à les recueillir, et les habitants, contraints de les lui payer à sa taxe, ont négligé de faire des savons : cependant ces cendres méritent d'être recherchées pour l'abondance de leur soude. »

Volney donne ensuite des détails sur le passage des caravanes qui fournissent de grands avantages aux habitants de Gaze.

Au sud-est de Gaza était GERAR, sur les limites de l'Idumée. Du temps d'Abraham et d'Isaac nous y trouvons établi Abimélech, roi des Philistins (Genèse, 20, 2; 26, 1).

La dernière ville maritime, avant d'arriver à la frontière d'Égypte, était RAPHIA. Près de cette ville Ptolemée Philopator vainquit Antiochus le Grand. Elle fut prise et détruite par Alexandre Jannée, et rebâtie par Gabinius. Son nom actuel est *Refah*; cette ville, située à 7 lieues N. E. d'El-Arîsch, appartient maintenant à l'Égypte.

IV. La Pérée.

Le nom de *Pérée* (Περαία, Peræa), qui, dans son acception la plus vaste, désigne tout le pays des Hébreux à l'est du Jourdain, est la traduction grecque du mot hébreu *Éber* (ce qui est au delà). En hébreu cette province fut appelée *Éber ha-yardén* (trans Jordanem) ou *Gilead* (Deutéron. 34, 1). Ce dernier nom, comme celui de *Pérée*, se prend souvent dans un sens plus restreint : on va voir que, depuis la période grecque, le nom de *Pérée* désignait une province entre le Yabbok et l'Arnon; *Gilead*, dans les temps anciens, avait désigné particulièrement la partie septentrionale, occupée par les descendants de Machir, fils de Manassé (Nombres, 32, 40). En outre, le nom de *Gilead* se prenait souvent pour le pays *montagneux* des deux côtés du Yabbok, opposé au pays bas ou à la *plaine;* dans ce sens on dit souvent : Montagne de Gilead (voy. Deutéron. ch. 3, v. 10—13).

Trois petites rivières, l'Hiéromax, le Yabbok et l'Arnon, coulant dans des ravins profonds et escarpés, divisent naturellement le pays à l'est du Jourdain et de la mer Morte en quatre plateaux, qui, à l'est, se perdent dans l'Arabie déserte et, à l'ouest, tombent presque à pic dans le Ghôr ou la plaine du Jourdain. Le plateau le plus méridional, formant le pays des Moabites, n'entre pas dans notre description. Au nord de *Moab*, entre l'Arnon et le Yabbok, habitèrent du temps de Moïse, à l'est les Ammonites et à l'ouest, jusqu'au Jourdain, une peuplade amorite gouvernée par le roi Sihon, qui fut vaincu par les Hébreux. Au delà du Yabbok était le royaume de Basân, habité par une autre peuplade amorite sous le roi Og, qui fut également vaincu par Moïse. Ce royaume s'étendait, au N. O. et au nord, jusqu'aux districts de Gessur et de Maacha et au mont Hermon, et à l'est, jusqu'au désert. Il renfermait le district d'Argob avec 60 villes. Il paraît que le Basân proprement dit ne formait que la partie S. E. de ce royaume, plus tard la *Batanée*. Moïse donna le pays de Sihôn aux tribus de Ruben et de Gad [1], et celui de Og à la grande moitié de la tribu de Manassé. Dans la période gréco-romaine la Pérée ou la *Transjourdaine* fut divisée en cinq provinces, savoir: la Trachonitide, la Gaulanitide, l'Auranitide, la Batanée et la Pérée. Les quatre premières, auxquelles plusieurs auteurs ajoutent l'Iturée, formaient l'ancien pays de Basân.

Il est bien difficile de fixer exactement les limites et les localités de ces provinces: les anciens monuments nous laissent bien des doutes; les voyageurs ont rarement pénétré jusque dans ces contrées infestées par des hordes barbares. Au commencement de ce siècle le pays au delà du Jourdain était encore une *terra incognita*; mais depuis la publication des voyages de Seetzen et de Burckhardt [2] il est beaucoup mieux connu. Parmi les noms de districts et de villes donnés par ces intrépides voyageurs, nous retrouvons beaucoup de noms anciens; nous voyons même reparaître plusieurs noms qui nous sont conservés dans le Pentateuque, et qui n'ont pas changé depuis Moïse jusqu'à nos jours.

Le grand plateau qui s'étend du Hermon au scheriat-Mandhour (Hieromax) embrasse maintenant les districts suivants: 1° *Djolân*, près du Jourdain et du lac de Tibériade. 2° *Djedour*, au nord, le long de la pente orientale du Djebel-Héisch. 3° *Haurân*, qui, au nord, est limité par les montagnes appelées *Djebel-Kessoué* et *Djebel-Khiara*, et, au midi, se perd dans le désert; à l'ouest, le Haurân est séparé du Djedour et du Djolân par la route des pèlerins qui va de Ghebarib à Remtha (Burck., p. 285). Ce district est riche en blé, mais sans arbre. 4° *El-Ledja*, à l'est de la plaine de Haurân, un sombre labyrinthe de rochers de basalte. Seetzen dit (p. 335) que les villages du Ledja, presque tous ruinés, sont situés sur des hauteurs rocailleuses, et que la couleur noire du basalte, les maisons, les églises et les tours tombées en ruine, le manque d'arbres et de buissons, donnent à cette contrée un air sauvage et mélancolique qui fait frémir le voyageur. 5° *Djebel Haurân*, au S. E. du Ledja, couvert de forêts de chênes qui varient avec d'excellents pâturages. On comprend quelquefois les trois derniers districts sous le nom commun de *Haurân*.

Entre le scheriat-Mandhour et le Zerka (Yabbok) sont, du nord au midi, les districts d'*El-Bottein*, ou *Belâd Erbad*, de *Belâd-Beni-Obéid*, d'*Adjeloun* et de *Morad*. A l'est de ces districts s'étend celui d'*Ez-zouéit*. Le pays entre le Zerka et le Wadi-Moudjeb (Arnon) s'appelle maintenant *El-Belka* [1].

Nous reviendrons maintenant sur la division ancienne, et nous tâcherons de fixer les limites des différentes provinces.

1° LA TRACHONITIDE. Ce nom vient

---

[1] La tribu de Gad occupait aussi, au delà du Yabbok, la plaine du Jourdain, jusqu'au lac de *Kinnéreth* ou de Tibériade.

[2] Seetzen visita ces contrées en 1806; ses relations se trouvent dans le recueil allemand publié par Zach sous le titre de *Monatliche Correspondenz* (Correspondance mensuelle), tome XVIII, Gotha, 1808. — Burckhardt fit ses voyages dans les années 1810 et 1812; mais son important journal, que nous avons déjà cité plusieurs fois, n'a été publié que dix ans plus tard, après la mort de l'auteur, sous le titre suivant: *Travels in Syria and the holy Land, by the late John Lewis Burckhardt*. London, 1822, un vol. in-4° de 668 pages. Il est accompagné de plusieurs cartes et plans. Quelques autres voyageurs ont marché depuis sur les traces de Seetzen et de Burckhardt; nous nommerons surtout Otto de Richter (*Wallfahrten*, Berlin, 1822) et Buckingham (*Travels in Palestine, through the countries of Bashan and Gilead*. London, 1821).

[1] Ceux qui désirent de plus amples détails sur les divisions actuelles du pays, sur les villages qu'il renferme et sur ses habitants, peuvent lire Burckhardt, *Travels*, p. 285-309.

du mot grec τραχών (contrée rocailleuse), et il embrassait tout le pays qui s'étend depuis les montagnes au midi de Damas (Djebel Kessoué) jusqu'à *Bostra* ou *Bosra*[1], c'est-à-dire, Djedour, Djolân, une grande partie du Haurân et le Ledja. Tel fut, à ce qu'il paraît, le sens du mot *Trachonitis* dans son acception la plus large[2]; mais ce nom désignait plus particulièrement le district du nord-est, appelé maintenant *Ledja*[3]. L'*Iturée*, ainsi nommée de *Yetour*, fils d'Ismaël, était une contrée montagneuse[4]; on ne saurait donc la retrouver, avec Burckhardt (p. 286), dans le district de *Djedour*, qui est un pays plat (*a flat country*). Mais il paraît que c'était une partie de la Trachonitide, ou, comme le veut Eusèbe, cette province elle-même. Reland (p. 106) prend l'Iturée pour l'Auranitide.

2° LA GAULANITIDE, ainsi appelée de la ville de *Golân* dans l'ancien royaume de *Basân* (Deutéron. 4, 43). Le nom se trouve encore maintenant dans celui de *Djolân*, qui n'est autre chose que *Golân*, selon la prononciation arabe. C'est en effet dans le Djolân que nous devons chercher l'ancienne Gaulanitide, qui probablement embrassait aussi le *Djedour* actuel. Ses limites étaient, au nord et au N. O., le *Djebel Héisch* ou *Hermon*, au midi le *scheriat-Mandhour*, à l'est l'*Auranitide*, à l'ouest le *Jourdain supérieur* et le *lac de Tibériade*.

3° L'AURANITIDE. Dans ce nom on reconnaît facilement celui du *Hawrân* ou *Haurân*[5], que le prophète Ezéchiel, dans une de ses visions (ch. 47, v. 1 6 et 1 8), nomme parmi les districts limitrophes du territoire de Damas. On a vu que ces contrées portent encore aujourd'hui le même nom; mais le *Haurân* actuel embrasse, outre l'ancienne *Auranitide*, une partie de la Trachonitide et de la Batanée. On voit que l'Auranitide avait la Trachonitide à l'est, la Gaulanitide à l'ouest; au midi était probablement la Batanée.

4° LA BATANÉE. Ce nom vient sans doute de celui de *Basân* ou *Baschân*, mais nous avons déjà vu que la province de *Batanée* n'embrassait qu'une partie de l'ancien royaume de Basân. On n'est pas d'accord sur la position géographique de cette province, et il règne à ce sujet une certaine confusion dans les auteurs anciens, et notamment dans Josèphe, qui, sous le nom de *Batanée* comprend tantôt tout le pays de Basân, tantôt le district de ce nom[1]. Nous ne devons donc ici avoir égard qu'aux passages où Josèphe distingue la *Batanée* des autres provinces *transjourdaines*. Or, dans quelques-uns de ces passages, il dit que la *Batanée* est limitrophe de la *Trachonitide*[2]; il n'est donc pas probable que ce soit le district appelé maintenant *E-Bottéin*, comme le disent Gesénius et Rosenmüller[3], car ce district est séparé, par le Haurân, de la Trachonitide proprement dite. La ressemblance des deux noms ne prouve rien, s'il est vrai, comme le dit Burckhardt (*Travels*, p. 287), que le district de *Bottien* tire son nom de la principale tribu qui l'habitait[4]. Si je ne me trompe, nous devons chercher l'ancienne *Batanée* à l'est du *Bottein*, dans la partie méridionale de la plaine de Haurân, et elle s'étendait très-probablement au midi du Ledja jusque dans le Djebel-Haurân[5], de sorte qu'elle limi-

---

[1] Voy. Reland, p. 109.
[2] Voy. Ritter, *Erdkunde*, t. II, p. 354.
[3] Dans les ruines de *Missema*, situé dans le Ledja, Burckhardt trouva plusieurs inscriptions grecques dont l'une commence par ces mots : Ἰούλιος Σατουρνῖνος Φαινησίοις μητροκωμίᾳ τοῦ Τραχῶνος χαίρειν. *Julius Saturninus aux Phænésiens, au chef-lieu de la Trachonitide, salut*. Voy. *Travels*, p. 117.
[4] Voy. Reland, p. 107.
[5] Le nom de Haurân (חוּרָן) vient sans doute de חוּר *trou, caverne*. Il y a dans ces contrées beaucoup de cavernes qui aujourd'hui, comme dans les temps anciens, servent de retraite aux brigands.

[1] Voy. Reland, p. 202, 317 et 318.
[2] Voy. Antiqu. Jud. L. 17, c. 2, § 1; Guerre des Juifs, l. 1, c. 20, § 4.
[3] Archéol. biblique, t. II, 1re partie, p. 127.
[4] Burckhardt dit cependant lui-même, nous ne savons sur quelle autorité, que le district de *Bottein* renferme la plus grande partie de l'ancienne *Batanée*.
[5] Selon Ptolémée (l. 5, c. 16), le pays habité par les Arabes Trachonites, *sous le mont Alsadamus*, faisait partie de la Batanée; le

tait l'ancienne Trachonitide ou le Ledja au sud-ouest et au sud. Il est probable qu'on aura conservé le nom de *Basán* ou *Batanée* particulièrement au district qui renfermait les villes d'*Edréi* et d'*Astharoth*, capitales de l'ancien royaume de Basân, et dont les ruines se trouvent dans la plaine de Haurân. Je citerai, à l'appui de cette opinion, que, encore du temps d'Edrisi, la ville d'*Edréi* ou *Adraat* était désignée aussi sous le nom de *Bathaniyya* ou *Bathnia*[1].

5° LA PÉRÉE proprement dite comprenait tout l'ancien pays des Amorrhéens ou Amorites entre le Yabbok et l'Arnon, gouverné, du temps de Moïse, par le roi Sihôn. Voici comment Josèphe s'exprime sur le royaume des Amorrhéens : « Ce pays est situé entre trois fleuves et il ressemble à une île; car l'Arnon le limite au midi; le côté septentrional est circonscrit par le Jabacch (Yabbok), qui, se jetant dans le fleuve de Jourdain, lui abandonne aussi son nom; la partie occidentale du pays est bordée par le Jourdain[2]. » — Dans un autre passage, où Josèphe compare la Galilée avec la Pérée, il donne sur cette dernière les détails suivants : « La Pérée est beaucoup plus grande, mais elle est, en grande partie, déserte et raboteuse (τραχεῖα), et trop sauvage pour la production de fruits d'une noble espèce. Cependant le sol est doux et très-fertile et les champs sont parsemés d'arbres variés; on y cultive surtout l'olivier, la vigne et les palmiers. Elle est arrosée par les torrents qui descendent des montagnes, et pour le cas où ceux-ci viendraient à manquer par l'effet du Sirius, elle est assez pourvue de sources perpétuelles. Elle s'étend en longueur depuis *Machærous* jusqu'à *Pella*, et en largeur depuis *Philadelphie* (Rabbath-Ammon) jusqu'au *Jourdain*. Pella, que nous venons de nommer, est sa limite septentrionale; celle de l'occident est le Jourdain; au midi elle a pour limite la Moabitide, et à l'orient elle est bornée par l'Arabie et la Silbonitide, et, en outre, par le territoire de Philadelphie et de Gerasa[1]. »

Machærous était une forteresse située à soixante stades du Jourdain; c'est là tout ce que nous savons sur sa position[2]. Quant à celle de Pella, nous n'en savons rien de positif; mais comme Josèphe fait monter la limite orientale de la Pérée jusqu'au territoire de Gerasa, Pella, qui était à l'extrémité septentrionale de la Pérée, devait être située au delà du Yabbok, de sorte que la Pérée s'étendait au nord plus loin que l'ancien royaume des Amorrhéens, maintenant le *Belka*. Josèphe appelle même Gadara *métropole de la Pérée*[3], de sorte que cette province s'étendrait jusque vers l'Hieromax; mais il se peut que le nom de *Pérée* soit pris ici dans son acception la plus large.

Avant de parler des villes de la Transjourdaine, nous devons encore expliquer un terme géographique qui se trouve plusieurs fois dans les Évangiles; c'est celui de *Décapolis* ou *district des dix villes*[4]. C'étaient dix villes situées dans différentes contrées et probablement confédérées. Pline dit[5] qu'on n'est pas d'accord sur les villes qui formaient la *Décapolis*, mais que la plupart comptent les villes suivantes : *Damascus*, *Philadelphia*, *Raphana*, *Scythopolis*, *Gaddara*, *Hippon*, *Dion*, *Pella*, *Galasa* (Gerasa) et *Canatha*. Ces villes étaient,

---

mont Alsadamus paraît être celui qu'on appelle maintenant *Kelb-Haurân* et qui forme le sommet le plus élevé du Djebel-Haurân. Voy. la préface de Læke aux voyages de Burckhardt, p. xii.

[1] Voy. Edrisi, traduction française de M. Jaubert, t. I, p. 361.

[2] Ant. Jud. IV, 5, 2.

[1] Guerre des Juifs, III, 3, 3.

[2] Cette forteresse, la plus célèbre du pays des Juifs, fut bâtie par Alexandre Jannée, rasée par Gabinius et relevée par Hérode. C'est là que Jean-Baptiste fut décapité. Selon Seetzen, cette place existerait encore sous le nom de *Mkaur*, ou plutôt *Om-Kaur*; mais la place qu'il indique me paraît un peu trop éloignée de l'Arnon, limite méridionale de la Pérée.

[3] Guerre des Juifs, IV, 7, 3.

[4] Voy. Matth. 4, 25; Marc, 5, 20 et 7, 31.

[5] Hist. nat. V, 18.

pour la plupart, habitées par des païens.

Nous allons maintenant énumérer les principales villes de tout le pays au delà du Jourdain, en allant du nord au midi.

PANEAS OU CÆSAREA PHILIPPI, au pied du Hermon, dans la Gaulanitide. Cette ville est sans doute d'origine syro-macédonienne, comme paraît le prouver le nom grec de *Paneas* ou *Paneade*, dérivé du dieu *Pan*, que l'on adorait dans ces contrées. Au nord-est de la ville est une grotte qui, avec le bois voisin, était consacrée à Pan et portait le nom de *Panéum* (Πανεῖον). C'est de cette même grotte que sort l'un des ruisseaux qui forment le Jourdain. Encore maintenant on voit dans le rocher qui est au-dessus de la grotte des niches destinées autrefois à recevoir des statues. Toutes ces niches portent des inscriptions que Burckhardt n'a pu déchiffrer ; mais il donne de l'une d'elles quelques fragments où l'on reconnaît très-distinctement les mots ἱερεὺς θεοῦ Πανός (prêtre du dieu Pan)[1]. Dans ces environs, Hérode bâtit un temple en l'honneur d'Auguste ; le tétrarque Philippe, fils d'Hérode, agrandit et embellit la petite ville de Panéade et changea son nom en celui de *Césarée*[2], auquel on ajouta le nom de *Philippe* pour distinguer cette ville de Césarée en Judée, dont nous avons déjà parlé. *Cæsarea Philippi* est mentionnée dans les Évangiles ; Jésus visita ses environs (Matth. 16, 13 ; Marc, 8, 27). Selon la tradition chrétienne, la femme que Jésus guérit du flux de sang était de cette ville, et s'appelait Bérénice. On dit que, par reconnaissance, elle éleva devant sa maison un monument qui se composait de la statue de Jésus et de celle d'une femme à genoux. L'empereur Julien, dit-on, fit renverser ce monument[3]. Du temps de Constantin il y avait déjà à Césarée une grande communauté chrétienne ; elle avait un évêque dépendant du patriarche d'Antioche. Sous les Arabes la ville s'appelait *Baniâs*, nom corrompu de *Paneas* et dont les croisés ont fait *Belinas*[1]. — Aujourd'hui Baniâs n'est qu'un village d'environ cent cinquante maisons ; les habitants sont pour la plupart Turcs, mais on y trouve aussi des Grecs, des Druses et des Nozairiens. Burckhardt dit que Baniâs dépend de l'émir de Hasbeïa.

BETHSAÏDA, village dont le tétrarque Philippe fit une ville qu'il appela JULIAS, en l'honneur de la fille d'Auguste[2]. Reland (p. 654) fut le premier à s'apercevoir qu'il y avait deux *Bethsaïda*, l'un en deçà, l'autre au delà du Jourdain. *Bethsaïda-Julias* était situé au nord-est du lac de Génésareth, là où le Jourdain tombe dans ce lac[3]. Reland pense que dans les Évangiles on ne parle que de *Bethsaïda en Galilée*, parce que du temps de Jésus l'autre Bethsaïda s'appelait déjà Julias ; cependant, en prenant celui qui est mentionné dans l'Évangile de Luc (ch. 9, v. 10) pour *Bethsaïda-Julias*, on fait disparaître plusieurs grandes difficultés de la topographie évangélique.

GAMALA, sur une hauteur, non loin du lac de Génésareth, ville forte prise par Vespasien. Le district dans lequel elle était située, s'appelait *Gamalitica*.

GADARA, située, selon Pline, non

---

[1] Voy. *Travels*, p. 38, 39.
[2] Hérode Agrippa II l'appela *Neronias*, pour flatter Néron ; mais elle ne conserva ce nom que peu de temps.
[3] Voy. Reland, p. 922. Eusèbe prétend avoir vu ce monument (Hist. ecclés., l. 7, ch. 18) ; mais des savants modernes ont pensé qu'Eusèbe s'est trompé et que le monument qu'il a vu était consacré à un empereur romain. Voy. Beausobre, dans la *Bibliothèque germanique*, t. XIII.

[1] C'est sous ce nom qu'elle est mentionnée par Benjamin de Tudèle (p. 54), qui dit que Belinas est l'ancienne *Dan*, erreur qu'il partage avec les anciens rabbins et avec saint Jérôme dans ses *Commentaires* (Ezéch. 27, 15 ; Amos, 8, 14), et qui a été reproduite par l'éditeur de Burckhardt (p. 39). Selon Eusèbe, dans l'*Onomasticon*, Dan était à 4 milles de Paneas (à l'ouest). Voy. ci-dessus, page 33.
[2] Josèphe, *Antiqu.* 18, 2, 1. Ce Bethsaïda, situé dans le domaine du tétrarque Philippe, ne pouvait être qu'à l'est du Jourdain ; aussi Pline dit-il expressément que la ville de Julias était à l'orient (Hist. nat. 15, 15).
[3] Voy. Josèphe, *Guerre d. J.* III, 10, 7.

loin de l'Hiéromax[1], et, selon saint Jérôme, en face de Scythopolis et de Tibériade, sur une montagne au pied de laquelle il y a des eaux thermales et des bains. Josèphe l'appelle la *forte métropole de la Pérée*. — Près d'*Om-Kéis*, village situé à une lieue au sud du Mandhour, Seetzen trouva des ruines qu'il prend pour celles de Gadara. Burckhardt croit que ce sont plutôt celles de *Gamala*; mais M. Læke, l'éditeur des voyages de Burckhardt, se déclare pour l'opinion de Seetzen, qui s'accorde parfaitement avec tout ce que rapportent les auteurs anciens que nous venons de citer[2]. Dans les ruines on trouve surtout un grand nombre de sarcophages en basalte ornés de bas-reliefs, où l'on voit des génies, des festons, des guirlandes de fleurs. A l'ouest et au nord, Burckhardt trouva les restes de deux grands théâtres. — Ce fut dans les environs de Gadara que se passa, selon les Évangiles, la guérison des démoniaques, qui fut si fatale à un troupeau de pourceaux[3]. — Gadara faisait partie de la *Décapolis*; plus tard c'était un évêché. — A *Om-Kéis* on ne trouve maintenant que quelques familles vivant dans des cavernes. A une lieue de là, près du Mandhour, se trouvent les *eaux thermales* dont parle saint Jérôme. La principale source est celle qu'on appelle maintenant *Hammet-el-Schéikh*; l'eau est si chaude qu'il est difficile d'y tenir la main; les pierres sur lesquelles elle coule sont couvertes d'une épaisse couche de soufre. On préfère le bain d'*El-Schéikh* à celui de *Tabariyyah*, et au mois d'avril les habitants de Nablous et de Nazareth s'y rendent en grand nombre. En remontant le Mandhour on rencontre encore neuf autres sources dont Burckhardt a donné les noms (p. 277, 278).

De Gadara nous tournons à l'est pour chercher quelques villes qui devaient être situées à l'intérieur, jusque vers le désert. Du nombre de ces villes était GOLAN, ville lévitique et l'une des six *villes-asile*, mais dont nous ne saurions fixer la position géographique. Comme il est probable que le *Djolân* actuel tire son nom de cette ville, elle devait être située dans les environs du lac de Tibériade, au nord-est de Gadara et au nord de l'Hieromax (Mandhour). — Plus à l'est étaient les villes d'*Astharoth* et d'*Edréi*, résidences des rois de Basân. Quant à *Edréi*, il ne peut plus y avoir de doute sur sa position; Seetzen et Burckhardt ont retrouvé dans le Haurân les ruines de cette ville, qui portent encore le nom de *Draa* ou *Adraa*. Otto de Richter y trouva des débris de colonnes d'ordre ionique et dorique, et les restes d'un bazar où il crut reconnaître l'architecture arabe[1]. La position d'*Astharoth* est incertaine; Læke pense que cette ville se trouvait à l'endroit où est maintenant le château de *Mezárîb*, à quelques lieues au sud-ouest de Draa, et il appuie cette opinion de quelques arguments fort concluants[2].

A l'est de Draa la ville de KENATH (Canatha), appelée aussi *Nobah* (Nombres, 32, 42), et qui plus tard était une des villes de Décapolis, a été retrouvée dans *Kanouat*, dont Burckhardt a décrit les ruines (p. 83 — 86); il estime la circonférence de l'ancienne ville à deux et demi ou trois milles anglais. Il n'y trouva que deux familles druses cultivant le tabac.

Dans *Salkhat*, à quelques lieues au midi de Kanouat, se retrouve l'ancienne SALCHA, ville frontière du royaume de Basân (Deutéron. 3, 10). Burckhardt, qui donne la description de Salkhat (p. 99 — 101), dit que c'est une ville avec un château fort; le châ-

---

[1] *Gadara, Hieromiace præfluente*. Hist. nat. V, 18.
[2] Voy. Burckhardt, *Travels*, p. 271, et la Préface, p. IV.
[3] Matth. 8, 28; Marc, 5, 1; Luc, 8, 26. Dans tous ces passages la Vulgate porte : « in agrum *Gerasenorum*; » de même le texte grec de Matth. Γερασηνῶν. Mais il faut lire partout *Gadarenorum*, comme l'a la version syriaque; car *Gerasa* est bien loin du lac de Tibériade, dans les environs duquel se passa cette scène.

[1] *Wallfahrten*, p. 172.
[2] Burck. *Travels*, préface, p. XII. Sur *Mézárîb* voy. ib. p. 241 et suiv.

teau est situé sur une colline, au pied de laquelle est la ville, à l'ouest et au midi. Elle a plus de 500 maisons; mais lors de la visite de Burckhardt, elle était entièrement abandonnée.

A quelques lieues à l'ouest de Salkhat nous trouvons la ville de *Bosra*, qui est appelée, par Aboulféda, *capitale du Haurân*, et où Burckhardt trouva des ruines considérables de trois quarts d'heure de circonférence (*Travels*, p. 226). C'est là sans doute la ville célèbre que les Grecs et les Romains appellent BOSTRA, et à laquelle les Pères de l'Église donnent l'épithète de *metropolis Arabiæ*[1]. Selon Eusèbe, elle est à 24 milles romains d'Adraa, ce qui s'accorde bien avec la position de Bosra, capitale du Haurân. Dans les inscriptions grecques que Burckhardt a copiées dans cette ville, nous trouvons deux fois le nom de *Bostra* (p. 228 et 232), et il est étonnant que, malgré cela, le célèbre voyageur place la ville de Bostra bien loin de là au nord, près des sources du Jourdain[2], ce qui est une erreur manifeste. — Reste à savoir maintenant si *Bostra* est mentionné dans la Bible. Je ne le pense pas, quoique Gesénius et Rosenmüller n'hésitent pas à prendre le *Bosra* de la Bible, pour le Bosra du Haurân, c'est-à-dire pour *Bostra*. Mais, dans la Bible la ville de *Bosra* est toujours présentée comme métropole du pays d'Edom[3], qui était situé loin de Bostra, au midi du pays de Moab et de la Judée. Selon Reland et Ritter, il faut chercher Bostra dans *Beësthra* (Jos 21, 27) ou *Astharoth*, assertion qui n'a que la valeur d'une simple conjecture. Il est à remarquer que le nom de *Bostra* ne se trouve nulle part dans la Vulgate, ni même dans la version des Septante, qui cependant remplace très-souvent les noms hébreux par ceux usités parmi les Grecs. Ainsi il reste douteux si Bostra est une ville bien ancienne et à quelle époque elle remonte. L'empereur Trajan embellit cette ville et y mit une légion; on trouve encore des monnaies portant pour inscription : *Trajana Bostra*[1]. Dans les actes de plusieurs conciles il est question d'évêques de Bostra[2]. — Les ruines de cette ville présentent la forme d'un ovale, s'étendant de l'est à l'ouest; les principaux édifices, tels que temples, théâtres, palais, se trouvaient à l'est; tous ces monuments datent du temps des empereurs romains. Une grande mosquée, remontant aux premiers temps de l'islamisme, est encore debout.

Au sud-ouest de Bosra (à la distance de 10 ou 12 lieues) Seetzen retrouva les ruines d'une autre ville célèbre dans l'antiquité, qui n'est pas mentionnée dans la Bible, et qui a été placée par d'Anville et d'autres géographes au N. E. du lac de Tibériade, à plus de 20 lieues N. O. de son véritable emplacement[3]; c'est la

---

[1] Voy. Ritter, *Erdkunde*, II, p. 358.
[2] Voy. *Travels*, p. 41. Burckhardt dit : *Bostra must not be confounded with Boszra in the Haouran; both places are mentioned in the Books of Moses.* Il me semble qu'il y a ici double erreur : le *Bostra* des Grecs est sans doute le *Bosra* du Haurân, mais rien ne prouve que cette ville soit mentionnée dans les livres de Moïse, ou dans quelque autre livre de la Bible.
[3] Voy. Genèse, 36, 33; Isaïe, 34, 6; 63, 1; Amos, 1, 12; Jérémie, 49, 13 et 22; I Chron. 1, 44. Si l'on veut que Bostra se trouve mentionné dans la Bible, ce pourrait être Bosorra, I Maccab. 5, 26, et une ville de *Bosra* comptée par Jérémie (48, 24) parmi les villes de Moab, en supposant que les Moabites aient fait des conquêtes dans le Haurân. Reland (p. 666) dit fort bien, en parlant de *Bostra*: *Non confundenda hæc est cum Botzra (Bosra) Idumæorum Jerem. 49, 13 et alibi memorata, uti nec cum Botzra Moabitarum Jerem. 48, 24. Nec mirum nomen* בצרה, *quod locum munitum notat, pluribus urbibus commune fuisse.* — Le *Bosra* édomite de la Bible se retrouve peut-être dans *Bosseïra*, village du Djebâl, où Burckhardt trouva également des ruines considérables (*Travels*, p. 407).

[1] Voy. Reland, p. 665. On trouve encore d'autres monnaies, jusqu'à Trajan Dèce, sur lesquelles Bostra est appelée *colonia* (colonie romaine). Selon Damascius, cité par Photius la colonie ne fut fondée que sous Alexandre Sévère. Voy. Belley, dans les Mémoires de l'Acad. des inscr. T. XXX, p. 307 et suiv.
[2] Reland, p. 666.
[3] L'erreur de d'Anville est due principalement à la fausse leçon des Évangiles, où on lit *Gerasenorum* au lieu de *Gadarenorum*, et dont nous venons de parler dans une note précédente. — Mais il est inconce-

célèbre ville de GERASA, dont les ruines portent encore chez les indigènes le nom de *Djerasch*. Nous traduirons ici la relation de Seetzen et nous y joindrons quelques notes d'après la relation de Burckhardt, qui a également visité Gerasa, et qui donne de très-longs détails sur ses ruines remarquables [1]. Seetzen, après avoir parlé du village de Souf, continue ainsi [2] :

« Le jour suivant fut un des plus intéressants de tout le voyage. Ce jour j'eus le plaisir d'examiner les magnifiques ruines de Djerasch, situées à deux heures de marche à l'est (de Souf), et qui sont un pendant remarquable des ruines justement admirées de Palmyre et de Baalbec. Je ne conçois pas que cette ville jadis si florissante ait pu rester jusqu'ici aussi totalement inconnue aux amateurs d'antiquités. Elle est située dans une contrée fertile, assez ouverte, qui autrefois dû être ravissante. La ville est traversée d'un beau ruisseau [3]. Déjà avant d'y entrer je trouvai beaucoup de sarcophages ornés de jolis bas-reliefs, et j'en vis un sur le chemin qui portait une inscription grecque. Le mur est entièrement renversé, mais on aperçoit toute son étendue qui est d'environ trois quarts de lieue ou d'une lieue [4]. Il était bâti en pierre de taille. L'enceinte de la ville présente un terrain inégal qui s'abaisse du côté du ruisseau. Il ne s'est conservé aucune maison privée, mais je trouvai plusieurs édifices publics, qui se distinguent par une architecture exquise. Deux amphithéâtres d'un marbre beau et solide, avec des colonnes, des niches, etc., sont très-bien conservés; de même quelques palais et trois temples. L'un de ces derniers avait un péristyle de douze grandes colonnes d'ordre corinthien, dont onze sont encore debout [1]; dans un autre je trouvai une colonne renversée du plus beau granit égyptien ayant la surface polie. Je vis aussi une des portes de la ville ; elle était magnifique et bien conservée, et se composait de trois arcades ornées de pilastres [2]. Ce qu'il y a de plus beau dans ces ruines, ce sont deux longues rues qui se croisent, et qui des deux côtés étaient encadrées d'une suite de colonnes de marbre d'ordre corinthien; l'une de ces rues [3] aboutissait dans une place, entourée de soixante colonnes, d'ordre ionique, rangées en demi-cercle. Là où les deux rues se croisent, il y a à chacun des quatre angles un grand piédestal de pierre de taille; autrefois on y voyait probablement des statues. On voit encore une partie du pavé, qui était en pierres carrées. Je comptai en tout plus de 200 colonnes, qui, en partie, portent encore leur entablement; mais le nombre des colonnes renversées est infiniment plus grand. Je ne vis que la moitié de l'espace qu'occupait la ville [4]; mais il est très-probable que dans l'autre moitié, de l'autre côté du ruisseau, on trouve encore mainte chose remarquable [5].....

---

vable que la faute de d'Anville ait été reproduite après les découvertes de Seetzen et de Burckhardt; ainsi dans l'atlas de la Bible de Vence, publié en 1833, on n'a fait que suivre l'ancienne routine, tant pour Gerasa que pour beaucoup d'autres villes de la *Transjourdaine*, ce qui prouve combien peu on s'est occupé en France des importantes découvertes faites dans ces contrées. Cependant les relations de Seetzen ont été consultées par Malte-Brun.

[1] Voy. *Travels*, p. 251—264; on y trouve aussi un plan des ruines de Gerasa que nous avons reproduit : voy. Pl. 38.

[2] Voy. *Monatl. Correspondenz*, t. XVIII, p. 424.

[3] C'est le *Wadi-Déir*, qui se jette dans le *Wadi-Zerka*; on l'appelle aussi *Kerouan* ou *Seil-Djerasch*. Il traverse la ville du nord au midi.

[4] Selon Burck. une lieue un quart.

[1] Ce temple, selon Burckhardt (p. 264), était supérieur en goût et en magnificence à tout ce que la Syrie possédait en ce genre, à l'exception du temple du soleil à Palmyre.

[2] Cette porte est au midi : « *It is a fine arch, and apparently in perfect preservation, with a smaller one on each side adorned with several pilasters.* » Burckhardt.

[3] C'est la plus longue, qui traverse la ville du nord au midi et qui est parallèle au Wadi. L'hémicycle est au midi, et à cinq minutes de là est la porte dont nous venons de parler.

[4] C'est-à-dire la partie qui se trouve à l'ouest ou à la rive droite du Wadi.

[5] Cette partie de la ville est la plus élevée. Malheureusement Burckhardt, qui n'a pu employer que 4 heures à visiter les ruines de Djerasch, n'a examiné que la partie septentrionale de la rive gauche du Wadi; il y

Djerasch ne peut être que l'ancienne *Gerasa*, ville de Décapolis........ Un fragment d'inscription grecque que je copiai ici me porte à croire que l'empereur Marc-Aurèle Antonin avait beaucoup de part aux constructions de cette ville [1]. »

La ville de *Gerasa* avait donné son nom à tout le district. Saint Jérôme dit que la contrée d'Arabie autrefois appelée *Galaad* (Gilead) s'appelait de son temps *Gerasa* [2]. Le rabbin Saadia, du X⁰ siècle, dans sa version arabe du Pentateuque, rend le nom de *Gilead* par *Belâd-Djerasch*. Les évêques de Gerasa sont cités dans les actes des conciles (Reland, p. 808). Il y existait encore une citadelle du temps des croisades ; les historiens de l'époque l'appellent *Jarras* ; le roi Baudouin II en fit le siège [3].

C'est aussi dans ces environs, au N.O. de Gerasa, que nous devons chercher les villes de YABESCH, ou *Jabes-Galaad*, et d'ÉPHRÔN. La première était célèbre par un événement raconté dans le livre des Juges (c. 21). A la fin du I⁰ʳ livre de Samuel on raconte que les habitants de *Jabes-Galaad* dérobèrent pendant la nuit les cadavres de Saül et de ses fils, suspendus aux murs de Beth-Schân (Béisân). Cette ville était donc très-probablement située non loin du Jourdain en face de Beth-Schân, près du ruisseau qui porte encore maintenant le nom de *Wadi-Yabes* et qui se jette dans le Jourdain près de *Béisân* (Burck., p. 289). — *Ephrón* était une grande forteresse près d'un défilé (I Maccab. 5, 46) ; il paraît qu'elle se trouvait également près du Jourdain, en face de Beth-Schân (ib. v. 52).

Au S. O. de Gerasa était MAHNAÏM, sur les limites de Manassé et de Gad, non loin de la rive septentrionale du Yabbok. Selon la Genèse (32, 2), Jacob rencontra à cet endroit des *messagers de Dieu* ou des *anges*, et il appela l'endroit *Mahnaïm* (deux camps), faisant allusion à son propre camp et à celui des messagers célestes. De là il passa le Yabbok (ib. v. 23). Dans ces environs était probablement la ville d'*Amathous*, grande forteresse sur le Jourdain, dont parle Josèphe (Ant. XIII, 13, 3) et dont les ruines subsistent encore sous le nom d'*Amata* (Burck., p. 346). Près de là était aussi PENOUEL ou PHANUEL (face de Dieu), dont on fait également remonter le nom au patriarche Jacob (Gen. 32, 31). Il en est de même de SUCCOTH (cabanes), endroit où Jacob établit son camp après avoir passé le Yabbok et fait la paix avec Ésaü (ib. ch. 33, v. 17), et où plus tard on bâtit une ville.

Une des plus grandes villes de la tribu de Gad, au midi du Yabbok, était RAMOTH ou RAMATHMISPHÉ, ville lévitique et ville-asile. Les Syriens s'en étaient emparés sous Achab, roi d'Israël ; celui-ci, en attaquant les Syriens, fut mortellement blessé. Selon Eusèbe, cette ville était à 15 milles ouest (ou plutôt N. O.) de *Rabbath-Ammôn*, capitale des Ammonites. — Dans ces environs on trouve maintenant la forteresse d'*As-salt*, située sur la pente d'une colline, et entourée de hauteurs escarpées. Selon Burckhardt (p. 349), c'est la seule place habitée dans le Belka, et les habitants sont entièrement indépendants. Les pachas de Damas ont essayé plusieurs fois de s'emparer de cette ville, mais toujours sans succès. La population se compose d'environ 400 familles musul-

---

trouva, en face du grand temple, les restes d'un édifice qu'il suppose avoir été un bain. Une source qui est près de là, dans la montagne, et dont l'eau, coulant de l'est à l'ouest, se verse dans le Wadi, est probablement la même dont parle saint Épiphane (voy. Reland, p. 807). Burckhardt croit que vers le midi il n'y avait que des maisons privées, et qu'il ne s'y trouvait aucun édifice remarquable (p. 263).

[1] Il paraît qu'on rencontre fort peu d'inscriptions dans les ruines de Djerasch ; car Burckhardt, qui copiait toujours avec une scrupuleuse exactitude toutes les inscriptions qui se présentaient à ses regards, ne donne ici que quatre fragments indéchiffrables. Le premier (p. 259) est sans doute celui dont parle Seetzen ; on y reconnaît les lettres MAPKONAYP... N....

[2] Comment. in Obadiam, v. 19 : *Cunctam possidebit Arabiam, quæ prius vocabatur Galaad et nunc Gerasa nuncupatur*.

[3] *Gesta Dei per Francos*, p. 615. On y fait déjà observer que *Jarras* est l'ancienne Gerasa.

manes et 80 familles chrétiennes de l'église grecque, qui vivent en parfaite amitié et égalité les unes avec les autres. Une vieille mosquée est le seul monument que présente cette ville. Dans les environs il y a des jardins; la plupart des habitants s'occupent d'agriculture.

Au S. O. d'*As-salt*, là où le Jourdain reçoit un ruisseau, appelé *Wadi-Schoab*, sont des ruines qui portent le nom de *Nimrîn*; c'est là, sans doute, le BETH-NIMRA de la Bible[1] qui s'appelait aussi *Nimrîm* (Isaïe, 15, 6). A côté de cette ville, nous trouvons mentionné BETH-HARAN, qui, selon Eusèbe, était à cinq milles au sud de Beth-Nimra, et qui reçut d'Hérode le nom de *Livias*[2]. Non loin de là, sur le Jourdain, était sans doute *Bethbara* (Juges, 13, 24) ou *Bethabara* (lieu de passage), où, selon saint Jérôme (Onomast.) et Origène, Jean baptisait dans le Jourdain[3]; et un peu plus au midi étaient *Abel-schittim*, et *Beth-yeschimôth*, où les Hébreux campèrent quelque temps avant de passer le Jourdain (Nombres, 33, 49). Selon Josèphe, *Abila* (Abel-Sittim) était à 60 stades du Jourdain[4]. Cet endroit était en face de Jéricho, et *Beth-yeschimôth* au S. E. de la même ville, près de la mer Morte.

A l'est ou au N. E. de ces dernières villes était AROER *devant Rabbath* (*Ammon*), qu'il ne faut pas confondre avec un autre *Aroër*, sur l'Arnôn[5]. A quelque distance, au midi, était YAEZER, ville lévitique, selon Eusèbe à 10 milles à l'ouest (S. O.) de Philadelphie (Rabbath-Ammôn). Seetzen (p. 429) trouva dans cette direction les ruines d'une ville appelée *Sir*, d'où une petite rivière du même nom coule dans le Jourdain[1]. Comme Eusèbe parle aussi d'une rivière qui est près de *Yaëzer*, et qui tombe dans le Jourdain, il est très-probable que cette ville se trouvait à l'endroit où est maintenant *Sir*. Aroër et Yaëzer étaient sur les limites orientales de la tribu de Gad. En allant de là au sud et au S. E. nous trouvons les villes de Ruben, qui, en partie, portent encore aujourd'hui leurs noms anciens. Ce sont les villes suivantes :

ELEALÉ (Nombres, 32, v. 3 et 37). Les ruines de cette ville ont été retrouvées par Seetzen (p. 430) et Burckhardt (p. 365) sous le nom d'*El-Aal*. Le nom signifie *hauteur*, en hébreu comme en arabe, et en effet *El-Aal* est situé, selon Burckhardt, sur le sommet d'une colline qui domine toute la plaine, et d'où l'on a vue sur tout le Belka méridional. On trouve encore quelques parties de la muraille, qui était bien bâtie. Dans les ruines il n'y a rien de bien remarquable; on y trouve surtout un grand nombre de citernes.

HESBON, l'ancienne capitale des rois amorites (Nombres, ch. 21, v. 26 et suivants). Selon Eusèbe elle était située à un mille d'*Eleaté*; Seetzen l'a retrouvée sous le nom de *Husbân*, à une demi-lieue S. O. d'*El-Aal*[2]. Sous ce même nom elle est mentionnée par Aboulféda, qui l'appelle une petite ville dans une vallée fertile.

Dans la Bible, cette ville appartient tantôt à Ruben, tantôt à Gad[3]. Plus tard nous la trouvons, ainsi que Eleaté et les autres villes de ces contrées, sous la domination des Moabites[4]. Josèphe la compte parmi les villes moabites que les Juifs possédaient sous Alexandre Jannée[5]. « On trouve ici, dit Burckhardt, les ruines d'une grande ville ancienne, ainsi que les restes de

---

[1] Voy. Nombres, 32, 36; Jos. 13, 27.
[2] Selon Josèphe (Antiqu. l. 18, ch. 2, § 1), Hérode Antipas lui donna le nom de *Julias*.
[3] Dans l'Évangile de Jean, 1, 28, on lit *Bethania*. Origène corrige *Bethabara*, parce que, dit-il, il n'y avait pas de Bethania *sur le Jourdain*.
[4] Antiqu. V, 1, 1. Voyez sur les différents lieux nommés *Abel* et *Abila*, les Dissertations de M. de Boissi, t. I, p. 283 et suiv.
[5] Voy. Josué, ch. 13, v. 16 et 25.

[1] Comparez Burckhardt, p. 364.
[2] La même distance résulte de la relation de Burckhardt (p. 365), qui, après être parti de *Fehêis*, compte de là cinq heures trois quarts à *El-Aal* et six heures un quart à *Husbân*.
[3] A Ruben : Nombres, 32, 37; Jos. 13, 17. A Gad : Jos. 21, 37, et I Chron. 6, 66.
[4] Isaïe, 15, 4; 16, 9; Jérémie, 48, 2.
[5] Antiqu. XIII, 15, 4.

quelques édifices bâtis de petites pierres; quelques fûts de colonnes brisés sont encore debout. Il y a là un certain nombre de puits profonds, taillés dans le roc, et un grand réservoir d'eau pour servir aux habitants pendant l'été. » Seetzen rappelle, au sujet de ce réservoir, les paroles du Cantique (7, 5) : *Tes yeux comme les piscines à Hesbôn.*

SIBMA était, selon les commentaires de saint Jérôme (Isaïe, 16, 8), seulement à un demi-mille (500 pas) de Hesbôn. Cet endroit était célèbre pour ses vignes [1].

BAAL-MEON (Nombres, 32, 28). Burckhardt trouva à environ trois quarts d'heure S. E. de Hesbôn les ruines de *Myoun*, qui, selon lui, est *Baalmeôn*. Dans ces environs était aussi la ville-asile de *Bécer* (Bosor), dont la position ne peut plus être exactement fixée.

MÉDABA (Nombres, 21, 30). Les ruines de cette ville existent encore sous le même nom, à quelque lieues S. E. de Hesbôn; elles ont, selon Burckhardt (p. 366), une demi-lieue de circonférence. On y voit une grande piscine, et à l'occident se trouvent les fondements d'un temple antique. A une demi-lieue à l'ouest de Médaba, sont les ruines d'*El-Teym*, que Burckhardt suppose être le *Kiryathaïm* de la Bible (Nombres, 34, 37).

YAHAS (Jasa). Près de cette ville les Hébreux, sous Moïse, vainquirent Sihôn, roi des Amorrhéens, qui s'y était rendu à leur rencontre *dans le désert* [2]. Il résulte de là que Yahas était situé sur la limite du territoire amorite, vers le désert. Eusèbe la place entre Médaba et Dibôn (Δηϐοῦς). Elle avait donc Médaba au N. O. et Dibôn au S. O. Au sud étaient *Diblathaïm* et *Beër-Elim*. *Kedémoth*, d'où Moïse envoya des ambassadeurs à Sihon, et *Méphaath*, qui se trouve plusieurs fois mentionnée à côté de Kedémoth et de Yahas (Josué, 13, 18, et ailleurs), devaient également être situées sur la limite orientale du pays des Amorites.

DIBÔN. Cette ville est appelée aussi *Dibôn-Gad*, parce qu'elle fut rebâtie par les Gadites [1]. Seetzen en retrouva les ruines dans une plaine magnifique. Legh y arriva de l'Arnôn, à travers une plaine couverte de gazon et coupée par une ancienne voie romaine [2]. Selon Burckhardt (p. 372), Dibôn est situé à environ une lieue au nord de l'Arnôn, dans un bas fond. Ceci explique pourquoi dans l'oracle d'Isaïe (15, 2), sur la chute de Moab, Dibôn *monte sur les hauteurs* pour pleurer. Dibôn appartenait alors aux Moabites, comme les autres villes voisines.

AROER, sur la rive septentrionale de l'Arnôn, à la limite méridionale de la Pérée. On l'appelle souvent dans la Bible *Aroër sur l'Arnôn* [3], pour le distinguer de l'autre *Aroër*, dont nous avons parlé [4]. Burckhardt arriva de Dibôn aux ruines d'un endroit appelé *Akeb el-Debs* : « De là, dit-il (p. 372), nous suivîmes, en nous dirigeant à l'est, le haut du ravin au fond duquel coule la rivière (Arnôn), et au bout d'un quart d'heure nous arrivâmes aux ruines d'*Araayr*, l'*Aroër* des Écritures, situé au bord d'un précipice; un sentier conduit de là à la rivière. »

Dans l'ouest, près de la mer Morte, nous nommerons encore les villes de *Nebo* et de *Callirrhoé*.

NEBO était située près de la montagne du même nom, probablement celle qui maintenant s'appelle *Attarous* [5]. Il paraît que les Moabites ado-

---

[1] Voy. ce que nous avons dit à ce sujet dans le chapitre *d'histoire naturelle*, p. 23.
[2] Voy. Nombres, 21, 23; Deutéron. 2, 32.

[1] Voy. Nombres, 32, 34; 33, 43. On l'appelle aussi *Dimôn*, Isaïe, 15, 9.
[2] Voy. William Macmichaels, *Journey from Moscow to Constantinople*, p. 242.
[3] Deutéron. 2, 36; 3, 12; 4, 48. Josué, 12, 2; 13, 16.
[4] Il y avait un troisième *Aroër* dans la Judée, voy. I Samuel, 30, 28. — A cause d'un passage d'Isaïe (17, 2), plusieurs commentateurs supposent un quatrième *Aroër* sur le territoire de Damas; mais il n'existe pour cela aucune autre autorité. Voy. Gesénius, *Commentar über den Jesaia*, t. I, p. 556, 557.
[5] Burckhardt, p. 370. Gesénius (l. c. p. 519) pense que le nom d'*Attarous* vient de la ville d'*Atarôth* (Nombres, 32, 33), située dans ces environs.

raient dans cet endroit le dieu *Nebo*; c'est le nom de la planète de *Mercure* chez les Chaldéens.

CALLIRRHOE sur la mer Morte, célèbre pour ses eaux thermales. Selon les anciens rabbins, c'est *Lascha* ou *Lasa* mentionné dans la Genèse (10,19)[1].

Saint Jérôme, dans son commentaire sur ce passage, est du même avis.

DEUXIÈME LIVRE.

DES ANCIENS HABITANTS PAIENS DE LA PALESTINE AVANT ET APRÈS L'INVASION DES HÉBREUX SOUS JOSUE.

CHAPITRE PREMIER.

COUP D'OEIL HISTORIQUE SUR LES DIFFÉRENTES RACES QUI OCCUPAIENT LA PALESTINE AVANT LES HÉBREUX.

L'histoire primitive de la Palestine ne nous est connue que par quelques traditions conservées dans les livres sacrés des Hébreux. Ce que nous avons à dire à ce sujet se réduit à un très-petit nombre de dates, et il s'agit seulement de présenter, dans un certain ordre, les faits historiques ou traditionnels, disséminés dans l'Écriture sainte, ainsi que les données qui résultent de la combinaison de certains passages. Les peuples qui occupèrent, avant les Hébreux, les contrées dont nous avons donné la description peuvent se diviser en trois races, savoir : les Aborigènes ou les peuples géants, les Cananéens et les Philistins.

A. LES ABORIGÈNES OU LES PEUPLES GÉANTS.

A côté des Cananéens, établis dans le pays dès le temps d'Abraham (Genèse, 12, 6), nous trouvons les restes d'une autre race plus ancienne, que les Cananéens avaient exterminée en grande partie ou forcée d'émigrer. Les différents noms que la Bible donne à cette race, indiquent généralement

[1] Voy. la paraphrase chaldaïque de Yonathan à ce passage de la Genèse, et *Beréschith rabba*, ch. 37.

des hommes de haute stature et d'une grande force; c'était une race gigantesque devant laquelle les Hébreux n'étaient que *comme des sauterelles* (Nombres, 13, 33) et que les M tes appelaient *Émim*, c'est-à-dire *formidables* (Deutér., 2, 11). On la désigne, en général, sous le nom de *Rephaïm* (ib. v. 11 et 20), que les versions chaldaïque et syriaque, ainsi que la Vulgate, rendent par *géants*. Les Rephaïm se divisaient en plusieurs peuplades, savoir : 1° Les *Rephaïm* proprement dits, probablement les descendants de *Rapha* (2 Sam., 21, v. 16 et 18); ils habitèrent le pays de Basân, et leur capitale était *Astharoth-Karnaïm*[1] (Genèse, 14, 5). Du temps de Moïse, les Amorrhéens habitaient déjà leur pays; mais le roi Og était un des débris de leur race, et son sarcophage en basalte[2] qu'on voyait à Rabbath-Ammôn, avait neuf coudées de long et quatre coudées de large (Deut. 3, 11). Il possédait soixante villes fortes, entourées de hautes murailles, avec des portes et des verrous, et, en outre, un grand nombre de villes ouvertes (ib. v. 4 et 5). 2° Les *Émim*, établis dans le pays qui plus tard s'appelait Moab, et aussi dans la *plaine de Kiryathaïm* (Gen. 14, 5). 3° Les *Zamzummim* ou les Rephaïm du pays d'Ammôn (Deut. 2, 20). 4° Les *Zouzim* à *Hâm*[3], pays inconnu. 5° Les *Anakim* ou fils d'*Anak*, répandus dans les montagnes du pays de Canaan. De cette branche étaient les *Nephilim* que la Vulgate appelle *monstra quædam de genere giganteo*, et les familles d'*Achiman, Sésaï* et *Thalmaï*, qui demeuraient à Hebron, ville d'Arba l'Anakite[4] (Nomb., 13, v.

[1] C'est-à-dire *Astharóth aux deux cornes* : c'est la ville d'*Astharóth* dans la Pérée; on l'appelait ainsi par allusion aux cornes de taureau, emblème de la déesse Astarté qu'on y adorait.

[2] Voy. ci-dessus, page 17.

[3] Voy. Genèse, 14, 5, texte hébreu; les Septante remplacent ces mots par ἔθνη ἰσχυρὰ ἅμα αὐτοῖς, et la version syriaque traduit dans le même sens. La Vulgate porte : *Zuzim cum eis*. Selon les rabbins, les *Zouzim* sont les *Zamzummim*.

[4] Voy. notre Topographie, page 57.

23 et 34). Il y avait aussi des Anakîm à Debir, à Anab, dans toutes les montagnes de Juda et d'Israël, de même à *Gaza*, *Gath* et *Asdod* (Josué, 11, v. 21, 22).

Outre ces peuples de géants, on mentionne encore, comme habitants primitifs de ces contrées : Les *Horim* (c'est-à-dire *Troglodytes*), qui taient surtout les montagnes de maintenant *El-scherah*; les *Avvim*, qui habitaient la plaine au S. O. jusqu'à Gaza; enfin les peuplades *Kéni*, *Kenizi* et *Kadmoni*, mentionnées à côté des peuplades cananéennes (Gen. 15, 19). Kenizi et Kadmoni sont inconnus du reste; quant aux *Kénites*, Bileam les voit d'une hauteur, à côté d'Amalek (Nomb. 24, 21), et il résulte aussi d'un passage du Ier livre de Samuel (15, 6), qu'ils étaient établis parmi les Amalécites, au midi de la Palestine. Une de leurs branches s'établit parmi les Hébreux [1].

Les aborigènes de la Palestine, à l'ouest du Jourdain, avaient subi déjà du temps d'Abraham l'invasion des peuples cananéens. Les rois de Sodom, de Gomorrhe, d'Adama, de Seboïm et de Segor, dont on ne nous fait pas connaître la race [1], étaient tributaires de Kedorlaomer, roi d'Élâm, ou de la Susiane (maintenant le *Khouzistan*). Pendant douze années ils avaient supporté le joug; dans la treizième ils se révoltèrent (Gen. 14, 4). Le roi d'Élâm arriva donc, dans la quatorzième année, accompagné de trois autres rois, ses alliés, pour punir les vassaux révoltés. Chemin faisant, ils attaquèrent et défirent les Rephaïm, les Zouzîm et les Émîm, établis à l'est du Jourdain; ils s'avancèrent même au midi et au S. O. des villes révoltées et battirent les Horîm sur le mont Séïr, puis revenant par Kades-(Barnéa) et retournant à l'est, ils défirent les habitants du pays d'Amalek, et les Amorites qui demeurèrent à Hasason-Thamar ou Én-Gadi. Les rois des cinq villes attendirent l'ennemi dans la plaine de Siddîm, où, peu de temps après, par suite d'une éruption volcanique, se forma le lac Asphaltite. Ils furent totalement défaits par Kedorlaomer, leurs troupes prirent la fuite, et périrent en partie, en tombant dans les nombreux puits d'asphalte qui se trouvaient dans la plaine. Kedorlaomer et ses alliés s'en retournèrent avec un grand butin ; mais ayant emmené, parmi les captifs, Lot, neveu d'Abraham, celui-ci se mit à leur poursuite, avec trois cent dix-huit esclaves [2], les battit et ramena tout le butin et tous les captifs. Les

---

[1] Gesénius dit dans son Dictionnaire, au mot קיני, que, selon deux passages du livre des Juges (1, 16; 4, 11), les Kénites descendirent de Hobab, beau-frère de Moïse. Comment alors ce peuple est-il mentionné du temps d'Abraham? Jahn, frappé, sans doute, de cette difficulté, dit qu'il faut distinguer les Kénites de la Genèse, peuple inconnu, des Kénites mentionnés dans le livre des Juges (*Bibl. Archæologie*, t. I, Ire partie, p. 194, et t. II, Ire part., p. 87). M. Bohlen, dans son commentaire sur la Genèse (p. 182), aime mieux citer ce passage comme un de ceux qui prouvent que Moïse n'a pas écrit le Pentateuque. Mais quels qu'en fussent les auteurs, ils devaient connaître l'histoire de leur pays aussi bien que nos critiques modernes, et avoir assez de bon sens, pour ne pas faire remonter les *Kénites* jusqu'à Abraham et pour ne pas faire prononcer à Bileam, contemporain de Hobab, un oracle sur les Kénites. Le fait est que Jahn, Gesénius et autres, se sont trompés sur le sens des deux passages des *Juges*, dont il ne résulte nullement que les Kénites descendirent de Hobab, mais seulement que Hobab appartenait au peuple des Kénites. Dans le premier passage (1, 16) on lit : ובני קיני חתן משה, ce qui veut dire : *les fils du Kénite*, *beau-frère de Moïse*; dans le second passage (4, 11) il est dit que *Héber le Kénite s'était séparé* (du peuple) *de Kaïn*, *des fils de Hobab*, *beau-frère de Moïse*. Ici le texte, en nous disant que Héber était du peuple de Kaïn, nous fait connaître aussi à quelle famille de ce peuple il appartenait, savoir à la famille de Hobab. La construction des mots מקין מבני חובב est parfaitement analogue à celle qu'on trouve Nombres, 1, 32 : לבני יוסף לבני אפרים, *filiis Joseph, filiis Ephraïm*. — Dans le livre des Nombres (10, 29) Hobab est appelé *Midianite*, parce qu'il s'était établi parmi ce peuple.

[1] Il me semble résulter d'un passage de la Genèse (13, 12) qu'ils n'étaient pas Cananéens; car on y distingue la terre de Canaan des villes situées dans les environs de Sodom.

[2] Josèphe en fait autant de chefs de bande, qui avaient chacun un grand nombre de troupes sous leur commandement. Voy. *Guerre des Juifs*, V, 9, § 4, édit. de Havercamp, t. II, p. 348.

villes de Sodom, Gomorrhe, Adama et Seboïm furent détruites quelque temps après par la catastrophe dont nous avons déjà parlé dans la partie géographique.

Le pays des Rephaïm à l'est du Jourdain fut envahi, sans doute, par les Amorites, car on appelle Sihon et Og *rois des Amorites* (Deut. 3, 8), quoique Og descendît des Rephaïm. Les *Emim* furent dépossédés par les Moabites (ib. 2, 9), et les *Zamzummîm* par les Ammonites (ib. v. 20). Les *Horîm* furent vaincus par les Édomites ou Iduméens (ib. v. 12 et 22); cependant, dans la Genèse (36, v. 20, 21), nous trouvons des tribus horites à côté de celles des Édomites. Les *Avvim* furent envahis par une colonie de Caphthorîm (Deut. 2, 23), qui, comme on le verra plus loin, sont les Philistins; mais encore du temps de Josué nous trouvons des Avvim à côté des Philistins (Jos. 13, 3). Quant aux *Anakim*, ils étaient encore nombreux et redoutables du temps de Moïse : « Écoute Israël, dit Moïse, tu passes aujourd'hui le Jourdain, pour déposséder des nations plus grandes et plus puissantes que toi, des villes grandes et fortifiées jusqu'au ciel; un peuple grand et de haute stature, les enfants des *Anakim* que tu connais, et dont tu as entendu dire : Qui peut se tenir devant les enfants d'Anak? » (Deut. 9, v. 1, 2.)

Josué extermina tous les *Anakim*, à l'exception de ceux qui étaient établis à Gaza, à Gath et à Asdod (Jos. 11, 22). Peut-être le géant Goliath était-il un descendant de ceux de Gath.

Depuis le temps de Josué les noms des peuples géants disparaissent de l'histoire; quelques *descendants de Rapha* sont encore mentionnés sous David (2. Sam. 21, 16).

B. Les Cananéens.

Selon la table généalogique de la Genèse (10, 15), *Canaan*, fils de Cham, eut onze fils, savoir : *Sidon, Heth, Yebousi, Emori, Guirgasi, Hivvi, Arki, Sini, Arwadi, Semari, Hamathi*. Ces noms, à l'exception des deux premiers, ont tous l'article et la terminaison qui, en hébreu, indique la relation de famille ou de race, et il est évident que ce sont les noms de différents peuples que la tradition faisait remonter à la même origine et qui se trouvent ici personnifiés. Ce sont ces peuples que les écrivains grecs appellent Φοίνικες (Phéniciens), en prenant ce mot dans son acception la plus large; il est vrai que les auteurs grecs classiques ne désignent généralement par le nom de *Phéniciens* que ceux des peuples cananéens qui habitaient au nord de la Palestine, mais la version grecque de la Bible le met aussi quelquefois pour les Cananéens de la Palestine dépossédés par les Hébreux [1]. Or, Hérodote (liv. I, ch. 1) nous apprend que, d'après les historiens des Perses, les Phéniciens étaient venus de la mer Rouge s'établir sur les côtes de la Méditerranée. Dans un autre endroit (l. 7, ch. 89) Hérodote rapporte que les Phéniciens disaient eux-mêmes avoir anciennement habité sur la mer Rouge. Mais ce qu'*Hérodote* appelle la *mer Rouge* (Ἐρυθρὴ θάλασσα) est tantôt tout l'océan austral, d'où sortent le *golfe Persique* et le *golfe Arabique*, tantôt, dans un sens plus restreint, l'un de ces deux golfes. Les opinions sont donc divisées sur les deux passages que nous venons de citer : les uns prétendent qu'Hérodote parle ici de ce que nous appelons la *mer Rouge*, ou du *golfe Arabique;* les autres, s'appuyant de l'autorité de Strabon, qui dit expressément que les Phéniciens vinrent du *golfe Persique* à la Méditerranée, pensent, avec plus de vraisemblance, que c'est de ce même golfe que parle Hérodote [2]. Quoi qu'il en

---

[1] Par exemple Josué, 5, 1 : οἱ βασιλεῖς τῆς Φοινίκης, et v. 12 : ἐχαρτίσαντο δὲ τὴν χώραν τῶν Φοινίκων.

[2] Voy. à ce sujet Ritter, *Erdkunde*, t. II, p. 163 (1ère édition). L'argument que Ritter tire de quelques villes homonymes que l'on trouve sur le golfe Persique et dans la Phénicie, telles que *Tyrus, Aradus*, ne prouverait rien à lui seul; car ces villes du golfe Persi-

soit, ce qu'il nous importe de constater ici, c'est que les Cananéens n'étaient pas indigènes en Palestine et qu'ils y étaient venus d'un autre pays[1]. Les anciennes traditions ne nous font pas connaître l'époque de cette migration des Cananéens, mais elle a dû avoir lieu environ deux mille ans avant l'ère chrétienne, car lorsque Abraham vint en Palestine les Cananéens y étaient déjà établis[2].

Sur les onze peuples descendus de Canaan, six s'étaient établis au nord de la Palestine, où ils avaient fondé des villes, savoir : *Sidon* (les Sidoniens) sur la côte de la Méditerranée; *Arki*, à Arca, au nord de Tripolis; *Sini*, probablement au S. O. du Liban, où se trouvait, selon Strabon, une forteresse appelée *Sinna*[3]; *Arwadi* sur la petite île d'*Aradus*; *Semari*, probablement à *Simyra*, près

que pouvaient être des colonies phéniciennes. Mais les *historiens des Perses* que cite Hérodote nous indiquent plus naturellement le golfe Persique. Cette opinion s'accorde aussi avec les traditions bibliques sur les migrations des peuples, qui se font de l'Asie centrale vers l'ouest.

[1] Ce fait se trouve aussi confirmé par Justin, l. 18, ch. 3 : « *Tyriorum gens condita a Phœnicibus fuit, qui terræ motu vexati, relicto patriæ solo, Assyrium stagnum primo, mox mari proximum littus incoluerunt.* » L'*assyrium stagnum* est, sans doute, le *lac Asphaltite*, ou celui de *Génésareth*.

[2] Le texte de la Genèse (12, 6) porte וְהַכְּנַעֲנִי אָז בָּאָרֶץ, le *Cananéen* (était) *alors dans le pays*. Le mot אָז, *alors*, peut s'expliquer *ad libitum* par *déjà* ou par *encore*. Déjà Ibn-Ezra, célèbre rabbin espagnol du 12ᵐᵉ siècle, a remarqué qu'il vaut mieux adopter le sens de *déjà*, et supposer que les Cananéens avaient enlevé la Palestine à d'autres habitants plus anciens, et il fait entendre en même temps que, si on traduisait *encore*, on pourrait inférer de là que Moïse n'est pas l'auteur de la Genèse. Les paroles obscures d'Ibn-Ezra a enveloppé sa pensée ont été longuement commentées par Spinosa (*Tract. theologico-polit.*, cap. 8), et les critiques modernes se sont emparés de ce passage de la Genèse pour prouver que Moïse n'est pas l'auteur de ce livre. Mais le sens de *encore* ne nous étant nullement démontré, nous n'hésitons pas à nous ranger du côté des partisans du *déjà*; les philologues et les historiens jugeront si c'est là *abuser du langage et de l'histoire* (comme le prétend M. Bohlen (*Die Genesis*, p. 162.)

[3] Strab. l. 16, c. 2, § 18. Voy. aussi saint Jérôme, *Quæst. in Genes.* X, 17.

d'Antaradus à l'ouest du Liban[1]; *Hamathi* à *Hamath* (Epiphanie) en Syrie. Nous n'avons pas à nous occuper ici de ces peuplades qui appartiennent à la Phénicie proprement dite, ou à la Syrie.

Il nous reste cinq peuples cananéens établis en Palestine; savoir : 1° les *Héthites*, 2° les *Yebousites* (ou *Jébusites*), 3° les *Émorites* (ou *Amorites*), 4° les *Guirgasites*, 5° les *Hivvites* (ou *Hévites*). A côté de ces cinq peuplades nous trouvons encore mentionnés : 6° les *Canaanites* (probablement d'un autre *Canaan*, descendant de l'un des onze fils du premier Canaan), et 7° les *Phérizites*, qui ne formaient peut-être pas une tribu particulière, mais qui étaient en général les campagnards[2]. Ce sont là les *sept peuples* que la Bible mentionne comme habitants du pays et que les Hébreux devaient expulser[3]. Voici sur ces peuplades quelques détails géographiques et historiques.

1° Les *Héthites* demeurèrent dans les montagnes (Nomb. 13, 29), surtout dans les environs de Hebron. C'est là que, après la mort de Sarah, Abraham s'adresse aux *Héthites* pour acquérir un tombeau de famille (Genèse, ch. 23). Ésaü épousa deux femmes héthites (ib. 26, 34). Nous trouvons les restes de ce peuple encore longtemps après l'invasion des Hébreux. Le malheureux Uria, l'un des généraux de David (2. Sam. 23, 39) et mari de Bathséba, était Héthite; dans le harem du roi Salomon se trouvaient des femmes héthites (I Rois, 11, 1). Le mot *Héthites* se trouve quelquefois pour *Cananéens* en général (Jos. I, 4), et c'est sans doute dans ce sens qu'on mentionne encore des *rois des Héthites*[4], après que les derniers res-

[1] Voy. Rosenmüller *Archæologie*, t. II, Iʳᵉ partie, p. 9.

[2] Le mot hébreu *Pherizi* ou *Pherazi* désigne, selon son étymologie, un habitant de la campagne ou des villes ouvertes.

[3] Voy. Deutér. 7, 1; Josué, 3, 10. Dans d'autres passages on se contente d'en nommer une partie seulement.

[4] Voy. I Rois, 10, 29; II Chron. 1, 17; II Rois, 7, 6. Aux rois des Héthites, mentionnés dans

tes de ce peuple eurent été subjugués par Salomon.

2° Les *Jébusites* ou *Yebousites* étaient établis dans la ville de Jérusalem et dans ses environs. Jusqu'au temps de David ils restèrent maîtres du fort de Sion, et même après la perte de ce fort, ils demeuraient en paix parmi les Hébreux; David acheta d'un Jébusite, nommé Aravna, la place où Salomon fit bâtir le temple (2. Sam. 24, 16 et suiv.).

3° Les *Amorites, de haute stature comme les cèdres, et forts comme les chênes* (Amos, 2, 9), occupèrent, comme on l'a vu plus haut, les environs d'En-Gadi, à l'ouest de la mer Morte. Nous les trouvons aussi dans les montagnes (Nomb. 13, 29), et même jusque dans les environs de *Yafo* et de *Yabné*; car on lit dans le livre des Juges (1, 34) qu'ils forcèrent la tribu de Dan de rester sur les montagnes et ne la laissèrent pas descendre dans la plaine. Il paraît que les Amorites étaient les plus puissants des habitants des montagnes; c'est pourquoi ceux-ci se trouvent quelquefois désignés en général sous le nom d'*Amorites* (Jos. 5, 1; 10, 5), qui s'étend même à tous les peuples de Canaan (Genèse, 15, 16; Amos, 2, 10). Les montagnes de la Judée sont appelées *montagnes des Amorites* (Deut. 1, v. 7, 19 et 20). A l'est du Jourdain, les Amorites avaient fondé, avant le temps de Moïse, deux royaumes: l'un dans le Basân, au nord du *Yabbok*, ayant pour capitales *Astharoth* et *Édréi*; l'autre entre le *Yabbok* et l'*Arnôn*, dont la capitale était *Hesbôn*[1]. A l'arrivée des Hébreux sous Moïse, le royaume du nord était gouverné par le roi Og, celui du midi par le roi Sihôn, qui avait arraché ce pays aux Ammonites[2] et aux Moabites. Un antique poëme dit: « Un feu est « sorti de Hesbôn, une flamme de la « ville de Sihôn, qui a dévoré Ar (la « ville) de Moab, les maîtres des hau- « teurs de l'Arnôn. Malheur à toi, « Moab! tu es perdu, peuple de Ca- « môs; on a rendu ses fils fuyards, « et ses filles captives du roi d'Amori, « Sihôn. » (Nombr. 21, v. 28, 29).

Les deux rois furent vaincus par Moïse, comme on le verra dans l'histoire des Hébreux.

4° Les *Guirgasites* ou *Gergesites*. Il ne résulte d'aucun passage de la Bible de donnée certaine sur les lieux qu'habitait cette peuplade; mais, ce qui est certain, c'est qu'elle demeurait parmi les autres peuples cananéens à l'ouest du Jourdain. Selon quelques éditions des Évangiles (Matth., 8, 28), nous trouvons le territoire des *Gergeséens* ou *Gergesites* à l'est du lac de Tibériade; mais le mot Γεργεσηνῶν n'a été placé ici que par une simple conjecture d'Origène, qui ne s'appuie sur aucune autorité plus ancienne[1].

5° Les *Hévites* étaient établis principalement au pied du Hermon ou de l'Antiliban (Josué, 11, 3; Juges, 3, 3). Mais nous trouvons aussi des familles hévites à Sichem; Hamor, prince des Sichemites, du temps de Jacob, est appelé *Hévite* (Genèse, 34, 2). Les *Gabaonites* ou habitants de *Gabaon*, qui, par une ruse, obtinrent la paix des Hébreux (Josué, ch. 9), étaient également des Hévites (ib. 11, 19). Josué en fit des scieurs de bois et des porteurs d'eau pour le service du tabernacle.

6° Les *Canaanites* demeuraient à l'est et à l'ouest (Jos. 11, 3), c'est-à-dire dans les plaines, à l'ouest du Jourdain et sur la Méditerranée (Nombres, 13, 29). Nous les trouvons à Gazer près d'Emmaüs (Jos. 16, 10; I Rois, 9, 16); ils occupaient Bethscheân et ses environs, ainsi que la plaine d'Esdrélon; et, par leurs chariots de fer, ils se rendirent redoutables aux Éphraïmites (Jos. 17, 19).

7° Les *Phérisites*. Du temps d'Abraham nous les trouvons dans les environs de Beth-el (Genèse, 13, 7).

---

le dernier passage, Josèphe substitue *le roi des Iles*. Antiqu. IX, 4, 5.

[1] Voy. sur les limites et les villes de ces royaumes notre *Topographie de la Pérée*.

[2] Trois siècles après, les Ammonites firent encore valoir leurs droits sur ce pays. Voy. *Juges*, 11, 13.

[1] Voy. Reland, p. 806, 807, et notre Topographie, p. 69, note 3.

Plus tard nous les voyons dans les montagnes d'Ephraïm (Jos. 17, 15) et de Juda (Juges, 1, 4).

Lorsque Josué fit la conquête du pays de Canaan, ce pays était divisé en un grand nombre de petites principautés dont chacune avait son roi (*Mélech*). Le catalogue des rois vaincus par Josué en compte trente et un (Jos. ch. 12, v. 9 — 24)[1]. Les noms de plusieurs de ces rois nous sont conservés dans le livre de Josué; tels sont: *Adoni-Sédek*, roi de Jérusalem; *Hoham*, roi de Hebron; *Piream*, roi de Yarmouth; *Yaphia*, roi de Lachis; *Debir*, roi d'Églon (Jos. 10, 3); *Horam*, roi de Gazer (v. 33); *Yabîn*, roi de Hasor; *Yobab*, roi de Madôn (ib. 11, 1).

Il paraît que plusieurs de ces principautés formaient des confédérations, sur lesquelles l'un des princes fédérés exerçait une certaine suprématie. Ainsi Adoni-Sédek fait un appel aux rois du midi, pour aller combattre les Gabaonites, qui avaient fait la paix avec Josué (10, 1-5); Yabîn invite à la guerre contre les Hébreux tous les rois du nord, depuis le Hermôn jusqu'au midi du lac de Génésareth et jusqu'à Dôr (11, 1-3), et on nous dit expressément que la ville de Hasor était à la tête de tous ces petits royaumes du nord (ib. v. 10).

Au milieu des petits royaumes de Canaan, il y avait sans doute aussi plusieurs républiques avec des formes plus ou moins aristocratiques. Il est à remarquer, par exemple, qu'on ne fait mention nulle part d'un roi de Gabaon, l'une des principales villes de Canaan. Dans le livre de Josué (10, 2) elle est appelée *une ville grande, comme une des villes royales*. Les députés des Gabaonites parlent à Josué, au nom de *leurs anciens et de tous leurs compatriotes* (9, 11). Il est évident que Gabaon formait avec trois autres villes, Caphira, Beéroth et Kiryath-Yearîm (9, 17), un petit État républicain. Les habitants de Gabaon, comme nous l'avons déjà dit, étaient *Hévites*; il paraîtrait que les institutions républicaines avaient été, de tout temps, en faveur chez ce peuple. Le *Hévite* Hamor, prince de Sichem, pour traiter avec les fils de Jacob, a besoin de porter l'affaire devant l'assemblée du peuple (Genèse, 34, 20); il n'a pas le titre de *Mélech* (roi), mais celui de *Nâsi* (prince)[1], et, du temps de Josué, la ville de Sichem ne figure pas non plus parmi les villes royales.

Les princes cananéens succombèrent presque tous dans la lutte qu'ils eurent à soutenir contre les Hébreux; les peuples de Canaan furent exterminés en grande partie. Il est probable que pendant cette guerre si désastreuse pour les Cananéens, une partie de la population aura émigré dans d'autres pays; et si nous en croyons une tradition vague répandue en Afrique depuis les temps anciens et jusqu'à nos jours, les peuplades de l'Atlas seraient en partie les descendants des Cananéens émigrés sous Josué. Nous avons déjà dit au

---

[1] Les villes royales mentionnées dans ce catalogue sont: 1° *Jéricho*. 2° *Aï*, à l'est de Beth-él. 3° *Jérusalem*, ou Jebus. 4° *Hebrón*. 5° *Yarmouth*, dans la plaine appelée *Schefélah*. 6° *Lachis*, dans la même plaine. 7° *Eglón*, probablement entre Lachis et Hebrón. 8° *Gazer*, selon Eusèbe à 4 milles romains au nord d'Emmaüs (Nicopolis). 9° *Debir*, appelée aussi *Kiryath-Sanna* ou *Kiryath Sépher*, dans les montagnes de Juda. 10° *Gader*, peut-être la même que *Guedera* dans la plaine (Jos. 15, 36). 11° *Horma* ou *Sephath*, à l'extrémité méridionale ou S. E. du pays de Canaan, près de la montagne de Séir. 12° *Arad*, à l'ouest de Horma, près du désert de Kades. 13° *Libnah*, dans la plaine Schephéla. 14° *Adullám*, dans la même plaine. 15° *Mackédah*, ibid. 16° *Beth-él*. 17° *Thappouäh*, position incertaine, mais dans la Samarie. 18° *Hépher* idem. 19° *Aphék*, incertaine. 20° *Sarón* dans la plaine de Saron (le texte porte לשרון; nous prenons le ל pour une préposition; selon d'autres, le nom de la ville était *Lassarón*). 21° *Madón*, nord, incertaine. 22° *Hasor*, au-dessus du lac Samochonitis. 23° *Simrón-Merón* nord, incertaine. 24° *Achsaph* (Galilée). 25° et 26° *Thaanach* et *Meghiddo*, dans la plaine de Meghiddo. 27° *Kédes*, en Galilée. 28° *Yokneám*, près du Carmel. 29° *Dôr*, au midi du Carmel. 30° *Goîm*, incertaine. 31° *Thirsa*, plus tard capitale des rois d'Israël.

On trouve des détails sur plusieurs de ces villes dans notre *Topographie*.

[1] Le mot מלך, *Mélech*, vient d'une racine qui a le sens de *posséder*, *régner*; נשיא *Nâsi*, participe passif de נשא, veut dire *élevé*, *élu*.

commencement de cet ouvrage que, encore du temps de saint Augustin, les paysans des environs d'Hippone (maintenant Bone) s'appelaient eux-mêmes *Chanani* ou *Cananéens*[1]. Selon Eusèbe (Chron. L. I), les Cananéens émigrèrent à Tripolis en Afrique. Procope, auteur grec païen du sixième siècle, qui ne paraît pas avoir connu le livre de Josué et qui puisa, comme il le dit lui-même, dans les écrivains *qui ont écrit l'histoire ancienne des Phéniciens*, parle des *Phéniciens* (Cananéens) qui prirent la fuite devant Josué et qui se répandirent en Afrique jusqu'aux colonnes d'Hercule : « Là, dit-il, ils habitent encore, et « ils se servent de la langue phéni- « cienne. Ils bâtirent un fort dans une « ville numidienne, là où est mainte- « nant la ville qu'on appelle *Tigisis*. « Il y a là, près de la grande fontaine, « deux colonnes faites de pierres blan- « ches, et sur lesquelles sont gravés « des caractères phéniciens, qui, en « langue phénicienne, disent ce qui « suit : *Nous sommes ceux qui ont « pris la fuite devant le brigand Jo- « sué, fils de Naué*[2]. » — Les auteurs arabes ont aussi entendu parler de l'origine palestinienne de plusieurs peuples d'Afrique : selon Masoudi, tous les peuples répandus dans l'intérieur de l'Afrique sont descendus des enfants de Canaan[1]. Edrisi dit que les peuples d'origine berbère habitaient anciennement la Palestine ; David ayant tué Goliath le berber, les Berbers passèrent dans le Maghreb, parvinrent jusqu'aux extrémités les plus reculées de l'Afrique et s'y répandirent[2]. Enfin les Juifs de Barbarie, encore aujourd'hui, donnent aux Berbers le nom de *Pelischthim* (Philistins ou Palestiniens). Cependant la langue des Berbers ne paraît avoir aucun rapport avec le phénicien, ni avec aucune autre langue de cette famille. — Quelle que soit d'ailleurs la valeur de ces différentes traditions, l'émigration en Afrique des peuples de Canaan n'a, en elle-même, rien d'invraisemblable ; des tribus cananéennes refoulées vers la mer, par les Hébreux venus de l'est du Jourdain, ont pu s'embarquer et chercher un refuge sur les côtes de l'Afrique.

Nous passons sous silence plusieurs autres détails de l'histoire de Canaan qui devront nécessairement trouver place dans l'histoire des Hébreux. Nous dirons seulement que, après l'invasion de ces derniers, les Cananéens restèrent maîtres, non-seulement de toute la côte jusqu'au pays des Philistins, mais aussi de beaucoup de villes de l'intérieur. On peut voir, dans le premier chapitre des Juges (v. 21 et suiv.), les noms des villes dont les Cananéens ne purent être expulsés ; avec le temps elles devinrent, en partie, tributaires des Hébreux (ib. v. 28). Plusieurs principautés cananéennes conservèrent leurs propres rois, comme nous l'avons dit en parlant des *Héthites*. Près de deux siècles après la mort de Josué, Yabin, roi de Hasor, opprima les Hébreux pendant vingt années ; il avait neuf cents chariots de fer. Son armée, conduite par Sisera, fut enfin défaite par Barak. Dans le premier livre de Samuel (7, 14) nous lisons qu'Israël était en paix avec les Amori-

---

[1] Voici comment s'exprime saint Augustin, au commencement de son *Exposition* de l'Épitre aux Romains : *Interrogati rustici nostri quid sint, punicè respondentes Chanani, corruptâ scilicet voce, sicut in talibus solet, quid aliud respondent quam Chananœi ?* Saint Aug., qui ne savait pas l'hébreu ou l'ancien phénicien, se trompe en disant que le mot *Chanani* (כנעני) est corrompu.

[2] Procop. *De bello Vandalico*, l. II, cap. 20. L'inscription est rapportée par Procope en ces termes : Ἡμεῖς ἐσμὲν οἱ φυγόντες ἀπὸ προσώπου Ἰησοῦ τοῦ λῃστοῦ υἱοῦ Ναυῆ. Saint Augustin ne sait rien de cette inscription, ce qui peut en faire suspecter l'authenticité. J'observerai cependant qu'elle ne peut être forgée par Procope, car elle porte en effet le cachet hébreu ou phénicien : l'expression ἀπὸ προσώπου, *de la face*, pour dire *devant*, n'est point grecque ; elle ne se trouve que dans la version grecque de la Bible et dans le Nouveau Testament, et Procope, qui était païen, n'a pu s'en servir qu'en se faisant traduire des mots phéniciens.

[1] Voy. Masoudi, cité par de Guignes, dans les *Notices et extraits des manuscrits*, t. I, p. 14 et suiv.

[2] Voy. la Géographie d'Edrisi, traduite par M. Jaubert, t. I, p. 203.

tes, ce qui prouve que les peuplades cananéennes n'étaient pas encore entièrement soumises du temps de Samuel. Lorsque Joab, général de David, fait le recensement de la population, il va aussi dans *les villes des Hévites et des Cananites* (2 Sam. 24, 7). Enfin Salomon rendit tributaires toutes les peuplades qui restèrent des Amorites, des Héthites, des Hévites et des Jebusites (I Rois, 9, 20°). Dans les livres des Rois (ib. v. 21) on lit : que ces descendants des Cananéens restaient tributaires et soumis aux corvées *jusqu'à ce jour*, ce qui prouve qu'ils existaient encore parmi les Hébreux à l'époque où ce document fut écrit. Il n'est pas invraisemblable que dans quelques contrées ils aient pu profiter du schisme qui eut lieu sous Roboam, fils de Salomon, et des guerres qui en furent la suite, pour se rendre indépendants; ceci expliquerait l'apparition des *rois des Héthites*, du temps du prophète Elisa (II Rois, 7, 6). Enfin, encore après le retour de l'exil, nous, trouvons plusieurs peuples cananéens parmi ceux avec lesquels les Juifs s'étaient mêlés par des mariages mixtes (Ezra, 9, v. 1 et 2). Plus tard il n'est plus question des Cananéens.

C. LES PHILISTINS.

Au nombre des *fils de Misraïm*, c'est-à-dire, des *colonies égyptiennes*, la table généalogique de la Genèse (10, 14) compte *les Caslouhim*, d'où sortirent *les Pelischthim* (Philistins) *et les Caphthorim*. Selon le prophète Amos (9, 7), les Philistins étaient venus de Caphthor; aussi Jérémie (47, 4) les appelle-t-il *les restes de l'île de Caphthor*. Dans le Deutéronome (2, 23) nous lisons également que les Avvim (qui, comme on l'a vu, habitaient le pays occupé plus tard par les Philistins) furent envahis par une colonie de *Caphthorim*. Ainsi tous ces passages s'accordent à faire venir les Philistins des *Caphthorim*, tandis que la table généalogique les fait venir des *Caslouhim*. Il me semble que la difficulté peut se résoudre en supposant que les Caslouhim habitèrent parmi les Caphthorim, auxquels ils étaient soumis, de sorte que les Philistins pouvaient être les descendants des *Caslouhim* et être appelés néanmoins une colonie des *Caphthorim*. Le passage d'Amos est très-favorable à cette hypothèse; on y compare la sortie des Philistins du pays de Caphthor à la sortie des Israélites du pays d'Égypte.

Quoi qu'il en soit, il est certain que les Philistins étaient une colonie venue de Caphthor. Mais quel est ce pays de Caphthor? Les Septante, les versions chaldaïque et syriaque et la Vulgate s'accordent à le prendre pour la *Cappadocie* dans l'Asie Mineure [1], et cette opinion a été admise par Bochart [2]. Mais Jérémie donne à *Caphthor* le nom de אי, c'est-à-dire *île* ou *pays maritime*, ce qui ne peut convenir à la *Cappadocie* [3]. Reland (Palæst. p. 74) prend Caphthor pour *Pelusium*, parce qu'il trouve dans ce nom une ressemblance avec celui de *Philistins*. D'autres ont pensé à l'île de Chypre; mais le nom hébreu de cette île est *Kitthim*. Ce qui est le plus probable, c'est que *Caphthor* est *l'île de Crète*. Les prophètes Ézéchiel (25, 16) et Sophonias (2, 5) donnent aux Philistins le nom de *Créthim*, et très-probablement ils sont désignés sous le même nom, dans le Ier livre de Samuel (30, 14). On peut encore citer, à l'appui de cette opinion, que, selon Étienne de Byzance, Gaza, l'une des villes principales des Philistins, portait anciennement le nom de *Minoa*, parce que Minos, roi de Crète, accompagné de ses frères, Æacus et Rhadamante, y avait conduit une colonie. On y voyait, selon

---

[1] Saadia, rabbin du dixième siècle, qui, dans sa version arabe, substitue ordinairement les noms géographiques modernes aux noms anciens, rend *Caphthor* par *Damiette*; mais les interprétations géographiques de ce rabbin ne méritent pas beaucoup d'attention. Voy. ma *Notice sur Rabbi Saadia Gaôn*, p. 53. B. de Tudèle est du même avis que Saadia (Itinér., p. 125).
[2] Geographia sacra, p. 329.
[3] Bochart élude la difficulté en traduisant אי par *provincia*.

le même auteur, le temple de *Jupiter Cretensis*, qu'on y adorait sous le nom de *Marnas*[1]. De même que les Crétois parmi les Grecs, les Philistins étaient célèbres en Palestine, comme habiles archers, et peut-être le corps des *Crethi* que nous trouvons si souvent mentionné, comme faisant partie de la garde royale de David, n'était-il qu'une compagnie d'archers, formée sur le modèle des célèbres archers philistins[2].

Quant au nom de *Pelischtîm* ou *Philistins*, il signifie, sans doute, *Émigrés*; déjà la version grecque des prophètes et des hagiographes rend ce nom par ἀλλόφυλοι (*forains*, *étrangers*)[3]. Ce fut dans la plaine au S. O. de Canaan, au midi de Yâfo, jusqu'à la frontière d'Égypte, que s'établirent les *Caphthorîm émigrés*, et cette contrée reçut alors le nom de *Peléscheth* ou *Pheléseth*, d'où vient le nom de *Palestine*[4].

Nous ne saurions indiquer avec précision l'époque de l'arrivée des Caphthorîm. Elle a dû avoir lieu après celle des Cananéens; car à une certaine époque, les possessions des Cananéens s'étendaient au midi jusqu'à *Gerar* et *Gaza* (Gen. 10, 19), et renfermaient, par conséquent, le territoire philistin. On pourrait être tenté de croire que les *Philistins* existaient à l'époque d'Abraham et d'Isaac; car il est question du pays des Philistins dès le temps d'Abraham (Genèse, 21, v. 32 et 34), et, dans l'histoire d'Isaac, Abimélech, roi de Gerar, est appelé expressément *roi des Philistins* (ib. 26, v. 1); ce sont les *Philistins* qui bouchent les puits creusés par Abraham. Mais il se peut que l'auteur de la Genèse se soit servi du mot *Philistins* par anticipation, en parlant du pays où, plus tard, s'établirent les Philistins. Toujours est-il certain que les Philistins étaient établis dans le pays dès avant Moïse; non-seulement le Deutéronome parle de l'invasion des Caphthorîm, mais aussi dans le cantique de Moïse, chanté après le passage de la mer Rouge, et dont une critique raisonnable ne saurait mettre en doute l'authenticité, il est question des habitants de *Peléscheth* (Exode, 15, 14). Nous croyons même trouver indiqué dans un passage du Ier livre des Chroniques (ch. 7, v. 21, 22) que, à une époque où Éphraïm, fils de Joseph, vivait encore, au moins une génération de Philistins avait déjà vécu dans le pays. On raconte dans ce passage que quelques-uns des fils d'Éphraïm (qui alors vivaient en Égypte) avaient fait une excursion sur le territoire de Gath, pour s'emparer des troupeaux de ce pays, et qu'ils furent tués par les habitants de Gath, NÉS DANS LE PAYS[1], ce dont Éphraïm, leur père, fut longtemps dans le deuil. — Ainsi nous ne croyons pas nous tromper, si nous faisons remonter l'arrivée de la colonie des Caphthorîm ou Crétois à dix-huit siècles environ avant l'ère chrétienne.

On pourrait s'étonner d'après cela que, dans le Pentateuque, les Philistins ne soient jamais mentionnés parmi les peuples que les Hébreux devaient expulser du pays de Canaan. Mais Moïse, connaissant l'esprit guerrier des Philistins, paraît avoir prévu que les Hébreux trouveraient toujours

---

[1] Voy. Bochart, l. c. p. 458. — C'est peut-être en confondant les Philistins avec les Juifs, qu'une tradition, rapportée par Tacite, faisait venir ces derniers de l'île de Crète : *Judæos, Cretâ insulâ profugos, novissima Libyæ insedisse memorant*. Tac. Hist. V, 2.

[2] La version chaldaïque de Yonathan rend en effet כרתי par קשתיא, *archers*.

[3] La racine פלש FLS, dans le sens de *émigrer*, s'est conservée dans la langue éthiopienne; de là les Juifs d'Abyssinie portent encore maintenant le nom de *Phalasiân* ou *Falaschas*, analogue à celui de *Philistins*.

[4] Voy. ci-dessus, page 3.

[1] Je crois que les mots הנולדים בארץ désignent les fils ou descendants de colons étrangers; on peut comparer le mot *Mowalladîn* par lequel les Arabes désignent ceux qui ne sont pas de pure origine arabe. Comme, pour l'époque d'Ephraïm, on fait encore cette distinction dans le pays des Philistins, il paraîtrait qu'il ne s'était pas passé alors un grand espace de temps depuis l'arrivée de la colonie. — A la vérité, les livres des Chroniques sont très-récents; mais ils ont été rédigés en partie sur des documents fort anciens.

dans ce peuple un rude adversaire, et il ne voulut pas les engager à risquer une attaque de ce côté. Il nous fait entendre lui-même (Exode, 13, 17) qu'il évita de conduire les Hébreux par le pays des Philistins, quoique ce fût là le chemin le plus court, parce qu'il ne voulait pas s'exposer à les démoraliser par une première défaite. Plus tard Josué, enhardi par ses succès, après avoir vaincu trente et un rois cananéens, nomme aussi les districts des Philistins parmi les pays dont les Hébreux devaient prendre possession, et c'est ici qu'il est question, pour la première fois, des *cinq princes* des Philistins, qui portaient le titre de *seranim* (axes, pivots). Leurs principautés étaient : Gaza, Asdôd, Ascalôn, Gath et Ekrôn (Jos. 13, 3)[1]. Josué les donna même d'avance en partage à la tribu de Juda (ib. 15, v. 45 et suiv.). Cette tribu, après la mort de Josué, s'empara en effet des principautés de Gaza, d'Ascalôn et d'Ekrôn (Juges, 1, 18), mais elle ne sut pas s'y maintenir; car bientôt après nous retrouvons les cinq principautés des Philistins indépendantes (ib, 3, 3). Sous les juges, comme sous les rois, jusqu'à l'époque d'Ézéchias, nous trouverons les Hébreux presque toujours en collision avec les Philistins, tantôt vainqueurs tantôt vaincus. Nous nous contenterons donc ici d'indiquer rapidement les événements les plus remarquables de l'histoire des Philistins, renvoyant, pour les détails, à l'histoire des Hébreux.

Sous le juge hébreu Samgar (environ 1370 ans avant l'ère chrétienne), les Philistins, ayant essayé probablement d'attaquer les tribus de la Judée, furent repoussés avec une perte de six cents hommes (Juges, 3, 31). Près de deux siècles après cet événement, ils commencèrent à faire peser leur joug sur les Hébreux (ib. 10, 7) Ce fut à peu près à la même époque que, selon une tradition rapportée par Justin, les Philistins d'Ascalôn vainquirent les Sidoniens, qui, forcés d'émigrer, fondèrent alors la ville de Tyr[1]. La puissance des Philistins alla toujours croissant jusqu'à l'époque de Samson (ib, 13, 1), qui commença à les humilier (ib. v. 5). Lorsqu'il mourut sous les ruines du temple de Dagôn à Gaza, trois mille Philistins, hommes et femmes, y périrent avec lui. Mais les Philistins furent encore très-puissants du temps d'Éli et de Samuel; ils conquirent même l'arche sainte des Hébreux et la placèrent dans le temple de Dagôn à Asdôd, mais ils la rendirent, leurs prêtres ayant déclaré qu'elle était la cause des maladies dont ils étaient alors affligés. Ils furent constamment en guerre avec Saül. Il paraîtrait que, à cette époque, ils changèrent la forme de leur gouvernement; car nous trouvons un *roi* (MÉLECH) des Philistins, nommé Achis, qui réside à Gath (1 Sam. 26, 2). Dans l'épigraphe du 34e psaume, ce même roi est appelé *Abimélech* (père-roi), et il paraît que c'était le titre ordinaire des rois de ces contrées, car le roi de Gerar, du temps d'Abraham et d'Isaac, est également appelé *Abimélech*. Le roi Achis n'a cependant qu'un pouvoir limité, et nous voyons à côté de lui une puissante aristocratie qui lui impose ses volontés (ib. 29, v. 3 et suiv.). Près du mont Gelboa, les Philistins obtinrent un éclatant succès sur Saül, qui périt dans le combat ainsi que ses fils. Sous David, ils furent battus plusieurs fois (2 Sam. 5, 25; 8, 1, et 23, 10), et l'empire de Salomon renferma tout le pays des Philistins, car il s'étendit jusqu'à Gaza (1 Rois, 5, 4, ou 4, 24). Parmi les villes restaurées ou fortifiées par Roboam, fils de Salomon, nous trouvons aussi celle de Gath (2. Chron. 11, 8). Les guerres civiles qui éclatèrent bientôt parmi les Hébreux profitèrent probablement aux

---

[1] Voy. sur ces résidences et sur quelques autres villes des Philistins, notre Topographie, p. 61-64.

[1] Justini Histor. l. XVIII, c. 3: *Post multos deinde annos a rege Ascaloniorum expugnati (Sidonii), navibus appulsi, Tyron urbem ante annum Trojanæ cladis condiderunt.*

Philistins. Sous le roi Josaphat, qui sut se faire craindre des peuples voisins, les Philistins payèrent un tribut (2 Chron. ch. 17, v. 10, 11); mais déjà sous Joram ils firent, en commun avec les Arabes, une invasion dans le royaume de Juda (ib. 21, 16). Ouzia (Ozias) leur fit la guerre; il les soumit, et, après avoir démoli les fortifications de Gath, de Yabné et d'Asdôd, il éleva des forteresses israélites sur le territoire philistin (ib. 26, 6). Mais sous Achaz, probablement à la fin de son règne (728 avant l'ere chrétienne), les Philistins se relevèrent; ils se répandirent dans la plaine de *Schefélah* et dans tout le midi de la Judée, et y firent la conquête de plusieurs villes (ib. 28, 18). Le prophète Isaïe alors les avertit de ne pas se réjouir trop tôt, et il leur prédit qu'ils seraient humiliés par une puissance arrivée du Nord : « Ne te réjouis pas tout en-
« tière, ô Philistée, de ce que le bâ-
« ton de celui qui te frappait est
« maintenant brisé; car de la racine
« du serpent sortira un basilic, dont
« le fruit sera un dragon volant. Et
« les aînés des pauvres [1] iront au pâ-
« turage et les indigents se reposeront
« avec sécurité; tandis que je ferai
« périr ta racine par la faim, et qu'on
« tuera ton reste. Gémis, ô porte!
« crie, ô ville! tu défailles, ô Philistée,
« tout entière ! Oui, du nord vient
« une fumée, de ses masses pas un
« seul ne reste en arrière. Mais
« que répondent les messagers
« des nations (étrangères)[2] ? Que Jé-
« hova a fondé Sion, et que les mal-
« heureux de son peuple y trouvent
« un refuge. » (Isaïe, ch. 14, v. 29-32).

Le roi Ézéchias obtint de grands avantages sur les Philistins, et les poursuivit jusqu'à Gaza (2 Rois, 18, 8), et bientôt arriva *la fumée du nord* annoncée par le prophète : Sargôn, roi d'Assyrie, ayant envoyé une armée contre l'Égypte, sous le commandement de son général Tharthân, celui-ci occupa, vers l'an 716 avant J. C., la forteresse philistéenne d'Asdôd, qui était, en quelque sorte, la clef de l'Égypte (ib. 20, 1). Sargôn, roi d'Assyrie, qui n'est mentionné que dans ce seul passage d'Isaïe, fut très-probablement le prédécesseur de Sennachérib, qui fut si malheureux dans son expédition contre la Judée. Les Assyriens, malgré leur défaite devant Jérusalem, se seraient-ils maintenus dans la forteresse d'Asdôd ? C'est ce que nous ne saurions affirmer. Nous savons seulement par Hérodote, que Psammétique, roi d'Égypte, mit le siège devant cette ville[1], mais on ne nous dit pas qui l'occupait alors [2]. Ce ne fût qu'au bout de vingt-neuf ans qu'elle tomba au pouvoir des Égyptiens. Ce fut aussi pendant le règne de Psammétique que les Scythes envahirent la Philistée et pillèrent le temple de Vénus Urania à Ascalôn (Hérod. II, 105).

A l'approche des victorieux Chaldéens, les prophètes de la Judée prédisent l'entière ruine de la Philistée[3]. Dans la lutte qui s'établit entre les conquérants asiatiques et l'Égypte, le pays des Philistins était constamment en butte aux attaques des deux adversaires. Un Pharaon d'Égypte, probablement Nécho, fit alors la conquête de Gaza (Jérém. 47, 1). Encore du fond de l'exil le prophète Ézéchiel menace les restes des Philistins de la vengeance du ciel (25, 15-17). Mais il paraît que les Chaldéens leur laissèrent encore une ombre d'existence politique, car, après l'exil de Babylone, le prophète Zacharie (9, 5) annonce que bientôt il n'y aura plus de roi à Gaza, ni d'habitants à Ascalôn, que des bâtards (des étrangers) habiteront à Asdôd, et que l'orgueil des Philistins sera hu-

---

[1] C'est-à-dire : *les plus pauvres* ou *les plus humiliés*.
[2] Les messagers étrangers, envoyés pour connaitre le sort de Juda.

[1] Voy. notre *Topographie*, page 61.
[2] Selon Gesénius, le siège du roi d'Égypte fut dirigé contre les Assyriens. Il faudrait alors faire remonter le commencement du règne de Psammétique bien plus haut qu'on ne le fait communément, et c'est en effet ce que Gesénius a démontré avec beaucoup de sagacité. Voy. son Commentaire sur Isaïe, t. I, p. 595—600 et p. 643.
[3] Voy. Jérémie, ch. 47; Sophonia, ch. 2, v. 4—7.

milié. Depuis lors il n'est plus question de ce peuple, dont les derniers débris furent sans doute engloutis par la vaste monarchie des Perses. — La dénomination de *pays des Philistins* se conserva encore pendant plusieurs siècles; nous la trouvons encore dans le Ier livre des Maccabées (3, 24).

CHAPITRE II.

CIVILISATION DES ANCIENS HABITANTS DE LA PALESTINE. — LANGUE. — MOEURS. — RELIGION.

Nous trouvons dans le pays de Canaan, avant la conquête de Josué, un certain degré de civilisation. Les arts et métiers, l'industrie, le commerce, s'y étaient déjà développés et nous y rencontrons même les traces d'un certain luxe. Dès les temps des patriarches hébreux nous trouvons dans ce pays de nombreux produits d'industrie qui prouvent que les habitants étaient sortis depuis longtemps de l'état sauvage : non-seulement on mentionne des épées, des couteaux, des arcs et des flèches, mais aussi toute sorte d'ustensiles et de vases, la fleur de farine et autres objets artificiels de consommation, qui dépassent les besoins quotidiens de l'homme, et jusqu'à des mets exquis, dignes de la table des rois (Gen. 49, 20). On avait des voiles pour les femmes (ib. 38, 14) et certains vêtements de distinction (37, 3), ainsi que des bracelets et des pendants d'oreilles et de nez fabriqués d'or (24, 22). On connaissait l'art de fabriquer des idoles, la gravure des cachets (38, 18) et la teinture en cramoisi (38, 27). Des caravanes venant de l'est du Jourdain parcouraient le pays et allaient faire le commerce en Égypte (37, 25); l'argent avait cours chez les marchands (23, 16) et il devait être marqué au coin. Jacob parle de vaisseaux et de ports (49, 13). Moïse dit aux Hébreux qu'ils trouveront, dans le pays de Canaan, des villes grandes et belles, des maisons remplies de toute espèce de biens, des citernes, des vignobles et des jardins d'oliviers (Deut. 6, v. 10, 11). L'art d'écrire était probablement connu, sinon très-répandu, parmi les Cananéens. La ville de *Debir*, appelée, avant l'invasion des Hébreux, *Kiryath-sépher* (ville des livres), était, sans doute, renommée pour ses écrivains [1]. Il résulte de tout cela que les anciens habitants de la Palestine avaient atteint un degré de culture assez élevé.

La langue de la Palestine, dès les temps les plus anciens, était sans doute l'hébreu, ou du moins un dialecte qui en différait fort peu. Nous avons vu que les *Cananéens* de la Bible et les *Phéniciens* des auteurs grecs formaient une seule famille de peuples issus de la même souche. Or il ne peut y avoir aucun doute sur la parfaite analogie, je dirai presque l'identité, de la langue phénicienne et de la langue hébraïque. Il est vrai qu'il ne nous reste aucun monument de littérature phénicienne, et, pour nous former une idée de cette langue, nous sommes réduits à un petit nombre d'inscriptions trouvées dans les colonies phéniciennes et aux mots et noms propres phéniciens et carthaginois cités çà et là par les auteurs grecs et romains. Le déchiffrement des inscriptions offre de grandes difficultés, les citations en caractères grecs ou romains sont fort corrompues; malgré cela, une foule de mots et de formes hébraïques s'y font reconnaître avec certitude. Jusque dans les vers puniques que Plaute met dans la bouche d'un personnage carthaginois [2], et dont l'orthographe a été sans doute fort maltraitée par l'auteur romain lui-même, et encore plus par les copistes, on peut facilement reconnaître plusieurs mots et même quelques phrases presque entièrement hébraïques [3]. Au reste, saint Jérôme et

---

[1] Les Septante rendent ce nom par *ville des scribes* et la version chaldaïque par *ville des archives*.

[2] *Pænulus*, acte V, scènes 1 et 2.

[3] Bochart (l. c., p. 800 et suiv.) n'a fait que travestir les vers de Plaute en un fort mauvais jargon hébreu, et, en outre, il s'est trop écarté de la traduction latine donnée par Plaute lui-même, mais qui est un peu abrégée. Plusieurs autres savants ont essayé de-

saint Augustin parlent souvent de la grande analogie qui existe entre la langue punique et l'hébreu[1].

Nous ne manquons pas d'ailleurs de quelques preuves plus directes, pour démontrer que les anciens Cananéens parlaient un dialecte hébreu:

1° les noms propres cananéens d'hommes, de villes, de rivières, etc. que nous trouvons dans la Bible, ont presque tous une physionomie hébraïque, et nous offrent souvent des mots hébreux bien connus. Ces noms propres, et surtout les nombreux noms géographiques du livre de Josué, méritent une étude particulière; car ce sont là les plus précieux débris de la langue cananéenne avec son orthographe primitive. Les rapports de cette langue avec l'hébreu sont tellement évidents, qu'il serait inutile d'insister sur ce point; qui pourrait en effet se méprendre sur l'étymologie de noms tels que *Melchi-sédek* (roi de la justice), *Abi-mélech* (père-roi), *Kiryath-sépher* (ville des livres, ou des archives), *Kiryathaïm* (deux villes), *Baal* (maître), et une foule d'autres noms de la

puis de nouvelles explications; la plus récente est celle de Gesénius dans son grand ouvrage sur les monuments phéniciens. Ce n'est pas ici l'endroit d'entrer dans des détails philologiques; il nous suffit de constater que dans la langue carthaginoise, qui était une branche de la langue phénicienne ou cananéenne, on reconnaît facilement la physionomie hébraïque. Les mots reconnus *avec certitude* dans les vers de Plaute, sont: *hyth Alonim Valonuth* את עליונים ועליונות (deos deasque); *bynuthij* בניתי (meas gnatas); *hili gubylim lasibt thym* אלה גבולים לשבת תם (in hisce habitare regionibus). — Nous ne pouvons nous empêcher de citer une phrase, qui a échappé à Bochart et même à Gesénius, et qui cependant est une des plus claires: les mots puniques *yfel yth chylys chon tem liphul* correspondent aux mots latins: *Eum fecisse* (aiunt) *sibi quod faciundum fuit*; c'est évidemment: אש—. ויפעל את כל אש כן תם לפעל pour אשר se trouve aussi dans plusieurs inscriptions; le verbe כון a le sens de *être*, comme en arabe, ce qui résulte avec évidence des mots *Antidamas chon* (Antidamas fuit).

Cela suffira, je pense, pour réfuter ceux qui n'ont voulu voir dans les vers puniques de Plaute qu'un jargon imaginaire.

[1] Voyez les citations dans l'ouvrage de Bochart, p. 781.

même nature? On a objecté, que les écrivains hébreux ont pu traduire ces noms et leur donner une physionomie hébraïque; mais on n'a qu'à examiner les nombreux noms égyptiens, assyriens, perses, que nous offre la Bible, pour se convaincre que les écrivains hébreux n'avaient point l'habitude de *traduire* les noms étrangers. C'est tout au plus s'ils leur font subir quelques légères inflexions qu'exige la prononciation hébraïque. Là où les noms cananéens ont été réellement changés par les Hébreux, on ne manque pas de nous en avertir[1].

2° Les Cananéens, comme nous l'avons vu, restèrent longtemps établis au milieu des Hébreux, et cependant nous ne trouvons nulle part la moindre trace d'une différence de langage qui aurait entravé le commerce entre les deux peuples. Ainsi les explorateurs que Josué envoie pour reconnaître le pays s'entretiennent sans difficulté avec Rahab la courtisane (Jos. ch. 2). Les ambassadeurs des Gabaonites et d'autres peuplades cananéennes s'expliquent devant Josué, sans se servir d'un interprète. Et il ne faut pas oublier que les écrivains hébreux ne manquent pas, lorsque l'occasion se présente, de faire ressortir la différence de langage qui existait entre les Hébreux et les peuples avec lesquels ils se trouvaient en contact. On fait remarquer cette différence, non-seulement à l'égard des Égyptiens[2], mais aussi à l'égard de peuples sémitiques, qui parlaient un dialecte analogue à l'hébreu[3].

3° La langue hébraïque est appelée par Isaïe *langue de Canaan* (Is. 19, 18), et Josèphe aussi prend les mots *langue phénicienne* dans le sens de *langue hébraïque*, car il cite un pas-

[1] Voy. Nombres, 32, 38; Jos. 19, 47.
[2] Les frères de Joseph arrivés en Égypte s'expliquent par un interprète (Genèse, 42, 23). Voy. aussi Ps. 81, v. 6.
[3] Voy. pour le dialecte syro-chaldaïque, 2 Rois, 18, 26; Isaïe 36, 11; Jérémie, 5, 15. Déjà dans la Genèse (31, 47) on raconte que le monument élevé par Jacob et Laban, lors de leur séparation, reçut deux noms: l'un par Laban, en chaldaïque, l'autre par Jacob, en hébreu.

sage du poëte Chœrilus, qui, dans son poème sur l'expédition de Xerxès contre la Grèce, attribue la langue phénicienne aux habitants des monts Solymiens, qui, selon Josèphe, sont les habitants de Jérusalem, ou les Juifs[1].

Pour prouver que la langue hébraïque avait appartenu d'abord à un peuple polythéiste, on a cité aussi le mot *Elohim* (Dieu) qui est au pluriel; mais ce mot ne prouve rien, car le pluriel *Elohim* n'est que ce que les grammairiens appellent le *pluriel de majesté*, ou *d'excellence*, usité généralement dans les mots qui indiquent la puissance et la force[2].

Il résulte de tout ce que nous venons de dire que la langue cananéenne était, comme l'hébreu, un dialecte sémitique, c'est-à-dire qu'elle appartenait à la famille de langues dont se servaient différents peuples descendus de Sem. Et cependant nous avons vu que, selon la table généalogique de la Genèse, les Cananéens descendirent de Cham. C'est là un problème dont la solution présente de grandes difficultés. Mais sommes-nous autorisés par là à taxer d'erreur l'auteur de la Genèse, ou à supposer que, par haine, il ait fait descendre les Cananéens de celui des fils de Noé qui avait été frappé de malédiction? C'est ainsi que quelques savants modernes ont cru pouvoir trancher la difficulté[3]; ce qui, sans doute, est commode, mais peu satisfaisant pour les esprits sérieux.

Cette critique étroite, qui tient plus à faire preuve d'esprit et à briller par des paradoxes qu'à rechercher consciencieusement la vérité, ne tend à rien moins qu'à faire des monuments les plus vénérables de l'antiquité un assemblage chaotique d'erreurs et de mensonges, et à voir des fourberies calculées, là où les esprits exempts de préventions reconnaîtront au moins la digne simplicité des premiers âges. Quant à la question qui nous occupe, nous aimons mieux en reconnaître la difficulté que de faire des conjectures hasardées; mais il nous semble que le problème pourrait se résoudre, en admettant que les aborigènes de la Palestine, sur l'origine desquels la Bible ne nous dit rien, étaient de race sémitique, que les Cananéens, après avoir envahi le pays, adoptèrent la langue des habitants primitifs, et qu'Abraham, qui vint s'établir parmi les Cananéens, adopta également cette langue, qui se conserva dans la famille de Jacob, et qui devint la *langue hébraïque*[1]. Nous reviendrons plus tard sur la nature et les développements de cette langue.

Quant aux mœurs des peuples de Canaan, la Bible nous en fait un tableau bien sombre. Dans les lois de Moïse il est question de vices et de crimes dont le nom seul nous fait frémir, et qui, cependant, étaient dans les habitudes et les mœurs des peuplades cananéennes. Les passages les plus instructifs sous ce rapport se trouvent dans quelques chapitres du Lévitique (ch. 18 — 20). Le législateur hébreu donne des ordres sévères pour préserver son peuple de toutes les abominations auxquelles les Cananéens se livraient habituellement; puis il ajoute: « Vous observerez mes sta-
« tuts et mes lois, et vous ne ferez pas
« de ces abominations, l'indigène,
« comme l'étranger qui séjournera

---

[1] Voy. *Contre Apion*, liv. I, ch. 22: Chœrilus, après avoir énuméré différents peuples qui se trouvaient dans l'armée de Xerxès, ajoute ce qui suit:
Τῷ δ' ὄπιθεν διέβαινε γένος θαυμαστὸν ἰδέσθαι, Γλῶσσαν μὲν Φοίνισσαν ἀπὸ στομάτων ἀφιέντες. Ὤκέετ' ἐν Σολύμοις ὄρεσι πλατέῃ ἐνὶ λίμνῃ.
Il est vrai que Josèphe se trompe, en prenant les Σόλυμα ὄρη pour les montagnes de Jérusalem, et la πλατεῖα λίμνη pour le lac Asphaltite; mais cette citation prouve toujours que, pour Josèphe, *langue phénicienne* et *langue hébraïque* était la même chose.

[2] Voy. Gesenius *Lehrgebäude der hebæischen Sprache*, p. 663.

[3] Voy. Bohlen, *Genese*, p. 136. F. H. Müller: *De rebus Semitarum dissertatio historico-geographica*, Berlin, 1831.

[1] Cette hypothèse pourrait expliquer en même temps l'existence de quelques débris chamites dans la langue des Hébreux, p. ex. le pronom personnel *anok* (moi), sans qu'il faille avoir recours au système chimérique de quelques savants modernes qui ont établi une liaison entre le copte et l'hébreu.

« parmi vous. Car toutes ces abomi-
« nations, les gens du pays qui étaient
« avant vous les ont faites, et la terre
« est devenue impure. Prenez garde
« que la terre ne vous vomisse, si
« vous la souillez, comme elle a vomi
« la nation qui était avant vous. » (Lév.
ch. 18, v. 26—28).

Ce qui rendait encore plus effrayants les crimes des Cananéens, c'est qu'ils étaient prescrits en partie comme pratiques de leur culte, et comme des choses agréables à leurs divinités. On honorait Moloch par le meurtre des enfants; on honorait Astarte par la plus abominable débauche. Nous allons ici jeter un coup d'œil sur les croyances et le culte des anciens habitants de la Palestine.

Ce qu'Eusèbe rapporte de la théologie des Phéniciens [1] ne doit point nous occuper ici. Quand même l'authenticité des fragments de Sanchoniathon, cités par Eusèbe, serait incontestable, nous ne pourrions toujours y voir qu'une espèce de cosmogonie spéculative, formée à une époque plus récente, sous l'influence des philosophèmes étrangers, et en partie même de la cosmogonie mosaïque. Nous devons profiter cependant des éléments cananéens, qui se font reconnaître dans cette cosmogonie.

La religion des Cananéens, comme de tous les peuples de l'Asie occidentale, était basée sur le culte de la nature. Le soleil, la lune, les planètes, les éléments, étaient leurs seules divinités [2]. Le dieu supérieur s'appelait BAAL (maître) : il représentait le soleil, comme le principe fructifiant de la nature, et il était considéré comme le seul *maître du ciel*[3]. Ce dieu était représenté par des statues appelées *Hammanîm*[1] qui étaient placées sur ses autels (2 Chron. 34, 4); on lui donnait, pour emblèmes, des chevaux et des chars (2 Rois, 23, 11). Outre ce dieu, qui est ordinairement désigné dans la Bible par le mot Hab-baal (avec l'article), nous trouvons plusieurs Baals accompagnés d'une épithète, et désignant, soit quelques divinités particulières, soit le dieu supérieur par rapport à ses différentes attributions. Tels sont : 1° BAAL-PHEOR (Béelphégor), dieu des Moabites. L'événement raconté dans le 25e chapitre des Nombres indique assez clairement que l'on rendait à ce dieu un culte infâme; les rabbins et les Pères de l'Église savent donner les détails les plus singuliers sur les obscénités de ce culte, et sur l'étymologie du mot *Pheor*. Saint Jérôme dans son commentaire sur Osée (ch. 9) compare ce dieu à Priape, dont il avait l'emblème caractéristique. Quant à son nom, il vient probablement du mont *Pheor*, dans le pays de Moab, qui était le siége principal de son culte. 2° *Baal-Berith*. Ce nom signifie *dieu d'alliance*, et non pas *Baal de Berytus*, comme le dit Bochart [2]. On peut le comparer au *Jupiter pistius* ou *Deus fidius*. Après la mort du juge Gédéon, les Hébreux idolâtres adorèrent ce dieu, qui avait un temple à Sichem[3]. 3° *Baal-Zeboub* (dieu des mouches), qui donnait des oracles à Ekron dans le pays des Philistins. C'était probablement une divinité tutélaire à laquelle on avait recours contre les mouches, qui, dans

---

[1] Prépar. évang., liv. I, ch. 10.
[2] Ibid. à la fin du ch. 9.
[3] De là il s'appelait *Beelsamîn*, comme le dit Sanchoniathon, cité par Eusèbe, c'est-à-dire בעל שמים. — L'identité de *Baal* et du *Soleil* parait résulter aussi d'un passage du 2ème livre des Rois (2, 3, 5) où on lit לבעל ולשמש; la Vulgate porte *Baal, et Soli;* mais la conjonction *et* ne se trouve pas dans le texte hébreu. Les anciens rabbins disent également dans le *Midrasch : Les adorateurs de Baal sont ceux qui adorent le soleil.* Voy. *De cultu Baal*, auctore *Anania Coën*, fol. 30 recto (en hébreu). Néanmoins Gesénius penche à considérer *Baal* comme le représentant de la planète *Jupiter* (voy. son dictionnaire aux mots בעל et עשתרת). Il est possible, du reste, que dans le *Baal* des Phéniciens, comme dans le *Bel* des Babyloniens, les idées de *Soleil* et de *Jupiter* se soient confondues avec le temps. Servius dit, dans son commentaire sur l'Énéide (liv. I, v. 733) : *Lingua Punica Bal deus dicitur; apud Assyrios autem Bel dicitur quadam sacrorum ratione et Saturnus et Sol.* C'est par erreur que Servius met *Saturnus* pour *Jupiter*.

[1] המנים, du mot חמה *soleil*.
[2] Geogr. sacra, p. 859.
[3] Voy. Juges, ch. 8, v. 33, et ch. 9, v. 4 et 46.

ces contrées, deviennent souvent un grand fléau[1].

A côté de Baal brillait ASTHORETH appelée, par les Grecs, ASTARTÉ; c'est elle que Jérémie appelle *la reine du ciel* [2]. Le nom d'Asthoreth a probablement une origine indo-germanique, et signifie *astre*. Dans la Bible elle est souvent appelée *Aschéra* (la fortunée); elle portait aussi le nom de *Baala* (Baaltis), féminin de Baal (Eusèbe, l. c.). Dans l'origine cette déesse représentait sans doute la *Lune*, mais plus tard, par l'influence d'autres cultes voisins, on lui donna aussi les emblèmes et les attributions de plusieurs autres divinités, notamment de *Vénus* [3]. Elle fut représentée primitivement avec des cornes de taureau, comme l'Isis égyptienne, ce qui la caractérise suffisamment comme déesse de la lune [4]. Il paraît que le principal siège de son culte était de tout temps à Sidon [5], mais elle était adorée par toutes les peuplades cananéennes. Elle avait donné son nom à la ville d'*Astharoth-Karnaïm* dans la Pérée, et nous trouvons aussi ses temples chez les Philistins (1 Sam. 31, 10). Cette déesse de la volupté ne demandait pas de sang; on lui offrait des gâteaux, on lui brûlait de l'encens, et on lui faisait des libations (Jérém. 44, 19). La jeunesse des deux sexes lui sacrifiait son innocence, et le salaire de leur infamie appartenait au trésor du temple; les personnes qui se livraient à ces abominations s'appelaient *saintes* ou *consacrées* [1].

Le barbare culte de MOLOCH offre un singulier contraste avec celui d'Astarte; là c'est la volupté la plus effrénée, ici le dernier degré d'atrocité et de barbarie. Le dieu *Moloch* ou *Molech*, dont le nom correspond au mot *roi*, est considéré par plusieurs savants comme identique avec Baal [2]. A la vérité, quelques passages de Jérémie paraissent favorables à cette opinion; le prophète en parlant de la vallée de Ben-Hinnom, où les Hébreux idolâtres célébraient le culte de Moloch, s'exprime ainsi (ch. 19, v. 5): *Et ils ont bâti les hauteurs de Baal, pour brûler leurs enfants dans le feu, en holocaustes à Baal*; et dans un autre endroit (ch. 32, v. 35) il dit: *Et ils ont bâti les hauteurs de Baal, qui sont dans la vallée de Ben-Hinnom, pour faire passer (par le feu) leurs fils et leurs filles (consacrés) à Moloch*. Mais l'identité des deux divinités ne résulte pas positivement de ces passages, qui prouvent seulement que les adorateurs de Baal honoraient aussi leur dieu par des sacrifices humains. D'un autre côté, ce que les auteurs profanes rapportent du culte de Saturne chez les Carthaginois, s'accorde parfaitement

---

[1] Ce dieu a son analogue dans le Ζεὺς ἀπόμυιος de l'Élide (Pausan. V, 14).
[2] Jerem., ch. 7, v. 18; ch. 44, v. 17 et suivants. Hérodien, historien grec du 3me siècle, dit encore que les Phéniciens appellent Urania ἀσταρχη, ce qui est la traduction des mots hébreux מלכת השמים Voy. *Herodiani Histor.*, lib. 5, c. 6.
[3] Malgré la confusion qui résultait de cet amalgame de plusieurs cultes, Lucien reconnaît encore dans Astarte la déesse de la *Lune*. *De Deâ Syrâ*, ch. 4. Voy. aussi Hérodien, l. c.
[4] Voy. ci-dessus, page 75.
[5] Dans le 1er livre des Rois (ch. 11, v. 5 et 33) elle est appelée *divinité des Sidoniens*, et Lucien, dans le passage que nous venons d'indiquer, nous dit également qu'elle avait un temple célèbre à Sidon: ἔνι δὲ καὶ ἄλλο ἱρὸν ἐν Φοινίκῃ μέγα, τὸ Σιδώνιοι ἔχουσι ὡς μὲν αὐτοὶ λέγουσι, Ἀστάρτης ἐστί.

[1] קדש (Kadesch), au féminin קדשה (Kedescha); ce mot phénicien, qui ne diffère que par une voyelle du mot hébreu קדוש (Kadosch), *saint*, s'emploie dans la langue hébraïque dans le sens de *prostitué*. Dans le deuxième livre des Rois (ch. 23, v. 7), on trouve une allusion à ce culte infâme, que plusieurs rois de Juda avaient toléré même à Jérusalem. Il est le même que celui de la déesse babylonienne Mylitta, sur lequel Hérodote (liv. 1, ch. 199) nous donne de longs détails, et dont il est aussi question dans la lettre apocryphe de Jérémie, v. 42 et 43. Ce culte se répandit bien loin dans le monde païen, et nous le retrouvons dans celui d'Aphrodite ou Vénus.
[2] Cette opinion a été soutenue déjà par Moïse ben-Nahman, rabbin espagnol du 13me siècle, dans son commentaire sur le Lévitique. Elle est aussi celle de Spencer (De legib. rit. Hebræorum, lib. 2, c. 10) et de quelques autres savants modernes, tels que Munter (*Religion der Karthager*, p. 8 et suiv.), Creuzer (*Symbolik*, II, p. 267 du texte allemand), Stuhr (*Die Religions systeme der heidnischen Vælker des Orients*, p. 438).

avec ce que les traditions juives nous apprennent sur Moloch, qui, sans doute, représentait chez les Cananéens, la planète de Saturne. Dans l'astrologie des Orientaux, cette planète appelée *Kéwân* était considérée comme un astre malfaisant [1]. Les rabbins disent que la statue de Moloch était de bronze, et qu'on la chauffait d'en bas; elle avait les mains tendues, et quand elles étaient brûlantes, on y plaçait l'enfant destiné au sacrifice, qui se consumait avec des cris lamentables. Les prêtres battaient les tambours, afin que le père ne s'émût pas à la voix de son fils [2]. C'est à peu près de la même manière que Diodore de Sicile (liv. 20, ch. 14) décrit le culte de Saturne chez les Carthaginois : « Il y avait chez eux « une statue de bronze représentant « Kronos (Saturne); elle avait les « mains tendues et inclinées vers la « terre, de sorte que l'enfant qu'on « y mettait tombait en roulant dans « un gouffre plein de feu. » — Les Carthaginois, d'origine cananéenne ou phénicienne, avaient conservé les croyances et les usages de leurs ancêtres, et nous pouvons appliquer aux Cananéens ce que Diodore dit des Carthaginois.

Il résulte clairement du premier des deux passages de Jérémie que nous venons de citer, ainsi que d'un passage du Deutéronome (ch. 12, v. 31), que les Cananéens *brûlaient* des enfants en holocauste. Néanmoins l'expression *faire passer par le feu*, dont on se sert généralement dans la Bible, en parlant du culte de Moloch, a été prise à la lettre par plusieurs rabbins, et notamment par le célèbre Maïmonide, qui soutient que le culte de Moloch consistait à faire passer les enfants entre deux feux et que ce n'était là qu'une cérémonie de lustration [3]. Il paraîtrait que les deux usages existaient chez les Cananéens; la lustration remplaçait peut-être quelquefois le cruel sacrifice, mais il n'est que trop certain que la colère de Moloch ne pouvait être apaisée que par des holocaustes humains [1]. Ces sacrifices avaient lieu surtout dans les grandes calamités publiques; alors les princes et les grands devaient sacrifier leurs enfants pour le salut de la nation. Les larmes et les cris des victimes devaient être étouffés par des caresses; les mères elles-mêmes devaient assister au sacrifice, sans verser une larme, sans donner un signe de douleur, et une musique bruyante devait étouffer jusqu'à la moindre émotion des assistants.

Moloch était le dieu protecteur des Ammonites, qui l'appelaient aussi *Milcom* ou *Malcâm* [2]; mais son culte était répandu dans toute la Syrie, ainsi que dans la Phénicie et ses colonies.

On rendait aussi un culte aux autres planètes, et aux constellations du zodiaque, appelées *Mazzalôth*.

Outre ces divinités célestes, on adorait dans la Palestine païenne plusieurs divinités qui paraissent avoir une origine terrestre; ce sont des hommes placés, après leur mort, au rang des dieux, ou plutôt certaines facultés personnifiées de la nature. De ce nombre était DAGON, qui avait des temples dans plusieurs villes des Philistins [3]. Le nom de *Dagón* dérive du mot hébreu *dag*, qui veut dire *poisson*, et cette divinité est sans doute la même que plusieurs auteurs grecs appellent *Derketo* et *Atergatis*, et qui,

---

[1] Les Arabes, avant Mohammed, appelaient cette planète *la grande infortune*; celle de Mars s'appelait *la petite infortune*. Voy. Pocoke, *Specimen historiæ Arabum*, p. 131 (Iere édition).

[2] Voy. le commentaire de R. Salomon ben-Isaac ou Raschi, sur Jérémie, 7, 31.

[3] C'est dans ce sens qu'un passage du Deutéronome (ch. 18, v. 10) a été rendu par les Septante et par saint Jérôme; ce dernier traduit : *nec inveniatur in te qui lustret filium suum, aut filiam, ducens per ignem*.

[1] De là peut-être la double défense dans le Lévitique (ch. 18, v. 21, et ch. 20, v. 2) : dans le premier passage Moïse défend de *faire passer* les enfants en l'honneur de Moloch; dans le second, il décrète la peine de mort contre ceux qui *donneraient* un de leurs enfants à Moloch. Voy. Spencer, l. c., l. II, c. 10, sect. 2.

[2] Voy. I Rois, ch. 11, v. 5 et 7; Jérémie, ch. 49, v. 1 et 3 (ci-après, p. 95).

[3] Voy. Juges, ch. 16, v. 23, et I Sam., ch. 5.

dans le temple d'Ascalôn, était adorée sous une image moitié femme et moitié poisson[1]. Quelques auteurs la confondent mal à propos avec Astarte[2], quoique celle-ci ne soit représentée nulle part sous l'image du poisson. Selon Philon de Byblos, parlant au nom de Sanchoniathon, Dagôn est une divinité masculine, fils du Ciel et de la Terre. Après avoir parlé du dieu *Sydyk* (justice) et de ses fils les *Dioscures* ou *Cabires*, il continue ainsi: « De leur temps naquit un certain « *Elioun*, dont le nom signifie *Très-haut*, et sa femme, appelée *Bérouth;* « ils demeurèrent dans les environs de « Byblos. D'eux naquit *Epigeios* (ter-« restre) ou *Autochthon* (indigène), « que plus tard on appela *Ciel;* c'est de « lui que l'élément qui est au-dessus « de nous reçut, à cause de son ex-« trême beauté, le nom de *ciel*. Il eut « une sœur née des mêmes parents ; « elle fut appelée *Terre*, et c'est elle « qui, à cause de sa beauté a donné « son nom à la *terre*. Leur père Très-« haut ayant péri dans un combat qu'il « eut avec les animaux, fut divinisé « par ses enfants, qui lui consacrèrent « des libations et des sacrifices. *Ciel* « ayant hérité du royaume de son père, « épousa *Terre*, sa sœur, et il eut « d'elle quatre fils, savoir *Ilos*, qu'on « appelle aussi Saturne, *Bétylos*, *Dagôn*, nom qui signifie *blé*, et *Atlas*[3]. »

Si ce récit est réellement d'origine cananéenne, il jette beaucoup de lumière sur un passage de la Genèse (ch. 14, v. 18 et suiv.). On y parle de Melchisédek, roi de Salem, *prêtre du Dieu Très-haut* (Eliôn); il bénit Abrâm au nom du *Dieu Très-haut qui produisit le Ciel et la Terre*[4]. On ne savait

[1] Diodore, II, 4; Lucien, *De Deâ syrâ*, ch. 14. Hérodote l'appelle *Venus Urania*. Voy. notre Topographie, page 62.
[2] Creuzer, *Symbolik*, II, pag. 65 et suiv.
[3] Voy. Euseb. Præpar. evang. I, 10 (édition de Paris, 1628, pag. 36).
[4] Selon la Vulgate : *Benedictus Abram Deo excelso, qui creavit cœlum et terram.* Le verbe קָנָה que porte ici le texte hébreu, n'a pas le sens de *créer*; il signifie *acquérir*, *posséder*, mais souvent il s'emploie dans le sens de *procréer*, au propre et au figuré, de sorte que les mots קֹנֵה שָׁמַיִם וָאָרֶץ

pas s'expliquer l'apparition d'un prêtre du vrai Dieu, au milieu des peuplades cananéennes; les anciens rabbins et les Pères de l'Eglise ont fait à ce sujet toute sorte d'hypothèses. On a prétendu que Melchisédek était Sem, fils de Noé, qui pouvait encore vivre à cette époque, et qui, disait-on, avait conservé le culte du vrai Dieu. Déjà dans l'Épître aux Hébreux (ch. 7), Melchisédek est présenté comme type du Messie, et cette opinion n'est pas étrangère aux anciens interprètes juifs[1]. Ne serait-il pas plus simple de prendre Melchisédek pour un prêtre cananéen, ministre du dieu *Elioun*, père du *Ciel* et de la *Terre?* On n'a pas remarqué que Melchisédek ne prononce pas le nom de Jéhova, tandis qu'Abraham, dans la réponse qu'il fait au roi de Sodom (v. 22), fait précéder les mots *Él-Eliôn* du nom de *Jéhova*, comme pour faire entendre que c'est là le seul et vrai *Dieu Très-haut.*

Pour en revenir à Dagôn, on voit que Philon de Byblos fait venir ce nom du mot hébreu ou phénicien *dagân*, qui signifie *blé*. Tout ce que prouvent les différentes traditions des anciens, c'est que l'origine du culte de Dagôn ou de Derketo leur était inconnue, mais qu'on voyait généralement dans cette divinité le symbole de la fertilité, représentée tantôt sous l'image de l'homme, tantôt sous celle de la femme. Les mots hébreux *dag* (poisson), et *dagân* (blé) dérivent tous deux d'une racine qui veut dire *se multiplier*[2], et représentent la fertilité, l'un dans les eaux, l'autre sur la terre.

Le culte de *Thammouz* ou *Adonis*, partagé entre le deuil et la joie, et représentant la nature qui meurt et qui renaît chaque année, appartient plu-

pourraient très-bien se traduire par *père du ciel et de la terre.*
[1] Le passage du psaume 110, v. 4, qui a donné lieu à cette interprétation typologique, a un sens bien plus simple. Le poëte qui adresse ce poëme au roi David, combattant au nom de Jéhova, lui dit qu'il est à la fois prêtre et roi, à la manière de Melchisédek.
[2] C'est la racine דָגָה.

tôt à la Syrie qu'à la Palestine païenne, et il paraît être postérieur aux temps dont nous nous occupons ici. Dans la Bible, Thammouz n'est mentionné qu'une seule fois, par un prophète de l'exil (Ezech. ch. 8, v. 14).

La superstition peuplait aussi les déserts et les campagnes de certains êtres malfaisants, appelés *Schédim* (démons) et *Seïrîm* (boucs, satyres); on les apaisait par des sacrifices [1]. Du nombre de ces démons était *Azazel*, dont le nom figure dans la cérémonie du bouc émissaire (Lev. ch. 16). Nous y reviendrons, en parlant du culte des anciens Hébreux.

Ces différentes divinités avaient, selon leur rang, des autels plus ou moins élevés; les dieux célestes, et surtout Baal, furent adorés sur les *hauts lieux* appelés *Bamôth*. Les statues des dieux, d'abord des blocs et des pierres informes, se perfectionnèrent avec les progrès de l'art, et le Pentateuque parle déjà de statues de bois, de pierre et de métal, représentant les dieux sous l'image des astres et de toutes les espèces du règne animal. Les idoles, couvertes d'or et d'argent, et parées de beaux vêtements, étaient attachées avec des chaînes, pour les empêcher de tomber ou même de s'en aller [2]. Les lieux consacrés au culte étaient d'abord des jardins et des bois éloignés du tumulte des villes, plus tard on commençait à bâtir des temples. Dans les temps de guerre, on emportait les dieux pour assister au combat; on leur consacrait les armes des ennemis vaincus (I Sam. 31, 10), dont on enlevait aussi les dieux tutélaires (Jer. 46, 7). On honorait les dieux par des vœux, on leur adressait des prières, on leur offrait de l'encens, des libations, des sacrifices sanglants, et même des sacrifices humains. Dans certaines circonstances, on célébrait des fêtes, pour rendre aux dieux des actions de grâces (Juges, 16, 23), et il y avait probablement chez les Cananéens, comme chez les Égyptiens, des fêtes et des solennités publiques, à certaines époques astronomiques [1]. Les prêtres, appelés *Cohanim* ou *Comarim* [2], s'abandonnaient pendant le sacrifice à toute espèce d'extravagances; ils dansaient autour des autels, ils poussaient des cris lamentables pour émouvoir le dieu, et ils allaient jusqu'à se faire des incisions dans la chair, pour faire couler leur sang (I Rois, 18, 28), usage barbare que les Cananéens pratiquaient en général comme signe de deuil, ainsi que le tatouage.

La divination et la magie étaient en grande vogue chez les Cananéens. Nous trouvons dans la Bible un grand nombre de mots désignant ces arts occultes; mais leur sens précis ne peut plus se fixer que par le moyen peu sûr de l'étymologie. Cependant on parle très-clairement de la *nécromancie*, ou de l'art d'interroger les morts, appelé *Ob*. Un des mots les plus usités pour désigner la magie, a le plus intime rapport avec le nom du *Serpent* [3], et on ne saurait douter que les serpents n'aient joué un grand rôle chez les magiciens cananéens. L'art de conjurer les serpents par certaines formules est mentionné plusieurs fois dans la Bible [4]. Nous trouvons en outre des *Mecaschschefîm* (probablement des astrologues), des *Meônenim*, qui, à ce qu'il paraît, interrogeaient le cours des nuages, des *Kocemim*, qui consultaient les entrailles des victimes, surtout le foie, des *Yideonim*, ou ventriloques. Les recherches étymologiques nous mène-

---

[1] Voy. Lévitique, ch. 17, v. 7; Deutéron. ch. 32, v. 17.
[2] Voy. Isaïe, 41, 7; Jérém. 10, 4.

[1] Voy. Spencer, l. c., lib. III, c. 8, sect. 1.
[2] Le mot *Cohén* (plur. *Cohanim*), en arabe *Cahen*, signifie primitivement *devin;* car la divination était une des fonctions essentielles des prêtres païens. Ensuite on a donné à ce mot le sens de *ministre de Dieu*, et dans ce sens il s'applique aussi aux prêtres de Jéhova. Le mot *Comarim* s'applique exclusivement aux prêtres païens; il vient d'une racine qui signifie *être brûlé, noirci*, et on l'explique par *atrati, pullati*, c'est-à-dire, *hommes aux vêtements noirs*.
[3] נָחָשׁ *serpent;* de là le verbe נִחֵשׁ *interroger le mouvement des serpents*, et, en général, *faire des sortiléges*.
[4] Voy. Ps. 58, v. 5; Jér. 8, 17; Ecclésiaste, 10, 11.

raient trop loin; nous devons nous contenter ici de cette indication rapide[1].

En résumé, la religion des Cananéens, basée sur le culte des astres, divinisait les choses créées, et ne reconnaissait pas le créateur. Elle consacrait des actes inhumains et une révoltante dissolution des mœurs, et elle favorisait une grossière superstition, qui dégradait l'homme, et lui faisait perdre sa dignité et son indépendance. Il faut bien se pénétrer de l'esprit de cette religion, pour comprendre le dégoût qu'elle inspirait à un homme comme Moïse, et les mesures sévères qu'il prescrivit aux Hébreux, pour les préserver, s'il était possible, de tout contact avec les peuples cananéens.

CHAPITRE III.

DE QUELQUES PEUPLES VOISINS DE LA PALESTINE.

Avant de passer à l'histoire des Hébreux, nous devons encore jeter un coup d'œil sur quelques-unes des peuplades qui les environnaient, et dont il sera souvent question dans leur histoire. Nous ne parlerons pas ici des peuples qui ont une certaine importance historique en eux-mêmes, tels que les Phéniciens et les Syriens, dont l'histoire doit être traitée avec plus de détail. Nous nous occuperons de cinq peuplades qui habitaient différentes contrées de l'Arabie, au sud-est et au midi de la Palestine; ce sont les Ammonites, les Moabites, les Édomites ou Iduméens, les Amalécites et les Midianites.

A. LES AMMONITES.

A l'est de la Pérée, au delà du Yabbok, entre l'Arabie déserte et l'Arabie Pétrée, habitaient les Ammonites, dont la Genèse fait remonter l'origine à Ben-Ammi ou Ammôn, né de l'inceste commis par Lot, neveu d'Abraham, avec sa fille cadette (Gen. 19, 38). Ses descendants se répandirent au nord-est, et s'emparèrent du pays des Zamzummîm (Deut. 2, 20), établis entre le Yabbok et l'Arnôn. Ils habitaient un pays fortifié par la nature (Nomb. 21, 24); leur capitale était Rabbah, ou Rabbath-Ammôn, qui, dans l'époque macédonienne, portait aussi le nom de *Philadelphie*. Déjà avant l'arrivée des Hébreux sous Moïse, les Amorites avaient conquis une partie du pays des Ammonites, entre les deux rivières que nous venons de nommer; les Hébreux n'exercèrent alors aucune hostilité contre les Ammonites, mais ils s'emparèrent de la portion du pays qui se trouvait en possession des Amorites.

Dans les premiers temps des juges, nous trouvons les Ammonites, comme auxiliaires du roi de Moab (Juges, 3, 13). Après la mort du juge Jaïr, ils firent cause commune avec les Philistins, pour opprimer les Hébreux; ils déclarèrent la guerre à Jephté et firent valoir leurs droits sur le pays jadis possédé par leurs ancêtres, et que les Hébreux avaient conquis, depuis trois siècles, sur les Amorites (ib. c. 11, v. 12 et suiv.). Ils furent vaincus par les Hébreux, qui leur prirent vingt villes. Du temps de Saül, Nahas, roi des Ammonites, attaqua la ville de Yabes, dans le pays de Giléad; mais il fut repoussé avec une grande perte, et son armée fut entièrement dispersée (I Sam. c. 11). Il paraît que ce même roi protégea David contre les persécutions de Saül; après la mort de Nahas, David, voulant donner un témoignage de sa reconnaissance à son fils et successeur Hanon, lui envoya des ambassadeurs pour lui faire ses condoléances. Écoutant les insinuations malveillantes de ses conseillers, Hanon reçut fort mal les ambassadeurs de David et les renvoya, après leur avoir fait couper la barbe et le bas de leurs vêtements. Cet événement donna lieu à une guerre qui fut très-malheureuse pour les Ammonites; ils perdirent Rabbah, et furent cruellement châtiés par David

---

[1] Ceux qui désirent de plus amples détails peuvent consulter Selden, *De diis syris*, syntagma I, cap. 2; Jahn, *Archæologie*, t. III, p. 463 et suiv. et Carpzov, *Apparatus histor. crit. antiquitatum sacri Cod. et gentis hæbr.*, p. 540 et suiv.

(II. Sam. c. 11 et 12). — Lors de l'insurrection d'Absalom, *Schobi, fils de Nahas*, de *Rabbath-Ammôn*, se trouve parmi ceux qui viennent rejoindre David dans sa fuite à Mahnaïm (ib. 17, 27); il paraîtrait donc que les Ammonites s'étaient réconciliés avec David, si toutefois le Nahas que l'on mentionne ici, est réellement l'ancien roi des Ammonites. Sous Josaphat, ils attaquèrent le royaume de Juda ; ils furent encore vaincus, et nous les trouvons plus tard tributaires d'Ouzia et de son fils Jotham (2 Chron. 26, 8 et 27, 5). Après la chute du royaume d'Israël, ils s'emparèrent des provinces situées à l'est du Jourdain, et les Israélites eurent à subir leurs outrages et leur cruauté (Sophon. 2, 8). Jérémie (c. 49) se plaint amèrement de cette usurpation : « Ainsi parle l'Éter-
« nel : Israël n'a-t-il point d'enfants,
« n'a-t-il donc aucun héritier ? Pour-
« quoi Malcâm s'est-il emparé (du pays)
« des Gadites ? pourquoi son peuple
« demeure-t-il dans leurs villes ?
« Mais les jours viendront, dit
« l'Éternel, où je ferai entendre le cri
« de guerre à Rabbath-Ammôn ; elle
« deviendra un monceau de ruines, et
« ses villages seront consumés par le
« feu, et Israël héritera, à son tour,
« de ceux qui ont pris son héritage.
« Gémis, ô Hesbôn, car Aï est dévas-
« tée; poussez des cris, filles de Rabba,
« revêtez-vous de sacs, lamentez-vous
« et errez dans les parcs; car Malcâm
« va aller dans l'exil, avec tous ses
« prêtres et ses princes. »
Lorsque les Chaldéens envahirent la Judée, les Ammonites se joignirent à eux contre le roi Joakim (2 Rois, 24, 2). Ézéchiel (c. 25) le menace du châtiment céleste, pour avoir battu des mains et frappé du pied, et s'être abandonnés à une joie insolente, lors de la dévastation de la terre d'Israël et de l'exil de la maison de Juda. Leur roi Baalis contribua à la ruine totale de la Judée, en excitant le rebelle Ismaël, fils de Nathania, à l'assassinat de Guedalia, gouverneur juif, à qui le roi de Babylone avait confié le pays conquis (Jérém. 40, 14). Cinq ans après la destruction de Jérusalem, les Ammonites eurent à subir. ainsi que les Moabites, l'invasion des Chaldéens [1]. Après l'exil de Babylone, nous les retrouvons encore parmi les peuples ligués contre les Juifs, pour empêcher le rétablissement des murs de Jérusalem (Néhém. 4, 1). Leur inimitié contre les Juifs se montre encore du temps de Judas Maccabée, à qui ils opposent une forte armée, conduite par un certain Timothée (I Maccab. 5, 6). Du temps de Jean Hyrcan, roi des Juifs, nous trouvons à Philadelphie, ou Rabbah, un tyran, nommé Zénon [2]. Justin le martyr, dans son Dialogue avec Tryphon, appelle encore les Ammonites un peuple nombreux (πολὺ πλῆθος). Mais déjà au commencement du IIIe siècle ils sont, ainsi que les Moabites et les Édomites, confondus dans la masse des Arabes, et leur nom ne reparaît plus.

Les ruines de Rabbath-Ammôn, qui portent encore le nom de *Ammân*, ont été retrouvées et décrites par Seetzen et Burckhardt. Elles sont de l'époque romaine, et on y remarque surtout les restes d'un grand théâtre.

Une autre ville importante était *Minnith*, située, selon Eusèbe, à 4 milles romains de Hesbôn sur le chemin de Rabbah. Le froment de Minnîth était célèbre; on l'exportait sur les marchés de Tyr (Ézéch. 27, 17).

B. Les Moabites.

Selon la Genèse (19, 37), Moab était, comme son frère Ammôn, le fruit d'un inceste; il était fils de Lot et de sa fille aînée. Ses descendants se répandirent, comme les Ammonites, dans les contrées situées à l'est de la mer Morte et du Jourdain. Ayant expulsé les Émîm, ils occupèrent le bas pays jusqu'au Yabbok, ayant pour voisins, à l'est, leurs frères les Ammonites, maîtres des hauteurs. De là, la partie du Ghôr à l'est du Jourdain, en face de Jéricho, s'appelait *plaine de Moab*. Ils furent refoulés,

---

[1] Josèphe, *Antiqu.*, l. 10, ch. 9, § 7.
[2] Josèphe, *ib.* l. 13, ch. 8, § 1.

par les Amorites, jusqu'au fleuve d'Arnôn, qui, à l'arrivée des Hébreux, formait la limite septentrionale des Moabites (Nomb. ch. 21, v. 13 et 14). Leur pays ainsi limité embrassait cette partie de l'Arabie qu'on appelle maintenant le *Kerek*. Les Hébreux, s'avançant vers le Jourdain, par l'Arabie Pétrée, ne cherchèrent pas à inquiéter les Moabites; ils leur demandèrent seulement le passage, et les Moabites n'osèrent faire aucune résistance. Leur roi Balak se contenta de faire venir le prophète Bileam, pour maudire cette masse redoutable (Nombres, ch. 22 et suiv.). Ce fut en vain; Bileam ne put prononcer que des bénédictions; mais le culte voluptueux de Baal-Pheôr et les séductions des filles de Moab réussirent mieux que le prophète de l'Euphrate, et les Hébreux payèrent cher leur passage dans le pays de Moab (ib. ch. 25). Environ soixante ans après la mort de Josué, Eglôn, roi de Moab, secouru par les Ammonites et les Amalécites, se rendit maître des Hébreux, et les opprima pendant dix-huit années. Il fut tué par le juge Éhoud, et les Moabites, attaqués par les Hébreux, perdirent dix mille hommes (Juges, ch. 3). Après cet événement, nous ne trouvons plus les Moabites en collision avec les Hébreux jusqu'au temps de Saül. Il paraît même que, vers la fin de la période des juges, les deux peuples vivaient en parfaite harmonie; le livre de Ruth nous montre des Hébreux qui, à cause d'une famine, vont s'établir dans le pays de Moab et y épousent des femmes moabites. Mais du temps de Saül, nous retrouvons les Moabites parmi les ennemis des Hébreux (I Sam. 14, 47). David les rendit tributaires (II Sam. 8, 2). Après le schisme ils payaient le tribut aux rois d'Israël; mais après la mort d'Achab ils se révoltèrent (II Rois, 1, 1). Joram cherche à les soumettre de nouveau, en appelant à son secours les rois de Juda et d'Édom (ib. ch. 3)[c]; mais il n'obtient pas de succès décisif. Selon le 2[e] livre des Chroniques (ch. 20), les Moabites, ayant pour alliés des Édomites, entreprirent même une guerre offensive contre Josaphat, roi de Juda[1]. Environ cinquante ans plus tard, nous les voyons attaquer le royaume d'Israël sous Joas (II Rois, 13, 20). Dans un oracle prononcé contre Moab (Is. ch. 15 et 16), le prophète Isaïe parle de plusieurs villes situées entre le Yabbok et l'Arnôn, sur le territoire des tribus de Gad et de Ruben, et il les présente comme villes moabites. On peut conclure de cet oracle que les Moabites s'étaient emparés de ces villes, après que Phoul et Tiglathpilesar, rois d'Assyrie, eurent emmené en captivité les deux tribus israélites (I. Chron. 5, 26). Nous les trouvons plus tard, comme les Ammonites, auxiliaires des Chaldéens contre les Juifs. Nous avons déjà dit que, selon Josèphe, les deux peuples furent à leur tour subjugués par les Chaldéens, mais aucun auteur ancien ne nous dit qu'ils aient été emmenés en exil.

Après l'exil de Babylone, il est peu question des Moabites. On peut conclure d'un passage de Daniel (ch. 11, v. 41) qu'ils ne furent pas molestés sous l'empire macédonien. Josèphe les nomme parmi les Arabes vaincus par Alexandre Jannée, roi des Juifs[2]. Plus tard ils ne sont plus mentionnés comme peuple indépendant, et leur nom s'efface dans la grande famille des Arabes. — Le dieu national des Moabites était *Chamos*, que quelques-uns croient identique avec Baal-Pheôr.

Les principales villes des Moabites étaient AR-MOAB (appelée aussi *Rab-*

---

[1] Ce fut probablement dans cette guerre que les Moabites exercèrent contre le roi d'Édom les cruautés dont parle le prophète Amos (ch. 2, v. 1).

[1] Il n'est pas probable que le 2e liv. des Rois (ch. 3) et le 2e des Chroniques (ch. 20) parlent du même événement. Les différences des détails dans les deux relations sont trop notables, pour que nous puissions admettre que l'auteur des Chroniques se soit permis de défigurer ainsi les faits, comme le soutient Gesénius dans son Commentaire sur Isaïe, t. 1, p. 502. Nous reviendrons sur ce sujet dans l'histoire des Hébreux.

[2] Antiqu., l. XIII, c. 13, § 5.

bath-moab, c'est-à-dire *capitale de Moab*) et KIR-MOAB. Cette dernière, appelée plus tard *Kerek*, était une ville très-forte, encore au moyen âge. Saladin l'assiégea en vain en 1183. Maintenant c'est un bourg, qui est encore défendu par quelques fortifications.

C. LES ÉDOMITES OU IDUMÉENS.

Le père des Édomites fut Ésaü, fils d'Isaac, qui, selon les traditions des Hébreux, avait reçu le surnom d'*Édom* (rouge), parce qu'il vendit son droit d'aînesse pour un plat de lentille, de couleur rougeâtre, ou parce qu'il sortit tout rouge du sein de sa mère (Gen. ch. 25, v. 25 et 30). Il s'établit sur la montagne de *Séir*, maintenant *Scherah*, qui s'étend du S. E. de la mer Morte au golfe Élanitique. La Genèse (ch. 36) nous donne la table généalogique de ses descendants, qui s'étendirent sur le mont Séir, au détriment des Horites, ses habitants primitifs. Ils se répandirent aussi au N. E. jusqu'aux limites de Moab, dans le pays appelé, par les Grecs, *Gebalène*, et, par les Arabes, *Djebâl*. Ils se divisèrent en différentes tribus, dont chacune avait un chef appelé *Allouph*. *Théman*, petit-fils d'Ésaü, fut un des chefs les plus célèbres des tribus édomites, et ses descendants, les Thémanites, étaient renommés pour leur sagesse. Les habitants du Djebâl avaient introduit chez eux, de bonne heure, la royauté élective[1], tandis que ceux du mont Séir conservèrent leur constitution patriarchale. Ceux-ci accordèrent le passage aux Hébreux (Deut. ch. 2, v. 4 et 29), tandis que le *roi* d'Édom le leur refusa (Nomb. 20, 18). Plus tard nous trouvons les Édomites, comme les autres peuples voisins, toujours en guerre avec les Hébreux.

[1] Voy. Genèse, ch. 36, v. 31-39, et I Chron. ch. I, v. 43-50. On y voit clairement que la royauté ne passait pas du père au fils; car nous y trouvons une série de rois étrangers les uns aux autres, et natifs de différentes contrées. Plus tard cependant, la royauté devint héréditaire; car sous Salomon, il est question d'un prince édomite, nommé *Hadad*, qui était de race royale (1 Rois, ch. 11, v. 14).

Saül les combattit avec succès; sous David, les généraux Joab et Abisaï les soumirent complétement, et David mit des garnisons dans leurs villes. Salomon équipa des vaisseaux dans leur port d'Asiongaber (1 Rois, 9, 26). Vers la fin du règne de Salomon, un prince édomite qui s'était enfui en Égypte, du temps de David, essaya de reconquérir l'indépendance de son peuple (1 Rois, ch. 11), mais il paraît qu'il n'y réussit pas. Après le schisme, les Édomites restèrent tributaires des rois de Juda. Encore sous Josaphat, ils n'avaient pas de rois indépendants, mais de simples gouverneurs, vassaux de Juda, et leurs ports de mer sur le golfe Élanitique étaient au pouvoir des Juifs (ib. ch. 22, v. 48 et 49). Sous Joram, enfin, ils se rendirent indépendants, et ils eurent dès lors leurs propres rois (2 Rois, 8, 20). Soumis de nouveau par Amasia et Ouzia, ils prirent l'offensive sous Achaz, et ils firent des prisonniers parmi les Juifs (2 Chron. 28, 17). A la même époque ils profitèrent d'une attaque dirigée par les Syriens contre la Judée, pour se remettre en possession d'Élath (2 Rois, 16, 6). Depuis ce temps, il n'est plus question des Édomites dans l'histoire des rois de Juda. Il paraît qu'ils conservèrent leur indépendance jusqu'à l'invasion des Chaldéens, auxquels ils durent se soumettre (Jérémie, ch. 27, v. 3 et 6), sans pourtant être emmenés en exil. Pendant l'exil des Juifs, ils s'emparèrent de la partie méridionale de la Judée; ils possédèrent même Hébron, d'où ils furent chassés par Judas Maccabée (1 Maccab. 5, 65). Jean Hyrcan les soumit entièrement et les força d'embrasser le judaïsme. Avec Hérode une dynastie iduméenne monta sur le trône de la Judée. Peu de temps avant le siége de Jérusalem par Titus, les Iduméens arrivés dans cette ville pour la défendre s'y abandonnèrent à des excès abominables. On en trouvera les détails dans l'histoire des Juifs. Depuis cette époque le nom d'Édom disparaît de l'histoire.

Les capitales du pays d'Édom étaient

SÉLA (appelée par les Grecs *Petra*) et BOSRA, qu'il ne faut pas confondre avec la ville de Bostra dans le Haurân [1]. Près du golfe Élanitique étaient les villes d'*Élath* et d'*Asion-gaber*. *Théman* était situé, selon saint Jérôme, à cinq milles de Petra. Nous renvoyons pour les détails géographiques à la description de l'Arabie. Le territoire des Édomites fait partie de l'*Arabie Pétrée*.

D. LES AMALÉCITES.

Amalek, un des peuples les plus anciens de l'Arabie, et appelé, dans un oracle de Bileam, *le commencement des nations* (Nomb. 24, 20), avait ses demeures à l'ouest des Édomites [2]. Les traditions arabes varient sur son origine; les unes le font descendre de Cham, les autres de Sem. La Bible le mentionne, pour la première fois, en parlant de l'expédition de Kedorlaomer, roi d'Elâm, qui frappa *les campagnes d'Amalek* (Gen. 14, 7); mais ce passage ne prouve pas que les Amalécites aient existé à cette époque, et il est plus probable que l'auteur de la Genèse s'est servi des mots *campagnes d'Amalek* par anticipation. Josèphe (Ant. II, 1, 2) les fait descendre d'Amalek, petit-fils d'Ésaü (Gen. 36, 12).

Les Amalécites furent les premiers à s'opposer aux Hébreux sortis d'Égypte; ils furent battus dans la vallée de Raphidîm. Dès lors une haine implacable fut jurée aux Amalécites. Plus tard, lorsque les Hébreux, malgré la défense de Moïse, voulurent s'avancer vers le pays de Canaan, ils furent battus par les Amalécites, alliés des Cananéens. Dans la période des juges nous les voyons plusieurs fois prêter secours aux ennemis des Hébreux (Juges, 3, 13; 6, 3). Samuel ordonna à Saül de faire aux Amalécites une guerre d'extermination; mais Saül épargna le roi Agag [1], qui fut ensuite tué par Samuel. David, avant d'être proclamé roi, les attaqua avec un certain nombre de ses partisans, et leur fit beaucoup de mal (I Sam. ch. 30). Nous les trouvons aussi parmi les peuples soumis par David dans les premiers temps de son règne (2 Sam. 8, 12), et depuis cette époque nous ne les voyons plus reparaître. Du temps d'Ézéchias, 500 Siméonites se dirigèrent du côté du mont Séir, battirent les débris des Amalécites, et s'établirent dans leur pays (I Chron. ch. 4, v. 42 et 43).

E. LES MIDIANITES.

Après la mort de Sarah, Abraham épousa une seconde femme appelée Ketoura; il eut avec elle plusieurs fils, dont le quatrième fut Midian. C'est de lui que descendent les Midianites. Déjà du temps de Jacob cette famille faisait un commerce de caravanes entre Gilead et l'Égypte, en passant par Sichem (Gen. 37, 28). La Bible ne nous offre pas de données suffisantes, pour indiquer avec précision le pays où étaient établis les Midianites. Mais les géographes arabes du moyen âge parlent encore des ruines de la ville de *Madian*, situées à l'est du golfe Élanitique, et il est probable que le siège principal des Midianites était au nord de la mer Rouge, et s'étendait à l'est de l'Idumée jusque vers les plaines de Moab. Ce fut dans ces plaines qu'un ancien roi d'Édom combattit les Midianites (Gen. 36, 35); une branche nomade de ce peuple vivait dans les environs des monts Horeb et Sinaï, sous le prêtre Jethro (Exode, 3, 2). Le gros de la nation s'allia avec les Moabites contre les Hébreux, campés dans les plaines de Moab (Nomb. 22, 4). Les deux peuples essayèrent de combattre les Hébreux par les malédictions de Bileam et par le culte séduisant de Baal-Pheor. Moïse attaqua les Midianites avec douze mille hommes, qui en firent un grand carnage

---

[1] Voy. notre Topographie, page 70.
[2] Il résulte de la combinaison de différents passages de la Bible, où il est question des Amalécites, que ce peuple habitait différentes contrées, mais que son siège principal se trouvait entre les Philistins, les Égyptiens, les Iduméens et le désert du Sinaï.

[1] De ce roi descendit, selon les traditions juives, Haman l'*Agagite*, ministre d'Assuérus.

et tuèrent cinq de leurs princes (ib. ch. 31). Environ deux siècles et demi après la conquête du pays de Canaan par les Hébreux, les Midianites étaient devenus assez puissants pour opprimer les Hébreux pendant sept ans. Tous les ans ils faisaient une invasion et détruisaient les produits du pays, les blés, les fruits et les bestiaux. Ils furent enfin attaqués par Gédéon, qui les vainquit dans plusieurs combats. La défaite des Midianites fut complète; et depuis cette époque ils ne pouvaient plus se relever (Juges, ch. 6-8) Ce fut là une des victoires les plus éclatantes des Hébreux, et elle retentit encore longtemps dans les chants de leurs poëtes [1].

La tribu d'*Épha* descendit du fils aîné de Midian (Gen. 25, 4). Midian et Épha étaient très-riches en chameaux (Is. 60, 6).

LIVRE III.

HISTOIRE DES HÉBREUX.

Au milieu des nations que nous avons vues passer comme des ombres sur le sol sacré de la Palestine, et dont les noms ont à peine échappé à l'oubli, il se présente un peuple célèbre par sa fortune et ses revers, plus célèbre encore par l'influence qu'il a exercée sur une grande partie du genre humain. Quoiqu'il ne fût point appelé à fonder un grand empire, à subjuguer les hommes par la force des armes, quoiqu'il n'excite point notre étonnement par des faits éclatants, ni par de grands monuments d'art et de science, et qu'aucune ruine même ne signale son existence sur le sol qu'il a habité près de quinze siècles, son nom impérissable restera toujours gravé dans la mémoire des hommes. Son monument c'est le livre des livres, ce flambeau qui a éclairé les peuples et qui doit les éclairer encore; ses ruines, c'est lui-même, dispersé au nord, au midi, à l'est, à l'ouest, survivant à tous ses revers, renaissant toujours de ses cendres et se tenant par un lien invisible, par une idée. La mission qui lui a été confiée n'est pas de ce monde; il a pu se méprendre quelquefois sur sa destinée et rêver par moments une grandeur terrestre; mais l'éclat dont quelques-uns de ses rois ont su s'entourer était l'œuvre d'un moment, qu'un autre moment venait anéantir. Car il ne devait posséder sur la terre, que tout juste l'espace qu'il lui fallait pour se déployer, pour vivre sa vie terrestre, pour se pénétrer de sa mission et développer son idée, jusqu'à ce que le moment fût venu de la communiquer au monde étonné, et d'élever son étendard sur les ruines des puissants empires, sur les tombeaux des grandes nations. La mission des Romains fut la glorification de la force humaine qui devient poussière; la mission des Hellènes fut l'art ou la glorification de la beauté extérieure, qui est vanité; la mission du peuple hébreu fut au delà de la terre et des belles formes de la nature; elle se résume dans ces mots : *Connaître Dieu et le faire connaître*, non par les détours d'une subtile métaphysique, mais par une révélation immédiate, par les inspirations de la foi. Nous tenons ainsi les deux points extrêmes de son histoire. Elle commence avec le patriarche qui, le premier, au milieu de peuples idolâtres, adorateurs de la nature créée, proclama l'existence d'un Dieu créateur; elle finit par le Messie, c'est-à-dire par le triomphe de la foi monothéiste sur le polythéisme des gentils. Dès que la terre des païens accueille les germes de cette foi, le peuple hébreu a terminé son existence politique sur le sol où la foi devait se développer et mûrir; mais il survit à sa ruine et il continue à exister comme société religieuse, parce que, selon lui, le triomphe n'est pas accompli.

Voulant résumer dans cet ouvrage

---

[1] Voy. Ps. 83, v. 10 et 12; Isaïe, 9, 3; 10, 26; Habac. 3, 7.

tous les événements qui se sont passés sur le sol de la Palestine, nous devons raconter l'histoire du peuple hébreu, depuis le patriarche Abraham jusqu'à la dernière destruction du sanctuaire national par l'empereur Titus.

Ce long espace de plus de deux mille ans se divise en deux portions bien distinctes marquées par une interruption dans l'existence politique des Hébreux et par une émigration qu'on appelle *l'exil de Babylone*, et qui est suivie d'une restauration partielle. Chacune de ces deux grandes divisions présente un caractère distinct; le nom même du peuple est différent dans les deux époques. Les événements qui précèdent l'exil forment *l'histoire des Hébreux* proprement dite; après l'exil commence *l'histoire des Juifs*. Chacune des deux histoires se divise naturellement en différentes périodes marquées par ses origines, les phases de son développement et son déclin. Nous distinguons dans l'histoire des Hébreux les périodes suivantes:

1° ORIGINES DU PEUPLE HÉBREU: Une famille araméenne, venue de la Mésopotamie, s'établit dans le pays de Canaan, et s'y accroît peu à peu. Tribu nomade, elle va en Égypte, où, dans l'espace de plusieurs siècles, et restant longtemps sous le joug d'une dure servitude, elle devient un peuple puissant. Un homme inspiré du Dieu créateur, des antiques traditions de sa race, se fait son libérateur et son législateur. Il reconduit son peuple à travers le désert jusqu'aux limites du pays dont les traditions avaient fait son patrimoine, et où le culte monothéiste devait s'établir et recevoir ses développements. Cette période commence par l'arrivée d'Abraham au milieu des Cananéens, et elle finit par la mort de Moïse. Elle dure plus de six siècles.

2° ÉTABLISSEMENT SUCCESSIF DANS LE PAYS DE CANAAN: JUGES. Les Hébreux, conduits par Josué, disciple et successeur de Moïse, s'emparent d'une grande partie de la terre promise; des chefs courageux se mettent successivement à la tête du peuple, et le guident dans sa lutte contre les ennemis dont il est entouré. Les institutions de Moïse, sa doctrine religieuse, trouvent de grands obstacles à s'établir d'une manière permanente. De graves désordres et une anarchie complète menacent le nouvel État d'une ruine totale. Un lévite vient enfin restaurer l'édifice chancelant de Moïse; il fait faire à la doctrine mosaïque un grand pas, mais il n'est pas capable de ramener le peuple au principe pur de la théocratie. Se voyant obligé d'abdiquer son autorité temporelle en faveur d'un roi, que le peuple le charge d'élire, il jette les fondements d'un institut qui devait spiritualiser le culte mosaïque et protéger le principe théocratique placé en regard de la royauté. Josué se trouve à la tête de cette période, et à l'autre extrémité nous voyons Samuel et le roi Saül. Elle dure environ quatre cent cinquante ans.

3° ROYAUME UNI, *de Saül jusqu'à Salomon.* — Toutes les tribus reçoivent avec enthousiasme le nouveau chef, qui doit enfin les délivrer de leurs dangereux voisins; d'éclatants succès obtenus sur les Philistins, signalent les premiers temps de son règne. Mais bientôt le roi excite le mécontentement du vieux Samuel, et celui-ci, fort de son autorité et de son influence, va chercher, dans la tribu prépondérante de Juda, un nouveau roi selon son cœur. Saül découragé ne retrouve plus sa première énergie, il succombe dans un combat malheureux, et le nouvel élu, fort de toute la prépondérance de sa tribu, saisit le souverain pouvoir après une lutte de plusieurs années. Heureux dans toutes ses entreprises, David consolide l'État des Hébreux, qui, fortement constitué, acquiert une étendue imposante et menace d'envahir les peuples d'alentour. La prospérité amène le luxe et celui-ci le despotisme. Sous le règne de Salomon la fondation du sanctuaire national semble offrir un point central à toutes les tribus, et consolider la théocratie et les institutions mosaïques; mais les écarts du roi, sa complaisance pour ses femmes étrangères, son amour du luxe, ses entreprises commerciales avec des peuples lointains, sont en flagrante opposition avec la mission du peuple hébreu. L'imposant éclat du règne de Salomon peut cacher un moment les éléments de dissolution qu'il porte dans son sein; mais à la mort du roi, les germes de discorde longtemps étouffés ne tardent pas à porter leurs fruits, et le royaume se dissout après cent vingt ans d'existence.

4° ROYAUME DIVISÉ, *de Rehabeam (Roboam) jusqu'à l'exil assyrien*. Le mécontentement général et la stupide tyrannie de Rehabeam déterminent promptement la dissolution du royaume. Dix tribus reconnaissent un nouveau chef, les tribus de Juda et de Benjamin restent seules fidèles à la dynastie de David. Le nouveau royaume, supérieur par le nombre, mais privé de l'influence morale du sanctuaire national, s'écarte de plus en plus de la constitution mosaïque; il adore Dieu dans des images et offre même son culte aux dieux étrangers. Le royaume ancien, réduit à une très-petite étendue, reste seul dépositaire des instituts religieux, et seul est capable de marcher vers l'accomplissement de la mission divine des Hébreux. Les deux royaumes s'affaiblissent mutuellement par des luttes continuelles; mais le plus grand est privé, dès son origine, du prestige d'une dynastie élue de Dieu. Déchiré par les factions, il change souvent de maître, et oubliant sa haute destinée, il cherche imprudemment des alliances parmi les nations étrangères. Pendant près de deux siècles et demi, il traîne une existence malheureuse et souffrante, sans principe fixe, sans savoir où il va; enfin, succombant aux attaques réitérées des Assyriens, les dix tribus sont transportées sur un sol étranger. La dynastie davidique, malgré ses nombreux écarts, épuise moins rapidement sa force vitale. Les deux tribus gardent intactes les lois et les doctrines de Moïse.

L'institut de Samuel se fortifie et se développe de plus en plus, à mesure que la meilleure partie du peuple, instruite par l'adversité, commence à pressentir que la domination de la maison de David ne sera jamais entourée d'un grand éclat terrestre et que sa prospérité appartient à un avenir lointain, à un âge d'or placé à la fin des temps. Au moment où le royaume d'Israël tombe, celui de Juda est restauré par le pieux Ézéchias, sous lequel le prophétisme et les espérances messianiques prennent le plus grand essor.

5° ROYAUME DE JUDA, *jusqu'à l'exil de Babylone*. — Les Assyriens échouent dans leur attaque contre le royaume de Juda. Après la mort du roi Ézéchias, son fils et son petit-fils favorisent de nouveau les cultes idolâtres. Josias enfin déploie la plus grande énergie pour le rétablissement du culte national et l'entière destruction de l'idolâtrie. Mais les nombreuses secousses intérieures, les attaques du dehors ont déjà trop affaibli le petit royaume pour qu'il puisse encore longtemps maintenir son indépendance. Instruit par le malheur, le peuple de Juda a enfin appris à connaître le vrai Dieu et il se jette sincèrement dans ses bras. Bientôt vaincu par les puissants Chaldéens, il est emmené captif dans l'empire de Babylone et il peut y méditer sur son Dieu et sur sa loi et se préparer de nouveau pour sa mission divine. Juda a survécu à Israël cent trente-trois ans.

Toute cette partie de l'histoire du peuple hébreu peut s'appeler l'époque hébraïque pure. Plus tard nous verrons les Juifs, après avoir été rétablis en Palestine par les Perses, subir l'influence grecque, reconquérir leur indépendance par le sublime dévouement d'une famille de prêtres, et succomber glorieusement, après une lutte terrible, sous les attaques de l'empire romain. Nous indiquerons plus loin les différentes périodes de cette seconde partie, qui forme *l'histoire des Juifs*.

PREMIÈRE PÉRIODE.

Origines du peuple hébreu.

I. LES PATRIARCHES.

De Sem, fils de Noé, la tradition biblique fait descendre, à la dixième génération, *Abrâm*. Son père Tharah, établi dans le pays des Chaldéens [1], émigra avec l'intention de se rendre dans le pays de Canaan; mais il s'arrêta à Harrân [2], ville de la Mésopotamie, s'y établit, et y mourut à l'âge de deux cent cinq ans. Abrâm quitta Harrân à l'âge de soixante-quinze ans, soixante ans avant la mort de son père [3], et se dirigea vers le pays de Canaan. Ce voyage d'Abrâm, dans lequel on pourrait voir un manque de piété filiale, est motivé, dans la Bible (Genèse, 12, 1), par une vocation divine, et, dans les traditions juives et arabes, par les dangers qui menaçaient le pieux Abrâm dans la maison de son père, adonné, avec le fanatisme le plus effréné, au culte des idoles. Un jour, dit la tradition, Abrâm, par l'ordre de Nemrod et sur l'accusation de Tharah, avait été jeté dans un four ardent, dont il fut sauvé par miracle [1]. Josèphe (Antiq. I, 7) parle d'un soulèvement des Chaldéens et autres habitants de la Mésopotamie.

Abrâm fut accompagné de sa femme Saraï, de son neveu Lot et de tous ses gens. Arrivé dans le pays de Canaan, il eut, dans la contrée de Sichem, une vision dans laquelle Jéhova lui annonça que le pays appartiendrait un jour à sa postérité. Il y éleva un autel, et un autre entre Bethel et Aï, à l'endroit où il avait fixé ses tentes, et, après y avoir invoqué le nom de Jéhova, il continua son voyage vers le midi. Ce furent probablement les habitants du pays qui donnèrent à Abrâm, venu de l'*autre côté* (*Éber, Ibr*) de l'Euphrate, le surnom de *Ibri*, d'où vient celui d'*Hébreu* [2].

Une famine obligea Abrâm d'aller séjourner quelque temps en Évgpte. Craignant de voir enlever sa femme Saraï, qui était très-belle, et d'être lui-même l'objet de quelque violence, il lui demanda de se faire passer pour sa sœur, dont il était le protecteur naturel [3]. Le Pharaon ou roi d'Égypte,

---

[1] La patrie de Tharah est appelée dans la Genèse (11, 28) *Ur Casdîm* (Ur des Chaldéens). Ammien (l. 25, c. 8) mentionne un château fort, nommé *Ur*, dans le nord de la Mésopotamie, entre le Tigre et Nisibe. Dans les mêmes environs, au pied des montagnes Gordiennes ou Curdes, Xénophon trouva des Chaldéens. Voyez *Cyrop*. l. III, c. 2; *Anabas.* IV, 3; V, 5; VII, 8. La stérilité de cette contrée, qui, selon Ammien, était un triste désert (*cum ne gramina quidem invenirentur*), pouvait motiver l'émigration de la famille de Tharah. Cependant nous sommes loin de croire que ces combinaisons suffisent pour fixer la situation d'*Ur Casdîm*. Dans la Bible *Casdîm* désigne ordinairement l'empire babylonien des Chaldéens fondé à une époque bien plus récente. Pour résoudre les difficultés historiques et philologiques qui se rattachent à cette question, il faudrait entrer dans des détails qui ne seraient pas ici à leur place. Voy. Schlœzer, *Des Chaldéens*, dans le *Repertorium* d'Eichhorn, t. VIII, p. 113 et suiv., ainsi que le travail publié récemment dans la *Revue française*, par M. Eugène Boré, et mon article *Chaldéens* dans le Dictionnaire de la conversation.

[2] Cette ville est appelée Κάρραι, *Carræ*, par les auteurs classiques. Dans l'histoire romaine, elle est devenue célèbre par la défaite de l'armée de Crassus. Dion Cass., l. 40, c. 25.

[3] Tharah avait 70 ans lors de la naissance d'Abrâm (Gen. 11, 26), et il en avait 145 lorsque Abrâm émigra. Ce serait donc par erreur que saint Étienne aurait dit dans les Actes des Apôtres (ch. 7, v. 4) qu'Abrâm émigra de Harrân *après la mort de son père*.

---

[1] Voy. *Beréschith Rabba*, sect. 17; Paraphrase chaldaïque de Jonathan, Genèse 11, 28; Alkorân, ch. 29, v. 23.

[2] *Ibri* עברי ou *Hébreu* signifierait donc *Transfluvianus*. D'autres le considèrent comme un nom patronymique, venant de *Héber* ou *Éber*, arrière-petit-fils de Sem et l'un des ancêtres d'Abrâm. Mais la première étymologie est plus probable. Il est à remarquer que le nom d'*Ibrim*, désignant les descendants d'Abrâm de la ligne d'Isaac et de Jacob, ne leur est donné que par les nations étrangères. Généralement ils ne se servent eux-mêmes de ce nom qu'en parlant à des étrangers; entre eux ils s'appellent *Bené Israël* ou *Israélites;* on verra plus loin l'origine de ce nom.

[3] Dans le langage des Hébreux, les mots *frère* et *sœur* s'emploient dans le sens de *parent, parente;* c'est ainsi qu'Abrâm dit à Lot (Gen. 13, 8): *Nous sommes frères*. La tradition fait de Saraï la fille de Haran et la sœur de Lot, ce qui paraît en effet résulter du texte de la Genèse (11, 29). Le patriarche lui-même, dans une autre occasion, paraît vouloir par là excuser son mensonge, en disant que sa femme était la fille (c'est-à-dire la petite-fille) de son père (voy. ib. 20, 12).

ayant entendu parler de la beauté de Saraï, la fit venir en son palais; il traita Abrâm avec beaucoup de distinction et lui fit de riches cadeaux en esclaves et bestiaux. Mais arrêté dans son projet par le châtiment céleste, et ayant su que Saraï était la femme d'Abrâm, il la rendit à son mari, les engagea à quitter le pays et les fit accompagner par ses gens.

Abrâm revint de nouveau, avec Saraï et Lot, dans le pays de Canaan, à l'endroit où il avait élevé un autel en l'honneur de Jéhova, entre Béthel et Aï. Des querelles étant survenues entre les pasteurs d'Abrâm et ceux de Lot, Abrâm jugea que l'extension de leurs biens ne leur permettait plus de demeurer ensemble, et proposa à son neveu de se séparer de lui, en le laissant libre de choisir la contrée qui lui conviendrait. Lot s'établit dans le *cercle du Jourdain*, ou dans le Ghôr, aux environs de Sodom et de Gomorrhe, dans un pays qui alors formait un riant jardin, mais qui bientôt devait être changé en une terre de désolation. Après le départ de Lot, Abrâm eut une nouvelle vision, dans laquelle le Dieu unique qu'il adorait lui renouvela ses promesses d'une innombrable postérité à laquelle appartiendrait tout le pays à l'entour. Il vint demeurer alors dans le bois de Mamré près de Hébron, où il éleva un nouvel autel à Jéhova.

Dans ces temps arriva l'invasion de Kedorlaomer, roi d'Élâm, par suite de la révolte de plusieurs rois de Palestine qui étaient ses vassaux. Nous avons déjà parlé de cet événement, et on a vu comment Abrâm, averti que Lot avait été emmené parmi les captifs, se mit à la poursuite des ennemis. Il les atteignit à l'extrémité de la Palestine, à l'endroit où s'éleva plus tard la ville de Dan[1], et les ayant défaits, il continua à les poursuivre jusqu'à Hobah, au nord de Damas. Revenu de cette expédition avec tout le butin qu'il avait repris aux ennemis, il fut salué par Melchisédek, roi de Salem et prêtre du *Dieu Très-Haut*[1], à qui il donna, selon l'usage établi, la dîme de tout ce qu'il avait pris. Il refusa généreusement de prendre pour lui la moindre partie du butin que lui offrait le roi de Sodom, et ne réclama que la part de ses alliés, les émirs Aner, Escol et Mamré.

Abrâm, pénétré de reconnaissance pour le succès qu'il avait obtenu à l'aide de son Dieu, eut encore ici une de ces visions qui signalaient chaque événement important de sa vie, et qui le fortifiaient dans la foi en lui inspirant la plus grande confiance pour l'avenir. « Je suis ton bouclier, lui dit son Dieu, ta récompense sera très-grande. — Mais à quoi me servent tous ces biens, demande Abrâm, puisque je n'ai pas d'enfants et que mon héritage doit passer à l'intendant de ma maison? — Non, fut la réponse; ta postérité sera nombreuse comme les étoiles du ciel; je suis Jéhova qui t'ai fait sortir d'Ur en Chaldée, pour te donner ce pays en héritage. » Abrâm accomplit encore dans sa vision l'acte symbolique par lequel fut conclue son alliance avec Jéhova[2]; il apprit que ses descendants reviendraient, après quatre siècles, de l'Égypte, après y avoir subi une longue servitude, et qu'ils prendraient possession du pays occupé par les Rephaïm et les Cananéens.

Après dix ans de séjour dans le pays de Canaan, Saraï, désespérant de donner elle-même un fils à Abrâm,

---

[1] Voy. ci-dessus, page 33. Le texte dit (Gen. 14, 14) : *Il les poursuivit jusqu'à Dan;* mais cette ville ne pouvait pas exister alors, et Moïse lui-même ne pouvait la connaître que sous le nom de *Laïsch*. Il y a donc nécessairement ici quelque interpolation. Josèphe (Antiqu. I, 10, § 1) prend ici *Dan* pour l'une des sources du Jourdain qui portait ce nom.

[1] Voy. ci-dessus, page 92.
[2] Dans cette vision, Abrâm tue plusieurs animaux qu'il coupe en morceaux, et il voi Dieu, sous la forme d'une flamme de feu, passer entre les morceaux. Saint Éphrem le syrien, dans son commentaire sur la Genèse (ch. 15), dit que cet usage existait encore de son temps parmi les Chaldéens. *Celui* qui passe entre les morceaux découpés veut dire par cet acte symbolique : qu'il ait le sort de ces animaux, s'il rompt l'alliance. C'est de cet usage que vient l'expression hébraïque *couper une alliance;* de même en grec ὅρκια τέμνειν, et en latin *fœdus ferire*.

le prie de prendre pour femme l'Egyptienne Hagar, sa servante. Celle-ci, devenue orgueilleuse, fait sentir son dédain à sa maîtresse qui s'en plaint amèrement à Abrâm. La servante livrée aux mauvais traitements de sa maîtresse jalouse, prend la fuite. Assise près d'une source dans le désert d'Arabie, elle reçoit la visite d'un *messager de Dieu*, qui lui annonce que le fils qu'elle porte dans son sein sera puissant un jour et aura une grande postérité, et il l'engage à retourner chez Saraï et à s'humilier devant elle. Revenue dans la maison d'Abrâm, elle lui donne un fils appelé Ismaël (*Dieu exauce*); Abrâm était alors âgé de quatre-vingt-six ans.

Treize ans après cet événement, Dieu renouvelle son alliance avec Abrâm; le nom d'*Abrâm* (père élevé) est changé en celui d'*Abraham* (père de la multitude), et la circoncision est instituée, comme symbole de la nouvelle alliance et comme signe distinctif des Abrahamides. *Saraï* reçoit le nom de *Sarah* (maîtresse, princesse), et Dieu promet à Abraham qu'il aura d'elle un autre fils dans lequel se perpétuera l'alliance divine. Quant à Ismaël, douze princes sortiront de sa souche et sa postérité sera très-nombreuse[1].

Abraham était arrivé à l'âge de 99 ans, Sarah en avait 90. Un jour trois inconnus se présentent dans le bois de Mamré devant la tente d'Abraham; le vieux émir, qui les prend pour des voyageurs, court au-devant d'eux, et les supplie de recevoir chez lui l'hospitalité. Il s'empresse lui-même, ainsi que sa femme Sarah, d'apprêter le repas pour les étrangers, et ceux-ci, après avoir satisfait au désir d'Abraham, se font connaître comme messagers de Dieu[2], et lui renouvellent l'assurance que l'année prochaine Sarah aura un fils. La femme nonagénaire, qui dans le fond de la tente entend cette prédiction, ne peut s'empêcher de rire; mais elle est blâmée par eux pour avoir douté de la toute-puissance divine, qui peut opérer en elle un miracle.

La prochaine catastrophe de Sodom et des autres villes de la plaine de Siddîm est révélée à Abraham, qui intercède auprès de Jéhova pour détourner de cette contrée le juste châtiment dont elle est menacée à cause des crimes de ses habitants. Le Dieu d'Abraham est la justice absolue qui doit récompenser le bon et punir le méchant; mais il est aussi un Dieu de miséricorde, et Abraham espère encore que les crimes de Sodom seront pardonnés en faveur d'un petit nombre de justes qui peuvent s'y trouver. Mais comme il ne s'en trouve point, la chute de Sodom est inévitable. Deux des messagers célestes qui s'étaient présentés à Abraham vont à Sodom pour sauver Lot et sa famille. Lot, se trouvant le soir à la porte de la ville, voit arriver les étrangers et leur offre l'hospitalité dans sa maison. Les messagers acceptent; mais bientôt les habitants de la ville entourent la maison et veulent forcer Lot de leur livrer ses hôtes. Le neveu d'Abraham s'oppose avec fermeté à leur violence; frappés de cécité, ils essaient vainement de pénétrer dans la maison. Alors les messagers révèlent à Lot ce qui doit arriver; Lot, pressé de quitter ces lieux, veut emmener les deux fiancés de ses filles, ceux-ci ne voient qu'une plaisanterie dans les sincères avertissements du vieillard. Au lever de l'aurore, les messagers de Dieu, voyant que Lot hésite encore, le saisissent ainsi que sa femme et ses deux filles, et les déposent hors de la ville. La famille se retire à la petite ville de *Soar* (Segor). Bientôt une pluie de feu et de soufre consume Sodom et trois autres villes; la femme de Lot, dit la

---

[1] V. sur ces douze princes, Genèse, c. 25, v. 13 et 14, et les traditions arabes dans le *Spec. hist. Arab.* de Pococke, p. 45 et suiv.
[2] Nous nous servons à dessein du mot *messager*, traduction littérale du mot מלאך, pour laisser à ce mot le sens vague qu'il a dans les anciens livres des Hébreux, et nous évitons le mot *ange*, parce qu'il renferme une idée qui n'existait pas encore chez les Hébreux dans ces temps anciens, ou qui, du moins, n'était pas encore développée. Nous aurons l'occasion de revenir sur *l'angélologie* de la Bible et sur ses développements.

Genèse, qui s'était arrêtée pour regarder ce spectacle, est changée en une statue de sel [1]. Lot craignant de rester à Soar, où il ne se croyait pas à l'abri du danger, se retire, avec ses deux filles, dans une caverne, et c'est ici que la Genèse place la naissance incestueuse de *Moab* et d'*Ammon*.

Après ces événements Abraham s'établit à Gerar. Le danger qu'il a couru en Égypte, pour sa femme Sarah, se renouvelle à la cour du roi Abimélech, et, encore ici, il fait passer Sarah pour sa sœur. Celle-ci, malgré son âge avancé, est conduite dans le harem du prince ; mais averti dans un songe, Abimélech rend Sarah à son mari, à qui il fait de riches cadeaux.

Selon la promesse des messagers divins, Sarah met au monde un fils qui reçoit le nom d'*Isaac*, du mot hébreu *yishak* (on rit) ; tout le monde, disait Sarah, *rira* en entendant cette nouvelle. A un festin qu'Abraham donne à l'occasion du sevrage d'Isaac, Sarah voit un rire moqueur sur le visage d'Ismaël, fils d'Hagar, et elle exige de nouveau le bannissement de la servante et de son fils. La mère et le fils errent dans le désert de Beerséba, et ils sont sur le point de mourir de soif, lorsqu'une voix du ciel les console et leur donne du courage. Une fontaine se présente à leurs regards et ils se désaltèrent. Ismaël grandit dans l'exil et devient habile archer ; sa mère le marie avec une Égyptienne.

Quant à Abraham, le roi Abimélech lui offre son alliance, et ils se jurent mutuellement une éternelle fidélité. Abraham plante un bois de tamarises auprès du puits qui, de cette alliance, avait reçu le nom de *Beerséba* (puits de serment), et il consacre encore cet endroit par l'invocation de *Jéhova, le Dieu éternel*.

Après avoir séjourné longtemps dans ces contrées, la piété d'Abraham est mise à la plus dure épreuve. Dieu, dit la tradition de la Genèse, lui ordonna d'immoler son fils Isaac. Déjà Abraham est sur le point de consommer le cruel sacrifice, lorsqu'il est arrêté par une voix céleste qui lui apprend que Dieu se contente de cette preuve qu'il lui a donnée de son dévouement. Au même moment Abraham aperçoit un bélier devant lui, et il l'immole au lieu de son fils. A cette occasion Dieu renouvelle à Abraham la promesse d'une nombreuse postérité.

Sarah meurt, immédiatement après, âgée de cent vingt-sept ans ; Abraham achète un souterrain, près de Hébron, pour en faire un tombeau de famille, et il y enterre sa femme.

Voulant marier Isaac, mais éprouvant de la répugnance pour les filles des Cananéens, Abraham charge son intendant d'aller en Mésopotamie chercher une femme pour son fils. L'intendant, arrivé près de la ville de Harrân, se repose, avec ses chameaux, auprès d'une fontaine, où les filles de la ville venaient puiser de l'eau. Je demanderai à boire, se dit le serviteur d'Abraham, et celle qui me répondra : *Bois, et puis je puiserai aussi pour tes chameaux*, sera la femme que Dieu a destinée au fils de mon maître. Il se trouve que celle que l'intendant reconnaît à ce signe, est Rebecca, fille de Bethuël, et petite-fille de Nahor, frère d'Abraham. L'intendant se fait connaître aux parents de Rebecca, qui consentent avec joie à son mariage avec Isaac. Rebecca part pour la Palestine ; un soir Isaac, étant allé faire une promenade, voit arriver le fidèle serviteur, qui lui amène sa fiancée ; il la conduit dans la tente de sa mère Sarah, elle devient sa femme et le console de la perte de sa mère.

Abraham, âgé alors de cent quarante ans, prend une seconde femme, nommée Ketoura, qui lui donne encore six fils. Il leur fait des présents et les renvoie de la Palestine, où son héritage doit passer à son fils Isaac. Celui-ci qui avait quarante ans lors de son mariage, reste vingt ans sans enfants. Enfin Dieu exauce ses prières, et Rebecca lui donne deux jumeaux. Celui qui le premier a vu le jour est appelé *Esaü*, le second reçoit le nom de *Jacob*. Abraham a vécu assez longtemps

---

[1] Voy. ci-dessus, page 17, 2ᵉ colonne, note I.

pour voir s'accomplir la promesse du ciel dans la postérité d'Isaac; il meurt quinze ans après la naissance des deux frères, à l'âge de cent soixante-quinze ans, et il est enterré par Isaac et Ismaël dans son tombeau de famille, auprès de sa femme Sarah.

En résumant ce que la Bible nous raconte de la vie d'Abraham, nous avons laissé au récit sa couleur primitive; mais nous devons dès à présent faire quelques remarques qui pourront s'appliquer à toute l'histoire des Hébreux. En voulant dépouiller les récits bibliques de ce qu'ils ont de merveilleux et parfois d'incroyable, en voulant résoudre toutes les difficultés, éliminer toutes les contradictions, l'historien risquerait de se faire commentateur et de substituer aux faits ses opinions individuelles. L'histoire biblique, et surtout celle des patriarches, présente des difficultés insolubles, du moment où on la considère comme l'ouvrage d'un historien ayant la conscience de sa mission et voulant raconter des faits historiques. L'auteur de la Genèse a puisé à différentes sources, et il a aussi intercalé dans son récit certaines traditions et légendes dans lesquelles le peuple avait embelli l'histoire des patriarches. Sans s'occuper à rechercher les vérités historiques qui pouvaient être cachées sous les traditions populaires, et à coordonner les faits dans un ordre systématique, il a simplement recueilli les traditions écrites ou orales au fond desquelles on pouvait découvrir le Dieu unique se faisant connaître à de simples mortels et les guidant par une protection toute particulière. Cette protection était visible, n'importe la forme sous laquelle elle se manifestait. Dieu se manifeste tant de fois à Abraham, n'importe que le patriarche voie la Divinité dans un rêve, ou par l'effet de son imagination exaltée, ou que la tradition populaire explique ces manifestations par le message de certains êtres intermédiaires, supérieurs à la nature de l'homme, et participant de l'essence divine; ce qu'il s'agit de constater, c'est qu'Abraham a reconnu l'Être suprême, qu'il l'a adoré, qu'il a publiquement proclamé son existence, en lui consacrant des autels dans différents endroits. Les récits tels qu'ils nous sont parvenus ont essentiellement le caractère mythique. Le mythe est un fait historique amplifié et développé par les traditions populaires; celui qui le raconte se fait l'écho de la voix du peuple, sans qu'il cherche à se rendre compte lui-même du fait nu qui sert de base au mythe. Mais il y a cette immense différence entre la mythologie hébraïque et celle des païens, que celle-ci, divinisant les différentes facultés de la nature, ne sait pas s'élever au-dessus des choses créées, tandis que, pour l'Hébreu, la nature, ses facultés, ses lois, disparaissent et s'effacent complétement devant le Dieu créateur, qui intervient d'une manière immédiate dans ce qui concerne l'humanité et les individus. Les dieux des païens, comme êtres finis et limités, ont une histoire; le Dieu des Hébreux, l'être infini, n'en a point; car il n'est pas soumis à la *contingence*, il est au-dessus du temps et de l'espace, il intervient, toujours le même, dans l'histoire du peuple dont il est le guide. L'Hébreu oublie la nature devant Dieu, à tel point que son langage manque d'expressions pour désigner les phénomènes naturels; il n'a pas de mots pour dire: *il pleut, il tonne, il neige*, mais il dit: *Dieu fait pleuvoir, Dieu donne des voix et des éclairs, Dieu donne de la neige*. Souvent on n'a qu'à traduire les expressions hébraïques dans notre langage vulgaire, pour se rendre compte de ce qu'il y a d'extraordinaire dans les récits de certains événements, lors même que ces événements sont rapportés par des contemporains et qu'il ne peut pas être question de mythes, qui ne peuvent se former qu'après un certain temps.

En nous plaçant à ce point de vue, nous ne serons plus choqués des contradictions et des invraisemblances que nous rencontrons à chaque pas dans l'histoire des patriarches; nous n'essayerons pas de nouvelles explications, et nous ne nous occuperons pas même des essais infructueux qui ont été faits jusqu'ici. Ainsi, dans l'histoire d'Abraham, nous ne chercherons pas à savoir comment il se fait que Sarah, âgée de soixante-cinq ans, est enlevée pour le harem du Pharaon d'Égypte, et, ce qui est bien plus extraordinaire, comment sa vertu court encore les mêmes dangers à la cour du roi de Gerar, lorsque, âgée de quatre-vingt-dix ans, elle reconnaît elle-même son état de décrépitude, et refuse de croire à la naissance du fils que lui annoncent les messagers de Dieu [1]. Nous ne rechercherons pas si les deux récits n'ont pour base qu'un seul événement raconté différemment dans les documents anciens dont l'auteur de la Genèse a pu se servir, et si l'aventure analogue racontée dans l'histoire d'Isaac et de Rebecca n'est que la reproduction de ce même événement, puisé à une troisième source, sans que l'auteur ait soumis les différents documents à une critique sévère. — Nous n'examinerons pas si réellement Dieu a voulu *éprouver* Abraham, en lui ordonnant d'immoler son fils, ou si le patriarche, dans un rêve produit par son exaltation, a cru recevoir cet ordre, et si, revenu à lui-même, il a reconnu qu'un pareil acte ne saurait être agréable à Dieu; ou si toute cette histoire n'est qu'une fiction poétique qui devait peindre le dévouement d'Abraham. Ces problèmes et une foule d'autres ont beaucoup occupé les rabbins, les Pères de l'Église et les critiques modernes; les vénérables documents de la Genèse ont fourni matière tantôt à des subtilités scolastiques, tantôt à des commentaires argutieux ou à des plaisanteries sans dignité. Mais avant tout, en lisant la Bible avec le respect qui lui est dû, il faut aussi se pénétrer du sentiment poétique, qui anime ce monument divin des anciens âges. La Genèse, et, jusqu'à un certain point, toute la Bible, est une épopée dans la sphère du monothéisme, comme le sont l'Iliade et l'Odyssée dans la sphère du polythéisme grec. L'historien peut chercher à reconnaître dans l'épopée plusieurs vérités historiques incontestables; mais il renoncera à se rendre un compte exact des détails que l'imagination poétique et les croyances populaires ont amplifiés et transformés en mythes.

Ainsi ce que nous pouvons admettre comme historique dans la vie d'Abraham, c'est son émigration de la Mésopotamie et son établissement au milieu des Cananéens devant lesquels il proclame ouvertement l'existence du Dieu unique, dont les traditions s'étaient conservées probablement parmi les descendants de Sem. Il va en Égypte et il en revient avec la confiance que le pays qu'il a choisi pour demeure appartiendra à sa postérité et sera consacré un jour au culte de ce Dieu qui est devenu son guide. Il vit en bonne intelligence avec les habitants du pays, et les protége avec désintéressement contre les ennemis venus du dehors. Il institue la circoncision comme signe extérieur de son alliance avec Dieu. Dans un âge avancé, il espère encore avoir un fils de sa femme légitime, presque aussi âgée que lui; et ce vœu, qui occupe toute sa pensée, est enfin exaucé. Ce fils dans lequel se concentrent toutes ses espérances, parce qu'il est seul digne d'hériter et de propager sa foi, il est prêt à le sacrifier, lorsqu'il croit un moment que ce sacrifice peut être agréable à la Divinité; mais bientôt il est désabusé : le fils de Sarah, son héritier légitime, lui est conservé, et par Ismaël et les fils de Ketoura, il devient le père des nombreuses tribus de l'Arabie.

La famille d'Abraham devient le centre de la croyance monothéiste. Le patriarche reconnaît Jéhova comme le créateur du ciel et de la terre (Gen. 14, 22), et il voit en lui la justice absolue, le juge de toute la terre, qui récompense le bon et qui punit le méchant, mais qui, dans sa bonté, pardonne aussi au coupable pour l'a-

---

[1] Saint Éphrem prétend que Sarah avait recouvré sa jeunesse et sa beauté; mais le texte n'en dit rien.

mour du juste (ib. 18, v. 25 et 26). Ainsi, sur le seuil de l'histoire des Hébreux nous rencontrons dans Jéhova le Dieu universel, et non pas un Dieu national ou le Dieu local de la Palestine, comme l'ont prétendu quelques critiques bornés. Avec Moïse cette croyance deviendra la religion d'un peuple, le culte consacré à Jéhova aura d'abord un caractère local; mais sous les prophètes nous verrons le monothéisme se spiritualiser de plus en plus et se préparer à devenir la religion universelle de l'humanité.

Abraham n'est pas inconnu à l'histoire profane. Bérose, cité par Josèphe[1], parle d'un homme juste, grand et versé dans les choses célestes, qui vivait parmi les Chaldéens à la dixième génération après le déluge, et Josèphe croit avec raison qu'il est ici question d'Abraham. L'historien Nicolas de Damas, cité par le même auteur, dit qu'Abraham, sorti de Chaldée avec une armée, se rendit d'abord à Damas où il régna quelque temps avant d'entrer dans la terre de Canaan. Josèphe ajoute que, encore de son temps, un village des environs de Damas fut appelé la *demeure d'Abraham*. Selon Justin (l. 36, c. 2), Abraham fut le quatrième roi de Damas. Les livres des Sabéens parlent des croyances monothéistes d'Abraham et des dissensions qui s'élevèrent à ce sujet entre lui et les habitants de la Chaldée, et qui l'obligèrent d'émigrer, après avoir perdu tous ses biens[2]. Les Arabes, qui surnomment Abraham *Khalil-allah* (l'ami de Dieu), nom qu'il porte déjà dans l'Épître de saint Jacques (2, 23), professent pour ce patriarche un grand respect; ils le font voyager à la Mecque, où, aidé par Ismaël, il construit le temple de la Caaba. Ils débitent sur la vie du patriarche un grand nombre de fables, puisées en partie dans les écrits des rabbins[3].

Ce que Josèphe et Philon, les rabbins et les Pères de l'Église racontent de la profonde science d'Abraham dans les mathématiques, l'astronomie, la métaphysique, etc. n'a aucune base historique et ne doit point nous occuper ici[1].

Après la mort d'Abraham, Isaac, héritier de ses biens et de ses croyances, jouissait de la bénédiction du ciel. Il continua à demeurer dans les environs de Beerséba. Ses deux enfants montrèrent une différence de caractère bien tranchée : Esaü avait du goût pour la chasse et aimait à passer ses jours dans les champs, tandis que Jacob, moins vif que son frère et plus pieux, aimait à rester dans les tentes. Isaac avait donné son affection à Esaü, dont il aimait sans doute la vivacité et la droiture, et qui lui fournissait du gibier qui était à son goût, comme dit la Genèse. La douceur de Jacob en avait fait le favori de sa mère; mais cette douceur était accompagnée d'un certain esprit de ruse qui cherchait à tirer profit de la rustique simplicité d'Esaü. Un jour celui-ci rentra de la campagne accablé de fatigue; Jacob était occupé à préparer une bouillie de lentilles. « Fais-moi donc manger de ce mets rouge[2] », dit Esaü, car je suis fatigué. » Jacob proposa à son frère affamé de lui céder le droit d'aînesse. « Je me meurs, dit Esaü, qu'ai-je affaire du droit d'aînesse ? et il vendit son droit à Jacob » pour un morceau de pain et une bouillie de lentilles.

Une famine ayant encore affligé le pays, comme du temps d'Abraham, Isaac eut d'abord l'intention de se rendre en Égypte; mais il reçut un avertissement de Dieu, qui l'engagea à ne pas quitter un pays qui devait appartenir à sa postérité. Isaac se ren-

---

[1] Antiqu. l. I, ch. 7, § 2.
[2] Voy. R. Mosis Maimonidis *Moré Nebouchim*, III, 29; version latine de Buxtorf, p. 421.
[3] Voy. la *Bibliothèque* de d'Herbelot, au mot *Abraham*; Hyde, *De religione veterum Persarum*, p. 27 et suiv. (2⁰ édit.); Monuments arabes, persans et turcs, par M. Reinaud. T. I, p. 144 — 149.

[1] Voy. Brucker, *Historia critica philosophiæ*. T I, p. 71 et suiv.
[2] La Genèse fait venir de là le surnom d'*Édom* (rouge) que portait Esaü. Tout ce récit n'est peut-être qu'un mythe populaire par lequel les Hébreux plaisantaient les Iduméens, leurs voisins, s'inquiétant peu du blâme qu'ils jetaient par là sur le patriarche Jacob.

dit donc à Gerar. A l'exemple de son père, il fait passer sa femme pour sa sœur; mais le roi Abimélech s'étant aperçu que Rebecca était la femme d'Isaac, reprocha à ce dernier d'avoir exposé les habitants du pays à se rendre coupables à son égard, et il défendit en même temps, sous peine de mort, d'attenter à l'honneur d'Isaac et de sa femme.

Isaac resta longtemps dans le petit royaume de Gerar, et s'y livra à l'agriculture. La bénédiction divine qui faisait prospérer toutes ses entreprises, et les biens qu'il avait acquis, excitèrent la jalousie des habitants, qui, par ressentiment, comblèrent les puits qu'Abraham avait creusés dans ces contrées. Abimélech engagea Isaac à quitter Gerar. Retiré dans une vallée du territoire de Gerar, Isaac se vit encore contrarié par les pasteurs du pays. Il se décida enfin à retourner à Beerséba, où il dressa un autel à Jéhova. Abimélech, regrettant d'avoir renvoyé un homme que la Divinité comblait de ses faveurs, se rendit à Beerséba avec son général Phichol pour solliciter d'Isaac le renouvellement de leur alliance qu'ils scellèrent par de mutuels serments. Le texte de la Genèse (26, 33) rattache encore à cet événement le nom de *Beerséba*, et, en général, tout ce récit offre tant d'analogie avec ce que la Génèse raconte de l'alliance conclue entre Abraham et Abimélech, qu'on est disposé à croire que ces deux documents différents, dont l'un attribuait à Isaac ce que l'autre faisait remonter jusqu'à Abraham, ont une même source. Dans les deux récits nous voyons paraître Abimélech, accompagné du général Phichol, et cependant, si on admettait la vérité historique des deux récits, il y aurait entre les deux événements un espace de cent ans environ. Il faudrait alors supposer que l'Abimélech d'Isaac n'est pas le même que celui d'Abraham. Nous avons déjà dit, dans un autre endroit, que *Abimélech* (père-roi) était le titre des rois de ces contrées. Quant au nom de *Phichol* (qui signifie *bouche de tous*), on pourrait le considérer aussi comme un titre donné au grand vizir.

Isaac avait cent ans, lorsque Esaü, âgé de quarante, épousa deux femmes héthites, ce qui causa beaucoup de chagrin à ses parents. Le vieux Isaac, malgré les écarts de son fils aîné, regardait toujours celui-ci comme l'héritier principal de ses biens et des traditions d'Abraham, auxquelles se rattachaient les bénédictions que le ciel avait promises à la famille des Hébreux. Rebecca persistait dans sa prédilection pour Jacob, que la désobéissance d'Esaü ne pouvait que fortifier. Jacob, quoique rusé et moins franc que son frère, était évidemment plus apte à conserver et à propager dans la famille le culte de Jéhova qui devait un jour se développer sur le sol de la Palestine. Mais la pieuse Rebecca croyait que la bénédiction que le père, avant de mourir, devait prononcer sur l'un de ses deux fils, pouvait seule déterminer leur sort respectif; dans les dernières paroles d'un père elle voyait une force irrésistible, c'était le décret irrévocable de la Providence. Elle résolut donc, fût-ce même par une ruse, de faire porter la bénédiction sur la tête de Jacob. L'âge avancé d'Isaac et l'affaiblissement de sa vue favorisèrent le projet de Rebecca. Un jour le vieux père annonça à Esaü qu'il était prêt à lui donner sa dernière bénédiction et il lui demanda de s'y préparer en allant à la chasse et en lui apprêtant un gibier savoureux. Rebecca, qui l'avait entendu, alla avertir son fils Jacob, et l'engagea à se substituer à son frère avant que celui-ci eût le temps de revenir de la chasse. Jacob, craignant de se voir découvert et chargé de malédiction, refusa d'abord; mais la mère ordonna, et Jacob obéit. Rebecca fit tuer deux jeunes chèvres, et après avoir apprêté la viande selon le goût d'Isaac, elle couvrit Jacob des vêtements de son frère aîné, qui avaient l'odeur de la chasse. Jacob se présenta ainsi à son père, la ruse réussit, et il enleva la bénédiction destinée au premier-né. Celui-ci, revenu de la chasse, apprit ce qui s'était passé; le désespoir s'empara de lui, et il jura de se venger de la trahison de son frère.

Rebecca, craignant pour Jacob le juste ressentiment du farouche Esaü, l'engagea à fuir et à se rendre à Harrân où elle avait un frère nommé Laban. Respectant l'affection qu'Isaac portait à Esaü, elle ne voulut point affliger le vieillard en lui révélant les projets sinistres que ce fils qu'il chérissait avait hautement manifestés. Elle présenta le voyage de Jacob comme ayant pour but de chercher pour lui une femme dans leur propre famille, afin qu'il ne s'alliât pas, comme Esaü, avec les odieux Cananéens. Isaac consentit au départ de Jacob; il l'appela auprès de lui, et lui donna de nouveau sa bénédiction, en assurant à ses descendants la possession du pays de Canaan.

C'est ici le point culminant de la vie d'Isaac, dans le sens des traditions théocratiques des Hébreux. Par ce dernier acte spontané, le second patriarche est entièrement réconcilié avec la destinée des descendants de Jacob. La ligne d'Esaü, comme celle d'Ismaël, se trouve éliminée de notre histoire, qui ne s'occupera que de la famille de Jacob, le troisième patriarche.

La vie d'Isaac, qui, en général, n'est pas riche en événements remarquables, et qui se trouve dénuée de ce prestige du merveilleux que nous avons remarqué dans la vie d'Abraham, n'offre plus à l'auteur de la Genèse rien qui soit digne d'être rapporté. Isaac vécut encore longtemps; mais il n'est plus fait mention de lui qu'une seule fois, lors du retour de Jacob.

Parti de Beerséba, pour se rendre en Mésopotamie, Jacob eut à Louz un songe qui montre combien il était pénétré de confiance en Dieu et quelles espérances il nourrissait déjà sur ce que sa race devait être un jour pour les peuples de la terre. Dans ce songe il voyait une échelle sur le haut de laquelle apparaissait Jéhova, et où ses messagers célestes montaient et descendaient. Jéhova lui renouvela les promesses faites à Abraham et à Isaac; *toutes les familles de la terre*, lui disait-il, *se béniront par toi et ta postérité*. Réveillé de son sommeil, il consacra cet endroit en y plaçant une pierre en monument, et lui donna le nom de *Bethel* (maison de Dieu). Puis il continua son voyage, et arrivé près de Harrân, il rencontra parmi les bergères de la ville sa cousine Rachel, fille de Laban. Jacob se mit au service de son oncle, par lequel il fut reçu avec le plus grand empressement. Il aimait Rachel, et il offrit à Laban de le servir sept années pour avoir sa fille en mariage; mais Laban avait une autre fille plus âgée, nommée Léa, qui était moins belle que Rachel. Au jour du mariage, Laban substitua Léa à Rachel, et Jacob, pour obtenir celle qu'il aimait, se vit obligé de s'engager encore pour sept autres années. Léa avait déjà donné quatre fils à Jacob, savoir Ruben, Siméon, Levi et Juda, et Rachel était restée stérile. Suivant l'usage de ces temps, Rachel donna à Jacob sa servante Bilha, pour avoir au moins le mérite d'élever des enfants à son mari. De cette union naquirent deux fils, appelés Dan et Naphthali. Léa, qui depuis plusieurs années n'avait plus eu d'enfants, suivit l'exemple de sa sœur, en donnant à Jacob sa servante Zilpha, qui donna aussi le jour à deux fils, Gad et Aser. Ensuite Léa elle-même mit au monde deux autres fils, Isachar et Zabulon, et une fille appelée Dina. Mais enfin les vœux de Rachel furent exaucés et elle donna le jour à un fils, qui reçut le nom de Joseph.

Jacob voulut alors retourner chez ses parents; mais Laban le pria de rester, en le laissant libre de fixer lui-même son salaire. Alors Jacob convint avec Laban de recevoir pour récompense toutes les brebis foncées et les chèvres tachetées qui naîtraient dorénavant dans les troupeaux de son beau-père. Jacob, en berger expérimenté, se servit d'un certain artifice pour mettre tous les avantages de son côté, croyant pouvoir se permettre une supercherie envers un homme qui l'avait si souvent trompé. Dans l'espace de six ans, il devint immensément riche, ce qui excita la jalousie de Laban et de ses fils. Jacob ne se trouvant plus à son aise auprès d'eux, résolut de partir secrètement. Il emmena ses femmes, ses enfants, ses troupeaux et tous les biens qu'il avait acquis, et prit le chemin du pays de Canaan. Laban, qui était allé tondre ses brebis, n'apprit la fuite de Jacob qu'après trois jours; il ne retrouva plus ses idoles que Rachel avait enlevées. Irrité, il se mit à la poursuite des fugitifs, et il les atteignit près de la montagne de Gilead; mais ayant eu un songe dans lequel Dieu lui défendait d'entrer en dispute avec Jacob, il se contenta de lui reprocher sa conduite avec bienveillance. Les idoles que Rachel avait cachées ne furent pas retrouvées. Laban se réconcilia avec son gendre; ils firent une alliance ensemble, et se séparèrent en amis.

Jacob, arrivé à Mahnaïm, envoya des messagers dans le pays de Séir où résidait son frère Esaü, et le fit avertir de son arrivée. Esaü vint au-devant de lui, accompagné de quatre cents hommes. Jacob craignant une attaque, adressa une prière fervente au Dieu d'Abraham et d'Isaac, et tâcha d'apaiser la colère d'Esaü en lui envoyant un riche présent. Ayant fait passer le *Yabbok* à ses femmes et à ses enfants et étant resté seul la nuit de l'autre côté de la rivière, il eut une vision dans laquelle il se voyait en lutte avec un inconnu, qui se fit reconnaître ensuite comme messager céleste et qui changea le nom de *Jacob* en celui d'*Israël*, d'où vient le nom d'*Israélites* donné aux descendants de Jacob.

Dans cette lutte que Jacob soutient contre la Divinité, lorsqu'il est sur le point de rentrer dans sa patrie, nous ne pouvons voir qu'un mythe, qui exprime l'idée de la purification du patriarche. Jacob lutte par la prière, et la Divinité est vaincue par sa soumission; les fautes qu'il a commises sont oubliées, il les efface en s'humiliant devant Dieu, et dorénavant nous ne trouverons plus rien de blâmable dans sa conduite. Le nom de *Jacob*, dans lequel on pouvait voir une allusion aux fautes de sa jeunesse, est changé en celui d'*Israël*, qui rappelle à la fois sa lutte et sa victoire[1]; ses descendants n'héritent que de ce dernier nom, on les appelle *enfants d'Israël*. Un passage du prophète Osée (ch. 12, v. 4 et 5) nous montre comment les anciens Hébreux entendaient le mythe de la lutte de Jacob: « Dans « le sein (de sa mère) il supplanta son « frère, mais dans sa force virile il lutta « avec Dieu; il maîtrisa l'ange et il le « vainquit, car il pleura et lui adressa « des supplications. »

Jacob, fortifié par la prière et plein de confiance en Dieu, se mit à la tête de sa famille, et alla au-devant de son frère Esaü. Celui-ci le reçut avec bonté, l'embrassa tendrement et lui proposa de continuer le voyage en commun; mais Jacob s'excusa sur ses jeunes enfants et ses troupeaux qui n'auraient pu le suivre assez vite. Esaü retourna donc seul à Séir, et Jacob se rendit dans les environs de Sichem, où il bâtit un autel en l'honneur du Dieu d'Israël.

Une série de dures épreuves attendait le patriarche dans le pays de Canaan. Sichem, fils de Hamor, le prince des Sichémites, enleva Dina, fille de Jacob, et la déshonora. Il la demanda ensuite en mariage; mais les fils de Jacob méditèrent une terrible vengeance contre tous les Sichémites. Ils consentirent en apparence au mariage de Dina avec Sichem, sous condition que tous les habitants mâles de la ville se soumettraient immédiatement à la circoncision. Le troisième jour, quand

---

[1] Le nom de *Jacob* יַעֲקֹב vient, selon un passage de la Genèse (25, 26) du mot עָקֵב *talon*; car, à la naissance des deux jumeaux, Jacob tenait le talon d'Esaü. Mais, dans un autre passage (27, 36), on fait venir le nom de Jacob du verbe עָקַב *tromper, supplanter.* Le nom d'Israël יִשְׂרָאֵל peut se rendre par *combattant* ou *prince de Dieu.*

les Sichémites étaient encore souffrants, deux des fils de Jacob, Siméon et Lévi, dirigèrent une attaque contre eux et les égorgèrent tous, après quoi les autres fils de Jacob pillèrent la ville et emmenèrent les femmes, les enfants et les troupeaux. Jacob fut très affligé de cet événement, et il reprocha à ses fils leur action atroce [1]. Toute la famille quitta les environs de Sichem, où elle ne se croyait plus en sûreté. Arrivé à Bethel, Jacob éleva un autel à l'endroit où Dieu lui avait apparu dans un songe. Se dirigeant ensuite vers Ephrath (Bethléhem), il eut la douleur de perdre Rachel, qui mourut en donnant le jour à un second fils nommé Benjamin. Encore aujourd'hui on montre le tombeau de Rachel aux environs de Bethléhem [2]. Jacob se rendit ensuite à Hébron, où vivait encore son père Isaac, qui, selon la Genèse (35, 28), mourut à l'âge de cent quatre-vingts ans. Si ce nombre est exact, Isaac dut être témoin de l'événement que nous allons raconter et du désespoir de son fils Jacob.

Joseph, premier-né de Rachel, était l'objet tout particulier de l'affection de son père, qui lui donnait souvent des marques de tendresse et se montrait disposé à lui accorder des priviléges qui, par droit de naissance, appartenaient aux fils de Léa. D'ailleurs les aînés des fils de Jacob s'étaient attiré par des fautes graves la défaveur de leur père. Ruben, le premier-né, avait perdu son droit par un inceste [3]; Siméon et Lévi avaient mécontenté Jacob par leur conduite perfide envers les Sichémites. Joseph, enfant chéri de son père et traité en ennemi par ses frères jaloux, rendait compte à Jacob de tout ce qu'il pouvait y avoir de blâmable dans la conduite de ses fils aînés, et il ne cachait pas à ceux-ci ses espérances et ses rêves de grandeur. Attachant, dès son enfance, une grande importance aux songes, dans lesquels il lisait l'avenir, Joseph n'hésitait pas à raconter à ses frères ses visions nocturnes, présages de sa future grandeur. Les frères conçurent contre lui une haine mortelle et conspirèrent sa perte. Un jour, Jacob envoya Joseph demander des nouvelles de ses frères qui faisaient paître leurs troupeaux dans les environs de Sichem. A son arrivée l'idée de le tuer s'empara de ses frères; Ruben, l'aîné, sur lequel pesait la plus grande responsabilité, tâcha de sauver Joseph, et il engagea ses frères à le jeter dans une citerne d'où il avait dessein de le retirer plus tard. Mais les frères, profitant d'une absence momentanée de Ruben, vendirent Joseph à une caravane de marchands qui passait dans ce moment, se rendant en Égypte. Ils envoyèrent à leur vieux père la robe de Joseph teinte du sang d'un bouc qu'ils venaient de tuer, et le malheureux vieillard, croyant son jeune fils déchiré par une bête féroce, s'abandonna au plus vif désespoir. Joseph, emmené en Égypte, fut vendu à Potiphar, un des grands dignitaires de ce pays, et devint l'intendant de sa maison. La femme de Potiphar [1], séduite par la beauté de l'esclave hébreu, le poursuivit par des sollicitations criminelles, et se voyant l'objet de son dédain, elle résolut de le perdre, en l'accusant auprès de son mari d'avoir tenté le crime qu'elle avait voulu elle-même lui faire commettre. Elle réussit et Joseph fut jeté en prison. Il sut bientôt se faire aimer par le geôlier, qui lui confia le soin de tous les prisonniers.

Quelque temps après, deux officiers du roi d'Égypte, le grand échanson et le grand panetier, furent mis dans la prison où se trouvait Joseph. Celui-ci les voyant troublés un matin

---

[1] Voy. Genèse, 34, 30 et 49, 7.
[2] Voy. ci-dessus, page 57.
[3] Voy. Genèse, 35, 23 et 49, 4.

[1] Les traditions musulmanes donnent à la femme de Potiphar le nom de *Zoleikha*. Joseph joue un grand rôle chez les Orientaux; Mahomet lui a consacré un chapitre de son Alcoran, et plusieurs poëtes musulmans ont célébré sa fortune et les vertus. Le poëte persan Djami en a fait le sujet d'une épopée romantique dont j'ai donné une analyse détaillée dans le journal le *Temps* du 2 et 10 juillet 1835.

par des songes qu'ils avaient eus dans la nuit, proposa de leur en donner l'interprétation. Ils lui racontèrent leur songe respectif; Joseph prédit que dans trois jours le grand échanson serait rétabli dans sa charge, et que le grand panetier serait décapité. L'événement vérifia la prédiction de Joseph.

Deux ans après, le roi d'Égypte eut un songe fort remarquable. Il vit sortir du Nil sept vaches grasses, auxquelles succédèrent sept vaches maigres qui les engloutirent. Réveillé de son sommeil et endormi de nouveau, il vit sept épis pleins, qui furent engloutis par sept épis vides. Frappé de cette double vision, le roi en demanda l'explication à tous les sages et devins de l'Égypte. Aucun d'eux ne pouvant donner une réponse satisfaisante, le grand échanson se rappela l'esclave hébreu qui, dans la prison, lui avait si bien prédit son sort. Il en parla au roi, qui fit venir Joseph et lui exposa son double songe. Joseph déclara au roi que ce songe annonçait sept années d'abondance qui seraient suivies de sept années de stérilité. En même temps il fit comprendre au roi que c'était pour lui un devoir de prévenir le mal et d'établir des magasins, où, sous la direction d'un homme intelligent et habile, on pût ramasser des provisions pour les années de disette. Le roi, fort satisfait de l'explication de Joseph, le chargea lui-même de l'exécution de ses projets et lui conféra une autorité illimitée sur toute l'Égypte. Il lui fit épouser la fille de Potiféra, grand prêtre d'On ou Héliopolis, avec laquelle Joseph eut deux fils, Manassé et Éphraïm.

Les expédients que Joseph imagina pour préserver l'Égypte des horreurs de la famine, l'imposition des agriculteurs, qui se montait à un cinquième du revenu total, et les dispositions qui transformèrent toute l'Égypte, à l'exception des propriétés sacerdotales, en une terre féodale, dont le roi était le propriétaire réel, changèrent essentiellement les rapports mutuels des castes et donnèrent à la royauté une force qu'elle n'avait pas eue jusqu'alors. Il se fit à cette époque dans la constitution de l'Égypte une véritable révolution. Les recherches sur les opérations de Joseph et sur leur opportunité sont d'une certaine importance pour l'histoire ancienne de l'Égypte; mais elles ne touchent en rien l'histoire des Hébreux dont nous nous occupons ici. Les interminables dissertations qu'on a faites sur la moralité du procédé de Joseph nous semblent assez puériles et oiseuses. Les hautes vérités bibliques sont désintéressées dans ces questions de certaines individualités, dont la Bible nous raconte les faits avec une naïve simplicité, sans nous les présenter comme modèles dans toutes les phases de leur vie et de leur activité. Quant au rêve de Pharaon et à la divination de Joseph, nous avons à peine besoin de faire remarquer que le récit du fait historique a subi, dans le courant des siècles, l'influence de l'imagination poétique. Pour nous, tout cet épisode ne nous intéresse que parce qu'il motive l'émigration de la famille de Jacob de Canaan en Égypte.

Pendant l'absence de Joseph, cette famille s'était considérablement agrandie; mais la pureté du sang ne s'y était point conservée selon les vues d'Abraham et d'Isaac. Plusieurs des fils de Jacob avaient contracté des mariages avec des femmes cananéennes[1]. Ce que la Genèse (ch. 38) nous raconte de la conduite de Her et Onan, fils de Juda, et de l'inceste involontaire commis par Juda avec Thamar, veuve de ses deux fils, nous montre combien les mœurs avaient dégénéré dans la famille de Jacob. Chacun des fils du patriarche était devenu chef d'une famille sur laquelle il exerçait un pouvoir souverain, comme le prouve la peine de mort décrétée par Juda contre sa bru Thamar lorsqu'il la croit seule coupable d'un crime dont il était le complice.

La disette qui régnait en Égypte, et qui absorbait sans doute les produits des terres voisines, devait se faire res-

[1] Voy. Genèse, 38, 2; 46, 10.

sentir dans le midi de Canaan, où résidait Jacob avec sa famille. Ayant entendu parler des grandes provisions de blés faites par les ordres de Pharaon, Jacob envoya tous ses fils, à l'exception de Benjamin, dans le pays d'Égypte, pour y acheter des vivres. Joseph ayant reconnu ses frères, et les ayant amenés par différentes questions à lui parler de leur père et de Benjamin, exigea d'eux de lui amener ce dernier, et, sous prétexte qu'ils étaient des espions, il garda Siméon pour otage. Un second voyage en Égypte était devenu nécessaire. Jacob se vit forcé d'envoyer Benjamin avec ses frères. Nous ne dépeindrons pas les émotions de Joseph, sa lutte intérieure et ses procédés envers ses frères dont il veut éprouver les sentiments. Tout le monde connaît le beau récit de la Genèse. Joseph, après s'être fait connaître à ses frères étonnés, les engagea à conduire en Égypte leur vieux père et toute la famille d'Israël.

Il leur désigna pour demeure le pays de *Gosen*, qui, très-probablement, était situé entre la mer Rouge et le Nil, s'étendant au midi jusqu'aux environs de Bilbéis et au nord jusque vers Pelusium et la limite méridionale de la Palestine [1]. Comme ce district avait de bons pâturages, on l'appelle, par rapport aux pasteurs hébreux, *la meilleure partie du pays* (Gen. 47, 6).

Quand les frères de Joseph revinrent auprès de leur père, celui-ci refusa d'abord de croire à l'heureuse nouvelle qu'ils lui apportaient; mais bientôt il fut convaincu par les détails qu'ils lui donnèrent et par les chariots et les riches provisions de voyage que Joseph lui avait envoyés. Il partit donc avec toute la famille pour l'Égypte. Sur la limite de Canaan, à Beerséba, le patriarche immola des victimes au Dieu de ses pères, qui, dans une vision nocturne, le rassura sur les dangers de cette émigration. Cette vision rend Jacob convaincu que ses descendants conserveront le culte du vrai Dieu et qu'ils retourneront dans le pays de Canaan. Leur Dieu les accompagnera en Égypte et il reviendra avec eux (Gen. 46, 4); telle est l'idée qui occupe l'esprit de Jacob à son départ pour l'Égypte où régnait la plus grossière idolâtrie.

Joseph, venu au-devant de son père, l'emmena avec lui dans la capitale pour le présenter au roi d'Égypte, qui reçut avec bonté le vieux patriarche, alors âgé de cent trente ans, et approuva le projet de Joseph d'établir la famille des Hébreux dans le pays de Gosen. Selon la tradition biblique, la famille se composait alors de soixante-dix individus, en y comprenant Joseph et ses deux enfants [1]. Rien ne s'oppose à ce que cette tradition soit considérée comme historique, quoique les noms propres que renferme le tableau de la Genèse (ch. 46, v. 8—27) présentent bien des difficultés, et qu'il soit impossible de faire toujours accorder ce tableau avec celui du livre des Nombres (ch. 26) et avec les généalogies du premier livre des Chroniques (ch. 4-8).

Jacob vécut dix-sept ans dans le pays de Gosen, où sa famille devint de plus en plus nombreuse. Sentant sa mort approcher, il fit venir son fils Joseph et lui fit jurer qu'il ferait transporter ses restes dans la sépulture de ses pères à Hébron. Pendant la dernière maladie du patriarche, Joseph accourut auprès de lui, accompagné de Manassé et Ephraïm, ses deux fils. Jacob les adopta pour ses enfants, en leur reconnaissant des droits égaux à ceux de ses autres fils [2]. Aussi les

---

[1] Cette partie de l'Égypte, limitrophe de l'Arabie Pétrée, s'appelait autrefois le *nome d'Arabie* (Ptolém. l. IV, c. 5), et les Septante rendent deux fois *Gosen* par Γεσὲμ Ἀραβίας (Gen. 45, 1; 46, 34). Dans un autre passage (46, 28) la version grecque porte καθ' ἡρώων πόλιν, εἰς γῆν Ῥαμεσσῆ. Héroopolis était située près du bras occidental du golfe Arabique. Joseph allant au-devant de son père *monte* au pays de Gosen (46, 29); le verbe *monter*, dont se sert l'auteur hébreu, prouve également que le pays de Gosen était situé sur le chemin de la Palestine, et les excursions que firent quelques nomades hébreux jusqu'aux environs de Gath (Voy. 1 Chron. 7, 21), prouvent que leurs demeures n'étaient pas bien loin du pays des Philistins.

[1] Voy. Genèse, 46, 27; Deutéron. 10, 22.
[2] C'est pourquoi l'auteur des Chroniques (I, ch. 5, v. 1) dit que le droit d'aînesse,

voyons-nous plus tard former deux tribus distinctes. En les bénissant le patriarche donna la préférence à Éphraïm, quoiqu'il fût le cadet. Ensuite il donna la bénédiction à tous ses fils, en désignant pour plusieurs d'entre eux les districts que leurs familles devaient occuper dans le pays de Canaan, selon les dispositions de caractère qu'il leur connaissait.

Cette bénédiction, ou plutôt ce testament de Jacob, forme un des plus beaux morceaux de la poésie hébraïque. Malgré les doutes que la critique moderne a élevés contre l'authenticité de ce poëme, nous n'hésitons pas à y voir, conformément à la tradition reçue, l'œuvre du patriarche Jacob, quoiqu'il renferme peut-être un petit nombre de passages interpolés [1]. Tout dans ce poème nous indique l'époque antémosaïque : on n'y trouve aucune trace du grand miracle de la sortie d'Égypte, qu'un poëte plus récent n'eût manqué de faire prédire au patriarche; pas la plus légère allusion au culte mosaïque, aux fonctions sacerdotales et aux priviléges de la tribu de Lévi, qui, au contraire, partage avec son frère Siméon la réprobation du patriarche. Si Juda porte le sceptre et si ses frères lui rendent leurs hommages, ce n'est pas une raison pour croire tout le poëme composé à l'époque de David et Salomon; Ruben, Siméon et Lévi s'étant montrés indignes de devenir les chefs du peuple d'Israël, le patriarche devait naturellement penser à Juda ; son quatrième fils, à qui il pouvait reconnaître la souveraineté, tout en favorisant Joseph par une double portion d'héritage. Déjà du vivant de Jacob, nous voyons Juda à la tête de ses frères; c'est lui qui demande à Jacob de permettre le voyage de Benjamin (Gen. ch. 43, v. 3 et 8), et c'est lui aussi qui, devant Joseph, porte la parole au nom de tous (ib. ch. 44, v. 14, 18 et suiv.). On a trouvé difficile d'admettre qu'un vieillard de cent quarante-sept ans, sur son lit de mort, ait été capable du haut élan poétique qui se révèle dans cette bénédiction. Mais le testament de Jacob n'était pas l'œuvre du moment; depuis longtemps les destinées de ses fils et leur retour dans la patrie occupaient sans doute exclusivement l'esprit du patriarche, et les images qui le remplissaient depuis dix-sept ans agissent avec une nouvelle force dans les derniers jours de sa vie, et, dans un dernier élan, il trouve facilement des paroles sublimes pour en revêtir les rêves de toute sa vie [1].

Jacob ordonna de nouveau à ses enfants de transporter ses restes à Hébron dans le tombeau de famille, où reposaient Abraham et Sarah, Isaac et Rébecca, et où il avait aussi enterré Léa, morte avant son départ pour l'Égypte. Après sa mort, Joseph fit embaumer son corps, selon la coutume du pays. Les Égyptiens célébrèrent un deuil de soixante-dix jours ; ensuite tous les grands de la cour de Pharaon accompagnèrent Joseph et ses frères conduisant le corps de Jacob dans le pays de Canaan.

Revenus en Égypte, les fils de Jacob craignaient le ressentiment de Joseph, et ils lui demandèrent pardon au nom du Dieu de leur père. Joseph les rassura, les consola et leur promit toute sa protection. Plus d'un demi-siècle encore, il est par sa haute position le bouclier de la colonie hébraïque. Celle-ci s'était peut-être déjà

---

dont Ruben s'était rendu indigne, avait été donné à Joseph; car, selon une ancienne coutume consacrée dans la loi de Moïse (Deutér. 21, 17), le premier-né recevait deux portions de l'héritage.

[1] Une foule d'écrivains modernes ont exercé sur ce poëme leur esprit et leur sagacité; on peut voir leurs noms et les titres de leurs ouvrages dans la *Genèse* de M. Bohlen (p. 438, 440, 441). Cet auteur cite seize monographies sur le fameux mot *Schilo* (ib. p. 462), qui n'en est devenu que plus obscur. Parmi ceux qui ont reconnu l'authenticité du poëme, nous remarquons l'illustre Herder, qui, mettant de côté les subtilités philologiques, s'est laissé guider par son sentiment poétique. Voy. ses *Lettres concernant l'étude de la théologie* ; Briefe, das Studium der Theologie betreffend), t. I, cinquième lettre, et son *Esprit de la poésie hébraïque* (Geist der hebräischen Poesie), t. II, ch. 6.

[1] *Facilius evenit appropinquante morte, ut animi futura augurentur*, dit Cicéron, *de Divinat.* l. I, c. 30.

trop multipliée pour pouvoir facilement retourner dans ses premiers foyers; peut-être aussi les Cananéens ne se montraient-ils pas bien disposés à la recevoir. Quoi qu'il en soit, le retour fut ajourné indéfiniment, et Joseph, avant de mourir, en parle comme d'une espérance lointaine qui devait se réaliser un jour avec le secours de la Divinité, et il témoigne le désir que ses ossements soient alors transportés dans le pays de Canaan. Il mourut à l'âge de cent dix ans; quant à ses frères, il paraît que quelques-uns au moins lui survécurent [1].

2. SERVITUDE DES HÉBREUX. — MOÏSE.

Les Hébreux formaient dans le pays de Gosen un petit peuple, séparé des Égyptiens par ses mœurs, son culte, son langage et son régime patriarcal. La Bible se tait sur l'époque qui suivit immédiatement la mort de Joseph et de ses frères; mais il est certain que les Hébreux restaient isolés des Égyptiens et qu'il n'y avait de place pour eux dans aucune des castes égyptiennes, qui toutes étaient héréditaires. Leur profession de pasteurs, leurs mœurs nomades, méprisées des Égyptiens, avaient établi entre les deux peuples une barrière insurmontable. Leur culte patriarcal, à la vérité, ne s'était pas conservé dans sa pureté primitive, mais le culte des Égyptiens était trop en opposition avec les traditions des Hébreux pour qu'il eût pu prévaloir parmi ces derniers. Les enfants d'Israël conservaient des notions du *Dieu d'Abraham*, *d'Isaac et de Jacob*, quoiqu'ils n'eussent plus de ce Dieu que des idées bien confuses. Placés sous la dépendance des rois d'Égypte, ils étaient gouvernés cependant par leurs propres chefs. Les tribus étaient divisées en familles, qui avaient chacune son *Zakên* ou schéikh [2], et ces chefs de famille se trouvaient sans doute sous les ordres des chefs de leurs tribus respectives. A l'époque de la servitude nous trouvons aussi mentionnés des officiers sous le titre de *Schoterim*, dont l'autorité est sanctionnée par le gouvernement égyptien, auprès duquel ils sont personnellement responsables des charges imposées à la colonie [1].

Les nomades hébreux faisaient quelquefois des excursions au delà des limites de l'Égypte. Le premier livre des Chroniques (ch. 7, v. 21) mentionne une expédition entreprise par les fils d'Éphraïm contre les habitants de Gath, dont ils voulaient prendre les bestiaux, et qui les tuèrent. Une fille d'Ephraïm fonda plusieurs villes dans le pays de Canaan (ib. v. 24). Il paraît résulter d'un autre passage (ib. ch. 4, v. 21-23) que quelques membres de la famille de Schéla, fils de Juda, firent des conquêtes sur le territoire des Moabites, et que, dans la même famille, on cultivait différents arts et métiers, notamment la fabrication du byssus et la poterie.

Les grands services que Joseph avaient rendus à l'Égypte ne pouvaient être oubliés de sitôt, et la mémoire de cet homme illustre devait encore longtemps servir d'égide à la colonie qu'il avait appelée dans le pays. Celle-ci allait toujours croissant et prospérant, jusqu'à ce que le trône de Memphis fut occupé par une nouvelle dynastie *qui ne connaissait pas Joseph* (Exode, ch. 1, v. 8). Nous ne possédons de l'histoire ancienne de l'Égypte que des fragments informes dont la chronologie est encore moins sûre que celle de l'histoire des Hébreux de cette époque. Il est donc très-difficile, sinon impossible, d'établir le synchronisme des deux histoires. Il n'est pas probable que le *nouveau roi* dont parle l'Exode, s'il eût été de la dynastie à

---

[1] Voy. Gen. 50, 24.
[2] Voy. Exode, ch. 3, v. 16 et 18; ch. 6, v. 14 et 25.

[1] Voy. Exode, ch. 5, v. 6, 10, 14, 15, 19.
Le mot *Schoter* dérive d'une racine qui, en arabe, a le sens de *tracer*, *écrire*, et Michaëlis (*Mosaisches Recht*, t. I, § 51) présume que les *Schoterim* (écrivains) étaient chargés de tenir les tables généalogiques et les registres des charges et des corvées de chaque famille. Plus tard nous trouvons des *Schoterim* à côté des juges dans les villes des Hébreux et dans les plus hautes régions civiles et militaires. Nous y reviendrons dans un autre endroit.

laquelle Joseph avait rendu de si grands services, eût entièrement ignoré ces services et les circonstances qui avaient motivé l'arrivée de la colonie hébraïque. C'est donc avec raison que l'historien Josèphe voit dans le nouveau roi une *nouvelle dynastie*[1]. Quelques écrivains[2] ont pensé que cette dynastie était celle des *Hycsos* ou Pasteurs, nomades venus d'Arabie, qui s'établirent d'abord dans la basse Égypte, où ils bâtirent la ville d'*Avaris* (Héroopolis), et qui peu à peu se répandirent dans toute l'Égypte et dépossédèrent les rois de Memphis et de Diospolis. Mais les différents fragments de Manéthon, cités par Josèphe, ne sont pas favorables à cette hypothèse[3]; il paraît résulter de ces fragments que les Hycsos appartiennent à une époque antérieure. Nous ne croyons pas qu'il soit possible d'arriver sur ce point à des résultats positifs; les découvertes récentes sur les monuments égyptiens ne nous paraissent pas avoir beaucoup avancé la question[4].

Quoi qu'il en soit, l'avénement d'une nouvelle dynastie devint funeste à la colonie des Hébreux. Un des rois de cette dynastie n'ayant plus aucun souvenir des bienfaits que l'Égypte avait reçus de Joseph, voyant avec effroi la force toujours croissante du peuple établi à Gosen, et craignant que, dans le cas d'une guerre, ces étrangers ne fissent cause commune avec l'ennemi, résolut de les opprimer en les accablant de lourds travaux. En leur imposant *des chefs de corvée*, il les employa à bâtir ou à fortifier les villes de Pithom et de Raamsès[1]. Pour multiplier leurs travaux, il les força de cuire des briques, de faire du ciment et de travailler dans les champs. Tous ces moyens étant insuffisants pour réduire les Hébreux, le roi donna l'ordre aux sages-femmes de faire périr tous les enfants mâles; mais voyant que cet ordre n'était pas exécuté, il ordonna de jeter les nouveaux-nés dans le fleuve. Il paraît qu'on trouva encore moyen d'éluder cette mesure, car les Hébreux n'en continuèrent pas moins à se multiplier dans des proportions extraordinaires. Cet ordre cruel, suspendu, nous ne savons combien de temps[2], sur la tête des infortunés Hébreux, sert d'introduction à l'historien sacré, pour nous montrer leur sauveur entouré, dès sa naissance, d'une auréole miraculeuse.

Amrâm, de la tribu de Lévi, avait épousé Jochabed, sa parente, dont il avait un fils nommé Ahron et une fille nommée Miriam (Marie). Un autre fils leur venait de naître et la famille se trouvant établie, à ce qu'il paraît, près de la résidence royale, il

---

[1] τῆς βασιλείας εἰς ἄλλον οἶκον μετεληλυθυίας. Antiqu. II, 9, § 1.
[2] Voy. Jahn, *Biblische Archæologie*, t. I, première partie, p. 27 et suiv. — Rosenmüller, *Biblische Geographie*, t. III, p. 340 et suiv.
[3] Voy. Josèphe, *Contre Apion*, l. 1, ch. 14-16 et ch. 26-31. L'historien juif n'hésite pas à identifier les Hycsos avec les Hébreux, et à taxer de mensonge ce que Manéthon dit du règne des Hycsos et de l'expulsion des lépreux (Hébreux) sous une dynastie postérieure.
[4] Voy. Essai sur le système hiéroglyphique de M. Champollion, et sur les avantages qu'il offre à la critique sacrée, par J. G. H. Greppo. Seconde partie, ch. 3. — Cet excellent écrit a l'avantage de présenter nettement les résultats qu'on peut tirer des découvertes de M. Champollion pour la critique de l'histoire biblique; mais nous sommes loin de partager la conviction profonde de l'auteur et d'accepter ses résultats comme une certitude historique.

[1] On reconnaît le nom de *Pithôm* dans celui de la ville de *Patoumos* mentionnée par Hérodote (II, 158). Son vrai nom était *Thoum*, la syllabe *Pi* est l'article égyptien. V. Champollion, *l'Égypte sous les Pharaons*, t. II, p. 58-62. Il paraît qu'elle était située au midi de Bubaste, à peu près là où est maintenant Bilbéis. — Quant à la ville de *Raamsès*, nous ne saurions préciser l'endroit où elle était située, mais elle doit être la même ville d'où partirent les Hébreux pour se rendre à Succoth (Exode, 12, 37), et qui était nécessairement située dans le pays de Gosen. Nous ne saurions donc la retrouver avec Champollion (l. c. p. 248) et Greppo (l. c. p. 212) dans le village de *Ramsis*, situé dans la basse Égypte occidentale, hors du Delta.
[2] S'il faut prendre comme historique tout le récit du Pentateuque, l'oppression des Hébreux et l'ordre de noyer leurs enfants mâles n'ont pu précéder que très-peu de temps la naissance de Moïse; car celui-ci avait un frère aîné, âgé seulement de trois ans de plus, et dont la conservation n'avait fait aucune difficulté à ses parents.

était plus difficile de soustraire le nouveau-né à la surveillance des officiers de Pharaon. Ne pouvant plus garder chez elle l'enfant qu'elle avait caché pendant trois mois, Jochabed fit faire une boîte de papyrus, y plaça l'enfant et l'exposa sur les bords du Nil; la sœur de l'enfant se tenait près de là pour l'observer. La fille de Pharaon (que Josèphe appelle Thermouthis) étant allée se baigner dans le fleuve, vit la boîte et se la fit apporter par sa servante. Elle y trouva l'enfant pleurant, et Miriam ayant remarqué de loin l'émotion de la princesse, s'approcha d'elle et offrit d'aller appeler une nourrice parmi les femmes des Hébreux. Elle appela sa propre mère; la princesse lui confia l'enfant, qu'elle adopta pour son fils, et auquel elle donna le nom de *Mosché* (Moïse) qui, selon le texte sacré, signifie *tiré de l'eau*. L'enfant ayant grandi, la mère le rendit à la princesse, qui le fit élever à sa cour.

L'Écriture sainte ne nous dit rien sur la jeunesse de Moïse et sur son éducation. Mais cette lacune a été remplie par la tradition à laquelle Josèphe a donné place dans ses *Antiquités hébraïques* (l. II, ch. 9 et 10). Selon cette tradition, l'enfant Moïse était d'une beauté ravissante; la princesse Thermouthis le fit instruire, par les prêtres, dans toutes les sciences des Égyptiens[1], et elle sut le protéger contre l'influence des prêtres, qui prédirent au roi ce que l'Égypte avait à redouter de cet enfant; car en jouant un jour avec la couronne de Pharaon, il l'avait jetée par terre et foulée aux pieds. L'éducation sacerdotale de Moïse n'a rien que de très-probable; on en trouve aussi une trace dans l'un des fragments de Manéthon qui fait de Moïse un prêtre d'Héliopolis, nommé *Osarsiphus*[2]. Devenu grand, il conduisit une armée égyptienne contre les Éthiopiens, qui avaient tenté d'envahir le pays. Il défit les ennemis et les poursuivit jusqu'à la ville royale de Saba (Méroé), devant laquelle il mit le siége. Tharbis, fille du roi d'Éthiopie, étant devenue amoureuse de Moïse, lui offrit sa main et lui livra la ville. Moïse épousa la princesse et reconduisit en Égypte l'armée victorieuse de Pharaon.

Cet épisode est raconté par Josèphe avec beaucoup de détails; mais il n'en existe aucune trace dans les récits authentiques de l'Exode, qui, après avoir parlé de l'adoption de Moïse par la fille de Pharaon, nous le montre tout d'un coup à l'âge viril, au milieu de ses frères opprimés. Étant sorti un jour pour voir ces infortunés et leurs pénibles travaux, il vit dans un endroit écarté un Égyptien qui maltraitait un Hébreu. N'écoutant que son indignation, et se croyant inaperçu, il tua l'Égyptien et l'enfouit dans le sable. Mais un autre jour, ayant voulu intervenir dans une querelle entre deux Hébreux, et ayant vivement interpellé l'agresseur : Qui donc, répliqua celui-ci, t'a fait notre chef et notre juge? penses-tu me tuer, comme tu as tué l'Égyptien? Moïse voyant son meurtre découvert, et ayant appris que Pharaon, qui en avait eu connaissance, voulait le faire mourir, se hâta de fuir et se rendit dans l'Arabie voisine. Assis près d'un puits dans les environs du mont Sinaï, où vivait une tribu midianite, il défendit un jour les sept filles de Jéthro, chef et prêtre de la

---

[1] Voy. aussi *Actes des Apôtres*, ch. 7, v. 22, et les passages de Philon et des Pères de l'Église cités par Brucker, *Historia crit. philosophiæ*, t. I, p. 78, 79.

[2] Les deux coryphées de la littérature allemande ont jugé l'éducation de Moïse sous des points de vue bien différents. Si on peut reprocher à Schiller (*Die Sendung Moses*) d'avoir exagéré l'instruction sacerdotale de Moïse et l'influence des mystères égyptiens sur la théologie et la législation mosaïques, on s'étonne de voir Gœthe (*Westœstlicher Diwan*) tomber dans l'autre extrême, et voir dans Moïse qu'un caractère robuste, un homme élevé par la nature et de l'éducation duquel il ne faut pas s'enquérir. « Il a été « protégé d'une princesse, il a été élevé à la « cour; mais rien n'a agi sur lui. Il est de-« venu un homme excellent, fort, mais dans « toutes les circonstances il est resté incul-« te. » — Herder, qui a si profondément senti ce qu'il y a de beau dans les grands caractères bibliques, a jugé Moïse avec plus de vérité et surtout avec plus de sentiment poétique.

tribu, qui étaient venues abreuver les troupeaux de leur père, contre l'agression des bergers qui voulaient les repousser de la fontaine. Jéthro, ayant appris de ses filles la généreuse conduite de Moïse, le fit inviter à venir chez lui, et lui offrit l'hospitalité. Moïse ayant consenti à rester chez Jéthro, celui-ci lui donna pour femme sa fille Séphora.

Moïse passa de longues années avec le chef des Midianites, dont il faisait paître les troupeaux. Pendant ce temps rien n'avait changé dans la situation de ses frères en Égypte; un nouveau Pharaon était monté sur le trône; mais il continuait à l'égard des Hébreux le système inique de son prédécesseur. Dans la solitude auprès de ses troupeaux, Moïse put méditer sur le sort de ses frères; les traditions des patriarches occupaient son esprit, et la pensée de Jéhova, le Dieu de ses pères, s'empara de tout son être. Exalté par les souffrances de ses frères et méditant la grande œuvre de leur délivrance, il voyait sans cesse devant lui l'Être éternel au nom duquel cette œuvre devait s'accomplir.

Le moment décisif arriva. Ayant conduit un jour ses troupeaux près du mont Horeb, il vit un buisson qui était enflammé sans être consumé par le feu. Ne pouvant se rendre compte de ce phénomène, il voulut s'approcher pour l'examiner de près. Une voix se fait entendre du milieu du buisson et l'avertit qu'il se trouve sur un terrain saint. Il ne peut plus douter que c'est Jéhova qui se révèle dans cette vision miraculeuse; tous les sentiments qui l'ont agité depuis si longtemps, sa confiance en Dieu, sa méfiance de sa propre capacité, ses hésitations, se retracent ici dans un dialogue qui s'établit entre lui et la Divinité. (voy. Exode, ch. 3). Il est enfin convaincu que c'est lui que Dieu a choisi pour délivrer son peuple de l'esclavage et pour lui faire connaître de nouveau le Dieu de ses pères, comme *l'être absolu*. ÉHYÉ (je suis), tel est le nom sous lequel Dieu veut se faire annoncer à son peuple, en se faisant connaître comme le Dieu d'Abraham, d'Isaac et de Jacob.

Moïse prit la résolution de retourner en Égypte; il fit ses adieux à son beau-père et emmena sa femme et ses deux fils, Gerson et Eliézer. En chemin il fut menacé d'un grand danger, probablement la grave maladie de l'un de ses fils, qu'il avait négligé de circoncire. Séphora, attribuant à cette négligence la subite indisposition de son fils, fit l'opération et le danger cessa. C'est là le sens le plus probable des paroles obscures de l'Exode (ch. 4, v. 24—26). Il paraît que Moïse renvoya immédiatement sa femme et ses enfants auprès de son beau-père, qui les lui ramène plus tard (ib. 18, 5). Près du mont Horeb il rencontra son frère Ahron, dont le concours lui avait été annoncé par la voix divine dans le buisson ardent, et qui, plus éloquent que lui, devait être, auprès des Hébreux et du roi d'Égypte, l'interprète de ses inspirations divines. Les deux frères arrivés en Égypte commencèrent par rassembler les chefs des tribus israélites. Il fut probablement difficile de ranimer l'espérance d'un peuple abattu par un long esclavage, en lui parlant au nom d'un Dieu qu'il avait presque oublié et à côté duquel il paraît avoir adoré quelques-unes des divinités locales de l'Égypte[1]. Mais l'éloquence d'Ahron, parlant par l'inspiration de Moïse, et les signes qu'ils donnèrent pour s'accréditer comme envoyés de Dieu, finirent par leur gagner la confiance du peuple.

Ils firent ensuite une première démarche auprès du roi d'Égypte, pour lui demander d'accorder aux Hébreux la permission de se retirer dans le désert à une distance de trois journées, afin qu'ils pussent offrir des sacrifices à Jéhova leur Dieu. Pharaon les reçut fort mal, disant qu'il ne connaissait pas le dieu Jéhova. Il augmenta les travaux des Hébreux et les fit traiter

---

[1] Voy. Josué, ch. 24, v. 14; Ezéchiel, ch. 20, v. 7 et suiv., ch. 23, v. 3; Amos, ch. 5. v. 26. Spencer, *De legibus Hebræorum ritualibus*, L. 1, c. I, sect. I.

encore plus durement. Moïse fut découragé un moment par ce malheureux résultat; mais la voix divine le rassura, en lui rappelant les promesses faites aux patriarches. Il tâcha de consoler le peuple, et accompagné de son frère Ahron, il se présenta de nouveau à Pharaon. Moïse était alors âgé de quatre-vingts ans et Ahron en avait quatre-vingt-trois.

Tout ce qui se passa alors jusqu'à la délivrance des Hébreux est enveloppé pour nous d'un voile mystérieux, et la raison humaine doit renoncer à se rendre un compte exact des causes et des effets. Dans les *plaies* par lesquelles les oppresseurs des Hébreux furent si cruellement frappés, on reconnaît bien quelquefois les phénomènes particuliers à l'Égypte; mais les rationalistes ont fait de vains efforts pour expliquer tous les détails d'une manière naturelle[1]. Il faut donc ou reconnaître le miracle dans toute la force du terme, ou bien ne voir partout que des mythes et reconnaître dans les récits du Pentateuque le caractère de l'épopée. Il en est de même des événements qui succèdent à la sortie d'Égypte jusqu'à la mort de Moïse. L'historien se trouve sur un terrain mouvant, et il ne peut que se faire l'écho de la tradition. La sortie d'Égypte et la loi promulguée dans le désert du Sinaï, tels sont les grands événements historiques de la vie de Moïse, et ces faits incontestables sont d'une telle importance pour tout le reste de l'histoire des Hébreux qu'ils nous font presque perdre de vue les détails merveilleux qui les entourent et qui, appartenant au domaine de la foi et de la poésie, ne préoccupent l'esprit de l'historien que sous un point de vue secondaire.

Selon le récit traditionnel, Moïse et Ahron, en se présentant de nouveau devant le roi essayèrent d'abord de le convaincre de leur mission divine par un miracle. Ahron jeta son bâton par terre et il fut changé en un serpent. Mais Pharaon n'en fut point ému, les magiciens d'Égypte ayant fait le même miracle. Il arriva alors une série de phénomènes fondés, en grande partie, dans l'état physique du pays, mais qui cependant se présentèrent d'une manière extraordinaire et à des saisons inaccoutumées, et que Moïse savait toujours annoncer d'avance. Ce sont là les *dix plaies* de l'Égypte, que nous allons énumérer rapidement : 1° Toutes les eaux du Nil et des lacs se corrompent et sont changées en sang, et les Égyptiens sont forcés de creuser des puits pour avoir de l'eau potable. 2° Les grenouilles se multiplient d'une manière effrayante et couvrent toute l'Égypte. 3° Les hommes et les bestiaux sont tourmentés par des moucherons innombrables, ou, comme s'exprime le texte, toute la poussière de la terre est changée en moucherons[1]. 4° Une autre espèce d'insectes nuisibles[2] remplissent les maisons et fourmillent sur le sol, dont ils détruisent la végétation. 5° Une mortalité enlève tous les bestiaux des Égyptiens. 6° Des pustules enflammées se forment dans les hommes et les animaux. 7° Une forte grêle accompagnée d'éclairs et de tonnerre ravage les campagnes. 8° Des nuées de sauterelles viennent couvrir toute la surface du pays; elles dévorent tout ce que la grêle avait épar-

---

[1] Voy. entre autres, du Bois Aymé, dans la *Description de l'Égypte*, t. VIII, p. 109.

[1] Le texte hébreu a le mot KINNIM que les Septante rendent par σκνῖφες. Ce sont sans doute les *moustiques* si incommodes en Égypte. Voy. OEdmann, *Sammlungen*, premier cahier, ch. 6.

[2] Le sens du mot hébreu AROB n'est pas bien connu; mais il désigne sans doute une espèce particulière et non pas, comme dit la Vulgate, *omne genus muscarum*. Les Septante, dont l'autorité doit avoir un grand poids pour tout ce qui concerne l'Égypte, rendent le mot hébreu par κυνόμυια, probablement une espèce de *taon*. Philon (*De vitâ Mosis*) l'appelle un insecte mordant et insidieux, qui s'élance de loin avec bruit, comme une flèche, et qui, s'attachant à la peau, y pénètre fortement. Voy. *Philonis Opera*, ed. de Genève, p. 472. — OEdmann (ib. deuxième cahier, ch. 7), après avoir examiné les opinions de ses devanciers, se prononce pour la *blatta orientalis*, ou la *kakerlaque*, qui est encore maintenant une des plaies de l'Égypte. Ceux qui ont voyagé sur le Nil, savent combien cet insecte est incommode; les bateaux en sont infestés, et on les y voit souvent par milliers.

gné. 9° D'épaisses ténèbres couvrent tout le pays. 10° Tous les premiers-nés des Égyptiens sont enlevés par une mort subite.

Toutes les fois que Pharaon se voyait délivré d'une plaie, ou que ses magiciens pouvaient produire quelque chose d'analogue, son cœur s'endurcissait et il refusait de laisser partir les Hébreux. Avant l'arrivée de la dernière plaie, Moïse prévoyant que ce coup serait décisif, prévint les Hébreux de se tenir prêts à partir. Il leur ordonna de tuer un agneau par famille, le quatorzième jour de la lune du printemps, après-midi, et d'en manger la chair rôtie, avec du pain sans levain et des herbes amères. Les Hébreux devaient faire ce repas pendant la nuit, à la hâte, en costume de voyage et le bâton à la main, et ils devaient mettre du sang de l'agneau sur les portes de leurs maisons, afin que le *destructeur* des premiers-nés reconnût les demeures des Hébreux et *passât* devant leurs portes. De là ce repas et toute la cérémonie que Moïse ordonna de répéter chaque année, en commémoration du grand miracle, reçut le nom de *Pæçach* (Pascha, Pâques) [1].

Au milieu de la nuit, une main invisible porta la désolation dans toutes les familles des Égyptiens, en frappant tous les premiers-nés des hommes et des animaux [2]. Les Égyptiens effrayés insistèrent alors auprès du roi pour qu'il laissât partir les Hébreux. Dans la nuit même Pharaon fit appeler Moïse et Ahron et les pressa de faire sortir leur peuple dans le désert, en leur permettant d'emmener même leurs troupeaux. Les Hébreux n'eurent pas le temps de faire lever la pâte qu'ils avaient préparée pour le lendemain; de là l'usage de manger, pendant la fête de Pâques, des gâteaux sans levain. Ils empruntèrent toute espèce de vases et de vêtements précieux des Égyptiens, qui donnèrent avec plaisir tout ce qui leur fut demandé. Les ossements de Joseph furent emportés, selon sa dernière volonté. Ce fut au bout de quatre cent trente ans, dit le texte de l'Exode, que les Hébreux quittèrent l'Égypte, au nombre de six cent mille hommes adultes, sans compter les femmes et les enfants. Ces deux chiffres, celui du temps et celui de la population sont assez bien en rapport entre eux, et on a établi par des calculs assez rigoureux que la colonie des Hébreux, composée de soixante-dix individus, aurait pu, au bout de 430 ans compter 977,280 individus mâles au-dessus de vingt ans [1]. Mais le chiffre de 430 est en contradiction manifeste avec les chiffres d'une table généalogique des Lévites, qui nous est conservée dans le livre de l'Exode (ch. 6, v. 16--25), et qui ne permet pas de faire durer le séjour des Hébreux en Égypte au delà de 210 ans [2]. Aussi Josèphe et la plupart des commentateurs font-ils commencer les 430 ans au temps d'Abraham, qui émigra en Égypte. C'est là encore une difficulté qui ne pourra jamais être suffisamment éclaircie. Selon les calculs qui nous paraissent les plus probables, les Hébreux quittèrent l'Égypte vers l'an 1600 avant l'ère chrétienne.

3. SORTIE D'ÉGYPTE. — LÉGISLATION. — SÉJOUR DANS LE DÉSERT. — CONQUÊTE DE LA PÉRÉE. — MORT DE MOÏSE.

Pour arriver dans le pays de Canaan, le chemin le plus court pour les Hébreux était de se diriger au nord, vers la côte de la Méditerranée, et de se rendre par El-Arîsch à Gaza dans le pays des Philistins. Mais l'esprit belliqueux des Philistins étant renommé, et les Hébreux étant peu habitués à manier les armes, Moïse avait depuis longtemps

---

[1] Du verbe PAÇACH, *sauter, passer par-dessus*.

[2] Les premiers-nés des animaux étaient probablement les animaux sacrés, qu'adoraient les Égyptiens, et les premiers-nés des hommes étaient consacrés à leur culte; c'est pourquoi cette dixième plaie est considérée en même temps comme le châtiment des divinités égyptiennes. Voy. Exode, ch. 12, v. 12.

[1] Voy. Jahn, *Archæologie*, t. II, première partie, p. 91.

[2] Voy. La Bible de M. Cahen, t. II, p. 50.

pris la résolution de traverser le désert du Sinaï [1], afin d'éviter autant que possible la rencontre de peuples ennemis et d'arriver par un long détour à la limite sud-est de la Palestine [2].

Du district qu'ils avaient occupé dans le pays de Raamsès ou Gosen, les Hébreux se rendirent à *Succôth* (tentes), qui, selon Josèphe [3], était Latopolis situé à l'endroit où plus tard fut bâtie Babylone (maintenant le vieux Caire). Du mont Mokattam, près du Caire, commence une chaîne de montagnes qui s'étend à l'est et va aboutir dans le mont Attaka près de Suez. Les Hébreux, au lieu de rester au nord du Mokattam et de prendre la route que suivent encore maintenant les caravanes qui vont du Caire à la Mecque, *tournèrent* [4], à ce qu'il paraît, au midi, vers la plaine de Bezatîn, puis à l'est, pour traverser la *vallée de l'Égarement* [5]. De Succôth ils se rendirent à *Étham*, *situé à l'extrémité du désert* (Exode, 13, 20), et que le P. Sicard place dans la plaine de Ramlieh, à huit lieues de la mer Rouge. De là un défilé très-étroit, où vingt hommes à peine peuvent marcher de front, conduit dans la plaine de Bedéa près de la mer Rouge, et Sicard pense que ce fut pour éviter ce défilé que Dieu ordonna aux Hébreux (ib. 14, 2) de *se détourner* pour aller camper devant *Pi-hahirôth*.

[1] Voy. Éxode, ch. 3, v. 12.
[2] Voy. Nombres, ch. 13.
[3] Antiqu., l. 2, c. 15, § 1.
[4] Exode, 13, 18.
[5] C'est ce qui résulte de l'assertion de Josèphe, fondée, sans doute, sur une ancienne tradition, et c'est aussi l'opinion du P. Sicard dans sa *Dissertation sur le passage de la mer Rouge par les Israélites*. Niebuhr cependant fait prendre aux Hébreux la route des caravanes, pour les faire arriver à la petite langue de mer qui se trouve au N. E. du golfe de Suez, et où le passage est assez facile. Il laisse la position de Succôth indéterminée, et il cherche Étham près d'Adjroud. Mais l'hypothèse du P. Sicard nous fait mieux comprendre pourquoi Pharaon croit les Hébreux *égarés* dans le pays, et *renfermés* dans le désert, quoique le passage de la mer Rouge, placé bien plus au midi, devienne par là plus incompréhensible.

Cette troisième station est, selon le même auteur, dans la plaine de Bedéa, au midi du mont Attaka [1]. Pour guider la grande masse de peuple dans ces chemins inconnus, un grand feu se trouvait constamment allumé à la tête des colonnes; la fumée qui en sortait leur servait de guide pendant le jour et la flamme pendant la nuit. Dans le langage des écrivains hébreux, où tout ce que Dieu ordonne ou qui se fait en son nom est considéré comme son reflet, c'est Dieu lui-même qui marche à la tête du peuple dans une colonne de nuée pendant le jour et dans une colonne de feu pendant la nuit (Ex. 13, 21).

Le roi d'Égypte ayant appris que les Hébreux, au lieu de se borner à une excursion de trois journées, s'étaient engagés dans les défilés et avaient essayé de s'enfuir, se repentit de les avoir renvoyés. Il était loin d'ailleurs de voir dans cette marche détournée et indécise un plan combiné, et il croyait que le peuple s'était égaré. Il se mit donc à leur poursuite avec six cents chariots d'élite et avec une grande masse de cavalerie et de fantassins, et les atteignit dans la plaine près de Pi-hahirôth. Campés dans cette plaine, les Hébreux avaient devant eux, à l'est, le golfe de Suez, à droite et à gauche les montagnes, et derrière eux ils voyaient l'armée des Égyptiens. Sans un secours miraculeux, ils étaient perdus. Déjà ils élevaient de violents murmures contre leurs chefs; mais

[1] Selon le Pentateuque, Pi-hahirôth est entre Migdol et la mer, devant Baal-Sephôn. Sicard prend Migdol pour le mont Koaïbé, au midi de la *vallée de l'Égarement*, et Baal-Sephôn pour l'Attaka. Tout ceci est fort douteux. Les opinions des voyageurs et des savants varient beaucoup sur ces différentes localités, et sur l'endroit où les Hébreux passèrent la mer. Nous renvoyons surtout à la dissertation de du Bois Aymé dans la *Description de l'Égypte*, t. VIII, p. 113 et suiv. Ce savant, qui, comme Niebuhr, place le passage de la mer plus au nord, prend Étham pour *Bir-Suès*, et Pi-hahirôth pour *Adjroud*. Le *Commentaire géographique sur l'Exode et les Nombres*, que vient de publier M. Léon de Laborde, laissant Étham indéterminé, place Baal-Sephôn à Suez, et Pi-hahirôth à Adjroud (p. 72, 75, 76).

Moïse les rassura : « Ne craignez rien, dit-il, restez tranquilles, et vous verrez le secours que l'Éternel vous donnera aujourd'hui ; car, après avoir vu les Égyptiens en ce jour, vous ne les reverrez jamais. » La nuit arriva ; une violente tempête venue de l'est sépara les eaux du golfe, à l'endroit où les Hébreux étaient campés, et fraya un passage au milieu des flots, qui, dit le texte, s'amoncelèrent à droite et à gauche. La colonne de feu et de fumée se plaça derrière les Hébreux et déroba leur fuite aux Égyptiens, qui, voyant le feu immobile, ne se doutèrent pas du mouvement que Moïse faisait opérer à son peuple pendant toute la nuit, pour lui faire traverser le golfe. Le passage s'opéra probablement tout près du mont Attaka, où la mer a maintenant six lieues de largeur, et le matin les Hébreux se trouvèrent campés sur le rivage oriental du golfe vis-à-vis de la montagne. Là se trouvent des sources que les Arabes appellent *Ayoun Mousa* (sources de Moïse), et où ils placent traditionnellement le passage des Hébreux.

Au point du jour les Égyptiens virent encore de loin la colonne de feu et de fumée, mais ils n'aperçurent plus le camp des Hébreux, ce qui porta le trouble et le désordre parmi eux ; tel est le sens des paroles de l'Exode (14, 24) : *Et l'Éternel avait jeté un regard sur le camp des Égyptiens, à travers la colonne de feu et de nuage, et avait mis en désordre le camp des Égyptiens.* Leur premier mouvement fut de se mettre en toute hâte à la poursuite des Hébreux, sans penser aux dangers qui les menaçaient. Ils se hasardèrent à suivre les fugitifs dans le lit du golfe, avec leurs chariots et leurs chevaux ; mais les chariots ne pouvaient pas rouler, et la marche fut très-pénible (ib. v. 25). Le vent d'est avait cessé, et les flots retournèrent et coupèrent la retraite aux Égyptiens qui furent engloutis dans la mer. Ce miracle éclatant fut célébré par Moïse dans un cantique qui nous a été conservé dans l'Exode (ch. 15).

Tel est exactement le sens du récit biblique traduit dans notre langage vulgaire. Dès qu'on admet la vérité historique de ce récit, il devient impossible d'expliquer ce grand événement par les phénomènes ordinaires qu'on a pu observer dans la contrée traversée par les Hébreux. Toutes les hypothèses qu'on a faites à ce sujet ne suffisent pas pour expliquer en même temps et la délivrance des Hébreux et le désastre des Égyptiens. Si la basse marée avait seule favorisé le passage des Hébreux (en admettant que le passage se soit effectué près de Suez et qu'une si grande masse d'hommes, de femmes et d'enfants ait pu traverser le golfe en peu d'heures), on ne comprendrait pas que les Égyptiens eussent été assez insensés pour les suivre, sachant que la mer ne pouvait pas tarder à revenir. Nous avouons encore ici la difficulté de nous rendre un compte exact des faits par les documents que nous avons à notre disposition. Les efforts des rationalistes ont échoué sur ce point comme sur beaucoup d'autres.

Après avoir passé le golfe, les Hébreux se rendirent dans le *désert de Schour*. Ce désert, situé au sud-ouest de la Palestine, s'étend du golfe Arabique à la Méditerranée jusque vers Pelusium (Damiette), et s'appelle maintenant *Al-Djofâr* [1]. Moïse ne s'aventura point dans l'intérieur du Djofâr ; mais il fit marcher les Hébreux vers le midi, dans cette partie du désert qui avoisine le golfe de Suez. Après trois jours de marche, ils campèrent dans un endroit où il y avait de l'eau, mais tellement amère qu'on ne put la boire ; ce qui fit donner à cet endroit le nom de *Marah* (amère). Burckhardt place cette station près du puits *Howara*, à quinze heures un quart de marche d'Ayoun-Mousa. L'eau de ce puits, dit-il, est si amère que

---

[1] Dans les versions des Juifs Arabes *Schour* est rendu par *Al-Djofâr*.

les hommes ne peuvent la boire, et les chameaux n'en veulent que lorsqu'ils ont bien soif [1]. Moïse sut l'adoucir par une plante qu'il y fit jeter [2]. Partis de Marah, les Hébreux campèrent à *Elim* où ils trouvèrent douze sources et soixante-dix palmiers. C'est, sans doute, le *Wadi Gharandel*, à trois lieues d'Howara; on y trouve beaucoup de palmiers, de tamariscs et d'acacias, ainsi qu'une source abondante et un torrent. Les douze sources ont pu s'y trouver momentanément; car, selon Niebuhr, l'endroit est riche en eau, et on en trouve facilement en creusant à peu de profondeur [3].

Se dirigeant de là vers le Sinaï, les Hébreux arrivèrent le quinzième jour du deuxième mois (un mois après leur sortie d'Égypte) dans le *désert de Sin*, après avoir fait une halte (selon le journal itinéraire des Nombres) sur le bord du golfe de Suez. *Sin* ne peut être que le *Wadi Mocatteb*, célèbre par ses inscriptions [4], ou le *Wadi El-schéikh* [5]. Ici tout le peuple murmura contre Moïse et Ahron, craignant de mourir de faim et regrettant l'esclavage d'Égypte, où on avait vécu dans l'abondance. Bientôt une espèce de cailles très-commune dans l'Arabie-Pétrée vint en nombreuses volées rassurer la foule turbulente, et la célèbre *manne*, dont les Hébreux devaient se nourrir pendant quarante, années tomba en ce lieu pour la première fois, *menue comme la gelée blanche sur la terre* (Ex., 16, 14). Cette substance se montrait sous la forme de petits grains blancs, semblables à la semence de coriandre, et avait un goût de miel; il fallait la recueillir de grand matin, car elle se fondait au lever du soleil. Elle était si abondante qu'on pouvait en recueillir un *Omer* [1] par tête et on en préparait toute sorte de mets. On n'en trouvait point le jour de sabbat, mais on en ramassait doublement la veille. Ce fut à cette occasion que Moïse parla pour la première fois de la célébration du Sabbat.

La contrée dans laquelle il faut chercher le désert de Sîn possède encore aujourd'hui beaucoup de tamariscs qui donnent la manne [2]. Plusieurs voyageurs y ont même trouvé une espèce de manne qui tombe de l'air et qui s'attache aux pierres, aux branches ou à l'herbe; si leurs observations sont exactes, ce ne peut être que la manne végétale, qui est attirée par l'air d'où elle retombe [3]. Mais si on réfléchit que cette manne ne se trouve que dans la presqu'île du Sinaï et seulement pendant les mois de juin et de juillet, tandis que, selon la Bible, les Hébreux en recueillirent tous les jours, pendant quarante ans, et sur toute leur route jusqu'à Edréi et à Guilgal; que d'ailleurs la récolte ne produit maintenant, dans les meilleures années, que cinq à six cents livres, et que la substance n'est pas non plus assez dure pour être écrasée dans un mortier ou dans un moulin, comme nous le lisons dans le livre des Nombres (ch. 11, v. 8) [4], il faudra renoncer à expliquer le

---

[1] Voy. *Travels in Syria and the holy land*, p. 472.
[2] Burckhardt a pris des informations auprès des Bédouins pour savoir s'ils connaissaient un moyen analogue à celui dont se servait Moïse; mais il ne put rien apprendre à ce sujet. Il suppose que Moïse employa les baies rouges d'un arbuste appelé *Gharkad*, le *peganum retusum* de Forskal, qui est très-commun dans ces contrées. Voy. *Travels*, p. 473 et 474.
[3] Burckhardt, l. c.
[4] Voy. *Voyage de l'Arabie Pétrée*, par M. Léon de Laborde, p. 69.
[5] Burckhardt, p. 487.

[1] Le *Omer*, qui est le dixième de l'*Épha*, équivaut, selon le calcul des rabbins, à 43 un 5ᵉ coques d'œufs.
[2] C'est Ehrenberg qui nous fournit les meilleurs renseignements sur cet arbrisseau qu'il appelle *tamarix mannifera*. Ses branches piquées par un insecte qu'il nomme *coccus maniparus* et dont il donne la description, transsudent une substance que les Arabes recueillent de la terre, et qu'ils mangent avec le pain comme du miel. Voy. *Symbolæ physicæ*, *Insecta*; I, tab. 10.
[3] On peut voir différentes hypothèses sur cette *manne du ciel*, comme l'appellent les Arabes, dans OEdmann, *Sammlungen*, sixième cahier, ch. I.
[4] Voy Burckhardt, *Travels*, p. 600.

récit biblique par les faits naturels qu'ont observés les voyageurs.

Du désert de Sîn, les Hébreux allèrent par *Dophka* et *Alous* à *Raphidim*. Ce dernier campement devait être à peu de distance du Sinaï, et on doit le chercher dans la plaine qui est au midi du Wadi El-schéikh, après le rocher appelé par les Arabes *Makad-Sidna-Mousa* (le siége de notre seigneur Moïse). L'eau manquant dans cette contrée, de nouveaux murmures s'élevèrent contre Moïse, qui, frappant le rocher avec son bâton, en fit sortir de l'eau en abondance [1].

Une partie de la caravane ne pouvant supporter la fatigue de la marche, était restée en arrière [2]. Les Amalécites attaquèrent les traîneurs, et Moïse ordonna à Josué, fils de Noun, de la tribu d'Ephraïm, son serviteur et disciple, d'aller au-devant de l'ennemi avec une troupe d'élite. Il se plaça lui-même sur une colline, ayant à côté de lui Ahron et Hour [3], et il éleva de temps en temps son bâton merveilleux pour encourager les combattants. Après une lutte opiniâtre, les Amalécites furent repoussés avec une grande perte. Moïse fit élever un autel en ce lieu, et une inimitié éternelle fut jurée aux Amalécites.

Au commencement du troisième mois après la sortie d'Égypte, les Hébreux arrivèrent dans les environs du mont Sinaï, où ils devaient séjourner un certain temps, pour recevoir des institutions et des lois qui pussent les régir dans le pays où ils allaient s'établir. Les inconvénients des institutions patriarcales pour une si grande réunion d'hommes ne se faisaient déjà que trop sentir. Du matin jusqu'au soir le peuple se pressait devant Moïse pour lui demander des conseils et des jugements; tout son dévouement, toutes ses fatigues devenaient inutiles, et il ne pouvait répondre à toute cette foule. Suivant le conseil de son beau-père Jéthro, qui était venu le rejoindre pour lui amener sa femme et ses enfants, Moïse divisa le peuple par milliers; chaque millier fut encore subdivisé en plus petites fractions. Des hommes signalés par leur mérite personnel et par leur probité furent placés à la tête de chaque division pour rendre justice au peuple et pour le conseiller dans les affaires moins graves, et dorénavant les cas les plus difficiles furent seuls exposés devant le chef suprême.

Moïse procéda immédiatement à la grande œuvre de la législation dont les bases principales devaient être proclamées en présence du peuple et au milieu des phénomènes les plus imposants qui annonçaient la présence de la Divinité. Moïse assembla les anciens et leur adressa une allocution dans laquelle il leur rappela ce que Dieu avait fait pour le peuple d'Israël, et il leur fit comprendre que la loi qu'il allait leur donner devait faire des Hébreux un peuple consacré à l'Éternel, *un peuple saint, un royaume de prêtres;* c'est-à-dire, qu'ils seraient tous égaux devant l'Être suprême et devant sa loi, qu'ils seraient tous initiés dans la connaissance de Dieu et de sa loi, et qu'on leur dévoilerait à tous les hautes doctrines qui, chez les Égyptiens, sous le nom de *mystères*, n'étaient connues qu'à une caste privilégiée, celle des prêtres. Tout le peuple protesta d'avance de son obéissance absolue, et Moïse lui ordonna de se préparer pendant trois jours, afin d'apparaître dignement devant la Divinité qui allait se révéler sur le mont Sinaï. L'approche de la montagne sainte fut interdite sous peine de mort. Le troisième jour, dès le matin, on vit une fumée épaisse sortir du Sinaï; des éclairs fendirent le nuage qui enveloppait la montagne, et au bruit du tonnerre se mêla le son des trompettes, de sorte que *tout le peuple qui était au camp trembla de frayeur*. Moïse fit sortir le peuple vers la montagne [1];

---

[1] Tacite rapporte ce miracle et en donne une explication naturelle. *Hist.* V, 3.
[2] Voy. Deutéronome, 25, 18.
[3] Hour était, selon la tradition, le fils de Miriam, sœur de Moïse; d'autres en font son mari.

[1] La montagne devenue célèbre par la lé-

il défendit même aux prêtres [1] de s'approcher pour contempler de près cette scène imposante. Puis il monta, accompagné de son frère Ahron, et une voix redoutable proclama les dix articles de la loi fondamentale.

On verra plus loin que la loi de Moïse, en général, se compose de trois parties distinctes : *la doctrine* sur Dieu et ses attributs, *la loi cérémonielle*, symbole de la doctrine, et *la loi morale et sociale*. Dans les dix articles promulgués sur le Sinaï, et qui sont généralement connus sous le nom de *Décalogue*, on peut distinguer de même ces trois parties, et les *dix commandements* nous offrent en quelque sorte la quintessence de toute la loi. Dans la première partie (art. 1—3) on établit l'existence de *Jéhova* (l'Être absolu); le rédempteur du peuple hébreu, on défend le polythéisme et la représentation de la Divinité par des images visibles; son nom même ne doit point être prononcé en vain. Dans la seconde partie (art. 4) on ordonne la célébration du sabbat, qui, comme symbole de la création et du Dieu créateur, est la base de toutes les observances religieuses. Enfin la troisième partie (art. 5—10) s'occupe des lois indispensables à toute société humaine : on y prescrit aux enfants le respect envers leurs parents, et on défend le meurtre, l'adultère, le vol, le faux témoignage, et jusqu'à la convoitise des biens d'autrui.

Les Hébreux, effrayés, de tout ce qu'ils avaient vu et entendu, prièrent Moïse de leur parler lui-même et d'être auprès d'eux l'interprète de la volonté divine. Moïse, après les avoir rassurés, disparut dans le brouillard, et après être revenu au milieu du peuple, il lui exposa les détails les plus indispensables de la loi civile et morale. Pour ne pas interrompre le récit et pour faire mieux saisir l'ensemble des lois, nous renvoyons le lecteur au résumé général que nous donnons plus bas de toute la législation mosaïque.

Selon l'usage de ces temps, les lois qui venaient d'être promulguées furent consacrées par des sacrifices et des repas solennels (Ex. ch. 24). Ensuite Moïse se retira avec Josué sur le mont Sinaï pour achever l'œuvre de la législation, après avoir chargé Ahron et Hour de le remplacer pendant son absence, qui dura quarante jours. Il s'occupait, dans sa retraite, du culte public qu'il était urgent d'établir pour éviter les dangers de l'idolâtrie qui menaçait d'envahir les hordes encore barbares du peuple hébreu. Mais avant d'avoir le temps d'exécuter ce projet, le peuple, troublé par la longue absence de son chef et ayant conservé le souvenir des usages égyptiens, voulut adorer son Dieu sous une image visible. Il se présenta devant Ahron pour lui demander la fabrication d'une idole; Ahron eut la faiblesse de céder et demanda qu'on lui apportât les bijoux d'or que portaient les femmes et les enfants, espérant peut-être gagner du temps en réclamant ce sacrifice. Mais bientôt on lui apporta l'or nécessaire, et il fut obligé de fabriquer l'image d'un veau, à l'imitation du bœuf Apis qu'adoraient les Égyptiens. On bâtit un autel; une grande fête fut célébrée pour l'établissement de ce culte indigne, et le peuple manifesta sa joie par des jeux et des danses. Alors Moïse se présenta subitement au milieu de la foule, portant dans sa main deux

---

gislation de Moïse se compose de différents pics, qui portaient le nom général de *Horeb*; c'est pourquoi dans le Deutéronome (4, 10) et dans le livre de Malachi (4, 22) la scène est placée au mont *Horeb*. Le Horeb proprement dit n'est qu'un mamelon à partir duquel s'élève un pic qu'on appelle le Sinaï (Laborde, p. 68). Un pic plus élevé, qui en est séparé à l'est s'appelle communément le mont Sainte-Catherine. On ne sait lequel des deux pics est le *Sinaï* de la Bible (Voy. Burckhardt, p. 609); mais aucun des deux n'offre à son pied une place ouverte, où tout le peuple hébreu aurait pu s'assembler, et il est probable que les chefs et représentants du peuple assistèrent seuls de près à la proclamation des dix commandements. Voy. Rosenmüller, *Archéologie*, t. III, p. 130.

[1] Le sacerdoce n'était pas encore régulièrement établi, mais les aînés des familles faisaient alors les fonctions de prêtres.

tables de pierre sur lesquelles il avait gravé les dix commandements. Indigné du spectacle qui s'offrit à ses yeux, il brisa les tables ; il fit aussitôt détruire l'idole, et adressa d'amers reproches à Ahron. Ayant fait un appel à tous les vrais adorateurs de Jéhova, toute la tribu de Lévi se groupa autour de lui, et il ordonna aux fidèles de tuer tous ceux qui feraient résistance, sans ménager même leurs plus proches parents. Environ trois mille hommes tombèrent en ce jour, et cet événement fut suivi d'un deuil général.

Moïse sentit de plus en plus la nécessité d'établir un symbole visible de la présence de Dieu au milieu du peuple hébreu. Malgré la sévérité qu'il avait déployée dans l'affaire du veau d'or, l'idolâtrie ne cessait pas d'avoir ses partisans [1]. Il dressa provisoirement hors du camp une tente qui devait être le lieu de la manifestation visible de la Divinité et où il allait de temps à autre chercher ses inspirations. Il lui donna le nom de Ohel-Moëd (tente de rendez-vous) [2], parce qu'elle était le lieu de rendez-vous entre la Divinité et le peuple hébreu, représenté par Moïse : Quiconque cherchait Jéhova, dit le texte sacré, allait vers le Ohel-Moëd. Toutes les fois que Moïse y entrait, une colonne de nuée descendait devant l'entrée de la tente, et le peuple, qui était dans le camp, se prosternait. Josué, le serviteur de Moïse, ne quittait jamais cette tente (Voyez Exode, 33, 7 — 11).

Après une nouvelle absence de quarante jours passés dans la solitude du mont Sinaï, Moïse revint le visage rayonnant d'une splendeur céleste, et portant dans sa main de nouvelles tables de la loi fondamentale. Il communiqua ses inspirations divines d'abord à Ahron et aux chefs des tribus, ensuite à la nation tout entière, et il leur exposa le plan d'un temple portatif où l'on devait célébrer dorénavant le culte de Jéhova [1]. Ahron et ses fils [2] furent désignés comme ministres de ce culte, et devaient être assistés, dans une partie de leurs fonctions, par tout le reste de la tribu de Lévi, qui venait de manifester son dévouement pour la cause de Jéhova. Nous montrerons plus loin que Moïse n'avait nullement l'idée d'établir une *caste sacerdotale* semblable à celle des Égyptiens. La centralisation et l'unité du culte était le seul moyen de déraciner l'idolâtrie et les coutumes païennes dans le sein des familles.

Sur l'appel que fit Moïse à la générosité de la nation, les matériaux, les métaux et autres objets précieux nécessaires à la confection du *Tabernacle* (c'est ainsi qu'on appelle communément le temple portatif), des autels, des vases sacrés, etc., furent apportés avec profusion. De nombreux ouvriers se mirent à l'œuvre, sous la direction de deux artistes, Besalél de la tribu de Juda, et Oholiab, de celle de Dân. Le travail marcha avec rapidité, et au premier jour de la seconde année le Tabernacle put être dressé et consacré.

Les détails merveilleux que donne le livre de l'Exode sur la magnificence du Tabernacle, sur le luxe et la richesse des matériaux qu'on y employait, et sur la beauté et la finesse des travaux, ont fait naître des doutes sérieux sur la réalité du fait, et les critiques modernes [3] n'ont pas hésité

---

[1] Voy. Amos, ch. 5, v. 26.
[2] Voy. Exode, 33, 7 ; comp. ib. 29, 42.
La Vulgate rend inexactement ce nom par *tabernaculum fœderis*. Plus tard le nom de *Ohel-Moëd* désigne souvent le *tabernacle* ou le temple portatif, dont cette *tente de rendez-vous* formait le sanctuaire intérieur, et qui est appelé, à cause de cela, *demeure du Ohel-moëd* (ib. 39, 32 ; 40, 2 et 6). C'est là le rapport véritable entre le *Ohel-Moëd* proprement dit et le tabernacle (Mischcan) ; la confusion des noms embarrasse souvent le lecteur du Pentateuque.

[1] Une description détaillée de ce temple se trouve dans l'Exode, ch. 25 et suiv. Nous y reviendrons plus loin.
[2] Ahron avait quatre fils : Nadab, Abihou, Eléazar et Ithamar. Les deux premiers périrent bientôt par suite d'une faute qu'ils avaient commise dans leurs fonctions (voy. Levit. ch. 10, v. 1 et 2).
[3] Voy. Vater, *Commentar über den Pentateuch*, t. III, p. 658 ; Bohlen, *Genèse*, p. 112 et suiv., auxquels on peut ajouter de Wette, Gramberg et plusieurs autres. Les raisons

à prendre tout le récit pour une œuvre d'imagination, composée plusieurs siècles après Moïse par quelque auteur qui aura vu les magnificences du temple de Salomon. Les raisons dont se sont appuyés ces critiques ne sont pas toutes également bonnes. On a trouvé peu vraisemblable que les Hébreux nomades eussent pu produire dans le désert des ouvrages d'art aussi compliqués, puisque Salomon lui-même était obligé de se servir d'artistes étrangers. Mais les Hébreux à peine sortis de l'Égypte, où fleurissaient les arts et l'industrie[1], pouvaient être, sous ce rapport, plus avancés que du temps de Salomon, lorsque déjà pendant plusieurs siècles ils s'étaient bornés à l'agriculture. Les parfums et autres choses semblables pouvaient être fournis aux Hébreux par les caravanes qui dès la plus haute antiquité allaient porter en Égypte les produits de l'Arabie (Genèse, 37, 25). Mais ce qui fait la plus grande difficulté, c'est la grande quantité d'or et d'argent que les Hébreux ont dû fournir dans cette occasion et la rapidité étonnante avec laquelle tous les travaux furent achevés. Nous avouerons donc qu'on peut élever des doutes sur l'authenticité de plusieurs détails de la description que nous offre le livre de l'Exode; mais l'établissement d'un sanctuaire central et du sacerdoce ressort tellement de l'esprit général de la loi mosaïque, qu'il est impossible de ne pas admettre l'authenticité historique du fait en lui-même.

Les solennités de la consécration du Tabernacle continuèrent pendant douze jours; chaque jour un des chefs des douze tribus vint offrir des présents et des sacrifices. Quelques jours après on célébra la seconde Pâque, l'anniversaire de la sortie d'Égypte. Il fut accordé un délai d'un mois à ceux qui, ayant touché un cadavre, ne pouvaient célébrer la Pâque à cette époque. Enfin le vingtième jour du deuxième mois, la flamme et le nuage qui couvraient le sanctuaire [1] se mirent en mouvement, et, à ce signal du départ, on leva le camp. Sur la demande de Moïse, son beau-frère Hobab l'accompagna pour lui montrer les chemins. La marche fut dirigée au nord, vers le désert de Pharân et la limite méridionale de la Palestine. Dès le début du voyage les murmures recommencèrent. Un feu (probablement la grande chaleur, car on était à la fin de mai) avait dévoré un certain nombre d'hommes; bientôt après le bas peuple se plaignit de nouveau du manque de nourriture, et regrettait l'abondance dont il avait joui en Égypte. Encore une fois de nombreuses volées de cailles arrivèrent au milieu du camp; les Hébreux se jetèrent sur ces oiseaux et en mangèrent avec une telle avidité que beaucoup d'entre eux payèrent de la vie leur coupable intempérance, ce qui fit donner à ce lieu le nom de *Kibrôth hatthaawa* (tombeaux de la convoitise). De là on se rendit à *Hacéróth*, au nord-est du Sinaï [2], d'où la marche se continua au nord jusqu'à *Kadesch* dans le désert de *Pharân* ou de *Cin*, près de la langue méridionale de la mer Morte.

De Kadesch Moïse envoya douze hommes, un de chaque tribu, pour explorer le pays de Canaan, et pour lui faire un rapport sur les habitants, sur les villes qu'ils occupaient et sur l'aspect du pays en général. Revenus après quarante jours, ces hommes louèrent beaucoup la fertilité du pays de Canaan, mais ils en présentèrent la conquête comme une chose impossible, à cause de la force des habitants, hommes de stature gigantesque, et établis dans des villes bien fortifiées. A ce rapport le découragement s'empara du peuple; en vain Josué et Caleb (ce dernier de la tribu de Juda),

---

alléguées par ces critiques ont été réfutées en partie par Bœhr, *Symbolik des Mosaischen Cultus*, t. I, p. 274, et par Winer, *Biblisches Realwœrterbuch*, t. II, p. 620.

[1] Voy. pour la question qui nous occupe ici, Heeren, *Ideen*, II, 2, p. 369 (original allemand).

[1] Voy. ci-dessus, page 122.
[2] Burckhardt a trouvé dans cette direction une source appelée *Hadhra*, qui, dit-il, est peut-être *Hacéróth*, mentionné dans le livre des Nombres. *Travels*, p. 495.

qui avaient été du nombre des explorateurs, cherchèrent à calmer l'exaspération du peuple et à vaincre sa défiance par des rapports plus favorables. Un soulèvement général menaça de détruire entièrement le plan de Moïse, et on parlait déjà d'élire un autre chef pour retourner en Égypte. Moïse sentit alors l'impossibilité de poursuivre son projet avec la génération présente, habituée à l'esclavage et peu capable d'un dévouement héroïque. Il reprocha sévèrement au peuple sa défiance envers son Dieu qui s'était manifesté à lui par tant de miracles, et il lui annonça l'arrêt divin qui condamnait tous les hommes au-dessus de vingt ans (à l'exception de Josué et Caleb) à mourir dans le désert, et réservait à la jeune génération la conquête du pays de Canaan. A la parole puissante de Moïse les Hébreux sentirent combien leur conduite était criminelle et voulurent immédiatement se mettre en marche contre les Cananéens; mais l'arrêt était irrévocablement prononcé. Malgré la défense de Moïse, qui refusa de quitter le camp, on tenta une attaque ; les Hébreux furent repoussés avec perte par les Cananéens et les Amalécites, et ils se résignèrent à continuer la vie nomade dans le désert.

Pendant trente-huit ans les Hébreux parcoururent en nomades le désert auquel les Arabes ont donné le nom d'*El-Tyh* ou *Tyh Beni-Israël* (Egarement des enfants d'Israël), allant du nord au midi jusqu'à Asiongaber [1], sur le golfe Élanitique et retournant de là au nord. Ce long espace de temps se passa, à ce qu'il paraît, sans incidents remarquables dont la mémoire ait mérité d'être transmise à la postérité [1]; du moins les documents historiques du Pentateuque ne relatent-ils de cette époque qu'un seul événement qui ait quelque importance, la révolte excitée par le Lévite Korah, et dont la cause est attribuée au privilége du sacerdoce accordé à Ahron et à sa famille (Nombres, ch. 16, v. 10). Sous prétexte que cette institution portait atteinte aux droits de la nation dont tous les membres étaient égaux devant Jéhova (ib. v. 3), Korah sut attirer dans son complot quelques chefs de famille de la tribu de Ruben et deux cent cinquante hommes des plus notables parmi les Hébreux. Moïse, fort de sa conscience, essaya d'abord d'agir par sa parole sur l'esprit des rebel-

---

[1] Les campements inconnus que renferme le journal itinéraire des Nombres (ch. 33, v. 18—36) entre Hacéroth et Kadesch et qui ne se trouvent pas mentionnés dans le courant du récit, appartiennent sans doute, en grande partie, à ces courses nomades. Rosenmüller (l. c. p., 133, 134) compte tous ces campements pendant le premier voyage des Hébreux de Hacéroth à Kadesch, en les faisant passer par Asiongaber, ce qui est impossible; car nous aurions alors dix-sept campements pour la courte distance de Hacéroth à Asiongaber, et pas un seul sur la longue route d'Asiongaber à Kadesch. Le campement de *Cin* où *Kadesch* mentionné dans le journal itinéraire (v. 36) doit être placé à la seconde arrivée des Hébreux dans cet endroit (Nomb., ch. 20, v. 1). Le premier campement de Kadesch doit être cherché dans l'un des endroits inconnus qui viennent après le campement de Hacéroth; car *Kadesch* étant, comme *Pharán* et *Cin*, le nom général de la contrée, le journal donne avec plus de précision le nom de l'endroit où campèrent les Hébreux. Nous avons donc placé, sur notre carte, une partie des campements inconnus du midi au nord, avant la première arrivée à Kadesch, et le reste du nord au midi, après le départ de Kadesch. Nous avons suivi en cela la route tracée par M. Charles de Raumer dans son excellente dissertation sur le voyage des Hébreux (Leipzig, 1837); mais nous avouons que ce tracé ne repose que sur une simple conjecture, et que M. de Raumer, pour faire accorder les différentes données du Pentateuque, a hasardé des hypothèses que nous ne pouvons pas toujours admettre.

[1] On s'est emparé du silence que garde le Pentateuque sur ce qui se passa pendant ces trente huit années, pour révoquer en doute ce long séjour des Hébreux dans le désert, qui cependant se trouve suffisamment motivé par la conduite du peuple. Goethe, dans un écrit intitulé « Israël dans le désert » (*Israël in der Wüste*, à la suite du *Westöstl. Divan*), a soutenu que tout le voyage des Hébreux, jusqu'à leur entrée dans le pays de Canaan, a duré à peine deux ans et qu'on ne doit voir dans les *quarante* ans qu'un nombre rond ayant un sens mythique. Mais plusieurs passages des historiens et des poëtes hébreux prouvent que le séjour de quarante ans dans le désert était un fait historique bien établi (voy. Jos. 5, 6; 14, 10; Amos, 2, 10; 5, 26; Ps. 95, 10), et la critique de Goethe est plus spécieuse que solide.

9ᵉ *Livraison*. (Palestine.)

les, mais il ne put y parvenir. Dès le lendemain un sévère châtiment atteignit les coupables et la révolte fut promptement comprimée. C'est là tout ce que nous pouvons entrevoir dans le récit mythique du Pentateuque, d'après lequel les chefs du complot furent engloutis dans un abîme avec leurs maisons et leurs biens, et les deux cent cinquante conjurés furent dévorés par un feu tombé du ciel. Les trois fils de Korah furent sauvés (ib. ch. 26, v. 11), et plus tard, sous David, leurs descendants se rendirent célèbres comme poëtes et musiciens.

La mort violente des révoltés fournit au peuple un nouveau sujet de murmures contre Moïse et Ahron; mais aussitôt éclata une peste qui enleva quatorze mille sept cents hommes. Ce châtiment du ciel qui donna à Ahron l'occasion de montrer le plus grand dévouement, fit tout rentrer dans l'ordre (ib. ch. 17, v. 6-15.)

Au premier mois de la quarantième année après la sortie d'Égypte, nous retrouvons les Hébreux à Kadesh, dans le désert de Pharân ou de Cin. Miriam, la sœur de Moïse, y mourut. Moïse se trouvait à la tête d'une nouvelle génération, plus forte et plus courageuse que celle qu'il avait délivrée de l'esclavage, et il se préparait à lui frayer le chemin dans le pays de Canaan. Mais la jeune génération n'avait pas oublié les mauvaises traditions des pères : l'eau venant encore une fois à manquer, Moïse vit le peuple s'ameuter contre lui et contre son frère Ahron et leur reprocher de l'avoir fait sortir d'Égypte pour le faire mourir dans le désert. Les deux vieillards désespérèrent eux-mêmes, pour la première fois, de la providence divine; mais le bâton de Moïse ouvrit encore une fois les veines des rochers. Ce fut à cause de leur manque de confiance, dit le texte sacré, que la Divinité interdit à Moïse et à Ahron l'entrée de la terre promise.

Moïse sentant sa fin s'approcher et voyant sans doute l'impossibilité de poursuivre son ancien plan et de faire franchir aux Hébreux les limites méridionales de la Palestine, voulut cependant assurer l'œuvre de toute sa vie en conduisant lui-même son peuple sur la rive gauche du Jourdain ou les limites étaient moins fortifiées par la nature et n'avaient d'autre défense que le fleuve, guéable dans plusieurs endroits [1]. N'ayant aucune vue hostile sur les pays à l'est du Jourdain, il espérait obtenir le libre passage et arriver sans obstacle jusqu'aux bords du fleuve. Il envoya immédiatement des ambassadeurs au roi d'Édom dans le *Djebal*[2] pour lui demander le passage sur ses terres; mais le roi refusa et prit une attitude hostile. Il fallait donc se décider à faire le tour des monts *Séir* (El-scherah) et à marcher au midi vers le golfe Élanitique, pour remonter de là au nord, en passant sur le territoire des tribus iduméennes indépendantes, qui se montraient moins hostiles que leurs frères monarchiques au nord-est[3].

De Kadesch on se rendit au mont Hor[4]; là mourut Ahron, le premier jour du cinquième mois, à l'âge de cent vingt-trois ans. Les Hébreux célébrèrent un deuil de trente jours. Éléazar succéda à son père dans la dignité de grand prêtre. Les Cananéens du midi, qui poursuivirent les Hébreux, furent repoussés avec perte. Pendant leur marche autour du mont Séir, qui fut très-pénible, les Hébreux ne trouvèrent d'autres ennemis que les serpents, dont ils souffrirent beaucoup. Après avoir fait plusieurs haltes, ils arrivèrent aux monts Abarîm, à l'est de la mer Morte, et passèrent le torrent de Zared (probablement le *Wadi Kerek*). Laissant le territoire des Moabites à l'ouest, ils passèrent l'Arnon, et arrivèrent dans les *plaines de Moab*, près du mont Pisga. Le pas-

---

[1] Voy. Jos. 2, 7; Juges, 3, 28; 12, 5.
[2] Voy. ci-dessus, page 97, et Rosenmüller, l. c. p. 69, 70.
[3] Voy. Deutéron. ch. 2, v. 4—8 et v. 29.
[4] Selon Josèphe (*Antiqu.* IV, 4, 7) et Saint-Jérôme (*Onomast.* s. v. *Beeroth*), le mont Hor était près de la ville de Petra. Près des ruines de cette ville on montre encore aujourd'hui le tombeau d'Ahron sur le sommet de la montagne. Voy. Burckhardt, *Travels*, p. 431; Laborde, *Voyage de l'Arabie Pétrée*, p. 6

sage demandé à Sihon, roi des Amorites, fut refusé, et ce roi attaqua les Hébreux près de Yahas; mais il fut totalement battu, et son pays fut conquis par les Hébreux. Après s'être emparé de Yaazer, Moïse fit envahir aux Hébreux le pays de Basân ; le roi Og les ayant attaqué près d'Édréi, eut le même sort que Sihon, et les Hébreux se trouvèrent maîtres de tout le territoire jusqu'au Hermon [1].

Les Moabites ne pouvaient voir sans inquiétude les Hébreux envahir les pays voisins. Balak, roi de Moab, s'entendit à ce sujet avec les chefs des Midianites; se sentant trop faibles pour attaquer les Hébreux, ils firent venir de Pethôr, en Mésopotamie, un fameux devin, nommé Biléam, pour maudire ces redoutables ennemis. Ce projet n'ayant pas réussi [2], ils invitèrent les Hébreux aux fêtes célébrées en l'honneur du dieu Baal-Phéor. Le culte voluptueux de ce dieu séduisit un grand nombre d'Hébreux. Zimri, chef d'une famille de la tribu de Siméon, osa passer devant Moïse avec la fille d'un prince midianite; tous deux furent tués sur-le-champ par Pinehas, fils du prêtre Éléazar. Moïse fut obligé de déployer la plus grande sévérité ; et il ordonna aux juges de faire punir de mort tous les coupables. Une guerre d'extermination fut ordonnée contre les Midianites; Moïse donna le commandement à Pinehas, qui attaqua l'ennemi avec douze mille hommes et en fit un massacre terrible. Pinehas ne prit point possession du territoire midianite; on se contenta de ravager le pays, et l'expédition revint dans la plaine de Moab avec un immense butin.

Les tribus de Ruben et de Gad, qui étaient riches en troupeaux, demandèrent à Moïse de leur donner le pays conquis à l'est du Jourdain, qui avait de bons pâturages. Moïse leur accorda cette demande, sous la condition qu'ils passeraient le Jourdain pour aider leurs frères à conquérir la Palestine. Les deux tribus s'établirent entre l'Arnon et le Yabbok, Ruben au midi et Gad au nord. Une partie de la tribu de Manassé, les descendants de Machir, qui avaient fait des conquêtes dans ces contrées, obtinrent le même privilége; ils fixèrent leurs demeures au nord du Yabbok dans le pays de Basân et dans le Haurân.

Moïse fixa ensuite les limites du pays dont on devait faire la conquête ; il chargea Josué, Éléazar et les chefs des dix tribus de veiller au partage des terrains, qui devait se faire par le sort. Il ordonna d'assigner aux Lévites, dans les différents cantons, quarente-huit villes, dont six devaient en même temps servir d'asile à ceux qui auraient tué un homme par imprudence. Il choisit lui-même pour cet effet les villes de Béser, de Ramôth et de Golân, à l'est du Jourdain ; trois autres villes devaient être choisies plus tard à l'ouest du fleuve. Après avoir ainsi réglé d'avance l'œuvre de la conquête, il sentit la nécessité de rappeler à la nouvelle génération la miraculeuse conservation des Hébreux dans le désert, et tout ce qu'il avait fait lui-même afin de consolider le bonheur de son peuple pour les siècles à venir. Il adressa au peuple une série de discours, dans lesquels il rappela les points principaux de sa législation avec plusieurs modifications et additions que le temps avait rendues nécessaires. Il exhorta les Hébreux à la piété et à la vertu, leur prédisant les malheurs dont ils seraient frappés, si jamais ils négligeaient la loi divine. Le document qui renfermait la loi fut remis aux prêtres avec l'ordre d'en faire la lecture au peuple, tous les sept ans, à la fête des Tabernacles. Après avoir donné de nouveau ses avertissements dans un sublime cantique que les Hébreux devaient apprendre par cœur, Moïse installa Josué comme son successeur[1]. Puis il donna sa bénédic-

---

[1] Voy. notre Topographie de la *Pérée*.
[2] Voy. ci-dessus, pages 96 et 98.

[1] Il n'est jamais question des deux fils de Moïse, Gerson et Éliézer; nous savons seulement par le premier livre des Chroniques (ch. 23, v. 14—17) qu'ils fonctionnaient parmi les autres Lévites, qu'ils eurent chacun un fils, et que celui d'Éliézer, appelé Rehabiah, eut une très-nombreuse postérité.

tion aux tribus d'Israël et se retira sur le mont Nébo, d'où il jeta un coup d'œil sur le pays que son peuple allait conquérir. Il mourut sur cette montagne à l'âge de cent vingt ans ; personne, dit l'Écriture, n'a connu son tombeau. Mais dans ses actes, dans ses lois, dans sa doctrine, il s'est posé un monument éternel, qui durera autant que le monde.

Avant de commencer les opérations de la conquête, les Hébreux consacrèrent trente jours à pleurer la perte du guide fidèle et de l'illustre législateur. Arrêtons-nous un moment pour considérer l'esprit et l'ensemble de ces lois divines qui devaient accompagner le peuple hébreu dans la terre promise et y fonder son bonheur.

4. LE PENTATEUQUE ET LA LOI DE MOÏSE.

Les antiques monuments littéraires attribués à Moïse, qui se trouvent en tête de la Bible, sont appelés, par les Juifs, *Thorah* (loi) ; le nom de *Pentateuque* (πεντάτευχος) leur fut donné par les traducteurs grecs, parce qu'ils se composent de *cinq livres*, savoir, la Genèse, l'Exode, le Lévitique, les Nombres et le Deutéronome. Ces cinq livres forment un ensemble, dont le but principal est de nous faire connaître l'origine du peuple hébreu et son histoire primitive jusqu'à son établissement dans le pays de Canaan. Moïse est le centre de cette relation, et sa législation y est exposée, non pas dans un ordre systématique, mais d'après la suite historique des inspirations du législateur et des communications qu'il en fit au peuple. La *Genèse*, qui commence par la création du monde et qui finit par la mort de Joseph, est une introduction indispensable à l'œuvre de Moïse. Après avoir rapporté les antiques traditions sur la création et la généalogie antédiluvienne d'Adam jusqu'à Noé, le seul qui fut jugé digne d'être le propagateur de l'espèce humaine après le déluge, l'auteur nous fait connaître rapidement les peuples qui descendirent des trois fils de Noé. S'arrêtant à la race de Sem, il nous montre, à la dixième génération, Abraham, la souche du peuple hébreu, et il nous fait connaître en détail l'histoire des patriarches qui se termine par la bénédiction donnée par Jacob à ses douze fils, entrant tous dans l'alliance d'Abraham. Ainsi il nous fait voir le Dieu unique qui plane sur l'univers créé par sa volonté, et qui accorde sa protection toute particulière aux patriarches du peuple hébreu. Le livre de l'*Exode* tire son nom de la *sortie* d'Égypte dont il expose les détails ; il renferme une grande partie des lois civiles, et le récit historique y est continué jusqu'à la construction du Tabernacle. Le *Lévitique* s'occupe principalement du culte, et, en général, des lois qui concernaient les prêtres et les lévites ou dont la sauvegarde leur était confiée. Le livre des *Nombres* renferme plusieurs recensements du peuple hébreu ; le récit, qui y est continué jusqu'à l'arrivée des Hébreux dans les plaines de Jéricho, se trouve interrompu çà et là par des lois qui doivent servir de complément à celles de l'Exode et du Lévitique, et par quelques lois nouvelles qui concernent surtout le droit public. Le *Deutéronome* (seconde loi) est la récapitulation de la loi mosaïque dont nous avons déjà parlé, et à laquelle se joint la relation des derniers actes de Moïse et de sa mort.

Pendant une longue suite de siècles ces vénérables monuments ont été considérés, dans leur intégrité, comme l'ouvrage original de Moïse, sans que personne osât mettre en doute leur authenticité et les examiner, sous ce rapport, avec le regard scrutateur de la critique. Mais les progrès de la science exégétique et critique ont aussi exercé leur influence sur les livres de Moïse. Des passages qui révèlent évidemment une époque plus récente, firent naître des doutes sur l'authenticité de ces livres ; la critique d'abord timide s'en empara, s'enhardit de plus en plus, et ne connaissant plus de frein, fit successivement descendre la composition du Pentateuque jusqu'à mille ans après Moïse et finit par transformer en mythes la plupart des événements historiques qui y sont racontés. Et ici nous ne parlons pas du scepticisme systématique, qui, poursuivant de son dédain tout ce qu'une haute antiquité a rendu sacré pour les hommes, ne sait manier d'autres armes que la raillerie pour éteindre dans notre cœur les sentiments que notre éducation et une longue habitude nous ont rendus chers, et auxquels il nous en coûterait tant de renoncer. Mais nous parlons de recherches faites par des hommes graves et religieux, par des savants consciencieux qui n'ont renoncé qu'avec regret à la tradition reçue, mais qui ont cru devoir sacrifier leurs sentiments aux exigences de la raison et de la science. Au point où en sont les choses, l'historien ne saurait se retrancher dans une foi absolue, et se borner à exposer les lois mosaïques d'après la source unique qui est à sa disposition, sans s'enquérir d'abord du degré d'authenticité qu'on peut attribuer à cette source. Heureusement la critique savante a appelé dans l'arène des champions non moins savants qui ont pris la défense de la tradition reçue, en faisant toutefois quelques concessions devenues inévitables. Depuis plus d'un demi-siècle, c'est en Allemagne principalement que la question de l'authenticité du Pentateuque a été discutée avec profondeur [1]. *Adhuc sub judice lis est.* Aucun des deux partis n'a encore déposé les armes; mais la lutte a déjà produit des résultats bien positifs, et désormais incontestables. Les limites dans lesquelles nous devons nous renfermer ne nous permettent pas de raconter ici l'histoire détaillée de cette lutte et de mentionner les hypothèses plus ou moins hardies qui ont été faites sur la composition du Pentateuque, depuis Richard Simon qu'on peut appeler le père de la critique biblique jusqu'à de Wette et l'*hypercritique* Bohlen; mais il est de notre devoir de faire connaître l'état de la question, en citant les principaux arguments qu'on peut alléguer pour ou contre l'authenticité du Pentateuque, et nous devons aussi indiquer les données positives qui résultent de la discussion.

Pour qu'un ouvrage puisse être considéré comme émané d'une seule époque et d'un seul auteur, il faut avant tout qu'il soit exempt de répétitions inutiles, de contradictions et d'anachronismes. Il faut aussi qu'on y reconnaisse un plan suivi et qu'il y ait unité dans les différentes parties. Or le Pentateuque ne répond pas entièrement à ces exigences de la critique; on peut y faire les observations suivantes:

1° Il a évidemment un caractère fragmentaire; les différents fragments, dont quelques-uns forment de petits ouvrages à part, achevés en eux-mêmes, sont mis ensemble et réunis d'une manière décousue et souvent même l'ordre chronologique n'est pas strictement observé. C'est ce dont chaque lecteur attentif peut facilement se convaincre, et les exemples sont si abondants qu'il serait inutile d'en citer.

2° Il offre beaucoup de répétitions et de contradictions. Dès le commencement de la Genèse, nous trouvons l'histoire de la création racontée deux

---

[1] Les longs débats ont été résumés en 1830 par A. T. Hartmann dans l'ouvrage intitulé *Historisch-kritische Forschungen über die Bildung, das Zeitalter und den Plan der fünf Bücher Moses*, 1831, 1 vol. grand in-8° de 817 pages. Dans cet ouvrage toutes les questions qui se rattachent à la critique du Pentateuque sont traitées avec une profondeur et une érudition qui ne laissent rien à désirer. L'auteur est du nombre des critiques avancés. Parmi les défenseurs de l'authenticité nous remarquons les Michaëlis, les Jahn, les Eichhorn, les Rosenmüller. — Depuis la publication de l'ouvrage de Hartmann, de nombreux champions ont continué la lutte; nous nous contentons de nommer, comme représentant les deux opinions extrêmes, P. Bohlen qui, dans l'introduction à son commentaire sur la Genèse, a poussé quelquefois la critique jusqu'à l'extravagance et à la puérilité, et E. W. Hengstenberg qui a entrepris de rétablir l'autorité de la tradition, dans un ouvrage intitulé : *Die Authentie des Pentateuchs erwiesen.*

fois et d'une manière différente; le nom de Dieu n'est pas le même dans les deux relations[1]. Il en est de même dans l'histoire du déluge et dans plusieurs parties de la vie des patriarches. Si la difficulté subsistait seulement pour la Genèse, on pourrait répondre que Moïse y a recueilli tous les anciens documents qui pouvaient servir à son but, sans s'occuper à les mettre d'accord dans tous les détails; mais les autres livres du Pentateuque ne sont pas exempts de répétitions et même de contradictions. Nous nous contenterons de citer quelques exemples : Dans le sixième chapitre de l'Exode (v. 3), Moïse dit à Dieu qu'il parle avec difficulté et que Pharaon ne l'écouterait pas, et Dieu lui répond qu'il aura Ahron avec lui pour lui servir d'orateur. Non-seulement la difficulté élevée par Moïse se trouve déjà énoncée au v. 12, mais Moïse avait déjà eu à ce sujet un long entretien avec Dieu (ch. 4, v. 10-16); Dieu lui avait dit que son frère Ahron lui servirait de bouche, et les deux frères s'étaient en effet présentés à Pharaon et lui avaient parlé au nom de Jéhova. Il paraîtrait donc que nous aurions ici deux mémoires de différents auteurs, roulant sur le même sujet. Cela résulte aussi de la fin de la table généalogique de Moïse et Ahron (ch. 6, v. 26, 27), où l'on dit que *c'est là ce Ahron et ce Moïse à qui Dieu ordonna de faire sortir les enfants d'Israël de l'Égypte et que ce sont eux qui parlèrent à Pharaon roi d'Égypte*. Cette observa-

[1] Dans le 1er chapitre, Dieu est appelé *Elohim*, dans les ch. 2 et 3 *Jéhova Elohim*, et dans d'autres endroits nous trouvons le nom de *Jéhova* seul. Ce sont ces différences qui ont fait naître les *Conjectures* du médecin Astruc *sur les mémoires originaux dont il paraît que Moïse s'est servi pour composer le livre de la Genèse* (Bruxelles, 1753). Peu à peu il découvrit jusqu'à douze mémoires dans la Genèse. Eichhorn les réduisit à deux. Vater (*Commentar.*, p. 393 et suiv.), tout en montrant que les différents noms de Dieu ne sont pas toujours un guide sûr pour distinguer les différents documents, a accumulé d'autres preuves, pour démontrer que non-seulement la Genèse, mais aussi les autres quatre livres du Pentateuque se composaient de documents hétérogènes, et appartenaient à différents auteurs.

tion semble déplacée, lorsque dans les chapitres précédents il n'a été question que de Moïse et Ahron et de leur mission auprès de Pharaon. — Plus loin la description du Tabernacle et des vêtements sacerdotaux se trouve répétée deux fois, mais l'ordre est interverti. Est-il probable que le même auteur ait écrit deux fois de suite tous ces longs détails, en changeant seulement la formule *et tu feras* en *et on fit?* — Le miracle des cailles et de la manne, raconté au ch. 16 de l'Exode, est reproduit dans le livre des Nombres (ch. 11), avec des circonstances différentes. On peut s'étonner en outre que les Hébreux aient manqué de viande à l'époque dont parle l'Exode, puisqu'ils venaient à peine de sortir d'Égypte avec des troupeaux très-nombreux (ch. 12, v. 38). Ces troupeaux auraient-ils péri dans la mer ou par le manque de nourriture? mais il est question plus tard de sacrifices et d'holocaustes (ch. 24, v. 5; ch. 32, v. 6; Nombres ch. 7), de brebis et de bœufs qui allaient au pâturage (Exode, 34, 3). — L'établissement d'un conseil de soixante-dix anciens est raconté deux fois (Exode, ch. 24, et Nombres, ch. 11) avec des variations. Tous ces exemples et beaucoup d'autres que nous ne pouvons citer ici, ont fait considérer, par plusieurs critiques, tout le Pentateuque comme un recueil composé de différents documents qui traitaient de Moïse et de sa législation.

3° Le Pentateuque révèle souvent un auteur différent du législateur, et vivant à une autre époque et dans d'autres lieux. Moïse n'a pas dû dire lui-même qu'il était l'homme le plus humble de la terre (Nombres, 12. 3). — Le récit de la mort de Moïse et le passage de la Genèse (36, 31) qui suppose l'existence de la royauté dans Israël ont été regardés depuis longtemps comme des interpolations, par les défenseurs même les plus ardents de l'authenticité du Pentateuque. Mais il existe un grand nombre de passages non moins difficiles, sur lesquels on a glissé trop légèrement. Nous avons déjà parlé de la difficulté que présente le nom de la ville de *Dân* mentionné dans la Genèse et dans le Deutéronome [1] ; nous allons citer quelques autres anachronismes : Au ch. 16 de l'Exode (v. 35) on raconte comme un fait accompli, que les enfants d'Israël *ont mangé* la manne pendant quarante années, jusqu'à leur entrée dans le pays de Canaan. — Au ch. 32 des Nombres (v. 34-38) il est fait mention d'un certain nombre de villes bâties par les tribus de Gad et de Ruben. Moïse étant mort très-peu de temps après la conquête du pays qu'il donna à ces deux tribus, n'a pu être témoin de la construction de ces villes. — Au même chapitre (v. 41) on mentionne les *villages de Jaïr*, ainsi appelés de Jaïr, descendant de Manassé ; le Deutéronome (3, 14) dit qu'on les appelle ainsi *jusqu'à ce jour* [2], ce qui fait supposer que l'auteur n'était pas contemporain de la fondation de ces villages ; mais, ce qui augmente encore la difficulté, c'est que, selon le livre des Juges (10, 4) le nom de *villages de Jaïr* dériverait du juge Jaïr, qui, en effet, habitait les contrées du Gilead. Comment l'auteur du livre des Juges pouvait-il ignorer ce que les livres de Moïse disaient de l'origine de ce nom. Ainsi l'existence des *villages de Jaïr* dès le temps de Moïse devient très-problématique, et Moïse n'a pu écrire les deux passages des Nombres et du Deutéronome. — On a trouvé une autre difficulté dans les mots de la Genèse (12, 6) : *Et le Cananéen était alors dans le pays*; mais nous avons déjà fait voir que ces mots pouvaient très-bien émaner de Moïse [3]. — Quant à l'expression *au delà du Jourdain* (qui ne pouvait être appliquée à la Pérée que par un auteur qui vivait à l'ouest du fleuve), elle est douteuse, et il paraît que le mot hébreu בעבר signifie quelquefois *en deçà;* du moins l'auteur du Deutéronome l'emploie-t-il également pour désigner le pays à l'est et à l'ouest du fleuve (ch. 1, v. 1, et ch. 11, v. 30).

4° L'hébreu du Pentateuque est à peu près le même que celui des derniers prophètes, et cependant il n'est pas probable que la langue hébraïque n'ait pas changé pendant l'espace de mille ans. D'un autre côté, le style du Deutéronome diffère sensiblement de celui des quatre premiers livres et offre beaucoup d'analogie avec celui des prophètes, notamment de Jérémie [1].

5° Le Pentateuque renferme beaucoup de faits qui manquent de toute vraisemblance et qui souvent sont en contradiction manifeste avec les lois de la nature. Ces faits ne peuvent être considérés comme historiques, et on ne peut y voir que des légendes populaires ou des mythes. Or, s'il est vrai que Moïse a pu recueillir dans la Genèse jusqu'à des traditions et des mythes qui établissaient l'existence d'un Dieu créateur reconnu par les patriarches, il n'en est pas de même dans les quatre livres où il raconte des faits contemporains. Dans les récits des plaies de l'Égypte, du passage de la mer Rouge, de la manne, de la proclamation du Décalogue, de la construction du Tabernacle, du séjour dans le désert, le fond historique est enveloppé de mythes qui n'ont pu se

---

[1] Voy. ci-dessus, p. 33.
[2] Cette formule, qui se trouve souvent dans les livres historiques de la Bible et qui indique toujours l'écoulement d'un certain laps de temps, est employée d'une manière non moins frappante dans un autre passage du Deutéronome (10, 8), où l'auteur, en parlant de l'institution du *Lévitisme*, nous apprend que les lévites exercent leurs fonctions *jusqu'à ce jour*.
[3] Voy. ci-dessus, page 78.

[1] Depuis de Wette (*Dissertatio qua Deuteronomium a prioribus Pentateuchi libris diversum, alius cujusdam recentioris auctoris opus esse demonstratur*, Jenae, 1805) le Deutéronome est considéré par les critiques (Vater, Gesenius, Hartmann) comme un livre composé vers l'époque de l'exil, et longtemps après les quatre premiers livres. Un jeune critique, M. George (qui a trop d'esprit et d'indépendance pour se traîner sur une route battue), tout en soutenant que le Deutéronome n'a été composé que sous le roi Josias, veut pourtant que ce soit *le plus ancien livre du Pentateuque* (voy. *Die jüdischen Feste*, Berlin, 1835, p. 13-75). La législation des trois livres précédents aurait été faite pendant ou après l'exil, pour un état qui déjà n'existait plus!!

former qu'avec le temps. Ce n'est qu'après plusieurs générations que les événements arrivés sous Moïse ont pu être présentés sous la forme mythique qu'ils ont dans le Pentateuque, et Moïse ne saurait être l'auteur de ces relations.

Toutes ces difficultés et bien d'autres que nous ne pouvons exposer ici ont gravement compromis la tradition qui veut que le Pentateuque, dans sa forme actuelle, soit l'ouvrage de Moïse. Pour les faire disparaître on a eu recours à différentes hypothèses et notamment à celle des interpolations; c'est ainsi que plus de cinquante passages incommodes, plus ou moins longs, ont été effacés d'un trait de plume et déclarés interpolés. Pour répondre à la quatrième difficulté, on a fait remarquer que Moïse était l'auteur classique de la nation, que les prêtres et les lévites étaient obligés de l'étudier, et qu'on le lisait publiquement tous les sept ans. Il n'est donc pas étonnant que les auteurs des siècles suivants aient pris Moïse pour modèle; il est possible que la langue parlée ait différé de la langue écrite. En outre, on a cité avec raison l'exemple de l'arabe et du syriaque qui pendant une longue suite de siècles n'ont subi aucune modification notable. Le style verbeux et prolixe du Deutéronome s'explique par la vieillesse de Moïse, et on y reconnaît le langage d'un père qui donne ses derniers conseils à ses enfants qu'il va quitter pour toujours. Quant à la cinquième difficulté, qu'il n'est pas facile d'éliminer de la sorte, les *supernaturalistes* ne la reconnaissent pas; car ils admettent les *miracles* dans toute la force du terme. Les *rationalistes*, partisans de l'authenticité, tels que Eichhorn, Rosenmüller et autres, font des efforts inouïs pour expliquer les faits les plus invraisemblables d'une manière naturelle en contestant le caractère mythique et épique du Pentateuque. Non contents d'avoir réfuté, tant bien que mal, les difficultés élevées par les critiques avancés, les partisans de la tradition ont allégué, en faveur de l'authenticité, un certain nombre de preuves directes qui ne sont pas sans importance, et dont nous allons citer les plus fortes.

1° Dans le Deutéronome c'est Moïse lui-même qui parle, et lui seul pouvait parler ainsi. Il s'adresse à des hommes qu'il a guidés pendant de longues années, et il leur rappelle souvent les événements dont ils ont été témoins, et la protection miraculeuse par laquelle Dieu s'est manifesté à eux. Un auteur plus récent, qui eût voulu se faire passer pour Moïse, n'aurait pas été capable d'entrer si bien dans toutes les circonstances de la vie de Moïse, et de donner à sa composition la véritable couleur des temps et des lieux, sans se trahir çà et là par une inadvertance. Or, le Deutéronome *rédigé* par Moïse (ch. 31, v. 9 et 24) suppose la rédaction des trois livres précédents; car Moïse fait souvent allusion aux lois et aux événements rapportés dans ces livres. Enfin les quatre livres supposent la Genèse, qui, comme nous l'avons dit, est l'introduction indispensable des livres de la loi.

2° Le Pentateuque renferme un grand nombre de données historiques, politiques et géographiques qui s'adaptent très-bien aux temps de Moïse. La Genèse, par ses traditions sur le monde primitif, nous révèle un auteur très-ancien. Un auteur hébreu postérieur à Moïse n'aurait pu posséder une connaissance aussi parfaite de l'Égypte et de l'Arabie que celle qui se révèle dans le Pentateuque. Et dût-on admettre (ce qui est peu probable) qu'un autre eût cherché à s'approprier ces connaissances par l'étude, il n'aurait pu manquer de se trahir souvent par des inexactitudes et des anachronismes. Dans la Genèse (ch. 10, v. 11 et 12) la célèbre Ninive est encore une ville de peu d'importance; la grande ville de l'Assyrie c'est Résen, dont il n'existe aucune trace dans les autres livres de la Bible. La ville de Tyr si célèbre dès le temps de David, et dont le nom se trouve déjà dans le livre de Josué (19, 29), n'est mentionnée nulle part dans le Pentateuque; un auteur récent aurait-il manqué de la placer dans la table généalogique de la Genèse (ch. 10) à côté de Sidon? Le Pentateuque parle souvent des statues des dieux cananéens et de leurs autels, mais il ne leur connaît pas encore de temples, que nous trouvons pourtant à l'époque des Juges. C'est donc un auteur très-ancien qui nous parle dans le Pentateuque, alors pourquoi ne serait-ce pas Moïse lui-même?

3° La langue hébraïque du Pentateuque, quoique, en général, la même que celle des prophètes, offre cependant des particularités que nous ne trouvons dans aucun autre livre de la Bible. On n'y rencontre d'autres mots étrangers que ceux qui sont empruntés à la langue égyptienne. On y rencontre des archaïsmes tels que le masculin נַעַר (*puer*) dans le sens du féminin נַעֲרָה (*puella*), le pronom personnel de la troisième personne הוּא dans le sens de *lui* et d'*elle*[1]. Beaucoup de mots et de tournures de phrase se trouvent particulièrement dans le Pentateuque et manquent dans les autres livres de la Bible; en revanche ces derniers renferment un grand nombre de mots et de phrases qui manquent complétement dans le Pentateuque ou qui y sont fort rares [2].

4° Le caractère fragmentaire du Pentateuque, loin de faire suspecter son authenticité, est plutôt une preuve que Moïse en est réellement l'auteur. Le mélange continuel des récits historiques, des itinéraires et des lois révèle un auteur contemporain, qui inscrivait dans son journal tout ce qui se passait d'important ainsi que les lois dictées par l'inspiration du moment. Un auteur postérieur à Moïse aurait séparé les lois du récit historique, et y aurait mis plus d'ordre et de méthode. Les préoccupations du moment et les circonstances différentes dans lesquelles se trouvait Moïse expliquent les répétitions et les légères variations de style [1].

5° L'existence d'un livre, appelé *la loi de Jéhova* ou *la loi de Moïse*, se révèle depuis Moïse à toutes les époques de l'histoire des Hébreux. On le mentionne dans le livre de Josué (1. 8; 8, 31 et *passim*) et dans le livre des Juges (3, 4), composés l'un et l'autre avant la septième année du règne de David; car on y lit que les Jébusites n'ont pu encore être expulsés de Jérusalem et qu'ils y demeurent *jusqu'à ce jour* (Jos. 15, 63; Juges, 1, 21). Dans les psaumes qui portent le nom de David ou qui lui sont attribués il est souvent question de la *Thorah de Jéhova* (Ps. 19, v. 8 et suiv., et dans beaucoup d'autres passages), et dans les paroles que David, avant de mourir, adresse à son fils Salomon, il lui parle de la *loi de Moïse* et de ses différentes prescriptions (1 Rois, 2, 3). La *Thorah* est également mentionnée dans les Proverbes (6, 23; 28, 4) et par les prophètes des deux royaumes de Juda et d'Israël (Isaïe, 5, 24; Osée, 8, 12). Isaïe parle expressément d'un *livre de Jéhova* (34, 16). Dans les livres des Rois, nous trouvons, outre les fréquentes mentions de la *loi de Moïse*, la citation d'un passage du Deutéronome (II Rois, 14, 6). Et s'il est vrai que ces documents ne sont pas tous d'une haute antiquité, est-il admissible que leurs auteurs, quels qu'ils

---

[1] Le genre commun, qui dans la langue plus développée, se distingue en masculin et féminin, appartient évidemment à une époque plus reculée, et Hartmann lui-même est obligé d'avouer (l. c. p. 647) que ces archaïsmes prouvent la haute antiquité de *quelques-uns des documents et fragments* dont, selon lui, le Pentateuque fut successivement composé.

[2] Jahn a recueilli plus de cent exemples de chaque espèce. En énumérant les mots qui sont particuliers au Pentateuque, il s'est abstenu d'y comprendre ceux qui désignent des objets dont il n'y avait pas lieu de parler dans les autres livres. Voy. *Introductio in libros sacros veteris fœderis*, p. 176.

[1] *Tali et non alio stilo scripta a Mose exspectari possunt, qui tot negotiis obrutus, sæpe interruptus, frequentibus itineribus et migrationibus de loco in locum distructus, per quadraginta fere annos hos libros exaravit, et Deuteronomium demum senex et morti proximus scripsit.* Jahn, l. c. p. 177.

fussent, aient pu être tous les dupes ou les complices d'une grossière supercherie? Tous ces passages prouvent donc l'existence, sinon de tout le Pentateuque, du moins d'un recueil des lois de Moïse.

6° Et qui donc aurait pu composer ou même refondre le Pentateuque? c'est Ezra, a-t-on souvent dit, qui a donné au Pentateuque sa forme actuelle. Mais alors cette compilation moderne, quoique faite avec des matériaux anciens, n'aurait pas conservé dans toutes ses parties cette pureté de style qui distingue le Pentateuque, et dont le livre d'Ezra est si éloigné; nous ne manquerions pas d'y rencontrer quelques-uns de ces mots modernes, qui sont familiers à Ezra et à son époque. D'ailleurs les Samaritains, dont le Pentateuque, à l'exception de quelques variantes de peu d'importance, est entièrement conforme à celui des Juifs, n'auraient pas accepté une compilation récente de la main de ceux dont ils étaient les ennemis implacables [1]. — D'autres ont supposé que le prêtre Hilkia ou Helcias, qui, sous le roi Josias, *découvrit* dans le temple le livre de la loi (II Rois, ch. 22; II Chron. ch. 34) était lui-même l'auteur de ce livre. Il se serait concerté à cet égard avec le prophète Jérémie, la prophétesse Hulda et quelques autres personnages dans le but de consolider la théocratie et de donner l'impulsion au roi Josias, élève des prêtres et restaurateur du culte de Jéhova. A l'aide de quelques documents écrits et des traditions anciennes, il aurait compilé le Pentateuque qu'il prétendit avoir *retrouvé* et qu'il voulait faire passer pour l'ouvrage de Moïse [1]. Mais comment une pareille jonglerie aurait-elle pu passer sans opposition? Est-il admissible que les anceins et tout le peuple se fussent soumis à l'autorité du livre produit par Hilkia, si l'existence antérieure d'un code attribué à Moïse n'avait pas été généralement connue. Quant au livre retrouvé par Hilkia et qui fit tant de sensation, quelques critiques ont pensé que c'était l'autographe de Moïse, comme le fait entendre le deuxième livre des Chroniques (34, 14), ou quelque autre exemplaire précieux qui était déposé dans le temple et qui avait été caché sous les règnes impies de Manassé et d'Amon, durant lesquels les exemplaires en général étaient probablement devenus fort rares. Selon Hartmann lui-même (l. c. p. 572), on reconnaît clairement dans toute la conduite du roi Josias qu'il n'avait jamais douté de l'existence d'un code de Moïse et que son extrême émotion, en entendant faire la lecture de plusieurs passages, provenait de ce que leur contenu lui était resté inconnu jusqu'alors. — D'ailleurs si le Pentateuque datait du règne de Josias ou de quelque autre époque depuis David, on n'aurait pas manqué d'y introduire quelques détails sur les ancêtres de la famille royale, à qui on aurait donné une autre origine que celle dérivée d'un inceste (Gen. ch. 38). La royauté aurait été traitée plus favorablement que ne le fait le Deutéronome (ch. 17, v. 15-20); on n'aurait pas reconnu tant de priviléges à la race de Joseph (Gen. 49, 26; Deut. 33, 16); on n'aurait pas non plus défendu de faire la guerre aux Moabites, aux Ammonites et aux Édomites que David combattit avec succès. Moïse et son successeur Josué avaient seuls intérêt à recommander des ménagements à l'égard de ces peuples.

---

[1] L'argument tiré du Pentateuque samaritain a été appliqué par Jahn, Eichhorn et autres, aux temps antérieurs à l'exil, et on a soutenu que la composition du Pental. a dû tout au moins précéder le schisme, car les dix tribus adonnées, depuis Jéroboam, à un culte idolâtre, n'auraient pas reçu le Pent. de la main des prêtres de Juda, pour le laisser ensuite en héritage aux Samaritains. Mais ceux-ci n'auraient-ils pas pu recevoir le Pentateuque sous le règne de Josias, dont les réformes religieuses s'étendirent jusqu'aux villes du pays de Samarie? voy. II. Rois, 23, 19; II Chron. 34, 6

[1] Cette hypothèse a été développée par de Wette et, indépendamment de lui, par Volney, qui ne connaissait pas les travaux des Allemands. Voy. *Recherches nouvelles sur l'histoire ancienne*, ch. 7 et 8.

On voit par tout ce que nous avons dit jusqu'ici, qu'on peut alléguer des preuves également fortes pour et contre l'authenticité du Pentateuque, d'où il résulte nécessairement que ce recueil de lois et d'histoire se compose de documents, dont les uns remontent à une haute antiquité et dérivent sans doute de Moïse lui-même, et les autres, tout en devant leur origine à des auteurs plus ou moins récents, ont été joints aux écrits mosaïques, par les rédacteurs du recueil, qui avaient pour but de réunir dans un volume tout ce qui existait des écrits de Moïse ou qui se rapportait aux temps mosaïques. Une critique raisonnée de ces différents documents serait ici déplacée. L'ensemble du Pentateuque, dans sa forme actuelle, n'a pu précéder de beaucoup l'exil de Babylone; car plusieurs passages du Lévitique (ch. 26) et du Deutéronome (ch. 28) révèlent un auteur qui prévoit la prochaine dissolution du royaume et qui parle le langage des prophètes de cette époque, notamment de Jérémie [1]. La plus grande partie de l'histoire contemporaine de Moïse, présentée sous une enveloppe mythique, n'a pu être rédigée que plusieurs générations après les événements. Rien ne s'oppose à ce que la Genèse, sauf quelques passages interpolés, soit considérée comme l'ouvrage de Moïse, et nous y voyons une partie intégrante de la doctrine mosaïque. Nous revendiquons pour Moïse toute la partie législative du Pentateuque, dont l'existence se révèle à toutes les époques de l'histoire des Hébreux, et qui formait peut-être le *livre de l'alliance* dont il est question plusieurs fois dans le Pentateuque. — Mais avant de parler de la législation mosaïque, nous devons faire connaître les arguments des critiques modernes qui ont contesté l'authenticité de cette législation elle-même, et qui n'ont voulu reconnaître à Moïse que le *Décalogue*, ou, comme dit de Wette, *ses linéaments*. Le grand et vénérable législateur disparaîtrait, selon eux, dans un nuage mythique et il ne resterait de lui qu'un nom, autour duquel on aurait groupé dans la suite des temps toutes les lois que le développement de l'état des Hébreux fit naître successivement à différentes époques. Voici les principaux arguments sur lesquels s'appuie cette opinion que de Wette a poussée jusqu'à sa dernière extrémité [1]:

1° Du temps de Moïse on n'avait pas encore fait assez de progrès dans l'art d'écrire pour que nous puissions supposer que le chef des Hébreux ait manié cet art avec facilité. Quand même Moïse aurait appris à écrire en Égypte, l'écriture égyptienne ne pouvait lui servir pour rédiger en hébreu, et à cette époque les Hébreux, nomades et ignorants, n'avaient pas encore d'écriture. Outre cela, il aurait été difficile, ou même impossible, de tracer un aussi grand nombre de lois sur la pierre, car on ne connaissait pas encore d'autres matériaux.

2° Il n'est pas croyable (quand on supposerait à Moïse la plus grande facilité d'écrire) que le chef d'un peuple nomade et sans discipline ait pu, au milieu de préoccupations aussi graves et en errant dans le désert, rédiger un code renfermant des lois assez compliquées et qui supposent une civilisation avancée. D'un côté, le temps lui aurait manqué; d'un autre côté, il se serait adressé à des hommes incapables de le comprendre et de suivre ses lois. Une grande partie de ces lois paraît devoir son origine à une longue expérience et à des circonstances locales de la Palestine, comme, par exemple, les lois sur la vente et le rachat des maisons (Lév. ch. 25), sur la royauté (Deut. ch. 17, v. 14 — 20), etc. Comment supposer que Moïse se soit abandonné à des spé-

---

[1] L'auteur des Chroniques (II, 36, v. 21) attribue même à ce prophète des paroles qui ne se trouvent pas dans le livre de Jérémie, mais qui sont prises du Lévitique (ch. 26, v. 34 et 35).

[1] Voy. de Wette, *Kritik der israelitischen Geschichte*, p. 251 et suiv.

culations abstraites, sans aucune application possible, puisqu'il n'avait pas même la faculté de faire exécuter la loi de la circoncision[1], établie depuis Abraham?

3° Le législateur est quelquefois en contradiction, avec lui-même. Ainsi par exemple, selon l'Exode (21, 3) et le Deutéronome (15, 12) l'esclave hébreu est rendu à la liberté dans la septième année de son service, selon le Lévitique (25, 40) il l'est au jubilé.

4° Dans toute l'histoire des Hébreux jusque vers l'exil de Babylone, nous ne trouvons pas la moindre trace de l'observance des lois concernant l'année sabbatique et le jubilé; bien au contraire, on agit quelquefois comme si ces lois n'existaient pas[2].

C'est là ce qu'on a su dire de plus fort pour mettre en doute l'authenticité des lois attribuées à Moïse. Voici ce que nous avons à répondre à ces différentes objections :

1° Sans entrer ici dans un examen approfondi sur l'antiquité de l'art d'écrire, dont nous parlerons encore dans un autre endroit, sans examiner si la priorité doit être attribuée aux Égyptiens, ou bien aux Phéniciens qui auraient appris cet art des Babyloniens, nous constaterons pour le moment les aveux de Hartmann qui refuse de croire que Moïse ait pu écrire les lois qu'on lui attribue, mais qui se voit forcé de reconnaître que, chez les Égyptiens, comme chez les Phéniciens, l'art d'écrire remontait bien au delà des temps de Moïse[3]. Moïse, dit-il encore (p. 588), a pu facilement se familiariser avec l'écriture égyptienne, mais elle lui était inutile pour l'hébreu qui appartient à une autre famille de langues. Nous sommes parfaitement d'accord avec Hartmann sur la différence totale qui existe entre le copte (ou l'égyptien) et l'hébreu; mais les Grecs n'ont-ils pas adopté l'alphabet phénicien? les Persans, les Turcs et les Indiens musulmans n'ont-ils pas adopté l'alphabet arabe? D'un autre côté, si nous admettons (ce qui est plus probable) que les Hébreux ont adopté l'alphabet des Phéniciens, ou que les uns et les autres l'ont reçu de l'autre côté de l'Euphrate, rien ne s'oppose à ce que nous supposions les Hébreux familiarisés avec l'art d'écrire longtemps avant leur sortie d'Égypte, ce qui est accordé par Gésénius, dans son Histoire de la langue hébraïque[1], quoique cet auteur ne soit nullement favorable à l'authenticité du Pentateuque. Quant aux matériaux, Eichhorn a démontré avec beaucoup de sagacité que, déjà du temps de Moïse, on a pu se servir, pour écrire, de la toile égyptienne; et dût-on admettre les observations sceptiques de Vater[2], il nous resterait toujours les feuilles de palmier et surtout les peaux, dont l'usage, selon Hérodote (V, 58), remonte à une haute antiquité. Hartmann (p. 637) se contente de reproduire l'observation puérile d'un autre auteur qui refuse d'admettre l'usage des peaux pour l'époque mosaïque, parce que le tannage a dû répugner aux Égyptiens qui professaient un si grand respect pour les animaux, et qu'il est contraire aux lois de pureté communes aux Égyptiens et aux Hébreux. Le savant critique a oublié que ces lois de pureté renferment elles-mêmes des dispositions concernant les *ustensiles de cuir* (Lév. ch. 13, v. 48, etc.), et que les prêtres employaient à leur usage la peau des holocaustes (ib. ch. 7, v. 8). En somme, les critiques les plus forts ont dû se borner à justifier leur scepticisme à l'égard de la loi mosaïque, mais ils n'ont pu produire aucune preuve directe contre la tradition qui

---

[1] Voy. Jos. ch. 5, v. 5 et 7.
[2] Voy. Michaelis, *Mosaisches Recht*, T. II, § 76.
[3] *Historisch-kritische Forschungen*, etc. p. 586, 601 et 615. Bohlen est plus conséquent, et, dans sa manie de critique, il efface d'un trait de plume toutes les traditions sacrées et profanes, et avance hardiment que l'écriture sémitique (de laquelle dérive l'écriture grecque) ne remonte pas au delà du dixième siècle avant J. C. Voy. *Die Genesis*, p. XL.

[1] *Geschichte der hebræischen Sprache und Schrift*, p. 142.
[2] *Commentar.*, p. 527-531.

attribue la rédaction des lois à Moïse lui-même et leurs différentes hypothèses se contredisent les unes les autres. De Wette lui-même, qui, dans ses ouvrages critiques, soutient que les premières traces d'une loi écrite se trouvent sous le règne de Josias, et qu'aucune des parties de cette loi ne remonte au delà de l'époque de David, avoue naïvement dans son *Archéologie* (§ 277), que la rédaction de plusieurs documents considérables, attribuée par le Pentateuque à Moïse lui-même, *n'a rien d'invraisemblable* [1].

2° Moïse, en rédigeant ses lois, avait en vue les générations futures qui devaient vivre en Palestine dans un Etat policé et régulièrement constitué, et il déposa entre les mains de Josué, des anciens et des prêtres, la constitution qu'il avait longtemps méditée. Par sa profonde intelligence et par l'instruction qu'il avait reçue en Égypte, il a pu prévoir un état de choses qui n'existait pas encore pour son peuple, et régler même les cas éventuels. Pour la génération nomade du désert il se borna probablement au Décalogue et à quelques autres lois fondamentales; les élus à qui il communiqua l'ensemble de ses lois étaient capables de le comprendre. Dans les quarante ans qu'on passa dans le désert, Moïse a pu trouver largement le temps de méditer toutes les parties de sa législation et de les mettre par écrit, même en étant forcé de se servir de matériaux incommodes. Nous avons déjà fait voir que l'opinion qui ne fait durer que deux ans le séjour des Hébreux dans le désert n'a aucune base solide et est contraire à une saine critique historique.

3° Parmi le petit nombre de contradictions apparentes que de Wette a signalées dans la partie législative du Pentateuque, nous avons cité la plus forte. Mais il est évident que si, dans le Lévitique, le législateur fait durer la servitude de l'esclave hébreu jusqu'à l'année jubilaire, il veut indiquer la dernière limite possible de cette servitude, et il parle de l'esclave qui s'est soumis volontairement à prolonger son service au delà des six années légales, en se faisant percer le bout de l'oreille (Exode, 21, 6; Deut. 15, 17). Il est naturel que dans le chapitre du Lévitique, où Moïse règle les droits de propriété de manière à maintenir toujours l'équilibre entre les tribus et entre les familles d'une même tribu, il n'oublie pas le plus incontestable des droits, celui de l'indépendance de la personne, et, après avoir concédé à l'individu la faculté de disposer de sa personne pour un long espace de temps (*in sæculum*, Exod. 21, 6) [1], il dit que cet espace ne pourra dépasser l'époque du jubilé, où l'équilibre doit être rétabli sous tous les rapports.

4° Les lois concernant l'année sabbatique et le jubilé ressortent tellement de l'esprit général de la constitution mosaïque, basée sur l'agriculture et l'égalité, que nous ne pouvons les attribuer qu'au législateur primitif. Personne n'en a pu concevoir l'idée aux époques postérieures quand l'industrie, le commerce et le luxe s'étaient introduits parmi les Hébreux, et, si ces lois ne furent pas observées, c'est qu'elles étaient devenues impraticables, dès qu'on s'était écarté de l'esprit primitif de la constitution. D'ailleurs la non-observance de quelques lois ne prouve pas que ces lois n'aient pas existé; on sait que presque tous les rois d'Israël, et, en partie, les rois de Juda, étaient opposés à la constitution théocratique de Moïse, et quelquefois les prêtres eux-mêmes se faisaient les instruments de leur impiété (voy. II Rois, ch. 16, v. 10-16).

Nous avouons du reste que la *rédaction* des lois a pu, avec le temps, subir quelques modifications; nous en trouvons un exemple frappant dans

---

[1] *Lehrbuch der hebræisch-jüdischen Archæologie*, deuxième édition, Leipzig, 1830, p. 288.

[1] Le mot hébreu *Olam* (sæculum) désigne souvent un long espace de temps indéterminé. Voy. Isaïe, ch. 32, v. 14 et 15, où les mots עולם עד (*in æternum*) sont ensuite restreints par un עד (*donec*).

la loi fondamentale, dont il serait absurde de contester l'authenticité : l'Exode et le Deutéronome nous offrent deux rédactions du Décalogue, qui présentent des variantes notables.

Quant à la Genèse, que nous attribuons à Moïse, sauf un petit nombre d'interpolations (notamment le passage sur les rois d'Édom, le nom de la ville de *Dan*, et peut-être aussi celui de *Hébron*), il est évident qu'elle a été puisée, en grande partie, dans des documents plus anciens, émanés de différents auteurs, comme le prouvent les contradictions que nous avons déjà signalées, ainsi que les inscriptions que portent plusieurs chapitres [1], et les variations dans les noms de Dieu. Un passage de l'Exode (6, 3), dont il paraît résulter que les patriarches ne connaissaient Dieu que sous le nom de *Tout-puissant*, et que le nom de *Jéhova* (Éternel) ne date que depuis Moïse, ne doit pas être pris à la lettre; l'auteur veut dire seulement que les patriarches reconnaissaient la toute-puissance de Dieu, mais qu'ils ne saisissaient pas encore, dans toute son étendue, le sens du nom de *Jéhova*, qui, selon la Genèse (4, 26), remonterait même avant le déluge [2].

Il est impossible de fixer avec précision l'âge des différents documents dont se compose la Genèse; il en est de même des documents postérieurs à Moïse que renferment les autres livres du Pentateuque. Le recueil a dû être achevé et exister dans sa forme actuelle à l'époque de Josias, et c'est à cette même époque qu'il a pu être reçu par les Samaritains.

Le Pentateuque peut donc être appelé avec raison un livre mosaïque, bien qu'il ne soit pas en entier émané de Moïse. S'il manque d'unité dans le plan et dans la méthode, il y a unité dans l'idée. Les auteurs du recueil avaient pour but de consolider la croyance en un Dieu créateur et de déraciner toute espèce d'idolâtrie, de mettre sous les yeux du peuple hébreu les documents historiques et les traditions qui témoignaient de son *élection* et des faveurs particulières dont la Providence l'avait comblé dès son origine; enfin de glorifier son libérateur et son législateur, et d'exposer sa doctrine et ses lois, inspirées par la Divinité elle-même et supérieures à toute sagesse humaine : « Vous les « observerez et vous les exécuterez, « car c'est là votre sagesse et votre « intelligence aux yeux des peuples, « qui, entendant toutes ces lois, diront : Cette grande nation seulement est un peuple sage et intelligent. » (Deut. 4, 6). Nous allons maintenant faire connaître l'ensemble de ces lois.

5. Résumé de la doctrine et des lois de Moïse.

Dès les premiers moments de sa mission, Moïse se présenta au nom de l'*Être* absolu et universel, Dieu d'Abraham, d'Isaac et de Jacob; ce sont les traditions des aïeux qu'il veut rappeler à la race dégénérée des Hébreux, et c'est à ces traditions spiritualisées et développées qu'il veut rattacher sa doctrine et sa législation. L'une et l'autre sont comprises sous le nom de THORAH, dont le sens primitif signifie *enseignement*. De la *doctrine* émane la *loi* morale, religieuse et sociale; c'est Dieu lui-même qui est le roi et le législateur du peuple hébreu, et toute infraction aux lois, quelles qu'elles puissent être, est une offense envers la Divinité. La morale ressort plus directement de la doctrine sur Dieu et sur l'homme; car elle est fondée sur la connaissance que l'homme doit avoir de la Divinité et sur l'amour qu'il doit lui porter et qu'il manifeste en tâchant de l'imiter et de s'identifier avec elle. La loi religieuse renfermée dans le culte et les observances cérémonielles est le sim-

---

[1] Voy., par exemple, ch. 2, v. 4; ch. 5, v. 1; ch. 6, v. 9; ch. 10, v. 1; ch. 11, v. 10.
[2] Voici comment Rosenmüller, dans ses *Scholia*, explique le passage de l'Exode : *Majoribus tuis omnipotentem me esse declaravi, sed constantem, et promissa, quæ illis dedi de terrâ Cananæâ ab eorum posteris occupandâ, opere complentem illi me non sunt experti*. Cette explication est conforme à celle des rabbins.

bole extérieur de la doctrine et, pour ainsi dire, le drapeau qui distingue le peuple du roi-Dieu. Tel est son sens primitif, quoiqu'elle ait çà et là, dans ses détails, un but particulier que nous ferons remarquer. La loi sociale, adaptée aux localités, au caractère du peuple et en partie à ses antiques usages, est basée sur le respect de la dignité humaine et sur le principe d'égalité absolue; elle a pour fondement l'agriculture et les lois agraires qui devaient servir à maintenir l'équilibre dans les tribus et dans les familles et empêcher la formation de certaines classes privilégiées. Nous diviserons ainsi la *Thorah* de Moïse en trois parties principales, savoir: 1° Doctrine et morale; 2° Culte et lois cérémonielles; 3° Loi sociale. La première partie n'a d'autres sources que les inspirations de Moïse et les traditions des Hébreux; quant au culte et aux institutions sociales, il n'est pas impossible que Moïse ait puisé quelquefois à des sources étrangères, et il est même probable qu'il a eu égard aux institutions des peuples voisins, tantôt pour respecter certains préjugés inoffensifs qu'il n'était pas encore temps de détruire, tantôt pour garantir son peuple du contact de certains usages païens qui étaient en opposition avec la doctrine d'un monothéisme pur. L'antiquité païenne peut donc répandre quelque lumière sur une partie de la loi mosaïque.

PREMIÈRE PARTIE.

Doctrine et morale.

On a vu dans ce qui précède que la connaissance d'un *Être suprême, créateur du ciel et de la terre*, remonte jusqu'à Abraham. Moïse le caractérise comme l'*Être* par excellence, Yahwé [1] (celui qui est); illimité par rapport au temps, car il a toujours été et il sera toujours; illimité par rapport à l'espace, car il est partout, au ciel comme sur la terre, et il ne saurait être représenté sous aucune forme visible. Cet être est l'unité absolue: *Écoute, Israël, l'Éternel notre Dieu, l'Éternel est unique* (Deut. 6, 4), tel est le principe fondamental du mosaïsme, telles sont les paroles que l'israélite, encore aujourd'hui, récite dans sa prière du matin et du soir, paroles qui l'ont souvent accompagné au martyre et qu'il prononce sur le lit de mort.

C'est un préjugé très-répandu que le Dieu de Moïse, le Dieu *Jéhova* (pour nous conformer à la prononciation généralement adoptée), est le *Dieu national* des Hébreux, supérieur aux Dieux des autres nations, qui néanmoins existent à côté de lui. Pour détruire ce préjugé, le passage du Deutéronome que nous venons de citer pourrait seul suffire; car il nous fait voir dans Jéhova le Dieu unique et universel; mais nous appellerons l'attention des lecteurs sur quelques autres passages qui prouveront que Moïse était aussi avancé dans les doctrines monothéistes qu'il est possible de l'être. Comment le Dieu qui, dès les premiers mots du Pentateuque, est représenté comme l'auteur de toute la création, ne serait-il que le roi d'un petit peuple? N'est-ce pas lui qui, voyant la corruption de la race humaine, fait arriver le déluge pour détruire tous les mortels (Gen. 6, 13)? Il est le juge de toute la terre (ib. 18, 25), le Dieu des esprits de tous les mortels (Nomb. 16, 22; 27, 16). Jehova seul est Dieu, dans les cieux en haut et sur la terre en bas, et il n'y en a pas d'autre (Deut. 4, 39). Moi seul, dit Jéhova, je suis, et il n'y a pas d'autre Dieu avec moi; je tue et je vivifie, je frappe et je guéris, et personne ne peut sauver de ma main

---

[1] Telle était probablement la vraie prononciation du nom que nous prononçons *Jéhova*, יהוה. C'est un antique aoriste du היה *être*; mais, par respect, on ne prononçait pas ce nom, et on substituait ordinairement le mot *Adonaï* (Seigneur) ou *Elohîm* (Dieu). C'est pourquoi, lorsqu'on eut inventé les points-voyelles, les quatre lettres de יהוה furent ponctuées de manière à produire tantôt *Yĕhowa*, tantôt *Yĕhowi*, en leur donnant les voyelles du mot qu'on substituait dans la prononciation. Déjà les Septante rendent toujours le nom de יהוה par ὁ κύριος, *le Seigneur*, ce qui prouve que la leçon *Adonaï* est très-ancienne.

(ib. 32, 39). Partout enfin Jéhova est représenté comme le maître absolu de la nature créée par lui; les lois de la nature sont à sa disposition, il les interrompt à son gré et il opère des *miracles*. Il est évident que lorsque, çà et là, Jéhova est entouré d'une enveloppe mythique, lorsque, pour ainsi dire, les dimensions infinies de l'Être universel paraissent se rétrécir et qu'il se manifeste dans des limites plus restreintes, ce sont des *images* adaptées à la conception des masses, qui n'étaient pas encore capables de s'élever au point de vue dans lequel se plaça Moïse. Si Jéhova est le roi du peuple hébreu qu'il prend sous sa protection spéciale, c'est que les patriarches hébreux ont été les premiers à reconnaître et à proclamer l'Être suprême, c'est que le peuple hébreu a été le premier à lui consacrer un culte, et que, par une inspiration surnaturelle, Moïse a pu communiquer aux Hébreux une doctrine à laquelle l'esprit humain, abandonné à lui-même et à son développement naturel, ne devait arriver qu'après une longue suite de siècles. Sous ce rapport les Hébreux sont le peuple élu, le peuple de Jéhova, et en proclamant cette élection, Moïse ne proclame qu'un fait qui appartient à l'histoire. « A Jéhova, dit-il, sont les cieux et les cieux des cieux, la terre et tout ce qui s'y trouve; mais il a trouvé plaisir en tes ancêtres pour les aimer et il a élu leur postérité après eux, (c'est-à-dire) vous, parmi toutes les nations, comme (on le voit) aujourd'hui. » (Deut. 10, v. 14, 15.)

Dans le sévère monothéisme de Moïse il y a à peine de la place pour les *anges*. Si Moïse avait reconnu l'existence des anges, il n'aurait pu en faire que des êtres *créés*, et cependant il n'en est point fait mention dans le récit de la création, à moins qu'on ne veuille les comprendre sous *l'armée* du ciel dont il est question au chapitre 2 de la Genèse (v. 1). L'existence des anges n'est pas un dogme de la religion *mosaïque*; si Moïse parle quelquefois de *messagers* de Dieu ou d'*anges* [1], il ne fait que céder aux croyances populaires; mais il nous fait sentir souvent que pour lui les messagers de Jehova sont identiques avec Dieu lui-même et ne sont que les symboles de ses facultés et de sa puissance. Ainsi, dans un passage de la Genèse (ch. 16, v. 7), un *messager de Dieu* apparaît à Hagar, et, immédiatement après (v. 13), on nous dit que c'était Dieu lui-même; il en est de même dans la seconde vision de Hagar (ch. 21, v. 17 et 19). Jéhova, le Dieu du ciel, dit Abraham à son intendant, enverra *son messager* devant toi (ch. 21. v. 7), et plus loin (v. 48) l'intendant dit que c'est *Jéhova* qui l'a conduit. L'ange qui parle à Jacob, au milieu des troupeaux de Laban (v. 31, v. 11) lui dit : *Je suis le Dieu de Bethel* (v. 13). Dans le buisson ardent un *messager de Jéhova* apparaît à Moïse (Exode, ch. 3, v. 2); mais bientôt nous voyons que c'est Jéhova lui-même (v. 4). Ainsi on peut dire que les anges, êtres purement spirituels et cependant individuels, êtres créés supérieurs à l'homme et intermédiaires entre lui et la Divinité, n'existent pas dans la doctrine mosaïque, mais bien dans les croyances populaires des anciens Hébreux. A mesure que la religion se spiritualise et que le monothéisme est mieux compris, les apparitions d'anges deviennent plus rares et on voit dans les *messagers de Dieu* les éléments, les facultés de la nature et les phénomènes qu'elles produisent [2]. Ce n'est que plus tard, pendant l'exil de Babylone, que se forme la *théorie* des anges, par l'influence des doctrines des mages. Les anges, divisés en bons et mauvais, reçoivent des noms, on leur attribue des fonctions, et c'est alors seulement que nous voyons pas-

[1] Le mot hébreu מלאך veut dire *messager*, la version grecque le rend par ἄγγελος qui a le même sens. Le mot *angelus* a été reçu dans la latinité chrétienne avec le sens particulier de *messager céleste*; de là vient le mot *ange*, qui, comme on le voit, n'a pas d'équivalent dans le langage des anciens Hébreux.

[2] Voy. psaume 104, v. 4.

raître *Satan* (*l'Ahriman* des Perses), chef des anges rebelles. Nous aurons l'occasion de revenir sur *l'angélologie* des Juifs après l'exil, qui n'a aucune base dans la doctrine mosaïque.

Quant aux *Keroubim* (Chérubins) qui gardent le paradis terrestre (Gen. 3,24), ce sont des êtres symboliques, appartenant à l'imagination, et semblables aux *sphinx* des Égyptiens[1]; il en est de même des *Séraphins* que nous rencontrons dans les visions des prophètes. Le récit de la création ne les mentionne pas plus que les anges.

Jéhova, être unique et infini, être immatériel que l'on ne peut apercevoir que *par derrière* (Exode, 33,23), c'est-à-dire par son reflet, créa l'univers ; le chaos lui-même, la matière informe, sortit du néant par la volonté divine : « Au commencement Dieu créa le ciel et la terre ; mais la terre était *tohou wabohou* (dans un état chaotique). » Tel est le commencement de la Genèse. La parole divine développe le chaos, et en six périodes ou journées toute la nature et ses différents règnes naissent successivement ; l'œuvre est couronnée par la création de l'homme, qui est fait à l'image de Dieu, en participant de l'essence divine, par *le souffle* ou *l'esprit* que Dieu lui donne. Dès lors Dieu n'est plus renfermé en lui-même, dans son unité absolue ; il s'est révélé dans la création, et il s'est manifesté particulièrement dans l'homme, chef-d'œuvre de cette création.

De même que l'enfant nouveau-né, l'homme était d'abord un être sans raison ; incapable de pécher, car il ne savait pas distinguer le bien et le mal. Le mal absolu n'existait pas dans la création ; il ne pouvait pas même résider dans la matière, qui était créée par Jéhova, le bien absolu, dont il ne pouvait émaner aucun mal. Ce n'est que par la *connaissance*, par le développement du principe intellectuel de l'homme, que le mal entre dans le monde ; il n'est ni dans l'esprit ni dans la matière, mais il réside dans la collision qui naît entre les deux principes, dès que l'homme est arrivé à la connaissance. Alors il n'est plus guidé par l'instinct, comme les autres animaux, mais il a le sentiment moral, et par cela même qu'il est libre dans ses mouvements, il devient responsable de ses actes. L'homme, être intellectuel, ne peut plus vivre comme les animaux, et de la vie sociale à laquelle il est destiné naissent pour lui toute sorte d'inconvénients ; il est obligé de lutter et de travailler. C'est pour l'être rationnel qu'existent la lutte morale et la lutte physique ; c'est ainsi que la connaissance ou l'intelligence devient la source du mal, sans qu'elle soit elle-même un mal. Tel est le sens le plus simple de *l'apologue du serpent séducteur* rapporté dans le 3ième chapitre de la Genèse[1] ; c'est ainsi que Moïse essaya de sauver l'unité absolue et qu'il évita de tomber dans le dualisme. Selon Moïse, nous le répétons, le mal n'existe pas par lui-même ; mais il naît de la collision qui existe entre l'esprit et la matière.

L'homme devenu être intellectuel sort du monde physique pour être placé dans un monde moral. Le monde physique ne subsiste que par l'équilibre, par les lois que le Créateur a établies dans la nature ; il doit en être de même dans le monde moral. Ici Dieu et l'homme se trouvent dans un nou-

[1] L'étymologie du mot כרוב *Keroub* est incertaine ; mais les théologiens les plus orthodoxes ont renoncé à voir dans les chérubins des êtres réels ; ce sont évidemment, dit Jahn, des créatures de l'imagination poétique (*Archæologie*, t. III, p. 266). Herder compare les chérubins du paradis au dragon qui garde les pommes d'or des Hespérides, et il développe l'histoire des chérubins dans la poésie hébraïque jusqu'à la vision d'Ézéchiel. Voy. son *Esprit de la poésie hébraïque*, t. I, ch. VI. Nous reviendrons sur les Chérubins, en parlant du Tabernacle

[1] Nous laissons de côté les mille explications qu'on a données de ce chapitre, ainsi que les conséquences qu'on en a tirées sous le rapport du *dogme*. Il nous suffit d'avoir indiqué, en général, l'idée philosophique que nous croyons voir dans cet apologue ; l'interprétation de tous les détails serait ici déplacée, ils sont du domaine de la poésie et de la mythologie. Voy. Hartmann, *Historisch-kritische Forschungen*, etc., p. 370-392.

veau rapport corrélatif, et l'équilibre est maintenu par la justice absolue du côté de Dieu, et par la morale du côté de l'homme.

Parmi les attributs que Moïse donne à la Divinité, dans ses rapports avec l'homme, la justice est au premier rang; Dieu est souvent présenté dans le Pentateuque comme un juge sévère, et Moïse insiste d'autant plus sur ce point qu'il avait affaire à un peuple abruti par un long esclavage et dont l'obéissance ne pouvait être obtenue que par la crainte. Mais Moïse enseigne aussi que Dieu est bon et miséricordieux, qu'il supplée par sa grâce au manque de mérite, et ceux-là sont dans une profonde erreur qui disent que le Dieu de Moïse n'est que redoutable, toujours prêt à la vengeance et au châtiment. Dans la Genèse nous voyons Dieu guider les patriarches avec une condescendance toute paternelle; et dans le désert il soutient son peuple, qu'il a élu par un amour spontané (Deut. 7, 8), *comme un homme porte son fils* (ib. 1, 31). Dans un passage où Moïse nous fait connaître les attributs de Dieu dans ses rapports avec l'homme, il s'exprime ainsi : « Jéhova est un Dieu miséri-
« cordieux et clément, indulgent [1],
« abondant en grâce et en fidélité, gar-
« dant sa grâce jusqu'à mille (généra-
« tions), pardonnant l'iniquité, le
« crime et le péché; cependant il n'in-
« nocente pas (complétement) [2], il pu-
« nit l'iniquité des pères sur les enfants
« et sur les enfants des enfants, jus-
« qu'à la troisième et la quatrième gé-
« nération. » (Exode, ch. 34, v. 6 et 7.)
Évidemment Moïse veut nous faire sentir par ces paroles que la grâce et la bonté de Dieu l'emportent sur sa justice; que, par cette grâce, le bien que l'homme fait laisse des traces impérissables — *jusqu'à la millième génération*, — tandis que les conséquences du mal cessent promptement — *à la troisième ou à la quatrième gé-*
nération. Il est évident que ces derniers mots ne sont qu'une locution qui signifie *un court espace de temps*; car Moïse dit ailleurs (Deut. 24, 16) que les pères ne sauraient être punis pour les enfants, ni les enfants pour les pères.

Quant aux rapports de l'homme avec la Divinité, c'est la morale qui doit en former la base. Malgré le grand nombre d'observances cérémonielles prescrites dans la loi de Moïse, celles-ci n'y occupent qu'un rang secondaire; ce qui rend l'homme digne de la Divinité, dont il est l'image sur la terre, c'est la sainteté et la morale. Le grand nombre de préceptes moraux que renferme le Pentateuque ne laissent aucun doute sur la tendance morale de la loi mosaïque. L'homme, dit Moïse, est créé à l'image de Dieu ; Dieu, le suprême bien, est la réunion de toutes les vertus à leur plus haute puissance. L'homme doit tâcher de s'approcher, autant que possible, de son modèle céleste; la sainteté, l'amour de Dieu, est, selon Moïse, la base des relations de l'homme avec le Créateur : *Vous serez saints, car moi Jéhova, votre Dieu, je suis saint* (Lév. 19, 2). *Tu aimeras Jéhova, ton Dieu, de tout ton cœur, de toute ton âme, de toutes tes forces* (Deut. 6, 5). Dans un autre endroit il dit (ib. ch. 10, v. 12 et suiv.) :
« Et maintenant, ô Israël, qu'est-ce
« que Jéhova, ton Dieu, te demande,
« sinon de craindre Jéhova ton Dieu,
« de marcher dans toutes ses voies,
« de l'aimer et de le servir de tout ton
« cœur et de toute ton âme ? *Vous cir-*
« *conciriez le prépuce de votre cœur*,
« et vous n'endurcirez plus votre cou;
« car Jéhova, votre Dieu, est le Dieu
« des dieux et le maître des maîtres,
« le Dieu grand, fort et redoutable,
« qui ne fait pas acception de personne
« et n'accepte point de don corrup-
« teur, qui fait droit à l'orphelin et à
« la veuve, qui aime l'étranger pour
« lui donner du pain et un vêtement. »

Dans ce passage, Moïse, faisant allusion à la circoncision, signe extérieur de l'alliance de Dieu avec les

---

[1] Littéralement : *long* (à se mettre) *en colère*.
[2] La Vulgate traduit incorrectement : *Nullusque apud te per se innocens est*.

descendants d'Abraham, fait sentir que ce signe ne suffit pas sans *la circoncision du cœur*, c'est-à-dire sans que l'homme ouvre son cœur au sentiment moral, qui seul peut le mettre en rapport avec la Divinité. Ce sentiment doit se manifester par une conduite pure, par des mœurs chastes, que la loi de Moïse commande avec une grande sévérité [1], et par la charité envers le prochain. C'est l'amour qui doit présider aux rapports des individus : *Tu aimeras ton prochain comme toi-même, je suis Jéhova* (Lév. 19, 18) [2]. L'homme ne doit nourrir aucun sentiment de haine contre son prochain, et, s'il a à s'en plaindre, il doit s'expliquer franchement avec lui (ib. v. 17); il ne doit pas se laisser entraîner à la calomnie, ni à la vengeance (ib. v. 16 et 18), et il doit faire le bien à son ennemi (Exode, ch. 23, v. 4, 5). L'Hébreu ne doit faire aucune distinction entre son compatriote et l'étranger, et il doit aimer l'étranger comme lui-même (Lév. 19, 34). *Vous aimerez l'étranger, car vous étiez étrangers dans la terre d'Égypte* (Deut. 10, 19). Pour que les Hébreux n'imitent pas à cet égard la conduite inique des Égyptiens, dont ils avaient été victimes si longtemps, Moïse revient très-souvent sur l'amour de l'étranger, et, à cette occasion, il rappelle souvent aux Hébreux leur séjour d'Égypte. L'étranger jouissait, comme l'Hébreu, de toute la protection des lois (Deut. 1, 16; 24, 17); pauvre, il avait droit à la bienfaisance publique, tout aussi bien que l'Hébreu (ib. 14, 29). L'esclave étranger il faut le traiter avec humanité, il prend part aux réjouissances publiques dans les jours de fête (ib. ch. 16, v. 11 et 14); maltraité par son maître, il est affranchi (Exode, 21, v. 26, 27). Il est sévèrement défendu de trahir l'étranger qui vient chercher un refuge dans le pays des Hébreux; l'esclave échappé à la cruauté de son maître ne peut lui être livré, il pourra s'établir au milieu des Hébreux, partout où il lui plaira, et il ne sera nullement inquiété (Deut. 23, v. 16, 17).

Il nous serait impossible de citer ici tous les préceptes moraux de la loi mosaïque; mais ce que nous venons de dire suffira pour faire ressortir la tendance morale de cette loi. D'ailleurs, en posant les bases du *prophétisme*, dont nous parlerons plus loin, Moïse assura lui-même le développement de son système de morale; il laissa aux prophètes qui viendraient après lui de faire prévaloir la morale sur les pratiques extérieures que la nécessité du moment le forçait de prescrire [1].

Ce qui, du reste, donne à la moralité de l'individu sa véritable valeur, c'est le libre arbitre que Moïse reconnaît à l'homme; chaque individu devient par là le maître de ses actions, il peut les mettre d'accord avec le suprême bien, ou devenir l'ouvrier du mal. Le mal, comme nous l'avons vu, est quelque chose d'individuel; il ne réside ni dans Dieu, ni dans la création émanée de lui, il n'a aucune existence réelle, et il n'existe que par rapport à l'individu qui seul en est responsable et qui ne peut être *justifié* que par lui seul; la vie et le bien, la mort et le mal, sont dans ses mains (Deut. ch. 30, v. 15 et 19).

Les récompenses que Moïse promet à la vertu et les peines dont il menace le vice sont toutes de ce monde; mais elles ne sont pas toujours *personnelles*, et Moïse sut profiter d'un sentiment très-vif chez les Hébreux, celui de l'amour des descendants, pour donner au sentiment moral un essor plus élevé, en faisant

---

[1] Voy. Lévit. ch. 20, v. 9—16; Deut. ch. 22, v. 5, 13-29; ch. 23, v. 18.
[2] Moïse termine presque toujours les préceptes moraux par les mots : *Je suis Jéhova*, pour faire sentir que c'est en suivant ces préceptes que l'homme se met en rapport avec Dieu qui l'a créé à son image. Selon les anciens rabbins, c'est dans *l'amour du prochain* que se résume toute la loi mosaïque; toutes les lois ne sont que le commentaire de cette loi fondamentale. Voy. mes *Réflexions sur le culte des anciens Hébreux* (tome IV de la Bible de M. Cahen), p. 19 et 20.

[1] Voy. les *Réflexions* citées dans la note précédente.

voir les suites que pouvait avoir la conduite de l'homme dans un avenir plus ou moins éloigné, et l'influence que les œuvres du présent pouvaient exercer sur la postérité. Dès lors la prospérité dont le méchant jouit quelquefois dans ce monde, ne pouvait plus servir de mauvais exemple; car tout ne finissait pas pour lui avec cette vie, et il pouvait être puni par le mal qu'il préparait à sa postérité. Quant aux récompenses et aux peines que l'homme peut trouver dans une autre vie, Moïse n'en parle pas, soit que l'âme, comme *souffle divin* (Genèse, 2, 7), lui parût devoir rentrer, immédiatement après la mort, dans son état primitif de pureté, soit qu'il ne voulût pas se prononcer sur un sujet plein de difficultés métaphysiques, que les hommes auxquels il s'adressait n'étaient nullement capables de comprendre. La doctrine de Moïse, en général, évite les subtilités métaphysiques; Dieu, selon elle, ne saurait être saisi par les seuls efforts de la raison humaine, elle veut la *foi*, et elle s'adresse plutôt au cœur qu'à l'esprit. Elle agit sur le sentiment et sur l'imagination, mais en même temps elle craint les extravagances de l'imagination; elle veut déraciner toute espèce de superstition, et elle évite de se prononcer sur une croyance qui, à la vérité, était déjà très-répandue, mais qui, sous la forme qu'elle avait prise chez tous les peuples de l'antiquité, ne pouvait guère se mettre d'accord avec le monothéisme pur. Chez les Indous et chez les Égyptiens la doctrine de l'immortalité de l'âme se présente sous la forme de *métempsycose* [1]; chez les disciples de Zoroastre, comme chez les anciens peuples de l'Europe, elle est défigurée par les fables les plus absurdes. Les Hébreux n'étant pas plus avancés, sous ce rapport, que les peuples qui les entouraient, Moïse ne voulut pas faire de *l'immortalité de l'âme* un dogme religieux; mais il laissa intacte la croyance populaire,

sachant bien que tôt ou tard son monothéisme bien compris devait faire naître des idées plus pures sur l'âme et sur sa permanence après la mort. Voici comment s'exprime à ce sujet un des plus illustres écrivains de l'Allemagne, en parlant de la supériorité des saintes Écritures sur tout ce que l'Orient a produit : « Le con-
« traste de l'erreur, dit-il, nous mon-
« tre la vérité sous une lumière nou-
« velle et plus brillante, et, en géné-
« ral, l'histoire de la plus ancienne
« philosophie, c'est-à-dire de la ma-
« nière de penser des Orientaux, of-
« fre le commentaire extérieur le plus
« beau et le plus instructif sur l'É-
« criture sainte. Ainsi, par exemple,
« celui qui connaît les systèmes reli-
« gieux des plus anciens peuples de
« l'Asie ne s'étonnera point que, dans
« l'Ancien Testament, la doctrine de
« la trinité, *et surtout celle de l'im-*
« *mortalité de l'âme*, soient plutôt
« indiquées et légèrement touchées
« que développées en détail et posées
« comme base de la doctrine reli-
« gieuse. On ne pourra guère soutenir
« avec la moindre vraisemblance his-
« torique, que Moïse, initié dans
« toute la sagesse des Égyptiens, ait
« ignoré ces doctrines généralement
« répandues chez les peuples les plus
« civilisés de l'antique Asie. Mais si
« nous considérons que chez les In-
« dous, par exemple, c'était justement
« à cette haute vérité de l'immorta-
« lité de l'âme que se rattachait la
« plus grossière superstition, et qu'elle
« en était presque inséparable, nous
« nous expliquerons facilement le
« procédé du législateur divin [1]. »

Nous ajouterons que l'âme, étant, selon Moïse, une émanation de Dieu, un souffle divin [2], doit être impérissable comme l'essence divine elle-

---

[1] Voy. l. c. page 10, note 2.

[1] Fr. Schlegel, *Ueber die Sprache und Weisheit der Indier* (sur la langue et la sagesse des Indiens), pages 198, 199.
[2] L'âme humaine est seule désignée par Moïse comme un *souffle de Dieu*; la vie des autres animaux est purement *physique*; l'eau et la terre produisent les animaux tout vivants. Voy. Genèse, ch. 1, v. 20 et 24; ch. 2, v. 19.

même, et il est impossible d'admettre que Moïse et les Hébreux n'aient eu aucune notion de la croyance à la durée de l'âme, après la mort. D'ailleurs, l'existence de cette croyance se révèle déjà dans plusieurs passages du Pentateuque, et, dans les autres livres de l'Ancien Testament, nous la trouvons de plus en plus spiritualisée et développée. Quel sens donnera-t-on à cette expression si souvent répétée dans le Pentateuque : *être réuni à son peuple* ou *à ses ancêtres?* On a dit qu'il s'agit tout simplement de la sépulture, et on a pensé à des caveaux où étaient déposés les restes des membres d'une même famille; mais dans beaucoup d'endroits la *réunion aux ancêtres* est expressément distinguée de la sépulture. Abraham est *réuni à son peuple*, mais il est enseveli dans le caveau qu'il avait acheté à Hébron et où Sarah seule est enterrée. La mort de Jacob est rapportée dans les termes suivants (Genèse, 49, 33) : « Jacob ayant achevé « de donner des ordres à ses fils, re- « tira ses pieds dans le lit, expira, et « *fut réuni à ses peuples.* » Ensuite son corps est embaumé; les Égyptiens célèbrent un deuil de soixante-dix jours, et ce n'est qu'après ce long espace de temps que Joseph conduit les restes de son père au pays de Canaan, pour les enterrer auprès d'Abraham et d'Isaac. Ahron meurt sur le mont Hor et y est enterré; aucun membre de son peuple n'y repose, et pourtant *il est réuni à son peuple* (Nombres, 20, 24; Deut. 32, 50). Il en est de même de Moïse qui meurt sur le mont Nebo, et dont personne ne connaissait le tombeau (Deut. 32, 50; 34, 6). Il est donc évident que la *réunion aux ancêtres* est autre chose que la sépulture, et que les Hébreux, du temps de Moïse, croyaient à un séjour où les âmes se réunissaient après la mort. Ce séjour des morts, appelé *Scheól*, était placé dans l'intérieur de la terre [1]; c'était un lieu sombre et triste comme le *Tartarus* ou *l'Orcus* [1]. Il en est question dès le temps des patriarches; Jacob, inconsolable de la perte de Joseph, dit (Gen. 37, 35) : « Je descendrai en « deuil auprès de mon fils dans le « *Scheól.* » Ce Scheól ne saurait être *le tombeau*, comme l'ont prétendu quelques traducteurs modernes; car Jacob croyait son fils déchiré et dévoré par une bête féroce, et il ne pouvait espérer que ses ossements reposeraient auprès de ceux de Joseph [2]. Si nous consultons les livres postérieurs au Pentateuque, nous trouverons d'autres détails qui ne permettent pas de douter que le *Scheól* ne soit l'Orcus des Hébreux. Dans le livre d'Isaïe (38, 10) il est question des *portes du Scheól*, dans les Proverbes (9, 18), de ses *vallées* et des ombres qui l'habitent et qui portent le nom de *Rephaïm* (faibles). Dans un sublime poëme sur la chute du roi de Babylone (Isaïe, ch. 14), le *Scheól* tremble à l'arrivée du tyran et les *Rephaïm* s'émeuvent (v. 9); car ordinairement ils jouissent d'un profond repos (Job, 3, 17). « Pourquoi m'as- « tu troublé en me faisant monter?... « *Demain, toi et tes fils vous serez* « *avec moi.* » Ainsi parle l'ombre de Samuel évoquée par la pythonisse d'En-Dor devant le roi Saül. Il est évident que l'auteur de ce récit, ainsi que ceux pour qui il écrivait, croyaient à l'existence du prophète au delà de la tombe, et à un séjour où les ombres se réunissaient après la mort. La superstition, qui croyait pouvoir évoquer les ombres des morts et les interroger, n'était pas moins répandue

---

[1] Voy. Nombres, ch. 16, v. 30 et 33; Deut. 32, 22; comparez Ps. 86 (85), v. 13.

[1] Voy. Job, ch. 10, v. 21, 22.
[2] Dans ce passage, comme dans tous les autres, les anciennes versions rendent le mot *Scheól* de manière à y faire reconnaître le séjour commun des morts. Les Septante traduisent εἰς ᾅδου, la Vulgate *in infernum;* les versions chaldaïque et syriaque conservent le mot hébreu, en le considérant, avec raison, comme un nom propre. On peut le reconnaître comme tel dans le texte hébreu lui-même; car le mot *scheól*, comme, en général, les noms de pays, est toujours (à l'exception de Job, 26, 6,) du genre féminin et *n'a jamais l'article*. Dans la langue syriaque le mot *scheól* ou *schioul* s'emploie dans le *sens* d'enfer ou de purgatoire.

du temps de Moïse; ce législateur défend sévèrement la *nécromancie*[1]. Il nous paraît donc évident que les Hébreux croyaient de tout temps à la permanence de l'âme; mais à l'époque mosaïque ils n'avaient encore que des notions confuses sur la condition des âmes dans le Scheôl. Il paraît que le prophétisme contribuait à développer et à épurer cette croyance; à l'époque de Samuel on admettait déjà une différence, après la mort, entre les âmes des vertueux et celles des méchants. Dans le premier livre de Samuel (25, 29), la femme de Nabal dit à David : « L'âme de mon maître sera enveloppée dans le faisceau de la vie auprès de Jéhova, ton Dieu; mais il frondera l'âme de tes ennemis dans le creux de la fronde[2]. » Mais ce n'est que dans le livre de Kohéleth, ou *l'Ecclésiaste* (qui date d'une époque beaucoup plus récente) que la *doctrine* de l'immortalité de l'âme se trouve clairement énoncée : « La poussière retourne à la terre telle qu'elle était, mais *l'esprit* retourne vers Dieu qui l'a donné. » (Ch. 12, v. 7.)

Nous ne pouvons pas ici entrer dans de plus longs détails sur cette matière; il nous suffit d'avoir démontré que le *Scheôl* du Pentateuque n'est pas le *tombeau*, que la permanence de l'âme était connue aux Hébreux du temps de Moïse, et que cependant ce législateur avait des motifs très-plausibles pour ne pas faire de cette croyance un point de sa *doctrine*.

En résumé, la doctrine de Moïse se borne à établir l'existence de Dieu, comme être absolu, unique, éternel et immatériel, créateur de toute la nature, à partir de la matière chaotique jusqu'à l'homme animé par le souffle divin. Le monde moral a ses lois comme le monde physique; il se maintient par la justice et la grâce du Créateur et par le sentiment moral qui réside dans l'homme. La matière n'est ni bonne ni mauvaise; le mal est *l'œuvre de l'homme* (Gen. 6, 5), dont l'esprit ne sait pas toujours franchir les obstacles que la matière inerte lui oppose sans cesse. L'homme, libre dans ses mouvements, doit travailler à vaincre ces obstacles; l'amour de Dieu, l'imitation du suprême bien est son plus beau triomphe.

DEUXIÈME PARTIE.

CULTE ET LOIS CÉRÉMONIELLES.

Le culte, avons-nous dit, est le *symbole de la doctrine*; c'est-à-dire, la représentation extérieure, par certains actes qui tombent sous les sens, des points principaux de la doctrine sur Dieu et sur ses rapports avec la nature et avec l'homme en particulier. Le culte n'est pas en lui-même un véritable lien entre la Divinité et l'homme; mais il met sans cesse l'homme en présence de Dieu, il vient en aide au sentiment moral, et, par les actes qu'il prescrit, il rappelle à l'homme la croyance en Dieu et les devoirs intérieurs que lui impose cette croyance.

Le culte des patriarches avait la plus grande simplicité; ils n'avaient pas de temple, ils adressaient des prières à la Divinité et lui offraient des sacrifices dans tous les lieux et sans avoir des époques fixes pour leurs actes de dévotion. Ils préféraient cependant les hauteurs et l'ombre des bois comme des lieux plus propres à faire naître le recueillement et les sentiments de piété. Dans les endroits où ils avaient reconnu plus particulièrement la manifestation de la Divinité, ils posaient des pierres en monument, et ils les consacraient avec de l'huile, et ces monuments restaient toujours pour eux un objet de respect et de pieux souvenirs (Gen. 28, 18; 35, 14). En Égypte les Hébreux avaient conservé quelque notion de Jéhova, le Dieu de leurs pères, mais il paraît que les pratiques religieuses des Égyptiens ne restèrent pas sans influence sur les Hébreux; le culte pur de l'époque patriarcale disparut peu à peu pour faire place à des pratiques idolâtres.

---

[1] Voy. Lévit. 19, 31; 20, 6; Deut. 18, 11.
[2] Voy. *Réflexions*, etc., pages 7 et 8.

Moïse, après avoir proclamé de nouveau Jéhova, le Dieu unique, et avoir sévèrement défendu d'adorer toute autre divinité, ou de représenter Jéhova lui-même sous une image quelconque, sentit cependant la nécessité d'établir des symboles extérieurs de la présence de Jéhova au milieu du peuple hébreu, et de prescrire des actes de dévotion qui, tout en s'adressant à l'Être absolu et invisible, fussent en rapport avec les usages de l'époque. Il a dû respecter les habitudes de ses contemporains et laisser subsister une foule de cérémonies, qui, à la vérité, ne sont pas toujours dignes de sa sublime doctrine, mais qui seules pouvaient agir alors sur l'esprit des masses. Le grand génie de Moïse devança les siècles; mais il ne put élever jusqu'à lui les hommes auxquels il s'adressait, et qui ne pouvaient encore l'entendre qu'à moitié. Il devait donc s'abaisser à eux, et adapter, autant que possible, les nouvelles doctrines aux usages généralement établis. C'est pourquoi la voix sublime qui, du haut du Sinaï, proclame le monothéisme le plus pur, le Dieu qui s'annonce comme libérateur des Hébreux, qui brise les chaînes de leurs corps et de leurs esprits, peut et doit s'abaisser jusqu'à régler même leurs préjugés, pour les préparer à une émancipation graduelle qui doit s'avancer à mesure que les lumières s'accroîtront.

D'un autre côté, les usages qui étaient plus particulièrement en rapport avec le polythéisme et l'idolâtrie devaient être proscrits avec la plus grande sévérité, et souvent, pour les faire disparaître, il a fallu établir des cérémonies qui leur fussent diamétralement opposées [1]. De là vient le caractère si compliqué du culte mosaïque et cette infinité de pratiques minutieuses qui paraissent souvent être en désaccord avec la doctrine et la morale de Moïse.

C'est sous ce point de vue que nous considérons le culte et les lois cérémonielles de Moïse, laissant de côté la *typologie* et le *symbolisme*, c'est-à-dire la doctrine qui considère les pratiques du culte des Hébreux comme autant de types d'une révélation postérieure, et celle qui voit dans chacune de ces pratiques le véritable symbole d'une idée mosaïque. Ces doctrines manquent, l'une et l'autre, d'une base historique et objective, et elles laissent un champ très-vaste à l'imagination individuelle. Quant à la *typologie* qui fut mise en vogue, au dix-septième siècle, par Cocceius et son école, elle est presque tombée dans l'oubli, et les théologiens chrétiens les plus fervents n'osent plus l'admettre dans ses détails. « Il est certain, dit Jahn [1], qu'on « ne trouve point dans les lois mo- « saïques de ces types du Christ, que « les Hébreux eussent reconnus alors, « ou à toute autre époque avant le « Christ. » Le *symbolisme*, qui considère les cérémonies du culte mosaïque comme des allégories ou des images des divers points de la doctrine, était déjà en vogue dans l'école juive d'Alexandrie, et les écrits de Philon montrent jusqu'où peut s'égarer l'esprit humain lorsque, évitant le terrain historique, il s'abandonne à une vague spéculation. Voulant soutenir la dignité des livres de Moïse en face de la philosophie de son temps, Philon se sert de cette même philosophie, pour expliquer allégoriquement non-seulement une partie des lois mosaïques, mais aussi les récits historiques et mythiques du Pentateuque. La même tendance se montre dans les écrits de Josèphe et dans ceux de certains rabbins, notamment des cabbalistes. Dans les derniers temps la *Symbolique* de Creuzer, qui s'occupe particulièrement de la mythologie des Grecs, a fait renaître le goût du *symbolisme* appliqué à l'Écriture sainte, et récemment l'Allemagne a vu paraître un ouvrage savant et grandiose

---

[1] *Moses*, dit Tacite, *quo sibi in posterum gentem firmaret, novos ritus contrariosque ceteris mortalibus indidit. Profana illic omnia, quæ apud nos sacra; rursum concessa apud illos, quæ nobis incesta. Bos quoque immolatur, quem Ægyptii Apin colunt.* Histor. V, 4.

[1] *Archæologie*, t. III, p. 104.

sur les symboles du culte mosaïque[1]. Dans l'introduction de cet ouvrage, nous lisons le passage suivant[2] : « Les recherches modernes sur les religions de l'antiquité ont eu pour résultat cette certitude indubitable, que la forme matérielle des cultes païens a un caractère figuré et qu'elle ne doit pas être prise seulement comme quelque chose d'extérieur. Or, le culte mosaïque serait au-dessous et non pas au-dessus de tous les cultes païens, si seul il faisait une exception et si les hommages qu'on y rend à la Divinité n'étaient autre chose qu'une pompe extérieure, un aliment pour les sens grossiers du vulgaire, un plaisir des yeux. Bien au contraire, nous avons dans le mosaïsme un motif de plus qui nous oblige d'accorder à la forme matérielle de son culte un caractère figuré. Le principe distinctif et caractéristique du mosaïsme est l'unité et la spiritualité de Dieu, comme nous l'enseigne le Décalogue dans le premier et dans le deuxième commandement, dans lequel on défend très-énergiquement de représenter la Divinité par une image quelle qu'elle puisse être. Or, avec un être invisible, purement spirituel, sans forme ni image, on ne peut se mettre dans un rapport réel que d'une manière invisible et spirituelle, et jamais ce qui est matériel ne saurait produire un rapport purement spirituel. Ainsi donc, de même que l'objet du culte mosaïque est un Dieu immatériel, invisible, spirituel, de même la forme matérielle de ce culte ne saurait être en elle-même le but, mais l'image et la représentation d'un rapport spirituel. »

C'est en partant de ce raisonnement que l'auteur cherche à expliquer le sens symbolique de tous les détails du culte des Hébreux. A la vérité, ce symbolisme moderne a sur l'ancien ce grand avantage qu'il procède avec beaucoup plus de critique, en restant sur le terrain mosaïque et en cherchant dans les doctrines de Moïse elles-mêmes le sens symbolique des pratiques religieuses des Hébreux. Mais il n'en procède pas moins d'une manière subjective; car les écrits de Moïse n'offrent pas assez de données, pour nous faire reconnaître le *criterium* du symbole, qui dépendra toujours d'une manière de voir tout individuelle. Il nous semble que, si Moïse avait voulu donner à tous ses préceptes un caractère symbolique, il n'aurait pas manqué de nous donner quelques indices qui pussent nous faire reconnaître le symbole. Les prophètes du moins en auraient eu quelque connaissance, ne fût-ce que par la tradition orale, et ils n'auraient pas montré tant d'éloignement pour les pratiques extérieures du culte, qu'ils présentent toujours comme une chose peu agréable à Dieu.

Nous n'admettons donc le sens symbolique que là où Moïse l'a clairement indiqué lui-même. Ainsi le sabbat est le symbole de la création qui était achevée le septième jour (Exode, 20, 11; 31, 17); le tabernacle représente la résidence de Jéhova au milieu des Hébreux (ib. 25, 8); la circoncision est le symbole de l'élection du peuple hébreu (Genèse, 17, 11). Les fêtes, outre leur sens *agronomique*, devaient rappeler de grands souvenirs historiques : la Pâque et ses rites devaient perpétuer la mémoire des grands miracles qui signalèrent la sortie d'Égypte (ib. ch. 12); la fête des Tabernacles devait rappeler aux Hébreux leur séjour dans le désert (Lév. 23, 43). De même nous verrons quelques autres rites dans lesquels on reconnaît facilement le caractère symbolique. Enfin, malgré les emprunts que Moïse a faits aux cultes païens, il a su donner au culte hébreu, dans son ensemble, un caractère particulier qui en fait le symbole distinctif de la doctrine monothéiste. Quant aux détails, nous le répétons, ce sont en partie des accommodations à l'esprit du temps, et en partie des dispositions qui ont pour but de détruire des pratiques ido-

---

[1] *Symbolik des mosaischen Cultus*, par Karl Chr. W. F. Bæhr. 2 vol. in-8. Heidelberg, 1837-1839.
[2] T. I, p. 12-14.

lâtres qui ne pouvaient être tolérées. De cette manière on s'explique facilement les nombreuses analogies qui existent entre les rites mosaïques et ceux de plusieurs cultes païens, et qui ne sauraient être l'effet du hasard.

Notre opinion d'ailleurs s'appuie sur des autorités très-imposantes; elle est celle des anciens rabbins et des plus illustres Pères de l'Église, qui considèrent l'institution des sacrifices et de plusieurs autres rites comme une condescendance pour la faiblesse des Hébreux [1]. Le premier qui ait développé cette opinion et qui ait essayé d'expliquer les cérémonies du culte mosaïque par les cultes païens, est l'illustre Moïse Ben-Maïmoun, ou Maïmonide, rabbin du XII° siècle [2]; il a tâché de prouver que le législateur divin a tantôt emprunté, tantôt combattu les usages des *Sabiens* ou *Sabéens*, nom sous lequel les écrivains arabes comprennent en général les anciens peuples païens. Spencer a embrassé avec chaleur les opinions de Maïmonide, et elles forment la base de son grand ouvrage *sur les lois rituelles des Hébreux* [3]; mais ce savant est allé trop loin quelquefois dans les rapprochements qu'il fait entre le culte hébreu et les cultes païens, et souvent il a abaissé Moïse au rôle de simple imitateur, sans faire ressortir les vues sublimes qui guidaient le législateur hébreu, et par lesquelles il ennoblissait les emprunts qu'il avait faits aux autres.

Les arguments que Maïmonide puise dans les livres des Sabéens, et que Spencer a développés avec une vaste érudition, nous pouvons maintenant les fortifier par les notions que nous avons acquises sur les anciennes religions de l'Orient. Il est naturel, pour expliquer les cérémonies du culte des Hébreux, qu'on interroge tout d'abord les usages de l'Égypte. S'il nous restait des monuments écrits des prêtres égyptiens, ils jetteraient sans doute beaucoup de lumière sur une grande partie des rites mosaïques; mais nous en sommes réduits, pour l'Égypte, aux notions éparses çà et là dans les auteurs grecs, notamment dans Hérodote et dans Diodore de Sicile. Néanmoins ce que nous savons des pratiques religieuses des Égyptiens ne manque pas de nous fournir des données précieuses pour éclaircir plusieurs points du culte de Moïse, et nous en faire comprendre le caractère compliqué. Hérodote nous dit que les prêtres égyptiens *observaient, pour ainsi dire, des myriades de cérémonies religieuses* [1]. Mais s'il ne nous est pas permis d'interroger directement l'Égypte, nous pouvons nous adresser à ceux qui furent ses précepteurs ou ses disciples. L'Inde paraît être la source de laquelle sont émanés en grande partie les cultes de l'antiquité. L'Égypte paraît avoir puisé à cette source, soit que des brahmanes missionnaires y aient importé directement les doctrines de l'Inde, ou que ces doctrines y soient venues par l'intermédiaire de l'Éthiopie, où régnait peut-être une civilisation plus ancienne [2]. Les colonies que l'Égypte envoya en Grèce ont dû y apporter des doctrines et des pratiques égyptiennes. D'un autre côté, l'intime rapport qui existe entre les langues sanscrite et grecque ne nous permet plus de douter que les prétendus *autochthones* de la Grèce ne soient d'origine indienne. Le culte des Hellènes est donc aussi venu de l'Inde, en partie directement, et en partie par l'Égypte, et, malgré toutes les modifications que les pratiques religieuses des Indiens et des

---

[1] Voy. les citations dans les *Réflexions sur le culte des anciens Hébreux* (p. 25-29); nous nous dispensons de reproduire ici tous les détails que nous avons donnés dans cet écrit.
[2] Voy. son *Moré Nebouchim*, III° partie, ch. 29—49.
[3] *De legibus Hebræorum ritualibus et eorum rationibus, libri tres.* Cantabrigiæ, 1685, *in-folio*. Cet ouvrage a été réimprimé plusieurs fois.

[1] L. II, ch. 37. Après avoir parlé de quelques usages des prêtres égyptiens, il ajoute: ἄλλας τε θρησκίας ἐπιτελέουσι μυρίας, ὡς εἰπεῖν λόγῳ.
[2] Voy. Fr. Schlegel, *Ueber die Sprache und Weisheit der Indier*, p. 179, 180; Bohlen, *Das alte Indien*, t. I, p. 117 et suiv.

Égyptiens ont pu éprouver chez les Grecs, elles peuvent encore là nous fournir des éclaircissements pour le culte des Hébreux.

Quelle qu'ait été d'ailleurs la filiation des doctrines et des cérémonies religieuses, il est certain que les rites des Hébreux offrent de nombreux rapports avec ceux de plusieurs autres peuples de l'antiquité, et notamment des Indous[1]. Ces rapports ne sauraient être fortuits, et il est évident que Moïse a beaucoup emprunté aux autres nations; car on ne pourrait guère soutenir, avec la moindre vraisemblance historique, que les Indous aient pu emprunter quelque chose aux Hébreux, avec lesquels ils n'avaient pas la moindre relation, tandis que les Hébreux ont pu recevoir des usages indiens par l'intermédiaire de l'Égypte. Mais en étudiant les anciens cultes de l'Orient, bien loin de faire un reproche à Moïse des pratiques et des cérémonies qu'il prescrit aux Hébreux, on sera étonné, au contraire, qu'il ait pu entreprendre une si immense réforme, en réduisant à si peu de chose les innombrables pratiques par lesquelles tout l'Orient crut honorer ses divinités, et en proscrivant toutes celles qui n'avaient pour base que la superstition et qui ne s'accordaient pas avec le monothéisme et la morale[2]. On comprendra, en même temps, l'antipathie que Moïse tâcha d'inspirer aux Hébreux pour les cultes étrangers, afin qu'ils conservassent pure et intacte la sublime doctrine qu'il leur avait révélée.

[1] Voy. le cinquième livre des *Lois de Manou* à la suite de mes *Réflexions*, et les notes que j'y ai jointes.

[2] L'épicurien Celse, dans son *Discours véritable*, disait que les lois cérémonielles que les Juifs prétendaient avoir reçues de Dieu étaient imitées des Égyptiens, des Perses et d'autres peuples. Origène le lui accorde : « mais, dit-il, si l'on applique son esprit à « bien pénétrer dans le dessein du législateur, « et que l'on examine les institutions de ce « peuple (des Hébreux), en les comparant « avec celles qui, chez les autres nations, « sont en vigueur jusqu'à ce jour, on n'aura « certainement pour aucun peuple plus d'ad-« miration; car en repoussant tout ce qui « est inutile au genre humain, les Hébreux « n'ont adopté que ce qui est utile. » *Contra Celsum*, ed. Spencer, p. 259.

En établissant son culte, Moïse fixe tout d'abord le lieu qui devait être considéré comme la résidence particulière de la Divinité; il règle ensuite les actes religieux qui devaient s'accomplir dans ce lieu et les pratiques imposées aux individus; il institue un personnel qui devait présider à l'accomplissement des actes religieux, et il fixe les temps qui devaient être distingués par des solennités particulières. Nous avons donc à considérer les quatre points suivants : 1° le sanctuaire, 2° les pratiques religieuses, 3° le sacerdoce, 4° les fêtes. Autant que les bornes de ce résumé nous le permettent, nous ferons connaître ces différentes faces du culte mosaïque, en indiquant çà et là ses points de contact avec d'autres cultes de l'antiquité.

I. LE SANCTUAIRE.

Nous avons déjà parlé du temple portatif que Moïse fit établir dans le désert pour servir de sanctuaire central et unique, et pour accompagner les Hébreux dans leurs différents campements, jusqu'à ce que, maîtres du pays de Canaan, ils pussent fonder dans l'une de ses villes un temple plus solide, d'après le même modèle, et dans les mêmes proportions. Le sanctuaire unique était le symbole du Dieu unique fixant sa résidence au milieu des Hébreux : *Qu'ils me fassent un sanctuaire, pour que je réside au milieu d'eux* (Exode, 25, 8). En outre, le temple central avait le triple avantage de servir de lien politique et religieux aux différentes tribus, d'empêcher l'idolâtrie et de restreindre le culte matériel des sacrifices, qui étaient sévèrement interdits hors du sanctuaire central.

Nous donnons ici la description du temple portatif d'après l'Exode (ch. 25 et suiv.; ch. 36 et suiv.), bien qu'il soit douteux si les travaux ont pu être réellement exécutés dans le désert conformément à cette description idéale[1]. Le temple était semblable aux tentes de luxe des chefs nomades;

[1] Voy. ci-dessus, page 127.

mais la tenture était soutenue par un échafaudage de planches qui lui donnait plus de consistance. Le tout formait un carré oblong dont les côtés plus longs allaient du levant au couchant, et il se composait du sanctuaire proprement dit, appelé MISCHCAN (demeure), et d'un vaste *parvis*, qui l'entourait de tous les côtés.

Le *Mischcán*, que nous appelons *Tabernacle*, se divisait en deux parties : le devant appelé le *lieu saint* ou le *sanctuaire* et le derrière (*adytum*) appelé le *Saint des Saints* (Ex. 26, 33) [1],

L'échafaudage du Tabernacle était formé de quarante-huit planches épaisses de bois de *Sittim* [2], dont chacune avait la largeur d'une coudée et demie [3], et la longueur de dix coudées. Elles étaient placées debout, de sorte que la hauteur de l'édifice était de dix coudées. Vingt de ces planches étaient placées au nord et vingt au midi, ce qui donne trente coudées pour toute la longueur du Tabernacle. La distance entre les deux parois, ou la largeur du Tabernacle, était, selon Philon, Josèphe et les rabbins, de dix coudées. Selon le texte (Exode, ch. 26, v, 22-25), la paroi du fond ou de l'occident était formée de six planches faisant neuf coudées, plus une planche de chaque côté pour les encoignures. Il paraît donc que ces deux planches étaient placées de manière à fournir chacune une demi-coudée pour la paroi du fond; le reste servait à couvrir l'épaisseur des planches des deux autres parois [4]. Ces trois parois

formaient, pour ainsi dire, le squelette du Tabernacle. Le côté oriental, par où l'on entrait, n'avait pas de cloison. Toutes les planches étaient dorées et elles avaient chacune deux tenons; on les plantait dans des soubassements d'argent, probablement pointus, pour les fixer dans la terre. Les planches se joignaient les unes aux autres au moyen de traverses de bois de *Sittim*, également dorées, et qui étaient renfermées dans des anneaux d'or fixés aux planches.

Une tenture très-précieuse recouvrait l'*intérieur* [1] de cette boiserie dorée et formait en même temps le plafond du Tabernacle; c'était un tissu de lin retors avec des trames, couleur de jacinthe, pourpre et cramoisi, formant des figures de chérubins et (selon Josèphe) de toute espèce de fleurs. Toute la tenture se composait de dix tapis ayant chacun vingt-huit coudées de long sur quatre coudées de large; les tapis étaient cousus ensemble cinq à cinq, et les deux moitiés se joignaient l'une à l'autre par cinquante nœuds couleur jacinthe et cinquante agrafes d'or. L'ensemble formait ainsi une draperie de quarante coudées de long sur vingt-huit de large. La longueur était exactement la mesure du plafond et de tout l'édifice (30 coud.), plus la hauteur de la paroi occidentale (10 coudées) [2]; la largeur devait correspondre à la hauteur des deux parois latérales, plus la largeur du plafond, ensemble trente coudées; or, comme la largeur de la tenture n'était que de vingt-huit coudées, il s'ensuit qu'au bas de chacune des

---

[1] Cette partie remplaçait la *tente de rendez-vous* et formait l'OHÉL-MOED proprement dit. Voy. ci-dessus, page 127.

[2] Voy. ci-dessus, page 26.

[3] La coudée hébraïque était très-probablement de six palmes comme celle des Égyptiens. Voy. Hérodote, II, 149. La coudée royale égyptienne est évaluée à mètre 0,525.

[4] Les commentateurs ont conclu de là que cette épaisseur était d'une coudée, de sorte que nous aurions de vraies poutres au lieu de planches, ce qui n'est nullement admissible. Il est plus probable que les deux planches des encoignures sortaient au delà des parois de longueur, ou qu'elles n'avaient pas la largeur des autres planches. En effet, le texte (v. 23) paraît les distinguer.

[1] Et non l'*extérieur*, comme le croient la plupart des commentateurs; car dans ce cas elle n'aurait été visible qu'au plafond. D'ailleurs, le texte donne à cette première couverture, par excellence, le nom de *Mischcán*, ce qui prouve qu'elle formait l'intérieur du Tabernacle. Voy. Bæhr, *Symbolik*, t. I, p. 63, 64.

[2] On ne comprend pas l'emploi des dernières dix coudées aux deux angles; le texte n'en dit rien. Mais on voit que la jointure des deux moitiés de la draperie se trouvait à une distance de vingt coudées de l'entrée, et marquait ainsi l'endroit où devait commencer le *Saint des Saints* (voy. Exode, 26, 33).

deux parois une coudée de la boiserie dorée restait découverte.

Une seconde tenture de poils de chèvre recouvrait l'extérieur du plafond et de la boiserie. Elle se composait de onze tapis longs de trente coudées et larges de quatre coudées. Après avoir cousu ensemble cinq d'une part et six de l'autre, on joignait les deux portions par cinquante nœuds et cinquante agrafes d'airain. Toute la tenture avait donc quarante-quatre coudées de long et trente coudées de large; sa jointure s'appliquait sur celle de la première tenture; la portion plus grande (celle de six tapis) était vers l'orient, et le sixième tapis, qui dépassait nécessairement la longueur du Tabernacle, retombait sur le devant (Exod., 26,9).

Par-dessus se trouvaient encore deux couvertures, dont l'inférieure était de peaux de béliers teintes en rouge, et la supérieure de peaux d'un animal inconnu [1]. Elles étaient attachées avec des piquets de cuivre fixés dans le sol.

L'entrée, vers l'orient, était fermée par un rideau de lin retors, orné de broderies en couleur de jacinthe, pourpre et cramoisi, et tendu sur cinq colonnes de bois de *Sittim* doré, ayant des crochets d'or et des soubassements d'airain. Un autre rideau, dont le travail était pareil à celui de la première tenture, se trouvait dans l'intérieur, à vingt coudées de l'entrée, pour établir une séparation. La partie du Tabernacle qui se trouvait derrière le rideau formait le *Saint des Saints*, dont l'espace était un cube ayant dix coudées dans chaque dimension. Ce *rideau de séparation*, appelé PAROCHETH, était tendu sur quatre colonnes dorées ayant des soubassements d'argent.

Le *Parvis* qui entourait le Tabernacle, en était beaucoup plus rapproché à l'occident qu'il ne l'était à l'orient; car ici il formait une vaste cour où s'assemblaient les fidèles. Cette enceinte, qui avait cent coudées de long et cinquante coudées de large, était fermée par une série de rideaux de lin tendus entre des colonnes d'airain de la hauteur de cinq coudées; les colonnes étaient placées à cinq coudées de distance les unes des autres, et liées en haut par des bâtons d'argent; des crochets d'argent servaient à fixer la tenture. A l'orient, où était l'entrée, la tenture était interrompue au milieu pour faire place à un rideau de vingt coudées de largeur. Ce rideau, tendu sur les quatre colonnes du milieu, était pareil à celui de l'entrée du Tabernacle.

Voici maintenant les objets sacrés qui se trouvaient dans les trois parties du sanctuaire : dans le *Parvis* se trouvait l'*autel* destiné aux sacrifices; il était construit en bois de *Sittim* et couvert d'airain, et il avait cinq coudées en long et en large et une hauteur de trois coudées [1]. Un *feu sacré* était perpétuellement entretenu sur cet autel, qui était placé en face de l'entrée du sanctuaire. Plus près de cette entrée, mais (selon la tradition) un peu vers le midi, était placé un *bassin d'airain*, sur un piédestal du même métal; les prêtres y puisaient de l'eau pour se laver les mains et les pieds avant d'entrer dans le sanctuaire ou de s'approcher de l'autel [2]. On avait employé, pour faire ce bassin, des miroirs métalliques offerts par les femmes pieuses qui venaient habituellement à la porte du sanctuaire pour y faire des actes de dévotion [3]. — Dans le *sanctuaire* se trouvait à droite, ou

---

[1] Le texte porte *des peaux de* THAHASCH; toutes les anciennes versions prennent *Thahasch* pour une couleur (Vulgate : *pelles ianthinæ*); mais ce mot désigne, sans aucun doute, un animal. Selon le Thalmud, c'est une espèce de *fouine*.

[1] Voy. sur sa construction et sur ses ustensiles, Exode, 27, v. 1-8.
[2] Selon les rabbins, on en tirait l'eau au moyen de deux robinets placés aux deux côtés opposés.
[3] Voy. Exode, 28,8; I Sam. 2,22. Le texte dit littéralement ; *de speculis mulierum quæ militabant*; le *service* de ces femmes consistait, selon les versions chaldaïque et grecque, dans la prière et le jeûne. Voy. sur les usages analogues chez les Égyptiens, Wilkinson, *Manners and customs of the ancient Egyptians*, t. I, p. 258 et suiv., et sur les *miroirs métalliques*, ib., t. III, p. 384.

au nord, la *table des pains de proposition*, en bois de *Sittim*, longue de deux coudées, large d'une coudée et haute d'une coudée et demie. Elle était dorée et avait un couronnement d'or à l'entour. Différents vases d'or pur servaient à faire le pain de proposition. Les pains, de fleur de farine, sans levain et recouverts d'encens, étaient au nombre de douze, et représentaient probablement les douze tribus des Hébreux. On les renouvelait chaque jour de Sabbat; les pains qu'on enlevait appartenaient aux prêtres, qui devaient les manger dans le lieu saint. A gauche était placé *le Chandelier à sept branches;* les branches étaient ornées de calices de fleurs en forme d'amande, de pommeaux et de fleurs, le tout d'or pur, d'une seule pièce et travaillé au marteau [1]. Les lampes restaient allumées du soir au lendemain; pour les arranger il y avait des mouchettes et de cendriers d'or pur. Entre la table et le chandelier, devant le rideau du Saint des Saints, se trouvait l'*autel des parfums*, appelé aussi l'*autel d'or* (Nombres, 4, 11), parce qu'il était entièrement revêtu de lames d'or. Le matin et le soir le grand prêtre y brûlait des parfums d'aromates [2]. — Le Saint des Saints ne renfermait autre chose que *l'arche sainte*. C'était une caisse de bois de *Sittim*, recouverte d'or pur en dedans et en dehors, et ornée d'un couronnement d'or. Quatre anneaux d'or placés aux quatre coins servaient à recevoir des barres de bois couvertes d'or, pour transporter la caisse. Celle-ci avait deux coudées et demie de long, une coudée et demie de large et autant de hauteur. Elle renfermait les deux tables du Décalogue. Le couvercle [3] était d'or massif étendu au marteau, et se terminait à chacune des deux extrémités par un Chérubin ayant les ailes étendues. Les deux Chérubins avaient les faces tournées l'une vers l'autre et un peu penchées vers le couvercle. Entre ces deux figures se trouvait la résidence symbolique de Jéhova, où Moïse allait chercher ses inspirations (Exode, 25, 22). Quant aux *Chérubins*, nous avons déjà dit que c'étaient des figures symboliques; la représentation d'un être réel, existant dans le ciel ou sur la terre, était sévèrement défendue aux Hébreux. La forme des Chérubins n'est pas indiquée par Moïse, qui en parle comme d'une chose déjà connue; tout ce qui résulte de la description de Moïse, c'est que les Chérubins avaient une face humaine et des ailes, et on pourrait conclure de la Genèse (3, 24) qu'ils avaient des mains. D'autres éléments que nous trouvons dans les Chérubins d'Ézéchiel appartiennent à l'imagination individuelle de ce prophète. Quoi qu'il en soit, les Chérubins étaient un mélange de diverses figures d'animaux, et cela seul suffit pour nous faire reconnaître leur origine égyptienne. M. Jomard dit, en parlant des Égyptiens: « Ils n'ont pas moins excellé à com« biner ensemble les diverses figures « d'animaux, pour en composer des « êtres chimériques, exprimant sans « doute la réunion des propriétés at« tribuées à chacune de ces figures [1]. » Les Chérubins paraissent avoir le plus intime rapport avec les *sphinx*, qui ont généralement la tête d'un homme et le corps d'un lion [2], représentant le symbole de l'intelligence et de la force. Créature idéale, réunissant ce qu'il y a de plus parfait dans le règne animal, le Chérubin représente la plus belle, la plus parfaite manifestation de Dieu dans la nature, sans être lui-même l'image de la Divinité [3]. Ici le caractère symbolique est suffisamment in-

---

[1] Le dessin de la table et du chandelier pris par les Romains dans le temple d'Hérode se trouve sur l'arc de triomphe de Titus. Voy. Pl. 23.

[2] Voy. Exode, ch. 30, v. 1-9.

[3] Le mot hébreu CAPPORETH vient de la racine כפר *couvrir*. Les Septante ont traduit ce mot par ἱλαστήριον, en le faisant venir du verbe CAPPER (expier;) de là la Vulgate a *propitiatorium*, d'où vient le nom de *propitiatoire*.

[1] Voy. Description de l'Égypte, t. I, p. 311.

[2] Voy. Wilkinson, l. c., t. III, p. 23. Cet auteur déclare erronée l'opinion qui attribue aux sphinx *égyptiens* une tête de femme.

[3] Voy. Bæhr, *Symbolik*, t. I, p. 341, 346.

diqué par Moïse lui-même, qui place le lieu de la révélation spéciale de la Divinité au-dessus de l'arche sainte entre les deux Chérubins.

De même que les Chérubins, les autres objets sacrés, et le Tabernacle en général, avaient sans doute des rapports avec ce qui était en usage chez les Égyptiens[1]. Nous ne pouvons pas ici entrer dans de plus longs détails ; nous rappellerons seulement que, selon Hérodote (II, 4), les Égyptiens furent les premiers à construire des autels et des temples ; que chez les Égyptiens, comme chez plusieurs autres peuples de l'antiquité, l'entrée des temples était tournée vers l'orient et qu'on trouvait, dans l'intérieur, des arches ou des caisses sacrées qui renfermaient des symboles et des mystères[2]. Moïse se conforma aux usages établis, mais il abolit les *mystères*; son arche sainte ne renfermait autre chose que les lois fondamentales, qui avaient été proclamées en présence de tout le peuple. Cependant le grandprêtre seul pouvait pénétrer une fois l'année dans le Saint des Saints, au grand jour des expiations. Le reste du sanctuaire était accessible aux prêtres ordinaires, et le parvis aux lévites et à ceux qui venaient offrir un sacrifice.

Pendant le séjour dans le désert, le Tabernacle était toujours placé au milieu du camp, et les douze tribus étaient campées autour, suivant l'ordre prescrit (Nombres, ch. 2). La tribu de Lévi se trouvait dans le centre, auprès du sanctuaire, et elle était chargée de décomposer, d'emballer et de transporter à chaque départ toutes les pièces du Tabernacle, et de le reconstruire à chaque station (ib. ch. 4).

Suivant les lois de Moïse, ce sanctuaire central devait être le seul lieu consacré au culte (Lév., 17, 1—9), et plus tard on devait choisir une des villes du pays de Canaan pour y établir le temple unique de Jéhova (Deut. 12, 11). Après la conquête, le Tabernacle fut établi à Siloh (Jos. 18, 1), et nous l'y rencontrons encore du temps de Saül (1 Sam. 14, 3). Plus tard, il fut probablement transporté à Nob (ib. 22, 11) et de là à Gabaon (1 Chron. 16, 39), où il resta jusqu'à ce qu'il fut remplacé par le temple de Salomon.

II. LES PRATIQUES RELIGIEUSES.

Les actes religieux que la loi de Moïse impose aux Hébreux devaient être la manifestation du dévouement que le peuple tout entier et chacun de ses membres en particulier portait à la Divinité. Ces actes consistaient dans des sacrifices qui ne pouvaient être offerts que dans le sanctuaire central, et dans certaines pratiques et privations auxquelles se soumettaient les individus. Nous divisons donc les actes religieux en deux parties : les sacrifices et les pratiques personnelles.

A. LES SACRIFICES.

L'usage des sacrifices remonte, selon la Genèse, jusqu'aux premiers âges; non-seulement Noé offre des holocaustes, mais déjà Caïn et Abel avaient offert à Dieu, l'un les fruits de la terre, l'autre la graisse de ses meilleures brebis. Nous retrouvons les sacrifices dans les antiques traditions de tous les peuples. Les puissances invisibles que l'homme, même le plus inculte, a dû reconnaître dans la nature, lui inspirèrent à la fois la crainte et la reconnaissance. Pour apaiser leur courroux, ou pour leur témoigner sa gratitude, l'homme s'imposait volontairement des privations et consacrait la meilleure partie de ce qu'il possédait dans le règne végétal et animal aux puissances supérieures qui le lui avaient accordé; c'est ainsi que l'homme croyait honorer la Divinité et se mettre en rapport avec elle. Cette idée est si simple, elle convient si

---

[1] On peut comparer un bas-relief de Philæ dans l'atlas de la Description de l'Égypte, vol. I, pl. II. A, fig. 4.

[2] Voy. Spencer, lib. III, dissert. VI; au sujet de l'arche sainte cet auteur dit, entre autres (*ib.* dissert. v, cap. 2) : *Consuetudo hæc finitima in sacris Ægypti servabatur; nam Synesius, de Ægyptiorum hierophantis loquens, testatur, eos nescio quas sphæras mysticas et figuras symbolicas in sacris quibusdam cistis ponere et circumferre solitos.*

bien à l'enfant, que l'on ne doit pas s'étonner de retrouver les sacrifices chez tous les peuples dès leur origine. Mais cette manifestation enfantine et innocente devait dégénérer lorsque la société humaine, sortie de l'état d'enfance, n'avait pourtant pas l'esprit assez élevé pour abandonner ce qu'un long usage avait consacré et se créer un culte plus noble. Au lieu d'abandonner ces matérielles démonstrations de respect et d'attachement, convenables à des enfants, l'esprit humain tâcha de consolider les anciens usages, en leur prêtant un autre sens que celui qu'ils avaient eu d'abord; et, en les réduisant en système, on arriva à des résultats monstrueux. Du principe de privation on en vint aux sacrifices humains; car, pour plaire aux dieux et pour apaiser leur colère, il fallait se priver de ce qu'on possédait de plus cher, et les mères donnaient à Moloch leurs tendres nourrissons. D'un autre côté, les sacrifices, considérés comme moyen de s'approcher de la Divinité, furent symbolisés; on les envisageait comme un lien mystérieux entre les dieux et les hommes, et on arriva ainsi à la superstition systématique, ou au mysticisme. Dans les plus anciens livres des Indous nous voyons déjà les sacrifices considérés sous ce point de vue mystique [1], et il en était sans doute de même chez les Égyptiens.

Moïse obligé, pour le moment, de laisser subsister les sacrifices, tâcha cependant d'obvier aux abus. Il décréta la peine de mort contre ceux qui feraient des sacrifices humains ou qui imiteraient les autres cérémonies idolâtres contraires à la morale et à la pudeur; il restreignit l'usage des sacrifices, en défendant avec une égale sévérité de les offrir ailleurs que dans l'unique sanctuaire national, et il ne les recommanda jamais comme une chose agréable à la Divinité, ou comme un moyen de s'en approcher. Le prophète Jérémie (7, 22) fait dire à Dieu : « Je n'ai pas parlé à vos ancêtres et ne leur ai rien ordonné, le jour où je les fis sortir d'Égypte, au sujet d'holocaustes et de victimes. » St. Éphrem, qui s'étend beaucoup sur ce passage, dit entre autres : « Le prophète les « avertit que ce n'est pas dans les « sacrifices, mais dans les lois divi- « nes, qu'ils trouveront le véritable « moyen de salut; car cette loi Dieu « lui-même l'a écrite de son doigt sur « les tables et l'a remise aux enfants « d'Israël. Mais les autres préceptes, « tels que les rites des prêtres et des « sacrifices, ont peu de valeur « aux yeux du Seigneur. Aussi ne les « a-t-il pas placés à la tête de sa loi, « dans l'Exode..... Plus tard Moïse, « par ordre de Dieu, prescrivit ces ob- « servances aux Hébreux à cause de « leur faiblesse et de l'endurcissement « de leurs cœurs; de peur qu'ils ne « méprisassent une religion nue (sans « culte extérieur) et ne s'attachassent « aux faux dieux, dont ils voyaient « le culte embelli par de belles et pom- « peuses cérémonies [1]. »

En effet, tous les prophètes comprenaient ainsi l'intention de Moïse et ils prêchaient constamment contre les sacrifices [2]. Ainsi les préceptes que Moïse donne sur les sacrifices sont de simples règlements, dans lesquels le législateur emploie le langage technique des prêtres de ces temps, comme, par exemple, cette formule si souvent répétée : *Odeur agréable au Seigneur*, qu'il ne faut pas prendre à la lettre. Partout dans l'antiquité on croyait apaiser la colère des dieux et leur être

---

[1] Dans un antique poëme philosophique on lit le passage suivant : « C'est par la « nourriture que subsistent les êtres vivants; « celle-ci provient de la pluie. C'est le sacri- « fice qui fait venir la pluie, le sacrifice naît « de *l'œuvre*. Sache que l'œuvre vient de « l'Etre divin (*Brahman*), et que celui-ci est « né de l'impérissable. Ainsi l'être divin qui « pénètre tout est toujours présent dans le « sacrifice. » Voy. *Bhagavad-Guîta*, ed. de Schlegel, troisième leçon, § 14 et 15. Selon les lois de Manou (liv. V, § 39 et 40), les animaux n'ont été créés que pour le sacrifice; l'animal, et même la plante qui aura servi d'offrande, renaîtra dans un rang plus élevé.

[1] Ephræmi Syri *Opera Syriaca*, t. II, p. 114.
[2] Voy. I Samuel, 15, 22. Ps. 50, 8-10; 51, 18 et 19. Isaïe, 1, 11.

agréable en faisant monter en vapeur certaines parties des victimes, et lorsque la flamme ne montait pas, c'était un mauvais augure.

Nous allons maintenant jeter un coup d'œil sur les différentes espèces de sacrifices dont parle la loi de Moïse. Les sacrifices se divisent, sous le rapport des objets offerts à la Divinité, en deux parties, ceux du règne animal, ou *sacrifices sanglants*, et ceux du règne végétal, ou *offrandes et libations*.

a. Sacrifices sanglants.

Les sacrifices sanglants ne pouvaient être choisis que dans quatre espèces d'animaux domestiques, savoir, le mouton, l'espèce bovine, la chèvre et la colombe. Il paraît que le législateur a voulu choisir les animaux que l'on pouvait se procurer avec facilité. Peut-être aussi a-t-il voulu destiner à l'autel de Jéhova les animaux auxquels les Égyptiens rendaient un culte. Les victimes devaient être exemptes de tout défaut, et on brûlait sur l'autel quelques-unes des meilleures parties de la victime, savoir, la graisse qui couvre les entrailles, les deux rognons avec la graisse qui est dessus, le grand lobe de foie et la queue grasse des béliers[1]. Celui qui voulait offrir une victime la présentait à l'entrée du sanctuaire, en posant sa main sur la tête de l'animal. Il pouvait lui-même égorger la victime ou la faire égorger par les prêtres[2]; mais ceux-ci recevaient le sang et en aspergeaient l'autel. Après avoir dépecé l'animal, on brûlait les parties que nous venons d'indiquer, et on disposait du reste suivant la destination de la victime; car il y avait dans le culte mosaïque quatre espèces de sacrifices sanglants : l'holocauste, les sacrifices de péché et de délit, et le sacrifice pacifique.

L'*holocauste* (OLAH) occupe le premier rang; si c'était un quadrupède, on ne pouvait y employer que des animaux mâles. Les cérémonies qu'on observait pour l'holocauste et la manière dont on le brûlait sont rapportées au premier chapitre du Lévitique. Après l'avoir coupé en morceaux, on brûlait tout sur l'autel, excepté la peau, qui appartenait aux prêtres (Lév. 7, 8). L'holocauste était tantôt du culte public, comme, par exemple, le sacrifice quotidien du matin et du soir, ou bien les sacrifices additionnels des jours de fête; tantôt une offr privée, comme l'une des victimes que le naziréen (Nombres, ch. 6, v. 11 et 14), le lépreux la femme en couche et autres personnes impures (Lév. ch. 14   15) offraient au jour de leur purification. — On p it, du reste, offrir volontairement un holocauste, et les étrangers mêmes étaient admis à en présenter à l'autel de Jéhova (Nombres, 15, 14)[1].

Les sacrifices *de péché* et de *délit* (HATTATH et ASCHAM)[2] ont beaucoup de rapport entre eux, et il est même difficile d'indiquer avec précision les légères nuances qui les distinguent l'un de l'autre[3]. Les formalités étaient les mêmes pour les deux; on en brûlait les parties grasses destinées à l'autel, et tout le reste appartenait aux prêtres[4]. Ils n'étaient pas accompagnés, comme les autres sacrifices, d'offrandes et de libations[5], et ils ne pouvaient être offerts que dans des cas déterminés par la loi. Voici, selon les rabbins, les différences les plus notables entre ces deux espèces de sacrifices. Le *sacrifice de péché* pouvait être pris dans les quatre espèces d'animaux que nous avons indiquées plus haut, le *sacrifice de dé-*

---

[1] Voy. ci-dessus, page 30. Sur les rites analogues des cultes païens, voy. *Réflexions*, p. 31, 32.
[2] Voy. Lév. 1, 5; II Chron. 29, v. 22-24.

[1] Le second temple reçut les sacrifices de Ptolémée Évergète et ceux de l'empereur Auguste. Voy. Josèphe, *Contre Apion*, liv. II, ch. 5; Philon, *De legat. ad Caium*.
[2] La Vulgate appelle l'un *pro peccato* et l'autre *pro delicto*.
[3] Voy. Lév. ch. 6, v. 17-23; ch. 7, v. 1-8.
[4] Dans certains cas les restes du *sacrifice de péché*, et même la peau, devaient être brûlés hors du camp. Voy. Lév. ch. 4, v. 12 et 21; ch. 6, v. 23; ch. 16, v. 27.
[5] Voy. Maimonide, *Commentaire de la Mischnah*, préface au traité *Menahoth* (des Oblations), dans la *Porta Mosis* de Pococke, Oxoniæ, 1655, p. 424.

lit ne pouvait être qu'un bélier ou un agneau; le premier faisait souvent partie du culte public, le dernier n'était offert que par les individus pour expier certaines fautes personnelles, spécifiées par la loi; celui-là s'offrait dans certains cas par un individu convaincu d'un péché involontaire, celui-ci servait à expier un péché douteux et à tranquilliser la conscience de celui qui ne savait pas lui-même s'il avait péché ou non [1].

Le *sacrifice pacifique* (ZÉBACH SCHELAMÎM) était offert par suite d'un vœu ou volontairement; quelquefois par reconnaissance d'un bienfait reçu de la Divinité. Dans ce dernier cas il est accompagné d'une offrande et on l'appelle *sacrifice de reconnaissance* (Lév. 7, 12). Dans quelques cas il est ordonné par la loi, comme, par exemple, le bélier du naziréen (Nombres, 6, 14) et les deux agneaux de la fête des prémices (Lév. 23, 19). Ces derniers offrent le seul exemple d'un *sacrifice pacifique* faisant partie du culte public; les prêtres seuls pouvaient en manger la chair, tandis qu'ils n'obtenaient du sacrifice pacifique des individus que certaines parties dont ils pouvaient faire part à leurs familles. Ces parties étaient la poitrine et l'épaule droite qui avaient servi à la cérémonie de *l'agitation* et de *l'élévation* (Lév. 7, 29-34) [2]. Tout le reste, excepté les pièces destinées à l'autel, était employé à un repas. Les sacrifices pacifiques ne sont que des repas solennels comme nous en trouvons chez les autres peuples de l'antiquité. Dans les poésies d'Homère il est souvent question de ces repas sacrés où l'on donnait sa part à la Divinité. [3]

En outre de ces quatre classes de sacrifices sanglants, nous devons mentionner deux espèces de victimes qu'on immolait dans certaines occasions en dehors du temple et qui ne peuvent être comptées au nombre des sacrifices proprement dits.

Trouvait-on une personne assassinée dans les champs sans qu'on sût qui l'avait frappée, on mesurait la distance des villes à l'entour; les anciens de la ville qui était la plus proche de l'endroit où l'on avait trouvé le cadavre prenaient une jeune vache qui n'avait encore servi à aucun travail, et allaient lui casser la nuque dans un ravin rocailleux, impropre à la culture. Après avoir ainsi immolé la jeune vache, les anciens, en présence des prêtres, se lavaient les mains sur la victime en prononçant ces mots: « Nos mains n'ont pas répandu ce sang, et nos yeux ne l'ont pas vu répandre. Pardonne, ô Jéhova, à ton peuple Israël que tu as délivré, et ne lui impute pas l'effusion du sang innocent [1]. » Tout cet acte n'était autre chose qu'un jugement symbolique, et, pour ainsi dire, une exécution *en effigie*; la jeune vache représentait l'assassin et n'était pas un sacrifice expiatoire [2].

Une autre espèce de victime immolée hors du camp, ou de la ville sainte, était celle de la *vache rousse* (Nombres, ch. 19). De temps à autre un prêtre [3] immolait une vache rousse sans défaut, qui n'avait jamais porté le joug; il trempait son doigt dans le sang de la victime et en faisait sept aspersions dans la direction du Saint des Saints. Ensuite on brûlait la vache tout entière, et le prêtre jetait dans la flamme du bois de cèdre, de *l'ézob* [4] et de la laine teinte en cramoisi. La cendre mêlée dans de l'eau de fontaine servait à purifier les personnes et les choses qui avaient été en contact avec un cadavre, et

---

[1] On peut voir les détails dans mes *Réflexions, etc.*, page 35.
[2] Cette cérémonie consistait à agiter le sacrifice vers les quatre vents et de haut en bas, pour le vouer à celui qui dirige les vents et qui a créé le ciel et la terre. *Thalmud de Babylone, Menahoth*, fol. 62 recto.
[3] Voy. *Iliade*, I, v. 457 et suiv. Le Pentateuque lui-même mentionne ces repas solennels des païens (Nombres, 25, 2).

[1] Voy. Deutéronome, ch. 21, v. 1-8.
[2] Voy. Bæhr, *Symbolik*, t. II, p. 447-459.
[3] Selon Josèphe (Antiq. IV, 4, 6), c'était le grand-prêtre; selon les rabbins, c'était son vicaire, car Moïse donne cette fonction à Éléazar, fils d'Ahron, quoique ce dernier vécût encore.
[4] Voy. ci-dessus, page 19.

qui restaient impures pendant sept jours. On les aspergeait, le troisième et le septième jour, avec un bouquet d'*ézob* trempé dans cette eau lustrale. Cette singulière cérémonie que, selon les rabbins, le sage roi Salomon lui-même ne savait expliquer, peut s'éclaircir en partie par les usages de plusieurs peuples de l'Orient, et notamment des Égyptiens. Les Indous professent un grand respect pour la vache; elle est le symbole de la terre et de la déesse *Lakschmi* qui répand les bénédictions du sol et qui n'est autre chose que la terre personnifiée [1]. La fiente et l'urine de la vache est, chez les Indous, comme chez les Perses, un moyen très-efficace de purification. La vénération de la vache n'était pas moins grande chez les Égyptiens, qui voyaient dans cet animal l'image d'Isis. Les Égyptiens, dit Hérodote (II, 41), sacrifiaient le bœuf, mais il ne leur était pas permis d'immoler la vache, consacrée à Isis [2]. Spencer pense, avec raison, que Moïse a voulu détruire la vénération superstitieuse de la vache [3]. — Moïse veut que la vache qui sert à préparer l'eau lustrale soit rouge, et, selon le Thalmud, elle est rejetée, si elle a seulement deux poils noirs. Cette circonstance s'explique encore par les usages égyptiens : selon Hérodote (II, 38) on examinait le bœuf avant de l'immoler, et s'il avait un seul poil noir, il était impur. Mais Diodore de Sicile dit expressément que les bœufs destinés aux sacrifices devaient avoir la couleur rousse qui était celle de Typhon, et Plutarque, qui rapporte la même chose, ajoute que le bœuf est soumis à un examen très-minutieux, et que, si on découvre sur lui un seul poil noir ou blanc, il est rejeté comme non propre au sacrifice [1]. Il serait donc possible que Moïse eût voulu rendre encore plus éclatante la profanation de la vache sacrée, en lui donnant la couleur abhorrée de Typhon, le représentant du mal. Il résulte avec évidence d'un passage d'Isaïe (1,18) que chez les Hébreux, comme chez les Égyptiens, la couleur rouge était le symbole du péché et du mal. Dans les véritables sacrifices destinés à l'autel de Jéhova, il n'est jamais question du rouge, ni d'aucune autre couleur, contrairement aux usages des Égyptiens polythéistes, qui attachaient une grande importance au sens symbolique des couleurs, et qui offraient aux différentes divinités, selon le goût et la nature qu'on leur supposait, des animaux rouges, noirs ou blancs [2].

b. Offrandes et Libations.

L'usage des offrandes et des libations, comme celui des sacrifices, se trouve chez tous les peuples de l'antiquité. Chez les païens comme chez les Hébreux, tantôt elles se présentent seules, tantôt elles accompagnent les sacrifices sanglants.

Chez les Hébreux, *l'offrande* (MINHA) se composait ordinairement de fleur de farine de froment [3] et d'huile d'olive. Tantôt on offrait la pure farine, on y versait de l'huile et on y mettait de l'encens; tantôt on en faisait une espèce de tourteaux pétris avec de l'huile, ou des flans oints d'huile (Lév. 2, 4-7). Il fallait toujours y mettre du sel, comme signe de l'alliance avec Dieu [4];

---

[1] Voy. Bohlen, *Das alte Indien*, t. I, p. 247 et suivantes.

[2] Porphyrius (*De abstinentiâ*, II, 11) dit qu'ils aimeraient mieux se nourrir de chair humaine que de celle d'une vache.

[3] *Cum itaque eo dementiæ et impietatis prolapsi essent Ægyptii, quibuscum conjunctissimè vixissent Israelitæ, ut vaccam tanto cultu studioque honorarent; Deus vaccam multâ cum ceremoniâ mactari voluit, et lixivium ex illius cineribus ad populi immunditias expurgandas confici, ut Ægypti vanitatem suggillaret, et per hanc disciplinam, cum Ægypti more sensuque pugnantem, Israelitæ ad cultûs illius vaccini contemptum atque odium sensim perducerentur.* De leg. rit. Hebr., l. II, c. 15, sect. 2.

[1] Diodore, *Histor.* I, 88; Plutarque, *De Iside et Osiride*, p. 363. Diodore dit aussi que, dans les temps anciens, les rois d'Égypte sacrifiaient à Typhon les hommes qui étaient comme lui de couleur rousse.

[2] Voy. Spencer, l. c. ed. Cantabr. fol. 379.

[3] L'offrande de la femme accusée d'infidélité était de farine d'orge.

[4] Voy. Lév. 2, 14; Nombres, 18, 19. Chez les Orientaux, en général, le sel est le symbole d'une alliance durable, qui s'appelle

mais il n'était pas permis d'y mettre du levain ou du miel. Les Indous offrent également à leurs dieux des gâteaux sans levain[1]. L'usage du sel était très-commun dans les sacrifices des Grecs et des Romains[2]. Quant au miel, il était défendu probablement à cause de la fermentation qu'il produit, comme le levain; mais les peuples païens, et notamment les Sabéens, en faisaient un grand usage dans leurs sacrifices[3].

Les *libations* (NÉSECH) se faisaient avec du vin. On versait le vin autour de l'autel, comme le dit Josèphe, ou dans un conduit qui se trouvait à l'autel, comme le disent les rabbins[4]. Chez les païens, on versait généralement le vin entre les cornes de la victime; mais il y avait aussi chez eux des libations indépendantes des sacrifices, qui se versaient par terre.

Les offrandes et les libations des Hébreux accompagnaient toujours les holocaustes et les sacrifices pacifiques, mais jamais les sacrifices *de péché* et *de délit*, à l'exception de celui du lépreux (Lév. 14, 21). La quantité de la farine, de l'huile et du vin, était en raison de l'importance de la victime : la colombe n'était accompagnée d'aucune offrande (Nombres, 15, 1-12).

L'*offrande* proprement dite et indépendante du sacrifice sanglant était, comme celui-ci, publique ou privée. Les *offrandes publiques*, présentées au nom de tout le peuple, étaient au nombre de trois : 1° Le *Omer*, ou les prémices de la moisson des orges, offertes pendant la Pâque (Lév. 23, 10 et suiv.); 2° les deux pains offerts le jour de la fête des semaines (ib. v. 17); 3° les douze pains de *proposition*, que l'on renouvelait chaque jour de sabbat[1].

— Les *offrandes privées* étaient de quatre espèces : 1° *Offrande du pécheur;* elle était présentée par le pauvre qui avait à expier un péché, mais qui ne possédait même pas les moyens d'acheter des colombes (Lév. 5, 11). 2° *Offrande de jalousie*, ou celle de la femme soupçonnée d'adultère; elle était de farine d'orge (Nombres, 5, 15). A ces deux espèces on ne mettait ni huile ni encens. 3° *Offrande du prêtre :* le prêtre admis pour la première fois à exercer ses fonctions offrait un dixième d'*Épha* de fleur de farine, moitié le matin et moitié le soir, avec le sacrifice quotidien (Lév. 6, 13). Selon les rabbins, le grand prêtre répétait cette offrande tous les jours, pendant tout le temps de ses fonctions; la même chose est affirmée par Josèphe[2]. 4° *Offrande volontaire*, ou par suite d'un vœu.

De ses offrandes on consumait une *poignée* sur l'autel, le reste appartenait aux prêtres; mais *l'offrande du prêtre* appartenait tout entière à l'autel.

Une autre espèce d'offrandes consistait en *fumigations* qui avaient lieu chaque jour dans le temple, sur l'autel particulièrement destiné à cet usage. Le parfum dont on se servait était d'une composition particulière, indiquée dans l'Exode (30, 34). De semblables fumigations étaient aussi en usage chez les peuples païens; selon Hérodote (I, 183), on brûlait dans le temple de Bélus, sur un autel particulier, mille talents d'encens par an.

On peut encore compter au nombre des sacrifices et des offrandes certains impôts sacrés, tels que les *prémices* et les *dîmes* de tous les produits du pays, qu'on présentait devant le sanctuaire et qui appartenaient aux prêtres et aux lévites[3]. Nous y revien-

---

alliance du sel. Voy. II Chron. 13, 5. Cette expression est encore usitée chez les Arabes. Voy. Schulz, *Leitungen des Hæchsten*, t. V, p. 249.
[1] Voy. *Réflexions*, p. 59, note 7.
[2] Pline dit, en parlant du sel : *Maximè autem in sacris intelligitur ejus auctoritas, quando nulla conficiuntur sine molâ salsâ.* Hist. nat. l. 31, c. 41. Voy. aussi Eustath. ad Iliad. I, 449.
[3] Voy. Maimonidis *Moré Nebouchîm*, III, 46; Plutarch. *Sympos.* IV, 5.
[4] Josèphe, *Antiqu.* III, 9, 4; Mischnah, *Succah*, ch. 4, § 9.

[1] Voy. ci-dessus, page 157.
[2] Voy. Thalmud, *Menahoth*, fol. 22; Josèphe, *antiqu. III*, 10, 7.
[3] Sur les usages analogues des autres peuples, voy. Spencer, lib. III, dissert. I, c. 9.

II.

drons plus loin en parlant des revenus de la caste sacerdotale.

Tout mâle premier-né de sa mère était également consacré à Jéhovah, et devait être présenté devant le sanctuaire. Le premier-né mâle de la femme était présenté un mois après la naissance, et on payait, pour le racheter, un prix fixé par le prêtre, mais qui ne pouvait dépasser cinq *sékels;* le premier-né d'un animal impur devait être racheté, ou tué ou vendu au profit du sanctuaire ; celui d'un animal pur devait être employé à un *sacrifice pacifique* dont la chair appartenait aux prêtres ; cependant s'il avait un défaut qui le rendait impropre au sacrifice, le propriétaire pouvait le manger en le rachetant [1]. Moïse rattache cette loi à l'événement miraculeux arrivé avant la sortie d'Égypte, lorsque la mort enleva subitement tous les premiers-nés des Égyptiens, en épargnant ceux des Hébreux [2]. Cependant la Genèse (4, 4) fait remonter jusqu'aux premiers hommes l'usage de sacrifier les premiers-nés des animaux.

Enfin toute chose pouvait être consacrée à Dieu volontairement par suite d'un *vœu*. L'usage de faire des vœux aux dieux était très-répandu chez tous les peuples de l'antiquité. Moïse le laissa subsister, sans trop le recommander (Deut. 23, 23), et il y porta certaines restrictions (Nombres, ch. 30). Toute chose vouée à la Divinité pouvait être rachetée. A l'égard des personnes et des animaux consacrés par un vœu, on observait à peu près les règles prescrites pour les premiers-nés [3].

B. PRATIQUES PERSONNELLES.

Les pratiques personnelles sont celles où les individus paient de leurs propres personnes, en se soumettant à certains actes et à certaines privations. Tels sont le jeûne et les prières, les observances concernant la pureté du corps et la nourriture, l'abstinence volontaire par suite d'un vœu.

a. Jeûne et Prières.

De même que les vœux, les pratiques ascétiques étaient peu recommandées dans la loi de Moïse, qui n'offre aucune trace des pratiques superstitieuses de pénitence prescrites dans les codes religieux des autres peuples de l'Orient [1]. Le législateur des Hébreux n'ordonna qu'un seul jeûne public dans toute l'année, celui du *jour des expiations*, célébré le dixième jour du septième mois et dont nous parlerons plus loin. *Vous affligerez vos personnes*, dit le législateur (Lév. 16, 29; 23, 27). Plusieurs passages bibliques et l'usage suivi par les Juifs à toutes les époques prouvent avec évidence que cette *affliction* n'est autre chose que le *jeûne* [2].

Quant à la prière, Moïse l'abandonne au sentiment individuel et à l'inspiration du moment. Dans certaines circonstances il prescrit la confession des péchés devant Dieu, sans en fixer les termes (Lév. 5, 5; 16, 21). Le Pentateuque ne renferme que trois *formules* de prière : la bénédiction que les prêtres prononçaient sur le peuple (Nombres, 6, 24-26), les actions de grâce que chaque Hébreu devait réciter en offrant les prémices (Deut. 26, 5-10), et la prière qu'il devait prononcer en présentant la seconde dîme (ib. v. 13-15). La loi ordonne aussi *de se prosterner* devant Dieu (ib. v. 10).

b. Pureté et hygiène.

Les lois de pureté prescrites par

---

[1] Voy. Exode, ch. 13, v. 2, 12, 13; Lévitique, ch. 27, v. 26, 27; Nombres, ch. 18, v. 15-18; Deutér. ch. 15, v. 19-23, et les commentaires rabbiniques de ces différents passages.
[2] Voy. Exode, ch. 13, v. 15; Nombres, ch. 3, v. 13.
[3] Voy. les détails, Lév. ch. 27.

[1] Voy. sur les Indous, *Réflexions*, p. 62.
[2] Nous lisons dans un passage du livre d'Isaïe (ch. 58, v. 3) : *Pourquoi avons-nous jeûné, et tu ne l'as pas vu? Nous avons affligé notre personne, et tu ne le sais pas ?* Et plus loin (v. 10) : *Quand tu verseras ton âme à celui qui a faim, et que tu rassasieras la personne affligée.* Le parallélisme, dans ces deux passages, ne permet pas de douter que *l'affliction de la personne* ne soit la privation de nourriture.

Moïse peuvent être considérées, jusqu'à un certain point, comme des règlements de police médicale émanés de certaines idées de pureté et d'hygiène communes à tous les peuples de l'Orient, et qui ont partout un caractère religieux. En comparant, sous ce rapport, les lois des Hébreux avec celles des Indous et des Égyptiens [1], on trouvera que Moïse a beaucoup simplifié les pratiques de pureté, en abolissant tout ce qui n'était fondé que sur des superstitions et en ne laissant subsister que ce qui pouvait être utile à l'hygiène publique et aux mœurs. Mais la pureté corporelle avait encore un autre but plus élevé; elle était le symbole de la pureté intérieure et elle est mise par le législateur dans un intime rapport avec le culte de Jéhova et avec la sainteté qu'exigeait ce culte [2].

L'impureté pouvait provenir du corps lui-même, ou bien lui être communiquée par le contact d'une personne ou d'une chose impure. Certains animaux étaient réputés impurs et ne pouvaient servir de nourriture à l'Hébreu; il en était de même de certaines parties des animaux purs.

Le corps humain en lui-même pouvait être pollué, surtout par certaines fonctions naturelles des parties génitales telles, que les menstrues, etc., ou par des affections maladives de ces mêmes parties. Pour ce dernier cas le législateur ordonna, outre les ablutions, un sacrifice expiatoire; de même pour la femme en couches [3]. Pour les autres cas, l'impureté disparaissait par la simple ablution. Mais aucune impureté du corps n'était réputée plus grande que celle causée par la maladie contagieuse de la *lèpre*. Le législateur donne des prescriptions très-minutieuses pour empêcher la propagation de cette maladie si terrible en Orient [1], et il recommande aux prêtres de l'observer avec beaucoup de soin dans toutes les phases de son développement. Quand le prêtre avait positivement reconnu la lèpre, le malade était déclaré impur et tout commerce avec les personnes saines lui était sévèrement interdit. Exclu de la société, il demeurait hors du camp ou de la ville [2]. Il lui était permis de sortir; mais, pour éloigner de lui les passants, il devait se faire connaître par son costume de deuil : les vêtements qu'il portait étaient déchirés, ses cheveux en désordre; et enveloppé jusqu'au menton, il criait sans cesse : *impur! impur!* — Toutes ces précautions prouvent que les Hébreux redoutaient beaucoup cette terrible maladie indigène en Égypte, où ils avaient séjourné pendant plusieurs siècles. Elle était considérée par les peuples de l'Orient comme une suite de graves péchés, notamment d'atteintes portées aux personnes et aux choses sacrées [3]. Aussi la purification qui suivait la guérison de la lèpre exigeait elle un cérémonial très-compliqué. Quand le malade se croyait guéri, un prêtre allait le visiter dans sa retraite, et, après avoir constaté la guérison, il faisait chercher deux oiseaux vivants, d'une espèce pure, ainsi que du bois de cèdre, de *l'ézob*, et de la laine teinte en cramoisi. On égorgeait l'un des oiseaux, et son sang était reçu

---

[1] Voy. sur les Indous, les lois de Manou, V, § 57 et suiv.— *Réflexions*, p. 65 et suiv.; sur les Égyptiens, Hérodote, II, 37. Voy. aussi Spencer, l. c. lib. III, dissert. III.
[2] Voy. Lévitique, ch. 11, v. 44, 45; ch. 15, v. 31; ch. 20, v. 26; ch. 22, v. 2 et 3.
[3] Nous renvoyons, pour les détails, au ch. 15 du Lévitique, et au ch. 12, v. 1-8. Voy. aussi *Réflexions*, p. 66, 67, *notes*.

[1] Voy. les curieux détails donnés par Michaëlis, *Mosaïsches Recht*, t. IV, § 208 et suiv. — Jahn, *Archæologie*, t. I, 2ᵉ partie, p. 355 et suiv.
[2] Nous trouvons les mêmes usages chez les Perses; le lépreux ne pouvait communiquer avec personne et il ne lui était pas permis d'entrer dans la ville; on expulsait les étrangers qui souffraient de cette maladie. Voy. Hérodote, I, 138.
[3] Ainsi Miriam est frappée de la lèpre pour avoir médit de Moïse (Nombres, 12, 10); le roi Ouzia, pour s'être arrogé des fonctions sacerdotales (II Chron. 26, 19). Les Perses croyaient que la lèpre dérivait de péchés commis envers le soleil (Hérod. l. c.). Selon la croyance des Indous, l'éléphantiasis est le châtiment des plus grands péchés, et ils l'appellent PAPAROGA (*maladie du péché*). Voy. Lois de Manou, III, 92, 159; V, 64, IX, 79.

dans un vase de terre où il y avait de l'eau fraîche. Ensuite le prêtre trempait dans le vase l'oiseau vivant et tous les objets que nous venons d'indiquer, et, après en avoir aspergé le malade guéri, il laissait s'envoler l'oiseau vivant, qui emportait, d'une manière symbolique, le péché dont le lépreux venait de se purifier [1]. Celui-ci lavait ses vêtements, rasait tous ses cheveux et se baignait; c'est ainsi que se terminait le premier acte de sa lustration. Devenu pur, il pouvait rentrer dans le camp ou dans la ville; mais il devait encore se soumettre à une espèce de quarantaine de sept jours hors de sa maison. Le septième jour il se rasait de nouveau la tête, la barbe et jusqu'aux sourcils; il lavait encore ses vêtements et se baignait; dès lors il était définitivement purifié. Le huitième jour était employé à un sacrifice expiatoire, composé d'un agneau *pour délit*, d'un second agneau *holocauste* et d'une brebis *sacrifice de péché*; le pauvre pouvait remplacer les deux dernières pièces par deux tourterelles ou deux jeunes pigeons. Le tout était accompagné d'une offrande de fleur de farine pétrie d'huile et d'une mesure (*log*) d'huile; des cérémonies toutes particulières étaient observées pour ce sacrifice, ainsi qu'on peut le voir dans le Lévitique (14, 10-31).

Au nombre des usages ayant pour but la pureté corporelle on pourrait encore compter, sous un certain rapport, celui de la circoncision, que les Égyptiens pratiquaient, selon Hérodote (II, 37), *à cause de la propreté* (καθαριότητος εἵνεκεν): elle a cependant chez les Hébreux une importance beaucoup trop grande pour être considérée comme une simple mesure de police sanitaire. C'est par cette pratique que l'Hébreu devient citoyen de la théocratie, nous devons donc la mettre au nombre des lois constitutives de la société hébraïque.

L'impureté communiquée par le contact de personnes ou de choses impures était plus ou moins grave, selon la gravité de l'impureté primitive. Les Hébreux devaient surtout éviter le contact d'un animal mort et même des animaux purs qui n'avaient pas été tués selon les rites. Toute impureté de contact s'effaçait par de simples ablutions, excepté celle qui provenait du contact d'un cadavre humain; elle durait sept jours, et, pour en être purifié, il fallait les aspersions faites avec l'eau lustrale de la *vache rousse* dont nous avons déjà parlé.

La loi de Moïse renferme aussi un certain nombre de prescriptions concernant la nourriture. A la vérité, ces prescriptions reposent probablement en partie sur des motifs d'hygiène et sur certaines répugnances communes à presque tous les peuples de l'Orient; mais il y en a d'autres qui ne sauraient être expliquées par ces seuls motifs, et qui sont particulières au législateur des Hébreux. D'ailleurs, si Moïse n'avait eu qu'un but d'hygiène, il aurait également donné des préceptes sur l'usage des plantes, tandis qu'il ne s'occupe que du règne animal. Il faut donc qu'il ait été guidé par certaines idées de *pureté*, inapplicables aux plantes [1]. Ce sont, comme il le dit lui-même, des préceptes de *pureté* et de *sainteté* (Lév. 11, 44). De tout temps les Hébreux, comme les Juifs de nos jours, leur ont attribué un caractère religieux, et souvent ils ont subi les privations et même le martyre plutôt que de se souiller par une nourriture défendue dans les lois de Moïse [2]. L'historien doit donc placer ces préceptes au nombre des observances religieuses des Hébreux, mais en même temps il doit chercher à se ren-

---

[1] Un rite analogue était observé pour ce que la loi de Moïse appelle la *lèpre des maisons*; il en sera question plus loin, ainsi que de la *lèpre des étoffes*.

[1] La superstition des Indous et des Égyptiens proscrivait même l'usage de certaines plantes; voy. ci-dessus, p. 18. La loi de Moïse qui défend le mélange de semences hétérogènes (Lév. 19, 19; Deut. 22, 9), et celle qui interdit l'usage des fruits d'un jeune arbre pendant les trois premières années (Lév. 19, 23), ne sont probablement que des lois d'économie rurale.

[2] Voy. Daniel, ch. 1, v. 8 et suiv.; 2ᵉ livre des Maccabées, ch. 6 et 7.

dre compte historiquement de leur origine Là il trouvera encore des analogies frappantes dans les usages des peuples païens et notamment des Indous et des Égyptiens.

La loi de Moïse divise les animaux en purs et impurs, et la Genèse (ch. 7, v. 2 et 8) fait remonter cette division jusqu'au déluge. Noé déjà choisit pour ses sacrifices des *animaux purs* (ib. ch. 8, v. 20). Moïse, qui probablement a suivi les théories des prêtres égyptiens, établit pour les animaux certaines conditions d'organisation qui seules en faisaient des créatures parfaites et pures; quant aux animaux qui ne remplissaient pas ces conditions, il était permis de s'en servir pour le travail et pour d'autres usages, mais leur chair était impure et ne pouvait servir de nourriture. Selon Moïse [1], les *quadrupèdes* ne sont purs que lorsqu'ils ont le sabot divisé et qu'ils ruminent; ceux qui ne remplissent que l'une de ces deux conditions, tels que le chameau, le *schaphán* [2], le lièvre, le porc, sont impurs. Tout ce qui vit dans l'eau est impur, excepté ceux d'entre les *poissons* qui ont en même temps des nageoires et des écailles. Pour les *oiseaux*, Moïse n'indique pas de condition générale de pureté; il se contente de nommer un certain nombre d'oiseaux impurs, et la plupart des noms qu'il donne ne sauraient être expliqués avec certitude. On y remarque l'aigle, l'autour, le corbeau, l'autruche. Nous avons déjà dit plus haut (page 29) que les noms donnés par Moïse désignent, en général, les *oiseaux carnivores*. Les *reptiles* sont impurs; Moïse défend particulièrement les différentes espèces de la famille des lézards. Les *insectes* sont également impurs, excepté ceux qui, outre les ailes et les quatre pattes, ont des pieds pour sauter, tels que les différentes espèces de *sauterelles* [3].

Nous trouvons chez les Égyptiens des usages analogues; chez eux aussi les lois de diète ont une tendance religieuse [1]. Les animaux impurs, les plantes nuisibles appartenaient au règne de Typhon, de même que tout ce qui vivait dans la mer. Les prêtres s'abstenaient de toute espèce de poissons (Hérod. I, 37); mais il paraît qu'ils permettaient au peuple les *poissons à écailles* [2]. Ils s'abstenaient également des quadrupèdes qui n'avaient pas le sabot divisé ou qui l'avaient fendu plusieurs fois, ou qui n'étaient pas cornus, ainsi que de tous les oiseaux carnivores [3]. Quant au porc, les Égyptiens en évitaient même le contact, et si quelqu'un par hasard avait touché un porc, il se baignait dans la rivière avec ses vêtements [4].

Dans les livres de Zoroastre on trouve également la division des animaux en purs et impurs, et la condition principale de pureté est le sabot divisé [5]. Mais ce sont les usages des Indous qui offrent, sous ce rapport, le plus d'analogie avec ceux des Hébreux. Les lois de Manou (V, 11, etc.) proscrivent les quadrupèdes qui n'ont pas le sabot divisé, et particulièrement le porc; les ruminants paraissent être préférés [6]; mais, comme dans la loi de Moïse, le chameau fait exception. Les poissons sont défendus, excepté ceux qui ont des écailles [7], et parmi les oiseaux impurs, nous remarquons en première ligne les oiseaux carnivores. D'un autre côté, plusieurs animaux défendus par Moïse sont permis dans

---

[1] Voy. Plutarque, *De Is. et Osir.* c. 6 et suiv.

[2] Voy. *Recherches philosophiques sur les Égyptiens et les Chinois* (par M. de Paw), t. I, p. 154.

[3] Chaeremon ap. Porphyr. *De abstinentia*, IV, 7.

[4] Hérodote, II, 47. Les Arabes aussi, même avant Mahomet, s'abstenaient de manger le porc. St. Jérôme dit, en parlant des Arabes (*In Jovinian.* l. 2, c. 6): *Hinefas arbitrantur porcorum vesci carnibus.* Voy. Millii *Dissert. de Mohammedismo ante Mohammedem,* § 20.

[5] Voy. *Zend-Avesta* par Anquetil du Perron, *Boun Dehesch*, ch. 14.

[6] Voy. mes notes au cinquième livre des lois de Manou, § 18, *Réflexions*, page 62.

[7] Voy. *ibid.* § 16.

---

[1] Voy. Lévitique, ch. 11; Deutér. ch. 14.

[2] Probablement le *jerboa* ou *dipus jaculus* de Linné (*Mammal.* IV, *glires*).

[3] Voy. ci-dessus, page 27.

les lois de Manou, comme, par exemple, le lièvre, la tortue, une certaine espèce de lézards ou alligators, etc.

Il paraîtrait donc que les lois d'abstinence reposent sur un principe généralement admis par les différents peuples que nous venons de nommer, mais que, pour les détails, il y a variation dans l'application du principe. Moïse trouvant à ce sujet des usages établis, profite de ceux qui pouvaient avoir quelque utilité réelle. Tantôt il se laisse guider par un principe d'hygiène, comme, par exemple, en défendant la chair de porc, très-nuisible dans les contrées exposées à la lèpre. Tantôt il défend de se nourrir de certains animaux dont les peuples voisins affectionnaient la chair, pour établir une séparation entre ces peuples et les Hébreux ; ainsi le chameau et le lièvre, permis aux Arabes, sont interdits aux Hébreux. Enfin, si en défendant les insectes, il excepte les sauterelles, c'est peut-être pour procurer au pauvre une nourriture aux époques même où les sauterelles venaient ravager les campagnes et amenaient la famine [1].

Les animaux purs eux-mêmes ne pouvaient servir d'aliment que lorsqu'ils avaient été tués selon les rites : s'ils étaient morts par un accident quelconque ou déchirés par une bête féroce, ils ne pouvaient être mangés par les Hébreux. Celui qui s'était souillé par une pareille nourriture, restait impur jusqu'au soir et était obligé de se baigner et de laver ses vêtements [2].

Un châtiment sévère est réservé à celui qui aura mangé les parties de graisse qui, dans les sacrifices, étaient destinées à l'autel, ou bien le sang d'un quadrupède ou d'un oiseau [3].

Moïse défend aussi, à plusieurs reprises, *de faire cuire le chevreau dans le lait de sa mère* [4]. Cette défense se rapporte problablement à quelque rite superstitieux pratiqué par les païens [1]. La tradition rabbinique lui donne un sens plus général, et y voit la défense de manger de la viande préparée avec du lait ou du beurre [2]. Philon (*De charitate*) prend les mots du texte à la lettre et y voit un précepte d'humanité.

D'après un antique usage que la Genèse (32, 33) fait remonter jusqu'au temps de Jacob, les Hébreux ne mangeaient la cuisse des quadrupèdes qu'après en avoir enlevé le nerf. Il n'est pas question de cet usage dans la partie législative du Pentateuque.

c. Abstinence volontaire, Naziréat.

L'abstinence volontaire rentre dans la catégorie des vœux ; on faisait vœu de se soumettre à certaines privations, de s'abstenir de certaines jouissances qui n'étaient pas interdites par la loi. Un vœu particulier de ce genre est celui de se faire *Nazir* ou *Naziréen* (mot qui signifie *séparé, distingué*). L'homme ou la femme qui faisait ce vœu se *séparait*, en quelque sorte, du monde, pour *se consacrer à l'Eternel* (Nombres, 6, 2). Le Nazir devait s'abstenir de boire du vin ou d'autres boissons enivrantes, ou même du vinaigre ; tout ce qui provenait de la vigne lui était interdit, jusqu'aux pepins, et à la pellicule du raisin. En outre, il devait laisser croître ses cheveux et éviter avec soin de se mettre en contact avec un cadavre, de sorte qu'il ne pouvait rendre les derniers devoirs à ses plus proches parents, pas même à son père et à sa mère. On faisait le vœu de *Nazir* pour un temps limité ; le naziréat à vie, comme celui de Simson, consacré par ses parents dès sa naissance, n'est pas prévu dans la loi de Moïse. Si le *Nazir* avait été souillé involontairement par le contact d'un cadavre, il se rasait la

---

[1] Voy. Michaëlis, *Mosaïsches Recht*, T. IV, § 204.
[2] Voy. Exode, 22, 30 ; Lév. 17, 15 ; Deut. 14, 21.
[3] Voy. Lév. ch. 7, v. 23 et suiv. ; ch. 17, v. 10 et suiv.
[4] Exode, 23, 19 ; 34, 26 ; Deut 14, 21.

[1] Voy. Spencer, l. c. lib. II, c. 8.
[2] Ce sens est déjà exprimé par la version chaldaïque. Il est admis par Michaëlis (l. c. § 205), qui fait la singulière supposition que Moïse, en restreignant l'usage du beurre, a voulu favoriser la culture de l'olivier. De même Jahn, *Archæologie*, I, 2, page 200.

tête après sept jours : le huitième jour, il offrait deux tourterelles ou deux jeunes pigeons, l'un comme holocauste, l'autre comme sacrifice de péché, plus un agneau d'un an comme sacrifice de délit, et il commençait de nouveau à compter les jours qu'il avait fixés pour son naziréat ; car les jours précédents ne comptaient plus. Quand les jours de son vœu étaient accomplis, il était obligé d'offrir un sacrifice très-coûteux, composé de trois victimes, de copieuses offrandes et de libations [1]. En même temps il coupait ses cheveux et les brûlait dans le feu qui consumait la troisième victime (c'était un sacrifice pacifique).

La loi de Moïse (Nombres, 6,2) parle du *vœu de Nazir* comme d'une chose connue ; le *naziréat* était sans doute un usage établi avant Moïse, qui le sanctionne sans le recommander. En considérant les devoirs difficiles et dispendieux que la loi impose au naziréen, on dirait même que le législateur a voulu faire cesser cet usage. Le vin mêlé d'eau était la boisson ordinaire des Hébreux, et le vinaigre servait de rafraîchissement dans la saison des chaleurs ; la privation de ces boissons et la longue chevelure devaient être extrêmement incommodes en Palestine. Il fallait de plus jouir d'une certaine aisance pour subvenir aux frais des sacrifices [2].

Quant à l'origine du naziréat, on l'a fait remonter aux Égyptiens [3]. En effet, l'Égypte nous offre les différents éléments du naziréat, quoique nous n'y trouvions pas de parallèle pour l'ensemble du rite. Les Égyptiens comme les Hébreux se coupaient ordinairement les cheveux ; chez les deux peuples une chevelure longue et en désordre était un signe de réclusion ou de deuil. Ainsi Joseph, en sortant de la prison égyptienne, se fait couper les cheveux (Gen. 41, 14) ; la prisonnière de guerre que l'Hébreu délivre de sa captivité pour l'épouser en fait autant (Deut. 21, 12). « Chez les « autres hommes, dit Hérodote (II, 36), « l'usage veut que, dans un deuil, « ceux qui s'y trouvent particulière- « ment intéressés se rasent la tête ; « les Égyptiens, au contraire, dans « les cas de mort, se laissent croître « les cheveux de la tête et de la barbe, « que jusque-là ils avaient coupés [1]. » Ainsi la longue chevelure du naziréen est le signe de sa séparation de la société ; il offre ensuite cette chevelure à la Divinité, comme cela se pratiquait, dans certaines occasions, chez d'autres peuples et notamment chez les Égyptiens [2]. Ces derniers s'abstenaient également du vin dans plusieurs actes de piété et d'expiation [3].

III. LE SACERDOCE.

Nous avons dit que le culte établi par Moïse était une concession faite à l'esprit de l'époque. Il en est de même du sacerdoce, accessoire nécessaire au culte des sacrifices qui demandait un personnel nombreux, entièrement voué au service du sanctuaire.

Moïse était bien loin de vouloir introduire parmi les Hébreux des *castes* semblables à celles des Égyptiens. Les distinctions qu'il établit, en créant l'ordre des *Lévites* et des *Prêtres*, étaient de pure forme ; elles étaient une conséquence nécessaire de l'amalgame temporaire du culte païen avec la nouvelle religion toute spirituelle. Au fond, tous les Hébreux étaient égaux devant Dieu et devant les lois ; ils formaient tous ensemble *un règne de prêtres, un peuple saint* (Exode, 19, 6), et s'il est vrai que

---

[1] Voy. les détails dans le livre des Nombres, ch. 6, v. 14 — 20.
[2] Voy. Less, *Super lege mosaicâ de naziræatu*, Num. VI, *primâ eâque antiquissimâ vitæ monasticæ improbatione*, dissertatio. Gottingæ, 1789 ; Eichhorn, *Allgemeine Bibliothek*, t. II, p. 553. — C'est à tort qu'on a comparé les *naziréens* aux moines ; ces derniers renoncent entièrement au monde, et ne se marient pas, mais ils ne se font pas scrupule de boire du vin, tandis que le *nazir*, qui s'abstient de vin, ne renonce pas au commerce conjugal.
[3] Voy. Spencer, lib. III, dissert. 1, c. 6.

[1] Comparez Diodore de Sicile, l. I, c. 18.
[2] Voy. les citations faites par Spencer, l. c., à la fin de la première section.
[3] πολλὰς δὲ ἀοίνους ἁγνείας ἔχουσιν κ. τ. λ. Plut. *De Is. et Osir.* l. c.

les prêtres seuls pouvaient s'approcher de l'intérieur du sanctuaire, le livre de la loi était ouvert à tous, le sanctuaire de la doctrine religieuse était accessible au dernier des Hébreux comme au grand prêtre. Le véritable sacerdoce des Hébreux fut le *prophétisme;* Moïse en posa les fondements et se garda bien de confier ce sacerdoce à la caste privilégiée, qui, intéressée à la conservation du culte matériel, devait s'efforcer de faire triompher ce culte sur les idées spiritualistes, afin de laisser le peuple dans l'ignorance et la superstition.

Un jour Moïse choisit soixante-dix anciens des tribus d'Israël, et les place autour du Tabernacle. La Divinité descend dans un nuage, et aussitôt une partie de l'esprit de Moïse se communique aux anciens et ils *prophétisent*[1]. Deux d'entre eux, qui ne se sont pas rendus au Tabernacle, *prophétisent* au milieu du camp. Josué, jaloux de la gloire de son maître, lui dénonce ces deux hommes qui s'arrogent le don de prophétie, c'est-à-dire la faculté d'expliquer le sens ésotérique et spirituel de la loi; mais Moïse lui répond : *Puisse tout le peuple de Dieu être prophète! Puisse Dieu faire descendre son esprit sur eux!* Nous reviendrons dans un autre endroit sur la nature et les développements du *prophétisme.*

Il y a une immense différence entre les prêtres des Hébreux et la *caste sacerdotale* des Indous et des Égyptiens, et nous devons encore ici admirer la sagesse du législateur qui sut ainsi, d'un coup, abolir les distinctions de caste, et qui pourtant, pour céder à l'esprit du siècle, en conservait la forme. On sait que les Indous se divisent en quatre castes : les prêtres ou théologiens, les guerriers, les marchands et les serfs; les premiers sortirent de la tête de *Brahma*, les derniers de ses pieds. Chaque caste a ses attributions particulières; la dernière n'a qu'un seul devoir, celui d'obéir toujours aux autres castes, sans jamais leur manquer de respect [1]. Toute liaison entre les castes est sévèrement défendue; les enfants qui naissent des unions mixtes forment des races maudites, dont les différentes subdivisions sont indiquées, dans les lois des Indous, avec les détails les plus minutieux [2].

Chez les Hébreux il n'y a pas de trace de ces distinctions. Le grand prêtre pouvait se marier avec la plus humble vierge d'Israël, pourvu qu'elle eût toujours eu des mœurs irréprochables. L'Hébreu ne respectait dans le prêtre que le serviteur de Dieu; il n'est jamais question d'une obéissance passive, et le sacerdoce ne donnait aucun privilége civil [3].

Il paraît que, chez les Égyptiens, la séparation des castes était beaucoup moins sévère que chez les Indous, et que les prêtres, en Égypte, avaient cédé aux rois les premiers honneurs et le suprême pouvoir, sauf à prendre la meilleure part des impôts [4]. Mais toute la puissance intellectuelle se trouvait entre leurs mains; les arts et les sciences étaient des *mystères* accessibles aux seuls initiés, et le peuple restait plongé dans la plus profonde ignorance et abandonné à la plus grossière idolâtrie [5].

Moïse, bien loin de faire des lévites et des prêtres les seuls dépositaires de la loi, ne voulut pas même leur confier exclusivement l'enseignement du peuple. Il leur assigna des fonctions toutes matérielles; ils étaient les serviteurs de l'autel, ils donnaient des renseignements sur les rites des sacrifices, sur les lois diététiques, sur ce qui était pur et impur, enfin sur toutes les lois cérémonielles; ils décidaient aussi des questions de droit

---

[1] Voy. Nombres, ch. 11, v. 25; le mot hébreu signifie littéralement : *Ils parlaient en inspirés.*

[1] Voy. *Lois de Manou*, I, 88-91.
[2] Voy. *ibid.*, l. XI.
[3] Voy. *Réflexions*, p. 42.
[4] Diodore, l. I, ch. 73.
[5] Quis nescit, *Volusi Bithynice, qualia demens*
Ægyptus portenta colat? Crocodilon adorat
Pars hæc : illa pavet saturam serpentibus ibin.
(JUVÉNAL, SAT. XV.)

civil (Deut. 17, 8), mais les fonctions de juges ne leur étaient pas exclusivement réservées. L'enseignement spirituel était confié à tous ceux qui voulaient s'en charger et qui en étaient capables, et nous voyons dans l'histoire des Hébreux de simples bergers prêcher au nom de Jéhovah. Ce qui prouve que l'enseignement spirituel et les fonctions judiciaires, besoins de tous les jours et de toutes les localités, ne devaient pas se trouver exclusivement entre les mains des lévites et des prêtres, c'est que Moïse assigna à ceux-ci un certain nombre de villes où ils devaient demeurer ensemble. Ces observations suffiront pour répondre à ceux qui n'ont vu dans le sacerdoce des Hébreux qu'une simple imitation de celui des Égyptiens. Mais nous ne nions pas que dans les formes extérieures les deux instituts n'offrent de nombreuses analogies, et c'est une preuve de plus que l'établissement du sacerdoce chez les Hébreux remonte jusqu'à Moïse, qui seul a pu y mêler tant d'éléments égyptiens [1].

La tribu de Lévi qui, dans l'affaire du veau d'or, avait manifesté son zèle pour le culte de Jéhovah, et à laquelle appartenait Moïse lui-même, fut choisie pour le service du sanctuaire. Elle remplaçait les premiers-nés, qui, comme on l'a vu plus haut, avaient été consacrés à Jéhovah, depuis la sortie d'Égypte [2], et qui, selon la tradition, avaient exercé d'abord les fonctions de prê-

---

[1] Plusieurs critiques renommés en Allemagne, tels que De Wette, Hartmann, Bohlen, George et autres, ont fait descendre l'établissement d'un sacerdoce régulier jusqu'aux temps de Salomon ou même de Josias; mais leurs arguments respectifs se détruisent mutuellement, et leurs assertions contradictoires nous permettent d'assister avec indifférence à ces tournois littéraires, où chacun tient à faire preuve de sagacité critique, en inventant une nouvelle hypothèse. Nous ne pouvons accorder ici qu'une simple mention à ces tentatives d'une critique qui tend à renverser toute l'histoire des Hébreux et à en faire un chaos inextricable. Ceux qui désirent connaître sommairement cette critique avec ses faiblesses et ses contradictions peuvent consulter quelques excellentes observations de Bæhr, *Symbolik*, t. II, p. 7-11.
[2] Voy. Nombres, ch. 3, v. 12 et 13.

tres [1]. Moïse ayant fait le dénombrement de tous les lévites et de tous les premiers-nés âgés d'un mois et au-dessus, trouva que les premiers se montaient à 22,000 et les derniers à 22,273; les premiers-nés furent libérés du service par la substitution des lévites, et le surplus de 273 premiers-nés fut racheté à cinq *sékels* par tête.

Les enfants de Lévi furent divisés en deux classes; dans l'une étaient les simples LÉVITES, dans l'autre les *Cohanim* [2] ou PRÊTRES. Lévi avait eu trois fils: Gerson, Kehath et Merari; le premier et le dernier avaient eu chacun deux fils, Kehath en avait eu quatre, dont l'aîné, nommé Amrâm, était le père d'Ahron et de Moïse [3]. Les descendants d'Ahron devaient seuls former la classe des prêtres; l'autre classe se composait de tout le reste des lévites, y compris les descendants de Moïse; ils étaient divisés en familles, dont chacune avait un chef portant le titre de *Nâsi* (Nombres, ch. 3). Nous allons donner quelques détails sur chacune des deux classes.

A. *Les Lévites.*

Les simples lévites étaient les serviteurs et gardiens du sanctuaire, dont l'intérieur n'était accessible qu'aux seuls prêtres. Ils étaient subordonnés aux prêtres et les aidaient probablement à tour de rôle, dans les fonctions qui ne s'exerçaient pas à l'autel et par le moyen des vases sacrés (Nombres, 18, 3). Dans le désert ils étaient chargés du transport du Tabernacle et de ses ustensiles. Plus tard ils gardaient le Temple; ils étaient chargés de l'ouvrir et de le fermer, d'avoir soin de sa propreté et de celle des vases sacrés; ils préparaient les *pains de proposition* et les autres pâtisseries nécessaires pour les sacrifices; ils administraient les revenus du Temple, et ses provisions, telles que la farine,

---

[1] Voy. les commentaires rabbiniques sur l'Exode, 19, 22, et la version chaldaïque de Jonathan, ib. 24, 5.
[2] Voy. sur ce mot, ci-dessus, page 93, 2ᵉ colonne, note 2.
[3] Voy. Exode, ch. 6, v. 16—26.

le vin, l'huile, l'encens, etc. [1]. Sous David nous les verrons aussi chargés de la musique du temple, et, en général, plus régulièrement organisés.

L'installation des lévites et leur sacre se fit une fois pour toutes, du temps de Moïse, avec une grande solennité. Les cérémonies se composèrent de lustrations et de sacrifices, et les Hébreux (c'est-à-dire les chefs des tribus) posèrent leurs mains sur les lévites pour les consacrer à Dieu [2]. Dorénavant tout lévite entrait au service actif à l'âge de trente ans et le quittait à l'âge de cinquante [3]. La loi ne leur prescrit pas de costume particulier, comme elle le fait pour les prêtres [4].

La tribu de Lévi ne devait pas participer au partage de la terre de Canaan, mais elle avait le droit d'occuper quarante-huit villes choisies au milieu des différentes tribus [5]; chacune de ces villes avait une banlieue de deux mille coudées à l'entour. Les revenus des simples lévites consistaient dans les *dîmes* que les propriétaires offraient à Dieu, chaque année, des produits de l'agriculture, des arbres fruitiers et de la vigne, ainsi que des bestiaux élevés en troupeaux, tels que les bœufs, les brebis, et les chèvres. On pouvait racheter la dîme des végétaux en y ajoutant le cinquième de la valeur. La dîme des bestiaux devait être livrée en nature ; on comptait les pièces, et la dixième, bonne ou mauvaise, formait l'impôt sacré. Si le propriétaire substituait une mauvaise pièce à une bonne, on lui prenait l'une et l'autre [1]. Les lévites payaient à leur tour un dixième de leur dîme pour l'entretien des prêtres. Outre la première dîme, les propriétaires en prélevaient une seconde, dans laquelle le lévite avait aussi sa part. Cette *seconde dîme* était employée, par les propriétaires, en sacrifices pacifiques et en repas solennels auprès du sanctuaire central, aux époques de pèlerinage. Les lévites devaient être invités à ces repas. Tous les trois ans la seconde dîme devait être entièrement distribuée, dans chaque localité, aux pauvres tant hébreux qu'étrangers, et encore ici les lévites ne devaient pas être oubliés [2]. Ils avaient aussi une part du butin (Nombres, 31, 47), quoique, selon Josèphe [3], ils fussent exemptés du service de guerre.

B. *Les Prêtres.*

Les lévites de la famille d'Ahron étaient chargés du *sacerdoce* proprement dit ; seuls ils pouvaient entrer dans l'intérieur du sanctuaire et faire le service des autels. Pour y être admis ils devaient être exempts de défauts corporels, n'être entachés d'aucune impureté et jouir d'une bonne réputation ; aucun doute ne devait planer

---

[1] La loi de Moïse ne parle que de la garde et du service du temple en général ; c'est le Ier livre des Chroniques (ch. 9) qui nous en fait connaître les détails.

[2] Voy. Nombres, ch. 8, v. 6—15.

[3] Voy. Nombres, ch. 4, v. 3, 23, 30, 47. Selon un autre passage (ib. ch. 8, v. 23), le service devait commencer à l'âge de 25 ans ; pour lever la contradiction, le Thalmud et la plupart des commentateurs juifs supposent que, depuis l'âge de 25 jusqu'à celui de 30 ans, les jeunes lévites faisaient leur apprentissage. D'autres pensent qu'au ch. 4 il est question des lourds travaux de transport auxquels les lévites n'étaient soumis qu'à l'âge de trente ans, tandis que les autres services commençaient dès l'âge de 25 ans. Voy. Menasseh Ben-Israël, *Conciliator* (*Numer. quæst.* IV), p. 203, 204. — Plus tard les lévites étaient admis dès l'âge de 20 ans. Voy. Ezra, 3, 8 ; 2 Chron. 31, 17.

[4] Ce ne fut que bien tard, sous le roi Agrippa II, que les lévites musiciens obtinrent de porter le costume des prêtres. Josèphe, *Antiqu.* XX, 8, 6.

[5] Trente-cinq furent occupées par les simples lévites et treize par les prêtres (Josué, ch. 21).

[1] Voy. Lévitique, ch. 27, v. 30 — 32, et Nombres, ch. 18, v. 21.

[2] Voy. Deutéronome, ch. 14, v. 22 — 29. Ce passage paraît tout d'abord être en contradiction avec ceux cités dans la note précédente ; mais, dans le Deutéronome, il s'agit évidemment d'une *seconde dîme*, autre que celle qui appartenait entièrement aux lévites, ce qui est confirmé par la tradition rabbinique et par Josèphe (*Antiqu.* IV, 8, § 8 et 22). Ce que ce dernier appelle la *troisième dîme* n'est autre chose que la *seconde dîme* distribuée aux lévites et aux pauvres, au bout de trois ans. Il est déjà question de la *seconde* et de la *troisième dîme* dans le livre de Tobie, selon le texte grec (ch. I, v. 7 et 8).

[3] *Antiqu.* III, 12, 4 ; IV, 4, 3.

sur la naissance légitime du prêtre et sur la conduite de sa mère. Il ne pouvait épouser une femme de mauvaises mœurs ou d'une naissance équivoque, ni même une femme répudiée par divorce, et devait se garder de se souiller par le contact d'un cadavre, à moins que ce ne fût pour rendre les derniers devoirs à ses plus proches parents, c'est-à-dire à ses père et mère, à ses frères, à ses sœurs non mariées et à ses enfants ; mais alors même il devait éviter, pendant le service, certaines démonstrations de deuil, comme, par exemple, de porter les cheveux longs et en désordre et de déchirer ses vêtements (Lév. 10, 6) [1]. Dans l'exercice de leurs fonctions, les prêtres devaient s'abstenir du vin et de toute autre boisson spiritueuse (Lév. 10, 9). La loi ne renferme aucune disposition spéciale concernant l'âge des prêtres ; mais il paraît résulter d'un passage des Nombres (ch. 4, v. 3, etc.) qu'ils étaient soumis, sous ce rapport, à la règle générale des Kéhathites et des autres lévites. Plus tard cependant nous les voyons entrer au service dès l'âge de vingt ans (2 Chron. 31, 17).

Les fonctions des prêtres consistaient surtout dans les cérémonies du culte qui se pratiquaient dans l'intérieur du sanctuaire et dans le service des autels. Ils allumaient les parfums sur l'autel d'or, le matin et le soir ; ils nettoyaient chaque matin le candélabre d'or et versaient l'huile dans les lampes ; ils posaient chaque semaine les pains de proposition sur la table sacrée. Dans le parvis ils entretenaient le feu perpétuel sur l'autel des holocaustes et enlevaient les cendres chaque jour ; ils faisaient toutes les cérémonies prescrites pour les différents sacrifices, notamment les aspersions du sang. Ils sonnaient des trompettes à différentes époques solennelles (Nombres, 10, 8-10) et prononçaient la bénédiction sur le peuple (ib. 6, 23)

à la fin des sacrifices publics [1]. Leurs fonctions en dehors du temple étaient l'administration de la police sanitaire, surtout la visite des lépreux, l'estimation des objets consacrés par des vœux, l'enseignement sur les lois cérémonielles, et quelquefois les décisions juridiques dans les cas difficiles.

Toutes ces fonctions s'exerçaient, du temps de Moïse, par Ahron et ses fils ; plus tard, quand le personnel devint plus nombreux, les prêtres furent divisés en vingt-quatre classes, ayant chacune un chef et fonctionnant à tour de rôle (I Chron. ch. 24).

A la tête de tous se trouvait le *grand prêtre*, qu'on appelait aussi le *prêtre oint*, parce qu'il avait reçu l'huile sainte sur sa tête [2]. Cette dignité était héréditaire ; d'Ahron elle passa à son fils Éléazar et resta dans la ligne de celui-ci [3]. Le grand prêtre ne pouvait se marier qu'avec une vierge intacte, et il devait éviter, encore plus que les prêtres ordinaires, tout contact impur, de sorte qu'il ne pouvait pas même s'approcher des funérailles de son père et de sa mère. Les démonstrations de deuil, dont nous avons parlé plus haut, lui étaient toujours interdites.

Les fonctions du grand prêtre consistaient dans l'administration générale du sanctuaire et du culte. Lui seul pouvait entrer dans le *Saint des Saints* ; il fonctionnait en personne au grand jour des expiations, et, dans les circonstances graves, il consultait l'oracle des *Ourim* et *Thummim* dont nous parlerons plus bas ; mais il dépendait de lui de prendre part, lors-

---

[1] Ce dernier usage existe encore maintenant dans les synagogues ; ceux qui ont conservé par tradition, de père en fils, le titre de *Cohen*, comme descendants d'Ahron, prononcent en chœur l'antique bénédiction à la fin des offices, aux grands jours de fête. Dans les synagogues d'Orient, les Ahronites prononcent la bénédiction tous les jours de sabbat.
[2] Voy. Lévit. 4, 3 ; 21, 10.
[3] A l'avénement du grand prêtre Eli, cette dignité passa à la ligne d'Ithamar ; mais Salomon la rendit à celle d'Éléazar. Voy. I Sam. 2, 35 et suiv. ; I Rois, 2, 35.

---

[1] Voy. sur toutes ces lois, concernant la dignité sacerdotale, Lévit. ch. 21, et ch. 22, v. 1—9.

qu'il le jugeait convenable, aux fonctions des prêtres ordinaires. Le Thalmud parle aussi d'un *vicaire* (SAGAN) qui aurait assisté le grand prêtre comme *coadjuteur* et qui le remplaçait, au jour des expiations, dans le cas d'un accident imprévu, ce qui est très-probable, quoique la loi de Moïse ne fixe rien à ce sujet; il est évidemment question d'un *second prêtre* ou *vicaire* lors de la destruction de Jérusalem par les Chaldéens [1]. La tradition rabbinique parle aussi d'un autre prêtre supérieur, presque égal en dignité au grand prêtre; c'est celui qui, en temps de guerre, faisait la proclamation prescrite dans le Deutéronome (ch. 20, v. 3). Selon les rabbins, c'était un prêtre choisi *ad hoc* et oint de l'huile sacrée; ils l'appellent *l'oint de la guerre* [2]. Mais on n'en trouve aucune trace dans le Pentateuque ni dans le reste de l'Écriture sainte.

De même que les simples lévites, les prêtres furent installés, du temps de Moïse, par un sacre solennel. Des cérémonies symboliques, composées de sacrifices de toute espèce et de lustrations, furent célébrées pendant sept jours, et pendant tout ce temps Ahron et ses fils ne purent quitter le sanctuaire [3]. Ils furent revêtus du costume sacerdotal et sacrés avec l'huile sainte composée de cinq substances (Exode, 30, 23 etc.); quant au grand prêtre Ahron, Moïse lui versa aussi de cette huile sur la tête, et cette *onction* dut être donnée également à ses successeurs, tandis que les autres cérémonies du sacres n'eurent lieu qu'à la première installation, et désormais les prêtres, en entrant au service, n'eurent plus qu'à présenter une offrande [4] et à prendre le costume prescrit, sur lequel nous allons donner quelques détails.

Nous avons déjà dit que l'institution du sacerdoce était une condescendance à l'esprit du siècle et un accessoire nécessaire au culte matériel; il ne serait donc pas étonnant que les règlements qui concernent les prêtres hébreux, leur sacre, leur discipline, leur costume, offrissent de nombreuses analogies avec ceux des prêtres païens, surtout des Égyptiens. Nous pouvons même supposer l'analogie là où nous manquons de données positives pour la démontrer. Dans *le costume*, elle est de toute évidence, du moins pour ce qui concerne l'étoffe et la couleur, et il ne peut y avoir de doute que Moïse n'ait suivi, sous ce rapport, comme sous beaucoup d'autres, les usages des prêtres égyptiens.

Hérodote (II, 37) nous apprend que les vêtements des prêtres égyptiens étaient de *lin*; la même chose est affirmée par beaucoup d'autres auteurs anciens, et chez les poëtes romains les prêtres d'Égypte sont appelés *linigeri* [1]. Selon Plutarque, ils choisissaient le lin, parce qu'il croit de la terre immortelle, de la terre sacrée d'Isis, et que sa fleur est bleue comme l'éther [2]. Mais il est plus probable, comme le fait entendre Hérodote, que le lin était préféré pour des motifs de propreté [3]. De même que les prêtres d'Égypte, ceux des Hébreux devaient être vêtus de *lin blanc*; les uns et les autres ne pouvaient mettre, pendant leur service, des vêtements de laine qui produisent la sueur et la malpropreté [4]. Le lin d'Égypte était célèbre pour sa *blancheur*; on en faisait plusieurs espèces de toile dont le *Schesch* était la plus estimée. L'étoffe

---

[1] Voy. II Rois, 25, 18; Jérémie, 52, 24.
[2] Voy. Mischnah, *Sota*. ch. 8, § 1, et les détails recueillis par Leidecker, *De republicâ Hebræorum*, p. 491 et suiv. Cet auteur compare *l'oint de la guerre* au *Flamen Martius* établi par Numa Pompilius.
[3] Voy. les détails, Exode, ch. 29, et Lévitique, ch. 8.
[4] Voy. ci-dessus, page 163.

[1] On peut voir les nombreuses citations dans l'ouvrage de Spencer, l. III, Dissert. I, c. 5, sect. 2.
[2] *De Is. et Osir.* ch. 4.
[3] Hérodote parle des *vêtements de lin* là où il énumère, en général, tout ce que les prêtres égyptiens pratiquaient par motif de pureté.
[4] Ézéchiel, ch. 44, v. 17 et 18; Hérodote, II, 81.

dont se servaient les prêtres hébreux est appelée tantôt *Bad*, tantôt *Schesch*; les deux espèces sont sans doute la même chose que le lin égyptien, mais le *Schesch* paraît être un tissu particulier [1].

Probablement l'analogie n'existait pas seulement dans *l'étoffe* et la *couleur*, mais aussi dans la *forme* du costume [2]; il est toutefois difficile de se former une idée exacte du costume des prêtres hébreux, d'après la description qu'en donne le Pentateuque. Il me semble néanmoins que le vague même qui règne dans cette description prouve que Moïse parle de choses connues depuis longtemps, et qu'il lui suffisait d'indiquer rapidement à ses prêtres ce qu'ils avaient déjà vu en Égypte. Nous nous aiderons ici de quelques éclaircissements de Josèphe, qui, prêtre lui-même, peut expliquer ce qui se pratiquait de son temps, d'après les anciennes traditions [3].

Le costume des simples prêtres se composait de quatre pièces : 1° *Des caleçons* (MICHNASAÏM) qui, selon l'Exode (28, 42), devaient aller des reins jusqu'aux cuisses. Josèphe dit qu'après y avoir fait entrer les pieds, on les tirait jusqu'aux reins, où on les serrait; mais il ne dit rien sur leur longueur. 2° *Une tunique* (CHETHONETH) d'une texture particulière (Ex. 28, 39) et probablement faite à petits carreaux. Selon Josèphe, elle avait des manches; elle était très-serrée et presque collée sur le corps et allait jusqu'aux pieds. Tout le vêtement, dit-il, était d'une seule pièce; cependant, selon les rabbins, les manches étaient tissées à part et cousues sur la tunique [4]. On conçoit difficilement qu'on ait pu mettre un vêtement fait d'une seule pièce et en même temps très-serré; Josèphe dit que la tunique avait en haut une ouverture large, et qu'après l'avoir passée, on fermait l'ouverture sur les deux épaules avec des cordons sortant de l'ourlet des deux côtés de la poitrine et du dos. 3° *Une ceinture* (ABNET) en ouvrage de broderie de différentes couleurs (Exode, 39, 29), dont la largeur, selon les rabbins, était de trois doigts, et selon Josèphe, de quatre; sa longueur, disent les rabbins, était de trente-deux coudées, et elle entourait le corps deux ou trois fois. Les bouts, formant un nœud sur le devant, descendaient jusqu'aux pieds; le prêtre rejetait ces bouts sur l'épaule gauche lorsqu'il faisait des sacrifices. 4° *Un turban* ou plutôt un *haut bonnet* (MIGBAAH). La coiffure du grand prêtre est appelée MISNÉPHETH [1]. Moïse ne donne nulle part la description de ces deux espèces de coiffure qui probablement étaient connues et qu'il suffisait de nommer. Selon Josèphe, elles étaient aplaties et arrondies en haut et ne couvraient pas toute la tête. Mais Moïse les a expressément distinguées, et, s'il est permis de fonder des conjectures sur l'étymologie des deux mots, il paraîtrait que la *Migbaah* était une espèce de haut bonnet pointu *attaché à la tête* (Ex. 29, 9), et la *Misnépheth* un turban, tel qu'en portaient les rois et les autres grands personnages [2]. Quoique les deux coiffures fussent de lin, celle du grand prêtre se distinguait non-seulement par la forme, mais aussi par la plaque d'or dont nous parlerons tout à l'heure.

A ces vêtements le grand-prêtre ajoutait les pièces suivantes: 1° une *tunique supérieure*, appelée MEÏL, plus large que la *Chethoneth*, et sans

---

[1] Voy. ci-dessus, page 22.
[2] Voy. Spencer, l. c., ed. Cantabrig. p. 574.
[3] Voy. Antiqu. l. III, ch. 7. Les détails les plus complets sur le costume des prêtres se trouvent dans le savant ouvrage de Braun, intitulé : *De vestitu sacerdotum Hebræorum*; altera editio, Amstelodami, 1698, in-4°.
[4] Selon l'Évangile de saint Jean (19,23), Jésus portait une tunique *non cousue*. Voy. sur cette texture, Braun, l. c., p. 376 et suiv.

[1] Josèphe et les rabbins donnent ce même nom à la coiffure du simple prêtre, ce qui prouve que, dans le second temple, il n'y avait guère de différence de forme entre la *Migbaah* et la *Misnépheth*. Selon Josèphe, le turban du grand prêtre était enveloppé d'un second bandeau de couleur violette.
[2] Ezéchiel, 21, 31; Isaïe, 62, 3. Voy. *Réflexions*, p. 47, note 1.

manches; elle était de couleur violette. Fermée de tous les côtés, elle avait des ouvertures pour passer les bras et la tête; en bas elle avait une bordure dans laquelle variaient des grenades de différentes couleurs et des clochettes d'or par le son desquelles le grand prêtre s'annonçait lorsqu'il entrait dans le sanctuaire et lorsqu'il en sortait. 2° Un vêtement plus court appelé ÉPHOD. Le tissu était fait de lin retors, entremêlé de fils d'or et de fils teints en pourpre, violet et cramoisi. Il se composait, à ce qu'il paraît, de deux pièces dont l'une était suspendue sur la poitrine, l'autre sur le dos; elles étaient jointes sur les épaules par deux agrafes ou épaulettes surmontées chacune d'une pierre précieuse. Sur les deux pierres étaient gravés les noms des douze tribus, rangés par ordre de naissance, six à droite et six à gauche. Les bords des deux pièces de l'Éphod se joignaient par des cordons et étaient resserrés par une ceinture du même tissu. C'est là ce qui résulte de la description de l'Exode (28, 6—12), comparée à celle de Josèphe; ce dernier compare l'Éphod à *l'épomide* des Grecs, et lui donne des manches, ce qui ne concorde pas bien avec l'*Éphod* mosaïque [1]. 3° Le *Pectoral* ou *Rational* (HOSCHEN), ornement du même tissu, appliqué sur le devant de l'*Éphod*. Il était double et carré, d'un palme en long et en large, et formait une espèce de bourse attachée à l'Éphod par des anneaux d'or et des cordons violets. Sur le *Pectoral* brillaient douze pierres précieuses, de différentes espèces, enchâssées dans de l'or; elles étaient rangées trois à trois, et les noms des douze tribus y étaient gravés. Il paraît que le sort sacré ou l'oracle des OURIM et THUMMIM [2] qu'on consultait dans les circonstances graves, était placé dans le creux du *Pectoral* (Ex. 28, 30). Moïse en parle comme d'une chose connue et il n'en donne aucun détail.

[1] Voy. Braun, p. 464 et suiv.
[2] Ces mots signifient *lumière et intégrité*; la forme du pluriel qu'ont les mots hébreux est le *pluriel de majesté*.

Il appelle le pectoral HOSCHEN HAMMISCHPAT (ornement de la justice), ce qui a fait penser à un ornement analogue que portait le *grand juge* chez les Égyptiens, et dont parlent Diodore et Élien [1]; mais il est certain que les *Ourim* et *Thummim* rendaient des oracles et n'étaient pas un simple symbole. L'opinion de Josèphe, selon laquelle les douze pierres précieuses du Pectoral auraient formé elles-mêmes les *Ourim* et *Thummim*, est inadmissible; car elle est en contradiction manifeste avec le texte du Pentateuque [2]; mais il est impossible de dire en quoi consistait cet oracle, et les innombrables dissertations des savants n'ont abouti à aucun résultat positif [3]. Nous adoptons, jusqu'à un certain point, l'opinion de Spencer [4], que les *Ourim* et *Thummim* étaient des figures, analogues aux anciens *Theraphim*, espèce de *pénates*, donnant des oracles chez les ancêtres araméens du peuple hébreu [5]; mais, sans admettre avec Spencer que ce fût Dieu ou un ange qui répondait aux questions du grand prêtre, nous croyons que ces figures, symboles de la vérité et de la justice, étaient employées, d'une certaine manière, comme *un sort* que l'on considérait comme un *jugement de Dieu*. C'est là tout ce qu'il est possible de deviner. 4° *Une plaque d'or* (CIÇ) attachée par des fils violets au turban

[1] Diodore, l. I, c. 75; Élien. *Var. hist.* l. 14, c. 34. Ces deux auteurs rapportent que le *grand prêtre* ou *grand juge* avait autour du cou une image de pierres précieuses portant le nom de *vérité*. Les Septante, qui traduisent les mots *Ourim* et *Thummim* par δήλωσις καὶ ἀλήθεια, *révélation et vérité*, ont peut-être pensé à l'usage égyptien.
[2] Voy. Exode, 28, 30; Lév. 8, 8.
[3] Nous dirons avec Braun (p. 695): *Sane quot capita tot sententiæ; ut si nostri instituti ratio id postularet, integrum opus super hâc quæstione solâ scribere possemus.* Depuis Braun ce sujet a encore été traité par une légion d'écrivains; les principales hypothèses ont été résumées par Winer, *Bibl. Realwœrterbuch*, t. II, p. 747—752.
[4] L. c. L. III, dissert. 7, c. 3, sect. 2.
[5] Voy. Genèse, 31, 19; Ézéchiel, 21, 26. Dans deux autres passages (Juges, 17, 5; Osée, 3, 4), les *Theraphim* sont mis en rapport avec l'*Éphod*, et représentent évidemment les *Ourim* et *Thummim*.

du grand prêtre et sur laquelle étaient gravés les mots : קֹדֶשׁ לַיהוָה *Saint à Jéhovah*, par lesquels le grand prêtre était présenté comme le médiateur supportant devant Dieu les péchés des Hébreux et obtenant pour eux la faveur divine (Ex. 28, 38). Moïse appelle aussi cet ornement *le diadème saint* (Ex. 29, 6); les fils violets entouraient probablement toute la tête et formaient avec la plaque une espèce de diadème. Josèphe parle d'un triple diadème tout en or, dans lequel se trouvaient de petits calices d'or, comme on en voit, dit-il, dans l'herbe appelée *hyosciame* ou jusquiame; mais cette couronne d'or ne fut probablement adoptée que par les grands prêtres de la famille royale des Maccabées.

Outre le costume brillant que nous venons de décrire, le grand prêtre avait un costume plus simple de lin blanc dans lequel il fonctionnait au *jour des expiations* dans le Saint des Saints (Lév. 16, 4).

Hérodote (II, 37) donne aux prêtres égyptiens des sandales, faites de l'écorce de papyrus (ὑποδήματα βύβλινα). Il paraît cependant qu'ils n'en portaient pas pendant l'office; sur les monuments on trouve les prêtres représentés nu-pieds. Chez les prêtres hébreux il n'est jamais question de sandales, et il est certain qu'ils n'en portaient pas dans le temple; car c'eût été profaner le lieu saint [1].

Il nous reste à ajouter quelques détails sur les revenus des prêtres, qui, appartenant à la tribu de Lévi, n'avaient pas de part dans la distribution des terres de Canaan. Sur les quarante-huit villes données aux lévites, un certain nombre devait appartenir aux prêtres, et plus tard on leur en donna treize [2]. Ils avaient la centième partie de tous les produits du pays soumis à la dîme; car les lévites leur payaient *la dîme de la dîme* (Nombres, 18, 26). Ils recevaient en outre : 1° les prémices des récoltes de blés et de fruits qu'on présentait devant le sanctuaire avec un cérémonial particulier (Deut. 26, 2, etc.); 2° celles des objets préparés pour la consommation, tels que le vin, l'huile, la farine, la pâte (ib. 15, 20; 18, 8, etc.); 3° celles de la tonte des brebis (Deut. 18, 4); la quantité de toutes ces prémices n'était pas fixée, mais, selon la tradition, celles des produits de la terre devaient en former au moins la soixantième partie; 4° tout ce qui par un vœu avait été consacré à Dieu (Nombres, 18, 14); 5° certaines restitutions et amendes payées par ceux qui avaient porté atteinte à la propriété, appartenaient aux prêtres, si la personne lésée n'existait plus et n'avait pas laissé d'héritiers (Nomb. 5, 8); 6° l'argent provenant du rachat des premiers-nés des hommes et des animaux impurs; 7° l'épaule (droite), l'estomac et la mâchoire des animaux tués pour l'usage des propriétaires. Outre ces revenus, dont les prêtres pouvaient faire part à leurs familles, ils jouissaient encore de certains objets sacrés qu'ils devaient consommer devant le sanctuaire, par exemple: la chair des sacrifices de péché et de délit, à l'exception des parties grasses qu'on brûlait sur l'autel; la poitrine et l'épaule droite des sacrifices pacifiques; la peau des holocaustes; toutes les *offrandes* publiques et privées, dont une portion seulement se consumait sur l'autel [1]. Les prêtres étaient en outre exemptés des services militaires et des impôts.

Le grand prêtre participait à tous ces revenus, destinés primitivement par la loi *à Ahron et à ses enfants* (Nombres, 18,8); mais quoique le texte de la loi ne lui accorde sous ce rapport aucune prérogative, il était probable-

---

[1] Voy. Exode, 3, 5; Josué, 5, 15.
[2] Selon le livre de Josué (21, 4), ce fut Josué lui-même, qui, assisté du grand prêtre Éléazar, fit ainsi le partage des 48 villes. Mais les descendants d'Ahron ne pouvaient pas alors être assez nombreux pour occuper 13 villes. Il paraîtrait donc que l'auteur du livre de Josué attribue à ce chef ce qui, en réalité, ne se fit que beaucoup plus tard. Il est à remarquer que les 13 villes étaient toutes situées dans les alentours de Jérusalem, ce qui nous indique une époque où cette ville était déjà destinée à recevoir le sanctuaire central.

[1] Voy. ci-dessus, page 163.

ment mieux doté que les autres prêtres. Selon les rabbins, il devait jouir d'une fortune en rapport avec son rang élevé et être le plus riche de tous les prêtres; s'il ne l'était pas, la caste était obligée de lui créer une position opulente [1]. Ce qui prouve que, sous les rois, le grand prêtre occupait une position brillante, c'est que les princesses royales ne dédaignaient pas sa main [2].

Les charges imposées au peuple pour soutenir les lévites et les prêtres pourraient paraître exorbitantes, surtout s'il est vrai, comme le dit la tradition, que les frais des sacrifices publics et de l'entretien du sanctuaire n'étaient pas à la charge de la classe sacerdotale, et que chaque homme au-dessus de vingt ans, riche ou pauvre, payait pour cet effet une contribution d'un demi-sicle par an [3]. En effet, d'après le livre des Nombres (3, 39), la tribu de Lévi comptait, du temps de Moïse, 22,000 mâles âgés de plus d'un mois, ce qui peut faire supposer tout au plus 12,000 adultes au-dessus de vingt ans. Or, toutes les autres tribus ensemble comptaient à la même époque 603,550 hommes âgés de plus de vingt ans; ainsi, si toutefois les nombres sont exacts, les lévites auraient formé environ la cinquantième partie de toute la nation, et cependant ils retiraient la dixième partie des revenus, sans parler de la seconde dîme, de tout ce que prélevaient les prêtres, et des quarante-huit villes ou bourgs que possédait la tribu de Lévi, avec une campagne de deux mille coudées à l'entour de chaque ville. Nous devons avouer qu'il est difficile de justifier complétement ces dispositions de la loi mosaïque, surtout si l'on réfléchit que, d'après cette loi elle-même, les Hébreux ne devaient avoir d'autres ressources que l'agriculture, base de toute la constitution [1]. Mais il faut considérer les institutions des Hébreux relativement à celles des autres peuples et aux usages depuis longtemps établis. En Égypte, la caste sacerdotale, selon Diodore (I,73), avait le tiers des terrains et était libre de toute imposition; outre cela, chaque temple avait ses terres et ses revenus particuliers et nourrissait abondamment ses prêtres avec leurs familles, de sorte qu'ils ne dépensaient rien de leurs propres revenus, comme le dit Hérodote (II,37). D'un autre côté, la Genèse nous apprend que, depuis Joseph, les agriculteurs payaient au roi le cinquième du revenu total. Chez les Indous les impôts variaient selon les temps et les circonstances; les Brahmanes recevaient quelquefois plus de la troisième partie du revenu du pays [2], et l'impôt payé aux rois

[1] Voy. Selden, *De Synedriis*, p. 1119.
[2] Voy. 2 Rois, 11, 2; 2 Chron. 22, 11.
[3] Le texte de l'Exode (ch. 30, v. 12—16) ne dit pas positivement que cette contribution d'un demi-sicle par tête, payée lors de la construction du Tabernacle, devait se renouveler chaque année, mais il est certain que plus tard les paroles de Moïse furent interprétées dans ce sens (2 Chron. 24,5). Le livre de Néhémia (10, 33) parle d'un *tiers de sicle* par an; peut-être la valeur du sicle avait-elle changé. A l'époque gréco-romaine, cet impôt fut évalué à deux drachmes (Voy. saint Matthieu, 17, 24), qui devaient être payées même par les Juifs établis dans les pays étrangers. Voy. Josèphe, *Antiqu*. XVIII, 9, 1; *Guerre des Juifs*, VII, 6, 6. — Sur cet impôt, en général, on peut voir Selden, l. c, p. 1134 et suiv.

[1] M. Salvador, dans son *Histoire des institutions de Moïse* (L I, p. 253 et suiv.), a soutenu, en s'appuyant sur des calculs erronés, que la tribu de Lévi ne retirait que la dix-septième partie des revenus. Il a d'abord supposé que la dîme de la troisième année, partagée entre les lévites et tous les nécessiteux, était la *première dîme*, de sorte que celle-ci n'aurait été payée en totalité aux lévites que dans la première et la deuxième année de l'époque triennale; mais le fait est qu'il s'agit ici de la *seconde dîme*, comme l'ont bien vu les commentateurs, et comme il résulte clairement du texte même, où le règlement concernant la dîme triennale se trouve à la suite de la loi qui parle de la *seconde dîme*, à moins qu'on ne veuille, avec quelques commentateurs, admettre une troisième dîme. M. Salvador déduit ensuite la septième année, où les lévites ne recevaient pas de dîme; mais aussi dans la septième année il n'y avait pas de revenu. — Une autre supposition, d'après laquelle les 48 villes n'auraient pas appartenu, en toute propriété, aux lévites, est également sans fondement; du moins est-il certain que, dans l'intention du législateur, ces villes devaient appartenir à la tribu de Lévi.

[2] Voy. *Le théâtre de l'idolâtrie ou la porte ouverte pour parvenir à la connaissance du paganisme caché*, par Abr. Roger, Amst. 1670, in-4°, première partie, ch. 6.

pouvait s'élever, en temps d'urgence, jusqu'au quart du revenu [1]. A côté de ces énormités les dîmes et prémices, seuls impôts réguliers que connaisse la loi de Moïse, paraîtront peu de chose. Quant aux autres contributions sacrées, elles étaient, en grande partie, volontaires, et les *impôts civils* que nous trouvons plus tard chez les Hébreux n'existent pas dans la constitution de Moïse. Ce législateur, en instituant les dîmes, profita d'un usage qui remonte jusqu'aux patriarches [2], et qu'on trouve aussi chez les autres peuples de l'antiquité, afin d'assurer à la tribu de Lévi, exclue du partage des terrains, une position indépendante et non pas une prépondérance ruineuse pour les autres tribus. La dîme devait être payée à Jéhovah, le roi invisible, qui la céda aux gardiens de ses lois et aux ministres de son culte. La tribu de Lévi ne devait pas s'occuper de l'agriculture, pour se consacrer entièrement au service de Dieu, et la loi lui accorda beaucoup pour lui assurer, dans tous les cas, le nécessaire; car nous voyons clairement par plusieurs passages du Deutéronome, où les lévites figurent à côté des pauvres, que le législateur ne comptait pas beaucoup sur le payement exact des dîmes, et il recommande souvent les lévites à la générosité des propriétaires. En outre, la tribu de Lévi formait la classe des savants de profession; l'étude de la loi était pour elle un devoir et elle devait rendre, sous le rapport intellectuel, de grands services que la nation pouvait toujours réclamer sans rétribution spéciale. Si plus tard l'avidité sacerdotale a dénaturé les intentions du législateur, il ne faut pas reprocher à celui-ci ses belles illusions, et il faut reconnaître du moins qu'il a agi avec un grand désintéressement, en reléguant ses enfants dans les humbles rangs des simples lévites, et qu'il a prévenu les abus du pouvoir sacerdotal en ouvrant à tout Hébreu le sanctuaire de la loi et en préparant la voie à un nouveau pouvoir intellectuel, celui des *prophètes*.

IV. LES TEMPS DU CULTE ET LES FÊTES.

Il nous reste à indiquer l'ordre du culte public que le législateur rattache à certaines époques fixées par la division du temps. Nous devons donc, avant de parler des époques du culte, faire connaître la division adoptée par Moïse. Le poëte sacré, chantant les merveilles de la création de Jéhovah, dit : *il a fait la lune pour les temps* ou *les époques* (Ps. 104, 19), et en effet c'est la lune qui, dans la loi de Moïse, sert à fixer toutes les mesures du temps. Les jours se mesurent naturellement par la variation de la lumière et des ténèbres; cependant, chez les Hébreux, comme chez plusieurs autres peuples qui avaient le calendrier lunaire, les jours commençaient par le soir (Lév. 23, 32), parce que le croissant se lève le soir. Dans le récit de la création on lit toujours : *Et il fut soir et il fut matin* [1]. Les jours, du temps de Moïse, n'étaient pas encore subdivisés en *heures*; la nuit se divisait en trois *veilles* [2]; la division du jour, plus importante pour le rituel du culte, était donnée par la nature : le *matin*, le *midi* et le *soir*. Dans plusieurs passages, et notamment dans le rituel des cérémonies religieuses, on trouve l'expression *entre les deux soirs* que la Vulgate rend par *vespere* ou *ad vesperum* [3], et qui équivaut, à ce qu'il paraît, à notre *dans l'après-midi*; car, selon la tradition rabbinique, le premier soir commence au déclin du soleil (à midi et demi) et le second à son coucher [4].

---

[1] Lois de Manou, X, 120.
[2] Voy. Genèse, 14, 20; 28, 22.

[1] *Nox ducere diem videtur*, dit Tacite, en parlant des mœurs des Germains (ch. 11); il en était de même chez les Grecs. D'autres peuples commençaient leurs jours au matin, ou à minuit, ou à midi. Voy. Pline, *Hist. Nat.* II, 79.
[2] Voy. Exode, 14, 24; et Juges, 7, 19.
[3] Voy. Exode, 12, 6; 16, 12 ; 29, 39 et 41; 30, 8; Lév. 23, 5; Nombres, 9, 3 ; 28, 4 et 8.
[4] Les Caraïtes soutiennent que, *entre les deux soirs*, veut dire entre le coucher du soleil et la nuit. Voy. Trigland, *Diatribe de*

Sept jours formaient une période appelée SCHABOUA (semaine); il en est déjà question dans l'histoire du patriarche Jacob (Gen. 29, 27). Cette période se trouve chez les peuples les plus éloignés les uns des autres, même chez les Américains, et elle paraît avoir son fondement dans les quatre phases de la lune [1], dont chacune dure environ sept jours et neuf heures. On donna de bonne heure aux jours de la semaine les noms des planètes [2]; mais les Hébreux, qui rattachaient leur semaine à la cosmogonie et qui en faisaient le symbole de la création, n'ont jamais adopté les noms des divinités planétaires, et ils disaient *premier jour*, *deuxième jour*, etc. La troisième mesure du temps est déterminée par le cours total de la lune; c'est le *mois*, qui, chez les Hébreux, recommençait à chaque nouvelle apparition visible de la lune, et durait tantôt 29, tantôt 30 jours. Douze de ces mois lunaires formaient une *année*. De même que les jours de la semaine, les mois n'avaient pas de noms, et on disait *premier mois*, *deuxième mois*, et ainsi de suite. Le premier mois cependant s'appelait aussi ABIB (*mois des épis*, ou mieux *Germinal*); dans ce mois tombaient le commencement du printemps et la Pâque, et les épis devaient être mûrs. On était donc obligé de mettre d'accord l'année lunaire avec le cours du soleil, ce qui se faisait par l'intercalation d'un treizième mois toutes les fois que, à la fin du douzième mois, on ne trouvait pas le blé assez mûr [1]. On voit que l'année des anciens Hébreux commençait au printemps. Plus tard quelques changements furent introduits dans le calendrier civil; mais nous ne parlons ici que du calendrier mosaïque, d'après lequel se réglaient les fêtes.

Le *culte quotidien* consistait dans deux sacrifices dont l'un s'offrait le matin et l'autre dans l'après-midi, ou, comme dit le texte, *entre les deux soirs*. Chacun des sacrifices consistait dans un agneau offert en holocauste et accompagné d'une offrande et d'une libation [2]. Nous avons déjà parlé de l'encens qu'on brûlait le matin et le soir sur un autel particulier, et des lampes du candélabre qui éclairaient le sanctuaire pendant toute la nuit.

Mais certains jours, en rapport avec les mesures de temps que nous venons de signaler, devaient être distingués par des solennités particulières; certains autres jours de l'année étaient consacrés à la mémoire des grands événements de l'histoire des Hébreux ou à des réjouissances qui se rattachaient à l'agriculture. A côté du but social et politique l'institution de ces jours solennels avait aussi un but religieux et moral. Il y en avait un qui était entièrement consacré aux pratiques religieuses, c'était le jour des expiations; en ce jour l'Hébreu devait entièrement renoncer au monde et se réconcilier avec le Créateur, en s'abstenant de toute jouissance terrestre, en devenant, pour ainsi dire, un être céleste.

Sous ce rapport le législateur des Hébreux n'a rien emprunté aux cultes étrangers. A la vérité, nous trouvons les époques solennelles et les fêtes chez tous les peuples de l'antiquité; de même que les sacrifices, les fêtes étaient inséparables de l'idée du culte. Mais dans les fêtes des païens

---

sectâ Karæorum, cap. 4, p. 27. Mais Josèphe est favorable à la tradition rabbinique; car, selon lui, on égorgeait l'agneau pascal entre la neuvième et la onzième heure, c'est-à-dire entre trois et cinq heures de l'après-midi. Voy. *Guerre des Juifs*, VI, 9, 3.

[1] Voy. Ideler, *Handbuch der Chronologie*, t. I, p. 60 et 88.

[2] On les trouve en même temps, et dans le même ordre, chez les Égyptiens (Dion Cass. l. 37, c. 18) et chez les Indous. Voy. les notes de M. de Chézy au drame de Sacountala, n° 90. Bohlen, *Das alte Indien*, t. II, p. 248. On en trouve aussi des traces indubitables chez les Grecs (quoique ceux-ci comptassent leurs jours par décades). Voy. Valkenar, *De Aristobulo Judæo Alexandrino diatribe*, p. 108, 113. Bohlen, l. c. p. 240.

[1] Voy. des Vignoles, *Chronologie de l'histoire sainte*, t. I, p. 684 et suiv.

[2] Voy. Exode, 29, 38—42; Nombres, 28, 2—8.

nous reconnaissons partout la nature divinisée; de même que le ciel, la terre, le soleil, la lune, les planètes, sont les divinités de l'espace, de même l'année et les saisons sont personnifiées comme divinités du temps. Mais Jéhovah, l'être absolu, est au-dessus de l'espace et du temps, et c'est autour de Dieu, le maître de toute la nature, que les solennités périodiques devaient réunir les Hébreux. Les fêtes des Hébreux portent un caractère moral et religieux qui leur est particulier; elles ne sont point, comme les sacrifices et le sacerdoce, une institution locale, et elles sont pour l'Israélite de nos jours ce qu'elles étaient pour l'ancien Hébreu, car elles représentent, sous une forme symbolique, les points principaux des croyances mosaïques qui restent toujours les mêmes, quelles que soient les modifications que le temps ait fait subir au culte des Hébreux.

Cependant, s'il est permis de rattacher les fêtes instituées par Moïse à quelque idée orientale plus ancienne, qui a pu guider le législateur, du moins dans la forme qu'il donne à ces institutions, on retrouvera ici cette influence mystérieuse du nombre *sept* qu'on rencontre si souvent dans l'antiquité orientale. Nous avons déjà fait remarquer que la *semaine* était commune aux Indous, aux Égyptiens et à plusieurs autres peuples. Nous retrouvons encore ce nombre mystique dans les sept mondes (*locas*), les sept *Richis* ou Saints, les sept mers et les sept grands continents (*Dvipas*) des Indous, les sept *Amschaspandas* (archanges) des anciens Perses[1]. Parmi les Grecs ce furent principalement les pythagoriciens qui rattachaient au nombre sept une idée de sainteté[2]. Le fond de ce mystère est probablement dans les sept planètes à l'influence desquelles était subordonné tout le monde sublunaire[1].

Quoi qu'il en soit, le nombre sept, auquel la cosmogonie hébraïque donne une haute importance, joue aussi un grand rôle dans les temps sacrés des Hébreux. Le septième jour de la semaine est sacré; la Pâque et la fête des Tabernacles durent sept jours; on compte sept semaines de la Pâque à la Pentecôte; le premier jour du septième mois est distingué par une solennité particulière, et une grande partie de ce mois est consacrée à des fêtes; la septième année est sacrée, et après sept fois sept ans on célèbre le jubilé. Mais, il ne faut pas l'oublier, ce nombre, qui chez les païens se rattache au culte de la nature, est sanctifié chez les Hébreux par leur croyance fondamentale et leur rappelle sans cesse le Dieu créateur et les périodes de la création[2].

S'il est vrai que cette idée générale a guidé le législateur dans la distribution des temps sacrés, les fêtes en elles-mêmes diffèrent cependant par l'idée particulière qu'elles renferment à côté de l'idée religieuse qui plane sur toutes, et nous pouvons les diviser en trois classes: fêtes septénaires et chronologiques, fêtes historiques et agronomiques et fêtes purement religieuses.

---

[1] On peut voir beaucoup d'autres exemples dans l'ouvrage de M. de Hammer, intitulé *Encyclopædische Uebersicht*, etc. (Résumé encyclopédique des sciences de l'Orient), p. 322-324, et dans Bohlen, l. c. p. 247.

[2] Voy. Brucker, *Hist. crit. Philosophiæ*, t. I, p. 1055.

[1] Cette opinion me paraît être clairement indiquée par Cicéron, dans le fragment connu sous le titre de *Somnium Scipionis* et qui faisait partie du 6ᵉ livre de la *République*. A l'endroit où il est question de l'harmonie des sphères planétaires nous lisons : *Septem efficiunt distinctos intervallis modos; qui numerus rerum omnium fere nodus est.* Voy. le livre *De Republicâ*, p. 382 (dans la Biblioth. class. de Lemaire). — On peut voir d'autres conjectures sur la sainteté du nombre sept, dans Bæhr, *Symbolik*, t. I, p. 187 et suiv. et dans mes *Réflexions*, etc., p. 50, note 1.

[2] Nous rappellerons encore que certaines purifications ne peuvent s'accomplir qu'au bout de sept jours; le sacre des prêtres durait sept jours; avec le sang de certaines victimes on faisait sept aspersions sur l'autel; le candélabre avait sept branches. Même dans la partie historique du Pentateuque, et dans les autres livres de la Bible, nous voyons souvent paraître les nombres 7 et 70 comme nombres ronds, et il est à remarquer que la racine שבע, de laquelle dérivent ces nombres, sert aussi en hébreu à former le verbe *jurer* et le mot qui signifie *serment*.

A la première appartiennent les sabbats et les néoménies; la deuxième embrasse les trois grandes fêtes : la Pâque, la Pentecôte et la fête des Tabernacles; la troisième ne renferme qu'une seule fête, le jour des expiations.

A. FÊTES SEPTÉNAIRES ET CHRONOLOGIQUES.

a. Le Sabbat.

La célébration du septième jour de la semaine, comme symbole de la création (Exode, 20, 11; 31, 17), remonte avant la législation mosaïque. *Souviens-toi de sanctifier le sabbat*, dit le décalogue, et dans l'histoire de la *manne* où il est question, pour la première fois, du repos du sabbat, on paraît en parler également comme d'une chose connue (ib. 16, 23). On sait que, selon la Genèse, Dieu lui-même sanctifia le septième jour et le bénit; car en ce jour le Créateur *avait cessé* (SCHABATH) son ouvrage; aussi ce jour est-il destiné avant tout à la *cessation* du travail et au *repos* ; de là il s'appelle SCHABBATH (*cessator*). Dans l'histoire des patriarches nous n'en trouvons pas de traces, bien qu'il y soit question de la semaine; les nomades, dont toute l'occupation consistait à faire paître les troupeaux, ne pouvaient guère interrompre leur ouvrage. Il paraîtrait donc que l'usage de célébrer le sabbat avait commencé en Égypte, avant la servitude ou immédiatement après la sortie d'Égypte, comme le disent les rabbins, qui pensent que le sabbat faisait partie des lois publiées à Marah (ib. 15, 25).

La célébration du sabbat, comme l'indique le nom lui-même, consistait principalement dans le repos. Les travaux devaient cesser ce jour-là; les esclaves et même les animaux devaient aussi jouir d'un repos absolu, et ce repos rappelait non-seulement la cessation des œuvres de la création, mais aussi la délivrance de l'esclavage d'Égypte, comme le dit la deuxième rédaction du décalogue (Deut. 5, 15). Le repos du sabbat était le signe de l'alliance que Jéhovah avait conclue avec les Hébreux (Exode, 31, 13-17). En violant le sabbat on rompait cette alliance; c'était un crime de haute trahison contre le roi Jéhovah, et la loi veut que ce crime soit puni de mort. Elle se montre sévère pour la violation publique du sabbat, fût-ce même par un travail insignifiant, et Moïse décréta la peine de mort contre un homme qui avait publiquement ramassé du bois le jour du sabbat (Nomb. 15, 32-36). Au reste, la loi mosaïque qui défend tout travail, ne *spécifie* pas les occupations auxquelles il était défendu de se livrer le jour de sabbat [1]; outre le cas que nous venons de rapporter, elle défend de recueillir la *manne* (Ex. 16, 23), de faire des excursions (ib. v. 29) [2] et d'allumer du feu (ib. 35, 3). Quant à cette dernière défense, on l'a mise en rapport avec celle qui interdit de faire cuire les aliments [3] et qui résulte indirectement du passage de la *manne* que nous venons de citer. Mais le texte ne renferme aucun indice à ce sujet, et il ne serait pas impossible que la défense d'allumer du feu eût pris son origine dans quelque usage païen, dans quelque rite inconnu du culte de Saturne que Moïse craignait de voir imiter par les Hébreux.

Les travaux nécessaires pour les pratiques du culte suivaient, le jour de sabbat, leur cours ordinaire; les prêtres faisaient tout ce qui était prescrit pour les sacrifices, et on opérait aussi la circoncision [4].

Quant au service militaire, quoique la loi ne renferme aucune disposition spéciale à cet égard, le simple bon sens

---

[1] Le prophète Jérémie (17, 21) défend de porter des fardeaux, et Néhémia (10, 32) interdit le commerce. La tradition énumère trente-neuf travaux défendus, qu'elle appelle *travaux-pères*, et elle défend en outre plusieurs occupations de second ordre. Voy. Mischnah, *Schabbath*, ch. 7, § 2.
[2] Selon la tradition rabbinique, on ne pouvait s'éloigner au delà de 2,000 coudées du camp ou de la ville; c'est pourquoi cette distance s'appelait *chemin sabbatique*. Actes des Apôtres, 1, 12.
[3] Voy. Michaëlis, *Mos. Recht*, t. IV, § 195, p. 122 et suiv.; Salvador, *Instit. de Moïse*, t. I, p. 86.
[4] Voy. les Évangiles, Matth. 12, 5; Jean, 7, 22.

dit qu'il ne pouvait être défendu de combattre les ennemis, le jour de sabbat, et de faire toutes les opérations nécessaires, surtout lorsqu'il s'agissait de repousser une attaque. C'est un fait historique, bien que la tradition l'ait enveloppé d'un voile merveilleux, que les opérations du siége de Jéricho durèrent sept jours consécutifs (Jos. ch. 6), dont l'un était nécessairement un sabbat. C'est donc tout à fait dans l'esprit de la loi que les codes rabbiniques ordonnent de poursuivre les opérations militaires le jour du sabbat, même dans une guerre offensive[1], et ce n'était que l'effet d'une déplorable exaltation si, après l'exil, nous voyons quelquefois les soldats juifs subir les attaques et même la mort, plutôt que de sortir de leur repos sabbatique[2].

Il n'est pas probable, du reste, qu'on se soit borné à célébrer le sabbat par le repos absolu. A la vérité, la loi de Moïse ne parle expressément que de cette célébration négative; mais le sabbat et les autres jours de fête sont appelés par Moïse MIKRA KODESCH (convocation sainte)[3], et on pourrait conclure de là que ces jours étaient consacrés à des assemblées publiques où on s'entretenait surtout des choses religieuses[4]. Plus tard, quand l'institut des orateurs ou des prophètes se fut développé, on se rendait auprès d'eux, aux jours solennels, pour entendre leurs discours, et les femmes elles-mêmes participaient à ces réunions (2 Rois, 4, 23). On s'occupait aussi de l'étude des lois[5], et depuis l'établissement des synagogues on s'y réunissait le jour de sabbat pour prier, pour lire et expliquer les livres saints[1]. Mais la loi mosaïque, qui insiste surtout sur le *repos* du sabbat, n'ordonne positivement d'autre célébration publique qu'un sacrifice extraordinaire qu'on devait offrir dans le sanctuaire, entre les deux sacrifices quotidiens, et qui se composait de deux agneaux offerts en holocauste et accompagnés chacun d'une offrande et d'une libation; en outre, on posait sur la sainte table les douze *pains de proposition* qui se renouvelaient chaque semaine.

Comme tous les jours de fête, le sabbat commençait dès la veille au soir et finissait au coucher du soleil. Les aliments et autres objets nécessaires devaient être préparés la veille (Ex. 16, 23); de là le sixième jour de la semaine est appelé, dans le Nouveau Testament, *Parasceué* (παρασκευή)[2].

b. Les Néoménies et le mois sabbatique.

L'apparition de la nouvelle lune se célébrait par un holocauste extraordinaire offert entre les deux sacrifices quotidiens et composé de deux jeunes taureaux, un bélier et sept agneaux; on y ajoutait un jeune bouc, comme *sacrifice de péché*, et les différentes victimes étaient accompagnées de leurs offrandes et de leurs libations respectives (Nombres, 28, 11-15). Le texte de la loi ne dit rien sur la fixation des Néoménies; mais l'usage rapporté par la tradition est très-simple et naturel, et remonte sans doute à une haute antiquité. Comme les Hébreux n'avaient pas de calcul astronomique, les Néoménies ne pouvaient êtres fixées que par l'observation matérielle de la nouvelle lune, et comme celle-ci ne pouvait s'observer que vers le soir, le sacrifice se célébrait le lendemain de l'observation, qui était considéré comme le premier jour du mois. Le trentième jour de la lune on recevait, jusque dans l'après-midi, le témoignage de ceux qui pouvaient avoir découvert la nouvelle lune le

---

[1] Voy. Maïmonide, *Main forte* ou *Abrégé du Thalmud*, l. XIV, 4me section, *Des rois et des guerres*, ch. 6, § 11.
[2] Voy. 1 Maccab., 2, 34-38; Josèphe, *Antiqu.* XII, 6, 2; *Guerre des Juifs*, I, 7, 3.
[3] Lévit., ch 23, v. 2 et suiv. Voy. la traduction de M. Cahen et la note au verset 2. La Vulgate ne rend pas bien ces mots.
[4] Voy. Salvador. l. c.; nous observerons seulement que *les détails* que donne cet auteur sur les assemblées du sabbat sont des fictions qui ne s'appuient sur aucun texte positif.
[5] Voy. Josèphe, *Antiqu.* XVI, 2, 4.

[1] Voy. Marc, 1, 21; 6, 2, et beaucoup d'autres passages du Nouveau Testament.
[2] Matth. 27, 62, et *passim*.

vingt-neuf au soir, et, s'il en était temps encore, on célébrait la Néoménie ce même jour; mais si aucun témoignage n'arrivait à temps, le lendemain du trente était célébré sans aucune observation préalable [1]. On annonçait la nouvelle lune par de grands feux allumés sur les hauteurs qui se reproduisaient de distance en distance; mais plus tard on expédia des courriers dans les provinces, parce que les Samaritains allumaient quelquefois des feux afin de tromper les Juifs par un faux signal.

Selon l'opinion de Maimonide [2] et de quelques théologiens chrétiens [3], le sacrifice des Néoménies, offert à Jéhovah, fut institué par opposition au culte que plusieurs peuples, et notamment les Égyptiens, offraient à la nouvelle lune. Chez les Hébreux le jour de la nouvelle lune n'était pas une fête proprement dite; la loi mosaïque ne le mentionne pas parmi les jours de fête appelés *Mikra Kodesch* (Lév. ch. 23), et il en est question seulement dans le rituel des sacrifices additionnels (Nomb. ch. 28 et 29). Nous savons cependant par les livres historiques et prophétiques que les Néoménies se célébraient par des repas solennels. On interrompait les affaires et on se réunissait chez les prophètes, comme au jour du sabbat [4].

Le premier jour du septième mois était un véritable jour de fête, on le célébrait par le repos comme le sabbat, dont il porte aussi le nom (Lév. 23, 24). Mais il était permis ce jour-là de préparer les aliments, et la loi ne punit pas de mort celui qui aurait rompu le repos de ce sabbat. Moïse l'appelle *jour de retentissement* (Nomb. 29, 1) et *souvenir de retentissement* (Lév. l. c.), parce qu'on l'annonçait au son des trompettes [1]. Pendant le sacrifice des jours de fête et des Néoménies on sonnait toujours de la trompette *pour un souvenir devant Dieu* (Nomb. 10, 10). La loi veut que la septième Néoménie s'annonce par des sons retentissants, plus forts et plus solennels que ceux des autres Néoménies [2]; car c'est le commencement du mois sabbatique, dans lequel on célèbre aussi le grand jour des expiations. Outre les sacrifices additionels des Néoménies ordinaires, on offrait ce jour-là un jeune taureau, un bélier et sept agneaux en *holocauste* et un jeune bouc comme *sacrifice de péché*, ainsi que les offrandes et les libations respectives.

Selon la tradition des rabbins, cette fête était l'anniversaire de la création, et ils l'appellent ROSCH HASCH-SCHANAH (le commencement de l'année); mais l'année des anciens Hébreux commençait évidemment vers l'équinoxe du printemps, et Moïse dit expressément, en parlant du mois *Abib* qui est la lune du printemps : *il sera pour vous le premier des mois de l'année* (Exode, 12, 2). Il n'existe pas de trace, dans toute la Bible, d'une solennité pour le premier jour de l'an [3]. Cette solennité, rattachée par les rabbins au premier jour du septième mois, était inconnue aux anciens Hébreux et n'a commencé probablement qu'après la mort d'Alexandre le Grand, lorsque les Juifs, sous la domination syro-macédonienne, adoptèrent l'ère des Séleucides; car l'année des Syriens commençait à l'équinoxe d'automne, par le mois d'octobre [4].

c. Les années sabbatiques.

La terre aussi devait célébrer son sabbat; après avoir été labourée pen-

---

[1] Cet usage est suivi encore maintenant par les Caraïtes du Caire et de Jérusalem, qui n'ont pas adopté le calcul astronomique des rabbins.
[2] *Moré Nebouchim*, III, 46, version de Buxtorf, p. 488.
[3] Spencer, l. c. l. III, dissert. 4, c. 1. Michaëlis, l. c. § 200, p. 170.
[4] Voy. 1 Samuel, ch. 20, v. 5, 6, 18 et suiv.; 2 Rois, 4, 23; Isaïe, 1, 13; Amos, 8, 5.

[1] La Vulgate porte dans le passage des Nombres: *Quia dies clangoris est et tubarum*; et dans celui du Lévitique: *Sabbatum memoriale clangentibus tubis*.
[2] Voy. *Réflexions*, p. 54, note 2.
[3] Le prophète Ézéchiel, à ce qu'il paraît, voulait introduire un sacrifice particulier pour le premier et le septième jour de la lune du printemps. Voy. Ez. ch. 45, v. 18—20.
[4] Voy. *Réflexions*, p. 55.

dant six ans, elle devait rester en friche la septième année, appelée *année de sabbat*. Le cultivateur devait se reposer; il ne devait ni ensemencer le champ ni tailler la vigne et l'olivier, et il lui était même prescrit d'abandonner tout ce que la terre produisait spontanément, et les fruits des arbres, aux pauvres, aux étrangers et aux animaux [1]. A l'abandon de la terre se rattachait aussi celui des créances dont le payement ne pouvait être réclamé pendant la septième année. A cause de ce double abandon, l'année sabbatique s'appelait aussi SCHEMITTA (*relâche, abandon*). Nous reviendrons plus loin sur l'année sabbatique considérée sous le rapport social et économique. Ici où nous ne nous occupons que du culte, nous indiquons seulement cette *cessation* de l'agriculture, travail par excellence du peuple hébreu. Sous le rapport religieux le repos de la septième année avait le même but qui celui du septième jour; c'était le symbole de la création. Mais le repos de l'année sabbatique ne pouvait être analogue à celui du sabbat; on se bornait donc seulement à interrompre le travail principal, celui de la terre. Chaque année sabbatique, pendant la fête des Tabernacles, la loi devait être lue près du sanctuaire, en présence de tout le peuple. Les femmes et les enfants, et même les étrangers établis parmi les Hébreux, assistaient à cette lecture.

La loi ne fixe rien sur le commencement des périodes sabbatiques qui n'étaient établies que pour la Palestine. Selon la tradition, elles auraient commencé quatorze ans après l'entrée des Hébreux dans le pays de Canaan; car la conquête avait duré sept ans (Jos. 14, 10), et le partage des terrains, selon la tradition, en aurait duré autant [2].

Après la révolution de sept périodes sabbatiques ou de quarante-neuf ans, on célébrait le *Jubilé*. Selon le texte (Lév. 25, 10), l'année du jubilé était la *cinquantième* et non la quarante-neuvième, de sorte que les périodes sabbatiques recommençaient l'année cinquante et un. Toutes les difficultés qu'on a élevées à cet égard [1] doivent céder devant la lettre du texte. La célébration du Jubilé, sous le rapport de l'agriculture, était la même que celle de l'année sabbatique. En outre, on devait restituer les terrains qui avaient été vendus et rendre la liberté aux esclaves hébreux. Nous reviendrons plus loin sur les lois du Jubilé destinées à rétablir l'équilibre, tous les cinquante ans, dans les familles et les tribus. Le Jubilé se proclamait le dixième jour du septième mois, qui était le jour des expiations, par le son retentissant du YOBEL (probablement une espèce de *cor*); de là le nom de *Jubilé*. On voit que le Jubilé, et par conséquent aussi l'année sabbatique, commençait vers l'équinoxe de l'automne, après la fin de toutes les récoltes.

Nous avons déjà dit [2] que l'année sabbatique et le Jubilé ne furent probablement pas observés avant l'exil de Babylone; mais, après cet exil, ils le furent rigoureusement [3], et nous voyons par quelques passages de Josèphe qu'on interrompait quelquefois les opérations de guerre pendant l'année sabbatique [4], ce qui n'était nullement dans l'esprit de la loi.

B. FÊTES HISTORIQUES ET AGRONOMIQUES.

Outre le but général des jours solennels, cette seconde classe de fêtes avait encore un but particulier; les trois grandes fêtes étaient en rapport avec l'agriculture, base de la consti-

---

[1] Voy. Exode, ch. 23, v. 10 et 11; ch. 34, v. 21; Lévitique, ch. 25, v. 2—7; Josèphe, *Antiqu.* III, 12, 3.
[2] Voy. *Séder Olâm Rabba*, c. 11. Leidecker, *De Rep., Hebr.* p. 214.

[1] Voy. des Vignoles, *Chronologie de l'histoire sainte*, t. I, p. 698 et suiv. Winer, *Bibl. Realwœrterbuch*, t. I, p. 734.
[2] Voy. ci-dessus, page 140.
[3] Voy. Néhémia, 10, 32; I Maccab. 6, 49. Comparez Tacite, *Hist.* V, 4 : *Septimo die otium placuisse ferunt, quia is finem laborum tulerit; dein, blandiente inertiâ, septimum quoque annum ignaviæ datum.*
[4] Voy. *Antiqu.* XIII, 8, I. Alexandre le Grand exempta les Juifs de payer le tribut

tution du peuple hébreu, et en même temps, elles se rattachaient aux événements les plus mémorables de l'histoire de ce peuple. Elles étaient, sous ces deux rapports, des *fêtes nationales* par excellence, et devaient réunir toutes les tribus, ou du moins tous les hommes capables d'entreprendre le voyage, autour du sanctuaire de Jéhovah. Le pèlerinage ordonné pour les trois fêtes [1] devait rapprocher les tribus à différentes époques de l'année, et c'était un moyen de maintenir toujours l'esprit public et l'unité de la nation, ces grandes réunions populaires donnant toujours un nouvel essor à la vie religieuse et à la vie politique. C'est probablement de ce pèlerinage que les trois fêtes de la *Pâque*, de la *Pentecôte* et des *Tabernacles* ont reçu particulièrement le nom de HAG [2]. Les pèlerins ne devaient pas apparaître devant Dieu les mains vides (Deut. 16, 16); ils apportaient les prémices et la seconde dîme, ils offraient des *sacrifices pacifiques* et donnaient des repas solennels auxquels ils invitaient les lévites, les pauvres et les étrangers (ib. v. 11 et 14). Quant au degré de sainteté attribué à ces fêtes, il était le même que celui de la septième Néoménie; tout travail était interdit, excepté la préparation des aliments. Telles étaient les règles communes aux trois fêtes, dont chacune cependant avait ses rites particuliers. Nous allons les considérer chacune sous son point de vue spécial.

pendant l'année sabbatique, et plus tard César leur accorda la même faveur. Voy. *ibid.* XI, 8, 5; XIV, 10, 6.
[1] Voy. Exode, ch. 23, v. 14 — 17; ch. 34, v. 23; Deutéronome, ch. 16, v. 16.
[2] Les lexicographes font venir le mot חג du verbe חגג auquel ils donnent le sens de *danser, fêter*; mais il est plus probable que le verbe vient du substantif. Le mot HAG ou HADJ désigne, chez les Arabes, le *pèlerinage* de la Mecque; chez les Hébreux il désigne particulièrement les trois fêtes de *pèlerinage*. Il s'emploie ensuite dans le sens de *fête* en général, de là le verbe HAGAG ou HAGG, *célébrer une fête, être joyeux, danser*. Le Hadj des musulmans n'est pas une institution de Mahomet, les traditions arabes le font remonter jusqu'à Abraham. Voy. Pocock, *Specimen historiæ Arabum*, p. 311.

a. La Pâque.

La fête de Pâque, célébrée en commémoration de la sortie d'Égypte, commençait le quinzième jour du mois d'*Abib*, c'est-à-dire le quatorzième au soir; elle durait sept jours et finissait au soir du vingt et un. La veille de la fête, le quatorzième jour du mois, *entre les deux soirs*, chaque famille devait immoler, dans le parvis du sanctuaire, un agneau ou un jeune bouc, âgé d'un an et sans défaut, et le sang reçu par les prêtres devait être versé au pied de l'autel. La victime rôtie tout entière sur le feu était consommée le soir même, avec des *pains azymes* et des *herbes amères* et on n'en devait rien laisser pour le lendemain; ce qui ne pouvait être mangé le soir devait être brûlé. Si une famille n'était pas assez nombreuse pour consommer la victime, elle pouvait s'associer avec une autre. Cette victime, appelée *l'agneau pascal*, devait rappeler chaque année le rite observé par les Hébreux la veille de leur sortie d'Égypte (Ex. 12, 3 et suiv.) [1]; les pains azymes rappelaient le départ précipité, qui n'avait pas permis de faire lever la pâte, et les herbes amères étaient le symbole des amertumes de la servitude d'Égypte.

L'usage des *pains azymes* était ordonné pour les sept jours de la fête, pendant lesquels on ne pouvait pas même conserver le levain dans la maison (ib. v. 19); la loi menace de la peine du *retranchement* (dont nous parlerons dans la troisième partie) celui qui, pendant la Pâque, aurait mangé du pain fermenté; c'est pourquoi la Pâque s'appelle aussi HAG HAMMAÇÇÔTH (fête des azymes).

Pour le culte public la loi prescrit un sacrifice extraordinaire : chacun des sept jours on offrait, outre le sacrifice quotidien, un holocauste

[1] Voy. ci-dessus, page 121, où nous avons indiqué l'origine du mot *Pâque*. Ceux qu'une impureté ou un long voyage empêchait de se rendre au sanctuaire le 14 du mois d'*Abib*, célébraient le rite de *l'agneau pascal* le 14 du deuxième mois (Nombres, ch. 9, v. 9—14).

composé de deux jeunes taureaux, un bélier et sept agneaux, ainsi que des offrandes et des libations, et un bouc comme *sacrifice de péché*. Cependant le premier et le septième jour étaient seuls considérés comme jours de repos et de fête, et il était permis de travailler pendant les cinq jours intermédiaires [1].

La Pâque était aussi la première époque des récoltes; elle était la fête de la moisson de l'orge, la plus hâtive des céréales, et c'est aussi dans ce sens que la fête devait être célébrée par un rite particulier. Le lendemain du premier jour de Pâque, ou le seizième jour de la lune [2], on présentait dans le sanctuaire une gerbe d'orge de la nouvelle moisson; un prêtre faisait avec cette gerbe la cérémonie de *l'agitation* [3], et, en même temps, on offrait un agneau en holocauste, accompagné d'une offrande et d'une libation. Avec cette cérémonie la moisson était déclarée ouverte, et alors seulement il était permis de manger du blé nouveau (Lév. 23, 9—14).

b. *La Pentecôte.*

A partir du jour de la cérémonie dont nous venons de parler, on comptait sept semaines, ou quarante-neuf jours, et le cinquantième jour était célébré comme une fête solennelle (ib. v. 15-21). Moïse l'appelle *fête des semaines* [4]; plus tard on lui donna le nom grec de πεντηκοστή (cinquantième), d'où vient celui de *Pentecôte*. Cette fête se rattache à la Pâque, sous le rapport agronomique: la moisson commencée par l'orge, pendant la pâque, se terminait par le froment vers la Pentecôte, qui s'appelait aussi *fête de la moisson* (Exode, 23, 16), et qui était particulièrement consacrée au froment (ib. 34, 22). Cette fête ne durait qu'un jour; son rite particulier consistait dans l'offre de deux pains fermentés, faits de fleur de farine de froment, comme *prémices* de la nouvelle récolte. De là le jour de la Pentecôte s'appelait aussi *jour des prémices* (Nombres, 28, 26). Avec les deux pains on offrait un holocauste de sept agneaux, un jeune taureau et deux béliers, accompagnés des offrandes et libations d'usage, et un bouc comme *sacrifice de péché*. On y ajoutait un *sacrifice pacifique* de deux agneaux; avant de les immoler, on les joignait aux deux pains des prémices, pour pratiquer avec ces différents objets le rite symbolique de *l'agitation* (Lév. 23, 20). Ces différents sacrifices, que le Lévitique dit positivement être les accessoires des deux pains des prémices, ne doivent pas être confondus avec ceux que mentionne le rituel des sacrifices additionnels des jours de fête (Nombres, 28, 27—30). Selon ce rituel, on offrait pour la fête de la Pentecôte des sacrifices particuliers qui étaient les mêmes que ceux de la Pâque (voy. ci-dessus). Aussi Josèphe compte-t-il en tout trois jeunes taureaux, trois [1] béliers et quatorze agneaux offerts en holocauste, et deux boucs, comme sacrifices de péché.

Selon le texte de la loi, la Pentecôte n'aurait été qu'un complément à la Pâque et la clôture [2] de la mois-

---

[1] Voy. Exode, ch. 12, v. 16; Lév. ch. 23, v. 7 et 8; Nombres, ch. 28, v. 18 et 25.

[2] Le texte dit (Lév. 23, 11): *Le lendemain du Sabbat*; selon la tradition rabbinique, le mot *Sabbat*, pris dans le sens général de *fête*, *jour de repos*, désigne ici le premier jour de la fête de Pâques, et un passage du livre de Josué (5, 11) est très-favorable à cette explication, qui est aussi admise par Josèphe (*Antiqu.* III, 10, 5). Cependant les Saducéens, prenant le mot *Sabbat* dans son sens ordinaire, prétendaient que l'orge devait être présentée le dimanche des sept jours de Pâques. Cette opinion est aussi celle des Samaritains et des Caraïtes. Voy. le *Repertorium* d'Eichhorn, t. IX, p. 13; Trigland, *De sectâ Karæorum*, c. 4, p. 28.

[3] Voy. ci-dessus, page 161.

[4] Exode, 34, 22; Deut. 16, 10 et 16.

---

[1] Quoique le texte de Josèphe (*Ant.* III, 10, 6) porte κριοὺς δύο, *deux béliers* (probablement par une faute des copistes), on doit lire τρεῖς.

[2] C'est peut-être dans ce sens que Josèphe et les rabbins l'appellent *Acéreth* ou *Asartha* (ἀσαρθά), nom dont le sens n'est pas bien clair (voy. ci-après), mais par lequel Moïse désigne les jours de clôture de la Pâque et

son. La tradition cependant donne à la Pentecôte un sens historique et en fait

la fameuse journée
Où sur le mont Sina la loi nous fut donnée.

En effet, la proclamation du Décalogue a dû avoir lieu dans les premiers jours du troisième mois (Exode, 19, 1), environ cinquante jours après la Pâque. Mais la Pentecôte, que les Juifs rabbanites célèbrent toujours le 6 du troisième mois (*Siwân*), ne pouvait pas se rattacher à une date fixe avant l'établissement du calcul astronomique, et les anciens Hébreux ont dû la célébrer entre le 5 et le 7. Aussi Moïse ne fixe-t-il nulle part la date de la Pentecôte, comme il le fait pour les autres fêtes.

c. La fête des Tabernacles.

Le quinzième jour du septième mois, commençait la *fête des Tabernacles* ou *des cabanes* (SUCCOTH). Pendant sept jours les Hébreux devaient demeurer dans des cabanes, en commémoration de la vie nomade du désert (Lév. 23, 42). La loi ne se prononce pas sur la manière de construire les cabanes, mais nous voyons par un passage de Néhémia (8, 15) qu'on y employait des feuillages d'oliviers, de myrtes, de pommiers, etc., et qu'elles se dressaient dans les rues et les places publiques, dans les cours des maisons et sur les toits. Cette fête, sous le rapport agronomique, signalait la fin de toutes les récoltes, la rentrée de tous les fruits des arbres et de la vigne [1]. La loi ordonne (Lév. 23, 40) de porter, le premier jour de la fête (comme symbole de la récolte), un faisceau composé de plusieurs plantes, savoir, le fruit d'un des plus beaux arbres, des spathes du dattier, la branche d'un arbre à feuilles épaisses et des saules de rivière. C'est du moins dans ce sens que le verset du Lévitique est expliqué par la tradition selon laquelle *le fruit du bel arbre*, est le *cédrat* (ETHROG), et *l'arbre a feuilles épaisses* est le *myrte* [1]. Tous les fidèles portaient de pareils faisceaux en procession, comme le font les juifs encore aujourd'hui. Cependant, il n'est pas certain que cet usage remonte au temps mosaïque; les adversaires de la tradition, tels que les Samaritains, les Saducéens et les Caraïtes, soutiennent que, dans le verset du Lévitique, il n'est question que des différentes plantes qu'il fallait employer pour la construction et l'ornement des *cabanes*, ce qui paraîtrait en effet résulter du passage de Néhémia.

La fête des Tabernacles était la plus grande et la plus joyeuse de toutes; on l'appelait *la fête* par excellence [2]. Le premier des sept jours était seul consacré au repos, mais tous les jours de cette fête on offrait de nombreux sacrifices additionnels. Comme à toutes les fêtes on offrait un bouc *pour le péché*; mais l'holocauste se composait de deux béliers et de quatorze agneaux, auxquels on joignait, le premier jour, treize jeunes taureaux, le second douze, le troisième onze, le quatrième dix, le cinquième neuf, le sixième huit, et le septième sept. Les offrandes et les libations étaient en raison des victimes (Nombres, 29, 12—34).

Immédiatement après la fête des Tabernacles, c'est-à-dire le 22 du septième mois, on célébrait un jour comme fête de clôture. Ce huitième jour était, comme le premier, consacré au repos; il est appelé ACÉRETH [3], nom que le Deutéronome (16, 8) donne aussi au septième et dernier jour de Pâques. Le jour de *Acéreth*

---

de la fête des Tabernacles. Voy. les notes sur Josèphe dans l'édition de Havercamp, t. I, p. 179.

[1] Voy. Exode, 23, 16; Lév. 23, 39; Deut. 16, 13.

[1] Josèphe (*Antiqu*. III, 10, 4) est d'accord avec la tradition des rabbins; pour *le fruit du bel arbre* il met μῆλον τῆς Περσέας qu'il ne faut pas confondre avec *la pêche*, appelée μῆλον περσικόν. Josèphe lui-même l'explique ailleurs par κίτριον *citron*. *Ant*. XIII, 13, 5. Voy. les notes dans l'édition de Havercamp, t. I, p. 175.

[2] Voy. I Rois, ch. 8, v. 2 et 65; II Chron. ch. 5, v. 3; ch. 7, v. 8 et 9.

[3] Voy. Lév. 23, 36; Nombres, 29, 35; Néhémia, 8, 18; II Chron. 7, 9. Le mot *Acéreth*

est expressément distinct des sept jours des Tabernacles ; aussi le sacrifice additionnel de ce jour rentre-t-il dans les proportions ordinaires : on offrait un taureau, un bélier et sept agneaux en holocauste, avec les accessoires d'usage en farine et en vin, et un bouc comme *sacrifice de péché*.

Nous n'avons pas à nous occuper ici de quelques autres cérémonies observées plus tard pendant la fête des Tabernacles, telles que les libations d'eau, les illuminations du Temple, les branches de saule portées en procession autour de l'autel. Toutes ces cérémonies, dont parle la loi traditionnelle[1], n'ont aucune base dans la loi mosaïque.

C. FÊTE RELIGIEUSE.

Jour des Expiations.

Le dixième jour du septième mois, cinq jours avant la fête des Tabernacles, on célébrait le grand jour des expiations (YOM KIPPOURIM), qui, sous tous les rapports, est considéré comme un vrai *Sabbat*. Il se distingue des autres fêtes par son caractère austère et purement religieux. Les autres jours de repos sont consacrés en grande partie à la joie, celui-ci au jeûne absolu[2] et à la contrition. Le rite expiatoire prescrit pour ce jour était pour tout le peuple en commun ce que certains sacrifices étaient pour les individus coupables d'un péché ; par ce rite symbolique, par le jeûne général qui l'accompagnait, et surtout par les sentiments de repentir et de contrition qu'il devait faire naître, le peuple hébreu se lavait de ses péchés, et se réconciliait avec son Dieu dont il avait pu se rendre indigne. Le grand prêtre fonctionnait seul dans le rite du jour des expiations, et, selon la tradition, il était aussi chargé en ce jour de tout le service ordinaire du Temple. Voici le rite particulier de ce jour solennel, tel qu'il est décrit dans le Lévitique (ch. 16) : Le grand prêtre, après s'être baigné et revêtu de son costume simple de lin blanc composé des quatre pièces ordinaires[1], amène d'abord (de son propre fonds) un jeune taureau pour servir de sacrifice de péché et un bélier pour servir d'holocauste. La communauté d'Israël lui fournit deux boucs comme sacrifices de péché et un bélier comme *holocauste* ; les deux boucs sont destinés par le sort, l'un à être *sacrifié à Jéhova*, l'autre à être *envoyé à Azazel*. Après ces préparatifs le grand prêtre commence par immoler son taureau comme sacrifice expiatoire pour lui et la famille sacerdotale. Il prend ensuite un encensoir rempli de braises de l'autel et deux poignées d'encens, et entré dans le Saint des Saints, il jette l'encens sur le feu, afin que la colonne de fumée dérobe à ses yeux le couvercle de l'arche sainte, où la Capporeth[2], résidence symbolique de la Divinité. Ayant pris du sang du taureau, il en fait une aspersion sur la surface de la Capporeth, et sept devant la Capporeth (probablement par terre). Puis il se retire pour aller immoler celui des deux boucs expiatoires du peuple que le sort a destiné à Jéhova, et avec son sang il fait dans le Saint des Saints les mêmes aspersions qu'il a faites avec celui du taureau[3]. Après s'être re-

---

[1] Voy. *Mischnah*, 2ᵉ partie, *Succah*, ch. 4 et 5. Ces cérémonies et les démonstrations joyeuses qui les accompagnaient étaient connues de Plutarque, qui s'imaginait que les Juifs célébraient le culte de Bacchus. Voy. *Sympos.* IV, 5.
[2] Voy. ci-dessus, page 164.

(עצרת), qui est la même chose que *Açarah* (עצרה), s'explique généralement par *assemblée solennelle*. La Vulgate le rend inexactement, dans le Lévitique et les Nombres, par *dies celeberrimus*, et, dans les autres passages, par *collecta*. Les Septante le rendent par ἐξόδιον, *issue, clôture*. Le verbe duquel dérive le mot *Acéreth* signifie *retenir, enfermer*. Il paraîtrait que le législateur désignait ainsi le dernier jour des grandes fêtes, où, les rites de la fête étant accomplis, les pèlerins étaient encore *retenus* par une solennité de *clôture*. Plus tard on désignait par ce nom toute assemblée solennelle, en général ; et c'est dans ce sens qu'il est employé par les Prophètes.

[1] Voy. ci-dessus, page 175.
[2] Voy ci-dessus, page 157.
[3] On voit que le grand prêtre entrait au

tiré de nouveau, il mêle le sang du bouc avec celui du taureau, il met de ce sang mêlé sur les quatre angles de *l'autel des parfums*, et il en fait sept aspersions sur l'autel. Ayant ainsi purifié le sanctuaire des souillures et des péchés des enfants d'Israël, il sort et fait approcher le bouc vivant destiné par le sort à être *envoyé à Azazel*. Posant ses deux mains sur la tête du bouc, il confesse les péchés et les iniquités des enfants d'Israël, et en charge symboliquement ce second bouc expiatoire pour les emporter dans un lieu désert, loin des habitations des hommes, où le bouc périra avec les péchés dont il est chargé. Aussitôt un homme destiné d'avance à cette fonction l'emmène dans le désert. C'est ainsi que s'explique le texte lui-même (v. 22) sur ce qu'il avait appelé d'abord (v. 10) *envoyer à Azazel*. Selon les croyances des peuples aux environs de la Palestine, les lieux déserts et incultes étaient habités par des démons ou des êtres malfaisants [1]; il paraît que le plus puissant et le plus redoutable de ces démons s'appelait AZAZEL, c'est-à-dire *puissant de Dieu*[2]; de là venait, ce me semble, l'expression proverbiale *envoyer à Azazel* pour dire *vouer à la perdition*, et Moïse emploie cette expression, sans penser au sens primitif du mot Azazel. Telle me paraît être l'explication la plus simple que l'on puisse donner du rite prescrit par Moïse et du mot *Azazel* sur lequel on a écrit des volumes. Les uns l'ont considéré, avec la *Vulgate*, comme le nom du bouc lui-même (*caper emissarius*); d'autres y ont vu le nom du lieu désert où le bouc est envoyé. D'autres encore y ont reconnu le *Satan* en personne[1], auquel on aurait renvoyé les péchés qu'il a fait naître; mais on conviendra qu'un pareil rite serait diamétralement opposé à l'esprit des livres de Moïse, où, sans être prévenu par un intérêt dogmatique, on ne saurait découvrir la plus légère trace de Satan. D'autres enfin, ont rendu le mot *Azazel* par *départ* ou *écartement total*, se fondant sur la prétendue origine arabe de ce mot[2]; mais en admettant même cette origine, comment accordera-t-on une pareille interprétation avec la construction du texte hébreu, qui dit au verset 8 : *Un sort pour Jéhova et un sort pour Azazel*, et au v. 10 : *pour l'envoyer à Azazel, dans le désert?* Il est évident que *Azazel*, placé vis-à-vis de Jéhova, désigne primitivement un être personnel; d'un autre côté, cependant, il est absolument impossible que Moïse ait voulu décerner un bouc au démon Azazel, puisque, immédiatement après (ch. 17, v. 7), il défend sévèrement de sacrifier aux démons.

[1] Voy. ci-dessus, page 93.

[2] Je ne puis considérer le mot עֲזָאזֵל que comme un nom composé de עֵז *fort*, *puissant* (forme qui se trouve comme nom propre, 1 Chron. 5, 6), et de אֵל *Dieu*. La vraie orthographe serait עֲזָזְאֵל; le א étant *quiescent* comme dans דָּנִיאֵל et יִשְׁמָעֵאל, on l'a supprimé, et le א qui se trouve entre les deux ז est *l'Aleph de prolongation*, très-fréquent en arabe et dont on trouve aussi des exemples en hébreu. Le nom de *Azaz-él* est tout à fait analogue au nom propre *Azazyahou* qu'on trouve I Chron. 15, 21; 27, 20; et II Chron. 31, 13. Depuis Bochart on a fait venir le mot *Azazel* de la racine arabe עזל qui signifie *éloigner*, *écarter*; mais, quoi-

que cette opinion soit maintenant généralement adoptée par les plus illustres exégètes allemands, tels que Gesénius, Winer, Ewald et autres (qui diffèrent néanmoins dans l'application), elle me paraît absolument inadmissible; non-seulement la racine עזל ne se trouve nulle part en hébreu, mais aussi la forme du mot *Azazel*, de quelque manière qu'on l'interprète, serait tout à fait insolite.

[1] Cette opinion, longuement développée par Spencer (l. III, dissert. 8), a trouvé tout récemment encore un chaleureux défenseur dans Hengstenberg: *Die Bücher Mose's und Ægypten*, Berlin, 1841, p. 164 et suiv.

[2] Voy. Jahn, *Archæologie*, III, 321; Bæhr, *Symbolik*, II, 668; Winer, *Realwœrterbuch*, II, 767.

N'eût-ce pas été reconnaître la puissance d'*Azazel*, que de tirer au sort entre lui et Jéhova? Ce serait un énorme blasphème dans le sens de la doctrine mosaïque. Ainsi pour satisfaire à l'esprit de la loi aussi bien qu'à la grammaire, nous ne voyons d'autre explication possible que celle que nous avons donnée. Les deux boucs expiatoires, dont l'un est sacrifié à Jéhova et l'autre est renvoyé pour se perdre dans le désert, sont tout à fait analogues aux deux colombes employées dans le rite de purification du lépreux; l'une est immolée et l'autre s'envole et emporte avec elle l'impureté et le péché [1]. — Nous revenons à l'ordre du rite. Après avoir renvoyé le bouc émissaire, le grand prêtre rentre dans le Tabernacle; il se dépouille de ses vêtements de lin, et, après s'être baigné de nouveau, il revêt son costume de luxe dont nous avons donné la description (pages 175 et 176). Il se rend à l'autel du parvis et offre en holocauste son bélier et celui du peuple. Le bélier du peuple, selon la tradition, était celui-là même qui faisait partie du sacrifice additionnel de la fête (Nombres, 29, 8 — 11); car ce sacrifice se composait d'un jeune taureau, d'*un bélier*, et de sept agneaux offerts en holocauste avec leurs offrandes et leurs libations respectives, et d'un bouc pour le péché. Toutes ces pièces, à l'exception du bélier, s'offraient, selon la tradition, avant le rite d'expiations que nous venons de décrire, de sorte que ce rite se trouvait intercalé dans celui du sacrifice additionnel de la fête [2]. Après avoir immolé les deux béliers, le grand prêtre brûle sur l'autel les parties grasses du taureau et du bouc expiatoires; tout le reste des deux victimes est envoyé hors du camp ou de la ville sainte pour être brûlé en totalité. Ainsi se termine le rite du jour saint dont le législateur résume le sens dans ces mots (v. 30) : « Car en ce jour il vous pardonnera pour vous purifier; de tous vos péchés vous serez purifiés devant Jéhova. »

TROISIÈME PARTIE.

LOI SOCIALE.

Nous avons déjà parlé de la constitution patriarcale du peuple hébreu et des modifications qu'y apporta Moïse, sur le conseil de son beau-père Jéthro [1]. Mais ces modifications elles-mêmes, provoquées par les besoins du moment, n'étaient que provisoires. Tout en laissant subsister, selon l'usage généralement établi en Orient, la division du peuple en *tribus, familles et maisons* [2], — (division qui avait l'avantage de fournir des représentants donnés par la nature elle-même et dont on était habitué à respecter l'autorité), — le législateur voulut cependant que toutes les tribus formassent dorénavant une seule *société*, un corps de *nation* régi par la même loi. Les tribus fédérées devaient quitter la vie nomade et s'établir à tout prix dans le pays de Canaan, dont les traditions patriarcales avaient fait leur propriété. Là elles devaient former un État fédératif basé sur deux maximes invariables, quelle que pût être d'ailleurs la forme du gouvernement que les événements et la volonté de la nation pussent faire prévaloir un jour : 1° *Jéhova*, l'être unique et absolu, est le chef suprême du peuple hébreu, qui ne doit reconnaître l'existence d'aucun autre Dieu. Il gouverne par *la loi*, qui doit être exécutée par le chef ou les chefs visibles que le peuple voudra se donner, sans qu'il soit permis de rien ajouter

[1] Voy. ci-dessus, page 166.
[2] Tout le rituel du jour des expiations, tel qu'on l'observait dans le second temple, à partir du sacrifice quotidien du matin jusqu'à celui du soir, est décrit, avec les détails les plus minutieux, dans la *Mischnah*, 2ᵉ partie, traité *Yoma*, ch. 3—7, et dans l'*abrégé du Thalmud* de Maimonide, l. viii, section 8 (ch. 4). — Le traité *Yoma* a été publié avec une traduction latine et un commentaire par Robert Sheringham, Londres, 1648; tout le livre viii de Maimonide a été également publié en latin, sous le titre *De cultu divino*, par L. de Veil, Paris, 1688.

[1] Voy. ci-dessus, pages 116 et 125.
[2] Voy. surtout Josué, ch. 7, v. 14.

à cette loi ni d'en rien retrancher [1]. 2° L'agriculture est la base de la constitution ; chaque famille (à l'exception des familles lévites) a sa propriété inaliénable [2]. Tous les Hébreux sont cultivateurs; ils sont tous égaux devant la loi. Il n'y a ni serfs, ni bourgeoisie, ni noblesse ; car tous les Hébreux sont les serviteurs de Jéhova [3].

On peut donc, avec Josèphe, [4], donner à l'État des Hébreux le nom de *Théocratie*, dans ce sens que la loi, émanée de Dieu et ayant pour base le monothéisme, exerçait seule chez les Hébreux un pouvoir absolu ; mais il faut se garder d'attacher au mot *théocratie* l'idée d'une *forme* particulière de gouvernement et surtout d'y voir un synonyme d'*hiérarchie* et de penser à un *régime sacerdotal* [5]. Nous avons déjà parlé du sacerdoce des Hébreux, et on a pu se convaincre que le nom de *pouvoir de l'État* lui conviendrait fort peu. Quant à la forme du gouvernement que Moïse voulut établir, elle est essentiellement démocratique. Il est évident que le législateur des Hébreux penchait pour une démocratie tempérée, mais dont la royauté n'est pas absolument exclue. La loi mosaïque laisse à la nation la faculté d'élire un roi, pourvu que son choix ne tombe pas sur un étranger: mais elle veut que ce roi n'ait pas beaucoup de cavalerie, pour ne pas dépendre de l'Égypte [6] ; qu'il n'ait ni un harem ni de grands trésors. Il devra toujours porter avec lui un exemplaire de la loi, pour apprendre à craindre Dieu et à observer tout ce que prescrit la loi divine, *afin que son cœur ne s'élève pas au-dessus de ses frères, et qu'il ne se détourne pas de la loi, ni à droite ni à gauche.*

C'est là tout ce que la loi écrite dit de la royauté (Deut. 17, 14-20). On voit qu'il s'agit d'un simple pouvoir exécutif confié à un seul. Dans la suite de notre histoire nous parlerons de la royauté telle qu'elle fut constituée plus tard. Ici nous nous occupons de la constitution mosaïque pure et de l'ensemble des lois sociales, dont nous allons faire connaître les points principaux autant que le permettent les limites qui nous sont imposées [1].

Nous divisons les lois sociales de Moïse en trois parties : la première embrasse le droit politique et administratif, la seconde le droit civil, et la troisième le droit pénal.

I. DROIT POLITIQUE ET ADMINISTRATIF.

Tant que Moïse vécut, il exerçait une véritable dictature, réunissant en lui le pouvoir législatif, judiciaire et exécutif. Mais il établit certaines magistratures qui devaient supporter avec lui le fardeau de l'administration, et qui, après sa mort, devaient s'en partager les différentes fonctions. Le Pentateuque ne donne là-dessus que des indications fort incomplètes; les détails donnés par la tradition juive sont puisés dans des institutions beaucoup trop récentes pour pouvoir être appliqués à l'époque mosaïque. Ce n'est donc que par des combinaisons faites avec beaucoup de précautions

[1] Voy. Exode, ch. 20, v. 2—5; Deutéronome, ch. 4, v. 2; ch. 13, v. 1; ch. 33, v. 5.
[2] Nombres, ch. 33, v. 54; Lév ch. 25, v. 23.
[3] Lév. ib. v. 55.
[4] *Contre Apion*, l. II, ch. 16, édit. de Havercamp, t. II, p. 482.
[5] Voy. Michaëlis, *Mosaisches Recht*, t. I, § 35; Salvador, *Institutions de Moïse*, t. I, p. 55 et suiv.
[6] Voy. ci-dessus, page 30.

[1] Le meilleur ouvrage qu'on puisse consulter sur cette matière est le *Mosaisches Recht* (Droit mosaïque) de Michaëlis que nous avons déjà cité bien des fois. Cet excellent ouvrage, dont la seconde édition fut publiée en 1775 en six volumes in-12, est le commentaire le plus consciencieux qui ait été fait sur le système social du Pentateuque. L'*Histoire des Institutions de Moïse et du peuple hébreu* (3 vol. in-8, Paris, 1828), par M. Salvador, s'occupe de toutes les parties de la loi mosaïque. Beaucoup mieux écrit que l'ouvrage de Michaëlis, et plein de vues élevées, cet ouvrage offre une lecture attachante au littérateur et au philosophe; mais il a l'inconvénient de manquer de critique historique. Confondant toutes les époques, il ne distingue pas assez le fonds mosaïque des développements ultérieurs de la loi, et même des institutions postérieures à l'exil, et il ne saurait satisfaire qu'imparfaitement aux besoins de l'historien.

que nous pouvons arriver à nous former une idée des institutions primitives de Moïse.

L'État fondé par Moïse étant une véritable démocratie, les intérêts de la nation ne pouvaient être réglés que par ses représentants naturels. Il est souvent question des assemblées de tout le peuple [1]; mais on ne peut guère supposer que Moïse ait adressé ses discours à six cent mille hommes à la fois, et on pensera naturellement à une *assemblée de représentants* [2]. C'est cette assemblée que le texte hébreu appelle KAHAL ou ÉDAH; ses membres s'appellent KEROUÉ HAÉDAH (Nomb. 1, 16), ou KERIÉ MOËD (Ib., 16, 2), c'est-à-dire *convoqués à l'assemblée*. Deux passages du livre de Josué (23, 2; 24, 1) nous apprennent que les grandes assemblées, convoquées par le chef de la république dans les circonstances qui intéressaient au plus haut degré la nation tout entière, se composaient des *anciens*, des *chefs* (des tribus et des familles), des *juges* et des *Scholerim*; ces quatre classes d'autorités formaient les pouvoirs de l'État, et nous les trouvons aussi mentionnées dans le Deutéronome (29, 9) [3]. Nous allons les examiner selon l'ordre suivi dans les deux passages de Josué.

1. *Les Anciens.*

Chez les Hébreux comme chez tous les peuples de l'antiquité les *Anciens* (ZEKÉNIM) exerçaient une grande autorité, et étaient l'objet d'un grand respect [4]. C'était la longue expérience qui faisait des vieillards les conseillers naturels et les juges du peuple. Plus tard le mot *ancien* devint un simple titre, donné à ceux qui, par leur naissance, par leur fortune ou par leur intelligence, surent se placer à la tête de la tribu ou de la cité. Nous avons déjà rencontré les Anciens chez les Hébreux en Égypte; nous les retrouvons dans le désert et à toutes les époques de l'histoire des Hébreux. Tantôt ce sont les Anciens de tout Israël ou des tribus [1], tantôt ceux des villes [2]. C'étaient probablement les anciens schéikhs ou les aînés des tribus et des familles, qui formaient l'élément aristocratique dans la république des Hébreux; car dans les deux passages de Josué et ailleurs (I Rois, 8, 1), on les distingue expressément d'une autre classe de chefs, qui, comme on le verra plus loin, étaient électifs. Les Anciens représentaient la cité ou la nation tout entière dans certains rites expiatoires [3].

Les Anciens des villes formaient l'autorité municipale, et fournissaient aussi une espèce de jury pour les affaires criminelles [4]. Les Anciens de la nation assistaient de leurs conseils le chef suprême de l'État, avec lequel nous les voyons souvent en rapport direct, et auquel ils imposent quelquefois leur volonté. Moïse, au moment d'une rébellion menaçante, a recours à cette aristocratie; il choisit soixante-dix Anciens pour servir de soutien à son autorité méconnue (Nomb. 11, 16). Josué un jour, après avoir subi une défaite, se prosterne devant l'arche sainte, *lui et les Anciens d'Israël* (Jos. 7, 6). Ce sont les *Anciens d'Israël* qui demandent à Samuel de résigner son pouvoir et d'élire un roi (I Sam. 8, 4); ce sont eux encore qui plus tard donnent la royauté à David (II. Sam. 5, 3). Après la défaite d'Absalom, David s'adresse aux *Anciens de Juda* pour être rétabli dans la capitale (ib. 19, 12). Lorsque, après la mort de Salomon, Jéroboam et *l'assemblée* (des

---

[1] Voy. surtout Deut. ch. 29, v. 1 et 9.
[2] Voy. Nombres, ch. 30, v. 2, où Moïse s'adresse aux *chefs des tribus*.
[3] Il est à remarquer que, dans aucun de ces passages, il n'est question des lévites et des prêtres.
[4] Voy. Job, 12, 12; 15, 10; Homère, *Iliad*, XV, 204; XXIII, 788; Hérodote, II, 80; Aulu-Gelle, *Noct. Att.* II, 15.

[1] Voy. Deutéron. 31, 28; Josué, 7, 6; I Sam. 4, 3; 8, 4; II Sam. 3, 17; 5, 3; 17, 4; 19, 12; I Rois, 8, 1 et 3; 12, 6; II Chron. 10, 6; 34, 29, et beaucoup d'autres passages.
[2] Deut. 19, 12; 21, 3 et 6; 22, 15 et suivants; Juges, 8, 14; I Sam. 11, 3; 16, 4; I Rois. 21, 8.
[3] Voy. Deut. 21, 1—8; Lévit. 4, 15; 9, 1.
[4] Deut. 21 19; 22, 15; 25, 7.

chefs démocratiques) *d'Israël* exposent leurs griefs au roi Rehabeam; celui-ci demande des conseils *aux Anciens qui avaient assisté son père Salomon* (I Rois, 12, 3—6). Nous voyons par tous ces exemples quelle était l'influence de l'aristocratie des Anciens. Mais ce n'était là qu'un reste des institutions patriarcales trop enracinées parmi les Hébreux pour pouvoir être entièrement abolies par le nouveau régime. Cette aristocratie recommandée au respect par les anciennes traditions, et qui, du reste, n'avait aucun privilége, pouvait devenir, dans les circonstances graves, un auxiliaire très-utile pour le pouvoir. Mais il ne faut pas y voir un sénat permanent, régulièrement constitué. Le conseil des soixante-dix, élu par Moïse parmi les *Anciens* et les *Schoterim*[1], ne fut convoqué que pour un besoin momentané; on s'est trompé en le confondant avec le *Synedrium* ou le tribunal suprême établi à Jérusalem après l'exil de Babylone, mentionné par Josèphe pour la première fois sous le règne d'Hérode[2]. Ce tribunal qui chez les Juifs n'est connu que sous un nom grec, ne remonte pas au delà de l'époque des Maccabées. A la vérité, il fut formé sur le modèle du conseil des soixante-dix[3], mais il est certain que celui-ci n'était pas un pouvoir permanent, et il n'en est plus question après l'événement qui lui avait donné naissance[4]. Peut-être faut-il voir dans ce conseil les premiers germes d'une institution qui se développa plus tard sous Samuel; je veux parler de l'institution des *Orateurs* ou *Prophètes* (NEBIÎM), dont le but était de faire connaître le véritable esprit de la loi et d'en développer le sens. Du moins nous trouvons ici le principe de la communication et de la propagation de l'esprit de Moïse; car, selon le texte, Dieu communiqua aux soixante-dix Anciens l'esprit de Moïse, *et ils prophétisèrent* (Nomb. 11, 25), c'est-à-dire ils parlèrent au peuple en hommes inspirés. Ce principe était utile et même nécessaire pour le développement progressif de la législation, et les *interprètes* de la loi, lévites ou prophètes, devaient remplacer le *pouvoir législatif*, qui manque dans la constitution mosaïque; car, comme nous l'avons déjà dit, le texte de la loi ne pouvait être ni augmenté ni diminué, et tous les développements ultérieurs devaient se rattacher à un texte écrit dans la loi mosaïque.

2. Les chefs des tribus et des familles.

A côté des Anciens nous trouvons les représentants démocratiques qui formaient seuls le noyau des assemblées populaires et réglaient les intérêts nationaux[1]. Ils se composaient des douze *chefs* ou *princes* des tribus et de nombreux chefs ou députés inférieurs qui représentaient des fractions de tribus ou des familles. Dans l'insurrection de Korah nous trouvons deux cent cinquante de ces chefs (Nomb. 16, 2). Les chefs des tribus et des familles étaient des hommes distingués par leurs capacités et désignés par l'*élection*. A la vérité, le texte ne se prononce pas sur ce dernier point, mais le fait ne m'en paraît pas moins positif. Les chefs des tribus portent le titre de NASI[2], qui convient parfaitement à un chef *élu*[3]. Si ensuite

---

[1] Voy. Nombres, ch. II, v. 16 et suivants. Comparez Exode, ch. 24, v. 1.
[2] *Antiqu.* XIV, 9, 4.
[3] Le *grand Synedrium*, dit la *Mischnah*, avait soixante-onze membres, en y comprenant le président, parce que Moïse rassemble soixante-dix anciens qu'il présida lui-même. Voy. *Synhedrin*, ch. 1, § 7. Le roi Josaphat avait déjà établi un tribunal semblable, composé de lévites, de prêtres et de chefs de famille (électifs); mais on ne dit pas qu'il ait eu soixante-dix membres. Voy. II Chron. ch. 19, v. 8 — 11.
[4] Voy. Michaélis, l. c. t. I, § 50; Jahn, *Archæologie*, t. II, 1ʳᵉ partie, p. 84.

[1] Voy. Josué, ch. 22, v. 14 et 30.
[2] Voy. Nombres, ch. 2, v. 3 et suivants; ch. 7, v. 2 et suiv. Nous ne pouvons adopter l'avis de Michaélis (I. c. t. I, § 46), qui croit que les *Nasis* étaient les mêmes que les *Anciens*, ni celui de Winer qui voit dans les chefs des tribus et des familles un pouvoir héréditaire, et dans les Anciens un pouvoir électif. *Realwœrterbuch*, t. II, p. 598, note 1.
[3] Voy. ci-dessus, page 80.

nous comparons les noms des *Nasis* (Nomb. ch. 2 et 7) avec quelques tables généalogiques qui nous sont conservées dans les Chroniques, nous y trouvons également une preuve contre l'hérédité. Ainsi, par exemple, le *Nasi* de la tribu de Juda, appelé Nahschôn, fils d'Aminadab, ne descend point de la première ligne de la tribu[1]; le Nasi de la tribu d'Issachar s'appelle Nathanaël, fils de Suar, noms qu'on ne rencontre pas parmi les aînés de cette tribu[2]. Enfin dans le tableau des *Nasis* que Moïse, vers la fin de sa vie, charge de présider au partage des terres de Canaan[3], et qui étaient, sans doute, les *chefs des tribus*, nous ne rencontrons aucun des fils des Nasis du désert. Il me paraît donc évident que la dignité de *chef de tribu* était élective. Il a dû en être de même de celle de ROSCH BÊTH-AB ou *chef de famille*: ces chefs secondaires portent aussi le titre de Nasi[4]; ils étaient sans doute sous les ordres du chef de la tribu, qui, dans un passage des Nombres (3, 32), est appelé le *Nasi des Nasis*.

Tous ces chefs étaient les défenseurs des intérêts communs de leurs familles (villes) et de leurs tribus (provinces) respectives. Ils se réunissaient sur la place publique aux portes de la ville, et le peuple pouvait assister à leurs réunions. De temps à autre, dans les circonstances graves et lorsque les intérêts nationaux l'exigeaient, ils formaient tous une grande assemblée délibérative qui se réunissait près du sanctuaire central. Au nombre des fonctions que la loi leur attribue, on mentionne particulièrement celle de présider aux recensements[5]. En Palestine, ils étaient convoqués, sans doute, par des messagers; dans le désert la convocation se faisait au son de deux trompettes pour réunir toute l'assemblée, et d'une seule pour la réunion des chefs des tribus[6].

[1] Voy. I Chron. ch. 2, v. 9 et 10.
[2] Voy. ib. ch. 7, v. 1 — 3.
[3] Nombres, ch. 34, v. 17 — 28.
[4] Voy. ib. ch. 3, v. 24, 30 et 35; ch. 16, v. 2; ch. 25, v. 14.
[5] Nomb. ch. 1, v. 5; ch. 7, v. 2.
[6] Voy. Nomb. ch. 10, v. 3 et 4.

3. Les Juges.

Selon la loi mosaïque, le peuple lui-même devait choisir les juges, et on devait en établir dans toutes les localités. Dans le choix des juges on devait avoir égard avant tout à la probité; des hommes reconnus impartiaux et incorruptibles, quelle que fût d'ailleurs leur position, pouvaient seuls être admis aux fonctions de juges (Deut. 16, 18—20). On voit que les Hébreux avaient une espèce de jury ou de juges-arbitres. Comme ces hommes du peuple n'étaient appelés à leurs fonctions que par la seule confiance de leurs concitoyens et qu'ils pouvaient quelquefois avoir des doutes sur l'application de la loi, ils devaient dans les cas graves s'adresser au chef de la république ou aux lévites, qui, par état, devaient étudier les lois, et qui décidaient en dernière instance (ib. 17, 8—11). Il ne faut pas cependant penser à un *tribunal d'appel* composé de prêtres et de lévites; car les parties ne pouvaient pas appeler, et les juges seuls, lorsqu'ils étaient embarrassés de prononcer un jugement, s'adressaient au collège sacerdotal pour le consulter[1]. Comme les prêtres et les lévites étaient répandus dans toutes les provinces, on en plaçait, sans doute, parmi les juges des principales localités (ib. 19, 17)[2]. Les affaires criminelles étaient de la compétence des Anciens (voy. ci-dessus). Les juges formaient une des classes les plus respectées de la société; on les appelait *Elohîm* (divins)[3], et ils occupaient une place dans les grandes assemblées nationales. Nous reviendrons plus loin sur les tribunaux.

4. Les Schoterîm.

Nous avons déjà parlé (p. 116) des officiers portant le titre de *Schoterîm*, qui étaient placés à la tête des

[1] Voy. Josèphe, *Antiqu.* IV, 8, 14.
[2] Selon Josèphe (l. c.), chaque ville avait sept juges, auxquels on adjoignait deux lévites.
[3] Exode, ch. 21, v. 6; ch. 22, v. 7, 8 et 27.

Hébreux en Égypte. Nous rencontrons des magistrats du même nom à côté des trois pouvoirs dont nous venons de parler, et, à toutes les époques de l'histoire des Hébreux, on les voit en rapport avec les juges (Deut. 16, 18), avec les Anciens (ib. 31, 28), avec le chef de l'armée (Jos. 1, 10). Le sens du mot SCHOTER est probablement *écrivain*, et, par l'ensemble des passages où il est question des *Schoterim*, il semble que ces magistrats avaient de l'analogie avec nos greffiers[1]. Attachés aux juges et aux Anciens, ils leur servaient de secrétaires ; les *Schoterim* des tribus (Deut. 1, 15) tenaient les rôles des généalogies [2], ils levaient les troupes, et, avant qu'on entrât en campagne, ils faisaient la proclamation prescrite par la loi, afin de faire retirer ceux qui étaient exemptés du service (ib. 20, 5-9). Dans la guerre ils faisaient connaître à l'armée les ordres du général en chef (Jos. 1, 10 ; 3, 2) qui leur étaient transmis par un grand fonctionnaire appelé le *Schoter* par excellence (II Chron. 26, 11). L'art d'écrire n'étant pas très-répandu parmi les Hébreux, les fonctions de *Schoter* supposaient un haut degré d'instruction et étaient très-honorables. Souvent on les confiait aux lévites qui, en général, étaient des hommes instruits et possédaient l'art d'écrire [3]. Les *Schoterim*, à cause du rang élevé qu'ils occupaient dans la société hébraïque, faisaient partie des assemblées générales des représentants de la nation, et formaient ainsi un quatrième pouvoir de l'État. Ils étaient électifs comme les juges (Deut, 16, 18).

Chef de l'État.

A la tête des quatre pouvoirs se trouvait le chef de la république qui avait le pouvoir exécutif pour tout ce qui concernait l'intérêt commun des tribus réunies en corps de nation, et qui était le lieutenant du roi invisible. Ce chef devait être électif ; car Moïse, au lieu de transmettre son pouvoir à l'un de ses fils, choisit pour son successeur, Josué fils de Noun [1]. Il dit aussi qu'il y aurait toujours après lui un *Nabi* ou interprète de la loi et un régent qui porterait le titre de *Schophet* [2]. Ce chef était installé par le grand prêtre qui lui imposait les mains ; dans les circonstances graves, il devait s'adresser à ce ministre du roi Jéhova pour interroger l'oracle ou le sort sacré des *Ourim et Thummim* (Nomb. 27, 21-23). Moïse ne fixe rien sur l'élection du *Schophet* ; son intention était peut-être que, suivant son exemple, chaque Schophet désignât son successeur. Au reste, un État comme celui des Hébreux pouvait se passer d'un chef permanent : chaque tribu possédait en elle-même les pouvoirs nécessaires. Une tribu seule, ou plusieurs en commun agissaient quelquefois sans consulter la nation entière ; elles choisissaient des chefs et faisaient la guerre dans l'intérêt de leurs localités (Juges, ch. 1, v. 3-22). Elles ne devenaient responsables envers la nation que lorsqu'elles agissaient contrairement aux principes de la loi commune (Jos. 22, 11 et 12 ; Juges, ch. 20). La loi était tracée pour tous les temps, et, dans les cas difficiles, le roi Jéhova répondait par l'intermédiaire du grand prêtre (Juges, 1, 1 ; 20, 28). Aussi voyons-nous après la mort de Josué, l'État des Hébreux se gouverner souvent sans chef ; seulement quand l'indépendance nationale est en danger, un grand citoyen se met spontanément à la tête de la nation et occupe le rang de *Schophet*. Les inconvénients qui, par l'inobservance des lois, résultèrent de cet état des cho-

---

[1] L'opinion de Michaëlis qui fait venir le mot *Schoter* de la racine arabe SATAR, *écrire* (voy. ci-dessus, p. 116), est confirmée par les versions grecque et syriaque qui rendent ce mot par *scribe*. La Vulgate le rend très-inexactement, et chaque fois d'une autre manière.
[2] Comparez I Chron. 27, 1.
[3] II. Chron. 19, 11 ; 34, 12.

[1] Voy. Nombres, ch. 27, v. 15 et suivants ; Deut. ch. 31, v. 7 et 8.
[2] Deut. 17, 9 ; 18, 15. Le mot *schophet* (juge), le même que *suffète*, était aussi le titre des chefs de la république chez les Tyriens (Josèphe, *Contre Apion*, I, 21), et notamment chez les Carthaginois.

ses, donnèrent lieu plus tard à l'élection d'un chef permanent ou d'un roi.

Citoyens et étrangers.

Jusqu'ici nous avons considéré les Hébreux formant une société politique. Quant aux membres de cette société, ils étaient tous égaux ; non-seulement ils devaient l'être devant Dieu et devant la loi, mais le législateur voulut aussi que l'égalité fût maintenue autant que possible dans la position extérieure des citoyens, qu'il n'y eût ni noble, ni serf, ni grand propriétaire, ni mendiant. Après la conquête du pays de Canaan, chaque famille devait obtenir une part de terrain en proportion des membres qui la composaient. Chacun devait s'occuper de la culture de son terrain et éviter les autres genres d'industrie, notamment le commerce, sources de l'inégalité et contraires à une bonne démocratie [1]. Les terrains ne pouvaient être vendus pour toujours ; lorsqu'un citoyen, tombé dans un état de gêne par des circonstances défavorables, avait été obligé de faire des dettes, il pouvait vendre ou plutôt louer son terrain jusqu'au *jubilé* [2]. L'acquéreur n'en achetait que l'usufruit, et le prix dépendait du nombre des récoltes qu'il pouvait attendre (Lév. 25, 15) ; mais le propriétaire ou un de ses parents pouvait toujours demander à racheter le terrain vendu. Dans tous les cas, il devait être restitué au propriétaire ou à ses héritiers dans l'année jubilaire (ib. v. 25-28) ; de cette manière, l'équilibre des possessions se trouvait rétabli tous les cinquante ans. Cependant les terrains consacrés par un vœu et qui n'avaient pas été rachetées avant le jubilé, appartenaient aux prêtres et ne pouvaient plus être réclamés par le premier propriétaire (ib. ch. 27, v. 16-21). Le citoyen obligé de se vendre lui-même pouvait devenir libre après six ans (Exode, 21, 2) ; mais s'il prolongeait volontairement ce temps de service, il devait dans tous les cas rentrer dans sa famille à l'époque du jubilé (Lév. 25, 41) [1], époque du rétablissement de l'égalité et de la liberté (ib. v. 10). Ces lois, si elles avaient été toujours exécutées à la lettre, auraient pu faire des Hébreux une société modèle ; mais ici, comme dans les formes qu'il donna à sa république, le législateur, guidé par le sentiment le plus profond des droits et de la dignité de l'homme, avait trop présumé de la nature humaine. La loi agraire de Moïse et celle de la liberté individuelle restaient un idéal qui ne fut jamais réalisé. Les prophètes se plaignent des riches qui accumulent les propriétés comme s'ils étaient seuls dans le pays et qui prolongent à perpétuité l'esclavage de leurs frères appauvris [2]. Il paraît que Moïse avait lui-même des doutes sur la réalisation de son idéal ; car il recommande bien souvent la charité envers les pauvres, parce que, dit-il, il en existera toujours dans le pays (Deut. 15, 11).

Quant aux étrangers, la loi agraire s'opposait, il est vrai, à ce qu'ils pussent acquérir des propriétés dans le pays des Hébreux ; mais il leur était permis de s'y établir et de se livrer à toute espèce d'industrie autorisée par la loi du pays. Devant les tribunaux ils étaient parfaitement égaux aux Hébreux [3]. La loi recommande leurs pauvres à la charité publique et leur donne des droits égaux à ceux des pauvres indigènes [4]. Les descendants des Égyptiens et des Iduméens établis en Palestine pouvaient, à la troisième génération (Deut. 23, 9), obtenir la naturalisation, en se soumettant à la circoncision telle qu'elle était pratiquée par les Hébreux, comme signe extérieur de l'alliance de Dieu avec la race d'Abraham (Exode, 12, 48). Il en était probablement de même des descendants de toutes les autres nations ; la

---

[1] Comparez la *Politique* d'Aristote, l. VI, ch. 2, édit. de M. B. de St.-Hilaire t. II, p. 299 et suivantes.
[2] Voy. ci-dessus, page 185.

[1] Voy. ci-dessus, page 141.
[2] Voy. Isaïe, ch. 5, v. 8 ; Micha, ch. 2, v. 2 ; Jérémie, ch. 34, v. 13 et suivants.
[3] Voy. Lév. 24, 22 ; Nombres, 15, 15 et 16 ; 35, 15 ; Deut. 1, 16 ; 24, 17.
[4] Voy. ci-dessus, page 147.

loi n'excepte du droit de naturalisation que les Cananéens, les Ammonites et les Moabites[1]. Les hommes dont les parties génitales avaient été mutilées étaient également exclus des droits de citoyen; de même les bâtards et leurs descendants (Deut. 23, 2 et 3). On voit par ce que nous venons de dire sur les étrangers que la loi mosaïque ne respire nullement cet esprit d'isolement et cette haine envers les étrangers que, par un ancien préjugé[2], on est convenu de lui attribuer, et que peut-être on a pu reprocher quelquefois aux Juifs après l'exil de Babylone, surtout à l'époque romaine, lorsque leur patriotisme, exalté de plus en plus par l'oppression, leur inspira pour les oppresseurs la plus profonde aversion. Un fait qui prouve que les préceptes pleins d'humanité que la loi mosaïque donne à l'égard des étrangers furent réellement suivis par les anciens Hébreux, c'est que les étrangers affluaient en masse dans la Palestine et que Salomon, pour faire exécuter ses vastes travaux, put trouver 153,600 ouvriers étrangers établis dans le pays (II Chron. 2, 16). Les lois hébraïques étaient sous ce rapport bien plus humaines que celles des Grecs et des Romains[3].

Droit des gens, guerre.

Si les lois mosaïques à l'égard des individus étrangers respirent l'humanité et la générosité, il n'en est pas de même à l'égard des nations avec lesquelles les Hébreux pouvaient se trouver en guerre. Ici le législateur a souvent cédé aux exigences d'une politique sévère et inexorable et aux usages barbares de l'époque; mais nous aurions tort de lui en demander compte, en le jugeant d'après les principes du droit des gens consacrés par la civilisation moderne. Vis-à-vis des Cananéens, Moïse se trouva dans une position exceptionnelle, et il fut obligé de les mettre hors la loi. Nous avons vu que deux maximes fondamentales formaient la base de la législation mosaïque : le monothéisme et l'égalité; pour consacrer un temple au Dieu unique et établir l'égalité des citoyens par une division territoriale, il fallait tout d'abord un pays et une nation. La conquête d'un pays quelconque était indispensable pour faire cesser l'état nomade des Hébreux et les transformer en nation. Le pays de Canaan était le plus propre à la conquête; là reposaient les cendres des patriarches; des familles hébraïques y avaient conservé des possessions[1], et une antique tradition en faisait le patrimoine des Hébreux, comme Dieu lui-même l'avait juré aux patriarches. L'intérêt de quelques peuplades idolâtres était peu de chose quand il s'agissait de gagner un terrain pour le culte monothéiste qui de là devait se répandre sur la terre. Si les Cananéens étaient restés à côté des Hébreux avec leur culte barbare et leurs mœurs corrompues, le but du législateur était manqué; il fallait donc les combattre à outrance, les forcer de fuir ou les exterminer. Moïse n'avait que cette alternative, ou de renoncer à sa grande idée, ou de se montrer inhumain à l'égard des Cananéens; homme d'action et d'énergie, et profondément pénétré de sa mission divine, il n'hésita pas à sacrifier ces peuplades au salut de son peuple et de l'humanité. Les ordres cruels de Moïse ne furent pas exécutés à la lettre, et les événements prouvèrent que le législateur ne s'était pas trompé dans ses prévisions; le monothéisme eut la plus grande peine à s'établir solidement parmi les Hébreux. Ainsi nous ne nous efforcerons pas de démontrer le droit que les Hébreux pouvaient avoir sur la terre de Canaan; nous manquerions d'ailleurs de documents historiques pour établir une discussion à cet égard.

[1] Exode, 23, 33; Deut. 23, 4.
[2] *Apud ipsos fides obstinata, misericordia in promptu, sed adversus omnes alios hostile odium.* Tacite, *Histor.* V, 5.
[3] Voy. Michaëlis, l. c. t. II, § 138; Jahn, *Archæologie*, t. I, 2ᵉ partie, p. 337; Winer, *Realwœrterbuch*, t. I, p. 444.

[1] Voy. I Chron. 7, 24, où il est dit qu'une fille d'Éphraïm fonda plusieurs villes en Palestine.

Il faut abandonner à l'oubli les interminables dissertations que, dans un intérêt religieux, on a cru devoir écrire sur les droits des Hébreux; elles sont aussi puériles que les attaques dont les adversaires de la Bible ont accablé Moïse [1].

Quant aux nations établies hors du pays de Canaan, le législateur les divise en plusieurs catégories. Aux Amalécites guerre éternelle, pour avoir attaqué les Hébreux lors de leur sortie d'Égypte [2]. Aux tribus midianites qui avaient attiré les Hébreux au culte voluptueux de Baal-Phéor, guerre d'extermination, que Moïse se chargea de faire exécuter de son vivant [3]. Aux Moabites et aux Ammonites, descendants du neveu d'Abraham, point de guerre agressive, mais aussi point d'alliance, point de rapport amical, parce qu'ils ont refusé de vendre des provisions aux Hébreux errant dans le désert, et que le roi de Moab a fait venir le devin Bileam de l'Euphrate, pour maudire les Hébreux [4]. Aux Iduméens, descendants d'Ésaü, et frères des Hébreux, oubli des sentiments hostiles qu'ils avaient manifestés à l'égard des Hébreux en leur refusant le passage [5]. Le même oubli à la dureté des Égyptiens, en faveur de l'hospitalité qu'ils accordèrent jadis à la famille de Jacob [6]. Pour tous les autres peuples, Moïse laisse les Hébreux libres de leur faire la guerre ou de conclure des alliances avec eux, suivant les circonstances. En général, la loi de Moïse ne se montre pas favorable aux guerres offensives. Les Hébreux ne devaient jamais devenir un peuple conquérant, et tout au plus ils devaient chercher à s'étendre jusqu'à l'Euphrate, qui pouvait être considéré comme leur limite naturelle à l'est [1]. Moïse défendant expressément les alliances avec les Cananéens de la Palestine, les Amalécites, les Moabites et les Ammonites, il s'ensuit de là qu'il était permis aux Hébreux de s'allier avec toutes les autres nations. En effet, nous verrons David s'allier avec Hamath et Tyr, Salomon avec Tyr et l'Égypte, Asa avec les Syriens, et nous rencontrerons plusieurs autres exemples d'alliances païennes; plus tard les pieux Maccabées s'allient avec les Romains. Si les prophètes parlent quelquefois contre ces alliances étrangères, c'est uniquement parce qu'ils ne les trouvaient pas avantageuses sous le rapport politique. L'exemple des Gabaonites prouve combien les Hébreux étaient religieux observateurs des traités, même à l'égard d'une peuplade cananéenne qui avait su par une ruse obtenir une capitulation [2]. On traitait avec les peuples étrangers par des envoyés extraordinaires [3]; le caractère des envoyés était sacré aux yeux des Hébreux, comme le prouve la vengeance exercée par David sur les Ammonites qui avaient insulté ses ambassadeurs.

Si, par une circonstance quelconque, les Hébreux se trouvaient dans le cas d'attaquer une ville hors du pays de Canaan, ils devaient commencer par offrir une capitulation. Si la ville se soumettait volontairement, on se contentait de la rendre tributaire; mais si elle était prise par la force des armes, on tuait tous les hommes qui s'y trouvaient (c'est-à-dire tous ceux qui pouvaient avoir pris les armes) et on emmenait en

---

[1] Déjà au IVe siècle, saint Épiphane (Hæres. 66, § 83), pour répondre aux Manichéens, imagine un testament de Noé qui aurait donné la Palestine aux descendants de Sem. Voy. Michaëlis, t. I, § 29. Cet auteur, après avoir cité les opinions de plusieurs autres écrivains anciens et modernes, entre lui même dans de longs détails pour établir les droits des Hébreux sur la Palestine. Ce sujet fut longtemps considéré comme un chapitre essentiel du droit et des antiquités bibliques. M. Salvador nous paraît avoir mieux compris cette question. Voy. son *Histoire des Instit. de Moïse*, t. II, p. 96—110.
[2] Exode, 17, 16; Deut. 25, 17-19; I Sam. 15, 2 et 3.
[3] Nombres, ch. 25, v. 16-18 et ch. 31.
[4] Deut. ch. 2, v. 4—6 et v. 19; ch. 23, v. 4—7.
[5] Nombres, ch. 20, v. 14—21; Deut. 23, 8.
[6] Deut., même endroit.

[1] Exode, 23, 31; Deut. I, 7.
[2] Voy. Josué, ch. 9, v. 18—20. Comparez Ézéchiel, 17, 16.
[3] Nombres, 20, 14; 21, 21.

captivité les femmes et les enfants (Deut. 20, 10-15). Cette loi de la guerre pourrait nous paraître cruelle; mais elle ne l'était pas au point de vue des peuples anciens. On sait avec quelle cruauté les Romains traitaient les habitants des villes vaincues. On massacrait jusqu'aux femmes, aux enfants et aux vieillards; les magistrats avaient le corps déchiré par des verges, ce qu'on appelait *virgis cædere*, ou *corpora lacerare virgis*. Les personnages les plus distingués parmi les vaincus, et souvent les rois, après avoir servi au *triomphe* du général romain, étaient froidement assassinés dans le Capitole [1]. Et cependant ces mêmes Romains se plaignaient de la cruauté des Carthaginois, dont les lois de guerre étaient encore bien plus barbares et sans doute analogues à celles des Phéniciens ou Cananéens. On mutilait les prisonniers en leur coupant les pouces et les orteils (Juges, 1, 7), ou en leur crevant les yeux (I Sam. 11, 2); on fendait le ventre aux femmes enceintes et on écrasait les nourrissons (II Rois, 8, 12). En face de ces usages barbares le législateur des Hébreux ne pouvait que se montrer sévère; on verra même dans la loi du Deutéronome que nous venons de citer un pas en avant pour introduire un droit de guerre plus humain. Nous rappellerons encore que la loi mosaïque désapprouve le ravage inutile du territoire ennemi, et qu'elle ordonne aux assiégeants de laisser intacts les arbres fruitiers (Deut. 20, 19). Mais on reconnaîtra surtout l'humanité du législateur dans ce qu'il ordonne à l'égard de la femme captive : Si le soldat hébreu désirait posséder une captive, il ne le pouvait qu'après certaines formalités et après lui avoir permis de pleurer ses parents pendant un mois. Alors seulement il pouvait la considérer comme sa femme; mais si ensuite elle ne lui plaisait plus, il ne devait pas la traiter en esclave, mais la rendre à la liberté.

Il nous reste à jeter un coup d'œil sur l'organisation militaire introduite par la loi mosaïque. A l'exception des lévites, tous les Hébreux étaient soumis au service militaire depuis l'âge de vingt ans (Nombres, 1,3 ; 26,2), et, selon Josèphe, jusqu'à celui de cinquante ans [1]; cependant, ayant égard à l'agriculture et aux intérêts privés, la loi admettait les exemptions suivantes : celui qui avait bâti une maison et ne l'avait pas encore habitée ; celui qui avait fait une plantation, dont il n'avait pu encore recueillir les premiers fruits ; celui qui s'était fiancé ou qui était encore dans la première année de son mariage (Deut. 20,5-7 ; 24,5). Au reste, les levées en masse n'avaient lieu que dans les circonstances extraordinaires; ainsi tout le monde était appelé aux armes pour la guerre cananéenne, et les tribus déjà établies devaient aider celles dont les possessions n'étaient pas encore conquises (Nomb. 32,21). Pour les entreprises d'une moindre importance, on levait un certain contingent de chaque tribu (ib. 31,4), mais la loi ne nous dit pas quelle était la règle qu'on suivait dans ce cas; probablement on tirait au sort (Juges, 20, 10). Du temps de Moïse, et jusqu'à l'époque de David et de Salomon, l'armée n'était encore qu'imparfaitement organisée et ne se composait que de fantassins (Nomb. 11,21). Elle était divisée en bandes de mille et de cent hommes dont chacune avait son chef (ib. 31,14). Les hommes d'une même tribu marchaient ensemble sous le même *drapeau* (ib. 1,52;2,2). Le commandement suprême appartenait au chef de la république (ib.27,16 et 17), qui formait avec les douze chefs de tribus le conseil de guerre (Jos. 9,15). Dans des affaires moins graves le

---

[1] Nous prenons au hasard un passage de Tite-Live (l. VII, c. 19) auquel nous pourrions en ajouter une foule d'autres : *In Tarquinienses acerbè sævitum. Multis mortalibus in acie cæsis, et ingenti captivorum numero trecenti quinquaginta octo delecti, nobilissimus quisque, qui Romam mitterentur.... Medio in foro omnes virgis cæsi ac securi percussi*. Voy. aussi Jahn, *Archæologie*, II, 2, p. 501. Pompée fut le premier qui accorda la vie aux vaincus qui avaient orné son triomphe.

[1] *Antiqu.* III, 12, 4.

commandement pouvait être confié à une autre personne; ainsi, par exemple, Moïse, dans la guerre contre les Midianites, donne le commandement au prêtre Pinehas. L'ouverture de la guerre s'annonçait au son des trompettes (Nomb. 10,9). Avant l'entrée en campagne, un prêtre [1] devait prononcer un discours pour encourager les troupes et pour leur promettre le secours de la Divinité (Deut. 20,3). Ensuite les *Schoterim* faisaient une proclamation pour faire retirer ceux qui pouvaient avoir droit à l'exemption, et ils engageaient aussi ceux qui ne se sentaient pas le courage d'aborder le combat à se retirer du camp et à rentrer dans leurs foyers, de peur que les autres ne fussent découragés par eux (ib. v. 8). Quelques dispositions que donne le Deutéronome (23,10-15) sur la police des troupes, montrent que la propreté et les bonnes mœurs devaient régner dans le camp des Hébreux. Quant au butin de guerre, s'il faut en juger par ce que Moïse ordonna dans la guerre des Midianites (Nomb. 31,26, etc.), on le divisait en deux portions; une moitié appartenait aux troupes, en déduisant un sur 500 pour les prêtres; l'autre moitié appartenait à la nation, qui en donnait la cinquantième partie aux lévites. Cependant le butin des villes frappées d'anathème et notamment des villes cananéennes [2] était voué à la destruction, le métal seul était employé au profit du temple (Jos. 6, 24).

Nous avons déjà montré (page 183) que les combats n'étaient pas interrompus le jour de sabbat; mais il paraîtrait résulter d'un passage de l'Exode (34,24) qu'il y avait trêve pour les trois grandes fêtes [3].

Nous avons recueilli ici le petit nombre de *dispositions légales* que nous offre le Pentateuque sur les troupes et les guerres des Hébreux. Quelques autres détails sur le même sujet trouveront place dans les *Antiquités hébraïques*.

II. DROIT CIVIL.

Nous ne saurions ici entrer dans les détails de toutes les lois civiles que renferme le Pentateuque et qui, en partie, sont fondées sur d'anciennes coutumes, comme, par exemple, l'achat des femmes, le lévirat, le droit d'aînesse; mais nous devons faire connaître tout ce que la loi mosaïque offre de caractéristique dans les rapports mutuels qu'elle établit entre les citoyens. Nous parlerons de la constitution de la famille, de quelques obligations civiles résultant des rapports quotidiens et de certaines institutions de police.

A. La famille.

La grande question dans la constitution de la famille, c'est *le mariage*. Nous devons donc considérer tout d'abord quelle est, selon la loi mosaïque, la position de la femme et quels sont les liens qui l'attachent à l'homme. Déjà dans le mythe qui parle de la création de la femme (Gen. 2, 20—24) nous reconnaissons la tendance de lui faire une position bien plus élevée que celle qu'elle occupait généralement chez les peuples de l'Orient, excepté peut-être chez les Égyptiens [1] et chez les Indous [2]. Selon la tradition mosaïque, la femme est une portion de l'homme, créée pour être son aide, et entièrement semblable à lui. L'auteur de la Genèse cherche même à établir l'égalité de l'homme et de la femme par une observation étymologique : en hébreu, la femme est appelée *Ischah*, parce qu'elle fut prise du *Isch* (homme). Toute la tradition n'a pu se former que chez un peuple où la femme jouissait de beaucoup d'indépendance et où l'on reconnaissait sa dignité relativement à l'homme, ce dont toute l'antiquité hébraïque rend les plus éclatants témoignages. La liberté dont nous voyons la femme hébraïque jouir, avant et après le mariage, fait un contraste frappant

---

[1] Voy. ci-dessus, page 174.
[2] Deut. 20, 17; comparez ib. 13, 13 — 18.
[3] Voy. Michaélis, t. I, § 65.

[1] Voy. Hérodote, II, 35 ; Diod. I, 27.
[2] Voy. Bohlen, *Das alte Indien.* t II, p. 150 et suiv.

avec la séquestration de la femme dans l'Orient moderne. Nous rappellerons les femmes qui, conduites par Miriam, sœur de Moïse, célèbrent publiquement par des chants et des danses la miraculeuse sortie d'Égypte (Exode, 15, 20); les femmes pieuses qui se livraient habituellement à des actes de dévotion à l'entrée du Tabernacle (ib. 38, 8)[1]; les filles de Siloh qui dansaient dans les vignes, n'ayant d'autres gardiens que leur innocence, et que les jeunes gens pouvaient librement aborder (Juges, 21, 21); les femmes de toutes les villes d'Israël, qui, après la victoire remportée par David sur les Philistins, sortent au-devant du roi Saül, et, en le complimentant par des chants et des danses, savent mettre dans leurs paroles une ironie qui devient la première source de la jalousie de Saül et de son inimitié contre David (I Sam. 18, 6—8). Nous voyons quelquefois des femmes arriver aux plus hautes dignités. Deborah, femme inspirée ou prophétesse, a su se placer à la tête de la république; c'est elle qui encourage Barak à aller combattre Sisera et elle le suit au combat (Juges, chapitre 4). C'est, grâces au rôle indépendant que jouent les femmes chez les Hébreux, qu'Athalie peut exercer sa tyrannie pendant six années. Plus tard, sous le roi Josias, la prophétesse Hulda jouit d'une telle considération, que le grand prêtre Hilkia et les grands dignitaires de la couronne vont lui demander des conseils (II Rois, 22, 14). Dans toutes les classes de la société hébraïque, la femme mariée conserve un haut degré d'indépendance à côté de son mari. La femme de Manoé, mère de Simson, se rend seule dans les champs, et son mari est absent (Juges, 13, 9); Abigaïl, femme du riche Nabal, avertie par un serviteur du danger qui menace son mari qui a offensé David, part, sans rien dire à son mari, pour aller conjurer l'orage (I Sam. 25, 14—37). La princesse Michal, voyant un jour son époux, le roi David, s'abandonner à de trop vives démonstrations de joie et danser parmi le peuple, ne craint pas de venir lui adresser de graves reproches (II Sam. 6, 20). La femme de la ville de Sunem qui offrait souvent l'hospitalité au prophète Élisa, part avec un serviteur pour aller voir le prophète, et, quand son mari lui demande le motif de son voyage, elle refuse de répondre (II Rois, 4, 22—24). Tous ces exemples prouvent que l'indépendance de la femme avait de profondes racines dans les mœurs des Hébreux, basées sur les traditions patriarcales. Le récit poétique de la Genèse exprime un sentiment qui était général chez les Hébreux, et le législateur n'avait pas besoin d'insister sur ce point. Cette position de la femme paraît exclure la polygamie, qui, en effet, ne se rencontre chez les Hébreux que par exception, tandis que la monogamie était la règle générale. Qu'on se rappelle ces paroles de la Genèse (2, 24): *Que l'homme abandonne son père et sa mère et s'attache à sa femme, et qu'ils deviennent une seule chair;* qu'on lise la belle description de la *femme forte* à la fin du livre des Proverbes et beaucoup d'autres passages de la même nature [1], et on restera convaincu qu'un peuple qui avait de tels adages n'a pu reconnaître pour état normal la polygamie et la vie oisive et immorale des harems. Plusieurs lois du Pentateuque paraissent également supposer la monogamie comme la règle commune [2]. Si plusieurs rois, et notamment Salomon, ont donné l'exemple de la polygamie et ont tenu des harems, ils se sont mis en opposition flagrante avec les mœurs de la nation et avec la loi positive (Deut. 17, 17). Nous ne nions pas cependant que quelques lois de Moïse supposent la bigamie comme une chose légitime [3], et que la polygamie elle-même n'est nulle part directement défendue. Mais si l'on réfléchit

---

[1] Voy. Proverbes, 5, 18; 6, 26; 12, 4; 19, 14; Psaumes, 128, 3; Malachie, 2, 14 et 15.
[2] Voy. Deutéronome, 20, 7; 24, 5; 25, 5 et 11.
[3] Voy. Exode, 21, 9; Lév. 18, 18; Deut. 21, 15—17.

---

[1] Voy. ci-dessus, page 156.

que, dans l'idée d'un Hébreu, c'était le plus grand malheur que de n'avoir pas d'enfants, que l'Hébreu vivait en quelque sorte dans l'avenir et que l'amour de la postérité réglait en grande partie sa conduite dans le présent, on ne s'étonnera pas que la loi lui ait laissé la faculté d'avoir recours à un second mariage, lorsque le premier est resté stérile. Tel pouvait être le but moral de la tolérance de la loi mosaïque ; la nécessité physique de la polygamie qu'on a supposé quelquefois aux Orientaux ne nous paraît pas suffisamment démontrée. Selon les rabbins, il aurait été loisible à un Hébreu d'épouser jusqu'à quatre femmes ; mais c'est là une simple supposition qui ne s'appuie sur aucun texte de la loi [1]. Ce qui est certain, c'est que la loi mosaïque renferme plusieurs dispositions qui devaient opposer de grands obstacles à l'envahissement de la polygamie. Aucune des femmes qu'un Hébreu avait épousée, fût-ce même une esclave, ne pouvait être considérée comme simple servante, ou comme un simple objet de luxe ; elles avaient toutes des droits égaux (Exode, 21, 10), et elles devenaient une grande charge dans un pays où tout le monde était cultivateur et où personne ne pouvait amasser de grandes richesses [2]. Les lois de pureté (Lév. 15, 18), combinées avec les devoirs conjugaux, devenaient également une grande gêne pour un homme qui avait plusieurs femmes. L'établissement des harems était très-difficile dans une société qui proscrivait les eunuques (Deut. 23, 2), et les princes qui, contrairement à la loi de Moïse, avaient des harems bien fournis, étaient obligés de faire venir leurs gardiens de l'étranger [3]. Nous observerons enfin que le législateur des Hébreux ne favorise pas beaucoup les mariages avec des femmes étrangères, et que dans un pays où le désir d'avoir des héritiers devait porter chacun à prendre une femme [1], il n'était guère permis à personne d'en avoir plusieurs ; car ce n'est que par erreur qu'on a pu soutenir qu'en Orient il naît beaucoup plus de filles que de garçons [2].

Dans un pays où tous les citoyens considèrent le mariage comme un devoir, et où, dans certains cas, les mœurs et la loi permettent de prendre une seconde femme, les pères placeront facilement leurs filles sans les doter, et ils pourront même en réclamer un certain prix. Aussi les Hébreux avaient-ils conservé l'usage des temps des patriarches de payer au père le prix de la fille (Gen. 29, 18 ; 34, 12), et cet usage est mentionné dans la loi (Exode, 22, 16) [3]. Le prix, appelé *mohar*, variait, sans doute, selon les circonstances. La loi ne fixe que le prix de la jeune fille qui avait été séduite ; le séducteur, forcé de l'épouser, payait un *mohar* de cinquante sicles (Deut. 22, 29). La demande en mariage se faisait par les parents du jeune homme (Juges, 14, 2) ; la convention faite et le *mohar* payé, les jeunes gens étaient considérés comme légalement mariés (Deut. 22, 23), quoique la célébration du mariage n'eût lieu que plus tard, et que la fiancée restât encore chez ses parents. De là s'explique la peine de mort décrétée par la loi contre la jeune fille qui n'était pas trouvée vierge (Ib. v. 20 et 21). Nous croyons, avec les rabbins, qu'il s'agit d'une personne convaincue d'avoir commis l'adultère entre les fiançailles et le mariage. Quant aux cérémonies

---

[1] L'exemple du patriarche Jacob a pu donner lieu à cette supposition ; mais les quatre mariages du patriarche sont motivés chacun par une circonstance particulière. Au reste, le nombre de quatre femmes légitimes est aussi celui que permettent les lois de Manou (IX, 145) et le Koran (IV, 3).
[2] Comparez Ruth, ch. 4, v. 6.
[3] Voy. en général, Michaëlis, t. II, § 95 ; Jahn, *Archæologie*, t. I, 2ᵉ partie, p. 235 — 241.

[1] Selon les rabbins, les paroles de la Genèse : *Croissez et multipliez* doivent être considérées comme un précepte légal.
[2] Voy. Jahn, l. c., p. 238.
[3] Comp. 1 Sam. 18, 25 ; Hosée, 3, 2. Le même usage existe encore aujourd'hui chez les Arabes. Il avait existé aussi chez les Grecs, dans les temps anciens (Homère, *Odyss.* VIII, 318 ; XI, 281 ; Iliad. XI, 244), et chez les Germains (Tac. *De Morib. Germ.* c. 18). Quelques exemples de femmes dotées que nous trouvons chez les Hébreux, sont des cas exceptionnels. Voy. Jos. 15, 18 ; I Rois, 9, 16.

du mariage, elles n'étaient fixées par aucune disposition légale, et elles restaient abandonnées aux usages de chaque époque. Nous y reviendrons en parlant des antiquités.

Les mariages entre proches parents étaient sévèrement défendus ; la loi les appelle des abominations par lesquelles les Cananéens avaient souillé le pays. Elle défend à l'Hébreu d'épouser sa mère, sa belle-mère, sa fille, sa petite-fille, sa sœur (du père ou de la mère), la veuve de son père, de son fils et de son petit-fils, la fille et la petite-fille de sa femme, la sœur de sa femme, pendant que cette dernière vivait encore, la veuve de son frère (si celui-ci avait laissé des enfants), sa tante paternelle ou maternelle, et la veuve de son oncle : le mariage avec la nièce était permis [1]. Les unions illégitimes entre les parents de ces différents degrés étaient punies quelquefois du *retranchement* [2] et quelquefois de la peine capitale ; l'union avec la belle-sœur ou la tante n'est menacée que d'une punition du ciel (Lév. 20, 20 et 21). La loi ne porte aucune autre restriction au libre choix de l'épouse, à l'exception de certaines unions défendues aux prêtres et dont nous avons déjà parlé. L'Hébreu pouvait même épouser une païenne (Deut. 21, 11), pourvu qu'elle ne fût pas Cananéenne (Deut. 7, 3), et qu'elle renonçât au culte des idoles [3]. La fille israélite, fût-elle même d'une famille sacerdotale (Lév. 22, 12), pouvait choisir son époux dans toutes les tribus d'Israel, excepté si elle était héritière ; dans ce cas elle ne pouvait se marier qu'avec un homme de sa tribu, afin que la propriété qu'elle possédait restât dans la tribu et que l'équilibre ne fût pas dérangé (Nomb. 36, 6-9).

Conformément à une ancienne coutume, qui remonte au temps des patriarches (Gen. 38, 8), la loi veut que, lorsqu'un homme meurt sans laisser aucun enfant, son frère en épouse la veuve, et que le premier fils qui naîtra de cette union soit considéré, sous tous les rapports, comme celui du défunt, *afin que le nom de celui-ci ne soit pas effacé d'Israël* [1]. Toutefois le frère pouvait se refuser à l'accomplissement de ce pieux devoir ; mais alors il devait se soumettre à une formalité humiliante. Sa belle-sœur le citait devant le tribunal des Anciens ; là il devait déclarer qu'il refusait de prendre pour femme la veuve de son frère ; celle-ci lui tirait sa sandale du pied et crachait devant lui, et il conservait le sobriquet de *déchaussé* (Deut. 25, 5-10). Après cette cérémonie la veuve était libre de se remarier. La loi ne nous dit pas quel était l'usage suivi dans le cas où il y avait plusieurs frères ; c'était probablement à l'aîné d'accomplir le devoir envers la veuve, et s'il s'y refusait, un des autres frères pouvait le remplacer. Le grand prêtre, qui ne pouvait se marier qu'avec une vierge, était nécessairement exempté de cette loi.

La femme libre, légalement convaincue d'adultère, était punie de mort, ainsi que son complice (Lév. 20, 10) ; mais l'esclave, mariée sans être affranchie, n'était punie en cas d'infidélité que d'un châtiment corporel, et son complice en était quitte pour offrir un *sacrifice de délit* (Ib-

---

[1] Voy. Lév. ch. 18, v. 7—18 ; ch. 20, v. 11 et suivants ; Deut. ch. 27, v. 20 et suivants. Les juifs caraïtes et les docteurs de l'Église ont appliqué la défense à d'autres degrés analogues, comme, par exemple, la nièce ; mais les rabbanites ne défendent que les unions expressément mentionnées dans la loi. Voy. Michaëlis, t. II, § 217, qui appuie l'opinion des rabbins par de très-bons arguments.

[2] Voy. plus bas, art. *Peines*, 2°.

[3] Moïse lui-même épousa une Éthiopienne (Nomb. 12, 1). Ce ne fut qu'après l'exil que le rigorisme des restaurateurs du culte juif étendit la défense à toutes les femmes étrangè-

res. Voy. Ezra, ch. 9 et 10 ; Néhémia, 13, 23

[1] Le même usage existait chez les Indous ; voy. *Lois de Manou*, III, 173 ; IX, 97. On a donné à ce genre de mariage le nom de *Lévirat*, du mot latin *levir* (frère du mari, beau-frère) ; en hébreu le *levir* s'appelle YABAM. L'usage étendit cette loi aux autres parents, pour le cas où il n'y avait pas de frères, comme nous le voyons par l'exemple de Ruth ; mais alors c'était plutôt un droit qu'un devoir, et le plus proche parent pouvait s'y refuser, sans s'exposer à subir la cérémonie du *déchaussement*. Voy. Ruth, ch. 4.

19, 20-22)[1], car son action était considérée comme un péché et non comme un crime social. Au reste, comme il fallait deux témoins qui eussent pris les coupables en flagrant délit, la peine de l'adultère ne pouvait être appliquée que très-rarement. Ordinairement le mari qui se croyait trompé, devait se contenter de faire passer sa femme par l'épreuve prescrite par le législateur pour intimider la femme qui pouvait avoir des fautes à se reprocher, et pour calmer la fureur jalouse du mari. Celui-ci, tourmenté par des soupçons et n'ayant aucune preuve, doit conduire sa femme au sanctuaire avec une offrande de farine d'orge. Le prêtre prend de l'eau sainte (du bassin d'airain) dans un vase de terre, et y mêle de la poussière du pavé du sanctuaire. La femme, la tête découverte, tient dans sa main l'offrande; le prêtre tenant la coupe d'eau que la femme devra vider, adjure celle-ci en lui disant : « Si tu es innocente, sois exempte de la malédiction que renferment ces eaux amères; mais si tu es coupable, que Dieu te fasse devenir un sujet d'imprécation au milieu de ton peuple, en faisant tomber ta hanche et enfler ton ventre, » et la femme répond *amen! amen!* Ensuite le prêtre écrit la formule d'imprécation sur un parchemin et l'efface dans l'eau fatale qu'il donne à boire à la femme, après avoir *agité* l'offrande de farine d'orge et l'avoir offerte sur l'autel [2]. L'impression que devait laisser cette cérémonie devenait un châtiment terrible pour la femme qui se sentait coupable; la femme innocente regagnait par là le repos, car son mari devait être tranquillisé par cet appel au *jugement de Dieu*.

Le *divorce*, moralement désapprouvé par les paroles de la Genèse (2, 24), est cependant permis sous le point de vue du droit, lorsque le mari ne se plaît plus avec sa femme, ayant trouvé en elle *quelque chose de honteux* (Deut. 24,1). Il résulte clairement des paroles du texte que le mari était seul juge des défauts qu'il pouvait avoir découverts dans sa femme, et qu'il lui était loisible de la répudier, sans avoir besoin pour cela d'une décision juridique [1]. Il est clair aussi que Moïse ne fait que régler un droit déjà existant, que les Hébreux, comme les anciens Arabes, exerçaient probablement avec une grande légèreté [2]. Le législateur y met des conditions qui devaient rendre le divorce moins facile : Il faut, pour répudier sa femme, lui donner une *lettre de divorce*, et, comme l'art d'écrire n'était pas alors très-répandu parmi les Hébreux, le mari était obligé de s'adresser à un lévite ou à quelque autre érudit; il lui fallait aussi des témoins pour signer l'acte. Toutes ces formalités l'empêchaient d'agir dans un premier accès de colère, et les personnes étrangères qui devaient nécessairement intervenir, pouvaient essayer de réconcilier les époux. Après le divorce accompli, le mari avait encore la faculté d'épouser de nouveau la femme qu'il avait répudiée; mais si celle-ci s'était remariée avec un autre et était redevenue libre par un second divorce ou par la mort du second mari, le premier mari ne pouvait plus la reprendre, parce que, dit la loi, elle a été souillée, et qu'un tel mariage serait une abomination devant Jéhova (Ib. v. 4) [3]. La

---

[1] La Vulgate (v. 20) dit inexactement *vapulabunt ambo*.
[2] Voy. Nombres, ch. 5, v. 11—31.

[1] Les célèbres écoles de Hillel et de Schammaï étaient divisées sur le sens des paroles de Moïse. La première pensait que le législateur avait voulu permettre au mari de divorcer pour un sujet de mécontentement quelconque; la seconde n'admettait le droit de divorce que lorsque le mari remarquait dans sa femme un manque de chasteté. Voy. *Mischnah*, 3ᵉ partie, à la fin du traité *Gittin* (du divorce). Josèphe se prononce dans le sens de l'école de Hillel : *pour un sujet quelconque* (καθ' ἃς δηποτοῦν αἰτίας); car, ajoute-t-il, *il s'en rencontre beaucoup pour les hommes*. Antiqu. IV, 8, 23, ed. Havero. t. I, p. 242. D'aucune manière le législateur n'a pu exiger pour le divorce la preuve légale d'adultère, car cette preuve aurait fait condamner la femme à la peine de mort.
[2] Voy. Michaëlis, l. c. t. II, § 119.
[3] Le législateur hébreu fait peut-être allusion à un usage singulier qui existait chez les anciens Arabes et qui a été consacré par l'islamisme. Selon la loi musulmane, lors-

loi ne renferme aucune disposition en faveur de la femme divorcée ; il va sans dire que, si elle avait apporté à son mari quelque bien personnel, elle le reprenait après la séparation ; mais, si elle n'avait rien, sa position devenait très-précaire et elle devait dépendre alors de la générosité de sa famille. Le législateur comptait probablement sur la facilité qu'aurait une telle femme de trouver un second mari, dans un pays où les femmes étaient recherchées ; aussi quand le mari, par sa conduite, avait ôté à sa femme tout espoir de trouver à se remarier, le divorce était absolument interdit. Ainsi l'homme qui avait été forcé d'épouser une jeune fille qu'il avait séduite, et celui qui, après la noce, avait calomnié l'innocence de sa jeune épouse, étaient privés à tout jamais du droit de divorcer (Deut. 22, v. 19 et 29).

Nous arrivons aux rapports que la loi établit entre les parents et les enfants et à leurs devoirs réciproques. Le respect dû aux père et mère est une des lois fondamentales des Hébreux et forme un des *dix commandements*. Malheur à celui qui aurait violé cette loi ! L'enfant qui se portait à des voies de fait contre ses parents, qui refusait de leur obéir, ou qui prononçait une malédiction contre eux, était puni de mort [1]. Le père surtout, comme chef de famille, exerçait un pouvoir très-étendu sur ses fils, même quand ils étaient majeurs et mariés, sur les femmes et les enfants de ses fils, et sur ses filles non mariées ; les vœux prononcés par ces dernières, sans le consentement du père étaient nuls comme ceux que la femme prononçait sans le consentement du mari (Nomb. ch. 30). Les filles pouvaient même être vendues comme esclaves (c'est-à-dire louées pour un certain temps) par leur père (Exode, 21, 7). A l'époque des patriarches, les pères de famille avaient eu le droit de juger les membres de la famille et de décréter même la peine de mort contre eux (Gen. 38, 24). La loi de Moïse enlève aux pères ce droit absolu et les oblige de faire juger leurs enfants par les tribunaux (Deut. 21, 19). Le législateur n'entre pas dans les détails de l'éducation ; il exige seulement, dans l'intérêt de la religion et de la constitution, que les enfants mâles, destinés à devenir à leur tour chefs de famille et qui, dès le huitième jour après leur naissance, devaient entrer par la circoncision dans l'alliance divine (Lév. 12, 3), soient instruits dans la loi et connaissent les détails de la sortie d'Égypte et de tout ce que Dieu avait fait en faveur du peuple hébreu [1]. Pour le reste, l'éducation des enfants des deux sexes n'était enchaînée par aucune loi ; tout devait dépendre des sentiments des parents et des usages du temps ; nous y reviendrons dans un autre endroit.

Le pouvoir paternel cessait pour les filles au moment de leur mariage ; mais pour les fils il devait durer jusqu'à la mort du père, car les fils n'ayant pas encore de propriété territoriale à eux, continuaient, même après leur mariage, à travailler pour le compte du père et à être nourris par lui, excepté peut-être quand un fils avait épousé une héritière et avait acquis une propriété. Malgré les rapports qui ne cessaient d'exister entre le père et le fils, l'un ne pouvait être rendu responsable des crimes de l'autre (Deut. 24, 16). Il paraîtrait que plus tard les créanciers des parents avaient le droit de réclamer les services des enfants (II Rois, 4, 1) ; mais il ne se trouve pas de trace de ce droit dans les lois mosaïques.

---

qu'une femme a été répudiée complétement, c'est-à-dire, lorsque la formule de divorce a été prononcée, à trois époques différentes pour une femme libre, et à deux pour une esclave, le mari ne peut la reprendre qu'après qu'elle a été mariée avec un autre. Voy. le Korán, ch. 2, v. 230 ; *The Heddâya or Guide, a commentary of the musulman laws*, transl. by *Ch. Hamilton*, t. I. p. 301 et suiv.

[1] Exode, ch. 21, v. 15 et 17 ; Lév. ch. 20, v. 9 ; Deut. 21, 18—21.

[1] Voy. Deut. ch. 4, v. 9 et 10 ; ch. 6, v. 7 et 20—25 ; ch. 11, v. 19 ; comparez Exode, ch. 13, v. 14 et 15.

Selon les coutumes patriarcales, l'aîné des fils exerçait une certaine autorité sur ses frères et jouissait de certains priviléges[1]; la dignité de *Zakên* ou *Ancien* passait sans doute d'aîné en aîné. Moïse ne porte aucune atteinte directe à cette coutume patriarcale; mais il ne consacre légalement que le droit du fils aîné de prendre deux portions dans l'héritage du père, et encore fallait-il que cet aîné fût le *commencement de la force* du père, comme s'exprime le Deutéronome (21, 17), c'est-à-dire qu'il fût son enfant *premier né*[2]; d'où il résulte que si l'aîné des fils avait été précédé d'une fille, il ne jouissait d'aucun privilége par rapport à l'héritage. La même loi défend de transporter arbitrairement ce droit du premier-né sur le fils d'une femme préférée, ce qui est une censure directe contre le patriarche Jacob qui avait accordé le double héritage à Joseph, premier-né de Rachel[3]. On voit du reste que ce droit n'a rien de commun avec ce qu'on a appelé *droit d'aînesse* dans les temps modernes.

Les fils concourent seuls légalement pour le partage des biens que le père a laissés en mourant; les filles n'héritent que lorsqu'il n'y a pas de fils, mais on a déjà vu qu'elles étaient obligées alors de se marier dans leur tribu[4]. Quand un homme n'avait laissé ni fils ni filles, son héritage passait à ses frères[5], et, à défaut de frères, aux oncles paternels, et ainsi de suite aux plus proches parents du côté du père (Nomb. 27, 8-11). La loi ne parle pas des fils naturels, qui, à ce qu'il paraît, n'avaient aucune position légale; nous voyons du moins par l'exemple de Jephthé, expulsé avec l'autorisation des Anciens (Juges, 11, 2-7), que les fils naturels étaient légalement exclus de la succession. Reste à savoir si les lois de succession dont nous venons de parler étaient absolues, ou s'il était permis à un Hébreu qui avait des fils, de disposer par testament en faveur de ses filles ou d'autres parents. Le texte de la loi ne parle nulle part des testaments; mais il est certain que plus tard ils étaient admis et qu'un père riche pouvait accorder une partie de ses biens non-seulement à ses filles[1], mais aussi aux esclaves qui l'avaient fidèlement servi (Prov. 17, 2).

La loi ne fixe rien à l'égard de l'entretien des filles non mariées et des veuves. Quant aux premières, le droit traditionnel supplée au silence du législateur; il veut que les orphelines soient nourries et établies par leurs frères, quand même ceux-ci n'auraient rien hérité et qu'ils seraient obligés de mendier[2]. Pour ce qui concerne la veuve, le législateur n'avait pas besoin de la recommander à la piété filiale; si elle n'avait pas d'enfants, elle retournait dans sa famille (Lév. 22, 13), et elle pouvait au besoin réclamer sa part des dîmes et des autres bénéfices de la charité publique[3]. Elle était d'ail-

---

[1] Voy. Genèse, ch. 25, v. 31—34; ch. 37, v. 21 et 22; ch. 48, v. 18; ch. 49, v. 3; I Chron. ch. 5, v. 1 et 2.

[2] Il ne faut pas confondre ce premier-né du père, pouvant être le fils d'une femme qui avait déjà eu d'autres enfants, avec les premiers-nés des mères destinés d'abord à être les serviteurs du culte et soumis ensuite au rachat. Voy. ci-dessus, page 164. Sur les droits des premiers-nés chez les Indous, voy. Lois de Manou, IX, 112—117.

[3] Voy. Genèse, 48, 5 et 22; I Chron. 5, 1.

[4] Les lois athéniennes étaient plus sévères à cet égard; comme les lois mosaïques, elles n'accordent le droit de succession aux filles que lorsqu'il n'y a pas de fils, mais elles obligent la fille héritière (ἐπίκληρος) d'épouser son plus proche parent. Voy. Michaëlis, l. c., t. II, § 78.

[5] Il va sans dire que le père hérite des biens de ses enfants; mais, dit Philon, comme la loi de la nature veut que les enfants soient les héritiers des parents, et non pas les parents ceux des enfants, le législateur se tait sur ce qui serait désastreux et malsonnant (τὸ μὲν ἀπευκταῖον καὶ παλίμφημον ἡσύχασεν). *De vitâ Mosis*, l. 3, ed. de Genève, p. 533. Cependant ce silence s'explique plus naturellement par la constitution agraire, selon laquelle les fils ne possédaient régulièrement aucune propriété personnelle du vivant du père.

[1] Voy. Job, 42, 15. Michaëlis, l. c., a recueilli dans la Bible plusieurs exemples de filles héritières.

[2] Voy. *Mischnah*, 4ᵉ partie, traité *Bavabathra*, ch. 9, § 1.

[3] Deut. ch. 14, v. 29; ch. 16, v. 11 et 14; ch. 24, v. 19—21; ch. 26, v. 12.

leurs recommandée à des égards particuliers (Exode, 22, 21); aucun des objets appartenant à une veuve ne pouvait être saisi pour dettes (Deut. 24,17).

Il me reste à parler d'un élément essentiel de la famille hébraïque, je veux dire les *esclaves*. Le principe de l'esclavage est reçu par Moïse comme un fait qui avait des racines trop profondes dans les mœurs du temps pour qu'un législateur eût pu l'attaquer directement. Près de douze siècles plus tard, les deux plus grands philosophes du pays le plus civilisé trouvent ce principe tellement naturel qu'ils n'ont pas un seul mot énergique pour le désapprouver. Platon n'a pas seulement daigné le discuter, et Aristote soutient qu'il y a des classes d'hommes que la nature a créées pour être esclaves[1]. Pour l'esclave, dit-il, il ne peut être question d'amitié et de droit; il est un *instrument vivant*[2]. Moïse, ne pouvant abolir l'esclavage, tâcha du moins de fixer la position des esclaves par des lois toutes en leur faveur et qui révèlent l'humanité du législateur et sa sympathie pour une classe malheureuse. Les esclaves étaient de deux espèces : hébreux ou étrangers. Les premiers ne sont pas des esclaves proprement dits; ils doivent être considérés comme des serviteurs à gages (Lév. 25, v. 40 et 53) qui consentent à faire le sacrifice de leur liberté pour un temps limité pendant lequel ils offrent à leur maître le double des avantages qu'il aurait pu retirer d'un simple journalier (Deut. 15, 18); de son côté, l'esclave a l'avantage d'être payé d'avance pour tout le temps du service. Ce temps ne peut dépasser six ans, à moins que l'esclave ne se plaise tellement la dans maison de son maître qu'il témoigne le désir d'y rester; alors il se présente avec son maître devant les magistrats pour prendre un engagement solennel devant Dieu; le maître lui perce, avec un poinçon, le bout de l'oreille, et par cette marque de servitude[1] il l'acquiert de nouveau jusqu'au jubilé, époque du rétablissement général de la liberté et de l'égalité[2]. En renvoyant son esclave au bout des six années légales, le maître doit lui donner un riche cadeau en menu bétail et en fruits de toute espèce (ib. v. 14); si, pendant son service, l'esclave hébreu a consenti à se marier avec une des esclaves (étrangères) de la maison de son maître, sa femme et ses enfants ne peuvent partager avec lui le bénéfice de la liberté. Si un Hébreu est entré comme esclave au service d'un étranger établi en Palestine, il a le droit de se racheter lui-même ou d'être racheté par un de ses proches parents sans attendre l'écoulement des six années légales ou l'arrivée du jubilé (Lév. 25, 47—55). — En général, l'Hébreu ne pouvait devenir esclave que de deux manières : ou en se vendant lui-même pour cause de pauvreté (Lév. 25, 39), ou en étant vendu judiciairement pour vol, lorsqu'il était trop pauvre pour payer l'amende imposée aux voleurs (Exode, 22, 2). Voler un homme libre pour le traiter en esclave ou pour le vendre, était un crime qui entraînait la peine capitale (ib. 21,16; Deut. 24,7). Nous avons déjà dit que le père avait le droit de vendre sa fille; on voit maintenant que ce droit se réduit à celui de placer sa fille comme domestique pour six ans[3]. Pour adoucir une

---

[1] « Il est évident que les uns sont naturellement libres et les autres naturellement esclaves, et que, pour ces derniers, l'esclavage est aussi utile qu'il est juste. » Polit. d'Aristote, traduct. de M. de Saint-Hilaire, t. I. p. 31.

[2] Eth. Nicom. l. VIII, c. 13. L'esclave, chez les Athéniens, n'était qu'une chose, une propriété, qui pouvait même servir d'hypothèque., Voy. Bœckh, *Écon. polit. des Athén.* (trad. franc,) t. I, p. 122.

[1] Comparez Juvénal, sat. I, v. 103—105
*Cur timeam, dubitemve locum defendere
   quamvis
Natus ad Euphratem, molles quod in aure fenestræ
Arguerint, licet ipse negem?*

[2] Voy. Exode, 21, 2.-8; Lév. 25, 40; Deut. 15, 12—18, et ci-dessus, page 141; comparez Jérémie, ch. 34, v. 8 et suivants.

[3] Selon la tradition rabbinique il n'avait ce droit que pour une mineure, et l'apparition des signes de puberté rendait immédiatement la liberté à la jeune fille. *Mischnah*,

position qui ne pouvait être que le résultat d'un cruel besoin, et pour garantir la jeune fille des dangers qui menaçaient son innocence, le législateur recommande au maître de lui donner le droit d'épouse ou d'aider lui-même à la faire racheter; si le fils du maître en a fait sa maîtresse, elle doit être traitée comme une fille véritable et conserver tous ses droits d'épouse légitime, si le fils veut prendre une autre femme à côté d'elle (Ex. 21, 7—11).

Pour l'esclave étranger les lois étaient moins paternelles, mais également pleines de bienveillance. Les étrangers ne pouvaient devenir la propriété des Hébreux que par une acquisition légale[1], ou en étant faits prisonniers de guerre[2]. On a déjà vu (page 147) que l'esclave qui s'était enfui d'un pays étranger devenait homme libre en touchant le sol des Hébreux. Le prix moyen d'un esclave était de trente sicles (Ex. 21, 32); mais ce prix variait selon l'âge et le sexe, et se réglait probablement sur celui que la loi fixe pour les individus dont on avait fait vœu de payer la valeur au sanctuaire (Lév. 27, 2—7). Moïse défend sévèrement de traiter les esclaves avec dureté : si le maître frappe son esclave de manière à lui mutiler quelque membre, par exemple, s'il lui casse seulement une dent, il est obligé de le rendre libre immédiatement (Ex. 21, v. 26, 27); si l'esclave meurt sous les coups du maître, *il sera vengé* (Ib. v. 20), c'est-à-dire le maître sera puni selon la gravité des circonstances; selon le droit traditionnel, il pourra même être puni de mort, et tel paraît être, en effet, le sens des mots *il sera vengé*[1]. En outre Moïse accorde aux esclaves plusieurs bénéfices : ils prenaient part au repos du sabbat (Ex. 20, 10), institué, en partie, en leur faveur (Deut. 5, 14); ils pouvaient, comme les pauvres de toutes les classes, s'approprier les produits spontanés des terres pendant l'année sabbatique (Lév. 25, 6); ils partageaient les repas des dîmes, etc. (Deut. 12, 18) et les joies des fêtes (Ib. 16, 11 et 14). L'esclave qui s'était soumis à la circoncision partageait le repas solennel de l'agneau pascal avec les autres membres de la famille (Ex. 12, 44). Quel contraste entre ces lois pleines d'humanité et le traitement barbare que subissaient les esclaves chez les Grecs et les Romains et naguère encore dans les colonies! Chez les Hébreux les esclaves supérieurs qui dirigeaient les travaux des autres devenaient souvent les amis intimes du maître et les gérants de tous ses biens, et ils pouvaient espérer même devenir ses héritiers, comme nous le voyons déjà dans l'histoire d'Abraham qui, avant d'avoir des enfants, avait destiné tous ses biens à son esclave Eliézer (Gen. 15, 3). Dans le 1ᵉʳ

3ᵉ partie, traité *Kiddouschin* (des épousailles), ch. 1, § 2.

[1] De là les esclaves étrangers sont souvent désignés par les mots MIKNATH KÉSEF (acquisition au moyen d'argent); les enfants des esclaves, qui restent également la propriété du maître, s'appellent YELIDÉ BAÏTH (nés dans la maison).

[2] Voy. Nombr. 31, 26; Deut. 20, 14; 21, 10. « Hobbes (*Imperium*, cap. 7 et 9) fonde l'esclavage sur la guerre. Grotius avait également admis ce principe, que presque tous les publicistes jusqu'à Montesquieu ont professé, parce qu'ils accordaient au vainqueur le droit de vie et de mort sur le vaincu. Dans l'antiquité, et surtout au temps d'Aristote, cette maxime était reçue sans contestation et appliquée dans toute sa rigueur. On pourrait en citer, dans la guerre du Péloponèse, plus de cent exemples. Après le combat on égorge toujours les prisonniers. (Voir Thucydide, liv. I, ch. 30; liv. II, ch. 5, etc. etc.) Thucydide, témoin et peut-être acteur de ces atrocités, les rapporte aussi froidement qu'il décrit une manœuvre navale, et sans y attacher plus d'importance. » Note de M. de St. Hilaire dans sa traduct. de la Politique d'Aristote, t. I, p. 30, 31.

[1] Telle est l'opinion du Thalmud et de tous les commentateurs juifs. Voy. R. Salomon (ou Raschi) au v. 20. Maimonide, *Abrégé du Thalmud*, liv. XI, traité V (de l'homicide), ch. 2. Cet auteur insiste sur le mot SCHÉBET (verge) dont se sert le texte de la loi : si le maître s'est servi d'une *verge*, c'est-à-dire de l'instrument ordinaire de correction, il sera acquitté le cas où l'esclave aura survécu d'un ou de deux jours, comme le dit le v. 21; mais s'il s'est servi d'un autre instrument quelconque, on lui appliquera toujours la peine capitale, quand même l'esclave ne serait mort que longtemps après.

livre des Chroniques (2, 34) on parle d'un esclave égyptien qui épousa la fille de son maître; celui-ci, n'ayant pas de fils, l'esclave devenu son gendre continua sa ligne généalogique.

Nous devons ajouter qu'en général, chez les anciens peuples de l'Orient, les esclaves étaient bien moins malheureux qu'au milieu de la civilisation grecque et romaine. Les Arabes bédouins ont conservé, sous ce rapport, les mœurs douces de leurs ancêtres[1].

B. *Obligations civiles.*

Pour les relations d'intérêt, Moïse ne se contente pas de recommander la plus grande probité[2]; souvent il place les intérêts mutuels des citoyens sous la sauvegarde de la charité et d'un désintéressement fraternel. Ses prescriptions, à cet égard, sont toutes en harmonie avec la constitution et s'adaptent bien à une société basée sur l'agriculture et où le commerce n'est nullement en faveur. Les lois dont nous voulons parler ici se rapportent principalement aux prêts, aux dommages causés à autrui, à l'abus de confiance, aux pauvres qui travaillaient comme mercenaires, ou qui avaient des droits à la bienfaisance publique.

Là où il n'y a pas de commerce et où chacun possède sa propriété, les emprunts en argent ou en nature ne se feront que pour subvenir aux besoins matériels, soit que le propriétaire ait subi des sinistres ou que son revenu ne suffise pas à une famille devenue trop nombreuse. C'est pourquoi Moïse recommande les prêts comme une aumône (Deut. 15, 7 et 8), et il défend à l'Hébreu de prendre de son concitoyen des intérêts en argent ou en nature[3]. L'homme aisé, ne pouvant retirer aucun fruit de ses prêts, ne spéculera pas sur son aisance, et continuera à s'occuper de l'agriculture; mais, d'un autre côté, il refusera de prêter, si son capital n'est pas au moins suffisamment garanti. Il trouvera cette garantie dans la propriété du débiteur qui pourra, au besoin, être vendu lui-même ou plutôt loué jusqu'au jubilé, si toutefois son bien ne rapporte pas assez pour qu'il puisse employer chaque année une partie de ses revenus au payement de sa dette. Il est vrai que Moïse ne parle pas positivement de ce droit du créancier par lequel le débiteur pourra être forcé à la fin de se louer comme esclave; mais il l'indique suffisamment dans les lois qu'il prescrit pour les ventes forcées des propriétés et des personnes (Lév. 25, 25 et 39) et dont nous avons déjà parlé. Quels que soient les inconvénients de ce système, il laisse au moins au malheureux débiteur, ou à sa famille, la certitude de rentrer dans ses biens au plus tard à l'année jubilaire. On pouvait aussi prendre en gage des meubles et autres effets, notamment pour les petits prêts; mais il était défendu au créancier d'aller lui-même choisir le gage au domicile du débiteur. Si celui-ci n'a autre chose à engager que la couverture dont il se sert la nuit, le créancier est obligé de la lui rendre chaque soir[1]. Les objets de première nécessité, tels que le moulin à bras et autres choses semblables, ne peuvent être pris comme gage (Deut. 24, 6). Dans aucun cas le payement d'une dette ne pouvait être réclamé pendant l'année sabbatique, où le propriétaire n'avait pas de revenu (Deut. 15, 1 — 3)[2].

Toutes ces lois ont évidemment pour but de borner l'industrie des Hébreux à l'agriculture, et à quelques

---

[1] Voy. Bohlen, *Das alte Indien*, t. II, p. 157—159.
[2] Lév. 19, 36; 25, 14; Deut. 25, 13—15.
[3] Voy. Exode, 22, 24; Lév. 25, 37; Deut. 23, 20.

[1] Deut. ch. 24, v. 10 — 13; Exode, ch 22, v. 25 et 26.
[2] Selon le Thalmud, l'intervention de l'année sabbatique aurait entièrement dégagé le débiteur; mais le texte de la loi du Deutéronome ne se prête nullement à une interprétation aussi singulière et aussi peu vraisemblable. Josèphe parle seulement d'une rémission générale des dettes à l'époque jubilaire (Ant. III, 12, 3), ce qui est plus conforme à l'esprit général des institutions mosaïques.

métiers de première nécessité, et à rendre impossibles les entreprises de commerce. Elles ont dû être négligées plus tard, lorsque, contre les intentions du législateur, l'industrie et le commerce avaient pris quelque essor. Il fallait alors ou violer les lois ou inventer toute sorte de moyens pour les éluder[1]. Dans toutes les circonstances, ces lois ont dû avoir de graves inconvénients ; à la vérité, elles inspirèrent aux Hébreux une profonde horreur pour l'usure[2] ; mais, d'un autre côté, elles exposèrent trop souvent les débiteurs à l'extrême dureté des créanciers, auxquels elles n'offraient pas de garanties suffisantes[3].

Dans les lois concernant les dommages causés à autrui nous reconnaissons également un législateur toujours préoccupé des intérêts agricoles : si des troupeaux vont paître dans une propriété étrangère, si un champ est ravagé par un incendie, si des bestiaux tombent dans une fosse, ou sont tués d'autre manière, on en rendra toujours responsable celui qui peut être considéré comme la cause des dommages, et il paiera les dégâts avec la meilleure partie de son champ et de sa vigne[4]. Mais il sera permis, en passant dans la propriété d'autrui, de cueillir des fruits avec la main, autant qu'on en voudra manger immédiatement, pourvu qu'on n'en emporte rien[5].

Celui qui se charge d'un dépôt, fût-ce même sans rétribution, doit y veiller avec soin. Si l'objet confié a disparu par quelque accident malheureux qui n'a pu être prévu ni empêché, le dépositaire sera obligé d'en produire la preuve légale ou d'affirmer par serment qu'il n'a pas touché au dépôt. En cas de vol commis chez le dépositaire, celui-ci est responsable, si l'objet déposé est un animal, mais non pas si c'est une chose inanimée qui ne demande pas de soin et qu'on n'a pas toujours sous les yeux. Découvre-t-on que le dépositaire n'a pas dit la vérité et qu'il s'est rendu coupable d'un abus de confiance, il sera condamné, comme un voleur, à payer la double valeur de l'objet soustrait (Exode, 22, 6—12).

Trouve-t-on sur son chemin un objet quelconque, il faut le garder avec soin, jusqu'à ce qu'on puisse découvrir celui qui l'a perdu. Le législateur recommande surtout les animaux domestiques qui se seraient égarés ; celui qui les trouve doit les recueillir dans sa maison et en avoir soin jusqu'à ce qu'ils soient réclamés, sauf à se faire rembourser les frais. S'il en connaît le propriétaire, fût-il son ennemi, il doit les lui ramener sur-le-champ. Celui qui est soupçonné d'avoir trouvé une chose perdue et qui le nie, doit prêter serment[1].

La probité et la bienveillance doivent présider aux rapports du maître et de l'ouvrier mercenaire, indigène ou étranger. On doit payer l'ouvrier chaque jour avant le coucher du soleil ; attendre jusqu'au lendemain serait un grave péché. Les produits spontanés de l'année sabbatique doivent aussi profiter à la classe ouvrière[2].

Les pauvres, en général, avaient certains droits qui devaient les garantir contre un dénûment complet. Outre un grand nombre de préceptes moraux qui recommandent les pauvres à la bienfaisance et à une protection spéciale, la loi leur assurait cer-

---

[1] Nous citerons pour exemple la *clause* introduite par le célèbre Hillel sous le titre de *Prosbol* (probablement προσβολή) et par laquelle on déclarait judiciairement ne pas renoncer au droit de créancier pour l'année sabbatique. Voy. *Mischnah*, 1ᵉʳ partie, traité *Schebiith*, ch. 10, § 3 et 4 ; Buxtorf, *Lexic. thalmud.* col. 1806.
[2] Voy. Proverbes, ch. 28, v. 8 ; Ézéchiel, ch. 18, v. 8, 13 et 17 ; ch. 22, v. 12 ; Ps. 15, 5.
[3] Voy. I Sam. 22, 2 ; II Rois, 4, 1 ; Ps. 109, 11 ; Job, 22, 6 ; 24, 3.
[4] Exode, ch. 21, v. 33—36 ; ch. 22, v. 4, 5 et 13.
[5] Deutéron. ch. 24, v. 25 et 26.

[1] Voy. Deutéron. ch. 22, v. 1—3 ; Exode, ch. 23, v. 4 ; Lév. ch. 5, v. 22. Selon Josèphe et les rabbins, il fallait faire faire des publications, pour découvrir le propriétaire des objets perdus. Voy. *Antiqu.* IV, 8, 29 ; Mischnah, 4ᵉ partie, traité *Bova Mesia*, ch. 2.
[2] Deut. ch. 24, v. 14 et 15 ; Lév. ch. 19, v. 13 ; ch. 25, v. 6.

tains revenus qui ne pouvaient leur être refusés. Le propriétaire ne pouvait récolter ce qui croissait sur la limite de son champ, de sa vigne, de son plant d'oliviers, etc., ni revenir sur les endroits où la faux, la serpe et le bâton avaient passé sans tout enlever, ni ramasser ce qui était tombé çà et là, ni faire chercher une gerbe qui par hasard avait été oubliée dans les champs. Tous ces objets appartenaient de droit aux veuves, aux orphelins et aux pauvres en général, indigènes ou étrangers [1]. Ils pouvaient aussi s'emparer de tout ce qui croissait pendant l'année sabbatique (Lév. 25, 6). Enfin les repas des dîmes étaient institués principalement en leur faveur (Deut. 14, 29). Toutes ces institutions ne permettaient pas que la profonde misère régnât jamais dans une famille hébraïque, surtout si l'on réfléchit que, tous les cinquante ans, ceux qui étaient appauvris rentraient de droit dans leurs anciennes possessions. Aussi la loi mosaïque ne connaît-elle point les *mendiants* proprement dits; et, chose bien remarquable, ce mot ne se trouve même nulle part dans l'Ancien Testament [2].

Les préceptes concernant les égards dus au vieillards (Lév. 19, 32) et aux personnes qui ont quelque infirmité (Ib. v. 14), font plutôt partie de la morale que du droit. *Se lever devant une tête grise, ne pas maudire un sourd, ne pas mettre d'obstacle devant un aveugle*, sont d'ailleurs des expressions qui renferment en même temps un sens figuré.

C. Police.

En parlant du culte, nous avons déjà fait connaître plusieurs prescriptions de la loi qui, jusqu'à un certain point, peuvent être considérées comme des mesures de police. Nous rappellerons les lois sur la division du temps, sur la diète, la pureté corporelle et l'hygiène, et notamment sur la lèpre. Quelques autres lois qu'on pourrait placer dans la catégorie des règlements de police paraissent avoir pour but de détruire certaines pratiques idolâtres, ou qui portaient atteinte à la morale et aux lois organiques de la nature. Telles sont les lois qui défendent de porter des étoffes mêlées de laine et de lin, de semer ensemble des semences hétérogènes, d'atteler ensemble un bœuf et un âne, d'accoupler des animaux de deux espèces différentes, de porter les vêtements de l'autre sexe [1], de mutiler les parties génitales des hommes et des animaux [2]. D'autres lois ont pour but d'empêcher la cruauté envers les animaux. Ainsi il est défendu d'emmuseler le bœuf qui triture le blé (Deut. 25, 4), d'égorger le même jour la mère et son petit (Lév. 22, 28), de prendre, lorsqu'on trouve un nid d'oiseaux, la mère avec les petits [3]. Ces différentes ordonnances étaient placées sans doute sous la sauvegarde des autorités [4], qui devaient punir les transgresseurs, bien que le texte de la loi ne le dise pas positivement. Il en est de même de quelques autres ordonnances qui sont plus particulièrement du ressort de la police : les autorités devaient veiller à ce qu'il ne se commît aucune fraude dans les poids et les mesures, ce que la loi appelle *une abomination à Jéhova* (Deut. 25, 13-16); à ce que les bornes qui marquaient les limites des champs ne fussent pas déplacées (Ib. 19, 14 ; 27, 17); à ce que les maisons fussent en bon état et n'offrissent pas de danger. Ainsi, par exemple, les plates-formes des maisons devaient être entourées de balustrades, pour empêcher qu'il n'arrivât quelque malheur (Ib. 22, 8); les maisons atteintes *de la lèpre*, c'est-à-dire de la carie des murailles, produite par

---

[1] Voy. Lév. ch. 19, v. 9 et 10; ch. 23, v. 22; Deut. ch. 24, v. 19-21. Comparez Ruth, ch. 2, v. 2.
[2] Voy Michaëlis, l. c, t. II, § 142. Le verbe *mendier* ne se trouve que dans deux passages : Ps. 109, 10; Prov. 20, 4.

[1] Lév. 19, 19; Deut. 22, v. 5, 9-11:
[2] Lév. 22, 24; Deut. 23, 2. Voy. Michaëlis, t. III, § 168.
[3] Voy. ci-dessus, page 29.
[4] La police appartenait probablement au *Schoterim*. Voy. ci-dessus, page 195.

une éruption de salpêtre[1], devaient être visitées avec soin par les hommes de l'art (les prêtres); et, s'il n'y avait pas de réparation possible, elles devaient être démolies (Lév. 14, 33-48). Des prescriptions analogues sont données sur *la lèpre du cuir et de certaines étoffes* (Ib. 13, 47-59); mais jusqu'ici ce point n'a pu être suffisamment éclairci[2].

Ces exemples suffiront pour montrer que la législation mosaïque renferme des règlements de police fort sages et même assez compliqués. Mais nous ne saurions passer sous silence une loi par laquelle Moïse voulut garantir son peuple des dangers de la débauche, cette plaie des sociétés anciennes et modernes que partout nous voyons protégée par une tolérance jugée nécessaire et qui, dans l'antiquité, a été mise en rapport avec le culte infâme de certaines divinités. La prostitution est proscrite par le législateur, comme une abominable profanation de la dignité humaine (Lév. 19, 29; Deut. 24, 18 et 19). Sans doute une peine grave frappait toute personne convaincue de débauche; si c'était une fille de prêtre, elle était punie de mort (Lév. 21, 9). Il ne pouvait être dans les intentions du législateur de tolérer les prostituées étrangères, d'autant moins qu'il se montre en général peu favorable aux liaisons même légitimes avec les femmes de l'étranger; mais, comme la loi n'était pas assez explicite à cet égard, elle était souvent éludée, et il n'est que trop certain que la Palestine et même la ville sainte de Jérusalem avait ses bayadères. Toujours est-il que, grâces à la sévérité des lois mosaïques, la prostitution était extrêmement rare parmi les femmes israélites; aussi la prostituée est-elle ordinairement désignée dans les *Proverbes* par les mots *Zarah* et *Nochriyya* (étrangère)[1], ce qui prouve que la coupable tolérance des autorités, sous le règne de Salomon, ne s'était pas étendue jusqu'aux filles des Hébreux.

III. DROIT PÉNAL.

Les lois pénales de Moïse ont pour principe général l'*expiation* et la *compensation*. Les *crimes*, de quelque nature qu'ils soient, sont des *péchés* envers le roi Jéhova dont le criminel a méconnu la loi. L'homme qui commet un crime dérange l'équilibre du monde moral, et cet équilibre ne peut être rétabli que par la justice. Le châtiment doit balancer le crime : *comme l'homme a fait, ainsi il lui sera fait*, dit la loi du talion (Lév. 24, 19). La gravité d'un acte coupable ne dépend pas seulement de la gravité du fait matériel considéré en lui-même, mais de celle qu'il peut avoir sous le point de vue de la constitution théocratique et de la morale plus sévère établie par une loi divine; plus les principes fondamentaux de la loi se trouvent lésés et plus l'expiation devra être forte. C'est pourquoi la loi place dans la même catégorie pénale le meurtre, l'idolâtrie, l'insulte faite aux père et mère, la violation du Sabbat, certains incestes, l'adultère, etc. A côté du principe d'expiation et de compensation nous trouvons le motif de mettre la société à l'abri de certains crimes par l'exemple d'un châtiment sévère. Ce motif est indiqué plusieurs fois par le législateur et notamment dans les cas où aucun acte matériel n'a été commis et où le principe d'expiation ne suffit pas pour justifier la peine sévère décrétée par la loi. Ainsi, lorsque la loi punit de mort la simple invitation à l'idolâtrie, le refus d'obéir aux décrets des juges suprêmes, le faux témoignage en matière criminelle (même quand ce témoignage n'a encore eu aucun effet), la désobéissance envers les père et mère, le législateur a soin d'ajouter que c'est afin que les

---

[1] Voy. Michaëlis, t. IV, § 211. L'éruption du salpêtre peut corrompre l'air et nuire à la santé des habitants; souvent aussi elle peut miner la maison et la faire écrouler avec le temps.
[2] On peut voir différentes conjectures dans l'ouvrage de Michaëlis, même endroit, et dans l'*Archæologie* de Jahn, t. I, 2e partie, p. 165.

[1] Prov. 2, 16; 5, 3; 6, 24; 7, 5; 23, 27.

autres l'entendent et soient intimidés et que pareille chose ne se fasse plus[1]. Si Moïse semble prodiguer la peine de mort pour des crimes que nos codes modernes ne connaissent pas, ou qu'ils ne punissent que de peines assez légères, il ne faut pas oublier que d'un autre côté, la loi mosaïque ne connaît pas les crimes si élastiques de haute trahison, de lèse-majesté, commis à l'égard d'un ou de plusieurs individus haut placés[2], crimes souvent imaginaires qui deviennent le prétexte d'assassinats juridiques et une arme d'oppression. Et d'ailleurs la loi renferme elle-même les correctifs de sa sévérité : on verra plus loin que les conditions légales qu'il fallait pour prononcer une sentence de mort ont dû rendre les condamnations bien rares, et on dirait presque que le législateur a eu pour but plutôt l'intimidation que l'application des peines.

Nous allons considérer d'abord les différentes peines établies par la loi mosaïque, ensuite les différentes catégories de crimes et leur punition, et enfin l'administration de la justice. Ici, comme dans tout le reste de notre résumé, nous faisons abstraction de tous les développements ultérieurs de la loi renfermés dans les codes rabbiniques, et nous nous en tenons à la lettre de la loi mosaïque, pour être sûr de ne point commettre d'anachronisme.

A. Peines.

Nous trouvons dans les lois mosaïques cinq espèces de peines, savoir : la peine capitale, le retranchement, le châtiment corporel, l'amende et les sacrifices expiatoires.

1° La *peine capitale* s'exécutait de différentes manières ; la *lapidation* est celle que la loi mentionne le plus fréquemment sans pourtant indiquer le mode d'exécution, qui était connu par l'usage[1]. Cette peine s'appliquait sans doute toutes les fois que la loi portait la peine de mort sans la spécifier. Nous trouvons encore deux autres espèces de peines capitales, pour des cas exceptionnels, savoir : la peine du feu (Lév. 20, 14; 21, 9) et celle du glaive (Deut. 13, 16). Quant à la première, plusieurs savants n'ont voulu y voir qu'une formalité aggravante qui consistait à brûler le cadavre du lapidé[2] ; mais il me semble que c'est faire violence à la lettre du texte. Josèphe dit expressément que, selon la loi de Moïse, une fille de prêtre qui a sacrifié son innocence est brûlée vivante[3]. Le Thalmud trouve également la peine du feu dans la loi mosaïque ; seulement il rapporte sur le mode d'exécution des choses fort peu probables[4].

La peine du glaive, qui, après l'exil, consistait dans la décapitation, n'était pas déterminée par la loi ; on tuait le criminel, avec le glaive, d'une manière quelconque. Une quatrième peine capitale, dont parle le Thalmud, celle de la strangulation, n'est pas mentionnée dans la loi de Moïse, elle ne fut introduite qu'après l'exil[5].

2° Le *retranchement* était une peine moins forte que la peine capitale, mais

[1] Deut. ch. 13, v. 11 et 12; ch. 17, v. 12 et 13; ch. 19, v. 19 et 20; ch. 21, v. 21.
[2] Moïse recommande seulement de ne point maudire un juge ni un prince (Exode. 22, 27), mais il ne menace d'aucune peine celui qui l'aurait fait. Après l'introduction de la royauté nous trouvons le *crime de lèse-majesté*, qui souvent est puni de mort (voy. I Rois, ch. 2, v. 8, 9 et *passim*); mais la conduite tenue à cet égard par David et d'autres rois n'était nullement autorisée par la loi mosaïque.

[1] Selon la loi traditionnelle (*Mischnah*, 4me partie, *Synhedrin*, ch. 4, § 4), on lançait le patient du haut d'un échafaud élevé de deux hauteurs d'homme, et puis on l'accablait de pierres.
[2] Voy. Michaëlis, t. V, § 235; ce savant cite à l'appui de son opinion l'exemple d'Achan et de sa famille, dont les cadavres furent brûlés après la lapidation. Voy. Josué, 7, 25. Jahn, de Wette, Winer et autres partagent cette opinion.
[3] Καιέσθω ζῶσα. Antiqu. IV, 8, 23.
[4] Selon la *Mischnah* (l. c. ch. 7, § 2), on étranglait le patient avec un drap, jusqu'à ce qu'il ouvrît la bouche, et alors on y coulait du plomb fondu qui lui brûlait les entrailles. On cite cependant au même endroit l'exemple d'un tribunal qui fit brûler le patient sur un bûcher; mais on prétend que ce tribunal n'était pas versé dans les lois.
[5] Voy. Michaëlis, l. c. § 234.

on ne saurait dire positivement en quoi elle consistait. Le législateur dit souvent : *une telle personne sera retranchée du milieu de son peuple*, sans dire de quelle manière doit s'opérer ce retranchement. Des savants modernes ont prétendu que le législateur, par cette expression, a voulu désigner, presque toujours, la peine capitale [1] ; mais il est impossible d'admettre que Moïse ait voulu punir de mort de simples transgressions de la loi cérémonielle [2]. Tous les docteurs juifs, tant rabbanites que caraïtes, déclarent unanimement, sur la foi des anciennes traditions, que le *retranchement* n'était pas une peine capitale; ils croient tous que cette peine n'était pas même du ressort de la juridiction humaine, et que Moïse menace seulement le transgresseur du châtiment du ciel [3], ce qui paraîtrait, en effet, résulter de quelques passages où Dieu dit lui-même : *Je le retrancherai du milieu de son peuple* (Lév. 20, 5 et 6). Il nous semble cependant reconnaître dans les paroles du législateur plus que la simple menace d'une mort prématurée. Il faut voir, sans doute, dans le *retranchement* une peine juridique; c'était probablement l'exclusion de la communauté, ou la *mort civile*. Quoi qu'il en soit, ce n'était pas la peine capitale.

3° Le *châtiment corporel* consistait ordinairement dans des coups de bâton ou de verge, que le patient recevait couché par terre (Deut. 25, 2); le nombre des coups ne pouvait jamais dépasser quarante (ib. v. 3). Cette peine n'avait, chez les Hébreux, rien d'humiliant. En général, la loi mosaïque considère la peine matérielle comme une expiation suffisante, et jamais elle n'aggrave le châtiment par *l'infamation*. Le grand prêtre lui-même, disent les rabbins, après avoir subi un châtiment corporel pour une transgression des lois cérémonielles, rentrait dans ses fonctions et dans sa dignité [1].

Une autre espèce de châtiment corporel pouvait résulter du *droit du talion*, qui, remontant à une haute antiquité, est consacré par la loi de Moïse. Celui qui, de propos délibéré, avait mutilé son prochain dans l'un de ses membres, devait, selon la loi, subir la même mutilation [2]; mais il était permis au blessé de faire grâce à son agresseur et de se contenter d'une amende; car Moïse ne défend la composition pécuniaire que pour l'homicide (Nomb. 35, 31). Comme dans cette composition tout dépendait de la personne blessée, la loi du talion devait être très-efficace pour garantir le pauvre contre l'insolence du riche. Il paraît que, malgré le droit, le talion matériel s'exerçait très-rarement et que bientôt il tomba entièrement en désuétude. Les rabbins refusent même de prendre à la lettre les paroles de Moïse, et soutiennent que le législateur n'a voulu parler que d'une compensation pécuniaire [3].

4° *L'amende* servait à expier certains crimes involontaires, commis contre les personnes, ainsi que l'atteinte à la propriété ou à l'honneur des individus. Elle variait selon l'importance de l'acte coupable.

5° Le *sacrifice expiatoire* n'était qu'une peine ecclésiastique que devait subir celui dont la faute n'était pas du ressort de la justice et ne pouvait être punie par la société. Nous en avons déjà parlé plus haut (page 160).

On remarquera que la prison ne

---

[1] Michaëlis, l. c. § 237; Jahn, *Archæologie*, II, 2, p. 350 ; de même Winer, *Realwœrterbuch*, t. II, p. 14; Gesenius, *Diction.* rad. כרת.

[2] Voy., par exemple, Exode, 12, 15 ; 30, 38 ; Lév. 7, 20 ; Nomb. 9, 13, et *passim*. Là où le législateur veut réellement parler de la peine de mort, par exemple dans les lois sur le sabbat, il le dit d'une manière explicite. Voy. Exode, 31, 14.

[3] Voy. le Commentaire d'Isaac Abravanel, Nombres, ch. 15; Selden, *De Synedriis*, l. I, c. 6.

[1] Voy. Selden, *De Synedriis*, p. 817 et 895.

[2] Exode, 21, 23-25 ; Lév. 24, 19 et 20; Deut. 19, 21. Josèphe, *Antiqu*. IV, 8, 35. Le talion existait aussi dans les anciennes lois athéniennes et romaines.

[3] Voy. le Commentaire de R. Salomon ben-Isaac aux passages cités dans la note précédente.

figure point dans les lois pénales de Moïse; la raison en est peut-être que le principal travail des Hébreux consistant dans l'agriculture, et chacun possédant régulièrement sa pièce de terre, l'emprisonnement d'un certain nombre de citoyens aurait privé la terre de bras utiles et aurait ruiné les propriétés. En outre, les prisons n'auraient pu être entretenues qu'aux frais de la nation, et on a déjà vu qu'il n'y avait, dans la république mosaïque, d'autre impôt que la dîme, et que, par conséquent, il n'y avait pas de trésor public. Le seul exemple d'emprisonnement que nous offre l'époque mosaïque (Lév. 24, 12) est une arrestation préventive, ayant pour but de garder le criminel jusqu'au jugement.

B. Crimes.

Les crimes et délits peuvent se diviser en cinq catégories : 1° attentats contre Jéhova ou le roi invisible et désobéissance à ses lois; 2° attentats contre les mœurs; 3° contre l'autorité des père et mère; 4° contre les personnes; 5° contre la propriété.

1° Le plus grand crime, dans le sens théocratique, est l'idolâtrie, c'est-à-dire l'adoration des faux dieux ou d'un être quelconque, réel ou imaginaire, autre que le Dieu créateur et unique [1]. Ce crime est puni de la lapidation (Deut. 17,2-7). Si c'est une ville entière qui s'est rendue coupable d'idolâtrie, elle devient un objet d'*anathème* : les habitants seront passés au fil de l'épée (et c'est ici le seul cas où Moïse parle expressément de la peine du glaive), et la ville avec tout ce qu'elle renferme deviendra la proie des flammes (ib. 13, 13-18). La peine de la lapidation frappait aussi le faux prophète qui prêchait au nom d'un dieu étranger (ib. v. 2-6); tout individu qui employait la persuasion pour attirer un Hébreu au culte des faux dieux devait être livré à la justice, fût-ce même par son propre frère ou par son père, sa femme, son ami intime, afin de subir la peine capitale (ib.v. 7-12.) On punissait avec la même sévérité jusqu'au simple blasphème prononcé contre Jéhova (Lév.24,14-16). L'exercice des arts occultes, en rapport avec les cultes païens, tels que la sorcellerie, la nécromancie, etc., était également un crime capital (ib. 20,27).

On a déjà vu que la violation du Sabbat était punie de mort; la transgression de plusieurs autres lois cérémonielles entraînait la peine du *retranchement*; et, selon la tradition, le châtiment corporel est infligé à celui qui agit contrairement à un *précepte négatif* quelconque, lorsque la loi n'indique aucune peine spéciale [1]. Le faux serment entre dans cette même catégorie; il est considéré comme un attentat à la religion que Dieu lui-même se charge de punir avec sévérité (Exode, 20, 7).

L'offense contre les autorités qui représentent le roi invisible est blâmée par Moïse (Exode, 22, 27); mais elle n'était probablement punie que d'un châtiment corporel. La rébellion contre la sentence du juge suprême prononçant au nom de la loi était punie de mort (Deut. 17, 12).

2° Les attentats aux mœurs sont, pour la plupart, des crimes capitaux : ainsi les crimes contre nature sont punis de mort (Lév. 20, v. 13, 15 et 16); il en est de même de l'adultère et de certains incestes dont nous avons

---

[1] Représenter le vrai Dieu sous une image visible était le plus grand *péché*; Moïse lui-même châtia d'une manière terrible les adorateurs du *veau d'or*, qui n'était autre chose qu'une représentation visible de Jéhova (Ex. 32, 5). Cependant le législateur ne fait point de cette représentation un *crime* punissable de mort; il menace seulement le coupable du châtiment céleste (Deut. 4, 24), et la justice humaine le punissait probablement d'un châtiment corporel. Nous observerons à cette occasion que la sculpture en général, sans intention religieuse, n'était nullement défendue. Ce ne fut qu'après l'exil que le rigorisme des docteurs proscrivit les œuvres d'art, représentant des figures d'hommes et d'animaux. Voy. Michaëlis, t. V, § 250; Winer, t. I, p. 213.

[1] Selden (*De Synedriis*, p. 899-903) énumère, d'après Maïmonide, tous les préceptes qui entrent dans cette catégorie.

déjà parlé. Si la mère et la fille consentent à se livrer au même homme, les trois coupables seront brûlés (ib. v. 14); il en sera de même de la fille d'un prêtre qui profane le ministère de son père par la prostitution (ib. ch. 21, v. 9). Ces deux cas sont les seuls où le législateur décrète la peine du feu. La cohabitation légitime pouvait aussi devenir un crime punissable du *retranchement*, si les époux n'observaient pas les préceptes de pureté (ib. 20, 18). Le séducteur d'une jeune fille est forcé de l'épouser, à moins que le père ne refuse de la lui donner; dans ce cas le séducteur paie une amende de cinquante sicles (Ex. 22, 15 et 16; Deut. 22, 28 et 29). Nous ne trouvons aucune peine spéciale pour le viol, probablement parce qu'un crime de cette nature ne peut jamais être prouvé avec l'évidence que la loi mosaïque exige dans les affaires criminelles. Moïse n'admet la réalité du viol que comme moyen de sauver la femme adultère de la peine capitale (Deut. 22, 25-27).

3° Nous avons déjà parlé de l'autorité paternelle et du châtiment sévère infligé aux enfants qui manquaient de respect à leurs parents. Le *parricide* n'est pas prévu par Moïse, probablement parce qu'un crime aussi dénaturé lui paraissait impossible [1]. D'ailleurs la loi n'admettait aucune torture aggravante à côté de la peine capitale.

4° L'homicide volontaire est puni de mort, et le meurtrier ne peut être racheté sous aucune condition. Tout meurtre est considéré comme volontaire quand il a été consommé de sang-froid avec un instrument propre à donner la mort, ou même sans cette dernière circonstance, quand le meurtrier a été poussé par des sentiments de haine notoires. Dans ces deux cas, on n'a pas à examiner si le meurtrier a eu l'intention de tuer. C'est là ce qui résulte de la combinaison des différents passages qui traitent de l'homicide [1]. Une exception est admise en faveur de celui qui tue *pendant la nuit* un homme qui cherche à s'introduire pour voler (Exode, 22, 1). Le meurtre commis par quelque hasard ou par imprudence n'était pas puni par la loi, excepté dans le cas où quelques personnes en se disputant avaient atteint mortellement une femme enceinte; la loi du talion demandait alors vie pour vie.

Si les coups portés à la femme n'avaient causé qu'un avortement, le mari pouvait demander une indemnité en argent qu'il était libre de fixer lui-même (ib. 21, v. 22 et 23). Si un homme est tué par un animal domestique dont les habitudes dangereuses sont connues au maître, celui-ci peut en être rendu responsable sur sa tête, mais le *vengeur du sang*, dont nous allons parler tout à l'heure, pouvait, dans ce cas, accepter une rançon (ib. v. 29 et 30). Le meurtrier par imprudence subissait néanmoins dans tous les cas une peine réelle, par le séjour forcé dans l'une des six villes de refuge [2], où il devait rester jusqu'à la mort du grand prêtre en fonction, pour échapper à la vengeance que le plus proche parent de la victime, appelé GOEL HAD-DAM (*redemptor sanguinis*), était en droit d'exercer contre le meurtrier (Nombres, 35, 25). Cette vengeance du sang était considérée comme un devoir chez les Hébreux comme elle l'est encore aujourd'hui chez les Arabes et chez plusieurs autres peuples de l'Orient. Le parent qui aurait manqué à ce devoir, eût été considéré comme un homme sans honneur. Une loi directe contre le droit du *Goël* aurait eu le même sort qu'ont généralement chez nous les lois contre le duel. Le législateur se voyant forcé de céder à ce faux point d'honneur, tâcha du moins de

---

[1] C'est par la même raison que Solon passa sous silence le crime du parricide : *Is cum interrogaretur, cur nullum supplicium constituisset in eum qui parentem necasset, respondit se id neminem facturum putasse.* Cicero, *Pro Roscio Amerino*, c. 25.

[1] Voy. Exode, 21, 12-14; Nombres, 35, 16 et suiv; Deut. 19, 11 - 13. Comparez *Mischnah*, quatrième partie, *Synhedrin*, ch. 9, § 1.

[2] Voy. ci-dessus, page 131.

prévenir les abus. Six villes situées à des distances à peu près égales, et dont les abords devaient être faciles (Deut. 19, 3), recevaient le meurtrier et le protégeaient contre le *Goël* pour le faire mettre en jugement. Si le meurtrier était déclaré non coupable, il restait dans l'asile; à la mort du grand prêtre le meurtre était pleinement expié et le *Goël* ne pouvait plus exercer son droit, sous peine d'être jugé lui-même comme assassin. Le meurtrier était-il trouvé coupable, on le livrait au *Goël*, qui était régulièrement chargé de l'exécution (ib. v. 12) [1]. A défaut de *Goël* l'autorité faisait exécuter le meurtrier, qui, selon la tradition, subissait la peine du glaive.

Nous avons déjà parlé (page 161) des formalités à remplir pour un meurtre dont l'auteur n'était pas connu. Le *suicide*, compris dans les paroles du Décalogue : *tu ne tueras pas*, n'est pas particulièrement mentionné par Moïse.

Les coups et blessures ayant eu pour résultat la mutilation de quelque membre du corps, sont punis selon la loi du talion dont nous avons parlé plus haut. Si les blessures ont pu être guéries, l'agresseur ne paye que les frais du traitement et le dommage causé par l'interruption du travail (Exode, 21, v. 18 et 19).

Si quelqu'un, par un faux témoignage, cherche à faire condamner un innocent, il est puni sévèrement selon la loi du talion, et on lui inflige la même peine qu'il a voulu faire subir à son prochain (Deut. 19, 16 — 21).

La diffamation, en général, est reprouvée par le législateur (Ex. 23, 1). Si quelqu'un, le lendemain de son mariage, répand de faux bruits contre l'honneur de sa jeune épouse, il subit un châtiment corporel; en outre il paye au père de la femme une amende de cent sicles d'argent et il perd à jamais le droit de divorcer (Deut. 22, 13—19).

5° L'atteinte portée à la propriété d'autrui ne peut être punie que sur la propriété du coupable, et, sous ce rapport, les lois de Moïse, basées sur le principe du talion, sont bien plus douces que celles de la plupart des législateurs anciens et modernes. Nous avons déjà parlé, dans les lois civiles, de la soustraction frauduleuse d'un dépôt. Le vol est puni par la restitution du double de l'objet volé, si toutefois cet objet est retrouvé intact entre les mains du voleur (Exode, 22, 3). Si le voleur a pris un animal domestique, et qu'il l'a tué ou vendu, il restituera quatre pièces pour chaque pièce de menu bétail, et cinq pour un bœuf, sans doute à cause de l'importance qu'a le bœuf pour l'agriculteur (ib. 21, 37) [1]. Le voleur qui n'a pas de quoi payer l'amende est réduit en servitude, et le prix de son travail sert à acquitter sa dette. Pris en flagrant délit pendant la nuit, le voleur peut être impunément tué par le maître de la maison; mais si le soleil est levé, le coup mortel porté au voleur serait puni comme meurtre.

Le brigandage à main armée sur la voie publique n'est pas prévu dans la loi de Moïse.

C. *Administration de la justice.*

En parlant du droit politique, nous avons fait connaître la composition du corps des juges, qui était en même temps un des pouvoirs de l'État. Il nous reste peu de chose à dire sur l'administration de la justice et sur les formes de la procédure qui étaient d'une simplicité patriarcale. Nous allons recueillir le petit nombre de données que nous offrent à ce sujet le Pentateuque et quelques autres livres de l'Ancien Testament. La procédure plus compliquée que nous trouvons dans les codes rabbiniques ne doit pas nous occuper ici.

---

[1] Le même usage existe en Perse. Voy. les Voyages de Chardin, t. III, p. 418 (édit. in-4°).

[1] Comparez II Sam. 12, 6. Le législateur ne se prononce pas sur l'amende exigible pour les choses inanimées que le voleur aurait vendues ou détruites. La jurisprudence des Hébreux n'admettait dans ce cas que le minimum de la peine, c'est-à-dire la restitution du double. *Mischnah*, 4ᵐᵉ partie, *Bava Kamma*, ch. 7, § 1.

Selon un antique usage les tribunaux siégeaient sur la place publique, aux portes des villes où se trouvait constamment un grand concours d'hommes[1]. Le temps ordinaire des audiences était la matinée, où la foule était plus nombreuse[2]. La publicité des débats, des juges non salariés et auxquels il était sévèrement interdit de recevoir le moindre cadeau des parties intéressées (Deut. 16, 19; 27, 25) offraient toutes les garanties désirables. Le procès était sommaire et verbal, mais il devait être précédé d'un examen minutieux (Deut. 13, 15; 17, 4). Dans les affaires criminelles, on n'admettait d'autre preuve que la déposition verbale de témoins non suspects, qui devaient être au moins au nombre de deux[3], et déclarer sous la foi du serment (Lév. 5, 1) qu'ils avaient vu commettre le crime. Dans les affaires civiles on recevait la déposition d'un seul témoin et on admettait d'autres espèces de preuves, notamment le serment (Exode, 22, 10—12). Il paraît que le coupable ne pouvait être régulièrement condamné sur son simple aveu, sans qu'il y eût d'autres preuves. Dans l'affaire d'Achan (Josué, chap. 7) on trouva le corps du délit (v. 22). On voit par ce même exemple, qu'on se servait quelquefois du sort sacré pour découvrir un coupable, et pour obtenir un aveu en frappant son imagination; car il n'y avait aucun autre moyen légal pour y arriver. La torture n'existait pas chez les anciens Hébreux; on n'en trouve pas la moindre trace dans l'Ancien Testament. Elle n'apparaît que plus tard, sous le règne d'Hérode[4].

Les parties plaidaient leur cause elles-mêmes[1]. La loi ne mentionne pas les avocats; il paraît néanmoins qu'il était permis à l'un des assistants de prendre la parole en faveur de l'accusé ou de la partie faible, ce qui était considéré comme un acte de piété[2].

Si l'accusé était déclaré coupable, l'exécution du jugement ne se faisait pas attendre. S'il n'était condamné qu'à des coups, il les recevait immédiatement, en présence des juges (Deut. 25, 2). L'exécution de la peine capitale (ordinairement la lapidation) avait lieu hors de la ville[3]. Les témoins étaient obligés de jeter les premières pierres, excepté les parents qui livraient aux juges leur fils dénaturé; l'exécution s'achevait par le peuple[4]. Les bourreaux n'existaient pas dans la république mosaïque, nous ne les trouvons que plus tard sous les rois. On a vu que le meurtrier condamné à la peine du glaive était livré aux parents de la victime, chargés de venger le sang versé. Le cadavre du supplicié restait pendu à un arbre ou à un poteau jusqu'au soir; mais il n'était pas permis de l'y laisser jusqu'au lendemain (Deut. 21, v. 22 et 23). Quelquefois on le brûlait (Josué, 7, 25), ou on l'ensevelissait sous un monceau de pierres, qui restait pour servir d'avertissement[5].

C'est là le peu que nous savons de positif sur les formes judiciaires établies par le législateur; nous aurons l'occasion, dans la suite, de faire remarquer çà et là les modifications et les développements que les événements firent subir à la loi primitive.

Nous avons fait connaître l'ensem-

[1] Voy. Deut. 16, 18; 21, 19; 22, 15; 25, 7. Plus tard le Synedrium siégeait dans un local particulier. Voy. ci-dessus, page 48.
[2] Jérémie, 21, 12; Ps. 101, 8. Voy. Maïmonide, *Abrégé du Thalmud*, l. XIV, traité 1 (des Synhédrin), ch. 3, § 1.
[3] Nombres, 35, 30; Deut. 19, 15. Il faut même, disent les rabbins, que les témoins aient averti le coupable de la peine qu'il encourrait. Maïmonide. l. c. ch. 12, § 1. On interrogeait chaque témoin à part, et en présence de l'accusé.
[4] Voy. Josèphe, *Guerre de Juifs*, I, 30, 3

[1] Deut. 25, 1; I Rois, 3, 16-22.
[2] Voy. Isaïe, 1, 17; Job, 29, 12-17; 33, 23.
[3] Lév. 24, 14; Nombres, 15, 36; I Rois, 21, v. 10 et 13.
[4] Deut. 13, 10; 17, 7; 21, 21. Dans le troisième passage qui parle du fils accusé par ses parents il n'est question que du peuple et on ne mentionne pas les témoins
[5] Josué, 7, 26; II Sam. 17, 18.

ble des lois mosaïques et nous en avons signalé tous les points principaux. Nous croyons en avoir tracé un tableau fidèle, et, en citant toujours nos autorités, nous avons mis le lecteur à même de vérifier tous les faits que nous avançons. Revenons maintenant à l'histoire des Hébreux que nous avons laissés dans les plaines de Moab prêts à passer le Jourdain.

DEUXIÈME PÉRIODE.

ÉTABLISSEMENT SUCCESSIF DANS LE PAYS DE CANAAN ; JUGES.

1. *Conquête de Canaan.*

Lorsque les trente jours de deuil furent accomplis, Josué, que Moïse lui-même avait installé comme son successeur, en lui imposant ses mains, ordonna de faire les préparatifs du départ. Les Hébreux étant campés dans les plaines de Moab, en face de Jéricho, cette place, la clef du pays de Canaan, devait avant tout fixer leur attention. Aussi Josué avait-il envoyé d'avance deux hommes pour explorer la ville de Jéricho et pour connaître l'esprit des habitants. Les deux explorateurs étaient allés se loger chez une courtisane nommée Rahab, qui, en les soustrayant aux investigations du roi de Jéricho, leur avait fait connaître le découragement des habitants effrayés de tous les prodiges que la Providence avait faits en faveur des Hébreux et surtout de la victoire remportée par Moïse sur Sihon et Og. Le rapport favorable que firent les explorateurs, à leur retour dans le camp, détermina Josué à faire opérer promptement le passage du Jourdain. Les *Schoterim* apportèrent au peuple l'ordre de départ, et on se mit en marche de Sittim vers le Jourdain. Le fleuve coulait alors à pleins bords ; car on était au mois d'avril[1]. Les Cananéens négligèrent de défendre le passage du fleuve qui leur paraissait impraticable. Après trois jours de préparatifs, Josué ordonna

aux prêtres qui portaient l'arche sainte, accompagnée probablement de la colonne de feu, de se mettre en marche pour servir de guide au peuple qui devait suivre l'arche à deux mille coudées de distance. Les prêtres n'ont pas plutôt mis le pied dans le Jourdain que le cours du fleuve s'arrête dans cet endroit ; l'eau descendue d'en haut s'amoncelle et forme une digue, tandis que de l'autre côté l'eau découle vers la mer Morte et laisse le lit du fleuve à sec. Les prêtres placés avec l'arche au milieu du lit laissèrent passer tout le peuple ; puis ils montèrent eux-mêmes à l'autre rive pour reprendre leur place à la tête des colonnes. On plaça douze pierres au milieu du fleuve et douze autres sur sa rive droite, près de Guilgal, pour servir de monument, aux générations futures, du passage miraculeux du Jourdain. C'est ainsi que le livre de Josué raconte cet événement mémorable. Ici, comme dans le passage de la mer Rouge, le fait historique a été sans doute amplifié par la tradition : le miracle n'est pas dans le passage en lui-même, car nous savons que le Jourdain est guéable dans plusieurs endroits ; mais c'est la saison dans laquelle s'opérait le passage du Jourdain qui rend cet événement miraculeux. Nous ne répéterons pas les différentes conjectures des rationalistes ; car il nous paraît difficile de faire la part du fait historique et celle de la tradition poétique, accueillie, quelques siècles plus tard, par l'auteur du livre de Josué.

Les Hébreux, après avoir passé le Jourdain, campèrent à Guilgal, le dix du premier mois, quarante ans après la sortie d'Égypte et environ quinze siècles et demi avant l'ère chrétienne.

Immédiatement après être arrivé à Guilgal, Josué ordonna la circoncision de tous les mâles ; car cette opération avait été négligée pendant le séjour dans le désert. Le quatorze du mois on célébra la Pâque, et on mangea des pains azymes du blé du pays. Josué

---

[1] Voy. ci-dessus, page 9.

fit ensuite les préparatifs de la prise de Jéricho : chaque jour il fit faire aux troupes en silence le tour de la ville ; le gros de l'armée était suivi de l'arche auprès de laquelle se trouvaient sept prêtres sonnant du cor, et la marche était fermée par l'arrière-garde. Ces processions durèrent six jours, et Josué avait probablement pour but d'endormir la vigilance des ennemis par ces promenades insignifiantes ; le septième jour on alla ainsi sept fois autour de la ville, et au septième tour toute l'armée poussa le cri de guerre. Ce fut sans doute le signal d'un assaut général ; les murs s'écroulèrent subitement et la ville tomba au pouvoir des Hébreux.

On a essayé de donner différentes explications du récit merveilleux du livre de Josué, que les croyants se sont obstinés à prendre à la lettre et que les sceptiques ont cru devoir tourner en ridicule, mais qui est emprunté sans doute à un antique poëme. Les uns ont supposé un tremblement de terre qui aurait fait écrouler les murs ; d'autres ont pensé que Josué avait fait miner les murs et que les promenades inoffensives autour de la ville avaient pour but de masquer les opérations. L'hypothèse la plus probable me paraît être celle d'un assaut auquel le son des trompettes et le cri de guerre avaient servi de signal. Dans le langage poétique de la tradition, on a pu dire que les murs de Jéricho s'écroulèrent au son retentissant des trompettes de guerre [1].

L'anathème fut prononcé contre la ville de Jéricho ; tout ce qu'elle renfermait de vivant fut mis à mort, à l'exception de la courtisane Rahab et de sa famille ; la ville fut brûlée avec tout ce qu'elle renfermait ; l'or et l'argent, ainsi que les vases de métal, furent seuls transportés dans le trésor du sanctuaire. Josué prononça une malédiction contre celui qui rebâtirait la ville de Jéricho, ou du moins qui rétablirait ses fortifications [1].

Le quartier général de Josué, ainsi que le tabernacle, restait établi à Guilgal. Un détachement d'environ trois mille hommes fut expédié pour la conquête de la ville d'Aï à l'est de Béthel. Au dire des explorateurs que Josué y avait envoyés d'avance, un petit nombre d'hommes devait suffire pour s'emparer de cette ville ; néanmoins le détachement fut repoussé avec perte. Josué, effrayé de cet échec qui pouvait décourager le peuple, se prosterne devant Dieu ; il est convaincu que cette défaite est un châtiment céleste. On trouve en effet qu'un homme de la tribu de Juda, nommé Achan, a retenu plusieurs objets de l'anathème de Jéricho. Achan avoue son crime et on retrouve dans sa tente les objets qu'il a détournés. Par ordre de Josué, lui, ses fils et ses filles sont lapidés par le peuple, et tout ce qui lui appartient est consumé par le feu.

Une seconde attaque contre Aï est conduite avec plus de prudence. Josué s'y rend lui-même avec toute l'armée ; trente mille hommes d'élite sont placés en embuscade à l'occident de la ville [2] ; le reste des troupes, ayant Josué en tête, campe au nord de la ville. Les habitants d'Aï ayant fait une sortie, les Hébreux simulèrent une fuite pour attirer l'ennemi loin de la ville. A un signal donné par Josué, les hommes qui étaient en embuscade entrèrent dans la ville abandonnée de ses défenseurs et y mirent le feu. Alors l'armée des Hébreux, qui avait feint de fuir, se retourna contre l'ennemi ; ceux qui avaient pris la ville arrivèrent du côté opposé, et bientôt l'ennemi, se trouvant enveloppé de tous les côtés, fut totalement battu et détruit. Aï eut le même sort que Jéricho ;

---

[1] C'est ainsi que Herder explique le récit de la prise de Jéricho. Voy. *Geist der hebræischen Poesie*, t. II, ch. 7, édit. de Carlsruhe, p. 239. De même Hartmann dans son ouvrage sur le Pentateuque, p. 312.

[1] Voy. ci-dessus, page 41.
[2] Voy. Josué, ch. 8, v. 3. Selon le verset 12, il n'y avait eu que cinq mille hommes placés en embuscade ; il est évident que les versets 10 à 13 ne sont qu'une variante tirée d'un autre document, et qui, mise d'abord en marge, sera entrée plus tard dans le texte. Pour avoir le texte primitif, on doit passer du verset 9 au verset 14.

mais cette fois les bestiaux et tout le butin furent abandonnés aux soldats. Le roi d'Aï, pris vivant, fut pendu par ordre de Josué.

Si l'ordre chronologique a été strictement observé dans le texte biblique, les Hébreux auraient pénétré immédiatement jusqu'à Sichem; car le livre de Josué, après avoir parlé du sac d'Aï, dit que Josué bâtit alors un autel sur le mont Ébal et qu'il y fit graver le résumé de la loi de Moïse. Les bénédictions et les malédictions furent prononcées alors, conformément à l'ordre de Moïse, près des monts Ébal et Garizim [1].

Sur ces entrefaites les rois de Canaan, revenus de leur première stupeur, préparèrent une ligue pour repousser l'invasion des Hébreux. Quelques villes hévites, qui formaient un petit État indépendant sous des institutions républicaines, auraient voulu traiter avec les Hébreux. N'espérant point obtenir de Josué des conditions de paix, elles se servirent d'une ruse pour arriver à leur but. Ce furent les villes de Gabaon, Caphira, Beéroth et Kiryath-Yîmaar [2]. Des députés de ces villes se présentèrent devant Josué à Guilgal sous l'aspect d'hommes venant de faire un voyage lointain; leurs bagages, leurs vêtements et leurs provisions paraissaient être usés et détruits par le temps. Ils prétendirent venir de très-loin, envoyés par les anciens de leurs villes pour faire une alliance avec les Hébreux, ayant entendu parler de tout ce que leur dieu Jéhova avait fait pour eux en Égypte et de leur victoire sur les rois Sihon et Og. Josué, trompé par les apparences, s'empressa d'accueillir les propositions des députés; il conclut une alliance avec eux, et les chefs des tribus la scellèrent par un serment. Mais trois jours après on apprit que ces prétendus étrangers étaient des Cananéens. Les Hébreux entrèrent dans leurs villes sans coup férir; mais, liés par le serment, ils ne purent y renouveler les scènes de Jéricho et d'Aï. On accorda la paix aux habitants; mais, pour faire taire les murmures du peuple, on les condamna à fournir des coupeurs de bois et des porteurs d'eau pour le service du sanctuaire.

La défection de Gabaon, une des villes les plus importantes de tout le pays, effraya et révolta en même temps les peuplades voisines. Adoni-Sédek, roi de Jébus ou Jérusalem, fit un appel aux rois de Hébron, de Yarmouth, de Lachis et d'Églon, pour châtier les Gabaonites. Les cinq rois se mirent en marche, avec leurs troupes, contre Gabaon que les soldats hébreux avaient quitté. Les Gabaonites envoyèrent à Guilgal pour avertir Josué du danger qui les menaçait. Celui-ci se mit immédiatement en marche; en une nuit on arriva près de Gabaon. Les ennemis, qui déjà assiégeaient cette ville, furent repoussés avec perte et poursuivis jusqu'à Azékah et Mackédah, dans la plaine de Schephélah. Dans leur fuite, ils furent surpris par une grêle terrible qui en tua un grand nombre. Cette éclatant-victoire remportée en un seul jour fut célébrée par Josué dans un cantique jadis conservé dans un antique recueil de poésies nationales intitulé *Sépher hayyaschar* (le livre du juste). L'auteur du livre de Josué cite le commencement et la fin de ce cantique, dans lequel Josué, étonné de tout ce qui avait été accompli en une seule journée et pendant une partie de la nuit, présente poétiquement le soleil et la lune comme s'étant arrêtés à son gré pour éclairer le combat:

« Soleil (ai-je dit), arrête-toi à Gabaon, et toi, ô lune, dans la vallée d'Ayyalôn [1] ! »

« Et le soleil s'arrêta, et la lune resta immobile jusqu'à ce que le peuple se fut vengé de ses ennemis...... » C'est ainsi, ajoute l'auteur, qu'il est écrit dans le livre Yaschar (jusqu'aux mots):

« Et le soleil s'arrêta au milieu

---

[1] Voy. ci-dessus, page 5.
[2] Voy. ci-dessus, pages 43 et 80.

[1] Ayyalon était situé à l'ouest de Gabaon.

du ciel, et il n'eut pas hâte de se coucher, bien que le jour fût accompli[1]. »

Josué continua la poursuite des ennemis, dont un petit nombre put se réfugier dans les places fortes. On apprit que les cinq rois avaient échappé au carnage et s'étaient réfugiés dans une caverne près de Mackédah. Josué les fit prendre, ils furent tués et attachés à cinq potences, et le soir on jeta leurs cadavres dans la caverne qui leur avait servi de refuge et qu'on ferma avec de grandes pierres.

A la suite de cette victoire, les Hébreux s'emparèrent successivement des villes de Mackédah, Libnah, Lachis, Églon, Hébron, Debir, et peu à peu ils occupèrent presque tout le midi de la Palestine depuis Kadès-Barnea jusque dans les environs de Gaza[2], à l'exception des villes des Philistins.

En attendant, la ligue formidable qui s'était formée dans le nord, sous les auspices de Yabîn, roi de Hasor, engagea les Hébreux dans une lutte qui devait être longue et pénible. Le livre de Josué n'entre pas dans tous les détails de cette lutte ; nous savons seulement qu'un combat décisif fut livré enfin près des eaux de Merôm ou du lac Samochonitis[3], et que, par suite de ce combat, les Hébreux entrèrent victorieux dans la ville de Hasor et la brûlèrent. Le roi de Hasor, chef de la ligue, fut mis à mort, et les villes du nord tombèrent en grande partie au pouvoir des Hébreux.

Une attaque contre les Anakîm du midi fut également couronnée de succès (Jos. 11, 21).

Cependant les Cananéens avaient pu se maintenir dans beaucoup d'endroits et notamment dans les places fortes[1]. Josué déjà avancé en âge avait acquis la conviction que l'œuvre de la conquête ne pourrait être achevée de sitôt et qu'il devait considérer sa mission comme terminée. Pendant six ou sept ans il avait lutté avec opiniâtreté contre les Cananéens[2], et trente et une principautés avaient été soumises[3]. Au lieu de faire de nouvelles tentatives, qui exigeaient de grands efforts, il aimait mieux consolider ses conquêtes et organiser les affaires intérieures des Hébreux, abandonnant aux différentes tribus le soin d'achever la conquête des villes qui devaient leur appartenir.

Josué résidant toujours à Guilgal, commença à s'occuper de la distribution des terres, opération longue et pénible. Trois tribus, celles de Juda, Éphraïm et Manassé, avaient pris possession des cantons qu'on leur avait assignés, lorsque Josué fit transporter son quartier général, ainsi que le temple portatif, dans la ville de Siloh, qui appartenait à la tribu d'Éphraïm (dont Josué était issu). Arrivé à Siloh, Josué pressa les sept tribus qui ne s'étaient pas encore installées dans leurs possessions, de hâter l'opération du partage, et il envoya, à cet effet, trois hommes de chaque tribu, qui devaient

---

[1] Voy. Josué, ch. 10, v. 12 et 13. « Il faut s'étonner, dit Herder (l. c. p. 237), qu'on ait pu si longtemps se méprendre sur le sens de ce beau passage. Josué attaque les Amorites de bon matin et le combat dure jusque dans la nuit, c'est-à-dire une longue journée, et le jour paraissait se prolonger pour achever la victoire. Le soleil et la lune étaient témoins des exploits de Josué; étonnés, ils s'arrêtent au ciel, jusqu'à ce que la victoire soit complète...... Qui ne voit pas que c'est ici de la poésie, quand même on ne citerait pas un livre de chants héroïques? Dans le langage d'Israël de pareilles expressions n'étaient ni hardies ni étranges, etc. » Voy. aussi Jahn, *Introductio in libros sacros*, p. 225.

[2] Voy. Josué, 10, v. 28 — 42. Il paraîtrait cependant que quelques-unes de ces villes retombèrent au pouvoir des Cananéens; car plus loin on parle de nouveau de leur conquête (ch. 15, v. 13-15).

[3] Voy. ci-dessus, page 8.

[1] Voy. Josué, ch. 13, v. 1-6; Josèphe, *Antiqu.* V, 1, 20.

[2] Il résulte du livre de Josué, ch. 14, v. 10, que, à la fin des guerres de Josué, il s'était écoulé quarante-cinq ans depuis le temps où Moïse avait envoyé douze hommes pour reconnaître le pays de Canaan. Or, cet envoi avait eu lieu la deuxième année de la sortie d'Égypte, vers l'époque des vendanges; d'où il résulte que les guerres de Josué s'étaient prolongées jusque dans l'année 47 de la sortie d'Égypte, ou jusque dans la 7ᵉ année après l'entrée dans le pays de Canaan. Voy. des Vignoles, *Chronologie de l'histoire sainte*, t. 1, p. 8.

[3] Voy. ci-dessus, page 80.

parcourir les différents cantons, noter les villes et les terrains et en soumettre à Josué l'état exact. Leur rapport amena quelques modifications dans les possessions déjà accordées aux trois tribus susdites.

En assignant aux tribus leurs futures demeures, Josué suivait en partie les anciennes traditions qu'on faisait remonter jusqu'à Jacob[1]; ce fut par la voie du sort qu'on distribua les lots aux familles de chaque tribu. Nous allons donner, sur le résultat général des opérations, quelques détails qu'il est important de connaître, pour l'intelligence de l'histoire, et nous indiquerons brièvement la position relative des douze tribus.

On a déjà vu (page 131) que les tribus de Ruben et de Gad et une partie de celle de Manassé s'étaient établies, avant la mort de Moïse, à l'est du Jourdain.

Voici dans quel ordre s'établirent les neuf tribus et demie à l'ouest du Jourdain; nous allons du midi au nord :

1° JUDA reçut le midi de la Palestine, depuis Kadès-Barnea et le torrent d'Égypte (Wadi-el-Arîsch), jusqu'à la vallée de Ben-Hinnom, au midi de Jérusalem, et depuis la mer Morte jusqu'à la Méditerranée. La plus grande partie du territoire philistin devait appartenir à cette tribu, mais elle ne put s'en emparer d'une manière durable. Le canton de Juda était divisé en quatre districts appelés : le *Midi*, la *Schephéla* (bas pays sur la Méditerranée), la *Montagne* ou l'intérieur, et le *Désert* ou la partie orientale près de la mer Morte. Le nombre des villes et bourgs de cette tribu se monta d'abord à environ 125[2]; mais elle dut en céder une partie aux tribus de Siméon et de Dan. Parmi les villes de Juda nous remarquons En-Gadi, Thecoa, Bethléhem, Hébron, Kadès-Barnea, etc.

2° SIMÉON, une des tribus les plus faibles en nombre, ne reçut pas de district particulier; mais Juda dut lui céder une partie des villes qui lui avaient été accordées à la première distribution, de sorte que le territoire de Siméon se trouvait enclavé dans celui de Juda[1]. Au nombre de ces villes nous trouvons Siclag, Ether, Rimmon, Hormah, Beërséba.

3° BENJAMIN, au nord-est de Juda, ayant pour limite orientale le Jourdain, et s'étendant à l'ouest jusqu'à Kiryath-Yaarîm. Cette tribu possédait, sur sa limite méridionale, la ville de Jébus (Jérusalem), plus tard la capitale de tout le pays; nous remarquons encore les villes de Jéricho, Guilgal, Aï, Gabaa, Rama, Gabaon, Anathoth, etc. La ville de Béthel qui lui fut assignée par le sort, mais dont elle ne put expulser les Cananéens, fut prise plus tard par les Ephraïmites.

4° DAN, au nord-ouest de Juda et à l'ouest de Benjamin, jusqu'à la Méditerranée. Ses villes étaient Saréah, Esthaol, Ayyalôn, Thimnatha (Ekrôn), Yafo ou Joppé, etc. On verra qu'un peu plus tard, une colonie de Danites prit la ville de *Laïsch*, à l'extrémité septentrionale du pays, et lui donna le nom de *Dan* (ci-dessus, page 33).

5° ÉPHRAIM s'étendait au nord de Benjamin et de Dan, jusqu'au delà du mont Ébal, et du Jourdain à la Méditerranée, et renfermait les villes de Sichem, Siloh, Thimnath-Sérah, etc. Les ossements de Joseph, que les Hébreux avaient emportés d'Égypte, furent enterrés à Sichem, dans le champ jadis acquis par Jacob[2].

6° La seconde moitié de MANASSÉ, au nord-ouest d'Éphraïm, avait pour limite, à l'occident, la Méditerranée, et possédait le littoral depuis le torrent de Kana jusqu'à Dor. Au nord, elle touchait Aser, au nord-est et à l'est Isachar (Jos. 17, 10), et non pas le Jourdain, comme le dit Josèphe[3]. Ses villes étaient Dor, Thaanach, Megiddo; plus tard Samarie fut bâtie sur son territoire. On lui avait donné en outre, sur le territoire d'Isachar et d'Aser, les villes d'Én-dôr, de Beth-

---

[1] Voy. ci-dessus, page 115.
[2] Voy. les détails dans le livre de Josué, ch. 15.

[1] Josué, ch. 19, v. 1-8.
[2] Voy. Genèse, 33, 19; Josué, 24, 32.
[3] *Antiqu.* l. V, ch. 1, § 22.

seân et de Yibleâm; mais les Cananéens ne purent de longtemps être expulsés de ces villes (ib. v. 11—13).

7° ISACHAR, au nord-est d'Éphraïm, s'étendait au nord jusqu'au torrent de Kison; sa limite à l'est était le Jourdain. A l'ouest et sud-ouest cette tribu touchait le territoire de Manassé et s'étendait au N. O. jusque vers le Carmel. Elle possédait les villes de Yezreël, Aphek, Thirsa, Gelboa, Dabrath, etc.

8° ASER occupait la côte, au nord-ouest d'Isachar, depuis le midi du Carmel jusque près de Sidon. Ses villes, environ une vingtaine, étaient peu considérables; nous y remarquons Achsaph, près d'Achzib (Ecdippa). Cette dernière ville ainsi que Acco et même Sidon devaient appartenir à Aser, mais elles ne purent être conquises.

9° ZABULON, au nord d'Isachar, jusque vers Kinnéreth (dans les environs de Capharnaoum)[1]. Sa limite à l'est était le lac de Génésareth, et à l'ouest le territoire d'Aser. On y remarque les villes de Yokneam, Kana, Gath-Hépher (patrie du prophète Jonas), Abel-Beth-Maacha[2], et, sur la limite d'Isachar, le mont Thabor.

10° NAPHTHALI s'étendait au nord de Zabulon jusqu'aux sources du Jourdain; à l'ouest il touchait Aser et le territoire des Phéniciens, et à l'est le Jourdain supérieur avec le lac Samochonitis. Parmi ses villes nous remarquons Kédes, Hasor et Kinnéreth.

Après avoir fait ce partage, Josué et le grand prêtre Éléazar assignèrent à la tribu de Lévi les quarante-huit villes qu'elle devait occuper sur le territoire de toutes les autres tribus. Selon le livre de Josué, les prêtres, qui étaient de la famille de Kehath, reçurent treize villes situées sur le territoire de Juda, de Siméon et de Benjamin[3]; les autres descendants de Kehath eurent dix villes dans les cantons d'Ephraïm, de Dan et de Manassé (en deçà du Jourdain). Treize villes furent données aux Gersonites, dans les cantons d'Isachar, d'Aser, de Naphthali et de Manassé (au delà du Jourdain), et douze villes aux Mérarites, dans les cantons de Zabulon, de Gad et de Ruben[1]. Six de ces villes devaient servir d'asile aux meurtriers involontaires; Moïse lui-même en avait déjà désigné trois au delà du Jourdain[2], Josué y en ajouta trois autres en deçà du fleuve, savoir: Kédes dans le canton de Naphthali, Sichem dans celui d'Éphraïm et Hébron dans celui de Juda.

La guerre étant terminée pour le moment, Josué convoqua les tribus de Ruben et de Gad et la demi-tribu de Manassé auxquelles Moïse avait donné le pays à l'est du Jourdain, et, après les avoir exhortées à rester fidèles à la loi de Moïse, il leur donna sa bénédiction et les renvoya dans leurs possessions. Arrivées au Jourdain, ces tribus élevèrent, sur les bords du fleuve, un grand autel, pour servir de monument à la postérité, afin qu'on ne pût les exclure un jour de la communauté de Jéhova. Le bruit se répand bientôt que le symbole d'un culte étranger a été élevé sur le Jourdain; aussitôt les représentants du peuple s'assemblent à Siloh, et déjà il est question de prendre les armes contre les tribus rebelles. Mais on veut d'abord leur demander des explications; Pinehas, fils du grand prêtre Éléazar, et dix représentants chefs de famille, un de chaque tribu, sont chargés de se rendre de l'autre côté du Jourdain, pour faire des représentations au sujet de l'autel. Les députés reprochent aux tribus de l'est leur infidélité envers Jéhova; mais ces tribus protestent de la pureté de leurs intentions. L'autel, disent-elles, n'a pas été élevé pour y faire des sacrifices; nous craignions que vos descen-

---

[1] Comparez l'Évangile de Matthieu, ch. 4, v. 13.
[2] Plus tard on trouve sur ce territoire quelques villes plus célèbres, telles que Tibériade, Sephoris, Nazareth.
[3] Voy. ci-dessus, page 177, col. 1, note 2.

[1] On peut voir les noms de toutes ces villes dans le livre de Josué, ch. 21, v. 13 et suivants.
[2] Voy. ci-dessus, page 131.

dants ne pussent un jour vouloir exclure les nôtres de la communauté d'Israël et du culte de Jéhova, en considérant le Jourdain comme une limite entre vous et nous, et nous avons bâti cet autel comme simple monument, pour servir de témoignage de l'unité de toutes les tribus sur les deux rives du Jourdain. Satisfaits de cette réponse, Pinehas et les députés retournèrent à Siloh, et les explications qu'ils apportèrent furent accueillies avec une satisfaction générale. L'autel reçut cette inscription : *C'est un témoignage entre nous que Jéhova est le* (seul) *Dieu* [1].

Josué passa probablement le reste de ses jours tantôt à Sichem [2], tantôt dans la ville de Thimnath-Sérah, qui lui avait été donnée pour récompense de ses services. Il abandonna, sans doute, le gouvernement intérieur des tribus à leurs Anciens et à leurs chefs respectifs. Les Hébreux avaient renoncé pour le moment à continuer la guerre avec les Cananéens; du moins le livre de Josué, la seule source que nous puissions consulter pour l'histoire de cette époque, ne relate-t-il aucun événement arrivé depuis le partage des terres jusqu'à la mort de Josué. Ce n'est que peu de temps avant sa mort que nous voyons reparaître sur la scène le vainqueur des Cananéens. Se sentant près de mourir, Josué convoqua à Sichem tous les représentants de la nation dans une assemblée générale, à laquelle le peuple lui-même assistait en grand nombre. Probablement l'arche sainte y fut transportée de Siloh (Jos. 24, 26). Josué adressa à l'assemblée un discours, dans lequel il rappela les bienfaits dont Jéhova avait comblé les Hébreux. Il exhorta le peuple à la fidèle observation des lois de Moïse, et à la continuation de la guerre, lui prédisant de grands malheurs, s'il abandonnait le culte du vrai Dieu, et s'il se mêlait avec les Cananéens qui restaient encore trop nombreux dans le pays. Les Hébreux promirent d'obéir, et sanctionnèrent de nouveau leur alliance avec Jéhova. Josué dressa un acte de tout ce qui venait de se passer et de la nouvelle sanction de la loi, et l'inscrivit dans le livre de la loi de Moïse [1]. Il fit élever aussi, à l'endroit de l'assemblée, une pierre monumentale, qui, disait-il, servirait de témoin contre le peuple, s'il reniait son Dieu. Josué mourut bientôt après, à l'âge de cent dix ans, soixante-cinq ans après la sortie d'Égypte, et il fut enseveli dans sa propriété à Thimnath-Sérah. Il avait été pendant vingt-cinq ans le chef suprême du peuple hébreu [2]. Bientôt le grand prêtre Éléazar suivit Josué dans la tombe; il fut enterré sur une colline qui appartenait à son fils Pinehas, sur la montagne d'Éphraïm.

Tant que vécurent les Anciens qui avaient été contemporains de Josué et qui avaient assisté à la conquête, les Hébreux furent maintenus dans le respect des lois et dans le culte de Jéhova. Il y eut bien çà et là quelques hommes isolés qui se laissèrent entraîner à l'idolâtrie (Jos. 24, 23); mais la grande majorité de la nation persista dans la bonne voie et dans ses sentiments hostiles à l'égard des Cananéens. Conformément à la dernière exhortation de Josué, quelques tribus recommencèrent les hostilités, soit pour faire de nouvelles conquêtes, soit pour reprendre des villes déjà conquises autrefois, et dont les Cananéens avaient pu de nouveau se rendre maîtres.

---

[1] C'est ainsi que je comprends le passage de Josué, ch. 22, v. 34.

[2] Selon Josèphe (*Antiqu.* V, 1, 28), il résidait à Sichem. Le sanctuaire restait fixé à Siloh.

[1] C'est probablement le document qui nous est conservé dans les chapitres 23 et 24 du livre de Josué.

[2] Ordinairement on ne fait durer que dix-sept ans le gouvernement de Josué, mais ce n'est là qu'une simple supposition qui ne se base sur aucune donnée historique. Josèphe (l. c. § 29) dit expressément que Josué avait gouverné les Hébreux pendant vingt-cinq ans; la chronique samaritaine dit la même chose, et Des Vignoles a cherché à démontrer l'exactitude de ce chiffre. Voy. *Chronol. de l'hist. sainte*, t. I, p. 8-16. La tradition rabbinique donne au gouvernement de Josué vingt-huit ans. *Séder Olam rabba*, ch. 12.

C'est ainsi que les tribus de Juda et de Siméon attaquèrent quelques peuplades cananéennes près de Bézek, ville dont la position est inconnue, mais qui était probablement située entre Jérusalem et le Jourdain[1]. Dix mille Cananéens furent défaits près de cette ville, dont le roi, nommé Adoni-Bézek, eut les pouces et les orteils coupés, supplice que, de son propre aveu, il avait fait subir à soixante-dix rois (Juges, 1, 7). Jérusalem (la basse ville) fut prise à la même époque; toute la montagne de Juda fut déblayée, et on s'empara même momentanément des villes de Gaza, Ascalon et Ékron. Béthel tomba par trahison au pouvoir des Éphraïmites.

Cependant les tribus manquèrent de force ou d'énergie pour expulser ou exterminer les Cananéens, comme l'avait ordonné Moïse. Josué avait peut-être fait une grande faute en ne se donnant pas de successeur; le manque de chef et l'absence d'unité et d'ensemble dans les opérations paralysèrent les forces des Hébreux. Ce furent surtout les tribus du nord, celles de Dan, Manassé, Éphraïm, Aser, Zabulon, Naphthali, qui ne purent s'emparer de toutes les villes qui leur avaient été destinées, ou qui se contentèrent de rendre les Cananéens tributaires, en leur permettant de demeurer au milieu d'elles.

Un messager de Dieu, ou un prophète, se présenta pour montrer aux Hébreux les conséquences funestes de leur faiblesse. Le peuple reconnut la vérité de tout ce que disait l'homme de Dieu; mais il ne pouvait plus répondre à son appel que par des larmes[2]. Les Cananéens devinrent de plus en plus dangereux, par leur force matérielle qui n'était pas brisée, et plus encore par leur culte plein de séductions et par l'exemple de leurs mœurs corrompues. Les Anciens qui avaient entouré Josué moururent peu à peu; des beaux temps de l'élan guerrier et de l'enthousiasme religieux il n'en resta plus que le grand prêtre Pinehas qui ne pouvait plus, de son bras vieilli, venger comme autrefois l'outrage fait aux mœurs et au nom de Jéhova, et qui n'était pas capable de maintenir l'unité politique et religieuse des tribus et de les préserver de l'anarchie. L'idolâtrie et la corruption des mœurs augmentèrent de jour en jour; les tribus, manquant de chef et de centre commun, devinrent étrangères les unes aux autres, et leur indifférence mutuelle menaça de dégénérer en hostilité. Deux événements racontés dans le livre des Juges, et que nous devons faire remonter à l'époque qui suivit la mort de Josué et des Anciens, montrent ce qu'étaient devenus, après si peu de temps, les beaux rêves de Moïse.

Sur la montagne d'Éphraïm vivait, dans une retraite isolée, un homme, nommé Michah. Cet homme avait caché une somme d'argent appartenant à sa mère; celle-ci, ne sachant ce qu'était devenu cet argent, se lamenta et prononça des imprécations. Michah vint la rassurer en lui disant qu'il avait mis l'argent en sûreté; la mère bénit la prévoyance de Michah, et, dans sa joie, elle consacra une partie de la somme à faire faire une image de Jéhova. La statue fut placée dans un petit temple que Michah avait fait bâtir dans sa maison et qu'il fit desservir par un de ses fils revêtu d'un *Ephod* et muni de *Théraphim*, à l'imitation des *Ourim* et *Thummim*[1]. Quelque temps après, un jeune lévite de Bethléhem, voyageant pour chercher une place, vint à passer devant la maison de Michah; celui-ci étant entré en conversation avec le lévite, l'engagea à rester chez lui pour servir de prêtre à son temple. Le jeune homme y consentit: il fut traité comme un fils par Michah qui ne doutait plus des faveurs dont Jéhova allait combler sa maison, ayant pour prêtre un véritable lévite.

---

[1] Voy. Juges, 1, 7; I Sam. 11, 8.
[2] Voy. Juges, ch. 2, v. 1-5.

[1] Voy. ci-dessus, page 176.

A cette époque la tribu de Dan, qui n'avait pu prendre possession de ses villes de la côte et que les Cananéens avaient refoulée sur la montagne, se vit obligée d'envoyer des colonies sur d'autres points. Cinq hommes furent expédiés pour aller explorer le pays au nord de la Palestine. Leur chemin les conduisit par la montagne d'Éphraïm et ils passèrent une nuit dans la maison de Michah. Ayant vu le jeune lévite et ayant appris de lui quelles étaient ses fonctions dans cette maison, ils le prièrent d'interroger l'oracle pour savoir si leur entreprise devait réussir. Le lévite leur fit une réponse favorable et les cinq hommes continuèrent leur voyage vers le nord. Ils arrivèrent à la ville de Laïsch habitée par des Phéniciens, qui y vivaient dans une paix profonde, et sans aucune crainte; car Laïsch était située hors des limites du pays des Hébreux. Aussi la ville était-elle sans défense, et les explorateurs crurent y trouver une occasion pour faire facilement une bonne conquête. Laïsch était trop loin de Sidon pour pouvoir en attendre un prompt secours; une attaque à l'improviste ne pouvait donc manquer de réussir. Les cinq hommes retournèrent immédiatement auprès de leur tribu, qui expédia aussitôt six cents hommes armés pour s'emparer de Laïsch. Cette bande, en passant devant l'habitation de Michah, fut avertie par les cinq explorateurs qu'il s'y trouvait une idole et un oracle. Les Danites, croyant sans doute que la présence de ces objets sacrés ne pouvait manquer de faire prospérer leur entreprise, emportèrent tout l'appareil du temple et enlevèrent le prêtre. Michah les poursuivit avec ses gens; mais voyant qu'il était trop faible pour lutter contre la bande, il se retira. Les Danites s'en allèrent à Laïsch, et tombèrent sur cette ville, qu'ils dévastèrent par le feu et le glaive. L'ayant restaurée ensuite sous le nom de Dan, ils y établirent l'idole faite par Michah, et lui consacrèrent un culte en rivalité avec le temple de Siloh; le lévite qu'on avait emmené y fonda un sacerdoce héréditaire [1].

On voit par ce récit que la loi de Moïse conservée dans le sanctuaire de Siloh restait sans influence sur le peuple qui méconnaissait entièrement son esprit, et qu'il n'y avait pas de pouvoir central assez fort pour empêcher le désordre et les abus.

Une action atroce commise à Gabaa, dans le canton de Benjamin, et que les autorités locales, si toutefois il en existait, avaient laissée impunie, devint la cause d'une guerre civile, qui se termina par la destruction presque totale de la tribu de Benjamin. Un lévite demeurant sur les confins de la montagne d'Éphraïm avait pris pour concubine une femme de Bethléhem. Cette femme l'ayant quitté et étant retournée chez son père à Bethléhem, le lévite la suivit quelque temps après, pour l'engager à revenir chez lui. Il fut bien accueilli par le père de la jeune femme, et celle-ci consentit à retourner avec lui. Cédant aux instances du père, le lévite avait passé quatre jours auprès de lui; le cinquième jour il voulut partir dès le matin, mais le père parvint encore à le retenir jusque dans l'après-midi. Le lévite, pour ne pas éprouver de nouveau retard, voulut partir, malgré l'heure avancée, se proposant de passer la nuit dans l'une des villes voisines, et il se mit en route avec sa femme et un serviteur qui l'avait accompagné à Bethléhem. Lorsqu'ils passèrent près de Jébus, ou Jérusalem, le serviteur proposa d'y passer la nuit; mais le lévite refusa d'entrer dans cette ville, qui était encore au pouvoir des Cananéens, et il voulut aller à Gabaa, ou à Rama [2]. On poussa jusqu'à Gabaa; le soleil était couché, et personne ne voulant recevoir les voyageurs, ils s'établirent

---

[1] Le texte (Juges, 18, 30) appelle ce lévite Jonathan, fils de Gerson, fils de Manassé. Au, lieu de *Manassé*, une variante porte *Mosché* (Moïse); de même la Vulgate. En effet, une ancienne tradition, sans fondement historique, présente le lévite de Michah comme le petit-fils du grand législateur.

[2] Voy. notre Topographie, p. 43.

avec leurs deux ânes sur la place publique. Un bon vieillard d'Éphraïm, établi à Gabaa, revint de son travail des champs; ayant vu les étrangers, il leur offrit une généreuse hospitalité. Un repas joyeux réunissait la famille du vieillard et les voyageurs, lorsque des gens de la populace, imitant la conduite des habitants de Sodom, frappèrent à la porte, demandant à grands cris qu'on leur livrât le lévite. Toutes les représentations de l'hospitalier vieillard furent inutiles; enfin le lévite ayant conduit sa femme à la porte, ces gens s'emparèrent d'elle et l'outragèrent pendant toute la nuit. A l'aube du jour, ils la renvoyèrent; la malheureuse femme se traîna jusqu'à la porte du vieillard, et tomba morte sur le seuil. Le matin le lévite ayant trouvé à la porte le cadavre de sa femme, le chargea sur son âne et partit pour la montagne d'Éphraïm. Arrivé dans sa demeure, il découpa le cadavre en douze morceaux qu'il envoya aux douze tribus des Hébreux, afin de les exciter à venger le crime des Benjamites. Cette action inouïe révolta tous les esprits, et en peu de temps quatre cent mille hommes furent prêts à prendre les armes contre la tribu de Benjamin. Une diète fut convoquée à Mispah, où le lévite outragé se présenta pour exposer sa plainte. On envoya d'abord des députés auprès des Benjamites, pour leur ordonner l'extradition des coupables; mais les Benjamites ayant refusé d'obéir, on décida de leur faire la guerre. Chaque tribu envoya son contingent, et la tribu de Juda ouvrit la marche contre Gabaa, où les Benjamites s'étaient assemblés de toutes leurs villes. Pendant deux jours de suite les Benjamites sortis de Gabaa repoussent l'armée nombreuse des assaillants avec une grande perte. Déjà les tribus se retirent à Béthel, où se trouvait momentanément l'arche sainte; là on célèbre un jeûne public, on offre des sacrifices, et hésitant sur le parti qu'on devait prendre, on consulte de nouveau l'oracle sacré. Le grand prêtre Pinehas,

animé comme autrefois d'une sainte jalousie, encourage le peuple, au nom de Jéhova, à marcher de nouveau contre Gabaa. Cette fois l'attaque est entourée de plus de précautions; un stratagème, semblable à celui qui avait été employé dans l'attaque contre Aï, réussit complétement. L'armée des tribus, feignant de fuir, attire les Benjamites loin de la ville; en même temps dix mille hommes, placés en embuscade près de Gabaa, fondent sur cette ville et y mettent le feu. Les Benjamites, voyant monter les flammes, sont stupéfaits, perdent courage, et s'enfuient en désordre. Mais ils se trouvent enveloppés de tous les côtés; alors il s'en fait un massacre tel que six cents hommes seulement parviennent à se réfugier dans le désert, où ils restent cachés pendant quatre mois, dans une grotte appelée *Séla-Rimmôn* (rocher de *Rimmôn* ou du grenadier). L'armée des Hébreux dévasta et brûla toutes les villes de Benjamin et massacra tous les habitants.

Après cette vengeance terrible, les esprits s'étant calmés, on regretta d'avoir anéanti une tribu entière, et un deuil public fut célébré à Béthel. Par malheur tous les Hébreux avaient fait un serment solennel de ne point donner leurs filles en mariage aux Benjamites; de sorte que le désastre paraissait irréparable. Pour éviter la perte totale de la tribu de Benjamin, on ne sut imaginer rien de mieux que de tomber sur la ville de Jabès-Galaad [1], dont les habitants n'avaient point envoyé de contingent pour l'attaque de Gabaa. On extermine les habitants de Jabès, à l'exception de quatre cents vierges, qu'on réserve à la tribu de Benjamin. Ensuite on offre la paix aux six cents Benjamites retranchés à Séla-Rimmôn, et on leur livre les quatre cents filles de Jabès. Quant aux deux cents Benjamites restés sans femmes, on leur conseille de se rendre à la fête nationale qu'on célébrait tous les ans à Siloh, et où les

[1] Voy. ci-dessus, page 72.

jeunes filles allaient danser, et on leur permet de surprendre les danseuses et d'en enlever une chacun, afin de la prendre pour femme. De cette manière les parents pouvaient consentir, sans violer leur serment. Ce plan est mis à exécution et les Benjamites se trouvent rétablis.

Les détails de cet événement nous offrent un triste tableau des mœurs barbares de l'époque : la conduite infâme des habitants de Gabaa, le cadavre dépecé de la femme du lévite servant de provocation à la guerre, le carnage qu'on fait des Benjamites, et où se trouvent confondus les innocents et les coupables, enfin l'expédition contre Jabès et l'enlèvement des filles de Siloh, sont autant d'actes indignes d'un peuple policé et vivant sous un gouvernement régulier et sous des lois civilisatrices. Aussi, l'auteur du livre des Juges, en rapportant ces faits, ajoute-t-il, qu'en ce temps-là il n'y avait pas de roi en Israël et que chacun faisait ce qui lui semblait bon.

2. *Juges.*

Les Hébreux se trouvèrent alors dans la position d'un enfant dont l'éducation, commencée avec beaucoup de méthode par un maître habile et sévère, a été subitement interrompue. L'enfant, abandonné à lui-même, n'a encore que quelques idées confuses des doctrines qui lui ont été enseignées ; il les abandonne facilement, ou il les interprète sans intelligence. Il lui faut de temps en temps une rude expérience pour lui rappeler les leçons utiles qu'il a si vite oubliées, et un bras qui le soutienne pour le faire rentrer, s'il est possible, dans une voie meilleure.

Se plaisant dans les douceurs de la paix, les Hébreux s'allièrent avec les Cananéens, et abandonnant de plus en plus le temple de Siloh, ils ne craignirent plus bientôt de se livrer au culte de Baal, d'Astaroth et de toutes les divinités phéniciennes. Le sentiment national, qui devait toujours se retremper dans le culte central et dans les assemblées solennelles des fêtes mosaïques, se relâchait de plus en plus, et bientôt les tribus isolées et sans chef se virent attaquées par les peuplades voisines, et par les ennemis qu'on avait tolérés dans l'intérieur du pays et qui recommencèrent à se recueillir et à acquérir des forces. De temps en temps un homme énergique se met à la tête de certaines tribus, ou même de la nation tout entière, pour faire revivre l'esprit national et pour secouer le joug étranger, mais il n'a pas toujours la faculté, ni même la volonté, de faire renaître le sentiment religieux et l'amour des institutions mosaïques, et, après sa mort, le peuple retombe dans l'anarchie. Pendant plusieurs siècles c'est une variation perpétuelle de revers et de prospérité, d'anarchie et de dictature, mais des institutions mosaïques, il n'en est point question. On appelle cette période celle des *Juges*, parce que les héros qui, de temps à autre, se mirent à la tête du peuple, portaient le titre de *Schophêt*, mot qui en effet signifie *juge,* mais qui désignait aussi, comme le mot phénicien *suffète,* un homme revêtu du suprême pouvoir [1].

Les *schophetim*, ou juges, ne furent pas toujours *élus;* nous ne savons rien de positif sur leurs fonctions et leurs droits qui n'étaient probablement pas basés sur une sanction légale; le *schophêt* s'emparait d'un pouvoir que lui mettaient entre les mains et son courage personnel et la nécessité du moment. Sa mission temporaire accomplie, il conservait ordinairement pendant toute sa vie une certaine autorité sur le peuple qui lui devait son salut; mais quelquefois il rentrait dans la vie privée, comme, par exemple, Gédéon (Juges, 8, v. 23 et 29). Ce n'est que vers la fin de cette période que nous trouvons dans les *Juges* de véritables chefs de la république; déjà après la mort de Jephté nous voyons successivement trois Schophetim qui ne doivent leur di-

[1] Voy. ci-dessus, page 196.

gnité à aucun acte éclatant, et qui probablement furent appelés au pouvoir par le choix du peuple qui reconnut enfin les avantages d'un pouvoir central régulièrement constitué. Ensuite Éli et Samuel jouissent d'une autorité très-étendue et signalent une époque intermédiaire entre la démocratie et la monarchie.

Au reste, il est impossible de présenter de l'époque des Schophetîm un tableau *historique*. Le livre des Juges, que seul nous pouvons consulter pour cette époque, n'est point un livre *d'histoire*; tout y est raconté d'une manière décousue, et les événements se succèdent sans une suite rigoureuse et sans ordre chronologique. C'est un recueil de traditions détachées sur les temps des *Schophetîm*, composé probablement sur d'anciens poëmes et sur des légendes populaires qui célébraient la gloire de ces héros. Ce recueil, qui date des premiers temps de la royauté, avait pour but, à ce qu'il paraît, d'encourager le nouveau gouvernement à achever l'œuvre commencée par Josué, et de montrer au peuple tous les avantages d'une royauté héréditaire. Dans ce but il suffisait de montrer par une série d'exemples quels furent les désordres auxquels se livrèrent les Hébreux du temps de la république ; quelles furent les suites malheureuses qu'avait eues la faiblesse des Hébreux vis-à-vis des Cananéens, et comment le pouvoir temporaire d'un seul les avait toujours préservés d'une ruine totale. Il ne faut donc pas penser à établir avec exactitude l'ordre chronologique des faits et l'époque de chaque juge. Les savants se sont donné, sous ce rapport, une peine inutile et tous leurs efforts ont complétement échoué[1]. Il suffira de dire que les chiffres que nous trouvons dans le livre des Juges et dans le premier livre de Samuel nous donnent, depuis la mort de Josué jusqu'au commencement du règne de Saül, le nombre total de cinq cents ans[1]; ce qui ferait depuis la sortie d'Égypte, cinq cent soixante-cinq ans, tandis que le premier livre des Rois (6, 1) ne compte que quatre cent quatre-vingts ans depuis la sortie d'Égypte jusqu'à la fondation du Temple sous Salomon[2]. Il faudrait supposer d'après cela que plusieurs des Schophetîm gouvernaient simultanément dans différentes contrées.

Dans l'incertitude des dates et dans le manque de sources *historiques*, nous devons nous contenter de résumer ici les traditions renfermées dans le livre des Juges, pour donner un tableau général de l'état des Hébreux dans cette période, sans prétendre établir la suite chronologique.

Dans les temps d'anarchie qui suivirent la mort de Josué et des Anciens, un roi de Mésopotamie, appelé Couschân-Rischataïm, étant devenu puissant, étendit peu à peu sa domination à l'ouest de l'Euphrate, jusqu'au pays de Canaan. Dans l'état où se trouvèrent alors les Hébreux, ils ne purent défendre leur indépendance,

---

[1] On peut voir la discussion des différentes opinions dans la *Chronologie* de Des Vignoles, t. I, p. 91 et suivantes.

[1] Voy. Des Vignoles, l. c. p. 135, 136. J'observerai qu'il faut encore ajouter à ces cinq cents ans quelques époques que le livre des Juges laisse indéterminées, savoir : l'époque de Samgar (ch. 3, v. 31) et l'anarchie qui précède la 3e servitude, sous Yabin (ch. 4, v 1), de même les époques d'anarchie qui suivent la mort de Gédéon (ch. 8, v. 33-35), et celle de Jair (ch. 10, v. 6). Aussi Josèphe dit-il dans un endroit que la république, sous les Juges, avait duré *plus de* cinq cents ans. *Antiqu.* XI, 4, 8.

[2] En ôtant de ces quatre cent quatre-vingts ans les soixante-cinq ans qui s'étaient écoulés depuis la sortie d'Égypte jusqu'à la mort de Josué, et 84 ans qui se passèrent depuis l'établissement de la royauté jusqu'à la construction du Temple, il ne nous resterait, pour la période des juges, que trois cent trente et un ans. Josèphe substitue au nombre de quatre cent quatre vingts du livre des Rois, celui de cinq cent quatre-vingt-douze (*Antiqu.* VIII, 3, 1); mais cette date n'est basée, sans doute, que sur les *calculs* de Josèphe; ailleurs ce même auteur compte six cent douze ans (*Ant.* XX, 10; *contra Apion*, II, 2). Les calculs des Juifs de Chine, auxquels d'ailleurs nous ne saurions attacher que peu d'importance, paraîtraient s'accorder avec les dates de Josèphe. Voy. *Taciti Opera*, éd. Brotier, t. III, p. 567, etc., *de Judaeis sinensibus*.

et ils devinrent tributaires du roi de Mésopotamie, qui les opprima pendant huit ans. Mais ils trouvèrent un libérateur dans Othniel, fils de Kenaz, qui, après dix-huit ans d'anarchie [1], fut le premier à prendre le titre de Schophêt et a rétablir l'ordre et l'indépendance. Othniel, demi-frère ou, selon d'autres, neveu de Caleb [2], s'était déjà distingué par la conquête de Debir ou Kiryath-Sépher, et ce fait d'armes lui avait valu la main d'Achsa, fille de Caleb [3]. Étant devenu Schophêt, il fit la guerre au roi de Mésopotamie; sorti vainqueur de cette lutte, il procura aux Hébreux quarante années de paix et de prospérité.

A la fin de cette époque, Églôn, roi des Moabites [4], s'étant allié avec les Ammonites et les Amalécites, envahit le territoire des Hébreux et s'empara de *la ville des palmiers* ou de Jéricho [5]. Il subjugua les Hébreux (du moins les tribus de la Pérée et du midi de la Palestine) et les rendit tributaires pendant dix-huit ans.

Un jour les Hébreux lui envoyèrent une députation, pour lui offrir un présent; à la tête des députés se trouva Éhoud (Aod), fils de Géra, de la tribu de Benjamin, homme gaucher ou ambidextre [6]. Après avoir accompli sa mission et s'être retiré avec les autres députés, il revint seul pour demander au roi une audience particulière, ayant, disait-il, quelque secret à lui communiquer. Églôn fit aussitôt retirer tout le monde. « J'ai une mission divine pour toi, » dit Éhoud, et le roi se leva de son trône. Alors Éhoud tira avec sa main gauche un glaive à deux tranchants qu'il portait à sa droite caché sous ses vêtements, et il plongea le glaive jusqu'à la garde dans le ventre du corpulent Églôn. Ensuite il se retira promptement en fermant la porte sur lui, et sortit sans obstacle. Les gens du roi trouvant la porte fermée, n'osèrent d'abord pénétrer dans l'appartement, croyant que le roi voulait rester seul; mais après avoir attendu fort longtemps, ils se décidèrent à ouvrir avec la clef, et ils trouvèrent le roi étendu mort par terre. Éhoud avait eu le temps de s'enfuir, et il arriva sain et sauf à Seïra sur la montagne d'Éphraïm. Là il fait retentir la trompette de la guerre; on s'assemble autour de lui; il descend à la tête de ses troupes et s'empare des gués du Jourdain qui servaient de passage aux Moabites. Ayant ainsi coupé la retraite aux ennemis qui occupaient la Palestine, et empêché leurs frères de la rive gauche du Jourdain de venir à leur secours, il attaque les troupes moabites et en fait un grand carnage. L'ennemi perdit environ dix mille hommes. Cette victoire fut suivie de quatre-vingts ans de repos [1].

Les Philistins, à ce qu'il paraît, essayèrent alors, pour la première fois, d'attaquer les tribus du midi; mais Samgar, fils d'Anath, s'étant mis à la tête d'une troupe de laboureurs armés d'aiguillons servant à piquer les bœufs, les repoussa avec une perte de six cents hommes. On fait ordinairement de Samgar le troisième Schophêt, et Josèphe dit qu'il mourut dès la première année de son règne.

---

[1] Voy. Josèphe, *Antiqu.* VI, 5, 4.

[2] Le texte dit: Othniel, fils de Kenaz, frère cadet de Caleb (Jos. 15, 17; Juges, 1, 13; 3, 9). Selon les accents masorétiques et la Vulgate, le mot *frère* se rapporte à Othniel. Or, comme Caleb est appelé *fils de Jéphoné*, les rabbins supposent que sa mère avait épousé *Kenaz* en secondes noces, et que Othniel était le frère de Caleb du côté de sa mère. Selon les Septante, le mot *frère* se rapporte à Kenaz; ils traduisent : Γοθονιήλ υἱὸς Κενὲζ ἀδελφοῦ Χάλεβ, faisant de Caleb l'oncle d'Othniel. D'autres enfin considèrent Caleb et Othniel comme frères germains, voyant dans Kenaz leur grand-père; car Caleb est appelé aussi le *Kenezite* (Nombres, 32, 12; Jos. 14, 6 et 14).

[3] Jos. 15, 17; Juges, I, 13.

[4] Voy. ci-dessus, page 96.

[5] Voy. page 41.

[6] Il paraît que la tribu de Benjamin possédait beaucoup d'hommes exercés à se servir également des deux mains. Voy. Juges, 20, 16.

[1] Josèphe (*Ant.* V, 4, 3) dit que, à la suite de cette victoire, Éhoud, nommé chef de tout le peuple, gouverna pendant quatre-vingts ans; ce qui ne résulte nullement du texte du livre des Juges.

Les Cananéens du nord que Josué avait vaincus près du lac de Mérôm (Samochonitis) étaient redevenus très-puissants, et avaient repris, en grande partie, le pays conquis par les Hébreux. Comme du temps de Josué, nous trouvons à leur tête un roi résidant à Hasor et portant le nom de Yabîn. Avec ses neuf cents chariots de guerre et une nombreuse armée[1], il opprima les tribus du nord, sur lesquelles il fit peser son joug pendant vingt années. Ses troupes étaient commandées par Sisera, qui avait son quartier général dans une ville appelée *Haroseth des païens*.

A cette époque vivait, sur la montagne d'Éphraïm, une femme célèbre appelée DÉBORAH (abeille) et mariée à un certain Lapidoth. Ayant nourri son imagination des traditions religieuses des Hébreux, et douée d'un haut élan poétique, elle savait, par sa parole puissante, ranimer dans le peuple la croyance en Jéhova et les sentiments de piété étouffés par l'entraînement séducteur de l'idolâtrie cananéenne. Aussi lui donnait-on le titre de *Nebiah* (prophétesse), et, assise dans un bois de palmiers entre Rama et Béthel, elle répondait, au nom de Jéhova, à la foule des Hébreux qui venait dans sa retraite lui demander des enseignements et des conseils. Elle s'était élevée par là au rang de *Schophêt;* car elle dirigeait par son influence toutes les affaires publiques et privées, *et les enfants d'Israël montaient auprès d'elle pour se faire juger* (Juges, 4, 5). Son âme généreuse se sent émue par les souffrances de ses frères; elle veut briser le joug honteux de Yabîn, et rendre les tribus du nord indépendantes. Barak, fils d'Abinoam, résidant à Kédès, dans le canton de Naphthali, jouissait, à ce qu'il paraît, d'une grande considération parmi ces tribus; c'est lui que Déborah fait appeler auprès d'elle, et elle lui ordonne au nom de Jéhova, le Dieu d'Israël, de se mettre à la tête de dix mille hommes des tribus de Zabulon et de Naphthali, pour attaquer l'armée de Sisera. Barak ne veut obéir qu'à condition que Déborah ira avec lui. « Eh bien, dit la prophétesse, j'irai avec toi; mais aussi la gloire de cette lutte ne t'appartiendra pas, car Sisera sera livré aux mains d'une femme. »

Arrivé à Kédès avec Déborah, Barak y assembla ses troupes qu'il conduisit sur le mont Thabor. Sisera, ayant appris ce mouvement, assembla ses neuf cents chariots près du torrent de Kison[1]. Barak marcha contre lui, avec ses dix mille hommes, et en un seul jour l'armée ennemie fut totalement battue[2]. Les Cananéens fuyant en désordre furent poursuivis par Barak jusqu'à Haroseth, et ils furent tous passés au fil de l'épée. Sisera, descendu de son char, s'enfuit à pied; il chercha un refuge auprès de Jaël, femme du Kénite Héber (de la famille de Hobab, beau-frère de Moïse)[3], qui était établi dans les environs de Kédès. Jaël, étant allée au-devant de Sisera, l'engagea à entrer dans sa tente; le guerrier accablé de fatigue demande un peu d'eau, elle lui donne du lait, et l'engage à se reposer, en lui promettant le secret. Mais lorsqu'il est endormi, elle l'assassine traîtreusement, en lui enfonçant un clou dans la tempe. Barak arrivé bientôt après, à la recherche de Sisera, est introduit dans la tente par Jaël, qui lui montre son ennemi étendu par terre. La défaite totale de Yabîn et des Cananéens du nord fut la suite de cette victoire, chantée par Déborah dans le célèbre cantique qui porte son nom, et qui est le plus ancien chant de victoire que

---

[1] Josèphe (ib. ch. 5, § 1) ne lui donne pas moins de 300,000 hommes d'infanterie, 10,000 cavaliers et 3000 chariots.

[1] Voy. page 8, col. I.
[2] Josèphe (V, 5, 4) fait intervenir un grand orage; les Hébreux ayant le vent par derrière, eurent pour auxiliaires la pluie et la grêle, qui accablèrent les Cananéens et qui les empêchèrent de combattre. Déborah dit aussi dans son cantique : « *Du haut des cieux on combattit; les astres, de leur carrière, combattirent contre Sisera.* » (Juges, 5, 20.)
[3] Voy. ci-dessus, page 76, col. I, note.

nous possédions, comme il est aussi un des plus sublimes et des plus accomplis dans son genre. Il est trop bien empreint des couleurs des temps et des lieux pour que la critique doive douter de son authenticité. À côté du haut élan patriotique et de l'enthousiasme religieux digne de la prophétesse, nous remarquons les mouvements moins nobles, mais bien naturels, du cœur humain, du cœur d'une femme. Après avoir parlé en prophétesse, en héroïne, voyez comme elle se plaît à faire l'éloge de la trahison de Jaël, avec quelle sanglante ironie elle parle de la mère du malheureux général des Cananéens [1] :

« La mère de Sisera regardait par
« la fenêtre et gémissait à travers le
« treillis : Pourquoi son char tarde-t-
« il à venir ? Pourquoi les pas de ses
« chariots sont-ils si lents ? Les plus
« sages d'entre ses femmes la conso-
« laient ; elle aussi s'adressait à elle-
« même cette réponse : Ne doivent-ils
« pas trouver du butin ? Ne faut-il pas
« le partager ? Une jeune fille, deux
« jeunes filles, pour chaque homme ;
« du butin de différentes couleurs pour
« Sisera, des vêtements de couleur
« brodés, des broderies doubles et
« variées pour la parure du cou. »

Sous le rapport historique, nous apprenons par ce cantique que les tribus de Zabulon et de Naphthali, vivant sur le théâtre de la guerre, et principales victimes de l'oppression de Yabîn, avaient combattu avec un courage héroïque (v. 18). Quant aux autres tribus, celles que Déborah avait pu encourager par sa parole, en se rendant de la montagne d'Éphraïm à Kédès, telles que Benjamin, Éphraïm, Manassé, Isachar, n'avaient pas refusé leur secours. Dan et Aser, ainsi que les tribus de l'est du Jourdain, n'avaient pas répondu à l'appel. Celles de Juda et de Siméon, demeurant à l'extrémité méridionale du pays, ne sont pas mentionnées par Déborah; probablement elles n'avaient pas été appelées au combat.

Il résulte de là, avec évidence, que le pouvoir de Yabîn ne s'étendait pas même sur toutes les tribus du nord, que les tribus des Hébreux ne formaient pas alors une république unie, gouvernée par un pouvoir central, et que Déborah et Barak, tout en jouissant d'une grande influence dans leurs districts, n'exerçaient nullement une autorité légale sur toute la nation. Dans cet état d'isolement, les tribus ne pouvaient manquer d'être en butte aux invasions de voisins hostiles. Selon le livre des Juges, une tranquillité de quarante ans suivit la victoire remportée sur Yabîn ; nous ne savons pas si le texte veut parler d'une paix générale dans toute la Palestine, ou seulement dans les contrées du nord. Quoi qu'il en soit, nous voyons bientôt apparaître au sud-est et à l'est un nouvel ennemi des Hébreux.

Les Midianites, les Amalécites et d'autres tribus bédouines de l'Orient, faisaient souvent des incursions dans la Palestine. Parcourant le pays de l'est à l'ouest, jusque vers Gaza, ils y campaient avec leurs troupeaux et leurs nombreux chameaux ; ils pillaient les bestiaux des Hébreux, et, semblables aux nuées de sauterelles, ils ravageaient les campagnes, détruisaient les récoltes, et amenaient la famine. Les Hébreux étaient obligés alors de mettre à l'abri leurs bestiaux et les produits de la terre dans des souterrains et des lieux fortifiés. Cette calamité durait depuis sept ans, lorsque, dans les environs d'Ophra, canton de Manassé, il se présenta un prophète qui, parlant aux Hébreux au nom de Jéhova, leur fit voir dans les malheurs dont ils étaient frappés les suites de leur infidélité envers le Dieu de leurs ancêtres. Ensuite il se présenta [1] à

---

[1] Sur le Cantique de Déborah, jugé et commenté sous le rapport poétique, voyez Herder : *Briefe*, etc. (Lettres concernant l'étude de la théologie), t. I, 7e lettre

[1] Selon le texte (Juges, 6, 11), ce fut *un messager de Jéhova* qui apparut à Gédéon ; selon Josèphe, ce fut une *apparition* (φάντασμα) sous la forme d'un jeune homme. Nous croyons, avec quelques commentateurs juifs, que le *messager de Jéhova* est le même que le prophète qui avait parlé au

Gédéon, fils de Joas, qui battait le froment dans un pressoir, n'osant pas le faire publiquement sur l'aire, à cause des Midianites. « Jéhova avec toi, vaillant héros, » dit-il à Gédéon. « Pardon, seigneur, répondit Gédéon, si Jéhova était réellement avec nous, comment tout cela nous serait-il arrivé? que sont devenus tous ses prodiges que nos ancêtres nous ont racontés en nous parlant de la sortie d'Égypte! Hélas! Jéhova nous a abandonnés et nous a livrés au pouvoir de Midian. » « Va, reprit l'autre, c'est Jéhova qui te dit : « Avec ta force tu sauveras Israël du pouvoir de Midian, c'est moi qui t'envoie. » — « Mais, dit Gédéon, avec quoi sauverai-je Israël? Ma famille est la plus faible dans Manassé, et moi je suis le plus jeune de la maison de mon père. » — « Je serai avec toi, dit Jéhova, et tu battras Midian, comme si c'était un seul homme. » — Gédéon, subitement inspiré, offrit un sacrifice à Jéhova, et lorsque la flamme s'éleva, le messager divin disparut, en disant : « La paix à toi! » Dans la nuit Gédéon détruisit l'autel que son père Joas, de la famille d'Abiézer, avait élevé à Baal. Le lendemain, les gens de la ville, ayant su que Gédéon avait détruit l'autel de Baal, voulurent le tuer; mais Joas, prenant la défense de son fils, leur dit : « Si Baal est un Dieu, qu'il plaide lui-même sa cause. » De là on donna à Gédéon le nom de *Jérubbaal*, c'est-à-dire : *Baal plaidera avec lui*[1].

Gédéon, désormais plein d'enthousiasme pour Jéhova, se sentit la force de combattre les ennemis. Il sut faire partager son courage à toute la famille d'Abiézer, qui se rassembla autour de lui, et, ayant envoyé des messagers à toutes les autres familles de la tribu de Manassé, ainsi qu'à Aser, Zabulon et Naphthali, il se vit bientôt entouré d'une nombreuse armée. Les Midianites étaient campés dans la plaine de Yezreël; Gédéon fit assembler ses troupes sur une hauteur au midi du camp ennemi, près d'une source, appelée Harod. Aimant mieux compter sur l'enthousiasme des guerriers que sur le grand nombre qui n'eût fait qu'embarrasser la marche, il renvoya tous ceux dont le courage était douteux. Dix mille hommes avides de combattre restèrent avec lui; mais Gédéon voulut d'abord employer un stratagème pour lequel il ne lui fallait qu'un petit nombre d'hommes déterminés. Les troupes s'étant rendues au ruisseau pour boire, Gédéon remarqua un certain nombre d'hommes qui ne se donnaient pas le temps de boire à leur aise, et qui prenaient à la hâte quelques gorgées d'eau puisée avec leurs mains. Gédéon crut reconnaître à ce signe ceux qui étaient le plus impatients de combattre [1]; ils étaient au nombre de trois cents, et ce fut avec eux que Gédéon voulut essayer son stratagème, en renvoyant, pour le moment, tout le reste des troupes. Dans la nuit il se hasarda lui-même, avec son écuyer Pourah, jusqu'aux avant-postes de l'ennemi. Là il entendit un homme raconter un songe qu'il avait eu et que son interlocuteur interpréta en faveur de Gédéon qui viendrait détruire le camp des Midianites. Cet incident confirma Gédéon dans son projet. Revenu aussitôt auprès de ses trois cents hommes, il les divisa en trois bandes; il donna à chaque homme une trompette et une

---

peuple. Au reste, tout le récit du livre des Juges est enveloppé d'un voile mythique.

[1] C'est à cause de ce surnom de *Jérubbaal* que quelques savants ont cru pouvoir identifier Gédéon avec *Hierombal*, *prêtre du dieu Jevo* dont Sanchoniathon, selon Porphyre (ap. Euseb. *Præp. ev.* I, 9), aurait appris beaucoup de choses concernant les Juifs. Et c'est avec de pareilles combinaisons que Bochart et autres ont prétendu fixer l'âge de Sanchoniathon; et encore de nos jours Saint-Martin n'a pas craint d'appeler le témoignage de Porphyre *une indication précieuse et propre, selon toute apparence, à faire connaître la véritable époque de cet historien.* Voy. *Biogr. universelle*, article *Sanchoniathon*.

[1] Tel me paraît être le sens du texte, et c'est aussi l'opinion de plusieurs commentateurs. Josèphe, au contraire, pense que ceux qui buvaient à la hâte étaient les plus craintifs, et, selon lui, Gédéon aurait choisi, par ordre de Dieu, ceux qui montraient le moins de courage, pour que le miracle fût plus éclatant. Voy. *Antiqu.* V, 6, 3.

cruche de terre vide avec une torche dedans. « Ce que vous me verrez faire, dit-il à ses hommes, vous le ferez aussi; quand je sonnerai de la trompette, vous en ferez de même, et vous crierez : *Pour Jéhova et pour Gédéon!* » On était au commencement de la seconde veille, c'est-à-dire à dix heures du soir [1]. Les ennemis, qui venaient de placer les sentinelles, se livraient au sommeil. Gédéon marcha sur l'entrée du camp ennemi avec une bande de cent hommes; les deux autres bandes s'étaient placées à deux autres points différents. Gédéon et ses gens firent retentir leurs trompettes et brisèrent leurs cruches; les autres bandes en firent de même. Tenant les torches dans la main gauche et les trompettes dans la droite, tous les hommes s'écrièrent : *Guerre pour Jéhova et pour Gédéon!* Les ennemis subitement réveillés, en entendant le son des trompettes et le cri de guerre, et en voyant le feu des torches autour du camp, se crurent entourés par une nombreuse armée [2]. La terreur se répandit parmi eux; ils poussèrent des cris et s'enfuirent à la hâte, et, dans le désordre, ils tournèrent leurs armes les uns contre les autres. Ils s'enfuirent au sud-est, vers Abel-Mehola [3]; pour repasser le Jourdain. Alors toutes les troupes de Naphthali, d'Aser et de Manassé, que Gédéon avait d'abord fait retirer, se rassemblèrent pour se mettre à la poursuite des Midianites. Les Éphraïmites aussi descendirent de leurs montagnes, et Gédéon fit occuper tous les gués du Jourdain jusqu'à Bethabara [4]. Il paraît cependant que les Midianites, en grande partie, avaient eu le temps de passer le Jourdain; car ce fut de l'autre côté du fleuve (Juges, 7, 25) que les Éphraïmites apportèrent à Gédéon les têtes de deux princes midianites, nommés Oreb et Zeêb, qu'ils avaient tués dans leur fuite. En même temps les Éphraïmites voulurent chercher querelle à Gédéon de ce qu'il ne les avait pas appelés, dès le commencement, pour prendre part à la guerre; et, sans le calme et la modestie de Gédéon, cette querelle aurait pu dégénérer en une guerre civile. Mais le héros sut persuader aux Éphraïmites, que, par la victoire qu'ils venaient de remporter sur Oreb et Zeêb, ils avaient mérité de la patrie bien mieux que lui-même : « Qu'ai-je donc fait, leur dit-il, à l'égal de vous? Le grapillage d'Éphraïm ne vaut-il pas mieux que les vendanges d'Abiézer? »

Après avoir ainsi calmé les Éphraïmites, Gédéon passa le Jourdain, pour se mettre à la poursuite de deux autres chefs des Midianites, Zébah et Salmona, qui avaient pu se sauver avec quinze mille hommes. Arrivé à Succoth avec ses trois cents guerriers d'élite fatigués de la marche, il demanda aux habitants de fournir du pain à sa troupe; mais on lui répondit avec ironie : « Tiens-tu déjà Zébah et Salmona, pour que nous donnions du pain à ta troupe? » Une réponse semblable lui fut faite à Phanuel. Gédéon, ayant hâte de continuer sa marche, se retira avec des menaces. Il atteignit le camp ennemi à l'est de Nobah ou Kenath [1]; les Midianites, pris à l'improviste, furent battus, et les deux chefs fugitifs tombèrent vivants entre les mains de Gédéon. Celui-ci les ramena avec lui pour les montrer aux habitants de Succoth : « Les voici, leur dit-il, ce Zébah et ce Salmona, au sujet desquels vous m'avez insulté. » Un châtiment bien mérité, mais barbare, fut infligé aux soixante-dix-sept chefs et anciens de la ville, dont Gédéon s'était fait écrire les noms par un jeune homme qu'il avait fait saisir. On les frappa avec des ronces, et on leur fit passer sur le

---

[1] Voy. ci-dessus, page 179.
[2] Des stratagèmes de ce genre sont rapportés aussi par les anciens auteurs profanes. Hannibal employa la ruse des torches (Tite-Live, t. 22, c. 16 et 17); Marius celle des trompettes et des cris de guerre (Salluste, *Jugurtha*, c. 96).
[3] Voy. ci-dessus, page 38.
[4] Voy. ci-dessus, page 73.

[1] Voy. ci-dessus, page 69.

corps des machines qui servaient à triturer le blé. De semblables scènes de massacre se renouvelèrent à Phanuel, dont on démolit le fort. Ensuite Gédéon ordonna à Jéther, son fils premier-né, de tuer les deux chefs ennemis; mais le jeune homme hésita, et Gédéon se chargea lui-même de cette exécution. C'est ainsi que se termina la défaite des Midianites, que, depuis cette époque, nous ne voyons plus reparaître sur la scène.

La victoire remportée par Gédéon avait excité l'enthousiasme et l'admiration à tel point qu'une partie du peuple offrit à ce héros la souveraineté héréditaire, et c'est ici pour la première fois que nous voyons germer parmi les Hébreux, instruits par les adversités, l'idée d'un gouvernement fixe qui eût assez de force pour prévenir de nouveaux désastres. Mais Gédéon sentit probablement que l'esprit d'unité ne pénétrait pas encore toutes les tribus, et que, en acceptant la couronne de la main d'un parti, il ne ferait qu'augmenter la désunion et le désordre; il refusa donc, en disant : « Ni moi ni mon fils, ne dominerons sur vous ; que Jéhova domine sur vous. » Ce fut peut-être avec de bonnes intentions, et pour faire revivre par son influence personnelle le culte de Jéhova, qu'il établit dans Ophra, sa ville natale, un brillant Éphod, ou oracle, pour lequel il s'était fait livrer par ses guerriers une partie de l'or provenant du butin. Mais par cet attentat flagrant contre la loi de Moïse, il établit une nouvelle concurrence très-dangereuse pour le sanctuaire de Siloh, le seul autorisé par la loi. L'oracle d'Ophra eut une très-grande vogue, et Gédéon, rentré en apparence dans la vie privée, exerçait peut-être par son Éphod une influence bien plus grande que celle que lui aurait donnée la souveraineté. Il vécut encore quarante ans, pendant lesquels aucun ennemi ne vint inquiéter les Hébreux.

Gédéon, qui avait épousé plusieurs femmes, laissa soixante-dix fils légitimes, et, en outre, une concubine qu'il avait eue à Sichem, lui avait donné un fils, nommé Abimélech. Il paraît qu'après la mort de Gédéon, ses nombreux fils manifestèrent des projets ambitieux; Abimélech, le plus pervers et en même temps le plus ambitieux de tous, se rendit à Sichem, où, par l'influence de la famille de sa mère, il sut se créer un parti. « Ne vaudrait-il pas mieux pour vous, fit-il dire aux habitants de Sichem, d'être gouvernés par un seul homme, que de l'être par soixante-dix? souvenez-vous que je suis votre proche parent. » Les Sichémites, disposés en sa faveur, lui donnèrent soixante-dix pièces d'argent prises dans le trésor du temple de Baal-Berith, dieu phénicien, qui avait trouvé alors de nombreux adorateurs parmi les Hébreux [1]. Abimélech solda des vagabonds avec lesquels il se rendit à Ophra ; il fit massacrer tous ses frères, à l'exception de Jothâm, le plus jeune, qui s'était caché. Après ce forfait inouï il retourna à Sichem, où il fut reconnu *roi*. Son frère Jothâm eut le courage de se présenter sur le mont Garizîm du haut duquel il adressa aux Sichémites le discours suivant :

« Écoutez-moi, habitants de Sichem,
« et Dieu vous écoutera : Les arbres
« allèrent un jour élire un roi, et, s'a-
« dressant à l'olivier, ils lui dirent:
« Règne sur nous; mais l'olivier leur
« répondit : Renoncerai-je à mon huile
« par laquelle on honore Dieu et les
« hommes, pour aller planer sur les
« arbres? — Et les arbres dirent au fi-
« guier: Viens, règne sur nous; mais
« le figuier leur répondit : Renoncerai-
« je à ma douceur et à mon bon fruit,
« pour aller planer sur les arbres? —
« Et les arbres dirent à la vigne :
« Viens, règne sur nous ; mais la vigne
« leur répondit : Renoncerai-je à mon
« moût qui réjouit Dieu et les hom-
« mes, pour aller planer sur les ar-
« bres? — Alors tous les arbres di-
« rent au buisson épineux : Viens,
« toi, règne sur nous. Et le buisson
« épineux répondit aux arbres : Si c'est
« avec sincérité que vous voulez

---

[1] Voy. ci-dessus, page 89.

« m'oindre pour être votre roi, venez
« vous abriter sous mon ombre; si-
« non, un feu sortira du buisson épi-
« neux et dévorera les cèdres du Li-
« ban. — Ainsi donc, si vous avez
« agi avec sincérité et intégrité en pre-
« nant Abimélech pour roi; si ç'a été
« pour vous montrer reconnaissants
« envers Jérubbaal et sa famille — et
« certes, il n'en est pas ainsi, puisque
« vous avez fait massacrer tous ses
« fils, et que vous avez pris pour roi
« le fils de sa servante. — Si donc, dis-
« je, vous avez agi avec sincérité, ré-
« jouissez-vous d'Abimélech et qu'il
« se réjouisse de vous; sinon, qu'un
« feu sorte d'Abimélech et dévore les
« habitants de Sichem et de Beth-
« Millo [1], et qu'un feu sorte de
« ceux-ci et dévore Abimélech. »

Après avoir prononcé ce discours, Jothâm s'enfuit hors des limites du petit royaume, et le bras d'Abimélech ne put l'atteindre. Après trois ans la prédiction de Jothâm s'accomplit. Les Sichémites, mécontents d'Abimélech, profitèrent un jour de son absence pour se déclarer indépendants : durant les fêtes des vendanges, un certain Gaal ameuta le peuple contre le gouvernement d'Abimélech. Zébul, gouverneur de Sichem, fit prévenir le roi, qui accourut avec des troupes. Gaal étant sorti au-devant de lui avec les autres rebelles fut battu et mis en fuite. La ville, prise le lendemain, fut détruite de fond en comble; Abimélech fit mettre le feu à la tour du temple de Baal-Berith, où les principaux de la ville s'étaient réfugiés; environ mille personnes, hommes et femmes, y perdirent la vie. La ville de Thébès [2], ayant pris part à la révolte des Sichémites, eut le même sort que Sichem. Les habitants se réfugièrent dans le fort, et Abimélech s'en étant approché pour y faire mettre le feu, une femme lui jeta une meule sur la tête et lui brisa le crâne. Abimélech, mortellement blessé, ordonna à son écuyer de le tuer sur-le-champ, afin qu'on ne pût pas dire qu'il avait été tué par une femme. Ses troupes se dispersèrent aussitôt et la guerre fut finie. Telle fut la fin d'Abimélech et du royaume de Sichem, qui n'avait eu qu'une très-petite étendue; il paraît que la grande majorité des Hébreux était restée indépendante, et n'avait pris aucune part dans les querelles d'Abimélech.

Nous trouvons ensuite un Schophêt, nommé Thola, de la tribu d'Isachar [1]; il résidait à Schamir, sur la montagne d'Éphraïm, où il mourut après avoir gouverné vingt-trois ans. Le livre des Juges (10,1) nous dit qu'*il secourut Israël;* mais nous ne savons pas dans quelle occasion. Après lui Jaïr, de Gilead, fut revêtu de la dignité de Schophêt; nous ne savons rien de lui, si ce n'est qu'il eut trente fils qui occupaient trente localités, appelées *villages de Jaïr*, et qui montaient autant d'ânes de luxe. Jaïr mourut après avoir gouverné vingt-deux ans, et il fut enterré à Kamôn, dans la Pérée.

Près d'un siècle s'était écoulé depuis l'éclatante victoire de Gédéon qui avait laissé sans doute une profonde impression dans l'esprit des peuples voisins; mais ni Gédéon, ni ses successeurs, n'avaient rien fait pour constituer les Hébreux en corps de nation, pour rétablir le culte national et pour prévenir de nouvelles invasions. L'idolâtrie se répandit de plus en plus; on consacrait un culte à une foule de divinités païennes; Jéhova seul restait oublié. De nouveaux ennemis s'élevèrent contre les Hébreux; la puissante tribu de Juda, qui jusque-là paraît être restée en dehors de toutes les luttes, commença elle-même à être inquiétée par de dangereux voisins; car les Philistins étaient devenus de plus en plus forts, et ils prêtèrent la main aux Ammonites qui recommencèrent à faire valoir d'anciens griefs

---

[1] Nom d'un bourg dans les environs de Sichem.
[2] Cette ville était située, selon Eusèbe et saint Jérôme, à treize milles romains de Sichem, sur le chemin de Beth-Seán ou Scythopolis.

[1] Ce juge manque dans Josèphe, probablement par une inadvertance des copistes.

contre les Hébreux, et qui opprimèrent surtout les tribus établies à l'est du Jourdain. Pendant dix-huit ans les Ammonites firent peser leur joug sur les habitants de la Perée, et, passant le Jourdain, ils menacèrent les tribus du midi de la Palestine. Dans leur malheur, les habitants de Gilead, ou de la Perée, cherchèrent un refuge auprès du Dieu national; on renonça avec repentir aux différents cultes idolâtres, et, sous les auspices de Jéhova, une assemblée générale fut convoquée à Mispah ou Mispé-Gilead[1]. Là on décida que celui qui ferait la guerre aux Ammonites serait nommé chef de tout le pays de Gilead; mais on ne trouva personne capable de se charger d'une mission aussi dangereuse.

Dans leur embarras les Anciens de Gilead jetèrent les yeux sur un certain *Yiphtah* ou Jephté, qui, fils naturel d'un Gileadite, avait été chassé de la maison paternelle, par ses frères, nés d'une femme légitime, et s'était établi dans la contrée de Tob[2], où, entouré de vagabonds, il se livrait au brigandage. Dans ses expéditions, il avait eu, sans doute, l'occasion de montrer un grand courage et il s'était fait la réputation d'un homme vaillant (Juges, 11,1). Son héroïsme, digne d'une meilleure cause, attira sur lui l'attention des Anciens de Gilead, qui envoyèrent auprès de lui, pour lui offrir le commandement contre les Ammonites et la principauté du pays de Gilead. Jephté refusa d'abord, en reprochant aux Gileadites d'avoir permis son expulsion; mais, sur l'assurance solennelle que lui donnèrent les Anciens de le créer chef suprême de Gilead, il consentit à prendre le commandement des troupes.

Avant d'entrer en campagne, Jephté voulut tenter des négociations, et il envoya des ambassadeurs au roi des Ammonites, lui demandant de faire connaître ses griefs. Le roi prétendit que les Hébreux s'étaient emparés jadis du pays des Ammonites, en s'établissant entre l'Arnon et le Yabbok. Mais Jephté fit comprendre au roi que, lors de l'invasion des Hébreux, ce pays n'appartenait plus aux Ammonites, qu'il avait été pris, avant cette époque, par les Amorites[1], et que Moïse l'avait loyalement conquis sur Sihon. Le roi d'Ammon, ajouta-t-il, serait mal venu de faire valoir des droits effacés depuis trois siècles, sans qu'on eût jamais osé faire aucune réclamation, et la guerre, de sa part, serait injuste. Malgré ces observations, le roi d'Ammon continua les hostilités, et Jephté marcha contre l'ennemi. Ce chef brave, mais barbare, qui jusque-là avait vécu au milieu d'une bande de brigands, et qui, nourri de superstitions païennes, ne connaissait de Jéhova que le nom, fit le vœu impie et sacrilège d'offrir comme holocauste la première personne de sa maison, qui irait au-devant de lui, lorsqu'il retournerait vainqueur de cette guerre. Les Ammonites furent complètement défaits; Jephté envahit même leur territoire et leur prit vingt villes. De retour à Mispah, où il avait fixé sa résidence, le malheureux Jephté vit sa fille unique, qui, la première, vint le complimenter, en jouant du tambourin et en dansant. Le père désolé déchira ses vêtements; lié par son vœu barbare, il se crut obligé de sacrifier son enfant unique. La jeune fille, croyant elle aussi qu'un pareil sacrifice était une chose agréable au Dieu national, montra une calme résignation : « Mon père, dit-elle, tu as ouvert ta bouche à Jéhova; fais-moi ce que ta bouche a prononcé, puisque Jéhova t'a permis de te venger de tes ennemis, les fils d'Ammon. » Elle demanda seulement un délai de deux mois, pour se rendre avec ses amies dans un lieu isolé au milieu des montagnes afin d'y pleurer sa vir-

---

[1] Voy. Juges, ch. 10, v. 17; ch. 11, v. 29 et 34 ; comparez Genèse, 31, 49. Cette ville, très-probablement la même que Ramath-Mispé (ci-dessus, page 72), ne doit pas être confondue avec Mispah de Benjamin (page 43).

[2] Cette contrée était située, à ce qu'il paraît, entre l'Ammonitide et la Syrie ; voy. II Sam. 10, 8.

[1] Voy. ci-dessus, page 94.

ginité. Le père accorda sa demande; après deux mois elle revint, et le vœu s'accomplit [1], sans que personne osât y mettre obstacle, et montrer qu'une pareille action était contraire aux lois et une abomination devant Jéhova; tant les doctrines de Moïse étaient alors peu connues et ses lois peu observées. Pendant longtemps les filles d'Israël célébrèrent le souvenir de ce tragique événement, en s'assemblant, pendant quatre jours, chaque année, pour chanter des élégies sur la fille de Jephté.

L'expédition contre les Ammonites fut suivie d'une guerre civile : les Éphraïmites reprochèrent à Jephté, comme jadis à Gédéon, d'avoir fait la guerre sans leur avoir demandé leur participation; ils passèrent le Jourdain, et se dirigeant vers la résidence de Jephté, ils menacèrent d'incendier sa maison. Jephté soutint qu'il avait fait un appel; mais que, personne ne venant à son secours, il avait été obligé de marcher seul avec ses Gileadites. Il paraît que les Éphraïmites ne se contentèrent pas de cette réponse; car Jephté fut obligé de rassembler ses troupes, pour repousser l'agression des Éphraïmites. Les Gileadites furent vainqueurs dans cette lutte; et on ne fit point de quartier aux gens d'Éphraïm. On chercha même à arrêter les fuyards isolés au passage du Jourdain, et pour les reconnaître, on leur fit prononcer le mot *Schibboleth* (*épi* ou *tourbillon d'eau*), ou tout autre mot renfermant la lettre *Schin*. Les Éphraïmites ne pouvant pas prononcer cette lettre, disaient *Sibboleth*, et les fuyards, reconnus à ce signe, furent saisis et égorgés. Selon le livre des Juges (12,6), quarante-deux mille Éphraïmites tombèrent dans cette malheureuse guerre.

Jephté mourut, après avoir dominé six ans sur les Gileadites; il fut enterré dans sa ville natale, que Josèphe appelle Sébéa. Après lui nous trouvons trois Schophetîm à l'ouest du Jourdain : Ibsân de Bethléhem, qui eut le rare bonheur de marier trente fils et trente filles, gouverna sept ans. Élôn d'Ayyalôn, dans le canton de Zabulon, gouverna dix ans, et Abdôn de Piréathôn, dans le canton d'Éphraïm, huit ans. Ce dernier avait quarante fils et trente petits-fils, qui montaient des ânes de luxe, ce qui était un signe d'autorité.

Le bras de Jephté, qui avait vaincu les Ammonites, n'avait pu atteindre leurs alliés à l'ouest du Jourdain. Les Philistins avaient pris une attitude de plus en plus menaçante; les trois derniers Schophetîm n'avaient rien tenté contre des adversaires aussi dangereux. Il se prépara dans le midi une lutte qui devait être longue et opiniâtre, mais qui devait enfin unir les tribus sous un seul drapeau et faire revivre l'esprit national et l'amour des anciennes institutions. Pendant quarante ans nous verrons les Philistins dominer sur les tribus du midi (Juges, 13, 1); la fière tribu de Juda, qui autrefois avait fait la conquête de Gaza, d'Ascalôn et d'Ékrôn, était obligée elle-même de payer un honteux tribut à ceux dont jadis elle avait été la maîtresse (ib.15,11). Il se présenta alors, parmi les Hébreux, un homme qui préluda à l'humiliation des Philistins par l'attitude courageuse qu'il prenait devant eux et par les nombreux tours qu'il leur jouait. Cet homme fut Samson, ou mieux *Simsôn*, l'Hercule des Hébreux. Dans le livre des Juges nous lisons deux fois que Simsôn *jugea* Israël pendant vingt ans [1]; c'est-à-dire qu'il occupa le rang de Schophêt. Cependant dans tout ce qu'on raconte de lui, nous ne le voyons exercer aucun acte qui témoi-

---

[1] Le texte (Juges, 11, 39) ne permet pas de douter que Jephté n'ait réellement offert sa fille en holocauste, et Josèphe dit expressément (*Antiqu.* V, 7, 10) : θύσας τὴν παῖδα ὡλοκαύτωσεν. Malgré cela, plusieurs théologiens ont cru devoir disculper le juge hébreu, et, en subtilisant sur les mots, ils ont soutenu que Jephté s'est borné à vouer sa fille au célibat. Une foule de dissertations ont été écrites sur cette matière. Voy. Michaëlis, *Mos. Recht*, t. III, § 145,

[1] Ch. 15, v. 20, et ch. 16, v. 31.

gne de son autorité; il ne se met point à la tête des Hébreux pour les conduire à la guerre, il ne dirige pas leurs affaires intérieures; sa conduite est sans gravité, et les gens de Juda ne le traitent pas avec le respect dû à un chef de la république[1]. Nous ne saurions donc voir dans Simsôn un homme revêtu d'un caractère politique; si on l'appelle *Schophet*, ce n'est là qu'un titre honorifique, qui lui fut donné à cause de la grande sensation que firent ses exploits individuels et ses tours de force. La relation de ses aventures est d'un intérêt médiocre pour l'histoire des Hébreux; le récit du livre des Juges n'a même pas un caractère historique, et il ressemble plutôt à un conte populaire. Tout dans la vie de Simsôn, depuis sa naissance jusqu'à sa mort, est enveloppé d'un voile merveilleux. Considérée comme historique sa vie présenterait des difficultés insolubles; c'est un roman dont le héros est un personnage historique, un conte comme il y en a beaucoup chez les peuples d'Orient.

L'auteur nous fait voir dans Simsôn, dès sa naissance, un être extraordinaire. Sa mère, femme de Manoah, de Saréah, dans la tribu de Dan, était restée long temps stérile. Un ange lui annonce un jour qu'elle aura un fils qu'elle devra consacrer à Jéhova, comme *Nazir*[2], et qui *commencera* à sauver Israël de la main des Philistins; il lui ordonne de s'abstenir, pendant sa grossesse, de toute boisson enivrante et de toute chose impure. Revenu une seconde fois, en présence de Manoah, l'ange disparaît au milieu de la flamme du sacrifice offert à Jéhova. La prédiction de l'ange s'accomplit; l'enfant, appelé Simsôn, porte, comme Nazîr, une longue chevelure, qu'on laisse toujours intacte, et qui lui donne une force gigantesque. Devenu grand, il va à Thimnatha, accompagné de son père et de sa mère, pour demander en mariage la fille d'un Philistin qu'il y avait vue, et que la Providence avait destinée à devenir une cause de querelles entre Simsôn et les Philistins. Chemin faisant, Simsôn déchire un lion qui vient au-devant de lui. Quelque temps après, faisant de nouveau le voyage de Thimnatha, pour aller célébrer sa noce, il rencontre le cadavre du lion, dans lequel il trouve un essaim d'abeilles et un rayon de miel, ce qui lui donne l'occasion de proposer, à trente convives philistins, l'énigme suivante: « Du mangeur est sorti l'aliment et du fort est sortie la douceur. » Les Philistins forcent la femme de Simsôn, par des menaces, de tirer de lui l'explication de l'énigme et de la leur communiquer. Simsôn, obligé de payer à chacun des trente convives le prix de la gageure, le fait aux dépens de trente Philistins qu'il tue à Ascalon. Ayant quitté sa femme qui l'avait trahi, celle-ci se marie avec un autre. Revenu quelque temps après, Simsôn se voit repoussé; pour se venger il prend trois cents chacals[1], qu'il attache deux à deux par les queues, et ayant mis le feu aux queues, il laisse courir les animaux dans les champs des Philistins, dont il brûle ainsi les blés. Il tue, en outre, un grand nombre de ses ennemis et se retire. Les Philistins exigent de la tribu de Juda de leur livrer Simsôn; trois mille hommes de cette tribu vont prendre Simsôn qui se laisse lier, mais arrivé auprès des Philistins qui l'attendaient dans un endroit appelé (plus tard) *Léhi* (mâchoire), il déchire ses liens, et, avec la *mâchoire* d'un âne[2], qu'il trouve sur son chemin, il tue mille ennemis. Un jour, étant allé voir une femme à Gaza, les Philistins vinrent entourer la maison; sans se déconcerter il se lève au milieu de la nuit, se fraie un chemin pour sortir de la ville, dont il enlève les portes, et les transporte sur une hauteur. Mais son amour des femmes finit par lui devenir funeste. Il se lie, dans la vallée de Sorek[3], avec une certaine Da-

---

[1] Voy. ch. 15, v. 11-13.
[2] Voy. ci-dessus, page 168.

[1] Voy. ci-dessus, page 32.
[2] On reconnaît ici un mythe sur l'origine du nom de *Léhi*.
[3] Voy. ci-dessus, page 23.

lilah, qui, gagnée par les Philistins, ne cesse de l'importuner pour connaître le secret de sa force. Après l'avoir trompée plusieurs fois, il finit par lui avouer que c'est sa longue chevelure de Naziréen qui le rend si fort. Dalilah lui coupe les cheveux pendant le sommeil, et Simsôn est livré aux Philistins qui lui crèvent les yeux et le condamnent à tourner la meule dans une prison à Gaza. Un jour les princes des Philistins s'assemblent dans le temple de Dagon pour célébrer la lâche victoire remportée sur leur redoutable ennemi. Le temple était rempli d'hommes et de femmes, et on fait venir Simsôn pour le montrer en spectacle. Simsôn, dont la chevelure avait recommencé à croître, adresse une prière fervente à Jéhova; il redemande sa force pour un seul instant et il veut mourir lui-même en donnant la mort à ses ennemis. Ayant prié son conducteur de le placer près des colonnes qui supportaient le toit du temple, il les saisit, et, les faisant plier de toutes ses forces, il fait écrouler le temple, et se donne ainsi la mort à lui-même et aux trois mille personnes qui y étaient assemblées. Telle fut la fin tragique de Simsôn; son corps fut cherché par ses frères qui le déposèrent dans leur tombeau de famille entre Saréah et Esthaol.

Ce résumé fidèle des détails romanesques que le livre des Juges nous donne sur la vie de Simsôn, suffira pour convaincre le lecteur, que l'auteur n'a fait que reproduire des légendes populaires, qui, sans doute, cachent un fond historique, mais qui nous montrent aussi que la tradition n'avait conservé de Simsôn aucun fait éclatant qui puisse nous faire reconnaître en lui un chef du peuple. Celui qui, probablement, était revêtu, du temps de Simsôn, de la dignité de Schophet fut le prêtre Éli [1], successeur, à ce qu'il paraît, du Schophet Abdôn.

Il s'était opéré alors un changement heureux dans l'esprit des tribus, qui sentirent de plus en plus le besoin de se grouper autour de la loi et autour d'un chef qui pût la faire observer. Le sanctuaire de Siloh, longtemps oublié, recommença à recevoir les visites et les sacrifices des fidèles. Ce fut surtout la puissance toujours croissante des Philistins, et le danger même, qui unissaient les tribus des Hébreux. Le prêtre bien intentionné, mais faible, qui gouvernait à Siloh n'était pas capable de régénérer la nation et le culte de Jéhova. Cette mission était réservée à un jeune Lévite, qui comprit tous les besoins et qui sut profiter des circonstances.

3. Éli et Samuel.

Éli, prêtre de la ligne d'Ithamar [1], fut élevé, à l'âge de cinquante-huit ans, à la dignité de Schophet. Il paraîtrait qu'étant parvenu à restaurer le Tabernacle de Siloh et à y attirer de nouveau un grand nombre de fidèles (I Sam. 2, 14), il usurpa les fonctions de grand-prêtre qui appartenaient de droit à la ligne d'Éléazar. Selon Josèphe, trois descendants de cette ligne avaient exercé le pontificat depuis la mort de Pinehas, savoir, le fils de celui-ci que Josèphe nomme Abiézer, mais qui, selon la Bible, s'appelait Abisoua [2], ensuite Bouki et

---

[1] Les opinions des savants varient beaucoup sur la chronologie de cette époque; les uns voient dans Éli le successeur de Simsôn; d'autres supposent un interrègne entre Simsôn et Éli; d'autres, enfin, voient dans Simsôn un contemporain d'Éli, et cette opinion nous paraît la plus vraisemblable. Éli fut juge pendant quarante ans, dont les vingt derniers à peu près coïncident avec la domination des Philistins. Nous plaçons les vingt années des aventures de Simsôn au milieu de la judicature d'Éli. Des Vignoles, qui voit dans Simsôn un véritable *Schophet* et qui lui donne Éli pour successeur immédiat, envisage le livre des Juges sous un point de vue que nous ne saurions admettre; pour lui tout est *historique*, et il prend pour base de son raisonnement jusqu'aux paroles que l'ange adresse à la mère de Simsôn. *Chronol. de l'hist. sainte*, t. I, p. 65 et suivantes.

[1] Selon le 1er livre des Chroniques (24, 3), Achimélech (arrière-petit-fils d'Éli) était des descendants d'Ithamar. Josèphe aussi dit expressément qu'Éli fut le premier grand-prêtre de la ligne d'Ithamar. *Antiqu.* V, 11, 5; VIII, 1, 3.

[2] I Chron., ch. 6, v. 35 (Vulg. v. 3 et 50).

Ouzi. Après ce dernier Éli fut revêtu de la dignité de grand prêtre.

Avec Éli nous passons sur le terrain historique. Le premier livre de Samuel (ch. 1—4) nous montre ce prêtre dans un âge avancé, assis devant la porte du sanctuaire à Siloh, sur le siége de Schophet. Ses deux fils, Hophni et Pinehas, exerçaient les fonctions ordinaires du sacerdoce, mais ils profanaient leur saint ministère par la cupidité et par leurs mœurs dépravées. Ils se permettaient des vexations contre ceux qui venaient offrir des sacrifices, en s'appropriant violemment les meilleures portions de la viande, avant même d'avoir brûlé sur l'autel les parties grasses que la loi consacrait à Jéhova, et ils allaient même jusqu'à attenter à l'honneur des femmes qui venaient à l'entrée du sanctuaire faire des actes de dévotion[1]. Éli, homme pieux mais d'une extrême faiblesse de caractère, au lieu d'agir avec énergie contre ses fils dépravés et de les éloigner du sanctuaire qu'ils souillaient par leur conduite, se contenta de leur adresser de molles réprimandes. Peut-être aussi sa conduite n'était-elle pas exempte d'ambition, et désirait-il conserver à ses descendants la dignité de grand prêtre qu'il avait usurpée. Mais un homme de Dieu, c'est-à-dire un zélé partisan de la religion et des lois de Moïse, se présenta un jour à Éli au nom de Jéhova, pour lui reprocher sa coupable mollesse et pour lui prédire la chute de sa maison. On voit bien qu'Éli n'était nullement l'homme qui pût entreprendre la restauration du culte de Jéhova, dont la conduite de ses fils devait éloigner un grand nombre de fidèles. Son grand âge et ses habitudes paisibles du sanctuaire le rendaient également peu propre à contribuer au rétablissement de l'indépendance de son peuple que les Philistins opprimèrent de plus en plus. Pour sauver à la fois la religion et l'État, il fallut un nouveau Moïse, un homme qui jouît de la confiance de tous et qui sût réunir tout Israël sous un seul drapeau. L'homme que la Providence avait choisi pour cette haute mission, était déjà né et il grandissait sous les yeux d'Éli; c'était le jeune Samuel, consacré dès sa naissance, par ses pieux parents, au service du sanctuaire.

A Rama, ou Ramathaïm-Sophîm[1], sur la montagne d'Éphraïm, dans le canton de Benjamin, vivait un lévite[2], nommé Elkanah, qui avait deux femmes : Hannah et Peninnah. Il avait probablement épousé la seconde à cause de la stérilité de la première, qui possédait tout son amour (1 Sam. 1,5). Tous les ans il se rendait à Siloh, avec toute sa famille, pour offrir des sacrifices dans le sanctuaire de Jéhova. Un jour, au repas qui suivait ordinairement le sacrifice, Hannah, mortifiée par sa rivale Peninnah, qui était entourée de ses fils et de ses filles, se rendit devant le sanctuaire, pour épancher devant Dieu son âme affligée, faisant vœu, si elle avait un fils, de le

[1] Littér. *Les deux hauteurs des Souphites*. Souph, aïeul d'Elkanah, avait donné son nom à cette contrée (1 Sam. 9, 5).
[2] Selon le 1er livre des Chroniques (ch. 6), Elkanah descendit de Kehath par la ligne de Korah. Des critiques modernes ont prétendu que la généalogie des Chroniques est supposée et avait pour but de faire de Samuel un *lévite*, à cause des fonctions sacerdotales que nous le voyons exercer dans certaines occasions. Mais si réellement on eût voulu se permettre la falsification des tables généalogiques, on aurait plutôt fait descendre Samuel de la race d'Ahron; car, selon la loi, les lévites des autres lignes n'étaient pas plus propres que les simples Israélites à exercer le sacerdoce. Les autres arguments des critiques ne sont pas plus solides. On a dit que Rama n'était pas une ville lévitique, et que d'ailleurs Elkanah, ou son aïeul, est appelé *Ephratite* (1 Sam. 1, 1), mot qui signifie *Ephraïmite* (Juges, 12, 5; 1 Rois, 11, 26); mais *Ephrathi* désigne aussi bien un habitant de la ville de Bethléhem (Ruth, 1, 2; 1 Sam. 17, 12). Nous croyons donc devoir admettre l'authenticité de la table généalogique en supposant que les ancêtres d'Elkanah étaient originaires de Bethléhem. Il est vrai que ni Rama ni Bethléhem n'étaient des villes lévitiques ; mais la loi qui accorda aux lévites quarante-huit villes en propriété, ne les empêchait nullement de s'établir partout ailleurs. Nous trouvons un exemple dans le lévite de Michah, qui était également de Bethléhem (Juges, 17, 7).

[1] Voy. ci-dessus, page 156.

consacrer au service de Dieu. Elle pria à voix basse; Éli qui l'observait et qui voyait le mouvement de ses lèvres, sans entendre sa voix, croyait que c'était l'effet de l'ivresse et il lui fit une réprimande. Mais ayant appris la cause de son affliction, il la consola, en l'assurant que sa prière serait exaucée; Hannah partit consolée et pleine d'espoir. La prédiction d'Éli s'accomplit dans la même année. Hannah mit au monde un fils, à qui elle donna le nom de Samuel [1]. Après l'avoir sevré, probablement à l'âge de deux ans [2], elle le conduisit à Siloh et le remit à Éli pour le consacrer au sanctuaire comme Naziréen. Samuel, élevé par le grand prêtre, fut employé sans doute au service ordinaire des lévites [3]; il se faisait remarquer par sa piété, on voyait en lui un favori de Dieu et il était généralement aimé. Il avait tous les jours l'occasion d'observer la conduite indigne des fils d'Éli, qui devait révolter son innocente piété et laisser une profonde impression dans son âme. Sa jeune imagination s'exalta pour Jéhova et pour sa loi qu'il voyait si indignement outragés, et il se sentit de bonne heure la vocation de rétablir la doctrine de Moïse dans sa pureté primitive. Un soir il était couché dans le lieu saint, lorsqu'il crut entendre une voix qui l'appela plusieurs fois par son nom et qui lui révéla le jugement sévère dont la Divinité devait frapper la famille d'Éli. Le grand prêtre avait été témoin de son agitation pendant la nuit; car Samuel s'était rendu plusieurs fois auprès de lui, croyant d'abord que c'était lui qui l'appelait. Convaincu que le jeune enfant était agité par l'esprit de Dieu, Éli lui demanda le lendemain de lui faire part de sa vision nocturne, et le jeune Samuel lui parla des malheurs que les crimes de ses fils devaient attirer sur sa maison. C'est ainsi que Samuel débuta dans la carrière de prophète; selon Josèphe, il était alors âgé de douze ans [1]. Depuis cette époque il continua à manifester dans ses discours une exaltation religieuse qui paraissait alors extraordinaire, car *la parole de Jéhova était rare en ce temps* (1 Sam. 3, 1), et bientôt la réputation du jeune prophète se répandit dans tout le pays des Hébreux.

Il paraîtrait que les discours exaltés de Samuel furent pour quelque chose dans l'expédition malheureuse que les Hébreux entreprirent bientôt contre les Philistins (ib. 4, 1). Ces derniers étaient campés dans un endroit appelé Aphek [2]; attaqués par les Hébreux ils les repoussèrent vigoureusement et leur firent perdre environ quatre mille hommes. Les chefs hébreux délibèrent; on décide de tenter une nouvelle attaque, et, pour ranimer le courage des troupes, on fait venir de Siloh l'arche sainte, accompagnée des prêtres Hophni et Pinehas. Pour la première fois, depuis le temps de Josué, nous voyons les symboles de Jéhova au milieu du camp, pour servir de *Palladium* aux combattants; déjà les Philistins tremblent, en entendant les cris d'enthousiasme retentir dans le camp des Hébreux; mais ils sentent que, s'ils perdaient courage, c'en serait fait de leur indépendance (ib. v. 9), et le danger imminent redouble leur bravoure. Les Hébreux sont vaincus et mis en déroute, après avoir laissé trente mille hommes sur le champ de bataille; les deux fils d'Éli meurent en défendant l'arche sainte, et celle-ci tombe entre les mains des Philistins.

[1] שמואל pour שמועאל, c'est-à-dire *exaucé par Dieu.*
[2] Telle est l'opinion des commentateurs juifs, et on peut l'appuyer par quelques passages du Koran, ch. 2, v. 233, et ch. 31, v. 13. Il résulte néanmoins d'un passage du 2e livre des Maccabées (7,27) qu'on nourrissait quelquefois les enfants jusqu'à l'âge de trois ans.
[3] Voy. I Sam. 3, 15; comparez ci-dessus, page 171.

[1] Voy. contre cette opinion, Des Vignoles, t. I, p. 78.
[2] Cet endroit a dû être situé dans le midi de la Palestine et il ne faut pas le confondre avec Aphek dans la plaine d'Esdrélon, que nous rencontrerons dans les guerres de Saül, et dont nous avons parlé dans notre Topographie (p. 36).

Un fuyard, arrivé à Siloh, y apporte ces malheureuses nouvelles; on l'amène devant Éli, à qui il fait le récit de tous les désastres de cette journée, jusqu'à la mort de Hophni et de Pinehas; mais, lorsque, à la fin, il parle de la prise de l'arche sainte, Éli tombe de son siège à la renverse, se casse la nuque et meurt à l'instant même. Il était âgé de quatre-vingt-dix-huit ans, et il avait possédé pendant quarante années la dignité de Schophet.

Sa bru, la femme de Pinehas, était alors près d'accoucher; en apprenant le grand désastre national et la mort de son beau-père et de son mari, elle fut surprise par les douleurs de l'enfantement; elle mourut en donnant le jour à un fils qu'elle appela *I-cabôd* (non-gloire). Il resta de Pinehas un autre fils mineur, nommé Achitob, par lequel la dignité de grand prêtre se conserva dans la famille d'Éli (1 Sam. 14, 3).

Les Philistins avaient transporté l'arche à la ville d'Asdôd, où ils la placèrent dans le temple de Dagôn, près de la statue de ce dieu. Les prêtres philistins, à ce qu'il paraît, voyaient de mauvais œil un pareil trophée placé dans l'un de leurs temples principaux. Le lendemain on trouva la statue de Dagôn renversée. On la releva et on la remit en place, mais, dans la seconde nuit, elle fut de nouveau renversée et brisée; on trouva la tête et les deux mains sur le seuil du temple et il n'en resta que le corps de poisson qui en formait le tronc. En même temps une maladie épidémique, consistant en tumeurs douloureuses dans les parties secrètes [1], se répandit dans la ville d'Asdôd, et les souris champêtres ravagèrent la campagne.

Les habitants d'Asdôd, attribuant ces calamités à la présence de l'arche sainte des Hébreux, ne voulurent pas la garder plus longtemps. On essaya de la placer à Gath; mais là les mêmes calamités se renouvelèrent. Il en fut de même à Ekrôn, où l'on envoya l'arche en dernier lieu. Enfin au bout de sept mois, les prêtres et les devins, interrogés à ce sujet, conseillèrent de renvoyer aux Hébreux l'arche sainte accompagnée d'un présent expiatoire pour leur Dieu. Ce présent devait consister en cinq simulacres en or des parties affectées de tumeurs et en cinq souris d'or, selon le nombre des princes philistins [1]. On plaça l'arche, ainsi que la boîte renfermant le cadeau, sur un chariot neuf, attelé de deux génisses qui n'avaient pas encore porté de joug. Les bêtes abandonnées à elles-mêmes prirent le chemin de Beth-Schémesch, ville sacerdotale sur la frontière des Hébreux [2], ce que les Philistins considérèrent comme une preuve que l'arche avait été la cause de leurs désastres. On était alors au temps de la récolte du froment; les moissonneurs de Beth-Schémesch voyant de loin arriver l'arche, poussèrent des cris de joie. Le chariot s'arrêta dans le champ d'un certain Josué; on fit venir des lévites pour décharger l'arche, qu'on déposa sur une grande pierre, ainsi que la boîte renfermant les simulacres d'or. Le chariot fut brisé, et avec le bois on alluma un feu pour brûler les génisses en holocauste. A Beth-Schémesch on célébra cet événement par des sacrifices solennels. Mais, la contagion s'étant probablement communiquée aux habitants de cette ville, il en mourut soixante-dix personnes, et bientôt on compta, dans les environs, jusqu'à cinquante mille morts. Comme chez les Philistins, on attribua l'épidémie à la présence de l'arche et particulièrement aux regards de

---

[1] La maladie des Philistins n'est pas encore suffisamment éclaircie; ce qui fait la grande difficulté, c'est d'expliquer en même temps le mal en lui-même et son caractère épidémique. C'est à cause de ce dernier, sans doute, que Josèphe y a vu une dyssenterie accompagnée de vomissements; mais l'étymologie du mot hébreu nous fait voir très-clairement qu'il s'agit de *tumeurs*, probablement contagieuses. On peut voir les différentes conjectures des savants dans Winer, *Bibl. Realwœrterbuch*, t. II, p. 301-303.

[1] C'est ainsi que, dans une circonstance analogue, les Athéniens envoient à Bacchus des images du *Phallus*. Voy. le scoliaste d'Aristophane, *Acharn.*, v. 242.
[2] Voy. Josué, 15, 10; 21, 16.

curiosité que des hommes profanes (non lévites) avaient jetés dans l'intérieur de l'arche. Sur la demande des gens de Beth-Schémesch, les habitants de Kiryath-Yaarîm envoyèrent prendre l'arche; on la plaça sur une hauteur, dans la maison d'un certain Abinadab (selon Josèphe, un lévite), et on la confia à la garde de son fils Éléazar.

Éli et ses fils étant morts, il n'y eut, pour le moment, ni Schophet ni grand prêtre en Israël, et personne ne provoqua le retour de l'arche à Siloh. Samuel, encore trop jeune pour se mêler des affaires publiques, retourna, à ce qu'il paraît, dans sa ville natale; c'est là que nous le retrouverons plus tard. Le joug des Philistins, depuis leur dernière victoire, avait dû devenir de plus en plus dur; mais l'oppression produisit un bon effet moral, et toutes les tribus des Hébreux sentirent, plus que jamais, le besoin de se grouper autour de Jéhova (1 Sam. 7, 2).

Vingt ans s'étaient passés depuis que l'arche sainte avait été transportée à Kiryath-Yaarîm [1], lorsque Samuel, après avoir médité en silence l'œuvre de la réforme, et croyant le peuple suffisamment préparé pour ses grands projets, sortit de sa retraite, pour se mettre à la tête de ses concitoyens, et pour les encourager à reconquérir leur indépendance. Il les exhorta d'abord à quitter toute espèce de culte idolâtre, pour n'adorer que Jéhova qui seul pouvait les délivrer du joug des Philistins. Voyant les Hébreux sincèrement disposés à se laisser guider par lui et à former un ensemble compacte autour des symboles du Dieu unique, il fit convoquer à Mispah une assemblée générale. Là les représentants du peuple confessèrent hautement qu'Israël avait péché en s'écartant du culte de Jéhova; en signe de pénitence, on jeûna ce jour-là et on fit des libations d'eau. Samuel fut solennellement proclamé Schophet d'Israël [2].

A la nouvelle de la grande assemblée qui se tenait à Mispah, les princes des Philistins s'émurent, et se mirent en mouvement, avec leurs troupes, pour marcher contre les Hébreux. Ceux-ci, avertis du danger et pris à l'improviste, s'adressent à Samuel; le secours immédiat de Dieu pouvait seul les sauver, et ils veulent que le prophète intercède pour eux auprès de Jéhova. Samuel prie et offre un holocauste. Le sacrifice n'était pas encore achevé, lorsqu'on voit arriver les Philistins. Mais un violent orage met le désordre dans leurs rangs. Les Hébreux, profitant de cette circonstance imprévue, sortent de Mispah, fondent sur les ennemis et les repoussent avec une grande perte jusqu'à un endroit appelé Beth-Câr. Samuel éleva dans ces environs une pierre monumentale, qu'il appela *la pierre du secours*. Le texte biblique nous laisse deviner, et Josèphe le dit clairement [1], que les Hébreux, encouragés par ce succès, et conduits par Samuel, prirent l'offensive contre les Philistins. Ceux-ci, vaincus par les Hébreux, furent forcés de rendre les villes qu'ils leur avaient prises et de leur accorder une paix honorable, après les avoir opprimés pendant quarante ans. Ce fut probablement par une clause du traité de paix que les Philistins conservèrent un poste militaire à Gabaa [2]. Les peuplades cananéennes qui restaient encore en Palestine, vivaient également en paix avec les Hébreux. Tout tendait à favoriser les projets de Samuel, qui désormais pouvait tranquillement travailler à restaurer et à spiritualiser le mosaïsme et à rétablir l'unité dans la république et dans le culte. Il fixa sa résidence à Rama, sa ville natale, où il dressa un autel à Jéhova; mais tous les ans il faisait des tournées à Béthel, à Guilgal et à Mispah, où se tenaient des assemblées populaires, et où il dirigeait les délibérations des affaires publiques.

---

[1] Voy. Des Vignoles, l. c., p. 79 et suivantes.
[2] Voy. l. c., p. 86.

[1] Voy. I Sam. 7, 13; Josèphe, *Antiqu.* VI, 2, 3.
[2] I Sam. 10, 5; 13, 3.

Samuel sentait bien qu'il faudrait du temps et beaucoup d'efforts réunis pour faire réussir l'œuvre qu'il méditait et pour lui donner des chances de durée. L'expérience de tout ce qui s'était passé depuis la mort de Josué ne lui permettait pas de se faire des illusions sur la force et la stabilité d'une loi écrite, sans autre garantie que la sanction du peuple obtenue par la force des circonstances, et sans qu'il y eût toujours, à la tête de la nation, des hommes qui sussent faire respecter cette loi. Il sentait également que la loi de Moïse aurait besoin de se développer et de se modifier avec les progrès de la nation, et que cependant, d'un autre côté, il serait dangereux de toucher à la lettre de la loi. Il fallait donc des hommes qui sussent *interpréter* la loi, en inspirant la vie et le mouvement à la lettre morte, des hommes entrant dans le vrai sens de la loi, et participant, pour ainsi dire, de l'inspiration du législateur. Le principe de la communication de l'esprit de Moïse avait été proclamé déjà par ce législateur lui-même et il l'avait appliqué dans une circonstance particulière [1]. Il s'agissait, pour Samuel, d'en profiter pour la fondation d'un institut permanent, d'un collège d'*orateurs inspirés*, ou, comme on est convenu de l'appeler, d'une *école de prophètes* [2]. Du moins c'est du temps de Samuel que nous voyons paraître pour la première fois les *associations* ou *confréries* de *Nebiim* (prophètes) [1], et c'est avec raison qu'on a considéré Samuel comme leur fondateur et leur chef. Loin du bruit des armes et de la trompette guerrière, les jeunes prophètes chantaient les louanges de Jéhova aux sons plus doux du luth, de la flûte et de la harpe, et, dans une paisible retraite, ils méditaient sur Dieu et sur le vrai sens de la loi. Ils vivaient ensemble dans plusieurs villes, où ils occupaient des quartiers particuliers, et ces villes sont généralement celles où se tenaient les assemblées publiques, et que Samuel visitait habituellement. Nous les trouvons à Rama, patrie et résidence de Samuel, où ces prophètes habitaient un quartier appelé *Nayoth* (demeures); là leur assemblée était présidée par Samuel lui-même [2]; nous en verrons également à Béthel, à Guilgal et à Jéricho [3]. Ces confréries étaient destinées à exercer une grande influence et à prendre rang parmi les pouvoirs de l'État, en représentant la loi, selon son véritable esprit, vis-à-vis des prêtres souvent trop attachés au culte matériel, et vis-à-vis du pouvoir exécutif dont elles devaient empêcher les empiétements. On verra dans la suite de notre histoire le rôle important que jouaient les *prophètes*.

La paix que Samuel avait établie dans le pays, le noble usage qu'il ne cessait de faire de cette paix pour affermir les institutions et pour consolider l'unité et la prospérité de la nation, faisaient naturellement apprécier aux Hébreux tous les avantages qu'il y avait à être gouverné par un chef habile et ferme. Il eût été facile à Samuel de se faire proclamer roi; mais il considérait l'établissement de la royauté comme étant en opposition avec le véritable esprit de la loi. Dans ses institutions, il voyait une garantie

---

[1] Voyez ce que nous avons dit plus haut, au sujet des soixante-dix Anciens, pages 170 et. 194.

[2] Le mot NABI (au pluriel NEBIIM) est un participe passif qui signifie *inspiré*, on appelait ainsi celui qui se présentait comme inspiré de la Divinité et parlant en son nom. C'est dans ce sens qu'Abraham déjà est appelé *Nabi* (Genèse, 20. 7). Plus tard on confondait le Nabi avec le *Clairvoyant* (ROËH ou HOZÉH), et on lui attribuait la faculté de prédire l'avenir; c'est pourquoi les versions rendent *Nabi* par *prophète*. Voy. mes observations dans la Bible de M. Cahen, t. II (Exode), p. 5, et t. XVIII (Chroniques), p. 77. Pour nous conformer au langage généralement adopté, nous nous servons du mot *prophète*, auquel nous n'attachons toutefois que le sens d'*orateur inspiré*, ou d'*interprète* de la doctrine mosaïque.

---

[1] Les mots dont on se sert dans le texte sont HÉBEL (cordon, alliance) et LAHAKA (assemblée); voy. I Sam. ch. 10, v. 5 et 10; ch. 19, v. 20. Dans les *Antiquités* nous reviendrons sur ces établissements.

[2] I Sam. ch. 19, v. 18-23.

[3] Voy. I Sam. ch. 10, v. 3, 5, 10; II Rois, ch. 2, v. 3 et 5; ch. 4, v. 38.

suffisante contre une nouvelle anarchie, et il pouvait espérer que désormais la nation ne manquerait plus d'hommes qui pussent la gouverner dignement et la protéger, grâces à son unité, contre les ennemis du dehors.

Samuel, assez avancé en âge et se sentant trop faible pour supporter seul toutes les charges de l'administration, voulut partager les fonctions de Schophet avec ses deux fils, Joël et Abiah, qu'il installa comme Juges à Beërséba, à l'extrémité méridionale de la Palestine[1]. Mais les fils ne marchèrent pas sur les traces de leur père; de graves plaintes s'élevèrent contre leur administration; car ils se laissaient guider par leur intérêt personnel, et, au lieu de l'intégrité de Samuel, on ne voyait chez eux que corruption et injustice.

Les représentants de la nation pensaient avec effroi aux dangers qui menaçaient le pays, si Samuel venait à mourir. Ils désiraient ardemment que Samuel se donnât un successeur qu'il pût guider lui-même pendant le temps qu'il lui restait à vivre, et qui, animé de l'esprit du prophète, sût maintenir dans la nation la paix, l'unité et l'indépendance. Mais, en même temps, ils voulaient assurer au pays tous ces avantages pour un avenir plus éloigné; ils demandèrent donc que le successeur de Samuel fût investi d'un pouvoir héréditaire et qu'on lui donnât le titre de *Mélech* (roi). Samuel redoutait ce titre et les droits étendus qu'il donnait à celui qui le portait. En même temps il y voyait une grave atteinte contre la constitution, selon laquelle Jéhova seul devait régner sur les Hébreux par sa loi. Néanmoins, comme il était exempt de toute ambition personnelle, sa conscience et l'esprit divin qui le pénétrait lui faisaient un devoir d'obéir à la volonté de la nation qui s'était prononcée, par l'entremise des Anciens. Toutefois il voulut essayer d'abord de fléchir cette volonté par des avertissements salutaires, en montrant ce que pouvait devenir entre les mains d'un tyran, le pouvoir formidable qui lui aurait été confié. Il fit à l'assemblée le plus sombre tableau de la *conduite d'un roi*[1]; à la place de la liberté, il montra aux Hébreux le plus dur esclavage, leurs fils et leurs filles employés aux corvées et à des travaux de toute espèce, leurs biens dîmés ou confisqués au profit des courtisans. « Et alors, ajouta-t-il, vous gémirez sur le roi que vous vous serez choisi, mais Jéhova ne vous répondra pas. » Le peuple néanmoins persista dans sa demande. Samuel alors renvoya l'assemblée en lui promettant de se charger de l'importante mission qui lui était confiée.

Le vénérable prophète avait trop d'amour pour son pays et pour les institutions qu'il avait cherché à consolider, pour ne pas désirer que les événements donnassent un démenti à ses sinistres prédictions. Il obéit à regret à la volonté nationale, mais il obéit sincèrement et sans arrière-pensée. Il lui importait de trouver un homme capable de réunir les suffrages des représentants et qui cependant n'eût pas encore par lui-même assez d'importance pour oser se mettre au-dessus des institutions; il lui fallait un homme qui se laissât guider par lui et à qui il pût inculquer ses principes. Il dut fixer tout d'abord son attention sur la tribu de Benjamin, au milieu de laquelle il vivait, et qui, étant la moins considérable, offrait, par sa faiblesse, le plus de garanties contre l'usurpation et le

---

[1] Voy. I Sam. ch. 8, v. 1 et 2; Josèphe, *Antiqu.* VI, 3, 2. Selon ce dernier, l'un des deux fils de Samuel était établi à Béthel et l'autre à Beërseba.

[1] I Sam. ch. 8, v. 11 et suivants. Les mots MISCHPAT HAM-MÉLECH signifient évidemment la *conduite du roi* et non pas le *droit du roi*, comme le portent plusieurs traductions, entre autres celle de M. Cahen. Le mot MISCHPAT se prend souvent dans le sens de *coutume, manière d'être, conduite*; voy. Juges, 13, 12; I Sam. 2, 13; II Rois, 1, 7, et ailleurs. C'est donc à tort que Volney, qui a si singulièrement travesti la vie de Samuel, accuse le prophète d'être l'auteur d'un *statut royal* qui établissait un despotisme inouï, une tyrannie légale. Cette interprétation est contraire au bon sens et à l'ensemble du texte.

despotisme. Quoique habitué à agir avec prévoyance et à mûrir ses projets par une longue méditation, Samuel dut, dans cette circonstance nouvelle, s'abandonner aux inspirations du moment, et plein de confiance dans la voix divine qu'il avait cru entendre si souvent en lui-même, il se proposa de la suivre dans l'acte solennel qu'il devait accomplir. La Providence le mit bientôt en rapport avec un homme qui paraissait parfaitement convenir à ses vues.

Un certain Kîs, de la tribu de Benjamin, demeurant à Gabaa, avait un fils nommé Saül, qui était dans la force de l'âge, d'une beauté remarquable et d'une haute stature. Kîs ayant perdu des ânesses, envoya à leur recherche son fils Saül accompagné d'un serviteur; après avoir vainement parcouru plusieurs districts, ils arrivèrent dans la contrée de Souph, dans laquelle était située la ville de Rama. Saül, craignant que son père ne fût inquiet de sa longue absence, voulut s'en retourner chez lui; mais son serviteur l'engagea à aller d'abord interroger le célèbre *Voyant*, ou prophète (Samuel), qui résidait à Rama, et sur l'objection de Saül qu'ils n'avaient rien à offrir à l'homme de Dieu, le serviteur observa qu'il lui restait encore un quart de sicle d'argent. Ils s'acheminèrent donc vers Rama. A l'entrée de la ville, ils virent des jeunes filles qui sortaient pour puiser de l'eau; ils leur demandèrent la maison du *Voyant*, et elles répondirent qu'il venait d'arriver à la ville [1], et qu'il allait se rendre sur la hauteur pour le sacrifice et le festin qu'il devait célébrer ce jour même.

En effet, Samuel avait invité, dès la veille, une trentaine de personnes à un repas solennel, espérant peut-être trouver parmi eux celui que Dieu avait élu pour être roi d'Israël [2]. A la porte de la ville, Saül, ayant rencontré Samuel sans le connaître, s'adressa à lui-même pour lui demander la maison du *Voyant*. Samuel fut tellement frappé de l'extérieur imposant de Saül qu'il reconnut en lui l'homme qu'il avait espéré trouver parmi ses convives. « Voici l'homme dont je t'ai parlé, lui dit sa voix divine, c'est lui qui règnera sur Israël. » Je suis moi-même le Voyant, répondit Samuel à Saül, et il l'invita, ainsi que son serviteur, à assister au festin, en lui disant, en même temps, de ne plus s'inquiéter des ânesses, qui étaient retrouvées. Arrivés dans la salle du festin Saül et son serviteur furent placés par Samuel à la tête des conviés, et le cuisinier apporta à Saül la portion que Samuel avait fait réserver d'avance pour celui qu'il reconnaîtrait comme l'élu de Dieu. Après le repas Samuel se retira avec Saül sur la plate-forme de la maison où ils eurent une longue conversation. Saül passa la nuit chez Samuel; un second entretien eut lieu le lendemain matin, et Samuel dut être très-satisfait de son élu; car il procéda immédiatement à la cérémonie provisoire de son élection.

Au départ de Saül, Samuel l'accompagna devant la ville; là le prophète ayant fait marcher en avant le serviteur de Saül, dit à celui-ci de s'arrêter; il prit une fiole d'huile qu'il répandit sur sa tête, et lui annonça, en l'embrassant, que Jéhova l'avait *oint* pour être le chef de son peuple.

L'onction, probablement le symbole de l'inviolabilité, remonte, chez les Hébreux, à la plus haute antiquité. Nous l'avons déjà rencontrée dans le sacre des prêtres (page 174); elle se présentera aussi dans l'initiation des prophètes (I Rois, 19, 16), pouvoir spirituel établi par Samuel. Il n'est donc pas étonnant que Samuel donne l'*onction* à Saül, destiné à être revêtu du pouvoir suprême. Loin de vouloir faire de Saül un instrument des prêtres, il lui confère, par l'onction, une inviolabilité égale à celle du souverain pontife, et bientôt il essaie de le faire entrer dans l'*associa-*

[1] Il séjournait probablement à Nayóth près de Rama, où se trouvaient les élèves prophètes.
[2] Voy. I Sam. ch 9, v. 15 et 16.

tion *des prophètes* qui représentait le parti du progrès, opposé au parti sacerdotal[1].

Samuel, après avoir annoncé à Saül son élection, lui donna plusieurs signes auxquels il devait reconnaître la vérité de tout ce que le prophète lui avait dit (I Sam. 10, 2 — 6). Il lui prédit entre autres que, arrivé à Gabaa, il rencontrerait une troupe de prophètes qui, aux sons des instruments, s'abandonneraient à leurs inspirations divines. Saül devait se joindre à eux et prendre part à leurs transports. Plus tard on devait se rendre à Guilgal, où devaient se célébrer les fêtes de l'installation du nouveau roi. Tout se passa comme le prophète l'avait annoncé. Arrivé à Gabaa et voyant la troupe de prophètes venir au-devant de lui, Saül se sentit inspiré par l'esprit de Dieu, et il récita à son tour des chants et des discours prophétiques. Ceux qui le connaissaient s'adressèrent avec étonnement cette question (qui passa en proverbe) : *Est-ce que Saül est aussi parmi les prophètes?* Mais quelqu'un des assistants répliqua : Et qui donc est leur père à tous?

Samuel, de son côté, pour faire sanctionner l'élection de Saül, convoqua une assemblée nationale à Mispah. Là il prononça une allocution dans laquelle il rappela de nouveau aux Hébreux que c'était pour se conformer à leur volonté qu'il allait leur donner un roi, quoique ce fût une ingratitude envers Jéhova qui les avait fait sortir d'Égypte et qui les avait sauvés de tous leurs ennemis. Faisant ranger le peuple par ordre de tribus et de familles, il déclara que Dieu avait choisi, pour lui donner la royauté, la tribu de Benjamin ; la famille élue était celle de Matri, et, dans celle-ci, l'homme qui avait mérité d'être désigné roi d'Israël était Saül, fils de Kîs[1]. Le modeste Saül s'était rendu à l'assemblée, mais n'osait pas se montrer ; il fallut le chercher et on le trouva caché au milieu des bagages. Lorsque Samuel le présenta au peuple, celui-ci fit éclater aussitôt sa joie, et les cris de *vive le roi!* retentirent de toutes parts.

Samuel rédigea aussitôt une convention dans laquelle il fixa les droits et les devoirs de la royauté. Nous ne connaissons pas le texte de cette convention ; mais elle avait sans doute les mêmes bases que la loi sur la royauté contenue dans le Deutéronome[2]. Le pouvoir royal était limité par la constitution, et le roi devait s'engager à rester fidèle observateur de la loi de Jéhova ; sous cette condition seulement il pouvait espérer transmettre le pouvoir à ses héritiers (Deut. 17, 20). Mais dans la suite nous verrons le pouvoir royal se modifier sensiblement aux dépens de la démocratie, et nous aurions tort de conclure de l'histoire des rois de Juda et d'Israël sur la nature de la convention faite par Samuel. Nous verrons plus loin quelle a été *de fait* la royauté chez les Hébreux.

Cependant l'installation de Saül, qui devait avoir lieu à Guilgal, fut ajournée indéfiniment, soit parce qu'il n'existait aucun motif urgent pour priver immédiatement le prophète Samuel de la judicature, soit parce qu'une forte opposition s'était déclarée contre l'élection de Saül, et qu'on voulût attendre une occasion favorable pour proclamer le nouveau roi à la face de tout Israël. Le fait est que des mécontents, que le texte désigne comme des gens pervers (*Beliaal*), osèrent publiquement manifester leur mépris pour Saül, qui fit semblant de ne pas entendre leurs clameurs. Quoique désigné roi d'Israël, Saül retourna à Gabaa pour

---

[1] On voit qu'il n'y a rien de plus innocent que l'acte symbolique de *l'onction* accompli par Samuel sur son élu, et que le prophète n'est rien moins que *l'inventeur du sacre des rois*. Volney qui, pour combattre le *droit divin*, croyait devoir s'en prendre à la Bible, a singulièrement dénaturé tous les faits.

[1] Le *sort* dont parle le texte biblique (I Sam. 10, v. 20 et 21) n'est sans doute qu'une amplification merveilleuse du fait historique.

[2] Voy. ci-dessus, page 192.

s'y livrer, comme par le passé, à ses travaux des champs.

Un événement grave donna bientôt à Saül l'occasion de sortir de sa retraite obscure et de se montrer digne de la confiance du peuple. Nahas, roi des Ammonites, qui avait envahi le pays à l'est du Jourdain, assiégea la ville de Jabès; les habitants demandèrent à capituler, mais Nahas voulut leur imposer la condition que tous les habitants se fissent crever l'œil droit. Les Anciens de Jabès demandèrent un délai de sept jours qui leur fut accordé; ils envoyèrent aussitôt des messagers dans tout le pays des Hébreux, pour demander un prompt secours. Saül était si peu reconnu roi d'Israël qu'on ne daigna pas même l'avertir directement de ce qui se passait. Un soir en revenant des champs, et en rentrant avec ses bœufs à Gabaa, il entendit les lamentations du peuple, car les messagers de Jabès venaient d'arriver dans la ville. Informé des insolentes propositions des Ammonites, il se sentit subitement animé d'une sainte ardeur pour la cause de ses compatriotes. Aussitôt il découpa une paire de bœufs et en remit les morceaux aux messagers pour faire proclamer dans tout le pays que tous ceux qui ne marcheraient pas à la suite de Samuel et de Saül auraient ainsi leurs bœufs taillés en morceaux. Sur cet appel les Hébreux accoururent en masse pour marcher au secours de Jabès; une demi-journée suffit pour mettre en déroute l'armée des Ammonites. Le peuple alors, plein d'admiration pour Saül, demanda à Samuel de faire mettre à mort ceux qui s'étaient opposés à l'élection de Saül; mais ce dernier calma l'effervescence du peuple en disant qu'il ne fallait pas souiller de sang le souvenir d'un si beau jour.

Samuel voulut profiter immédiatement de l'enthousiasme qui venait de se manifester pour son élu; il invita le peuple à se rendre à Guilgal pour y sanctionner l'élection de Saül et pour l'installer comme roi. De toute part les Hébreux accoururent pour assister à cette importante solennité; on égorgea de nombreuses victimes, et le peuple s'abandonna à la plus grande joie. Samuel en résignant ses fonctions de Schophet, que, selon Josèphe, il avait exercées pendant douze ans [1], prononça un discours dans lequel, protestant de son désintéressement, il rappela les circonstances qui avaient déterminé le peuple à demander un roi. Selon lui, le peuple avait mal agi, et le sincère attachement à Jéhova et à son culte pouvait seul fonder son bonheur d'une manière durable (I Sam. ch. 12.) Toute la nation rendit au dernier Schophet les plus éclatants témoignages de sa probité et de son parfait désintéressement. Un phénomène extraordinaire rendit cette scène encore plus imposante : un violent orage éclata sur l'assemblée, quoiqu'on fût à l'époque de la moisson du froment; le tonnerre grondait, accompagné d'une forte pluie. Le peuple fut saisi de terreur, croyant entendre la voix du ciel qui désapprouvait l'établissement de la royauté; mais Samuel rassura l'assemblée. Le mal, dit-il, vous l'avez fait; mais si vous n'abandonnez pas Jéhova pour les vaines idoles, lui aussi ne vous abandonnera pas, car il a voulu faire de vous son peuple. Le prophète promit ensuite d'être, comme par le passé, l'intermédiaire entre Jéhova et la nation, de prier Dieu pour le bien-être de tous, et d'être toujours leur chef spirituel en leur enseignant la bonne voie.

En résignant sa judicature, Samuel ne renonça nullement à toute influence politique; il se proposa, au contraire, de surveiller le nouveau roi et de lui retirer sa protection dès qu'il cesserait d'être un fidèle vassal de Jéhova et de sa loi. Dans l'idée de Samuel, la royauté ne devait être qu'une judi-

---

[1] Voy. *Antiqu.* VI, 13, 5; selon le Thalmud la judicature de Samuel aurait duré dix ans (*Nazir*, fol. 5), et selon le *Séder Olām* (ch. 13) onze ans. Le texte présente Samuel comme un homme âgé (I. Sam. 8, 1; 12, 2), mais il ne pouvait guère avoir à cette époque que cinquante et quelques années.

cature permanente et héréditaire, et les institutions devaient rester ce qu'elles avaient été jusqu'alors. Aussi Saül n'est-il en quelque sorte qu'un Schophet, c'est-à-dire un chef républicain, portant le titre de roi. Nous verrons même Samuel exercer encore longtemps une véritable tutelle sur son élu; son rôle politique n'est pas achevé, et nous le verrons encore accomplir quelques actes importants qui mettront encore plus en relief les traits caractéristiques de ce grand homme.

Néanmoins, avec l'installation de Saül, l'histoire des Hébreux entre dans une phase nouvelle, et une grande révolution est accomplie. L'État est définitivement constitué et les Hébreux forment en réalité un corps de nation animé du même esprit et repoussant en commun toute agression du dehors. Par l'établissement de l'ordre des prophètes, le peuple hébreu a fait, à la fin de cette période, un pas immense vers l'accomplissement de sa destinée.

Dans la période qui va suivre, et qui est la plus brillante de toute l'histoire des Hébreux, nous reconnaîtrons l'influence des écoles prophétiques par le rapide développement de la poésie religieuse et du culte monothéiste. La royauté, d'abord modeste, et se bornant à lutter pour l'indépendance de la nation, visera bientôt à étendre sa domination au dehors et à s'entourer d'un grand éclat à l'intérieur. Mais ce vain éclat ne tardera pas à s'effacer; la pompe extérieure donnée au culte par un roi ami du luxe s'évanouira dans une nouvelle invasion du paganisme. L'idée seule qui est l'âme de l'histoire des Hébreux se développera de plus en plus dans l'ombre des modestes demeures des prophètes.

La révolution qui signale la fin de la période des Juges s'opéra vers l'an 1095 avant l'ère chrétienne.

TROISIÈME PÉRIODE.

ROYAUME UNI,

DE SAUL JUSQU'A SALOMON.

1. *Règne de Saül.*

Saül, en montant sur le trône, devait être dans la force de l'âge [1], car il avait, dès le commencement de son règne, un fils nommé Jonathan, à qui il pouvait déjà confier des opérations militaires. Les Philistins, à ce qu'il paraît, virent avec indifférence l'avénement de Saül, qui ne paraissait pas d'abord vouloir rompre le traité de paix conclu par le juge Samuel après la bataille de Mispah. Le nouveau roi, après son installation, renvoya tous les Hébreux dans leurs foyers, ne conservant autour de lui que trois mille hommes, dont deux mille, sous ses ordres immédiats, gardèrent les hauteurs de Bethel et le défilé de Michmas [2], et mille restèrent, sous les ordres de Jonathan, à Gabaa qui était la résidence de la famille royale, et où se trouvait aussi le poste militaire des Philistins. Ces derniers, oubliant la défaite qu'ils avaient subie sous Samuel, étaient devenus assez insolents pour demander le désarmement général des Hébreux et pour défendre à ceux-ci toute fabrication d'armes. Le manque total de forgerons, du moins dans le midi, obligeait même les Hébreux de s'adresser aux Philistins pour faire repasser leurs instruments aratoires. Telle fut la position réciproque des deux peuples

---

[1] Le texte dit (I Sam. 13, 1) : *Saül en devenant roi, était* BEN-SCHANAH, c'est-à-dire, *âgé d'un an;* il est évident que le chiffre manque et qu'il faut traduire : *âgé de .... ans,* car, en hébreu, on met le singulier après les noms de nombre au delà de *dix*. La Vulgate porte : *Filius unius anni erat Saul cum regnare cœpisset,* ce qui ne donne aucun sens. Voy. Des Vignoles, I, 136 et suiv.

[2] Michmas, près de Gabaa, était situé au nord de Jérusalem, à environ trois lieues de distance; il y avait près de là un défilé, dont l'occupation militaire était d'une grande importance. Voy. I. Sam. 14, v. 4 et 5.

à la fin de la deuxième année du règne de Saül[1] ; mais cet état des choses ne pouvait avoir duré longtemps, car, après l'élection de Saül, nous avons vu les Hébreux parfaitement en mesure pour repousser l'attaque des Ammonites.

L'insolence des Philistins indigna Saül et son noble fils Jonathan. Ce dernier tomba subitement sur le poste des Philistins à Gabaa et le détruisit ; en même temps Saül fit retentir, dans tout le pays, la trompette de la guerre, pour appeler les Hébreux au combat. Les Philistins instruits du forfait de Jonathan, envahirent aussitôt le midi de la Palestine avec trente mille chariots et six mille cavaliers. Les habitants, se voyant serrés par des forces aussi imposantes, se réfugièrent dans les souterrains ; d'autres se retirèrent au delà du Jourdain. Saül quitta sa position près de Michmas, et se rendit à Guilgal, où il fut bientôt rejoint par une foule d'Hébreux avides de combattre. Samuel aussi devait s'y rendre au bout de sept jours ; mais le septième jour était arrivé, et on n'avait encore aucune nouvelle du prophète. Déjà le peuple commença à se disperser ; Saül, craignant de se voir isolé, et voulant se préparer au combat par un acte religieux, fit procéder au sacrifice, auquel il présida lui-même. Après la cérémonie Samuel arriva ; Saül alla au-devant de lui pour le saluer, mais le prophète lui reprocha avec dureté de n'avoir pas suivi l'ordre qu'il lui avait donné au nom de Jéhova, et d'avoir seul célébré l'acte solennel du sacrifice. Saül essaya de montrer au prophète combien, dans ces circonstances, son impatience de se préparer au combat était excusable ; mais Samuel, croyant reconnaître dans le roi des velléités d'indépendance, lui prédit dès lors que son règne ne subsisterait pas.

Le prophète se rendit à Gabaa où il fut suivi par Saül et les troupes, qui se trouvaient réduites à environ six cents hommes. Les Philistins campés à Michmas envoyèrent des détachements dans trois directions différentes pour ravager le pays ; un poste resta pour occuper le défilé de Michmas. Les Hébreux manquant d'armes, étaient dans la plus grande perplexité ; Saül et Jonathan étaient seuls complétement armés. Un jour Jonathan prit, à l'insu de son père, la résolution héroïque d'aller seul, avec son écuyer, attaquer les avant-postes de Michmas. Le fidèle serviteur se montrant prêt à le suivre, Jonathan convint avec lui d'un signe auquel ils devaient reconnaître si Dieu voulait favoriser leur entreprise : « Nous passerons, dit-il, vers ces gens, et nous nous montrerons à eux. S'ils nous disent : *Attendez jusqu'à ce que nous soyons arrivés auprès de vous*, nous resterons à notre place, et nous ne monterons pas vers eux. Mais s'ils nous disent : *Montez vers nous*, nous monterons, car Jéhova les aura livrés entre nos mains. » Les Philistins, en voyant Jonathan et son écuyer, dirent avec ironie : « Voici des Hébreux qui sortent de leurs souterrains ; montez donc un peu vers nous, afin que nous vous disions quelque chose. » Les deux héros escaladèrent le rocher ; ils tombèrent sur les avant-postes des ennemis et tuèrent une vingtaine d'hommes. Cet exploit sans exemple répandit la terreur parmi les ennemis. Saül apprit par ses sentinelles avancées qu'il y avait un grand mouvement parmi les Philistins ; en même temps il eut connaissance de l'absence de Jonathan et de son écuyer. Il allait consulter le grand prêtre Achiah, arrière-petit-fils d'Eli, qui se trouvait auprès de lui avec l'arche sainte, lorsqu'il apprit que le désordre augmentait de plus en plus dans le camp des Philistins. Il se rendit immédiatement avec sa petite troupe au théâtre de la guerre ; le tumulte y était au comble et on s'entr'égorgeait. Les soldats hébreux qui servaient dans l'armée des Philistins,

---

[1] I Sam. 13, 1 Dans ce passage le verbe MALACH doit se rendre par le plus-que-parfait *regnaverat* et non pas par *regnavit*, comme le fait la Vulgate ; le sens est, que Saül avait régné deux ans, lorsque arriva l'événement qu'on va raconter.

où ils étaient entrés probablement pendant la paix, se rangèrent du côté de Saül et de Jonathan ; ceux qui étaient cachés dans les montagnes d'Ephraïm sortirent de leur retraite, et se mirent également à la poursuite des Philistins en désordre. Saül défendit à ses troupes, sous peine de malédiction, de prendre la moindre nourriture ce jour-là, jusqu'à ce qu'il eût tiré vengeance de ses ennemis. Les troupes obéirent, malgré les fatigues du combat ; Jonathan seul, qui était épuisé de tant d'efforts, et qui n'avait pas eu connaissance de la défense de son père, se permit de ramasser, avec un bâton, un peu de miel sauvage [1], qu'il porta à sa bouche pour se rafraîchir. Les Philistins furent repoussés ce jour même jusqu'à Ayyalôn. Le soir, les Hébreux affamés égorgèrent les bestiaux pris sur les ennemis et en mangèrent la chair avec le sang, contrairement à la loi mosaïque. Saül, averti de cet abus, fit aussitôt élever un autel, et ordonna qu'on y tuât les animaux selon les rites, en laissant écouler tout le sang. Dans son ardeur, Saül voulut continuer la nuit même la poursuite des Philistins; mais l'oracle, interrogé à ce sujet par le prêtre, ne donna pas de réponse. Saül fut convaincu qu'un péché avait été commis, et il jura de punir de mort le coupable, fût-ce son fils Jonathan lui-même. On interrogea le sort sacré qui désigna Jonathan comme le pêcheur. Qu'as-tu fait, mon fils? lui demanda Saül. J'ai goûté un peu de miel, répondit Jonathan ; je suis prêt à mourir. Saül crut devoir maintenir son serment, et on aurait eu à déplorer un second sacrifice comme celui de Jephté, si cette fois le peuple ne s'était pas interposé de toute son autorité. « Comment, s'écria-t-on de toute part, Jonathan serait mis à mort, lui qui a sauvé Israël! par le Dieu vivant, pas un cheveu de sa tête ne tombera à terre. » Cette protestation énergique dégagea Saül de son serment, et lui rendit son fils.

Les Philistins se retirèrent au delà de leurs limites. Cette nouvelle victoire affermit encore davantage le trône de Saül qui, comme s'exprime le texte biblique (I Sam. 14, 47), *avait conquis la royauté sur Israël*. Il repoussa avec un égal succès l'agression d'autres peuples voisins, tels que les Moabites, les Ammonites, les Iduméens, et les Syriens de Soba [1]. Les tribus à l'est du Jourdain vainquirent, sous le règne de Saül, les Hagaréens, nomades arabes, et s'étendirent jusque vers l'Euphrate (I Chron. 5, 10). Saül s'attendait encore à de longues luttes avec les Philistins et il tâcha de s'entourer de tout ce qu'Israël possédait d'hommes forts et exercés dans la guerre. Il se mit en mesure d'avoir, en cas de besoin, des troupes expérimentées et convenablement armées, et il confia le commandement général des forces militaires à son cousin Abner, fils de Ner. C'est le seul grand dignitaire que nous trouvons auprès de Saül. En général, Saül avait conservé sa simplicité d'autrefois; il ne tenait pas de cour, et sa maison se composait des seuls membres de sa famille. Il avait, de sa femme unique, appelée Achinoam, fille d'Achimaas, quatre fils, savoir : Jonathan, Jesvi (ou Abinadab), Malchisoua et Isboseth, et deux filles, dont l'aînée s'appelait Mérab et la cadette Michal. Au nombre des membres de la famille royale, nous trouvons encore les frères Kîs et Ner, le premier, père de Saül, le second, père d'Abner [2].

---

[1] Voy. ci-dessus, page 28.

[1] Voy. I Sam. 14, 47. Il résulte évidemment de ce passage que l'État de *Soba*, que nous verrons en conflit avec David, était voisin de la Palestine, et on ne saurait admettre l'opinion de Michaëlis, qui, sur la seule autorité des Pères de l'Église syriens, a pris Soba pour *Nésibis* ou *Nisibin* en Mésopotamie. (Voy. sa dissertation *De Syria Sobæa*, dans ses *Commentatt. soc. Getting. oblatæ*, t. II.) Dans l'épigraphe du ps. 60, Soba est expressément distingué de la Mésopotamie. Michaëlis a été victorieusement réfuté par Rosenmüller, qui, avec beaucoup plus de vraisemblance, place l'État de Soba en deçà de l'Euphrate, qui en était la limite orientale, à l'ouest il touchait le territoire de Damas et celui des Hébreux. Voy. Rosenm. *Bibl. Geographie*, I, 2, p. 145 et 250.

[2] Voy. I Sam. 14, 49-51. Il mérite d'être

Samuel n'avait pas perdu son influence; il s'était aperçu, sans doute, que ni Saül ni ses fils, quelles que fussent d'ailleurs leurs qualités, n'étaient propres à réaliser son idéal de la théocratie, et il se repentit du choix qu'il avait fait. Il attendait une occasion pour rompre ouvertement avec Saül et pour lui donner un rival appuyé de tout le poids de son autorité prophétique, et de l'influence politique qu'il avait conservée comme ancien juge.

Un jour, le prophète se rendit auprès de Saül, et en rappelant au roi que c'était à lui qu'il devait la couronne, il lui ordonna au nom de Jéhova de porter ses armes contre les Amalécites, les plus anciens et les plus implacables ennemis des Hébreux, et de leur faire une guerre d'extermination. Saül obéit, et son expédition fut couronnée de succès; mais au lieu de tout exterminer, comme l'avait ordonné le prophète, on ramena, comme butin, les meilleurs bestiaux et les autres objets précieux. Agag, roi d'Amalek, fut fait prisonnier; mais les Amalécites ne furent pas entièrement détruits, comme l'avait ordonné Moïse (Deut. 25, 19), et on pouvait craindre de leur part de nouvelles attaques. Samuel, peu satisfait de l'issue de cette guerre, et ayant appris que Saül était arrivé à Carmel[1], où il s'élevait un monument, se rendit droit à Guilgal, pour s'y trouver avec Saül. Celui-ci, voyant le prophète, lui dit : « Je te salue au nom de Jéhova; j'ai accompli sa parole divine. » « Mais, lui demanda Samuel, quel est donc ce mugissement de bœufs et de brebis qui frappe mes oreilles? — Le peuple, répondit Saül, a ramené l'élite des bestiaux pour offrir un sacrifice à Jéhova. — Dieu, répliqua le prophète, aime mieux l'obéissance que les holocaustes et les sacrifices; tu as rejeté l'ordre de Jéhova, et il rejette ta royauté. » Saül chercha à apaiser la colère de Samuel : il s'était vu forcé, dit-il, d'obéir à la volonté des troupes; et il le supplia d'aller avec lui se prosterner devant Jéhova. Samuel se détourna en prononçant de nouveau la déchéance de Saül; celui-ci, voulant le retenir, saisit le pan de son manteau, qui se déchira. « C'est ainsi, dit le prophète, que Dieu t'a arraché la royauté pour en revêtir un autre qui en sera plus digne que toi. — Je reconnais ma faute, dit le roi, mais honore-moi devant les Anciens de mon peuple et devant Israël, et accompagne-moi, pour que je me prosterne devant Jéhova. » Samuel lui accorda cette demande. Après la cérémonie, le prophète se fit amener le roi Agag et lui dit : De même que ton glaive a privé les femmes de leurs enfants, de même ta mère sera privée de toi; cela dit, il le mit à mort de sa propre main. Après cette scène, Saül retourna à Gabaa; Samuel se rendit à Rama et il ne revit plus le roi Saül. Il était décidé à chercher ailleurs un roi selon son cœur, et les événements favorisèrent ses projets.

Cependant Saül avait affermi son trône par ses nombreuses victoires, et toute l'autorité de Samuel n'aurait pas suffi pour renverser un roi devenu de plus en plus populaire. Si autrefois Samuel, pressé d'élire un roi, avait cru, dans l'intérêt des institutions démocratiques, devoir s'adresser à la tribu la moins nombreuse et la moins puissante, il s'agissait cette fois de trouver un homme qui pût se créer un parti assez fort pour oser entreprendre la lutte contre la dynastie établie. Ce fut sans doute dans cette conviction que Samuel jeta les yeux sur une famille de la puissante tribu de Juda qu'une antique bénédiction semblait appeler à de hautes destinées.

A Bethléhem vivait un homme riche appelé Isaï, descendant d'une des prin-

---

remarqué que, dans ce passage où l'on énumère les membres dont se composait la famille royale au commencement du règne, il n'est pas question du quatrième fils de Saül, nommé Isboseth. Il paraîtrait donc qu'Isboseth naquit après l'installation de Saül, circonstance importante pour fixer la durée du règne de Saül, car, après la mort de celui-ci, Isboseth était âgé de quarante ans (II Sam. 2, 10).

[1] Cette ville était dans le canton de Juda (Jos. 15, 55), sur une montagne du même nom. Voy. ci-dessus, page 6.

cipales familles de la tribu de Juda. Parmi ses ancêtres nous remarquons Nahschôn, qui avait été chef de la tribu du temps de Moïse. Son père fut Obed, fils de Boaz et de Ruth, la Moabite, qu'un généreux dévouement avait conduit jadis dans le pays des Hébreux : une famine arrivée dans ce pays avait obligé un certain Élimélech, habitant de Bethléhem, d'émigrer avec sa femme Noëmi et ses deux fils, et de se rendre dans le pays de Moab. Élimélech y mourut, ainsi que ses fils qui avaient épousé deux femmes moabites. Noëmi, ayant perdu son mari et ses enfants, partit pour retourner dans son pays; l'une de ses belles-filles, appelée Ruth, touchée des malheurs de Noëmi, ne voulut pas se séparer d'elle. Arrivée à Bethléhem, elle allait glaner dans les champs, pour nourrir sa belle-mère; le hasard la conduisit un jour dans le champ de Boaz, parent d'Élimélech. Boaz ayant entendu parler du noble dévouement de Ruth, la reçut avec bonté; il voulut lui faire épouser un proche parent de son mari défunt, mais n'ayant pu y réussir, il épousa lui-même la jeune veuve par un sentiment de piété pour un parent mort sans postérité. Il eut d'elle un fils nommé Obed, qui, comme nous venons de le dire, fut le père d'Isaï, dont la famille jouissait d'une haute estime dans le pays. Ce fut à cette famille que s'adressa le prophète Samuel pour y choisir un successeur à Saül; mais il lui fallut s'entourer du plus profond mystère pour ne pas éveiller les soupçons du roi, qui auraient mis en danger la vie de Samuel et celle de son élu. Samuel partit donc pour Bethléhem, sous prétexte d'y célébrer un sacrifice; les anciens de la ville vinrent au-devant du prophète pour lui offrir leurs hommages, et il les invita au repas solennel, auquel il convia également Isaï et ses fils, qui étaient au nombre de huit. Le plus jeune, appelé David, était absent, se trouvant dans les champs auprès des troupeaux de son père. Lorsqu'ils furent tous arrivés, Samuel se fit présenter les fils d'Isaï. Tout en s'abandonnant, selon sa coutume, à son inspiration divine et à une certaine faculté de divination, le prophète ne voulut pas cette fois se laisser influencer par la beauté extérieure, et il cherchait à lire dans les physionomies des fils d'Isaï les qualités intérieures dont ils pouvaient être doués (I Sam. 16, 7). Aucun des jeunes gens ne plut à Samuel : « Ce sont là tous tes enfants? demanda-t-il à Isaï. — Il en reste encore un, répondit celui-ci; c'est le plus jeune qui garde les troupeaux. — Fais-le venir, dit le prophète, car nous ne nous mettrons pas à table jusqu'à ce qu'il soit venu ici. » On fit venir David; c'était un jeune homme de couleurs fraîches, ayant de beaux yeux et une belle physionomie. Il gagna aussitôt l'affection de Samuel, et entraîné par la voix divine qui, dans son intérieur, se déclara en faveur de David, le prophète prit aussitôt la corne d'huile qu'il avait apportée avec lui, et procéda à l'acte symbolique de l'*onction*. Les assistants ne connaissaient probablement pas le sens de cet acte qui passait inaperçu; David seul, sans doute, fut informé, par le prophète, de ses futures destinées, car, dès ce jour, le jeune homme manifesta une grande exaltation, et, comme on disait alors, *l'esprit de Jéhova le saisit*. Ce fut là le dernier acte politique du prophète Samuel, qui depuis ce temps vécut retiré à Rama, pour consacrer le reste de ses jours à l'institut des prophètes, dans le développement duquel il voyait les plus belles garanties pour l'avenir.

Avant de quitter Samuel, jetons encore un coup d'œil rapide sur sa belle carrière de Schophet et de prophète. Dans tous ses actes nous reconnaissons l'homme sévère et énergique, qui, animé d'un zèle ardent pour Jéhova et pour sa loi, ne se laisse arrêter par aucun obstacle et marche droit à son but, avec la ferme conviction que c'est l'esprit de Dieu qui l'anime et qui lui dicte ses actions. Exerçant à la fois un pouvoir politique et un pouvoir spirituel, il restaura sous un double rapport l'État des Hébreux qu'il trouva sans unité politique, sans loi, sans culte. Il éveilla l'esprit public, réunit toutes les tribus sous un seul drapeau, et, après leur avoir fait secouer le joug des Philistins et obtenir pour longtemps une paix honorable, il les prépara à lutter avec succès contre ces ennemis implacables, dont les attaques devaient se renouveler sans cesse. En même temps il déracina l'idolâtrie, et, par l'établissement de l'institut prophétique, il releva la religion mosaïque sans trop favoriser le pouvoir sacerdotal et le culte matériel, mais aussi sans y porter aucune atteinte; car, si on lui a reproché d'avoir lui-même usurpé les fonctions sacerdotales, en offrant un holocauste (I Sam. 7, 9), le texte ne dit pas positivement qu'il ait exercé lui-même le ministère de sacrificateur, ce que, du reste, il aurait pu faire dans l'absence des prêtres et d'un culte central, comme l'avait fait Moïse, avant l'établissement du sacerdoce. Selon lui, Dieu fait peu de cas des holocaustes et des sacrifices; obéir à la loi dans son vrai sens vaut mieux que d'offrir à Dieu la graisse des béliers. Forcé par la volonté de la nation de coopérer à l'établissement de la royauté, il limite le pouvoir du nouveau roi par une convention écrite. Il guide le roi par ses conseils et tâche de lui inculquer les principes d'une théocratie spiritualiste et un respect profond pour les lois de l'État. Dès qu'il s'aperçoit que le roi n'est pas toujours disposé à observer la loi dans toute sa rigueur, il veut assurer l'avenir de son pays et de la constitution, en choisissant un vassal plus fidèle de Jéhova, le roi souverain du peuple hébreu. Rien ne peut le fléchir, car, il faut l'avouer, son caractère était énergique et absolu, et ne brillait ni par la douceur ni par les sentiments tendres. Dans son zèle absolu pour la lettre de la loi, il ne craint pas de montrer une extrême dureté envers Saül et une cruauté inhumaine envers le roi Agag. L'époque avait besoin d'un homme de cette trempe, et Samuel, l'homme de cette époque, devait être tel qu'il a réellement été. Une critique sans portée et pleine de préjugés a seule pu présenter la conduite de Samuel comme le résultat d'une vanité humaine et de l'ambition déçue. Samuel ne gagna rien pour lui par l'élection de David, de même qu'il n'avait rien perdu personnellement par les usurpations de Saül. Tout ce qu'il faisait était dans l'intérêt de son pays et de sa nation, selon un vaste plan sagement calculé. Au reste, le peuple lui-même lui rendit des témoignages unanimes de sa probité et de sa justice absolues, et la postérité, voyant en lui le restaurateur de la loi et de la religion, n'hésita pas à le placer à côté de Moïse. Selon le poëte sacré, les ministres de Dieu qui invoquent son nom et dont il exauce les prières, sont Moïse, Ahron et Samuel (Ps. 99, 6); et Dieu dit par la bouche du prophète Jérémie (15, 1) : « Quand même Moïse et Samuel se présenteraient devant moi, mon affection ne serait plus pour ce peuple. » L'Ecclésiastique (ch. 46, v 16-23), en faisant l'éloge des hommes illustres de l'antiquité, assigne à Samuel une des plus belles places dans l'histoire des Hébreux, et en quelques mots il fait ressortir les principaux traits de ce grand homme, restaurateur du gouvernement et des lois, prophète divin, vainqueur des ennemis, juge incorruptible et d'une probité à toute épreuve.

Revenons maintenant au roi Saül. Depuis sa dernière entrevue avec Samuel, le roi était saisi souvent d'une profonde mélancolie. Ses gens furent d'avis que la musique seule pouvait rasséréner son âme abattue, et ils lui conseillèrent de faire venir un habile musicien qui pût lui procurer du soulagement dans ses accès de tristesse. Un des serviteurs du roi vanta le jeune David, fils d'Isaï de Bethléhem, qui, avec un grand talent musical, réunissait les avantages de la beauté, de l'esprit et du courage. Saül expédia un message à Isaï, pour lui demander d'envoyer auprès de lui son fils David. Celui-ci arriva aussitôt, apportant avec lui un cadeau; dont Isaï l'avait chargé pour le roi. David parvint en effet, par son jeu de *kinnôr*[1], à soulager le roi dans ses accès de mélancolie. Il gagna toute l'affection de Saül, qui, appréciant en même temps son courage guerrier, le nomma son écuyer.

La subite fortune de David favorisa singulièrement les projets de Samuel. Peut-être était-ce le prophète lui-même, qui, par ses relations et par son influence secrète, avait su amener le jeune David à la cour de Saül, pour lui procurer le moyen de développer ses hautes qualités et de les mettre au grand jour. Bientôt un événement donna à David l'occasion de déployer tout son courage et d'attirer sur lui les regards de toute la nation.

Les Philistins avaient entrepris une nouvelle expédition contre les Hébreux, et envahi le bas pays de Juda; leur camp était entre Socho et Azéka. Saül marcha à leur rencontre et fit camper ses troupes dans la *plaine des térébinthes*. Rangées en bataille, chacune des deux armées occupait une hauteur, un vallon les séparait. Un homme d'une taille gigantesque, nommé Goliath, de la ville de Gath, sortit des rangs des Philistins; toute son armure présentait un aspect formidable, en rapport avec sa taille, et il était précédé de son écuyer qui portait son bouclier. Placé au milieu entre les deux armées, il proposa aux Hébreux de choisir parmi eux un homme pour entrer avec lui dans un combat singulier, dont l'issue déciderait laquelle des deux nations devrait se soumettre à l'autre. A cette provocation il ajouta l'insulte, et répandit la terreur parmi les Hébreux; personne n'osait accepter le dangereux défi. On hésita longtemps; tous les jours, le matin et le soir, le géant philistin vint répéter sa provocation, et déjà quarante jours s'étaient ainsi passés dans l'inaction, quoique Saül eût fait publier que celui qui frapperait le Philistin recevrait de riches cadeaux, qu'il aurait pour femme la fille du roi, et que sa famille serait affranchie de tout service public.

David qui, avec la permission de Saül, retournait de temps en temps dans sa famille, pour garder les troupeaux, arriva alors dans le camp, envoyé par son père pour savoir des nouvelles de ses trois frères aînés, qui servaient dans l'armée de Saül, leur apporter quelques vivres, et un cadeau de dix fromages pour leur chef. Témoin lui-même des provocations insultantes de Goliath, et ayant appris quelle récompense le roi promettait à celui qui vengerait l'opprobre de la nation, David offrit d'accepter le défi. Sans se laisser intimider par les reproches d'Éliab, son frère aîné, qui l'accusait d'orgueil et de présomption, il alla sur un autre point, où il s'informa de nouveau de la récompense qui devait être donnée au vainqueur de Goliath; là il fit les mêmes offres. On en parla bientôt devant Saül, qui fit venir David auprès de lui. « Que personne, dit David, ne s'inquiète de ce Philistin; ton serviteur ira combattre contre lui. — Mais, répondit le roi, tu es trop jeune pour entrer en lutte avec le Philistin qui, depuis sa jeunesse, est un guerrier accompli. — Ton serviteur, répliqua David, a tué un lion et un ours, et leur a arraché leur proie; il en sera de même de ce Philistin qui a insulté les armées du Dieu vivant. » Saül, voyant David décidé à combattre, le fit revêtir d'une cuirasse, d'un casque et d'une épée; mais David fut obligé de quitter cette armure avec laquelle il ne put marcher, par défaut d'usage. Pour toutes armes il prit son bâton, sa fronde et sa gibecière, et, ayant choisi dans un ruisseau cinq cailloux unis, il s'avança contre le Philistin. Goliath le regarda avec mépris. « Me prends-tu pour un chien, lui dit-il, pour venir ainsi m'attaquer avec des bâtons? viens, que je donne à manger ta chair aux oiseaux du ciel et aux bêtes de la terre. » Mais David répondit : « Tu m'abordes avec l'épée, le javelot et la lance; mais moi je viens au nom de Jéhova, le dieu des batailles d'Israël

---

[1] Espèce de guitare ou de harpe; nous en parlerons dans un autre endroit.

que tu as blasphémé, et qui te livrera entre mes mains, afin que je te tranche la tête et que je livre les cadavres des Philistins aux oiseaux du ciel et aux animaux de la terre. Et on saura partout qu'il y a un Dieu en Israël, à qui il ne faut pour vaincre ni épée ni lance. » Goliath voulut s'approcher de David; mais celui-ci, courant au-devant de lui, lui lança une de ses pierres qui le frappa au front avec une telle violence qu'il tomba sans connaissance. David alors se jeta sur lui pour l'achever avec sa propre épée, et, après l'avoir tué, il lui trancha la tête. Les Philistins, saisis de terreur, s'enfuirent en désordre, et les Hébreux les poursuivirent jusqu'aux portes d'Ekrôn et de Gath. Tous les bagages que les Philistins avaient laissés dans le camp, tombèrent entre les mains des Hébreux. David rapporta en triomphe la tête de Goliath, ainsi que ses armes, qu'il déposa ensuite dans le sanctuaire alors placé à Nob (I Sam. 21, 10) [1].

Saül ramena David avec lui: il voulut qu'il restât toujours auprès de lui, et qu'il ne retournât plus dans sa famille [2]. Le généreux Jonathan, loin d'éprouver des sentiments de jalousie à l'égard de David, dont la victoire effaçait les glorieux faits d'armes par lesquels il s'était distingué lui-même, se sentit entraîné d'admiration pour le jeune héros et éprouva pour lui le plus vif attachement. Il se dépouilla de son manteau et de son armure, dont il fit cadeau à David, et les deux héros se jurèrent une éternelle amitié. Saül confia aussitôt à David un commandement supérieur dans l'armée. Mais bientôt l'admiration que, de toute part, on manifesta pour David, excita la jalousie du roi. Au retour dans la résidence, les femmes de toutes les villes situées sur la route sortirent au-devant de Saül pour le complimenter, en chantant et en dansant, sous l'accompagnement des tambourins et des triangles. Dans leurs chants Saül distingua ces mots souvent répétés : « Saül a battu ses milliers et David ses myriades. » Dès lors c'en fut fait de son amitié pour David, qu'il ne voyait plus qu'avec méfiance et avec un sentiment de jalousie profonde. Dès le lendemain, la maladie noire dont il était affligé devint plus forte que jamais, et il se trouvait dans un état d'agitation extrême. David, comme à l'ordinaire, cherchant à le calmer par la musique, Saül voulut deux fois le percer de sa lance, dont David put heureusement éviter le coup. Revenu à lui-même, Saül jugea convenable de l'éloigner de sa présence, et l'envoya commander les troupes, en lui promettant, pour prix de sa vaillance, de lui donner pour femme sa fille aînée Mérab. Il espérait ainsi le voir tomber un jour victime de son courage. David, quoique heureux dans toutes ses entreprises et généralement aimé, fut cependant assez modeste pour ne pas faire valoir ses droits sur la main de la princesse royale, qui, en effet, fut donnée à un autre. Mais Michal, la fille cadette de Saül, aimait David ; Saül fit semblant de favoriser cette inclination, et fit dire à David que, pour lui donner sa fille en mariage, il ne lui demandait autre chose, sinon de circoncire cent Philistins, et de lui apporter les preuves indubitables de cet exploit. Cette singulière condition, par laquelle Saül espérait perdre son antagoniste, fut acceptée par David, qui aussitôt se mit en marche avec ses gens pour attaquer les Philistins. Il en tua deux cents et rapporta à Saül le double des trophées qu'il lui avait de-

---

[1] Le texte, I Sam. 17, 54, dit que David apporta la tête de Goliath à *Jérusalem*. Ce n'est là qu'une inadvertance de l'auteur des livres de Samuel, qui vivait à une époque où *Sanctuaire* et *Jérusalem* étaient en quelque sorte synonymes.

[2] Selon le texte (ib. v. 55-58), Saül, en voyant David s'avancer contre Goliath, demanda à Abner qui était ce jeune homme; mais Abner ne le connaissait pas plus que le roi, et, après la lutte, Saül se fit amener David et l'interrogea pour savoir qui il était. Ce passage, en contradiction avec tout ce qui précède, est évidemment une interpolation tirée, sans doute, d'un autre document moins authentique, où l'origine des rapports de Saül avec David était racontée d'une manière différente. En effet, ce passage manque dans la version grecque.

mandés. Saül fut obligé alors de lui donner sa fille Michal, mais la fortune de David ne fit qu'augmenter la jalousie et les craintes qu'il inspirait au roi, et il lui fallut toute l'amitié de Jonathan et l'amour de Michal, pour détourner de lui les dangers dont il était menacé de la part de Saül.

Le fidèle Jonathan parvint un moment à calmer l'effervescence de Saül, qui jura par Jéhova d'épargner la vie de David. Celui-ci reparut à la cour; mais bientôt une nouvelle victoire remportée par David sur les Philistins donna à Saül de nouveaux accès de jalousie et de délire. Un jour, lorsque David jouait de son instrument devant le roi, celui-ci essaya de nouveau de le percer de sa lance; mais David évita le coup, et la lance resta fixée dans le mur. David s'étant échappé, le roi envoya des sicaires pour cerner sa maison afin de le tuer le lendemain matin. Michal le fit descendre par la fenêtre, pendant la nuit, et il put se sauver par la fuite. A sa place Michal mit une statue dans le lit, et lorsque le lendemain des messagers de Saül vinrent demander David, elle le dit malade. Saül, voulant à tout prix s'emparer de David, ordonna qu'on le lui apportât dans son lit, mais on n'y trouva qu'une statue. David avait eu le temps d'arriver à Rama, où le prophète Samuel lui donna un asile dans les demeures des prophètes à Nayoth. Saül ayant eu connaissance de sa retraite, ne respecta point ces demeures de la paix et de la piété. A trois reprises il y envoya des messagers pour se faire livrer son adversaire, mais les paroles des prophètes et leurs chants divins étaient d'un effet tellement puissant que tous les messagers de Saül furent inspirés à leur tour et mêlèrent leurs accents à ceux des élèves de Samuel. Alors Saül se décida à partir lui-même pour Rama; mais en s'approchant du séjour des prophètes, dont jadis, dans ses jours de jeunesse et d'innocence, il avait été un instant le condisciple, il ne put lui-même maîtriser son émotion,

et arrivé à Nayoth, il se dépouilla de ses vêtements royaux, et participa, devant le vénérable Samuel, aux inspirations divines, restant déshabillé, et dans un état d'exaltation prophétique toute la journée et toute la nuit.

Cependant David avait quitté Nayoth. Il retourna à la résidence et alla trouver en secret son ami Jonathan, à qui il se plaignit de la conduite que Saül tenait à son égard. Jonathan refusa de croire que son père eût réellement l'intention de faire mourir David, mais il promit de le sonder à cet égard et de donner à David les avertissements nécessaires. Le lendemain était le jour de la nouvelle lune, et Saül avait coutume de donner, au commencement du mois, quelques repas auxquels devaient assister les grands de sa cour. Il fut convenu entre les deux amis que David ne se rendrait pas au repas et qu'on observerait l'effet que son absence produirait sur Saül, à qui on dirait qu'il était allé à Bethléhem pour y assister à une fête de famille. David devait rester caché dans les environs de la ville, et après trois jours Jonathan lui apporterait la réponse. Celui-ci, accompagné d'un petit garçon, devait tirer quelques flèches, et ordonnant ensuite au garçon d'aller les ramasser, il devait lui adresser quelques paroles pour servir de signal. Jonathan disant au garçon: « Les flèches sont en deçà, » David saurait qu'il n'y avait rien à craindre pour lui; mais s'il disait : « Les flèches sont au delà, » ce serait un signe que David devait prendre la fuite. Les deux amis se séparèrent en protestant mutuellement de leur éternelle amitié.

Le premier jour de la lune, la place de David restant vide au repas, Saül n'y fit pas attention, croyant que quelque accident l'avait empêché de venir. Mais le second jour il demanda à Jonathan, pourquoi le fils d'Isaï était absent. Le prince lui ayant répondu que David lui avait demandé un congé pour aller assister à une fête de famille, Saül entra dans une grande fureur, appelant Jonathan un fils pervers qui, par son amitié pour David, se déshonorait lui-même ainsi que sa mère, et qui ne voyait pas qu'il aurait toujours dans le fils d'Isaï un dangereux rival pour le trône. « Fais-le chercher sur-le-champ, ajouta le roi irrité, car il doit mourir. » « Mais, demanda Jonathan, qu'a-t-il donc fait pour mériter la mort? » Et, pour toute réponse, Saül dirigea sa lance contre son propre fils, qui se leva brusquement de table et sortit profondément affligé. Le lendemain il se rendit, avec son jeune serviteur, à l'endroit où David était caché, afin de lui donner le signal convenu. Après avoir prononcé ces paroles fatales : « Les flèches sont au delà de toi, » il ordonna au garçon, qui ne savait rien de tout ce qui se passait, d'aller rapporter ses armes à la ville. David sortit aussitôt de sa retraite; les deux amis s'embrassèrent en versant des larmes abondantes. « Va en paix, dit Jonathan à David, et puisse l'amitié que nous nous sommes jurée au nom de Jéhova subsister éternellement entre nous et nos descendants. »

David, ne voyant d'autre moyen de mettre sa vie en sûreté que de quitter le pays, résolut de chercher un refuge auprès d'Achis, roi de Gath. Chemin faisant il passa par la ville sacerdotale de Nob. Le grand prêtre Achimélech, fils d'Achitob[1], le voyant arriver seul, lui en demanda la raison; David répondit que le roi l'avait chargé d'une mission secrète et qu'il avait donné rendez-vous à ses gens dans un certain lieu. Il demanda au prêtre de lui donner quelques provisions pour continuer son voyage; Achimélech n'ayant autre chose à sa disposition que les vieux *pains de proposition* de la semaine précédente, les livra à David, sur l'assurance que lui donna celui-ci que lui et ses gens se trouvaient en état de pureté. David demanda au prêtre s'il n'avait pas une lance ou une épée à lui donner, « car, ajouta-t-il, l'ordre du roi était tellement pressant que je n'ai pas même eu le temps d'emporter mes armes. » Le prêtre donna à David l'épée de Goliath qui avait été déposée dans le sanctuaire. David partit immédiatement pour Gath; arrivé à la cour d'Achis, il entendit les gens du roi qui se disaient les uns aux autres : « N'est-ce pas là ce David au sujet duquel on chantait : « Saül a frappé ses milliers et David ses myriades? » David, se voyant reconnu et étant peu rassuré sur le sort qui l'attendait au milieu des compatriotes de Goliath, imagina de faire le fou, espérant ainsi échapper au danger qui le menaçait. En effet, il parvint bientôt, par ses actes de folie, à se faire chasser de la présence du roi Achis, et il quitta promptement le territoire de Gath, pour aller se cacher dans une caverne près d'Adullam, dans le bas pays de Juda. Là il fut rejoint par toute sa famille, qui avait été avertie du lieu de sa retraite, et qui probablement ne se croyait plus en sûreté à Bethléhem. Environ quatre cents mécontents vinrent s'assembler autour de lui, et il devint le chef de cette bande. Pour mettre sa famille en sûreté, il se rendit aussitôt dans le pays des Moabites, où il fut accueilli avec bonté par le roi, qui accorda à sa famille la permission de s'établir sur son territoire. David resta quelque temps à Mispé, lieu fortifié des Moabites. Sur le conseil du prophète Gad, qui probablement avait été envoyé auprès de lui par Samuel, David quitta le fort, pour retourner dans le pays de Juda, et il s'établit dans la forêt de Hareth.

Sur ces entrefaites, Saül avait eu connaissance de la fuite de David favorisée par son propre fils, et de la petite troupe qui était venue se grouper autour de lui. Il s'en plaignit un jour avec amertume aux gens de sa cour, qui, disait-il, s'étaient tous ligués contre lui, de sorte que pas un seul ne l'avait averti de ce qui se tramait entre son fils et David. « Croyez-vous donc, leur dit-il, que le fils d'Isaï vous donnera à tous des biens et des

---

[1] Achimélech avait succédé à son frère Achiah, qui, comme on l'a vu plus haut, s'était trouvé avec l'Éphod auprès de Saül.

places? » Un des assistants, l'Iduméen Doëg, intendant des bergers de Saül, prit la parole; il raconta que, s'étant trouvé à Nob, il avait vu David se présenter au grand prêtre Achimélech, qui, après avoir consulté l'oracle pour lui, lui avait donné des vivres et livré l'épée de Goliath. Le soupçonneux Saül, voyant dans Achimélech un complice de David, envoya aussitôt à Nob, pour se faire amener le grand prêtre et toute la famille sacerdotale qui résidait dans cette ville. En vain Achimélech protesta de son innocence, disant qu'il n'avait vu en David que le gendre du roi et son fidèle serviteur, et qu'il n'avait eu aucune connaissance de sa fuite. Saül ne voulut entendre aucune excuse; et dans sa frénésie, il ordonna de mettre à mort tous les prêtres de Nob. Personne ne voulut porter la main sur les prêtres de Jéhova, à l'exception du sanguinaire Doëg, qui seul se chargea de cette horrible exécution, et qui égorgea en un jour les quatre-vingt-cinq prêtres qui étaient venus de Nob. Non content de cette atroce vengeance, Saül fit saccager la ville de Nob; tous les habitants, jusqu'aux femmes et aux enfants, furent passés au fil de l'épée. Un seul fils d'Achimélech, nommé Abiathar, put échapper au carnage; il se rendit auprès de David, emportant avec lui l'Éphod et le sort sacré. David, désespéré d'avoir été la cause d'un si immense malheur, promit à Abiathar de le protéger au risque de sa propre vie.

Ayant appris que les Philistins venaient de faire une irruption dans la ville de Kéila, où ils se livraient au pillage, David, après avoir consulté le sort sacré, se mit en marche avec sa troupe, qui déjà comptait environ six cents hommes, et il parvint à repousser les ennemis avec une grande perte. Il voulut d'abord s'établir à Kéila, qui était une place forte; mais menacé d'un siége par Saül, et le sort sacré, interrogé par Abiathar, lui ayant fait craindre une trahison de la part des habitants, il s'éloigna de cette place et alla s'établir dans le désert de Ziph [1], où il occupait un bois situé sur la colline de Hachila. Là son noble ami Jonathan vint le trouver un jour pour lui porter des consolations. « Ne crains rien, lui dit-il, le bras de mon père ne t'atteindra pas; je sais, et mon père le sait aussi, que tu régneras un jour sur Israël. Moi, je serai ton ministre. » Pour la dernière fois les deux héros scellèrent leur amitié par de mutuels serments, et se séparèrent pour ne jamais se revoir. Bientôt après, les habitants de la contrée dévoilèrent à Saül le séjour de David; celui-ci, ayant eu connaissance de cette trahison, se retira dans le désert de Maon. Saül, conduit par les Ziphites, découvrir sa retraite; déjà il le serrait de très-près, mais un messager lui apporta la nouvelle que les Philistins venaient de faire une invasion. Il fut donc obligé d'abandonner David, pour marcher immédiatement contre les ennemis du dehors.

Cependant la position de David était difficile; il était obligé de mener une vie vagabonde dans des contrées inhospitalières, dont les habitants lui étaient hostiles, et où sa troupe manquait souvent de tout ce qui est nécessaire à la vie. Un jour, poussé par le besoin, il résolut d'avoir recours à un certain Nabal, riche habitant de Maon, et dont les propriétés s'étendaient jusqu'à Carmel. Nabal se trouvait alors dans cette dernière ville où il était allé tondre ses troupeaux. David chargea dix de ses hommes d'aller saluer de sa part et de lui représenter avec politesse que ses bergers et ses troupeaux avaient toujours été protégés par la troupe de David, qui, dans ce jour de fête et de joie, venait lui demander quelques vivres. Nabal, dont l'avarice et la méchanceté égalaient les richesses, repoussa les messagers de David avec insolence, joignant à son refus les plus grossiers outrages : Qui est donc David, dit-il, qui est le fils d'Isaï? par le temps qui court, il y a beaucoup de servi-

---

[1] Voy. ci-dessus, pages 7 et 42.

teurs qui se détachent de leur maître.» David, justement irrité d'une pareille réponse, n'écouta plus que sa colère; il se mit aussitôt en marche, avec quatre cents hommes, pour exterminer Nabal et toute sa famille. Heureusement Abigaïl, femme de Nabal, avait été instruite à temps de ce qui se passait; elle se rendit au-devant de David pour conjurer l'orage. Par les présents qu'elle lui apporta et encore plus par la sagesse et la douceur qu'elle sut mettre dans ses paroles, elle calma la colère de David, dont elle captiva toute la bienveillance. David rendit grâces à Dieu d'avoir été empêché par cette femme de s'abandonner à ses sentiments de vengeance. En rentrant, Abigaïl trouva son mari encore assis au festin et tellement ivre qu'elle ne put lui adresser la parole. Le lendemain elle lui raconta tout ce qui venait d'arriver; Nabal fut saisi d'une telle frayeur qu'il en tomba malade et il mourut dix jours après. David demanda ensuite la main d'Abigaïl, qui consentit à être sa femme, quoiqu'il en eût déjà une autre, nommée Achinoam de Yezreël. Quant à la princesse Michal, Saül, au mépris des lois et de la morale, l'avait donnée à un certain Palti, fils de Laïsch, de la ville de Gallim [1].

David s'était rendu au désert d'En-Gadi; ce fut là que Saül, après avoir repoussé l'invasion des Philistins, vint le cerner avec trois mille hommes. Un jour le roi entra seul dans une caverne écartée de son camp et près de laquelle se trouva David avec ses gens, sans que Saül se doutât de leur présence. Les compagnons de David, croyant reconnaître dans cette rencontre la providence divine qui leur livrait leur ennemi sans défense, manifestèrent l'intention de le tuer; mais David sut tenir ses gens en respect, repoussant avec horreur l'idée d'attenter à la vie de *son maître, l'oint de Jéhova*. Il se glissa seul dans la caverne, et, s'approchant doucement de Saül qui lui tournait le dos, il lui coupa le pan de son manteau. Saül étant parti sans s'être aperçu de rien, entendit quelqu'un appeler : Mon seigneur le roi! Il se tourna et vit David à genoux. « Pourquoi, demanda celui-ci, écoutes-tu les gens qui te disent : David désire ton malheur ? Voici, mon père, le pan de ton manteau que j'ai coupé; tu reconnaîtras maintenant que je ne veux point te faire de mal. Cependant toi, tu en veux à ma vie; que Dieu soit juge entre moi et toi. » Saül fut touché jusqu'aux larmes. « Est-ce bien ta voix, mon fils David ? dit-il en pleurant; oui, tu es plus juste que moi, car tu m'as fait le bien, quoique je t'aie fait le mal. Dieu t'en récompensera; je sais que tu régneras sur Israël. Jure-moi maintenant que tu n'extermineras pas ma race, et que tu ne feras pas disparaître mon nom dans ma famille. » David le jura, et le malheureux roi s'en alla reconduire sa troupe [1].

Dans ces temps le prophète Samuel mourut; il fut enseveli à Rama, et tout le peuple d'Israël porta le deuil pour lui, comme il l'avait fait pour Moïse. Son âge n'est pas connu; selon José-

---

[1] Cette ville était probablement située au nord de Jérusalem, entre Rama et Anathoth. Voy. Isaïe, 10, 30.

[1] Voy. I Sam. ch. 24. Selon une autre relation, la rencontre de Saül et de David aurait eu lieu dans le désert de Ziph, après que David eut été trahi par les habitants de cette contrée. Voy. ib., chap. 26. Suivant cette version, David, accompagné d'un de ses frères d'armes, se serait rendu, pendant la nuit, au camp de Saül, et, trouvant tout le monde plongé dans un profond sommeil, il aurait enlevé la lance et la coupe du roi; puis il aurait appelé Abner, pour lui reprocher la négligence avec laquelle il gardait son roi. Saül, reconnaissant la voix de David, l'aurait appelé et aurait reconnu ses torts. — Je me range à l'opinion de Bayle et de plusieurs autres critiques, qui voient dans le ch. 26 une *autre* relation du même événement qui est raconté dans le ch. 24, et non pas le récit d'une seconde rencontre entre Saül et David. Les principaux traits des deux récits sont parfaitement semblables. Il n'est pas probable d'ailleurs que David se soit rendu une seconde fois dans la contrée de Ziph dont les habitants l'avaient trahi, ni qu'il ait parlé une seconde fois à Saül, sans faire mention de leur première rencontre, où sa générosité avait désarmé Saül et lui avait déjà fait avouer ses torts.

phe, il s'était trouvé seul, pendant douze ans, à la tête des Hébreux, et, pendant dix-huit ans, il avait gouverné en commun avec le roi Saül. David avait perdu en lui un puissant protecteur; à la nouvelle de sa mort, il s'était retiré au delà des limites de la Palestine et était allé chercher un refuge dans le désert le Pharan. Fatigué de courir, comme un vagabond, de désert en désert, de caverne en caverne, et craignant de nouvelles poursuites de la part de Saül, il se retira de nouveau, avec sa troupe, sur le territoire de Gath. Cette fois il fut mieux accueilli par Achis et les Philistins; car il avait ouvertement rompu avec Saül et s'était fait connaître comme son adversaire. David fut reçu à Gath, où il s'établit avec tous ses gens; mais l'inaction à laquelle ils étaient condamnés ne pouvait leur convenir à la longue. David demanda à Achis la permission d'aller se fixer dans l'une des villes de la campagne, et le roi lui assigna pour demeure la petite ville de Siclag. Ici de vaillants guerriers de toutes les contrées d'Israël vinrent se joindre à David, et on voyait même parmi eux beaucoup de Benjamites, parents de Saül. La bande de David, devenue plus nombreuse de jour en jour, forma bientôt une troupe très-considérable [1]. David entreprit des expéditions contre plusieurs peuplades établies entre la Palestine et l'Égypte, et notamment contre les Amalécites. Il les extermina en grande partie et ramena un immense butin. Quand Achis lui demandait de quel côté il dirigeait ses excursions, il disait toujours que c'était contre les habitants de la Judée méridionale. Il gagna ainsi la pleine confiance d'Achis, qui le croyait en guerre ouverte avec ses compatriotes, et qui déjà voyait en lui un fidèle vassal, qui serait d'un grand secours aux Philistins lors d'une nouvelle expédition contre Saül.

David passa ainsi seize mois dans le pays des Philistins. Ceux-ci armèrent de nouveau contre Saül, et cette fois il ne s'agissait plus d'une simple incursion dans le pays de Juda; un plan de campagne mieux combiné devait conduire toute l'armée des Philistins jusque dans le cœur du pays des Hébreux et amener une bataille décisive. Parmi les habitants du midi, Saül ne comptait plus beaucoup de partisans, car là on était généralement attaché au culte et aux institutions théocratiques; les prophètes et les prêtres y exerçaient une grande influence, et toute réconciliation entre Saül et ces représentants de la théocratie était devenue impossible, par l'horrible attentat de Nob et par la mort de Samuel. Tout le pouvoir de Saül résidait dans les provinces du nord, dont les habitants, moins zélés pour la religion, préféraient un roi belliqueux, assez fort pour les protéger contre de dangereux voisins, à un gouvernement qui n'aurait été que le fidèle gardien des institutions théocratiques. Ce fut là que les Philistins dirigèrent leurs attaques, espérant, sans doute, que vainqueurs de ce côté, il ne leur serait pas difficile de soumettre les provinces du midi, ou du moins d'y faire reconnaître David comme roi et d'avoir en lui un allié ou un vassal. Ils avancèrent sans obstacle jusqu'à Sunem, dans la plaine de Yezreël; Saül rassembla son armée près du mont Gelboa. Le vieux roi, voyant toutes les forces des Philistins concentrées sur ce point, fut fort inquiet sur l'issue de la lutte. Alors il se rappela Jéhova et ses ministres qu'il avait outragés; il aurait voulu voir à côté de lui un guide inspiré comme Samuel. En vain il consulta les prêtres et les prophètes; l'Éphod avec l'oracle se trouvait au pouvoir de David, les disciples de Samuel n'eurent pas de réponse pour celui que Jéhova avait rejeté. En vain il attendait quelque vision nocturne, quelque songe qui pût soulever pour lui le voile de l'avenir, Dieu ne lui répondit pas même dans les songes (I Sam. 28, 6). On voit que ces qualités mêmes, qu'autrefois on avait tant appréciées en lui, son courage déterminé, son entraînement

---

[1] Voy. I Chroniques, ch. 12, v. 1-22.

héroïque, avaient fait place à un sombre abattement, qui devait se communiquer à tout ce qui l'entourait, et qui était d'un triste augure. Dans son désespoir, le malheureux roi ne vit plus d'autre ressource que les arts occultes, que lui-même un jour, dans un moment de zèle religieux, avait proscrits avec une grande sévérité. Il s'informa s'il était possible de trouver dans les environs une personne capable d'interroger les morts; on lui indiqua la pythonisse d'En-Dor, et, pendant la nuit, déguisé et accompagné seulement de deux hommes de sa suite, le roi alla trouver cette femme pour faire rappeler du pays des morts l'ombre du prophète Samuel. La femme, craignant de se voir trahie par ces inconnus, refusa d'abord ses services; mais Saül la rassura par un serment. « Qui ferai-je monter? » demanda la pythonisse. « Fais monter Samuel, » répondit le roi. Nous n'essayerons pas d'expliquer par quel art la femme sut fasciner les sens de Saül, ni ce qui se passa dans l'imagination du roi depuis le moment où la femme, poussant un grand cri, lui déclara qu'il était Saül lui-même, parce qu'elle avait vu, en son honneur, une figure divine sortir de la terre, un vieillard revêtu d'un manteau, que Saül, sans le voir, reconnut pour être le prophète Samuel. Tout le monde connaît le sombre entretien rapporté dans la Bible, cette funèbre prophétie si pleine d'effroi et de désespoir. « Pourquoi as-tu troublé mon repos? » demande l'ombre du prophète; et le roi lui expose ses troubles et ses angoisses. Et le prophète, au lieu de le consoler, lui annonce la fin de son règne et sa mort prochaine : « Demain, dit-il en terminant, toi et tes fils vous serez avec moi [1]. » Saül, saisi de terreur, tomba évanoui par terre, et ce ne fut qu'avec peine que, sur les instances de la pythonisse et des hommes de sa suite, il consentit à prendre quelque nourriture. Il repartit la nuit même pour marcher une dernière fois, à la tête de ses troupes, à la rencontre des Philistins, qui étaient campés près d'Aphek, dans la plaine de Yezréel.

A la suite de l'armée des Philistins s'était trouvé David avec sa troupe, à qui le roi Achis avait confié la garde de sa personne. Déjà David s'était vu sur le point d'être forcé de combattre contre son prince et ses propres compatriotes; heureusement les chefs des Philistins, craignant avec raison que David ne les trahît, exigèrent du roi Achis de le faire retirer. Achis l'avait donc renvoyé, en lui exprimant ses regrets et en rejetant cet outrage sur les princes des Philistins. Après trois jours de marche, David et ses gens revinrent à Siclag, qu'ils trouvèrent réduit en cendres. Pendant leur absence, une troupe d'Amalécites était tombée sur la ville, et, après y avoir mis le feu, avait emmené en captivité les femmes et les enfants; les deux femmes de David furent du nombre. Le désespoir s'empara de toute la troupe; on voulut s'en prendre à David, qui manqua d'être lapidé, et qui ne dut son salut qu'à son courage et à sa présence d'esprit. Il demanda à Abiathar de consulter l'oracle, et la réponse fut qu'il fallait immédiatement poursuivre les brigands, qu'on les atteindrait et qu'on reprendrait tout ce qu'ils avaient enlevé. David se mit en marche avec six cents hommes; au torrent de Besor, il fut obligé d'en laisser en arrière deux cents qui manquèrent de force et ne purent le suivre. Après avoir passé le Besor on trouva sur la route un Égyptien malade; soigné et revenu à lui-même, cet homme raconta qu'il était esclave d'un Amalécite, et que, tombé malade, il avait été abandonné dans cet endroit par son maître, de sorte que, depuis trois jours, il n'avait point pris de nourriture. Sur la promesse que lui donna David de le rendre à la liberté, il offrit de le met-

---

[1] Qui sait si tout ce récit n'est pas emprunté à un poëme, où l'apparition de Samuel devait encore plus mettre en relief la fin tragique de Saül et de sa dynastie? Herder compare à cette apparition celle de l'ombre de Darius dans les Perses d'Eschyle.

tre sur les traces des brigands. Ceux-ci furent pris à l'improviste, lorsqu'ils célébraient leurs exploits par des festins joyeux. Les gens de David, quoique beaucoup moins nombreux, les taillèrent en pièces, à l'exception de quelques centaines qui purent s'enfuir sur leurs chameaux. On reprit tout ce qu'ils avaient enlevé, et on fit en outre un très-grand butin. Revenu au torrent de Besor, David, malgré l'opposition de plusieurs mutins, ordonna qu'on fît part des dépouilles aux deux cents hommes qui n'avaient pu suivre la troupe, et il décréta à cette occasion que dorénavant les soldats qui auraient pris part au combat partageraient le butin avec ceux qui seraient restés auprès des bagages. Arrivé à Siclag, David envoya une partie des dépouilles, comme cadeau, aux Anciens de plusieurs contrées de la Palestine méridionale, qui l'avaient protégé dans ses courses vagabondes.

Pendant ce temps le malheureux Saül finit sa destinée sur la montagne de Gelboa. La lutte fut sanglante, et l'armée des Hébreux fut mise en déroute. Déjà les ennemis entouraient Saül et ses fils ; les trois princes, Jonathan, Abinadab et Malchisoua, trouvèrent, en combattant, une mort glorieuse. Le roi assailli de tous côtés par les archers ennemis, et empêché par ses blessures de continuer le combat, supplia son écuyer de le percer de son épée, afin qu'il ne reçût pas la mort de la main des incirconcis. L'écuyer n'ayant pas le courage de suivre cet ordre cruel, Saül se laissa tomber sur la pointe de son épée et se donna la mort; son écuyer suivit son exemple. Telle fut la fin tragique de Saül, qui, de simple laboureur, devenu roi par les avantages extérieurs de sa personne, ne comprit nullement la mission d'un roi d'Israël. Modeste et généreux d'abord, le pouvoir fit de lui un despote et un tyran. Mais il fut d'un courage et d'un patriotisme à toute épreuve, et il sut communiquer ses qualités de guerrier aux Hébreux et en faire un peuple belliqueux. Selon Josèphe son règne avait duré quarante ans [1].

Par suite de la déroute de l'armée, les villes situées dans la plaine de Yezreël furent abandonnées de leurs habitants, et les Philistins en prirent possession. Les corps de Saül et de ses trois fils furent trouvés par des soldats philistins, qui parcoururent le champ de bataille pour dépouiller les morts. La tête de Saül, ainsi que ses armes, furent envoyées, comme trophées, dans le pays des Philistins ; on suspendit le crâne du roi dans le temple de Dagôn (I. Chron. 10, 10), et ses armes dans celui d'Astarté. Les quatre corps furent attachés sur le mur de Bethseân ; ce fut là probablement que s'arrêta la marche victorieuse des Philistins. Quand ces tristes nouvelles arrivèrent à Jabès Galaad, des hommes courageux de cette ville, que Saül jadis avait secourue contre les Ammonites, passèrent à Bethseân et dérobèrent, pendant la nuit, les corps du roi et des princes, qu'ils rapportèrent à Jabès où on les brûla. Les ossements y furent ensevelis, et les habitants célébrèrent des funérailles et jeûnèrent sept jours.

David était revenu, depuis deux jours, à Siclag, lorsqu'un Amalécite, qui s'était trouvé sur le champ de bataille, vint lui apporter la nouvelle du grand désastre de l'armée des Hébreux et de la mort de Saül et de Jonathan. Il prétendit s'être trouvé par hasard au mont Gelboa, au moment

---

[1] Josèphe dit (*Antiqu.* VI, 14, 9) qu'il avait régné *dix-huit* ans, du vivant de Samuel, et *vingt-deux* ans après sa mort. Si ces nombres sont exacts, l'exil de David et les courses vagabondes dans le désert de Pharan auraient duré vingt ans. Saint Épiphane, dans ses exemplaires de Josèphe, a lu *deux* ans, au lieu de *vingt-deux*, de sorte que tout le règne de Saül n'aurait duré que vingt ans. Voy. l'édition de Havercamp, t. I, p. 360. Cependant le nombre total de quarante ans, pour le règne de Saül, n'a rien d'invraisemblable, et il se trouve confirmé par les *Actes des Apôtres*, ch. 13, v. 21. Voy. sur les détails, des Vignoles, t. I, p. 136-155. Nous rappellerons encore qu'Isboseth, fils de Saül, qui n'est pas mentionné au commencement de son règne, se trouve âgé de quarante ans après la mort de son père.

où le roi, appuyé contre sa lance, essaya de se tuer, et qu'il avait lui-même donné la mort au roi, qui l'avait prié de lui rendre ce dernier service. En effet cet Amalécite qui espérait, par son mensonge, obtenir une récompense de David, lui présenta la couronne et le bracelet de Saül, que probablement il avait dépouillé sur le champ de bataille. David et tous ses gens déchirèrent leurs vêtements en pleurant; ils jeûnèrent jusqu'au soir et prirent le deuil pour Saül et Jonathan, et pour tous les braves qui avaient péri dans cette guerre. Quant à l'Amalécite, David, au lieu de le récompenser, ordonna sur-le-champ de le mettre à mort, parce qu'il s'était accusé lui-même d'avoir tué l'*Oint de Jéhova*.

La mort tragique de Saül fit oublier à David toutes les souffrances que lui avait fait subir ce malheureux monarque. Son juste ressentiment, que déjà mainte fois il avait exprimé avec amertume dans ses prières et ses chants[1], fit place à des regrets sincères, et il confondit dans la même douleur le père qui l'avait si cruellement persécuté et le noble fils qui lui avait voué la plus généreuse amitié. Il exhala sa douleur dans une touchante élégie; nous en possédons encore un fragment[2], dont voici la traduction fidèle :

« Délice d'Israël, frappé sur tes hauteurs ! comment sont tombés les héros ?

« Ne le dites pas dans Gath, ne l'annoncez pas dans les rues d'Ascalon, afin que les filles des Philistins ne s'en réjouissent pas; que les filles des incirconcis ne fassent pas éclater leur joie.

« Montagnes de Gelboa ! que ni la rosée ni la pluie ne descendent sur vous, que vos champs ne produisent plus de riches prémices; car là fut rejeté le bouclier des héros, le bouclier de Saül, qui n'est plus arrosé d'huile.

« L'arc de Jonathan ne rebondit jamais, le glaive de Saül ne revint jamais vide du sang des blessés, de la graisse des héros.

« Saül et Jonathan, si aimables, si beaux dans leur vie, inséparables même dans la mort ; plus rapides que les aigles, plus forts que les lions!

« Filles d'Israël, pleurez sur Saül, qui vous couvrait de pourpre et d'étoffes délicieuses, qui ornait d'or vos vêtements.

« Comme les héros sont tombés dans la guerre ! Jonathan, frappé sur tes hauteurs !

« La douleur m'oppresse, pour toi, mon frère Jonathan, car tu m'étais si cher ; ton amour, je le mettais bien au-dessus de l'amour des femmes.

« Comment sont tombés les héros, comment ont péri les armes de la guerre ! »

Quelle que soit l'incertitude des dates pour les époques précédentes, la plupart des chronologistes s'accordent à placer la fin du règne de Saül dans l'année 1055 avant l'ère chrétienne, c'est-à-dire environ cinq siècles et demi après la sortie d'Égypte, que nous avons fait remonter vers l'an seize cents avant J. C. (p. 121). Nous le répétons, les dates précédentes sont très-peu sûres, et, malgré les minutieuses recherches auxquelles se sont livrés plusieurs savants, on n'est pas parvenu à débrouiller la chronologie obscure de ces temps reculés. Mais en fixant l'an 1055 comme celle de la mort de Saül, on a une base à peu près sûre pour la chronologie des temps suivants.

2. *Règne d'Isboseth, guerre civile. Règne de David.*

(De 1055 à 1015).

Après la fatale journée de Gelboa, les Philistins restèrent maîtres d'une

---

[1] Voy. les psaumes 7, 18, 52, 54, 56, 57, 59, et plusieurs autres.
[2] Voy. II Sam. ch. 1, v. 18 et suivants. Les mots : *Pour apprendre aux fils de Juda l'arc* qui ont offert tant de difficulté aux interprètes, sont, à mon avis, le commencement de l'élégie. Voici comment je traduis le v. 18 : « Et il récita (cette élégie) : *Pour apprendre aux fils de Juda (à manier) l'arc,* (etc.) comme il est écrit dans le livre *Yaschar.* » Après avoir renvoyé le lecteur à ce recueil de poésies, qui renfermait l'élégie tout entière, l'auteur en cite quelques fragments.

grande partie du pays des Hébreux, à l'ouest du Jourdain. Abner s'était retiré, avec les débris de l'armée, au delà du fleuve, et ce fut à Mahnaïm (p. 72) qu'il proclama roi de tout Israël, Isboseth, fils de Saül, alors âgé de quarante ans (II Sam. 2, 8-10). Cependant, l'occupation des Philistins ne put durer que peu de temps; car bientôt nous verrons Abner repasser le Jourdain, pour soumettre la tribu de Juda, qui, seule, refusa de reconnaître Isboseth. Il paraîtrait que les Philistins, détrompés sur le compte de David, dans lequel ils avaient espéré trouver un allié, et voyant l'attitude belliqueuse que prit ce chef de parti, crurent devoir se retirer, pour protéger leurs propres frontières.

Quant à David, après avoir interrogé le sort sacré, il quitta Siclag, pour se rendre à Hébron, où il fut sacré roi par la tribu de Juda. Son premier acte fut d'envoyer complimenter les habitants de Jabès sur la générosité et le courage qu'ils avaient manifestés en rendant les derniers devoirs à Saül et à ses fils. Il leur annonça, en même temps, son avénement, et leur promit sa protection. Peut-être espérait-il ainsi se créer des partisans à l'est du Jourdain. Isboseth était un homme faible et peu propre à gouverner; d'une humeur peu guerrière, il ne s'était pas signalé, dans les combats de son père. Mais David trouva un rude adversaire dans Abner, qui, laissant à Mahnaïm le faible Isboseth, sa créature, passa le Jourdain avec les troupes fidèles au nouveau roi, et pénétra jusqu'à Gabaon. Là il fut rencontré par la troupe de David, commandée par Joab, fils de Serouya (sœur de David); les deux frères de Joab, Abisaï et Asaël s'y trouvaient aussi. Un étang séparait les deux camps; Abner proposa à Joab de choisir un certain nombre de guerriers de part et d'autre, pour se mesurer dans un combat singulier. On en fit sortir douze de chaque troupe, et ils s'attaquèrent avec une impétuosité telle que tous les vingt-quatre restèrent morts sur le champ de bataille.

Alors la mêlée devint générale; la troupe d'Abner fut mise en déroute. Asaël *aux pieds légers, comme une gazelle dans les champs* (2 Sam. 2, 18), se mit à la poursuite d'Abner; celui-ci le menaça en vain de l'étendre par terre. Harcelé sans relâche, Abner se tourne enfin contre son adversaire et le perce de sa lance. Joab et Abisaï continuèrent à poursuivre l'ennemi jusqu'au soir. Abner, fortifié par les Benjamites, qui s'étaient assemblés autour de lui, exhorta Joab à cesser de répandre le sang de ses frères, et offrit de se retirer. Joab y consentit, et Abner, repassant le Jourdain, revint à Mahnaïm, après avoir perdu trois cent soixante hommes dans cette tentative infructueuse. La troupe de David n'avait perdu que dix-neuf hommes, sans compter Asaël; Joab se retira la même nuit, et, le lendemain matin, il fut de retour à Hébron. Asaël fut enterré dans le tombeau de sa famille, à Bethléhem.

Cette affaire n'avait rien changé dans la position des deux rois, qui restèrent en état de guerre; des rencontres sanglantes eurent lieu, sans doute, entre leurs partisans, mais on ne nous parle d'aucun combat décisif. Cependant, le parti de David, plein de courage et de vigueur, devint plus fort de jour en jour, tandis qu'Isboseth était incapable d'inspirer le courage à ses partisans, qui allaient toujours diminuant. Reconnu par onze tribus et possédant, dans Abner, un général habile et influent, Isboseth put longtemps tenir en échec son adversaire, qui n'était appuyé que par la seule tribu de Juda; mais il lui fut impossible de le soumettre.

Les années se passèrent ainsi dans une lutte dont on ne pouvait prévoir l'issue; enfin, une querelle qui éclata entre Isboseth et Abner vint mettre toutes les chances du côté de David. Isboseth reprocha à son général d'avoir eu des liaisons avec une concubine de Saül, nommée Rispah; Abner fut tellement irrité de ce reproche, qu'il jura sur-le-champ d'abandonner à son sort son maître ingrat, et d'embrasser la cause de David. Aussitôt, il expédia un message à Hébron, pour faire connaître ses intentions au roi de Juda. David consentit à recevoir Abner, à Hébron, sous la condition qu'il lui ramenât sa femme, la princesse Michal, que Saül lui avait si injustement enlevée pour la donner à Palti. Il en fit, en même temps, la demande à Isboseth lui-même, qui, pour contenter David, consentit à arracher sa sœur à son second mari, qui s'en sépara en pleurant. La restitution de Michal devint probablement le prétexte du départ d'Abner pour Hébron. Chemin faisant, Abner chercha partout à gagner les Anciens à la cause de David, leur montrant que David seul pouvait protéger la nation contre les attaques des Philistins et d'autres ennemis. Arrivé à Hébron, avec une suite de vingt hommes, Abner fut très-bien reçu par David, qui lui donna un festin. Il lui réitéra ses offres, qui furent agréées. Lorsque Joab, qui était alors absent pour une expédition, revint à Hébron, chargé de butin, Abner venait de partir. Ayant appris ce qui s'était passé, Joab en fit des reproches au roi, soutenant que le voyage d'Abner n'avait eu d'autre but que d'épier les démarches de David. Mais, au fond, les paroles de Joab étaient dictées par la jalousie et par un profond ressentiment; car le sang d'Asaël n'était pas encore vengé. Joab, d'accord avec son frère Abisaï, et à l'insu de David, fit ramener Abner, qui n'avait pas encore fait beaucoup de chemin; il l'attendit à la porte d'Hébron, et, sous prétexte de lui parler en confidence, il le tira à part et l'assassina traîtreusement. David, au désespoir, prononça contre Joab une terrible imprécation, mais n'osa le punir; car les fils de Serouya étaient devenus très-puissants (2 Sam. 3, 39). Mais il témoigna sa vive douleur, en ordonnant un deuil général dans Hébron; on y célébra les funérailles d'Abner et le roi suivit lui-même le cercueil, en versant des larmes. Sur sa tombe il prononça ces paroles :

« Abner devait-il mourir comme un
« lâche? Tes mains n'étaient point
« liées, tes pieds n'étaient point entrés dans les chaînes; tu es tombé, comme on tombe devant des
« gens criminels[1]. »

David ne voulut prendre aucune nourriture ce jour-là avant le coucher du soleil. Sa douleur sincère fit taire les soupçons qui s'étaient répandus sur sa complicité dans l'assassinat d'Abner.

La mort de ce brave général répandit le trouble dans tout Israël, et Isboseth perdit tout espoir de se maintenir sur le trône. Ce malheureux roi tomba bientôt lui-même sous les coups de lâches assassins. Deux frères, officiers au service d'Isboseth, Réchab et Baana, fils de Rimmôn, de la ville de Beëroth, s'introduisirent, sous le déguisement de marchands de blé, dans l'intérieur de la maison royale, et assassinèrent le roi, en plein jour, pendant qu'il faisait sa sieste. Ils lui coupèrent la tête, et s'enfuirent à Hébron pour la présenter à David, espérant obtenir une grande récompense. Mais David ordonna sur-le-champ de les mettre à mort; on leur coupa les mains et les pieds, qui furent exposés dans Hébron. La tête d'Isboseth fut déposée dans le tombeau d'Abner.

Il ne restait plus d'autre héritier légitime de la couronne de Saül qu'un fils de Jonathan, âgé de douze à treize ans, qui s'appelait Méphiboseth. Cet enfant était boiteux; car, après la bataille de Gelboa, sa gouvernante, se hâtant de fuir, l'avait laissé tomber, et il s'était cassé les jambes. Il vivait ignoré chez un certain Machir à Lodebar, non loin de Mahnaïm[2], et personne ne pensa à le tirer de son obscurité pour l'élever sur le trône. David n'ayant donc plus d'autre concurrent, les représentants de toutes les tribus se rendirent spontanément à Hébron, pour lui offrir la couronne.

---

[1] Pour comprendre ces paroles, il faut se rappeler qu'Abner, en tuant Asaël, avait usé du droit de légitime défense. David voulut dire qu'Abner n'avait pas été livré à Joab par la justice, afin qu'il exerçât sur lui le droit du *Goël*. Voy. ci-dessus, p. 217 et 218.

[2] Voy. 2 Sam. 9, 4.

Il fut sacré en présence des Anciens, après avoir pris devant Dieu l'engagement solennel d'observer fidèlement les conditions convenues de part et d'autre. David était alors dans sa trente-huitième année, et il avait déjà régné sept ans et six mois sur la tribu de Juda [1]. Le couronnement fut célébré par des fêtes durant trois jours; de toutes les parties du pays, et même des contrées lointaines de Zabulon et de Naphthali, on avait apporté des vivres en abondance pour l'immense multitude qui se trouvait réunie à Hébron [2].

Le premier acte de David, devenu roi de tout Israël, fut la conquête de la haute ville de Jérusalem, ou du fort de Sion, qui, situé au centre du pays et sur le point le plus élevé, lui paraissait l'endroit le plus convenable pour y fixer sa résidence, mais qui se trouvait toujours au pouvoir des Jébusites. David avait fait proclamer que celui qui, le premier, entrerait dans le fort serait nommé général en chef de toute l'armée; ce fut Joab qui gagna ce prix. Les Jébusites furent expulsés et David s'établit dans le fort de Sion, qui reçut le nom de *ville de David*. La ville de Jérusalem s'agrandit considérablement depuis cette conquête et devint la capitale de tout le royaume.

Le grand nombre de héros qui entouraient David dès le commencement de son règne, et qui, pour la plupart, l'avaient accompagné dans ses courses vagabondes, faisaient bien augurer de ses entreprises guerrières. L'histoire nous a conservé surtout la mémoire d'une trentaine de ces héros, dont quelques-uns avaient fait des prodiges de valeur. Les plus célèbres étaient Iaschobam fils de Hacmoni; Éléazar fils de Dodo, et Samma, fils d'Aghé. Dans une guerre contre les Philistins David, ayant témoigné le désir de boire de l'eau du puits de Bethléhem, ces trois héros se frayèrent un chemin, à travers le camp ennemi, et puisèrent de l'eau pour leur maître; mais David refusa de boire cette eau, à laquelle, disait-il, ces hommes avaient mis leur sang, et il la versa par terre. Après ces trois guerriers, on remarque encore Abisaï, frère de Joab, et Benaïah, fils de Iehoiada [1].

La cour de David se fit remarquer aussi, dès son origine, par un certain luxe, qui contraste avec la simplicité de la cour de Saül. David se fit construire un magnifique palais, pour lequel Hiram, roi de Tyr, lui envoya du bois de cèdre du Liban, ainsi que les ouvriers et les artistes nécessaires. Sous le rapport des femmes, il imita le luxe des souverains d'Orient. Déjà, à Hébron, le nombre de ses femmes légitimes, sans compter Michal, se monta à six, dont l'une était la fille de Thalmaï, roi de Gessur (en Syrie). Chacune d'elles lui avait donné un fils (2 Sam. 3, 2-5); Michal n'eut jamais d'enfant. Arrivé à Jérusalem, David augmenta le nombre de ses femmes, et se fit un harem (ib. 5, 13). Ce fut là une première infraction à la loi de Moïse; mais nous verrons le roi, entraîné par l'amour des femmes, commettre des fautes bien plus graves encore.

A part cette faiblesse, David se montra disposé à être un fidèle vassal de Jéhova, dans le sens de Samuel. Deux prophètes, probablement disciples de Samuel, furent ses amis et ses conseillers intimes : l'un fut Gad, que nous avons déjà rencontré auprès de David dans le pays de Moab, et qui reçut le titre de *Voyant* ou *prophète*

---

[1] C'est ce que nous lisons dans plusieurs passages de la Bible : 2 Sam. 2, 11; 5, 5; 1 Rois, 2, 11; 1 Chron. 3, 4; 29, 27. Tous ces passages sont conformes, si ce n'est que dans deux les six mois ont été omis. Nous croyons donc que dans l'endroit où on lit que le règne d'Isboseth (parallèle à celui de David à Hébron) dura *deux ans* (2 Sam. 2, 10), il y a une ancienne faute de copiste; car tout porte à croire que les tribus se soumirent à David, immédiatement après la mort d'Isboseth. Josèphe ne dit rien de la durée du règne d'Isboseth; les rabbins supposent un interrègne de cinq ans entre Isboseth et David. *Seder Olam rabba*, à la fin du ch. 13.

[2] Voy. 1 Chron. ch. 12, v. 39 et 40.

[1] Voy. 2 Sam. 23, 8-39; 1 Chron. 11, 11-47. Comparez Josèphe, *Antiqu.* VII, 12, 4.

de David (2 Sam. 24, 11), c'est-à-dire, de *conseiller intime* du roi. L'autre fut Nathan, probablement plus jeune que Gad; car nous le rencontrerons plus longtemps dans l'histoire de David, et encore plus tard, sous son successeur. Ces deux hommes se distinguèrent par leur noble caractère et par la franchise avec laquelle ils reprochèrent au roi les fautes de sa vie privée et publique, comme on le verra dans la suite; et le roi les écoutait toujours avec déférence.

Les premières années du nouveau règne se passèrent en guerres avec les peuples voisins. En première ligne nous trouvons les Philistins, qui reprirent les armes aussitôt que David établi à Jérusalem avait à défendre contre eux les intérêts de tous les Hébreux. Ils marchèrent sur la nouvelle résidence, mais ils furent battus dans la vallée de Réphaïm; et bientôt, revenus une seconde fois à la charge, ils furent refoulés jusqu'à Gazer, de sorte que le haut pays en fut entièrement délivré. Plus tard, David les attaqua avec succès sur leur propre terrain; il les vainquit à plusieurs reprises, et leur enleva même le territoire de Gath [1].

Ce fut pendant ses guerres avec les Philistins que David fit les premiers pas pour le rétablissement et l'amélioration du culte, dont Jérusalem allait devenir le centre. Accompagné de nombreux représentants de toutes les tribus, le roi se rendit lui-même à Kiryath-Yaarim, pour retirer l'arche sainte de la maison d'Abinadab, où elle était demeurée depuis qu'elle avait été renvoyée par les Philistins [2]. Il restait encore deux fils d'Abinadab, Oza et Achio, qui se chargèrent eux-mêmes de conduire à Jérusalem l'arche sainte, placée sur un chariot neuf. On se mit en marche au son joyeux de nombreux instruments; mais en chemin un accident déplorable vint subitement interrompre la joie. Les bœufs avaient regimbé et Oza ayant saisi l'arche, pour l'empêcher de tomber, fut renversé subitement et mourut sur-le-champ. On vit, dans cette mort extraordinaire, un châtiment de Dieu, Oza ayant porté sur l'arche une main profane. David lui-même en fut saisi à tel point, qu'il renonça, pour le moment, à faire entrer l'arche dans Jérusalem et la fit déposer dans la maison d'un certain Obed-Edom. Ce ne fut qu'après trois mois, lorsqu'on parla partout du bonheur qui était entré, avec l'arche sainte, dans la maison d'Obed-Edom, que David ordonna la translation de l'arche à Sion, où on avait dressé une tente pour la recevoir. Des lévites la transportèrent en procession, au son des trompettes et aux acclamations de la foule. David lui-même, vêtu d'un éphod de lin, dansait devant l'arche. Un sacrifice solennel termina cette fête, et on distribua des vivres au peuple qui y assista en foule. Après la cérémonie, Michal reprocha avec ironie à David le peu de dignité qu'il avait montré dans cette fête en dansant au milieu du bas peuple; mais David lui répondit avec amertume qu'en s'humiliant devant Dieu, qui l'avait préféré à Saül, il n'en pouvait être que plus honoré aux yeux du peuple.

David se proposa dès lors de bâtir un temple à Jéhova, en place du Tabernacle, qui était alors établi à Gabaon, sur une hauteur. Il en parla un jour au prophète Nathan, qui approuva d'abord ce projet; mais, dès le lendemain, il vint annoncer au roi que Dieu, qui l'avait inspiré pendant la nuit, n'approuvait pas pour le moment la fondation d'un sanctuaire central, et que cette tâche était réservée à son successeur. Le prophète pensait peut-être que le peuple étant épuisé déjà par tant de guerres et ayant encore de nombreux ennemis à combattre, il ne convenait pas de le soumettre aux sacrifices et aux corvées que la construction d'un temple magnifique lui aurait nécessairement imposés [1].

---

[1] Voyez, en général, 2 Sam. 5, 17—25; 8, 1; 21, 15—22; 23, 9 et suiv. — 1 Chron. 18, 1; 20, 4—8.
[2] Voy. ci-dessus, p. 246.

[1] Voy. 2 Sam. ch. 7; 1 Chron. ch. 17; comparez 1 Rois, 5, 17.

Les Philistins vaincus, David dirigea ses armes victorieuses contre plusieurs autres peuples des alentours. Les Moabites furent rendus tributaires, et les deux tiers des prisonniers qu'on avait faits sur eux furent froidement assassinés, selon l'inexorable loi de guerre de ces temps. Hadadézer [1], roi de Soba, ayant voulu s'emparer des bords de l'Euphrate, David marcha contre lui; un grand nombre de chevaux et de chariots de guerre et vingt mille hommes d'infanterie tombèrent au pouvoir des Hébreux. N'ayant pas de cavalerie [2], David mit les chevaux hors de service, en leur faisant couper les jarrets, et n'en réserva que cent attelages. Dans le butin il y avait des boucliers en or; quelques villes, occupées par les Hébreux, fournirent du cuivre en abondance. David défit également les Syriens de Damas, qui étaient venus au secours d'Hadadézer; il les obligea de payer un tribut et plaça des postes militaires dans leurs villes. Thoï, roi de Hamath, enchanté de la défaite d'Hadadézer, avec lequel il avait toujours été en guerre, envoya son fils pour complimenter David et lui présenter de riches cadeaux. Dans le midi, l'Idumée fut complétement soumise par Abisaï, sous les ordres de son frère Joab, et elle fut occupée militairement. Le roi d'Édom avait péri probablement dans le combat ou après sa défaite; car quelques serviteurs fidèles s'enfuirent en Égypte avec le jeune prince royal (I Rois, 11, 17).

Ces victoires firent de David un roi très-puissant; nous le voyons dès lors s'entourer d'une garde royale et de plusieurs grands dignitaires, qui formaient sa cour. Tels furent Joab, chef de l'armée; Josaphat fils d'Achilud, le *Mazkir* (chancelier ou historiographe); Sadok, fils d'Achitob (de la ligne d'Éléazar) [1] et Abiathar, fils d'Achimélech [1], prêtres de la cour; Seraïah, secrétaire d'État; enfin Benaïah, fils de Iehoiada, commandant de la garde royale. Cette garde se composait de deux corps appelés *Créthi* et *Pléthi* [2]. Les fils de David portaient le titre honorifique de *cohén* (prêtre, ministre), étant les premiers en dignité après le roi (I Chron. 18, 17) [3].

Dans sa prospérité, David n'oublia pas la famille du malheureux Saül et l'amitié qu'il avait jurée à Jonathan. Ayant appris par un ancien serviteur de Saül, nommé Siba, l'existence de Méphiboseth, fils de Jonathan, il le fit venir de Lodebar pour lui rendre tous ses biens patrimoniaux. Siba et sa famille furent chargés du service de la maison de Méphiboseth. Celui-ci s'établit à Jérusalem, et le roi voulut le voir toujours à sa table au milieu des princes. Méphiboseth avait déjà un jeune fils nommé Micha, ce qui prouve que les guerres de David, dont nous venons de parler, avaient duré un certain nombre d'années; car, lorsque David fut proclamé roi de tout Israël, Méphiboseth n'était encore que dans sa treizième année.

David paraissait alors devoir jouir du fruit de ses victoires et consacrer les temps de paix au développement

---

[1] Dans les versions on lit *Hadarézer*, de même dans plusieurs passages du texte hébreu; mais la vraie leçon est *Hadadézer*, Hadad étant le nom d'une divinité syrienne. Voy. le dictionnaire de Gesénius, sous ce mot. Sur *Soba* voy. ci-dessus, page 254.

[2] Voy. ci-dessus, page 30.

[1] II Sam. 8, 17, on lit *Achimélech, fils d'Abiathar*, ce qui est probablement une ancienne faute; car, au ch. 20, v. 25, on nomme, comme prêtres de la cour, Sadok et Abiathar. La faute du premier passage aura induit en erreur l'auteur des Chroniques; voy. I Chron. ch. 18, v. 16 (où on lit même *Abimélech* pour *Achimélech*), et ch. 24, v. 3 et 6.

[2] L'étymologie de ces deux mots est fort douteuse; on les traduit ordinairement par *exécuteurs et courriers*. Il y en a qui y voient des noms dérivés de certaines familles; d'autres pensent à un corps composé de Philistius, ou formé sur le modèle des archers philistins. Voy. ci-dessus, p. 83.

[3] Le texte du 2ᵉ livre de Samuel (8, 18) dit : *Et les fils de David étaient Cohanim* (prêtres), ce que la Chronique explique par *les premiers près du roi*. On a prétendu que l'auteur des Chroniques, ne voulant pas admettre l'existence de *prêtres* autres que ceux de la race d'Ahron, s'est permis de substituer d'autres mots au texte primitif. Pour nous, nous ne croyons pas au *sacerdoce* des fils de David, dont on ne trouve de traces nulle part, et nous voyons dans le mot *Cohanim* un simple titre, dont la Chronique explique le véritable sens.

de la civilisation et de la prospérité intérieures et à l'organisation du culte, qu'il avait en vue. Tous les rois voisins étaient ou ses vassaux ou ses alliés. Parmi ces derniers se trouvait le vieux Nahas, roi des Ammonites, l'ancien adversaire de Saül, qui, à ce qu'il paraît, avait rendu à David des services importants (2 Sam. 10, 2). La mort de ce roi vint subitement troubler la paix qui régnait en Palestine. Nous avons déjà dit (p. 94) comment Hanon, fils de Nahas, insulta les ambassadeurs qui vinrent, de la part de David, lui apporter des compliments de condoléance, croyant voir des espions dans les envoyés du roi hébreu. David résolut de tirer vengeance des Ammonites. L'imprudent Hanon, qui n'avait pas à sa disposition des forces assez considérables pour lutter contre David, prit à sa solde les troupes d'Hadadézer et des autres rois de la Syrie, qui, humiliés eux-mêmes par David, voulurent profiter de cette occasion pour secouer le joug des Hébreux. Les Syriens vinrent camper en face de Médaba (1 Chron. 19, 7), au midi de Rabbath-Ammon[1]. Les Ammonites se concentrèrent devant cette dernière ville, leur capitale. David y envoya ses meilleures troupes commandées par Joab. Ce général, voyant les ennemis campés sur deux points différents, marcha lui-même, avec un corps d'élite, contre les Syriens, et envoya son frère Abisaï, avec le reste des troupes, attaquer les Ammonites. Les deux frères convinrent d'accourir, s'il était nécessaire, au secours l'un de l'autre. Les Syriens furent promptement mis en fuite par Joab. Les Ammonites voyant la déroute de leurs alliés, se retirèrent dans leur capitale. Pour le moment Joab ne poussa pas plus loin ses attaques et revint à Jérusalem. Mais Hadadézer avait envoyé chercher des renforts de l'autre côté de l'Euphrate; ces troupes, conduites par Sobach, général d'Hadadézer, s'avancèrent jusqu'à Hélam, ville dont la position géographique n'est pas connue, mais qui était située probablement en deçà de l'Euphrate, sur les limites S. E. de la Syrie. Cette fois David passa lui-même le Jourdain et marcha contre l'ennemi. Les Syriens furent totalement battus et leur général resta mort sur le champ de bataille. Ils renoncèrent depuis lors à secourir les Ammonites et conclurent avec David une paix humiliante, qui les rendit tributaires des Hébreux.

Au renouvellement de la saison des campagnes, David envoya Joab, avec une armée, faire la guerre aux Ammonites. On mit le siége devant la capitale, après avoir dévasté le pays à l'entour. La résistance des assiégés fut longue et opiniâtre, et mainte fois les Hébreux souffrirent des vigoureuses sorties que firent les Ammonites (2 Sam. 11, 17). Enfin Joab s'empara de la *ville des Eaux* (ib. 12, 27), c'est-à-dire de la basse ville, située sur les deux bords d'une petite rivière qui tombe dans le Yabbok[1]. Il fit annoncer à David qu'il était sur le point de se rendre maître de Rabbah, et il engagea le roi à venir lui-même, avec des renforts, pour achever la conquête et pour en recueillir la gloire. David arriva aussitôt, et s'étant emparé de Rabbah, il enleva au roi des Ammonites sa couronne d'or massif, ornée de pierres précieuses, et se la posa sur la tête. On fit un immense butin, et les vaincus furent livrés à des supplices d'une cruauté barbare, mais bien méritée par ce peuple, qui n'avait voulu accorder la paix aux habitants de Jabès que sous la condition de leur crever à chacun un œil, et qui, dans les pays conquis, fendait le ventre aux femmes enceintes (Amos, 1, 13). David les fit scier en deux, broyer sous des machines de fer, etc. C'est en vain que quelques auteurs, faisant violence au texte[2], ont essayé de présenter le procédé de David envers les Ammonites sous une face qui répugne moins à nos mœurs. Ce procédé s'explique suffisamment par les mœurs barbares

---

[1] Voy. ci-dessus, pages 74 et 94.

18e *Livraison.* (PALESTINE.)

[1] Voy. Burckhardt, *Travels in Syria*, pages 357 et 358.

[2] 2 Sam. 12, 31; 1 Chron. 20, 3.

de l'époque, par la cruauté bien connue des Ammonites et par l'insulte grave qu'ils avaient faite à David [1]. Les scènes de Rabbah se renouvelèrent dans les autres villes des Ammonites, et, après avoir exercé cette terrible vengeance, David retourna à Jérusalem avec ses troupes.

Ce fut pendant le long siége de Rabbah que David, resté à Jérusalem, se rendit coupable d'un double crime, dont il reconnut lui-même toute l'atrocité et qu'il expia plus tard par la pénitence et par de nombreux chagrins domestiques. Se promenant un jour, vers le soir, sur la plate-forme de son palais, il remarqua dans le voisinage une femme qui se baignait et qui était fort belle. Il s'informa qui elle était, et on lui dit que c'était Bathséba, femme d'Uria, qui, Héthite d'origine, servait comme officier dans l'armée de David. Le roi, profitant de l'absence de son mari, qui était au siége de Rabbah, fit venir Bathséba chez lui et eut avec elle des liaisons adultères. Quelque temps après, cette femme devenue enceinte en fit prévenir le roi, qui, voulant cacher son crime, donna ordre à Joab de lui envoyer Uria, sous prétexte de s'informer de l'état de l'armée et des opérations militaires. Uria revint, en effet, à Jérusalem, et David, après l'avoir interrogé, l'engagea à rentrer chez lui. Uria se retira de chez le roi, accompagné d'un riche présent; mais ce brave guerrier, ne voulant pas jouir des douceurs de la vie domestique, pendant, disait-il, que l'arche sainte, tout Israël et Juda, et Joab avec ses serviteurs demeuraient en plein champ sous des tentes, refusa de rentrer chez sa femme, et se coucha, avec les autres serviteurs, dans les antichambres du palais. Le lendemain, David, l'ayant invité à sa table, tâcha de l'enivrer, mais il ne réussit pas à le faire rentrer chez lui. Se voyant alors dans l'impossibilité de couvrir son commerce criminel avec Bathséba, le roi eut la fatale idée de se mettre à l'abri par un crime bien plus grand encore. En renvoyant Uria à Rabbah, il lui remit une lettre pour Joab, dans laquelle il ordonna à ce général de placer Uria à la tête d'un détachement, à l'endroit où le péril serait le plus grand, et de l'abandonner au plus fort de la mêlée. A la première sortie que firent les Ammonites, Joab, fidèle aux ordres du roi, exposa le malheureux Uria, qui périt dans le combat. David, averti de sa mort, n'attendit que la fin du deuil de Bathséba, pour couronner, par un mariage que la loi réprouvait, son double crime d'adultère et de meurtre. Quelque temps après, Bathséba lui donna un fils, fruit de leurs liaisons criminelles.

Le prophète Nathan ne put voir avec indifférence la conduite atroce de David : il connaissait les sentiments du roi, il savait que sa faute, quelque grave qu'elle fût, n'était que l'œuvre d'un moment de faiblesse, et qu'elle n'était pas émanée d'un cœur corrompu. Sachant le roi accessible au repentir, mais craignant de l'irriter par des reproches directs, il sut employer en même temps la franchise et la prudence; et, par un ingénieux apologue, qu'il raconta au roi, il sut l'amener à prononcer lui-même son jugement : « Deux hommes, dit le « sage prophète, vivaient dans la « même ville, l'un riche et l'autre pau-« vre; le riche possédait des troupeaux « nombreux, mais le pauvre n'a-« vait qu'une petite brebis, qu'il avait « achetée, qu'il élevait, qui grandis-« sait près de lui et de ses enfants, « qui mangeait de son pain, buvait « dans sa coupe, dormait dans son « sein, et qu'il tenait comme sa fille. Un « voyageur étant venu chez l'homme « riche, celui-ci, épargnant ses trou-« peaux, prit la brebis du pauvre et « l'apprêta pour son hôte..... » A ces mots David fort en colère, « Par le Dieu vivant, s'écria-t-il, l'homme qui a fait cela mérite la mort, et la brebis sera payée au quadruple! — Eh

---

[1] Voy. les observations de Michaëlis (*Mos. Recht*, t. I, § 64) contre la dissertation de Danz, intitulée : *De mitigatâ Davidis in Ammonitas crudelitate* (Jena, 1710).

bien, répliqua Nathan, tu es toi-même cet homme riche! » Et, dans un chaleureux discours, il lui reprocha son crime énorme et le menaça du châtiment céleste. Mais bientôt voyant le roi anéanti et ne pouvant proférer que ces mots : *j'ai péché contre Jéhova*, le prophète adoucit sa sévérité et annonça au roi le pardon de ce Dieu qu'il avait offensé, mais qui accueillait favorablement son sincère repentir. Nous possédons encore la belle prière que David prononça dans cette occasion, et où, après avoir confessé son péché, il demanda à Dieu de ne pas le rejeter, de ne pas lui retirer ses saintes inspirations et de lui donner un cœur pur et humble, qui est le meilleur sacrifice que l'homme puisse offrir à la Divinité [1].

L'enfant de Bathséba tomba bientôt malade, et David, qui le chérissait beaucoup, ne cessait de jeûner et de prier pour sa guérison. Après sept jours l'enfant mourut; la résignation que David montra dans cette occasion étonna les gens de sa cour, qui avaient été témoins de sa douleur pendant la maladie de l'enfant. « Hélas! dit le roi, pourrais-je, en jeûnant, le faire revenir? J'irai le rejoindre un jour, mais lui il ne reviendra plus. » Bathséba lui donna ensuite un autre fils qu'il appela *Schelomo*, ou Salomon; il en confia l'éducation au prophète Nathan[2], qui lui donna le surnom de *Yedîdyah* (aimé de Dieu).

Après sa victoire sur les Ammonites, David n'eut plus d'autres luttes à soutenir avec ses voisins, à l'exception de plusieurs rencontres avec les Philistins, qui, de temps à autre, firent des incursions sur différents points, mais qui furent toujours repoussés. Dans l'une de ces rencontres David manqua de perdre la vie; mais Abisaï vint à son secours et tua son agresseur. Dès ce moment, ses gens l'adjurèrent de ne plus prendre part aux combats et de ne pas exposer une vie qui était la lumière d'Israël (2 Sam. 21, 17).

Mais David ne put jouir du succès de ses armes; une fatale destinée lui refusa, pendant toute sa vie, le repos et le bonheur. Dans sa jeunesse, il avait mené une vie errante, hérissée de périls; son âge viril se consuma en guerres avec les peuples voisins; sa vieillesse fut abreuvée d'amertume par des troubles intérieurs et par les malheurs qui vinrent l'accabler dans sa propre maison. Pour un cœur sensible et aimant comme l'était celui de David, il ne pouvait y avoir de plus dures épreuves que celles qu'il dut subir par la conduite désordonnée de ses fils et par les désastres qui en furent la suite.

Maacha, princesse de Gessur, avait donné à David un fils nommé Absalom et une fille nommée Thamar. Amnon, premier-né de David, de sa femme Achinoam, s'éprit d'un amour incestueux pour Thamar. Sur le perfide conseil de son ami Jonadab, neveu de David, Amnon, feignant d'être malade, demanda au roi de lui envoyer sa sœur Thamar pour le soigner, et, resté seul avec elle, il la déshonora. Sa passion étant satisfaite, son amour se changea subitement en haine et en mépris, et il chassa honteusement de chez lui sa malheureuse victime, qui, dans son désespoir, déchira ses vêtements et s'en alla en poussant des cris lamentables. Absalom, frère germain de Thamar, résolut de venger l'honneur de sa sœur. David, quoique indigné de la conduite d'Amnon, n'eut pas le courage de le punir. Pendant deux ans Absalom dissimula la haine profonde qu'il avait vouée à Amnon; enfin une fête, qu'il donna loin de la capitale, à l'occasion de la tonte de ses brebis, lui

---

[1] Voy. le psaume 51 (Vulg. 50), qui, selon l'épigraphe, fut composé dans cette occasion. C'est à tort que plusieurs critiques ont douté de l'authenticité de cette épigraphe, parce que, dans les deux derniers versets du psaume, on prie pour le rétablissement des murs de Jérusalem et des sacrifices; ces versets furent ajoutés plus tard, lorsqu'on appliqua les prières et les chants des temps anciens à des circonstances nouvelles. Il y a des exemples analogues dans d'autres psaumes.

[2] Tel paraît être le sens des mots : *Et il l'envoya entre la main du prophète Nathan* (2 Sam. 12, 25).

fournit l'occasion d'exécuter la vengeance qu'il avait méditée depuis longtemps. Il invita le roi et tous les princes à assister à cette fête; David refusa d'y aller, mais, sur les instances d'Absalom, il y envoya tous ses fils. Au milieu du festin Absalom fit assassiner Amnon; les autres princes consternés s'enfuirent en toute hâte à Jérusalem, où déjà le bruit s'était répandu que tous les princes avaient été assassinés. Le désespoir du roi et des princes fut extrême. Absalom chercha un refuge auprès de son grand père à Gessur, où il resta trois ans. Au bout de ce temps Joab, ayant remarqué que le roi, consolé de la mort d'Amnon, était porté à l'indulgence à l'égard d'Absalom, tâcha d'obtenir pour ce dernier la permission de revenir à Jérusalem. Il employa à cet effet une femme de Thécoa qui, vêtue de deuil, se présenta au roi, disant qu'elle était restée veuve avec deux fils; que, dans une rixe, l'un d'eux avait tué son frère, et que les parents voulaient lui arracher l'autre pour venger le sang versé : elle venait donc implorer le secours du roi. David reconnut bientôt dans les paroles de cette femme les inspirations de Joab; il permit le retour d'Absalom, sous la condition qu'il ne se présenterait pas devant lui. Joab se rendit lui-même à Gessur pour ramener Absalom, qui resta deux ans à Jérusalem sans voir le roi. Il voulut de nouveau avoir recours à Joab; celui-ci ne s'étant pas présenté chez Absalom, qui l'avait fait appeler deux fois, le prince fit mettre le feu à un champ d'orge appartenant à Joab. Ce général vint alors s'en plaindre à Absalom, et celui-ci avoua qu'il avait employé ce moyen pour le faire venir chez lui, étant fatigué, disait-il, de la vie, qu'il menait à Jérusalem et à laquelle il aurait préféré l'exil ou même une sentence de mort. Joab intercéda de nouveau pour le prince; une entrevue eut lieu entre le roi et son fils, et la réconciliation fut complète.

Cependant, Absalom se montra peu digne de la trop grande indulgence de son père. Ce prince ingrat manifesta bientôt des projets ambitieux, qui, peut-être, avaient déjà germé en lui, lorsque, après deux ans d'intervalle, il vengea si traîtreusement sa sœur sur Amnon, héritier légitime de la couronne. D'un extérieur imposant et passant pour le plus bel homme dans Israël (2 Sam. 14,25), Absalom affichait un luxe royal; il se faisait traîner dans un char attelé de beaux coursiers, et cinquante hommes couraient devant lui. En même temps, il affectait une grande popularité, embrassant ceux qui venaient lui faire la cour, parlant à tout le monde avec beaucoup d'affabilité, et disant à tous ceux qui allaient demander justice au roi, que s'il était chef de l'État, il protégerait avec impartialité les droits de tout le monde. Il parvint ainsi à se créer de nombreux partisans, et il trama un complot contre David, dans lequel il sut attirer un des conseillers du roi, Achithophel de Giloh (sur la montagne de Juda), dont les conseils étaient considérés comme des oracles. Après quatre ans[1] de menées sourdes, Absalom demanda au roi la permission d'aller à Hébron, sous prétexte d'y accomplir un vœu qu'il avait fait à Gessur. Il y entraîna deux cents hommes de Jérusalem, qui n'étaient pas initiés dans ses projets. A Hébron et dans les provinces ses émissaires avaient tout préparé pour le faire proclamer roi, et bientôt Absalom se trouva à la tête d'une armée formidable. Tout avait été conduit avec tant d'habileté que, lorsque David reçut la première nouvelle de la conspiration, il ne lui resta plus d'autre moyen de préserver la ville de Jérusalem d'une ruine totale, que de la quitter en toute hâte, et de céder la place à son fils rebelle. Le magnanime roi sortit à pied de sa capitale, suivi de toute sa maison, des

---

[1] Le texte (2.Sam. 15, 7) dit : *au bout de quarante ans*, et les commentateurs ne sont pas d'accord sur l'époque de laquelle il faut dater ces quarante ans. Nous n'hésitons pas à admettre la variante de la version syriaque et de Josèphe (*Antiqu.* VII, 9, 1), qui portent *quatre ans*, ce qui lève toutes les difficultés.

Créthi et *Pléthi* et de six cents hommes de Gath, qui, sous le commandement d'un certain Itthaï, s'étaient mis au service de David, et qui, dans cette triste circonstance, lui montrèrent le plus fidèle attachement. De toute la maison du roi, il ne resta à Jérusalem que dix femmes de son harem. Tous les émigrés, le roi en tête, passèrent, en pleurant, le torrent de Kidron et se dirigèrent vers la montagne des Oliviers. Les prêtres Sadok et Abiathar suivirent avec l'arche sainte; mais le roi les engagea à retourner dans la capitale, pour lui faire connaître les événements par l'entremise de leurs deux fils, qui devaient se tenir près de la ville. La tête enveloppée en signe de deuil, nu-pieds et en versant des larmes, le vieux roi monta, avec une touchante résignation, la montagne des Oliviers. Arrivé au sommet, où il se prosterna devant Dieu, il vit devant lui Husaï, son intime ami, les vêtements déchirés et la tête couverte de poussière. « Si tu me suis, lui dit David, tu me seras à charge; mais à Jérusalem, feignant de reconnaître Absalom, tu peux m'être utile, en déjouant les conseils d'Achithophel, et en faisant connaître aux prêtres Sadok et Abiathar tout ce que tu aurais appris des projets du nouveau roi. » Husaï consentit, par dévouement pour David, à rentrer dans la capitale. Le roi avait à peine commencé à descendre de l'autre côté de la montagne, qu'il fut rejoint par Siba, serviteur de Méphiboseth, qui lui amena des ânes et des provisions, accusant son maître d'avoir voulu rester à Jérusalem, dans l'espoir de trouver, au milieu des troubles, l'occasion de se créer un parti parmi les anciens amis de Saül, et de monter sur le trône de son grand-père. David le crut et fit don à Siba de tous les biens de son maître. En passant par le village de Bahurîm, au pied de la montagne, le roi fut cruellement insulté par un certain Siméi, de la famille de Saül, qui ne cessait de lancer des pierres et de proférer des injures : « Sors, dit-il, sors, homme inique; Dieu a fait retomber sur toi tout le sang de la maison de Saül dont tu as usurpé le trône. » Abisaï voulut courir sur lui et lui trancher la tête, mais David l'en empêcha : « Mon propre fils, dit-il, attente à mes jours; comment ce Benjamite n'en ferait-il pas autant? Laissez-le, qu'il maudisse; c'est Dieu qui le lui a dit. »

Absalom fit son entrée dans la capitale; sur le conseil d'Achithophel, il prit possession ouvertement du harem royal, afin de montrer que toute réconciliation avec son père était impossible, et de faire cesser les hésitations des esprits indécis. Achithophel fut d'avis qu'il fallait immédiatement se mettre, avec douze mille hommes, à la poursuite du roi fugitif; mais Husaï, qui avait su se faire agréer par Absalom et capter sa confiance, persuada à celui-ci qu'il serait imprudent de mettre à l'épreuve le désespoir de David et de ses gens et leur courage bien connu, avant d'avoir rassemblé des forces imposantes et de s'être assuré le concours de toutes les provinces. Cet avis ayant été approuvé par Absalom, Achithophel, justement inquiet de l'issue de la guerre, s'en retourna aussitôt à Giloh, où, après avoir mis en ordre ses affaires, il s'étrangla. Husaï s'étant mis en rapport avec les deux prêtres, fit promptement avertir David d'être sur ses gardes, et l'engagea à passer le Jourdain. David se rendit à Mahnaïm, où il reçut des preuves touchantes de dévouement. Barzillaï, un des hommes les plus considérables de la Pérée, Machir de Lodebar, l'ancien protecteur de Méphiboseth, et le prince ammonite Schobi de Rabbah[1] lui amenèrent des provisions abondantes. David ayant appris qu'Absalom avait passé le Jourdain et qu'il se dirigeait sur Mahnaïm, envoya au-devant de lui sa troupe divisée en trois bandes, dont il confia le commandement à Joab, à Abisaï et à Itthaï, auxquels il recommanda les plus grands ménagements envers son fils rebelle. Lui-même resta à Manhaïm ses géné-

[1] Voy. ci-dessus, page 95.

raux ne voulant pas qu'il prît part au combat. L'armée d'Absalom, commandée par Amasa, cousin de Joab et neveu de David, fut obligée de repasser le Jourdain, et le théâtre de la guerre fut transporté dans la forêt d'Ephraïm. L'habileté et le courage des héros de David l'emporta sur le nombre bien plus grand des troupes d'Absalom, qui furent taillées en pièces; vingt mille hommes perdirent la vie sur le champ de bataille, ou dans la fuite. Absalom, se sauvant sur une mule, vint à passer sous un chêne touffu; sa tête s'embarrassa dans les branches de l'arbre, et il resta suspendu par ses cheveux pendant que la mule s'échappa sous lui. Un homme, qui avait vu Absalom dans cette position, vint avertir Joab, qui lui fit des reproches de ce qu'il n'avait pas tué le rebelle. Cet homme rappela à Joab que le roi leur avait bien recommandé d'épargner la vie du prince. Mais Joab n'en tint aucun compte; il se rendit lui-même à l'endroit où Absalom était suspendu, et le perça de trois dards, ordonnant à dix de ses serviteurs de l'achever. On jeta son cadavre dans une grande fosse qui se trouvait dans la forêt, et on y éleva un monceau de pierres. Joab fit aussitôt sonner la retraite, et on cessa de poursuivre les fugitifs. Un messager fut expédié pour Mahnaïm, où David attendait l'issue du combat. Au lieu de se réjouir de la victoire, le roi, en apprenant la mort d'Absalom, s'abandonna à la plus vive douleur : « Mon fils! mon fils! dit-il en pleurant, que ne suis-je mort à ta place! » Joab arriva aussitôt, et, irrité de ces larmes d'un père trop tendre, fit entendre au roi qu'il serait menacé du plus grand danger, s'il ne se montrait pas immédiatement au peuple. David obéit à regret à cette triste nécessité; il sortit sur une place publique à la porte de la ville, où tout le peuple vint passer devant lui.

Le spectacle touchant du vieux roi s'enfuyant à pied de sa capitale, sa noble résignation et son courage, et surtout la malheureuse issue de la tentative d'Absalom, firent revenir les tribus d'Israël de leur funeste égarement. On se reprocha l'ingratitude manifestée envers ce roi qui avait délivré le pays de tous ses ennemis, et des voix s'élevèrent pour le ramener en triomphe à Jérusalem. Le roi, par l'entremise des prêtres Sadok et Abiathar, fit avertir les Anciens de Juda, afin que, parents du roi, ils ne fussent pas les derniers à faire leur soumission. Ne pouvant pardonner à Joab la mort d'Absalom, il fit promettre à Amasa de le nommer général en chef en place de Joab. Ces avances firent tout rentrer dans l'ordre; une députation de Juda se rendit aussitôt à Guilgal; car ce fut près de cette ville que le roi, qui déjà avait quitté Mahnaïm, devait passer le Jourdain. Le noble Barzillaï, quoique octogénaire, voulut accompagner le roi jusqu'au Jourdain; David l'invita à venir demeurer avec lui à Jérusalem; mais Barzillaï, s'excusant sur son grand âge, pria le roi de reporter sa bienveillance sur son fils Kimham. Après avoir passé le Jourdain avec le roi, le vieux Barzillaï fit ses adieux, et son fils resta auprès de David. Au passage, le roi fut reçu par les députés de Juda, auxquels étaient venus se joindre ceux de quelques autres tribus qui avaient pu être prévenues à temps. Siméi de Bahurim, qui avait si indignement outragé le roi, lors de sa fuite, amena mille hommes de Benjamin pour le complimenter; il se jeta à genoux devant le roi, qui lui accorda un généreux pardon. L'hypocrite Siba s'y était aussi rendu avec toute sa maison, pour faire sa cour au roi. Méphiboseth se présenta dans le plus grand désordre; depuis le jour où le roi avait quitté Jérusalem, il n'avait pas fait sa barbe ni mis de vêtements blancs. Interrogé par le roi pourquoi il ne l'avait pas suivi dans sa fuite, il dit que son serviteur Siba l'avait trompé, et qu'il était parti seul afin de le calomnier auprès du roi. David ne sachant lequel des deux croire et ayant donné à Siba les biens de Méphiboseth, proposa à celui-ci de les partager entre eux deux. « Qu'il prenne tout, dit Méphiboseth,

« puisque mon seigneur le roi est revenu en paix. » Selon toute apparence, Méphiboseth était innocent; le moment où le peuple en foule s'assemblait autour d'Absalom, aurait été mal choisi pour faire valoir les droits d'un homme boiteux et entièrement inconnu.

Le roi arrivé à Guilgal allait partir pour Jérusalem, lorsqu'il fut rejoint par les députés de toutes les tribus éloignées. Ils firent des reproches à ceux de Juda d'être allés chercher le roi sans les attendre; les députés de Juda répondirent avec arrogance et firent valoir leur parenté avec le roi. On répliqua de part et d'autre, et la querelle s'anima à tel point, qu'un perturbateur, nommé Séba, fils de Bichri, Benjamite, crut le moment favorable pour lever le drapeau de la révolte; il fut suivi des députés de toutes les tribus, à l'exception de ceux de Juda, qui partirent avec le roi pour Jérusalem. La capitale était tranquille; David prit paisiblement possession de son palais, dont il éloigna les dix femmes sur lesquelles Absalom avait fait acte de souveraineté, et qui furent condamnées à vivre retirées en état de veuvage.

David ordonna aussitôt à Amasa, son nouveau général en chef, de rassembler les troupes de Juda, dans l'espace de trois jours, afin de se mettre à la poursuite du rebelle Séba. Amasa ayant tardé à revenir, David, qui était fort inquiet de la révolte de Séba, fut obligé de s'adresser à Joab[1], qui partit aussitôt avec la garde royale et tous les héros. A Gabaon, Joab rencontra Amasa, et aussitôt il résolut de se défaire de son rival. Ramassant son épée qu'il avait, comme par hasard, laissé tomber du fourreau, il aborda Amasa d'un air amical, lui demandant comment il se portait; et au même instant il lui plongea son épée dans le côté. Amasa tomba mort au milieu de la route; un des serviteurs de Joab enleva le cadavre, auprès duquel beaucoup de passants s'étaient arrêtés. Dès lors chacun se rangea sous ce chef redouté, qui venait de se souiller d'un troisième assassinat, sans que personne osât lui en demander compte. Joab traversa tout le pays, se dirigeant au nord; il apprit que Séba s'était enfermé dans la forteresse d'*Abéla* ou *Abel-Beth-Maacha* en Galilée[1]. Cette ville fut assiégée, et déjà Joab voulait faire donner l'assaut, lorsqu'une femme lui cria du haut des murs de ne pas détruire une ville aussi importante, promettant de lui faire livrer la tête de Séba. Elle sut persuader aux assiégés de trancher la tête du rebelle; elle fut jetée à Joab, qui fit aussitôt sonner la retraite et retourna à Jérusalem. Joab avait acquis un nouveau titre à la reconnaissance de David, qui n'osa lui reprocher le meurtre d'Amasa, et qui fut obligé de le maintenir dans son grade de général en chef, d'autant plus que la jalousie toujours croissante entre Israël et Juda pouvait, à la première occasion, faire éclater de nouvelles hostilités.

Ce fut peut-être dans cette crainte que David eut la cruauté de sacrifier quelques turbulents descendants de Saül, sous prétexte de les livrer à la vengeance des Gabaonites, que Saül et sa famille avaient persécutés et massacrés, malgré la sauvegarde qui leur avait été accordée du temps de Josué. Selon un passage obscur de la Bible (2 Sam. ch. 21), le seul où il soit question de cet acte cruel de Saül, une famine avait affligé le pays pendant trois années de suite; l'oracle consulté à cet égard répondit « que Dieu faisait expier au pays le crime *de Saül et de sa maison sanguinaire*, pour avoir tué les Gabaonites. » David offrit aux Gabaonites de leur donner la satisfaction qu'ils réclameraient eux-mêmes, et ils demandèrent sept des descendants de Saül pour les pendre à Gabaa, ancien lieu de résidence

---

[1] Le texte (2 Sam. 20, 6) nomme *Abisaï*, mais dans ce qui suit il est constamment question de Joab. Nous croyons donc qu'au lieu d'*Abisaï* il faut lire *Joab*, comme le portent en effet la version syriaque et Josèphe (*Antiq.*, VII, 11, 6).

[1] Saint Jérôme (*Onomast.* s. v. *Bethmaacha*) se trompe en plaçant cette ville entre Eleuthéropolis et Jérusalem. Voy. de Boissi, *Dissertations*, t. I, p. 283-287.

de Saül. David leur livra Armoni et Méphiboseth, fils de Saül et de sa maîtresse Rispah, et cinq fils de Mérab, fille de Saül. Il épargna le boiteux Méphiboseth, à cause de l'amitié qu'il avait jurée à son père Jonathan. Les cadavres des sept victimes étant demeurés suspendus sur une hauteur, Rispah s'assit à côté d'eux sur un sac, pour garder ces restes, qui lui étaient chers; restant ainsi là jour et nuit, elle ne laissait approcher aucun oiseau de proie, ni aucune bête des champs. David, touché de ce tendre dévouement, fit chercher à Jabès les restes de Saül et de Jonathan et les fit enterrer, ainsi que les sept victimes, dans le tombeau de la famille de Kîs.

De quelque manière qu'on explique ce récit obscur, soit que David ait voulu prévenir de nouveaux troubles, ou qu'il ait cédé à l'exigence des Gabaonites et aux superstitions populaires, il sera difficile d'absoudre le roi de sa conduite criminelle dans cette circonstance. Pour disculper David, on a supposé que les fils et les petits-fils de Saül avaient commis des meurtres parmi les Gabaonites, et que David, selon la loi, livra les meurtriers, jusqu'alors impunis, aux parents de ceux qu'ils avaient assassinés [1]. Mais le texte dit clairement qu'il s'agissait d'une persécution des Gabaonites, en général, par Saül, qui voulut les détruire en masse, et que les Gabaonites crurent devoir se venger sur ses enfants [2].

La paix étant assurée au dedans et au dehors, David put employer ses dernières années à achever l'organisation intérieure du pays, à laquelle, sans doute, il avait travaillé depuis longtemps, et qui, sous son règne, prit les plus grands développements. Le premier livre des Chroniques (ch. 23 à 27) nous donne à ce sujet des détails intéressants, que nous devons faire connaître en résumé. Quoique la Chronique ne soit pas exempte d'exagérations, surtout dans certains nombres, nous ne croyons pas pour cela devoir mettre en doute l'authenticité des faits en eux-mêmes.

David, que ses succès militaires avaient rendu puissant, et qui était guerrier avant tout, introduisit de grands changements dans l'organisation militaire des Hébreux. Jusque-là les levées de troupes n'avaient eu lieu qu'en temps de guerre, et il n'y avait pas d'armée proprement dite [1]. Les institutions mosaïques, en général, ne favorisaient nullement l'établissement d'une armée permanente. Saül s'était contenté, en temps de paix, d'une milice de trois mille hommes. David, dont les succès augmentèrent l'ambition et qui savait aussi qu'il devait se garantir contre les ennemis de l'intérieur, s'entoura, dès le commencement de son règne, d'une garde royale, composée probablement, en grande partie, de mercenaires étrangers. Il composa ensuite une armée, ou plutôt une milice citoyenne de deux cent quatre-vingt-huit mille hommes, divisée en douze cohortes de vingt-quatre mille hommes, dont chacune devait être en service actif, dans la résidence, pendant un mois de l'année. Ces divisions exercées tour à tour sous les yeux du roi, et dont les commandants en chef étaient choisis parmi les trente héros de David, formaient, en temps de guerre, une véritable armée habituée aux exercices militaires. Mais David, oubliant qu'un roi hébreu devait se borner à la défense de son territoire, et désirant probablement agrandir son empire par de vastes conquêtes, manifesta l'intention de substituer à cette milice citoyenne une armée permanente. Tel fut probablement le but du recensement général ordonné par David, et que Joab lui-même désapprouva, voyant sans doute, dans cette innovation, un acte illégal et surtout impolitique, qui pouvait avoir des suites dangereuses, en imposant à un peuple livré à l'agriculture un joug inaccoutumé et insupportable; et en privant le sol des bras nécessaires. Mais David se montra inflexi-

---

[1] Voy. Jahn, *Archæologie*, II, 1. p. 144.
[2] 2 Sam. ch. 21, v. 2, 5 et 6.

[1] Voy. ci-dessus, page 260.

ble, et Joab obéit. Ce qui prouve que ce recensement n'était pas une simple mesure civile, c'est qu'il fut confié à une commission militaire conduite par Joab et appuyée, à ce qu'il paraît, par un fort détachement de troupes; car il est question de *campements*[1]. La commission parcourut tout le pays, et, après une absence de neuf mois et vingt jours, elle revint à Jérusalem faire son rapport au roi. Nous avons déjà parlé (page 15) des résultats de ce recensement et des chiffres que nous offrent, sous ce rapport, les livres de Samuel et des Chroniques. Quelles qu'aient été les intentions de David, il ne leur donna pas de suite; car, immédiatement après le recensement, une peste, qui éclata en Palestine, ayant enlevé beaucoup de monde, le prophète Gad se présenta au roi et lui fit voir dans cette calamité publique un châtiment de la Divinité irritée des arrogantes mesures qu'il venait de prendre. David écouta les avertissements salutaires du prophète, et, pour apaiser le ciel, il dressa un autel où il offrit des sacrifices, sur l'aire du Jébusite Aravna, ou Ornan, située sur le mont Moria, où l'ange exterminateur s'était arrêté, c'est-à-dire, où la peste n'avait pas pénétré. Cette aire, que David acheta à Aravna, fut choisie plus tard pour l'emplacement du Temple (2 Chron. 3, 1)[2].

L'administration civile resta probablement sous David telle qu'elle avait été établie par les anciennes lois et par les usages. Du moins les documents qui nous restent ne parlent-ils d'aucune innovation, ni d'aucune plainte qui se soit élevée à cet égard. Nous trouvons encore les chefs des tribus[3] et les anciens revêtus de l'autorité que la loi leur attribue. Dans l'organisation de la justice on remarque des changements notables. David, selon l'usage des rois dans l'ancien Orient, exerça lui-même les fonctions de juge; non-seulement il prononça arbitrairement, et sans instruction préalable, dans plusieurs circonstances graves[1], mais il paraît que tous les plaideurs étaient admis à ses audiences; on y accourait de toutes les parties du pays[2]. Le roi fit sans doute beaucoup de mécontents, et Absalom en profita pour exciter le peuple à la rébellion. Plus tard, David modifia sensiblement la composition du corps des juges, en y introduisant un très-grand nombre de Lévites, qui probablement formaient des tribunaux supérieurs[3].

Le personnel de la cour était devenu très-nombreux. Outre les grands dignitaires, dont nous avons déjà parlé, nous trouvons Adoniram préposé aux *corvées*, ou aux *impôts*, autre innovation contraire à l'esprit des institutions mosaïques. Le roi possédait de vastes domaines et était riche en troupeaux, et en autres biens, provenant soit des impôts payés en nature, soit du butin fait sur les ennemis. Douze employés supérieurs administraient les possessions du roi; voici les différents départements confiés à ces employés, appelés SARÉ HA-RECHOUSCH, ou *chefs du domaine* (1 Chron. 27, 25 — 31) : 1° les trésors du roi; 2° les magasins établis dans les campagnes, les villes de province et les forts; 3° l'agriculture et les travaux des champs; 4° les vignobles; 5° les entrepôts des vins; 6° la culture des oliviers et des sycomores dans la plaine de Schephéla; 7° les entrepôts de l'huile; 8° les troupeaux de bœufs dans la vallée de Saron; 9° les troupeaux de bœufs dans les autres vallées; 10° les chameaux (confiés à un Arabe); 11° les ânes; 12° le menu bétail.

Ce furent surtout les préparatifs

---

[1] Voy. II Sam. ch. 24, v. 4 et 5; Michaëlis, *Mos. Recht*, t. III, § 174.
[2] Nous avons dépouillé le récit biblique (II Sam. 24 et I Chron. 21) de son enveloppe mythique pour ne présenter que les faits historiques que nous croyons y reconnaître.
[3] Dans les Chroniques (I, 27, 16 — 22), on trouve les noms des chefs de tribu qui fonctionnaient sous David.

[1] Voy. II Sam. 1, 5 — 16; 4, 9 — 12, et ci-dessus, pages 267 et 269.
[2] Voy. II Sam. 14, 4 — 11; 15, 2.
[3] Voy. ci-dessus, p. 195; 1 Chron. 23, 4; 26, 29; Michaëlis, l. c. t. I, § 57.

pour la construction du Temple et l'organisation des prêtres et des lévites qui occupèrent David dans les dernières années de son règne. Il prépara pour le Temple une grande partie des matériaux nécessaires, et dressa lui-même le plan de l'édifice [1]. Il organisa autour de l'arche sainte un culte provisoire dont la musique devint un élément essentiel. Dans ce but il donna aux corps des lévites et des prêtres une organisation nouvelle, et il fixa en même temps les fonctions dont ils devaient être chargés dans le temple futur. Le corps des lévites se composait alors de trente-huit mille hommes âgés de trente à cinquante ans [2]. David les divisa en quatre ordres : vingt-quatre mille furent affectés au service des prêtres et chargés en même temps de présider à la construction du Temple; six mille entrèrent dans les corps des juges et des *Schoterim*; quatre mille, appelés *portiers*, furent chargés de la garde du Temple, et quatre mille de la musique sacrée. Les ordres particulièrement destinés au culte furent subdivisés en différentes classes, dont chacune avait son chef, et qui se relevaient chaque semaine; l'ordre des musiciens comptait vingt-quatre classes [3]. Un soin tout particulier fut donné à l'organisation de ce dernier ordre, formé par le roi sous les inspirations des prophètes Gad et Nathan (2 Chron. 29, 25). David en dirigea lui-même les études et composa, en grande partie, les cantiques sacrés et la musique. Nous aurons l'occasion de revenir, dans un autre endroit, sur les grands mérites de David pour la musique et la poésie, qui, sous son règne, prirent le plus grand essor; ici nous nous contenterons d'observer que David, poëte et musicien, composa un grand nombre d'hymnes ou de *psaumes*, dont nous possédons encore une partie. A côté de lui se distinguèrent, dans la poésie lyrique et dans la musique, les lévites Asaph, Iéduthun et Héman (ce dernier petit-fils de Samuel), auxquels il confia la direction suprême de la musique sacrée. Leurs fils, au nombre de vingt-quatre, composaient, avec d'autres membres de leurs familles, un chœur de deux cent quatre-vingt-huit individus, divisé en vingt-quatre sections qui formaient sans doute le noyau des vingt-quatre grandes classes de musiciens (1 Chron. ch. 25).

Les prêtres furent également divisés en vingt-quatre classes, ou familles, dont chacune avait son chef [1]. Seize classes appartenaient à la famille d'Éléazar et huit à celle d'Ithamar; ceux-là avaient pour chef suprême Sadok, ceux-ci Abiathar [2]. Ces classes devaient être chargées, à tour de rôle, du culte des sacrifices dans le sanctuaire central de Jérusalem. Pour le moment, les sacrifices publics prescrits par la loi s'offraient encore à Gabaon, où se trouvait le Tabernacle, quoique l'Arche sainte restât à Jérusalem. Sadok, assisté des prêtres de sa famille, était chargé provisoirement du culte de Gabaon; Héman et Iéduthun y dirigeaient la musique sacrée, tandis qu'Asaph avec ses chœurs restait chargé de l'office musical qui fut célébré chaque jour près de l'Arche sainte à Jérusalem (1 Chron. 16, 37—42).

Ces soins de l'organisation intérieure du royaume occupèrent le vieux roi jusque dans la dernière année de sa vie (I Chron. 26, 31). Déjà cette vie, épuisée par tant de fatigues et d'agitations, avait perdu tout son feu; on attacha au service personnel du roi la jeune Abisag de Sunem, la plus

---

[1] Voy. I Chron. ch. 22, v. 1—4; ch. 28, v. 11—19.
[2] Voy. ci-dessus, page 172.
[3] Voy. I Chron. ch. 25 et 26; comparez I Chron. ch. 9, v. 26; II Rois, ch. 11, v. 5—7; 2 Chron. ch. 23, v. 4; Josèphe, *Antiq.* VII, 14, 7. — Selon Josèphe, chaque ordre était divisé, comme les prêtres, en vingt-quatre classes, ou *éphémèries*.

[1] On peut voir les noms de ces chefs dans le premier livre des Chroniques, ch. 24. Nous retrouverons la même organisation encore après l'exil; les chefs des classes sont les ἀρχιερεῖς du Nouveau Testament.
[2] Le texte des Chroniques porte *Achemélech*; voyez ci-dessus, page 272, col. 2, note I.

belle vierge de tout le royaume; mais elle ne fut pas capable de ranimer ses sens déjà éteints. On attendait la fin prochaine du roi et il était temps de régler irrévocablement la succession au trône, pour laquelle il y avait deux prétendants. Adoniah, le quatrième et alors l'aîné des fils de David, s'était habitué, depuis la mort d'Absalom, à se considérer comme l'héritier légitime de la couronne. Comme Absalom, il s'était entouré d'un luxe royal et avait su se créer un parti, sans en être empêché par le roi qui avait toujours eu beaucoup de faiblesse pour ses enfants. Cependant, le roi avait promis depuis longtemps à Bathséba de nommer successeur au trône leur fils Salomon. Dans la constitution, à ce qu'il paraît, rien n'avait été fixé sur le droit de succession; Adoniah pouvait invoquer un droit naturel, tandis que Salomon s'appuyait sur la volonté souveraine du roi généralement respectée par la nation. Adoniah avait su attirer dans son parti deux hommes importants: Joab, le chef de l'armée, et Abiathar, le grand prêtre; les princes, ses frères, lui étaient également favorables. Mais il avait contre lui le prêtre Sadok, le prophète Nathan, Benaïah, général des gardes, et les héros de David. Un jour Adoniah donna un grand festin, auquel il invita tous ses frères et amis et les plus grands personnages de Juda; Salomon, Nathan et Benaïah ne furent pas invités; car Adoniah avait l'intention de se faire proclamer roi. Le prophète Nathan alla aussitôt trouver Bathséba et l'engagea à se rendre promptement chez le roi, pour lui rappeler sa promesse au sujet de Salomon; il lui promit d'aller la rejoindre, lorsqu'elle serait en conversation avec le roi et de lui prêter le secours de sa parole. Le roi instruit par Bathséba et par le prophète de ce qui se passait dans la maison d'Adoniah, et pressé de se prononcer d'une manière irrévocable, jura de nouveau qu'il nommerait Salomon son successeur, et que ce jour même il accomplirait sa promesse. Il ordonna aussitôt à Sadok, à Nathan et à Benaïah de faire monter Salomon sur la mule du roi et de le faire descendre dans la vallée de Guihon, accompagné de toute la cour. Là Sadok et Nathan devaient procéder en public à la cérémonie de *l'onction* ou du sacre royal, au son des trompettes et aux cris de *vive le roi Salomon!* La procession se mit en marche, accompagnée de la garde royale, et la cérémonie eut lieu au milieu d'une foule immense qui répéta le cri de *vive le roi Salomon!* Le peuple accompagna le jeune roi, qui remonta au palais, au milieu des cris de joie et du son des flûtes, qui retentissaient de tous côtés. Adoniah et ses convives, étonnés de ce bruit, s'interrogeaient avec anxiété les uns les autres, lorsque Jonathan, fils d'Abiathar, vint leur annoncer ce qui s'était passé. Consternés de cette nouvelle, ils se séparèrent aussitôt. Adoniah chercha un refuge près de l'autel de l'Arche sainte; mais Salomon le fit rassurer, en lui promettant de ne pas lui toucher un cheveu, s'il se conduisait en homme d'honneur. Il vint aussitôt faire sa soumission et présenter ses hommages au nouveau roi; ainsi la conspiration fut étouffée sans effusion de sang.

David fit ensuite convoquer à Jérusalem les chefs des tribus, les commandants des troupes, les chefs des domaines et tous les grands de la cour. Dans une séance solennelle, le vieux roi se tenant debout adressa à cette imposante assemblée un long discours, dans lequel il déclara que, guidé par une inspiration divine, il venait abdiquer la couronne en faveur de son fils Salomon, que celui-ci avait pour mission de construire un temple à Jérusalem, et que tout était préparé pour élever un magnifique édifice. Il en présenta les plans qu'il avait dressés lui-même; et, en les remettant à Salomon, il l'exhorta à être un fidèle serviteur de Jéhova. Il rendit à Dieu de touchantes actions de grâces et le pria d'inspirer à Salomon des sentiments de piété et le respect des lois. Sur l'invitation du roi, on fit retentir les louanges de Jéhova. Salomon fut de nouveau proclamé roi, et l'assemblée se sépara en rendant pour la dernière fois ses hommages au roi David. Le lendemain, le couronnement fut célébré par une fête publique et par de nombreux sacrifices [2].

Quelque temps après, David, se sentant près de mourir, fit appeler son fils Salomon, pour lui donner ses derniers conseils, empreints à la fois de la piété et de la froide et sévère politique d'un roi instruit par de tristes expériences. Il lui recommanda d'observer fidèlement les lois de Moïse; sous cette seule condition, dit-il, sa dynastie pourrait se maintenir sur le trône. Craignant avec raison les dangers que pouvait courir le jeune roi, si de nouveaux troubles éclataient à l'intérieur, il lui conseilla d'avoir les yeux fixés sur deux hommes dangereux et gravement compromis, Joab qui s'était rendu coupable d'un double assassinat et qui naguère encore avait ouvertement embrassé la cause d'Adoniah, et Simeï de Bahurîm qui avait si gravement insulté le roi, lors de l'insurrection d'Absalom, et qui avait manifesté les sentiments les plus hostiles contre la dynastie de David. Se reprochant sa propre faiblesse à l'égard de ces deux hommes, David conseilla à son fils d'user envers eux de la plus grande sévérité, s'ils lui donnaient le moindre sujet de mécontentement, et de leur infliger alors le juste châtiment qu'ils avaient mérité par leurs forfaits anciens. Il recommanda à sa bienveillance et à sa protection spéciale les enfants de Barzillaï, le Giléadite, qui l'avait traité avec tant de générosité.

David mourut bientôt après, âgé de soixante-dix ans, dans la quarante-unième année de son règne, et il fut enterré dans la citadelle de Sion. Il laissa à son successeur un royaume fortifié et parfaitement organisé, et un pouvoir respecté au dedans et au dehors. Par lui les tribus des Hébreux étaient devenues une nation indépendante, et avaient atteint un degré de civilisation qui les plaçait bien au-dessus de tous les peuples voisins. David avait exercé la plus grande influence sur l'éducation religieuse et politique de sa nation, et son mérite est d'autant plus grand qu'il avait tout puisé dans lui-même et dans les antiques institutions de sa race, sans rien emprunter à aucune civilisation étrangère. Malgré ses écarts comme homme et comme chef politique, il était un fidèle vassal du roi Jéhova; ses fautes s'expliquent par la vivacité de ses sentiments, par les mœurs du temps et par l'enivrement des succès et de la gloire; car d'ailleurs il montra un profond et sincère repentir. Dans ses poésies c'est toujours Dieu que nous voyons au fond de toutes ses pensées et de tous ses sentiments, et ce Dieu il croit le servir mieux par les expressions d'un cœur pur que par les cérémonies d'un culte extérieur, comme il le dit lui-même dans plusieurs de ses psaumes. Sa confiance en Dieu lui faisait supporter le malheur avec une noble résignation. Le peu de détails que nous connaissons de sa vie nous montrent maint trait de noblesse et de générosité; sa tendresse de père alla jusqu'à la faiblesse. Quant aux imprécations et aux paroles de vengeance que l'on trouve çà et là dans ses psaumes, il ne faut pas oublier que ces poëmes s'adaptent toujours aux circonstances, et qu'ils furent composés pendant les souffrances de la persécution ou pendant la chaleur de la lutte. Ce n'est pas la faute de David si ses chants de guerre eux-mêmes sont devenus des cantiques d'église. L'historien ne verra pas dans David un saint, mais il ne le jugera pas non plus avec les préjugés de ceux qui, comme Bayle et Voltaire, croient devoir s'acharner sur tous les grands caractères bibliques. Le fait est qu'il réalisa en partie l'idéal de l'État mosaïque, et que, sous plusieurs rapports, il fit faire

---

[2] Voy. I Chron. ch. 28 et 29.

à sa nation un progrès immense. A la fin de son règne le peuple hébreu se trouva à l'apogée de sa gloire, et la postérité lui rendit justice à tel point que plus tard son règne servait de type à la future gloire des Hébreux ou au règne messianique.

3. *Règne de Salomon*

(de 1015 à 975).

Salomon était encore bien jeune lorsqu'il monta sur le trône[1], mais son âge ne saurait être déterminé avec exactitude. N'ayant vu du règne de son père que les jours de paix et de bonheur, il n'avait pas le goût des armes et se plaisait de bonne heure dans le luxe et dans toutes les splendeurs d'une cour brillante. Il avait été instruit probablement dans tout ce qu'on comprenait alors sous le nom de science ou de *sagesse*, surtout dans les lois, dans la poésie et dans une certaine philosophie populaire qui consistait à présenter des doctrines, des règles de conduite, des réflexions sur les différentes situations de la vie, sous une forme parabolique et par de courtes sentences qui se gravaient facilement dans la mémoire. Salomon aimait cette sagesse, il y excellait de bonne heure et y cherchait sa gloire. Son esprit en était constamment préoccupé; nous lisons dans son histoire, que dans les premiers temps de son règne, ayant célébré à Gabaon un solennel sacrifice, il crut voir, dans un rêve, la Divinité qui offrit de lui accorder le bien qu'il choisirait lui-même, et qu'il ne demanda autre chose que la sagesse et la connaissance : *un cœur intelligent pour juger le peuple et pour discerner entre le bien et le mal*[1]. Mais bientôt cette sagesse elle-même ne fut pour lui qu'un objet de luxe, un moyen de briller qui profita peu au bien-être de la nation. Après tous les travaux de son père il ne lui restait qu'à en recueillir les fruits; il n'y avait plus d'ennemi à combattre, ni d'institutions à créer, et nous verrons le jeune roi employer toute son activité à augmenter l'éclat de son règne par de magnifiques constructions, par des entreprises commerciales, et, en général, par un luxe peu en rapport avec la constitution du pays. L'amour du luxe et de la nouveauté le conduira peu à peu à défaire l'œuvre de son père, à ruiner le peuple dont il pouvait faire le bonheur, à détruire les institutions et à dédaigner le culte national, auquel il avait d'abord cherché à donner le plus grand éclat. Salué d'abord par les acclamations de tout le peuple, il ne saura que le faire gémir sous un joug insupportable, et il préparera ainsi la prochaine dissolution du royaume.

Salomon signala le commencement de son règne par quelques actes sanglants. Son frère Adoniah, n'ayant peut-être pas entièrement renoncé à ses prétentions, s'était adressé à Bathséba, mère du roi, afin d'obtenir de Salomon la permission d'épouser Abisag la Sunamite, qui, attachée au service de David, et faisant partie de son harem, n'avait eu cependant avec le vieux roi aucune liaison intime. Bathséba en parla au roi son fils; mais celui-ci croyant reconnaître, dans cette demande, des vues ambitieuses d'une bien plus haute portée, répondit avec amertume : « Pourquoi ne demandes-tu pas plutôt la royauté pour lui, qui est mon frère aîné, pour Abiathar et pour Joab? » En effet, prendre possession du harem royal[2], est en Orient une des plus éclatantes manifestations de l'auto-

---

[1] Voy. I Rois, 3, 7; I Chron. 22, 5; 29, 1. La chronique rabbinique (*Séder Olam*, ch. 14) et quelques Pères de l'Eglise lui donnent douze ans; mais comme l'Ecriture ne le fait régner que 40 ans, qu'elle parle de sa *vieillesse*, et qu'elle donne à son fils et successeur l'âge de quarante-un ans, il devait avoir au moins vingt ans à son avénement. Josèphe lui en donne 14; mais, contre le texte de l'Ecriture, il le fait régner pendant quatre-vingts ans.

[1] Voy. I Rois, 3, 9; II Chron. 1, 10.
[2] On a vu (p. 277) que ce fut en s'appropriant le harem de David qu'Absalom crut faire acte de souveraineté. Le faux Smerdis s'empara, dans le même but, du harem de Cambyse. Voy. Hérodote, l. III, ch. 68.

rité souveraine; on comprend donc pourquoi Salomon fut si irrité de la demande d'Adoniah et jura de le faire mourir le jour même. Bénaïah, chef de la garde royale, fut aussitôt chargé de l'exécution, et le fratricide fut consommé à l'instant même. Le prêtre Abiathar, partisan d'Adoniah, dut son salut au fidèle attachement et au dévouement qu'il avait jadis témoignés à David dans ses jours de malheur; mais il fut relégué à la ville sacerdotale d'Anatôth, où il possédait des biens. Sadok fut revêtu de la dignité de grand prêtre, qui fut ainsi rendue à la ligne d'Éléazar. Joab, voyant le glaive suspendu sur sa tête, se réfugia près de l'autel; mais Salomon ordonna à Benaïah de le frapper dans le lieu saint, pour venger le sang innocent qu'il avait versé. C'est ainsi que finit ce vieux général des armées de David, dont l'ambition et la jalousie avaient fait un assassin, et qui mourut pour avoir favorisé un prince guerrier contre le pacifique Salomon. A sa place Benaïah fut nommé général en chef. Quant à Simeï, le moment n'étant pas venu de venger les insultes qu'il avait faites à David, Salomon lui ordonna, sous peine de la vie, de rester à Jérusalem et de ne pas dépasser le torrent de Kidron. Au bout de trois ans, deux esclaves de Simeï prirent la fuite et se rendirent à Gath. Simeï les y suivit et les ramena à Jérusalem; mais aussitôt le roi, pour punir la désobéissance de Simeï ainsi que la conduite qu'il avait tenue à l'égard de David, ordonna à Benaïah de le mettre à mort, et se débarrassa ainsi du dernier adversaire de la dynastie de David.

Dès le commencement de son règne, Salomon, se mettant au-dessus des lois, contracta des mariages avec des femmes étrangères. Le prince royal Rehabeam ou Roboam, né dans la première année du règne de Salomon, fut fils d'une Ammonite nommée Naama. Bientôt le roi prit pour épouse principale la fille du Pharaon d'Égypte, probablement *Osochor*, cinquième roi de la XXIe dynastie [1]. Le roi d'Égypte donna pour dot à sa fille la ville de Gazer (dans le canton d'Éphraïm), dont il s'était emparé, après en avoir chassé les Cananéens, que les Hébreux n'avaient pu expulser. Salomon établit la princesse égyptienne dans le palais de David, jusqu'à ce qu'il lui en eût élevé un nouveau. Peu à peu son harem s'agrandit prodigieusement; selon l'historien sacré (I Rois, 11, 3), on n'y comptait pas moins de mille femmes, dont sept cents portaient le titre de princesses et trois cents étaient de simples concubines. Elles étaient presque toutes des pays voisins, et appartenaient à des nations dont Moïse avait défendu les alliances. Au reste, Salomon se conforma extérieurement aux prescriptions du culte mosaïque; mais à côté des sacrifices qu'il offrait à Gabaon, dans le sanctuaire central, il en célébrait aussi ailleurs sur les *hauts lieux*.

La cour de Salomon était encore plus nombreuse et plus brillante que ne l'avait été celle de son père. Les grands dignitaires mentionnés au commencement du règne sont en partie les mêmes que nous avons trouvés sous David; tels sont Josaphat, Adoniram, Benaïah (devenu général des armées), et les deux prêtres Sadok et Abiathar (ce dernier privé de ses fonctions). Le secrétaire Seraïah ou Sisa est remplacé par ses deux fils, auxquels était joint, à ce qu'il paraît, Azariah, fils du prêtre Sadok [2]. Le conseiller intime du roi était un prêtre appelé Zaboud, fils de Nathan. Nous trouvons en outre un intendant de la maison royale, appelé Achisar. Douze commissaires, distribués dans les différentes provinces, étaient chargés, à tour de rôle, chacun pendant

---

[1] Le règne d'Osochor, selon Manéthon, dura six ans, c'est-à-dire (selon la chronologie de M. Champollion-Figeac), depuis l'an 1016 avant notre ère jusqu'à l'an 1010. Voy. Greppo, *Essai sur le système hiéroglyphique, etc.*, pages 164 et 165.
[2] I Rois, 4, 2; voy. la note dans la Bible de M. Cahen.

un mois de l'année, de fournir l'entretien de la maison royale. Deux des commissaires étaient gendres du roi; ils étaient tous sous les ordres d'un intendant général, Azariah, fils de Nathan. Les fournitures que faisaient ces commissaires étaient très-considérables; car les besoins de la cour étaient énormes. Selon le premier livre des Rois (ch. 4, v. 22 et 23), on y consommait chaque jour trente *cor* de fleur de farine, soixante *cor* de farine ordinaire, dix bœufs engraissés, vingt bœufs de pâturage et cent pièces de menu bétail, sans compter les différentes espèces de gibier et les volailles, ce qui ne paraîtra pas exagéré si on pense aux nombreux courtisans et pensionnaires du roi (ib. v. 27), aux mille femmes du harem et au personnel nécessaire pour leur service. En outre, les commissaires devaient fournir les fourrages pour les haras du roi; car, contrairement à la loi mosaïque, Salomon avait beaucoup de chevaux, et, indépendamment d'une nombreuse cavalerie, il avait quatre mille attelages pour ses propres voitures[1]. Ce luxe effrayant pouvait durer un certain temps sans être trop à charge à la nation; les frais en étaient couverts, en grande partie, par les trésors que David avait ramassés et par le tribut des rois voisins. Les vassaux de Salomon étaient nombreux et sa domination s'étendait depuis Thapsacus (sur la rive occidentale de l'Euphrate) jusqu'à Gaza. Le pays était dans une paix profonde, l'industrie pouvait se développer de plus en plus et augmenter le bien-être de la nation. Aussi Salomon jouissait-il, dans les premiers temps, d'une grande popularité; par son affabilité et sa grande sagesse il s'attira l'affection générale. Il était accessible au dernier de ses sujets; toutes les causes pouvaient être portées devant son trône, et il exerçait en personne les fonctions de juge. Tout le monde connaît le célèbre jugement prononcé par Salomon dans la querelle de deux courtisanes qui, demeurant ensemble dans le même appartement, avaient eu chacune un enfant. L'un des deux étant mort, sa mère avait dérobé l'enfant de sa compagne, et les deux femmes étant venues devant Salomon se disputer l'enfant vivant: *Qu'on le divise en deux,* dit le roi, *et qu'on donne à chacune la moitié.* L'une des femmes consentit, mais l'autre supplia le roi de donner l'enfant tout entier à sa cruelle compagne plutôt que de le tuer, et à cette prière le roi reconnut la véritable mère. Ce jugement, qui fit ressortir la sagesse de Salomon dans tout son éclat, répandit sa réputation dans tout le pays.

Après avoir réglé les affaires les plus urgentes du royaume et de la cour, Salomon commença à s'occuper de la construction du Temple, qui devait perpétuer à jamais la gloire de son règne. Le pays ne pouvant fournir le bois nécessaire pour les constructions, et les Hébreux n'étant pas alors assez avancés dans les arts pour exécuter dignement les magnifiques travaux que Salomon avait en vue, celui-ci réclama l'assistance de Hiram, roi de Tyr, qui avait été lié d'une étroite amitié avec David, et qui, à l'avénement de Salomon, avait envoyé une ambassade pour complimenter le jeune roi et renouveler l'alliance entre les deux royaumes. Salomon demanda à Hiram de lui faire couper du bois de cèdre et de cyprès sur le Liban, par les ouvriers habiles de Sidon, auxquels se joindraient les ouvriers hébreux. De son côté, le roi des Hébreux s'engagea à fournir à Hiram chaque année une certaine quantité de froment et d'huile[1]. En même temps Salomon pria le roi de Tyr de lui envoyer des architectes phéniciens (I Rois, 5, 18) et un habile artiste qui pût diriger tous les travaux de fonte, de sculpture, etc.[2]. Hiram accueillit avec joie la missive de Salomon et y répondit avec le plus grand

---

[1] Voy. II Chron. 9, 25. Dans le premier livre des Rois (4, 26) on lit *quarante* mille au lieu de *quatre* mille. Comparez ci-dessus, page 30.

[1] Voy. ci-dessus, page 18.
[2] Voy. II Chron. ch. 2, v. 6 et 13; comparez I Rois, ch. 7, v. 14.

empressement, offrant de faire lui-même transporter le bois du Liban à Tyr, de le faire disposer en radeaux et de l'expédier par mer à l'endroit que Salomon lui désignerait. Un traité ayant été conclu entre les deux rois [1], Salomon, pour faire exécuter les corvées, leva trente mille hommes, qu'il divisa en trois sections de dix mille hommes; les sections devaient alternativement participer pendant un mois aux travaux du Liban, afin que chacune, après le service d'un mois, pût rentrer pour deux mois dans ses foyers. La levée se fit par les soins d'Adoniram, chef des corvées. En outre, Salomon occupa cent cinquante mille Cananéens et autres étrangers à extraire, tailler et transporter les pierres pour les constructions; car les matériaux devaient arriver tout préparés à l'emplacement du Temple, où l'on n'entendait résonner ni le marteau, ni la hache, ni aucun autre outil de fer (I Rois, 6, 7). Plus de trois mille hommes, également étrangers, étaient chargés de la surveillance de ces travaux préparatoires [2]. Avant de poser les fondements du Temple, qui devait être élevé sur la colline de Moria, il fallait exécuter de vastes travaux pour agrandir le terrain et pour le consolider [3]. Ce fut dans la quatrième année du règne de Salomon [4], au mois de *Ziv* (avril-mai), le deuxième de l'année, qu'on commença les travaux de construction, qui durèrent plus de sept ans.

Il est impossible de donner du Temple de Salomon une description exacte; celles que nous trouvons dans le premier livre des Rois (ch. 6 et ch. 7, v. 15-50) et dans le deuxième livre des Chroniques (ch. 3 et 4) sont fort incomplètes, et souvent même il est difficile de les mettre d'accord. Outre cela, les termes d'architecture que nous y rencontrons ne peuvent pas toujours être expliqués avec certitude. La description de Josèphe diffère quelquefois (surtout pour les dimensions) des deux relations bibliques, et les détails qu'il ajoute ne paraissent être basés que sur de simples conjectures. Les nombreuses descriptions des modernes diffèrent beaucoup les unes des autres, et on rencontre de grandes difficultés, dès qu'on veut les convertir en dessins. On n'arrivera jamais à se faire une idée juste des proportions architectoniques de l'édifice de Salomon. Il nous serait impossible d'entrer ici dans tous les détails et de discuter les différentes opinions; nous devons nous contenter de résumer les données les moins douteuses [1].

Tout l'édifice, bâti sur le modèle du temple portatif de Moïse, mais dans des proportions plus grandes, se composait du *Temple* proprement dit et de deux cours ou *parvis*.

Le *Temple*, bâti en pierres, avait soixante coudées de long (de l'est à l'ouest), vingt coudées de large et trente de hauteur. Devant l'entrée du Temple, à l'est, se trouvait un portique, appelé OULAM (πρόναος), dont la longueur, qui était de vingt coudées (du nord au midi), couvrait toute la largeur de l'édifice; il avait dix coudées

---

[1] Josèphe dit que les documents de cette convention, ainsi qu'une grande partie des lettres échangées entre Salomon et Hiram, existaient encore de son temps dans les archives de Tyr. *Antiqu.* VIII, 2, 8; *contre Apion*, I, 17.
[2] Voy. I Rois, ch. 5, v. 15—17; II Chron. ch. 2, v. 16 et 17.
[3] Voy. ci-dessus, page 45.
[4] Selon le premier livre des Rois (ch. 6, v. 1) ce fut l'an 480 de la sortie d'Égypte; mais nous avons déjà dit (page 231) que ce chiffre offre de grandes difficultés, et que Josèphe compte tantôt 592, tantôt 612 ans. L'auteur des Chroniques a omis la date, probablement parce qu'elle lui paraissait incertaine. Des Vignoles place la fondation du Temple dans l'année 648 de la sortie d'Égypte.

[1] Ceux qui désirent de plus amples détails pourront consulter surtout les ouvrages suivants : Jacob Jehuda Léon, *De templo Hierosolymitano* (en hébreu), Amsterd. 1650, in-4°; trad. en latin par Saubert, Helmstad. 1665; le même ouvrage en hollandais (*Afbeeldinge van den Tempel Salomonis*), par l'auteur, Amst. 1669. Cet auteur a confondu dans la même description le Temple de Salomon et celui d'Hérode. — Bernard Lami, *De tabernaculo fœderis, de sancta civitate Jerusalem et de templo ejus*. Paris, 1720, in-fol. — A. Hirt. *Der Tempel Salomons*, Berlin, 1809, in-4. — Meyer, *Der Tempel Salomons*, Berlin, 1830, in-8. — Winer, *Realwœrterbuch*, t. II, p. 661 - 670.

de large (de l'est à l'ouest). Le livre des Rois n'en fixe pas la hauteur; mais, selon les Chroniques (II, ch. 3, v. 4), elle était de cent vingt coudées, de sorte que ce portique aurait formé une espèce de tour large, trois fois plus haute que le Temple. Mais il est difficile d'admettre ces formes aussi disproportionnées que disgracieuses; nous croyons donc que ce verset des Chroniques, qui d'ailleurs est très-peu clair, a été corrompu par les copistes, et que le portique ne dépassait pas la hauteur du Temple. Il paraît résulter d'un passage (I Rois, 7, 12) que le mur se composait de trois rangées de pierres de taille, surmontées d'une espèce de balustrade en bois de cèdre. Devant ce portique on plaça deux colonnes d'airain creuses en dedans [1]. Elles avaient chacune la hauteur de dix-huit coudées et douze coudées de circonférence; l'épaisseur du métal était de quatre doigts. Elles étaient surmontées de chapiteaux de la hauteur de cinq coudées [2], de sorte que toute la hauteur était de vingt-trois coudées. Cependant, selon les Chroniques (ib. v. 15), elle aurait été de trente-cinq coudées. Or, pour que cette donnée fût exacte, il faudrait supposer qu'elle comprenait aussi les piédestaux et que ceux-ci avaient une hauteur de douze coudées; alors ces piédestaux *de pierre* n'ont pas été compris dans la description des livres des Rois et de Jérémie, où l'on ne voulait parler que du travail *en airain*. La description des chapiteaux, dans les différents passages bibliques, est assez obscure; voici ce qui paraît résulter de la combinaison de ces passages : la surface des chapiteaux était couverte de fleurs de lis en relief (I Rois, ch. 7, v. 19 et 22); sept chaînes, qui entouraient cette surface, y formaient une espèce de treillage (ib. v. 17). A chacun des deux bords du chapiteau il y avait, sur une chaîne, cent grenades (II Chron. 3, 16), dont *quatre-vingt seize aux côtés*, dit Jérémie (52, 23), c'est-à-dire, vingt-quatre de chaque côté et une à chaque angle, d'où il résulte que les chapiteaux avaient la forme carrée. Il y avait donc deux cents grenades aux deux bords du chapiteau (I Rois, 7, 20), ce qui fait en tout quatre cents grenades pour les deux colonnes (II Chron. 4, 13). De cette manière tous les passages s'accordent parfaitement. Le texte ne nous dit pas clairement de quelle manière ces deux colonnes étaient placées; il y en a qui pensent qu'elles supportaient le toit du portique, mais il est plus probable qu'elles étaient placées, comme simple ornement, devant le portique, des deux côtés de l'entrée, l'une au midi, l'autre au nord. Celle du midi reçut le nom de *Yachin*, celle du nord fut appelée *Boaz;* on ne sait rien de positif sur l'origine de ces noms. — Les deux colonnes, ainsi que tous les autres ouvrages de fonte furent exécutés par un artiste phénicien, nommé Hirôm, que Salomon avait fait venir de Tyr, et qui était fils d'un Tyrien et d'une femme israélite de la tribu de Naphthali; il avait ses ateliers dans la plaine du Jourdain, non loin de Succôth.

Le portique et les deux colonnes formaient la façade du Temple. Sur les deux côtés et sur le derrière, c'est-à-dire au nord, au midi et à l'ouest, on adossa au mur trois étages composés de chambres, qui communiquaient entre elles par des portes [1] et qui étaient destinées aux trésors et aux provisions du Temple. L'étage inférieur, ou le rez-de-chaussée, avait cinq coudées de large, le second en avait six, et

---

[1] Voy. Rois, ch. 7, v. 15 et suivants; II Rois, ch. 25, v. 17; Jérémie, ch. 52, v. 21-23; II Chron. ch. 3, v. 15.

[2] Le 2eme livre des Rois (25, 17) ne donne à ces chapiteaux que *trois* coudées. Pour lever la contradiction, Jahn a supposé que plus tard, dans les réparations du Temple, les chapiteaux avaient été diminués de deux coudées; car, dans le passage en question, on parle de l'état où se trouvaient les colonnes lors de la destruction de Jérusalem par les Chaldéens. Voy. *Bibl. Archæologie*, t. III, p. 261. Mais Jahn a oublié que, dans le passage parallèle de Jérémie (52, 22), on donne également aux chapiteaux la hauteur de *cinq* coudées; il y a donc nécessairement une faute dans le passage des Rois.

[1] I Rois, 6, 5; comparez Ezéchiel, 41, 6. Selon Josèphe, il y avait trente chambres dans chaque étage. *Antiqu*. VIII, 3, 2.

le troisième sept; ces différences provenaient de ce que, pour ne pas endommager les murs du Temple, on avait appliqué, contre leur parement extérieur, une saillie en forme de terrasse, qui devait supporter les poutres des différents étages. Les deux gradins sur lesquels reposaient les plafonds du premier et du second étage, ayant chacun une coudée de large, il s'ensuivait de là que le second étage avait une coudée de plus que le rez-de-chaussée, et de même le troisième une coudée de plus que le second. A l'extérieur les étages étaient au même niveau [1]. La hauteur de chaque étage était de cinq coudées (I Rois, 6, 10); ainsi les trois étages avaient une hauteur de quinze coudées, à laquelle il faut ajouter l'épaisseur des plafonds et du toit, de sorte que les étages dépassaient la moitié de la hauteur intégrale du Temple, qui était de trente coudées. L'entrée des étages était sur le côté droit (au midi) du Temple, à la chambre du milieu du rez-de-chaussée, et un escalier tournant conduisait de là aux étages supérieurs (ib. v. 8).

Au-dessus des étages, il y avait, dans les murs du Temple, des fenêtres fermées par un treillage, qui était probablement fixé dans un encadrement et immobile; c'est là ce que le texte (ib. v. 4) laisse deviner; mais tout ce qu'on a dit sur la grandeur, la forme et la distribution de ces fenêtres, ne repose que sur de simples conjectures.

Le Temple était couvert en bois de cèdre (ib. v. 9), mais on ne nous dit rien sur la forme du toit; c'était probablement une plate-forme entourée d'une balustrade [2].

Ce que nous avons dit jusqu'ici suffira pour donner une idée de l'aspect extérieur du Temple. Nous allons ajouter quelques détails sur l'intérieur de l'édifice.

De même que le Tabernacle de Moïse (p. 155), le Temple de Salomon était divisé en deux parties : le devant ou le *lieu saint*, qui reçut le nom de HÉCHAL (palais), et le derrière ou le *Saint des Saints*, qui fut appelé DEBIR [1]. Ce dernier, situé à l'occident, embrassait la troisième partie de l'espace du Temple, c'est-à-dire vingt coudées sur les soixante qui formaient la longueur de tout l'édifice; sa largeur étant également de vingt coudées, ainsi que sa hauteur (ib. v. 20), il formait un cube dont les dimensions étaient le double de celles du *Saint des Saints* de Moïse (p. 156), et par conséquent l'espace intérieur se trouvait octuplé. — La hauteur de tout l'édifice étant de trente coudées et celle du Debir n'étant que de vingt, il restait nécessairement au-dessus du Debir un espace de dix coudées de hauteur, sur l'emploi duquel les documents gardent le silence. Il y en a qui pensent que, même à l'extérieur, le Debir était plus bas que le Héchal, et que la toiture de ce dernier était plus élevée de dix coudées. D'autres, admettant une chambre au-dessus du Debir, ont cherché à en deviner l'emploi, et on est allé jusqu'à imaginer un *appareil électrique* en rapport avec l'Arche sainte [2]. Nous ne saurions approuver ni l'une ni l'autre de ces suppositions, et nous pensons que le Héchal, comme le Debir, n'avait, *à l'intérieur*, qu'une hauteur de vingt coudées, ce qui nous semble résulter, avec évidence, du texte du premier livre des Rois (6, 16); les deux parties étaient, sans doute, sous le même toit, et, comme la hauteur extérieure était de trente coudées, il y avait nécessairement, entre le plafond et le toit, tout

---

[1] Tel me paraît être le sens le plus simple du texte (I Rois, 6, 6) tant tourmenté par les commentateurs et par les auteurs qui ont écrit sur le Temple.

[2] La plate-forme est généralement d'usage chez les Orientaux, même pour les temples; voy. Juges, 16, 27. Cependant quelques auteurs donnent au Temple de Salomon un toit oblique ou un comble à pignon. Hirt, p. 30.

[1] Saint Jérôme rend ce mot par *oraculum*, lieu où la Divinité parlait (de DABBER, *parler*) mais il est plus probable qu'il vient de la racine arabe DABAR, *être derrière*, et qu'il signifie, comme le mot arabe DABIR, *extrémité, partie postérieure*.

[2] Voy. l'ouvrage de Hirt, p. 27 et suiv.; Winer, t. II, p. 665.

le long de l'édifice (soixante coud.), une espèce de grenier dont nous ne prétendons pas savoir déterminer l'emploi.

Il résulte de tout ce que nous venons de dire que le lieu saint ou le Héchal avait quarante coudées de long, vingt coudées de large et vingt de hauteur. Les pierres ne se voyaient nulle part à l'intérieur; car il y avait sur les murs un lambris de bois de cèdre, sculpté de chérubins, de branches de palmier, de coloquintes et de fleurs épanouies. Le plafond était également en bois de cèdre et le parquet en bois de cyprès. Partout, même au parquet, la boiserie était couverte d'une forte dorure; sur la paroi occidentale, qui séparait le *lieu saint* du *Saint des Saints*, il y avait un ornement de chaînes d'or (ib. v. 21). Les boiseries, les ornements et les dorures[1] étaient les mêmes dans le Saint des Saints, ou le Debir, excepté que là le parquet aussi était en bois de cèdre.— L'entrée du Debir était fermée par une porte en bois d'olivier sauvage, à deux battants, sculptée et dorée comme les lambris des murs [2]. Une porte pareille fermait l'entrée du Héchal; mais ici les poteaux seulement étaient de bois d'olivier; les battants étaient de bois de cyprès et composés chacun de deux planches qui tournaient dans des verrous (ib v. 34). Tous les gonds étaient d'or (ch. 7, v. 50). Le texte ne parle pas des dimensions des deux portes; dans le Temple de la vision d'Ezéchiel, qui a beaucoup d'analogie avec celui de Salomon, la porte du Héchal a dix coudées de large, et celle du Saint des Saints sept coudées (Ézéch. ch. 41, v. 2 et 3).

Le *Portique*, sur la construction duquel nous ne savons rien de positif, n'avait pas de porte fermée; l'entrée était toujours ouverte.

Il nous reste à parler des *deux parvis* qui entouraient le Temple (2 Rois, 21, 5; 23, 12). Le *parvis intérieur*, seul mentionné dans la description du Ier livre des Rois (6, 36), était entouré d'un mur de trois rangées de pierres de taille surmontées d'une rangée (balustrade) de bois de cèdre. Les dimensions ne sont pas connues; c'était probablement un carré oblong qui entourait tout le Temple, mais qui en était beaucoup plus rapproché à l'ouest qu'à l'est [1]. Le devant de ce parvis dut être très vaste, pour contenir les objets dont nous parlerons tout à l'heure. Dans le 2me livre des Chroniques (4, 9), on l'appelle *le parvis des prêtres*, parce que les prêtres y exerçaient leurs fonctions, et on mentionne aussi la *grande cour*, ou le *parvis extérieur* (Ézéch. 40, 17), qui entourait le parvis intérieur, et où le peuple avait accès. Les entrées des deux parvis étaient fermées par des portes couvertes d'airain. Dans ces parvis nous trouvons plus tard beaucoup de portes, dans différentes directions[2], et un grand nombre d'appartements destinés aux trésors et aux prêtres et lévites de service [3]; une partie de ces portes et de ces appartements remontaient, sans doute, à la construction primitive de Salomon, notamment un portique à l'orient, appelé plus tard le *portique de Salomon* [4].

Nous arrivons maintenant aux objets sacrés qui se trouvaient dans les différentes partie du sanctuaire et qui étaient analogues à ceux que nous avons vus dans le Tabernacle de Moïse [5]. Nous pouvons donc nous

---

[1] L'auteur des Chroniques, qui est extrêmement prodigue de l'or, fait employer à Salomon six cents talents d'or pour les dorures du Saint des Saints. II Chron. 3, 8.
[2] Elle avait peut-être la forme d'un pentagone. Voy. les commentateurs, I Rois, 6, 31; Jahn, t. III, p. 263. Selon II Chron. 3, 14, il y avait aussi à l'entrée un *rideau* (PAROCHETH) pareil à celui du Tabernacle de Moïse. Voy. ci-dessus, page 156.

[1] Comparez ce que nous avons dit sur le *parvis* du Tabernacle, ci-dessus, p. 156.
[2] Voy. II Rois, ch. 11, v. 6 et 19; ch. 15, v. 35; Jérémie, ch. 20, v. 2; ch. 26, v. 10; ch. 36, v. 10; Ézéchiel, ch. 8, v. 3 et 5; ch. 9, v. 2; ch. 10, v. 19; ch. 11, v. 1; II Chron. ch. 24, v. 8; ch. 35, v. 15.
[3] Voy. Jérémie, ch. 35, v. 2 et 4; ch. 36, v. 10; I Chron. ch. 9, v. 26 et 33; ch. 23, v. 28; ch. 28, v. 12.
[4] Voy. Josèphe, *Antiqu.* XX, 9, 7; Guerre des Juifs, V, 5, 1; Évangile de Jean, 10, 23; Actes des Apôtres, 3, 11.
[5] Voy. ci-dessus, p. 156 à 158.

dispenser d'entrer dans des détails sur l'usage de ces objets.

Au milieu du *parvis intérieur* était le grand *autel d'airain*, ayant, selon le deuxième livre des Chroniques (4,1), vingt coudées en long et en large et dix coudées de hauteur; il était composé probablement de plaques d'airain et rempli en dedans de terre ou de pierres. Si ces dimensions sont exactes, ce qui est invraisemblable, l'autel aurait couvert toute la largeur du Temple, et sa solidité aurait été à celle de l'autel du Tabernacle (p. 156) comme quatre mille à soixante et quinze. — Le *bassin*, qui se trouvait au S. O. de l'autel et au S. E. du Temple, fut appelé, à cause de son immense grandeur, la *mer d'airain*. Il avait la forme d'un hémisphère [1]; sa profondeur, ou le rayon, était de cinq coudées et son diamètre de dix [2], et le métal avait un palme d'épaisseur. Le bord était travaillé en forme de calices de fleurs de lis et au-dessous couraient deux rangées de coloquintes. Le bassin pouvait contenir deux mille *bath* d'eau [3]. Il reposait sur douze bœufs d'airain, placés, selon Josèphe, autour d'une spire qui soutenait le bassin au centre et qui avait une coudée de diamètre. Trois des bœufs regardaient l'orient, trois l'occident, trois le nord et trois le midi.

---

[1] Josèphe, *Antiqu.* VIII, 3, 5.
[2] Le texte ajoute que la périphérie était de trente coudées (I Rois, 7, 23; II Chron. 4, 2), ce qui nécessairement est inexact, s'il est vrai que le diamètre était exactement de dix coudées. Quelques auteurs, pour soutenir l'exactitude des deux chiffres, ont prétendu que le bassin avait la forme d'un *hexagone* (Jahn, l. c., p. 259), quoique le texte dise clairement que c'était un *rond*. Nous pensons que le diamètre seul (ou la ligne droite) avait été exactement mesuré; la mesure de la courbe n'est fixée, dans le document, que *par le calcul*, et d'après cette proposition erronée qu'on trouve encore dans le Thalmud, savoir : que le diamètre est à la périphérie comme 1 à 3. Josèphe (l. c.), qui a senti la difficulté, s'abstient de reproduire, dans sa description, la mesure de la périphérie du bassin. Celle-ci était en réalité de coudées 31,4159265...
[3] Selon II Chron. 4, 5, il pouvait en contenir trois mille. Le *bath*, selon Josèphe, équivaut à un *métrète* attique, ou litres 38,813.

Le bassin était probablement pourvu de robinets par lesquels les prêtres tiraient l'eau nécessaire pour se laver les mains et les pieds. — Outre ce grand bassin, il y en avait encore dix autres, qui avaient chacun quatre coudées, dit le texte (I Rois, 7, 38), c'est-à-dire, selon Josèphe, quatre coudées de profondeur et autant de diamètre au bord. Il paraîtrait donc qu'ils avaient la forme ovale. Ils contenaient chacun quarante *bath* d'eau, qui servait à laver différentes pièces des sacrifices (Lév. 1, 9). Ils étaient placés sur des piédestaux d'airain, de quatre coudées en long et en large, et de trois coudées de hauteur, et qui reposaient sur quatre roues, chacune d'une coudée et demie de hauteur. Les piédestaux étaient ornés de figures de lions, de bœufs et de chérubins. Cinq de ces bassins étaient placés au nord du sanctuaire, et cinq au midi. Enfin, il y avait là des chaudières, des pelles, des aspersoirs, et autres ustensiles d'airain, à l'usage des sacrifices.

Dans le *Héchal*, devant l'entrée du Saint des Saints, se trouvait *l'autel des parfums*, en bois de cèdre, couvert de lames d'or. Le *chandelier à sept branches* et la *Table des pains de proposition* occupaient la même place que dans le Tabernacle de Moïse [1], et en outre il y avait à chacun des deux côtés cinq candélabres et cinq tables également en or, avec un grand nombre de coupes, de vases et autres instruments d'or [2].

Dans le *Debir*, ou le Saint des Saints, il n'y avait autre chose que *l'arche sainte*, probablement placée sur un piédestal. Deux chérubins de bois d'olivier sauvage, couverts d'or, se trouvaient aux deux extrémités de l'arche; ils avaient chacun dix coudées de hauteur, et leurs ailes étendues, chacune de cinq coudées, occupaient toute la largeur du Debir, et couvraient l'arche sainte. Celle-ci devait

---

[1] Voy. I Rois, 7, 48; II Chron. 13, 11.
[2] Voy. I Rois, 7, 49 et 50; II Chron. 4, 7 et 8. Josèphe parle d'un nombre prodigieux de candélabres, de tables et de vases. *Antiqu.* VIII, 3, 7.

être dérobée à tous les regards; on ne remarquait, lorsque la porte du Debir était ouverte, que les extrémités des barres qui servaient à porter l'arche et qui dépassaient la hauteur du rideau (I Rois, 8, 8 ; II Chr. 5, 9).

Les travaux de construction furent terminés dans la onzième année du règne de Salomon, au mois de *Boul* (octobre-novembre), le huitième de l'année des Hébreux. Il se passa probablement encore quelque temps dans les arrangements intérieurs. Le roi convoqua à Jérusalem les anciens et les chefs des tribus et des familles, pour le septième mois, ou le mois sacré [1] (de l'année suivante), afin d'y assister à la translation de l'arche sainte et à la dédicace du Temple. En même temps le Tabernacle de Gabaon, avec tous les objets sacrés qu'il renfermait, fut transporté à Jérusalem et déposé dans les trésors du Temple (I Rois, 8, 4). L'arche sainte, qui se trouvait sur le mont Sion, fut transportée par les prêtres pour être placée dans le Saint des Saints sous les ailes des Chérubins. Le roi Salomon ouvrit lui-même la marche, accompagné des députés de tout Israël. Pendant cette solennité, on immola des victimes innombrables. Les prêtres seuls entrèrent dans le Saint des Saints, dont une nuée épaisse déroba la vue à tous les assistants.

Quand les prêtres furent sortis, le roi prononça ces mots : « Jéhova a dit qu'il habiterait dans le brouillard; j'ai bâti une maison pour te servir de demeure, un lieu pour ta résidence éternelle. » Se tournant vers le peuple, il lui annonça que, avec l'aide de Dieu, il avait enfin exécuté le projet conçu par son père David, en bâtissant un Temple au nom de Jéhova, le Dieu d'Israël, et en y plaçant l'arche sainte renfermant le document de l'alliance que Dieu avait conclue avec Israël, à la sortie d'Égypte. Ensuite le roi, agenouillé devant l'autel et les mains tendues vers le ciel, prononça une longue prière, dans laquelle il implora la Divinité d'exaucer les supplications que le peuple d'Israël porterait à ce Temple, dans toutes les circonstances graves et solennelles : « Et même l'é-
« tranger, ajouta-t-il, qui n'est pas de
« ton peuple Israël, et qui sera venu
« d'un pays éloigné, à cause de ton
« nom, ayant entendu parler de ton
« grand nom, de ta main puissante et
« de ton bras étendu, et venant prier
« vers ce Temple; tu l'exauceras du
« haut des cieux, le lieu de ta rési-
« dence, afin que tous les peuples de
« la terre reconnaissent ton nom pour
« le craindre, comme ton peuple Israël,
« et qu'ils sachent que ce Temple,
« que j'ai bâti, est appelé par ton
« nom. » Le texte de toute cette touchante prière nous a été conservé dans l'Écriture sainte [1]. A la fin, le roi debout devant le peuple, le bénit à haute voix : « Béni soit Jéhova, dit-il,
« qui a donné le repos à son peuple
« Israël, selon tout ce qu'il a dit; il
« n'est pas tombé un seul mot de tout
« le bien qu'il a promis par son ser-
« viteur Moïse. Que Jéhova, notre
« Dieu, soit avec nous, comme il a
« été avec nos ancêtres, qu'il ne nous
« abandonne pas et ne nous délaisse
« pas; pour faire incliner nos cœurs
« vers lui, pour que nous marchions
« dans ses voies, que nous observions
« ses commandements, ses statuts et
« ses droits qu'il a prescrits à nos
« pères. Et que ces paroles de suppli-
« cations que j'ai adressées à Jéhova
« lui soient présentes, jour et nuit,
« pour qu'il fasse le droit de son ser-
« viteur et le droit de son peuple Israël,
« chaque jour; afin que tous les peuples
« de la terre sachent que Jéhova est le
« seul Dieu et qu'il n'y en a pas d'autre.
« Puisse votre cœur être entier avec
« Jéhova, notre Dieu, pour marcher
« selon ses statuts et pour observer
« ses commandements, comme en ce
« jour. »

On célébra ensuite la dédicace du Temple par de grands sacrifices; le roi

---

[1] Voy. ci-dessus, page 184.

[1] Nous possédons de cette prière deux rédactions qui n'offrent qu'un très-petit nombre de variantes. Voy. I Rois, ch. 8, v. 23-53; II Chron. ch. 6, v. 14-42.

et la foule immense qui s'était réunie à Jérusalem pour cette solennité, offrirent vingt-deux mille bœufs et cent vingt mille brebis. La fête des Tabernacles, qui tomba à cette époque, fut célébrée pendant deux semaines. Le lendemain de la fête, chacun se retira en bénissant le roi et en louant Dieu qui avait donné à Israël ces jours de bonheur.

Salomon, qui avait su captiver tous les esprits par l'immense éclat qu'il venait de donner au culte national, non content des charges et des sacrifices qu'il avait imposés au peuple, lui en créa d'autres par les vastes et brillantes constructions qu'il fit succéder à celle du Temple. Treize années furent employées à la construction du *palais du roi* appelé la *maison de la forêt du Liban*[1]. La description que nous en possédons (1 Rois, 7, 2 — 12) est fort obscure et incomplète; voici ce que nous pouvons y deviner: tout l'édifice, formant un parallélogramme, avec une cour au milieu, avait cent coudées de long, cinquante de large et trente de hauteur. Les fondements étaient de grandes pierres de prix, de huit à dix coudées de long; ils supportaient des murs de pierres de taille polies, encadrées dans un échafaudage ou dans des colonnes de bois de cèdre (v. 2 et 9). L'édifice était divisé en trois étages, dont les plafonds étaient en bois de cèdre, et tout autour il y avait à chaque étage des fenêtres symétriquement distribuées. A l'entrée il y avait un portique, soutenu par des colonnes et qui avait cinquante coudées de long et trente de large; de là on arrivait dans une salle appelée *portique de la justice*, car là était le trône, et Salomon y tenait ses audiences comme juge. Derrière ces portiques, dans la cour intérieure, étaient d'un côté les appartements du roi, et de l'autre ceux de la reine, fille du roi d'Égypte. Tout l'édifice était entouré d'une cour formée par un mur pareil à celui de la cour intérieure du Temple. — Le trône de Salomon était d'ivoire, couvert d'or fin; le dossier était arrondi en haut, et à chacun des deux accoudoirs il y avait l'image d'un lion. On y montait par six marches portant chacune deux lions aux deux extrémités. Une foule de vases et d'autres objets en or ornaient le magnifique palais; on y voyait entre autres, dans la salle des armures, deux cents grands boucliers d'or et trois cents autres de moindre dimension.

Après avoir passé vingt ans à la construction du Temple et du palais, Salomon entreprit d'autres travaux pour fortifier et embellir la capitale et quelques autres villes du royaume. Hiram, roi de Tyr, lui envoya de nouveau une grande quantité de bois de cèdre et de cyprès, et reçut en échange un district de la Galilée, renfermant vingt villes; ce district, limitrophe de la Phénicie, et habité probablement par des Cananéens, reçut le nom de *Caboul*, sans doute du nom de l'une de ses villes (Josué, 19, 27). Sur tous les autres points du royaume, les descendants des Cananéens, soumis au sceptre de Salomon, furent employés aux corvées. Parmi les villes que Salomon fit bâtir ou fortifier pour protéger le pays contre une invasion, nous trouvons la célèbre ville de *Tadmor* (Palmyre), dont les fortifications pouvaient servir de boulevard contre les ennemis venant de l'Euphrate et contre les hordes arabes. Les forteresses munies de garnisons et des provisions nécessaires (1 Rois, 9, 19), une armée considérable, qui possédait une forte cavalerie et un grand nombre de chariots de guerre, semblaient devoir inspirer le respect aux peuples voisins, garantir les conquêtes faites par David et assurer au royaume une paix durable; car il n'entrait pas dans les vues de Salomon d'étendre encore davantage les limites de son royaume par des guerres offensives. Au contraire, il tâchait d'augmenter la prospérité du pays par des entreprises commerciales; le port d'Asiongaber, sur le golfe Élanitique, qui, depuis la défaite des Iduméens, était au pouvoir des Hébreux, servait de point de

---

[1] Voy. ci-dessus, page 47, deuxième colonne, note 2.

départ pour les contrées de l'Arabie méridionale, ou le pays d'Ophir [1]. Des vaisseaux de Salomon et de Hiram, conduits par des marins phéniciens, allaient tous les trois ans à Ophir, et probablement plus loin, et rapportaient de l'or, du bois de sandal, des pierres précieuses, de l'ivoire, des singes et des paons [2]. L'Égypte fournissait à Salomon un grand nombre de chevaux pour sa cavalerie et ses chars, et probablement il en faisait aussi un article de commerce, dont il se réservait le monopole. Ce commerce devait être très-lucratif; car les peuples du nord de la Palestine, et notamment les Phéniciens, auront mieux aimé tirer leurs chevaux de la Palestine que de les faire venir directement de l'Égypte, le transport par mer ayant de grands inconvénients [3].

Le grand éclat que Salomon parvint ainsi à donner à son règne fut encore rehaussé par la renommée de ses qualités personnelles. On le disait l'homme le plus sage, le plus instruit de son temps. Ses expéditions maritimes avaient répandu son nom dans l'Arabie. Une reine de Saba, ou de la Sabée[1], dans l'Arabie Heureuse, ayant entendu parler de la haute sagesse de Salomon, fit un voyage à Jérusalem, pour faire la connaissance du célèbre roi et pour l'éprouver par des énigmes. Salomon lui donna des réponses satisfaisantes sur toutes les questions qu'elle lui proposa; la reine fut aussi surprise de la sagesse de Salomon qu'éblouie de l'éclat qui l'entourait, et elle déclara qu'on ne lui avait pas raconté la moitié de ce qu'elle avait vu elle-même. Elle fit au roi de riches cadeaux en or, en pierreries et en aromates; Salomon, de son côté, usa à l'égard de la reine de la plus grande munificence. Elle partit, bénissant le roi et enviant le sort de ses serviteurs à qui il était permis d'écouter toujours les paroles de sa haute sagesse.

Plusieurs rois arabes et les gouverneurs des provinces faisaient à Salomon des présents annuels; il retira, en outre, un revenu considérable de l'impôt payé par les marchands; car le commerce avait pris de grands développements. Le revenu annuel de Salomon est évalué, par l'historien sacré, à six cent soixante-six talents d'or (environ 29,000 kilogr.).

Quel immense changement depuis l'installation de Saül, quittant ses bœufs pour aller défendre son pays!

[1] Nous ne saurions reproduire ici toutes les différentes opinions des savants sur la position géographique du pays d'Ophir, que les uns cherchent dans l'Inde, les autres sur les côtes orientales de l'Afrique. Toutes les conjectures basées, soit sur la ressemblance de certains noms, soit sur la nature des articles de commerce qu'on tirait d'Ophir, soit enfin sur le temps qu'on mettait à ce voyage, doivent se taire devant la déclaration expresse de la table généalogique de la Genèse (ch. 10, v. 26-29) qui place Ophir parmi les descendants de *Yoktan*, au milieu d'autres noms qui appartiennent tous à différentes contrées de l'Arabie méridionale. Ces contrées, selon le témoignage de Diodore et de plusieurs autres auteurs grecs, étaient autrefois riches en or. Mais il se peut aussi qu'Ophir ait fait un grand commerce d'or étranger, et que les Hébreux tirant leur or des marchés *d'Ophir* l'aient appelé par ce nom. Voy. Rosenmüller, *Biblische Geographie*, t. III, p. 178.

[2] Voy. I Rois, ch 9, v. 27; ch. 10, v. 11 et v. 22. Dans le dernier passage il est question d'un *vaisseau de Tharsis* (c'est-à-dire, allant à *Tartessus* en Espagne); mais il résulte de la combinaison de ce verset avec le verset 49 du ch. 22, qu'il s'agit ici, comme dans les autres passages, d'un vaisseau partant d'Asiongaber, et qui, par conséquent, n'allait pas en Espagne, ce qui d'ailleurs résulte aussi de la nature de quelques-uns des objets que rapportait ce vaisseau. Dans le langage des marins phéniciens, on appelait généralement les vaisseaux de long cours *vaisseaux de Tharsis*. L'auteur des Chroniques, qui ne connaissait pas la valeur de cette expression, fait aller les vaisseaux de Salomon à Tharsis en Espagne (II Chron. 9, 21).

[3] Voy. Michaëlis, *Mos. Recht*, t. I à la fin du § 59.

[1] C'est à tort que Josèphe (*Ant*. VIII, 6, 5. en fait une reine d'Égypte et d'Éthiopie.) Il est vrai que les Éthiopiens, dans leurs traditions fabuleuses, s'approprient cette reine, qu'ils appellent *Maqueda*; ils prétendent qu'elle embrassa la religion des Hébreux et qu'elle eut de Salomon un fils, qui devint la souche des rois d'Éthiopie Voy. Ludolf, *Hist. Aethiopica*, l. II, c. 3. Mais les traditions arabes, qui connaissent la reine de Saba sous le nom de *Balkis*, la font régner dans le Yémen, ou l'Arabie Heureuse. Voy. Pocock, *Specimen histor. Arabum*, p. 59.

Quelle distance de la maison de Kîs à Gabaa, au palais de Salomon dans la magnifique Jérusalem, resplendissante de richesses et de superbes édifices et déployant tout le luxe d'une cour orientale! Qu'était devenu le peuple de Moïse, qui ne devait connaître d'autres richesses que le sol et les troupeaux, qui ne devait se composer que de laboureurs, tous égaux en biens et en dignité? Ce peuple était-il devenu plus heureux, en changeant en or le lait et le miel qui coulait dans son pays, en transformant les faucilles et les serpes en glaives et en lances? Il paraîtrait, au contraire, que Jérusalem et sa cour absorbaient tout le bien-être des provinces, où les charges inaccoutumées firent naître bientôt un malaise qui menaça de faire éclater le mécontentement général. Le Temple de Jérusalem qui avait coûté tant d'efforts et qui semblait devoir affermir le culte national, et devenir la plus forte garantie de l'union des tribus, fut profané par le roi lui-même, dont les amours cosmopolites favorisèrent dans la ville sainte la plus abominable idolâtrie. Salomon offrait des sacrifices dans le sanctuaire de Jéhova, trois fois par an, aux grandes fêtes des Hébreux [1]; mais, pour plaire aux femmes de son harem, il éleva des autels à Asthoreth, à Moloch, à Camos et à d'autres divinités étrangères, et donna ainsi, le premier, l'exemple de la plus révoltante infidélité au Dieu unique et universel et au culte national. Dès lors les orateurs ou prophètes durent se détourner de lui avec indignation et favoriser les projets des mécontents. Déjà on parlait vaguement d'un soulèvement général et il paraîtrait même qu'un prophète osa se présenter devant Salomon, pour lui prédire la défection de toutes les tribus, à l'exception de celle de Juda (1 Rois, 11, 11 — 13). Le prophète Achiah de Siloh, rencontrant un jour, en chemin, l'Éphraïmite Jéroboam, homme vaillant, que Salomon avait nommé inspecteur des corvées de sa tribu et qui revint alors de Jérusalem, lui prédit qu'il régnerait sur dix tribus d'Israël. Voulant présenter sa prédiction sous une forme symbolique, le prophète saisit le vêtement neuf que portait Jéroboam; et l'ayant déchiré en douze pièces, il lui en donna dix, représentant les dix tribus. Soit que Jéroboam eût déjà manifesté des vues ambitieuses avant cette époque, ou que le prophète Achiah, s'abandonnant, à l'exemple de Samuel, à une certaine divination, crût trouver dans Jéroboam un homme capable de se mettre à la tête des mécontents, ce qui est certain, c'est que, depuis cette époque, Jéroboam se rendit suspect à Salomon, et que, pour sauver sa vie, il fut obligé de fuir en Égypte, où il trouva un protecteur dans le roi Sisac ou *Scheschonk*, chef d'une nouvelle dynastie, qui venait de monter sur le trône et qui, comme nous le verrons plus loin, était hostile au pays de Juda.

Sur les frontières Salomon était également menacé de quelques dangers. Dans le midi, le prince iduméen Hadad ne cessait de faire des tentatives pour reconquérir le royaume de son père. Ce prince qui, dans son enfance, lors de la catastrophe de l'Idumée, sous David, avait été emmené en Égypte et y avait épousé plus tard une princesse royale, était rentré depuis dans son pays, où ses menées sourdes furent probablement appuyées par l'Égypte, mais sans résultat. Dans le nord, Salomon était inquiété par Rezôn, qui, autrefois au service de Hadadézer, roi de Soba, avait quitté son souverain et était parvenu à se rendre maître de Damas et à y fonder une dynastie. S'il faut en croire Josèphe [1], Hadad voyant échouer ses tentatives en Idumée, se serait rendu à Damas pour se liguer avec Rezôn, et les deux ennemis de Salomon auraient infesté le territoire des Hébreux pour s'y livrer au pillage.

Le respect qu'inspirait le nom de David, auquel se rattachaient de si glorieux souvenirs, protégea son fils

---

[1] I Rois, 9, 25; II Chron. 8, 13.

[1] Voy. *Antiqu.* VIII, 7, 6.

Salomon contre l'orage déjà suspendu sur sa tête (ib. v. 34). Salomon put mourir en paix, après avoir régné quarante ans; mais il laissa à son successeur un règne chancelant et prêt à s'écrouler. La civilisation avait fait de grands progrès, l'industrie, la littérature et les arts s'étaient développés; mais aussi le peuple, surtout à Jérusalem, s'était habitué au luxe et à la mollesse, et la pompe même du Temple et de son culte avait répandu les germes du paganisme; car elle agissait plutôt sur les sens que sur le vrai sentiment religieux. La littérature des Hébreux dut à Salomon lui-même des accroissements très-considérables; il avait composé trois mille sentences ou *proverbes*, mille et cinq cantiques, et une description des différents règnes de la nature (1 Rois, ch. 4, v. 32 et 33). Il devint parmi les Hébreux le représentant de la poésie gnomique et érotique; une partie du livre des *Proverbes* est probablement son ouvrage, mais la critique ne saurait lui attribuer le livre de *Kohéleth* (l'Ecclésiaste), ni même le *Cantique des Cantiques* tel que nous le possédons. Nous y reviendrons dans un autre endroit.

Avec David et Salomon l'État des Hébreux était arrivé à son apogée; nous le verrons maintenant marcher vers son déclin. Le successeur naturel de Salomon fut son fils aîné *Rehabeam* (Roboam), qui, à la mort de son père, était âgé de quarante et un ans. Les députés des tribus d'Israël, qui devaient rendre leurs hommages au nouveau roi, mais qui voulurent en même temps lui dicter des conditions et demander une diminution des charges, jugèrent convenable de ne point se rendre à Jérusalem; ils s'assemblèrent à Sichem, chef-lieu de la puissante tribu d'Éphraïm. Ils rappelèrent d'Égypte Jéroboam, fils de Nebât, qui avait pris la fuite devant Salomon, et qui vint se placer à la tête des députés opposants. Rehabeam fut invité à se rendre à Sichem pour y être proclamé roi, et loin de se douter du piége qui lui était tendu, il se présenta dans l'assemblée. Jéroboam porta la parole au nom des députés : « Ton père, dit-il au roi, a rendu dur notre joug; mais toi, allége maintenant la dure servitude de ton père et le joug pesant qu'il nous a imposé, et nous te servirons. » Rehabeam demanda un délai de trois jours pour donner sa réponse. Il consulta d'abord les anciens, qui avaient assisté de leurs conseils son père Salomon, et ils furent d'avis qu'il fallait répondre avec douceur et se montrer accommodant, pour obtenir la soumission du peuple. Mais Rehabeam, ne trouvant pas ce conseil à son goût, délibéra avec les jeunes courtisans, ses amis d'enfance, et, sur leur avis, il résolut de montrer de l'énergie et de parler en despote. Lorsque, au troisième jour, Jéroboam et les députés se présentèrent devant le roi, celui-ci répondit avec insolence : « Mon petit doigt est plus gros que les reins de mon père; le joug que mon père a fait peser sur vous, moi je l'augmenterai encore; mon père vous a châtiés avec des fouets, et moi je vous châtierai avec des verges piquantes. » Ces paroles devinrent le signal d'un soulèvement général; comme jadis, dans la révolte de Séba, on s'écria de tout côté : « Nous n'avons pas de part à David, ni d'héritage dans le fils d'Isaï; retourne à tes tentes, Israël! » Adoram, chef des corvées, envoyé par Rehabeam pour calmer l'effervescence du peuple, fut tué à coups de pierres. Rehabeam eut le temps de monter dans son char et de s'enfuir en toute hâte à Jérusalem. Les tribus de Juda et de Benjamin restèrent seules fidèles à la dynastie de David, tandis que les autres dix tribus proclamèrent Jéroboam *roi d'Israël* [1].

---

[1] La tribu de Benjamin, qui avait des griefs particuliers contre la dynastie de David, se serait probablement jointe aux autres tribus d'Israël, si sa position territoriale ne l'eût enchaînée à celle de Juda. La ville de Jérusalem était située sur le territoire de Benjamin.

C'est ainsi que s'accomplit le schisme, dont les germes existaient depuis longtemps dans la jalousie avec laquelle la puissance toujours croissante de la tribu de Juda fut regardée par les autres tribus et notamment par celle d'Éphraïm. La désunion avait déjà éclaté sous David; mais le respect que commandaient les actes éclatants de ce grand roi et l'énergie de son général Joab avaient étouffé la révolte dans sa naissance, et le prestige du règne de Salomon avait fait taire d'abord les dissensions des tribus et les ambitions personnelles. A la fin de son règne une révolution était devenue inévitable, et la tyrannie de Rehabeam ne pouvait manquer de la faire éclater. Cette révolution s'opéra neuf cent soixante-quinze ans avant l'ère chrétienne.

QUATRIÈME PÉRIODE.

ROYAUME DIVISÉ,

DE REHABEAM JUSQU'A L'EXIL ASSYRIEN.

Observations préliminaires sur la division du territoire et sur la chronologie.

La Bible ne nous donne aucun détail sur les limites respectives des deux royaumes. On nous dit seulement que *dix tribus* se déclarèrent pour Jéroboam, savoir, Éphraïm, Siméon, Dan, Manassé, Isachar, Aser, Zabulon, Naphthali, Ruben et Gad. Le nouveau royaume, renfermant le gros de la nation, prit de préférence le nom d'*Israël*, dont on s'était déjà servi autrefois pour désigner le royaume d'Isboseth. Le *pays d'Israël* renfermait donc toute la Pérée, avec les pays tributaires, jusqu'à l'Euphrate, et la grande moitié de la Palestine en deçà du Jourdain; le royaume de Rehabeam, appelé le *pays de Juda*, n'embrassait que la Palestine méridionale, entre Béthel et Beërséba; car Béthel, à ce qu'il paraît, était à l'extrémité méridionale du pays d'Israël (I Rois, 12, 29). Le roi de Juda avait, en outre, la suzeraineté de l'Idumée et du pays des Philistins ; mais tout le pays soumis à son sceptre formait à peine le quart du royaume de Salomon.

Les limites n'étaient pas tracées avec rigueur, et certaines villes des frontières, appartenant aux tribus de l'un des deux royaumes, se trouvaient de fait, soit par la volonté des habitants, soit par la force des choses, au pouvoir de l'autre royaume. Ainsi, par exemple, les villes de Béthel et de Rama, quoique situées sur le territoire de Benjamin, appartenaient au royaume d'Israël[1]; mais en revanche, les villes méridionales de Dan, telles que Saréah et Ayyalôn, appartenaient au royaume de Juda[2]. Quant aux villes qui, du temps de Josué, avaient été données à la tribu de Siméon, elles devaient toutes, par leur position géographique, appartenir à Juda[3]. Si donc, en réalité, Siméon était au nombre des dix tribus qui se déclarèrent pour Jéroboam[4], il faudrait supposer qu'une partie au moins de la tribu de Siméon avait émigré vers le nord. En effet, un passage, peut-être interpolé, de la bénédiction de Jacob (Genèse, 49, 7) fait allusion à la dispersion de Siméon, et dans la bénédiction attribuée à Moïse (Deut. ch. 33) cette tribu est passée sous silence, comme n'occupant pas de territoire circonscrit dans certaines limites. Il paraît résulter d'un passage du Ier livre des Chroniques (4, 31) que les Siméonites ne possédaient plus, depuis le règne de David, les villes qui leur avaient été données par Josué. Quelques débris de cette tribu, qui étaient restés dans le pays de Juda, émigrèrent plus tard, sous Ézéchias, au nombre de cinq cents hommes, vers le mont Séir (ib. v. 42).

La résidence des rois d'Israël, d'abord à Sichem, fut transférée à

---

[1] Voy. I Rois, 12, 29; 15, 17. Peut-être aussi la ville de Jéricho, ib., 16, 34.
[2] Voy. II Chron. 11, 10.
[3] Voy. ci-dessus, page 224. Siclag, Hormah et Beërséba sont mentionnées en effet comme villes de Juda. I Sam. 27, 6; 30, 30; I Rois, 19, 3.
[4] Voy. II Chron. 15, 9.

Thirsa [1], jusqu'au moment où Omri fonda la ville de Samarie.

La chronologie de cette période présente de graves difficultés. Le royaume d'Israël dura jusqu'à la sixième année du règne d'Ézéchias, roi de Juda; or, en additionnant les années de règne que les livres des Rois donnent aux dix-neuf rois d'Israël, on trouve un total de deux cents quarante et un ans sept mois et sept jours, tandis que, pour les rois de Juda, jusqu'à la sixième année d'Ézéchias, on trouve, tant dans les livres des Rois que dans les Chroniques, le nombre total de deux cent soixante ans. Une autre difficulté est celle-ci : l'auteur des livres des Rois, non content de marquer les années de règne de chaque roi de Juda et d'Israël, dit presque toujours qu'un tel roi de Juda commença à régner dans telle année de tel roi d'Israël, et *vice versâ*, sans que ces données puissent toujours se mettre d'accord avec celles que nous trouvons sur la *durée* des différents règnes.

Ces difficultés ont occupé de tout temps les commentateurs de la Bible et les chronologistes, et, pour les résoudre, chacun a fait ses hypothèses [2]. Les uns ont supposé des fautes dans les chiffres; les autres, dédaignant ce moyen commode, ont supposé des corégences dans Juda ou des interrègnes dans Israël. On ne saurait guère admettre d'erreurs de chiffres pour le royaume de Juda; car les documents que nous possédons sont tirés directement des annales de ce royaume et les livres des Rois et des Chroniques sont parfaitement d'accord. Pour le royaume d'Israël, il serait possible qu'il y eût çà et là quelques erreurs dans les dates. En outre il est évident que les années de règnes qu'on attribue aux différents rois ne sont pas toutes des années complètes, soit qu'on ait compté les fractions d'années, à la fin des règnes, pour des années complètes, soit que, en prenant pour point de départ l'ère de la sortie d'Égypte, on ait attribué à tel roi toute l'année au milieu de laquelle il monta sur le trône, ainsi que toute l'année au milieu de laquelle il mourut, et qu'on ait ainsi prolongé son règne d'une année ou de plus. Ceci admis on pourra souvent faire disparaître à la fois les deux difficultés que nous avons énoncées. Nous allons citer un exemple : nous lisons (I Rois, 15, 25) que Nadab, fils de Jéroboam, monta sur le trône dans la deuxième année d'Asa, roi de Juda, et qu'il régna deux ans, et immédiatement après (v. 33) on dit que Baasa, successeur de Nadab, commença à régner dans la troisième année d'Asa. Baasa régna vingt-quatre ans, ce qui nous conduirait jusqu'à la vingt-septième ou vingt-huitième année d'Asa; cependant, le texte nous dit (ch. 16, v. 8) qu'Éla, fils de Baasa, succéda à son père dans la vingt-sixième année d'Asa. Il est donc évident que les vingt-six années de Nadab et de Baasa ne forment, en réalité, que vingt-quatre ans et une fraction, et que les années attribuées aux règnes respectifs de ces deux rois ne sont pas des années complètes; car il n'est pas possible d'admettre que l'auteur du livre des Rois se soit ainsi contredit lui-même dans deux passages très-rapprochés l'un de l'autre. Ce principe, de compter des années commencées pour des années entières, a été appliqué, sans doute, à la chronologie des deux royaumes; mais, comme nous n'avons pas toujours le moyen d'établir une contre-épreuve, on comprend qu'il est impossible de fixer exactement la durée de chaque règne. Il est probable aussi qu'il y ait eu quelques interrègnes dans le royaume d'Israël, où l'hérédité ne put jamais s'établir d'une manière

---

[1] Voy. I Rois, ch. 14, v. 17; ch. 15, v. 21 et 33; ch. 16, v. 8 et suivants. La position géographique de la ville de Thirsa n'est pas bien connue; Brochard la place à trois lieues à l'est de Samarie (*Descript. terræ sanctæ*, 8, 13), mais cette donnée n'est pas suffisamment motivée.

[2] Voy. surtout Des Vignoles, *Chronol. de l'hist. sainte* t. I, p. 213 et suiv.; Gibert, *Mémoire sur la chronol. des rois de Juda et d'Israël* (Mem. de l'acad. des Inscriptions, t. XXX), Volney, *Recherches nouvelles*, t. I, ch. I.

durable, et où nous voyons dix-neuf rois appartenant à neuf familles différentes. On a cru devoir admettre deux interrègnes, l'un de onze ou douze ans, après Jéroboam II, l'autre de neuf ans, après Pékah (Phacée), et, en effet, le texte se prête fort bien à cette hypothèse : Ouzia (Ozias), roi de Juda (qui régna cinquante-deux ans), monta sur le trône dans la quinzième année de Jéroboam II, roi d'Israël[1], qui régna quarante et un ans, c'est-à-dire jusqu'à l'an *vingt-six* d'Ouzia; cependant Zacharie, fils et successeur de Jéroboam II, ne commença à régner que dans la *trente-huitième* année d'Ouzia (2 Rois, 15, 8), ce qui laisse onze à douze ans d'interrègne. Pékah commença à régner dans la dernière année d'Ouzia et il régna vingt ans (ib. v. 27); or, Jotham, fils d'Ouzia, ayant régné seize ans, le règne de Pékah dut finir dans la *troisième* ou *quatrième* année de celui d'Achaz, fils de Jotham, et cependant nous lisons (ib. 17, 1) que le règne d'Hoséa (Ozée), successeur de Pékah, ne commença que dans la *douzième* année d'Achaz, ce qui s'accorde aussi avec le commencement du règne d'Ézéchias, placé dans la troisième année d'Hoséa (ib. 18, 1). Nous aurions donc, entre Pékah et Hoséa, un interrègne de huit à neuf ans.

Après tout ce que nous venons de dire, on ne s'étonnera plus que les totaux des années des deux royaumes ne soient pas d'accord; et on comprendra qu'aucun des deux chiffres ne peut servir de base réelle pour la chronologie. Avec la plupart des chronologistes, nous faisons remonter le schisme à l'an 975 avant l'ère chrétienne; nous plaçons la chute du royaume d'Israël à l'an 721, de sorte que toute cette période embrasserait l'espace de 254 ans. Il s'agit donc de coordonner dans cet espace de temps, d'une manière approximative, les différents règnes des deux royaumes; vouloir faire plus serait une peine inutile, *qui conviendrait à un homme oisif et non pas à un homme studieux*, comme l'a déjà dit saint Jérôme[1]. En combinant tous les chiffres, et en faisant usage du principe des écrivains hébreux, dont nous avons parlé plus haut, savoir, de compter les fractions d'années pour des années complètes, on peut, sans trop s'écarter de la lettre du texte, fixer le synchronisme des deux royaumes de la manière suivante[2] :

ROYAUME DE JUDA.		ROYAUME D'ISRAEL.	
Commencement du règne de		Commencement du règne de	
	Av. J.C.		Av. J.C.
Rehabeam.	975	Jéroboam.	975
Abiam.	958		
Asa.	955		
		Nadab.	954
		Baasa.	952
		Éla	(930) 929
		Zimri.	928
		Omri.	928
		Achab.	917
Josaphat.	914		
		Achazia.	897
		Joram.	896
Joram.	889		
Achazia.	885[3]		
Mort d'Achazia.	884	Mort de Joram.	884

[1] Voici comment s'exprime saint Jérôme dans une lettre à un certain prêtre, nommé Vitalis : *Relege omnes et veteris et novi Testamenti libros, et tantam annorum reperies dissonantiam, et numerum inter Judam et Israel, id est, inter regnum utrumque confusum, ut hujuscemodi hærere quæstionibus, non tam studiosi quam otiosi hominis esse videatur.* Voy. Sancti Hieronymi Opera, ed. Martianay, t. II (Paris, 1699), col. 622. — Le rabbin Azaria de Rossi, dans son livre *Meor Enaim* (lumière des yeux), ch. 35, parle de ce passage de st. Jérôme, et Des-Vignoles (l. c. p. 229) rapporte la citation d'Azaria, d'après Vorstius, qui dit qu'elle est tirée de quelque auteur chrétien écrivant *ad quendam amicum, dictum Vitellum.* Ni Vorstius, ni Des Vignoles ne s'est aperçu que *le traducteur* dont parle Azaria est saint Jérôme.

[2] Comparez Jahn, *Archæologie*, II, I, p. 159; Winer, *Realwœrterbuch*, t. I, p. 729; De Wette, *Archæologie*, § 34-41.

[3] D'après cette chronologie, Joram n'aurait régné que quatre ans, tandis que le texte lui attribue huit ans de règne (II Rois, 8, 17). Mais déjà les anciens rabbins font commencer les huit ans de Joram du vivant de son père Josaphat, qui, disent-ils, le nomma

---

[1] Cela résulte évidemment du 2e livre des Rois, ch. 14, v. 2, 17 et 23, et il y a nécessairement une faute au ch. 15, v. 1, où l'on fait commencer le règne d'Azaria, ou Ouzia, dans la *vingt-septième* année de Jéroboam. Voy. la note à ce verset dans la Bible de M. Cahen.

ROYAUME DE JUDA.		ROYAUME D'ISRAEL.	
Commencement du règne de		Commencement du règne de	
	Av. J. C.		Av. J. C.
Athalie.	884	Jéhu.	884
Joas.	878		
		Joachaz.	856
		Joas.	840
Amasia.	838		
		Jéroboam II.	825
Ouzia	809		
		Interrègne.	782 à 772
		Zacharie.	772
		Sallum.	771
		Menahem.	771
		Pekahia.	760
Jotham.	758	Pékah.	758
Achaz.	741		
		Interrègne.	738 à 729
		Hoséa.	729
Ezéchias.	726		
6ᵉ année d'Ézéch.	721	Chute d'Israël.	721

Cet espace de temps se subdivise naturellement en deux périodes, dont la première finit en 884, au jour où les deux royaumes perdent à la fois leurs souverains; la seconde va jusqu'à la chute du royaume d'Israël, et à la même époque celui de Juda se relève par Ézéchias.

La mission du peuple hébreu ayant été entièrement méconnue et abandonnée par les rois d'Israël, l'idée dominante de son histoire ne pouvait plus se développer que dans le royaume de Juda, quoique là aussi nous voyions de fréquentes infidélités commises par les rois et le peuple contre Jéhova et sa loi. Mais là étaient le sanctuaire national, les prêtres et les lévites, et les voix des prophètes pouvaient s'élever plus librement que dans le royaume d'Israël. En outre ce dernier royaume, malgré l'étendue de son territoire et les forces dont il disposait, ne put jamais arriver à se consolider et à prendre cette stabilité que l'hérédité et le prestige du nom de David garantissaient à celui de Juda. Ses frontières n'étaient pas non plus suffisamment garanties contre l'invasion des ennemis, tandis que le pays de Juda était mieux protégé par ses forteresses et ses montagnes. Au nord, les hordes ennemies pouvaient facilement pénétrer dans le cœur du pays d'Israël, et les riches plaines de la Galilée et de la Samarie ne leur offraient que trop d'appât; les Syriens surtout étaient de dangereux voisins. Les luttes intestines, les fréquents changements de dynastie, des rois pour la plupart faibles et tyranniques devaient hâter l'épuisement des forces d'Israël; son histoire est celle d'une longue agonie, interrompue quelquefois par une faible lueur de vie. Israël est donc en quelque sorte éliminé de l'histoire des Hébreux, qui se continue dans celle de Juda. La lutte et les rapports continuels entre les deux royaumes ne permettent guère de séparer les deux histoires; pour éviter les répétitions, nous nous placerons sur le terrain de Juda, et de là nous examinerons toujours les événements contemporains du royaume d'Israël.

1. *De Rehabeam à Achazia.* (*De Jéroboam à Joram.*)

(975 à 884.)

REHABEAM, étant revenu de Sichem à Jérusalem, ordonna une levée en masse des tribus de Juda et de Benjamin, pour aller combattre Jéroboam et soumettre les dix tribus. Mais un prophète de Juda, nommé Sémaïah, se présenta au roi et au peuple, au nom de Jéhova, afin d'empêcher, par sa parole puissante, une expédition qui probablement lui paraissait dangereuse. Il déclara que le schisme s'était fait par la volonté de Jéhova; il fut écouté, et les troupes déjà rassemblées rentrèrent dans leurs foyers. Rehabeam, forcé de renoncer, pour le moment, à ses projets belliqueux, s'occupa à mettre son petit royaume à l'abri d'une invasion; quinze villes situées vers les différentes frontières furent entourées de fortifications, et munies des provisions et des armes nécessaires. Le commandement de ces places fut confié aux fils du roi, sous les ordres supérieurs

---

son corégent, et presque tous les chronologistes modernes ont adopté cette opinion, faisant durer la corégence trois ou quatre ans. Voy. le commentaire de R. Salomon Ben-Isaac à II Rois, 8, 16; Des-Vignoles, l. c. p. 320 et suivantes.

du prince royal, nommé Abiam, ou Abiah. Rehabeam avait vingt-huit fils et soixante filles; ses femmes étaient au nombre de dix-huit, sans compter soixante concubines. Sa femme favorite était Maacha, fille d'Abisalôm[1], qui avait donné le jour à Abiam. Dans les trois premières années du règne de Rehabeam une foule d'Israélites pieux, et notamment les prêtres et les lévites, émigrèrent du royaume d'Israël pour aller s'établir dans celui de Juda[2]; car Rehabeam montra d'abord du zèle pour le culte national, qui pouvait devenir pour lui une planche de salut, tandis que Jéroboam, pour rompre toute liaison avec Juda, et pour conserver toute son indépendance, abandonna ouvertement le culte mosaïque.

Trompant les prévisions du prophète Achiah, Jéroboam introduisit une idolâtrie révoltante. Aux deux extrémités de son royaume, à Dan et à Béthel, il éleva deux temples, dans lesquels Jéhova fut adoré sous l'image d'un veau d'or, et il renouvela ainsi le crime dont les Hébreux s'étaient rendus coupables dans le désert. Il confia les soins de ce culte à de nouveaux prêtres qui n'étaient pas de la tribu de Lévi, et, interdisant le pèlerinage de Jérusalem, il supprima les fêtes mosaïques. Le huitième mois fut choisi en place du septième pour célébrer la fête des récoltes, et tous les ans le roi se rendait lui-même à Béthel pour cette fête nouvelle et y offrait des sacrifices au veau d'or. — A la vue des préparatifs hostiles de Rehabeam, il fit entourer de fortifications la ville de Sichem, où il avait d'abord fixé sa résidence, et il fortifia également la ville de Phanuel, où, selon Josèphe, il s'était fait bâtir un palais[3].

[1] Dans le 2e livre des Chroniques on lit *Absalom*, et plusieurs commentateurs ont pensé qu'il s'agit ici d'Absalom, fils de David, et que Maacha fut la cousine de Rehabeam. Dans ce cas elle aurait eu au moins quelques années de plus que Rehabeam, qui naquit dans l'année de la mort de David.
[2] Tous ces détails sont rapportés dans le deuxième livre des Chroniques, ch. 11.
[3] *Antiqu.* VIII, 8, 4.

La conduite de Jéroboam devait indigner les prophètes de Jéhova; mais ils n'osèrent élever la voix contre les innovations impies du roi. Un jour cependant un prophète zélé du pays de Juda[1] osa se présenter dans le temple de Béthel et maudire l'autel au moment même où le roi Jéroboam y offrait de l'encens. Un accident arrivé au roi arrêta sa main déjà levée sur le prophète; celui-ci échappa à la colère du roi, mais, en retournant au pays de Juda, il fut tué par un lion. Le dévouement de ce prophète et sa fin tragique perpétuèrent sa mémoire, et, après trois siècles et demi, une légende populaire rattacha les imprécations prononcées par le prophète contre l'autel de Béthel, à la réaction opérée par le roi Josias contre l'idolâtrie de cette ville[2]. Selon cette légende, le prophète de Juda prononça sur l'autel de Béthel les paroles suivantes : « Autel, autel! ainsi « a parlé Jéhova : un fils naîtra à la « maison de David, son nom sera Josias; il immolera sur toi les prêtres « des hauts lieux qui offrent de l'encens sur toi, et on brûlera sur toi « des ossements d'hommes. » En même temps il prédit que l'autel allait se fendre, et que la cendre, qui était dessus, serait répandue par terre. « Saisissez-le : » s'écria le roi, en étendant sa main; et aussitôt la main du roi se dessécha et il ne put la retirer. L'autel se fendit et la cendre fut répandue par terre. Alors le roi, frappé de ce miracle, supplia le prophète de prier Dieu pour lui; ayant recouvré l'usage de sa main, Jéroboam invita le prophète à un repas, mais ce dernier refusa, disant : « que Dieu lui avait défendu de prendre aucune nourriture en cet endroit. » Étant reparti par un chemin détourné, il fut bientôt rejoint par un vieux prophète de Béthel, lequel, ayant appris par ses fils ce qui venait de se passer, courut après le

[1] Josèphe (l. c. § 5) l'appelle *Jadon*, le croyant probablement le même que le prophète *Iddo* ou *Jado*, mentionné dans le deuxième livre des Chroniques (9, 29; 12, 15; 13, 22).
[2] Voy. I Rois, 13, 2, et II Rois, 23, 17.

pieux prophète de Juda pour le ramener et peut-être pour se concerter avec lui sur quelque entreprise en faveur du culte mosaïque ; car le texte ne présente nullement le vieillard de Béthel comme un *faux prophète*. Faisant croire au prophète de Juda qu'un ange de Dieu l'avait engagé à le suivre, il parvint à le ramener à Béthel et à lui faire accepter un repas. Mais à table le vieillard eut une révélation de Dieu et annonça au prophète de Juda, qu'il ne serait pas enterré dans le tombeau de sa famille, pour avoir transgressé l'ordre de Jéhova. Le prophète, étant reparti de nouveau, fut tué par un lion, qui cependant laissa son corps intact et ne fit aucun mal à son âne. Quelques hommes, qui passèrent par là, ayant averti le vieillard de Béthel, celui-ci alla chercher le cadavre du prophète de Juda et lui rendit les derniers honneurs, ordonnant à ses enfants de déposer un jour ses restes dans le même tombeau où il venait d'enterrer l'homme de Dieu ; car, ajouta-t-il, ce qu'il a prédit sera accompli sur l'autel de Béthel et sur tous les temples des hauts lieux *dans les villes de Samarie* (I Rois, 13, 32).

Ces derniers mots prouvent avec évidence que nous avons ici une légende populaire, qui s'est formée bien plus tard, et non pas un récit historique ; car *Samarie* n'existait pas encore à cette époque. Nous trouverons d'autres légendes analogues dans l'histoire des prophètes d'Israël, dont les actes ont généralement un caractère merveilleux et fantastique, que nous ne rencontrons pas chez les prophètes de Juda. Nous devons rapporter ces légendes, parce qu'elles sont caractéristiques, et qu'elles font connaître à l'historien le point de vue peu élevé sous lequel on considérait le prophétisme dans le royaume d'Israël, où la vie des plus grands prophètes, telle que le peuple l'a faite, offre un contraste frappant avec les caractères sublimes et pleins de grandeur et de dignité que nous trouvons plus tard dans le royaume de Juda [1]. Quoique ces légendes nous soient rapportées par les écrivains de Juda, elles sont puisées sans doute dans ceux d'Israël, ou dans les contes populaires des Israélites.

L'histoire de Jéroboam nous offre encore un autre exemple de ce que nous venons de dire. Abiah, jeune fils de Jéroboam, étant tombé malade, le roi chargea sa femme de se rendre déguisée auprès de son ancien protecteur, le prophète Achiah, de lui apporter un cadeau et de l'interroger sur le sort de son fils. Achiah était très-vieux et presque aveugle ; mais, dit la légende, à peine la femme de Jéroboam se fut-elle présentée à la porte du prophète à Siloh, qu'Achiah, entendant ses pas, lui dit : « Entre, femme de Jéroboam ; pourquoi te déguises-tu ! J'ai une mission dure pour toi. » Et aussitôt il prédit, en termes très-violents, la chute de Jéroboam et de sa dynastie, et la ruine du royaume d'Israël, dont les habitants seraient transportés de l'autre côté de l'Euphrate. « Quant à l'enfant, dit-il, au moment où tu entreras dans la ville, il mourra. » En effet, lorsque la femme s'approcha du seuil du palais, à Thirsa, où Jéroboam avait alors fixé sa résidence, l'enfant mourut.

Dans Juda le zèle qui s'était manifesté pour le maintien du culte national, dans les trois premières années du règne de Rehabeam (II Chron. 11, 17), ne se ralentit que trop tôt, pour faire place à une coupable indifférence, qui fut bientôt suivie d'une nouvelle invasion de l'idolâtrie phénicienne avec toutes ses abominables débauches, jusqu'à la honteuse prostitution

---

[1] Voy. sur les légendes prophétiques du royaume d'Israël, Eichhorn, *Allgemeine Bibliothek*, t. IV, pag. 193-252. Eichhorn a fait, sur le caractère de ces légendes, des observations pleines de goût et de justesse ; mais il s'est donné une peine inutile en cherchant à expliquer plusieurs faits merveilleux d'une manière naturelle ; les légendes peuvent bien avoir une base historique, mais les faits miraculeux appartiennent probablement tout entiers à l'imagination du peuple.

qui distinguait le culte d'Astarté [1]. La tiédeur pour le sanctuaire national et la ville sainte fut si grande que, malgré les forteresses qui garnissaient les frontières, Rehabeam ne put faire aucune résistance aux troupes égyptiennes, qui, dans la cinquième année de son règne (970 avant J. C.), envahirent le pays de Juda, probablement par les intrigues de Jéroboam, et pénétrèrent jusqu'à Jérusalem. Rehabeam trembla dans sa résidence, et le prophète Semaïah profita de ce moment pour reprocher au roi, en pleine cour, son infidélité envers Jéhova, la présentant comme la cause de ce malheur. Le roi et tous les grands de la cour montrèrent un sincère repentir, et s'écrièrent : « *Jéhova est juste !* » Semaïah alors les rassura, en leur montrant que ce n'était là qu'un orage passager, et qu'il fallait accepter avec résignation ce châtiment du ciel (ib. 12, 5-8). Sisac ou *Scheschonk* [2], roi d'Égypte, à la tête d'une nombreuse armée, composée d'Égyptiens et d'autres peuplades africaines, fit son entrée dans la capitale, probablement sans coup férir [3], et pilla les trésors du Temple et ceux du palais royal, entre autres les boucliers d'or que Salomon avait fait faire. Cette expédition n'eut pas d'autre suite ; ainsi que l'avait prévu le prophète Sémaïah, Sisac n'avait d'autre but que d'humilier et de rançonner la capitale de Juda, et son armée se retira après le pillage. Les boucliers d'or de Salomon furent remplacés par des boucliers d'airain, qu'on confia à la garde des officiers des *coureurs* ou gardes du corps. Toutes les fois que le roi se rendait au Temple, les coureurs portaient devant lui ces boucliers, vain simulacre de la grandeur passée du règne de Salomon. Rehabeam régna encore une douzaine d'années après l'invasion des Égyptiens. Aucun événement mémorable ne signala cet espace de temps. Les hostilités continuèrent toujours entre Rehabeam et Jéroboam ; mais elles se bornèrent à des tracasseries mutuelles, et il ne paraît pas qu'il y eût jamais entre les deux rois un engagement de quelque importance. Rehabeam mourut à l'âge de cinquante-huit ans, après en avoir régné dix-sept.

Son fils ABIAM lui succéda ; son court règne de trois ans (de 958 à 955), animé du même esprit d'irréligion que celui de son père, fut signalé par une guerre ouverte avec Jéroboam, sur laquelle le IIe livre des Chroniques (13, 3—20) nous donne quelques détails. Nous ne saurions admettre comme historiques les forces militaires vraiment prodigieuses que ce livre attribue aux deux rois [1] ; le discours plein de zèle pour le culte de Jéhova que le roi de Juda aurait adressé à l'armée de Jéroboam, paraît être démenti par la relation plus ancienne du Ier livre des Rois (15, 3), qui dit qu'Abiam imita tous les péchés de son père et que *son cœur n'était pas entier avec Jéhova, son Dieu*. Les deux armées se rencontrèrent sur les montagnes d'Éphraïm, près du mont Semaraïm. Malgré l'embuscade que Jéro-

---

[1] Voy. ci-dessus, page 90.

[2] Le nom seul de *Sisac* ou *Scheschak* nous semble suffisant pour établir l'identité de ce roi avec *Scheschonk* (Sesonchis), premier roi de la vingt-deuxième dynastie, d'autant plus que la chronologie paraît pleinement confirmer cette identité. Voy. Des-Vignoles, t. II, p. 123 et 157. Cependant nous ne saurions attacher aucune importance à la découverte récente de Champollion le jeune, qui prétend avoir lu sur un monument du palais de Karnac, au nombre des nations vaincues par Sesonchis, les mots OU IOUDAHAMALEK qu'il traduit : *Le royaume de Juda*. Voy. la VIIe des *Lettres écrites par M. Champollion, pendant son voyage en Égypte*, p. 35. Comment supposer qu'on ait mis de l'hébreu sur un monument égyptien ? Et encore serait-ce de fort mauvais hébreu ; car ce que M. Champollion a lu pourrait signifier tout au plus *Juda le roi*, ce qui ne donne aucun sens. Nous plaçons donc cette inscription, ainsi que la physionomie juive du roi vaincu, parmi les illusions de l'illustre interprète des hiéroglyphes.

[3] ἀμαχητί, dit Josèphe (*Antiqu.* VIII, 10, 3), et il pense qu'Hérodote a parlé de cette expédition, que, par erreur, il aurait fait remonter jusqu'à Sésostris, en se trompant sur le nom du roi. Comparez le passage de Josèphe avec Hérod. l. II, ch. 102 et 106.

[1] On donne à Jéroboam 800,000, et à Abiam 400,000 *hommes d'élite*.

boam plaça sur les derrières des troupes de Juda, celles-ci remportèrent la victoire, et s'emparèrent de Béthel et de quelques autres villes israélites. On ne dit pas qu'Abiam ait aboli le culte du veau d'or à Béthel; il est probable que cette ville retomba bientôt au pouvoir d'Israël. La victoire d'Abiam affaiblit les forces de Jéroboam, qui ne put plus se relever. Abiam avait, de ses quatorze femmes, vingt-deux fils et seize filles; il mourut dans la troisième année de son règne (955), laissant le trône affermi à son fils Asa. Jéroboam mourut l'année suivante et son fils Nadab lui succéda.

ASA (955—914) montra dès le commencement de son règne beaucoup de zèle pour le culte de Jéhova. Quoique très-jeune encore, il déploya une grande énergie contre l'idolâtrie; il n'épargna même pas sa grand'mère Maacha, qui favorisa le culte phénicien et qui prétendit dominer le jeune prince. Asa sut la dépouiller de toute influence sur les affaires du gouvernement; la statue d'*Aschéra* ou Astarté, qu'elle avait osé élever dans Jérusalem, fut brûlée dans la vallée que parcourt le Kidron. Partout on détruisit les autels des divinités phéniciennes, et les personnes prostituées à leur culte honteux furent expulsées du pays. La seule chose qu'on reproche à Asa, c'est d'avoir laissé subsister les *hauts lieux*, ou les autels particuliers consacrés à Jéhova, à côté du grand autel du Temple central (I Rois, 15, 14), ce qu'il fit peut-être pour occuper la foule immense de prêtres, qui, depuis le schisme, affluaient dans le petit pays de Juda. Il apporta au Temple des dons très-riches, laissés par son père et auxquels il ajouta les siens. Pendant les dix premières années de son règne, le pays jouissait d'une paix profonde (II Chron. 13, 23), et Asa profita de ce temps pour élever de nouveaux forts et pour organiser et fortifier son armée (ib. 14, 5-7).

Le royaume d'Israël, ébranlé par des troubles intérieurs, n'inspirait pas, pour le moment, de craintes sérieuses au roi de Juda. La dynastie de Jéroboam avait cessé d'exister. Nadab avait été assassiné, après avoir régné deux ans (952); un certain Baasa, fils d'Achiah, de la tribu d'Isachar, avait conspiré contre Nadab, qui assiégeait alors Gibbethôn, ville de la tribu de Dan, qui était au pouvoir des Philistins. Nadab tomba par la main de Baasa, qui après avoir usurpé le trône d'Israël, détruisit toute la famille de Jéroboam.

Selon les Chroniques (ib. v. 8), le premier ennemi que le roi Asa eut à combattre fut l'Éthiopien Zérach, qui à la tête d'une armée prodigieuse, composée d'Éthiopiens et de Libyens (ib. 16, 8), pénétra jusqu'à Marésa, dans la plaine de Juda. On ne nous dit pas si Zérach était roi d'Éthiopie, ou s'il n'était qu'un général à qui le roi avait confié cette expédition; mais le texte ne renferme pas le plus léger indice qui puisse faire penser que Zérach fût *roi d'Égypte*, comme l'ont prétendu plusieurs savants[1]. Il est plus probable que les hordes commandées par Zérach étaient venues du royaume de Méroé, en traversant le golfe Arabique, le désert et l'Idumée. Asa conduisit son armée au-devant des Éthiopiens et leur livra bataille dans la vallée de Sephatha, près de Marésa; les Éthiopiens furent battus, et obligés de fuir; ils laissèrent aux troupes de Juda un immense butin. Cet événement dut avoir lieu vers la quinzième année du règne d'Asa (940). Au retour du roi, un prophète de Jérusalem, Azariah, fils d'Oded, alla au-devant

---

[1] Scaliger cherche Zérach parmi les rois anonymes de la vingt-deuxième dynastie; Des-Vignoles le retrouve dans *Osoroth* ou *Osorthon*, fils et successeur de *Sesonchis*. Voy. *Chronol. de l'hist. sainte*, t. II, p. 126. Champollion est du même avis; selon lui, le fils de *Scheschonk* s'appelait *Osorchon*, nom qui s'approche davantage de celui de Zérach. Voy. le *Précis* de Champollion, p. 257-262, et Greppo, *Essai sur le système hiéroglyphique*, p. 173-177. Mais nous ne saurions partager la conviction de ces auteurs; car on ne voit pas pourquoi l'Écriture sainte aurait dépouillé le fils de *Sisac* de son titre de roi d'Égypte, et l'aurait appelé *Zérach le* COUSCHITE.

de lui; dans une allocution qu'il adressa au roi et à l'armée, il présenta leur succès comme une suite de l'attachement qui s'était manifesté pour Jéhova, et les malheurs passés comme la juste punition de l'infidélité. Il termina en engageant le roi à persévérer dans la même voie. Asa continua à déployer une grande sévérité contre l'idolâtrie; il restaura aussi le grand autel qui se trouvait devant le portique du Temple, et dans la quinzième année de son règne, au troisième mois (mai-juin), on y célébra par de nombreux sacrifices la victoire remportée sur les Éthiopiens. Une foule d'Israélites, fidèles au Dieu de leurs pères, et voyant les succès du pieux Asa, vinrent assister à cette fête et s'établir dans le pays de Juda.

Baasa, roi d'Israël, ne put voir avec indifférence la puissance toujours croissante du royaume de Juda. Dans la seizième année du règne d'Asa (939) il commença des actes d'hostilité contre Juda, en fortifiant la ville de Rama et en y plaçant une garnison, afin d'intercepter les communications avec le pays de Juda. Asa ne pouvant souffrir l'établissement de cette forteresse, située à deux lieues de sa résidence, épuisa le trésor royal et celui du Temple pour acheter l'alliance de Ben-Hadad, roi de Syrie, qui résidait à Damas. Ses offres ayant été acceptées, Ben-Hadad envahit le nord de la Palestine, jusqu'aux environs du lac de Kinnéreth ou Génésareth, et s'empara de plusieurs villes importantes. Baasa fut forcé par là de faire cesser ses travaux de fortification; Asa alors marcha sur Rama, s'en empara, et, ayant fait démolir les ouvrages déjà avancés, il fit employer les matériaux aux fortifications de Guéba et de Mispah[2]. Plusieurs autres villes d'Éphraïm tombèrent au pouvoir d'Asa (2 Chron. 15, 8).

[1] Le texte du deuxième livre des Chroniques (16, 1) porte : *dans la trente-sixième année* : mais comme le règne de Baasa ne se prolongea que jusqu'à la *vingt-sixième* année d'Asa, nous croyons avec les commentateurs, que l'auteur des Chroniques a voulu dire *la trente-sixième année du schisme*, ou la seizième d'Asa.

[2] Voy. ci-dessus, p. 42 et 43.

Les prophètes durent voir avec peine cette alliance, conclue avec un païen contre le roi d'Israël et payée avec le trésor sacré. Un prophète nommé Hanani reprocha amèrement à Asa de s'être appuyé sur la Syrie, au lieu de s'appuyer sur Jéhova, qui lui aurait soumis en même temps et les Israélites et les Syriens. Il paraît que les paroles de Hanani ne furent pas sans influence sur le peuple et causèrent quelques troubles; car le roi, fort irrité de ce discours, fit emprisonner le prophète et châtier des gens du peuple (II Chron. 16, 10).

Baasa régna encore dix ans après l'invasion des Syriens; nos documents ne parlent pas d'autres collisions entre lui et Asa, mais les deux rois restèrent en état d'hostilité mutuelle (I Rois, 15, 32). Le prophète Jéhu, probablement fils du prophète Hanani, dont nous venons de parler (car on l'appelle toujours *Ben-Hanani*), prononça un oracle contre Baasa, auquel il reprocha d'avoir imité les péchés de Jéroboam, après avoir été élevé de la poussière pour renverser sa dynastie : la maison de Baasa, dit le prophète, aura le même sort que celle de Jéroboam. Asa put assister encore à l'accomplissement de cette prophétie, et voir une troisième dynastie s'affermir sur le trône de Jéroboam; car les événements se succédèrent rapidement dans le pays d'Israël. Baasa put transmettre la couronne à son fils Éla; il mourut après avoir régné près de vingt-trois ans (930 ou 929). Mais Éla succomba dès la deuxième année de son règne (928), frappé, comme le fils de Jéroboam, par la main d'un conspirateur. Pendant que les troupes, commandées par le général Omri, étaient occupées à un nouveau siège de la ville de Gibbethon, Zimri, commandant de la moitié des chariots de guerre, assassina, à Thirsa, le roi Éla, au moment où celui-ci s'était enivré dans la maison d'Arsa, son maître d'hôtel. L'assassin, s'étant emparé du trône, extermina toute la famille royale, et la prédiction du prophète Jéhu s'accomplit à la lettre. Lorsque la nouvelle du forfait de Zimri arriva au camp de Gibbethon, les troupes proclamèrent leur général Omri roi d'Israël. Omri abandonna aussitôt le siége de Gibbethon pour marcher sur Thirsa, et l'usurpateur, se voyant forcé de rendre la ville, mit le feu au palais et s'y brûla lui-même, après avoir régné sept jours. Cependant Omri, élu par l'armée, trouva un concurrent dans Thibni, fils de Ginath, auquel le peuple avait décerné la couronne. Une lutte s'établit entre les deux prétendants; quoique le parti d'Omri fût beaucoup plus fort, ce ne fut que la mort de Thibni [1] qui fit reconnaître la royauté d'Omri par tout Israël. Le texte sacré nous laisse deviner que la guerre civile entre Omri et et Thibni avait duré quatre ans; car il ne fait commencer le règne d'Omri que dans la trente-unième année d'Asa (924), quoiqu'il fasse remonter la conspiration de Zimri et sa mort à la vingt-septième année de ce même roi (928) [2], dans laquelle Omri fut proclamé roi par l'armée. Dans la septième année de son règne, deux ans après la mort de Thibni, Omri fonda la ville de Samarie, et y transféra la résidence royale [3]. C'est là le seul fait mémorable qu'on rapporte de son règne; mais il paraît qu'il eut à lutter contre les Syriens, qui lui prirent plusieurs villes (I Rois, 20, 34). Il gouverna dans le même esprit que ses prédécesseurs, en maintenant le culte schismatique établi par Jéroboam. Il mourut dans la douzième année de son règne (917), laissant le trône à son fils Achab.

Les troubles qui agitèrent le pays d'Israël profitèrent sans doute au royaume de Juda, qui, pendant tout ce temps, jouissait d'une paix profonde sous le sceptre du roi Asa. Dans les dernières années de son règne (916), Asa fut affligé d'une maladie des pieds, probablement la goutte; on lui reproche d'avoir fait venir des médecins, et *de ne pas avoir recherché Dieu dans sa maladie* (II Chron. 16,12), c'est-à-dire de ne pas avoir consulté les prophètes, qui cultivaient aussi l'art de la médecine [1]. Il paraîtrait que l'affaire de Hanani avait fait cesser les rapports entre le roi et l'ordre des prophètes. Asa mourut dans la quarante-unième année de son règne (914), laissant dans son fils Josaphat un digne successeur. Ses funérailles furent célébrées avec beaucoup de pompe; on coucha le roi sur un lit parfumé, et on brûla auprès de lui une grande quantité des parfums.

JOSAPHAT (914-889), fils d'Asa et né d'Azouba, fille de Silhi, monta sur le trône à l'âge de trente-cinq ans (II. Rois, 22, 42). Héritier des vertus de son père, il manifesta un zèle plus grand encore pour le culte national, et fit disparaître les dernières traces de l'idolâtrie, laissant toutefois subsister les *hauts lieux*. Pour inspirer au peuple de meilleurs sentiments religieux, il chargea, dans la troisième année de son règne, cinq des principaux personnages de sa cour, accompagnés de deux prêtres et de neuf lévites, et munis du livre de la loi, de faire une tournée dans tout le pays et d'instruire les habitants. En même temps Josaphat fit élever de nouveaux forts et préparer des munitions, et réorganisa l'administration et l'armée. Cette dernière se composa de deux divisions très-fortes, l'une de Juda et l'autre de Benjamin; la première était sous les ordres suprêmes d'Adna, assisté des généraux Johanan et Amasia; la seconde, composée principalement d'archers, était commandée par Éliada, qui avait sous ses ordres le général Jozabad. Des gouverneurs particuliers commandaient dans les places fortes. La paix qui régnait alors dans

---

[1] Selon Josèphe (*Antiqu.* VIII, 12, 5), Thibni mourut assassiné; la chronique rabbinique dit la même chose. *Séder olam rabba*, ch. 17.
[2] Voy. I Rois, ch. 16, v. 15 et 23.
[3] Voy. ci-dessus, page 39.

[1] Voy. II Rois, ch. 5, et ch. 20, v. 7; Isaïe, ch. 38, v. 21.

le pays de Juda, auquel plusieurs peuples voisins payaient un tribut, favorisa singulièrement les réformes du roi Josaphat, que nous verrons prendre encore de plus grands développements.

La cour de Samarie formait alors le plus grand contraste avec celle de Jérusalem. Tandis que Josaphat ne cessait de faire les plus grands efforts pour rétablir le culte de Jéhova dans toute sa pureté, Achab, qui surpassa en impiété tous les rois d'Israël, non content du culte des veaux d'or, et dominé par sa femme phénicienne *Izabel* (fille d'Éthbaal, roi de Sidon), avait introduit le culte de Baal et d'Astarté, qui avaient des temples et des autels dans la ville de Samarie. Le débordement du paganisme phénicien jeta le trouble et le désordre dans le pays d'Israël, où nous voyons naître des collisions sanglantes entre les adorateurs de Baal et le petit nombre de partisans zélés que comptait encore le culte de Jéhova. Le parti des premiers était devenu fort nombreux; Baal n'avait pas moins de quatre cent cinquante prêtres ou prophètes à son service, et Astarté en comptait quatre cents, tous nourris aux frais d'Izabel (I Rois, 18, 19). Forts de toute l'énergie d'une reine fanatique et cruelle, ils sévissaient avec une extrême fureur contre les prophètes de Jéhova, qu'ils tâchaient d'exterminer (ib. v. 4). Ces derniers étaient encore assez nombreux; dans la persécution même dont ils étaient l'objet, quelques-uns d'entre eux puisèrent un zèle et un courage qu'on ne leur avait pas remarqués jusqu'alors, et, quand l'occasion se présentait, ils usaient de sanglantes représailles contre leurs adversaires. Leur chef était le célèbre prophète Élie, et, à la cour, ils avaient un protecteur secret dans Obadiah, intendant de la maison du roi; mais dans la masse du peuple ils ne trouvaient que peu de partisans zélés (ib. 19,18). La grande majorité du peuple, à ce qu'il paraît, était indécise ou indifférente, et ne prêtait son appui à aucun des deux partis; c'est pourquoi Élie lui reprochait *de boiter des deux côtés*, et de ne se déclarer ni pour Jéhova ni pour Baal (ib. 18,21). Le roi Achab lui-même, homme sans énergie et sans conviction, peut être mis au nombre de ces indécis : tantôt il se prosterne devant Baal et se livre à toutes les abominations des cultes cananéens, tantôt, effrayé par les paroles d'un prophète, il s'humilie devant Jéhova, en jeûnant et en déchirant ses vêtements; un jour il laisse massacrer les prophètes de Jéhova par les ordres d'Izabel, un autre jour il livre les prophètes de Baal à la vengeance d'Élie [1]. Sa faiblesse et son indécision se montrent aussi dans d'autres circonstances; nous le verrons une fois pousser la générosité jusqu'à rendre la liberté à son ennemi, le roi de Syrie, tombé entre ses mains, et une autre fois, sur les instigations d'Izabel, faire condamner à mort un innocent, pour s'emparer de son bien.

Le pays d'Israël ne pouvait sortir de cette malheureuse situation que par un coup violent; il fallut un homme énergique, plein de courage et de dévouement, pour entraîner les indécis et pour faire triompher la sainte cause de Jéhova et de la nationalité hébraïque contre la tyrannique fureur de la princesse phénicienne. Comme ce sont toujours les situations qui produisent les hommes, Israël, dans ces temps calamiteux, vit paraître un sauveur, qui entreprit à lui seul, sinon d'accomplir, du moins de préparer une révolution, et de renverser la dynastie impie qui voulut effacer jusqu'aux dernières traces du culte national. Cet homme fut le prophète Élie, le héros de cette époque. Plein d'un enthousiasme fougueux, qui s'exaltait souvent jusqu'au fanatisme, il bravait, par son courage et sa constance, les fureurs d'Izabel et faisait trembler maintes fois le roi Achab, qui, tout en le détestant, ne put lui refuser

---

[1] Voy. I Rois, ch. 16, v. 31-33; ch. 21, v. 26-29; ch. 18, v. 4 et suiv., v. 40 et suiv.

son respect. Comme Samuel, il était inflexible, lorsqu'il s'agissait d'arriver à son but, et ne craignait pas de se montrer dur et cruel, pour accomplir ce qui lui paraissait nécessaire. Malheureusement Israël était déjà tombé trop bas pour pouvoir être entièrement relevé ; Élie lui-même n'éleva jamais sa voix contre le culte des images de Béthel et de Dan ; mais il fit tous ses efforts pour faire triompher le nom de Jéhova sur l'odieux culte des Phéniciens ; et lorsque, sur la fin de ses jours, il dut laisser son œuvre inachevée, il se donna un successeur qui pût la continuer et l'accomplir.

La vie et les faits du prophète Élie ne nous sont parvenus que sous l'enveloppe des traditions mythiques, dont l'imagination populaire les a entourés dans le cours des siècles, et les observations que nous avons faites au sujet du prophète de Béthel trouvent ici leur application spéciale. Dans l'absence de documents suffisants purement historiques, nous devons attacher un grand prix à ces traditions populaires, qui nous donnent la mesure de l'admiration que les faits du prophète inspiraient à ses contemporains et des grands souvenirs que la postérité attachait à son nom.

Le prophète Élie, né à Thisbé, ville du canton de Naphthali, au midi de Kédés [1], mais établi dans le pays de Giléad (I Rois, 17, 1), se présente un jour devant le roi Achab, pour lui annoncer que, pendant plusieurs années, il n'y aurait ni rosée ni pluie. Puis il s'échappe et se cache près du torrent de Crith (page 8), où il est nourri par les corbeaux, qui lui apportent du pain et de la viande, tous les matins et tous les soirs. Au bout de quelque temps, le torrent s'étant desséché par le manque de pluie, le prophète, par l'ordre de Dieu, se rend à Sarepta, ville phénicienne, au midi de Sidon, où il est reçu dans la maison d'une pauvre veuve. Celle-ci n'a plus qu'une très-petite provision de farine et d'huile ; le prophète, en demandant à la veuve de lui en faire un petit gâteau, lui annonce en même temps, au nom du Dieu d'Israël, que son peu de farine et d'huile ne diminuera pas et lui suffira toujours pour nourrir sa famille, jusqu'à ce que la disette ait cessé. Après quelque temps, le fils de la veuve étant tombé malade, et ayant déjà cessé de respirer, Élie le rappelle à la vie.

Depuis plus de deux ans le pays d'Israël était désolé par la famine, lorsque le prophète Élie, inspiré par Jéhova, retourne à Samarie, pour annoncer au roi Achab qu'il y aura enfin de la pluie. Chemin faisant il rencontre le pieux Obadiah, envoyé par le roi à la recherche de fourrage pour les bestiaux. « Est-ce bien toi, mon maître Élie ? » dit Obadiah au prophète, en se prosternant devant lui. « C'est moi, répond Élie, va dire à ton maître : Élie est ici. » Obadiah hésite d'abord, craignant qu'Élie ne disparaisse de nouveau, et que le roi, qui avait déjà fait tant de vaines recherches pour le retrouver, n'en soit que plus irrité. Obadiah supplie le prophète de ne pas l'exposer à la colère du roi, lui qui, au risque de sa propre vie, a soustrait cent prophètes de Jéhova à l'homicide fureur d'Izabel, en les cachant, par cinquante, dans deux cavernes, et en leur donnant à manger et à boire. Élie le rassure, en protestant qu'il est décidé à attendre le roi. Celui-ci, averti par Obadiah de la présence du prophète, va à sa rencontre : « Est-ce toi, désolateur d'Israël ? » dit le roi à Élie. « Ce n'est pas moi, répond le prophète, qui ai désolé Israël, c'est plutôt toi et ta famille, vous qui avez abandonné les commandements de Jéhova, et qui êtes allés après les Baals. » Élie exige ensuite que le roi fasse rassembler tous les prêtres de Baal et d'Astarté sur le mont Car-

---

[1] Voy. le livre de Tobie (texte grec), ch. I, v. 2. Le prophète Élie est appelé plusieurs fois le *Thisbite* (I Rois, 17, 1 ; 21, 17 ; II Rois, 1, 3 et 8), ce qui ne peut se rapporter qu'à son lieu de naissance, car il était *des habitants de Giléad*. Rosenmüller se trompe, en le faisant naître à Giléad et s'établir à Thisbé. *Bibl. Geographie*, II, 2, p. 57.

mel; là le peuple reconnaîtra quel est le vrai Dieu. Achab consent à cette épreuve; sur son ordre, les prêtres idolâtres se rendent sur le Carmel, où le peuple accourt en foule. Élie reproche au peuple son indécision, et le presse de se déclarer pour Jéhova ou pour Baal; mais on ne lui répond que par un profond silence. « Eh bien, dit Élie, qu'on nous donne deux taureaux; que les prêtres de Baal en choisissent un, qu'ils le coupent en pièces et le mettent sur le bois, mais sans y mettre du feu; moi j'en ferai de même avec l'autre taureau. Vous invoquerez votre Dieu et moi j'invoquerai Jéhova, et le Dieu qui répondra par le feu, sera reconnu pour le vrai Dieu. » Le peuple ayant accepté cette proposition, les prêtres de Baal, après avoir apprêté leur taureau, ne cessent de crier, depuis le matin jusqu'à midi : « O Baal, exauce-nous ! » Mais c'est en vain, Baal ne répond pas. — « Criez plus fort, dit Élie avec ironie, votre Dieu est peut-être plongé dans la méditation; il se peut qu'il soit en voyage, ou peut-être même dort-il, et vos cris l'éveilleront. » Les prêtres redoublent leurs cris, en gesticulant comme des inspirés et en se faisant des incisions, selon leurs coutumes superstitieuses; mais tout est en vain, Baal reste inexorable. Élie alors, prenant douze pierres, selon le nombre des tribus d'Israël, improvise un autel sur lequel il place son sacrifice; il y verse de l'eau en abondance, et forme un conduit d'eau autour de l'autel. Sur sa prière, le feu descend du ciel et consume le sacrifice avec toute l'eau qui entoure l'autel. Le peuple, plein d'étonnement, s'écrie : « Jéhova est le vrai Dieu ! » Élie, profitant de l'enthousiasme qui vient de se manifester, ordonne de saisir les prêtres de Baal; on les traîne au torrent de Kison, où ils sont tous massacrés. Le roi Achab, qui a assisté à ce spectacle horrible, est averti par Élie, qu'une forte pluie va arroser la terre et qu'il aura à peine le temps d'arriver à son palais. Achab part aussitôt pour Yezreël, où il avait un palais; Élie le précède en courant à pied. Le roi entre dans Yezreël, lorsque déjà la pluie descend par torrents; il raconte à Izabel tout ce qui s'est passé, et la reine jure de venger sur Élie la mort des prêtres de Baal. Le prophète a le temps de s'enfuir; il traverse le pays de Juda jusqu'à Beër-séba. Accablé de fatigues, l'homme de Dieu éprouve, pour la première fois, un découragement momentané, et demande à mourir. Il s'endort au milieu du désert; un ange le réveille et lui apporte de la nourriture, et ayant repris ses forces, il peut entreprendre un voyage de quarante jours. Il arrive au mont Horeb et se repose dans ces lieux saints, où jadis Moïse avait eu ses visions célestes. Couché dans une caverne, il entend la voix divine qui lui demande : « Que fais-tu ici, Élie? » Et il répond : « J'ai montré un zèle ardent pour Jéhova, le Dieu des armées; car les enfants d'Israël ont abandonné ton alliance, ils ont démoli tes autels et fait mourir, par le glaive, tes prophètes; je suis resté moi seul, et on cherche à m'ôter la vie. » — « Sors, reprend la voix, et tiens-toi près de la montagne! » Aussitôt une violente tempête s'élève, la terre tremble, les éclairs brillent, le tonnerre gronde; puis tout se calme et la Divinité s'annonce par un doux retentissement. Élie sort et s'enveloppe le visage avec son manteau. Encore une fois la voix divine lui demande : « Que fais-tu ici, Élie ? » et le prophète fait encore une fois la même réponse. Alors Élie reçoit l'ordre de prendre le chemin de Damas, de sacrer Hazaël, comme roi de Syrie, et Jéhu, fils d'un certain Josaphat, et petit-fils de Nimsi, comme roi d'Israël, et de se donner à lui-même un successeur dans Élisa, fils de Saphat, d'Abel-Mehola.

En faisant la part des traditions mythiques, nous pouvons reconnaître comme faits historiques, dans ce récit, la position d'Élie comme chef du parti de Jéhova, les persécutions dont il est l'objet de la part de la reine Izabel, ses rapports avec le roi Achab, dont il met à profit la faiblesse et l'indécision, pour venger, sur les prêtres de Baal, les outrages faits à Jéhova. Enfin, nous voyons qu'Élie avait un plan politique bien combiné; il voulut renverser la dynastie d'Achab, en lui donnant un successeur dans le courageux et entreprenant Jéhu, dont l'exaltation et les mouvements brusques furent quelquefois considérés comme de la folie (II Rois, 9, 20). En même temps il voulut opérer une révolution à Damas, espérant ainsi obtenir l'alliance de la Syrie pour le parti théocratique d'Israël. Les événements firent ajourner encore l'exécution de ce plan; mais Élie, prévoyant des obstacles, se hâta de choisir un disciple et successeur dans le jeune Élisa qu'il rencontra à son retour du désert, labourant son champ, et qu'il engagea à le suivre, après avoir jeté son manteau sur lui en signe de son adoption. Élisa ne demanda que le temps de faire ses adieux à ses parents, et suivit le prophète. Nous le verrons agir, à l'avenir, comme prophète de Jéhova, selon le plan de son maître Élie. Celui-ci ne se montre plus publiquement comme chef politique et religieux, et nous n'aurons à rapporter de lui que quelques faits isolés non moins merveilleux que les précédents.

Cependant, le règne d'Achab paraissait s'affermir un moment par des victoires éclatantes, qui durent lui gagner la faveur et la considération du peuple, et rendre impossible, pour le moment, toute tentative de révolution. Ben-Hadad[1], roi de Syrie, à la tête d'une forte armée, et accompagné de trente-deux petits souverains, pénétra dans le pays d'Israël (en 901); ayant mis le siège devant Samarie, il fit sommer Achab en ces termes: « Ton argent et ton or sont à moi; tes femmes et tes plus beaux enfants sont à moi. » Achab, croyant sans doute que ces paroles n'étaient qu'une simple figure et que Ben-Hadad ne voulait que le rendre son vassal, lui fit répondre : « Je suis à toi, avec tout ce que j'ai. » Mais bientôt un second message vint détromper le roi d'Israël. Ben-Hadad lui fit dire que, dès le lendemain, il enverrait faire fouiller son palais et les maisons de ses serviteurs, et on emporterait tous les objets de prix. Achab convoqua les Anciens, et tous se déclarèrent pour la résistance. Le roi de Syrie, irrité du refus d'Achab, lui envoya un troisième message et lui fit dire que Samarie n'aurait pas assez de poussière pour couvrir les pieds de son armée; tellement elle était nombreuse. Achab répliqua avec fierté : « Que celui qui ceint (l'épée) ne se vante pas comme celui qui (la) délie. » Et en effet Ben-Hadad n'eut pas lieu de se vanter, en déposant l'épée après le combat. Achab, encouragé par un prophète, fit une sortie, avec ses sept mille hommes, au moment où Ben-Hadad s'enivrait à table avec ses trente-deux petits rois. Dans son sot orgueil, le roi de Syrie ordonna de prendre les ennemis tout vivants; mais les Israélites attaquèrent les Syriens avec une telle vigueur, que le désordre se répandit dans le camp. Les Syriens furent mis en déroute et poursuivis, et leur roi n'eut que le temps de monter à cheval et de chercher son salut dans une fuite honteuse.

Cependant l'orgueil de Ben-Hadad n'était pas humilié. Le Dieu des Israélites, disaient ses courtisans, est un Dieu de montagnes; il faut donc les attaquer dans la plaine. Ils conseillèrent en même temps de déposer tous les petits rois des alentours et de mettre des pachas à leur place, sans doute pour disposer entièrement de leurs forces. L'année suivante (900) Ben-Hadad fit une nouvelle invasion dans le pays d'Israel, et cette fois il rangea ses troupes près d'Aphek, dans la plaine de Yezreël. Mais les courtisans s'étaient trompés; Jéhova n'était pas moins puissant dans la plaine que sur les montagnes. Achab conduisit ses troupes contre l'ennemi; les deux armées campèrent, en face l'une de l'autre, près d'Aphek.

---

[1] Ce fut le deuxième de ce nom, fils de Ben-Hadad I, qui s'était ligué avec Asa contre Baasa, et qui avait aussi combattu contre Omri (1 Rois, 20, 34).

Le septième jour le combat s'engagea; les Israélites battirent les Syriens et en firent un carnage terrible. Les débris de l'armée syrienne, cherchant un refuge dans la ville d'Aphek, furent écrasés sous les murs qui s'écroulèrent sur eux. Ben-Hadad, caché dans la ville, se vit sur le point de tomber entre les mains des Israélites; ses serviteurs lui conseillèrent de faire un appel à la générosité d'Achab, car, disaient-ils, les rois d'Israël sont des rois miséricordieux. Le roi de Syrie, naguère si orgueilleux, envoya humblement des messagers grossièrement vêtus et ayant des cordes autour de la tête, en signe de soumission. Achab les accueillit avec bienveillance, en appelant Ben-Hadad son frère; celui-ci sortit de sa cachette, et Achab le reçut fraternellement et le fit monter dans son char. Ben-Hadad promit de rendre les villes que son père avait prises au père d'Achab, et d'accorder aux Israélites la faculté d'ouvrir des marchés à Damas, ainsi que les Syriens l'avaient fait à Samarie. Un traité de paix fut conclu entre les deux rois, et Ben-Hadad put librement retourner à Damas.

L'ordre des prophètes, se méfiant, sans doute, des intentions de Ben-Hadad, désapprouva le traité de paix; mais personne n'osant élever la voix contre Achab, un membre de l'ordre imagina un singulier moyen pour se faire entendre du roi. Il se fit frapper par quelqu'un jusqu'à se faire faire des blessures, et, s'étant déguisé, il se plaça sur le chemin par où le roi devait passer. Implorant la pitié du roi, il se plaignit d'avoir été frappé, pour avoir laissé, par mégarde, échapper un prisonnier de guerre dont on l'avait rendu responsable. « S'il en est ainsi, dit le roi, on n'a fait que te rendre justice. « Alors cet homme quitta son déguisement, et le roi le reconnut pour appartenir à l'ordre des prophètes. « Ainsi parle Jéhova, reprit le prophète : puisque tu as renvoyé libre l'homme que j'avais condamné, ta vie répondra pour la sienne, et ton peuple pour le sien.» Frappé de ces paroles, le roi revint à Samarie, confus et profondément affligé.

Un crime horrible auquel l'entraîna la reine Izabel, lui valut bientôt, de la part d'Élie, une prophétie encore plus accablante. Un certain Naboth, à Yezreël, avait une vigne près du palais du roi; Achab désirant joindre cette vigne à son jardin, demanda à Naboth de la lui céder pour de l'argent, ou pour une vigne meilleure. Mais Naboth refusa de vendre l'héritage de ses ancêtres, ce dont le roi se montra fort affligé. Izabel, ayant appris la cause de son chagrin, le consola en lui promettant qu'il aurait la vigne de Naboth. Elle envoya des ordres, au nom du roi, aux autorités de Yezreël, pour faire accuser Naboth de haute trahison. On gagna de faux témoins qui affirmèrent que Naboth avait blasphémé contre Dieu et contre le roi; il fut condamné à mort et lapidé. Izabel avertit son époux de la mort de Naboth, et l'engagea à confisquer son bien. Achab s'étant rendu à la vigne de Naboth pour en prendre possession, le prophète Élie vint l'y trouver. « As-tu assassiné pour hériter? dit-il au roi; ainsi a parlé Jéhova : A l'endroit où les chiens ont léché le sang de Naboth, ils lécheront aussi ton propre sang. » —« Viens-tu encore me trouver, mon ennemi? » s'écria le roi. — « Oui, dit le prophète; parce que tu t'es livré au crime, le malheur fondra sur toi; ta maison aura le sort de celles de Jéroboam et de Baasa, et les chiens dévoreront Izabel sous les remparts de Yezreël! » — Achab, consterné de ces paroles, déchira ses vêtements, se revêtit de grossiers habits de deuil, et se livra au jeûne et à la pénitence. Le repentir du roi calma l'indignation d'Élie; mais il ne renonça pas à ses projets de révolution, qui devaient s'accomplir après la mort d'Achab.

Les prophètes ne s'étaient pas trompés sur le compte du roi de Syrie; l'ingrat Ben-Hadad, rendu à la liberté, ne s'était pas hâté de remplir toutes les conditions du traité de paix. Trois ans s'étaient écoulés depuis la conclusion de ce traité, et Ramoth, une des villes les plus importantes du pays de Giléad (page 72), était toujours occupée par les Syriens. Achab manifesta l'intention d'entreprendre une nouvelle expédition contre Ben-Hadad, pour reconquérir la ville de Ramoth.

A cette époque, Josaphat, roi de Juda, qui, pendant tout ce temps, avait pu profiter des bienfaits de la paix pour continuer ses réformes du culte et de l'administration, alla voir le roi d'Israël, avec lequel il s'était allié par mariage, en faisant épouser à son fils Joram la fille d'Achab et d'Izabel, nommée Athalie. Ce fût pour la première fois, depuis le schisme, qu'un roi de Juda se montra, comme ami et allié, sur le territoire d'Israel, et on peut s'étonner que ce fut justement sous le pieux Josaphat et l'impie Achab que la paix s'établit entre les deux royaumes, et que les deux cours contractèrent des liens de famille. Peut-être Josaphat espérait-il par là pouvoir agir sur le faible Achab et le ramener à de meilleurs sentiments. Josaphat et sa suite furent reçus avec beaucoup de distinction à la cour de Samarie. Sur le point de marcher contre les Syriens, Achab témoigna le désir que le roi de Juda voulût prendre part à cette expédition ; Josaphat consentit et promit le concours de ses troupes, mais sous la condition que le roi d'Israel interrogerait d'abord les prophètes. Achab convoqua une assemblée générale des prophètes, sur une aire à la porte de Samarie; il s'en présenta quatre cents. Les deux rois y étaient assis sur des trônes, et Achab, s'adressant à l'assemblée, lui demanda son avis sur l'expédition de Ramoth. L'assemblée déclara à l'unanimité qu'il fallait faire la guerre et que le roi d'Israël en sortirait vainqueur. Mais Josaphat se méfiait de ces quatre cents voix unanimes ; il ne croyait pas, sans doute, qu'après tant de persécutions, l'appel d'Achab pût réunir tant de véritables prophètes de Jéhova, parlant avec sincérité et indépendance. « N'y a-t-il pas ici d'autre prophète de Jéhova? » demanda le roi de Juda. « Il y en a encore un, répondit Achab, mais je le hais, car il a toujours été pour moi un prophète de malheur; c'est Michaïah, fils de Yimla [1]. » Josaphat témoigna le désir d'entendre ce prophète, et Achab expédia aussitôt un messager pour aller le chercher. Un certain Sédékia s'avança alors avec des cornes de fer et s'écria : « Avec ces cornes tu pousseras les Syriens, jusqu'à les détruire! » Ces paroles furent accueillies par les unanimes applaudissements de tous les prophètes. Le messager qui était allé chercher Michaïah, engagea celui-ci à se ranger de l'avis des autres; mais le prophète répondit qu'il parlerait selon les inspirations de Dieu. Arrivé dans l'assemblée, et interrogé par le roi si on devait aller à Ramoth : « Allez, répondit-il, soyez heureux, et puissent-ils être livrés entre vos mains. » Achab le conjura de dire toute la vérité, au nom de Jéhova, et le prophète reprit : « J'ai vu tout Israël dispersé sur les montagnes, comme un troupeau sans pasteur, et Jéhova dit : Ceux-ci n'ont pas de maître, puissent-ils revenir en paix dans leurs maisons ! » — Ne te l'ai-je pas dit? s'écria Achab, en s'adressant à Josaphat, il ne me prophétise que le malheur. — Michaïah continua : « Écoute la parole de Jéhova : J'ai « vu Jéhova assis sur son trône, et « toute l'armée des cieux debout près « de lui à droite et à gauche. Et « Jéhova dit : Qui persuadera à Achab « de monter à Ramoth en Giléad, « afin qu'il y tombe ? L'un disait d'une « manière et l'autre d'une autre. Un es- « prit sortit, se plaça devant Jéhova, « et dit : Moi, je le lui persuaderai. De « quelle manière? demanda Jéhova. « Je sortirai, dit l'autre, et je devien- « drai un esprit de mensonge dans la « bouche de tous ses prophètes. Va, « dit Jéhova, tu y réussiras. C'est « ainsi que Jéhova a envoyé un esprit

---

[1] Selon Josèphe et les rabbins, c'était le même qui avait reproché à Achab la mise en liberté de Ben-Hadad.

« de mensonge dans la bouche de tous
« tes prophètes, et décrété ton mal-
« heur. »

Sédékiah, qui avait manifesté le plus d'exaltation pour la guerre, s'avança aussitôt, et, frappant Michaïah sur la joue, lui demanda : « Comment donc l'esprit de Jéhova est-il sorti de moi, pour parler dans toi ? » — « Tu le verras, répondit Michaïah, au jour où tu entreras de chambre en chambre pour te cacher. » Achab ordonna aussitôt l'arrestation de Michaïah ; Amon, gouverneur de la ville, et le prince Joas furent chargés de le garder jusqu'au retour du roi. Le prophète, prenant tout le peuple à témoin, s'écria : « Si tu reviens en paix, Jéhova n'a point parlé par moi. »

Achab persistant à marcher sur Ramoth, Josaphat l'y accompagna. Le roi d'Israël, ayant appris que les officiers des Syriens avaient reçu l'ordre de diriger l'attaque contre lui personnellement, se déguisa pour se confondre dans les rangs des soldats, tandis que Josaphat garda ses vêtements royaux. Les Syriens, prenant ce dernier pour le roi d'Israël, se dirigent sur lui et l'environnent ; Josaphat appelle au secours, mais les officiers syriens, reconnaissant leur erreur, se retirent aussitôt. En même temps le roi Achab est mortellement blessé d'une flèche qu'un soldat avait tirée au hasard ; il se fait ramener du champ de bataille dans son char, qui est baigné de son sang. Soutenu sur le char, le mourant contemple encore la bataille qui s'engage ; il expire au coucher du soleil, et aussitôt l'armée israélite bat en retraite. Le corps du roi fut reconduit à Samarie, où on l'ensevelit. Le char ensanglanté du roi fut lavé à la piscine de Samarie, et le peuple y vit l'accomplissement des paroles d'Élie, qui avait dit que les chiens lécheraient le sang d'Achab. Parmi les monuments élevés par Achab, les annales du royaume d'Israël mentionnaient surtout un palais remarquable par des travaux en ivoire (I Rois, 22, 39). Achab eut pour successeur son fils Achazia (897).

Josaphat retourna à Jérusalem, où le prophète Jéhu, fils de Hanani, venu au-devant de lui, le blâma avec douceur pour avoir prêté son concours à l'impie Achab, ce qui, disait-il, aurait attiré sur le roi la colère de Jéhova, s'il n'avait pas si bien mérité du culte du vrai Dieu en exterminant l'idolâtrie. Josaphat continua à agir sur son peuple dans le même esprit de piété, et à introduire des améliorations notables dans l'administration. Il réforma les tribunaux dans les principales villes du royaume, leur recommandant la plus grande impartialité, et établit à Jérusalem un tribunal suprême, composé de prêtres, de lévites et de chefs de famille. Cette cour devait décider, en dernière instance, tous les cas difficiles ; elle eut pour présidents le grand-prêtre Amariah, pour toutes les affaires de droit religieux, et Zébadiah, fils d'Ismaël, chef de la tribu de Juda, pour les affaires politiques et administratives. — A l'exemple de Salomon, Josaphat fit construire des vaisseaux dans le port d'Asiongaber, afin de reprendre les expéditions commerciales pour le pays d'Ophir ; mais les vaisseaux ayant fait naufrage dans le golfe même, près d'Asiongaber, Josaphat renonça à cette entreprise, malgré les instances d'Achazia, roi d'Israël, qui voulut s'y associer [1].

Pendant le court règne d'Achazia, qui ne dura pas beaucoup plus d'un an, Mésa, roi de Moab, qui, comme ses prédécesseurs, avait reconnu la suzeraineté du roi d'Israël, refusa de payer son tribut. Il avait déjà fourni cent mille agneaux et cent mille moutons avec leur laine ; car le pays des Moabites était, de tout temps, riche en brebis, et l'est encore aujourd'hui [2] Une chute grave que fit Achazia, à tra-

[1] Voy. I Rois, ch. 22, v. 49 et 50. Selon le deuxième livre des Chroniques (ch. 20, v. 35, 37), les deux rois se seraient tout d'abord associés pour cette expédition commerciale, et un prophète, Éliézer, fils de Dodavah, aurait désapprouvé l'alliance et prédit le naufrage. Cette version a probablement pris naissance dans l'esprit de rigorisme qui animait plus tard les écrivains juifs.

[2] Voy. Gesénius, *Commentar über den Jesaia*, t. I, p. 535 (au ch. 16, v. I).

vers un grillage de la plate-forme du palais de Samarie, l'empêcha de prendre des mesures pour soumettre les Moabites. Élevé dans le culte de Baal et dans les superstistions de l'idolâtrie, Achazia envoya des messagers à Ékrôn, dans le pays des Philistins, pour interroger le célèbre oracle de *Baalzeboub* sur l'issue de sa maladie. Le prophète Élie, indigné de cet outrage fait au Dieu d'Israël, sortit une dernière fois de sa retraite, pour arrêter en chemin les messagers d'Achazia. « N'y a-t-il pas de Dieu en Israël, leur dit le prophète, pour que vous alliez consulter Baalseboub, Dieu d'Ékrôn? Allez dire à votre roi qu'il ne descendra plus du lit sur lequel il est monté; car il mourra. » Les messagers étant revenus auprès d'Achazia, pour lui raconter ce qui s'était passé, le roi envoya deux fois un capitaine avec cinquante hommes pour s'emparer d'Élie; mais toutes les deux fois, dit la légende populaire, le prophète fit tomber, sur les capitaines et leurs soldats, un feu du ciel qui les dévora. Un troisième capitaine, envoyé avec cinquante hommes, demanda grâce au prophète, qui se rendit lui-même auprès du roi pour lui prédire sa mort. Achazia mourut en effet des suites de sa chute; comme il n'avait point de fils, son frère Joram lui succéda (896).

Quant au prophète Élie, il ne reparut plus depuis cette époque. Désirant que désormais sa retraite restât ignorée, il voulut même se séparer de son disciple Élisa; mais celui-ci refusant de le quitter, ils partirent ensemble de Guilgal, pour visiter les écoles des prophètes à Béthel et à Jéricho. De cette dernière ville ils se dirigèrent vers le Jourdain, que, selon la tradition, ils passèrent à pied sec, en présence de cinquante prophètes. Élie persistant à vouloir quitter Élisa, dit à celui-ci de lui demander une faveur; Élisa demande le double de l'esprit qui repose sur son maître, et Élie le lui promet, quand Élisa l'aura vu disparaître. Aussitôt un char de feu sépare Élisa de son maître, qui, en montant au ciel, laisse tomber son manteau qu'Élisa ramasse et dont la puissance miraculeuse lui fait repasser le Jourdain à pied sec. Tel est le récit poétique de la disparition du prophète Élie; plus tard la tradition le mettait en rapport avec le Messie, dont Élie, monté vivant au ciel, devait être le précurseur, en reparaissant sur la terre [1]. Ce qu'il y a d'historique dans ce récit, c'est qu'Élie se retira au delà du Jourdain, où il chargea Élisa de retourner à Samarie pour y accomplir la mission religieuse et politique à laquelle il avait consacré toute sa vie. Du fond de sa retraite inconnue nous le verrons, au bout de quelques années, adresser une lettre à Joram, roi de Juda.

La vie d'Élisa nous a été transmise, comme celle de son maître, sous un voile merveilleux. Dès son début, après la disparition d'Élie, nous le voyons, après avoir passé le Jourdain à pied sec, rendre potable l'eau mauvaise et malsaine de Jéricho, en y jetant du sel. A Béthel, quarante-deux petits garçons qui avaient insulté le prophète sont déchirés par deux ours, qui, à la parole d'Élisa, sortent de la forêt. — Selon le désir d'Élie, Élisa, après avoir fait un voyage au mont Carmel (où probablement les fidèles célébraient le culte de Jéhova), alla s'établir à Samarie, où il était à même d'observer de plus près les événements politiques. Il ne s'en éloignait, de temps en temps, que pour visiter les lieux saints du Carmel et les sociétés des prophètes.

Il paraîtrait que ces dernières avaient repris quelque ascendant; car le roi Joram, probablement pour leur faire une concession, fit disparaître la statue de Baal, élevée par son père Achab. Immédiatement après être monté sur le trône, Joram se prépara à une expédition contre les Moabites, qui, comme nous l'avons dit, avaient refusé leur tribut après la mort d'Achab. Il fit prier Josaphat de lui prêter son concours; le roi de Juda y consentit et

---

[1] Voy. le prophète Maleachi, ch. 3, v. 23 et 24; Évangile de Matthieu, ch. 11, v. 14; ch. 17, v. 10-12; Marc, ch. 9, v. 10-12.

engagea en même temps son vassal, le vice-roi d'Édom, à prendre part à cette guerre. Les troupes réunies des trois pays prirent le chemin du désert d'Édom, au midi de la mer Morte, pour pénétrer de là dans le pays de Moab. Une marche de sept jours dans des contrées inconnues faillit devenir fatale à cette armée; car le manque d'eau menaça de faire périr les hommes et les animaux épuisés par tant de fatigues. Dans cette détresse, le roi Josaphat demanda s'il n'y avait là aucun prophète de Jéhova qu'on pût consulter; on apprit qu'Élisa avait suivi l'armée, et aussitôt les trois princes allèrent trouver l'homme de Dieu. Élisa, témoignant un profond dédain pour le roi d'Israël, jura par Jéhova que la présence de Josaphat pouvait seule l'engager à faire une réponse. Il demanda qu'on fît venir un musicien, et inspiré par les sons de son instrument, Élisa encouragea les princes en leur promettant la victoire. Il recommanda de creuser plusieurs fossés dans la vallée où se trouvait alors l'armée; le lendemain l'eau descendue des hauteurs de l'Idumée, remplit les fossés. En même temps les Moabites sortis à la rencontre des ennemis, et voyant l'eau de la vallée rougie par le reflet de l'aurore, la prirent pour du sang et s'imaginèrent que les soldats des trois pays avaient tourné leurs armes les uns contre les autres, et qu'ils n'avaient qu'à profiter du désordre pour s'emparer d'un riche butin. Mais arrivés au camp des Israélites pour piller, les Moabites éprouvèrent une vigoureuse résistance; forcés de fuir, ils furent poursuivis par les troupes alliées, qui pénétrèrent dans le pays de Moab, où ils firent les plus grands ravages. Le roi de Moab, après avoir vainement essayé de se frayer un passage vers le prince des Iduméens, probablement pour l'engager à faire cause commune avec lui contre les deux rois hébreux, se jeta dans une forteresse, où il fut bientôt assiégé. Dans son désespoir, on le vit, sur le rempart de la ville, offrir en holocauste son propre fils, héritier présomptif de sa couronne. A ce spectacle horrible, les assiégeants, croyant sans doute qu'il ne convenait pas de pousser plus loin les actes de vengeance contre le malheureux roi de Moab, levèrent le siége, et s'en retournèrent dans leurs foyers [1]. Les Moabites avaient reçu un châtiment terrible, mais il paraît que le but de la guerre ne fut pas entièrement rempli.

Quelque temps après, les Moabites ayant trouvé des alliés dans les Ammonites et dans les tribus iduméennes du mont Séir, et voulant se venger sur Josaphat, qui avait secondé leur ennemi, firent subitement une invasion dans le pays de Juda et pénétrèrent jusqu'à Ên-Gadi. Josaphat pris au dépourvu, convoqua à la hâte une assemblée générale à Jérusalem et ordonna un jeûne public. De toutes les villes de Juda les habitants accourent en foule à la capitale, et le roi Josaphat prononça à haute voix devant le peuple assemblé dans l'un des parvis du Temple, une fervente prière. Un Lévite nommé Iahziel, de la famille d'Asaph, se leva et prononça quelques paroles animées, pour inspirer au roi et au peuple une pleine confiance en Jéhova, qui, disait-il, combattrait pour eux. Dès le lendemain on marcha contre l'ennemi, aux sons de la musique sacrée et en chantant les louanges de Dieu. Mais déjà le plus grand désordre régnait dans le camp des ennemis; une querelle venait d'éclater entre les bandes du mont Séir et les soldats d'Ammon et de Moab; ces derniers avaient fait des Séirites un horrible carnage et avaient tourné ensuite leurs propres armes les uns contre les autres. Les troupes de Juda trouvèrent le terrain jonché de cada-

---

[1] Le texte biblique, II Rois, 3, 27, est assez obscur; nous avons adopté l'interprétation de Josèphe, *Antiqu.* IX, 3, 2. — Plusieurs commentateurs supposent que le roi de Moab sacrifia, non pas son propre fils, mais celui du prince d'Édom, dont il avait pu s'emparer, et ils rattachent à cet événement les paroles du prophète Amos, ch. 2, v. I. Il paraîtrait en effet qu'Amos a voulu parler d'un incident de cette guerre; mais les documents historiques ne suffisent pas pour le préciser.

vres; leur arrivée suffit pour disperser entièrement les ennemis. Ceux-ci s'enfuirent et tous leurs bagages tombèrent entre les mains des Judéens, qui, quatre jours après, retournèrent à Jérusalem, chargés de butin, et rendirent des actions de grâces dans le Temple de Jéhova[1].

Après cet événement Josaphat régna encore cinq ou six ans en paix, béni de ses sujets et respecté des peuples voisins. Dans les dernières années de son règne, son fils premier-né Joram, beau-frère du roi Joram d'Israël, participa aux affaires du royaume, comme corégent de son père [2]. Les six autres fils de Josaphat, richement dotés par leur père, furent nommés gouverneurs dans les places fortes. Josaphat mourut à l'âge de soixante ans (889); son peuple, qu'il avait ramené aux vrais principes religieux et doté d'institutions utiles, devait fonder sur ses sept fils les plus belles espérances pour l'avenir; mais bientôt elles s'évanouirent.

JORAM (889-885), oubliant les leçons de son père, et entraîné, par sa femme Athalie, dans la voie pernicieuse d'Achab et d'Izabel, débuta par le meurtre de ses six frères et de plusieurs grands personnages qui probablement avaient contrarié son penchant pour l'idolâtrie phénicienne. Aussi faible que cruel, il devint un objet de haine et de mépris pour ses sujets et ne sut point faire respecter son autorité au dehors. Les Iduméens se révoltèrent et se donnèrent un roi indépendant, après avoir assassiné (selon Josèphe) le vice-roi, vassal de Juda. Joram alors marcha contre les rebelles et obtint un succès sur les frontières; mais il n'eut pas la force de reconquérir l'Idumée, qui resta indépendante [1]. En même temps la ville sacerdotale de Libna, dans la plaine de Juda, refusa d'obéir à son roi impie. Du fond de sa retraite inconnue le prophète Élie adressa une lettre au roi de Juda, pour lui reprocher ses crimes et le menacer du châtiment céleste. Des hordes arabes du midi envahirent la malheureuse Judée; aidées par les Philistins, elles ravagèrent le pays et pillèrent les domaines du roi, dont les fils, à l'exception d'un seul, nommé Ioachaz, ou Achazia, périrent dans le désordre.

Les événements de Juda durent réagir sur le royaume d'Israël et confirmer Élisa et les autres prophètes dans leur éloignement pour la famille d'Achab et dans leurs projets révolutionnaires. Élisa avait déjà acquis une grande réputation; il n'avait pas le caractère fougueux et sévère de son maître Élie et il se distinguait par une certaine douceur bienveillante, qui le rendait d'autant plus populaire. On raconte de lui un grand nombre de faits miraculeux qui, bien qu'amplifiés par la tradition, nous donnent la mesure de son caractère et de la popularité dont il jouissait parmi ses contemporains, et nous montrent l'homme de Dieu déployant une activité bienfaisante, tantôt à la cour de Samarie, tantôt sous l'humble toit de la veuve, recevant tout le monde, hommes et femmes, pour les instruire aux jours de sabbat et de fête (II Rois, 4, 23), et généreux même envers les étrangers et les ennemis de son peuple, dès qu'un malheur personnel leur faisait implorer son secours. Nous avons déjà mentionné quelques-uns des faits qui lui sont attribués; en voici d'autres que nous ne pouvons rapporter

---

[1] Cet événement n'est raconté que dans les Chroniques (l. II, ch. 20), qui ne parlent même pas de la guerre précédente, dans laquelle Josaphat n'avait été que l'auxiliaire du roi d'Israël (II Rois, ch. 3). Nous avons déjà dit (page 96) que nous ne saurions croire, avec quelques critiques modernes, à l'identité des deux relations, qui diffèrent totalement dans leurs détails. Josèphe place l'événement rapporté dans les Chroniques avant celui dont parle le IIe livre des Rois, probablement parce que les Chroniques parlent ensuite, au v. 35, de l'alliance de Josaphat avec Achazia; mais les versets 31 à 37 sont évidemment déplacés.

[2] Voy. II Chron. ch. 21, v. 3, et ci-dessus, page 300, col. 2, note 3.

[1] Peut-être les troupes de Joram elles-mêmes lui refusèrent-elles l'obéissance; les mots « *et le peuple s'enfuit vers ses tentes* » (II Rois, 8, 21) peuvent très-bien se rapporter aux soldats de Juda.

qu'en abrégé, mais dont on peut lire les détails dans l'Écriture sainte [1].

Un jour la veuve d'un prophète vint se plaindre à Élisa de ce qu'un créancier de son mari demandait ses deux fils, pour en faire ses domestiques et se payer ainsi de la dette contractée par leur père. Le prophète multiplia un peu d'huile, que la veuve avait chez elle ; elle vendit cette huile, et le produit lui suffit, non-seulement pour payer le créancier, mais encore pour vivre avec ses deux enfants. — Dans ses fréquents voyages au mont Carmel, Élisa passant à Sunem, petite ville aux environs de Gelboa, y reçut souvent l'hospitalité chez une femme de distinction, qui engagea son mari à donner au prophète une petite chambre dans leur maison. Voulant récompenser la généreuse hospitalité de cette femme, le prophète lui promit qu'elle aurait un fils; car jusque-là elle était restée stérile. La prédiction d'Élisa s'accomplit; mais plus tard l'enfant tomba malade et mourut. La mère désolée vint trouver Élisa, qui était alors au Carmel ; le prophète la suivit à Sunem, et, après avoir prié Dieu, il se coucha sur l'enfant et le ressuscita. — Un jour, pendant que la famine régnait dans le pays, Élisa s'étant rendu à Guilgal pour visiter l'établissement des prophètes, et voulant leur donner un repas, quelqu'un jeta, par erreur, des concombres sauvages [2] dans la chaudière. Les prophètes sentant leur goût amer, s'écrient qu'il y a du poison dans le plat; aussitôt Élisa en adoucit l'amertune en y jetant une poignée de farine. Une autre fois il rassasia cent personnes avec un petit nombre de pains de prémices, dont on lui avait fait cadeau. — Naaman, général syrien, étant affligé de la lèpre et ayant entendu vanter, par une jeune captive israélite, les cures merveilleuses du prophète de Samarie, vint trouver Élisa, qui lui ordonna de se baigner sept fois dans le Jourdain. Naaman guéri offrit au prophète de riches présents que celui-ci refusa. Le général syrien étant reparti, Guéhazi, serviteur d'Élisa, courut après lui, et, sous prétexte qu'il venait d'arriver deux jeunes prophètes pauvres, demanda et reçut, au nom d'Élisa, un cadeau considérable, qu'il cacha dans la maison. Élisa devinant aussitôt l'action ignoble de son serviteur, le frappa, par sa malédiction, de la lèpre dont il venait de guérir Naaman. — Un jour les prophètes étaient allés abattre du bois près du Jourdain, pour s'y construire de nouvelles demeures; l'un d'eux laissa tomber dans l'eau le fer de sa cognée, ce qui le mettait au désespoir, car la cognée était empruntée. Élisa, qui se trouvait près de là, jeta un morceau de bois dans l'eau et fit surnager le fer. — Les Syriens ayant fait une incursion sur le territoire des Israélites et ayant dressé des embûches dans un certain lieu, Élisa avertit le roi d'Israël de ne pas passer par là. Le roi de Syrie, informé que c'était Élisa qui avait dérangé son plan, envoya des troupes pour s'emparer du prophète, qui se trouvait alors à Dothan, petite ville aux environs de Yezréel. Élisa frappa d'aveuglement les soldats syriens et les conduisit à Samarie ; là il leur ouvrit les yeux, et empêcha le roi d'Israël de leur faire du mal, n'ayant, disait-il, aucun droit sur des hommes qu'il n'avait pas pris par la force des armes. Sur l'invitation du prophète, le roi leur donna un repas et les renvoya auprès de leur maître. — Une autre fois Ben-Hadad assiégeait la ville de Samarie, et y causait une effroyable famine ; une femme vint implorer la justice du roi d'Israël contre une autre femme qui l'avait engagée à faire mourir son enfant pour se nourrir ensemble de sa chair, et qui maintenant ne voulait pas livrer son propre enfant, comme elles en étaient convenues d'avance. Le roi, en entendant ces horribles détails, déchira ses vêtements et jura de faire mourir Élisa, croyant probablement qu'il dépendait de lui de sauver la ville. Élisa se trouvait alors dans sa maison, où les Anciens étaient assemblés autour de

---

[1] Voy. II Rois, ch. 4 à 8.
[2] Voy. ci-dessus, page 20.

lui. Déjà il avait deviné les intentions du roi, et il ordonna qu'on fermât la porte, au moment où le messager du roi voudrait entrer. Bientôt le roi arriva lui-même, et Élisa proclama que le lendemain il y aurait à Samarie des vivres en abondance. Un officier de la suite du roi exprimant des doutes sur la vérité de cette promesse : « Tu le verras de tes yeux, lui dit le prophète, mais tu n'en jouiras pas. » Dans la nuit les Syriens, frappés d'une terreur panique, crurent entendre un bruit de chariots et de chevaux, et, s'imaginant qu'une armée de Héthites [1] et d'Égyptiens venait au secours de Samarie, ils s'enfuirent en toute hâte, laissant en arrière leurs chevaux, leurs ânes et tous leurs bagages. Quatre lépreux qui demeuraient à la porte de la ville et qui, près de mourir de faim, avaient résolu de se jeter dans le camp ennemi, découvrirent les premiers le départ des Syriens; ils en apportèrent aussitôt la nouvelle à Samarie. Le roi s'en étant assuré par quelques cavaliers, le peuple de Samarie vint se jeter dans le camp abandonné des Syriens, où on trouva des vivres en grande abondance, et l'officier qui avait douté de la parole d'Élisa fut étouffé dans la foule qui se pressait à la porte de la ville. — Le nom d'Élisa ne pouvait manquer d'inspirer le plus grand respect au roi Joram, ce que prouve entre autres le fait suivant : La femme de Sunem, qui, sur le conseil du prophète, était allée demeurer dans le pays des Philistins, pendant qu'une grande famine désolait le pays d'Israël, en revint au bout de sept ans, et, trouvant sa maison et son champ occupés par d'autres, implora la justice du roi. Joram, ayant appris tout ce qu'Élisa avait fait pour cette femme, ordonna qu'on lui restituât son bien et qu'on l'indemnisât de tous les revenus de son champ depuis le jour de son départ.

Tels sont les faits que les légendes des Israélites attribuèrent au prophète Élisa. Quelle que soit la part de l'imagination populaire dans ces récits merveilleux, ils nous montrent que le prophète dominait l'esprit du peuple et qu'il exerçait une grande influence sur les affaires politiques.

Elisa n'avait pas perdu de vue les plans de son maître Élie. Ayant fait un voyage à Damas, au moment où le roi Ben-Hadad se trouvait grièvement malade, celui-ci, averti de l'arrivée du prophète, envoya auprès de lui son confident Hazaël, avec de riches présents, pour l'interroger sur l'issue de sa maladie. « Va, répondit Élisa à Hazaël, dis-lui qu'il vivra; mais, ajouta-t-il, Jéhova m'a fait voir qu'il mourra. » Et après avoir prononcé ces paroles, le prophète fixa longtemps sur Hazaël un regard plein de tristesse et ses yeux se remplirent de larmes. — « Pourquoi mon Seigneur pleure-t-il? » demanda Hazaël. — « Je sais, répondit Élisa, tout le mal que tu feras aux enfants d'Israël; tu mettras le feu à leurs villes fortes, tu tueras leurs jeunes gens par le glaive, tu écraseras leurs nourrissons, et tu éventreras leurs femmes enceintes. » — « Mais qui suis-je, demanda Hazaël, pour faire de si grandes choses? » — « Jéhova, répondit le prophète, m'a fait voir que tu seras roi de Syrie. » —

Soit que le prophète ait voulu agir, par cette apostrophe, sur l'esprit de Hazaël, et prévenir le mal que le futur roi de Syrie pouvait faire à son pays, ou bien qu'un ancien historien ou poète ait prêté à Élisa cette allocution prophétique, le fait est que le renversement de Ben-Hadad et le choix de Hazaël faisaient partie du plan politique d'Élie, quoique nos documents ne suffisent pas pour en préciser les motifs. Dès le lendemain Ben-Hadad mourut; il paraît que l'impatient Hazaël hâta sa mort, en lui faisant appliquer sur le visage un linge trempé dans de l'eau froide [1]. Hazaël, monté sur le trône de Damas, continua les hostilités contre la cour

---

[1] Voy. ci-dessus, pages 78 et 82.

[1] Voy. II Rois, 8, 15. Josèphe dit que Hazaël fit mourir Ben-Hadad en l'étranglant. *Antiqu.* IX, 4, 6.

de Samarie. — Vers la même époque, Joram, roi de Juda, mourut, à l'âge de quarante ans (885), dans d'horribles souffrances, causées par une maladie des entrailles, qui avait duré deux ans [1]. Sa mort n'excita point de regrets. On l'ensevelit dans la citadelle de David, mais non dans le sépulcre de la famille royale, et on lui refusa les honneurs dus aux rois. Son fils Achazia lui succéda.

ACHAZIA (885-884) monta sur le trône à l'âge de vingt-deux ans. Entièrement dominé par sa mère Athalie et par les conseils de ses parents, de la famille d'Achab, il persista dans la mauvaise voie de son père Joram. Son oncle maternel Joram, roi d'Israël, l'engagea à prendre part à une nouvelle expédition qu'il allait entreprendre contre le nouveau roi de Syrie, toujours pour reconquérir la ville de Ramoth. Joram et Achazia se rendirent en personne au siége de cette ville. On parvint à s'emparer de Ramoth[2]; mais le roi Joram fut grièvement blessé et obligé de se retirer à Yezréel, pour se faire guérir.

Le prophète Élisa crut le moment favorable pour opérer une révolution projetée depuis longtemps et devenue d'autant plus urgente, que l'alliance intime des deux rois des Hébreux et leur tendance commune pour l'idolâtrie phénicienne menaçaient d'anéantir le culte de Jéhova. Élisa chargea un de ses disciples d'aller sacrer secrètement Jéhu comme roi d'Israël. Le disciple se rendit à Ramoth, où se trouvait alors Jéhu avec les autres capitaines de l'armée de Joram. Il se présenta devant les capitaines réunis en assemblée, et s'adressant à Jéhu, il demanda à lui parler en secret. Jéhu s'étant retiré dans une chambre avec le jeune prophète, celui-ci lui versa de l'huile sur la tête, en lui annonçant que Jéhova le sacrait roi d'Israël et le chargeait de venger le sang des prophètes et des serviteurs de Dieu sur Izabel et sur la maison d'Achab. Après avoir rempli sa mission, il s'enfuit en toute hâte. « Pourquoi donc ce fou est-il venu auprès de toi? » demandèrent les capitaines à Jéhu, lorsqu'il revint à l'assemblée. Embarrassé de répondre, Jéhu leur dit : « Vous connaissez bien cet homme et ses propos ; » mais peu satisfaits de cette réponse évasive, ils insistèrent pour savoir la vérité. A peine informés de la mission du jeune prophète, les amis de Jéhu improvisèrent un trône, en étendant leurs manteaux sur les marches d'un escalier, et y firent asseoir Jéhu, qui fut proclamé roi, au son des trompettes. Jéhu n'avait pas eu le temps de réfléchir, et fut forcé d'agir sur-le-champ, avant que la nouvelle de ce qui venait de se passer pût être portée à Yezréel. Il monta aussitôt à cheval, pour se rendre lui-même dans cette ville, où Joram se trouvait malade de ses blessures et où Achazia était allé le visiter. La sentinelle de la tour de Yezréel remarquant dans le lointain la troupe de Jéhu se dirigeant sur la ville, fit avertir le roi, qui expédia aussitôt un cavalier pour aller au-devant de la troupe et lui demander si elle venait dans des intentions pacifiques. Jéhu, au lieu de répondre, garda le messager auprès de lui; il en fit de même d'un second cavalier expédié par le roi Joram. Averti par la sentinelle que les messagers ne revenaient pas, et qu'on reconnaissait dans les mouvements de la troupe le *train insensé* de Jéhu, Joram fit atteler son char pour aller lui-même à sa rencontre; Achazia le suivit dans un autre char, et les deux rois rencontrèrent Jéhu près du champ qui avait appartenu à Naboth. « Tout est en paix? »

---

[1] Selon le médecin anglais Richard Mead, *Medica sacra*, c. 4, la maladie de Joram était une violente dyssenterie, qui lui faisait rejeter des parcelles des intestins (II Chron. 21, 19). Voy. Jahn, *Archæologie*, I, 2, p. 354.

[2] Le texte (II Rois, ch. 8, v. 28 et 29) ne parle pas de la prise de Ramoth; mais il résulte des détails du ch. 9 que cette ville se trouvait au pouvoir des Israélites. Il faut donc supposer qu'elle avait été prise par les troupes de Joram, comme le dit Josèphe (*Antiqu.* IX, 6, 1). D'autres ont pensé que les Israélites l'avaient déjà prise avant cette époque, et que l'expédition avait pour but de repousser une attaque des Syriens.

demanda Joram à Jéhu. — « Qu'est-ce que la paix, répliqua Jéhu, tant que durent les infidélités de ta mère Izabel et ses nombreuses sorcelleries ? » Aussitôt Joram tourna bride et s'enfuit en s'écriant : « Trahison, Achazia ! » Mais au même moment une flèche tirée par Jéhu le perça entre les épaules, et, sortant au travers de son cœur, l'étendit mort dans son char. Jéhu ordonna à un de ses gens de jeter le corps de Joram dans le champ de Naboth, afin de venger son sang innocent, versé par Achab et Izabel. Achazia avait pris la fuite, mais Jéhu ordonna de le poursuivre ; il fut atteint près de Yibléam, et blessé mortellement ; conduit à Megiddo, il y expira (884)[1]. Son corps fut transporté à Jérusalem et enterré dans la citadelle de David.

Jéhu fit son entrée à Yezréel. Isabel, parée avec soin, se montra à une fenêtre, et, voyant Jéhu, elle s'écria : « Te portes-tu bien, Zimri, assassin de ton maître [2] ? » — « Qui est pour moi ? » demanda Jéhu en se tournant vers la fenêtre ; aussitôt quelques eunuques se montrèrent, qui, sur l'ordre de Jéhu, jetèrent la reine Izabel par la fenêtre ; elle expira écrasée sous les pieds des chevaux. Lorsque, un peu plus tard, Jéhu voulut faire ensevelir son corps, on n'en trouva plus que le crâne, les pieds et les mains ; le reste avait été dévoré par les chiens.

Il restait encore à Samarie soixante-dix fils ou descendants d'Achab, qui, trouvant un appui dans le peuple, pouvaient tenir tête à Jéhu et faire avorter ses projets. Jéhu, pour éprouver les intentions des Anciens et des principaux personnages de Samarie, leur écrivit une lettre, dans laquelle il les engageait à choisir le meilleur parmi les fils d'Achab pour le mettre sur le trône ; mais on lui répondit qu'on ne ferait rien sans ses ordres précis. Alors Jéhu leur écrivit une seconde lettre, pour leur dire de se rendre le lendemain à Yezréel avec les *chefs* (têtes) des princes. Le double sens du mot *chef* fut interprété au gré de Jéhu : on égorgea les soixante-dix princes, et on expédia leurs *têtes* à Yezréel. Jéhu les ayant fait ranger en deux tas, à l'entrée de la porte de la ville, s'écria, en présence du peuple assemblé : « Vous êtes justes ; moi j'ai conspiré contre mon maître et je l'ai tué ; mais qui a frappé tous ceux-ci ? Sachez que c'est Jéhova qui a accompli sur la maison d'Achab ce qu'il avait annoncé par son serviteur Élie. » — Il crut ainsi se laver du crime de cet horrible massacre, et faire croire que, par la volonté de Dieu, ses paroles avaient été faussement interprétées par les grands de Samarie. Après avoir ainsi vaincu les plus graves obstacles, Jéhu partit pour Samarie, afin de détruire tout ce qui restait encore des parents et amis de la famille d'Achab. Des parents d'Achazia, roi de Juda, qui venaient, au nombre de quarante-deux, s'informer du sort des princes, furent rencontrés en chemin par Jéhu, qui ordonna de les saisir et de les égorger tous. Jéhu trouva près de là un de ses anciens amis, Jonadab, fils de Réchab, personnage influent, à ce qu'il paraît, qui vint le complimenter et protester de tout son dévouement. Jéhu le fit monter dans son char, en l'invitant à l'accompagner à Samarie, pour y être témoin du zèle qu'il déploierait pour le culte de Jéhova. Arrivé dans la capitale, et ayant détruit jusqu'au dernier homme de la famille d'Achab, Jéhu se servit d'une ruse pour frapper d'un seul coup tous les prêtres et adorateurs de Baal. Il fit proclamer que son zèle pour le culte de Baal était bien plus grand encore que celui d'Achab, et qu'il allait célébrer, en l'honneur de Baal, un grand sacrifice, auquel devaient assister, sous peine de la vie, tous les prêtres et prophètes de ce dieu. Ils arrivèrent de tous côtés, et la foule était grande dans le temple de Baal. Jéhu y entra avec son ami Jonadab et ordonna aux prêtres de ne tolérer dans le temple aucun adorateur de Jéhova ; en même

---

[1] Voy. II Rois, 9, 27 ; selon II Chron. 22, 9, Achazia se serait caché à Samarie, où il aurait été tué par ordre de Jéhu.
[2] Voy. ci-dessus, page 306, col. 2.

temps il fit cerner le temple par quatre-vingts hommes de sa garde, à qui il ordonna de ne pas laisser échapper un seul de ceux qui étaient dans le temple. Le sacrifice achevé, Jéhu fit entrer ses gardes, qui massacrèrent, sur son ordre, tous les adorateurs de Baal; on brûla ensuite la statue du dieu, et on démolit le temple, à la place duquel on établit des cloaques. C'est ainsi que Jéhu s'acquitta de la mission qui lui avait été confiée par les prophètes de Jéhova, et monta sur le trône de Samarie, après avoir fait mourir en un seul jour les deux rois de Juda et d'Israël. Mais, malgré son zèle pour le culte de Jéhova, Jéhu n'essaya même pas de le rétablir dans toute sa pureté; il laissa subsister les veaux d'or de Jéroboam. Les prophètes, satisfaits de leur victoire, promirent à Jéhu la consolidation de sa dynastie; mais ils ne purent préserver le royaume d'Israël des attaques qui le menaçaient de dehors, ni lui conserver cette force que, dans les derniers temps il avait pu déployer mainte fois, grâces à l'étroite alliance qui avait existé entre les deux cours de Samarie et de Jérusalem.

2. *Restauration des principes théocratiques dans Juda.— Décadence et chute d'Israël.*

(De 884 à 721.)

Après la mort d'Achazia, sa mère ATHALIE s'empara du trône de Jérusalem, probablement à titre de régente; car Achazia, mort à l'âge de vingt-trois ans, ne laissa que des fils mineurs. Mais la fille d'Izabel conçut le projet hardi de perpétuer à Jérusalem le culte de Baal et d'exterminer la race de David. Elle débuta donc par le massacre de ses petits-fils, les enfants d'Achazia; un seul, nommé Joas, âgé d'un an, fut sauvé par Josabeth, sœur d'Achazia et épouse du grand prêtre Ioïada, qui cacha l'enfant royal avec sa nourrice dans l'un des appartements du Temple. Le pays de Juda dut subir, pendant six ans, la domination tyrannique de l'usurpatrice; mais la chute d'Athalie fut préparée en silence par Ioïada, qui gagna à la cause de Jéhova les chefs de la garde royale, auxquels il fit connaître le jeune rejeton de la race de David. Joas avait atteint sa septième année, lorsque le grand prêtre, protégé par la garde royale et les lévites, crut pouvoir procéder en public au sacre du jeune prince et le faire proclamer roi de Juda. Au jour fixé pour le couronnement, Ioïada fit occuper, par les gardes, les principales issues du Temple, donnant ordre de tuer tous ceux qui essaieraient de pénétrer dans les rangs. Il livra aux officiers, pour cette solennité, les lances et les boucliers du roi David, qui étaient conservés dans le Temple. Les *coureurs* ou gardes du corps formèrent une haie devant l'autel, dans le parvis du Temple, qu'ils fermèrent dans toute sa largeur, du midi au nord. Ensuite on fit sortir le jeune roi, et Ioïada ayant procédé à la cérémonie de *l'onction*, Joas se montra sur une tribune, la tête couronnée et portant les insignes royaux; il fut accueilli par les applaudissements de tous les spectateurs, les trompettes résonnèrent, et le peuple accouru en foule fit retentir de toute part le cri de *vive le roi!* Effrayée par le bruit et voyant tout le peuple agité, Athalie accourut au Temple; mais au spectacle qui s'offrit à ses yeux, elle déchira ses vêtements, en s'écriant: *Trahison! trahison!* Ioïada la fit saisir, et menaçant de faire tuer sur-le-champ quiconque voudrait prendre sa défense, il la fit conduire, par la *porte des chevaux* [1], dans la vallée du

---

[1] Cette porte était située au S. E. du Temple (voy. ci-dessus, page 47) et tirait probablement son nom des écuries royales qui étaient près de là. C'est ainsi qu'il faut comprendre le texte II Rois, 11, 16, et II Chron. 23, 15, et il faut traduire: *Elle vint par la porte des chevaux de la maison du roi*, comme le porte la version grecque. Josèphe, juge compétent pour tout ce qui concerne la topographie de l'ancienne Jérusalem, dit expressément que Ioïada fit conduire Athalie *dans la vallée du Kidron. Antiqu.* IX, 7, 3.

Kidron, où elle fut tuée. Le grand prêtre fit renouveler au peuple son alliance avec Jéhova, et, après avoir juré d'être fidèle à Dieu et au roi, le peuple se rendit en foule au temple de Baal, qui fut détruit de fond en comble; on brisa les autels et les statues, et Mathan, prêtre de Baal, fut massacré devant son autel. Le roi, accompagné des gardes du corps et d'une foule des gens du peuple, fut conduit au palais et placé sur le trône de ses ancêtres.

JOAS (878-838) gouverna pendant sa minorité sous la tutelle du grand prêtre Ioïada, qui trouva en lui un élève docile, donnant les plus belles espérances pour l'affermissement du culte national. Lorsque le roi eut atteint l'âge de puberté, Ioïada lui fit épouser deux femmes, dont il eut plusieurs enfants des deux sexes. Un des premiers soins du jeune roi fut la restauration du Temple de Jérusalem, qui avait dû subir beaucoup de dégradations sous les règnes précédents (II Chron. 24, 7). Joas ordonna que les prêtres employassent à cet effet l'argent provenant des rachats et des dons volontaires [1], et qu'ils fissent aussi des collectes particulières dans ce but. Mais les ordres du roi ne furent pas exécutés immédiatement, les prêtres n'y trouvant probablement pas leur compte.

Pendant ce temps le royaume d'Israël allait s'affaiblissant sous la domination de Jéhu. La vaillance de ce roi et l'appui qu'il trouva dans l'ordre des prophètes ne purent protéger le pays contre l'invasion des Syriens, qui sous leur roi Hazaël occupèrent toutes les provinces situées à l'est du Jourdain, et y exercèrent des cruautés dont le souvenir se conserva longtemps dans le pays [2]. Jéhu mourut dans la vingt-huitième année de son règne (856), laissant le trône à son fils *Joachaz*.

A la même époque Joas prit de nouvelles mesures pour la restauration du Temple, faisant des reproches aux prêtres, qui avaient négligé jusque-là de faire les réparations ordonnées par le roi. Les prêtres aimèrent mieux renoncer à toute recette d'argent comptant que de faire à leurs frais les réparations du sanctuaire. Le grand prêtre Ioïada établit près de l'autel un tronc, dans lequel serait jeté dorénavant tout l'argent comptant apporté au Temple. Toutes les fois que le tronc était rempli, le secrétaire du roi et le grand prêtre comptaient l'argent et le donnaient aux inspecteurs chargés d'acheter les matériaux nécessaires et de payer les architectes et les ouvriers. De cette manière le travail marcha rapidement et Joas eut la satisfaction de voir la restauration du Temple accomplie sous son règne.

Hazaël continua ses attaques contre Israël pendant tout le règne de Joachaz, qui était loin de montrer pour le culte de Jéhova le même zèle que son père Jéhu; on vit même les images d'Astarté reparaître dans Samarie (II Rois, 13, 6). L'armée de Joachaz, décimée par des combats continuels, se trouva réduite à dix mille hommes d'infanterie, cinquante cavaliers et dix chariots de guerre. Cependant ces faibles restes, encouragés probablement par les prophètes, dont le roi Joachaz sut, par son repentir, regagner la faveur (ib. v. 4), parvinrent à tenir en échec les troupes syriennes, et à rétablir la tranquillité pour un certain temps. Joachaz mourut dans la dix-septième année de son règne; son fils *Joas* lui succéda au trône (840).

Joas, roi de Juda, persévéra dans la voie théocratique, tant que vécut le grand prêtre Ioïada, qui, dit-on, parvint à l'âge de cent trente ans (II Chron. 24, 15). Le respect qu'avait inspiré Ioïada fut si grand qu'on lui décerna la sépulture royale (ib.v. 16). Après la mort du vénérable prêtre, les partisans du culte phénicien osèrent reparaître de nouveau, et Joas eut la faiblesse de leur accorder une coupable tolérance. Ce fut en vain que les prophètes élevèrent la voix contre ce scandale; le prêtre Zacharie, fils de

---

[1] Voy. ci-dessus, page 164.
[2] Voy. Amos, ch. 1, v. 3 et 4.

Ioïada, ayant osé un jour, dans le parvis du Temple, reprocher au peuple sa nouvelle défection et le menacer du châtiment du ciel, fut lapidé sur les ordres du roi ingrat, et en expirant il prononça ces mots : « *Que Dieu le voie et qu'il redemande (mon sang)*. » Le châtiment de Joas ne se fit pas attendre longtemps. Dès l'année suivante, Hazaël ayant pénétré avec son armée jusqu'à Gath, dont il fit la conquête, menaça d'assiéger Jérusalem; et le faible Joas ne put éloigner les ennemis qu'en payant à Hazaël un honteux tribut, pour lequel il employa les trésors du Temple dus à la munificence de ses prédécesseurs. Cet événement fit éclater une conspiration tramée peut-être par les prêtres, qui voulurent venger la mort de Zacharie (ib. v. 25). Joas tomba assassiné par deux de ses serviteurs, après un règne peu glorieux, qui avait duré quarante ans (838). Il fut enseveli dans la citadelle de David, mais on lui refusa la sépulture royale.

AMASIA (838-809), fils de Joas, succéda à son père à l'âge de vingt-cinq ans. Il se rendit sans doute agréable aux prêtres et aux prophètes, en agissant contre les partisans du culte phénicien; car on ne lui reproche autre chose que d'avoir laissé subsister les *hauts lieux* (II Rois, 14, 4). Après s'être affermi sur son trône, il fit punir de mort les meurtriers de son père; mais on vante le pardon que, conformément à la loi mosaïque (Deut. 24, 16), il accorda aux enfants des coupables. Une expédition qu'il entreprit contre les Iduméens fut couronnée d'un succès éclatant; après les avoir vaincus dans une bataille, il s'empara de *Séla* (Petra), leur capitale.

Vers la même époque, Joas, roi d'Israël, remporta également des avantages signalés sur les Syriens. Hazaël était mort dans un âge très-avancé, et son fils, Ben-Hadad III, lui avait succédé. Joas, averti un jour que le vieux prophète Élisa était à l'extrémité, alla visiter l'homme de Dieu; et, le voyant près de mourir, il s'écria en pleurant : « Mon père! mon père! char iotet cavalerie d'Israël [1] !» Elisa lui ordonna d'ouvrir la fenêtre et de tirer une flèche vers l'orient (la Syrie), lui faisant voir dans cet acte symbolique un présage de la victoire qu'il allait remporter sur les Syriens. Joas, encouragé par les dernières paroles du prophète mourant, attaqua les troupes de Ben-Hadad, les défit et reprit toutes les villes que Hazaël avait arrachées à Joachaz. Mais d'un autre côté, les incursions des bandes moabites donnèrent de l'inquiétude à Joas; et en même temps, il fut menacé d'une guerre par Amasia, roi de Juda. Ce dernier avait pris à sa solde des troupes israélites pour faire la guerre aux Iduméens; mais un prophète l'ayant blâmé d'avoir engagé ces mercenaires, parce que, disait-il, Jéhova n'était pas avec les Ephraïmites, Amasia les congédia en leur abandonnant la solde qu'il leur avait payée; elle se montait à cent talents d'argent. Cependant les troupes israélites, outrées de l'affront qui leur avait été fait, inquiétèrent le territoire de Juda et le pillèrent. Amasia déclara la guerre à Joas, qui lui fit faire la réponse suivante « L'épine du Liban « envoya dire au cèdre : Donne ta fille « pour femme à mon fils; alors les « bêtes sauvages du Liban passèrent et « écrasèrent l'épine. Parce que tu as « vaincu Édom, ton cœur s'est enor-« gueilli; jouis de ton honneur et « reste dans ta maison, car pourquoi « veux-tu provoquer le malheur dans « lequel tu tomberais, ainsi que Ju-« da ? » Une réponse aussi outrageante ne put qu'irriter davantage le roi de Juda, qui marcha aussitôt contre Joas. Le combat s'engagea près de Bethschémesch; les troupes de Juda furent totalement défaites et mises en fuite, et Amasia tomba vivant entre les mains des ennemis. Joas marcha ensuite sur Jérusalem et y

[1] C'est une expression figurée pour dire *protecteur*, qui tient lieu de chariots de guerre et de cavalerie. Élisa fit la même exclamation, lors de la disparition d'Élie (II Rois, 2, 12).

pénétra, après avoir fait dans le mur septentrional une brèche de quatre cents coudées, depuis la porte d'Éphraïm jusqu'à celle de l'Angle (page 46). Il se fit livrer les trésors qui restaient dans le Temple et dans le palais du roi, et s'en retourna à Samarie, emmenant des otages, probablement en échange du roi Amasia, qui fut remis en liberté [1]. La relation des Chroniques présente le malheur d'Amasia comme un juste châtiment de son infidélité envers Jéhova; car elle l'accuse d'avoir adoré les divinités des Iduméens, après la victoire qu'il remporta sur ce peuple, et d'avoir proféré des menaces contre un prophète qui osa l'en réprimander. (II Chron. 25, 14-16.) — Joas mourut dans la seizième année de son règne (825), laissant pour successeur au trône son fils *Jéroboam II*. Quinze ou seize ans [2] après la mort de Joas, Amasia succomba, victime, comme son père, d'une conspiration. Au bout de vingt-neuf ans de règne (809), il fut assassiné à Lachis, où il s'était réfugié; son corps, ramené à Jérusalem, fut déposé dans le sépulcre des rois. Son fils *Ouzia* [3] ou Ozias lui succéda à l'âge de seize ans.

Ouzia (809-758), dont l'avénement fut salué par tout le peuple [4], et calma les discordes des partis, promettait à Juda des jours de bonheur et de puissance. Le jeune roi manifestait beaucoup d'attachement pour le culte de Jéhova, et il paraît que, sous ce rapport, un certain prophète, nommé Zacharie, exerçait sur lui une heureuse influence (II Chron. 26, 5). Dès les premiers temps de son règne il acheva la soumission des Iduméens, en reprenant et fortifiant la ville d'Élath, sur le golfe Élanitique.

Plus tard Ouzia combattit avec un égal succès les Philistins [1] et plusieurs peuplades arabes; les Ammonites lui payèrent un tribut. Il fortifia les murs de Jérusalem et y fit élever des tours munies de machines de guerre pour lancer des flèches et de grandes pierres. L'armée reçut une organisation plus régulière et les troupes furent armées avec plus de soin qu'auparavant (ib. v. 14). Malgré son caractère belliqueux, Ouzia ne favorisa pas moins les arts de la paix; il était surtout grand ami de l'agriculture, et il avait à son service un grand nombre de laboureurs et de vignerons. Ses troupeaux couvraient les plaines; dans les déserts propres aux pâturages il fit creuser un grand nombre de citernes et élever des forts, probablement pour protéger ses pasteurs. Son règne, qui dura près de cinquante-deux ans, fut un des plus glorieux dans l'histoire des Hébreux. Mais, vers la fin de ses jours, enorgueilli de ses succès militaires et de sa prospérité, Ouzia voulut aussi s'arroger des fonctions sacerdotales, ce qui excita le mécontentement des prêtres. Un jour il pénétra dans l'intérieur du sanctuaire, pour offrir de l'encens sur *l'autel des parfums*; le grand prêtre Azaria et quatre-vingts de ses collègues suivirent le roi, et lui reprochant son action sacrilége, l'engagèrent à sortir du sanctuaire. Le roi transporté de colère voulut résister aux prêtres, mais ceux-ci l'expulsèrent de force. Selon les Chroniques (ib. v. 19), Ouzia fut frappé de la lèpre, qui parut sur son front à l'instant même où il saisissait l'encensoir [2]. Plein de confusion, il fut obligé de quitter précipitamment le lieu saint. La relation plus ancienne et plus authentique des livres des Rois ne mentionne pas tous ces détails, mais elle dit également que le roi Ouzia fut frappé de la lèpre et qu'il fut obligé de se retirer pour toujours dans la maladrerie, hors de la ville,

---

[1] Selon Josèphe, Joas ramena lui-même le roi Amasia à Jérusalem, lui accordant la vie et la liberté, sous la condition qu'il lui ferait ouvrir les portes de la ville. *Antiqu.* IX, 9, 3.
[2] Voy. ci-dessus, page 300, col. I, note 1.
[3] Dans le IIe livre des Rois on l'appelle ordinairement *Azaria*; cependant on y trouve aussi le nom de *Ouzia*, ch. 15, v. 30, 32 et 34.
[4] Voy. II Rois, 14, 21; II Chron. 26, 1.

[1] Voy. ci-dessus, page 85, col. I.
[2] Comparez ci-dessus, page 165, col. 2, note 3.

et de charger son fils Jotham des affaires du gouvernement.

Quant au royaume d'Israël, il était redevenu très-puissant sous le règne de Jéroboam II, qui, poursuivant les succès obtenus par son père sur les Syriens, attaqua ceux-ci sur leur propre territoire et fit des conquêtes dans les environs de Damas et de Hamath. Il paraît même que les Israélites occupèrent ces deux villes pendant quelque temps (2 Rois, 14, 28). Tout le pays à l'est du Jourdain, depuis Hamath jusqu'à la mer Morte, se trouva de nouveau sous la domination israélite. Le prophète Jonas, fils d'Amitthaï, de Gath-Hépher (dans le canton de Zabulon), avait encouragé le roi Jéroboam à la guerre et lui avait prédit un succès complet (ib. v. 25). Nous ne possédons plus l'oracle prononcé par ce prophète[1], mais en revanche le nom de Jonas est devenu célèbre par une parabole composée beaucoup plus tard et dont nous parlerons plus loin. — La fortune rapide du royaume d'Israël y introduisait la richesse et le luxe, et on y vit bientôt tous les débordements d'une société corrompue. Le prophète Amos, pauvre berger de Thécoa, dans le pays de Juda (p. 57), se rendit à cette époque à Béthel, et dans un langage plein d'énergie, de hardiesse et d'un zèle ardent pour ce qui est vrai et juste, il reprocha à Israël le culte des images de Béthel et de Dan, la mollesse et le luxe effréné des riches, l'injustice et l'oppression qu'ils faisaient subir aux pauvres; il menaça Jéroboam et les puissants de Samarie de la colère du ciel, et au milieu de leur insouciante sécurité, il leur fit voir de loin l'exil et la mort; car déjà le pouvoir assyrien était menaçant, et, à la nouvelle de ses progrès rapides, toute l'Asie occidentale était saisie de terreur. Amasia, prêtre de Béthel, fit dénoncer Amos, comme conspirateur, auprès du roi Jéroboam, et, exagérant les expressions du prophète, il l'accusa d'avoir dit que Jéroboam mourrait lui-même par le glaive. Le roi, à ce qu'il paraît, n'attacha pas d'importance à ces paroles; car Amasia enjoignit à Amos, avec amertune, d'aller gagner son pain dans le pays de Juda, sa patrie, et d'y faire le prophète, mais de ne plus venir prophétiser à Béthel, qui, disait-il, était un sanctuaire de roi et une maison royale. Mais Amos lui répondit : « Je n'étais ni prophète, ni fils de prophète ; mais j'étais un berger cueillant des sycomores. Et Jéhova me prit derrière le troupeau et me dit : Va, prophétise sur mon peuple Israël. Maintenant écoute la parole de Jéhova : Tu me dis de ne pas prophétiser sur Israël et de ne pas prêcher sur la maison d'Isaac; mais voici ce qu'a dit Jéhova : Ta femme se déshonorera dans la ville, tes fils et tes filles tomberont sous le glaive, ton sol sera partagé au cordeau ; toi-même tu mourras sur une terre impure et Israël sera exilé de son territoire. » (Amos, 7, 10—17.)

C'est depuis cette époque que nous voyons le prophétisme prendre de grands développements. S'élevant contre l'idolâtrie ou même contre le trop grand attachement aux formes extérieures du culte de Jéhova, contre la corruption des mœurs, contre les fautes ou la tyrannie des rois, les prophètes sont en même temps des prédicateurs et des orateurs politiques ; et en menaçant l'État d'une dissolution prochaine, ils commencent à jeter les regards dans un avenir lointain, où l'idéal de la véritable théocratie, du règne du seul Jéhova, se réalisera par le peuple hébreu. A côté d'Amos, florissait très-probablement le prophète Joël, fils de Péthuël qu'il faut faire remonter à cette époque, ou peut-être

---

[1] Récemment un critique distingué, M. Hitzig, professeur de théologie à Heidelberg, a essayé de démontrer par des combinaisons fort ingénieuses que les conquêtes de Jéroboam II s'étendirent aussi sur le pays de Moab, et que l'oracle sur Moab, qui se trouve dans le livre d'Isaïe (ch. 15 et 16), mais qui appartient à un prophète plus ancien, est précisément celui qui fut prononcé par Jonas, sous Jéroboam II. Voy. *Des propheten Jonas Orakel über Moab kritisch vindicirt*. Heidelberg, 1831. — Mais l'oracle en question nous paraît renfermer des traces d'une époque postérieure à Jéroboam; voy. ci-dessus, page 96.

même jusqu'aux temps d'Amasia ou de Joas; car, dans les oracles qui nous restent de lui, il ne nomme d'autres ennemis des Hébreux que les Phéniciens, les Philistins, les Égyptiens et les Iduméens, et on n'y trouve pas encore de traces des Assyriens. Une brûlante sécheresse et les terribles ravages des sauterelles donnèrent à Joël l'occasion d'inviter le peuple de Juda au jeûne et à la pénitence. Après avoir annoncé un meilleur avenir, Joël se transporte dans ces temps éloignés où Dieu répandra son esprit sur tous les mortels et où Sion sera glorifié par le règne de Jéhova. Le prophète Amos paraît aussi faire allusion aux deux fléaux dont parle Joël [1], et qui durent répandre une grande terreur parmi les peuples de Juda et d'Israël, quoique les livres historiques de la Bible, abrégés très-imparfaits des anciennes annales du peuple hébreu, n'en fassent aucune mention. A la même époque la Palestine fut ravagée par un horrible tremblement de terre sur lequel les livres historiques gardent le silence, mais dont le souvenir se conserva longtemps dans le pays [2].

Le prophète Hoséa (Osée), qui commença sa carrière prophétique vers la fin du règne de Jéroboam II, prédit la chute de la dynastie de Jéhu et la dissolution du royaume d'Israël (Hos. 1, 4); il devait donc déjà exister à cette époque de nombreux éléments d'anarchie et de dissolution. Jéroboam mourut l'an quarante et un de son règne (784), et les dates des livres des Rois nous laissent deviner que son fils Zacharie ne monta sur le trône que onze ou douze ans après (772) [3]. Il est probable qu'à la mort de Jéroboam le royaume d'Israël était déchiré par des factions, soit que Zacharie fût encore trop jeune pour régner, soit qu'il fût trop faible pour lutter contre les factieux qui lui disputaient le trône, ou qui voulaient anéantir la royauté. Les discours du prophète Hoséa, qui, en partie, appartiennent à cette époque, confirment ces suppositions. Dans un discours prononcé au milieu des troubles qui suivirent l'interrègne, Hoséa s'exprime ainsi (ib. 10, 2-4) : « Leur cœur s'est partagé, maintenant ils en portent la peine; lui (Dieu), il brisera leurs autels, il détruira leurs statues. Car ils disaient alors : Nous n'avons pas de roi; puisque nous ne craignons pas Jéhova, que nous ferait un roi ? Ils proféraient de vaines paroles, prêtaient de faux serments et contractaient des alliances; mais le jugement poussera comme la ciguë dans les sillons des champs.»

Zacharie, fils de Jéroboam, parvint enfin à monter sur le trône de son père, l'an trente-huit du règne d'Ouzia (772), mais il n'y resta que six mois. Un rebelle, *Sallum*, fils de Jabès, l'assassina en présence du peuple, probablement dans une émeute, et s'empara du trône, l'an trente-neuf d'Ouzia (771). Ainsi s'éteignit la dynastie de Jéhu. Sallum ne put se maintenir qu'un mois seulement. *Menahem*, fils de Gadi, qui commandait l'armée [1], et se trouvait alors à Thirsa, marcha contre Sallum, et s'étant emparé de Samarie, tua l'assassin de Zacharie, s'empara du trône et sut s'y maintenir pendant dix ans. Une ville nommé *Thiphsach*, située probablement dans les environs de Thirsa, et qui, à ce qu'il paraît, n'avait pas voulu reconnaître la royauté de Menahem, fut prise de force et châtiée par le nouveau roi avec la plus grande cruauté [2]. Phoul, roi d'Assyrie envahit alors la Syrie et le pays d'Israël. Menahem ne pouvant combattre contre un ennemi aussi puissant, extorqua au pays mille talents, ou trois millions de

---

[1] Voy. Amos, ch. 4, v. 6-9; ch. 7, v. 1—6.
[2] Voy. Amos, ch. 1, v. 1; ch. 4, v. 11; Zacharie, ch. 14, v. 5.
[3] Voy. ci-dessus, page 300.

[1] Josèphe, *Antiqu.* IX, 11, 1.
[2] Voy. II Rois, 15, 16, et Josèphe, l. c.; *Thiphsach* était aussi le nom de la ville de *Thapsacus*, sur l'Euphrate (voy. I Rois, 4, 24, et ci-dessus, page 287), et plusieurs commentateurs pensent qu'il s'agit ici de cette dernière ville, ce qui n'est pas probable.

sicles d'argent, pour les donner à Phoul, et racheta ainsi son armée à cinquante sicles par tête (II Rois, 15, 20), ce qui prouve qu'elle se composait de soixante mille hommes. A ce prix Phoul consentit à retirer ses troupes et à prêter à Menahem main-forte contre ses ennemis de l'intérieur qui lui contestaient la couronne qu'il avait usurpée. Une telle conduite ne put qu'augmenter la haine contre Menahem et sa famille ; son fils *Pékahia* (Phacéïa) lui succéda dans la cinquantième année d'Ouzia (760) ; mais deux ans après, un de ses officiers, *Pékah* (Phacée), fils de Rémalia, forma, avec cinquante Giléadites, une conspiration contre Pékahia, qui fut assassiné dans son palais de Samarie (748). Après ce forfait, Pékah s'empara du trône. Le prophète Hoséa déroule devant nos yeux le sombre tableau de ces temps d'anarchie et de crimes : « Jéhova, dit-il, plaide avec les habitants du pays ; car il n'y a dans le pays ni vérité, ni charité, ni connaissance de Dieu. Faux serment, dénégation, meurtre, vol, adultère ; tous ces crimes se répandent et le sang vient se joindre au sang. C'est pourquoi le pays sera en deuil, et tous ses habitants seront anéantis ; avec les animaux des champs et les oiseaux du ciel, et jusqu'aux poissons de la mer, ils périront tous. » — « Ils sont tous échauffés comme un four, et ils dévorent leurs juges ; tous leurs rois tombent, nul d'entre eux ne m'invoque. » — « Ils se sont donné des rois sans moi ; ils ont élevé des princes, sans que je le susse ; de leur argent et de leur or ils se sont fait des idoles, afin qu'ils soient exterminés [1]. »

A la fin de la première année de Pékah, Ouzia, roi de Juda, mourut dans la maladrerie, à l'âge de soixante-huit ans, l'an cinquante-deux de son règne ; il fut enseveli sur le terrain de la citadelle de David, mais en dehors du sépulcre des rois (II Chron. 26, 23). Son fils, le régent Jotham, lui succéda au trône. Le prophète *Ye-schayah* ou Isaïe, fils d'Amos [1], qui, dans cette même année, commença sa carrière prophétique, écrivit plus tard l'histoire du roi Ouzia (ib. v. 22).

Depuis cette époque la puissance des Assyriens allait toujours croissant et nous la voyons prendre contre la Syrie et la Palestine une attitude de plus en plus menaçante. Quel que soit le voile impénétrable qui couvre l'histoire de la monarchie assyrienne, les relations authentiques de la Bible sont plus que suffisantes pour prouver que, dans les quarante ans qui suivirent la mort d'Ouzia, la domination assyrienne atteignit son apogée et s'étendit peu à peu depuis la Perse jusqu'à la Méditerranée, et de la mer Caspienne au golfe Persique. Les rois d'Assyrie, que nous voyons paraître dans la Bible, pendant environ soixante ans (770 à 710), sont : Phoul (que nous avons déjà nommé), Thiglath-Piléser, Salmanassar, Sargon [2], Sanhérib (ou Sennachérib) et Ésar-Haddon. Ce dernier n'eut aucun rapport hostile avec la Palestine ; sous Sennachérib la fortune de l'Assyrie était déjà sur son déclin.

JOTHAM (758-741), qui succéda à son père à l'âge de vingt-cinq ans, se distingua par son énergie et par sa piété, et son règne fut un des plus heureux du pays de Juda. On lui reproche cependant d'avoir laissé subsister les *hauts lieux* et d'avoir permis que le peuple y offrît des sacrifices. Aux fortifications élevées par son père il en ajouta d'autres pour

---

[1] Hos. 4, 1-3 ; 7, 7 ; 8, 4.

[1] Selon une tradition rabbinique, qui ne se fonde sur aucune base historique, *Amos* ou *Amotz*, père d'Isaïe, était le frère du roi Amasia. Quelques Pères de l'Église l'ont confondu avec le prophète Amos ; mais saint Jérôme a déjà fait observer que les deux noms s'écrivent différemment en hébreu (*Proœm. ad Amos*).

[2] Sargon, qui n'est mentionné que dans un seul passage (Isaïe, 20, 1), ne peut être éloigné du temps de Sennachérib ; car le général Tharthan servit sous les deux rois (II Rois, 18, 17). Or, nous savons positivement que le successeur de Sennachérib fut Ésar-Haddon ; Sargon doit donc être nécessairement le prédécesseur de Sennachérib ; car rien ne nous oblige d'identifier les deux rois, comme l'ont fait plusieurs auteurs.

prévenir les dangers qui menaçaient le pays. Entre autres il restaura le *portail supérieur* du Temple, c'est-à-dire celui du parvis intérieur [1], et fit beaucoup de constructions au mur de la place *Ophel* [2]. Il combattit avec succès contre les Ammonites et les força de payer, pendant trois ans, un tribut très-considérable (II Chron. 27, 5). Pékah, craignant une invasion des Assyriens, avait fait une alliance avec Résin, roi de Syrie. Les deux rois formèrent le projet de renverser la dynastie de David, et de mettre sur le trône de Jérusalem un certain Ben-Tabeël, leur créature (Isaïe, 7, 6), probablement afin de pouvoir opposer aux Assyriens une force plus compacte; mais les sages mesures de Jotham ne leur permirent pas de songer alors à l'exécution de leur projet. Malheureusement Jotham mourut après seize ans de règne, à peine âgé de quarante-deux ans.

Son fils et successeur ACHAZ (741-726), jeune homme de vingt et quelques années [3], ne possédait aucune des qualités de son père. Il encouragea, par son propre exemple, l'idolâtrie phénicienne; il fit élever des statues de Baal, et alla jusqu'à prendre part à l'abominable culte de Moloch, en faisant passer par le feu un de ses enfants, dans la vallée de Hinnom [4]. Faible et craintif, il ne put tenir en respect ses dangereux voisins; dès les premiers temps de son règne, Pékah et Résin envahirent le pays de Juda, et Jérusalem fut menacée d'un siége. Achaz résolut de se jeter dans les bras du roi d'Assyrie et d'acheter son secours par un honteux tribut; mais en même temps il dut prendre des mesures pour défendre sa capitale contre les troupes réunies d'Israël et de Syrie. Se trouvant un jour près de *l'étang supérieur* de la source de Siloé, sans doute pour en faire détourner l'eau et boucher la source [1], le prophète Isaïe vint l'y trouver pour le rassurer et surtout pour l'empêcher d'avoir recours à l'Assyrie, dont l'intervention ne pouvait qu'être pernicieuse au pays. Le prophète montra au roi que Pékah et Résin, affaiblis déjà eux-mêmes et près de leur chute, ne pouvaient inspirer aucune crainte sérieuse et n'étaient plus que *deux bouts de tisons fumants* (Is. 7, 4). Ensuite, pour présenter sa prédiction sous une forme symbolique, Isaïe proposa à Achaz de demander un signe à Jéhova; mais Achaz répondit avec ironie qu'il ne voulait pas éprouver Jéhova. « Et pourtant, répliqua le prophète irrité, le Seigneur vous donne un signe: Voici, la jeune femme (celle du prophète [2]) est enceinte; elle enfantera un fils qu'elle appellera IMMANOUEL (*Dieu avec nous*). On mangera encore de la crème et du miel (dans les pays d'Israël et de Syrie) jusqu'à ce que cet enfant sache repousser ce qui est mauvais et choisir ce qui est bon; mais à peine le saura-t-il que déjà la terre, dont tu crains les deux rois, sera abandonnée (ib. v. 10-16). » Prévoyant que l'alliance du roi d'Assyrie ne servirait qu'à faciliter à celui-ci l'exécution de ses projets contre l'Égypte, le prophète finit par menacer Achaz d'une invasion des Assyriens et des Égyptiens. — Plus tard Isaïe, prenant pour témoins le prêtre Uria et un autre personnage appelé Zacharie, fils de Jébérechia [3], déclara

---

[1] II Rois, 15, 35; comparez Jérémie, 36, 10, où le parvis intérieur est appelé *supérieur*.
[2] Voy. II Chron. 27, 3, et ci-dessus, page 46.
[3] Le texte biblique dit qu'il était âgé de *vingt ans*; mais comme il mourut après seize ans de règne et qu'il laissa pour successeur un fils âgé de vingt-cinq ans, il faudrait qu'il fût devenu père à l'âge de onze ans. Nous croyons devoir supposer qu'Achaz, lors de son avénement, était âgé au moins de vingt-cinq ans, comme le portent les versions syriaque et grecque au 2me livre des Chron. ch. 28, v. 1.
[4] Voy. ci-dessus, pages 90 et 91.

[1] Voy. ci-dessus, page 54, et le commentaire de Gesénius sur le prophète Isaïe, t. 1, p. 276.
[2] Voy. Gesénius, l. c. page 301.
[3] Quelques auteurs modernes ont supposé que ce Zacharie était un prophète et que c'est à lui qu'il faut attribuer les chapitres 9 à 11 du livre de Zacharie, qui, dit-on, ne sauraient être composés après l'exil et doivent appartenir à l'époque de la puissance

qu'il nommerait un autre fils, que sa femme lui donnerait, MAHER-SCHA-LAL HASCH-BAZ (*Hate-butin Presse-pillâge*); car avant que l'enfant pût dire *mon père* et *ma mère*, on aurait emporté devant le roi d'Assyrie la richesse de Damas et le butin de Samarie (ib. 8, 1 — 4).

Ainsi que le prophète l'avait prédit, les deux rois alliés d'Israël et de Syrie se virent contraints de renoncer au siége de Jérusalem, mais ils tournèrent leurs armes sur d'autres points. Résin s'empara de la ville d'Élath, en chassa les Judéens et y rétablit les Iduméens. Pékah fit la guerre sur les frontières de Juda et tua beaucoup de monde; un prince de la famille royale, un intendant du palais et un ministre du roi Achaz succombèrent devant un héros éphraïmite, nommé Zichri. Les soldats israélites firent un grand butin et emmenèrent beaucoup de femmes et d'enfants du pays de Juda. Un prophète de Samarie, nommé Oded, blâma sévèrement la conduite des Israélites envers leurs frères de Juda; il fut écouté, et, par l'intervention de quelques chefs de l'armée, les captifs comblés de bienfaits furent reconduits à Jéricho, pour rentrer dans leurs foyers.

Malgré les avertissements réitérés du prophète Isaïe, Achaz persista à appeler à son secours Thiglath-Piléser, roi d'Assyrie, dont il acheta la protection avec les trésors du Temple et ceux du palais. Le conquérant assyrien, déjà avide de nouvelles conquêtes, ne se fit pas attendre longtemps; il envahit le territoire de Damas et s'empara de toute la Syrie, qu'il réunit à son vaste royaume. Résin fut tué, et les Syriens furent transportés en grande partie dans le pays de *Kir*, probablement une contrée dans les environs du fleuve *Kour*, l'ancien *Cyrus*, en Arménie. De la Syrie Thiglath-Piléser pénétra dans le pays d'Israël, et occupa toute la Pérée et la Galilée, dont il fit transporter en Assyrie les principaux habitants [1]. Le royaume d'Israël se borna dès lors au petit pays de Samarie. Le roi Pékah fut assassiné quelque temps après (738), victime d'une conspiration à la tête de laquelle se trouva Hoséa, fils d'Éla, qui voulut se placer sur le trône. Mais nous reconnaissons par les dates qu'il ne put y parvenir immédiatement et que, pendant neuf ans, le pays de Samarie fut en butte à la lutte des partis et à une complète anarchie.

Achaz alla trouver le roi d'Assyrie à Damas. A cette occasion, ayant vu le grand autel de Damas, il en envoya le dessin au prêtre Uria, à Jérusalem, en lui ordonnant d'en faire élever un pareil dans le parvis du temple. Uria se hâta d'exécuter les ordres du roi; l'ancien autel d'airain fut reculé vers le midi et le nouvel autel fut placé au nord. Pour gagner de la place on enleva les piédestaux des bassins, ainsi que les bœufs d'airain qui servaient de piédestal au grand bassin, appelé la *mer d'airain*. Le roi voulut que les sacrifices quotidiens fussent offerts dorénavant sur le nouvel autel. Non content de ces profanations, Achaz, de retour à Jérusalem, éleva partout des autels aux divinités syriennes, et finit par fermer le sanctuaire national. Achaz n'eut pas lieu de se louer de l'alliance assyrienne qu'il avait si chèrement achetée; car il fut traité en vassal du vaste empire (II Chron. 28, 20). En même temps les Iduméens firent des incursions sur le territoire de Juda et s'y livrèrent au pillage. Les Philistins, profitant de la faiblesse d'Achaz, lui prirent plu-

assyrienne. Voy. Bertholdt, *Einleitung*, t. IV, p. 1721 et suiv.; Knobel, *Der Prophetismus der Hebræer*, Breslau, 1837, t. II, page 166 et suivantes.

[1] Dans les livres des Rois l'invasion du pays d'Israël est rapportée avant celle de la Syrie; voy. II Rois, ch. 15, v. 29, et ch. 16, v. 9. Mais Josèphe s'est trompé en admettant deux différentes expéditions (*Antiqu.* IX, 11, 1; 12, 3). Le roi d'Assyrie n'a pu pénétrer en Palestine qu'après s'être emparé de la Syrie, et les deux passages du livre des Rois tirés, l'un des annales d'Israël, l'autre des annales de Juda, ne parlent sans doute que d'une seule et même expédition.

sieurs villes[1]. Achaz mourut dans la seizième année de son règne (726); quoique jeune encore, il ne fut nullement regretté, les honneurs de la sépulture royale lui furent même refusés et il fut enseveli dans la ville (basse), de Jérusalem (ib. v. 27). Il laissa dans son fils *Hizkia*, ou Ézéchias, âgé de vingt-cinq ans, un successeur qui donnait au royaume de Juda les plus belles espérances. Dès sa plus tendre jeunesse le prophète Isaïe, reconnaissant les belles qualités du jeune prince, l'avait présenté comme le sauveur de Juda, qui devait renouveler l'éclat de la maison de David[2].

ÉZÉCHIAS (726-697) formait, sous tous les rapports, le plus grand contraste avec son père. Il manifesta un zèle ardent pour le culte de Jéhova; dès son avénement au trône il fit rouvrir le Temple qui avait été fermé par Achaz. Partout les statues des divinités phéniciennes furent brisées, et il fit même supprimer les *hauts lieux*, dont le culte, bien que consacré à Jehova, formait une concurrence illégale au sanctuaire central et était contraire aux principes de la loi mosaïque[3]. Voulant détruire tout ce qui pouvait donner lieu à l'idolâtrie, il fit briser le *serpent d'airain* que Moïse avait fait ériger dans le désert comme symbole de la guérison (Nombres, 21, 9), et qui, conservé comme objet d'antiquité, ou imité plus tard, était devenu pour le peuple un objet de culte superstitieux.

On était alors près de la fête de Pâques; au premier jour du mois d'*Abib*, ou de la lune de Pâques, Ézéchias fit assembler les prêtres et les lévites sur la grande place, à l'est du Temple, et leur ordonna de purifier le sanctuaire et d'y préparer tout pour la réouverture du culte. Les travaux de purification ayant duré jusqu'au seize du mois, on dut ajourner la célébration de la Pâque, à laquelle le roi voulait donner le plus grand éclat, et il fut décidé que la fête serait remise au deuxième mois[1]. En attendant, un grand sacrifice expiatoire fut célébré pour le royaume, le sanctuaire et tout le peuple de Juda; le roi y assista lui-même avec tous les grands personnages de la ville de Jérusalem. Cette cérémonie touchante, pendant laquelle les lévites exécutaient la musique et les chants sacrés composés par David et les poëtes de son temps, fit sur le peuple la plus profonde impression. Les sacrifices offerts en ce jour furent si nombreux que les prêtres ne purent y suffire, et qu'ils furent obligés de confier aux lévites une partie de leurs fonctions. Après cette solennité Ézéchias envoya des messagers avec des lettres dans le pays de Samarie et dans tout le reste de l'ancien pays d'Israël, pour engager tous les Israélites qui y restaient encore à venir célébrer la Pâque dans le sanctuaire de Jérusalem. Ézéchias nourrissait peut-être l'espérance de réunir de nouveau tout Israël sous le sceptre de la dynastie de David, en reconnaissant pour le moment la suzeraineté du roi d'Assyrie; car déjà la chute prochaine de Samarie était attendue; les prophètes Isaïe et Micha la prédisaient alors dans les termes les plus précis. Ils menaçaient aussi le pays de Juda de dures épreuves, à cause des vices qui y régnaient; mais ils espéraient avec confiance que la piété et la justice du roi ramèneraient bientôt dans Juda des jours de bonheur et de puissance[2]. Les courriers d'Ézéchias parcoururent toute la Palestine, mais presque partout ils furent en butte aux plaisanteries du peuple; cependant un certain nombre d'hommes pieux des tribus d'Éphraïm, de Manassé, d'Aser, d'Issachar et de Zabulon, suivirent l'appel d'Ézéchias et arrivèrent à Jérusalem. On célébra le rit de l'agneau pascal le quatorze du deuxième mois; ensuite sept jours fu-

---

[1] Voy. ci-dessus, page 86.
[2] Voy. Isaïe, ch. 9, v. 5 et 6, et le commentaire de Gesénius, t. I, p. 360 et suivantes.
[3] Voy. ci-dessus, pages 154 et 159.

[1] Voy. ci-dessus, page 186, col. 2, note 1.
[2] Voy. Micha, ch. 1, v. 5 et suiv. et ch. 5; Isaïe, ch. 28 à 33, et le commentaire de Gesénius.

rent consacrés à la fête des azymes et sept autres jours à des réjouissances publiques. Depuis le temps de Salomon on n'avait pas vu à Jérusalem de pareils jours de fête et de joie. Les corps des prêtres et des lévites furent réorganisés sous les auspices du grand-prêtre Azaria, et le roi prit les mesures nécessaires pour assurer leurs revenus (2 Chron. ch. 29 à 31).

Pendant ce temps le royaume de Samarie voyait approcher sa dernière heure. Hoséa, l'assassin de Pékah, était enfin parvenu à monter sur le trône, trois ans avant l'avénement d'Ézéchias (729); il était vassal du roi d'Assyrie et payait un tribut à Salmanassar, successeur de Thiglath-Piléser. Nous savons par les discours des prophètes de cette époque que, dans le royaume d'Israël, comme dans celui de Juda, il y avait alors beaucoup de partisans d'une alliance avec l'Égypte, qui seule était capable d'opposer une digue aux envahissements de l'Assyrie, et qui était intéressée elle-même, au plus haut degré, à éloigner de ses frontières une puissance dont la soif de conquêtes ne paraissait pas devoir se borner à l'Asie. Les prophètes se méfiaient d'une pareille alliance et la désapprouvaient avec énergie. Le roi Hoséa crut cependant y trouver son salut. A cette époque une dynastie éthiopienne, la vingt-cinquième de Manéthon, avait envahi la haute Égypte, tandis que la basse Égypte était divisée entre deux dynasties, l'une *Tanite* (la vingt-troisième), l'autre *Saïte* (la vingt-sixième)[1]. Celle d'Éthiopie, à ce qu'il paraît, était la plus puissante; elle pouvait envoyer des troupes en Palestine par le désert et l'Idumée, comme l'avait déjà fait autrefois un roi de Méroë, du temps d'Asa[2]. Ce fut probablement au deuxième roi de cette dynastie, appelé *So* ou *Sévé* (Sevechus), que le roi Hoséa envoya des ambassadeurs pour entamer des négociations. La Bible ne nous dit rien sur le résultat de cette démarche; mais Hoséa compta tellement sur le succès, qu'il se hâta de refuser le tribut au roi d'Assyrie. Salmanassar ayant appris la trahison d'Hoséa le fit saisir et mettre en prison; en même temps il occupa tout le pays de Samarie et mit le siége devant la capitale, dans la septième année du règne d'Hoséa, quatrième d'Ézéchias (723). La ville de Samarie, après une résistance opiniâtre, succomba enfin. Le siége de cette ville avait duré plus de deux ans, et avec elle tomba le dernier boulevard de l'indépendance d'Israël. Ce fut dans la sixième année du règne d'Ézéchias (721) que les Assyriens entrèrent dans Samarie. Selon le principe constamment suivi par les conquérants assyriens, tous les principaux habitants qui pouvaient donner quelque sujet de crainte, notamment les riches et les guerriers, furent forcés d'émigrer et le pays conquis fut peuplé de colons étrangers. Les Israélites furent transportés dans différentes contrées de l'Assyrie et de la Médie, et le pays d'Israël fut repeuplé successivement, sous Salmanassar et ses successeurs, par différentes peuplades de la vaste monarchie assyrienne. Nous recueillerons plus loin quelques données historiques sur les destinées ultérieures du territoire d'Israël et sur le sort des exilés israélites.

Au moment où le pays d'Israël tomba victime de ses luttes intestines, de ses fréquentes révolutions militaires et d'une politique faussement dirigée, le pays de Juda sembla se ranimer d'une vie nouvelle sous le roi Ézéchias. Là, malgré les écarts de plusieurs rois et d'une partie du peuple, le sanctuaire central et la dynastie de David avaient toujours empêché les débordements de l'irréligion et des passions politiques qui furent si funestes au pays d'Israël. Les prophètes étaient mieux écoutés; les prêtres exerçaient une grande influence, l'État et la dynastie leur avaient dû le salut aux funestes jours d'Athalie. Israël n'avait eu que quelques jours d'éclat et

---

[1] Voy. sur ces trois dynasties *contemporaines*, l'introduction de Gesénius au ch. 19 d'Isaïe.
[2] Voy. ci-dessus, page 305.

de bonheur sous le roi Jéroboam II, tandis que Juda avait joui de nombreuses années de gloire et de prospérité sous les règnes heureux d'Asa, de Josaphat et d'Ouzia. En outre, la position géographique de Juda était des plus avantageuses et Jérusalem surtout offrait de grands moyens de défense [1]. Salmanassar n'essaya pas de soumettre la Judée; après avoir pris Samarie, il se dirigea sur la Phénicie et s'empara de tout le pays, à l'exception de Tyr [2]. Mais les collisions entre les conquérants d'Asie et l'Égypte devaient finir par devenir funestes au petit royaume de Juda. La période suivante nous montrera ses derniers jours d'éclat et sa complète restauration religieuse, mais aussi sa rapide décadence et sa chute au milieu des grands événements qui agitaient l'Asie.

CINQUIÈME PÉRIODE.

ROYAUME DE JUDA.

De l'exil assyrien jusqu'à l'exil de Babylone (de 721 à 588).

La chronologie de cette période, suivant le principe que nous avons énoncé dans les observations chronologiques sur la période précédente, peut s'établir à peu près ainsi :

Suite du règne d'Ézéchias, de 721 à 697
Règnes de Manassé, 55 ans, 697 — 642
Amon 2 — 642 — 640
Josias, 31 (30) — 640 — 610
Joachaz, 3 mois, 610
Joïakim, 11 ans, 610 — 599
Joïachin, 3 mois, 599
Sédékia, 11 ans, 599 — 588

Cette chronologie, comme on le verra plus loin, cadre assez bien avec ce que nous savons de l'histoire des Chaldéens.

Pendant que les Assyriens faisaient de vains efforts pour s'emparer de la nouvelle Tyr, voulant probablement de là se rendre en Égypte, Ézéchias prit sa revanche sur les Philistins et les refoula jusqu'à Gaza. Les Tyriens, sous le roi Élulée, battirent avec douze vaisseaux la flotte qui avait été fournie à Salmanassar par les autres villes phéniciennes, telles que Sidon, Arca et la vieille Tyr. Le roi d'Assyrie dut se contenter de bloquer l'île de Tyr, pendant cinq ans, et d'empêcher les habitants de venir chercher de l'eau sur le continent. Les Tyriens creusèrent des puits et résistèrent à Salmanassar [1], qui mourut laissant à son successeur Sargon le soin d'accomplir ses desseins contre l'Égypte. Sargon confia cette expédition à son général Tharthân, qui, prenant son chemin à travers le pays des Philistins, se rendit maître de la ville d'Asdôd (vers 716) [2]. Le prophète Isaïe prédit alors des malheurs à l'Égypte, et notamment à la dynastie éthiopienne. Pour mieux agir sur l'esprit d'un parti politique de la Judée qui aurait voulu alors conclure une alliance avec l'Égypte contre l'Assyrie, le prophète se montra sur la place publique, sans vêtement de dessus, les pieds nus, comme un captif, et prédit que les Égyptiens et les Éthiopiens seraient ainsi emmenés captifs par le roi d'Assyrie [3]. La prophétie d'Isaïe s'est-elle accomplie ? Les documents historiques, tant sacrés que profanes, ne font aucune mention d'une victoire que les Assyriens auraient remportée sur l'Égypte. Cependant le prophète Nahum qui, quelques années plus tard, prédit la chute de l'empire assyrien, adressant la parole à la ville de Ninive, s'exprime en ces termes (ch. 3, v. 8-10) :
« Es-tu meilleure que No-Ammon
« (Thèbes), assise au milieu des
« fleuves (canaux) et entourée d'eau,
« qui avait une mer (le Nil) pour
« rempart, et dont le mur était une
« mer ? Les Éthiopiens étaient sa
« force et les innombrables Égyp-

---

[1] Voy. Car. Christ. Bernhardt *Commentatio de causis quibus effectum sit, ut regnum Judæ diutius persisteret quam regnum Israël.* Louvain, 1825.
[2] Voy. Josèphe, *Antiqu.* IX, 14, 2.

[1] Ménandre cité par Josèphe, l. c.
[2] Voy. ci-dessus, page 85.
[3] Voy. Isaïe, ch. 20, et le commentaire de Gesénius, t. I, p. 641.

« tiens; Phut[1] et les Libyens étaient
« ses soutiens. Elle aussi est en exil,
« elle est allée en captivité; ses en-
« fants aussi ont été écrasés aux coins
« de toutes les rues; on a tiré au sort
« ses hommes illustres et tous ses
« grands ont été chargés de fers. »
Il paraît évident que Nahum parle
d'un événement récent et qui devait
être bien connu des Ninivites; rien
n'est donc plus naturel que de penser
à une défaite que le général Tharthân fit subir à So ou Sevéchus, roi
d'Éthiopie et de la haute Égypte.
Quoi qu'il en soit, le succès des Assyriens n'a pu être que momentané;
car nous les verrons entreprendre
une nouvelle expédition contre l'É-
gypte.

Les livres historiques de la Bible
ne nous disent rien sur ce qui se
passait alors en Judée; mais quelques
oracles du prophète Isaïe nous présentent un tableau très-animé de l'é-
tat moral et politique du peuple de
Juda : heureuse par son roi et par
la bravoure de ses vaillants guerriers,
la Judée fut troublée par les menées
d'un parti qui, au lieu de chercher
son salut dans la piété et dans la
confiance en Jéhova, ne respirait
que la guerre et comptait sur les
chevaux et les chariots d'Égypte,
que le prophète présente comme
inutiles et même dangereux pour la
Judée. Ce parti, qui comptait dans
son sein des personnages importants, même des prêtres et des prophètes, méconnut le vrai sens des
préceptes religieux et s'attacha tout
au plus à quelques observances extérieures; il s'abandonna au débordement des passions, viola le droit et
opprima le peuple. Le pays ne devait
être vraiment heureux que lorsque
Dieu aurait puni les impies par un
rude châtiment[2].

Il paraîtrait que, malgré l'influence
dont jouissait Isaïe auprès du roi
Ézéchias, les partisans de l'alliance
égyptienne surent faire prévaloir leurs
projets; ce qui explique la hardiesse
avec laquelle Ézéchias osa subitement
refuser le tribut à l'Assyrie, et cela
au moment, où celle-ci était au faîte
de sa puissance. Dans la quatorzième
année du règne d'Ézéchias, Sanhérib, ou Sennachérib, successeur de
Sargon, conduisant une nombreuse
armée contre l'Égypte, voulut, chemin faisant, punir l'audace du roi de
Juda; ayant donc traversé la Judée,
il s'empara aussitôt de toutes les forteresses et menaça la ville de Jérusalem.
Ce fut en vain qu'Ézéchias, reconnaissant sa faute, s'humilia devant le
roi d'Assyrie; celui-ci lui imposa un
tribut de trois cents talents d'argent
et de trente talents d'or. Pour le
payer, Ézéchias employa jusqu'au revêtement d'or des portes du Temple,
voulant probablement faire croire aux
Assyriens que les trésors du Temple et
du palais ne suffisaient pas pour payer
une somme aussi considérable, et
qu'il donnait tout ce qu'il pouvait.
En effet, nous le verrons plus tard
faire parade de ses trésors devant les
ambassadeurs de Babylone. Cependant
Sennachérib, comptant se rendre en
Égypte, ne voulut pas laisser derrière
lui une ville ennemie aussi importante,
et, après avoir rançonné le roi de Juda, il manifesta la résolution d'occuper Jérusalem par les troupes assyriennes.

On dit que Sennachérib, s'étant dé-
chargé sur quelques-uns de ses généraux de la continuation de la guerre en
Judée, se rendit lui-même à Péluse, pour
envahir la basse Égypte[1], où régnait
alors Séthon, ou *Zet*, quatrième roi
d'une dynastie de Tanites (la vingt-
troisième de Manéthon). Hérodote
raconte (II, 141) que Séthon, qui
était prêtre de Vulcain (le *Phtah* des
Égyptiens), ayant traité avec dureté
la caste des guerriers et leur ayant
enlevé les champs qui leur avaient été

---

[1] Phut, selon la Genèse (10, 6), troisième fils de Cham, désigne, dit Josèphe (*Antiqu. I*, 6, 2), la *Mauritanie* où il y avait un fleuve appelé Phut. Comparez le commentaire de saint Jérôme sur Isaïe (66, 19), et Pline, *Hist. nat.* V, I.

[2] Voy. Isaïe, ch. 28 à 33, et Gesénius, l. c. pages 823 et 824.

[1] Voy. Josèphe, *Antiqu.* X, I, I.

accordés par les rois précédents, les soldats refusèrent de marcher contre l'armée de Sennachérib. Dans sa détresse Séthon se réfugia devant la statue de son dieu pour lui demander secours. S'étant endormi, il eut un songe, dans lequel le dieu l'encouragea à marcher contre les Assyriens; mais il ne put se faire accompagner que par des fripiers, des ouvriers et d'autres gens du bas peuple. Cette armée peu aguerrie vint camper près de Péluse, par où les ennemis devaient entrer; heureusement que dans la nuit une multitude de souris champêtres se répandit dans le camp ennemi et rongea les carquois, les arcs et les courroies des boucliers. Le lendemain les Assyriens ne pouvant combattre, furent obligés de prendre la fuite et perdirent beaucoup de monde.

Il est difficile de faire accorder ce récit avec celui de la Bible, selon lequel le roi d'Assyrie ne quitta pas la Palestine et resta à Lachis, dans la plaine de Juda, tandis que ses généraux s'avancèrent contre Jérusalem. Ézéchias, décidé à résister, ne négligea rien pour mettre sa capitale en état de défense. Il fit obstruer les sources qui pouvaient fournir de l'eau aux assiégeants, réparer les murs partout où il y avait des brèches, démolir les maisons qui offraient des obstacles aux travaux de fortification et détourner dans la ville l'eau de Siloé [1]. Pendant ce temps le prophète Isaïe (ch. 22) tonna de nouveau contre ceux qui, se fiant à leurs propres forces et au secours de l'Égypte, oubliaient Dieu, dont le courroux suspendait ce châtiment sur leurs têtes, et qui, au lieu de s'humilier et de montrer un sincère repentir, attendaient le moment fatal dans les festins et les réjouissances. Il s'adressa particulièrement à Sebna, intendant de la maison du roi, et problablement l'un des principaux fauteurs du parti irréligieux que le prophète ne cessait de combattre. Il lui reprocha de ne s'occuper que du vain éclat de sa maison, et de s'être bâti un magnifique tombeau de famille; il lui annonça en même temps sa prochaine destitution et son remplacement par le pieux Éliakim, fils de Hilkia. En effet le roi, probablement d'après les instances d'Isaïe, éloigna Sebna du poste important qu'il avait occupé; mais il lui confia les fonctions de secrétaire.

Tharthân, et deux autres généraux assyriens, dont l'un portait le titre de *Rabsaké* (grand échanson) et l'autre celui de *Rabsaris* (chef des eunuques), se présentèrent bientôt au nom du roi Sennachérib, devant la muraille de l'est, près de l'*étang supérieur* (p. 54), et demandèrent à parler au roi. Ézéchias expédia auprès d'eux Éliakim, le nouvel intendant du palais, Sebna le secrétaire et Joach le chancelier. Rabsaké prit la parole, et, dans un langage hautain, il taxa de fanfaronnade les plans de défense et la bravoure dont se vantait le roi de Juda, et appela l'Égypte, dont Ézéchias attendait son salut, un faible roseau qui ne fait que blesser la main de celui qui s'y appuie. « En vain, ajouta-t-il, vous compteriez sur le secours de Jéhova, qu'Ézéchias a offensé en détruisant partout ses hauts lieux et ses autels et en ne laissant subsister qu'un seul autel à Jérusalem. Vous êtes déjà si faibles que, si je vous fournissais deux mille chevaux, vous n'auriez pas assez de cavaliers pour les monter. C'est Jéhova lui-même qui a envoyé le roi d'Assyrie pour dévaster ce pays. » Les délégués d'Ézéchias demandèrent à Rabsaké de parler en syriaque, pour ne pas être entendu du peuple qui était sur le rempart; mais Rabsaké répondit que c'était justement à ce peuple mourant de faim et de soif que s'adressaient ses paroles; alors, élevant la voix, il parla aux soldats d'Ézéchias en langue hébraïque, disant que leur roi les trompait et qu'il ne pourrait pas les sauver; que le roi d'Assyrie, au contraire, leur offrait le bonheur et la tranquillité, et les conduirait dans un pays aussi fertile que le leur, que d'ail-

---

[1] Voy. II Chron. 32, 3 — 5; Isaïe, 22, 9 — 11. Comparez II Rois, 20, 20.

leurs Jehova ne les sauverait pas plus que les autres dieux n'avaient sauvé leurs pays. Ce discours fut écouté dans un profond silence; Ézéchias avait défendu de faire aucune réponse.

Les trois délégués rapportèrent à Ézéchias ce qu'ils venaient d'entendre. Le roi déchira ses vêtements et se rendit au Temple en habit de deuil. Par son ordre, Éliakîm, Sebna et les principaux prêtres vêtus de deuil, allèrent trouver le prophète Isaïe, afin de l'engager à prier Dieu pour le salut du pays. Isaïe fit rassurer le roi, en prédisant que Sennachérib apprendrait bientôt une nouvelle qui le ferait retourner précipitamment dans son pays. Dans cette extrémité, le prophète, oubliant son antipathie pour l'alliance égyptienne, jeta lui-même un regard plein d'espoir sur le puissant Tirhaka, roi d'Éthiopie et de la haute Égypte, qui allait arrêter les triomphes de l'orgueilleux Sennachérib. Nous possédons encore un chant d'Isaïe, composé probablement dans cette circonstance; le prophète y parle de messagers venant d'Éthiopie sur de légères barques de papyrus, et il invite les rapides messagers (de Juda) à aller au-devant du peuple fort et redoutable (d'Éthiopie), pour lui faire connaître la mission que Dieu lui a confiée [1].

Rabsaké et les deux autres généraux assyriens retournèrent auprès de Sennachérib, pour lui rendre compte du résultat de leur mission. Le roi d'Assyrie se trouvait au siége de Libna, ville de la plaine de Juda, soit qu'il s'y fût rendu directement de Lachis, comme le dit le texte biblique, ou qu'il fût revenu alors de Péluse, comme le fait entendre Josèphe, qui cherche à combiner la relation biblique avec celle d'Hérodote [2]. En même temps Sennachérib reçut la nouvelle de l'approche de Tirhaka, qui venait combattre l'armée assyrienne. Tremblant devant la renommée du conquérant éthiopien [1], il avait hâte d'achever la soumission de la Judée par la conquête de Jérusalem; il écrivit donc au roi Ézéchias pour le sommer de nouveau à lui ouvrir les portes de sa capitale, en énumérant fièrement tous les peuples qu'il avait soumis. Le roi lut la lettre, alla au Temple, et la déployant devant Jéhova, lui adressa une fervente prière, lui demandant de venger l'outrage fait à son nom. Isaïe prononça un oracle dans lequel il assura au roi que Jéhova avait exaucé sa prière, que bientôt Sion et Jérusalem regarderaient avec mépris l'orgueil humilié de Sennachérib, et que celui-ci n'essaierait même pas d'assiéger la ville de Jérusalem. En effet Sennachérib, voyant que ses menaces ne produisaient pas d'effet, jugea convenable de faire sonner la retraite, d'autant plus que la peste qui venait d'éclater dans son armée, où elle faisait d'effroyables ravages, ne lui laissait plus aucun espoir de pouvoir résister à l'armée de Tirhaka. On ne peut douter que *l'ange de Jéhova* qui, selon la tradition biblique (II Rois, 19, 35), frappa, dans une seule nuit, cent quatre-vingt-cinq mille Assyriens, désigne la peste. Dans le langage des Hébreux, toutes les grandes calamités, et notamment la peste, sont attribuées directement à Dieu ou à son ange [2].

C'est ainsi que se termina cette grande expédition, par laquelle Sennachérib voulut se rendre maître de la Judée et de l'Égypte. Le sol de la

---

[1] Voy. Isaïe, ch. 18, et le commentaire de Gesénius.

[2] Josèphe, sentant la difficulté de mettre entièrement d'accord les deux relations, ne parle pas du siége de Libna. Selon lui, Sennachérib avait déjà reçu à Péluse la nouvelle de l'arrivée de Tirhaka, ce qui fut cause de sa retraite. *Antiqu.*, X, 1, 4.

[1] Tirhaka, successeur de So, ou Sevéchus, est le même que *Tarakos* ou *Tearko*, troisième et dernier roi de la dynastie éthiopienne (la 25ième de Manéthon). Mégasthène le présente comme un des plus grands conquérants de l'antiquité et le place à côté de Nabuchodonosor. Voy. Strabon, l. XV, c. 1, § 6.

[2] Voy. Jahn, *Archæologie*, I, 2, p. 386 à 388, et ci-dessus, p. 281. Le passage du 2e livre de Samuel (ch. 24, v. 15 et 16) peut lever tous les doutes à cet égard. On peut comparer le récit du 1er livre de l'Iliade, où les attaques de la peste sont représentées par les traits d'Apollon.

Judée fut délivré à jamais des troupes assyriennes. Sennachérib revint à Ninive couvert de honte ; plus tard, après un règne de dix-huit ans, il fut assassiné dans un temple par deux de ses fils, qui se refugièrent en Arménie. Sa couronne passa à un troisième fils, nommé Ésar-Haddon, qui n'eut aucune relation avec la Palestine, si ce n'est en envoyant de nouveaux colons dans l'ancien pays d'Israël (Ezra, 4, 2).

Après le départ des Assyriens, le roi Ézéchias tomba dangereusement malade ; quelques mots que nous trouvons dans le récit biblique (II Rois, 20, 7) sur la maladie d'Ézéchias et sur le traitement ordonné par le prophète Isaïe, font présumer que le roi était atteint de la peste. Isaïe qui, comme d'autres prophètes, exerçait aussi la médecine, déclara d'abord la maladie du roi mortelle, et lui conseilla de régler les affaires de sa maison. Le roi, âgé de trente-neuf ans, qui n'avait pas encore d'héritier, fut profondément affligé, et se tournant vers le mur, il pria Dieu en pleurant amèrement. Isaïe avait à peine quitté l'appartement du roi, que, subitement inspiré, il revint annoncer à Ézéchias, que Dieu avait exaucé sa prière, qu'il serait guéri et que, dès le troisième jour, il pourrait se rendre au Temple. Le prophète ordonna de mettre sur l'inflammation (le bubon pestilentiel) un cabas de figues[1] ; ce remède réussit complétement et le roi fut guéri. Le livre d'Isaïe (ch. 38, v. 10-20) renferme un cantique composé par Ézéchias après sa guérison.

A cette époque Mérodach-Baladan, roi de Babylone, alors sous la suzeraineté de l'Assyrie, envoya des ambassadeurs avec des lettres et des cadeaux au roi Ézéchias. Le but apparent de cette ambassade fut de féliciter le roi de Juda du rétablissement de sa santé (Isaïe, 39, 1) ; mais on ne comprend pas pourquoi un vassal de Sennachérib aurait donné cette marque de déférence au roi d'un petit pays si éloigné de Babylone, et avec lequel il n'avait eu jusque-là aucun rapport. Il est donc plus probable que cette ambassade avait un but politique, et les événements contemporains de Babylone nous le font deviner. Un fragment de l'historien chaldéen Bérose[1] nous fait voir que le pays de Babylone était alors déchiré par des troubles intérieurs. Le vice-roi, frère de Sennachérib, venait d'avoir pour successeur un certain Acises, qui, après trente jours de règne, fut tué par Mérodach-Baladan. Celui-ci, selon Bérose, ne régna que six mois et fut tué par un certain Elibus, qui put se maintenir pendant trois ans, jusqu'à ce que Sennachérib ayant vaincu les Babyloniens en confia le gouvernement à son fils Asordan (Ésar-Haddon)[2]. Il résulte dans tous les cas, du fragment de Bérose, que Babylone essaya alors de se rendre indépendante de l'Assyrie ; Mérodach-Baladan, encouragé, sans doute, par la récente déconfiture de Sennachérib dans son expédition contre l'Égypte et la Judée, refusa de reconnaître la souveraineté de l'Assy-

---

[1] Isaïe, ayant remarqué probablement le bubon pestilentiel, espérait pouvoir opérer la guérison. L'application de figues est ordonnée encore maintenant, dans la peste, par les médecins arabes et turcs, qui y voient un remède amollissant et résolutif. Voy. Gesénius, l. c. page 979. Selon le récit du 2e livre des Rois (ch. 20, v. 8—11), Ézéchias aurait demandé à Isaïe un signe comme présage de guérison, et, sur la prière du prophète, l'ombre aurait rétrogradé de dix degrés, sur un cadran solaire établi par le roi Achaz. Ce fait rapporté *après* celui de la guérison du roi a été intercalé, sans doute, d'après une tradition populaire dont on a vainement cherché à deviner la base historique.

[1] Le fragment dont nous parlons n'est connu que depuis peu de temps ; il se trouve dans la version arménienne de la Chronique d'Eusèbe, publiée en 1818, à Venise, par Jean-Bapt. Aucher, avec une version latine, t. I, p. 42 et 43. Eusèbe a tiré ce fragment d'Alexandre Polyhistor. Gesénius (l. c. p. 999 et suiv.) a été le premier à faire remarquer l'importance de ce fragment, où nous voyons reparaître le nom de *Mérodach Baladan* qu'on ne connaissait que par la Bible.

[2] Selon le canon de Ptolémée, *Mardocempadus*, probablement le même que Mérodach-Baladan, aurait régné douze ans.

rie; mais en même temps crut devoir chercher des alliés parmi les ennemis de Sennachérib, et sous ce rapport, l'alliance d'Ézéchias n'était pas à dédaigner. L'ambassade avait donc pour but de connaître les intentions d'Ézéchias et les forces dont il pouvait disposer. Le roi de Juda, fier de l'honneur que lui faisait le roi de Babylone, montra aux ambassadeurs ses trésors, ses magasins et ses arsenaux.

Le prophète Isaïe étant venu demander au roi ce que ces gens avaient dit, et d'où ils venaient, Ézéchias se contenta de répondre avec fierté que ces ambassadeurs étaient venus d'un pays lointain, de Babylone, et qu'il leur avait montré tout ce qu'il y avait dans son palais et dans ses trésors. Isaïe avec son regard pénétrant et sa profonde intelligence des événements politiques, qui se manifeste dans tous ses discours, comprit aussitôt les dangers dont la Judée serait menacée, si Babylone devenait puissante, et, se figurant déjà l'empire de Babylone, élevé sur les ruines de celui d'Assyrie, il adressa au roi Ézéchias ces paroles prophétiques : « Des jours viendront où on emportera à Babylone tout ce qui est dans ta maison et ce que tes pères ont amassé jusqu'à ce jour; rien n'y restera, dit Jéhova, et tes propres descendants seront des courtisans dans le palais du roi de Babylone. » — « C'est bien, répondit le roi, pourvu que de mes jours il y ait paix et stabilité[1]. » Le laconisme de nos sources ne permet pas de bien apprécier la réponse du roi : les uns y ont vu une expression d'égoïsme, les autres une pieuse résignation; il nous semble qu'on peut y reconnaître un peu d'humeur. Le roi voyant sa fierté humiliée par une prophétie accablante, semble ne pas partager les craintes du prophète, et ne veut pas passer condamnation sur sa propre politique; il répond donc, avec humeur et ironie, que la prédiction du prophète ne se réalisera pas de sitôt, et que pour son compte il ne craint rien. Il paraîtrait en effet que, malgré l'avertissement d'Isaïe, des rapports d'amitié s'établirent entre Ézéchias et la cour de Babylone; nous verrons du moins plus tard l'arrière-petit-fils d'Ézéchias, dans une guerre entre l'Égypte et les Babyloniens, se ranger du côté de ces derniers. Isaïe, à ce qu'il paraît, se retira de la cour; du moins nos documents, depuis cette époque, ne nous le montrent plus en rapport avec Ézéchias, quoiqu'on ne parle pas de sa mort. La tradition le fait même survivre à Ézéchias et subir le martyre sous son successeur. En effet, un des oracles d'Isaïe (ch. 19) qui s'adresse à l'Égypte, et qui porte tous les caractères d'authenticité, n'a pu être prononcé qu'à la fin du règne d'Ézéchias; car il y est question évidemment des guerres civiles qui troublèrent l'Égypte sous la *Dodécarchie* ou le *Règne des douze*, qui dura quinze ans, jusqu'à ce que Psammétique, l'un des douze, devint maître de toute l'Égypte[1]. Au commencement de cet oracle, Jéhova dit : « J'exciterai les Égyptiens contre les Égyptiens; ils combattront les uns contre les autres, ami contre ami, ville contre ville, royaume contre royaume..... Je livrerai l'Égypte aux mains d'un maître sévère (Psammétique), et un roi dur dominera sur eux. » On voit par là qu'Isaïe atteignit un âge très-avancé; car sa carrière prophétique, qu'il avait commencée dans la dernière année d'Ouzia (758), se prolongea jusqu'a-

[1] Voy. II Rois, ch. 20, v. 19; Isaïe, ch. 39, v. 8.

[1] Voy. Hérodote, l. II, ch. 147 — 157; Diodore de Sicile, l. I. ch. 66. — Larcher (Hérod. t. VII, p. 118 et 126) fait commencer le règne des douze en 671 avant J. C. et, par conséquent, le règne de Psammétique en 656. Mais avec Gesénius (l. c. p. 597) nous faisons remonter le commencement du règne de Psammétique jusque vers 696. Dans le système de Diodore (selon Larcher, ib. p. 74), le règne de Néchao aurait duré 34 ans et celui de Psammétique aurait commencé en 689. Gesénius pense qu'il s'est glissé une faute dans le chiffre du règne de Néchao II; il présume que, au lieu de 16 (ις') ans, selon Hérodote, et 6 (ς') selon Eusèbe, il faut mettre 46 (μς') ans, ce qui lèverait toutes les difficultés chronologiques.

près la mort d'Ezéchias. Il exerça sa mission pendant plus de soixante ans.

Ézéchias passa le reste de sa vie dans une paix profonde. Trois ans après l'invasion des Assyriens, dans la dix-septième année de son règne (709), sa femme Haphsibah lui donna un fils qui reçut le nom de Manassé. Le roi mit à profit les moments de loisir que lui laissait la paix pour augmenter la prospérité du pays et faire exécuter des travaux utiles. Il ramassa de grands trésors, de nombreux troupeaux, établit des magasins et des arsenaux et fit fortifier des villes (II Chron., 32, 27 — 29). Sous son règne la littérature prit un nouvel essor; ce fut l'âge d'or de la poésie prophétique. A côté d'Isaïe florissait, dans les premières années du règne d'Ézéchias, le prophète Micha de Moréseth, près de Gath. Ce fut très-probablement dans les dernières années d'Ézéchias que le prophète Nahum prononça son oracle contre Ninive; la puissance naissante des Babyloniens, la révolte des Mèdes, l'assassinat de Sennachérib, faisaient alors considérer comme prochaine la chute de l'empire assyrien. Un passage du livre des Proverbes (ch. 25, v. 1) nous fait deviner qu'Ézéchias établit une société d'hommes lettrés, qui s'occupait à recueillir et à mettre en ordre d'anciens monuments littéraires, et notamment les Proverbes attribués à Salomon. Le cantique composé par Ézéchias après sa maladie nous fait reconnaître dans le roi lui-même un des bons poëtes de l'époque. — Ézéchias mourut âgé de cinquante-quatre ans, dans la vingt-neuvième année de son règne (697). Ses funérailles furent célébrées avec une grande pompe (ib., v. 33).

MANASSÉ (697 — 642) n'était âgé que de douze ans, lorsqu'il monta sur le trône de son père Ézéchias. Le prophète Isaïe, si toutefois il vivait encore, était trop avancé en âge pour exercer encore quelque influence sur les affaires du pays et sur les destinées du jeune prince. Le parti antithéocratique, qui trouvait un fort appui dans les masses et que l'énergie d'Ézéchias avait pu dompter un moment sans être capable de le vaincre complétement, releva la tête, s'empara du jeune roi et se livra à des désordes d'autant plus grands, qu'il avait à venger, sur les prêtres et les prophètes, l'oppression dont il venait d'être victime et dont il voulait prévenir le retour.

Ce fut sans doute sous l'influence de ce parti que se fit l'éducation de Manassé; car ce n'est que de cette manière qu'on peut s'expliquer la terrible réaction qui eut lieu sous le fils du pieux Ézéchias. Manassé réunit en lui l'impiété d'Achab et la cruauté d'Izabel. Il rétablit le culte de Baal et d'Astarté, et jusque dans les parvis du Temple il éleva des autels consacrés au culte des astres. A l'entrée du Temple, on vit des chevaux et des chars, emblèmes du soleil, ou du dieu Baal, et le sanctuaire fut profané par les abominables mystères d'Astarté célébrés par la débauche. Il fit passer son enfant par le feu en l'honneur de Moloch et se livra à toute sorte de pratiques superstitieuses, telles que la divination, la nécromancie, etc. [1]. Plusieurs prophètes osèrent élever la voix contre ces abominations et prédire à Jérusalem le sort de Samarie et de la maison d'Achab; mais ils ne furent pas écoutés, et la mort, sans doute, fut le prix de leur pieux dévouement, car Manassé, dit l'Écriture, versa beaucoup de sang innocent, jusqu'à en remplir Jérusalem d'une extrémité à l'autre (II Rois, 4, 16). Ces tristes détails sont les seuls que l'ancienne relation des livres des Rois nous donne sur le long règne de Manassé, qui dura cinquante-cinq ans. Selon les Chroniques (II, 33), Manassé fut fait prisonnier par des généraux assyriens, mis dans les fers et conduit à Babylone; là il se repentit de sa conduite et pria Dieu, qui l'exauça. Ramené à Jérusalem et rétabli sur son trône, il fit renverser les idoles et rétablir l'autel de Jéhova [2].

---

[1] Voy. II Rois, 21, 3 — 7; 23, 7 — 12; comparez ci-dessus, page 89 et suivantes.
[2] Cet événement eut lieu, selon la chronique rabbinique (*Séder Olam*, ch. 24) dans la 22ᵉ année du règne de Manassé

Il fit aussi construire un mur extérieur à l'est du mont Sion, du côté de la vallée du Kidron; ce mur entoura la place Ophel et alla jusqu'à la *porte des Poissons* [1]. — Mais ces additions de la Chronique ne nous paraissent nullement authentiques; est-il probable que l'auteur des livres des Rois eût passé sous silence des faits aussi importants que ceux d'une nouvelle invasion des Assyriens (sous Ésar-Haddon), de la captivité du roi de Juda et de sa conversion, si ces faits avaient été réellement rapportés dans les annales du royaume, auxquelles nous renvoie l'auteur des Chroniques? Ce dernier parle d'ailleurs si vaguement de ces faits qu'il ne paraît les connaître que par une tradition orale, et il n'avait certainement pas examiné lui-même les documents écrits auxquels il renvoie. Jérémie qui, comme nous le verrons, commença sa carrière de prophète quinze ans après la mort de Manassé, annonça que Dieu rendrait le peuple de Juda l'effroi de tous les royaumes, *à cause de Manassé, fils d'Ézéchias, roi de Juda, et de tout ce qu'il a fait dans Jérusalem* [2]. Le prophète aurait-il parlé ainsi, s'il avait eu connaissance du repentir de Manassé et de sa sincère conversion? Nous croyons donc ne devoir attacher aucun prix aux faits quela Chronique rapporte sur Manassé. Nous en dirons autant de l'histoire *apocryphe* de Judith, qu'on place ordinairement sous le règne de Manassé, mais dont les faits ne s'adaptent à aucune époque de l'histoire de la Judée. Le livre de Judith ne doit être considéré que comme un récit édifiant, mais fabuleux, composé par un auteur très-peu versé dans l'histoire et la géographie. Nous ne connaissons donc historiquement aucun fait important du long règne de Manassé, excepté la réaction opérée contre les prêtres et les prophètes. Il est probable que la Judée, sous ce règne, ne fut inquiétée par aucun ennemi du dehors. Manassé mourut à l'âge de soixante-sept ans (642); il fut enterré dans le jardin de son palais. Nous croyons pouvoir conclure du refus de la sépulture royale que le parti théocratique s'était relevé vers la fin du règne de Manassé.

Son fils AMON, qui lui succéda à l'âge de vingt-deux ans, suivit son exemple en favorisant l'idolâtrie. Quelques officiers de la cour conspirèrent contre Amon, et le tuèrent dans son palais; il avait à peine régné deux ans (640). Il fut enterré, comme son père, dans le jardin du palais. Le peuple fit mourir les assassins d'Amon et mit sur le trône son fils Josias, qui n'était âgé que de huit ans.

Le règne de JOSIAS (640—610) fut la dernière lueur de la maison de David, la dernière époque brillante du royaume de Juda, qui allait être englouti dans les grandes révolutions dont l'Asie devint alors le théâtre. Le jeune roi fut élevé sans doute par les prêtres ou les prophètes; car nous le voyons, très-jeune encore, manifester un grand zèle pour le rétablissement de la théocratie, et prendre pour modèle son aïeul David (2 Rois, 22, 2). Il se maria de bonne heure, et il était à peine âgé de quatorze ans, lorsque sa première femme, Zebouda, fille de Pédaïa, lui donna un fils qui reçut le nom d'Éliakîm. Deux ans après, une autre femme, Hamoutal, fille de Jérémie, lui donna un second fils, appelé Joachaz, et environ treize ans plus tard il eut de la même femme un troisième fils, appelé Matthania [1].

[1] Voy. II Rois, ch. 23, v. 36 et 31; ch. 24, v. 17 et 18. Ces passages, qui renferment des dates historiques, doivent prévaloir contre la table généalogique du 1er livre des Chroniques (3, 15), qui donne à Josias quatre fils dans l'ordre suivant : Johanan, Joïakim (ou Éliakim), Sédékia (ou Matthania) et Sallum. L'auteur de la table généalogique a été induit en erreur par les différents noms que portaient les fils de Josias. Sallum est évidemment le même que Joachaz (Jérémie, 22, 11), et il en est de même de Johanan, que l'auteur des Chron. appelle, par erreur, l'*aîné*, parce qu'il succéda le premier à son père. Voy. le commentaire de

Dans les livres apocryphes de l'Ancien Testament on trouve la prière attribuée à ce roi.

[1] Voy. ci-dessus, pages 45 et 47.
[2] Voy. Jérémie, ch. 15, v. 4; comparez II Rois, ch. 23, v. 26; ch. 24, v. 3.

Selon le deuxième livre des Chroniques (34, 3), il commença, dès la douzième année de son règne, ses réformes religieuses, en sévissant contre les idoles et les idolâtres ; et, quoique le deuxième livre des Rois (ch. 22) ne rapporte aucun fait de Josias avant la dix-huitième année de son règne, la réparation du Temple, qui fut ordonnée dans cette même année, indique d'elle-même la suppression de l'idolâtrie. Le jeune Jérémie, fils de Hilkia, prêtre de la ville d'Anathoth, qui prêcha comme prophète depuis la treizième année du règne de Josias [1], exerça peut-être, par ses discours, quelque influence sur l'esprit du roi ; car persécuté dans sa ville natale, et menacé même de la mort [2], il se rendit bientôt à Jérusalem. Le prophète Séphania (Sophonias) florissait également sous Josias, et très-probablement dans la première moitié de son règne. Les deux prophètes prêchaient alors contre l'idolâtrie encore en vogue et à laquelle se rattachait une profonde immoralité, contre l'arrogance et la sécurité des grands, contre les faux prophètes et les prêtres impies [3].

La dix-huitième année de Josias fut signalée par un événement important qui contribua à rendre encore plus ardent le zèle du roi pour le rétablissement du culte mosaïque. Le roi avait ordonné à son secrétaire Schaphan d'aller trouver le grand-prêtre Hilkia, pour faire verser l'argent obtenu par les dons volontaires du peuple et le livrer aux commissaires chargés des réparations du Temple. A cette occasion Hilkia déclara à Schaphan qu'il avait retrouvé dans le Temple *le livre de la loi*, probablement un précieux exemplaire des lois de Moïse, qui avait été caché sous le règne de Manassé et qu'on croyait perdu [4]. Schaphan emporta le livre pour le montrer au roi ; celui-ci, peu versé dans la loi, s'en fit faire la lecture. En entendant toutes les prescriptions, jusqu'alors si peu observées, et les menaces du châtiment céleste, qui devait atteindre les transgresseurs, le roi fut saisi de terreur et déchira ses vêtements. Il ordonna aussitôt à Hilkia, à Schaphan et à trois autres personnages de la cour d'aller *interroger Jéhova;* ceux-ci se rendirent auprès d'une femme qui était célèbre alors pour avoir des inspirations divines et qui s'appelait la *prophétesse* Hulda. Elle était mariée à un certain Sallum, qu'on appelle *l'inspecteur des vêtements;* c'était probablement un des lévites gardiens des costumes des prêtres. Hulda déclara aux envoyés que le pays et les habitants seraient frappés de grands malheurs, pour avoir abandonné Jéhova, mais que le pieux roi Josias mourrait en paix avant l'arrivée du châtiment céleste.

Le roi fit aussitôt convoquer les anciens et se rendit avec eux au parvis du Temple; les prêtres, les lévites, les prophètes et les gens du peuple s'y rendirent en foule. Placé sur une tribune, Josias lut à haute voix *le livre de l'alliance,* et fit renouveler au peuple l'alliance avec Jéhova. Il ordonna ensuite la destruction totale de tous les monuments des cultes païens et de tout ce qui pouvait rappeler l'idolâtrie des temps passés. On brûla un grand nombre d'idoles et les vases consacrés à leur culte, et on jeta les cendres dans le torrent de Kidron. Les hauts-lieux au midi de la montagne des Oliviers, consacrés jadis par Salomon à différentes divinités païennes, furent rendus impurs par des ossements humains qu'on y déposa. On sévit également contre les hauts-lieux, ou les autels particuliers, destinés au culte du vrai Dieu ; car le roi, conformément aux lois mosaïques, ne voulut plus tolérer d'autre autel que celui du sanctuaire central. Les réformes de Josias s'étendirent même sur l'ancien pays d'Israël qu'il avait pu s'approprier en partie. Josias alla lui-même à Béthel, ordonna de détruire le temple du veau d'or établi

---

Kimchi aux deux passages des Chroniques et de Jérémie.

[1] Voy. Jérémie, ch. 1, v. 2; ch. 25, v. 3.
[2] Voy. ib., ch. 11, v. 18—23.
[3] Voy. ib., ch. 1, v. 16; ch. 2, v. 8; ch. 5, v. 1—13 et *passim;* Sephania, ch. 1, v. 4 et suivants; ch. 3, v. 1—4.
[4] Voy. ci-dessus, page 138.

par Jéroboam, fit tuer les prêtres, et, afin de souiller l'autel, y fit brûler des ossements d'hommes, qu'on tira des tombeaux. A cette occasion le roi, ayant aperçu un ancien monument, voulut en savoir l'origine, et les gens du pays lui apprirent que c'était le tombeau d'un ancien prophète de Juda qui, du temps de Jéroboam, avait prédit la destruction de l'autel de Béthel et le châtiment de ses prêtres[1]. Josias ordonna de respecter ce tombeau. On était alors au printemps; de retour à Jérusalem, Josias ordonna la célébration de la fête de Pâques selon les prescriptions mosaïques. La solennité fut plus grande encore que du temps d'Ézéchias, et depuis l'époque de Samuel on n'avait pas célébré le rit pascal avec autant d'exactitude, de piété et d'éclat que dans cette cérémonie de la dix-huitième année de Josias. Jérusalem devint de nouveau le centre du culte, et pour les habitants du pays de Juda, et pour les débris des dix tribus, qui étaient restés dans l'ancien pays d'Israël. Jérémie prêcha sur les places publiques, pour la nouvelle alliance conclue avec Jéhova, et prononça la malédiction contre ceux qui voudraient s'y soustraire. (Jér., ch. 11.) Il demanda particulièrement l'observation la plus rigoureuse du sabbat, le plus important symbole de la croyance des Hébreux. (Ib., ch. 17.)

La piété et l'énergie de Josias et le courageux dévouement de Jérémie auraient peut-être suffi pour rétablir l'unité religieuse d'une manière durable et pour constituer solidement l'État sur les bases de la loi mosaïque; mais les événements de l'Asie, dans lesquels le pays de Juda fut entraîné malgré lui, hâtèrent la ruine du petit royaume, qui était déjà affaibli par tant de secousses. La Judée avait échappé à l'invasion des Scythes, qui, selon Hérodote, avaient traversé la Palestine et menacé l'Égypte, et qui, arrêtés dans leur course par les prières et les cadeaux du roi d'Égypte, avaient pillé, en se retirant, le temple de Vénus, à Ascalon[1]. Les montagnes de Juda étaient probablement inaccessibles aux cavaliers scythes; du moins les documents bibliques ne font-ils aucune mention de l'arrivée des Scythes, et il n'est pas probable que ceux-ci aient pénétré en Judée[2]. L'empire assyrien avait succombé sous les coups réunis de Nabopolassar, roi chaldéen à Babylone, et de Cyaxare, roi des Mèdes, et l'orgueilleuse Ninive avait été détruite (en 625). Dans Nabopolassar, qui déjà menaçait les pays en deçà de l'Euphrate, l'Égypte voyait un nouvel ennemi redoutable. Néchao II, fils et successeur de Psammétique, pour arrêter les progrès des Chaldéens, marcha sur l'Euphrate (en 610), afin de s'emparer de la forteresse de Carchemisch, ou Circésium, située sur la rive occidentale du fleuve, là où il reçoit le Chaboras. Néchao n'avait pas d'intentions hostiles contre la Judée (2 Chron., 35, 21), qu'il ne toucha même pas dans sa marche. Il traversa le pays des Philistins, qui lui était soumis en partie; car Psammétique, après un siége de vingt-neuf ans, s'était emparé de la ville d'Asdod[3], et ce fut probablement sous Néchao que Gaza tomba au pouvoir des Égyptiens. (Jérém. 47, 1.) L'armée égyptienne tourna au nord de la Judée et voulut traverser la plaine d'Esdrélon; mais là elle fut arrêtée dans sa marche par Josias qui vint l'attaquer près de Megiddo (ou Mageddo), probablement à cause des bons rapports qui, depuis Ézéchias, existaient entre la Judée et Babylone. Néchao fit dire à Josias qu'il n'en voulait nullement à la Judée; qu'il avait hâte de marcher contre ses ennemis, et que Josias ne devait pas engager une lutte qui ne pouvait que lui devenir funeste. Malgré ces avertissements, Josias persista à combattre contre les Égyptiens;

---

[1] Voy. ci-dessus, page 302.

[1] Comparez ci-dessus, pages 38, 62 et 85.
[2] Quelques auteurs, tels que Eichhorn, Bohlen, Hitzig, ont cru trouver une allusion à l'invasion des Scythes dans les prophéties de Jérémie, ch. 4, v. 5 et suiv., ch. 5, v. 15, ch. 6, v. 22 et suiv.; mais il est plus probable que, dans ces passages, le prophète parle des Chaldéens.
[3] Voy. ci-dessus, pages 51 et 85.

mais ses troupes furent battues et lui-même tomba mortellement blessé par les archers égyptiens. Son corps fut ramené à Jérusalem. La mort du pieux roi répandit partout le deuil et la consternation ; avec lui le dernier soutien de la théocratie descendit dans les sépulcres de Sion, et, dès ce moment, la Judée, dont on avait pu espérer un moment la régénération religieuse et politique, marcha à grands pas vers sa ruine totale. Jérémie et tous les poëtes de l'époque, hommes et femmes, composèrent des élégies sur la mort de Josias. Ces élégies existèrent autrefois dans un recueil particulier, et on les récitait à certaines époques, probablement à l'anniversaire de la fatale journée de Megiddo. (2 Chron. 36, 25.)

JOACHAZ, ou *Sallum*, puîné de Josias, succéda à son père à l'âge de 23 ans, par la volonté du peuple, et au détriment de son frère Éliakîm, âgé de 25 ans, qui peut-être se montrait disposé à capituler avec le roi d'Égypte, auquel on espérait encore pouvoir résister. Pendant ce temps Néchao avait continué sa marche vers l'Euphrate ; mais il paraît qu'il renonça pour le moment à la prise de Circésium, voulant d'abord soumettre la Syrie et la Palestine. Il s'arrêta à Ribla, ville du territoire de Hamath ; de là il expédia probablement des troupes pour s'emparer de Jérusalem [1]. Le roi Joachaz fut conduit à Ribla ; Néchao l'envoya captif en Égypte, où il resta jusqu'à sa mort. Il n'avait régné que trois mois. A sa place Néchao mit sur le trône Éliakîm, fils aîné de Josias, dont il changea le nom en celui de *Joïakîm*. En même temps il imposa au pays de Juda un tribut de cent talents d'argent et d'un talent d'or.

JOÏAKÎM (610-599) n'était pas plus propre que son frère à relever l'espérance des prêtres et des prophètes ; bien au contraire sa tyrannie et la protection qu'il accorda à l'idolâtrie le firent exécrer par tous les gens de bien. Non content de l'impôt dont il fut forcé de surcharger le peuple pour payer le tribut au roi d'Égypte, il opprima ses sujets et les soumit aux corvées pour faire élever de magnifiques constructions. (Jérémie, 22, 13-17.) La mort menaçait tous ceux qui osaient élever la voix contre l'abominable tyrannie du roi, et le sang innocent coulait à flots dans Jérusalem. Un prophète, nommé Uria, fils de Samaïa, essaya d'échapper par la fuite à l'arrêt de mort prononcé contre lui et se rendit en Égypte ; mais Joïakîm le fit poursuivre, et saisir sur le territoire égyptien, d'où il fut ramené à Jérusalem et puni de mort. (Ib., 29, 20-23.) Le courageux Jérémie aurait eu le même sort, s'il n'avait pas été protégé par quelques grands personnages, et notamment par Achikâm, fils du secrétaire Schaphan. (Ib., v. 24.) Mais le danger qui le menaçait ne put étouffer sa voix ; il ne cessait de flétrir, dans les termes les plus énergiques, la lâche tyrannie de Joïakîm et la dépravation de ses courtisans et de ses flatteurs, parmi lesquels on remarquait même des hommes appartenant à la classe des prêtres ou qui prêchaient comme prophètes. Le noble Jérémie se prépara ainsi une vie pleine de souffrances et d'amertume ; mais il échappa à la mort pour voir s'accomplir ses lugubres prédictions et pour quitter sa patrie, après avoir pleuré sur ses ruines.

Dans la quatrième année du règne de Joïakîm (606), Néchao, après avoir soumis peu à peu les peuples en deçà de l'Euphrate, crut pouvoir entreprendre le siège de Circésium. Mais au même moment Nébuchadnessar (ou Nabuchodonosor), alors prince royal de Babylone, et probablement corré-

---

[1] Hérodote (liv. 2, ch. 159) parle de la conquête de *Cadytis*, grande ville de Syrie, prise par Néchao, après la victoire remportée sur les Syriens près de *Magdole*. Cadytis est sans doute Jérusalem (voy. ci-dessus, p. 44) ; l'occupation de Jérusalem, par les troupes égyptiennes, est clairement indiquée par l'ensemble du récit biblique, et notamment II Rois, 23, 33, et II Chron., 36, 3. Hérodote a confondu les Hébreux avec les Syriens, et la ville de *Megiddo* avec celle de *Magdole* dans le Basse-Égypte.

gent de son père Nabopolassar[1], s'avança vers l'Euphrate; près de Circésium, il rencontra l'armée de Néchao, qui fut totalement défaite par les Chaldéens. Néchao fut obligé de se retirer et de renoncer à toutes les conquêtes qu'il avait faites depuis plusieurs années. Jérémie triompha, et, dans un chant sublime (ch. 46), il célébra la défaite de Néchao; mais en même temps il sentit combien était grand le danger qui menaçait la Judée de la part des Chaldéens et combien il fallait de prudence et de vrai patriotisme pour détourner le péril. Il voulut donc essayer tout ce que sa position lui permettait de faire. Ce fut très-probablement vers la même époque que le prophète Habacuc prononça son oracle sur la puissance redoutable des Chaldéens qui déjà menaçait d'engloutir Juda, mais devait tomber à son tour, après avoir servi d'instrument à la colère du ciel. — Dans l'année qui suivit la bataille de Circésium, c'est-à-dire dans la cinquième année de Joïakîm (605), les Chaldéens s'avancèrent vers les frontières de l'Égypte jusqu'à Péluse; ils s'emparèrent de toute la Syrie, sans pourtant toucher la Judée, ayant pris probablement leur chemin par la Pérée, l'Ammonitide et la Moabitide[2]. Les Égyptiens dès lors n'osèrent plus sortir de leurs limites. (2 Rois, 24, 7.) La Judée trembla en voyant son territoire envahi par les puissants conquérants; beaucoup d'habitants des villes et de la campagne se retirèrent à Jérusalem. Parmi les réfugiés se trouvèrent aussi les *Réchabites*, descendants de Jonadab, fils de Réchab, que nous avons vu être l'ami de Jéhu (page 321). Leur aïeul avait fait faire à sa famille le vœu de vivre sous des tentes, comme nomades, de ne pas s'occuper d'agriculture et de ne pas boire de vin; les Réchabites avaient toujours strictement observé ce vœu, et ils avaient mené une vie nomade dans les environs de la Judée, jusqu'à ce que l'approche des Chaldéens leur fit chercher un refuge dans la ville de Jérusalem. Jérémie invita un jour quelques membres de cette famille à l'accompagner sous l'un des portiques du Temple; là il leur fit présenter des coupes pleines de vin et les invita à boire. Mais, ainsi que Jérémie l'avait prévu, les Réchabites, suivant le vœu de leur famille, refusèrent de boire du vin. Le prophète alors les présentant comme modèle au peuple de Juda, reprocha à celui-ci de ne pas manifester pour les préceptes de Jéhova le même attachement que les Réchabites conservaient toujours pour ceux de leur aïeul.

Dans le neuvième mois (décembre) de la cinquième année de Joïakîm, on proclama à Jérusalem un jeûne public, pour implorer le secours de Jéhova contre les Chaldéens. Jérémie profita de cette occasion pour faire lire publiquement, dans le parvis du Temple, par son secrétaire Baruch, fils de Néria, ses discours qu'il avait fait mettre par écrit l'année précédente. Cette lecture fit une si profonde sensation; qu'on en apporta la nouvelle au palais, dans le cabinet d'Élisama, secrétaire du roi, où plusieurs grands dignitaires se trouvaient alors assemblés. Baruch fut aussitôt mandé chez le secrétaire, et, sur la demande des dignitaires, il donna lecture du livre qu'il déclara avoir écrit sous la dictée de Jérémie. Les courtisans furent eux-mêmes profondément émus; espérant que le livre ferait quelque impression sur le roi, ils demandèrent à Baruch de le leur

---

[1] Nabopolassar, qui régna 21 ans, mourut, selon les calculs les plus probables, en 604. Cependant, selon Jérémie (25, 1), la quatrième année de Joïakîm (606) est la première de Nébuchadnessar, et la destruction de Jérusalem (588) tombe dans la dix-neuvième année du roi de Babylone. (Ib., 52, 12, et II Rois, 25, 8.) Les auteurs hébreux comptaient probablement le règne de Nébuchadnessar depuis le temps où son père le chargea de l'expédition contre Néchao et en fit, comme nous dirions, son *corégent*.

[2] Voy. Josèphe, *Antiqu.*, X, 6, 1, et Knobel, *Prophetismus der Hebræer*, t. II, p. 227. La date du livre de Daniel (ch. 1, v. 1), qui fait remonter la première prise de Jérusalem à la troisième année de Joïakim, est évidemment fausse.

laisser, et lui conseillèrent en même temps de se cacher, ainsi que Jérémie. Ensuite ils allèrent raconter au roi ce qui s'était passé dans le Temple. Joïakîm, averti que le *rouleau* de Jérémie était dans le cabinet du secrétaire, l'envoya chercher par un certain Jehudi, qui lui en fit la lecture. Le roi se trouvait alors dans son appartement d'hiver, où un réchaud était allumé devant lui; à mesure que Jehudi avait lu trois ou quatre colonnes, Joïakîm lui ordonnait de les couper et de les jeter au feu, en sorte que peu à peu tout le rouleau fut consumé, malgré les instances de quelques-uns des assistants qui le priaient d'épargner le livre. Le roi ordonna ensuite l'arrestation de Jérémie et de Baruch, mais on ne put les découvrir. Jérémie, dans sa retraite, fit écrire de nouveau les discours qui avaient été brûlés, et auxquels il en ajouta quelques autres, notamment un oracle fulminant contre Joïakîm, dont le cadavre, disait-il, serait jeté pour être exposé à la chaleur pendant le jour et au froid pendant la nuit. (Jér. 36, 30.) Mais il ne paraît pas que le prophète se soit de nouveau présenté en public, avant la mort de Joïakîm.

Mais cette fois Joïakîm échappa au danger; Nébuchadnessar ayant reçu la nouvelle de la mort de son père (604), prit le chemin du désert, pour retourner en toute hâte à Babylone[1], remettant à un autre temps la soumission de Joïakîm et des autres alliés de l'Égypte. Ce ne fut qu'environ deux ans après, dans la huitième année du règne de Joïakîm [2] (603 à 602), que Nébuchadnessar revenu en Syrie pénétra dans la Judée, la rendit tributaire et força Joïakîm de le reconnaître comme suzerain. C'est probablement à cette époque que Nébuchadnessar fit emporter à Babylone une partie des vases sacrés du temple de Jérusalem, et qu'il emmena plusieurs jeunes hommes de familles nobles, tels que Daniel, Hanania, Misaël et Azaria, afin de servir d'otages et de répondre de la fidélité de Joïakîm, qui, selon les Chroniques, fut enchaîné, *pour être conduit à Babylone* [1], mais qui en réalité, comme on va le voir, resta à Jérusalem, comme vassal de Babylone. Trois ans plus tard (599), Joïakîm, séduit sans doute par la mauvaise politique de certains orateurs et faux prophètes, et comptant sur le secours de l'Égypte (où régnait alors Psammis, fils de Néchao), osa se révolter contre le roi de Babylone. Nébuchadnessar, qui se préparait à envahir de nouveau la Judée, fit, en attendant, harceler Joïakîm par un corps de réserve, qui se trouvait en Syrie et qui fut renforcé par des troupes syriennes, moabites et ammonites. (II Rois, 24, 2.) Sur ces entrefaites Joïakîm mourut [2], à l'âge de trente-six ans, laissant supporter à son fils Joïachîn les conséquences de sa rébellion.

Joïachîn (appelé aussi *Jéchonia* et *Coniahou*) monta, à l'âge de dix-huit

---

[1] Voy. Bérose, cité par Josèphe, *Antiqu.*, X, 11, 1; *Contre Apion.*, I, 19.

[2] Josèphe, *Antiqu.*, X. 6, 1. Cette date résulte aussi du texte du 2ᵉ livre des Rois (24, v. 1 et suiv.); Joïakim, qui régna onze ans, fut vassal du roi de Babylone les trois dernières années de sa vie, d'où il s'ensuit que la première prise de Jérusalem par les Chaldéens eut lieu dans la huitième année du règne de Joïakim. Il n'est pas étonnant d'ailleurs que Nebuchadnessar ait passé une année ou deux à régler les affaires intérieures de son nouveau royaume, avant de rentrer en campagne.

[1] Voy. 2 Chron., ch. 36, v. 6 et 7; Daniel, ch. 1, v. 1-6. Dans ces deux passages, ainsi que dans celui du 2ᵉ livre des Rois, ch. 24, v. 1, il ne saurait être question que de la première invasion des Chaldéens. Dans les Chroniques on ne parle pas de la seconde expédition contre Joïakim (II Rois, 24, 2), parce qu'elle est identique avec celle qui se termine par la captivité de Joïachin. Dans le livre de Daniel, ch. 1, v. 1, le nombre *trois*, qui dans tous les cas est une faute, doit être changé probablement en celui de *huit*. Au reste, ce livre, dont nous parlerons dans un autre endroit, a peu de valeur pour l'historien.

[2] Le texte biblique dit : *Joïakîm se coucha avec ses ancêtres.* (II Rois, 24, 6.) Josèphe qui, en général, a parlé de cette époque avec peu d'exactitude et de critique, prétend que Joïakim fut tué par l'ordre du roi de Babylone, et que son cadavre fut jeté devant les murailles, sans être enseveli. (*Antiqu.*, X, 6, 3.) Ce dernier fait est une simple supposition, puisée dans les prophéties de Jérémie, et dont on ne trouve pas de traces dans les livres historiques.

ans, sur un trône entouré des plus grands dangers. L'armée chaldéenne ne tarda pas à paraître devant Jérusalem qu'elle assiégea, et bientôt elle fut suivie du roi Nébuchadnessar. (Ib., v. 10 et 11.) Joïachîn n'étant pas en mesure de soutenir un long siége, et désabusé sans doute sur le secours que son père avait attendu de l'Égypte, descendit du trône qu'il avait occupé pendant trois mois et dix jours; le jeune roi et la reine mère, Néhustha, fille d'Elnathan, de Jérusalem, accompagnés de toute la cour, se rendirent au camp de Nébuchadnessar et se soumirent à discrétion. Les Chaldéens entrèrent dans la ville, s'emparèrent de tous les trésors du Temple et du palais royal, et démontèrent tous les ustensiles d'or qui se trouvaient dans le sanctuaire depuis le temps de Salomon. Avec le roi et la cour dix mille des principaux habitants furent emmenés captifs, savoir trois mille citoyens et sept mille hommes de guerre, y compris mille forgerons et serruriers (qui auraient pu fabriquer des armes)[1]. Parmi les captifs se trouva Ézéchiel, alors âgé de vingt-cinq ans, et qui cinq ans plus tard commença à prêcher comme prophète parmi ses coexilés dans le pays des Chaldéens[2]. Le roi Joïachîn fut enfermé dans une prison à Babylone, où il resta plus de trente-six ans, jusqu'à ce qu'Éwilmérodach, fils et successeur de Nébuchadnessar, l'en fit sortir. Jérémie, qui avait prédit la captivité du jeune prince, pleura son malheur en ces termes (ch. 22, v. 28-30) : « Cet « homme, ce Coniahou, est-il un vase « méprisable et brisé? est-il un meuble « sans prix? pourquoi ont-ils été reje« tés, lui et sa race, et lancés sur une « terre qu'ils ne connaissaient pas? « — Terre! terre! terre! écoute la pa« role de Jéhova. Ainsi dit Jéhova :

« Inscrivez cet homme comme sterile, « comme un homme qui ne prospé« rera jamais; car nul de sa postérité « ne réussira à s'asseoir sur le trône « de David et à régner sur Juda. »

Matthania, fils de Josias, et oncle de Joïachîn, fut nommé roi de Juda, par Nébuchadnessar, qui changea son nom en celui de *Sédékia*, se déclarant par là son souverain, comme l'avait fait Néchao, en changeant le nom d'Eliakîm en celui de Joïakîm.

SÉDÉKIA (599-588), dernier roi de Juda, n'était qu'un satrape du roi de Babylone. Jeune homme sans expérience (il n'avait que vingt-un ans), manquant de jugement et d'énergie, il devint le jouet des gens de la cour, qui, par leurs mauvais conseils, hâtèrent sa chute et l'entière ruine de Juda. En observant la foi jurée au roi de Babylone Sédékia aurait pu relever son petit État et rendre quelques forces à son peuple épuisé. Jérémie et un petit nombre de gens de bien montrèrent que c'était le seul parti qu'il y eût à prendre pour éviter les plus grands malheurs[1]. Mais les grands et les riches n'y trouvaient pas leur compte; ils auraient été obligés de racheter la paix et la tranquillité par un fort tribut payé à Babylone. Ils usèrent donc de toute leur influence auprès de Sédékia pour l'engager à secouer le joug des Chaldéens, en s'alliant avec les peuples voisins, et notamment avec l'Égypte. En même temps des prophètes qui avaient été conduits à Babylone ne cessaient d'entretenir parmi leurs compagnons d'exil l'espoir d'une prompte délivrance. Jérémie, craignant que ces menées ne contribuassent à rendre plus dure la captivité de ses compatriotes, profita d'une ambassade que Sédékia adressait à Nébuchadnessar et remit aux deux envoyés, Elasa et Gemaria, une lettre qu'ils devaient lire publiquement aux exilés, et dans laquelle le prophète les engageait à ne pas prêter l'oreille aux faux prophètes, à supporter leur sort

---

[1] C'est ainsi qu'on peut mettre d'accord les données de Jérémie, 52, 28, et II Rois, 24, v. 14 et 16.

[2] Voy. Ezéchiel, ch. I, v. 1-3. Les *trente ans* au verset 1 nous paraissent se rapporter le plus naturellement à l'âge du prophète; car il est peu probable qu'Ezéchiel ait compté d'après une *ère de Nabopolassar*, comme l'ont supposé plusieurs savants modernes.

[1] Voy. Jérémie, ch. 27, v. 12-22; comparez ch. 24, v. 5 et suivants.

avec résignation, à se fixer comme paisibles habitants dans le pays où Dieu les avait fait transporter et à prier pour le salut de l'empire babylonien. Les prophètes de Babylone furent indignés de cette lettre; l'un d'eux nommé Sémaïa écrivit au prêtre Séphania, commandant du Temple, pour lui dénoncer Jérémie et lui rappeler qu'il était de son devoir de faire mettre en prison les insensés qui venaient pérorer dans le Temple. (Jér., 29, 26.) Mais Séphania, qui n'était pas hostile à Jérémie[1], lui montra la lettre de Sémaïa. Sans se laisser intimider, Jérémie écrivit une seconde fois aux exilés, pour leur signaler Sémaïa comme un faux prophète, qui prêchait la rébellion contre la volonté de Dieu.

Dans la quatrième année du règne de Sédékia, des ambassadeurs des rois d'Édom, de Moab, d'Ammon, de Tyr et de Sidon se présentèrent à Jérusalem (Jér., ch. 27); il s'agissait sans doute d'un vaste complot contre le roi de Babylone, leur ennemi commun. Jérémie envoya à chacun des ambassadeurs un joug de bois, symbole de la servitude babylonienne, et leur montra que tous les peuples à l'entour devaient supporter cette servitude jusqu'à ce que la puissante Babylone à son tour vît arriver son heure suprême. Le prophète donna le même avertissement au roi Sédékia. Un jour Jérémie s'étant présenté lui-même le joug sur le dos, dans le Temple de Jérusalem, un prophète, nommé Hanania, fils d'Azzour, proclama au nom de Jéhova, devant les prêtres et le peuple, qu'avant deux ans le joug de Babylone serait brisé, les vases sacrés seraient rapportés dans le Temple et le roi Jéchonia, ainsi que tous les exilés reviendraient dans leur patrie. *Amen!* s'écria Jérémie, puisse Jéhova accomplir tes paroles! mais sache, ajouta-t-il, qu'on ne reconnaît le vrai prophète que par l'accomplissement de sa parole. Hanania prit le joug que Jérémie portait sur son cou et le brisa; ainsi, dit-il, Jéhova brisera le joug du roi de Babylone de dessus le cou de tous les peuples. Jérémie se retira silencieux; puis revenant sur ses pas, il dit à Hanania : « Ainsi parle Jéhova; « tu as brisé des barres de bois, mais « à leur place tu feras des barres de fer; « car je mettrai un joug de fer sur le « cou de tous ces peuples, et ils se-« ront soumis à Nébuchadnessar, roi « de Babylone. Écoute Hanania, ce « n'est pas Jéhova qui t'a envoyé, et « tu inspires à ce peuple une con-« fiance mensongère. » On ajoute que Jérémie prédit à Hanania sa mort prochaine, et qu'en effet il mourut dans la même année. (Jér., 28, 17).

Il paraîtrait que les discours de Jérémie ne furent pas sans influence sur l'esprit du roi et qu'ils arrêtèrent un moment ses projets de révolte. Il résulte d'un passage de Jérémie (51, 59) que Sédékia, dans la quatrième année de son règne, partit lui-même pour Babylone, accompagné de Séraïa, fils de Néria, un de ses conseillers intimes. Son but était probablement de renouveler ses hommages au roi de Babylone, et de faire taire les bruits défavorables qui peut-être déjà s'étaient répandus sur son compte, grâce à l'imprudente conduite des faux prophètes qui vivaient parmi les exilés. Jérémie, tout en conseillant pour le moment au roi et au peuple, de se plier aux circonstances et de reconnaître la souveraineté du roi de Babylone, ne pouvait néanmoins étouffer les ressentiments trop légitimes que son patriotisme lui inspirait contre la puissance étrangère, et il cherchait pour lui et ses compatriotes une consolation dans l'avenir en prédisant la chute de Babylone dans les termes les plus énergiques (ch. 50 et 51). Au départ du roi le prophète désira joindre à sa prophétie une action symbolique, dont il chargea Séraïa; il pria celui-ci d'emporter en Chaldée le rouleau sur lequel se trouvaient inscrites ses sinistres prédictions contre Babylone, de les lire sur les lieux mêmes, et de jeter ensuite dans l'Euphrate le rouleau attaché à une pierre, en prononçant ces

---

[1] Ce fut ce même Séphania que le faible roi Sédékia employa plus tard pour ses relations secrètes avec Jérémie.

mots : « Ainsi sera submergée Babylone, et elle ne se relèvera plus du malheur que j'amènerai sur elle. »

Sédékia revint probablement de Babylone avec des intentions pacifiques ; son voyage fut suivi de quelques années de calme, et les discussions politiques cessèrent un moment, comme nous pouvons en juger par le silence de Jérémie dont nous ne trouvons aucun discours prononcé depuis la quatrième année de Sédékia, jusqu'à la neuvième. — A cette époque Ézéchiel prêchait en Chaldée sur les bords du Chaboras ; il jouissait d'une haute considération parmi ses compagnons d'exil, les anciens et le peuple s'assemblaient souvent autour de lui, pour entendre ses discours. Loin de son pays on le voit continuer à s'intéresser vivement aux événements qui s'y passent ; ses vues politiques sont les mêmes que celles de Jérémie. Dans des images empreintes des couleurs locales et dans un langage hardi et original, il parle contre les péchés de Juda, et notamment contre l'idolâtrie, contre les faux prophètes, qui égaraient le peuple par de vaines illusions, contre le roi Sédékia, dont il prédit la chute. A ses sinistres prophéties contre Juda succèdent aussi des menaces contre les peuples voisins qui l'ont opprimé et des espérances d'une rédemption future ; mais il use toujours d'une extrême réserve à l'égard des Chaldéens. Nous ne connaissons point les détails de la vie privée d'Ézéchiel ; nous savons seulement qu'il était marié et que sa femme mourut à l'époque du dernier siége de Jérusalem. (Ézéch., 24, 15-18.) Sa carrière prophétique se prolongea au moins jusqu'à la vingt-septième année de son exil (ib., 29, 17), ou à la seizième année après la destruction de Jérusalem.

Sédékia ne conserva pas longtemps ses dispositions pacifiques à l'égard de Babylone ; se laissant entraîner par la fausse politique de ses conseillers, combattue par tous les prophètes depuis Isaïe, il entama des négociations avec l'Égypte (ib., 17, 15), où régnait alors Hophra, ou Apriès. (Jér., 44, 30.) Celui-ci ayant promis son secours à Sédékia, le roi de Juda se crut assez fort pour briser le joug babylonien qu'il avait supporté pendant huit ans. Se déclarant donc indépendant il refusa le tribut. Les Chaldéens envahirent de nouveau la Judée, dans la neuvième année du règne de Sédékia (590), et occupèrent tout le pays à l'exception des villes fortes de Lachis, d'Azéka et de Jérusalem (ib., 34, 7), qui, comptant sur la prochaine arrivée des troupes égyptiennes, se préparèrent à la résistance. Le siége de Jérusalem commença le dixième jour du dixième mois, c'est-à-dire vers le commencement de janvier de l'an 589 avant J. C. Jérémie, que le roi fit interroger probablement à cette époque par le prêtre Séphania et par un certain Pashour, répondit par une sinistre prophétie. (Ib., 21, 1-10.) Prévoyant que la ville serait forcée de se rendre tôt ou tard, il insista de nouveau pour que le roi réparât sa faute par une soumission volontaire, lui faisant espérer que dans ce cas il pourrait un jour mourir en paix et obtenir les honneurs funèbres, comme ses ancêtres (ib., 34, 5) ; mais la voix du prophète ne fut pas écoutée. A cette époque le roi Sédékia prit une mesure à laquelle durent applaudir tous les partisans sincères de la constitution mosaïque et tous les amis de l'humanité, bien qu'il fût évident que ce n'était que l'intérêt du moment qui faisait agir le roi. Pour augmenter le nombre des combattants et pour gagner la faveur de la classe pauvre, Sédékia, invoquant une loi mosaïque, qui jusque-là avait été peu observée, ordonna l'affranchissement de tous les esclaves hébreux qui avaient fait leur six ans de service [1]. Les maîtres n'osèrent résister, et tous se rendirent au Temple, pour proclamer solennellement la liberté de leurs esclaves des deux sexes. Selon une antique coutume on découpa un veau en deux moitiés ; les maîtres passèrent entre

[1] Voy. ci-dessus, page 208, et Jérémie, ch. 34, v. 8 et suivants.

les deux morceaux, ce qui fut considéré comme le symbole de l'engagement qu'ils prirent devant Dieu [1].

Sur ces entrefaites les troupes égyptiennes entrèrent en Judée pour attaquer les Chaldéens, et ceux-ci levèrent le siége de Jérusalem pour aller au-devant des ennemis. Ce fut alors probablement que le roi et les grands, se croyant délivrés du danger, se repentirent de la généreuse mesure qu'ils venaient de prendre, et poussèrent l'iniquité jusqu'à employer la force pour s'emparer de nouveau de leurs esclaves qu'ils venaient d'affranchir. Alors l'indignation de Jérémie ne connut plus de bornes. « Puisque, dit-il, vous avez refusé la liberté à votre prochain, Jéhova donnera la liberté au glaive, à la peste et à la famine qui vous rendront l'effroi de tous les royaumes de la terre; Sédécia et ses grands tomberont entre les mains de leurs ennemis, les Babyloniens, qui prendront Jérusalem, la brûleront, et toutes les villes de Juda seront dévastées (34, 17-22.)

Le roi, qui ne partageait pas le dédain que les grands de la cour montraient pour Jérémie, envoya de nouveau auprès de lui le prêtre Séphania, et fit demander au prophète d'intercéder auprès de Jéhova par ses prières. Pour toute réponse Jérémie fit dire au roi que l'armée du Pharaon, qui était venue à son secours, allait retourner en Égypte, et que le siége de Jérusalem allait être recommencé par les Chaldéens qui ne renonceraient à aucun prix à la conquête de cette ville. (37, 1 — 10.)

Jérémie voulut profiter de l'absence momentanée des Chaldéens pour quitter Jérusalem et se rendre dans sa ville natale; mais arrivé à la porte de Benjamin (voy. p. 46), il fut arrêté par Yiria, chef du poste, qui l'accusa de vouloir passer aux Chaldéens. Malgré ses protestations il fut amené devant le tribunal des officiers supérieurs qui le maltraitèrent et le firent enfermer dans la maison du secrétaire Jonathan,

[1] Voy. ci-dessus, page 103, col. 2, note 2.

qui avait été transformée en prison. Le roi le fit venir secrètement chez lui pour l'interroger de nouveau; la réponse du prophète fut toujours la même. En même temps il se plaignit au roi des traitements qu'on lui faisait subir; Sédékia ordonna qu'il fût transféré dans une prison moins dure et qu'on lui donnât un pain chaque jour. Jérémie, placé dans la cour de la prison du palais royal, pouvait de là parler au peuple. (Ib., 11-21).

Les Chaldéens avaient repris le siége; Jérémie ne cessait de répéter ses lugubres prédictions, et de dire ouvertement que ceux-là seuls auraient la vie sauve qui se rendraient auprès des Chaldéens, ce qui irrita les officiers de Sédékia au plus haut degré, d'autant plus que les rangs des défenseurs de Jérusalem commençaient à s'éclaircir par de nombreuses désertions. (Ib., 38, 19; 39, 9). Jérémie fut donc accusé auprès du roi et sa mort fut demandée; mais Sédékia n'osant prononcer la condamnation du prophète, se contenta de répondre aux officiers : « Il est entre vos mains, car le roi ne peut rien contre vous. » On descendit le prophète dans une fosse profonde qui se trouvait dans la cour de la prison, afin de le laisser périr dans la boue ou mourir de faim. Un certain Ébed-Mélech, eunuque éthiopien au service du palais, ayant eu connaissance de l'horrible position de Jérémie, courut aussitôt à la porte de Benjamin, où se trouvait alors le roi Sédékia, et rapporta à celui-ci ce qui venait de se passer. Le roi fit accompagner Ébed-Mélech par trente hommes, afin de faire retirer Jérémie de la fosse. Ensuite il eut avec le prophète un dernier entretien secret, dans l'un des appartements du Temple. Pressé par le roi de lui dire encore une fois toute sa pensée, Jérémie répondit : « Si je te la dis, tu me feras mourir; si je te donne un conseil, tu ne m'écoutes pas. » Le roi ayant juré à Jérémie de le protéger contre les hommes qui en voulaient à sa vie, le prophète répéta l'avis qu'il avait déjà donné plusieurs fois à Sédékia : savoir qu'une soumission volontaire était le seul moyen de sauver sa vie et de préserver la ville d'une ruine totale. Mais le malheureux roi ne put se décider à une pareille démarche, craignant, disait-il, d'être livré au ressentiment des transfuges hébreux. Jérémie chercha à dissiper cette crainte, et supplia le roi d'obéir à la voix de Jéhova qui parlait par sa bouche et de sauver sa vie; mais il ne put parvenir à vaincre l'indécision du roi. Celui-ci ordonna au prophète de tenir secret l'entretien qu'il venait d'avoir avec lui et de dire aux officiers qui lui feraient des questions à ce sujet, qu'il avait demandé au roi de ne pas être reconduit dans le cachot de Jonathan. Jérémie, reconduit dans la cour de la prison, où il resta jusqu'à la prise de Jérusalem (ib., 38, 1-28), remercia Ebed-Mélech, et lui prédit qu'il serait sauvé au jour où le malheur fondrait sur Jérusalem, et qu'il ne périrait pas par le glaive de l'ennemi.

Tant qu'il resta des vivres dans la ville, les habitants résistèrent héroïquement aux Chaldéens. La dixième année entière du règne de Sédékia s'écoula sans que les assiégeants fussent parvenus à pratiquer une brèche. Beaucoup de maisons furent démolies pour fortifier les murailles contre les bastions et les machines de guerre de l'ennemi, dont les approches devenaient de plus en plus formidables. (Ib., 33, 4.) Ce fut alors que Jérémie, pour montrer que, tout en conseillant pour le moment d'ouvrir les portes aux Chaldéens, il espérait cependant que Dieu, dans sa grâce, rendrait la paix et l'indépendance au pays de Juda, racheta, conformément à la loi mosaïque[1], le champ d'un certain Hanamel, son cousin, à Anathoth. Ayant fait rédiger les actes de la vente avec toutes les formalités d'usage, il les remit à son ami Baruch, et le chargea de les conserver dans un vase de terre; car, ajouta-t-il, Jéhova, le Dieu d'Israël, dit qu'on achètera encore des maisons, des champs et des vignes dans ce pays. (Ib., ch. 32.) Dans ces moments suprêmes, le prophète, ne pouvant plus rien pour empêcher les désastres qui allaient accabler son pays, aimait à parler de l'avenir où Jéhova se ressouviendrait d'Israël et renouvellerait l'alliance avec son peuple. (Ch. 33.)

Le siége de Jérusalem avait duré dix-huit mois; le courage de ses défenseurs n'avait pas fléchi un seul instant, mais ils succombèrent enfin à la faim et à la fatigue. Ce fut le neuvième jour du quatrième mois, dans la onzième année de Sédékia (juillet 588), que les vivres manquèrent entièrement dans la ville[1]; la résistance devint impossible, et dans la nuit du 9 au 10, les Chaldéens purent, sans beaucoup de peine, pénétrer dans la ville du côté du nord. Sédékia s'enfuit avec le reste de ses troupes, par une porte du jardin royal qui, située à l'est du Sion, conduisait dans le vallon entre le Sion et la place Ophla[2]. Les fugitifs se dirigèrent vers le Jourdain; mais les Chaldéens se mirent à leur poursuite, et les atteignirent dans la plaine de Jéricho. Les troupes de Sédékia se débandèrent, et l'infortuné roi, tombé entre les mains des Chaldéens, fut conduit au quartier général de Nébuchadnessar, qui était à Ribla, sur le territoire de Hamath. Un affreux traitement l'y attendait; ses jeunes fils, ainsi que tous les nobles de Juda qui l'avaient encouragé à la révolte, furent égorgés devant ses yeux. Heureux s'il eût pu mourir lui-même après ce spectacle horrible! Mais la mort paraissait au vainqueur un châtiment trop doux pour ce vassal parjure. Sédékia fut privé de la vue et mis dans les fers pour être conduit à Babylone, où il devait traîner dans un cachot sa malheureuse existence.

[1] II Rois, 25, 3; Jérémie, 52, 6.
[2] Nous lisons dans trois passages que Sédékia s'enfuit par une porte située *entre les deux murailles*. (II Rois, 25, 4; Jérémie, 39, 4; 52, 7.) Nous pensons que cette expression désigne l'impasse que formait la *première muraille*, en tournant de l'est du Sion par le *Xystus*, à l'ouest de la place Ophla. Voy. ci-dessus, page 45, et notre plan de Jérusalem.

[1] Voy. ci-dessus, page 197, col. I.

On délibéra encore sur le sort de Jérusalem et de ses habitants, et il dut résulter de l'enquête que tous les personnages importants avaient trempé dans le complot contre le roi de Babylone. Un mois après la conquête [1], Nébuzaradan, chef des gardes du corps de Nébuchadnessar, fit son entrée dans Jérusalem. Par son ordre on mit le feu au Temple, au palais du roi, à l'hôtel de ville (Jér., 39, 8) et à tous les principaux édifices de la capitale de Juda; les murailles et les fortifications furent rasées. En peu de jours la magnifique Jérusalem fut changée en un monceau de ruines. Les deux colonnes *Yachin* et *Boaz*, ainsi que la *Mer d'airain* [2], furent brisées et transportées à Babylone avec tout ce qui restait encore des vases sacrés. On s'empara du grand prêtre Séraïa, de son vicaire Séphania, de plusieurs grands dignitaires et de soixante des principaux habitants, qui furent tous conduits à Ribla et là mis à mort. La plupart des habitants et des troupes s'étaient réfugiés dans les campagnes et dans les pays voisins. (Ib., 40, v. 7 et 11.) Les plus considérables de ceux qui restaient dans la ville, ainsi que ceux qui, pendant le siége, avaient passé aux Babyloniens, furent emmenés captifs (ib., 52, 15); leur nombre ne se montait qu'à huit cent trente-deux personnes. (Ib., v. 29.)

Le peuple de la campagne fut emmené en partie; mais on en laissa dans le pays un certain nombre qui devaient s'occuper de l'agriculture, et à qui on distribua des champs et des vignes. Le roi de Babylone leur donna pour gouverneur un de leurs compatriotes, nommé Guédalia, dont la famille, sans doute, s'était montrée favorable aux Chaldéens. Guédalia, était le fils de ce même Achikam, qui, sous le roi Joïakim avait sauvé la vie au prophète Jérémie [3]. — Quant à ce dernier, le roi de Babylone avait ordonné qu'on le traitât avec les plus grands égards; Nébuzaradan le fit retirer de sa prison et le confia à la sauvegarde de Guédalia. (Ib., 39, 14.) Quelque temps après nous le trouvons enchaîné parmi les autres prisonniers de guerre qui furent dirigés sur Babylone. Surpris probablement par des soldats chaldéens, qui ne le connaissaient pas, il fut amené avec les autres captifs; mais à Rama Nébuzaradan lui fit ôter ses chaînes et le laissa libre d'aller partout où il lui plairait, lui promettant sa protection particulière, s'il jugeait convenable de se rendre avec lui à Babylone. Jérémie voulait rester dans son pays et pleurer sur ses ruines; Nébuzaradan le renvoya, après lui avoir fait des cadeaux. Le prophète se rendit à Mispah, où le gouverneur Guédalia avait fixé sa résidence.

L'installation de Guédalia, et l'assurance que donna ce gouverneur, que les habitants qui restaient dans le pays n'avaient plus rien à craindre en demeurant fidèles au roi de Babylone, firent revenir de toute part les soldats et les citoyens fugitifs, qui s'étaient cachés dans les campagnes ou réfugiés dans les pays voisins d'Ammon, de Moab et d'Édom. On remarqua parmi eux quelques capitaines distingués, tels que Johanan, fils de Karéach, et son frère Jonathan, Azaria, fils d'Hosaia, Ismaël, fils de Nathania de la race royale de Juda, et quelques autres. La tranquillité et l'ordre se rétablirent, et on commença à s'occuper des vendanges et de la récolte des fruits. (Jér., 40, 12.) Mais bientôt un traître vint détruire l'espérance des derniers débris de Juda. Ismaël, sans doute jaloux de l'autorité qu'exerçait Guédalia et à laquelle il croyait avoir plus de droit, par sa naissance, n'était venu à Mispah que dans l'intention d'assassiner le gouverneur. Baalis, roi des Ammonites, qui probablement voyait avec peine la protection accordée, par le roi de Babylone, aux restes du peuple de Juda, l'avait encouragé à ce crime. Le complot d'Ismaël transpira, et les autres capitaines en

---

[1] Selon le livre de Jérémie (52, 12), ce fut le 10 du cinquième mois; selon le 2ᵉ livre des Rois (25, 8), ce fut le 7.
[2] Voy. ci-dessus, pages 289 et 292.
[3] Voy. ci-dessus, page 343, col. 2.

avertirent le gouverneur; Johanan lui offrit même de tuer Ismaël en secret. Mais Guédalia refusa de croire à la trahison d'Ismaël et tomba victime de sa trop grande confiance. Au premier jour du septième mois (septembre-octobre 588), deux mois à peine après la destruction de Jérusalem, le gouverneur ayant invité à un repas plusieurs grands personnages, au nombre desquels se trouvait Ismaël, celui-ci, qui avait amené dix hommes de sa suite, se leva subitement avec ses gens, et ils assassinèrent Guédalia et tous les Judéens et Chaldéens qui composaient sa garde. Le crime d'Ismaël était encore inconnu, lorsque le lendemain quatre-vingts hommes de Siloh, de Sichem et de Samarie passèrent à Mispah, les vêtements déchirés et en deuil, portant des offrandes et de l'encens aux ruines du Temple de Jérusalem, où probablement on avait réorganisé un culte provisoire. Ismaël alla au devant d'eux en pleurant et en feignant de prendre part à leur deuil, et il les invita à se rendre chez le gouverneur; mais à peine entrés dans la ville, ils furent traîtreusement assassinés par les gens d'Ismaël. Dix d'entre eux sauvèrent leur vie en faisant connaître à Ismaël des provisions qu'ils avaient cachées. Les cadavres des victimes furent jetés dans un fossé que jadis le roi Asa avait fait creuser en fortifiant cette place, lorsqu'il fut attaqué par Baasa, roi d'Israël (page 306)[1].

Ismaël, pour pouvoir commettre tous ces crimes, avait dû rassembler autour de lui de nombreux partisans, ou être secouru par des Ammonites. En quittant Mispah, pour retourner au pays d'Ammon, il emmena de force beaucoup d'habitants de Mispah, ainsi que plusieurs princesses de la famille royale, qui avaient été mises sous la sauvegarde du gouverneur Guédalia. Johanan et les autres capitaines rassemblèrent leurs gens, et se mirent à la poursuite d'Ismaël qu'ils atteignirent près de Gabaon. Tous les prisonniers furent délivrés; Ismaël parvint à s'échapper avec huit hommes, et se retira dans le pays d'Ammon.

Johanan et tous ceux qui restaient autour de lui, craignant la vengeance du roi de Babylone, prirent la résolution d'émigrer en Égypte. On se rendit provisoirement dans une hôtellerie près de Béthléhem. Jérémie, qui n'approuvait pas l'émigration, s'était joint à la caravane, ainsi que son fidèle ami Baruch, qui, selon Josèphe[1], avait été incarcéré comme lui, pendant le siége de Jérusalem, et que les Babyloniens avaient élargi sur l'intercession du prophète, qui déjà sous Joïakîm lui avait prédit qu'il survivrait à la ruine de son pays (ch. 45). Les chefs de la caravane demandèrent à Jérémie de prier Dieu pour ces faibles débris de Juda et de leur donner un avis sur ce qu'ils devaient faire, promettant d'obéir à ce que Dieu leur ordonnerait par sa bouche. Après dix jours de réflexion, Jérémie les conjura de renoncer à leur projet d'émigration; l'Égypte, dit-il, aurait bientôt le même sort qui venait de frapper le pays de Juda, le glaive et la famine attendaient ceux qui iraient y chercher un refuge. Johanan, Azaria et les autres chefs accusèrent le prophète d'être de connivence avec Baruch pour les livrer aux Chaldéens, et persistèrent à vouloir passer en Égypte. Jérémie et Baruch se virent donc forcés de partir avec la caravane, et le prophète fit ses adieux à sa malheureuse patrie, dont les ruines lui étaient si chères et qu'il ne devait plus revoir. Pendant quarante ans il y avait exercé sa sainte mission; sa profonde piété et son ardent patriotisme l'avaient voué à une vie pleine de dangers et d'amertume. Au milieu d'un peuple aveugle il eut le sort funeste d'être le seul voyant, et de prévoir les désastres qu'il ne pou-

[1] Cet horrible massacre est rapporté dans le livre de Jérémie (ch. 41), sans qu'on nous fasse connaître le motif qui faisait agir Ismaël. Josèphe dit que ces gens étaient venus offrir des présents à Guédalia, et il ne parle pas des offrandes que, selon le texte (v. 5.) ils allaient apporter dans *la maison de Jehova*. Voy. *Antiqu.*, X, 9, 4.

[1] Voy. *Antiqu.*, X, 9, 1.

vait détourner ; mainte fois il voulut cesser de parler, mais alors, dit-il, *il y eut dans mon cœur comme un feu brûlant renfermé dans mes os, et je ne pus me contenir* (ch. 20, v. 9). En effet, il parla jusqu'à ce qu'il n'y eut plus que mort et désolation autour de lui, et les ruines seules purent témoigner de la vérité de ses paroles et de la sincérité de ses intentions.

Les émigrés arrivèrent à Taphnes, ou Daphné, ville de la Basse-Égypte ; là le prophète les avertit de nouveau que leur fuite ne les mettrait pas à l'abri de l'épée des Chaldéens. De nombreux émigrés de Juda s'étaient établis depuis plusieurs années à Daphné, à Magdole, à Memphis et dans le pays de Pathros. Jérémie eut la douleur de voir l'idolâtrie envahir ces colonies, et ce fut en vain qu'il tâcha de les ramener au culte de Jéhova ; là comme dans sa patrie, le funeste don de la prophétie lui fit prédire des malheurs qu'il ne put empêcher, car déjà il voyait les restes de Juda prêts à disparaître dans les désastres qui allaient frapper l'Égypte (ch. 44). Depuis lors le prophète se dérobe à nos regards ; sa fin nous est inconnue. Selon les traditions des Pères de l'Église, il fut lapidé à Daphné par ses compatriotes ; mais les traditions des juifs le font émigrer à Babylone avec Baruch, lors de l'invasion de l'Égypte par les Chaldéens [1]. — Cinq ans après la destruction de Jérusalem, Nebuzaradan, faisant la guerre aux Ammonites et aux Moabites, emmena encore sept cent quarante-cinq Judéens à Babylone [2]. La Judée fut ainsi privée de presque tous ses habitants et occupée en partie par les peuplades voisines [1].

Telle fut la fin tragique du royaume de Juda, qui naguère encore avait pu espérer de meilleurs jours sous un roi pieux, qui avait voulu lui donner l'unité et la force par une réforme totale, basée sur la constitution mosaïque. Il était trop tard ; le pays de Juda, déjà fortement ébranlé par le colosse assyrien, fut entraîné sans cesse dans la lutte de deux grands empires. Il y perdit le meilleur de ses rois qui ne put achever son œuvre, et qui, au milieu de la tempête, dut abandonner la faible barque à des pilotes aveugles qui la poussèrent sur les écueils. Ce ne fut qu'après le naufrage que les débris dispersés du peuple de Juda commencèrent à comprendre les paroles des guides divins, dont les nobles efforts n'avaient rencontré qu'obstination et mépris. Dans l'exil Juda comprit sa destinée et apprit à connaître son Dieu, qui l'instruisait par un châtiment sévère et le préparait de nouveau à la mission qu'il devait accomplir.

Coup d'œil sur les destinées de l'ancien pays d'Israël pendant cette dernière période.

Il nous reste à examiner ce qu'était devenu, depuis l'invasion des Assyriens sous Thiglath-Piléser et Salmanassar, cette partie de la Palestine qui avait formé le royaume d'Israël, et dont les habitants, en grande partie, furent emmenés en captivité. Le pays de Giléad, ou la Pérée, fut envahi par les Ammonites et les Moabites [2], et les faibles restes des habitants israélites souffrirent de grands maux. (Séphan., 2, 8-10.) La Galilée renfermait encore un grand nombre de Cananéens, notamment dans les villes de la côte où nous les retrouvons encore après l'exil de Babylone. (Ezra, 9, 1.) Le pays de Samarie, qui avait été privé par Salmanassar de la plus

---

[1] *Séder Olam rabba*, ch. 26. L'invasion de l'Égypte, si positivement annoncée par Jérémie et par Ézéchiel (ch. 29,) du avoir lieu pendant la guerre civile entre Apriès et Amasis. Le silence gardé par Hérodote sur cette expédition de Nébuchadnessar n'est pas une raison pour la mettre en doute. Voy. Des Vignoles, t. II, p. 148 et suivantes. Mégasthène, cité par Josèphe (*Antiqu.*, X, 11, 1), dit que Nébuchadnessar conquit la plus grande partie de la Libye. Selon Ézéchiel (29, 17-20), l'expédition aurait eu lieu après le siège infructueux de Tyr, environ seize ans après la destruction de Jérusalem.

[2] Voy. Jérémie, 52, 30, et Josèphe, l. c. X, 9, 7.

[1] Voy. le livre apocryphe Ezra III, ch. 4, v. 50 ; comparez I Maccab. 5, 65.

[2] Voy. ci-dessus, pages 95 et 96.

grande partie de ses habitants, fut repeuplé plus tard de colons, venus de différentes provinces soumises à l'Assyrie, telles que Babylone, Coutha, Avva, Sépharvaïm[1] et Hamath. Mais dans tout le nord de la Palestine en deçà du Jourdain il restait sans doute un assez grand nombre d'Israélites, surtout de la classe inférieure. On a vu (page 331) que des hommes pieux de plusieurs tribus d'Israël, dont le pays avait été conquis par Thiglath-Piléser, se rendirent à Jérusalem, sur l'invitation d'Ezéchias, pour y célébrer la Pâque. Bien plus tard, sous le règne de Josias, on recueillit, dans les pays de Manassé, d'Éphraïm et de tout le reste d'Israël, des dons pour les réparations du Temple de Jérusalem (II Chron. 34, 9); les réformes de Josias s'étendirent jusqu'au pays de Naphthali (ib., v. 6), et des *Israélites* vinrent, comme du temps d'Ézéchias, célébrer la Pâque à Jérusalem (ib., 35, 18); ce qui prouve que la Palestine n'avait pas été dépouillée de tous ses habitants israélites.

Pendant toute cette période la Palestine septentrionale fut presque toujours agitée par le bruit des armes et par les marches des troupes qui la traversaient en tout sens. Elle changea souvent de maître, mais il n'est pas probable qu'un gouvernement régulier quelconque ait pu s'y établir. Les différentes populations, reconnaissant la souveraineté des conquérants, se gouvernaient probablement chacune selon ses anciennes lois, sauf à payer l'impôt au souverain étranger. Jusqu'à la quatorzième année d'Ézéchias le pays fut presque toujours occupé par les troupes assyriennes que Salmanassar, Sargon et Sennachérib expédièrent successivement contre la Phénicie, l'Égypte et la Judée. Après la retraite de l'armée de Sennachérib, le pays d'Israël ne cessa pas d'être considéré comme une province assyrienne; Ésar-Haddon envoya encore des colons dans la province de Samarie (Ezra, 4, 2), et le pays était probablement gouverné par un satrape assyrien. Cet état des choses dura sans doute pendant tout le règne de Manassé, roi de Juda. Quoique nous ayons cru devoir mettre en doute la captivité de ce roi, l'existence d'une garnison assyrienne dans le pays d'Israël, indiquée dans le récit fabuleux du deuxième livre des Chroniques (33, 11), n'a rien que de très-probable. La domination assyrienne affaiblie de plus en plus, depuis le règne d'Ésar-Haddon, dut cesser en Palestine lors de l'invasion des Scythes (page 342), qui, ayant vaincu les Mèdes et se tournant contre l'Égypte, durent traverser les plaines du pays d'Israël. Il paraîtrait qu'après la disparition de ces hordes, qui n'avaient pour but que le pillage, Josias, roi de Juda, put s'emparer momentanément du pays de Samarie et d'une partie de la Galilée où nous le voyons agir en maître (page 341). Après sa défaite et sa mort dans le combat de Mégiddo, Néchao, roi d'Égypte, resta, pendant quelque temps, maître de la Palestine, jusqu'à ce que, vaincu par les Chaldéens près de Circésium, il fut refoulé au delà de ses limites. Dès lors l'ancien pays d'Israël ne cessa d'être envahi par les armées chaldéennes, marchant contre la Judée et l'Égypte, et devint bientôt de fait une province de l'empire babylonien; mais il conserva ses habitants, qui, formant une population mêlée, sans nationalité, et composée en grande partie de colons assyriens, ne donnaient au gouvernement chaldéen aucun sujet d'inquiétude.

La Phénicie et ses grandes villes commerçantes ne pouvaient manquer d'exercer une heureuse influence sur les contrées voisines de la Galilée et y faire prospérer l'industrie et le commerce; le pays de Samarie lui-même, qui avait souffert davantage par les ravages des troupes assyriennes, et par la déportation du plus grand nombre

---

[1] Coutha, Avva et Sepharvaïm, sont probablement différents districts de la Mésopotamie. Les géographes arabes connaissent un endroit appelé Coutha, dans l'Irák; selon les livres des Sabéens, ce fut à Coutha que demeura Abraham, avant d'aller en Canaan. Voy. Maïmonide, *Moré Nebouchim*, III. 29.

de ses habitants, dut reprendre un certain degré de prospérité, grâces à son sol fertile et à sa position géographique entre la Judée encore florissante et la Phénicie. Nous savons positivement par le prophète Ézéchiel (27, 17) que non-seulement la Judée, mais aussi l'ancien pays d'Israël, fournissait les marchés de Tyr de blés et de plusieurs autres denrées.

Quant à l'état religieux du pays, nous pouvons en juger par le mélange des différentes races qui y demeuraient. Les restes des anciens Cananéens adoraient les divinités phéniciennes, dont le culte n'avait jamais cessé d'exister dans le pays d'Israël et avait même trouvé beaucoup de partisans parmi les Hébreux. Une partie des habitants israélites qui restaient dans le pays, surtout dans le nord, était probablement dévouée, comme par le passé, à ce même culte phénicien; une autre partie suivait probablement le culte sémi-païen des veaux d'or établi par Jéroboam (II Rois, 23, 15-20); un certain nombre enfin, ayant suivi l'appel d'Ézéchias et de Josias, adoptale pur mosaïsme et le culte de Jéhova et apportait ses offrandes à Jérusalem, comme on l'a vu par ce qui précède. Les mesures énergiques de Josias durent contribuer à augmenter considérablement ce dernier parti, auquel appartenaient aussi les malheureux pèlerins égorgés par Ismaël après l'assassinat de Guédalia. Les colons assyriens dans le pays de Samarie restèrent d'abord attachés aux différents cultes de leurs patries respectives. On ne saurait rien dire de positif au sujet de leurs divinités, qui sont nommées dans la Bible (ib., ch. 17, v. 30 et 31), si ce n'est qu'elles représentaient sans doute différentes planètes; les colons de Sépharvaïm célébraient un culte semblable à celui de Moloch. Établis dans un pays qui, pendant quelque temps, était resté presque désert, ces colons eurent, dit-on (ib., v. 25), beaucoup à souffrir des lions, et attribuant cette calamité au dieu du pays, ils demandèrent au roi d'Assyrie de leur envoyer un des prêtres de Samarie, qui avaient été emmenés en exil, afin qu'il pût leur enseigner la manière d'adorer le dieu local. On peut conclure de cette demande d'un prêtre *de Samarie* qu'il s'agissait, pour les colons, d'adopter le culte schismatique établi par Jéroboam, c'est-à-dire l'adoration de Jéhova sous une image visible. En effet le prêtre envoyé par le roi d'Assyrie s'établit à Béthel, où existait encore le temple de Jéroboam, appelé *la maison des hauts-lieux*. (Ib., v. 29.) Instruits dans le culte de Jéroboam, les Couthéens et les autres colons créèrent parmi eux des prêtres, qui devaient offrir leurs sacrifices dans le temple de Béthel; mais à côté de Jéhova ils continuèrent à adorer les dieux de leur patrie, et sur l'autel même de Béthel nous trouvons du temps de Josias, la statue d'*Aschéra* ou Astarté. (Ib., 23, 15.) La sévérité que déploya Josias contre les cultes idolâtres, et notamment contre le temple de Béthel, dut faire prévaloir, pendant un certain temps, le culte pur de Jéhova. A cette époque les colons assyriens ont pu entièrement se confondre avec les restes des Israélites de Samarie et recevoir de Jérusalem le *livre de la loi* ou le Pentateuque[1]. Mais encore plus tard on les accusait de mêler l'idolâtrie au culte de Jéhova (ib., 23, 40), et on verra qu'après l'exil leur prétention de passer pour de vrais Israélites et de prendre part au rétablisement du temple de Jérusalem fut repoussée par Zéroubabel. On montrait pour eux plus d'éloignement que pour les Israélites de Galilée que nous verrons plus tard faire partie de la nouvelle communauté juive de Jérusalem, quoique, sans doute, ils fussent en partie les descendants des Israélites des dix tribus. Les *Couthéens* (c'est sous ce nom que les Juifs désignaient généralement les colons assyriens) avec lesquels s'étaient confondues plusieurs familles israélites du pays de Samarie, formeront une secte particulière, hostile aux Juifs, et connues sous le nom de *Samaritains*.

[1] Voy. ci-dessus, page 138, col. I, note.

QUATRIÈME LIVRE.

ANTIQUITÉS HÉBRAÏQUES

OU

CIVILISATION DES ANCIENS HÉBREUX.

A l'exil de Babylone l'histoire du peuple hébreu est arrivée à son terme. A la vérité, sa mission n'est pas accomplie, et pour la continuer nous verrons reparaître sur le sol de la Palestine un certain nombre de familles de la souche hébraïque; mais ces familles n'y rapporteront pas leur ancien caractère national; leurs mœurs, leurs usages, leur langage même se sont modifiés; le cercle de leurs connaissances s'est élargi; leur religion, qui dans le malheur leur est devenue plus chère, n'a pu entièrement échapper à l'influence des idées étrangères. Ce sera une histoire nouvelle que nous aurons à raconter, et qui aura son commencement, ses développements et son déclin. Il faut donc, avant de continuer l'histoire de la Palestine, compléter celle des Hébreux, en faisant connaître la vie de ce peuple sous ses différentes faces. Il nous faut jeter un coup d'œil sur les mœurs et les usages des anciens Hébreux, sur leur vie domestique, sur leur industrie, sur leur vie intellectuelle, en un mot sur tout ce qui, sans faire partie de *l'histoire* proprement dite, c'est-à-dire, du mouvement et du changement perpétuel dans l'existence des Hébreux comme nation, sert à caractériser cette existence dans ses détails, et en forme en quelque sorte l'organisme intérieur. C'est là ce que nous appelons les *Antiquités hébraïques*. La connaissance de ces matières est utile et même nécessaire pour la parfaite intelligence de l'histoire; car les différentes manifestations de la vie d'un peuple tantôt en déterminent le mouvement historique, tantôt sont elles-mêmes les résultats de ce mouvement, et il y a constamment entre la vie intérieure d'un peuple et son histoire politique un rapport mutuel de cause et d'effet.

Une partie essentielle de ce qu'on comprend ordinairement dans les antiquités hébraïques a déjà été traitée dans cet ouvrage. Nous avons fait la description du sol qu'occupaient les Hébreux et de ce que leur pays offrait de remarquable sous le rapport du climat et de l'histoire naturelle. Nous avons fait connaître les antiquités sacrées, qui font partie de la loi de Moïse, et tout le système social du grand législateur, idéal qui ne s'est jamais complétement réalisé. Les antiquités se borneront donc pour nous à ce qui, dans la vie des Hébreux, n'était pas déterminé par la loi et n'avait pas de rapport direct avec les pratiques prescrites par la religion. Elles renfermeront tout ce qui forme, pour ainsi dire, la civilisation profane du peuple hébreu, quoique, dans la vie des Hébreux, la religion exerce toujours un certain empire, surtout dans la sphère intellectuelle.

Les antiquités ainsi limitées se diviseront en quatre parties que nous plaçons dans l'ordre déterminé par la marche naturelle et progressive de la civilisation. Nous traiterons 1° de la vie pastorale et de l'agriculture; 2° de la vie domestique et sociale; 3° de la cité et de l'État, et 4° de la vie intellectuelle. Nous donnerons sur chacune de ces parties les détails que comporte le cadre de cet ouvrage.

CHAPITRE PREMIER.

DES HÉBREUX NOMADES, DE LA VIE PASTORALE ET DE L'AGRICULTURE.

Sur le seuil de l'histoire des Hébreux nous trouvons la vie pastorale et nomade, qu'on peut considérer comme le premier pas de la civilisation. Les patriarches étaient de riches nomades; dans la simplicité de leurs mœurs, dans leur hospitalité, nous trouvons le type que les Bédouins arabes ont conservé jusqu'à ce jour.

Les enfants d'Israël continuèrent le même genre de vie en Égypte et dans le désert, jusqu'à leur entrée en Palestine. Même après avoir pris possession de ce pays, les Hébreux se consacrèrent en partie à la vie pastorale, et l'entretien des troupeaux était, de même que l'agriculture, une des principales branches de leur industrie. Ce furent surtout les tribus établies à l'est du Jourdain qui entretenaient de grands et nombreux troupeaux ; leurs pasteurs parcouraient en nomades les vastes pâturages qui s'étendaient jusqu'à l'Euphrate. Mais en deçà du Jourdain il y avait aussi de riches pasteurs, dont les troupeaux couvraient les plaines, surtout celle de Saron, et les vastes contrées incultes du midi de la Judée, appelées *déserts,* mais qui sont propres au pâturage (voy. page 7), et qui fournissent toujours assez de nourriture pour le menu bétail et le chameau. Le mot hébreu MIDBAR, que les versions rendent toujours par *désert,* et qui en effet a souvent ce sens, vient d'une racine araméenne (DBAR) qui veut dire *conduire,* et désignait primitivement un lieu ouvert où les nomades menaient paître leurs troupeaux. Ces pâturages, appelés aussi HOUÇÔTH (*exteriora,* Job, 5, 10), n'étaient ordinairement la propriété de personne, et les bergers les parcouraient en tout sens pendant la belle saison. Les nomades, qui restaient toujours dans les campagnes, cherchaient en hiver les plaines les moins élevées qui n'étaient pas privées de toute végétation. Dans la Palestine civilisée, les troupeaux rentraient ordinairement dans les étables, au mois de novembre, et y restaient jusque vers la Pâque. Tel est du moins l'usage que nous trouvons établi à une époque plus récente, et qui remonte sans doute aux temps anciens[1]. Dans les pâturages, les troupeaux, qui restaient toujours en plein air, étaient parqués la nuit dans un enclos, appelé MICHLA OU GUEDÉRA, auprès duquel les bergers avaient leurs tentes. Çà et là s'élevaient des tours, du haut desquelles on pouvait observer de loin l'approche de hordes ennemies, afin de se retirer à temps[1]. — On pense bien que l'eau était une chose très-précieuse pour les pasteurs. Les eaux coulantes qui se trouvaient dans les lieux de pâturage, étaient, comme ces lieux mêmes, un bien public; les puits et les citernes étaient la propriété de ceux qui les avaient découverts ou creusés, et qui, vu l'importance de cette propriété[2], devenaient par là les maîtres du terrain, ce qui souvent donnait lieu à des querelles entre les différents pasteurs qui se disputaient l'eau ou comblaient les puits les uns des autres (Genèse, 21, 25 ; 26, 15—22). Déjà du temps des patriarches, on mentionne les *abreuvoirs* (ib. 30, 39), dans lesquels on versait l'eau tirée des puits et des citernes, au moyen de seaux. Près des villes et des villages il y avait des puits et des abreuvoirs publics, qui étaient, à certaines heures de la journée, un lieu de rendez-vous pour les pasteurs ; là se rencontraient dans les temps anciens les fils et les filles des familles les plus distinguées, car la garde des troupeaux était une des occupations les plus honorables. Chacun se rappelle l'exemple de Rebecca, de Rachel, de David.

Les grands propriétaires qui s'occupaient particulièrement de l'éducation des bestiaux et qui envoyaient leurs troupeaux dans les pâturages, avaient un nombreux personnel de pasteurs, sous les ordres d'un intendant appelé *chef de troupeau* (ib. 47, 6)[3], qui était responsable de tout accident qu'on pouvait attribuer à

---

[1] Voy. Lightfoot, *Horæ hebr. et talm.* p. 732 et suiv. — Comparez 1 Sam. ch. 25, v. 15 et 16.

[1] Voy. II Chron. 26, 10, et ci-dessus, page 325, col. 2. Près de Bethléhem nous trouvons un endroit appelé *Migdal-eder* (tour de troupeau). Genèse, 35, 21; Micha, 4, 8.
[2] Comparez Nombres, 20, 17; 21, 22.
[3] Comparez la Ire Épître de saint Pierre, ch. 5, v. 4, où l'on parle du *princeps pastorum* (ἀρχιποιμήν). L'intendant des troupeaux de Saül est appelé *le fort des pasteurs* (1 Sam. 21, 8).

sa négligence, et qui comptait à chaque pasteur les animaux confiés à sa garde. Chez les rois, les intendants des troupeaux figuraient parmi les grands fonctionnaires qui portaient le titre de *chefs du domaine* [1].

L'accoutrement des pasteurs se composait d'un large manteau enveloppant tout le corps (Jérémie, 43, 12), d'une sacoche et d'une houlette; quelquefois ils étaient armés d'une fronde (1 Sam. 17, 40), pour se défendre contre les bêtes féroces, avec lesquelles ils avaient souvent à lutter (ib. v. 34) [2]. Dans ce même but, ils étaient toujours accompagnés de chiens (Job, 30, 1). Les fonctions des pasteurs étaient très-pénibles; ils pouvaient rarement se livrer au repos, et veillant toujours sur le troupeau qui leur était confié, ils étaient exposés, pendant toute la saison, à la chaleur du jour et au froid de la nuit (Genèse, 31, 40). Ils devaient soigner les animaux malades, porter les petits dans leurs bras (Isaïe, 40, 11) et rechercher avec soin ceux qui s'étaient perdus. La solde des pasteurs mercenaires consistait quelquefois en une partie des productions du troupeau; du moins, à l'époque patriarcale, nous trouvons un exemple d'une pareille convention entre Jacob et Laban (Genèse, 30, 32).

Les bergers des Hébreux, comme ceux des Grecs, charmaient quelquefois leurs loisirs par la musique; ce fut du temps de Saül que David, alors simple berger des troupeaux de son père, se fit remarquer par son talent musical (1 Sam. 16, 18).

Nous avons déjà parlé (pages 29 et 30) des animaux domestiques de la Palestine. Les troupeaux des Hébreux se composaient principalement de menu bétail (brebis, chèvres); le pays montagneux et les déserts convenaient parfaitement à ce genre de troupeaux. L'espèce bovine se cultivait principalement dans la plaine de Saron et dans le pays de Basan, où il y avait des pâturages gras et nourrissants; on se servait aussi, pour la nourriture des bœufs, d'un fourrage mélangé, appelé BELIL (la *farrago* des Romains) et dans lequel on mettait du sel ou des plantes salsugineuses [1]. — Ces troupeaux donnaient un revenu très-considérable et devenaient pour le grand propriétaire une mine féconde de richesses. Michaélis présume que c'est à cause des immenses avantages que l'éducation des bestiaux pouvait offrir à quelques individus, que Moïse, jaloux de maintenir l'égalité parmi les citoyens, favorisa peu cette branche d'industrie et fonda sa constitution sur l'agriculture. Le même auteur fait remarquer à cette occasion que les plus riches Hébreux dont il soit question dans la Bible, tels que Nabal (page 262) et les trois propriétaires qui se chargèrent de l'entretien des troupes de David, lors de la révolte d'Absalom (p. 277), étaient de riches pasteurs [2]. Un des principaux avantages de cette industrie consistait dans la laine des brebis qu'on employait aux vêtements [3]; les brebis restant presque toujours en plein air, la laine devenait très-fine et très-blanche. — La tonte des brebis était une fête champêtre, qui se célébrait par de grandes réjouissances [4].

Aux troupeaux de bœufs et de menu bétail les pasteurs joignaient les chameaux et les ânes, qui servaient de bêtes de somme et de montures; l'âne était aussi employé à l'agriculture.

Nous ajouterons ici quelques mots sur *la chasse*, qui formait, dans l'origine, une des occupations essentielles des nomades, ainsi que des pasteurs de la Palestine (Genèse 27, 3). Il résulte de plusieurs passages de la Bible, et notamment du Pentateuque, que la Palestine était riche en gibier; les Hébreux pouvaient librement se

---

[1] Voy. ci-dessus, page 281.
[2] Comparez Isaïe, 31, 4; Amos, 3, 12.

[1] Voy. Isaïe, 30, 24, et le commentaire de Gesénius; Job, 6, 5; 24, 6.
[2] Voy. Michaélis, *Droit mosaïque*, t. I, § 44.
[3] Voy. Proverbes, 27, 26; 31, 13; Job, 31, 20.
[4] Voy Genèse, 38, 12; 1 Sam. 25, 2 et suiv. II Sam. 13, 23 et suiv.

livrer aux plaisirs de la chasse (Lévit. 17, 13), et la loi n'y portait aucune restriction, si ce n'est en prescrivant implicitement de ménager le gibier pendant l'année sabbatique, où le produit naturel des champs devait aussi servir de nourriture aux animaux sauvages. Selon l'opinion de Michaélis, ces lois sur l'année sabbatique avaient pour but, entre autres choses, la conservation et le renouvellement du gibier [1]. — Les chasseurs se servaient de différentes armes de guerre, notamment de l'arc (Genèse, l. c.); on employait aussi plusieurs espèces de filets et de pièges, pour prendre les oiseaux, et même de grands animaux, tels que les gazelles (Isaïe, 51, 20), et quelquefois aussi des bêtes féroces. On prenait ces dernières, et principalement les lions, dans des fosses ou des trappes (Ézéch. 19, 4 et 8), telles qu'on en trouve encore en Orient; elles sont couvertes de branchages, et au milieu il y a un poteau élevé, auquel on attache une brebis vivante dont les cris attirent la bête féroce; celle-ci accourant pour s'emparer de sa proie, s'enfonce avec le léger branchage et tombe dans la fosse [2]. Dans la Bible ces fosses sont souvent l'image des embûches et des dangers.

Les Arabes nomades se livraient de tout temps au brigandage, et encore maintenant ils pillent souvent les étrangers qui traversent leur pays. Les mœurs des Hébreux réprouvaient le brigandage, à tel point qu'il n'est pas même prévu dans leurs lois; nous n'en trouvons dans leurs livres historiques que quelques rares exemples, à l'époque anarchique des juges (Juges, 11, 3).

Agriculture.

De tout temps l'agriculture fut en grand honneur chez les Hébreux. Les patriarches nomades l'avaient déjà exercée avec succès (Gen. 26, 12), mais elle n'avait été pour eux qu'une chose secondaire; Moïse, comme on l'a vu, en fit la base de sa constitution politique. Elle devint depuis la conquête du pays de Canaan la principale industrie des Hébreux, jusqu'à ce que les rois introduisirent le commerce et le luxe; l'entretien des troupeaux n'était plus qu'une industrie de second ordre et un accessoire de la culture du sol.

Nous avons déjà parlé (p. 14) de la fertilité de la Palestine ancienne et des moyens qu'on employait pour utiliser même les hauteurs parsemées de rochers. Les pluies et la rosée suffisaient pour fertiliser un sol cultivé avec soin, et les terrains moins fertiles qui avaient besoin d'un arrosement plus abondant étaient souvent coupés par des canaux, dans lesquels on conduisait l'eau des torrents voisins. Les canaux ou ruisseaux, appelés PÉLAGHÎM (divisions, eaux divisées), figurent souvent dans les images des poëtes hébreux [1]. Pour l'engrais des champs on se servait du fumier [2], mais plus souvent peut-être de la paille et du chaume qu'on brûlait dans les champs [3].

Les instruments aratoires des Hébreux étaient probablement d'une grande simplicité, s'il faut en juger par ceux qu'on voit encore maintenant chez les peuples orientaux [4]. Outre la bêche, qui était d'un fréquent usage (Deut. 23, 14), on avait, dès les temps les plus anciens, une espèce de charrue traînée par des bœufs ou des ânes (ib. 22, 10); le soc était en fer (1 Sam. 13, 20), et tout l'instrument, qui n'avait pas de roues, devait ressembler, pour la forme, à la

---

[1] Voy. *Droit mosaïque*, t. III, § 170. Comparez aussi ce que nous avons dit sur les oiseaux, page 29.
[2] Voy. Bochart, *Hierozoicon*, l. III, c. 4; Jahn *Archæologie*, I, I, p. 333.

[1] Voy., par exemple, Isaïe, ch. 30, v. 25; ch. 32, v. 2; Ps. 1, v. 3; Proverbes, ch. 21, v. 1.
[2] Comparez II Rois, 9, 37; Ps. 83, 11; Jérémie, 9, 22 et *passim*.
[3] Voy. Isaïe, 5, 24; Joël, 2, 5; comparez Virgile, *Georg.* l. I, v. 84 et suivants : *Sæpe etiam steriles incendere profuit agros, Atque levem stipulam crepitantibus urere flammis*, etc.
[4] Comparez Théophraste, *de Caus. plant.* III, 25 : καὶ μικροῖς ἀρότροις οἱ Σύροι χρῶνται.

charrue des Indiens ou des Arabes [1]. Des bœufs, des vaches et des ânes servaient au labourage [2]; mais il était défendu d'atteler ensemble deux espèces différentes (page 212). Les animaux mis au joug étaient stimulés par l'aiguillon du laboureur ; c'était un bâton armé d'une pointe de fer, appelée DORBAN (1 Sam. 13, 21), et qui avait probablement à l'autre bout une espèce de hoyau, servant à enlever la terre qui s'attachait au soc de la charrue [3]. L'espace de terre que deux bœufs pouvaient labourer dans un jour s'appelait CÉMED (couple), et cet espace servait d'unité dans le mesurage des champs, comme le *jugum* ou *jugerum* des Romains et notre *arpent* (1 Sam. 14, 14; Is. 5, 10). — Sur les sillons, qui étaient peu profonds [4], on passait la herse avant d'y jeter la semence (Is. 28, 25), ce qu'on répétait après l'ensemencement[5]. On trouve plusieurs fois dans la Bible le verbe *herser* [6], mais on n'y rencontre pas le nom de la *herse* et nous en ignorons la forme. Il résulte avec évidence d'un passage de Job (39, 10), que la herse était traînée par des animaux, qui *suivaient* le laboureur ; c'était peut-être une simple planche chargée de pierres, comme cela se pratique encore maintenant en Égypte.

Nous avons fait connaître précédemment les différentes céréales, légumineuses et autres plantes cultivées par les Hébreux, ainsi que les époques des semailles et des récoltes [7].

Les laboureurs hébreux ne se contentaient pas d'*ensemencer* les champs; différentes céréales, et notamment le froment et l'orge, étaient aussi *plantées* et disposées par rangées comme des arbrisseaux, ce qui quelquefois se pratique encore maintenant en Orient et explique en partie les récoltes extrêmement abondantes qu'on faisait autrefois en Palestine [1]. — La loi défendait de mêler ensemble des semences et des plantes hétérogènes (page 212).

La moisson, qui commençait par l'orge, s'ouvrait légalement le second jour de la fête de Pâques (page 187). L'usage de la faux était très-commun; il en est déjà question dans les lois de Moïse (Deut. 16, 9; 23, 26). Les moissonneurs ramassaient les épis par brassées (Ps. 129, 7), les liaient en gerbes et en formaient des tas (Ruth, 3, 7), qu'on chargeait ensuite sur des chariots (Amos, 2, 13) pour les transporter à l'aire. La joie qu'on faisait éclater pendant la moisson était devenue proverbiale (Isaïe, 9, 2). Les pauvres aussi pouvaient partager cette joie; la loi leur accordait dans les moissons une large part, qui était souvent augmentée par la bienfaisance [2].

L'aire (GOREN) était une place ronde et aplanie au milieu des champs; elle n'était pas couverte (Juges, 6, 37), car on n'avait pas à craindre la pluie dans la saison des récoltes, et il était avantageux de laisser les blés exposés à l'air. — Le battage du blé se pratiquait de trois manières différentes : 1° On employait le bâton ou le fléau, surtout pour les petites quantités de blé (Ruth, 2, 17), ainsi que pour les légumineuses et les petits grains (Isaïe, 28, 27). 2° On faisait passer sur les tas de blé, disposés en cercle, des bœufs ou des chevaux qui foulaient les grains avec les pieds [3]. 3° On se servait d'une

---

[1] Sur la planche 18, n° 2 et 3, nous avons fait graver, d'après l'Archéologie de Jahn, deux charrues, dont les dessins sont dus à deux auteurs différents. L'un est tiré d'un ouvrage allemand sur *l'agriculture des Orientaux*, par Paulsen (Helmstædt, 1748, in-4°), et appartient aux Indiens; l'autre est copié de la quinzième planche de la description de l'Arabie, par Niebuhr.
[2] Deut. 22, 10; 1 Sam. 6, 7; Isaïe, 30, 24; Hoséa, 10, 11; Amos, 6, 12; Job, 1, 14.
[3] Comparez Pline, l. c. ch. 49 : *Purget vomerem subinde stimulus cuspidatus rallo.* Voy. pl. 18, n° 6.
[4] Voy. Pline, l. c. ch. 47 : *Syria quoque tenui sulco arat.*
[5] Pline, l. c. ch. 49.
[6] Isaïe, 28, 24; Hoséa, 10, 11; Job, 39, 10.
[7] Voy. ci-dessus, pages 12, 17 et suiv. 187 et 188.

[1] Voy. le commentaire de Gesénius sur Isaïe, ch. 28, v. 25.
[2] Voy. ci-dessus, page 212, et le livre de Ruth, ch. 2.
[3] Voy. Deut. 25, 4; Isaïe, 28, 28; Hoséa, 10, 11; Micha, 4, 13.

machine de bois chargée de pierres et qui était traînée par des bœufs. On voit encore maintenant en Orient deux machines employées à cet usage; l'une forme une espèce de traîneau composé de plusieurs planches épaisses dont le dessous est armé de pierres aiguës ou de pointes de fer; l'autre a au milieu trois ou quatre roues ou cylindres armés de la même manière, ou ayant des incisions comme une scie, et qui formait ainsi une espèce de chariot. L'une et l'autre sont indiquées sans doute dans ces paroles d'Isaïe (28, 27) : « La vesce n'est pas battue par le *tranchant*, et la *roue du chariot* ne passe pas sur le cumin [1]. » — Après avoir ainsi battu le blé, on le tournait et le jetait en l'air avec une pelle pour en séparer la paille, et on le nettoyait avec le crible et le van (Is. 30, 24). — Le blé se conservait dans des souterrains (Jér. 41, 8), ou dans des granges et des greniers (Joël, 1, 17). La paille servait à la nourriture des bestiaux (Is. 11, 7), ou à la fabrication des briques (Exode, 5, 7).

Culture de la vigne.

La Palestine était riche en vignes (voy. p. 23), et sur tous les points du pays on faisait du vin. Les vignes étaient entourées de haies (Is. 5, 5) ou de murs de pierres (Prov. 24, 31), afin de les garantir des dégâts que pouvaient y faire les animaux (Jér. 12, 10; Ps. 80, 13). Elles étaient aussi garnies de cabanes et de tours (Is. 1, 8; 5, 2) occupées par des gardiens. Les Hébreux connaissaient les procédés généralement employés par les vignerons; le terrain était soigneusement débarrassé des pierres, on remuait la terre autour des vignes et on les taillait avec la serpette (Is. 5, v. 2 et 6).

Il paraîtrait résulter d'un passage de Pline [1] qu'en Syrie et dans toute l'Asie les ceps des vignes rampaient à terre; mais il est certain qu'en Palestine les ceps étaient ordinairement debout ou échalassés et tellement élevés qu'on pouvait s'abriter sous leur ombre [2].

Les vendanges, qui commençaient dans le courant de septembre, devaient être terminées dans la première moitié d'octobre; car c'est vers cette époque qu'a lieu la fête des Tabernacles, qui signalait la fin de toutes les récoltes (page 188). Le temps des vendanges était une époque de fête et de réjouissances publiques; dans les vignes et dans les pressoirs on faisait retentir des chants et le cri joyeux de *hédad! hédad* [3]! On recueillait les raisins dans des paniers (Jér. 6, 9) pour les transporter dans les pressoirs. Le mécanisme du pressurage était très-simple, et tel qu'on le voit encore maintenant dans différentes contrées de l'Orient. Une vaste cuve, probablement construite de pierres, recevait les grappes qui étaient foulées par des hommes; elle avait au fond une ouverture fermée par un grillage et qui laissait couler le vin dans un réservoir creusé dans la terre et maçonné, ou taillé dans la pierre (Is. 5, 2) [4]. Ces pressoirs se trouvaient ordinairement dans les vignes mêmes ou dans quelque autre endroit hors de la ville [5].

On buvait quelquefois le vin doux

---

[1] Voy. le comment. de Gesénius. — Saint Jérôme, dans son commentaire sur ce verset, parlant de la machine à cylindres, s'exprime ainsi : *quæ (rotæ) in serrarum similitudinem ferreæ circumaguntur et trahuntur super demessas segetes.* Sur la pl. 18, nos 4 et 5, nous avons présenté, d'après Niebuhr, la coupe horizontale et le profil de cette machine. En hébreu elle portait le nom de *Morag*; les Arabes l'appellent *Noradj*, et en Espagne elle est connue sous le nom de *trillo*. Comparez Isaïe, 41, 15.

[1] Hist. nat., l. 17, c. 35.
[2] Voy. Ps. 80, 11, et ci-dessus, page 23, col. 2.
[3] Voy. Juges, 9, 27; Isaïe, 16, 10; Jérémie, 25, 30; 48, 33.
[4] La cuve supérieure est appelée GATH et quelquefois POURA; nous avons fait reproduire, d'après Jahn, le dessin qu'en a donné Kæmpfer dans ses *Amœnitates exoticæ*, p. 377. (Voy. pl. 18, n° 1.) Le réservoir inférieur portait le nom de YÉKEB, qui s'employait quelquefois pour le pressoir en général (Job, 24, 11). Dans la *Mischna*, traité *Theroumoth* (des oblations), ch. 8, § 9, la cuve et le réservoir sont appelés le GATH (pressoir) *supérieur et inférieur*.
[5] Is. 5, 2; Zachar. 14, 10; comparez Apocalypse, 14, 20.

ou le *moût* (Hos. 4, 11), mais ordinairement on le mettait dans des outres (Job, 32, 19), ou dans des vases de terre (Jérém. 13, 12), afin de le faire fermenter. Pour l'améliorer on le vidait de temps en temps d'un vase dans un autre (ib. 48, 11). On se servait aussi d'une partie de la vendange pour faire du sirop[1] ou des raisins secs (1 Sam. 25, 18).

Culture des oliviers et jardinage.

On a déjà vu (p. 24) que la culture des oliviers était très-répandue chez les anciens Hébreux et que l'huile d'olives était de tout temps un des principaux articles de commerce pour les habitants de la Palestine. Les olives étaient abattues avec des bâtons (Deut. 24, 20), avant d'être mûres; on en pressait l'huile en les écrasant dans des mortiers (Exode, 27, 20), ou en les foulant dans des pressoirs (Micha, 6, 15).

La culture des jardins renfermant des plantes potagères et odoriférantes, des fleurs, des arbres fruitiers, remonte chez les Hébreux à la plus haute antiquité. Dans l'un des plus anciens documents de la Genèse, le séjour des premiers hommes est présenté comme un *jardin* riche en toute espèce d'arbres fruitiers, et la Bible nous offre beaucoup de traces d'une horticulture avancée[2]. On fait souvent allusion à l'arrosement artificiel des jardins[3]; on savait propager les arbres par le moyen des rejetons[4], et naturaliser des plantes étrangères[5].

Les jardins étaient cultivés tant pour l'utilité que pour l'agrément; on se livrait au repos sous l'ombre des arbres (Cant. 2, 3), au milieu de la fraîcheur que répandaient les fontaines, et du parfum qu'exhalaient les fleurs (ib., 4, 15 et 16). Beaucoup d'images de la poésie biblique font voir que les jardins étaient pour les anciens Hébreux un objet d'agrément et de luxe comme ils le sont dans l'Orient moderne.[1]

Une des branches de l'économie rurale des Hébreux était l'éducation des abeilles, dont nous avons déjà parlé (page 28).

CHAPITRE II.

DE LA VIE DOMESTIQUE ET SOCIALE.

A. Habitations.

Les patriarches des Hébreux, comme nous le voyons dans plusieurs passages de la Genèse, demeuraient dans des tentes, qui, pour la forme et la disposition, étaient sans doute semblables à celles des Bédouins arabes de nos jours. La tenture en drap noir de poil de chèvre se trouve déjà indiquée dans un passage du Cantique (1, 5), et remonte sans doute plus haut. Les tentes sont divisées ordinairement en deux ou trois compartiments, et celui de derrière est destiné aux femmes; mais les femmes des patriarches, comme celles des riches émirs, avaient leurs tentes particulières (Gen. 24, 67; 31, 33).

Dès leur entrée dans le pays de Canaan les Hébreux quittèrent la vie nomade et s'établirent dans des villes bien bâties qu'ils y trouvèrent en grand nombre (Deut. 6, 10), et qui en partie existaient déjà du temps des patriarches. Nous allons recueillir quelques détails que nous fournit la Bible sur les villes des anciens Hébreux et sur leurs maisons. Les villes proprement dites étaient toujours fortifiées par des murailles et situées pour la plupart sur des hauteurs. Dans les campagnes il y avait aussi des localités ouvertes moins importantes, des

---

[1] Ce sirop est quelquefois désigné dans la Bible par le mot DEBASCH qui signifie *miel*, mais qui en arabe (*dibs*) a le sens de sirop. Voy. Genèse, 43, 11, où il est question, sans doute, d'un objet plus précieux que le miel.

[2] Voy., par exemple, Gen. 2, 8; 13, 10; Nombres, 24, 6; Cant. 4, 16; Ecclésiaste, 2, 5; Job, 8, 16.

[3] Voy. Isaïe, 1, 30; 58, 11; Jér. 31, 12; Cant. 4, 15; Ecclés. 2, 6.

[4] Voy. Ézéch. 17, 4 et 22; Job, 8, 16.

[5] Voy. Isaïe, 17, 10; Cant. 4, 6 et 14.

[1] Sur les plantes et les arbres cultivés par les Hébreux, voy. ci-dessus, pages 18, 20 et suivantes.

bourgs (Nombres, 32, 41) et des villages (Cant. 7, 12), qu'on appelait aussi les *filles* des villes dont ils dépendaient (Nomb. 21, 25). Nous connaissons fort peu la disposition intérieure des villes; les rues, en général, étaient probablement étroites, comme dans tout l'Orient, mais il y avait aussi çà et là des rues larges, s'il faut en juger par le mot hébreu BEHOB (dérivé de RAHAB, *large*), qui désigne la place publique, mais qui souvent a le sens de *rue*[1]. Les rues larges étaient occupées probablement par des boutiques et des bazars et portaient des noms empruntés à l'industrie qui s'y pratiquait principalement; ainsi, par exemple, dans le livre de Jérémie (37, 21), on mentionne la *rue des Boulangers* à Jérusalem. Les grandes places, où se tenaient les assemblées publiques (p. 195), les tribunaux (p. 219) et les marchés (2 Rois, 7, 1), étaient situées aux portes des villes[2]. Ces portes devaient former des allées voûtées d'une certaine profondeur, car elles étaient surmontées d'un bâtiment (2 Sam. 18, 24) et souvent flanquées de tours (2 Chr. 26, 9). Un fonctionnaire particulier, appelé *Schoër* (portier), y avait sa demeure (2 Sam. 18, 26). — La Bible ne nous offre pas de traces du pavage des rues; nous savons seulement que plus tard, du temps d'Hérode et de ses successeurs, il y avait en Palestine des rues pavées, et il est possible que le pavage ait été usité avant cette époque chez les habitants de la Palestine, comme il l'était chez les Phéniciens[3]. Chaque ville avait des citernes et des puits publics; les grandes villes avaient des aqueducs (Isaïe, 7, 3). — Les noms des villes ont généralement un sens bien précis, se rapportant à la position géographique de la localité ou à quelque autre circonstance.

Les maisons étaient bâties en argile (Job, 4, 19), en briques (Isaïe, 9, 9), ou en pierres (Lév. 14, 40). Pour les maisons des grands et les palais on employait de grandes pierres de taille (1 Rois, 7, 9), et quelquefois même le marbre (1 Chron. 29, 2). Comme ciment on utilisait peut-être quelquefois l'asphalte (Genèse, 11, 3), mais plus souvent la chaux (Isaïe, 27, 9) et le plâtre (Deut. 27, 4), qui servaient aussi d'enduit (Ézéch. 13, 10). Les murs des grandes maisons étaient badigeonnés en couleur rouge (Jérém. 22, 14). — Comme bois de construction, on se servait ordinairement du sycomore (Is. 9, 9); les riches employaient aussi le bois de cyprès, d'acacia, d'olivier et de cèdre. Le bois de sandal, qui probablement venait de l'Inde, n'était employé que pour les boiseries de luxe (1 Rois, 10, 12).

Nous ne pouvons recueillir dans la Bible que fort peu de notions sur la forme et la disposition intérieure des maisons; les indications que nous trouvons çà et là concernent principalement les maisons des riches et les palais des rois. Les grandes maisons formaient ordinairement un carré, ayant au milieu une cour (impluvium), dans laquelle se trouvait un puits ou une citerne (2 Sam. 17, 18) et probablement aussi un bassin, servant quelquefois de bain (ib. 11, 2). Autour de l'édifice il y avait ordinairement une avant-cour, fermée par un mur d'enceinte (p. 294). L'édifice était divisé en plusieurs étages: le palais de Salomon, par exemple, en avait trois (1 Rois, 7, 4); la maison de la courtisane Rahab (Josué, 2, 15) et celle qu'habitait David avant d'être roi (1 Sam. 19, 12) en avaient au moins un au-dessus du rez-de-chaussée. Les toits étaient plats, tels qu'on les voit généralement chez les Orientaux, et seulement un peu élevés vers le milieu pour laisser échapper l'eau de pluie qui s'écoulait au moyen de gouttières (Prov. 19, 13; 27, 15). Pour les couvrir on se servait probablement de briques[1], ou bien, comme dans la Sy-

---

[1] Voy. Jahn, *Archæologie*, I, 1, p. 265.
[2] Voy. Néhémia, 8, 1 et 16; II Chron. 32, 6; Job, 29, 7.
[3] Voy. Jahn, l. c. p. 268.

[1] C'est ce qui semble résulter d'un passage d'Isaïe (65, 3). Voy. Bochart, *Hierozoicon*, t. I, p. 700.

rie moderne, d'une composition de pierres, de chaux, de sable et de cendre [1]. L'humble toit du pauvre n'était couvert que d'une couche de terre bien solide, sur laquelle on voyait souvent pousser une verdure chétive (Ps. 129, 6). Les toits, étant construits en plate-formes ou en terrasses, pouvaient être utilisés de différentes manières : on y exposait à l'air certains objets du ménage (Josué, 2, 6); on s'y promenait pour prendre le frais (2 Sam. 11, 2); on y couchait quelquefois dans la belle saison (1 Sam. 9, 26); on s'y retirait pour avoir des entretiens secrets (ib. v. 25), ou pour s'abandonner à la douleur, dans une circonstance malheureuse (Isaïe, 15, 3). *Être assis au coin d'un toit* (Prov. 21, 9; 25, 24) est une expression proverbiale pour désigner une vie triste et isolée. Dans les troubles et les grands concours de monde on se rendait sur les toits (Is. 22, 1), pour observer ce qui se passait, pour se sauver ou pour se défendre (Juges, 9, 50), et quelquefois pour accomplir des actes extraordinaires en présence de la foule réunie (2 Sam. 16, 22). On y dressait aussi les *tabernacles*, pour la fête de ce nom (p. 188), et les Hébreux idolâtres y avaient des autels consacrés au culte des astres (2 Rois, 23, 12) [2]. On comprendra maintenant pourquoi la loi de Moïse ordonne de faire une balustrade autour du toit pour empêcher qu'il n'arrive un malheur (p. 212). — Sur le devant du toit se trouvait ordinairement un pavillon ou une *chambre haute* (ALIYYA), où l'on se retirait pour se reposer, pour faire sa dévotion, et, en général, quand on voulait être seul; on y logeait quelquefois des étrangers à qui on voulait donner l'hospitalité [3].

Ce qu'on vient de lire peut donner une idée de l'aspect extérieur des maisons; on peut aussi comparer ce que nous avons dit du palais de Salomon (p. 294).

[1] Voy. Jahn, l. c., p. 224.
[2] Comparez Isaïe, 65, 3; Jérémie, 19, 13; Sephania, 1, 5.
[3] Voy. Juges, 3, 20; I Rois, 17, 19; II Rois, 4, 10; 23, 12; Daniel, 6, 11.

On n'arrivait aux appartements du rez-de-chaussée que par la cour intérieure; un escalier se trouvant à l'un des côtés de l'édifice, conduisait directement de la cour extérieure, ou de l'avant-cour, aux étages supérieurs et au toit, de sorte qu'on pouvait descendre du toit sans traverser l'intérieur de la maison [1]. Il y avait dans les maisons des riches des habitations vastes et bien aérées (Jérémie, 22, 14). On mentionne des salles pour les repas et les festins (1 Sam. 9, 22) [2], des chambres à coucher (2 Sam. 4, 7), des appartements d'été et des appartements d'hiver (Amos, 3, 15); ces derniers étaient chauffés par le moyen d'un réchaud ou d'un brasier placé au milieu de la chambre (Jér. 36, 22). Les appartements étaient lambrissés et parquetés de bois précieux (ib. 22, 14); les murs étaient couverts d'ornements en ivoire (Amos, ib.) [3], et peut-être aussi de peintures (Ézéch. 23, 14). — Les portes, d'une seule pièce ou à deux battants, tournaient sur des pivots fixés aux deux extrémités du battant et qui s'adaptaient dans deux trous pratiqués l'un en haut et l'autre en bas [4], comme ils existent encore dans l'une des portes du monument appelé *les sépulcres des rois* [5]. Les verrous et les serrures (Cant. 5, 5), ainsi que les clefs (Juges, 3, 25), étaient ordinairement en bois, comme on en voit encore maintenant chez les Orientaux. Les verrous de métal sont mentionnés comme une chose rare (Deut. 33, 25), et n'étaient généralement d'usage que pour les portes des villes (1 Rois, 4, 14). Au-dessus des portes des maisons et des villes il y avait des inscriptions, qui, selon la loi de Moïse (Deut. 6, 9; 11,

[1] Comparez ci-dessus, page 290, col. 1, et Évang. de Matthieu, ch. 24, v. 17.
[2] Comparez Josèphe, dans la description des appartements de Salomon. *Antiqu.* VIII, 5, 2.
[3] Comparez I Rois, 22, 39; Ps. 45, 9.
[4] Le nom des deux pivots ou de tout l'axe était CIR (Prov. 26, 14); les trous ou gonds s'appelaient PÔTH, *cardo femina* (I Rois, 7, 50). Voy. le dictionnaire de David Kimchi, rad. צור.
[5] Voy. ci-dessus, page 55, col. 2.

20), devaient avoir un caractère religieux et se rapporter aux croyances fondamentales des Hébreux. — Les fenêtres étaient distribuées avec symétrie (1 Rois, 7, 4); dans l'Orient moderne elles donnent presque toujours sur la cour intérieure, mais il résulte avec évidence de plusieurs passages de la Bible que dans l'ancienne Palestine les fenêtres, même celles des appartements des femmes, donnaient aussi sur la rue [1]. Elles étaient fermées par des treillis ou des jalousies (Juges, 5, 28; Cant. 2, 9), qui garantissaient des rayons du soleil et laissaient pénétrer l'air; mais on pouvait les ouvrir à volonté (2 Rois, 13, 17).

Comme meubles indispensables la Bible mentionne le lit, la table, la chaise et le chandelier (2 Rois, 4, 10). Les mots hébreux MITTA et ÉRÈS (*lectus*) désignent tantôt un *lit*, dans le sens que nous attachons à ce mot, et servant pour y reposer la nuit ou pour y coucher un malade [2]; tantôt le divan rangé le long des murs ou le sofa sur lequel on s'asseyait à table [3]. On mentionne, comme garniture de lits, les couvertures ou tapis, les matelas et les coussins [4]. Quand le luxe se répandit parmi les Hébreux, on voyait dans les appartements des riches des lits magnifiques en bois de cèdre (Cant. 3, 9), avec des ornements en ivoire (Amos, 3, 4); le roi Salomon, dit-on, avait un lit couvert de pourpre, avec des colonnes d'argent et un dossier d'or (Cant. 3, 10). Dans les Proverbes (7, 16), la femme séductrice vante son lit garni d'étoffes précieuses de lin d'Égypte et parfumé de myrrhe, d'aloès et de cinamome. — Les chaises ne sont pas en usage dans l'Orient moderne; mais nous en trouvons chez les Hébreux, car le mot KISSÉ (2 Rois, 4, 10), qui souvent s'emploie dans le sens de *trône*, désigne évidemment un *siége* différent du lit de repos et du sofa. — Les *chandeliers* étaient apparemment très-grands; on les posait à terre et ils portaient une ou plusieurs lampes dans lesquelles on brûlait de l'huile. Les pauvres avaient probablement des chandeliers de terre; ceux des gens aisés étaient d'un métal plus ou moins précieux. La description du chandelier du Tabernacle (Exode, 25, 31-38) peut donner une idée des candélabres de luxe qu'on voyait dans les maisons des riches.

A ces meubles il faut ajouter le moulin à bras, qui ne manquait dans aucune maison (Deut. 24, 6), et toute la vaisselle de cuisine et de table dont nous parlerons plus loin. Nous ne trouvons aucun renseignement sur la construction des cuisines; le prophète Ézéchiel (46, 23) fait mention des cuisines du Temple, mais sans en donner la description. Il nous laisse deviner seulement que c'étaient des foyers placés en plein air et appuyés contre le mur de la cour extérieure.

B. *Vêtements et toilette.*

Nous trouvons dans la Bible un assez grand nombre de mots désignant des vêtements ou des objets de toilette; mais nous serions dans une complète ignorance sur la forme des vêtements des Hébreux, s'il ne nous était pas permis d'en juger, jusqu'à un certain point, par ceux que nous voyons encore aujourd'hui chez les Orientaux et notamment chez les Arabes. On sait que dans tout le Levant les modes et les usages changent fort peu; les vêtements essentiels y ont conservé de tout temps une extrême simplicité, et encore aujourd'hui on reconnaît dans le costume oriental les principales pièces qu'on trouve représentées sur les ruines de quelques monuments de l'antique Asie [1]. Il n'y a pas de doute cependant que les Hébreux n'aient introduit dans leur costume plusieurs détails particuliers, qui en faisaient un costume national; car, sous les der-

---

[1] Voy. Josué, 2, 15; Juges, 5, 28; I Sam. 19, 12; II Sam. 6, 16; II Rois, 9, 30; Proverbes, 7, 6; Cant. 2, 9.
[2] Voy., par exemple, Genèse, 48, 2; 49, 33; Exode, 7, 28; Ps. 6, 7; 41, 4; Job, 7, 13. Les lits étaient rangés contre le mur. Isaïe, 38, 2.
[3] Voy. Ezéch. 23, 41; Amos, 3, 12; 6, 4.
[4] Juges, 4, 18; Ezéch, 13, 18 et 21; Prov. 7, 16.

[1] Voy. Jahn, t. I, deuxième partie, p. 71 et 72.

niers rois, nous voyons les prophètes se plaindre quelquefois de ceux qui se revêtent de vêtements étrangers (Sephania, 1, 8). Nous savons par le prophète Isaïe (ch. 3) que, de son temps, les femmes de Jérusalem avaient une toilette assez compliquée et composée d'une multitude de détails très-recherchés [1]. Nous devons nous contenter de résumer ici les données les moins douteuses.

Les matières dont on se servait pour les vêtements étaient la laine, le lin et plus tard le coton (page 22); la couleur la plus ordinaire était le blanc (Ecclés. 9, 8). Les gens riches portaient des étoffes teintes en pourpre rouge ou violette, ou en cramoisi; on employait aussi la broderie pour les vêtements de luxe. — Les principaux habits mentionnés dans la Bible sont la *tunique* (CHETHONETH) et le *manteau* (SIMLA). La tunique, qui était de lin, et qui avait des manches, se portait tantôt sur le corps nu, tantôt sur une chemise (SADÎN) [2]; elle était ample et probablement très-longue [3], et on la serrait avec une ceinture. Le vêtement de dessus, ou le manteau, était de forme et d'étoffes différentes. Il paraît que c'était ordinairement une espèce de châle, semblable au *haïk* des Arabes; car il avait quatre coins, auxquels, selon la loi de Moïse, on devait attacher des houppes avec un fil violet, pour se rappeler les préceptes de Jéhovah et éviter l'idolâtrie [4]. Les gens distingués portaient aussi le *Meïl* et l'*Ephod* [1], que nous avons vus parmi les vêtements du grand prêtre (page 176); leurs jeunes fils et leurs filles portaient des tuniques longues et bigarrées de diverses couleurs [2]. Une espèce de large manteau de luxe, appelé *addéreth*, était porté par les rois (Jonas, 3, 6); les prophètes en avaient de pareils en poil (Zach. 13, 4) [3]. — La *chaussure* consistait en sandales qu'on attachait aux pieds avec une courroie; le dessus des pieds étant nu, on ne pouvait manquer d'y amasser beaucoup de poussière, c'est pourquoi il est question si souvent dans la Bible de *laver les pieds*. — La coiffure était le *turban*, qui, dans la Bible, porte plusieurs noms, et qui, sans doute, avait différentes formes; tout ce qu'on peut dire de positif à cet égard, en se fondant sur l'étymologie de mots tels que *saniph* et *misnéfeth* (page 175), c'est que le turban consistait essentiellement en un drap qui entourait la tête plusieurs fois.

Les vêtements que nous venons de nommer sont communs à l'un et à l'autre sexe, en exceptant toutefois l'*éphod* et l'*addéreth*, que nous ne trouvons pas mentionnés comme vêtements de femmes. Mais les femmes portaient des étoffes plus fines; leurs vêtements avaient plus d'ampleur, et elles se faisaient connaître aussi par différents objets de toilette qui leur étaient particuliers. La différence dut être bien tranchée, car la loi interdit à l'homme de porter le manteau (*simla*) de la femme, et à celle-ci de porter l'appareil (armes et vêtements) de l'homme (Deut. 22, 5). Les vêtements des femmes ont quelquefois des noms particuliers, ce qui indique une différence dans l'étoffe, la façon

---

[1] Le curieux passage d'Isaïe a été commenté avec une vaste et profonde érudition par N. Guil. Schrœder: *Commentarius de vestitu mulierum hebræarum ad Jes. III, 16 — 24. Lugd. Batavorum*, 1745. — Un autre ouvrage sur la toilette des femmes chez les Hébreux a été publié par A. Th. Hartmann: *Die Hebræerin am Putztische und als Braut*, Amsterdam, 1809, 3 vol. in-12.

[2] Les caleçons n'étaient pas d'un usage général; les prêtres seuls étaient obligés d'en porter (page 175).

[3] C'est ce qui paraît résulter du 2⁰ liv. de Samuel, ch. 10, v. 4, où nous lisons que Hanon, pour insulter les ambassadeurs de David, leur fit couper *la moitié* de leurs habits, *jusqu'aux hanches*.

[4] Voy. Nombres, ch. 15, v. 37 — 41; Deutér. ch. 22, v. 12. Comparez Evang. de Matthieu, ch. 23, v. 5.

[1] Voy. I Sam. 2, 18 et 19; 15, 27; 18, 4; II Sam. 6, 14; Ezéch. 26, 16.

[2] Voy. Genèse, 37, 3; II Sam. 13, 18; Josèphe, *Antiqu.* VII, 8, 1; Hartmann, l. c., t. III, p. 280 et suivantes.

[3] Comparez I Rois, ch. 19, v. 13 et 19, et II Rois, 1, 8; 2, 8. — Jahn (l. c. p. 94 et 95) prend les *manteaux de poil* pour des pelisses, que, selon les rapports des voyageurs, on rencontre souvent chez les Orientaux.

ou les ornements; ainsi la ceinture de lin ou de coton que portaient les femmes est appelée KISCHOURÎM, mot qui est au pluriel et qui signifie *ligamina*, car elle entourait le corps plusieurs fois, comme *l'abnet* des prêtres (p. 175). La ceinture des hommes, appelée ÉZOR, était en cuir (2 Rois, 1, 8), ou en lin (Jérém. 13, 1), et probablement plus simple que celle des femmes, qui formait un des principaux objets de la toilette, et notamment de la parure des jeunes mariées (ib. 2, 32). Le manteau des femmes, appelé MITPAHATH (Ruth, 3, 15), était apparemment très-large; Ruth s'en servit pour emporter six mesures d'orge que Booz lui avait fait donner. Les femmes portaient encore une autre espèce de vêtement supérieur, appelé MAATAPHA (enveloppe), et qui était, à ce qu'il paraît, une seconde tunique à manches, beaucoup plus ample que la tunique inférieure[1]. La chaussure des femmes était d'un cuir précieux, appelé *thahasch*[2], comme nous le voyons dans un passage d'Ézéchiel (16, 10), soit que, du temps de ce prophète, on ajoutât déjà aux sandales une bordure ou une empeigne d'une peau plus fine, ou, ce qui est plus probable, que la peau de *thahasch* s'employât aux courroies des sandales. Un complément à la chaussure des femmes étaient les ACHASÎM (Isaïe, 3, 18), que je crois être une espèce de sandales ou de socques très-élevés et garnis de clochettes ou de petites plaques de métal qui s'entre-choquent dans la marche et retentissent à chaque pas, comme l'indique un passage d'Isaïe (ib. v. 16). On voit cette chaussure encore aujourd'hui chez les femmes orientales; on l'appelle *kabkáb*[3];

[1] Voy. Schrœder, pag. 226 — 236; Hartmann, t. III, p. 310.
[2] Voy. ci-dessus, page 156, col. I, note I.
[3] Jahn, Gesénius et d'autres commentateurs voient dans les *achasîm* une espèce de bracelets que portent les femmes autour de la cheville du pied, comme les *periscellides* des dames grecques et romaines; mais la Vulgate rend ce mot par *calceamenta*, et le rabbin Saadia, dans sa version arabe d'Isaïe, par le mot *akhfâf*, qui désigne une espèce de brodequins.

destinée d'abord à garantir les pieds de la poussière et de l'humidité, les femmes en ont fait un objet de luxe, qui sert à leur donner une taille plus élevée. Outre les *turbans*, une coiffure des femmes était le *bonnet en filet*, car c'est là ce que la plupart des commentateurs entendent par les *schebisim*, mentionnés par Isaïe (3, 18). — Un objet essentiel dans la toilette des femmes était le *voile*; mais rien ne prouve que, chez les Hébreux, les femmes n'aient pu se montrer que le visage couvert. Il est certain du moins qu'à l'époque patriarcale la femme honorable pouvait montrer son visage sans se compromettre (Gen. 12, 14), quoique le voile fît partie alors de l'habillement des femmes. Rebecca porte un voile, mais elle reste le visage découvert devant Éliézer, et ne se couvre que lorsqu'elle voit arriver Isaac, son fiancé (ib. 24, 65); Thamar se couvre de son voile afin de ne pas être reconnue par Juda, mais aussitôt que celui-ci est parti, elle ôte le voile (ib. 38, 14 et 19). On peut conclure de ces récits de la Genèse que les usages s'étaient conservés les mêmes à l'époque de la composition de ce livre, et, comme nous venons de le dire, rien ne prouve qu'ils aient changé depuis. On a déjà vu (p. 202) que les femmes des Hébreux jouissaient d'une grande liberté, et il n'est pas probable qu'elles aient observé, sous le rapport du voile, la stricte étiquette que les femmes orientales observent aujourd'hui, et que plusieurs auteurs ont fait remonter mal à propos à l'antiquité hébraïque[1]. Chez les Hébreux les femmes et les jeunes filles se couvraient probablement du voile, en sortant dans les rues, et en général, dans les circonstances où un sentiment de pudeur leur en faisait un devoir, comme fit Rebecca, au moment où, pour la pre-

[1] Voy. Jahn, l. c. page 130 et suivantes. Hartmann (t. II, p. 428 et suivantes), sur ce point, comme sur beaucoup d'autres, s'est laissé entraîner bien loin par son imagination, au lieu de donner un tableau fidèle, d'après les sources authentiques.

mière fois, elle aperçut son fiancé; mais dans les maisons et même dans les lieux où se tenaient des réunions publiques, elles n'hésitaient pas à se montrer aux hommes le visage découvert, comme nous le voyons par l'exemple d'Hannah, qui, en priant dans le sanctuaire de Siloh, pouvait être observée en face par le grand prêtre Éli (1 Sam. 1, 12). — Nous ne saurions dire quelle était la façon des voiles, ni s'il y en avait plusieurs espèces; l'Ancien Testament nous offre au moins deux mots qui, sans contredit, ont le sens de *voile*, savoir, le mot çaïf, qu'on trouve dans la Genèse (24, 65; 38, 14 et 19), et le mot RAAL (ou *reala*), dont se sert le prophète Isaïe (3, 19). Ce dernier mot, qui est usité aussi en arabe, n'est peut-être qu'un mot plus moderne, synonyme de çaïf[1]. Quelques autres mots, auxquels on a attribué le sens de *voile*, sont douteux[2].

Les hommes et les femmes mettaient un grand soin à la chevelure: les jeunes gens portaient les cheveux longs et touffus et ne les coupaient qu'à de longs intervalles (2 Sam. 14, 26); dans le Cantique (ch. 5, v. 2 et 12) on parle des cheveux bouclés et noirs comme le corbeau. On avait une certaine répugnance pour les têtes chauves, qui étaient quelquefois exposées aux insultes (2 Rois, 2, 23). Les hommes graves et surtout les prêtres observaient le juste milieu, en raccourcissant les cheveux de temps en temps (Ézéch. 44, 20); mais la loi défendait de couper les cheveux à la manière des Arabes qui se rasaient la tête tout autour et ne laissaient les cheveux qu'au sommet. Il fallait laisser les *coins* de la chevelure et de la barbe (Lév. 19, 27), c'est-à-dire les cheveux qui couvrent les tempes et la partie de la barbe qui s'y rattache, et qui couvre les joues. La défense du législateur s'explique par la coutume que les Arabes pratiquaient à ce sujet en l'honneur d'une divinité semblable à Bacchus, comme le dit Hérodote (III, 8); le prophète Jérémie parle plusieurs fois de ces Arabes qu'il appelle, par dérision, hommes *aux coins coupés*[1]. Quant à la barbe, on la considérait comme l'ornement de l'homme et on la portait longue; l'atteinte portée à la barbe était le plus grand outrage qu'on pût faire à un Hébreu, et David vengea d'une manière terrible un semblable outrage fait à ses ambassadeurs[2]. On s'oignait la barbe, ainsi que la chevelure, avec des huiles odoriférantes (Ps. 133, 2). Les femmes savaient s'arranger les cheveux avec coquetterie (2 Rois, 9, 30); le prophète Isaïe (3, 24) fait allusion aux cheveux frisés et aux tresses. Les peignes et les épingles à friser ne sont pas mentionnés dans la Bible; il en est question dans la *Mischna*, mais il reste douteux si on peut les faire remonter aux anciens Hébreux[3]. La chevelure était retenue par un bandeau qui ceignait le front, et que les femmes riches couvraient d'une plaque d'or ou d'argent; du moins le Talmud mentionne ces bandeaux sous le nom de *totaphôth*[4], qui se trouve dans le Pentateuque, où il désigne les *phylactères* que les hommes devaient mettre sur le front et dont nous parlerons ci-après.

Il nous reste à traiter des bijoux et de quelques autres objets de toilette, en usage chez l'un ou l'autre sexe. Les hommes ne portaient ordinairement d'autres ornements que l'anneau à cacheter et le bâton; l'anneau se portait tantôt à un doigt de la main droite (Gen. 41, 42; Jér. 22,

---

[1] En arabe, le mot *raal* désigne le voile qui se compose de deux pièces, dont l'une couvre la tête et le front, et l'autre s'applique au visage et remonte jusqu'aux yeux, qui seuls restent découverts. Il serait possible qu'à l'époque d'Isaïe cette mode existât en Judée; mais il résulte d'un passage de la *Mischna* que généralement les femmes juives ne portaient pas ce genre de voile, à l'exception de celles qui vivaient parmi les Arabes. Voy. le traité *Schabbâth*, ch. 6, § 6, et le commentaire de Bartenora.

[2] Sur tous ces mots, voy. Jahn, l. c. p. 137—139.

[1] Voy. Jérémie, 9, 25; 25, 23; 49, 32.
[2] Voy. ci-dessus, pages 94 et 273.
[3] Voy. Hartmann, t. II, p. 224 et 225.
[4] Voy. *Mischna*, l. c. § 1, et les commentaires de Maïmonide et de Bartenora.

24), tantôt il était suspendu sur la poitrine (Cant. 8, 6), au moyen d'un cordon appelé *pathîl* (Gen. 38, 18). Le bâton appelé *matté* était sans doute surmonté d'un ornement de prix; Hérodote (I, 195) nous apprend que chez les Babyloniens chacun portait un anneau à cacheter, et un bâton surmonté d'un ornement tel qu'une pomme, une rose, un lis, un aigle, ou autre chose. Or, Juda portait également l'anneau et le bâton, et ce dernier devait être un objet de prix, puisque Thamar le demanda en gage (Genèse, l, c.). Nous rappellerons aussi les bâtons de Moïse et d'Ahron, portant également le nom de *matté*, tandis que le bâton ordinaire, dont se servaient les gens du vulgaire et les voyageurs, est appelé *makkel* ou *misch'éneth* (appui)[1]. — Les rois et d'autres personnages de distinction portaient quelquefois des chaînes d'or au cou (Gen. 41, 42) et des bracelets (2 Sam. 1, 10); les jeunes garçons portaient aussi des boucles d'oreilles (Exode, 32, 2). — L'usage de porter des *amulettes* était très-répandu dans l'antiquité, et l'est encore aujourd'hui chez les Orientaux; cet usage existait aussi chez les anciens Hébreux, et c'est sans doute pour abolir cette superstition, que le législateur leur ordonna de porter sur le bras et au front (en place des amulettes) certains écrits renfermant les principes fondamentaux de la loi[2].

[1] Voy. Genèse, 32, 11; Exode, 12, 11; Nombres, 22, 27; Juges, 6, 21; II Rois, 4, 31.
[2] Voy. Exode, 13, 9 et 16; Deutéronome, 6, 8; 11, 18. Les deux passages du Deutéronome ne sauraient être pris au figuré, comme le pensent les Caraïtes; le contexte est ici plus favorable à la tradition des rabbins selon laquelle la loi mosaïque ordonne aux hommes de porter au bras gauche et au front des parchemins renfermant plusieurs passages du Pentateuque. Ce sont les *Thephillîn* ou *phylactères*, mentionnés dans le Nouveau Testament (Matth. 23, 5), et que les Juifs portent encore maintenant pendant la prière du matin. Les passages qu'on y inscrit sont: Deuteron. ch. 6, v. 4 — 9; ch. 11, v. 13 — 21; Exode, ch. 13, v. 11 — 16 et v. 1 — 10. Ces détails n'ont été fixés, sans doute, qu'après l'exil, mais un usage analogue dut exister chez les anciens Hébreux, et on y fait

Les bijoux des femmes étaient assez nombreux; en nous présentant une femme parée de la tête jusqu'aux pieds de tous les bijoux mentionnés dans la Bible, nous remarquerons les objets suivants [1] : 1° Des *boucles d'oreilles* de différentes formes; on les appelle NÉZEM (probablement des *pendants*, car les boucles de nez portent le même nom), ou AGHÎL (des *ronds*), ou NETIPHÔTH (des *gouttes*, ou des *perles*). Peut-être les boucles d'oreilles se composaient-elles à la fois de plusieurs pièces auxquelles s'adaptaient ces différents noms [2]. 2° Des *boucles de nez*, appelées NÉZEM (Gen. 24, 47); encore aujourd'hui les femmes orientales portent cet ornement suspendu à l'un des deux côtés du nez, que l'on perce à cet effet, comme les oreilles. L'anneau, fait d'ivoire ou de métal et orné quelquefois de pierres précieuses, a 2 ou 3 pouces de diamètre et pend sur la bouche [3]. Éliézer donna à Rebecca un pareil anneau en or, qui pesait un *béka* ou demi-sicle (ib. v. 22). Dans les Proverbes (11, 22), on compare la beauté d'une femme sans esprit à un anneau d'or placé au museau d'une truie. 3° Des *colliers*, ou plutôt des *chaînes* suspendues autour du cou et descendant sur la poitrine. Ces chaînes, appelées RABÎD, étaient quelquefois doubles ou triples et se composaient en partie de fils d'or et en partie de pierres précieuses et de perles. Aux différentes chaînes étaient attachés divers ornements d'or, tels que des petits soleils, ou des *croissants* (SAHARÔNÎM, Is. 3, 18); des *amulettes* d'or ou des *talismans* (LEHASCHIM, ib. v. 20), ayant peut-être la forme d'un serpent, et sur lesquels étaient gravées des formules magiques ou des paroles de la loi de Moïse; enfin des *flacons d'essence* (BOTTÉ-NÉPHESCH,

peut-être allusion dans quelques passages des Proverbes (ch. 3, v. 3 et 22; ch. 6, v. 21; ch. 7, v. 3).
[1] Comparez Ézéchiel, ch. 16, v. 10 — 13
[2] Voy. Pl. 20, fig. 7, qui représente les boucles d'oreilles observées par les voyageurs dans l'Orient moderne.
[3] Voy. Pl. 29, fig. 8.

ib.) qui se cachaient dans le sein, ou descendaient jusqu'à la ceinture[1]. Quelquefois on remarquait aussi autour des joues une chaîne d'or qui se rattachait à la coiffure (Cant. 1, 10). 4° Des *bracelets*, appelés EÇ'ADA ou ÇAMÎD; comme on trouve ces deux mots à côté l'un de l'autre (Nombres, 31, 50), ils ne sauraient être complétement synonymes. Le premier paraît être en rapport avec le mot arabe *sâid* (bras) et désigne sans doute un anneau *qui entourait le bras* près du coude, comme nous le lisons expressément dans la Bible (2 Sam. 1, 10), tandis que le *çamîd* se fixait près de la main (Gen. 24, 30 et 47). Ces deux espèces de bracelets étaient donc des *anneaux* faits, soit d'or, soit d'argent ou d'ivoire; les bracelets que le serviteur d'Abraham donna à Rebecca pesaient, selon la Genèse (ib. v. 22), dix sicles d'or. Mais outre les anneaux, nous trouvons aussi mentionnés des bracelets en forme de chaînes (SCHÉROTH, Is. 3, 19), ou faits de fils d'or[2]. 5° Des *bagues* (TABBAATH, ib. v. 21) qu'on portait aux doigts des deux mains. 6° Des *anneaux de pied* (*periscellides*), tels qu'on en portait chez les Grecs et les Romains, et qu'on en voit encore chez les femmes arabes, qui les appellent *Khalkhâl*[3]. — Nous devons encore mentionner les CHARITÎM (*sacs* ou *poches*) qu'Isaïe (3, 22) mentionne parmi les objets de toilette des femmes, et que nous retrouvons ailleurs comme *bourses à argent* (2 Rois, 5, 22). Les sacs que les dames en toilette portaient à la ceinture, étaient probablement d'une belle étoffe et ornés de broderies, s'il faut en juger par ce que l'Orient moderne nous offre d'analogue[1]; l'étymologie du mot *charît* ou *kharît* paraît indiquer la forme conique. — On ne trouve pas de trace des *mouchoirs*, et sans doute les femmes des Hébreux savaient s'en passer aussi bien que celles des Grecs et des Romains[2]; les *sudaria* des Romains manquent également dans l'ancien Testament, et le Talmud ne les connaît que sous le nom latin.

Un objet essentiel, qui ne pouvait manquer sur la table de toilette des femmes, était le POUCH, une espèce de fard pour les yeux, le même que le *Cohl* des Arabes et le *stibium* des Romains; on le mettait dans une corne, comme nous le laisse deviner le nom de *Kéren-happouch* (Cornu stibii) que l'on donne à l'une des filles de Job (Job, 42, 14), et on y trempait une aiguille d'argent, d'ivoire ou de bois, pour en noircir les paupières, ce qu'on appelait : « Mettre les yeux en *pouch* » (2 Rois, 9, 30), ou, comme s'exprime ironiquement le prophète Jérémie (4, 30) : « Se déchirer les yeux par le *pouch*. » Le prophète Ézéchiel (23, 40) désigne le procédé par le verbe CAHAL, dont se servent les Arabes encore aujourd'hui, ce qui prouve la perpétuité de cet usage. — Nous avons déjà parlé de la poudre jaune de *copher* (en arabe *al-henna*), dont se servaient les femmes pour se teindre les ongles et les cheveux[3]. — Ajoutons à ces objets les *vases à parfum*, servant à parfumer les appartements, les vêtements et les cheveux[4], la *boîte à onguent*, le *flacon* contenant des essences[5],

---

[1] Voy. ib. fig. 6 et 9 qui représentent des chaînes, d'après Hartmann, t. II, p. 259 et suiv., t. III, p. 10 et 11.

[2] Voy. ib. fig. 10. — Le mot *coumâz*, qu'on ne trouve que dans le Pentateuque (Ex 35, 22; Nomb. 31, 50), désigne probablement aussi une espèce de bracelet.

[3] Je les retrouve dans les CEADÔTH du prophète Isaïe (3, 20). Nous avons déjà dit dans une note précédente que plusieurs commentateurs retrouvent les *periscellides* dans les *achasim* d'Isaïe; ils prennent alors les *ceddôth* pour des petites chaînes qui joignaient les deux anneaux des pieds et qui, allant d'un pied à l'autre, servaient à mesurer les pas et à leur donner une grande régularité. Comparez Buxtorf, *Lexicon chald. thalm. et rabbin.*, col. 1006.

---

[1] Voy. Schrœder, *De vest. mul. hebr.*, p. 297.

[2] Voy. Hartmann, t. II, p. 313. Cet auteur cite une dissertation de Bœttiger, qui démontre jusqu'à l'évidence que l'usage des mouchoirs était inconnu aux Grecs et aux Romains.

[3] Voy. ci-dessus, pages 20 et 21.

[4] Les figures 1 et 2 de la pl. 20 représentent des modèles de ces vases tels qu'on les trouve dans l'Orient moderne.

[5] Voy. Pl. 20, fig. 3 et 4.

et on aura une idée assez exacte de tout ce qui était nécessaire à la toilette des belles Sionites, dont la coquetterie trouva un si rigide censeur dans le prophète Isaïe. Mais certes cette coquetterie n'aurait été satisfaite qu'à moitié, si la femme, pour juger de l'effet de sa beauté, de l'élégance et de l'éclat de sa parure, avait été obligée de se fier aux yeux d'une amie ou d'une suivante et qu'elle n'eût pu se contempler elle même dans un *miroir*. En effet, le miroir en métal poli remonte, chez les Hébreux, à une haute antiquité; il en est déjà question du temps de Moïse, comme d'un objet qui se trouvait particulièrement entre les mains des femmes [1]. Les miroirs dont il est question dans l'Exode (38, 8) sous le nom de MARAH (qui s'emploie aussi en arabe), étaient d'airain; dans le livre de Job (37, 18), on compare le firmament à un *miroir de fonte*, appelé REI (mot dérivé, comme *mar'ah*, de la racine RAA, *voir*). Isaïe (3, 23) désigne ces miroirs par le mot GUILYONÎM, nom qui convient à un objet *poli*; de son temps le luxe avait déjà introduit probablement les miroirs d'argent. Ces miroirs ne servaient pas, comme chez nous, à orner les appartements; ils étaient de petites dimensions, d'une forme ronde ou ovale, avec un manche, et les femmes les portaient souvent avec elles [2].

En terminant ce que nous avions à dire sur les vêtements et la toilette, nous devons ajouter encore que la nature des habits et le climat chaud obligeaient les Hébreux de changer souvent de vêtements, comme chez nous on change de linge, pour satisfaire aux exigences de la propreté. On avait donc généralement plusieurs habillements complets, afin de pouvoir changer; c'est pourquoi l'habillement complet est appelé, dans la Bible: *rechanges de vêtements*, et l'on dit, par exemple, *cinq rechanges de vêtements* (Gen. 45, 22), pour dire cinq habillements complets. C'est ainsi qu'il faut comprendre les mots *vêtements* ou *robes de rechange*, qu'on rencontre çà et là dans les traductions de la Bible [1]. Les riches avaient toujours une grande quantité d'habillements en réserve (Job, 27, 16); il était d'usage d'en faire des présents à ceux qu'on voulait honorer. Naaman, général syrien, offrit dix habillements au prophète Élisa (2 Rois, 5, 5); Simson en demanda trente aux Philistins, comme prix d'une gageure (Juges, 14, 13). Ces exemples prouvent que les gens aisés en avaient un grand nombre, pour pouvoir changer plus souvent. Les deux sexes avaient des habillements de luxe pour les occasions solennelles; ce sont ceux qu'Isaïe (3, 22) mentionne sous le nom de MACHALACÔTH, et qui paraissent désigner aussi (comme la *Khil'a* des Arabes) l'habit d'honneur dont les grands et les princes revêtaient ceux qu'ils jugeaient dignes d'une distinction particulière (Zacharie, 3, 4). — On a déjà vu que les prêtres portaient, pendant leur service, un costume particulier; il en était probablement de même des dignitaires de la cour (Is. 22, 21). — Nous parlerons plus loin des vêtements de deuil.

Les vêtements qu'on quittait, pour en mettre d'autres, se nettoyaient par le blanchissage ou le foulage (voy. plus loin : *arts et métiers*).

Pour la propreté du corps, qui, dans les pays chauds, demande un soin tout particulier, on prenait souvent des bains, soit dans les rivières (Lév. 15, 13), soit dans des bassins qui se trouvaient dans les cours des maisons, notamment pour les femmes (2 Sam. 11, 2). On a déjà vu (p. 165) que, dans certains cas, le bain était ordonné par la loi. Dans l'Ancien Testament il n'y a pas de traces de bains publics; il n'en est question que plus tard, dans le Talmud. On

---

[1] Voy. ci-dessus, page 156, col. 2.
[2] Voy. Pl. 20, fig. 5, et Gesénius, *Commentaire sur Isaïe*, t. 1, p. 215 et 216.

[1] La Vulgate rend cette expression de différentes manières et elle supprime souvent le mot de *rechanges;* la traduction la plus exacte est *mutatoria vestimentorum* (Vulg. IV.; II. Rois 5, 5).

se lavait aussi avec une substance pour laquelle on employait le nitre et l'alcali végétal (*borith*) [1]; il paraît que, dans la saison froide, on se lavait avec de la neige (Job. 9, 30), qui n'était pas rare sur les montagnes. — La forte transpiration, et peut-être aussi les fréquentes ablutions qui desséchaient la peau, nécessitaient l'emploi des parfums, ainsi que des huiles et des onguents avec lesquels on *s'oignait* les différentes parties du corps et les cheveux, comme on peut le voir dans un grand nombre de passages de la Bible. Nous aurons l'occasion de revenir sur la composition des parfums et des onguents, auxquels on attachait un grand prix (Prov. 27, 9).

C. Nourriture.

Dès l'époque la plus reculée de l'histoire des Hébreux, on voit que non-seulement l'usage du pain était général (de là l'expression *manger du pain* pour dire *prendre un repas*), mais on mentionne aussi des pâtisseries délicates de fleur de farine et des viandes apprêtées avec art (Gen. 18, 6-8). Outre l'eau, boisson ordinaire, le vin était déjà d'un usage si fréquent du temps des patriarches, que les festins sont désignés sous le nom de MISCHTHÉ *potatio* (ib. 19, 3). On voit par les vivres que David reçut pour ses troupes, dans différentes circonstances, quelle était la nourriture la plus ordinaire des Hébreux aux premiers temps de la royauté ; c'était du froment, de l'orge, de la farine de l'un et de l'autre, du grain rôti (page 18), du pain, du vin, des fèves, des lentilles, de l'huile d'olive, des bœufs, des moutons, du miel, du caillé, du fromage de vache, des raisins secs, des figues et autres fruits secs [2]. Nous entrerons dans quelques détails sur la nourriture, sur la manière de la préparer et sur les repas.

Le blé dont on se servait pour faire du pain était généralement le froment; la classe pauvre mangeait aussi du pain d'orge (II Rois, 4, 42). Pour moudre le grain on employait le moulin à bras, qui se trouvait dans toutes les maisons, et dont il est question déjà du temps de Moïse (Nomb. 11, 8 ; Deut. 24, 6). Il se composait de deux meules (PÉLACH) dont l'inférieure, qui restait immobile, était extrêmement dure (Job, 41, 15); la supérieure, ou la meule courante, s'appelait PÉLACH RÉCHEB (*mola inequitationis*) [1]. Dans chaque maison c'étaient ordinairement les femmes esclaves qui tournaient la meule [2]; le bruit du moulin animait la maison, et la cessation de ce bruit est, chez les poëtes hébreux, l'image de la désolation (Jér. 25, 10 ; Ecclés. 12, 4). On distingue dans la Bible au moins deux espèces de farine plus ou moins fine; ce qui prouve que le mécanisme de la mouture était arrivé à une certaine perfection. — La pâte ayant été préparée dans le pétrin (MISCHÉRETH, Ex. 12, 34), on la faisait lever, excepté dans les circonstances où le pain devait être fait à la hâte [3]. Les pains étaient d'une médiocre grandeur et d'une forme ovale ou ronde, d'où leur venait le nom de *Kiccar* (cercle); ils étaient assez minces, c'est pourquoi on ne les coupait jamais, mais on les *rompait* [4]. Pour cuire le pain on se servait ordinairement d'un petit four portatif appelé TANNOUR (Lévit. 26, 26); il ressemblait sans doute à celui qui, chez les Arabes, porte encore aujourd'hui le même nom. C'est un grand pot de terre cuite, sans fond, d'environ trois pieds de hauteur, large en

---

[1] Voy. Jérémie, 2, 22; Malach., 3, 2; Job, 9, 30. Sur le *borith* voy. ci-dessus, page 19, col. 2.

[2] Voy. I Sam. 25, 18; II Sam. 16, 1; 17, 28 et 29; I Chron. 12, 40. Comparez le chapitre d'Histoire naturelle, page 17 et suiv.

[1] Voy. Deut. 24, 6; Juges, 9, 53; II Sam. 11, 21.

[2] Voy. Exode, 11, 6; Isaïe, 47, 2; Ecclésiaste, 12, 3. Les hommes détenus dans les prisons étaient quelquefois condamnés à ce travail. Juges, 16, 21; Lament. 5, 13.

[3] Voy. Gen. 19, 3; Exode, 12, 39; Juges, 6, 19; I Sam. 28, 24.

[4] Voy. Isaïe, 58, 7; Lament. 4, 4; Évang. de Matthieu, 14, 19; 15, 36; 26, 26; Actes des Apôtres, 20, 11.

bas et plus resserré en haut ; placé par terre il est chauffé à l'intérieur avec du bois (Is. 44, 15). Quand le feu s'est éteint et qu'il ne reste plus que la braise (ib. v. 19), on applique la pâte sur les parois du pot, soit à l'extérieur, soit à l'intérieur, après en avoir couvert l'ouverture supérieure [1]. Le soin de préparer le pain et de le cuire était confié aux femmes (Gen. 18, 6; Lév. l. c.). Dans les prophètes il est question aussi de boulangers publics (Hos. 7, 4; Jér. 37, 21), et ceux-ci avaient probablement de grands fours immobiles, tels qu'on en trouve aujourd'hui dans les villes de l'Orient, et qui sont semblables aux nôtres. — En fait de gâteaux et de pâtisseries fines on mentionne : 1° les UGGÔTH, qui étaient de simples gâteaux de farine de froment (rarement d'orge, Ezéch. 4, 12), très-minces et sans levain ; tels étaient ceux qu'on faisait pour remplacer le pain, lorsqu'on était pressé. Ils étaient cuits sur le sable ou sur une pierre, qu'on chauffait avec de la cendre, de la braise, ou de la fiente allumée (ib. v. 15) ; pour les bien cuire et ne pas les brûler, il fallait les retourner plusieurs fois (Hos. 7, 8) ; 2° les HALLÔTH, probablement des gâteaux percés dans plusieurs endroits, comme les pains azymes des Juifs de nos jours, étaient pétris avec de l'huile d'olive ; 3° les RÉKIKÎM, des flans oints d'huile. Ces deux dernières espèces se cuisaient dans le *Tannour*, et étaient employées surtout aux offrandes sacrées (Lév. 2, 4) ; 4° les TOUPHINÉ PITTHÎM (morceaux cuits), des biscuits ou des morceaux de gâteau oints d'huile et grillés sur un plateau de métal (ib. 6, 14) ; 5° plusieurs espèces de beignets à l'huile ou au miel, cuits dans la poêle [2].

Quant à la viande, on la mangeait rôtie au feu ou cuite dans l'eau (Exode, 12, 9) ; dans ce dernier cas, on en faisait aussi du bouillon qu'on servait à part (Juges, 6, 19). Les viandes que, selon la Bible, nous voyons paraître sur la table des Hébreux, sont le bœuf, le veau, le mouton, la chèvre et différentes espèces de volaille ; souvent on engraissait les animaux qu'on destinait à la table (I Rois, 4, 23). En fait de gibier, on mentionne plusieurs espèces du genre cerf [1]. Il est rarement question de poisson ; mais on peut conclure d'un passage des Nombres (11, 5), ainsi que de la distinction que fait la loi mosaïque entre les poissons purs et impurs (p. 167), que les Hébreux ne dédaignaient point ce genre de nourriture. En effet, la Bible offre des indications assez nombreuses relatives à la pêche, qui figure souvent dans les images des poètes hébreux. On mentionne les pêcheurs et leurs instruments, tels que le crochet, l'hameçon et les filets [2]. Nous rappellerons encore qu'une des portes de Jérusalem s'appelait la *Porte des poissons*, probablement à cause du marché aux poissons qui était près de là (page 47). Du temps de Néhémia, et probablement aussi avant cette époque, les Tyriens apportaient du poisson de mer aux marchés de Jérusalem (Néhém. 13, 16).

Les légumes les plus ordinaires étaient les fèves et les lentilles (page 18) ; on faisait des bouillies composées de diverses plantes potagères (II Rois, 4, 39). Les mets se préparaient généralement avec de l'huile d'olive ; l'usage du sel remonte à la plus haute antiquité.

La cuisine se faisait sur les *Kîraïm* (Lévit. 11, 35) ; ce nom, qui a la forme du duel, désigne un foyer ayant deux réchauds pour y placer deux marmites [3]. Quoique les soins de la cui-

---

[1] Ce four, si on peut l'appeler ainsi, paraît être le même que les Grecs désignent par le mot κλίβανος (en latin *testum*, *clibanus*) et qui était aussi en usage chez les anciens Égyptiens. Voy. Hérodote, l. II, ch. 92.
[2] Voy. Lévit. 2, 7 ; Exode, 16, 31 ; II Sam. 13, 6.

[1] Comparez ce qui a été dit ci-dessus (p. 287) de la table de Salomon.
[2] Voy. Job, 40, 25 et 26 ; Isaïe, 19, 8 ; Jérémie, 16, 16 ; Amos, 4, 2 ; Habac. 1, 15 et 16 ; Ézéch. 26, 5 ; 47, 10. — Comparez ci-dessus, pages 26 et 27.
[3] Voy. *Mischna*, sixième partie, traité *Kélim*, ch. 5, § 2, et le commentaire de Maïmonide.

sine fussent généralement confiés aux femmes, on mentionne aussi les *cuisiniers*, qu'on employait probablement pour préparer les grands repas et les festins (1 Sam. 9, 23 et 24). La batterie de cuisine se composait de pièces variées dont il serait trop long d'énumérer ici les noms avec leurs différentes interprétations ; nous y remarquons des pots, des marmites, des chaudières, des bassins pour laver la viande (p. 292), des poêles, des plateaux, des mortiers, des couteaux, des fourchettes à trois dents pour retirer la viande cuite, des pincettes et des pelles[1]. Tous ces objets étaient généralement en métal, et surtout en cuivre. On a remarqué que la loi de Moïse se montre peu favorable à la vaisselle de terre cuite, qui, entachée d'impureté, ne pouvait plus servir et devait être brisée, tandis que la vaisselle en cuivre et autres métaux pouvait se nettoyer par l'eau chaude ou par le feu[2]. Il est probable aussi qu'on connaissait l'étamage, qui est mentionné par Pline (XXXIV, 17) comme un art ancien.

La boisson ordinaire était l'eau, ou le vin mêlé d'eau. Il est vrai que la Bible n'offre guère de traces de cette dernière boisson. Dans un passage d'Isaïe (1, 22) qu'on a cité à cet égard, il n'est question que de la falsification du vin ; mais le Thalmud parle souvent du vin mêlé d'eau comme de la boisson habituelle, et le nom de *mézeg* qu'on lui donne ordinairement se trouve déjà dans le Cantique (7, 2). Ceux qui aimaient les boissons fortes (Is. 5, 22), non contents de boire le vin pur, y mêlaient des aromates (Cant. 8, 2) pour lui donner plus de force.

Outre le vin, nous trouvons le *schéchar* (sicera), mot qui désigne plusieurs espèces de boissons fortes ou de vins factices que l'on préparait avec du blé ou des fruits[1]. Les gens du bas peuple, et notamment ceux qui travaillaient dans les champs, se rafraîchissaient, dans les chaleurs, avec du vinaigre mêlé d'eau, et dans ce mélange on trempait du pain (Ruth, 2, 14). — La Bible désigne souvent la Palestine comme un pays *où coulaient le lait et le miel*, ce qui prouve qu'on faisait grand cas de tous deux ; on buvait non-seulement le lait des vaches, mais aussi celui des brebis (Deut. 32, 14), et le lait des chèvres, qui s'employait souvent au repas frugal de la famille (Prov. 27, 27), était particulièrement estimé.

Les Hébreux faisaient un repas à midi et un autre le soir. Dans l'Orient moderne, le repas principal, ou le dîner, a lieu le soir, comme chez les anciens Grecs et Romains. Les Hébreux, à ce qu'il paraît, dînaient à midi ; du moins les auteurs hébreux parlent quelquefois de grands repas faits à midi, comme, par exemple, celui que Joseph donna à ses frères (Gen. 43, 16 et 25) et celui que Ben-Hadad, roi de Syrie, donna à ses alliés devant Samarie (I Rois, 20, 16). Dans le livre de Ruth, nous voyons les moissonneurs s'assembler à *l'heure du repas*, puis continuer leur travail *jusqu'au soir* (Ruth, 2, 14 — 17), d'où il résulte que les gens du peuple du moins prenaient leur repas au milieu de la journée, lorsque la chaleur les obligeait d'interrompre leur ouvrage[2]. Le prophète Isaïe (5, 11) se plaint de ceux qui commencent leurs festins de bon matin et qui les prolongent jusqu'au crépuscule. — Avant de se mettre à table on se lavait les mains ; du moins les Évangiles font remonter cet usage aux temps anciens ; on le retrouve aussi

---

[1] Voy. Exode, 16, 3 ; 38, 3 ; Lév. 2, 5 et 7 ; Nombres, 11, 8 ; 1 Sam. 2, 12 et 13, et passim ; Jahn, *Archæologie*, I, 2, p. 185.

[2] Voy. Lévit. 6, 21 ; 11, 33 ; 15, 12 ; Nombres, 31, 22 ; comparez Ézéch. 24, 11. Voy. Michaélis, *Mos. Recht*, t. IV, § 217.

[1] Voici comment saint Jérôme s'exprime à ce sujet : Sicera *hebræo sermone omnis potio, quæ inebriare potest, sive illa quæ frumento conficitur, sive pomorum succo, aut cum favi decoquuntur in dulcem et barbaram potionem, aut palmarum fructus exprimuntur in liquorem, coctisque frugibus aqua pinguior coloratur.* Hieron. Opera, ed. Martianay, t. IV, col. 364.

[2] Comparez Actes des Apôtres, ch. 10, v. 9 et 10, où il est question de Pierre prenant son repas *vers la sixième heure*, c'est-à-dire à midi.

chez d'autres peuples de l'antiquité [1]. Dans les premiers temps, les Hébreux se tenaient *assis* à table [2]; plus tard les prophètes parlent des riches voluptueux qui *s'étendaient* sur des divans moelleux (Amos, 6, 4). La table et les siéges étaient probablement assez bas ; nous pouvons en juger par les dimensions de la table du sanctuaire (p. 157). — Avant de commencer le repas, le chef de la famille, ou le principal convive prononçait une courte prière ou formule de bénédiction (I Sam. 9, 13). Les usages de la table étaient probablement analogues à ceux de l'Orient moderne [3] : on apportait la viande coupée et les autres mets dans de grands plats (ÇALLAHATH); chacun mettait la portion que lui présentait le chef de la famille (I Sam. 1, 4), sur le pain rond qu'il avait devant lui, et on se servait des doigts pour porter les morceaux à la bouche. Un plat de sauce servait à toute la société en commun, pour y tremper du pain (Matth. 26, 23). Les cuillers et les fourchettes n'apparaissaient pas sur la table; on ne s'en servait que pour faire la cuisine. Outre les couteaux, qu'on mentionne rarement (Prov. 22, 2), nous ne trouvons chez les Hébreux d'autre vaisselle de table que des plats de différentes formes (en bois ou en métal) et les ustensiles qui servaient à boire, tels que la ÇAPPAHATH (cruche de terre), le GABÎA (cratère, calice), le côs (coupe, gobelet), le SÉPHEL (espèce de tasse), le MIZRAK (grande coupe). — Avant de se lever de table on rendait des actions de grâces à Dieu pour la nourriture qu'il avait donnée (Deut. 8, 10).

Nous avons parlé dans un autre endroit des préceptes de la loi de Moïse concernant la nourriture [4]. En parlant de la vie de famille et des mœurs sociales, nous aurons l'occasion de donner quelques détails sur les festins et les repas solennels.

D. La vie de famille.

On connaît déjà la constitution légale de la famille chez les Hébreux [1]; ici nous jetterons un regard dans l'intérieur de la famille, pour considérer les mœurs domestiques et les usages observés dans les circonstances heureuses ou malheureuses qui venaient interrompre la monotonie de la vie journalière.

Nous avons démontré par un grand nombre de passages bibliques combien est grande l'erreur de ceux qui assimilent les femmes des Hébreux à celles des Arabes et d'autres peuples de l'Orient moderne; on a vu que, dans toutes les classes de la société hébraïque, la femme jouissait d'une grande liberté. Si quelquefois les grands et les riches, imitant les mœurs des nations voisines, se sont livrés à la polygamie et ont voué leurs femmes à la vie oisive et dégradante des harems, le grand nombre a toujours conservé les mœurs simples des temps anciens; la femme était, comme s'exprime la Genèse, une aide pour l'homme et semblable à lui. Tandis que l'homme se livrait aux travaux des champs ou à toute autre industrie, la femme s'occupait du soin de la maison, de l'éducation des enfants et de la surveillance des domestiques. *Elle cherchait de la laine et du lin et travaillait selon la volonté de ses mains. Elle se levait lorsqu'il faisait encore nuit, distribuait la nourriture à sa maison et donnait à ses servantes leur tâche. Elle mettait ses doigts au fuseau ; ses mains tenaient la quenouille. Elle tendait ses mains au pauvre et les avançait au nécessiteux. Elle ouvrait sa bouche avec sagesse, et une doctrine pleine de grâce était sur sa langue. Elle surveillait les allures de sa maison et ne mangeait point le pain de la paresse* (Proverbes, ch. 31). Les femmes riches, même celles d'un rang élevé, ne dédaignaient pas de se livrer aux travaux nécessaires

---

[1] Voy. Évang. de Matth. 15, 2 ; Marc, 7, 3; Luc, 11, 38; compar. Homère, Odyss. I, 136; IV, 216.
[2] Genèse, 27, 19; 37, 25; I Sam. 20, 25, et *passim.*
[3] Voy. Jahn, l. c., p. 217 et suiv.
[4] Voy. ci-dessus, page 166 et suivantes.

[1] Voy. pages 261 à 210.

à la famille, de tisser les étoffes, de faire les vêtements (I Sam. 2, 19), ou même de préparer les aliments (Gen. 18, 6; II Sam. 13, 8).

Ce qui préoccupait le plus l'esprit de la femme, c'était de donner à son mari une nombreuse postérité, dans laquelle consistait le plus grand bonheur de la famille, et qui était considérée comme la meilleure bénédiction que le ciel pût accorder à l'homme pieux, comme le dit le poëte sacré (Ps. 128) : Bienheureux est celui qui « craint Jéhova et qui marche dans ses « voies ! Quand tu te nourris du tra- « vail de tes mains, bonheur à toi! tu « seras heureux. Ta femme sera comme « une vigne fructifiante dans l'intérieur « de ta maison; tes enfants seront « comme des plantes d'oliviers autour « de ta table; car c'est ainsi que sera « béni l'homme qui craint Jéhova. » La stérilité était considérée comme un châtiment céleste et comme un sujet d'opprobre pour la femme (Gen. 30, 23). La malheureuse était exposée par là à se voir supplantée par une autre femme qui pouvait l'accabler de son dédain et de ses outrages (I Sam., 16), et souvent la femme stérile préférait partager ses droits d'épouse avec sa propre servante, qui devait la remplacer auprès de son mari et dont elle adoptait les enfants (Gen. 16, 2 ; 30, 3).

La naissance d'un enfant était donc un des événements les plus joyeux qui pût arriver dans la famille, surtout si c'était un enfant mâle, dans lequel le père voyait une garantie pour la conservation de son nom qui restait attaché à la propriété de la famille. On se réjouissait beaucoup moins de la naissance d'une fille, dont l'éducation causait beaucoup de sollicitude[1].

Quand la femme était dans les douleurs de l'enfantement, on la plaçait dans un *siége*[2]; elle était assistée de l'accoucheuse, mentionnée dès les temps des patriarches (Gen. 35, 17; 38, 28), et dont les soins étaient partagés par quelques autres femmes (I. Sam. 4, 20). L'accouchement accompli, on coupait le nombril à l'enfant, qui était baigné, frotté avec du sel (pour rendre la peau plus solide) et enveloppé dans des langes[1]. Le père, absent pendant l'accouchement, accourait à la joyeuse nouvelle (Jér. 20, 15) et adoptait probablement l'enfant en le prenant sur ses genoux ; ce que faisait aussi quelquefois le grand-père (Gen. 50, 23). Le même mode d'adoption se pratiquait, à ce qu'il paraît, de la part de la femme qui avait cédé ses droits d'épouse à sa servante (Gen. 30, 3). Si l'enfant était un garçon, on opérait la circoncision le huitième jour après la naissance. La femme accouchée était considérée comme impure pendant sept jours pour un garçon et pendant quatorze pour une fille; après ce temps elle restait retirée encore trente-trois jours pour un garçon, et soixante-six pour une fille, et ne pouvait s'approcher des choses saintes. Ce temps expiré, elle allait au Temple, où elle offrait un agneau en holocauste, et un pigeon ou une tourterelle comme *sacrifice de péché*; la femme pauvre prenait pour les deux sacrifices des pigeons ou des tourterelles (Lévitique, ch. 12).

Dans les temps anciens, le nom était donné à l'enfant immédiatement après la naissance, et le plus souvent par la mère; plus tard on attendait pour les garçons le jour de la circoncision. — Chez les Hébreux, comme en général chez les peuples de l'Orient, les noms propres ont une étymologie et un sens bien précis qu'il est généralement facile de reconnaître. Dans l'origine le nom devait rappeler tantôt une certaine circonstance qui avait eu lieu

---

[1] Voy. Ecclésiastique, ch. 42, v. 9 et 10. Les anciens Arabes manifestaient la plus grande tristesse à la naisssance d'une fille, et quelquefois ils l'enterraient vivante. Voy. Pococke, *Specimen hist. Ar.* p. 334.

[2] Tel est le sens que presque tous les commentateurs juifs donnent traditionnellement au mot *obnaïm* (Exode, 1, 16) et au mot *maschber* (II Rois, 19, 3; Isaïe, 37, 3). Compar. Larrey, dans la Description de l'Égypte, État mod., t. I, p. 519.

[1] Voy. Ézéch. 16, 4, et les commentaires de Raschi, de Kimchi et de saint Jérôme.

lors de la naissance de l'enfant, tantôt un vœu formé par les parents au sujet du nouveau-né, ou une espérance qu'ils y rattachaient [1]. Il se forma de cette manière un grand nombre de noms, qui se reproduisaient plus tard, sans qu'on eût toujours égard à leur sens primitif. Très-souvent les noms ont un caractère religieux et sont formés des différents noms de Dieu (*El, Yah, Yeho*), usage qu'on trouve aussi chez les Phéniciens, les Syriens, les Arabes et chez d'autres peuples de l'Orient et de l'Occident. Tels sont, par exemple, les noms de *Hanniel* (Grâce de Dieu) et d'*Azriel* ou *Azaryah* (Secours de Dieu), dont nous trouvons les analogues chez les Phéniciens, savoir : *Hannibaal* (Annibal), *Azroubaal* (Asdrubal) ; *Yehonathan* ou *Jonathan* (donné par Jéhova) correspond à *Théodore* et à *Dieu-donné*; *Yedidyah* (II Sam. 12,25) à *Théophile*. On donnait quelquefois aux jeunes filles des noms d'animaux, de plantes et d'autres objets représentant la douceur et la grâce, par exemple : *Rachel* (brebis), *Thamar* (palmier), *Déborah* (abeille), *Naomi* (agréable), *Peninnah* (perle), etc. — Nous trouvons quelquefois, dans la Bible, les mêmes personnes désignées par des noms différents ; car l'enfant pouvait recevoir deux noms dès la naissance, l'un par le père et l'autre par la mère (Gen. 35, 18); souvent aussi on changeait de nom dans certaines circonstances importantes de la vie [2].

Généralement les mères nourrissaient elles-mêmes leurs enfants ; il n'y avait guère que les jeunes princes qu'on confiât quelquefois aux soins d'une nourrice (II Rois, 11, 2). On nourrissait les enfants jusqu'à l'âge de deux ou de trois ans [1]; en les sevrant on donnait un festin (Gen. 21,8), et les mères pieuses offraient un sacrifice (1 Sam. 1,24). — Pendant la première jeunesse, les enfants des deux sexes étaient élevés par leur mère; dans les maisons riches on leur donnait des gouvernantes (II Sam. 4,4). Les jeunes garçons étant assez avancés en âge pour pouvoir se passer des soins des femmes, le père se chargeait lui-même de leur éducation, ou leur donnait quelquefois un gouverneur appelé *Omén* (II Rois, 10, 1 et 5), qui était chargé probablement des soins matériels (Nombres, 11, 12), tandis que l'éducation morale se faisait par le père ou par un précepteur, qui usait souvent d'une grande sévérité (Prov. 23, 13 et 14). Nous ne trouvons pas de traces d'écoles publiques chez les Hébreux avant l'exil; et nous connaissons fort peu les détails de l'instruction qu'ils donnaient à leurs enfants; il paraît que généralement on se bornait à l'enseignement prescrit par la loi mosaïque (voy. p. 206) et à celui de la morale présentée par le père ou la mère en sentences courtes qui se gravaient facilement dans la mémoire, ou sous la forme de paraboles et d'énigmes [2]. Peu de jeunes gens, notamment les lévites, et plus tard les prophètes, se livraient à des études un peu plus étendues, que nous ferons connaître plus loin, en parlant de la vie intellectuelle des Hébreux. A mesure que les garçons grandissaient, ils aidaient leur père dans les travaux de la campagne; on leur apprenait tout ce qui concerne l'agriculture et on les habituait aussi à quelques exercices militaires. Les jeunes filles étaient employées par la mère aux soins du ménage et apprenaient les travaux auxquels se livraient habituellement les femmes, ainsi que nous l'avons dit plus haut. Elles vivaient généralement très-retirées (II Maccab. 3, 19); dans les classes moins élevées

---

[1] Voy. par exemple, l'étymologie des noms d'*Isaac*, de *Jacob*, de *Moïse* et de *Samuel*, ci-dessus, page 105, p. 111, note 1, p. 118 et p. 244, col. 1, note 1. De même les noms des douze fils de Jacob, dont chacun est motivé par une circonstance particulière; Genèse, ch. 29, v. 32-35 ; ch. 30, v. 6-24 ; ch. 35, v. 18. La Bible nous offre beaucoup d'autres exemples de cette nature.

[2] Comparez ci-dessus, p. 235, col. 1; p., 275, col. 1; p. 340, col. 2, note ; p. 346, col. 2.

[1] Voy. ci-dessus, page 244, col. 1, note 2.
[2] Voy. Proverbes, ch. 1, v. 4 et 8; ch. 4, v. 4-6 et 20; ch. 6, v. 20 ; ch. 22, v. 6; ch. 31, v. 1 et suivants.

elles sortaient quelquefois pour garder les troupeaux, ou pour chercher de l'eau (I Sam. 9, 11).

Pour marier les enfants, on n'attendait que l'âge de puberté, qui, dans les pays méridionaux, arrive de bonne heure. Pour en citer quelques exemples dans les temps historiques (car, selon les traditions de la Genèse, on se mariait quelquefois très-tard à l'époque patriarcale), nous rappellerons que Joram, roi de Juda, mort à quarante ans, laissa un fils de vingt-deux ans (page 320); Amon à vingt-quatre ans laissa un fils de huit ans, qui, à son tour, devint père à l'âge de quatorze ans (p. 340); Joïakîm, à trente-six ans, avait un fils âgé de dix-huit ans (p. 345). Ce qui était d'usage dans la famille royale, l'était sans doute aussi dans les autres classes de la société; car la constitution et la manière de vivre des Hébreux dispensait les pères de faire une position à leurs fils avant de les marier, et les fils restaient sous la dépendance du père jusqu'à sa mort (p. 206). Selon la tradition rabbinique, les jeunes gens doivent se marier à l'âge de dix-huit ans [1]; les jeunes filles sont déclarées nubiles à l'âge de douze ans [2].

Rarement le jeune homme suivait, dans le choix de sa future compagne, la seule impulsion de son cœur. Il pouvait arriver quelquefois, dans les campagnes, qu'une connaissance s'établît entre un jeune pasteur et une bergère; quelquefois aussi une jeune fille, allant puiser de l'eau, pouvait attirer les regards d'un jeune citadin; enfin un voyage ou une autre circonstance quelconque pouvait faire trouver à un jeune homme celle qu'il croyait devoir signaler au choix de ses parents, comme nous le voyons dans l'exemple de Simson (Juges, 14, 2). Mais c'étaient là des cas exceptionnels; généralement les parents choisissaient une épouse à leur fils; et souvent les mariages se concluaient sans que les futurs époux se fussent jamais vus (Gen. 24, 3; 38, 6). Les parents ou le fils ayant arrêté leurs vues sur une jeune personne, le père du jeune homme allait trouver les parents de la jeune fille, afin de faire la demande en mariage et de stipuler les conventions nécessaires, notamment pour ce qui concernait le *mohar,* ou le prix de la fiancée, et les cadeaux que cette dernière devait recevoir (Gen. 34, 12).

Nous avons déjà parlé du *mohar,* qui variait selon les circonstances (p. 203). Il se payait en argent, en troupeaux, en objets de consommation, etc.; le prophète Hoséa (3, 2) nous offre l'exemple d'un *mohar* composé de quinze sicles d'argent et d'une certaine quantité d'orge. Quelquefois le père de la jeune fille acceptait comme *mohar* les services de son futur gendre (Gen. 29, 20 et 24); le guerrier donnait sa fille comme prix de quelque exploit, comme le firent Caleb (Jos. 15, 15) et Saül (1 Sam. 18, 25). Si la jeune fille avait des frères majeurs, ils participaient avec le père et la mère aux négociations du mariage de leur sœur (Gen. 24, 50 et 55; 34, 11); et, tout étant terminé, on demandait à la jeune fille son consentement, dont la loi traditionnelle, s'appuyant de l'exemple de Rebecca (ib. 24, 57), fait une condition nécessaire. Dans les temps anciens on se bornait à une convention orale, qui se concluait en présence de témoins et était confirmée par un serment (Ézéch. 16, 8; Malach. 2, 14); le contrat écrit et scellé (Tobie, 7, 16) ne remonte probablement qu'à l'époque de l'exil. Les fiançailles liaient les futurs époux (p. 203); mais on accordait à la jeune fille un certain temps pour faire ses préparatifs, avant de célébrer son mariage et d'aller habiter avec son mari [1].

---

[1] *Mischna,* 4e partie, traité *Aboth* (sentences des Pères), ch. 5, § 21.
[2] Maïmonide, *Abrégé du Thalmud,* liv. IV, sect. I, ch. 2, § 1.

[1] Selon la loi traditionnelle, il devait y avoir, entre les fiançailles et le mariage, un intervalle de douze mois; voy. *Mischna,* troisième partie, traité *Kethouboth* (des contrats de mariage), ch. 5, § 2. La tradition s'appuie sur un passage de la Genèse (24,

Au jour fixé pour la noce, la fiancée, baignée, parfumée et ointe d'huiles odoriférantes, était parée de tout ce qu'elle possédait de plus magnifique en vêtements et bijoux et portait une couronne sur la tête[1]; d'où probablement elle est appelée, en hébreu, CALLAH (couronnée). Entourée de ses parents et de ses amies, elle attendait le coucher du soleil; le fiancé, également paré et couronné (Is. 61, 10; Cant. 3, 11), et entouré de ses compagnons ou *paranymphes* (Juges, 14, 11), se rendait le soir dans la maison de son beau-père, pour chercher sa jeune épouse, qui quittait la maison paternelle, sous les bénédictions de ses parents (Gen. 24, 60). Les jeunes mariés, placés sous un dais et accompagnés de leurs parents et amis, se mettaient en marche, à la lueur des lampes et aux sons bruyants des tambours et autres instruments; on se rendait à la maison du fiancé en chantant et en faisant éclater la joie la plus vive[2]. Un festin joyeux, préparé par le fiancé ou par ses parents, attendait les gens de la noce (Juges, 14, 10)[3]; on s'abandonnait à une joie bruyante, et, si nous pouvons faire remonter les traditions thalmudiques aux anciens Hébreux, les hommes les plus graves ne dédaignaient pas de faire leurs compliments à la fiancée, en dansant devant elle[4]. On s'entretenait aussi par des jeux d'esprit et des énigmes (ib. v. 12). Il n'est question, dans la Bible, d'aucune cérémonie religieuse pour le mariage; les jeunes époux recevaient, à ce qu'il paraît, la bénédiction de leurs pères et les assistants appelaient sur eux les faveurs du ciel[1]. Après le repas on conduisait le fiancé dans la chambre nuptiale, où déjà sa jeune épouse l'avait précédé[2]. Le lendemain les festins recommençaient et se continuaient jusqu'au septième jour[3].

Après avoir assisté aux fêtes et aux réjouissances des familles hébraïques, considérons-les dans leurs moments d'affliction et de deuil. Chez les Hébreux, comme chez tous les anciens, les démonstrations de la tristesse n'étaient pas moins énergiques que celles de la joie. Dans les circonstances joyeuses, ils chantaient, dansaient, se paraient, se couronnaient la tête et se livraient à la bonne chère; dans l'affliction ils poussaient des cris lugubres, se roulaient par terre, déchiraient leurs vêtements, et mettant de la poussière ou de la cendre sur leur tête, ils jeûnaient, etc. David, pendant la maladie de son enfant, reste couché par terre et refuse de manger (II Sam. 12, v. 15 et 16); Thamar, outragée par Amnon, couvre de cendre sa tête, déchire sa robe, porte la main sur sa tête et s'en va en poussant des cris (ib. 13, 19); Job, dans son malheur, s'assied sur la cendre, et ses amis qui viennent le consoler, pleurent et gémissent à haute voix, déchirent leurs manteaux et restent assis à terre avec lui, pendant sept jours et sept nuits (Job, 2, 8-13).

On faisait éclater la douleur la plus vive quand la mort venait frapper un membre de la famille; les femmes surtout s'abandonnaient, sans con-

---

55); compar. Juges, 14, 8; Évang. de Matth. 1, 18.
[1] Voy. Ézéch. 16, 9-13; Jérém. 2, 32; Isaïe, 61, 10; Apocalypse, 21, 2.
[2] Voy. Jérémie, 7, 34; 16, 9; 25, 10; I Maccab. 9, 37 et 39; Évang. de Matth. 25, 1. Les détails des cérémonies de noces résultent de la combinaison de ces différents passages et des usages de l'Orient moderne. Voy. Hartmann, *Die Hebræerin etc.* t. II, p. 525 et suiv., t. III, p. 393 et suivantes.
[3] Simson, qui se maria hors de sa ville natale, célébra le festin de noces chez sa fiancée; mais généralement le festin avait lieu dans la maison du fiancé, comme nous le voyons dans le Nouveau Testament et dans le Thalmud. Voy. Évang. de Jean, ch. 2, v. 9 et 10; Thalm. de Babylone, t. I, *Berachoth*, fol. 30 b et 31 a.
[4] Thalmud de Babylone, traité *Kethouboth* fol. 16 b.

[1] Voy. Tobie, 7, 15; Ruth, 4, 11.
[2] Voy. Joël, 2, 16; Ps. 19, 6; Tobie, 8, 1. Un passage du Deutéronome (22, 15) peut faire présumer que les parents de la fiancée attendaient, avec des témoins, les preuves de l'innocence de leur fille, comme cela se pratique encore maintenant chez quelques peuples de l'Orient, notamment chez les Arabes. Voy. Michaëlis, *Mos. Recht*, t. II, § 92, p. 153; Jahn, *Archæologie*, I, 2, p. 254. Didot, notes d'un voyage au Levant en 1816.
[3] Voy. Genèse, 29, 27; Juges, 14, 12.

trainte, aux démonstrations les plus bruyantes et poussaient des gémissements qui se faisaient entendre au loin (Jér. 9, 19; 31, 15). C'était au milieu des cris et des lamentations que se faisaient les préparatifs des funérailles, qui étaient considérées comme un pieux devoir et dont se chargeaient les plus proches parents[1]. Les prêtres eux-mêmes (à l'exception du grand prêtre) pouvaient remplir ce devoir, quoiqu'il leur fût défendu d'ailleurs de se souiller par le contact d'un cadavre (p. 173). On regardait comme une malédiction terrible d'être privé de la sépulture[2]. Au reste, la Bible nous offre à peine quelques indices sur les usages suivis par les anciens Hébreux pour ce qui concerne l'appareil de la sépulture, et nous devons profiter de quelques renseignements que nous fournit le Nouveau Testament; mais il est douteux qu'on puisse faire remonter tous ces usages aux temps anciens.

Il semble résulter d'un passage de la Genèse (46, 4) combiné avec un autre du livre de Tobie (14, 15), que les plus proches parents fermaient les yeux à celui qui venait de mourir. Immédiatement après le décès, le corps était lavé et placé dans la *chambre haute*[3] (Actes des Ap. 9, 37), où devaient se faire les autres préparatifs; les mains et les pieds étaient liés par des bandes; la tête était couverte d'un suaire (Év. de Jean, 11, 44) et tout le corps enveloppé de bandages, ou d'un linceul, était parfumé d'aromates (ib. 19, 40; Matth. 27, 59). On plaçait les morts dans un cercueil ouvert, ou plutôt sur une bière, appelée *Mittah* (lit)[4], qui était portée par plusieurs hommes[5], au lieu destiné à la sépulture; les parents et les amis suivaient le convoi en pleurant et en se lamentant à haute voix (II Sam. 3, 32); à leurs gémissements se mêlaient les chants des *pleureuses* (Jérém. 9, 17) et le son lugubre des flûtes (ib. 48, 36; Matth. 9, 23)[1]. Les Hébreux enterraient leurs morts et ne les brûlaient jamais, à l'exception des corps des suppliciés, auxquels on refusait quelquefois la sépulture et pour lesquels la combustion devait être un surcroît d'ignominie (Josué, 7, 25). Si les habitants de Jabès brûlèrent les corps de Saül et de ses fils (I Sam. 31, 12), ce fut sans doute pour les mettre à l'abri des outrages des Philistins (voy. p. 266), et c'est probablement à dessein que l'auteur des Chroniques (I, 10, 12) passe sous silence ce fait, qui, dans l'idée d'un Hébreu, était une ignominie[2].

Les demeures des morts, appelées chez les Hébreux *maisons de l'éternité* (Ecclés. 12, 5), se trouvaient généralement hors des villes, et, selon la tradition, elles devaient être éloignées du mur de la ville de cinquante coudées au moins[3].

Les sépulcres étaient ordinairement des caveaux plus ou moins grands,

---

[1] Voy. Genèse, 23, 19; 25, 9; 35, 29; Juges, 16, 31; Amos, 6, 10; I Maccab. 2, 70.
[2] Voy. I Rois, 14, 11; 16, 4; 21, 24; Jérémie, 7, 33; 8, 2; 9, 21; 14, 16; 16, 4; 25, 33; Ps. 79, 3.
[3] Voy. ci-dessus, page 364, col. 1.
[4] Voy. II Sam. 3, 31; Évang. de Luc, 7, 14. Les princes étaient étendus sur des lits magnifiques remplis de parfums. II Chron. 16, 14; Josèphe, *Antiqu.* XVII, 8, 3; *Guerre des Juifs*, I, 33, 9.
[5] Voy. Actes des Apôtres, ch. 5, v. 6 et 10; *Mischna*, première partie, *Berachoth*, ch. 3, § 1.

[1] Selon les docteurs juifs, le plus pauvre dans Israël devait faire accompagner le convoi de sa femme par une pleureuse et deux flûtes. *Mischna*, troisième partie, traité *Kethouboth*, ch. 4, § 4.
[2] On peut comparer ce que Tacite dit en parlant des Juifs (*Hist.* V, 5): *Corpora condere, quam cremare, e more ægyptio*. C'est par une grave erreur que plusieurs savants ont cru trouver le *bûcher* dans le passage où il est question des funérailles du roi Asa (II Chron. 16, 14); non-seulement on dit expressément, au même endroit, que le roi Asa fut *enseveli*, mais les mots du texte, qui signifient littéralement: *et combusserunt ei conabustionem magnam*, ne peuvent guère s'appliquer au bûcher. Ici, comme dans deux autres passages, où on trouve la même construction grammaticale (II Chron. 21, 19; Jérém. 34, 5), il est évident qu'il s'agit des parfums qu'on brûlait aux funérailles des rois. Comparez les passages de Josèphe cités à la colonne précédente, note 4.
[3] *Mischna*, 4ᵉ partie, *Bava bathra*, ch. 2, § 9.

taillés dans le roc et ayant de chaque côté un certain nombre de compartiments servant à y déposer autant de corps[1]. Presque chaque famille avait des caveaux semblables dans sa propriété, et tous les membres de la famille désiraient y reposer après leur mort[2]. On trouve encore maintenant en Palestine, et notamment dans les environs de Jérusalem, un grand nombre de ces anciens sépulcres taillés dans le roc (p. 54 et 55). Pour les rois on dérogeait à l'usage général, en leur accordant des tombeaux au milieu de la ville de Jérusalem sur le mont Sion; le prophète Samuel eut une semblable distinction, car il fut enseveli à Rama, dans sa maison (I Sam. 25, 1; 28, 3). Les Hébreux, à ce qu'il paraît, n'avaient guère de cimetières communs que pour les gens du bas peuple et pour les étrangers[3]; mais toutes les tombes étaient inviolables, et c'était une horrible profanation que de troubler le repos des morts et de retirer les ossements hors de leur sépulcre[4].
— Dès la plus haute antiquité on élevait des monuments en pierres sur les tombeaux; le patriarche Jacob dressa un monument sur le sépulcre de Rachel (Gen. 35, 20). C'étaient généralement de simples pierres, ornées probablement d'une inscription (Ézéch. 39, 15); les grands personnages mettaient un certain luxe dans la construction des mausolées; quelques-uns même, par orgueil, s'en faisaient construire de leur vivant, comme nous en trouvons des exemples dans Absalom (2 Sam. 18, 18) et dans Sebna, intendant du palais d'Ézéchias (Isaïe, 22, 16). On attacha plus tard une grande importance à la conservation des tombeaux des prophètes et autres hommes célèbres par leur piété;

ils étaient restaurés de temps à autre (Matth. 23, 29).

Nous devons observer encore que la religion n'intervenait pas plus dans les funérailles et le deuil que dans les mariages; du moins il n'y avait pas de cérémonie religieuse ordonnée par la loi, bien qu'il existât certaines observances que l'usage avait consacrées. Les chants funèbres accompagnés de flûtes, qui retentissaient dans la maison mortuaire pendant les préparatifs de la sépulture, se continuaient aux funérailles et à l'enterrement. Il paraîtrait qu'il y avait pour cet usage des chants consacrés qui, selon la circonstance, commençaient par les mots: *Hélas, mon frère! — Hélas, ma sœur! — Hélas, seigneur,* et *hélas sa gloire!* etc[1]. Quelquefois un parent ou un ami du défunt improvisait sur la tombe des paroles que lui dictaient ses sentiments, comme le fit David sur la tombe d'Abner (p. 269). Outre les pleureuses, il y avait aussi des poètes qui faisaient le métier d'improviser des complaintes, pour servir d'oraisons funèbres (Amos, 5, 16). — Les parents du mort déchiraient leurs vêtements (Gen. 37, 34), ôtaient leur turban et leurs sandales, et s'enveloppaient le menton, jusqu'aux lèvres, dans leur manteau (Ézéch. 24, 17), ou se couvraient toute la figure (2 Sam. 19, 5). Après les funérailles, les amis de la famille offraient un repas (ib. 3, 35), qu'on appelait *le pain de deuil* (Hos, 9, 4) et *la coupe de consolation* (Jér. 16, 7); c'est là ce qu'Ézéchiel appelle, en parlant du deuil : *manger le pain des autres* (Éz. 24, 17). Il y en avait qui jeûnaient le jour des funérailles, et qui n'acceptaient le repas funèbre que le soir (2 Sam, 3, 35). Le grand deuil durait sept jours[2]; on restait

---

[1] *Mischna*, l. c. ch. 6, § 8. Comparez Isaïe, 22, 16; Évang. de Matth. 27, 60; Luc, 23, 53; Jean, 11, 28.
[2] Voy. Genèse, 23, 20; 47, 30; 50, 5; Juges, 8, 32; 16, 31; II Sam. 2, 32; 19, 38; I Rois, 13, 22.
[3] Voy. II Rois, 23, 6; Jérém. 26, 23; Matth. 27, 7.
[4] Voy. Isaïe, 14, 19; Jérém. 8, 1; Baruch, 2, 24.

[1] Voy. I Rois, 13, 30; Jérémie, 22, 18; 34, 5.
[2] Voy. Genèse, 50, 10; I Sam. 31, 13; Ecclésiastique, 23, 12; Josèphe, *Antiqu.* XVII, 8, 4; *Guerre des Juifs*, II, 1, 1. Dans les deux passages de Josèphe, il est question de repas splendides que, du temps d'Hérode, on avait coutume de donner après les sept jours de deuil et dont le luxe devenait quelquefois ruineux pour les familles

assis à terre (ib. 13, 31), on négligeait de se laver et de s'oindre (ib. 14, 2), les cheveux et la barbe restaient en désordre (Lévit. 10, 6), ou étaient rasés complétement (Jér. 16, 6 ; Amos 8, 10). En général, on quittait ses vêtements ordinaires et tous les objets de toilette, pour prendre le vêtement de deuil (2 Sam. 14, 2), qui, dans la Bible, porte presque toujours le nom de *sac*. C'était un vêtement d'une étoffe grossière, probablement de poil, très-étroit, sans manches et sans plis, et ressemblant en effet à un sac, tel que des voyageurs en ont vu dans l'Orient moderne [1]; une simple corde servait de ceinture (Isaïe, 3, 24). La couleur de ce sac était probablement noire, ou du moins d'un brun très-foncé; car l'homme en deuil est appelé *Koder* (Ps. 35, 14), et ce mot vient d'un verbe qui veut dire *se noircir, s'obscurcir* [2].

Après les sept jours, le deuil était moins strictement observé, quoiqu'il se prolongeât souvent bien au delà de ce terme. Il paraît que pour les père et mère le deuil était porté au moins pendant un mois (Deut. 21, 13) ; mais chacun suivait, sous ce rapport, ses sentiments individuels, et on parle quelquefois de deuils prolongés pendant *un long espace de temps* (Gen. 37, 34 ; 2 Sam. 14, 2). Les veuves, à ce qu'il paraît, portaient le deuil toute leur vie (Gen. 38, 14 ; Judith, 10, 2).—Nous donnerons plus loin quelques détails sur le deuil public.

E. *Mœurs sociales.*

Une des premières vertus sociales des anciens Hébreux, et qui est commune aux peuples de l'antiquité, c'était *l'hospitalité*, que l'homme pieux ne refusait jamais à l'étranger (Job, 31, 32). Le voyageur qui arrivait dans un endroit était toujours sûr de trouver un accueil hospitalier, soit chez un ami, soit même chez quelque habitant qui lui était étranger. Aussi n'est-il jamais question d'hôtelleries dans les villes des Hébreux ; il n'y en avait que sur les routes et dans les lieux déserts ; là les voyageurs trouvaient un abri, pendant la nuit, sans payer aucune rétribution [1]. Rencontrait-on, dans les rues, un voyageur qui n'avait pas de gîte, on l'emmenait chez soi ; l'eau lui était offerte pour laver ses pieds, on se chargeait de le nourrir lui, ses serviteurs, ses montures et ses bêtes de somme, et l'étranger recevait sous le toit hospitalier toute la protection dont il avait besoin. Tels étaient les usages des Hébreux nomades et agriculteurs [2], et tels sont encore aujourd'hui les usages des Bédouins arabes. Quand le luxe faisait cesser l'ancienne simplicité des mœurs et que le développement du commerce augmentait le nombre des voyageurs, on se montrait probablement moins empressé à accorder une hospitalité désintéressée au premier venu [3]; mais on ne la refusait jamais à celui qui en avait besoin, et elle occupait toujours un des premiers rangs dans les bonnes œuvres. — La bienfaisance, en général, était un trait dominant du caractère des Hébreux. La loi qui renfermait à cet égard des dispositions spéciales n'oublie jamais de recommander l'étranger à une protection égale à celle dont jouissait l'Hébreu [4].

Dans le commerce de la vie, nous remarquons chez les Hébreux un haut degré de civilité, et ils usaient de tout temps, même à l'époque de la république, d'une politesse extrême dans leurs rapports mutuels. Les démonstrations de politesse et les locutions qu'on employait, variaient selon la

---

[1] Voy. Jahn, l. c. pages 144 et 457.
[2] Comparez I Rois, 18, 45 ; Jérémie, 4, 28 Job, 30, 28, et *passim.*

[1] Ce sont là probablement les lieux que la Bible désigne par le mot MALON, qui signifie *gîte de nuit* (Voy. Genèse, 42, 27 ; Exode, 4, 24 ; Jérémie, 9, 1), et une fois par le mot GUERROUTH (Jér. 41, 17), dérivé de *guér* (étranger). Dans l'Orient moderne, on les appelle *Khân* ou *Caravansérai.*
[2] Voy. Genèse, ch. 18, v. 1 et suiv. ; ch. 19, v. 1 et suiv. ; ch. 24, v. 23-33 ; Juges, ch. 19, v. 16 et suivants ; II Rois, ch. 4, v. 8 10.
[3] Comparez Ecclésiastique, ch. 29, v. 29-33.
[4] Voy. ci-dessus, pages 147, 211 et 212.

position respective des personnes. Les salutations qu'on se faisait, en se rencontrant, contenaient ordinairement une bénédiction, et le mot *bénir* correspond souvent, dans la Bible, à notre mot *saluer* (II Rois, 4, 29). Le plus ordinairement on disait *Jéhova (soit) avec toi!* et l'autre répondait : *Que Jéhova te bénisse* [1]. Mais on saluait aussi par d'autres formules, telles que : *Dieu te soit propice* (Genèse, 43, 29); *la bénédiction de Jéhova sur toi! — Je te bénis au nom de Jéhova* (Ps. 129, 18); ou bien on s'informait de la santé et du bien-être de celui qu'on rencontrait en disant HASCHALOM LACH, c'est-à-dire : *Te portes-tu bien?* ou littéralement : *Num salus tibi* (II Sam. 20, 9; II Rois, 4, 26). Les gens d'un rang égal, notamment les amis, s'embrassaient quelquefois, en se saluant, surtout quand ils ne s'étaient pas vus depuis longtemps, ou qu'ils se quittaient pour un certain temps; les parents qui se voyaient pour la première fois agissaient de même [2]. — En rencontrant des gens d'un rang élevé, ou en les quittant, on faisait une profonde révérence, ou, comme dit l'Hébreu, *on se prosternait la face en terre* [3]; l'inférieur se hâtait même de descendre de sa monture, dès qu'il voyait arriver l'homme de distinction à qui il voulait présenter ses respects (I Sam. 25, 23). Dans la conversation l'inférieur donnait au supérieur le titre de *seigneur*, et s'appelait lui-même *serviteur*, et, dans ce cas, il parlait quelquefois de lui-même et de son interlocuteur à la troisième personne.

Ainsi, par exemple, Juda dit à Joseph (Gen. 44, 18) : « Pardon, seigneur ; que « ton serviteur dise un mot aux oreilles « de mon seigneur, et que ta colère ne « s'enflamme point contre ton serviteur....Mon seigneur a demandé à ses « serviteurs, etc [1]. » Les femmes aussi se donnaient l'épithète de *servante* en parlant à des hommes supérieurs [2]; mais il paraît que les hommes n'usaient pas de la même déférence à l'égard des femmes; dans un passage du premier livre de Samuel (25, 14-17), nous voyons un domestique parler à sa maîtresse, sans circonlocution, et sans se servir d'aucune de ces formules de politesse dont on était si prodigue à l'égard des hommes. Les vieillards étaient l'objet d'un respect tout particulier; la loi ordonnait de se lever devant les cheveux blancs (Lév. 19, 32). *La gloire des jeunes gens*, dit le sage, *est dans leur force, et les cheveux blancs sont la majesté des vieillards* (Prov. 20, 29).

La Bible nous fournit très-peu de renseignements sur les politesses et les usages observés dans les visites. En rendant visite à un grand personnage, on se faisait annoncer avant d'entrer (I Rois, 1, 23); dans les maisons ordinaires on frappait probablement à la porte, et on attendait que le maître sortît, pour être introduit par lui, comme cela se pratique aujourd'hui en Orient [3]. On se saluait mutuellement par les formules ordinaires; on s'informait de la santé l'un de l'autre (Exode, 18, 7); on adressait aussi à celui qu'on recevait chez soi les paroles : *Béni soit celui qui entre;* du moins les prêtres saluaient par ces paroles les fidèles qui se présentaient au Temple pour offrir un sacrifice (Ps. 118, 26). Dans l'Orient moderne on brûle quelquefois des parfums en l'hon-

---

[1] Voy. Juges, 6, 12; Ruth, 2, 4. La formule *Salâm aléik* (la paix sur toi!) qui est très-usitée chez les Arabes, ne se trouve pas dans l'Ancien Testament; les Juifs ne s'en servaient qu'à une époque plus récente; on la trouve souvent dans le Thalmud et quelquefois dans les Évangiles. Voy. Luc, 24, 36; Jean, 20, 26.

[2] Voy. Genèse, 29, 11 et 13; 33, 4; 45, 15; 48, 10; Exode, 4, 27; 18, 7; Ruth, 1, 9 et 14; 1 Sam. 20, 41; 2 Sam. 20, 9.

[3] C'est ce que la Vulgate appelle *adorare*, ou *adorare pronus in terram*. Voy. Genèse, 19, 1; 23, 7; 33, 3; 42, 6; Exode, 18, 7; I Sam. 24, 9; 25, 41; II Sam. 9, 8; 18, 21; 19, 19; I Rois, 1, 16, et *passim*.

---

[1] Voy. d'autres exemples, Gen. 18, 3; 19, 2, 3; 19, 2; 33, 14; Juges, 19, 19; 1 Sam. 26, 18, et *passim*.

[2] Voy. I. Sam. I, 16; 25, 24 et suiv.; II Rois, 4, 2 et 16. Celui qui s'adressait à un prophète, disait quelquefois *mon père* (II Rois, 6, 21; 13, 14) et se désignait lui-même par le mot *fils* (ib. 8, 9).

[3] Comparez Cantique, 5, 2; Exode, 18, 7

neur des hôtes, et la Bible offre quelques traces de cet usage [1]. On offrait aussi des rafraîchissements, tels que du vin mêlé d'aromates, du sirop de grenades, etc. (Cant. 8, 2), et un repas était offert à celui qui venait de loin (Gen. 18, 5 ; II Rois, 4, 8). En congédiant son hôte on lui disait : *Va en paix*, et ces mots s'adressaient aussi à celui qui partait pour un voyage [2].

La politesse, chez les Hébreux, ne consistait pas seulement en paroles ; elle se manifestait aussi par des actes, et notamment par des présents qu'on s'offrait mutuellement dans différentes occasions. Il est inutile de dire que les présents variaient selon la condition et la fortune de ceux qui les donnaient ou qui les recevaient ; ils se composaient de denrées de toute espèce, d'argent, de vêtements, d'armes, etc. Les amis échangeaient des cadeaux aux jours de réjouissances publiques (Esther, 9,19) ; on offrait des présents aux personnes haut placés, à qui on voulait faire sa cour (I Sam. 16, 20 ; 17, 18), aux prophètes dont on réclamait les conseils (ib. 9, 7 ; I Rois, 14, 3), et les grands en offraient à leurs inférieurs, comme marques de faveur et de protection (II Sam. 11, 8). Nous aurons l'occasion de parler des présents qu'on offrait aux rois et que ceux-ci donnaient à leurs sujets et à des étrangers de distinction.

Un autre genre de politesse consistait dans les repas et les festins qu'on donnait à ses amis et connaissances dans les circonstances joyeuses. Nous avons déjà mentionné les festins et les réjouissances qui avaient lieu à l'occasion de la tonte des brebis, des vendanges, du sevrage des enfants et des mariages. On donnnait aussi des repas aux anniversaires de naissance, notamment chez les princes [3] ; de même en l'honneur d'un parent et ami de distinction qui venait d'arriver [4], ou à l'occasion d'un sacrifice solennel qu'on offrait à la Divinité [1]. Nous rappellerons encore les repas obligatoires des dîmes auxquels les Lévites, les pauvres et les esclaves devaient être invités (page 172). Dans les réjouissances publiques, les princes faisaient distribuer des vivres au peuple, comme le fit David lors de la translation de l'Arche sainte au mont Sion (II Sam. 6, 19). — On faisait inviter les hôtes par des domestiques ou des esclaves (Prov, 9, 3; Matth. 22, 3) ; on les plaçait dans un certain ordre, suivant leur rang (I Sam. 9,22). On remarquait quelquefois un grand luxe dans les ustensiles de la table et dans les mets qu'on y servait ; les grands festins étaient ordinairement accompagnés de musique, et les convives, animés par le vin, mêlaient leurs chants joyeux au son des instruments [2]. Il est probable que, dans les grands festins, les femmes se trouvaient dans une salle particulière ; tel était du moins l'usage général en Orient (Esther, 1, 9) [3].

Les principaux plaisirs des anciens Hébreux étaient les festins et la musique. Aux jours de fête les jeunes filles allaient danser dans les vignes, et les jeunes gens contemplaient leurs plaisirs innocents [4]. Souvent, après le travail, on allait se distraire sur les places publiques, qui étaient aux portes des villes ; là se traitaient toutes sortes d'affaires (page 363) et il y avait toujours un grand concours de monde. On écoutait les plaidoiries (Job, 29, 7 — 12), les discours des prophètes et des orateurs publics (Jér. 17, 19 ; Prov. 8, 3) ; on s'entretenait des affaires publiques ou de toute autre chose ; tels étaient surtout les divertissements de l'âge mûr, tandis que les

---

[1] Voy. Daniel, 2, 46 ; Proverbes, 27, 9 ; Exode, 30, 37 et 38.
[2] Voy. I Sam. 1, 17 ; 20, 42 ; II Sam. 15, 9.
[3] Genese, 40, 20 ; comparez Hoséa, 7, 5 ; Matth. 14, 6 ; Hérodote, I, 133.
[4] Voy. Exode, 18, 12 ; II Sam. 3, 20.

[1] Voy. I Sam. 9, 13 ; 16, 3 ; I Rois, I, 9 ; 3, 15.
[2] Voy. Amos, 6, 4-6 ; Isaïe, 5, 12 ; Ps. 69, 13 ; Ecclésiastique, 32, 7.
[3] Voy. cependant Evang. de Matth. 14, 6, où il est parlé de la fille d'Hérodias, dansant en pleine salle, au festin de la naissance d'Hérode.
[4] Juges, 21, 21 ; Jérém. 31, 13. Comparez *Mischna*, 2ᵉ partie, à la fin du traité *Thaanith* (du jeûne).

jeunes gens se réunissaient pour chanter et faire de la musique (Lament. 5, 14). Selon saint Jérôme, le prophète Zacharie (12, 3) ferait allusion à un jeu, ou plutôt à un exercice gymnastique des jeunes gens, lequel consistait à faire preuve de ses forces en soulevant, jusqu'à une certaine hauteur, des pierres extrêmement lourdes [1]. — Le même prophète (8, 5) parle de jeunes garçons et de jeunes filles jouant dans les rues; un passage du livre de Job nous laisse deviner que les enfants avaient l'habitude de jouer avec des oiseaux apprivoisés [2].

Les conversations des Hébreux étaient mesurées et graves, comme le sont celles des Orientaux en général, et notamment celles des Arabes ; on ne parlait pas trop et on s'exprimait avec convenance (Prov. 10, 19; 17, 27 et 28). Les mauvais plaisants, les moqueurs étaient frappés de réprobation (ib. 21, 24; 22, 10; 24, 9); ils sont assimilés par David aux pécheurs et aux impies (Ps. 1, 1). — Nous citerons au sujet du langage de bonne compagnie, chez les Hébreux, quelques observations très-judicieuses de l'abbé Fleury[3]. « Ils usaient volontiers, dans leurs discours, d'allégories et d'énigmes ingénieuses. Leur langage était modeste et conforme à la pudeur, mais d'une manière différente de la nôtre : ils disaient l'eau des pieds, pour dire l'urine; couvrir les pieds, pour satisfaire aux autres besoins, parce qu'en cette action, ils se couvraient de leurs manteaux, après avoir creusé la terre (Deut. 23, 14); ils nommaient la cuisse pour les parties voisines que la pudeur défend de nommer. D'ailleurs ils ont des expressions qui nous paraissent fort dures, quand ils parlent de la conception et de la naissance des enfants, de la fécondité et de la stérilité des femmes; et ils nomment sans façon certaines infirmités secrètes de l'un et l'autre sexe, que nous enveloppons par des circonlocutions éloignées. Toutes ces différences ne viennent que de la distance des temps et des lieux. La plupart des mots qui sont déshonnêtes, suivant l'usage présent de notre langue, étaient honnêtes autrefois, parce qu'ils donnaient d'autres idées; et encore aujourd'hui les Levantins, surtout les Mahométans, ont des délicatesses ridicules pour certaines saletés qui ne font rien aux mœurs, tandis qu'ils se donnent toute liberté sur les plaisirs les plus infâmes. Les livres de l'Écriture parlent plus librement que nous ne ferions de ce qui regarde le matériel du mariage, parce qu'il n'y avait personne parmi les Israélites qui y renonçât, et que ceux qui écrivaient étaient des hommes graves et des vieillards pour l'ordinaire. — Quant à la prudence, la politique bonne ou mauvaise, l'adresse, la souplesse, les ruses, les intrigues de cour, l'histoire de Saül et celle de David nous en fournissent autant d'exemples, à proportion, qu'aucune autre que je connaisse. »

Au sujet des plaisirs des Hébreux, le même auteur s'exprime ainsi [1] : « Leur vie aisée et tranquille jointe à la beauté du pays les portait au plaisir; mais leurs plaisirs étaient simples et faciles : ils n'en avaient guère d'autres que la bonne chère et la musique. Leurs festins étaient, comme j'ai dit, des viandes simples qu'ils prenaient chez eux, et la musique leur coûtait encore moins, puisque la plupart savaient chanter et jouer des instruments. Le vieillard Berzellaï ne comptait que ces deux plaisirs, quand il disait qu'il était trop vieux pour goûter la vie (II Sam. 19, 36), et l'Ecclésiastique (32, 6 et 7) compare cet

---

[1] Mos est, dit st. Jérôme, in urbibus Palæstinæ, et usque hodie per omnem Judæam vetus consuetudo servatur, ut in viculis, oppidis et castellis rotunde ponantur lapides gravissimi ponderis, ad quos juvenes exercere se soleant et eos pro varietate virium sublevare, alii usque ad genua, alii usque ad umbilicum, alii ad humeros et caput, nonnulli super verticem, rectis junctisque manibus magnitudinem virium demonstrantes pondus extollant.
[2] Voy. Job, ch. 40, v. 29 (Vulg. v. 24). Comparez Catulle, II, 1-4: Passer deliciæ meæ puellæ, etc.; Plaute, Captiv., act. V, 4 et 5.
[3] Mœurs des Israélites, § 12.

[1] ibid. § 13.

assortiment à une émeraude enchâssée dans de l'or : aussi Ulysse, chez les Phéaciens, avouait franchement qu'il ne connaissait point d'autre félicité qu'un festin accompagné de musique. On voit les mêmes plaisirs dans les reproches que font les prophètes à ceux qui en abusaient; mais ceux-là y ajoutent l'excès du vin, les couronnes de fleurs et les parfums, comme nous voyons qu'en usaient les Grecs et les Romains......... Ils mangeaient volontiers dans des jardins, sous des arbres et des treilles; car il est naturel, dans les pays chauds, de chercher l'air et le frais. Aussi quand l'Écriture veut marquer un temps de prospérité, elle dit que chacun buvait et mangeait sous sa vigne et sous son figuier, qui sont les arbres fruitiers dont les feuilles sont les plus larges. ..... Je ne vois chez eux ni le jeu, ni la chasse, que l'on compte parmi nous entre les plus grands divertissements. Pour le jeu, il semble qu'ils l'ignoraient absolument, puisque le nom ne s'en trouve pas une seule fois dans toute l'Écriture [1]...... Pour la chasse, soit des bêtes, soit des oiseaux, elle n'était pas inconnue aux Israélites [2]; mais il semble qu'ils s'y appliquaient moins pour le plaisir que pour l'utilité de fournir leurs tables et de conserver leurs blés et leurs vignes; car ils parlent souvent de filets et de pièges; et on ne voit ni chiens, ni équipages, même aux rois. Ils se seraient sans doute rendus odieux, s'ils avaient voulu courir sur les terres labourées, ou nourrir des bêtes qui eussent fait du dégât. Les grandes chasses se sont établies dans les vastes forêts et les terres incultes des pays froids. »

Nous terminons notre description des mœurs sociales par quelques détails sur les actes de contrition et de deuil usités dans les calamités publiques.

Un malheur venait-il frapper une ville ou la nation tout entière, on se livrait en commun au jeûne et à la prière, et on observait d'autres cérémonies lugubres usitées dans le deuil des familles : on se dépouillait de tout ornement, on prenait le vêtement de deuil, appelé *sac*, et on s'asseyait à terre, etc. La Bible nous offre beaucoup d'exemples de ces deuils nationaux, pris à l'occasion de la mort d'un grand homme, ou lors de l'invasion des ennemis, d'une disette ou de quelque autre calamité publique. Ainsi tout le peuple hébreu prit le deuil, pendant trente jours, à la mort d'Ahron (Nombres, 20, 29) et à celle de Moïse (Deut., 34, 8). La mémoire de Samuel fut également honorée par le deuil de tout Israël (I Sam., 25, 1; 28, 3). Les habitants de Jabès, après avoir rendu les derniers honneurs à Saül et à ses fils, célébrèrent un jeûne de sept jours (ib., 31, 13), et quand la nouvelle du désastre de Gelboa arriva à Siclag, David et tous ses gens déchirèrent leurs vêtements, prient le deuil et jeûnèrent jusqu'au soir (2 Sam., 1, v. 11 et 12). Plus tard, David fit rendre les mêmes honneurs à Abner, assassiné traîtreusement par Joab (ib., 3, 31). — Nous rappellerons les jeûnes publics proclamés par Samuel à Mispah (p. 246), par Josaphat lors de l'invasion des Moabites (p. 316), et sous Joïahim à l'arrivée des Chaldéens (p. 344), Jérémie dit, en parlant d'une sécheres, (Jér., 14, 2) : « Juda est en deuil, et ses
« portes sont désolées; on restes morne
« gisant à terre, et le cri de Jérusalem
« s'élève. » Lorsque Joel invites le peuple au jeûne et à la pénitence, pour détourner le terrible fléau des sauterelles, il s'exprime ainsi (ch. 1 et 2):
« Gémis comme une vierge revêtue
« d'un cilice pour (pleurer) l'époux
« de sa jeunesse..... Prêtres, ceignez
« (le cilice) et lamentez-vous; poussez
« des gémissements, serviteurs de
« l'autel; venez, passez la nuit vêtus
« de sacs, serviteurs de mon Dieu;
« car la maison de votre Dieu est
« privée d'offrandes et de libations.

---

[1] Nous ajouterons que, selon la loi traditionnelle, les jeux de hasard sont expressément défendus, et ceux qui s'y livrent ne peuvent déposer comme témoins devant les tribunaux. Voy. les passages cités par Buxtorf, *Lexicon thalmud.*, col. 1984.

[2] Voy. ci-dessus, pages 358 et 359.

« Sanctifiez le jeûne, publiez l'assemblée solennelle, assemblez les anciens, tous les habitants du pays, dans la maison de Jéhova votre Dieu, et criez à Jéhova..... Et maintenant, dit Jéhova, revenez à moi de tout votre cœur, par le jeûne, les pleurs et les lamentations!.... Sonnez de la trompette à Sion, sanctifiez le jeûne, publiez l'assemblée solennelle. Réunissez le peuple, sanctifiez la congrégation, assemblez les vieillards, réunissez les enfants et les nourrissons; que le jeune marié sorte de son cabinet, et la jeune épouse de sa chambre nuptiale. Que les prêtres, ministres de Jéhova, pleurent entre le portique et l'autel, et qu'ils disent : Épargne, ô Jéhova, ton peuple, et ne livre point ton héritage à l'opprobre et aux insultes des nations; pourquoi dirait-on parmi les peuples : Où est leur Dieu ? »

Ces passages peuvent donner une idée de l'aspect que présentait la société hébraïque dans ses jours d'adversité et de deuil.

F. *Arts et métiers.*

La Genèse nous fait voir, dès le temps des patriarches, les arts et métiers parvenus à un certain degré de perfection chez les Cananéens, ou Phéniciens (voy. p. 86); en Égypte, ils florissaient dès la plus haute antiquité, et les Hébreux, pendant leur long séjour dans ce pays, purent, du moins en partie, s'approprier la connaissance de plusieurs arts égyptiens (page 116). Il n'est donc pas étonnant que, dans le désert, Moïse ait pu trouver des hommes capables d'exécuter les travaux les plus variés; car, quels que soient les doutes qu'on puisse élever sur les détails de la construction du Tabernacle, on devra toujours leur reconnaître une base historique qui plus tard aura pu être amplifiée par la tradition (p. 128). Mais les Hébreux entrés en Palestine, où ils se livrèrent entièrement à l'agriculture, négligèrent toute autre espèce d'industrie, à tel point que Salomon dut faire venir des artistes et des ouvriers étrangers pour les travaux qu'il fit exécuter. L'oppression et les luttes continuelles pendant la période des juges durent aussi opposer de grands obstacles au développement de l'industrie; on était très-heureux d'avoir ce qui était strictement nécessaire. Les agriculteurs et les gens de leurs maisons durent fabriquer eux-mêmes et acheter en partie chez les peuples voisins tous les objets nécessaires dans le ménage[1], et même leurs instruments aratoires qui, dans l'occasion, servaient aussi d'armes (Juges, 3, 31). Çà et là il y avait peut-être quelque artisan indigène ou étranger qui travaillait pour le public (ib., 17, 4), mais il est certain qu'en général les arts et métiers étaient très-peu cultivés. Nous savons positivement que, du temps de Saül, les Philistins interdirent aux Hébreux d'avoir des forgerons dans leur pays, et que les laboureurs étaient même obligés d'aller chez les Philistins pour faire repasser leurs instruments aratoires (p. 252); cet état des choses n'aurait pu exister, si l'art de forger les métaux eût été alors très-répandu parmi les Hébreux. A mesure qu'au temps de David et de Salomon, la prospérité et le luxe augmentèrent parmi les Hébreux, les arts et métiers se perfectionnèrent, probablement sous l'influence des artistes et ouvriers phéniciens, qui, à cette époque, arrivèrent en grand nombre en Palestine, et donnèrent aux ouvriers hébreux l'occasion d'apprendre les règles de l'art[2]. Depuis lors beaucoup d'Hébreux embrassèrent divers métiers comme profession et comme moyen d'existence. Nous allons donner quelques détails sur les différents arts et métiers qui,

---

[1] Il en fut de même dans l'antiquité grecque. Dans l'Odyssée (XIV, v. 8 et suiv.) nous voyons le porcher Eumée bâtir lui-même les étables de ses troupeaux et faire des sandales à son usage. Ulysse avait lui-même bâti sa maison et dressé son lit (ib., XXIII, 178-189).

[2] Voy. 2 Sam., ch. 5, v. 11; 1 Rois, ch. 5, v. 20 (6) et 32 (18); ch. 7, v. 13 et 14; 1 Chron., ch. 14, v. 1; 2 Chron., ch. 2, v. 7 et 13.

selon la Bible, étaient exercés par les Hébreux, soit du temps de Moïse, soit à l'époque des rois.

Le *filage* et la *tisseranderie*, étant un besoin de premier ordre, faisaient partie généralement des occupations des femmes (Prov. 31, 13 et 19). Lors de la construction du Tabernacle, on parle aussi d'hommes occupés comme tisserands, selon l'usage de l'Égypte, où ce métier était exercé particulièrement par les hommes[1]. Les femmes, chez les Hébreux, filaient et tissaient les différentes matières textiles non-seulement pour l'usage de la maison, mais aussi pour la vente (ib., v. 18 et 24). La Bible nous offre peu de traces du mécanisme pour le tissage; c'était sans doute le même que celui des peuples anciens en général; le métier était très-élevé, et l'ouvrière se tenait debout [2]. Nous trouvons un certain nombre de mots *techniques* qui prouvent que l'art de filer et de tisser, de même que l'œuvre du cordier et du passementier, étaient arrivés chez les anciens Hébreux à un haut degré de perfection; tels sont les mots : *triple fil* (Ecclés. 4, 12), *cordon* ou *fil tordu* [3], *lin retors* (Exode, 26, 1, etc.), *chaîne* et *trame* (Lév., 13, 48); on mentionne le *fuseau* et la *quenouille*, (Prov. 31, 19), *l'ensuble* du tisserand (I Sam. 17, 7), la *navette* (Job, 7, 6) et la *cheville* ou *l'attache* (Juges, 16, 14).

On parle aussi de plusieurs tissus d'un art plus élevé, tels que le TASCHBÈS (Exode, 28, 4), espèce d'ouvrage *pommelé* ou fait *à petits carreaux* (opus scutulatum) [4]; de tissus avec des figures ou des encadrements en fils d'or (Ps. 45, 14); d'ouvrages de *broderie* ou plutôt de *tapisserie*, appelés RIKMA, et où il y avait une grande variété de couleurs (Juges, 5, 30). Celui qui faisait ces ouvrages s'appelait HOSCHEB (qui *médite* ou *invente*, *artiste*) [1].

A la fabrication des étoffes se rattache naturellement l'art du foulon et celui du teinturier. Le *foulage* servait non-seulement à donner aux tissus neufs la solidité convenable, mais aussi à nettoyer les vêtements et à les remettre à neuf. On employait pour cela plusieurs substances fortes, notamment le *néther* et le *borith* (alcali minéral et végétal) [2]. Ce qui prouve que le foulage était exercé par des ouvriers particuliers, c'est que le prophète Malachi (3, 2) parle du *borith* des foulons, et que, dans les environs de Jérusalem, il y avait un endroit appelé le *champ du foulon* [3], où probablement on faisait sécher les étoffes et les vêtements nettoyés par le foulage. — Quoiqu'on ne trouve pas dans la Bible les mots *teindre*, *teinturier*, etc., on parle trop souvent d'étoffes et de vêtements de différentes couleurs pour que nous puissions douter de l'existence de la teinture chez les anciens Hébreux [4]; mais leurs procédés nous sont complétement inconnus. Les couleurs qu'on affectionnait le plus étaient le pourpre rouge ou violet et le cramoisi [5].

Pour la confection de la chaussure, des ceintures (2 Rois, 1, 8) et de différents ustensiles en cuir mentionnés dans la Bible (Lév., 13, 48 et 49), on avait besoin du *tannage*. Les cuirs fins, dont il est question quelquefois, tels que les peaux de béliers teintes en rouge et les peaux de *thahasch*

---

[1] Voy. Exode, 35, 35; comparez Isaïe, 19, 9; Hérodote, II, 35; Heeren, *Ideen*, II, 2, p. 368 (original allemand). — Nous trouvons aussi plus tard des traces de tisserands chez les Hébreux (I Sam. 17, 7; 2 Sam. 21, 19).
[2] On trouve une description détaillée de tout le mécanisme et un beau dessin du métier dans l'ouvrage de Braun : *De Vestitu Sacerdot. Hebræorum*, l. I, c. 16.
[3] PATHIL (Gen., 38, 18; Nomb. 15, 38) et GUEDIL (Deut., 22, 12), venant des verbes arabes *fatal* et *djadal* (tordre).
[4] Voy. Braun, l. c., l. I, c. 17, pag. 289.

[1] Voy. Exode, 26, 1 et 31; 28, 6; 35, 32 et 35; 36, 8; 39, 8. Comparez notre description du Tabernacle et des vêtements sacerdotaux.
[2] Voy. les passages cités ci-dessus, page 372, col. I, note I.
[3] 2 Rois, 18, 17; Isaïe, 7, 3; 36, 2.
[4] Voy. Hartmann, *die Hebræerin* etc., t. I, p. 175-186.
[5] Voy. ci-dessus, pages 26 et 28.

(Exode, 25, 5), supposent même un certain progrès dans l'art de préparer le cuir, et nous ne saurions douter que les anciens Hébreux n'aient eu des tanneurs et des corroyeurs, bien qu'il n'en soit jamais question dans l'Ancien Testament.

La fabrication de toute espèce d'ustensiles de ménage, d'armes de guerre, etc., ainsi que la construction et l'ameublement des maisons, nécessitaient des travaux variés en terre, en bois, en pierres et en métal.

Parmi les travaux en terre nous devons d'abord mentionner la fabrication des briques, qui remonte à la plus haute antiquité (Gen. 11, 3); elle était d'autant plus nécessaire aux Hébreux, que leurs maisons étaient ordinairement construites en briques. Les procédés généralement employés leur étaient connus; ils foulaient avec les pieds la terre grasse ou l'argile (Nahum, 3, 14), et ils y mêlaient de la paille (Exode, 5, 7); les briques étaient cuites dans un four (Nahum, l. c.; 2 Sam. 12, 31). — Ils fabriquaient aussi les poteries (Ps. 2, 9) : le prophète Jérémie (18, 3) parle du potier faisant son ouvrage sur le tour; cette machine, appelée *obnaïm*, se composait de deux pierres rondes ou de deux roues de bois placées l'une sur l'autre; la supérieure était plus petite que l'inférieure [1]. Il paraît résulter d'un passage des Proverbes (26, 23) qu'on savait donner le vernis aux vases de terre au moyen de la litharge [2]. — Le *verre* (ZECHOUCHITH), inventé par les Phéniciens, était connu des Hébreux; mais on n'en parle encore que comme d'une chose rare et très-précieuse (Job, 28, 17).

Des *ouvriers en bois* et *en pierre* sont envoyés à Jérusalem par Hiram, roi de Tyr, pour bâtir le palais de David (2 Sam. 5, 11), ce qui prouve qu'à cette époque les Hébreux n'étaient pas bien avancés dans l'art de la charpenterie et de la maçonnerie. Salomon écrit lui-même au roi de Tyr qu'il a besoin d'ouvriers phéniciens, pour faire couper des cèdres sur le Liban, et qu'il n'y a personne parmi les Hébreux qui s'entende comme les Sidoniens à couper le bois (1 Rois, 5, 20). Mais, comme nous l'avons déjà dit, les Hébreux firent, depuis cette époque, de grands progrès dans les ouvrages en bois et en pierre. On ne dit pas que les charpentiers, les architectes, les maçons et les tailleurs de pierre employés aux réparations du Temple, sous le règne de Joas (2 Rois, 12, 12 et 13) et sous celui de Josias, (ib., 22, 6) fussent des étrangers. Les meubles et ustensiles de ménage, ainsi que les outils de labourage dont il est souvent question, même avant David, supposent plusieurs genres de travaux en bois, notamment la menuiserie et le charronnage. A toutes les époques de l'histoire des Hébreux il est fait mention des chariots et des voitures de voyage et de transport [1], ainsi que des ouvrages de vannerie [2]. Les instruments mentionnés dans la Bible, pour ces différents travaux, sont : diverses espèces de haches, de cognées, de scies et de marteaux, le compas, le cordeau, le fil à plomb, la craie rouge, le rabot, etc. [3].

Quant aux travaux en métal, ils étaient très-variés. Un chapitre du livre de Job renferme des traces de travaux des mines, et nous y trouvons quelques termes techniques fort remarquables qui révèlent une connaissance exacte des procédés de la métal-

---

[1] Voy. le dictionnaire hébreu-allemand de Gesénius, 4ᵉ édition (de 1834), préface, page XII, et son *Thesaurus ling. hebr. et chald.*, t. I, p. 16.

[2] Voy. Jahn, *Archæologie*, I, I, p. 442.

[1] Voy. Nombres, 7, 3-8; 1 Sam., 8, 11; 2 Sam., 6, 3; 15, 1; 1 Rois, 12, 18; 16, 9; 22, 35; 2 Rois, 8, 21; 9, 27; 10, 15; 13, 7; Amos, 2, 13.

[2] Voy. Exode, 29, 3 et 32; Nombres, 6, 15-19; Deut., 26, 2 et 4; Juges, 6, 19; Amos, 8, 1 et 2.

[3] Voy. Isaïe, 10, 15; 44, 12 et 13; Juges, 4, 21; 5, 26; 9, 48; 2 Sam., 12, 31; Ps. 74, 5 et 6, Amos, 7, 7, et *passim*. L'interprétation philologique de tous les mots hébreux renfermés dans les passages que nous venons d'indiquer ne saurait trouver place ici, mais elle ne manquerait pas de jeter quelque lumière sur le degré de perfection qu'avaient atteint les travaux de ce genre.

lurgie [1]. Mais on ne saurait conclure de ce passage unique que les anciens Hébreux se soient occupés de l'exploitation des mines; il ne prouve autre chose si ce n'est que l'auteur du livre de Job, auquel toutes les merveilles de l'Arabie et de l'Égypte étaient si familières, et qui, sans doute, avait fait un long séjour dans ces pays, connaissait parfaitement les travaux des mines qui s'exécutaient dans les contrées voisines de la Palestine, et qu'il savait traduire en hébreu les termes de la métallurgie égyptienne ou arabe [2]. Les métaux que les Hébreux employaient dans leurs travaux venaient de l'étranger; on mentionne, dans l'Ancien Testament, l'or, l'argent, le cuivre ou l'airain, le fer, l'étain et le plomb. On connaissait ces métaux dès la plus haute antiquité, et nous les trouvons mentionnés tous ensemble dans l'énumération du butin fait par les Hébreux dans la guerre contre les Midianites (Nombres, 31, 22). La Genèse (4, 21) fait remonter avant le déluge l'art de forger le cuivre et le fer, ce qui prouve que l'antiquité de cet art était pour les Hébreux antérieure à toute histoire. Sous Salomon on employa une immense quantité de métaux aux ouvrages de tout genre que ce roi fit exécuter. On a vu (p. 295) qu'il entretenait des relations directes avec plusieurs contrées de l'Arabie heureuse, d'où il tirait de l'or, de l'argent et d'autres objets de prix (1 Rois, 10, 22); l'or, à cette époque, abondait tellement en Palestine, que l'argent même n'avait que peu de valeur (ib. v. 21). Dans les temps suivants, ce fut sans doute le commerce phénicien qui put fournir aux Hébreux les métaux dont ils avaient besoin; l'or venait toujours d'Ophir, de Saba et d'autres contrées de l'Arabie méridionale; l'argent, l'étain et le plomb venaient d'Espagne, et le cuivre de quelques contrées de l'Asie Mineure et du midi du Caucase (Ézéch., 27, v. 12, 13 et 22). Le prophète Nahum (2, 4) mentionne très-probablement l'*acier* sous le mot *peladoth* [1], et Jérémie (15, 12) paraît l'indiquer par les mots *fer du nord;* car on sait que les Chalybes, qui habitaient près de la mer Noire, étaient célèbres dans l'antiquité pour la fabrication de l'acier [2]. — Les Hébreux connaissaient l'art de la fusion des métaux, de l'affinage et de la coupellation; il en est souvent question dans les images des poëtes hébreux [3]. On savait aussi marteler, plaquer, souder et polir [4]. Il nous reste, dans la Bible, beaucoup de mots hébreux ayant rapport à la manipulation des métaux, et qui prouvent que les anciens Hébreux connaissaient parfaitement les différents travaux en métal et leurs procédés; nous citerons les mots: *fourneau, creuset* (Prov., 17, 3), *soufflet* (Jér., 6, 29), *scorie* et *alliage* (Isaïe, 1, 25), *enclume, marteau* (ib. 41, 7), etc. — Pour ce qui concerne l'emploi des différents métaux, nous devons mettre en première ligne l'airain ou le cuivre, qui était employé de préférence pour la confection de toute espèce d'ustensiles et même des armes, notamment des casques, des boucliers, des cuirasses et des lances (1 Sam. 17, 5 et 6). En général, l'usage du cuivre, dans l'antiquité, est plus fréquent que celui du fer, dont la manipulation est plus difficile; les héros d'Homère n'ont que des armures de cuivre et on peut remarquer que partout l'emploi du cuivre a précédé l'usage du fer [5]. On se rappelle

---

[1] Voy. Job, ch. 28, v. 1-11, et Rosenmuller, *Scholia in Vet. Test.* (deuxième édition,) 5e part., pag. 662-676.
[2] Voy. Hartmann, *Die Hebræerin*, t. I, pages 93-95; Eichhorn, *Einleitung in das alte-Testament* (quatrième édition), t. V, p. 177. Comparez ci-dessus, page 17, col. 2.

[1] Ce mot est le pluriel de *palda* ou *paldd*, qui est le nom de l'*acier* dans plusieurs langues orientales; les Persans disent *pouldd*, les Arabes *foutâdh* ou *fâloudh*, et les Syriens *palda*.
[2] Voy. Bochart, *Geogr. sacra*, part. 1, l. 3, c. 12.
[3] Voy., par exemple, Isaïe, 1, 22 et 25; Jérémie, 6, 29; Ézéch., 22, 18.
[4] Voy. Exode, 39, 3; Nombres, 17, 4 (ou 16, 39); 1 Rois, 7, 45; Isaïe, 41, 7, et passim.
[5] Voy. *le Monde primitif*, par le docteur

aussi les nombreux travaux en cuivre exécutés pour le tabernacle de Moïse et le temple de Salomon. Le fer s'employait pour la confection des chariots de guerre et celle des intruments aratoires et autres outils, tels que les marteaux, les haches (2 Rois, 6, 7), les scies (2 Sam., 12, 31), etc.; on en faisait aussi quelquefois des armes (1 Sam. 17, 7) et des ustensiles de cuisine, tels que des poêles (Ézéch. 4, 3). Les chaînes des prisonniers étaient tantôt de fer, tantôt de cuivre, et on disait *le fer* (Ps. 105, 18), ou *les cuivres* (Juges, 16, 21), dans le sens de *chaînes*, comme nous disons *les fers*. On trouve aussi des verrous de fer (Ps., 107, 16) et des verrous de cuivre (1 Rois, 4, 13). — L'or et l'argent étaient employés à faire toute espèce de parures et certains ustensiles, comme chandeliers, tasses, coupes, etc.; on connaît l'immense quantité de vases d'or et d'argent que Salomon fit faire pour le Temple et pour son palais; ce roi avait même des boucliers d'or. Les idolâtres possédaient des images d'or et d'argent. — L'étain [1] et surtout le plomb servaient à faire des *poids* (Zachar. 4, 10; 5, 8); le fil à plomb des maçons (Amos, 7, 7) était fait en ce métal. On écrivait aussi quelquefois sur des tablettes de plomb (Job, 19, 24). En outre, le plomb était employé, dans le travail métallurgique, pour l'affinage de l'argent [2]. C'est ce qui résulte évidemment d'une image du prophète Jérémie (6, 29), qui, parlant de la corruption de son peuple, s'exprime ainsi : « Le soufflet est brûlé, le plomb est consumé par le feu; l'ouvrage de purification a été en vain, les mauvaises parties n'ont point été séparées. » —

Link, traduit de l'allemand par M. Clément Mullet, t. II, pag. 388-390

[1] Le mot hébreu BEDIL signifie bien certainement *étain*; mais quelquefois il désigne aussi la substance scoriacée qui coule la première dans la fusion des métaux (Isaïe, I, 25). Le mot latin *stannum* s'emploie dans le même sens. Voy. Link, l. c., page 393.

[2] Comparez Pline, *Hist. nat.*, l. 33, c. 31 : *Excoqui argentum non potest, nisi cum plumbo nigro, aut cum venâ plumbi*.

Nous ajouterons que les différents travaux en métal constituaient déjà chez les Hébreux plusieurs métiers bien distincts; il y avait des fondeurs, des forgerons ou des ouvriers en fer, des ouvriers en cuivre, des serruriers et des orfévres [1].

Il nous reste à parler de quelques ouvrages de fantaisie et de luxe, notamment de la joaillerie et de la parfumerie, qui chez les Hébreux, dès les temps les plus anciens, atteignirent une grande perfection. — Quoique la Palestine ne fournit pas de pierres précieuses, nous en trouvons une grande variété chez les Hébreux, qui les tiraient principalement de l'Arabie, soit directement (1 Rois, 10, 2 et 10), soit par l'intermédiaire des commerçants phéniciens (Ézéch. 27, 22). Les espèces connues aux Hébreux sont renfermées dans les douze pierres précieuses qui se trouvaient sur le pectoral du grand prêtre (page 176) [2]. Les mêmes pierres, à l'exception de trois, sont nommées par Ézéchiel (28, 13) lorsqu'il décrit la magnificence du roi de Tyr. Il faut y ajouter le diamant, qui manque dans les ornements sacerdotaux, soit qu'il ne fût pas connu aux Hébreux du temps de Moïse, ou qu'il ne pût trouver place parmi les pierres du pectoral, qui toutes devaient être *gravées*. Le diamant est mentionné par les prophètes (sous

[1] Voy. Isaïe, 40, 19; 44, 12; 1 Rois, 7, 14; 2 Rois, 24, 14; Jérémie, 29, 2; Prov. 25, 4; et *passim*.
[2] Nous ne pouvons ici donner place à l'explication des douze espèces énumérées dans l'Exode (ch. 28, v. 17-20, et ch. 39, v. 10-13), d'autant moins que les opinions varient sur l'interprétation des mots hébreux. Le meilleur guide est Josèphe, qui devait connaître les douze pierres pour les avoir vues, et qui est presque toujours d'accord avec la version des Septante que saint Épiphane a expliquée dans un écrit particulier (περὶ τῶν ιβ΄ λίθων); mais l'interprétation des mots grecs eux-mêmes présente quelquefois des difficultés. Nous nous contentons d'observer que dans l'original hébreu on trouve les deux mots *sappir* (saphir) et *yaschphé* (jaspe), sur lesquels il ne peut y avoir aucun doute. Au reste, nous renvoyons à l'ouvrage de Braun, *De Vestitu sacerdotum*, l. II, c. 8, et à Rosenmüller, *Biblische Naturgeschichte*, t. I, p. 28 et suivantes.

le nom de SCHAMÎR), comme un objet extrêmement dur[1]. On a déjà vu dans la description des ornements du grand prêtre que les Hébreux connaissaient l'art de monter les pierres précieuses et de les graver; il y avait pour ces travaux des artistes particuliers, appelés *ouvriers en pierreries* (Exode, 28, 11). Nous trouvons les pierreries employées comme ornement dans les couronnes royales (2 Sam. 12, 30); il est probable qu'on s'en servait aussi pour les bagues et les cachets[2]. On employait aussi les coraux (RAMOTH) et les perles (PENINÎM), et dans un passage de Job (28, 18), où on mentionne les uns et les autres, on paraît faire allusion à la pêche des perles par le mot *méschech* (extraction). — Nous rappellerons encore ici les travaux en ivoire qui ornaient les appartements et les meubles[3]; les travaux en corne, tels que certains instruments de musique (Jos. 6, 5), et les *cornes* dans lesquelles on mettait l'huile (1 Sam. 16, 1) et le *stibium* (p. 370).

La composition des huiles odoriférantes, des onguents et des parfums, tant pour l'usage profane (p. 372) que pour les fumigations du sanctuaire (page 163), et la composition de l'huile sainte (p. 174), exigeaient un art particulier. En effet, nous trouvons, chez les Hébreux, une classe d'artistes qui portaient le nom de ROKÉACH (parfumeurs), et qui s'occupaient spécialement de la préparation des huiles et des onguents[4]; quelquefois on employait les femmes esclaves comme *parfumeuses* (1 Sam. 8, 13). Parmi les prêtres il y avait aussi une division de parfumeurs pour le service du sanctuaire (1 Chr. 9, 30). — L'huile sainte se composait d'huile d'olive et de quatre espèces d'aromates, appelées : MOR-DERÔR (myrrhe franche, qui coule spontanément et sans incision),

INKNAMÔN (cinnamome ou cannelle); KANÉ BOSEM (roseau aromatique, *calamus*), et KIDDA, la même chose que KÉCIA (*cassia*, casse aromatique). Le parfum servant aux fumigations du sanctuaire se composait également de quatre substances aromatiques, qu'on appelle : NATAPH (gomme de storax, ou *stacte*), SCHEHÉLETH (l'opercule d'un coquillage odoriférant, appelé *onyx marinus*), HELBENA (galbanum) et LEBONA ZACCA (encens pur); on y ajoutait du sel[1]. Il était défendu par la loi mosaïque d'employer ces deux compositions pour l'usage commun, mais on faisait un fréquent usage de plusieurs des substances que nous venons d'énumérer, et de quelques autres, telles que l'aloès, le nard, le safran, le baume, le ladanum[2]. Le plus grande partie de ces substances aromatiques venaient de l'étrangers notamment de l'Inde et de l'Arabie; les Hébreux les tiraient principalement de Saba, sans doute par le commerce phénicien[3].

Pour ce qui concerne l'histoire des arts et des métiers en général, on peut observer qu'ils prirent de grands développements sous les derniers rois de Juda. Plusieurs ouvrages, qui d'abord s'exécutaient par les mêmes ouvriers (2 Chron. 2, 13), constituèrent plus tard des professions distinctes; de même, nous voyons surgir des métiers particuliers ayant pour objet les ouvrages qui d'abord se faisaient dans l'intérieur des familles, surtout par les femmes. Nous citerons comme exemples les serruriers, dont il n'est fait mention que vers l'époque de l'exil (2 Rois, 24, 14) et qui précédemment étaient sans doute compris dans la classe des forgerons. On a vu (pages 363 et 373) qu'à Jérusalem du moins il y avait des personnes exerçant la profession de boulangers; le

---

[1] Voy. Jérémie, 17, 1; Ézéch., 3, 9; Zacharie, 7, 12.
[2] Voy. Hartmann, l. c., t. I, p. 290.
[3] Voy. ci-dessus, pages 364 et 365.
[4] Voy. Exode, 30, 25 et 35; Ecclésiaste, 10, 1; 1 Chron., 9, 30; 2 Chron., 16, 14.

[1] Voy. Exode, ch. 30, v. 23, 24, 34, et 35.
[2] Voy. Ps., 45, 9; Prov., 7, 17; Cant., 4, 14, et ci-dessus, pages 21 et 22.
[3] Voy. Isaïe, 60, 6; Jérémie, 6, 20; Ézéchiel, 27, 22.

prophète Ézéchiel (5, 1) mentionne les barbiers. Après l'exil, les professions furent encore bien plus nombreuses parmi les Juifs; les métiers étaient en grand honneur, et les savants eux-mêmes considéraient comme un devoir d'apprendre un métier qui pût les faire vivre. Les anciens docteurs juifs déclarent que toute érudition qui n'est pas accompagnée d'un métier finit par se perdre et conduit au péché; si quelqu'un, disent-ils, ne fait pas apprendre un métier à son fils, c'est comme s'il lui apprenait le brigandage[1].

G. *Commerce.* — *Mesures et poids.* — *Voyages.* — *Navigation.*

La constitution mosaïque n'était nullement favorable au commerce, dont les développements non-seulement pouvaient déranger l'équilibre social et l'égalité que Moïse voulait maintenir parmi les citoyens, mais aussi conduire à de trop fréquentes relations avec les nations étrangères et établir des liaisons dont le législateur voulait préserver son peuple. Aussi le commerce actif eût été à jamais impossible parmi les Hébreux, si la lettre de la loi avait toujours été observée fidèlement; en effet, il ne put jamais s'établir d'une manière durable et prendre cette importance que la situation géographique de la Palestine aurait dû lui donner. Voici comment s'exprime à ce sujet l'historien Josèphe[2] : « Pour nous, nous « habitons une contrée qui n'est pas « maritime; nous ne cultivons pas « les affaires commerciales, ni les re-« lations qu'elles servent à établir « avec les étrangers. Mais nos villes « sont situées loin de la mer, et ayant « en partage une bonne terre, nous « la cultivons avec soin. Plus que tous « les autres, nous aimons à nous « occuper de l'éducation des enfants, « de l'observation des lois, et nous « faisons de la piété qu'elles inspi-« rent la tâche la plus nécessaire de « toute notre vie. De plus, notre ma-« nière de vivre étant toute particu-« lière, rien dans les temps anciens ne « pouvait nous faire contracter avec « les Grecs des rapports tels qu'en « avaient les Égyptiens, par l'échange « avec eux d'objets exportés ou im-« portés. Ceux qui habitent le littoral « de la Phénicie s'appliquent, par « cupidité, au trafic et aux affaires « commerciales, etc. » Il ne faut pas cependant prendre ces paroles de Josèphe dans un sens trop absolu; car, placés entre deux peuples commerçants, les Phéniciens et les Arabes, et se trouvant en possession d'une des grandes routes des caravanes, les Hébreux ne restèrent pas toujours oisifs spectateurs des grandes opérations commerciales dont ces deux peuples leur offraient sans cesse le spectacle séduisant. Depuis David, les Hébreux entretenaient des relations suivies et toujours amicales avec les Phéniciens (1 Rois, 5, 15), et Salomon, ami du luxe et des richesses, ouvrit aux entreprises navales de ses habiles voisins le port d'Asiongaber, et faisant construire des vaisseaux, il s'associa lui-même à leur vaste commerce d'Ophir et de l'Inde (page 295). En retour de l'or et des autres objets de prix et de curiosité qu'il faisait chercher à Ophir, il donna probablement de l'huile et du blé, ou peut-être des articles qui, en échange de ces denrées, lui furent procurés par les Phéniciens. Nous savons positivement que Salomon fournissait chaque année au roi de Tyr une grande quantité de froment et d'huile fine d'olives, (1 Rois, 5, 25), et que bien plus tard on exportait pour Tyr ces articles, ainsi que le miel, le baume et le *pannag*, qui est probablement une espèce de pâtisserie (Ézéch. 27, 17). On a vu aussi (p. 295) que Salomon faisait exercer comme monopole, par des *marchands royaux* (1 Rois, 10, 28), le commerce des chevaux qu'il tirait d'Égypte. Si nous ajoutons

---

[1] Voy. *Mischna*, quatrième partie, traité *Aboth* (sentences des Pères), ch. 2, § 2; *Thalmud de Babylone*, traité *Kiddouschin*, fol. 29.

[2] *Contre Apion*, l. I, c. 12, édition de Havercamp, t. II, p. 443.

qu'il est question d'impôts payés à Salomon par les marchands en gros et en détail (1 Rois, 10, 15), on restera convaincu que le commerce avait pris de grands développements sous ce roi, et que la magnifique Jérusalem, par son luxe et par l'affluence qu'attirait son temple central, était devenue un lieu de rendez-vous pour de nombreux négociants étrangers [1]. Après la mort de Salomon, le commerce maritime d'Ophir fut négligé par les rois de Juda; Josaphat essaya vainement de le relever (p. 314) et son fils Joram perdit les ports du golfe Élanitique, lorsque les Iduméens se rendirent indépendants. Mais les relations commerciales avec les Phéniciens continuèrent dans les deux royaumes de Juda et d'Israël, comme le prouve surtout le passage d'Ézéchiel (27, 17) que nous venons de citer, et on exportait aussi de l'huile d'olive pour l'Égypte (Hos. 12, 2), qui n'était pas riche en oliviers. Un verset d'Isaïe (2, 16) nous fait présumer que, du temps de ce prophète, les Hébreux prenaient part à la navigation des Phéniciens dans la Méditerranée, ou bien qu'ils avaient encore des *vaisseaux de Tharsis*, c'est-à-dire des vaisseaux de long cours, dans le port d'Élath, que le roi Ouzia avait reconquis sur les Iduméens (p. 325). Au même chapitre (v. 7), Isaïe parle de l'immense quantité d'or et d'argent et des trésors sans bornes qui remplissaient alors le pays de Juda; d'aussi grandes richesses ne pouvaient provenir que d'un commerce florissant. De même qu'Isaïe, les autres prophètes voyaient avec déplaisir le luxe et les richesses acquises par le commerce, qu'ils accablaient de leur mépris et qu'ils considéraient comme un métier de fourbes et comme dangereux pour le peuple, qui était souvent sacrifié à l'intérêt des spéculateurs. Parlant des péchés d'Israël, Hoséa s'écrie (12, 8) : « Phénicien (marchand), tenant en sa main des balances trompeuses, aimant à faire violence, Éphraïm dit : Je suis devenu riche, j'ai acquis de la fortune, etc. » « Écoutez cela, dit Amos (8, 4-6), vous qui absorbez le pauvre, qui ruinez les gens humbles du pays, et qui dites : Quand sera passée la néoménie, pour que nous vendions du blé; le sabbat, pour que nous ouvrions (la vente) du grain, en faisant l'*épha* plus petit, augmentant le sicle et falsifiant la balance pour tromper; afin que nous achetions les pauvres pour de l'argent, et le nécessiteux pour une paire de chaussure, et que nous débitions la criblure du grain. » Ces reproches nous font voir la classe pauvre manquant de pain par les fréquentes exportations de blés; l'existence des accapareurs maudits par le peuple nous est révélée aussi par les Proverbes (11, 26). Les fréquentes relations avec les marchands phéniciens se révèlent aussi dans la belle description de la *femme forte*, qui fait du linge et le vend, et fournit des ceintures au *Cananéen*, ou Phénicien (Prov. 31, 24). Même encore vers l'époque de l'exil, Jérusalem, située sur la route qui conduisait de l'Arabie aux ports de mer phéniciens, et consommant par son luxe beaucoup de marchandises étrangères, dut voir affluer sur ses marchés, non-seulement les Tyriens que nous y rencontrerons même à une époque où la capitale de la Judée, renaissant de ses cendres, n'était habitée que par quelques pauvres colons (Néhémia, 13, 16), mais aussi de nombreux négociants de l'Arabie et d'autres pays étrangers, et elle dut trouver, dans ce grand concours, des avantages que l'opulente Tyr elle-même voyait avec jalousie; car le prophète Ézéchiel (ch. 26), en prédisant la chute de cette *marchande des peuples* (ib., 27, 3), lui reproche la satisfaction qu'elle avait manifestée de la destruction de Jérusalem, et lui met dans la bouche cette exclamation : *Ah! elle est brisée, la porte des peuples; on se tourne*

---

[1] Comparez Hartmann, dans ses Recherches historiques et critiques sur le Pentateuque, p. 751 et suiv. (Voy. ci-dessus, page 183, note.)

vers moi; je serai remplie, car elle déserte.

Il résulte, ce nous semble, de tous les passages cités précédemment, que les Hébreux prenaient une part assez active au commerce des peuples voisins; mais nous ne saurions recueillir dans la Bible aucune donnée certaine sur le bilan du commerce des Hébreux. Nous dirons seulement que les prophètes, rigides censeurs de tous les abus et ennemis du commerce, loin de jamais se plaindre d'un délabrement de la fortune nationale, parlent au contraire bien souvent des grands trésors et du luxe sans bornes; on doit donc supposer que les produits de la terre, seule ressource réelle des Hébreux, suffisaient bien au delà aux besoins de la population, ou bien que les trésors conquis par les armes victorieuses de plusieurs rois et les contributions des peuples vaincus servirent à augmenter considérablement les ressources nationales, à rétablir l'équilibre entre l'actif et le passif et à faire face aux exigences du luxe. Dans cet état des choses, ce qui devait blesser les prophètes et tous les vrais partisans de la constitution mosaïque, c'était l'inégalité des fortunes particulières et le débordement de tous les vices que le luxe et les spéculations de la cupidité commerciale amènent à leur suite.

Le commerce de l'intérieur, notamment le petit commerce de détail dans les différentes localités, est une chose indispensable dans toute société civilisée; les lois des Hébreux l'approuvaient implicitement, en prescrivant la plus stricte probité dans les poids et les mesures[1]. Le petit commerçant qui va de ville en ville et qui détaille ses marchandises sur les marchés, paraît être désigné plus particulièrement par le mot ROCHEL[2], tandis que le mot SOCHER désigne le négociant qui fait le commerce en gros et expédie des marchandises d'un pays à l'autre, par terre ou par mer[1]. Le commerce en détail dut être particulièrement favorisé par le pèlerinage ordonné pendant les trois grandes fêtes, et qui réunissait un immense concours de monde près du sanctuaire central. Dans les livres sacrés il est fait assez souvent allusion au petit commerce, par exemple dans ce proverbe: *Mauvais! mauvais! dit l'acheteur; mais quand il l'emporte, il s'en loue* (Prov., 20, 14); de même dans le blâme qu'on verse souvent sur ceux qui cherchent à s'enrichir par des gains illicites, qui prêtent à intérêt, ou qui falsifient les poids et les mesures[2]. Le commerce était cependant entre les mains d'une classe relativement peu nombreuse, et même après l'exil, lorsque les spéculations commerciales prirent plus d'importance et furent favorisées par la dispersion et les fréquents voyages des Juifs, la grande majorité s'appliquait à l'agriculture, comme on le voit clairement par le passage de Josèphe cité plus haut. L'esprit commercial des Juifs modernes n'est point un héritage de leurs pères, mais une suite de l'oppression qu'ils éprouvèrent et de leur exclusion de toute autre industrie.

A la question du commerce se rattache naturellement celle des mesures, des poids et de l'argent qui avaient cours chez les anciens Hébreux. La Bible nous fournit bien quelques données pour fixer la valeur relative des différents poids et mesures; mais leur évaluation absolue est sujette à de grandes difficultés. Josèphe est le seul auteur ancien qui puisse nous servir de guide; car il indique souvent le rapport des mesures des Hébreux à celles des Grecs, qui nous sont mieux connues. Le Nouveau Testament et le Thalmud nous fournissent également quelques renseignements utiles.

---

[1] Lévit., ch. 19, v. 35 et 36; Deut., ch. 25, v. 13-16.
[2] Voy. I Rois, 10, 15; Cant., 3, 6; Néhémia, 3, 32. Comparez *Mischna*, 1re partie, traité *Maaseroth* (des dîmes), ch. 2, § 3, et le commentaire de Maïmonide.

[1] Voy. Genèse, 37, 28; Isaïe, 23, 2; Prov., 31, 14.
[2] Voy. Isaïe, 33, 15; 56, 11; Micha, 6, 11; Ézéch., 18, 13; 22, 12; Ps., 15, 5; Prov., 11, 1; 20, 10; 28, 8.

Il pourrait sembler, à la vérité, que tous ces ouvrages sont trop modernes pour que leurs données puissent s'appliquer sans réserve aux temps anciens; mais si l'on réfléchit que les mesures et les poids, chez les Hébreux, étaient considérés en quelque sorte comme une chose sacrée, à cause de leur application aux dimensions du sanctuaire et de ses ustensiles, ainsi qu'aux offrandes, aux libations (page 163) et aux impôts sacrés (page 178), on ne trouvera pas invraisemblable que les Juifs après l'exil aient cherché à connaître exactement les mesures anciennes pour se conformer strictement aux prescriptions de la loi mosaïque. Le caractère sacré qu'on attribuait aux poids et aux mesures résulte aussi de ce verset des Proverbes (16, 11) : *Le peson et les balances justes appartiennent à Jéhova : toutes les pierres du sachet* (les poids) *sont son œuvre*. Pour l'évaluation des poids en particulier, nous avons une base à peu près sûre dans quelques monnaies macabéennes qui nous restent encore, et dont on connaît assez exactement la valeur intrinsèque, comme on le verra plus loin. Nous ne pouvons nous livrer ici à une discussion détaillée sur cette matière, et nous nous contenterons de résumer les données puisées dans la Bible, dans les œuvres de Josèphe et dans les renseignements combinés de quelques autres documents antiques [1]. Nous parlerons successivement des mesures de longueur, de distance et de capacité, des poids et des monnaies.

A. Les mesures de longueur, appelées MIDDÔTH, sont généralement empruntées à la main et au bras; on mentionne les suivantes : 1° ECBA (Jér., 52. 21), le *doigt*, c'est-à-dire la largeur du doigt ou du pouce; 2° TÉPHACH (1 Rois, 7, 26), ou TOPHACH (Exode, 25, 25), le *palme*, c'est-à-dire la largeur de quatre doigts ou de la *paume*; 3° ZÉRETH (ib., 28, 16), la distance de l'extrémité du pouce à celle du petit doigt, ou l'*empan*; 4° AMMAH, toute la longueur de l'avant-bras, ou la *coudée*. La valeur relative de ces mesures n'est indiquée nulle part dans la Bible; pour la fixer, il faut consulter Josèphe et la tradition rabbinique. Dans l'Exode (25, 10) on donne à l'arche sainte deux coudées et demie de long, une et demie de large et une et demie de hauteur; Josèphe, dans ses *Antiquités* (III, 6, 5), traduit les deux coudées et demie par *cinq empans*, et pour une coudée et demie il met *trois empans*, d'où il résulte que l'empan était la moitié de la coudée. Les rabbins sont d'accord avec Josèphe : selon eux aussi, le *Zéreth* est une demi-coudée; la coudée moyenne, disent-ils, était de *six palmes*[1], et chaque palme de *quatre doigts*. Nous avons tout lieu de croire ces données exactes, puisque nous retrouvons les mêmes proportions dans d'autres systèmes anciens; ainsi, par exemple, les Grecs avaient des coudées d'un pied et demi, ce qui fait six almes (παλαισταί), ou vingt-quatre doigts; Hérodote (II, 149) parle aussi d'une coudée de six palmes, en usage chez les Égyptiens. Nous aurions donc pour la valeur relative des mesures hébraïques le tableau suivant :

Ammah   1.
Zéreth 2.   1.
Téphach 6.   3.   1.
Ecba   24. 12. 4.   1.

---

[1] Parmi les auteurs modernes qui ont traité ce sujet nous signalerons : Bernard Lami, dans l'ouvrage cité ci-dessus, page 288, col. 2, note 1; — Eisenschmid, *De Ponderib. et Mensuris Romanor., Græcor. et Hebræor.*, édit. sec., Argentor. 1737, in-8, inséré aussi dans le *Thesaurus* d'Ugolini, t. 28; — Ernst Berttheau, *Zur Geschichte der Israëliten, zwei Abhandlungen* (Deux dissertations, pour servir à l'histoire des Israélites), Gottingue, 1842, in-8. — La dissertation de M. Bertheau est entièrement basée sur le savant ouvrage que le célèbre Bœkh a publié récemment sous le titre de *Metrologische Untersuchungen*, etc. (Recherches métrologiques sur les poids, les titres des monnaies et les mesures de l'antiquité, dans leurs rapports mutuels), Berlin, 1838, in-8°.

[1] Voy. le Dictionnaire de David Kimchi, aux mots *Zéreth* et *Téphach*; Maïmonide, *Commentaire sur la Mischna*, cinquième partie, traité *Middôth*, ch. 3, § 1; sixième partie, traité *Kélim*, ch. 17, § 9.

Il suffirait de savoir la valeur absolue d'une de ces mesures pour connaître les autres; mais comme nous ne trouvons, à cet égard, aucune donnée positive, ni dans les écrits de Josèphe, ni dans ceux des rabbins, nous devons nous contenter d'une estimation approximative, en nous aidant des mesures égyptiennes, que les découvertes modernes ont permis de déterminer avec assez de précision. Il est très-probable que le système des Hébreux fut emprunté aux Égyptiens. — Les rabbins déterminent les mesures de longueur d'après la largeur de grains d'orge placés les uns à côté des autres, comme le font aussi les Arabes et d'autres peuples de l'Orient; on comprend ce qu'il y a de vague dans cette manière de mesurer, vu l'inégalité des grains d'orge. Maïmonide, qui s'est livré à ce sujet à des calculs minutieux, a trouvé que l'*eçba* de la Bible était égal à la largeur de sept grains d'orge moyens [1], ce qui donne pour l'*ammah* 168. Or on a trouvé, par des calculs assez exacts, que la coudée arabe, qu'on estime à 144 grains d'orge (c'est-à-dire à 24 doigts de six grains chacun), réduite en lignes et décimales de ligne, en faisait 213,058 [2], ce qui donnerait pour l'*ammah* hébraïque de 168 grains d'orge 248,567, ou environ 560 millimètres. Nous ne prétendons pas donner ce résultat pour strictement exact, mais on verra qu'il ne s'écarte pas trop de la valeur très-probable des mesures égyptiennes; il peut du moins servir à constater les rapports qui existaient entre les mesures des Hébreux et celles des Égyptiens. Mais il se présente une autre question: les savants ont attribué aux anciens Hébreux plusieurs espèces de coudées [3], et tout en rejetant des conjectures qui n'ont aucune base solide, nous devrons toujours admettre chez les Hébreux deux espèces de coudées, l'une ancienne ou mosaïque, usitée pour les choses sacrées, l'autre moderne, pour l'usage vulgaire. Dans le 2⁰ livre des Chroniques (3, 3), on parle d'une *coudée première*, ou *ancienne*, dont on se servait pour les mesures du temple de Salomon, ce qui fait supposer l'existence d'une *coudée moderne* ou *vulgaire*. Le prophète Ézéchiel (40,5; 43, 13), dans une vision où il voit les dimensions du temple futur, parle évidemment d'une coudée ayant un palme de plus que la coudée vulgaire, d'où il résulte qu'il y avait entre les deux coudées la différence d'un palme, ce que le Thalmud entend dans ce sens que la petite n'avait que cinq palmes de la grande [1]; mais il serait peut-être plus convenable de leur donner le même rapport qu'avaient les deux diverses coudées égyptiennes, qui étaient environ comme 7 à 6. Il est probable, du reste, que l'une et l'autre étaient divisées respectivement en six palmes; le Thalmud parle positivement de palmes plus ou moins longs [2]. L'ancienne coudée mosaïque était sans doute la coudée royale égyptienne, et les diverses échelles qui nous restent de celle-ci, combinées avec les mesures de plusieurs monuments égyptiens, donnent pour terme moyen, à peu près 525 millimètres [3]. Ce résultat nous paraît d'autant moins douteux, qu'il ne diffère que de 35 millimètres de celui que nous avons trouvé par le calcul si vague de la largeur des grains d'orge. Ceci admis, nous trouverons pour la coudée vulgaire 450 millimètres, ou bien 433,5, selon qu'on admettra le rapport égyptien, qui est de 7 : 6, ou le rapport thalmudique, qui est de 6 : 5. Chacune des deux coudées était divisée proportionnellement en

---

[1] Voy. Maïmonide, *Mischné Thorah*, ou *Abrégé du Thalmud*, liv. II, troisième section (*Sépher Thorah*), ch. 9, § 9.
[2] Voy. les Recherches métrologiques de Bœkh, page 247; Bertheau, l. c., page 60.
[3] Voy. Leusden, *Philologus hebræomixtus*, p. 211, où on parle de quatre espèces de coudées, savoir, la coudée vulgaire, la sacrée, la royale et la géométrique.

[1] Voy. Maïmonide, *Comment. sur la Mischna*, traité *Middoth*, 3, 1; *Mischna*, traité *Kétim*, 17, 10; les commentaires de Raschi et de Kimchi à Ézéch. 40, 5.
[2] Thalmud de Babylone, traité *Succa*, fol. 7 a. Comparez Buxtorf, *Lexicon thalmudicum*, col. 900 et 2370.
[3] Bœkh a trouvé 524,687 millimètres ou à peu près 232,55 lignes. Voy. Bertheau, l. c. page 83.

deux empans, six palmes et vingt-quatre doigts. — Nous ne croyons guère possible d'aller plus loin dans l'évaluation des mesures de longueur des Hébreux sans se perdre dans de vagues conjectures. — Quant à la mesure appelée *gomed*, qui n'est mentionnée qu'une seule fois, dans le livre des Juges (3, 16), pour fixer la longueur de l'arme avec laquelle Éhoud tua le roi de Moab, elle est entièrement inconnue; mais comme il est dit qu'Éhoud cacha l'arme sous ses vêtements, et qu'elle entra avec la poignée dans le corps d'Églon, on ne pourra guère admettre, avec quelques savants, que le *gomed* était une coudée plus longue [1], et on préférera, avec la version grecque, y voir un *empan*, de sorte que l'arme, qui avait *deux tranchants*, serait une espèce de poignard. — Le KANÉ (roseau, verge) était un long bâton de six coudées servant à mesurer les bâtiments (Ézéch., 40, 5; 41, 8), ce qu'on faisait aussi avec une corde (ib., 40, 3; Amos, 7, 17).

Aux mesures de longueur se rattachent celles des distances, ou les *mesures itinéraires*; mais les anciens Hébreux mesuraient les chemins d'une manière très-vague. Nous trouvons dans l'Ancien Testament deux mesures itinéraires, dont l'une est appelée KIBRATH AREÇ (espace de pays) [2], l'autre DÉRECH YÔM (chemin d'un jour, journée) [3]. Il paraîtrait que la première était une mesure déterminée; du moins les Septante durent la considérer ainsi, car ils conservent, dans leur traduction, le mot hébreu, qu'ils prononcent *chabratha*. La version syriaque le rend toujours par *parasange*, ce qui ferait environ une lieue de France. Le *dérech yôm*, c'est-à-dire le chemin qu'on peut parcourir à pied en une journée, est une mesure également vague; mais on la trouve chez plusieurs peuples de l'antiquité [1], et elle est souvent employée par les géographes arabes du moyen âge. En comparant les différentes données des auteurs anciens et des Arabes, on trouve pour la journée moyenne environ sept lieues [2]. — Plus tard, à l'époque gréco-romaine, les Juifs comptaient par *stades* et par *milles*; ces mesures se trouvent dans le Nouveau Testament et dans le Thalmud, ainsi que le *chemin sabbatique* (Actes, 1, 12), qui était de deux mille coudées. — Pour l'arpentage, la mesure ordinaire était le *cémed* (page 360), dont on ne saurait indiquer la valeur précise.

B. Les mesures de capacité, appelées MESOURÔTH, étaient de deux espèces.

I. Pour les liquides on mentionne trois mesures différentes: 1° le BATH contenait, selon Josèphe [3], 72 *xestes* (sextarii), qui font un *métrète* attique, ou 38 litres et 843 millilitres; 2° le HIN, que Josèphe compare à deux *chous* ou *conges* attiques [4]; or, comme le conge est un douzième du métrète, le *hin* sera un sixième du *bath*, ou 6 litr. 474 mill.; 3° le LOG, qui n'est déterminé nulle part par Josèphe, forme, selon les rabbins, la valeur de six œufs, ou un douzième du HIN [5], ce qui fait juste un *xeste*, ou environ 539 millilitres.

II. Pour les choses sèches nous trouvons les mesures suivantes: 1° le CHOMER (Lév., 27, 16), selon le prophète Ézéchiel (45, 11 et 14) égal à 10 *bath*. La même mesure est aussi appelée COR (Ézéch., ib.) [6], et sa moitié LÉTHECH

---

[1] Telle est l'opinion de Jahn, *Archæologie*, I, 2, p. 37, et de Gesénius, dans son Dictionnaire.

[2] Cette expression se trouve dans trois passages: Genèse, 35, 16; 48, 7; 2 Rois, 5, 19.

[3] Voy. Nombres, 11, 31; on trouve de même: chemin de trois jours, de sept jours, etc.: Genèse, 30, 36; 31, 23; Deut., 1, 2, et *passim*.

[1] Hérodote la fixe tantôt à deux cents stades (IV, 101), tantôt à cent cinquante (V, 53).

[2] Voy. Edrisii *Africa*; curavit Joannes Melchior Hartmann; edit. att., Gotting., 1796, præfat., p. CXVIII.

[3] Voy. *Antiqu.*, VIII, 2, 9.

[4] Voy. ib. III, 8, 3.

[5] Voy. le dictionnaire de Kimchi au mot *Hin*; Maïmonide, *Comment. sur la Mischna*, cinquième partie, préface au traité *Menochoth*.

[6] Josèphe (*Antiqu.*, XV, 9, 2) fait une grave erreur en fixant le COR à dix *médimnes* attiques; au lieu de *médimnes* il faut lire *métrètes*. Bœkh cite à ce sujet un pas-

(Hos. 3, 2); c'est ainsi du moins que ce dernier mot est interprété par les rabbins et par saint Jérôme. 2° L'ÉPHA, un dixième du *chomer*, et par conséquent, égal au *bath* (Ézéch., 45, 11). 3° La SÉAH, selon les rabbins, un tiers d'*épha*; de même selon Josèphe, qui dit que le *saton* (*séah*) est égal à *un modius et demi* d'Italie [1], ce qui fait 24 *xestes* ou un tiers du *bath* et de l'*épha*. 4° Le OMER (*gomor*) est la dixième partie de l'*épha* (Exode, 16, 36); c'est pourquoi on l'appelle aussi ISSARÔN (dixième). 5° Le KAB, selon les rabbins, un sixième de la *séah*, ou un dix-huitième de l'*épha*, c'est-à-dire quatre *xestes* attiques [2]. — Pour montrer d'un coup d'œil la valeur relative de toutes les mesures de capacité, tant pour les liquides que pour les choses sèches, nous les représentons dans le tableau suivant, en prenant la plus petite, qui est le *lôg*, pour unité de mesure commune :

Chomer	1.					
Bath }	10.	1.				
Epha }						
Séah	30.	3.	1.			
Hin	60.	6.	2.	1.		
Omer	100.	10.	$3\frac{1}{3}$.	$1\frac{2}{3}$.	1.	
Kab	180.	18.	6.	3.	$1\frac{4}{5}$.	1.
Log	720.	72.	24.	12.	$7\frac{1}{5}$.	4.	1.

Comme on sait que la valeur du *bath* est exactement celle d'un métrète attique (litr. 38,843), on pourra facilement calculer celle de toutes les autres mesures. L'identité du *bath* et du *métrète* attique n'est pas fortuite; l'un et l'autre ne sont autre chose que l'ancienne *artabe* des Égyptiens, qui contenait également 72 *xestes* [1]. — Ce tableau montre dans les mesures hébraïques le mélange de deux systèmes différents; l'*épha* se trouve avec le *chomer* et l'*omer* dans un rapport décimal, tandis qu'il forme avec les autres mesures un système duodécimal. Ce dernier paraît être le système primitif, car nous le trouvons aussi dans les mesures de longueur [2].

C. Le poids, appelé MISCHKAL, se déterminait, comme chez nous, au moyen des balances (MÔZNAÏM), ou d'un peson (PÉLES). Les poids étaient faits en pierre, et les marchands en portaient avec eux dans un sachet, attaché à la ceinture, ce qui se fait encore maintenant en Orient [3]. Voici les différents poids des Hébreux : 1° le KICCAR (talent), 2° le MANÉ (mine), 3° le SÉKEL (sicle), 4° le BÉKA, et 5° la GUÉRA. La valeur relative de tous ces poids, à l'exception du *mané*, est clairement indiquée dans le Pentateuque. Il résulte d'un passage de l'Exode (35, 25 et 26) que 100 *kiccars* et 1775 *sékels* faisaient 603550 *békas*, et que le *béka* était un demi-*sékel*, d'où il résulte que le *kiccar* avait 3000 *sékels*. Le *sékel* se divisait en vingt *guéras* (ib., 30, 13). Sur le *mané* les opinions sont divisées : les uns donnent au *mané* cent *sékels*, s'appuyant d'un verset du deuxième livre des Chroniques (9, 16), où il est dit que les boucliers de Salomon pesaient *trois cents* (pièces) d'or chacun, tandis que leur poids, selon le 1er livre des Rois (10, 17), était de trois *manés*. D'autres réduisent le

---

sage de Didyme, selon lequel le *cor* phénicien était égal à 45 *modii*, qui font 720 *xestes* ou dix *métrètes*. Voy. Bertheau, page 71.

[1] Voy. *Antiqu.*, IX, 4, à la fin du § 5. La même chose résulte de la version des Septante, qui rend *séah* par μέτρον (2 Rois, 7, 1), et *épha* par τρία μέτρα, comme la version chaldaïque par *trois séah* (Exode, 16, 36; Isaïe, 5, 10). — Il est très probable que par SCHALISCH (Is., 40, 12), qui veut dire *tiers*, on entend aussi le tiers d'un *épha* ou la *séah*.

[2] Voy. Kimchi, au mot *Kab*; Maïmonide, *Comment. sur la Mischna*, quatrième partie, traité *Edouyoth*, ch. I, § 2; de même Josèphe, qui traduit *un quart de kab* (2 Rois, 6, 25) par *un xeste*. *Antiqu.* IX, 4, 4.

[1] Voy. les *Recherches métrologiques* de Bœckh, p. 242; Bertheau, p. 88 et 89.

[2] Voy. Bertheau, p. 66-70. Pour expliquer le mélange des deux systèmes, il suppose que le *chomer*, la plus grande mesure cubique, n'appartenait pas primitivement au système hébraïque, et qu'il était égal à six métrètes syriens (de 120 *xestes* chacun), de même que le *kané*, la plus grande mesure de longueur, était égal à six coudées. — Mais comme le *chomer* et l'*omer* sont déjà mentionnés dans la loi de Moïse, il est difficile d'admettre cette hypothèse.

[3] Voy. Lévit. 19, 36; Deut. 25, 13 et 15; Prov. 11, 1; 16, 11; 20, 10; Micha, 6, 11; comparez le Voyage de Chardin, éd. Langlès, t. VI, p. 120.

mané à 60 *sékels*, invoquant l'autorité d'un verset obscur d'Ézéchiel (45, 12), qui semble diviser les sicles du *mané* en 20 + 25 + 15 = 60 ; c'est du moins dans ce sens que saint Jérôme et les rabbins interprètent les paroles d'Ézéchiel. D'autres enfin, justement choqués des difficultés grammaticales et de la division bizarre qu'offre le texte hébreu d'Ézéchiel, ont recours à la version alexandrine, selon laquelle la valeur de la mine serait réduite à 50 sicles [1]. Mais la version grecque de ce verset étant elle-même très-corrompue et très-incertaine dans les manuscrits et dans les éditions, nous ne pensons pas que son autorité puisse prévaloir sur celle du texte, pour lequel nous croyons devoir adopter l'interprétation de la Vulgate. Le passage des Chroniques, qui d'ailleurs n'est pas assez précis, parle peut-être du sicle du *poids royal* (2, Sam. 14, 26), qui n'aurait contenu que ⅔ du sicle mosaïque [2]. Josèphe, qui fixe la mine à *deux livres et demie* (de Rome) [3], s'accorde bien avec ceux qui lui attribuent le poids de 60 sicles ; mais nous ne pourrons fixer la valeur absolue des poids qu'après avoir parlé des monnaies. — La valeur relative des différents poids, selon ce que nous venons d'exposer, se résume ainsi qu'il suit :

Kiccar 1.
Mané   50.   1.
Sékel 3000. 60.   1.
Béka   6000. 120.   2.   1.
Guéra 60000. 1200. 20. 10. 1.

D. *Les monnaies* ne sont autre chose dans l'origine que des pièces de métal d'un poids déterminé, marquées d'un signe généralement reconnu dans le commerce. La question de savoir si les Hébreux, avant l'exil de Babylone, avaient des pièces de *monnaie*, dans le sens que nous attachons à ce mot, ne saurait être complétement résolue. Le silence que gardent les livres des anciens Hébreux sur l'*argent monnayé* ne suffit pas pour en nier l'existence. On a aussi attaché trop d'importance au mot *peser*, dont on se sert souvent dans la Bible, en parlant du payement d'une somme [1], et on a conclu de là que le métal qu'on donnait en échange des denrées, etc., n'était marqué d'aucun signe et se livrait au poids comme la marchandise. Mais nous trouvons le mot *peser* employé dans le sens de *payer*, à l'époque des Perses, où, sans aucun doute, on avait de l'argent monnayé [2] ; encore maintenant il est généralement d'usage en Orient de peser les monnaies, afin de constater leur valeur. Il est vrai qu'on n'a trouvé aucune trace de monnaies égyptiennes appartenant aux temps des Pharaons, ni de monnaies phéniciennes remontant au delà de l'invasion des Perses ; mais, d'un autre côté, on rapporte que Phidon, tyran d'Argos, vers l'an 750 avant l'ère chrétienne, frappa le premier de la monnaie en Grèce, d'après un système de poids et mesures emprunté aux Phéniciens [3]. N'est-il pas dès lors très-probable que les Phéniciens, à cette époque, connaissaient la monnaie et en faisaient usage dans leur commerce ? Il y a en effet des auteurs grecs qui font remonter aux Phéniciens l'invention de la monnaie [4], quoique Hérodote (I, 94) l'attribue aux Lydiens. Les Hébreux pouvaient donc, par leurs fréquentes relations avec les Phéniciens, avoir de la monnaie vers l'époque d'Ézéchias [5]. Quoi qu'il en soit, il est cer-

---

[1] Cette opinion est celle de Bœkh, adoptée aussi par Bertheau, page 9 et suivantes ; elle est basée surtout sur l'analogie des poids grecs, car la mine des systèmes grecs se divise en 50 didrachmes. Le verset des Chroniques, selon Bœkh, parle du sicle commun, ou demi-sicle.

[2] Voy. Michaëlis, *De Siclo ante exil. Babyl.*, dans les *Commentat. Soc. reg. Gotting.*, 1752, II, p. 108.

[3] Voy. *Antiqu.*, XIV, 7, 1.

[1] Voy. Genèse, 23, 16 ; Exode, 22, 16 ; 2 Sam., 18, 12 ; I Rois, 20, 39 ; Isaïe, 55, 2 ; Jérémie, 32, 9 et 10.

[2] Voy. Zacharie, 11, 12 ; Ezra, 8, 25 et suiv.

[3] Voy. Hérodote, VI, 127. Bœkh, dans ses *Recherches métrologiques*, page 76, admet ce fait comme *historique*.

[4] Voy. Bœkh, l. c., page 42 ; Bertheau, page 22.

[5] L'existence de la monnaie chez les anciens Hébreux, généralement niée par les ar-

tain que les Hébreux avaient, dès les temps les plus anciens, sinon des monnaies proprement dites, du moins des pièces d'argent marquées d'un signe et qui avaient cours chez les marchands (Gen. 23, 16). On mentionne non-seulement des pièces d'un sicle, mais aussi des demi-sicles (Exode, 30, 13), des quarts de sicle (1 Sam. 9, 8) et de petites pièces d'argent appelées *agora* (ib. 2, 36) et qui étaient probablement du poids d'une *guéra* [1].

Mais quelle est la valeur absolue de ces pièces? Plusieurs savants ont fait cette supposition toute gratuite, que la *guéra* était la même chose que le *keration* des Grecs et la *siliqua* des Romains, c'est-à-dire un *grain de caroube*, que les Hébreux auraient employé comme unité dans les poids. Dix-huit de ces grains pesaient, selon Eisenschmid, environ 87 à 88 grains du poids de France, d'où l'on a conclu que le sicle, qui avait 20 *guéras*, pesait environ 96 grains. Ce résultat, dont on va reconnaître toute la fausseté, a été généralement admis, et c'est d'après cette fausse donnée qu'on a déterminé les poids des Hébreux [2]. Nous avons cependant une base bien plus sûre dans les sicles qui nous restent de l'époque des Maccabées, notamment du prince Siméon, qui, dès la première année de son règne, fit frapper de la monnaie nationale [3]. Il n'y a pas de doute que ce prince et grand prêtre, dans son enthousiasme pour la liberté et l'indépendance de son peuple, et animé d'un zèle ardent pour le rétablissement des anciennes institutions nationales, n'ait adopté pour ses monnaies le système des poids mosaïques; ses sicles, sur lesquels on lit d'un côté les mots *sékel d'Israël*, et de l'autre *la sainte Jérusalem*, et qui devaient servir à payer les taxes sacrées prescrites par la loi mosaïque [1], durent répondre exactement au sicle sacré. Or, le poids des sicles de Siméon qui existent encore varie de 256 grains à 271,75; la plupart ont 266 à 268 grains [2]. On ne s'étonnera pas de cette variation, si l'on songe aux rognures et à l'affaiblissement de poids que ces monnaies ont pu éprouver dans la circulation. Mais, grâce aux vastes recherches de M. Bœckh, il est maintenant possible de déterminer exactement la valeur normale du sicle-poids, qui ne diffère que fort peu du poids réel des monnaies encore existantes. Il résulte avec évidence de ces savantes recherches que le système suivi par les Hébreux avant l'exil de Babylone était encore bien connu du temps de Siméon, et que ce prince a frappé ses sicles sur le pied ancien. Il est maintenant démontré que le système d'Égine, c'est-à-dire celui que Phidon, tyran d'Argos, avait emprunté aux Phéniciens, était aussi celui des Babyloniens, des Syriens et des Hébreux [3]. Le talent attique, qui pèse 493200 grains de France, est au talent d'Égine,

---

chéologues, est déclarée fort probable par plusieurs auteurs de nos jours. Voy. Hussey, *Essay on the ancient weights and Money*, Oxford, 1836, page 197 et suiv.; Bertheau, p. 21 et suiv. De Wette, dans la troisième édition de son *Archæologie* (1842), p. 234, a embrassé la même opinion, après avoir soutenu le contraire dans les éditions précédentes.

[1] Quant au mot *kesita*, qu'on ne trouve que dans trois passages (Genèse, 33, 19; Josué, 24, 32; Job, 42, 11), et qui paraît appartenir à l'époque la plus ancienne, on ne saurait en déterminer le sens. Il est probable qu'il désigne aussi une pièce d'argent; les anciennes versions le rendent généralement par *agneau*.

[2] Voy. Jahn, *Arch.*, I, 2, p. 49 et 50; Winer, *Realwœrterbuch*, t. I, p. 499 et 698, et le Dictionnaire de Gesénius, au mot *Guéra*.

[3] Voy. sur les monnaies macabéennes,

dont l'authenticité ne saurait être mise en doute, l'ouvrage de Franc. Perez Bayer: *De Nummis hebræo-samaritanis*, Valentiæ, 1781, in-4; Ekhel, *Doctrina Nummorum*, t. III, p. 458 et suivantes. Comparez notre pl. 21 et l'explication à la fin de ce volume.

[1] Voy. ci-dessus, page 164, col. 1, et page 178, col. 1, note 3.

[2] Voy. Bœckh, page 56; Bertheau, page 35. — Parmi les différents sicles du cabinet des médailles de la Bibliothèque Royale, le plus léger a 3 gros 39,5 grains, ou 2555, grains, et le plus lourd 268 grains. Voy. les Tables de M. Mionnet.

[3] Voy. Bœckh, page 46 et suiv. et p. 67; Bertheau, p. 35-40.

comme 3 à 5, et ce dernier, par conséquent, pèse 822000 grains [1]. Ce talent se divisait en 3000 didrachmes, de même que le talent hébreu en 3000 sicles; le poids normal du didrachme d'Égine était donc, de même que celui du sicle, de 274 grains, ce qui s'accorde parfaitement avec le poids réel des sicles de Siméon. Les quelques grains qui manquent à ces derniers ont été déduits probablement comme prix de fabrication. Il nous reste à voir comment ce résultat s'accorde avec les données de Josèphe et du Nouveau Testament. Josèphe dit que le sicle vaut quatre drachmes attiques [2], et dans deux autres endroits il désigne par *didrachme* ou *deux drachmes* l'impôt d'un *demi-sicle* que tout Israélite payait chaque année au temple [3]. Dans l'Évangile de saint Matthieu (17, 24) cet impôt est également évalué à deux drachmes, et le *stater*, qui valait quatre drachmes, suffisait à Jésus et à saint Pierre pour payer leur impôt; or, quatre drachmes attiques pèsent 328, 8 grains, tandis que le poids normal du sicle, comme on l'a vu, n'est que de 274 grains. Mais la difficulté disparaîtra si l'on réfléchit qu'à une époque où les monnaies juives étaient devenues très-rares, la valeur du sicle a dû hausser considérablement, et que d'ailleurs on payait toujours l'impôt du demi-sicle selon la monnaie qui avait cours, pourvu que sa valeur réelle ne fût pas au-dessous de celle de l'ancien sicle. Or comme le tétradrachme, ou le *stater*, était alors la monnaie la plus répandue, on en payait la moitié, ou le didrachme, pour le demi-sicle, de même qu'à l'époque persane on avait payé une demi-darique [4]. Josèphe pouvait donc dire avec raison que le sicle équivalait à quatre drachmes, quoique ce ne fût pas là sa valeur intrinsèque. Ce que nous venons de dire est entièrement confirmé par les données que nous fournissent les rabbins. Maïmonide dit positivement que le sicle du second Temple (c'est-à-dire à l'époque romaine) pesait 384 grains d'orge, tandis que l'ancien sicle mosaïque n'en pesait que 320 [1]. S'il faut en croire Eisenschmid [2], 320 grains d'orge équivaudraient à 267 grains du poids de France, ce qui s'accorderait assez bien avec le poids des sicles de Siméon; mais sans entrer dans l'évaluation peu sûre du poids des grains d'orge, ce qui résulte positivement de la donnée de Maïmonide, c'est que l'ancien sicle était au nouveau comme 5 à 6, et ce rapport est exactement le même que nous trouvons entre le didrachme d'Égine, ou le sicle hébreu (274 gr.), et le tétradrachme attique (328, 8 gr.). — Nous observerons encore que saint Jérôme fait aussi le sicle égal au *stater* ou *tétradrachme*, qui, selon lui, équivaut à une demi-once romaine [3]; or, comme la livre romaine a douze onces, les *deux livres et demie* que Josèphe, comme on l'a vu, donne à la *mine* hébraïque, font trente onces; d'où il s'en suit que Josèphe, de même que les rabbins, donne à la mine *soixante sicles* [4]. — D'après

quatre deniers, étaient à peu près égales à l'ancien sicle, car le denier pesait 69,8 grains.

[1] Voy. Maïmonide, *Comment. sur la Mischna*, cinquième partie, traité *Bechoróth* (des premiers-nés), ch. 8, § 7; *Abrégé du Thalmud*, liv. III, septième section (des sicles), ch. 1, § 2. Le traité *de Siclis* de Maïmonide a été publié à part, avec une version latine et des notes, par Esgers, Leyde, 1718, in-4.

[2] *De Ponderib. et Mensuris*, pag. 57.

[3] Comment. in Ezechiel, c. 4, v. 10 : *Siclus autem, id est stater, habet drachmas quattuor. Drachmæ autem octo latinam unciam faciunt.* Hieronymi Opera, ed. Martianay, t. III, col. 722.

[4] Nous ne saurions dire de quelle livre romaine Josèphe a voulu parler, car il y en a une grande variété (voy. Bœckh, page 170 et suiv.); mais si l'on admet avec Bœckh (p. 165) que le poids normal de la livre est de 6165 grains, les deux livres et demie de Josèphe font 15412,5 grains, tandis que 50 sicles qui, selon Bœckh, forment une mine, ne donneraient que 13700 grains.

---

[1] Voy. Bœckh, pages 77 et 124.

[2] Voy. *Antiqu.*, III, 8, 2.

[3] Voy. les passages indiqués ci-dessus, page 178, col. 1, note 3.

[4] Voy. *Mischna*, deuxième partie, traité *Schekalim* (des sicles), ch. 2, § 4, et les commentaires. Bœckh (p. 63) suppose, avec moins de vraisemblance, que la valeur de la drachme avait baissé, et qu'on était habitué alors à considérer le denier romain (*denarius*) comme une drachme, de sorte que les quatre drachmes, qui ne faisaient que

tout ce que nous venons d'exposer, la valeur absolue des poids hébraïques pourra se fixer ainsi qu'il suit :

1 *guéra* pesait 13,7 grains
1 *béka*   137
1 *sekel* 274
1 *mané*   16440
1 *kiccar* 822000

Le *sékel* en monnaie pouvait valoir environ 3 francs 10 cent.

Tel est, en résumé, le système des mesures, des poids et des monnaies des Hébreux, qui, comme il est démontré par les savantes recherches de Bœkh, n'est qu'une branche du système général qui de la Babylonie a passé dans le sud-ouest de l'Asie, en Égypte et en Grèce, et repose tout entier sur le pied cubique des Babyloniens. Les bornes dans lesquelles nous devons nous renfermer ne nous permettent pas de considérer ce système dans son ensemble.

Pour compléter notre description des relations commerciales, nous donnerons encore quelques détails sur les voies du commerce, sur les voyages par terre et par mer, et sur la correspondance.

Les Orientaux voyagent rarement pour leur plaisir ou dans le but de s'instruire; les voyages, chez eux, ont ordinairement un but commercial. Pour le voyage, comme pour le transport des marchandises, les Hébreux employaient le plus souvent les ânes (I Sam. 25, 18 et 20); le chameau était d'un moindre usage chez les Hébreux que chez les peuples voisins (II Rois, 8, 9). On ne s'en servait que pour les grands voyages des caravanes, rarement entrepris par les Hébreux; on ne voyait guère en Palestine que des caravanes étrangères. Les personnages de distinction voyageaient aussi sur des mules (II Sam. 13, 29; 18, 9), et quelquefois dans des voitures. Nous avons déjà dit ailleurs que les voitures de voyage et de transport, si rares dans l'Orient moderne, ne l'étaient pas chez les anciens Hébreux [1]. Les troupes des

[1] Voy. les passages cités ci-dessus, page 399, col. 2, note 1.

pèlerins qui se rendaient à Jérusalem, pour célébrer les fêtes, ou pour offrir les prémices, allaient ordinairement à pied et étaient accompagnées de musique [1].

Dès les temps les plus anciens, il y eut en Palestine des routes frayées, désignées dans la Bible par le nom de MESILLA [2]; ce mot, qui vient du verbe SALAL (amonceler, élever), nous paraît suffisant pour faire présumer que les Hébreux savaient construire des chaussées, et certaines images des poëtes sacrés font allusion aux travaux de terrassement, qui dans un pays montagneux, comme la Palestine, durent présenter de grandes difficultés. On abaissait les hauteurs, on comblait les vallons et les ravins, on aplanissait les lieux raboteux (Isaïe, 40, 4), on ôtait avec soin les pierres et les autres obstacles (ib. 57, 14; 62, 10) et on élevait la route au-dessus du niveau du terrain (ib. 49, 11). Les grandes routes s'appelaient aussi *chemins du roi* (Nomb. 20, 17; 21, 22). Josèphe rapporte que Salomon fit paver de pierres noires, ou de basalte [3], les routes qui conduisaient à Jérusalem; ce qui prouve que, du temps de Josèphe, il existait autour de la capitale des chaussées anciennes que la tradition faisait remonter jusqu'à Salomon. En général la construction des chaussées est d'une haute antiquité dans l'Orient, notamment dans l'Inde [4]. La loi de Moïse ordonne expressément de mettre en bon état les routes qui conduisaient aux villes de refuge (Deut. 19, 3). — Les grandes routes principales de la Palestine étaient au

[1] Voy. Isaïe, 30, 29, *Mischna*, 1re partie, *Biccourim* (des prémices), ch. 3, et les notes de la Bible de M. Cahen, au Deutéron. ch. 26, v. 10.
[2] Nombres, 20, 19; Juges, 20, 31 et 32; I Sam. 6, 12; Isaïe, 40, 3; 49, 11; 62, 10.
[3] Voy. ci-dessus, page 17, col. 1.
[4] Voy. Strabon, XV, 689; Bohlen, *Das alte Indien*, t. II, p. 109-111. Selon Isidore de Séville (*Origines* ou *Etymologicum*, l. 5, dernier ch.), les Carthaginois furent les premiers qui eurent des routes pavées; il est donc probable qu'il y en avait en Phénicie et en Palestine. Voy. Jahn, I, I, p. 4.

26.

nombre de six : quatre routes partaient de Jérusalem; l'une, dans la direction N. E. conduisait en Pérée, en passant par la montagne des Oliviers, le désert, Jéricho et le Jourdain; une autre, allant au nord, se dirigeait, par Sichem et Samarie, en Galilée; une troisième, allant à l'ouest, conduisait à Joppé et à la Méditerranée; une quatrième conduisait à Hébron, d'où elle se prolongeait d'un côté vers le midi jusqu'au golfe Élanitique, en passant par le désert, et d'un autre côté au S. O. jusqu'à Gaza et la grande route d'Égypte. Dans le nord on remarque la route qui conduisait d'Acco (St-Jean d'Acre) à Damas, en passant par la plaine d'Esdrélon, le Jourdain (près du lac de Génésareth) et l'Antiliban. Enfin il y avait une route le long de la côte, conduisant d'Acco à Gaza et en Égypte. Sur les routes il y avait çà et là des stations, où les voyageurs trouvaient un abri pendant la nuit [1].

On passait le Jourdain au moyen d'un bateau ou d'un bac (2 Sam. 19, 19), ou bien à pied dans les endroits guéables (page 130); le *pont* appelé *des fils de Jacob* (p. 9) ne remonte pas aux temps anciens, et date probablement de l'époque romaine [2]. Dans la Bible on ne trouve aucune trace de l'existence des *ponts*, excepté peut-être dans le nom de *Gueschour* (Gessur) que portaient deux districts, l'un au nord de la Pérée (Deut. 3, 14), l'autre dans la Palestine méridionale (Jos. 13, 2); car dans les langues araméenne et arabe le mot *guischâr* ou *djisr* signifie *pont*.

La navigation des Hébreux était peu importante et s'exerçait sous le patronage des Phéniciens [3]; c'est sans doute au langage de ces derniers que sont empruntés les termes de la Bible ayant rapport à la construction des vaisseaux et à la navigation. Le vaisseau s'appelle ONI ou ONIYYA; une fois on trouve le mot SEPHINA (Jona, 1, 5), très-usité dans les autres dialectes sémitiques; le CI, auquel Isaïe (33, 21) donne l'épithète de *puissant*, paraît être un vaisseau de guerre [1]. Les bâtiments étaient construits de bois de cyprès, et les cèdres du Liban étaient employés pour les mâts; les rames étaient en bois de chêne, et les bancs des rameurs avaient des ornements en ivoire; les voiles et les pavillons étaient de bysse égyptien et ornés de broderies (Ézéch. 27, 5 — 7). On naviguait en même temps à la voile et à la rame (ib. v. 7 et 29); mais on n'allait ordinairement que le long des côtes, c'est pourquoi les voyages duraient très-longtemps (I Rois, 10, 22). Quant à l'équipage des vaisseaux, on mentionne les MALLACHÎM, mot qui désigne les marins en général (de MÉLACH, *sel* pour *mer*), et les HOBELÎM, ou ceux qui dirigeaient le vaisseau (de HÉBEL, *câble*, *cordage*); le capitaine s'appelait RAB HA-HOBEL (Jona, 1, 6). Nous avons indiqué dans d'autres endroits les ports de mer d'où partaient les navires marchands des Hébreux et la direction qu'ils prenaient.

— Dans l'Ancien Testament on ne parle que de la navigation maritime, mais les Évangiles, ainsi que Josèphe, nous montrent le lac de Génésareth parcouru par les barques des pêcheurs et par d'autres vaisseaux, et ce lac fut même le théâtre d'un combat naval entre les Juifs et les Romains [2].

Il nous reste à dire quelques mots sur les correspondances. Quoique l'art d'écrire fût connu de bonne heure des Hébreux, il n'était répandu cependant que dans les classes élevées, comme celles des lévites, des prophètes, des hommes d'État, et l'échange de lettres dut être très-rare entre les commerçants. Il est question de lettres depuis l'époque de David, mais toutes les lettres mentionnées dans la Bible étaient écrites par les classes que nous venons de nommer, et notamment

---

[1] Voy. ci-dessus, page 382, col. 2, note 1.
[2] Comparez Josèphe, *Antiqu.* V, 1, 3; en parlant du passage du Jourdain, sous Josué, il dit qu'*autrefois* il n'y avait pas de pont sur le fleuve.
[3] Voy. ci-dessus, pages 295, 314 et 393.

[1] Comparez Nombres, 24, 24; Daniel, 11, 30.
[2] Voy. Josèphe, *Guerre des Juifs*, III, 10, § 1 et 9; *Vie de Josèphe*, ch. 33.

par les rois [1]. — Les lettres étaient roulées, liées avec une ficelle et cachetées avec de l'argile (Job, 38, 14); envoyer des lettres ouvertes était un signe de mépris (Néhémia, 6, 5). Les rois expédiaient leurs lettres par des courriers destinés à ce service (II Chron. 30, 6); les particuliers les envoyaient par des exprès, ou profitaient de l'occasion de quelque voyageur (Jérém. 29, 3).

CHAPITRE III.

DE LA CITÉ ET DE L'ÉTAT.

Nous avons exposé plus haut les dispositions de la loi mosaïque relatives à la constitution de la cité et de l'État [2]; ici nous parlerons des modifications apportées dans la constitution mosaïque jusqu'à l'exil de Babylone, notamment par l'établissement de la royauté, et nous traiterons aussi de diverses coutumes et institutions non prévues par la loi et à l'égard desquelles elle était restée indifférente. Dans ce chapitre nous n'avons donc plus à nous occuper de l'ensemble du système social des Hébreux; nous présenterons seulement quelques observations complémentaires sur la cité et les actes publics, sur la royauté, sur l'organisation militaire et les guerres, et sur les modifications introduites dans les formes extérieures du culte.

A. La cité et la porte.

On a vu que, selon la loi mosaïque, chaque ville devait avoir des magistrats chargés des affaires locales; c'étaient les Anciens (p. 193), les juges et les *schoterim* (p. 195). Nous n'avons que des notions imparfaites sur l'organisation des différentes autorités locales avant l'exil. Selon le premier livre des Chroniques (23, 4; 26, 29), David donna aux lévites une large part dans les fonctions de juges et de *schoterim*. Josaphat, animé du même esprit, s'occupa également de l'organisation des tribunaux dans les principales villes (p. 314). Mais, malgré tous les changements survenus dans les deux royaumes de Juda et d'Israël, les Anciens conservèrent toujours l'autorité que les lois et les coutumes antiques leur avaient accordée, notamment pour ce qui concernait les fonctions municipales et celles de juges dans les affaires criminelles [1].

Le lieu où siégeaient les tribunaux et où se traitaient toutes les affaires entre les citoyens était la porte principale de la ville, et le mot *porte*, dans la Bible, signifie la même chose que *forum*, chez les Romains [2]. Tout ce qui devait être porté à la connaissance du public se proclamait aux portes des villes (Jérém. 17, 19). Les affaires d'intérêt privé qui, pour être valides, avaient besoin de témoins ou de la sanction de l'autorité, se concluaient à la porte, comme nous le voyons déjà dans l'exemple d'Abraham faisant l'acquisition d'un souterrain à Hébron, en présence de tous ceux qui entraient par la porte de la ville (Gen. 23, 10 et 18). Les parties intéressées se présentaient devant les Anciens, exposaient leur affaire et faisaient leur déclaration en invoquant le témoignage des magistrats et de tous les assistants (Ruth, 4, 1-11). Quelquefois les engagements étaient confirmés par le serment; on disait: *Je jure par Jéhova* (II Sam. 19, 8), ou: *Par le vivant Jéhova que*, etc. (I Sam. 19, 6), ou bien on était adjuré par une certaine formule, à laquelle on répondait *Amen* (p. 205). Dans certaines conventions importantes, qui demandaient un acte d'engagement plus solennel, on découpait une victime, et les parties contractantes passaient entre les morceaux [3].

---

[1] Voy. 2 Sam. 11, 14; I Rois, 21, 8; 2 Rois, 5, 5; 10, 1 et 6; 19, 14; 20, 12; 2 Chron. 2, 2 et 10; 21, 12; 30, 6; Isaïe, 29, 11; 37, 14; 39, 1; Jérémie, 29, 1.
[2] Voy. ci-dessus, page 191 et suivantes.

[1] Voy. I Rois, 21, 8 et 11; Lament. 5, 14.
[2] A l'époque de la destruction de Jérusalem, on mentionne, dans cette capitale, une *maison du peuple* (Jérém. 39, 8), ou un *hôtel de ville*, où se traitaient probablement alors les affaires de la cité.
[3] Voy. ci-dessus, page 103, col. 2, note 2, et page 348, col. 2.

S'agissait-il d'une vente ou d'une cession quelconque, celui qui faisait la cession ôtait l'une de ses sandales et la présentait à l'acquéreur, comme symbole de la renonciation. Mais cette formalité, usitée à l'époque des juges, ne l'était plus sous les rois ; car l'auteur du livre de Ruth (4, 7) la présente déjà comme un usage ancien, tombé en désuétude. Plus tard nous trouvons des actes rédigés par écrit et signés par des témoins ; il en est parlé dans un passage de Jérémie (32, 10-14), duquel il résulte qu'on rédigeait, pour les ventes d'immeubles, deux contrats, dont l'un était scellé et l'autre ouvert. Le premier, à ce qu'il paraît, renfermait en détail toutes les stipulations et les clauses (ib. v. 11), pour être produit comme preuve en cas de contestation ; le second constatait sommairement la vente du bien, et servait à la rendre notoire.

Pour ce qui concerne l'administration de la justice, nous avons peu de chose à ajouter à ce que nous avons rapporté plus haut (p. 213 à 219). — La procédure était toujours extrêmement simple et sommaire. Dans les causes criminelles, l'accusé se présentait avec une mise négligée et probablement en costume de deuil [1] ; l'accusateur était placé à la droite de l'accusé [2]. Toute la procédure était verbale, mais plus tard la coutume s'introduisit d'écrire la sentence, là Bible nous en offre plusieurs traces [3]. — Au nombre des peines nous trouvons aussi la prison, qui ne figure pas dans les lois pénales de Moïse, mais qui fut introduite plus tard, notamment pour punir les crimes politiques commis à l'égard des rois [4]. Il y avait des prisons plus ou moins dures, comme le prouvent les différents noms qui leur sont donnés

dans la Bible, tels que BÊTH KÉLÉ (maison de détention) BETH HA-ASOURÎM (maison des enchaînés), BÊTH HAMMAHPÉCHETH (du nom d'un instrument qui servait à enchaîner les mains et les pieds) et BOR (citerne, souterrain). On mentionne divers instruments servant à enchaîner les prisonniers ; on leur liait tantôt les mains, tantôt les pieds ; quelquefois le corps était entièrement courbé par une machine de bois qui ne permettait guère de mouvement, comme celle qui est appelée MAHPÉCHETH (*nervus, cippus*). A Jérusalem nous trouvons, à l'époque de l'invasion des Chaldéens, au moins trois prisons : une à la porte de Benjamin (Jérém. 20, 2), une autre dans la maison d'un officier supérieur (ib. 37, 15), et une troisième dans la cour du palais royal (ib. 32, 2).

Pour la sûreté des villes, il y avait aux portes des gardiens, qui, de temps à autre, montaient à la tour pour regarder au loin, et annonçaient par des cris, ou par les sons d'une trompette, ce qu'ils pouvaient observer d'extraordinaire dans le lointain [1]. On mentionne aussi les gardes de nuit qui faisaient la ronde dans la ville (Cant. 3, 3).

B. *L'État et la royauté.*

On a vu dans notre histoire des Hébreux quel fut le sort de la constitution mosaïque après la mort de Josué ; sous les juges nous ne trouvons que rarement quelques traces des institutions théocratiques [2]. Samuel entreprit de restaurer l'État selon le véritable esprit de la loi, et, comme Moïse, il réunit en lui tous les pouvoirs que les circonstances avaient placés momentanément dans ses mains ; forcé de choisir un roi, il chercha à prévenir l'envahissement du despotisme par un pacte écrit et par les instructions qu'il donna à l'ordre des prophètes [3]. On connaît la lutte

---

[1] Voy. Zacharie, 3, 3, et le discours de Saméas dans les *Antiquités* de Josèphe, XIV, 9, 4.
[2] Voy. Ps. 109, 6 ; Zacharie, 3, 1.
[3] Voy. Ps. 149, 9 ; Jérémie, 22, 30 ; Job, 13, 26.
[4] Voy. Jérémie, 20, 2, et *passim* ; 2 Chron. 16, 10.

[1] Voy. 2 Sam. 18, 24 ; 2 Rois, 9, 17 ; Jérém. 6, 17 ; Ézéch. 33, 6.
[2] Voy. Juges, ch. 8, v. 22 ; ch. 11, v. 11 ; ch. 20, v. 1, 18 et 23.
[3] Voy. ci-dessus, pages 248, 250 et 257.

qui s'établit entre la royauté et les représentants de la théocratie, prêtres ou prophètes; ici nous allons considérer la royauté telle que les circonstances l'avaient faite, le pouvoir et les prérogatives qu'elle possédait de fait dans les pays de Juda et d'Israël, les moyens dont elle disposait et l'éclat qui l'entourait.

Pour être en harmonie avec l'esprit démocratique de la constitution de Moïse, le pouvoir royal dut être très-limité dans le principe; la royauté de Saül, du moins telle que Samuel l'avait conçue, n'était qu'un pouvoir exécutif permanent. Le roi était le représentant ou le *fils* (Ps. 2, 7) du souverain invisible qui gouvernait par une loi immuable [1]; s'opposer à son pouvoir légal, c'était se révolter contre l'autorité de Jéhova lui-même (Ps. 2, 2). Dans les prophètes, gardiens et interprètes des lois écrites, les rois devaient trouver tantôt des conseillers, tantôt de rigides censeurs, selon qu'ils gouvernaient dans l'esprit théocratique ou qu'ils cherchaient à s'en écarter. Toute l'histoire des Hébreux et les rapports continuels entre les rois et les défenseurs de la théocratie nous montrent que le pouvoir légal des rois était considéré par la nation sous le point de vue que nous venons d'indiquer, ses attributions étant déterminées, sans doute, par un pacte fondamental, qui remontait à Samuel, et qui fut renouvelé plusieurs fois [2]. Mais souvent les rois, favorisés par le succès de leurs armes ou par d'autres circonstances, surent usurper un pouvoir que la loi leur refusait, ou même renier entièrement le principe théocratique, et quelquefois ceux-là même qui reconnaissaient ce principe se rendirent coupables d'actes arbitraires et tyranniques. Les représentants de la nation (les Anciens et les chefs des tribus), qui conservèrent toujours leur autorité et leurs droits à côté du pouvoir royal [3], se rendirent quelquefois complices des écarts de la royauté, et favorisèrent même l'introduction des cultes étrangers [1].

Nous ne possédons plus le texte de la convention qui fixait les droits et les devoirs de la royauté [2]; la loi mosaïque, qui ne parle de la royauté que comme d'une chose éventuelle, est, à cet égard, peu explicite (p. 192). Les devoirs du roi étaient tracés par les lois de Jéhova que le roi devait observer et faire respecter par tous; quant à ses droits, nous pouvons les deviner, en grande partie, par les actes politiques que nous voyons exercer à la royauté sans qu'il soit question de plaintes élevées par les représentants; car ceux-ci ne manquaient pas de défendre les intérêts de la nation contre les usurpations du pouvoir royal. Nous en avons un exemple éclatant dans la déchéance prononcée contre Réhabeam.

Le roi était le juge suprême et jugeait en dernier ressort [3]. De ce droit résultèrent quelquefois les plus graves abus; car s'il est vrai que les rois devaient juger conformément aux lois, ils exerçaient une souveraineté absolue toutes les fois que la loi n'était pas formelle, et notamment quand il s'agissait d'un crime politique. Le sang innocent versé par Achab, par Manassé, par Joïakim, et même par

---

[1] Voy. ci-dessus, pages 191, 196, 251 et 252.
[2] II Sam. 5, 3; II Rois, 11, 17.
[3] II Sam. 17, 4, I Rois, 8, 1; II Rois, 10, 1. 23, 1; II Chron. 34, 29.

[1] I Rois, 21, 8 et 11; 2 Chron. 24, 17.
[2] Voy. ci-dessus, page 248, col. 2, note 1, et page 250, col. 2.
[3] Voy. ci-dessus, page 281. Selon la *Mischna*, le roi ne pouvait être juge ni cité devant les tribunaux; certains docteurs cités dans la *Guemara* appliquent les paroles de la *Mischna* aux rois d'Israël, et soutiennent que les rois de la famille de David pouvaient exercer les fonctions de juges et étaient eux-mêmes soumis à une juridiction. Voy. les passages cités par Selden, *De Synedriis*, p. 922 et suiv., p. 1124 et suivantes. Mais on aurait tort d'attacher de l'importance, sous ce rapport, aux paroles des thalmudistes, qui n'ont aucune base historique, et ne sont confirmées ni par la Bible, ni même par Josèphe. Le droit politique du Thalmud appartient, en grande partie, au domaine de la spéculation et n'a jamais eu d'existence réelle. Ce serait du moins faire un énorme anachronisme que de l'appliquer à l'époque qui précède l'exil, comme l'a fait M. Salvador.

Saül (p. 262) et David (p. 279), témoigne d'un pouvoir exorbitant et terrible. — Le roi avait aussi le droit de faire grâce à ceux que la loi condamnait, comme nous le voyons par une cause imaginaire portée devant David par la femme de Thécoa que Joab envoya pour obtenir la grâce d'Absalom (II Sam. 14, 4 — 11). — Nous voyons les *Schophetim* ou *Juges*, à l'époque de la république, agir en dictateurs, lorsqu'il s'agissait de sauver la patrie, déclarer la guerre et ordonner des levées en masse sans consulter les représentants de la nation. Saül en agit de même, à l'occasion d'une attaque faite par les Ammonites (I Sam. 11, 7), et plus tard, David et d'autres rois de Juda et d'Israël entreprirent souvent des guerres, sans qu'il fût question d'une intervention des représentants. Nous voyons aussi les rois, de leur propre chef, conclure des traités avec des puissances étrangères; Asa ne craint pas d'épuiser les trésors du palais et du Temple pour acheter l'alliance du roi de Syrie (I Rois, 15, 18), et Achaz fait la même chose à l'égard de Tiglath-Piléser (II Rois, 16, 8). Achab renvoie libre le roi de Syrie tombé entre ses mains; il fait avec lui un traité de paix, sans que ces actes rencontrent aucune opposition sérieuse, si ce n'est le blâme impuissant de quelques prophètes. Ces exemples, que nous pourrions multiplier, prouvent qu'on reconnaissait au roi le droit de faire la guerre et de conclure des traités de paix et d'alliance sans consulter la nation. Cependant il est douteux que le roi pût entreprendre des guerres offensives non prescrites par la loi (p. 199); selon la loi traditionnelle, il lui fallait pour cela l'autorisation du grand conseil, c'est-à-dire des Anciens [1]. Le roi avait de droit le commandement en chef de toute l'armée (I Sam. 8, 20), et il pouvait le conférer à qui bon lui semblait. — L'autorité du pouvoir royal s'étendait aussi sur l'organisation du culte national et de ses cérémonies [1], comme on a pu le voir dans l'histoire de David, de Salomon, d'Ezéchias et de Josias; Salomon destitue un grand prêtre (I Rois, 2, 27); Achaz ordonne l'établissement d'un nouvel autel, sur le modèle de celui de Damas, et le grand prêtre Uria fait aussitôt exécuter les ordres du roi (p. 330). Dans le royaume d'Israël, la seule autorité de Jéroboam suffit pour faire introduire un culte national dissident.

Quant au droit de succession, il était bien reconnu que la couronne devait passer à l'un des fils du roi (Deut. 17, 20), ou, à défaut de fils, au plus proche parent (II Rois, 1, 17); mais, quoique l'aîné des fils fût considéré comme héritier naturel du trône (II Chron. 21, 3), le droit d'aînesse n'était pas reconnu, à cet égard, d'une manière absolue, et le roi pouvait disposer de la couronne en faveur d'un de ses fils puînés. C'est ainsi que David désigna, comme son successeur, Salomon, à l'exclusion d'Adoniah, et cet acte fut approuvé par les représentants et salué par les acclamations du peuple (p. 283); c'est ainsi encore que Rehabeam conféra la couronne à Abiah, fils de sa femme favorite, quoiqu'il eût deux fils plus âgés d'une première femme (II. Chron. 11, 18-22). Lors même que le roi n'avait rien fixé à l'égard de la succession, l'aîné se voyait quelquefois exclu par la volonté de la nation; c'est ainsi que, après la mort de Josias, Joachaz fut préféré par le peuple à son frère Éliakim (p. 343). En cas de minorité, la mère ou la grand'mère du prétendant gouvernait probablement comme régente, sous le titre de GUEBIRAH (I Rois, 15, 13); ce ne fut qu'à ce titre qu'Athalie put s'emparer du trône (p. 322).

---

[1] Voy. *Mischna*, 4ᵉ partie, traité *Synhedrin*, ch. 2, § 4; Maïmonide, *Abrégé du Thalmud*, liv. XIV, dernière section (des rois et des guerres), ch. 5.

[1] On a eu tort de conclure de quelques passages que Saül, David et Salomon s'arrogèrent des fonctions sacerdotales; voy. I Sam. 13, 9; 2 Sam. 6, 18; 1 Rois, 3, 4 et 15. Ces passages ne disent nullement que le roi, en offrant des sacrifices, ait fait lui-même les fonctions de sacrificateur.

Le premier roi des Hébreux fut consacré par la cérémonie symbolique de l'*onction* (p. 249); le même acte fut accompli une seconde fois par le prophète Samuel, lorsqu'il choisit David en place de Saül, et plus tard David fut oint de nouveau en présence des Anciens (II Sam. 5, 3). Mais il paraît que, par le sacre de David, ses droits étaient conférés en même temps à ses descendants, et si la cérémonie de l'onction fut renouvelée pour Salomon (I Rois, 1, 39), ce fut sans doute parce que ses droits étaient contestés par Adoniah; car, à partir de cette époque, on ne mentionne plus l'onction que pour Joas (II Rois, 11, 12), qui avait besoin d'une installation plus solennelle, à cause de l'usurpation d'Athalie, et pour Joachaz (ib. 23, 30), élevé au trône au détriment de son frère aîné [1]. Dans le royaume d'Israël le seul Jéhu reçut l'onction comme fondateur d'une nouvelle dynastie choisie par les prophètes (ib. 9, 1). Le roi légitime, sacré par l'onction qu'il a reçue lui-même, ou par celle de ses ancêtres, est appelé MASCHIACH ou l'*oint de Jéhova*, d'où vient le mot *messie*; une fois on voit ce titre honorifique donné à Cyrus (Isaïe, 45, 1), qui devait rendre la liberté au peuple juif.

Quant au cérémonial du couronnement, il paraît qu'il n'y avait pas de règle fixe à cet égard. Salomon se présenta au peuple sur la monture royale, entouré de la cour et de la garde royale des *Créthi* et *Pléthi*; la foule fit retentir des cris de joie mêlés aux sons de la musique. A l'avénement de Salomon, comme à celui de Saül, on offrit de nombreux sacrifices [2]. L'avénement du nouveau roi était toujours publié au son des trompettes, et la foule assemblée faisait retentir le cri de *vive le roi*, en frappant des mains [3]. Les rois de Juda, s'il faut en juger par l'exemple de Joas, recevaient les hommages de la nation dans le parvis du Temple, placés sur une tribune et portant les insignes royaux (II Rois, 11, 12). Ces insignes étaient : la couronne d'or et le diadème ornés de pierres précieuses [1], le sceptre, qui était un bâton de bois couvert d'or [2], des bracelets d'or (II Sam. 1, 10) et probablement un manteau de pourpre (I Maccab. 10, 62; 14, 43). Le roi, dans ses audiences solennelles, était assis sur un trône (p. 294); le mot *trône* s'employait, comme chez nous, dans le sens de royauté (Prov. 16, 12).

Les rois des Hébreux étaient bien plus populaires que les autres souverains d'Orient; on les voyait souvent au milieu de leurs sujets, qui pouvaient facilement les aborder [3]. Mais ils étaient l'objet d'un profond respect (Prov. 24, 21); on se prosternait devant eux *la face en terre* (p. 383), on les embrassait (Ps. 2, 12) et on les saluait par les mots : *Vive mon seigneur le roi éternellement* (I Rois, 1, 31). Offenser la majesté était un crime punissable de mort (ib. 2, 8; 21, 10). A la mort des rois on célébrait de magnifiques funérailles, et ils étaient enterrés dans un caveau particulier, au milieu de la ville [4]; quelques rois impies furent exclus de ces honneurs (II Chron. 28, 27). Le deuil public célébré pour les rois n'est mentionné expressément qu'à la mort de Saül et à celle de Josias (page 386).

Nous nous dispenserons de parler ici en détail des ministres, conseillers et autres dignitaires de la cour, que nous avons déjà mentionnés dans différents endroits de notre histoire. Ceux qui exerçaient la plus grande influence sur les affaires du gouvernement, étaient *l'ami du roi* (I Chron. 27, 33) ou le conseiller in-

---

[1] Comparez Maïmonide, l. c., à la fin du ch. I.
[2] Voy. I Sam. 11, 15; I Chron. 29, 21.
[3] Voy. I Sam. 10, 24; I Rois, 1, 39; 2 Rois, 9, 13; 11, 12 et 14.

[1] 2 Sam. 1, 10; 12, 30; II Rois, 11, 12; Zacharie, 9, 16.
[2] Amos, 1, 5; Zachar. 10, 11; comparez Homère, *Il.* I, 245; II, 268. Le sceptre de Saül était une lance (I Sam, 18, 10; 22, 6).
[3] II Sam. 6, 15; 14, 3; 19, 9; I Rois, 3, 16; 20, 39; II Rois, 6, 26; 8, 3; Jérémie, 38, 8.
[4] Voy. ci-dessus, p. 380, col. 2, note 2, et p. 380, col. 1.

time, le premier ministre (II Chron. 28, 7), le chancelier et le secrétaire du cabinet, qui avait son bureau particulier (Jérém. 36, 12). L'intendant du palais, le général en chef de toute l'armée et celui de la garde royale étaient également des personnages politiques d'une haute influence. Dans l'administration nous remarquons les gouverneurs des provinces (I Rois, 20, 14), les chefs du domaine, les commissaires chargés de fournir l'entretien de la maison royale, et le chef des corvées [1]. Les officiers attachés au service personnel du roi sont désignés souvent, selon le langage oriental, par le mot *sarisim* (eunuques), quoique, chez les Hébreux, il n'y eût d'autres eunuques que les gardiens du harem royal, qui étaient des étrangers. Au nombre de ces officiers on remarque le chef du vestiaire (II Rois, 10, 22) et les échansons (I Rois, 10, 5).

Le luxe des rois, leurs nombreuses possessions, telles que de magnifiques palais, des jardins, des parcs, des forêts, des esclaves, des troupeaux, etc. (Ecclés. 2, 4-8), et les trésors du palais dont il est si souvent parlé dans l'histoire des Hébreux, font supposer un revenu très-considérable. La Bible ne nous donne à ce sujet aucun renseignement direct; mais il n'est pas difficile, en combinant divers passages, d'indiquer assez exactement les sources d'où découlaient les revenus des rois hébreux. Il paraît que, dès les premiers temps de la royauté, les craintes du prophète Samuel (I Sam. 8, 14-17) se réalisèrent en partie; il est évident que déjà sous Saül le peuple avait des charges à supporter, car Saül promit de combler de richesses celui qui frapperait Goliath, et d'*affranchir* toute sa famille (ib. 17, 25), ce qui peut faire présumer que Saül disposait de moyens extraordinaires pour faire de grandes munificences, et que le peuple lui payait certains impôts. Il est du moins certain qu'il recevait des dons à titre de *présents* (ib., 10, 27; 16, 20), et les présents qu'on faisait aux rois dans l'ancien Orient n'étaient autre chose qu'un impôt ou un tribut déguisé, qui, pour ne pas être régulièrement fixé, n'en était pas moins obligatoire [1]. Sous David et Salomon les charges devinrent de plus en plus nombreuses; on se permit d'imposer des corvées au peuple (p. 288): elles furent, comme on le sait, la cause du schisme sous Rehabeam. — Une autre source de revenus, du moins pour les rois de Juda, consistait dans les riches domaines que David avait su acquérir à la couronne (p 281) et qui durent passer à ses descendants. Ces possessions furent agrandies quelquefois par des confiscations, comme le prouve l'affaire de Naboth (p. 312) [2]. Dans les guerres les rois s'appropriaient une partie du butin, et le tribut des pays soumis entrait également au trésor royal [3]. — A tous ces revenus Salomon ajouta les droits d'entrée et de passage qu'il faisait payer aux commerçants (I Rois, 10, 15), et les bénéfices de certaines branches de commerce dont il se réservait le monopole, notamment des expéditions maritimes d'Ophir et du commerce des chevaux (p. 295). — On ne s'étonnera pas qu'avec toutes ces ressources les rois aient pu se livrer quelquefois à un luxe immodéré et amasser de grands trésors. Leurs dépenses ordinaires se bornaient à l'entretien de leurs serviteurs, de leur harem et de la

---

[1] Voy. pour les détails, ci-dessus, pages 272, 281, 286 et 287.

[1] Voy. II Sam. 8, 2 et 6; I Rois, 5, 1; 10, 25; II Rois, 17, 3 et 4; II Chron. 17, 5, et *passim*. Hérodote (III, 89) rapporte que Darius régla le premier les *impôts* des provinces perses; Cyrus et Cambyse s'étaient contentés de *présents*. — Pour les besoins extraordinaires, en cas de guerre, les rois des Hébreux levaient quelquefois des impôts considérables en argent. Voy. II Rois, 15, 20; 23, 35.

[2] Comparez Ézéchiel, 45, 7 et 8; 46, 16-18. Le prophète, dans une vision sur le royaume futur d'Israël, dit que le prince ne possédera que son propre patrimoine et qu'il ne pourra plus l'agrandir en opprimant le peuple. Le droit de confiscation résulte aussi de la donation que David fait à Siba de tous les biens de Méphiboseth (II Sam. 16, 4).

[3] 2 Sam. 8, 2-8; I Rois, 5, 1; Ps. 72, 10; II Rois, 3, 4; Isaïe, 16, 1.

garde royale; car les fonctionnaires ne recevaient pas de traitement, et la solde des troupes levées en temps de guerre consistait principalement dans le butin. Les rois faisaient des libéralités à ceux qu'ils jugeaient dignes d'une distinction particulière (II Sam. 11, 8). En Palestine, comme dans tout l'Orient, les présents royaux se composaient en partie de beaux vêtements (II Rois, 5, 22); souvent les rois et les princes revêtaient leurs favoris des vêtements qu'ils portaient eux-mêmes (I Sam. 18, 4). On faisait quelquefois, aux souverains de pays étrangers, des présents splendides (I Rois, 10, 13) qu'on envoyait ordinairement avec beaucoup de pompe par de nombreux ambassadeurs [1]. A l'occasion des réjouissances publiques, les rois faisaient distribuer des vivres au peuple assemblé (page 384).

L'aperçu que nous venons de donner renferme à peu près tous les faits généraux qu'on peut recueillir dans la Bible sur le pouvoir royal chez les Hébreux avant l'exil. Plusieurs autres faits ont été rapportés dans notre histoire, et il ne nous reste plus qu'à donner quelques détails sur l'organisation militaire des Hébreux, qui subit des réformes très-sensibles depuis l'établissement de la royauté.

C. Relations extérieures des rois. — Guerres.

Nous avons traité plus haut des principes mosaïques sur le droit des gens et des dispositions légales concernant l'armée et la guerre (p. 198-201). On a vu aussi quels furent les progrès militaires des Hébreux sous Saül, et tout ce que fit David pour l'organisation d'une véritable armée (p. 280). Salomon la compléta en organisant un corps de cavalerie et des chariots de guerre qu'il distribua dans différentes places pourvues de munitions [2]. Plus tard nous rencontrons souvent, dans les deux royaumes, des armées parfaitement organisées, notamment sous Asa (II Chron. 14, 7), sous Josaphat (ib. 17, 12-18), sous Amasia (ib. 25, 5), sous Ouzia (ib. 26, 11) et sous Joachaz, roi d'Israël (II Rois, 13, 7). Mais il ne paraît pas qu'il y eût des armées *permanentes*, entretenues aux frais de l'État; en temps de paix, les hommes soumis, par leur âge, au service militaire (p. 200), faisaient probablement le service et les exercices nécessaires à tour de rôle, selon le règlement que l'auteur des Chroniques fait remonter à David (p. 280). Le dénombrement se faisait sous les auspices du général en chef (II Sam. 24, 2), par son premier *Sopher* ou secrétaire (Jér. 52, 25) et par le grand *Schoter* (p. 196), assistés d'un des principaux capitaines (II Chron. 26, 11). Ces fonctionnaires levaient, en temps de guerre, les troupes nécessaires, sauf les exemptions admises par la loi (p. 200). Lors d'une attaque imprévue, on convoquait les contingents par des messagers, par le son des trompettes, et par des signaux donnés du haut des montagnes [1]. Depuis Salomon, on distinguait toujours dans l'armée trois divisions principales, l'infanterie, la cavalerie et les chariots (II Rois, 13, 7); ces derniers portaient, outre le conducteur, un ou plusieurs combattants (I Rois, 22, 34). Les troupes étaient divisées, selon les armes, en deux classes: l'une portait le grand bouclier (*cinnah*) et la lance; l'autre, portant le petit bouclier (*maghén*) et l'arc, formait la troupe légère (II Chron. 14, 7); l'armure seule faisait distinguer le soldat, car nous ne trouvons pas de trace d'uniforme chez les Hébreux. Chaque corps se composait de plusieurs légions de mille hommes, subdivisées à leur tour en bandes de cent et de cinquante hommes, et les différentes divisions, dont chacune avait son drapeau particulier, étaient commandées par des chefs de divers grades,

---

[1] Voy. Juges, 3, 18; II Rois, 20, 12; Isaïe, 39, 1.
[2] Voy. I Rois, 5, 6 (4, 26); 9, 19; 10, 26, comparez ci-dessus pages 30 et 287.

[1] Voy. Juges, 3, 27; 6, 34; 7, 24; I Sam. 11, 3; Isaïe, 18, 3; Jérém. 4, 6; 6, 1; 51, 27; Ézéch. 7, 14.

qui portaient le titre de SAR [1]. Le général en chef (SAR HA-CHAIL OU SAR HAS-SABA), ou le roi, avait sous ses ordres immédiats des généraux commandant de grandes divisions de plusieurs légions [2]. Le roi et les officiers supérieurs étaient accompagnés d'un écuyer, ou porteur d'armes (I Sam. 17, 39). Les chariots, à ce qu'il paraît, formaient deux divisions, dont chacune avait son capitaine (I Rois, 16, 9). Les officiers supérieurs formaient le conseil de guerre (I Chron., 13, 1), et il paraît que ce conseil, en temps de guerre, s'érigeait en tribunal pour juger ceux qui étaient accusés d'un crime politique; car ce sont là, sans doute, les capitaines dont il est souvent parlé dans l'histoire de Jérémie, et dont le prophète dut mainte fois subir les rigueurs (p. 349).

Les troupes, qui ne quittaient leurs foyers que pendant la guerre, ne recevaient pas de solde régulière; l'entretien des soldats était d'abord à la charge de leurs familles respectives (I Sam., 17, 17). On voyait quelquefois de riches particuliers amener à l'armée des provisions abondantes (II Sam. 17, 27-29). Depuis Salomon il y avait des magasins dans différentes villes, où l'on amassait des provisions pour les temps de guerre [3]. On ne payait de solde qu'aux mercenaires étrangers (II Chron. 25, 6). Quant au chiffre des troupes actives, il dut varier selon les circonstances; mais nous n'avons pas de donnée certaine à cet égard, car les nombres qu'on trouve dans plusieurs passages de la Bible sont souvent exagérés, ou se rapportent aux levées en masse [4].

Les armes des Hébreux étaient, comme celles des autres peuples de l'antiquité, de deux espèces: défensives et offensives. Comme *armes défensives* on mentionne les suivantes: 1° CINNAH (*scutum*), ou le grand bouclier (I Rois, 10, 16), ayant probablement la forme ovale et couvrant tout le corps. 2° MAGHÈN (*clypeus*), le petit bouclier (ib. v. 17), de forme ronde, couvrant la poitrine [1]; il est très-ancien (Genèse, 15, 1), tandis que le grand bouclier n'est mentionné que depuis l'époque de David. L'un et l'autre étaient faits en bois, comme il résulte d'un passage d'Ézéchiel (39, 9), et couverts d'une peau qu'on graissait quelquefois d'huile (II Sam. 1, 21). Par exception, on en faisait quelquefois en airain (I Rois, 14, 26); Salomon avait même des boucliers en or (ib., 10, 16 et 17), suspendus comme ornements dans son palais (p. 294). 3° KOBA, le casque, ordinairement d'airain (I Sam. 17, 5 et 38). 4° SIRYON, la cuirasse, également d'airain et faite à écailles (ib). 5° MIÇ'HA, la jambière d'airain, qui n'est mentionnée qu'une fois, dans l'armure de Goliath (ib. v. 6). — En fait *d'armes offensives* nous trouvons: 1° HÉREB, le glaive ou l'épée, qu'on portait dans un fourreau attaché à une ceinture particulière (II Sam. 20, 8) [2]. 2° Différentes espèces de lances, de dards et de javelots désignées par les mots ROMACH, HANITH, KIDÔN, KAÏN (ib. 21, 16), dont il est difficile de préciser les nuances. 3° KÉSCHETH, l'arc, ordinairement d'airain [3], avec les flèches qu'on portait dans le carquois (*teli* ou *aschpah*) sur le dos; les flèches étaient quelquefois empoisonnées (Job, 6, 4). 4° KÉLA, la fronde, arme des pasteurs (p. 358), mais dont on se servait aussi dans la guerre (Juges, 20,

---

[1] Voy. I Sam. 8, 12; 17, 18; II Sam. 18, 1; II Rois, 1, 9; 11, 4 et 15; I Chron. 13, 1; 28, 1; II Chron. 25, 5. Comparez ci-dessus, page 200, col. 2.
[2] Voy II Sam. 18, 2; II Chron. 17, 14—17.
[3] Voy. I Rois, 9, 19; II Chron. 17, 12; 32, 28.
[4] Comparez ci-dessus, pages 15 et 16.

[1] On trouve encore deux autres mots désignant des boucliers, savoir, le pluriel SCHELATIM (II Sam. 8, 7 et *passim*) et le mot poétique SOHÉRA (Ps. 91, 4).
[2] Sous le nom de *héreb*, qui désigne des glaives de différentes formes, on comprend aussi le poignard à deux tranchants. Voy. ci-dessus, page 308, col. 1.
[3] Voy. Ps. 18, 35; Job, 20, 24. L'arc étant très-lourd, il fallait se servir des pieds pour le *tendre*; c'est pourquoi on dit en hébreu: *fouler l'arc*.

16; 2 Rois, 3, 25). A ces armes il faut ajouter les machines de guerre, dont nous parlerons plus loin. — A Jérusalem et dans d'autres villes fortes il y avait des arsenaux pour les besoins de l'armée [1].

Quant à *l'art militaire*, il n'a jamais atteint chez les Hébreux un haut degré de perfection; leur tactique était toujours très-simple, et encore à la glorieuse époque des Maccabées, se trouvant en face de la stratégie grecque, les Juifs suppléèrent par le courage et l'enthousiasme patriotique qui les distinguait au manque d'habiles tacticiens. Voici quelques détails sur la guerre, qui résultent de la combinaison de divers passages de la Bible : la campagne s'ouvrait ordinairement au printemps (II Sam. 11, 1); avant de se mettre en marche, on consultait, dans les temps anciens, le sort sacré des *Ourim* et *Thummim* (p. 176); plus tard on demandait l'avis des prophètes [2]. Quelquefois des négociations précédaient le combat [3]. On ouvrait la guerre par un acte religieux, de là l'expression *sanctifier la guerre* (Joël, 4, 9) pour dire *s'y préparer;* sous Samuel et Saül on mentionne expressément le sacrifice offert avant le combat (I Sam. 7, 9; 13, 9-12). Outre le discours obligatoire du prêtre (page 201), le roi lui-même prononçait quelquefois une allocution (II Chron. 20, 20). Pour l'attaque, comme pour la retraite, le signal était donné au moyen des trompettes [4]; après le signal de l'attaque, toute l'armée faisait retentir le cri de guerre [5] et marchait sur l'ennemi. La bataille s'engageait ordinairement sur trois points, car l'armée était rangée en trois divisions, savoir, le corps de bataille et deux ailes [1]. On employait, selon les circonstances, certains stratagèmes, tels que l'embuscade, l'attaque à l'improviste ou par derrière, et autres ruses semblables [2]. Nous ne savons rien de particulier à l'égard de la forme des bataillons et de leurs évolutions. Pour ce qui concerne le camp et la marche, nous ne connaissons que les dispositions établies par Moïse, dans le désert, pour le voyage et les campements des Hébreux, et dont nous trouvons les détails au livre des Nombres (ch. 2 et 10); mais le camp des Hébreux nomades, ayant pour centre le tabernacle entouré de la tribu de Lévi, ne pouvait guère servir de modèle dans ses détails, au camp de guerre de la Palestine. Le mot MAAGAL OU MAAGALAH, qu'on emploie quelquefois pour désigner le camp de guerre (I Sam. 17, 20), et dont la racine a le sens de *rond*, paraît indiquer que ce camp avait la forme circulaire; le roi et son état major occupaient le centre, et la troupe campait à l'entour (ib. 26, 5) [3]. Deux fois après Josué nous trouvons l'arche sainte au milieu du camp : ce fut dans le malheureux combat livré aux Philistins du temps d'Éli (I Sam. 4, 4), et plus tard dans une expédition de Saül (ib. 14, 18).

Il reste à faire connaître une partie essentielle des opérations militaires : les travaux de fortification, la défense des forteresses et les siéges. Presque toutes les *villes* de la Palestine et des pays voisins étaient des places fortes par leur position et en-

---

[1] II Rois, 20, 13; II Chron. 26, 14; 32, 5; Isaïe, 22, 9; 39, 2.
[2] Juges, 1, 1; 20, 18 et 27; I Sam. 14, 37; 23, 2; 28, 6; 30, 8; I Rois, 22, 6; II Rois, 19, 2.
[3] Juges, 11, 12 et suiv.; I Rois, 20, 2; II Rois, 14, 8. Voy. ci-dessus, page 199, col. 2.
[4] Juges, 7, 18; II Sam. 2, 28; 18, 16; 20, 22. Selon 2 Chron. 13, 12 et 14, des prêtres qui accompagnaient l'armée étaient chargés de sonner des trompettes; comparez Nombres, 10, 9.
[5] I Sam. 17, 20 et 52; Isaïe, 42, 13; Amos, I, 14. Comparez ci-dessus, page 236, col. 1.

[1] Juges, 7, 16; 9, 43; 1 Sam. 11, 11; II Sam. 18, 2; voy. ci-dessus, pages 235, 236 et 277. Il est fait allusion aux *ailes* de l'armée par Isaïe (8, 8) et par Ézéchiel (12, 14; 38, 6).
[2] Voy. Josué, 8, 4 et suiv.; 11, 7; Juges, 7, 16-22; 9, 31 et suiv.; 20, 29; II Sam. 5, 23; ci-dessus, pages 221, 229, 235, 236.
[3] Selon Gesénius et d'autres, *maagalah* serait dérivé du mot *agalah* (chariot) et désignerait la place des chariots et des bagages; mais cette interprétation est peu probable et convient très-peu au passage cité, où il est question d'une petite excursion de Saül.

tourées de murailles (p. 362); mais depuis le règne de Salomon, un grand nombre de villes, notamment sur les frontières, furent fortifiées d'une manière plus solide et plus systématique[1]. Voici quels étaient généralement les ouvrages de fortification : la ville était entourée d'une ou de plusieurs murailles (II Chron. 32, 5), garnies de parapets crénelés (PINNOTH) et flanquées de tours (ib. 26, 15)[2]; de distance en distance il y avait des portes voûtées surmontées de tours et fermées par deux battants (Deut. 3, 5), qui étaient garnis de verrous de fer ou d'airain (ib. 33, 25)[3]. A l'extérieur des murailles se trouvait le HÊL (*antemurale*) : c'est ainsi qu'on appelait le fossé qui courait le long des murailles et qui était protégé par une petite muraille ou par un rempart[4]. Dans certaines villes il y avait des citadelles ou des forts détachés qui servaient de dernier refuge[5]. Les assiégés se défendaient en tirant des flèches (II Sam. 11, 24); quand les ennemis s'approchaient de la muraille, on leur lançait de grosses pierres (ib. v. 21; Juges, 9, 53). Sous le roi Ouzia, qui fit faire aux Hébreux des progrès notables dans l'art militaire, on plaça sur les tours des machines d'une nouvelle invention, au moyen desquelles on pouvait lancer des projectiles à une grande distance (II Chron. 26, 15).

En assiégeant une ville ennemie, les Hébreux devaient, avant de commencer les hostilités, faire des propositions de paix (p. 199). Les opérations du siége commençaient par les travaux du DAYEK ou de la *circonvallation* (II Rois, 25, 1), et par ceux des terrasses ou des bastions (SOLELAH) qu'on élevait sur toute la ligne (ib. 19, 32) et qui s'avançaient jusqu'aux fossés de la forteresse (II Sam. 20, 15). Les siéges duraient quelquefois très-longtemps, et on se bornait d'abord à un simple blocus et à couper les vivres aux assiégés (II Rois, 6, 25), comme on en a vu des exemples dans les longs siéges de Rabbah (p. 273), de Samarie (p. 332) et de Jérusalem (p. 350). Mais nous trouvons souvent des exemples d'attaques expéditives et d'assauts vigoureux; les assiégeants s'approchaient courageusement des murailles et cherchaient à pratiquer la brèche (II Sam. 20, 15); en même temps on tirait des flèches sur les assiégés qui se montraient sur la muraille. Les *béliers* (CARÎM) ne sont mentionnés qu'à l'époque des Chaldéens (Ézéch. 4, 2); on les plaçait surtout contre les portes (ib. 21, 27). Les places prises d'assaut furent ordinairement détruites de fond en comble et les habitants massacrés (Juges, 9, 45); en général, on avait coutume de dévaster le pays conquis (II Rois, 3, 25), et on a vu dans différents endroits de cet ouvrage que les Hébreux usaient mainte fois du droit de guerre avec autant de cruauté que leurs voisins[1]. Mais après David, nous ne trouvons guère d'exemple, chez les Hébreux, de cette cruauté barbare dont les prophètes parlent avec tant d'horreur (Amos, 1, 3 et 13); les rois des Hébreux avaient même la réputation d'être généreux et cléments envers leurs ennemis (I Rois, 20, 31). On se contentait d'enlever le trésor public des ennemis, d'emmener des otages (II Rois, 14, 14), d'occuper le pays conquis et de le rendre tributaire, comme le fit David lui-même (II Sam. 8, 6 et 14) à qui on a justement reproché plusieurs actes cruels.

On célébrait la victoire par des réjouissances et des chants; à leur retour les guerriers recevaient les hommages des femmes, qui allaient au-devant d'eux avec des instruments de musique, en chantant et en dansant[2].

---

[1] I Rois, 9, 17 et 18; Ib, 17 et 22; II Chron. 8, 3-6; 14, 6.
[2] Comparez la description des murailles de Jérusalem, ci-dessus, pages 45 et 46.
[3] Voy. ci-dessus, page 363, col. I, et page 391, col. I.
[4] Voy. II Sam. 20, 15; Isaïe, 26, 1 et le commentaire de Gesénius.
[5] Voy. Juges, 9, 46 et 51; II Sam. 5, 7; II Chron. 27, 4.

[1] Voy. ci-dessus, pages 198-200, 221, 223, 272, 273.
[2] Voy. Juges, 5, 1; 11, 34; I Sam. 18, 6; Judith, 16, 2 et 24.

On déposait quelquefois dans le sanctuaire les armes conquises sur les ennemis (I Sam. 21, 10), et on élevait des trophées en l'honneur des héros (ib. 15, 12). — La moitié du butin appartenait de droit aux soldats (p. 201), et pour éviter les contestations, David avait établi, comme une loi, que dans chaque expédition, ceux qui prendraient part au combat et ceux qu'on aurait laissés en arrière, pour garder le camp et les bagages, auraient des portions égales (I Sam. 30, 24 et 25). Sur l'autre moitié qui, selon l'ordre de Moïse, devait appartenir à la nation, le roi prenait sans doute une large part, notamment des métaux et autres objets précieux (II Sam. 12, 30); une autre part servait à agrandir le trésor du sanctuaire (ib., 8, 11; I Chron. 26, 27), auquel appartenait aussi tout le métal pris dans les villes qui étaient déclarées *hérem* (anathème), comme nous l'avons dit ailleurs (p. 201).

D. Le culte.

Nous avons peu de chose à dire sur le culte légal des Hébreux, que nous avons fait connaître dans tous ses détails (p. 150 - 191). Nous rappellerons brièvement les vicissitudes du culte mosaïque; depuis la mort de Josué jusqu'à l'exil de Babylone, les anomalies et les écarts que nous remarquons à l'époque des juges et qui se reproduisent sous plusieurs rois, et les améliorations portées dans les formes extérieures du culte par quelques autres rois. Nous nous bornerons à quelques indications rapides, pour ne pas répéter des détails que nous avons donnés dans différents passages de notre histoire.

Josué avait fixé le Tabernacle à Siloh, qui devait être le lieu central du culte mosaïque et où les tribus devaient se réunir aux époques fixées par la loi (Jos. 18, 1). Mais pendant la période des juges il n'est jamais question du sanctuaire de Siloh et du culte national, et ce n'est qu'à la fin de cette période que le culte se relève un peu par le prêtre Éli (p. 242).

Les tribus n'étaient pas plus unies sous le rapport religieux que sous le rapport politique; les Hébreux adoraient en partie les divinités cananéennes, et ceux-là même qui restaient fidèles à Jéhova ne pouvaient pas s'élever à l'adoration d'un être invisible, et, dédaignant les symboles de Siloh, ils adoraient leur Jéhova, dans différentes localités, sous une image visible. On en a vu des exemples dans l'idole de Michah (p. 227) et dans l'oracle établi par Gédéon à Ophra (p. 237). Le sacrifice de la fille de Jephté montre combien peu on était pénétré de l'esprit des lois mosaïques. Samuel chercha à refaire l'œuvre de Moïse, en faisant cesser toute espèce d'idolâtrie (I Sam. 7, 3) et en rétablissant l'unité politique et religieuse; il développa le prophétisme, dont les éléments étaient donnés dans les institutions mosaïques, mais nous ne voyons pas encore le culte sacerdotal régulièrement constitué. Une famille de prêtres dessert le sanctuaire de Siloh (ib. 14, 3), mais ce sanctuaire reste privé de l'arche sainte, et Samuel lui-même préside à des sacrifices offerts dans d'autres endroits (ib. 7, 9; 9, 12). Nous trouvons des pratiques religieuses étrangères au mosaïsme, par exemple, le jeûne et les libations d'eau dans la grande assemblée de Mispah (ib. 7, 6), et même dans la famille de Saül nous rencontrons encore les *theraphim* (ib. 19, 13), espèces d'idoles domestiques qui donnaient des oracles (Zachar. 10, 2)[1]. — Sous David, enfin, la tribu de Lévi est établie dans les fonctions et les droits que lui attribue la constitution mosaïque; du moins la Chronique fait remonter à David l'organisation complète des différents corps des lévites et des prêtres (p. 282). Dans les livres bibliques écrits après l'exil, on mentionne, à côté des prêtres et des lévites, une autre classe de serviteurs du Temple appelés *Nethinim* (I Chron. 9, 2), mot qui signifie *donnés, voués*; selon le livre d'Ezra (8, 20), ils furent con-

[1] Comparez ci-dessus, page 176, col. 2.

sacrés, par David et par ses capitaines, au service des lévites. C'étaient sans doute des prisonniers de guerre qui avaient adopté la religion de Moïse (Néhém. 10, 29), et qu'on employait au plus bas service du Temple, à l'égal des Gabaonites, qui furent condamnés par Josué à faire le service de coupeurs de bois et de porteurs d'eau dans le sanctuaire (p. 222). — Salomon couronna l'œuvre de Samuel et de David par la construction du temple de Jérusalem; mais l'unité du culte fut de courte durée. Salomon lui-même, à la fin de ses jours, accorda des autels aux dieux étrangers, et bientôt la division du royaume amena un schisme religieux. A la vérité, le *culte national*, dans les deux royaumes, était celui de Jéhova; mais dans le pays d'Israël on adorait Jéhova sous une image visible, un nouveau sacerdoce fut établi et les époques solennelles furent changées arbitrairement (p. 302). Outre le *temple royal* de Béthel (Amos, 7, 13) et l'autel de Dan, établis l'un et l'autre par Jéroboam, il y avait un certain nombre de *hauts lieux*, ou de temples privés, dans différentes localités (I Rois, 13, 32), sans parler des autels et des temples consacrés au culte phénicien et qui étaient tolérés par la plupart des rois d'Israël. Ce fut contre l'idolâtrie phénicienne que sévirent les prophètes Élie et Élisa et le roi Jéhu; mais le culte des *images* de Jéhova, *le péché de Jéroboam*, subsistait toujours comme culte national (II Rois, 10, 31). Dans le royaume de Juda, le culte reconnu par l'État était celui du sanctuaire de Jérusalem, conforme aux préceptes de Moïse. Malgré la faveur que plusieurs rois de Juda accordèrent au culte phénicien, qui trouva aussi de nombreux partisans parmi le peuple, le temple central resta presque toujours ouvert au culte de Jéhova; Athalie elle-même ne put l'en bannir, et sous son règne impie le grand prêtre Joïada sut maintenir l'ordre du service et l'organisation des prêtres et des lévites (II Chron. 23, 4 - 8). Sous Achaz seulement le Temple resta fermé pendant quelque temps (ib. 28, 24; 29, 7), et Manassé osa le souiller par la plus abominable idolâtrie (II Rois, 21, 4 - 7). Mais presque tous les rois de Juda, même ceux dont l'Écriture loue la piété, tolérèrent le culte des *hauts lieux* [1], qui étaient desservis par des prêtres de Jéhova, de la race d'Ahron (ib. 23, 8 et 9), et il fallut le zèle d'un Ézéchias et d'un Josias pour faire cesser ce culte illégal. Les prophètes font allusion quelquefois à un culte d'images (de Jéhova) célébré dans quelques villes de Juda, telles que Guilgal et Beërséba [2]; le culte du serpent, comme symbole de Jéhova, dura jusqu'au temps d'Ézéchias (p. 331). — Les détails du culte cananéen ou phénicien, auquel se livrèrent beaucoup d'Hébreux dans les deux royaumes, ont été exposés plus haut (p. 89 - 94).

On voit qu'il ne suffit pas de lire les lois du Pentateuque pour se former une idée exacte de l'état religieux des Hébreux avant l'exil. Il est probable que le culte mosaïque pur, avec toutes ses observances, ne fut établi dans toute son étendue que sous le règne de Josias; l'Écriture elle-même nous dit que dans la dix-huitième année de Josias, on célébra pour la première fois le rite de la Pâque selon toutes les prescriptions de la loi (II Rois, 23, 21 - 23). Mais nous sommes bien loin de conclure de là, avec quelques critiques modernes d'Allemagne, que les prescriptions du culte attribuées à Moïse ne sont que le résultat du développement successif des cérémonies religieuses depuis les temps anciens jusqu'à l'époque de Jo-

---

[1] Voy. I Rois, 15, 14; 22, 44; II Rois, 12, 4; 14, 4. On désignait les autels privés, ou les chapelles, par le mot BAMOTH (*hauteurs* ou *hauts lieux*), parce que, dans les temps anciens, on dressait ordinairement les autels sur les hauteurs; mais plus tard les *bamôth* des Hébreux se trouvaient au milieu des villes (II Rois, 17, 9) et dans les vallons (Jérém. 7, 31). C'étaient quelquefois des chapelles portatives, comme paraît l'indiquer un passage d'Ezéchiel (16, 16).

[2] Voy. Hoséa, 4, 15; 9, 15; 12, 12; Amos, 4, 4; 5, 5; 8, 14. Comparez Vulg. Juges, 3, 19.

sias. S'il est vrai que les livres des Rois ne parlent pas souvent des cérémonies et des solennités mosaïques, il ne faut pas oublier que ces livres ne sont que les abrégés fort incomplets des anciennes chroniques de Juda et d'Israël, et que le silence qu'ils gardent sur certaines institutions ne peut nullement servir de preuve de l'absence de ces institutions. Nous trouvons d'ailleurs des traces suffisantes des cérémonies mosaïques observées par les Hébreux avant l'époque de Josias, et s'il est vrai que ces cérémonies n'ont pu s'établir, dans tous leurs détails, au milieu d'un peuple qui comptait un grand nombre d'idolâtres et d'indifférents, et qui était peu instruit dans la loi, il est certain du moins que les partisans du culte national observaient les principales pratiques prescrites dans la loi de Moïse. Ainsi, par exemple, on mentionne expressément la célébration du sabbat et des néoménies [1], et même dans le royaume d'Israël, les prophètes consacraient ces jours solennels à l'instruction du peuple; les hommes et les femmes venaient écouter leurs discours (II Rois, 4, 23). Les trois grandes fêtes étaient célébrées, sans aucun doute, dans le sanctuaire de Jérusalem, aux époques fixées par la loi; le roi Salomon, lors de la dédicace du temple, fit célébrer avec beaucoup de solennité la fête des Tabernacles, et il se rendait toujours au Temple, aux trois fêtes, pour y offrir ses sacrifices (p. 296). Sous Ézéchias, la fête de Pâques fut célébrée avec beaucoup d'éclat, comme le rapporte l'auteur des Chroniques (voy. p. 331).

Parmi les pratiques religieuses des Hébreux nous devons signaler particulièrement les jeûnes et les prières. La loi mosaïque n'établit qu'un seul jeûne public, et elle ne prescrit rien à l'égard des prières (p. 164). Dans les livres historiques postérieurs à Moïse, ainsi que dans les prophètes, il est souvent question de jeûnes extraordinaires, tant publics que privés, qu'on s'imposait comme expiation, ou comme signe de deuil et de contrition, dans les calamités qui frappaient la nation tout entière ou les familles; on en a vu beaucoup d'exemples dans le courant de cet ouvrage [1]. La prière est mentionnée très-fréquemment avant l'exil, mais elle n'était pas encore régulièrement introduite dans le culte public; on ne mentionne que les chants des lévites (I Chron. 16, 4; 23, 30) et des prières de circonstance, dont nous trouvons des exemples dans beaucoup de psaumes et dans la grande prière de Salomon (p. 293). La prière était une partie essentielle de la dévotion privée [2], mais il n'y avait pas de formules fixes et chacun priait selon ses inspirations. Cependant un verset des Psaumes (55, 18) peut faire présumer que déjà avant l'exil les hommes pieux priaient régulièrement trois fois par jour, usage établi plus tard dans les synagogues et dont il est parlé dans le livre de Daniel (6, 11). On faisait la prière debout ou agenouillé et les mains étendues vers le ciel (I Rois, 8, 22 et 54). Quelquefois on se prosternait à terre (Néhém. 8, 6), comme nous le trouvons déjà dans les prescriptions mosaïques (p. 164).

CHAPITRE IV.

DE LA VIE INTELLECTUELLE DES HÉBREUX.

Chez les Hébreux, comme chez les autres peuples de l'ancien Orient, la vie intellectuelle était tout entière dans la religion. L'instruction se bornait généralement à quelques préceptes religieux et moraux nécessaires dans la vie sociale, et à quelques traditions nationales, qui devaient entretenir le sentiment patriotique et rappeler la protection toute particulière que Jéhova avait accordée au peuple hébreu (p. 206 et 377). La science plus élevée, privi-

---

[1] A la cour de Saül, on célébrait les néoménies par des repas solennels (I Sam. ch. 20, v. 5, 18 et 24).

[1] Voy. ci-dessus, pages 246, 266, 267, 275, 312, 344, 386, 387; Juges, 20, 26; Ps. 35, 13, et passim.
[2] Voy. surtout I Rois, ch 8, v. 30 et suiv.; Isaïe, ch. 1, v. 15.

lége de quelques élus, était elle-même le produit de l'imagination et de l'inspiration plutôt que de la méditation et du raisonnement; aussi trouvons-nous chez les Hébreux à peine les premiers éléments des sciences exactes qui demandent une méthode sévère, et nous ne rencontrons que quelques connaissances empiriques, quelques notions vagues dues à la tradition et à un certain instinct, et dans lesquelles il ne faut pas chercher les règles d'une école. Tout était dominé par la poésie et par le sentiment religieux. *La crainte de Jéhova est le principe de toute science;* telles sont les paroles que le sage hébreu met en tête de ses maximes de sagesse et de morale (Prov. 1, 7). Par leur croyance religieuse, basée sur le monothéisme le plus pur, les *sages* des Hébreux s'élèvent au-dessus de tous les philosophes de l'antiquité; mais ils ont été conduits à la connaissance de Dieu par une révélation spontanée, par les inspirations de la foi. La divinité n'est pas chez eux le résultat d'une série de syllogismes, il n'existe dans leurs livres aucune trace de ces spéculations métaphysiques que nous trouvons chez les Indous et chez les Grecs; il n'y a chez eux ni théologie savante, ni philosophie dans le sens que nous attachons à ce mot, et pour faire connaître Dieu ils s'adressent au cœur de l'homme, à son sentiment moral, à son imagination. L'Hébreu *croyait* au Dieu créateur qui s'était révélé à ses pères, et dont l'existence est au-dessus du raisonnement des hommes. La morale des Hébreux est celle de la conviction, du sentiment intime d'un Dieu juste et bon; les maximes de leurs sages et de leurs prophètes ont jailli d'une source divine, elles se sont manifestées tout à coup par un sublime élan et ne sont pas les résultats d'une froide réflexion et d'un orgueilleux stoïcisme. — Les Hébreux ne pouvaient pas non plus briller dans l'art plastique, qui est l'imitation et la déification de la nature, et qui appartient essentiellement au paganisme; pour l'Hébreu la nature s'effaçait entièrement devant le Dieu créateur, et il ne contemplait la nature que pour y voir un reflet de la divinité. Mais dans la poésie lyrique, et probablement aussi dans la musique, arts qui reproduisent les sentiments et qui ne s'arrêtent pas au culte de la beauté matérielle, les Hébreux ont surpassé tous les peuples de l'antiquité.

On jugera maintenant quel devait être le caractère général de la vie intellectuelle des Hébreux. Nous allons rechercher les traces qu'elle a laissées dans les écrits bibliques, et, après avoir donné quelques détails sur les différentes classes de savants chez les Hébreux, nous parlerons successivement des sciences, des lettres et des beaux-arts.

A. Les savants.

On peut distinguer chez les anciens Hébreux trois classes de savants : celle des *prêtres et lévites*, celle des *prophètes* et celle des *sages*.

Les prêtres et les lévites étaient les savants de profession, mais leurs connaissances obligatoires se bornaient aux lois de Moïse et à quelques notions scientifiques qui étaient en rapport avec ces lois. Ainsi, par exemple, les réglements du Lévitique (ch. 12 à 15), concernant certaines infirmités sexuelles et les signes diagnostiques de la lèpre, obligeaient les prêtres d'avoir au moins quelques connaissances traditionnelles sur certaines parties de la médecine; ils devaient avoir aussi quelques notions superficielles du cours de la lune et du soleil, pour régler les époques des fêtes [1]. Mais, renfermés dans leurs attributions spéciales, il ne paraît pas qu'ils aient cultivé avec succès une science quelconque. Au reste, l'étude des lois, ainsi que des sciences qui s'y rattachaient, était pour la tribu de Lévi un devoir, mais non pas un droit exclusif. Le législateur avait voulu qu'il y eût une classe d'hommes obligés, par leur naissance, de se consacrer au service du sanctuaire et à l'étude,

---

[1] Voy. Genèse, I, 14, et ci-dessus, p. 179 et suivantes.

et dont le peuple pût toujours réclamer les conseils ; mais il n'avait pas eu l'intention de confisquer la science au profit d'une caste, qui, par des *mystères*, pût en imposer au reste de la nation, et chaque Hébreu avait la faculté d'acquérir les connaissances des prêtres, ou même de les surpasser [1].

On a vu en effet qu'il s'établit, à côté des prêtres, une autre association d'hommes instruits, qui, par la mission qu'elle se donna, sut s'élever au-dessus du sacerdoce, et qui recevait dans son sein tous ceux qui s'y sentaient appelés par une vocation intérieure. Nous voulons parler de *l'ordre des prophètes*, dont il a été question précédemment et dont on a pu apprécier le rôle important et la haute mission [2]. Nous ajouterons ici quelques observations générales sur le prophétisme et les prophètes, en les considérant surtout sous le rapport moral et intellectuel [3].

Sous les prophètes on se figure ordinairement des hommes capables de révéler les choses cachées et de soulever le voile de l'avenir. Tel paraît être en effet le sens qu'exprime le mot *prophète*; mais nous avons fait voir que le mot hébreu NABI, que les versions rendent par *prophète*, ne désigne autre chose qu'un *orateur inspiré*,

[1] Voy. ci-dessus, pages 169 — 171.
[2] Voy. ci-dessus, page 247, p. 326, col. 2, et *passim*; nous rappellerons notamment les détails que nous avons donnés sur Isaïe et Jérémie.
[3] Il a été beaucoup disserté sur le prophétisme, par les Pères de l'Eglise, les rabbins péripatéticiens du moyen âge, les philosophes et les théologiens modernes. Mais il n'y a que peu d'ouvrages dont les auteurs aient su se placer sur le véritable terrain de l'histoire ; parmi les meilleurs nous citerons Eichhorn, *Einleitung, etc.* (Introduction à l'ancien Testament). 4e édition (1824), tome IV. — Un ouvrage spécial et très-complet sur le prophétisme des Hébreux a été publié, il y a quelques années, par M. Auguste Knobel, professeur de théologie à l'université de Breslau, sous le titre suivant: *Der Prophetismus der Hebræer, vollstændig dargestellt*. Breslau, 1837, 2 vol. in-8. Dans cet excellent ouvrage le prophétisme est considéré du point de vue purement historique et rationnel, et l'auteur a su éviter aussi ce langage nébuleux et prétentieusement philosophique qu'on ne rencontre que trop souvent dans les ouvrages allemands de nos jours.

un *interprète* des lois divines [1]. Anciennement il avait existé parmi les Hébreux des hommes appelés *voyants* (*roim* ou *hozim*), et auxquels le peuple attribuait le don de la *divination*. Nous trouvons un tel *voyant* dans Samuel lui-même, que Saül alla interroger, pour savoir ce qu'étaient devenues les ânesses de son père (p. 249). Plus tard nous ne trouvons guère d'exemples de cette nature que dans le royaume d'Israël, très-rarement dans celui de Juda, où le prophétisme fut considéré sous un point de vue bien plus élevé [2]. Les prophètes, tels qu'ils nous apparaissent dans leurs propres écrits, sont des hommes doués d'une haute intelligence, pleins de zèle pour Jéhova, le Dieu unique, et pour sa doctrine ; ils puisent leurs inspirations divines dans leur enthousiasme pour la vraie religion, et ils se mettent constamment en rapport avec Jéhova, dont ils s'appellent les *serviteurs* et les *messagers* [3]. Dieu, la religion, la morale, sont les principaux objets de leurs discours ; même lorsqu'ils se présentent comme orateurs politiques, ils rattachent leurs paroles à un ordre d'idées purement religieux. La religion qu'ils prêchent est le culte tout spirituel de la Divinité ; les sacrifices et les autres pratiques du culte sont des manifestations extérieures du sentiment religieux, qui n'ont aucune valeur sans la pureté des intentions et la piété intérieure (Isaïe, 1, 11-17). La gloire de l'homme ne consiste ni dans les richesses, ni dans la force matérielle, ni même dans le savoir, mais uniquement dans la connaissance de Dieu, dans la pratique de la vertu, de la charité et de la justice (Jérém. 9, 22). En un mot, propager la connaissance et le culte du vrai Dieu, spiritualiser la loi de Moïse, en faire ressortir la tendance morale, tel était le principal but des prophètes ; ils sont constamment les précepteurs du peuple, auquel ils prêchaient

[1] Voy. ci-dessus, page 247, col. 1, note 2.
[2] Comparez ci-dessus, page 303, et la vie d'Élie et d'Élisa, p. 309 et suiv., p. 315, 317 et suivantes.
[3] Voy, II Rois, 9, 7 ; Jérémie, 25, 4 ; 26, 5, et *passim*; Isaïe, 44, 26 ; Haggaï, 1, 13.

27.

leurs doctrines sur la place publique ou dans le parvis du Temple, et en même temps ils se font les représentants du peuple auprès des rois, aidant de leurs conseils les bons souverains, blâmant les méchants avec une franchise par laquelle souvent ils s'attirent de cruelles persécutions. L'expérience du passé et une profonde intelligence du présent leur font jeter dans l'avenir un regard pénétrant; tantôt ils font entendre les menaces de Jéhova, tantôt ils donnent, en son nom, des promesses consolantes. C'est surtout lorsque le peuple hébreu, divisé en deux fractions, est déchiré par des luttes intestines et menacé par des ennemis puissants, c'est lorsque la corruption des mœurs et l'infidélité envers Jéhova menacent de détruire l'indépendance et la liberté, c'est alors que les *Nebiim*, les *orateurs inspirés*, se font *prophètes* dans le vrai sens du mot (p. 326); mais plus l'avenir dont ils parlent est éloigné, et plus leurs prédictions restent dans les généralités. Les prophètes, en général, se tiennent dans leur temps et dans leur sphère; lorsqu'ils se transportent dans l'avenir, ce sont toujours des pressentiments, des craintes ou des espérances vagues, et non pas des prédictions positives se rapportant à une époque fixe. Jamais un Isaïe, un Micha, un Jérémie, ne se sont abaissés à jouer le rôle de devins. Si çà et là vous trouvez, dans les prophètes, des prédictions de faits positifs, des dates, des noms propres, et en quelque sorte une *histoire* de l'avenir, soyez sûr qu'il y a là interpolation ou supposition. Analysez avec le scalpel de la critique, et vous en trouverez les preuves évidentes. Si, par exemple, dans un livre prophétique portant le nom d'Isaïe, on vous parle du retour de l'exil de Babylone, si on va jusqu'à nommer Cyrus, qui est postérieur à Isaïe d'environ deux siècles, soyez sûr que ce n'est pas Isaïe qui parle. Présentez-vous un orateur, qui, pour consoler ses frères dans les moments de découragement, leur débite des oracles obscurs et leur dit, dans un moment où Babylone est encore sans importance, que l'empire chaldéen sera détruit et que leurs arrière-petits-fils reviendront de l'exil. Belle consolation! Encore faut-il que l'orateur soit intelligible pour ses auditeurs; il fallait au moins leur dire qu'il y aurait un jour un empire de Babylone très-puissant, et que les Juifs y seraient conduits, ce dont Isaïe a pu avoir un vague pressentiment (p. 338), mais ce qu'il n'a jamais annoncé, comme un fait positif, dans ses discours publics. Si, au contraire, c'est un orateur de l'exil qui parle à ses coexilés, tout est intelligible, tout est sublime. Examinez le texte hébreu de la partie suspecte des discours d'Isaïe, et le prophète de l'exil, quelque pur que soit son langage, se révélera par quelque chaldaïsme, ou par quelque allusion aux idées babyloniennes ou parses [1]. — Pour citer encore un exemple d'une époque plus récente, si, au nom de Daniel, on prédit, avec une admirable précision, l'histoire des successeurs d'Alexandre, soyez sûr que ce n'est pas Daniel qui parle; cherchez, et vous trouverez plusieurs mots grecs [2], qui vous révéleront un auteur de l'époque macédonienne.

Toutes les fois que les prophètes prédisent positivement ce qui doit arriver dans un avenir prochain, ils puisent leurs prédictions dans les circonstances du présent, dont ils pré-

[1] Nous prenons cet exemple parce que la discussion nous parait être close sur ce point; après l'argumentation lucide et profonde d'Eichhorn, Gesénius et autres, aucun critique sérieux, aucun vrai connaisseur du langage et de l'esprit des prophètes, ne voudra plus se compromettre, en soutenant l'authenticité du livre d'Isaïe dans son ensemble. Les chap. 40 à 66 du livre d'Isaïe, appartenant à un ou à plusieurs prophètes inconnus, ont été placés, par les auteurs du canon, sous le patronage du nom d'Isaïe, dont ils sont si dignes par l'élévation des idées et par la beauté du langage. Voy. Eichhorn, l. c. p. 82-108; Gesénius, *Commentaire sur Isaïe*, t. II, p. 1-35; Knobel, l. c., t. II, p. 197, 332-349.

[2] Par exemple : KITHAROS (κίθαρις), SABBECHA (σαμβύκη), PSANTHERIN (ψαλτήριον), SUMPHONIA (συμφωνία). Daniel, ch. 3, v. 5, 7 et 15.

voient les conséquences nécessaires. Sous un seul rapport ils franchissent les limites ordinaires et se transportent dans un avenir éloigné qu'ils désignent par des expressions indéterminées, telles que : *à la fin des jours, en ce temps-là, il viendra des jours*, etc.; c'est lorsqu'ils parlent du règne messianique, de l'âge d'or qu'il amènera, et du triomphe de la croyance monothéiste qui sera adoptée par tous les peuples de la terre. Ce triomphe ils l'annoncent avec une profonde conviction, comme le terme où doit aboutir le développement progressif des idées religieuses du genre humain. C'est là l'avenir idéal qu'ils ont constamment devant les yeux et que çà et là ils présentent sous l'image d'un *Messie* (roi sacré) de la race royale de David.

Les prophètes improvisaient leurs discours, qui avaient ordinairement une forme poétique et se distinguaient de la prose élevée par l'élan de l'imagination, par des images sublimes et souvent par un certain rhythme et par le parallélisme propre à la poésie hébraïque et dont nous parlerons plus loin. Ils s'inspiraient quelquefois au son des instruments de musique (2 Rois, 3, 15), et, pour mieux agir sur leur auditoire, ils joignaient souvent à leurs paroles des images en action, ou des actes symboliques, comme on en a vu des exemples dans ce que nous avons rapporté d'Isaïe (p. 333) et de Jérémie (p. 347). Les discours écrits qui nous restent des prophètes ne remontent pas au delà de l'époque d'Ouzia; depuis cette époque les prophètes rédigeaient en partie les discours qu'ils avaient improvisés, afin de les faire parvenir à la postérité. Il est probable que quelques-uns des discours que nous possédons ne furent jamais prononcés publiquement, mais seulement écrits par le prophète, ou sous sa dictée, et ensuite lus dans les assemblées par le secrétaire du prophète, ou par quelque autre personne qu'il en avait chargée [1]; peut-être furent-ils répandus quelquefois par des copies, comme d'autres œuvres littéraires.

On voit que les prophètes formaient la classe la plus éclairée de la nation et la plus avancée par rapport aux idées religieuses et morales. Tandis que les prêtres, en général, ne connaissaient que la lettre de la loi, les prophètes en saisissaient le véritable esprit, et savaient l'interpréter dans le sens de leurs idées de progrès et d'avenir. A côté des études spéciales que demandait leur haute vocation, ils cherchaient sans doute à cultiver leur esprit par d'autres connaissances, et ils embrassaient, à ce qu'il paraît, tout le savoir qui était accessible alors à un Hébreu. Ainsi ils connaissaient, jusqu'à un certain point, les forces secrètes de la nature, et l'usage qu'ils faisaient, de temps à autre, de leurs connaissances physiques, les fit considérer, par les gens du vulgaire, comme des *thaumaturges*. A travers l'enveloppe mythique qui cache quelquefois les faits historiques dans les traditions populaires que la Bible nous a conservées sur plusieurs prophètes, on entrevoit souvent des faits qui se basent évidemment sur des procédés naturels et sur certaines notions de physique, bien que nous ne puissions pas nous en rendre un compte exact. Nous rappellerons le prophète Elie, prédisant tantôt la sécheresse, tantôt la pluie (p. 309), Élisa rendant potable l'eau malsaine de Jéricho (p. 315) et adoucissant, au moyen d'une poignée de farine, un mets qu'on croyait empoisonné (p. 318). Dans leurs expériences des choses naturelles, ils puisaient aussi l'art de guérir certaines maladies; on a vu qu'Élisa guérit de la lèpre le général syrien Naaman (ib.), et qu'Isaïe faisait les fonctions de médecin auprès du roi Ézéchias, malade de la peste (p. 337). La musique et la poésie étaient également cultivées par les prophètes; dans les associations fondées par Samuel, les jeunes prophètes improvisaient au son des instruments (1 Sam. 10, 5). Leurs paroles et leurs chants étaient

---

[1] Voy. Eichhorn, l. c. p. 40-48, et ci-dessus, p. 344 et 345.

d'un effet bien puissant ; quand David se fut réfugié auprès de la confrérie de Rama, tous les messagers que Saül y envoya pour se faire livrer son adversaire furent inspirés, et s'associèrent aux prophètes. Saül y alla lui-même, et il fut lui-même inspiré (1 Sam. 19, 20-24). — Les prophètes composaient aussi en prose, et ils écrivaient surtout l'histoire nationale ; dans les Chroniques, on cite, depuis Samuel jusqu'à Isaïe, un certain nombre de prophètes qui avaient écrit l'histoire contemporaine. Samuel, Gad et Nathan avaient raconté les événements du règne de David (1 Chron. 29, 29) ; dans le livre de Nathan on trouvait aussi une partie de l'histoire de Salomon (2 Chron. 9, 29). Les actes de Réhabeam furent consignés dans les livres de Sémaïah et d'Jddo (ib. 12, 15), et ce dernier écrivit aussi l'histoire d'Abiam (ib. 13, 22). Le règne de Josaphat fut écrit par le prophète Jéhu (ib. 20, 34) et celui d'Ouzia par le prophète Isaïe (ib. 26, 22). Le rôle politique que nous voyons jouer aux prophètes les rendait plus propres que qui que ce fût à écrire l'histoire contemporaine.

Sur la vie extérieure des prophètes nous n'avons que peu de données. Depuis l'époque de Samuel jusqu'à celle d'Élisa, nous trouvons des confréries de prophètes vivant en communauté, et formant un ordre présidé par un prophète supérieur, qui, à ce qu'il paraît, était sacré par la cérémonie de l'onction (1 Rois, 19, 16), et qui réglait les exercices et les études des membres de la confrérie, appelés *fils* ou *élèves de prophètes* (p. 247). Tout Hébreu pouvait être reçu dans les confréries, qui étaient établies dans plusieurs endroits ; les membres recevaient, en cas de besoin, les aumônes des gens pieux (2 Rois, 4, 42). Mais, en général, ils ne renonçaient ni aux occupations ordinaires qui les faisaient vivre, ni à leurs liens de famille ; les confréries n'étaient en quelque sorte que des écoles, où les jeunes prophètes apprenaient tout ce qui était nécessaire à leur vocation, et qu'ils quittaient quand ils le jugeaient convenable. Il y en avait même qui étaient mariés (ib. 4, 1) ; c'est donc fort mal à propos que saint Jérôme les compare aux moines chrétiens [1]. Au reste, on pouvait être prophète, sans avoir vécu dans l'une des confréries ; ces dernières n'existaient même pas dans le royaume de Juda, du moins il n'en est jamais fait mention dans la Bible ; et en effet ces établissements étaient devenus inutiles en présence du sanctuaire central de Jérusalem. Dans le pays d'Israël, on ne mentionne plus les confréries après le temps d'Élisa. — Les prophètes n'étaient soumis à aucune règle ; leur manière de vivre dut être simple et austère, comme l'exigeait la gravité de leur ministère, mais nous ne trouvons pas qu'ils se soient livrés à une vie ascétique. Il paraît qu'ils étaient revêtus ordinairement d'un manteau de poil (p. 366) ; quelquefois ils portaient le vêtement de deuil appelé *sac* (Isaïe, 20, 2). Ils étaient généralement mariés, comme il résulte d'un grand nombre de passages bibliques, où il est question de femmes et d'enfants de prophètes, et comme on a pu le voir dans plusieurs endroits de notre histoire. Parmi les prophètes célèbres il y en a deux qui très-probablement vécurent dans le célibat ; ce sont Élie et Jérémie. Tout ce qu'on raconte des faits et de la manière de vivre du prophète Élie ne convient guère à un père de famille, et Jérémie nous fait entendre lui-même qu'il ne se maria jamais, à cause des grands malheurs dont son pays était menacé (Jér. 16, 1-4).

Il y eut aussi quelques femmes extraordinaires qui, par leur enthou-

---

[1] Epist. 4 ad Rusticum monach., cap. 7 : *Filii prophetarum, quos monachos in V. T. legimus, ædificabant sibi casulas propter fluenta Jordanis, et turbis urbium derelictis, polentá et herbis agrestibus victitabant.* De même Epist. 13 ad Paulinum, cap. 5 : *Et, ut ad scripturarum auctoritatem redeam, noster (monachorum) princeps Helias, noster Helisæus, nostri duces filii prophetarum, qui habitabant in agris et solitudinibus et faciebant sibi tabernacula prope fluenta Jordanis.*

siasme patriotique et religieux joint à un grand talent oratoire et poétique, méritèrent le titre de *prophétesses*[1]. On en a vu des exemples dans Débora (p. 233) et dans Hulda (p. 341), qui jouissaient l'une et l'autre de la plus haute considération.

Après les lévites et les prophètes viennent les *sages;* on appelait ainsi les hommes doués d'un esprit supérieur, qui puisaient dans l'expérience et la méditation une instruction qui les élevait bien au-dessus du vulgaire. Sans prétendre au sacerdoce moral qu'exerçaient les prophètes, sans se faire publiquement les champions de la théocratie et les propagateurs des idées religieuses et morales, ils cultivaient la poésie et cette sagesse pratique que les Orientaux aiment à présenter sous la forme de paraboles, de proverbes et d'énigmes (Prov. 1, 2-6). Le type de ces sages est Salomon, qui, dit l'Écriture, surpassait tous les sages de son temps, tels qu'Éthan, Héman, Calcol, Darda (1 Rois, 4, 31, ou 5, 11). Ce qu'on nous dit de la science de Salomon et des œuvres qu'il composa peut nous donner une idée de ce qu'on comprenait sous le nom de *sagesse*[2]. Il existait sans doute chez les anciens Hébreux, comme chez les Arabes, des assemblées de sages, où l'on discutait en commun des questions de science et de morale, et où les beaux esprits faisaient briller leur talent par des improvisations poétiques et par des discours spirituels. Dans le livre de Job, par exemple, nous voyons une réunion de quelques sages qui essayent de résoudre les problèmes de la providence divine et de la destinée des hommes. On a vu (p. 339) que le roi Ézéchias chargea une société de sages de recueillir les monuments littéraires de l'antiquité. Dans ces réunions, les jeunes gens avides d'une instruction supérieure pouvaient cultiver leur esprit; car, comme nous l'avons dit plus haut (p. 377), l'instruction qu'on donnait aux enfants dans les familles se bornait à peu de chose et les écoles publiques n'existaient pas encore.

B. *Les sciences.*

Les notions scientifiques que nous rencontrons chez les anciens Hébreux paraissent être empruntées aux nations voisines, notamment aux Égyptiens; ces notions, en général, dépassent à peine les premiers éléments, car les Hébreux avant l'exil, loin de développer et de perfectionner une science quelconque, négligèrent même, à ce qu'il paraît, les essais méthodiques que quelques-uns de leurs anciens sages leur avaient transmis et qui sont déposés dans le Pentateuque. Ainsi, par exemple, nous trouvons rarement une allusion aux essais de cosmologie que Moïse avait communiqués dans la Genèse; le point de vue religieux faisait entièrement oublier les germes de science qui y étaient déposés.

Les connaissances mathématiques, bases de toute science, étaient nulles chez les Hébreux. Les calculs dont il est question dans la Bible ne conduisent pas au delà des quatre premières règles de l'arithmétique[1]; on avait sans doute des méthodes pour arpenter, pour mesurer les dimensions d'un édifice, etc., mais ce n'était là qu'une simple routine, sans principes géométriques[2].

Il ne saurait être question d'Astronomie; le calendrier fort imparfait, basé en partie sur des observations agronomiques (p. 180), prouve qu'on n'était pas en état de déterminer exactement le rapport de l'année lunaire et de l'année solaire. On distinguait plusieurs constellations connues par l'observation vulgaire des pasteurs et des gens de la campagne; les noms que nous trouvons dans la Bible sont: ASCH ou AÏSCH (la grande Ourse)[3],

---

[1] On donnait quelquefois ce titre à la femme du prophète (Isaïe, 8, 3).
[2] Voy. ci-dessus, p. 285, col. 1, et p. 297, col. 1.

[1] Voy. par exemple, Lévit. ch. 25, v. 27 et 50.
[2] Sur une grave erreur géométrique qu'on trouve dans la description du temple de Salomon, voy. ci-dessus, page 292, col. 1, note 2.
[3] On lui attribue des *enfants* (Job, 38, 32), qui désignent sans doute les étoiles de la

KESIL (l'Orion), KIMAH (les Pléiades), NAHASCH (le Dragon), HÉLEL (*lucifer*, Vénus), MAZZALOTH (les signes du zodiaque)[1]. Quelques autres noms, tels que *Nebo* (Mercure), *Kiyyoun* ou *Kéwân* (Saturne), etc., sont empruntés au culte des Chaldéens ou des Sabéens, et à leur astrologie[2]. Mais il y a loin de la connaissance de quelques astres et constellations à une science astronomique, et cette science, alors inséparable des superstitions astrologiques, était trop peu en harmonie avec les doctrines mosaïques pour être favorisée par les prophètes, ennemis de toute superstition, et qui ne voulaient pas qu'on interrogeât les signes célestes et qu'on s'en épouvantât à la guise des païens (Jérémie, 10, 2).

Nous avons déjà observé plus haut que les prophètes possédaient probablement quelques notions de physique dont l'application les faisait considérer quelquefois comme des thaumaturges, et qu'ils pratiquaient aussi la médecine. On a vu aussi que les prêtres savaient traiter particulièrement certaines maladies et que Moïse prescrivit un traitement minutieux pour les personnes atteintes de la lèpre, dont le Lévitique expose en détail les signes diagnostiques. Des prêtres et des prophètes on distingue les *médecins* vulgaires (ROPHEÏM)[3], ce qui prouve qu'il existait une classe particulière cultivant la médecine; mais ces médecins n'étaient probablement que des empiriques, la médecine ne s'étant pas encore élevée au rang d'une véritable science. On traitait principalement les maladies extérieures et les blessures; les remèdes consistaient surtout en fomentations, on employait le baume, l'huile d'olives et d'autres remèdes amollissants[1]. Il paraît cependant qu'on connaissait aussi quelques remèdes intérieurs désignés par les mots *arbre de vie*, c'est-à-dire *plante salutaire*[2]; dans un passage des Proverbes (13, 12), ces mots sont opposés, dans le parallélisme poétique, à la *maladie du cœur*, et désignent évidemment des remèdes contre les maladies intérieures, dont on distingue plusieurs (Deut. 28, 22).

Les Hébreux étaient un peu plus avancés dans l'histoire naturelle. Le livre de Job, plus que tout autre livre de la Bible, révèle des connaissances notables dans les trois règnes de la nature; nous avons déjà fait remarquer, en parlant des arts et métiers, qu'on trouve dans ce magnifique poëme les traces de connaissances exactes touchant la génération des métaux et les travaux des mines (Job, 28, 1, etc.), et ce que nous avons dit des travaux en métal suffit pour faire voir que les Hébreux, en fait de notions métallurgiques, n'en étaient plus aux premiers éléments, et qu'ils avaient su au moins s'approprier les découvertes et les observations de leurs voisins, les Égyptiens et les Phéniciens. Dans les images des poëtes hébreux on peut découvrir des connaissances assez étendues par rapport aux plantes et aux animaux, et ces connaissances ne se bornent pas à l'histoire naturelle de la Palestine; çà et là nous rencontrons des descriptions fort remarquables qui supposent, chez leurs auteurs, des études, sinon des observations propres. Nous citerons, par exemple, dans les Proverbes (6, 6-8), l'image de la fourmi, et dans le livre de Job, l'image qui fait allusion au papyrus (8, 11), la belle description de l'onagre (ch. 39, v. 5-8), du *reém* (v. 9-12)[3],

---

queue; car les Arabes appellent le carré de l'Ourse *naasch*, et la queue *filles de naasch*.
[1] Job, 9, 9; 26, 13; 38, 31 et 32; Amos, 5, 8; Isaïe, 14, 12; II Rois, 23, 5. Voy. sur ces différents noms, Gesénius, dans son *Thesaurus ling. hebr. et chald.* et dans son Commentaire sur Isaïe, t. I, p. 457 à 459 et 479 à 481.
[2] Voy. Gesénius, Comment. sur Isaïe, t. II, page 327 et suivantes; comparez ci-dessus, page 91.
[3] Voy. Jérémie, 8, 22; II Chron. 16, 12, et ci-dessus, page 307, col. 2.

[1] Voy. Isaïe, I, 6; 38, 21; Jérémie, 8, 22; 46, 11; 51, 8; Ézéch. 30, 21; comparez ci-dessus, p. 22, col. 1 et p. 337, col. I.
[2] Voy. Proverbes, 3, 18; 11, 30; 13, 12; 15, 4.
[3] *Reém* ou *rém* signifie, selon plusieurs versions, *monocéros* ou *licorne*. D'après les rapports très-récents de M. Fresnel, l'existence de la licorne paraît être maintenant bien

de l'autruche (v. 13-18), du cheval (v. 19-25), de l'aigle (v. 27-30), de l'hippopotame (ch. 40, v. 15-24), du crocodile (v. 25-32). Dans le 1ᵉʳ livre des Rois (4, 33, ou 5, 13), on attribue à Salomon une description générale des plantes et des animaux, et, ce qui est plus positif, dans le Pentateuque nous trouvons un système de cosmogonie et des essais de classification méthodique des plantes et des animaux. Dans la Genèse (ch. 1, v. 11), on divise les végétaux en herbes qui poussent spontanément, en plantes portant de la semence et en arbres portant des fruits. Le règne animal est divisé en quatre classes, savoir : les poissons, les oiseaux, les quadrupèdes et les reptiles (ib. v. 26)[1]. Nous trouvons de nombreuses traces d'une classification plus détaillée, selon la nature des animaux et leur organisation plus ou moins parfaite. Ainsi on distingue les cétacés des autres animaux aquatiques (ib. v. 21); les quadrupèdes sont divisés en animaux sauvages et animaux domestiques (ib. v. 25). On a vu, dans un autre endroit, que le législateur des Hébreux divise les animaux en purs et impurs et qu'il distingue, à cette occasion, les poissons qui ont des nageoires et des écailles, les quadrupèdes ruminants et ceux qui ont le sabot divisé, et différents genres d'oiseaux, de reptiles et d'insectes (p. 167).

Les deux premiers chapitres de la Genèse nous offrent deux systèmes de *cosmogonie*, ou pour mieux dire, de *géogonie*; car, quoique dans le premier chapitre on parle aussi du ciel et des astres, ceux-ci ne sont présentés que comme les accessoires de la terre, qui est le but principal de la création. Peu nous importe que le commencement de la Genèse offre des analogies avec les cosmogonies des Chaldéens, des Perses, des Phéniciens, des Égyptiens, comme on l'a souvent répété [1]; quand même la cosmogonie des Hébreux aurait été empruntée en partie aux mythologies étrangères, toujours est-il qu'elle a pris, dans la Genèse, un caractère tout particulier. Il s'agissait moins d'imaginer un système scientifique, que d'établir comme principe fondamental, que Dieu est le créateur de toute chose. Aussi l'auteur de la Genèse n'a-t-il pas hésité à admettre dans son recueil deux systèmes bien différents, mais qui tous deux répondaient au but qu'il se proposait [2]. Dans le premier document, qui ouvre la Genèse et qui va jusqu'au verset 3 du deuxième chapitre, on voulait aussi rattacher à la création l'institut du Sabbat qui devait en être le symbole (p. 182). De là viennent les sept journées dont six sont consacrées à l'œuvre de la création et la septième au repos. Mais comme les journées ne peuvent être distinguées que par la variation de la lumière et des ténèbres, et que, dans le développement successif de la création, le tour du soleil et des autres astres ne pouvait arriver que le quatrième jour, il a fallu imaginer un fluide lumineux créé dès le premier jour et indépendant du soleil, dont il devait momentanément faire les fonctions. Ce trait suffit seul pour faire voir que nous avons ici un mythe religieux et non pas un récit historique ou un système purement scientifique. Dieu (*Elohim*), dit la Genèse, créa d'abord le ciel et la terre dans

---

constatée; mais on peut douter que cet animal qui, selon les anciens, n'existait que dans les montagnes de l'Inde et dans l'intérieur de l'Afrique (voy. Rosenmüller, *Bibl. Naturgeschichte*, t. II, p. 190 et suiv.) ait été assez bien connu des Hébreux, pour figurer dans les images de leurs poëtes. Un passage d'Isaïe (34, 7) indique évidemment un animal vivant dans les environs de la Palestine. Parmi les différentes conjectures des savants, nous citerons encore celle qui voit dans le *rêm* une espèce de gazelle que les anciens appellent *oryx* (*antilope leucoryx* de Linné) et qu'ils présentent comme un animal féroce, doué d'une grande force et très-dangereux. Voy. sur la *licorne* et l'*oryx*, les détails communiqués par M. Fresnel, dans le *Journal asiatique*, mars 1844, p. 130 — 158.

[1] Comparez Genèse, 6, 20; 7, 23; 8, 17, où, en parlant des animaux qui entrent dans l'arche de Noé, on mentionne les mêmes classes, à l'exception des poissons; de même ch. 9, v. 2, où on nomme les quatre classes.

[1] Voy. Volney, Recherches nouvelles sur l'histoire ancienne, 1ʳᵉ partie, ch. 17.

[2] Comparez ci-dessus, pages 106, 134 (note 1) et 142.

un état de chaos, *tohou wabohou* (p. 145); puis, pour dissiper les ténèbres du chaos et pour éclairer l'œuvre qu'il allait accomplir, sa parole fit naître la lumière. Tel fut l'ouvrage du premier jour. La terre étant cachée dans l'eau qui remplissait l'espace, le second jour fut consacré à l'en dégager; l'eau se divisa en deux portions, dont l'une, occupant le haut de l'espace, fut retenue par une voûte qui se forma à la parole du Créateur, et cette voûte fut appelée *ciel*. Le troisième jour, les eaux inférieures se retirèrent dans les cavités de la terre et formèrent les mers; ensuite la surface de la terre se couvrit de plantes. Au quatrième jour, le soleil, la lune et les étoiles apparurent à la voûte céleste. Dès lors la terre est propre à recevoir des habitants; le cinquième jour est employé à la création des animaux aquatiques et des oiseaux, le sixième à celle de tous les animaux de la terre, et à la fin le premier couple humain sort de la main du Créateur[1]. L'homme, destiné à tout dominer, est fait à l'image de Dieu. Cette cosmogonie est d'une simplicité enfantine; il ne faut y voir qu'un poëme, renfermant bien quelques germes de science, mais où l'imagination l'emporte sur la réflexion, et qu'on aurait tort de juger du point de vue scientifique.
— Dans le second document (ch. 2, v. 4 et suiv.), qui ne s'occupe que de la terre seule, on reconnaît, malgré son caractère mythique, une observation plus exacte de la nature. Lorsque *Jehova-Elohim* (c'est ainsi que Dieu est appelé dans ce document) eut fait la terre et le ciel, il n'y avait d'abord aucune végétation sur la terre; car il n'y avait encore ni pluie ni aucun homme pour labourer la terre (v. 4 et 5). Alors des vapeurs s'élèvent de la terre et y retombent sous la forme de pluie, pour l'arroser et la fructifier (v. 6). Ensuite Dieu forme l'homme de la poussière de la terre et lui donne lui-même le souffle de la vie (v. 7)[1]. Il plante un jardin dans Éden et y place l'homme pour le cultiver (v. 8 et 15). Dieu trouvant l'homme trop isolé dans la nature, forma de la terre les différentes espèces d'animaux et les amena à l'homme, qui leur donna des noms; mais comme, parmi tous ces êtres, il ne se trouvait point d'aide qui fût semblable à l'homme, Dieu, ayant fait endormir l'homme, prit une de ses côtes et en forma la femme (v. 18-22). — Sans nous arrêter aux idées philosophiques et morales que renferme le mythe de l'arbre de la science et de la création de la femme, et que nous avons déjà fait ressortir dans d'autres endroits[2], nous nous contentons de faire remarquer les éléments de science physique déposés dans les versets 5 et 6, et qui concernent la genèse des plantes que le premier document, selon son caractère purement poétique et religieux, attribue à la seule parole de Dieu, sans faire intervenir une loi physique. Dans la description du jardin d'Éden (v. 10-14), nous trouvons quelques données obscures de la géographie des Hébreux que nous allons considérer dans son ensemble.

Il n'existe aucun passage, dans la Bible, qui exprime clairement ce que pensaient les anciens Hébreux de la configuration de la terre; cependant quelques expressions que nous trouvons çà et là nous laissent deviner que, dans l'opinion des Hébreux, la surface de la terre était un plan circulaire. Nous lisons dans le livre d'Isaïe (40, 22) que Dieu réside au-dessus du *cercle* (HOUG) *de la terre;* dans les Proverbes (8, 26 et 27) la sagesse dit qu'elle existait avant que Dieu eût fait la terre, qu'elle était là lorsqu'il disposait les cieux et qu'il traçait *un cercle* sur l'abîme[3]. Selon le livre de Job (26, 7),

---

[1] « Il *les* créa mâle et femelle. Et les bénit et leur dit : Croissez et multipliez, etc. » On voit que, selon ce premier document, la femme est créée en même temps que l'homme; ce n'est qu'à force d'interprétations subtiles qu'on a pu faire accorder ce passage avec celui qui fait employer à Dieu une côte de l'homme pour en former la femme.

[1] Voy. ci-dessus, page 148, col. 2, note 2.
[2] Voy. page 145 et p. 201, col. 2.
[3] Comparez aussi Job, 26, 10. Les *quatre pans* (ou *angles*) *de la terre* (Isaïe, 11, 12),

la terre, par la toute-puissance divine, plane dans l'espace et n'est soutenue par rien[1]; si dans ce même livre (9, 6), ainsi que dans les Psaumes (75, 4; 104, 5), on lui prête des *bases* et des *colonnes*, ce ne sont là évidemment que des images poétiques. — Les points cardinaux sont appelés *les quatre angles de la terre* (Isaïe, 11, 12), ou *les quatre bouts des cieux* (Jérém. 49, 36), ou *les quatre vents* (1 Chron. 9, 24). L'Hébreu, en désignant les différentes régions, a le visage tourné vers l'orient, de sorte qu'il a derrrière lui l'occident, le midi à droite et le nord à gauche (Job, 23, 8 et 9), ce qu'il est important de savoir pour bien comprendre certaines expressions géographiques de la Bible. Chacune des quatre régions du ciel a différents noms: 1° L'orient (MIZRACH) s'appelle aussi KÉDEM (devant); on dit souvent : Tel endroit est *à la face* ou *en face* de tel autre, pour dire *à l'est*. 2° L'occident (MAARAB, le *maghreb* des Arabes) est désigné par ACHOR (*derrière*); *derrière tel endroit* veut dire *à l'ouest* (Juges, 18, 12). Souvent on désigne l'occident par *la mer*, parce que la Méditerranée était à l'ouest de la Palestine. 3° Le midi s'appelle tantôt NÉGHEB (sécheresse), tantôt THÉMAN ou YAMÎN (droite), tantôt DAROM (mot dont l'étymologie est incertaine). 4° Le nord s'appelle ÇAPHON (lieu caché, obscur), ou SEMOL (gauche,

ne sont autre chose que les quatre points cardinaux, et il serait hardi de conclure de cette expression que les Hébreux attribuaient à la terre une forme quadrangulaire, comme le fait entendre Gesénius, dans son dictionnaire hébreu, au mot CANAPH, et dans son commentaire sur Isaïe, t. II, p. 326.
[1] Bacon de Verulam n'a pas hésité à conclure de ce passage que l'auteur du livre de Job connaissait la forme sphérique de la terre. Voici comment s'exprime ce célèbre philosophe (*De augmentis scientiarum*, lib. I) : *Si quis eximium illum Jobi librum diligenter evolverit, plenum eum et tanquam gravidum naturalis philosophiæ mysteriis deprehendet. Exempli gratia, circa cosmographiam et rotunditatem terræ, illo loco : qui extendit aquilonem super vacuum, et appendit terram super nihilum. Ubi pensilis terra, polus arcticus, et cœli convexitas in extimis, haud obscure insinuantur.* Compar. Brucker, *Hist. crit. philosophiæ*, t. I, p. 98.

Gen. 14, 15). — La terre sèche, opposée à la mer (Jona, 1, 9), se divise en un grand continent et en beaucoup d'îles (Ps. 97, 1). On plaçait le centre de la terre dans la ville sainte de Jérusalem. Dieu dit, dans le livre d'Ézéchiel (5, 5) : « C'est Jérusalem que j'ai placée au milieu des nations, et autour d'elle, des pays. » C'est dans ce sens que, dans un autre passage, le même prophète (38, 12) dit que le peuple hébreu habite le *nombril de la terre*[1]. Cette même opinion est en vogue chez les rabbins et les Pères de l'Église[2], qui y font souvent allusion; ce qui a fait dire au Dante :

Già era 'l Sole all' orizzonte giunto
Lo cui meridian cerchio coverchia
Jerusalem col suo più alto punto[3].

Dans la géographie fabuleuse des anciens peuples de l'Asie, on parle d'une haute montagne qu'on place tantôt au milieu des zones terrestres, tantôt à l'extrémité septentrionale de la terre habitée, et qui est considérée comme la résidence des dieux. Pour les Indous cette montagne est le *Mérou*, qui, dans le monde réel, paraît désigner le haut pays de la Tartarie, au nord de l'Himalaya[4]. Pour les Parsis c'est le sommet le plus élevé du Caucase, désigné dans les livres de Zoroastre sous le nom d'*Albordj*. Dans le livre d'Isaïe (14, 13), on fait allusion à cette montagne. le prophète, s'adressant au roi de Babylone, lui dit : « Tu disais en ton cœur : Je monterai aux cieux, j'élèverai mon trône au-dessus des étoiles divines, je serai assis *sur la montagne de réunion, à l'extrémité du nord.* » Mais ici le prophète parle, comme il devait le faire, dans le sens

[1] Cette expression est aussi employée par les Grecs et les Romains. Dans Tite-Live (l. 38, c. 48) Delphes est appelée *umbilicus orbis terrarum*. Cicéron dit en parlant du bois sacré près d'Enna, en Sicile (*In Verrem*, act. II, l. 4, c. 48) : *Qui locus, quod in medio est insula sita, umbilicus Siciliæ nominatur.*
[2] Voy. les commentaires des rabbins et de saint Jérôme sur Ézéch. 5, 5, et Ps. 74, 12.
[3] *Divina comedia*, Purgat., canto II.
[4] Voy. Wilson, *Dictionnary in Sanscrit and English*, 2e édition, p. 674.

de la mythologie babylonienne [1], et il ne faut pas conclure de là que cette idée d'une montagne divine, à l'extrémité du nord, ait été familière aux Hébreux ; lorsque les poëtes hébreux parlent allégoriquement de l'apparition de Jéhova, ils font émaner sa lumière du mont Sinaï ou du mont Sion.

Si la géographie fabuleuse des Hébreux présente quelques rapports avec celle d'autres peuples de l'Asie, c'est dans la description du *jardin d'Éden* (délices), ou du *paradis terrestre*. Voici comment s'exprime la Genèse (2, 10-14) : « Un fleuve sortait d'É-
« den pour arroser le jardin, et de là
« il se divisait pour former quatre
« bras [2]. Le nom de l'un est Phison ;
« c'est celui qui parcourt tout le pays
« de Havila, où se trouve l'or. Et l'or
« de ce pays-là est bon ; là est aussi
« le *bedolach* (bdellium) et la pierre
« de *schoham* (onyx). Le nom du se-
« cond fleuve est Guihon ; c'est celui
« qui parcourt tout le pays de Cousch.
« Le nom du troisième fleuve est Hid-
« dékel ; c'est celui qui coule à l'orient
« de l'Assyrie ; et le quatrième fleuve
« est le Phrâth (Euphrate). » C'est en vain qu'on s'est efforcé d'adapter cette description à un point connu du globe terrestre ; car il n'existe aucune contrée dont on puisse dire qu'elle donne naissance à l'Euphrate et à trois autres grandes rivières sortant d'un même point. Il faudrait faire un livre volumineux pour énumérer et discuter toutes les hypothèses qu'on a faites sur la topographie d'Éden, dans le but d'établir l'existence réelle des lieux décrits dans la Genèse [3] ; la multitude même de ces hypothèses, parfois très-bizarres, et qui n'ont conduit à aucun résultat, est la meilleure preuve que le jardin d'Éden est une création de l'imagination poétique et appartient à la géographie mythique de l'ancien Orient. C'est ainsi que, selon quelques *Pouránas*, le Gange, tombé du ciel près de la cité de Brahma, sur le mont Mérou, s'y divise en quatre grands fleuves coulant dans diverses directions, et dont les noms présentent autant de difficultés que ceux des fleuves d'Éden [1]. C'est ainsi encore que, selon les livres des Parses, Ormuzd, par l'amour extrême qu'il a pour les hommes, a fait couler d'auprès de son trône deux eaux qui circulent sur la surface de la terre [2]. Mais quoique le jardin d'Éden et la source commune des quatre fleuves soient une fiction poétique, les quatre noms désignent, sans aucun doute, des fleuves réels, connus des anciens Hébreux. Pour le troisième et le quatrième il ne peut y avoir aucune doute. Le nom de *Hiddékel*, qui se trouve aussi dans le livre de Daniel (10, 4), désigne le Tigre, que les Syriens appellent *Deklath* ; seulement le texte de la Genèse s'exprime d'une manière peu exacte, en le faisant couler à l'est de l'Assyrie. *Phrâth* est l'Euphrate, très-souvent mentionné sous ce nom dans les livres hébreux. Sur le premier et le second, les opinions varient beaucoup chez les auteurs anciens et modernes. Nous dirons, avec Volney [3], qu'il n'y a point de raison solide à prendre le *Phison* pour le *Phase* de Colchide, opinion qui, depuis Reland, a été adoptée par beaucoup de savants. Les quatre fleuves paraissent se suivre de l'orient à l'occident ; le Phison était sans doute un grand fleuve vaguement connu des Hébreux, qui le plaçaient à l'extré-

---

[1] Voy. Gesénius, *Comment. sur Isaïe*, t. II, Ier appendice, p. 316 — 326.

[2] Le texte dit *quatre têtes* ; le fleuve principal se divisant en quatre branches est présenté comme un corps à quatre têtes. Michaëlis, Jahn et d'autres, dans le vain intérêt d'appliquer la description d'Eden à quelque contrée réelle de l'Asie, expliquent le mot *têtes* par *sources* et prétendent qu'il s'agit du confluent de quatre rivières venant de quatre sources différentes ; mais le texte n'admet nullement cette interprétation.

[3] Les principales hypothèses et les difficultés qu'elles présentent ont été exposées par Winer, dans son *Bibl. Realwœrterbuch*, t. I, p. 335-341.

[1] Voy. *The Wishnu Purana, translated from the original sanscrit and illustrated by notes*, by H. H. Wilson. London, 1840, gr. in-4°, pages 170 et 171.

[2] Voy. *Zend-Avesta*, par Anquetil-Duperron, t. II, page 361.

[3] *Recherches nouvelles sur l'histoire ancienne*, Ire partie, ch. 16.

mité de l'orient, et nous ne voyons aucun inconvénient à le prendre, avec Josèphe, pour le Gange [1]. Dans ce cas, le pays de *Havila*, qui, dans tous les cas, doit être différent des deux pays du même nom, mentionnés au ch. 10 (v. 7 et 29), désignerait l'Inde, qui de tout temps était immensément riche en or et en pierres précieuses [2]. Naturellement le *Guihon* désigne alors un des grands fleuves de l'Asie, entre le Gange et le Tigre, et n'est autre que l'*Indus*; le pays de *Cousch*, dans l'acception la plus vaste de ce nom, embrasse, comme l'*Éthiopie* des Grecs, tout le midi de l'Asie et une partie de l'Afrique [3].

Après ce que nous venons de dire on ne nous demandera pas de renseignements sur le pays de *Nod*, où s'établit Caïn, ni sur la ville d'*Hénoch* qu'il y bâtit (Gen. 4, 16 et 17), et qui appartiennent l'un et l'autre à la géographie mythique. *Nod* signifie *errement*, *exil*; mais peut-être l'auteur de la Genèse a-t-il eu quelque vague connaissance d'un pays de *Hanod* ou *Hind* (Inde), à l'orient d'Éden, dont le nom, par un léger changement, a été mis en rapport avec l'exil de Caïn [4]. La fondation de la ville d'*Hénoch* est peut-être un symbole, indiquant le commencement de la civilisation, suivi de l'invention des arts (v. 21 et 22); ce serait vraiment absurde de s'attacher au sens littéral, et d'attribuer à Caïn, qui était alors seul avec sa femme et son fils, la construction d'une ville. Mais après les symboles du *jardin de délices*, de la chute de l'homme, de la lutte morale et physique, celui de la cité se trouve bien à sa place.

Si jusqu'ici nous n'avons trouvé que quelques données vagues puisées dans les traditions mythiques de l'antique Asie, le 10ᵉ chapitre de la Genèse nous transporte dans la sphère de la réalité historique et nous présente, sous la forme d'une table généalogique, le résumé du système géographique et ethnographique des anciens Hébreux. Sous les noms des trois fils de Noé et de leurs descendants, ce tableau présente, dans un ordre systématique, les trois parties de la terre connue, ainsi que les différents peuples qui habitaient chacune d'elles, du moins ceux dont les noms étaient connus aux Hébreux. L'auteur lui-même indique très-clairement qu'il entend donner un tableau ethnographique; car au milieu des noms qui, en apparence, désignent des individus, nous en rencontrons quelques uns qui ont la terminaison du pluriel, ou celle des noms patronymiques, et désignent évidemment des peuples. Tels sont, par exemple, les noms de *Misraïm* (Égypte ou Égyptiens), *Pelischthim* (Philistins), *Caphthorim* (Crétois), *Yebousi* (le Jébusite), *Emori* (l'Amorrhéen), etc. Les autres noms, qui paraissent appartenir à des individus, sont également empruntés aux peuples alors connus; de la même manière les Grecs imaginèrent un *Æolus*, père des Éoliens, un *Dorus*, père des Doriens, un *Ion*, père des Ioniens, etc. L'auteur nous en avertit lui-même, lorsqu'à la fin de la seconde et de la troisième division, il ajoute ces mots : *ce sont là les enfants de Cham (de Sem), selon leurs familles, selon leurs langues, dans leurs pays et leurs nations.* — Ce tableau suppose des recherches savantes; l'auteur paraît avoir recueilli les traditions de différents peuples qu'il a combinées ensemble. S'il eût voulu

---

[1] *Antiqu.*, I, 1, 3. — Une des hypothèses les plus récentes nous conduit même plus loin à l'est; selon Buttmann (*Mythologus*, I, p. 82 et suiv.), les quatre fleuves sont, de l'est à l'ouest, l'*Irabatti*, dans le pays d'Ava, le *Gange*, l'*Indus* et le *Schat al-Arab* ou le confluent de l'Euphrate et du Tigre.

[2] Voy. Bohlen, *Das alte Indien*, t. II, p. 118 et suiv.

[3] Volney (l. c.) et Gésenius pensent que *Guihon* est sans contredit le *Nil*, ce qui est aussi l'opinion de Josèphe; mais il n'est nullement probable que l'auteur hébreu ait mis le Nil en rapport avec trois fleuves de l'Asie. D'autres, comme Rosenmüller, Winer, etc., prennent le Guihon pour l'*Oxus*, que les Arabes appellent *Djihoun*; mais ce fleuve ne peut être mis en rapport avec le pays de *Cousch* des auteurs bibliques.

[4] La Vulgate rend les mots : *il habita dans le pays de Nod* par ceux-ci : *habitavit profugus in terrâ*. La version chaldaïque les rend d'une manière analogue.

inventer, il aurait mis une certaine symétrie dans les subdivisions ; mais comme il ne veut nommer que les peuples sur lesquels il a pu avoir des notions exactes, il n'entre dans quelques détails que sur les branches chamites et sémites établies dans des contrées peu éloignées de l'Égypte et de la Palestine. Les peuples lointains, tels que les Chinois, les Indous, manquent entièrement. — A la vérité, l'auteur donne quelquefois une origine commune à des peuples qui, à en juger par leurs langues respectives, paraîtraient appartenir à des souches différentes, comme, par exemple, les Assyriens et les peuples araméens [1]; d'un autre côté, il fait venir de souches différentes plusieurs peuples dont les langues appartiennent à une même famille, comme, par exemple, les Phéniciens et plusieurs peuplades couschites qu'il fait venir de Cham et qui cependant parlaient des dialectes sémitiques. Mais les langues ne sont pas toujours un guide sûr pour fixer, d'une manière absolue, la filiation des races ; dans les migrations des peuples, les familles de souches différentes peuvent se confondre et adopter les langues les unes des autres, et il serait téméraire de vouloir juger par les langues seules, sur quels points les données de la Genèse s'écartent de la vérité historique [2]. Au reste, nous n'avons pas à discuter ici la valeur historique de ces données ; nous devons montrer seulement l'état des connaissances ethnographiques et géographiques chez les anciens Hébreux, et il ne s'agit pour nous que d'indiquer aussi exactement que possible les peuplades comprises dans le tableau de la Genèse, en résumant brièvement les faits les plus probables qui résultent des recherches critiques de Bochart et de ses continuateurs [3].

On peut considérer les noms de *Japheth*, de *Cham* et de *Sem*, comme analogues à ceux d'Europe, d'Afrique et d'Asie ; mais la division n'est pas exactement la même. Japheth embrasse le midi de l'Europe, l'Asie Mineure et les pays du Caucase ; à Cham (dont le nom signifie *chaleur*) appartiennent le nord et l'est de l'Afrique et le sud-ouest de l'Asie, le long de la côte de la mer Rouge ; Sem embrasse les pays du milieu de l'Asie, entre la Méditerranée et le golfe Persique. Mais quelques branches de ces trois races se trouvent déplacées de bonne heure par des migrations, comme on le verra par le tableau suivant, dans lequel nous conservons l'ordre du 10e chapitre de la Genèse :

Japheth.

I. GOMER (Ézech. 38, 6), les *Cimmériens*, ou les *Cimbres*, au nord de la mer Noire, dans les environs de la Chersonèse Taurique ou de la Crimée. Leurs descendants ou colonies sont :

1° *Askenaz*, nom obscur, qui, selon Bochart, désigne les Phrygiens ; et, en effet, le mot *Askenaz* ressemble à *Ascaniens*, ancien nom des Phrygiens [1]. Mais un passage de Jérémie (51, 27), qui met *Askenaz* en rapport avec *Ararat*, semble indiquer une contrée de l'Arménie ; ce serait, selon Volney, la province appelée par Strabon *Asikinsène*.

2° *Riphath*, selon quelques-uns les monts *Riphéens*, que les anciens placent à l'extrémité du nord ; mais nous

---

[1] Voy. Gesenius, *Geschichte der hebräischen Sprache und Schrift*, p. 62.
[2] Comparez ci-dessus, page 88.
[3] Les premiers essais d'expliquer les noms hébreux par des noms plus récents se trouvent dans les *Antiquités* de Josèphe (I, 6), dans la paraphrase chaldaïque attribuée à Jonathan, et dans la version arabe de Saadia;

mais ces auteurs, loin de se livrer à un examen critique, tenaient surtout à donner des noms connus aux lecteurs de leur temps. Le premier et presque l'unique travail critique que nous possédons sur cette matière est celui du célèbre Bochart qui lui a consacré la première moitié de sa *Geographia sacra*, portant le titre de *Phaleg*. Les recherches de Bochart furent complétées et rectifiées sur quelques points par Michaëlis, dans son *Spicilegium Geographiæ Hebræorum exteræ post Bochartum*. On peut aussi consulter les *Recherches nouvelles* de Volney, Ire partie, ch. 18 et 19, et le *Cours d'histoire ancienne* par M. Ch. Lenormant, Paris, 1837, ch. 6 et suivants.

[1] Voy. Bohlen, *Die Genesis*, p. 118.

préférons, avec Volney, y reconnaître les monts *Niphates* en Arménie.

3° *Thogarma* (Ézéch. 27, 14; 38, 6), peuple de la grande Arménie. Selon l'*Histoire arménienne* de Moïse de Chorène (p. 24), les Arméniens, Géorgiens, etc., descendirent de Thargamos, petit-fils de Noé.

II. MAGOG, nom collectif désignant, comme celui de *Scythes*, plusieurs peuplades barbares au delà du Caucase, entre la mer Noire et la mer Caspienne. En effet, Josèphe interprète le nom de *Magog* par *Scythes*, et saint Jérôme dit que c'était l'opinion générale des Juifs de son temps[1]. Leur roi est appelé *Gog* (Ézéch. 38, 2), nom qui, dans l'Apocalypse (20, 8); est considéré comme celui d'un peuple; les traditions arabes parlent également des peuples caucasiens *Yâdjoudj* et *Mâdjoudj*.

III. MADAI, nom qu'on rencontre souvent chez les auteurs bibliques, vers l'époque de l'exil, et qui désigne les *Mèdes* et la *Médie*.

IV. YAVAN, les *Ioniens* ou les *Grecs* en général; leurs branches ou leurs colonies sont :

1° *Élisa*, l'*Élide* (Elis), ou plutôt tout le Péloponèse. Selon Ézéchiel (27, 7), les îles ou pays maritimes d'*Élisa* apportaient la pourpre aux marchés de Tyr, et nous savons aussi par les auteurs grecs et romains que les côtes du Péloponèse, et notamment de la Laconie, étaient riches en coquillages à pourpre [2]. D'autres comparent le nom d'*Élisa* avec celui d'*Hellas* (Grèce).

2° *Tharsis* est, sans aucun doute, *Tartessus* en Espagne, et en général le pays d'Andalousie, où se trouvaient en abondance les métaux que, selon Ézéchiel (27, 12), les Phéniciens tiraient de Tharsis [3]. Il va sans dire qu'il faut entendre ici par Tharsis la population ibérienne indigène et non pas la colonie phénicienne de Tartessus.

3° *Kitthim*, l'île de Cypre; plus tard le nom de *Kitthim* fut étendu aussi sur quelques autres îles et on disait *les îles de Kitthim* (Jér. 2, 10; Ézéch. 27, 6)[1]. Dans le premier livre des Maccabées (1, 1), ce nom désigne même la Macédoine, et tel paraît être aussi le sens de Kitthim dans le livre de Daniel (11, 30)

4° *Dodanim*, ou mieux *Rodanim*, comme le portent le texte samaritain et le passage parallèle du premier livre des Chroniques; ce nom désigne les *Rhodiens*, ou les habitants de l'île de Rhodes.

V. THOUBAL, selon Bochart, Michaëlis et tous les modernes, désigne les *Tibaréniens*, sur le rivage sud-est de la mer Noire.

VI. MÉSECH, les *Moschi*, sur les montagnes du même nom, entre la mer Noire et la mer Caspienne. Hérodote mentionne plusieurs fois les *Moschi* à côté des *Tibareni*, comme le fait aussi le prophète Ézéchiel, qui nous apprend que, de son temps, *Mésech* et *Thoubal* étaient soumis à Gog, roi de Magog, et qu'ils apportaient des esclaves et du cuivre sur les marchés de Tyr [2].

VII. THIRAS, qui n'est mentionné que dans ce tableau ethnographique, paraît désigner les *Thraces*.

---

[1] Comment. in Ezech. 38, 2 : *Magog esse gentes Scythicas immanes et innumerabiles, quæ trans Caucasum montem et Mæotidem paludem, et prope Caspium mare ad Indiam usque tendantur.*

[2] Voy. Plin. IX, 36; XXI, 8; XXXV, 6; compar. les Odes d'Horace, l. II, 18, v. 7 et 8.

[3] Voy. Bochart, l. c. l. III, c. 7; Michaëlis, *Spicilegium*, part. I, p. 82 et suiv.; Gesenius,

---

Comment. sur Isaïe, t. I, pages 719 et 720. Josèphe et la paraphrase chaldaïque de Jonathan rendent Tharsis par *Tarsus* en Cilicie, et Volney est du même avis; mais, malgré les arguments allégués, en faveur de cette opinion, par M. Lenormant (p. 317-319), et dont nous reconnaissons toute la gravité, nous ne saurions voir la Cilicie dans la *Tharsis* des prophètes, florissante par son commerce et riche en métaux. Pour l'hébraïsant il est évident aussi, par le livre de Jona (1, 3), que, pour aller à Tharsis, on naviguait vers l'occident, tandis que, en partant de Joppé pour Tarsus en Cilicie, il fallait se diriger vers le nord. Il faudrait donc supposer que la Tharsis de la Genèse est différente de celle des prophètes, ce qui n'est pas probable. Sur l'expression *vaisseaux de Tharsis*, voy. ci-dessus, p. 295, col. I, note 2.

[1] Voy. Gesenius, l. c. p. 721 — 724.

[2] Voy. Hérodote, III, 94; VII, 78; Ézéchiel, 27, 13; 32, 26; 38, 2 et 3; 39, 1.

Cham.

I. Cousch désigne ordinairement l'Éthiopie proprement dite, ou le pays qui s'étend au midi de l'Égypte, le long du golfe Arabique. Mais le nom de *Cousch* se prend souvent, comme celui d'Éthiopie chez les Grecs [1], dans un sens plus vaste, et désigne en général les pays chauds du midi, dont les habitants ont la peau noire (Jérém. 13, 23), et notamment le midi de l'Arabie. Des auteurs syriens du cinquième siècle désignent encore les Arabes himyarites par le nom de *Couschites* [2]. En effet, les peuples que la Genèse signale comme descendants de *Cousch* étaient établis, pour la plupart, dans l'Arabie méridionale; ce sont les suivants :

1° *Seba*, l'État qui plus tard portait le nom de *Méroé* [3], et qui, situé sur une île, entre deux bras du Nil, formait la partie septentrionale de l'Éthiopie.

2° *Havila*, probablement les *Chaulatæi* de Strabon et *Chavelæi* de Pline [4], entre les Nabatéens et les Agréens ou Agaréens. Le pays de ces derniers, dit Volney, doit être le *Hijar* ou *Hagiar* moderne, par le 27° de latitude, dans le *Hedjaz*, à environ 40 lieues est de la mer Rouge.

3° *Sabtha*, probablement la *Sabatha* de Pline (VI, 32), dans l'Arabie heureuse, non loin de la mer Rouge.

4° *Raama* ou *Ragma*, chez les Grecs *Rhegma*, sur la côte arabe du golfe Persique [5]. Ses colonies étaient, selon la Genèse, *Scheba* ou *Saba* (qu'il ne faut pas confondre avec Seba, n° 1) et *Dedan*. *Saba* est la Sabée, dans l'Arabie méridionale; sa population, à ce qu'il paraît, se composait de Chamites et de Sémites, car nous retrouvons encore un Saba parmi les descendants de Sem (Gen. 10,

28), et rien ne nous oblige d'y voir une autre province portant le même nom. *Dedan* est probablement la petite île de *Daden* près de la côte arabe du golfe Persique [1].

5° *Sabthecha*, nom douteux, dans lequel Bochart a cru reconnaître une ville du *Kerman*, située près du golfe Persique, et nommée *Samydaké* par quelques auteurs grecs.

6° De *Cousch* la Genèse (10, 8) fait aussi descendre *Nimrod*, qu'elle présente comme le fondateur du royaume de *Sinéar* (la Babylonie et la Mésopotamie), dont les principales villes furent *Babel*, *Erech* (Édesse), *Accad* (selon les anciennes versions, Nésibis) et *Calné* (Ctésiphon).

II. Misraïm, nom sémitique des Égyptiens. Leurs descendants sont :

1° Les *Loudim*, peuple inconnu d'Afrique.

2° Les *Anamim*, également inconnus.

3° Les *Lehabim*, probablement les mêmes que les *Loubim* (Nahum, 3, 9) ou Libyens.

4° Les *Naphthouhim*, selon Bochart les habitants du district de Nephtys, dans le nord-est de l'Égypte.

5° Les *Pathrousim*, ou les habitants du district de *Pathourès*, près Thèbes.

6° Les *Caslouhim*, selon Bochart les *Colchiens*, qu'Hérodote présente comme une colonie égyptienne.

7° Les *Caphthorim*, les Crétois, au milieu desquels vécut, à ce qu'il paraît, une partie des *Caslouhim*, dont descendirent les Philistins (Voy. p. 82).

III. Pout ou Phut, la Mauritanie [2].

IV. Canaan, avec onze descendants. (Voy. p. 77).

---

[1] Voy. les passages cités par Ludolph, *Comment. ad historiam æthiopicam*, p. 227-229.
[2] Voy. Assemani, *Bibliotheca orientalis*, t. III, part. 2, p. 568 et suiv.
[3] Josèphe, *Antiqu.* II, 10, 2.
[4] Strabon, l. XVI, ch. 4, § 2.
[5] Voy. la *Géographie* de Ptolémée, l. VI, ch. 7.

[1] Selon un autre passage de la Genèse (25, 3), *Saba* et *Dedan* descendirent de Joksán, fils d'Abraham et de Ketoura, ce qui prouve qu'on n'était pas bien d'accord sur l'origine de ces deux peuplades. — M. Lenormant (p. 237) a tort de soutenir contre Volney que *Seba* et *Scheba* (Saba) sont identiques; le verset 10 du psaume 72 prouve avec évidence que ce sont deux pays différents.
[2] Voy. ci-dessus, page 334, col. 1, note 1.

Sem.

I. ÉLAM, le pays d'*Elymaïs*, et en général la Perse, dont le nom (*Paras*) ne se rencontre que dans les livres d'une époque plus récente.

II. ASSOUR, les Assyriens, qui, d'abord établis dans la Babylonie, sortirent de là et bâtirent Ninive et quelques autres villes moins connues (Gen. 10, v. 11 et 12).

III. ARPACHSAD, selon Bochart, un peuple établi au nord de l'Assyrie, dans l'*Arrapachitis*. Le petit-fils d'Arpachsad fut *Éber*, qui eut deux fils, savoir, *Péleg* ou *Phaleg*, dont descendit Abraham, père des Hébreux, et *Joktân*, dont descendirent les peuplades arabes Joktanides, au nombre de treize (ib. v. 26—29). Ces peuplades sont pour la plupart inconnues, mais quelques-uns de leurs noms nous indiquent l'Arabie méridionale : tels sont les noms d'*Hasarmaweth* ou *Hadhramaut*, *Saba*, *Ophir* (p. 295), *Ouzal* (ancien nom de Sanaa, capitale du Yémen) [1]. Nous y trouvons encore une fois le nom de *Havila*, qui désigne peut-être ici le district de *Khaulân* dans l'Arabie heureuse, entre Sanaa et la Mecque [2].

IV. LOUD, selon Josèphe et Bochart, les Lydiens.

V. ARAM, la Syrie et la Mésopotamie. Comme colonies araméennes on nomme : *Ous*, limitrophe d'Edom (Lament. 4, 21), probablement l'*Aisitis* ou *Ausitis* de Ptolémée (V, 19), située dans l'Arabie déserte, vers la Babylonie ; ensuite *Houl*, *Gather* et *Más*, peuplades inconnues et sur lesquelles on n'a fait que de vagues conjectures que nous ne pouvons rapporter ici.

Le tableau des Sémites peut se compléter par quelques autres tables généalogiques renfermées dans la Genèse ; nous y trouvons le tableau des fils de Nahor, frère d'Abraham (ch. 22, v. 21—24), celui des fils d'Abraham et de Ketoura (ch. 25, v. 2—4), des fils d'Ismaël (ib. v. 13—15), des fils d'Ésaü et des rois d'Édom (ch. 36). Les limites qui nous sont imposées ne nous permettent pas d'exposer les détails de ces différents tableaux, qui nous présentent le résumé des connaissances géographiques et historiques des anciens Hébreux.

Au reste, il ne peut être question d'une science historique chez des Hébreux. Dans l'histoire nationale elle-même, les faits se présentaient souvent sous le voile du merveilleux. Ceux qui écrivaient l'histoire ne cherchaient pas à distinguer les faits réels d'avec les traditions poétiques et mythiques ; leur but principal était de faire voir dans les faits la révélation perpétuelle de Jéhova et son intervention immédiate dans les destinées d'Israël. Ils n'ont aucune chronologie réelle, aucune ère constante, et de là naissent pour nous tant de doutes et l'impossibilité de donner une chronologie exacte de l'histoire des Hébreux, comme on a pu le voir dans le courant de cet ouvrage.

Tel est l'exposé rapide des sciences dont la Bible nous offre les traces. Nous n'avons pas parlé de la philosophie, parce que, comme nous l'avons dit au commencement de ce chapitre, la religion des Hébreux ne laissait pas de place aux spéculations philosophiques. Des méditations religieuses, des réflexions, telles que nous en trouvons dans quelques Psaumes, dans les livres de Job et de l'Ecclésiaste, ne constituent pas une *science* philosophique. Moïse lui-même ne présenta pas un *système* philosophique, mais une *doctrine* religieuse qui n'avait, selon lui, d'autre source que la révélation. Nous avons développé cette doctrine, en tête de notre résumé des lois mosaïques (p. 148 et suiv.).

C. Les lettres.

I. La langue hébraïque.

L'hébreu appartient à une famille de langues que parlèrent autrefois les peuples du sud-ouest de l'Asie, et qui se répandit aussi sur le littoral du nord

---
[1] Voy. Rosenmuller, *Bibl. Géographie*, t. III, p. 171.
[2] Voy. l. c. p. 157.

et de l'est de l'Afrique. Primitivement les différents dialectes de cette famille appartenaient aux peuples de la Syrie, de la Palestine, de la Phénicie, de la Mésopotamie, de la Babylonie et de l'Arabie ; un des dialectes arabes, celui des Himyarites, passa en Éthiopie, et la langue des Phéniciens fut transportée dans les nombreuses colonies de ce peuple commerçant, et notamment à Carthage. Les progrès qu'on fit en Europe, vers la fin du dernier siècle, dans la connaissance des langues asiatiques, firent naître le besoin de distinguer, par une dénomination particulière, la langue hébraïque et ses sœurs, que jusque-là on avait appelées, par excellence, *langues orientales*. Eichhorn introduisit la dénomination de *langues sémitiques*[1], qui est maintenant généralement adoptée, quoiqu'elle soit peu caractéristique ; car d'un côté ces langues furent parlées aussi par quelques peuples descendus de Cham, tels que les Phéniciens et les Éthiopiens, et d'un autre côté différents peuples qui, selon la Genèse, étaient descendus de Sem, tels que les Élyméens (Perses) et les Assyriens, parlèrent sans doute des dialectes appartenant à la grande famille des langues qu'on appelle maintenant *indo-germaniques*. Pour avoir un nom qui puisse mieux caractériser les langues dites *sémitiques*, il serait peut-être plus convenable de les appeler *langues dissyllabes* ou *trilitères* ; car les racines ont en général trois lettres, liées par deux voyelles, tandis que les racines des langues dites *indo-germaniques* n'ont ordinairement que deux lettres et sont monosyllabes.

On peut distinguer dans les langues dites *sémitiques* deux branches principales, l'*araméenne*, ou *syro-chaldéenne*, et l'*arabe* (y compris le dialecte éthiopien) ; entre les deux se trouve la langue hébraïque, avec sa sœur, la langue phénicienne. Si, par ses racines, l'hébreu a plus de rapports avec les dialectes araméens, il est plus riche que ces derniers en formes nominales et verbales et en flexions grammaticales, et sous ce rapport il participe, jusqu'à un certain point, à la richesse de la langue arabe, avec laquelle il a la plus grande analogie grammaticale. Il y a certaines formes qui, manquant entièrement dans l'araméen, commencent à se montrer dans l'hébreu et se trouvent développées dans l'arabe. Comme caractère général et distinctif de tous les dialectes sémitiques, on peut signaler surtout les points suivants : 1° Parmi les consonnes il y a une classe de gutturales qui n'ont point d'analogues dans les langues indo-germaniques ; dans les voyelles il n'y a que trois sons bien distincts, représentés quelquefois par les trois lettres *Aleph*, *waw* et *yod* (A, OU, I), mais dont les différentes nuances, existant dans la prononciation, ne sont marquées par aucun signe dans l'écriture ; car les points-voyelles de la Bible sont d'une invention relativement très-récente. 2° Les racines, comme nous l'avons dit, sont pour la plupart trilitères et dissyllabes ; elles deviennent monosyllabes, en apparence, lorsqu'une des trois lettres radicales est un *Aleph*, un *waw* ou un *yod*, qui, étant des demi-voyelles, disparaissent quelquefois dans la prononciation. 3° Dans le rapport du génitif, c'est le mot *déterminé* qui subit quelquefois une modification ; ainsi, par exemple, pour dire *l'ordre du roi*, on change le mot *ordre*, tandis que le mot *roi* reste invariable. L'arabe ancien a seul, à côté de cette particularité, une *déclinaison* imparfaite, mais qui n'est guère usitée que dans la poésie et dans le Korân[1] ; généralement les *cas* s'ex-

---

[1] Voy. Eichhorn, *Allgemeine Bibliothek*, t. VI, p. 772-776.

[1] L'accusatif seul a laissé des traces dans le langage vulgaire, où il sert à former des adverbes ; par exemple, *yóman* (un jour, *aliquando*), de *yóm* (jour) ; *dâyiman* (toujours), de *dâyim* (durant, perpétuel) ; *abadan* (jamais), de *abad* (éternité). On trouve aussi de ces adverbes en hébreu, par exemple : *yómam* (pendant le jour), *omnam* (en vérité), etc. ; la terminaison *am* est l'analogue de la terminaison arabe *an*, et c'est là une

priment, comme en français, par la position des mots, ou par des prépositions. 4° Les cas obliques des pronoms personnels, ainsi que les pronoms possessifs, s'expriment par des syllabes jointes immédiatement au verbe, au substantif ou aux particules ; ces syllabes sont appelées *suffixes* par les grammairiens. 5° La conjugaison n'a que deux formes pour les *temps*, mais les verbes offrent une grande variété de formes, pour exprimer différentes modifications, telles que le *causatif*, *l'itératif*, etc. ; dans la deuxième et la troisième personne, on distingue le féminin du masculin, et il y a aussi des formes pour le *passif*, le *réfléchi* et le *réciproque*. 6° Il n'y a ni noms ni verbes *composés*, à l'exception d'un certain nombre de noms propres et de quelques substantifs fort rares. 7° La syntaxe est très-simple; les propositions se suivent sans art, la diction prosaïque a une simplicité enfantine, et ne s'embarrasse pas dans de grandes périodes.

La langue hébraïque, dans son origine, fut sans doute identique avec la langue phénicienne, adoptée par Abraham et sa famille depuis leur entrée dans le pays de Canaan [1]. Plus tard, les idées religieuses et morales des Hébreux durent imprimer à cette langue un caractère distinct, et l'hébreu dut devenir un dialecte particulier, possédant une foule de mots et de tournures qui manquaient au phénicien. Mais pour le fond, les deux langues n'en formaient toujours qu'une seule ; on a vu (p. 87) qu'Isaïe appelle la langue des Hébreux *langue de Canaan*. Outre cette dénomination, qui paraît appartenir au langage poétique du prophète, nous trouvons celle de *langue judéenne* ou *juive* [2] ; il est possible que la dénomination de *langue hébraïque* était usitée chez les anciens Hébreux [1], mais on ne la rencontre jamais dans leurs écrits; on ne la trouve que plus tard dans les écrits de Josèphe et des rabbins et dans le Nouveau Testament; mais dans ce dernier elle désigne plutôt la langue que parlaient les Juifs du temps de Jésus, et qui était un dialecte araméen.

Quoique l'hébreu ne soit nullement la langue primitive du genre humain, ni même le plus ancien des dialectes sémitiques (car il dut être précédé du dialecte araméen), il est pourtant celui dans lequel nous sont conservés les plus anciens documents littéraires qu'on connaisse. Mais il nous est impossible de remonter jusqu'à l'origine de cette langue, établie en Palestine avant les Hébreux, et les documents que nous possédons ne nous permettent pas non plus de suivre les phases de son développement successif; car dans les plus anciennes parties du Pentateuque, si on excepte un petit nombre d'archaïsmes (p. 137), nous trouvons la langue hébraïque complétement formée et arrivée au même degré de perfection que dans les livres écrits vers l'époque de l'exil. Si les livres qui nous restent diffèrent entre eux par le style et par certaines tournures particulières, ces différences ont leur source dans celles des sujets et dans la diction individuelle des auteurs ; mais les formes de la langue sont les mêmes dans tous les livres. En général, on ne peut distinguer que deux périodes : la première, qui nous intéresse ici particulièrement, et qu'on peut appeler l'âge d'or de la langue hébraïque, va jusqu'à l'exil de Babylone; la seconde embrasse l'époque de l'exil et les siècles suivants jusqu'à l'époque des Maccabées, où le dialecte araméen, ayant envahi de plus en plus l'ancienne langue hébraïque, finit par la faire disparaître complétement, et devint la langue vulgaire des Juifs. Dans la première période, l'hébreu se montre dans toute sa pu-

---

preuve évidente que l'hébreu avait primitivement une *déclinaison*. Il est vraiment étonnant que cette observation ait échappé jusqu'ici à tous les grammairiens, même à Gesénius et à Ewald, qui s'efforcent en vain d'expliquer la terminaison adverbiale *am* d'une manière plausible.

[1] Voy. ci-dessus, p. 86-88.
[2] Voy. 2 Rois, 18, 26; Isaïe, 36, 11 et 13; Néhémia, 13, 24.

[1] Comparez ci-dessus, page 102, col. 2, note 2.

reté; on n'y rencontre d'autre mélange que quelques mots égyptiens, notamment dans le Pentateuque. Dans la seconde période nous voyons l'hébreu mêlé d'un certain nombre de mots persans, de formes et de tournures araméennes. Néanmoins il existe dans la Bible certains écrits que la critique historique nous oblige de placer dans la deuxième période, et dont les auteurs cependant ont su imiter le langage pur des anciens, comme, par exemple, la seconde partie du livre d'Isaïe et un certain nombre de psaumes.

L'hébreu, tel qu'il nous est conservé dans la Bible, est une langue assez pauvre; à la vérité, il dut exister un grand nombre de mots hébreux qu'il n'y avait pas lieu d'employer dans les livres qui nous restent; mais la langue ne put jamais être très-développée pour les termes ayant rapport au commerce, aux sciences et aux arts, relativement très-peu cultivés chez les Hébreux. C'est uniquement sous le rapport de la religion et de l'agriculture qu'elle a pu acquérir une certaine perfection, et en effet les livres bibliques déploient sous ces deux rapports une richesse de mots et d'expressions qui souvent sont intraduisibles même dans les langues les plus riches et les plus cultivées.

La petite étendue de la Palestine ne nous permet pas de supposer que l'hébreu ait été subdivisé en plusieurs dialectes. Nous trouvons seulement des traces d'une différence de prononciation de certaines lettres, notamment du *Schin* (p. 240); plus tard, les Galiléens étaient connus pour avoir une mauvaise prononciation, comme on le voit dans plusieurs passages du Thalmud et du Nouveau Testament[1], et il est possible que déjà, dans les temps anciens, leur langage ait été corrompu par le voisinage des Syriens. — Ce fut sans doute dans la Judée que l'étude des livres sacrés contribuait à conserver plus que partout ailleurs l'élégance et la pureté du langage. Pour apprendre à parler correctement, on n'avait d'autre moyen que la lecture et le commerce des gens bien élevés; car il n'est nullement probable que l'étude de la langue fût déjà réduite en règles.

II. *L'écriture hébraïque.*

L'art d'écrire remonte chez les peuples de l'Orient au delà des temps historiques, et son origine est enveloppée pour nous d'un voile impénétrable. Les anciens en attribuent l'invention tantôt aux Phéniciens, tantôt aux Babyloniens, aux Syriens ou aux Égyptiens[1], et il y en a même qui revendiquent cette gloire en faveur des Hébreux[2]. Nous n'avons pas à nous occuper ici de la solution de ce problème historique; dans tous les cas, les Hébreux ont pu posséder de bonne heure l'art d'écrire (p. 140). Quelle que soit l'opinion qu'on se forme sur la question de l'authenticité du Pentateuque, il est évident que pour les plus anciens écrivains hébreux l'origine de l'écriture se perdait dans l'obscurité d'une antiquité reculée, et que l'existence de l'écriture du temps de Moïse était pour eux un fait historique généralement reconnu[3]. Les traditions grecques viennent à l'appui de ce fait; car ce fut environ à la même époque que, selon Hérodote (V, 58) et d'autres auteurs grecs, Cadmus apporta en Grèce l'écriture phénicienne. A l'époque des Juges, l'art d'écrire dut être déjà assez ré-

[1] Voy. les Évangiles, Matth. 26, 73; Marc, 14, 70.

[1] Voy. Pline, *Hist. Nat.*, V, 12; VII, 56; Lucain, *Pharsal.*, III, 220: *Phœnices primi, famæ si credimus, ausi mansuram rudibus vocem signare figuris*. Diodore (V, 74) dit que les lettres furent inventées par les Syriens; les Phéniciens, les ayant apprises d'eux, les transmirent aux Hellènes.
[2] Eupolème, cité par Eusèbe, *Præpar. evang.*, IX, 26. Cette opinion a trouvé récemment quelques savants défenseurs. Voy. de Wette, *Archæologie*, troisième édition (1842), p. 400, note e.
[3] Outre les tables de la loi et les noms gravés sur les ornements du grand prêtre, les passages historiques du Pentateuque attribuent à Moïse et à ses contemporains des écrits d'une certaine étendue. Voy. Exode, 17, 14; 24, 4; 34, 27; Nombres, 33, 2; Deut. 27, 3; 31, 9 et 22.

pandu chez les Hébreux, si toutefois c'est un fait historique que Gédéon, voulant châtier les habitants de Succoth, se fit écrire, par un jeune homme qu'il avait fait prisonnier, les noms des chefs de cette ville (Juges, 8, 14)[1]. Depuis le temps de David et de Salomon il est fait mention d'ouvrages d'histoire et d'autres compositions littéraires d'une certaine étendue, et on ne saurait douter que l'art d'écrire ne fût alors très-répandu, du moins dans les classes élevées de la société. Il y avait probablement des écrivains publics, notamment des Lévites, qui prêtaient leur ministère aux gens du vulgaire. Ceux qui faisaient particulièrement profession de l'art d'écrire portaient une écritoire dans la ceinture, comme l'indique un passage d'Ézéchiel (9, 2 et 3), et comme c'est l'usage encore maintenant chez les Orientaux. Nous ne trouvons pas de renseignements précis sur les matériaux dont on se servait pour écrire; on mentionne le *style* ou le *burin* (HÉRET ou ÊT)[2], ce qui fait supposer qu'on écrivait quelquefois sur une matière dure; mais on parle aussi de *l'encre* (Jérém., 36, 18) et du *canif du scribe* (ib. v. 23), ce qui prouve qu'on avait des matériaux plus commodes. Pour les monuments publics et les documents auxquels on voulait assurer une longue durée, on employait la pierre (Exode, 31, 18) et quelquefois le plomb (Job, 19, 24). On écrivait aussi sur des tablettes de bois; et nous trouvons que les prophètes s'en servaient quelquefois pour tracer leurs oracles[3]. Pour les écrits d'une plus grande étendue, on se servait probablement, dans les temps les plus anciens, des peaux d'animaux (p. 140), des feuilles de palmier ou de la toile[4]. L'usage du papyrus ne remonte peut-être pas assez haut pour que nous puissions l'attribuer aux anciens Hébreux; du moins Pline (XIII, 21) ne le fait commencer qu'à l'époque d'Alexandre. Le mot MEGHILLA (*volumen*), qu'on trouve déjà dans un psaume de David (ps. 40, 8), prouve qu'on employait une matière dont il était facile de former un *rouleau*. L'instrument qui servait à tracer les lettres était sans doute un roseau, comme dans l'Orient moderne, et comme l'indique l'usage du *canif*, mentionné par Jérémie. Les détails que donnent les rabbins sur la manière de préparer les *peaux* et *l'encre* pour les copies destinées à l'usage des synagogues[1], sont d'une date trop récente pour pouvoir nous servir de guide dans nos recherches actuelles.

On distingue deux espèces d'écriture hébraïque : l'une est appelée *samaritaine*, car c'est celle dont se servent encore maintenant les Samaritains; l'autre a reçu, de la forme de ses caractères, le nom d'*écriture carrée*; c'est celle qu'on trouve dans les manuscrits et les éditions de la Bible et dans tous les livres des Juifs. Les anciens rabbins appellent la première l'*écriture hébraïque*, et la seconde l'*écriture assyrienne*; ce fut Ezra, disent-ils, qui introduisit l'usage des caractères assyriens, ou plutôt chaldéens, avec lesquels les Hébreux s'étaient familiarisés pendant l'exil de Babylone[2]. Néanmoins, les opinions des thalmudistes sont divisées sur la question de savoir dans quels caractères étaient écrites les tables du Décalogue, et encore dans les temps modernes, beaucoup d'auteurs juifs et chrétiens, habitués à attacher à nos lettres hébraïques un caractère sacré, ont cru, par un pieux préjugé, devoir leur attribuer une haute antiquité et y voir la véritable écriture hébraïque

---

[1] Voy. ci-dessus, page 236, col. 2.
[2] Isaïe, 8, 1; Jérémie, 17, 1; Job, 19, 24.
[3] Voy. Ézéch. 37, 16; Isaïe, 30, 8; Habac. 2, 2.
[4] Voy. Eichhorn, *Einleitung*, t. I, p. 184; t. III, p. 10; on peut comparer les anciens *libri lintei*, dont parle Tite-Live, l. IV, c. 7 t 20.

[1] Voy. Maimonide, *Abrégé du Thalmud*, liv. II, 3e section (*Sépher Thorah*), ch. I.
[2] Thalmud de Babylone, *Synhedrin*, fol. 21 b, 22 a. Saint Jérôme, qui avait sans doute entendu parler de cette tradition juive, va beaucoup trop loin, en affirmant, comme une chose *certaine*, qu'Ezra *inventa* la nouvelle écriture hébraïque. Voy. son *Prologus galeatus*, dans les différentes éditions de la Vulgate.

dont se servait Moïse[1]. Mais si l'on considère que les caractères des monnaies maccabéennes sont presque identiquement les mêmes que ceux des Samaritains, on sera porté à croire que ce sont là les véritables lettres des anciens Hébreux, et que le prince Siméon les conserva sur ses monnaies, soit par prédilection pour l'antiquité nationale, soit pour faciliter les relations commerciales avec les Phéniciens, dont l'écriture avait les plus intimes rapports avec cette ancienne écriture hébraïque[2]. La priorité de l'écriture samaritaine, ou, pour mieux dire, de celle des monnaies, est maintenant généralement admise par les savants; seulement il ne faut pas prendre à la lettre la tradition rabbinique qui attribue à Ezra ce changement des caractères : *Ezra* est en quelque sorte un nom collectif, auquel la tradition juive rattache tout ce qui se fit, après l'exil de Babylone, pour la collection et la conservation des textes sacrés[3]. Ce qu'il y a d'historique dans la tradition du Thalmud, c'est que l'écriture des Hébreux se modifia peu à peu par l'influence de l'écriture chaldéenne que les Juifs avaient apprise dans l'exil, et que, après un certain temps, l'ancienne écriture hébraïque, conservée par les Samaritains, disparut complétement parmi les Juifs, pour faire place à l'écriture chaldéenne, de même que le dialecte chaldéen fit disparaître l'hébreu. Dans la nouvelle écriture hébraïque on reconnaît la même que celle qui se trouve sur les monuments de Palmyre, avec cette seule différence, que l'écriture de Palmyre est plus cursive[1]; les légères variations sont sans doute l'œuvre des calligraphes juifs, qui peu à peu ont su donner à cette écriture un type plus beau et plus régulier. A la vérité, les inscriptions trouvées à Palmyre ne datent que des trois premiers siècles de l'ère chrétienne; mais ce n'est pas une raison pour ne pas faire remonter plus haut les caractères de ces inscriptions. Il est très-probable que celles-ci nous retracent une ancienne écriture araméenne qui a pu être introduite chez les Hébreux quelques siècles avant l'ère chrétienne[2]. Dans tous les cas, le changement dut être opéré avant l'établissement des synagogues; à l'époque de Jésus la nouvelle écriture dut être généralement établie, car dans cette écriture la lettre *yod* ou *iota* est la plus petite (Matth., 5, 18), ce qui n'a lieu ni dans l'écriture hébraïque des monnaies ni dans les caractères samaritains. Au reste, les deux écritures ne diffèrent que par la forme des caractères; le nombre et la valeur des lettres sont les mêmes dans les deux, avec cette seule différence, que l'écriture dite *carrée* a cinq *lettres finales* qui n'existent pas dans l'écriture ancienne[3].

L'alphabet hébreu, comme tous les alphabets sémitiques, ne se compose que de consonnes, qui sont au nombre de vingt-deux. L'ordre des lettres de l'alphabet, chez les anciens Hébreux, fut toujours le même que celui qui, par tradition, a passé dans nos grammaires hébraïques, comme le prouvent

---

[1] Voy. surtout Jean Buxtorf, *De literarum hebraicarum genuinâ antiquitate*, dans ses *Dissertationes philol. theol.*, n° 4. Cet auteur, à l'exemple de quelques rabbins, attribue aux Hébreux deux espèces de caractères, les uns sacrés, qui sont nos caractères hébraïques, les autres profanes, qui sont les caractères samaritains.

[2] Sur notre pl. 8 on trouve un tableau comparatif des divers caractères phéniciens et hébraïques. De l'écriture phénicienne s'est formée celle des anciens Hébreux, ou l'hébraïque des monnaies, et de celle-ci dérive l'écriture que nous trouvons encore maintenant dans les manuscrits samaritains.

[3] Voy. Gesénius, *Geschichte der hebræischen Sprache und Schrift*, p. 157.

[1] Voy. Barthélemy, *Réflexions sur l'alphabet et sur la langue dont on se servait autrefois à Palmyre*, dans les Mémoires de l'Acad. des Inscriptions, t. 26, p. 577 et suivantes; Gesénius, *Scripturæ linguæque Phœniciæ Monumenta*, § 53, et la Pl. 5 de ce même ouvrage. A la page 64, Gesénius a présenté le tableau de la filiation des différentes écritures asiatiques et européennes dérivées de la souche phénicienne.

[2] Voy. Eichhorn, *Einleitung*, t. I, p. 208 et 209.

[3] Ce sont les lettres que, sur notre pl. 8, nous avons rendues par K, M, N, P, C. C'est par l'erreur du graveur que le K final a été placé à côté du *yod* (Y).

plusieurs psaumes, les Lamentations de Jérémie et le dernier chapitre des Proverbes, où chaque verset commence par une autre lettre, suivant l'ordre de l'alphabet. Nous avons déjà dit que, dans les écritures sémitiques, il n'y a que trois lettres qui servent quelquefois de voyelles longues; dans l'hébreu il n'y en a que deux, savoir le *wâw* et le *yod,* qui désignent quelquefois les voyelles longues *ou* et *i;* les autres voyelles longues et brèves n'étaient exprimées par aucun signe, ce qui ne pouvait manquer de laisser quelquefois de l'incertitude sur la vraie prononciation, surtout lorsque l'hébreu eut cessé d'être une langue parlée. L'invention des points-voyelles ne remonte guère qu'au sixième siècle de l'ère chrétienne, et il est douteux qu'on eût avant cette époque quelques signes diacritiques pour guider le lecteur [1]. Les livres des anciens Hébreux étaient écrits très-probablement sans aucune ponctuation, comme le sont encore maintenant les rouleaux du Pentateuque sur parchemin destinés à l'usage des synagogues, et pour lesquels, sans doute, on a conservé, par tradition, la coutume antique. Les livres des Samaritains sont également dépourvus de voyelles et de signes diacritiques, et par cette particularité, comme par le type des caractères, ils nous retracent, mieux que les manuscrits des Juifs, l'image des livres des anciens Hébreux.

III. *La littérature hébraïque.*

Ce que nous avons dit de l'état des sciences et des études chez les Hébreux peut faire présumer que leur littérature n'a jamais été bien variée, et qu'elle se bornait à l'histoire nationale, aux lois et à la poésie didactique et religieuse, y compris les discours des prophètes. S'il est vrai qu'une grande partie de la littérature hébraïque a été engloutie par le temps, il ne paraît pas moins certain que les débris qui nous en restent représentent les différents genres de littérature qui florissaient chez les Hébreux, et qu'ils nous en offrent les plus belles parties. S'il faut prendre à la lettre ce que la Bible nous dit des écrits scientifiques de Salomon (p. 16), nous ne pouvons toujours y voir que des poëmes didactiques, et non pas de véritables ouvrages de science.

Mais bien que cette littérature soit renfermée dans des limites étroites, ses débris mêmes sont pour nous d'une haute importance. Sans parler de la grande influence que les monuments littéraires des Hébreux ont exercée, sous le rapport religieux, sur une très-grande partie du genre humain, ils offrent un immense intérêt à l'historien, au littérateur, au poëte. Tandis que les Assyriens, les Chaldéens, les Phéniciens et d'autres peuples de l'Orient ont complétement disparu et ne nous ont rien laissé que leurs noms, tandis que les Égyptiens eux-mêmes, malgré leur haute renommée de science, ne nous ont légué que quelques signes indéchiffrables, les Hébreux seuls, parmi les peuples qui les entouraient, ont arraché à la fureur des temps des monuments dont la haute antiquité défie les plus anciennes productions littéraires de l'Orient et de l'Occident. Une foule de notions historiques sur les peuples de l'Orient nous manqueraient complétement si nous ne pouvions consulter les documents bibliques. C'est dans ces documents seuls que nous trouvons quelques traces de l'histoire primitive du genre humain. Plus que toutes les œuvres poétiques de l'antiquité, la poésie des Hébreux pénètre dans les profondeurs du cœur humain; seule elle peut s'adresser aux hommes de tous les temps et de tous les climats, parce qu'elle est la plus sublime expression du sentiment humain animé par le souffle divin, et qu'elle emprunte ses images aux beautés de la nature, et non pas aux fables des traditions locales.

---

[1] De nombreux passages des œuvres de saint Jérôme prouvent que, de son temps, le texte hébreu était encore écrit sans points-voyelles; mais il paraît qu'on avait alors certains signes pour l'accentuation. Voy. Gesénius, *Geschichte der hebræischen Sprache und Schrift*, p. 196 et suivantes.

En exceptant le recueil des lois mosaïques, dont nous avons parlé plus haut, toute la littérature des Hébreux peut se diviser en deux parties, l'histoire et la poésie. Nous nous renfermons ici dans l'époque hébraïque pure, et nous ne parlons que des livres écrits avant ou pendant l'exil ; mais il ne nous est pas permis d'entrer dans des détails critiques sur chacun des ouvrages qui nous restent, et nous sommes obligé de nous borner à quelques observations sommaires.

1. L'histoire.

Nous avons dit plus haut (p. 433) qu'il ne peut être question, chez les Hébreux, d'une véritable science historique ; mais il paraît qu'ils possédaient des ouvrages très-étendus sur l'histoire nationale. Les livres des Rois renvoient très-souvent aux annales des rois de Juda et d'Israël. Depuis le temps de David nous trouvons à la cour des rois hébreux un fonctionnaire appelé MAZKIR, mot qu'on pourrait rendre par *moniteur*, et qui désigne très-probablement *l'historiographe* chargé de rédiger les événements mémorables de chaque règne. Ces annales furent continuées jusque vers l'époque de l'exil ; on les cite, pour la dernière fois, sous le règne de Joïakim [1]. Malheureusement les annales sont perdues pour nous, de même que les histoires particulières de plusieurs règnes, composées par différents prophètes [2]. Les livres historiques qui nous restent des anciens Hébreux, outre les documents du Pentateuque dont nous avons parlé dans d'autres endroits, sont les livres de Josué, des Juges, de Samuel et des Rois.

Le livre de Josué, tant par le style que par l'esprit religieux qui y prédomine, a les plus intimes rapports avec le Pentateuque. Il offre aussi au critique le même genre de difficultés. L'opinion qui lui donne Josué pour auteur ne mérite pas de réfutation sérieuse : du temps de Josué les enfants de Juda n'étaient pas encore établis à Jérusalem à côté des Jébusites (Jos. 15, 63), car les Hébreux ne firent la conquête de la basse ville de Jérusalem qu'après la mort de Josué (Juges, 1, 8) ; le nom même de *Jérusalem* ne remonte probablement pas au delà de l'époque de David. Josué n'a pu parler non plus des montagnes de *Juda* et de celles d'*Israël* (11, 21), et il est même difficile de faire remonter ces termes géographiques avant l'époque du schisme. Enfin il serait absurde d'attribuer à Josué lui-même la citation d'un recueil de poésies dans lequel se trouvait inséré un poëme qu'il avait composé lui-même à l'occasion de la défaite des Cananéens du midi [1]. Le passage où il est dit que les enfants de Juda *n'ont pu expulser* les Jébusites habitants de Jérusalem, qui y demeurent à côté des enfants de Juda *jusqu'à ce jour*, paraît indiquer un auteur qui écrivit avant David ; car nous ne pensons pas, avec quelques critiques, qu'il soit ici question des Jébusites *tolérés* à Jérusalem par David et ses successeurs. D'un autre côté, comme nous venons de le dire, les expressions de *montagnes de Juda et d'Israël* paraissent indiquer une époque postérieure au schisme. Il est certain que le livre de Josué se compose de documents de différentes époques, qui y sont rapportés textuellement ; ces documents, en partie, remontent peut-être à Josué lui-même. Dans quelques passages nous trouvons des traces évidentes de deux documents différents qui ont été fondus ensemble [2]. Il est impossible de dire qui est l'auteur du recueil ou même de fixer approximativement l'époque à laquelle il fut composé. Le passage où il est parlé de la malédiction prononcée par Josué contre celui qui rétablirait les fortifications de Jéricho (6, 26), et où l'on fait prédire à Josué un fait positif qui arriva du temps d'Achab (1 Rois,

---

[1] Voy. 2 Rois, 24, 5 ; 2 Chron. 36, 8.
[2] Voy. ci-dessus, p. 422, col. 1.

[1] Voy. Josué, ch. 10, v. 12 et 13, et ci-dessus, p. 222 et 223.
[2] Nous en avons cité un exemple frappant, page 221, col. 2, note 2.

16, 34), semblerait indiquer que le recueil des faits de Josué ne fut rédigé qu'après l'époque d'Achab; car ce ne fut qu'alors que la malédiction de Josué put recevoir cette interprétation précise.

Le livre des Juges fut écrit, probablement, sous les premiers rois, dans le but que nous avons indiqué plus haut (p. 231). Il se compose de deux parties: la première, qui va jusqu'à la fin du chapitre 16, renferme des traditions sur les juges d'Israël, et montre ce que pouvait, dans les temps de détresse, l'énergie d'un chef suprême. Avec le 17e chapitre commence la seconde partie, où l'auteur, sans doute pour montrer l'avantage d'une royauté héréditaire, raconte les désordres auxquels s'abandonnèrent les Hébreux du temps de la république. Selon un passage de l'introduction (1, 21), les Jébusites occupaient encore Jérusalem à côté des Hébreux, ce qui montre que le livre fut écrit avant la huitième année du règne de David. Dans la seconde partie (18, 30) on lit que les prêtres de l'idole de Micha exercèrent leurs fonctions auprès des Danites *jusqu'à la captivité (des habitants) du pays*. Eichhorn conclut de là que cette partie fut ajoutée par un autre auteur après la conquête de Samarie par les Assyriens [1]. Mais les mots que nous venons de citer ont l'air d'une glose; dans tous les cas, il me semble qu'ils ne peuvent guère se rapporter à l'exil des dix tribus, car nous savons par les livres des Rois que Jéroboam plaça l'un de ses veaux d'or dans la ville de Dan, où il n'était plus question de l'idole de Micha, et où certainement, pendant les règnes de David et de Salomon, le culte de Jéhova avait été rétabli. Nous croyons donc que tout le livre des Juges fut écrit au commencement du règne de David. Ce livre, par son langage et par l'esprit qui y règne, diffère très-sensiblement des autres livres historiques de la Bible; c'est plutôt un poëme qu'une histoire. Tout y porte l'empreinte d'une naïveté et d'une simplicité que l'on ne retrouve, il me semble, dans aucun livre de la Bible, excepté dans le livre de Ruth, qui renferme une idylle de la même époque.

Les deux livres de Samuel et les deux livres des Rois, qui, dans la version grecque et dans la Vulgate, s'appellent *les quatre livres des Rois*, renferment une histoire suivie du peuple hébreu, depuis la naissance de Samuel jusqu'à l'exil de Babylone. Ils portent en général un caractère d'authenticité historique, bien que, çà et là, nous rencontrions des détails qui ont un caractère épique, comme les aventures de David sous le règne de Saül, ou qui sont puisés dans les traditions populaires, comme les légendes des prophètes du royaume d'Israël. Les quatre livres se lient très-naturellement les uns aux autres; on y reconnaît un plan bien suivi et une grande conformité de langage. Quelques légères variations de style s'expliquent par la variété des documents anciens dont on se servit pour composer ces livres et dont souvent on a inséré des extraits textuels. L'unité du récit et du langage fait penser naturellement que les quatre livres sont du même auteur; or, comme il est parlé, à la fin du dernier livre, de la mise en liberté du roi Joïachîn, dans la trente-septième année de sa captivité, et de la pension qui lui fut accordée pendant tout le reste de sa vie, l'auteur n'a pu écrire avant les vingt ou trente dernières années de l'exil de Babylone. Mais son ouvrage est resté exempt de l'influence de la langue et des idées babyloniennes, que nous remarquons dans les livres historiques écrits après l'exil. Le rédacteur a puisé dans des documents en partie très-anciens et dont les auteurs furent contemporains des événements racontés. Du nombre de ces documents furent principalement les histoires particulières de différents règnes et les annales des deux royaumes, dont nous avons parlé plus haut.

---

[1] Voy. *Einleitung*, t. III, p. 429.

Ce qui prouve avec évidence que l'auteur copiait souvent textuellement les documents originaux, c'est qu'il dit quelquefois que tel état de choses dure encore *jusqu'à ce jour,* tout en parlant de circonstances qui nécessairement durent cesser avec la chute de l'Etat des Hébreux, comme, par exemple, le vasselage de plusieurs peuplades cananéennes, tributaires des Hébreux (1 Rois, 9, 21). Nous pouvons donc considérer les quatre livres de Samuel et des Rois comme les débris et le résumé de l'ancienne littérature historique des Hébreux [1].

2. *La poésie.*

Chez les Hébreux, s'il faut nous servir de notre classification et de nos termes modernes, il n'y a eu que deux genres de poésie, l'un *lyrique,* l'autre *didactique ;* tout ce que nous possédons encore de la poésie hébraïque appartient à l'un de ces deux genres. Il paraît que le génie des peuples sémitiques, en général, se plaisait plutôt dans l'expression des sentiments que dans les peintures du monde extérieur; dans la poésie arabe, dont l'aurore est postérieure de plus de mille ans aux derniers échos des chants de Sion, on ne trouve pas plus de traces, que dans celle des Hébreux, de compositions épiques ou dramatiques. La poésie lyrique remonte chez les Hébreux à la plus haute antiquité; dans l'origine, elle était inséparable de la musique et quelquefois accompagnée de danses [2]. Les plus anciens chants lyriques sont ceux dans lesquels on célébrait des victoires ou d'autres événements où l'on reconnaissait la protection de la Divinité. Tels sont, par exemple, le cantique de Moïse après le passage de la mer Rouge et le cantique de Déborah (p. 234). Les croyances des Hébreux donnèrent à leur poésie lyrique cet élan sublime et ce caractère éminemment religieux qu'elle a conservés à toutes les époques. Elle fut cultivée dans les confréries des prophètes (p. 421), et par le talent poétique et musical de David elle s'éleva au plus haut degré de perfection et fut destinée à rehausser l'éclat du culte public et à élever vers Dieu les cœurs des fidèles bien plus que ne pouvait le faire le spectacle des sacrifices. La muse hébraïque inspirait surtout les prophètes et les lévites ; son caractère grave et solennel ne se prêtait que rarement aux accents profanes des joies mondaines [1].

Les différentes compositions poétiques des Hébreux que nous comprenons sous le nom général de poésie lyrique, sont : 1° L'*hymne* ou l'*ode* (MIZMOR OU SCHÎR), qui, dans le langage des traductions bibliques, porte le nom de *psaume,* et qui s'adresse ordinairement à Jéhova, soit comme Dieu de l'univers, ou comme Dieu protecteur du peuple hébreu. Tantôt le poëte chante la gloire de Dieu se manifestant dans sa création, tantôt ce sont des actions de grâces ou des prières adressées à la Divinité. Dans plusieurs psaumes le sentiment national s'est entièrement effacé et le poëte a su s'inspirer de la seule idée d'un Dieu universel, créateur de tout ce qui existe, comme, par exemple, dans le ps. 8 et dans le ps. 104 (Vulg. 103); mais il est naturel que, dans la plupart des poëmes de ce genre, le poëte hébreu n'oublie pas ce que son peuple doit aux faveurs de Jéhova, et qu'il le présente comme le protecteur spécial des Hébreux. Beaucoup de ces hymnes furent évidemment composés pour le culte public; on peut y distinguer des chants de chœur, et souvent les strophes paraissent destinées à être chantées alternativement par une ou par plusieurs voix. — Au milieu des psaumes nous trouvons aussi quelques

---

[1] Dans les Chroniques ou Paralipomènes, nous possédons un autre résumé des anciennes annales des Hébreux, composé quelques siècles plus tard dans un autre esprit et dans un but différent. Les deux résumés, quoique quelquefois plus détaillés l'un que l'autre, offrent des passages qui s'accordent littéralement, reproduisant l'un et l'autre les mêmes documents.

[2] Voy. Exode, ch. 15, v. 20 et 21; 1 Sam., ch. 18, v. 6 et 7.

[1] Voy. 2 Sam. 19, 36; Amos, 6, 5; Ecclésiaste, 2, 8.

odes qu'on peut appeler profanes, et dans lesquelles un poëte offre ses hommages au roi; tels sont les psaumes 110 et 72, adressés l'un à David, l'autre à Salomon; tel est encore le ps. 45, adressé très-probablement à Salomon, lors de son mariage avec la princesse égyptienne. — 2° L'*élégie* (KINAH), dont nous avons de beaux modèles dans les Lamentations de Jérémie et dans l'élégie de David sur Saül et Jonathan (p. 267). — 3° Le *poëme érotique*, que nous trouvons dans le Cantique des Cantiques, revêtu de tous les charmes d'une nature enchanteresse, d'une naïveté toute pastorale et de toute l'ardeur d'une imagination nourrie dans un climat brûlant.

La poésie didactique des Hébreux comprend également des compositions de différentes espèces. Une branche particulièrement cultivée par les Hébreux est la *poésie gnomique*. De tout temps, les Orientaux aimaient à présenter, dans un langage figuré et poétique, des sentences de morale, des aphorismes philosophiques, des maximes de sagesse, des énigmes et des comparaisons ingénieuses; les Hébreux excellaient dans ce genre de compositions, qui, à ce qu'il paraît, fut en grande faveur à la cour de Salomon et se développa principalement sous son règne [1]. Ce genre est désigné par le mot MASCHAL, qui, dans l'origine, signifie *similitude, comparaison*, et qui, dans son acception la plus générale, désigne un discours poétique et allégorique. Ce mot se trouve aussi en tête du recueil des *sentences* attribuées à Salomon, et il est mal rendu par *proverbe*. — D'autres branches de la poésie didactique sont la fable et la parabole; la Bible nous offre peu d'exemples de ce genre [2],

qui, après l'exil, se cultivait davantage chez les Juifs et que nous rencontrons fréquemment dans les Évangiles et dans le Thalmud. — A côté de ces différents genres populaires, nous trouvons, chez les anciens Hébreux, une poésie didactique bien plus élevée, qui, abordant les plus hautes questions morales et religieuses, prend dans ses expressions et dans ses figures le plus haut essor lyrique, et frappe autant l'imagination par ses sublimes images, qu'elle s'empare de l'esprit et du cœur par de profondes méditations et par la peinture de la nature humaine, de sa faiblesse et de sa caducité. Les problèmes de la providence et de la justice absolue de Dieu, des souffrances du juste et de la prospérité apparente du méchant, étaient un thème favori pour les poëtes philosophes des Hébreux. Ces questions sont touchées çà et là dans les psaumes et dans les discours des prophètes [1]; mais elles sont traitées particulièrement dans le livre de Job, le plus beau monument de la haute poésie didactique des Hébreux, qui se distingue autant par la hardiesse du style et des images que par la profondeur des pensées, poëme unique dans son genre et auquel rien ne peut être comparé dans toutes les œuvres des temps anciens.

Les discours prophétiques, tant pour le fond des doctrines qui y sont développées que par la diction poétique qui les distingue, peuvent aussi être considérés comme une branche particulière de la poésie didactique des Hébreux (p. 421).

Le langage poétique des Hébreux, quoique plus hardi et plus fleuri que celui des poëtes classiques de l'antiquité, ne sort pas cependant des règles du beau, et loin de braver notre goût, comme le font trop souvent les poésies de l'Orient moderne, il transporte par son haut élan, sans jamais blesser le sentiment esthétique le plus exquis. La diction poétique se fait remarquer par un grand nombre de mots, de formes grammaticales et de

---

[1] Comparez ci-dessus, p. 285, col. 1; p. 297, col. 1, et p. 423, col. 1.

[2] Voy. deux fables ou apologues de circonstance, Juges, 9, 8-15 (ci-dessus, p. 257), et 2 Sam., 12, 1-4 (p. 274). Isaïe commence un de ses discours par une parabole (ch. 5, v. 1-6); un autre exemple se trouve dans le livre d'Ézéchiel, ch. 17, et, si je ne me trompe, tout le livre de Jona n'est autre chose qu'une parabole; nous y reviendrons plus loin.

[1] Voy. surtout les ps. 37, 49 et 73; Jérémie, ch. 12.

tournures qu'on ne rencontre que très-rarement dans le langage vulgaire, mais qui ordinairement sont d'un usage plus fréquent dans l'un des autres dialectes sémitiques. Les images et les métaphores sont prises principalement dans la nature et dans les phénomènes de la Palestine et des pays environnants, dans la vie pastorale, dans l'agriculture et dans l'histoire nationale. Les étoiles du ciel, le sable sur le bord de la mer sont l'image d'une grande multitude; veut-on parler d'une grande armée ennemie qui envahit le pays, ce sont des torrents rapides, ou les flots mugissants de la mer, ou des nuages qui amènent une tempête; les chariots de guerre arrivent rapidement comme l'éclair ou les tourbillons du vent. Le bonheur se lève comme l'aurore et brille comme la lumière du jour; la bénédiction de Dieu descend comme la rosée ou comme la pluie bienfaisante; la colère du ciel est un feu dévorant, qui anéantit le méchant, comme la flamme qui dévore le chaume. Le malheur est comparé à des jours de nuages et de ténèbres; dans les grandes catastrophes, le soleil se couche en plein midi, le ciel s'ébranle, la terre tremble, les astres disparaissent, le soleil est changé en ténèbres et la lune en sang, et ainsi de suite. Les cèdres du Liban, les chênes du Basân sont l'image de l'homme puissant, le palmier et le roseau celle du grand et de l'humble, les ronces et les épines celle du méchant; l'homme pieux est un olivier toujours verdoyant, ou un arbre planté sur le bord de l'eau. — Le règne animal fournit également un grand nombre d'images: le lion, image de la puissance, est aussi, comme le loup, l'ours, etc., celle des tyrans et des hommes violents et rapaces, et le pieux qui souffre est une faible brebis conduite à la boucherie. L'homme fort et puissant est comparé au bouc ou au taureau du Basân; les vaches du Basân figurent, dans les discours d'Amos, comme l'image des femmes riches et voluptueuses; le peuple rebelle à la volonté divine est une génisse récalcitrante. D'autres images sont empruntées à la vie champêtre et à la vie domestique et sociale: le châtiment de Dieu pèse sur Israël comme un chariot chargé de gerbes; les morts couvrent la terre comme le fumier qui couvre la surface des champs. L'impie sème le crime et moissonne le malheur, ou il sème le vent et moissonne la tempête. Les peuples succombant sous les coups des ennemis sont comme le blé écrasé sous le traîneau (p. 361). Dieu foule le vin dans le pressoir, lorsqu'il châtie les impies et fait verser leur sang. — La colère de Jéhova est souvent présentée comme une coupe enivrante qu'il fait vider à ceux qui ont mérité son châtiment; les terreurs et les angoisses sont souvent comparées aux douleurs de l'enfantement. Les peuples, les villes et les États sont présentés, par les poètes hébreux, sous l'image de filles ou de femmes; dans leur impiété, ce sont des courtisanes ou des femmes adultères. — Les allusions historiques les plus fréquentes sont prises dans la catastrophe de Sodome et de Gomorrhe, dans les miracles de la sortie d'Égypte et dans l'apparition de Jéhova sur le Sinaï.

Nous devons nous contenter de ces exemples; car il nous serait impossible de citer ici en détail la grande variété d'images et de métaphores dont se servent les poètes hébreux [1]. Par leurs images et leurs comparaisons frappantes, ils ont su animer toute la nature; celle-ci est pour eux une création morte, mais elle s'anime sans cesse sous la main du créateur, et lorsqu'on la fait agir, c'est pour montrer Dieu qui agit dans elle. La plus belle expression de ce sentiment se trouve dans le discours qu'un des plus grands poètes fait prononcer à Dieu lui-même dans le dénoûment du poëme de Job (ch. 38 à 40).

On pense bien qu'il n'y a rien dans les images des poètes hébreux qui res-

---

[1] On peut consulter Lowth, *De sacrâ Poesi Hebræorum*, prælect. XII, ed. Michaëlis, p. 230 et suiv. — Knobel, *Der Prophetismus der Hebræer*, t. I, p. 362-377.

semble aux fables mythologiques des anciens peuples païens, où les dieux apparaissent, comme des êtres finis, dans les limites de l'espace et du temps. Si çà et là Jéhova apparaît monté sur un chérubin (Ps. 18, 11), c'est une simple allusion à sa résidence symbolique dans le sanctuaire (p. 157); ailleurs on lui prête des chevaux et un char (Habac. 3, 8), parce qu'il est présenté sous l'image du guerrier. Dans les images du *Scheôl* (p. 149), dans les torrents de Beliaal (Ps. 18, 5), il y a peut-être quelques traces de mythes égyptiens; mais les fables païennes ont entièrement disparu, et il n'en est resté que la demeure des ombres [1]. Il est à remarquer que les mythes mêmes de la Genèse, du paradis terrestre, du serpent séducteur, etc., ne reparaissent jamais dans la poésie hébraïque.

Pour ce qui concerne la forme extérieure de la poésie hébraïque, les vers ne sont mesurés ni par le nombre des syllabes, ni par leur quantité prosodique. A la vérité, Josèphe dit que le cantique de Moïse (Exode, ch. 15) se compose d'*hexamètres*, et que David faisait des vers *trimètres* et *pentamètres* [2], et saint Jérôme s'exprime à peu près de même dans différents endroits [3]. Mais c'est en vain que les hébraïsants ont cherché à découvrir les règles de la prosodie hébraïque; on a fait toute sorte de conjectures et d'hypothèses, pour établir des systèmes très-peu satisfaisants. Il est possible que la difficulté réside dans les voyelles actuelles, qui ne rendent peut-être pas exactement la vraie prononciation des anciens Hébreux; mais il est bien plus probable que les vers hébreux n'avaient pas de prosodie proprement dite, et que Josèphe et les autres auteurs anciens n'ont voulu parler que d'une certaine analogie qu'offraient les vers hébreux plus ou moins longs avec différents rhythmes des Grecs et des Romains [1]. Le rhythme des vers hébreux se borne pour nous à une certaine symétrie dans les différentes parties ou *membres* du vers et au parallélisme des idées qui y sont exprimées. Le vers se compose ordinairement de deux membres qui se correspondent mutuellement tant par l'analogie grammaticale des mots qu'ils renferment que par leur sens respectif. Dans ce *parallélisme* on peut distinguer trois espèces principales, que nous appellerons, avec Lowth [2], *synonyme*, *antithétique* et *synthétique*.

Dans le parallélisme synonyme les mots correspondants des deux membres sont synonymes, ou renferment des idées analogues; par exemple :

Ma doctrine distillera comme la pluie,
Ma parole dégouttera comme la rosée;
Comme l'averse sur la verdure,
Comme la giboulée sur l'herbe.

Deut. 32, 2.

Dans le parallélisme antithétique, qu'on trouve principalement dans les adages, les mots correspondants offrent un sens opposé; par exemple :

Les coups de l'ami sont fidèles;
Les baisers de l'ennemi sont perfides.

Prov. 27, 6.

L'arc des forts est brisé;
Les faibles se ceignent de force.

1 Sam. 2, 4.

Le parallélisme synthétique n'offre qu'une simple analogie dans l'ordre des mots et dans les idées; les mots ne sont ni analogues ni opposés les uns aux autres, et l'idée exprimée dans le premier membre est continuée dans

---

[1] Voy. Herder, *Geist der hebræischen Poesie*, t. I, à la fin du septième dialogue.

[2] Voy. Antiqu. II, 16, 4; VII, 12, 3.

[3] Voy. les passages de saint Jérôme cités par Rabbi Azaria de Rossi dans son livre *Meor Énaïm*, ch. 60. Ce chapitre de R. Azaria, qui traite de la prosodie hébraïque, a été traduit en latin par Jean Buxtorf, à la suite de son édition du livre *Cosri*, p. 415 et suivantes.

[1] Lowth, pour réfuter un système de prosodie hébraïque qui avait été inventé de son temps, imagine un système tout opposé, qui offre pourtant la même vraisemblance; puis il ajoute (l. c., p. 742) : *Simili quodam modo omnem, quæcunque ea fuerit, hypothesin quæ metricæ hebrææ leges tradere, et versuum numeros, pedes et scansionem definire aggredietur, facile everti posse existimo; nam ei hypothesi aliam contrariam et omnino repugnantem, sed æque validis argumentis confirmatam, opponi posse persuasum habeo.*

[2] Voy. l. c. prælect. XIX, p. 360 et suiv.

le second et complétée par un nouveau trait, comme par exemple :

> La loi de Jéhova est parfaite,
> Récréant l'âme ;
> L'avertissement de Jéhova est fidèle,
> Rendant sage le simple.
> (Ps. 19, 8 et suiv.).

Rarement le parallélisme est aussi parfait que dans les exemples que nous venons de citer ; se répétant sans cesse, il deviendrait monotone et fatigant. Aussi les poëtes hébreux ont-ils cherché à lui donner une grande variété de formes : tantôt le verbe du premier membre n'est pas rendu dans le second, qui, en revanche, rend par deux mots une idée qui, dans le premier, n'est exprimée que par un seul ; tantôt il y a des strophes de quatre membres qui se correspondent alternativement deux à deux ; tantôt l'idée exprimée dans deux ou dans quatre membres est complétée par un troisième ou un cinquième qui n'a pas de parallèle. Nous n'entrerons pas à ce sujet dans des détails de théories qui ne peuvent avoir de l'intérêt que pour l'hébraïsant ; nous renvoyons aux fragments de poésie hébraïque que nous avons eu l'occasion de citer dans le courant de cet ouvrage [1], et auxquels nous joignons ici la traduction littérale du psaume 114, pour servir de modèle du parallélisme poétique des Hébreux :

> Lorsqu'Israël sortit d'Égypte,
> La maison de Jacob du milieu des barbares ;
> Juda devint son [2] sanctuaire,
> Israël, son empire.
> La mer le vit et s'enfuit,
> Le Jourdain retourna en arrière ;
> Les montagnes bondirent comme des béliers,
> Les collines comme de jeunes brebis.
> Qu'as-tu, ô mer, pour t'enfuir,
> O Jourdain, pour retourner en arrière ?
> (Qu'avez-vous) montagnes, pour bondir comme des béliers,
> (Et vous) collines, comme de jeunes brebis ?
> Devant le Seigneur tremble, ô terre,
> Devant le Dieu de Jacob ;
> Qui change le rocher en un lac,
> Le caillou en une source d'eau.

[1] Voy. aux pages 13, 14, 85, 222, 234, 267, 269, 333, 346, 386, 387.
[2] Le pronom *son* se rapporte à Dieu.

Nous jetterons encore un coup d'œil sur les différentes œuvres poétiques qui nous restent des anciens Hébreux ; ce sont les Psaumes, les Proverbes, le livre de Job, le Cantique des Cantiques, les Lamentations, les prophéties d'Isaïe, de Jérémie, d'Ézéchiel et de plusieurs autres prophètes.

Le livre des Psaumes est un recueil de poésies lyriques composées, par plusieurs poëtes, à différentes époques, depuis David jusqu'à l'exil de Babylone. Il y en a un certain nombre qui datent de l'exil même, et quelques-unes paraissent être postérieures à l'exil. Un seul des psaumes paraît remonter à une haute antiquité ; c'est le psaume 90, qui porte pour inscription les mots *Prière de Moïse*, et nous ne trouvons aucun motif grave pour douter de l'authenticité de cette inscription. Les réflexions que renferme ce psaume sont dignes du grand législateur ; quel triste spectacle de la caducité de la race humaine, que toute une génération périssant dans le désert ! — Les poésies de David sont les plus nombreuses de toute la collection. Nous lisons son nom en tête de 72 psaumes ; quelques-uns de ces psaumes révèlent une époque postérieure [1], ou furent adressés à David par un autre poëte ; mais, en revanche, plusieurs psaumes anonymes appartiennent sans doute à David. Les chants de ce roi-poëte révèlent un sentiment vif et profond, qu'il manifeste avec beaucoup de naturel dans les situations variées de sa vie ; il se laisse aller librement à la joie, à la douleur, au repentir, et même à ses ressentiments, car il est toujours sous l'empire de sa situation momentanée. Quand une fois on a reconnu la profonde sensibilité de son âme, on comprend à la fois les touchants et pieux épanchements de son cœur s'humiliant devant Dieu et les imprécations qu'il prononce quelque-

[1] On peut cependant lui attribuer quelques psaumes qui se terminent par une prière pour le rétablissement de Jérusalem et du peuple d'Israël. Voy. ci-dessus, page 275, col. 1, note 1.

fois contre ses ennemis[1]. — Douze psaumes[2] sont attribués au lévite Asaph, contemporain de David (p. 282); ceux dont la critique peut le reconnaître auteur (comme par exemple le psaume 50) le signalent comme un poëte didactique de premier ordre. Mais la plupart des psaumes qui portent le nom d'Asaph ne sauraient avoir pour auteur un contemporain de David; tantôt on reconnaît un poëte postérieur au schisme (ps. 68, v. 67 et 68), tantôt même c'est un poëte qui a vu la destruction de Jérusalem et du Temple (ps. 74 et 79). On peut dire la même chose du ps. 88, attribué à Héman, et du ps. 89, attribué à Éthan; il ne peut être question des poëtes de ce nom, contemporains de David (2 Chron. 6, 18 et 29), car les chants désignés ne s'adaptent qu'au temps de l'exil, ou tout au plus au temps d'Ézéchias[3]. — Une série de psaumes, peut-être les plus sublimes de toute la collection, sont rapportés au *fils de Korah*[4], soit que leurs auteurs fussent des descendants de Korah (p. 130), ou bien, ce qui est plus probable, que leur exécution musicale fût confiée à cette famille de lévites, ou du moins conforme à la méthode particulière des Korahites. On serait tenté de donner à tous ces chants le même auteur, car ils respirent tous le même esprit; c'est le même feu, la même concision, le même élan lyrique. Cependant leur contenu révèle des auteurs de différentes époques; on reconnaît tantôt le temps de Salomon (ps. 45), tantôt celui de l'exil (ps. 85). Nous signalons particulièrement une touchante élégie des Korahites (ps. 42) et le magnifique épithalame adressé à Salomon. — Il y a enfin un certain nombre de psaumes qui ne portent aucun nom en tête et qui sont de différentes époques; les uns peuvent appartenir à David; d'autres sont même postérieurs à

[1] Comparez ci-dessus, page 284, col. 2.
[2] Ce sont les ps. 50 et 73 à 83
[3] Voy. Eichhorn, *Einleitung*, t. V, p. 23 et 24; Jahn, *Introductio in libros sacros*, p. 391, § 174.
[4] Voy. les ps. 42 à 49, 84, 85, 87, 88.

l'exil, comme le célèbre ps. 137 : *Sur les fleuves de Babylone*, etc. Parmi les poëmes anonymes nous remarquons les *Halleluia*, et les psaumes dits *des marches* ou *des ascensions* (graduum), et qui étaient chantés, à ce qu'il paraît, par les pèlerins qui montaient au Temple de Jérusalem.

A l'occasion des Psaumes, nous mentionnerons deux autres recueils de poésies cités dans la Bible, mais qui sont perdus: l'un était intitulé *le livre des Guerres de Jéhova*, on en donne quelques extraits dans le livre des Nombres (ch. 21, v. 14 et suiv.); l'autre est *le livre du Juste*, dont quelques fragments ont été rapportés plus haut[1].

Le livre qui porte le titre de *Proverbes de Salomon* est une anthologie gnomique, dans laquelle on peut distinguer deux parties. La première, qui embrasse les neuf premiers chapitres, est une espèce d'introduction dans laquelle l'auteur recommande à la jeunesse inexpérimentée de rechercher la sagesse, de suivre ses enseignements, de fuir la sottise et les mauvais exemples, et notamment la séduction des femmes. La seconde partie renferme des maximes détachées, des règles de conduite et des sentences ingénieuses. Cette partie se compose de trois sections : la première (ch. 10 à 24) est directement attribuée à Salomon, et rien ne s'oppose à ce que nous y voyions un reste des nombreuses sentences et maximes de Salomon (1 Rois, 5, 12) prononcées dans différentes circonstances, et dont il existait peut-être des recueils. La seconde section (ch. 25 à 29), rédigée par les gens d'Ézéchias (p. 339), se compose de sentences et de proverbes qui n'existaient probablement que dans la bouche des sages et que la tradition attribuait également à Salomon, qui, comme nous l'avons déjà dit, était considéré comme le représentant de la poésie gnomique. Enfin la troisième section (ch. 30 et 31) renferme de courtes réflexions et quelques énigmes

[1] Voy. ci-dessus, p. 222, col. 2, et p. 267.

d'un certain Agour; des conseils donnés au roi Lemuel[1] par sa mère, et la description de la femme forte, par un poëte inconnu.

Mentionnons ici, en passant, un livre qui a quelques rapports avec les Proverbes, et que la tradition a également attribué à Salomon; c'est le livre de *Kohéleth* (l'Ecclésiaste). Mais le style corrompu de ce livre et le scepticisme qui s'y manifeste nous révèlent un auteur bien postérieur à l'époque dont nous nous occupons ici.

Nous avons déjà eu l'occasion de parler du rang distingué qu'occupe le livre de Job dans les monuments de la poésie hébraïque. « Les secrets de la « Providence divine et du régime de « l'univers sont impénétrables aux fai- « bles mortels; l'homme ne saurait « connaître les voies de l'Être infini, « il doit s'humilier devant le Tout- « Puissant et se résigner à sa volonté. » Telle est la thèse qu'un des plus grands poëtes de l'antiquité a développée dans le magnifique tableau que nous présente le poëme de Job. Probablement tout n'est pas fiction dans ce poëme; il dut exister une antique tradition arabe parlant d'un homme très-pieux nommé Job, qui, riche et heureux, fut subitement accablé de grands malheurs qu'il supporta avec résignation, et qui ensuite, en récompense de sa vertu, fut l'objet des plus grandes faveurs de la Divinité. Le prophète Ézéchiel considérait sans doute le pieux Job comme un personnage historique, en le plaçant à côté de Noé et de Daniel (Ézéch., 14, 14 et 20). Dans le prologue, qui est écrit en prose, l'auteur, après nous avoir fait connaître Job et sa fortune florissante, nous transporte dans le ciel, où nous voyons Jéhova entouré de ses anges. Au milieu d'eux se trouve *Satan* (l'adversaire), qui vient de parcourir la terre et qui fait dans le tribunal céleste les fonctions d'accusateur. On sait comment Job, sur les insinuations de Satan, qui refuse de reconnaître aux mortels une piété désintéressée, est privé successivement de sa fortune et de ses enfants, et affligé d'une horrible maladie. Job supporte tout avec résignation. Trois de ses amis viennent le voir; sept jours se passent dans un morne silence, enfin Job prend la parole pour maudire le jour de sa naissance, et c'est ici le commencement du poëme. Les amis, avec leurs idées vulgaires de la justice absolue, prétendent justifier la Divinité, en supposant à Job des péchés secrets; ses souffrances, selon eux, ne peuvent être qu'un châtiment mérité. Job réfute leurs arguments, en protestant de son innocence, et il en appelle à Dieu lui-même devant lequel il voudrait pouvoir plaider sa cause (ch. 13). Trois fois la lutte recommence, sans que la question soit plus avancée; à la troisième conférence, un seul des amis s'anime encore contre Job, qui, dans la chaleur de la lutte, s'est laissé aller jusqu'à douter de la justice divine, en dépeignant le bonheur dont souvent les impies jouissent dans ce monde (ch. 21); le second ami ne sait que répéter quelques lieux communs, et le troisième garde le silence. Fort de son innocence, et ayant fait taire ses adversaires, Job reprend seul le raisonnement avec plus de calme; il arrive à conclure que la sagesse suprême est impénétrable aux mortels, que la crainte de Dieu est l'unique sagesse de l'homme, qui n'a qu'à se résigner à la volonté divine (ch. 26). Un jeune enthousiaste se trouve là, qui a écouté les débats avec un silence respectueux; mais voyant que les vieux amis de Job ne trouvent plus rien à dire, il s'approche avec arrogance, et promet de résoudre le problème. Il fait un long discours plein de pompeuses images; mais on ne voit pas où il en veut venir, et il ne sait produire aucun argument nouveau. Alors Dieu apparaît lui-même dans un orage, et, reprochant à Job la témérité avec laquelle il a prétendu juger les voies secrètes de la Providence, il lui pose des questions sur les mystères de la nature,

---

[1] Lemuel est sans doute un nom imaginaire dont se servit le poëte, pour faire parvenir ses conseils à un jeune prince.

et Job reste muet et confondu. L'homme ne peut que contempler avec étonnement les œuvres de la création; tout est pour lui un profond mystère, et il oserait juger les desseins impénétrables de la Providence divine? — Job n'apprend pas pourquoi il a été éprouvé, mais il est dédommagé en jouissant d'une prospérité plus grande que celle qu'il avait perdue, et, malgré les plaintes qu'il a proférées dans sa douleur, il est déclaré avoir parlé avec plus de piété que ses amis, qui avaient prétendu justifier la Divinité. Il faut un sacrifice et la prière de Job, pour leur faire pardonner leur témérité.

De tout temps les opinions ont été fort divisées sur l'époque qui a donné naissance à ce sublime poëme et sur son auteur. Déjà dans le Thalmud nous voyons Job placé par différents docteurs aux deux points extrêmes de l'histoire des Hébreux; les uns font de Job un contemporain de Moïse, et attribuent le poëme au grand législateur; les autres le font descendre jusqu'à l'époque de l'exil, tandis que d'autres encore lui assignent diverses époques intermédiaires. La même divergence d'opinions s'est manifestée parmi les critiques modernes. Le pur déisme du livre de Job, le silence qu'on y garde sur la loi révélée à Moïse, les coutumes patriarcales qui se révèlent entre autres dans les sacrifices offerts par Job personnellement et sans l'intervention des prêtres, ont fait penser que l'auteur avait vécu avant la sortie d'Égypte; Moïse, élevé en Égypte et qui erra longtemps dans le désert d'Arabie, aurait seul pu composer ce poëme, où se montre une connaissance si exacte de la nature des deux pays. Mais cette opinion ne peut être admise que par ceux qui reconnaissent l'authenticité des livres mosaïques, et on peut leur objecter avec raison la distance immense qui existe entre le style du livre de Job et celui qu'on remarque dans les poëmes attribués à Moïse. D'autres ont pensé à Salomon, appuyant leur hypothèse sur certaines ressemblances qui existent entre le style des Proverbes et celui de Job. D'autres, enfin, ont cru pouvoir conclure de quelques chaldaïsmes qu'offre le langage de ce poëme, et de l'intervention de Satan dans le prologue, que l'auteur dut vivre pendant ou après l'exil de Babylone. — Il faut avouer que l'idée d'un ange accusateur, et les images dans lesquelles on semble faire allusion aux bons anges qui intercèdent pour l'homme dans le tribunal céleste (Job, 5, 1 ; 33, 23) ne sont pas conformes aux idées qu'avaient les anciens Hébreux avant l'exil ; mais, d'un autre côté, on ne saurait se dissimuler qu'il y a loin de l'ange accusateur du livre de Job à l'ange rebelle que, sous le nom de Satan, nous trouvons dans les traditions juives postérieures à l'exil, et qui est l'Ahriman de la doctrine des Perses. Ce qui nous paraît certain, c'est que le livre de Job est antérieur à Jérémie, qui a évidemment imité le passage où Job maudit le jour de sa naissance[1]. Il est probable que le livre fut composé sous les derniers rois de Juda, par un poëte inconnu qui avait fait un long séjour dans les pays d'Égypte et d'Arabie, et qui, ayant choisi pour héros de son poëme un antique émir nomade, et pour théâtre une contrée de l'Arabie, a su, avec beaucoup d'art, donner à son œuvre la couleur des temps et des lieux, ce qui nous explique à la fois le silence qu'il garde sur la loi et le culte de Moïse, les idées étrangères sur l'intervention des anges, ainsi que les expressions et tournures empruntées aux Proverbes, qui furent rédigés sous Ézéchias[2].

Le petit recueil de poésies érotiques intitulé le *Cantique des Cantiques* a été mis par un modeste poëte, dont nous ignorons l'époque précise, sous le patronage du nom de Salomon, roi aussi célèbre par ses amours que par sa science. Les critiques les moins hardis s'accordent à reconnaître que

---

[1] Comparez Jérémie, ch. 20, v. 14 à 18, avec Job, ch. 3, v. 3 à 11.
[2] Voy. sur ce dernier point, Rosenmuller, *Scholia in Vet. Test.* 5ᵉ part., *Prolegomena in Jobum*, p. 38-40.

l'hébreu du Cantique est loin d'avoir la pureté qui distingue le langage des temps de David et de Salomon, et qu'on y reconnaît l'époque de l'exil, ou tout au moins celle des derniers rois de Juda[1]. On connaît le sens mystique attribué à ces charmants chants d'amour par les anciens docteurs de la Synagogue et par ceux de l'Église, et qui a donné lieu à des interprétations sans nombre. C'est une chose bizarre que ces poésies, si profanes en apparence, aient été déclarées par l'ancienne Synagogue plus sacrées que toutes les autres poésies hébraïques de la classe des Hagiographes; mais bénissons le docteur qui le premier a prêté aux paroles du Cantique un sens secret, car c'est probablement à l'interprétation mystique que nous devons la conservation de ces précieux fragments qui, par leur sens littéral, ne pouvaient prétendre à l'honneur d'être reçus au nombre des livres canoniques.

Tels sont, outre les œuvres prophétiques, les débris qui nous restent de la poésie des anciens Hébreux, et dont il est difficile, comme on l'a vu, de tracer avec exactitude l'histoire et la marche progressive, vu l'incertitude des dates et la contradiction qui règne souvent entre la tradition reçue et les résultats qu'on obtient par l'étude critique des documents.

Quant aux livres prophétiques, nous sommes généralement mieux renseignés sur leurs auteurs et sur l'époque; tantôt ces livres nous donnent eux-mêmes des renseignements chronologiques très-précis, tantôt on obtient ces renseignements par une lecture attentive des prophètes et en combinant leurs paroles avec les détails fournis par les livres historiques. Cependant il s'offre encore ici un vaste champ aux recherches critiques; différentes parties de la littérature prophétique présentent de grandes difficultés, sur lesquelles autrefois on passait très-légèrement, et ce n'est que dans les temps modernes que les critiques ont abordé ce sujet par des discussions sérieuses, et sont arrivés à des résultats satisfaisants. Il nous est impossible de donner ici des détails sur chacun des prophètes dont nous possédons encore des discours; nous nous bornons à ajouter quelques observations à celles qui se trouvent répandues dans différents endroits de notre histoire.

La littérature prophétique commence environ huit siècles avant l'ère chrétienne, sous les règnes d'Ouzia et de Jéroboam II. Nous énumérons ici, par ordre chronologique, les prophètes qui ont donné leurs noms aux différents livres, et que, à l'exception du dernier, nous avons mentionnés dans la partie historique; ce sont les suivants : Jona, Joel, Amos (p. 326), Hoséa (p. 327), Isaïe (328 et suiv.), Micha, Nahum (p. 331-339), Sephania, Jérémie (p. 341 et suiv.), Habacuc (p. 344), Ézéchiel (p. 346 et 348) et Obadia. Nous possédons des oracles de tous ces prophètes, à l'exception de Jona[1]. A la vérité, il existe un livre qui porte le nom de Jona; mais au lieu d'oracles il nous présente une histoire qui n'a pu être écrite par Jona lui-même, car elle est invraisemblable d'un bout à l'autre et pleine de faits impossibles, qui montrent avec la plus grande évidence que c'est un récit fabuleux composé longtemps après Jona. Un prophète hébreu est chargé par Jéhova de se rendre à la ville lointaine de Ninive, pour lui annoncer sa destruction prochaine, et, craignant de se compromettre par cette mission, il croit, en s'embarquant, pouvoir s'enfuir devant *le Dieu du ciel, qui a fait la mer et la terre sèche* (Jona, 1, 9). Une tempête subite mettant l'équipage dans le plus grand danger, chacun implore son dieu; Jona seul dort tranquillement, et il faut que le capitaine du vaisseau, un païen, l'exhorte à la prière. On tire au sort, pour savoir si ce ne sont pas les péchés d'un des voyageurs qui ont attiré sur l'équipage ce châtiment céleste; le sort dé-

---

[1] Voy. Jahn, *Introductio in Libros sacros*, § 208.

[1] Comparez ci-dessus, p. 326, col. 1, note.

signe Jona, il avoue qu'il a offensé son Dieu, et demande qu'on le jette à la mer. Les marins ne s'y décident qu'après avoir fait de vains efforts pour gagner la terre. Jona, jeté à la mer, est englouti par une baleine; il passe trois jours et trois nuits dans l'intérieur du monstre marin, sans périr par le manque d'air; il est enfin vomi on ne sait sur quelle terre. Sur un second appel de Jehova, il se rend à Ninive, et annonce aux habitants que la ville sera détruite au bout de quarante jours. Le puissant roi de Ninive s'effraye de la prédiction du prophète inconnu; il ordonne un jeûne général, tous les Ninivites s'humilient devant Dieu et trouvent grâce devant sa clémence. Mais le prophète croit sa réputation compromise, et prie Dieu de le faire mourir. Il se fait une tente hors de la ville. Dieu fait pousser un arbre merveilleux pour abriter le prophète sous son ombre, mais la nuit suivante un ver ronge l'arbre, qui se dessèche. Jona en est affligé, à tel point qu'il désire mourir. Eh bien, lui dit Dieu, tu t'affliges de la perte de cette plante, enfant d'une nuit, et tu voudrais que je n'eusse pas épargné la grande ville de Ninive et ses nombreux habitants? Cette conclusion du livre aurait seule dû suffire pour convaincre même la foi la plus robuste, que nous avons ici une parabole, et non pas un récit historique qui ferait de Jona l'homme le plus indigne de la haute mission d'un prophète, sans parler des faits invraisemblables qui y sont entassés et qui ont fourni tant de sujets de raillerie aux détracteurs des livres sacrés. Déjà plusieurs rabbins du moyen âge y ont vu, les uns un conte moral, les autres une vision [1]. Dans les temps modernes, l'hypothèse d'une fiction poétique, proposée par Herder [2], a été adoptée avec empressement par la grande majorité des critiques, et les défenseurs les plus ardents des opinions traditionnelles n'osent plus soutenir la vérité historique du livre de Jona [1]; mais les opinions varient sur le but du récit et sur sa tendance morale. Parmi les différentes hypothèses [2], nous préférons celle qui voit dans le livre de Jona une parabole, et nous croyons y reconnaître quelques doctrines morales qui s'adressent en même temps aux prophètes et au peuple. L'auteur voulut montrer que les prophètes, fidèles à leur vocation, devaient toujours flétrir les vices et annoncer aux pécheurs le châtiment céleste; mais ils ne devaient pas croire leur honneur compromis si la prophétie ne s'accomplissait pas, car leur avertissement doit avoir pour but de corriger les hommes et de les rendre dignes de la clémence de Dieu, toujours prêt à pardonner. En même temps l'auteur combat un préjugé national très-répandu parmi les vrais adorateurs de Jéhova, et il montre, par l'exemple des marins païens et des Ninivites, que la clémence divine n'est pas seulement réservée aux Hébreux, mais que Dieu étend sa bonté sur tous les hommes, dès qu'ils l'invoquent et qu'ils s'humilient devant lui.

Le style du livre ne nous permet pas de le faire remonter avant l'exil; ce fut peut-être la conquête de Babylone par Cyrus qui donna lieu à la composition de cette parabole, car Babylone ne fut pas détruite, comme les prophètes l'avaient prédit, et Cyrus, à ce qu'il paraît, traita cette ville avec indulgence [3].

Les erreurs qui sont encore répandues sur le livre de Jona, et la popularité du sujet qu'il traite, nous ont obligé d'entrer ici dans quelques détails, quoique, par sa forme, cette parabole soit si peu digne de figurer parmi les œuvres poétiques des Hébreux. Parmi les autres prophètes que nous avons énumérés, ceux qui

---

[1] Voy. les notes de la Bible de M. Cahen, t. XII, Jona, I, 1.
[2] Voy. *Briefe, etc.* (Lettres sur l'étude de la théologie), t. I, neuvième lettre.

[1] Voy. Jahn, *Introductio, etc.*, § 126-128.
[2] Voy Eichhorn, *Einleitung*, t. IV, p. 352-366.
[3] Voy. Hérodote, III, 159; Xénophon, *Cyrop.*, VII, 26 et suiv. — Knobel, *Prophetismus der Hebræer*, t. II, p. 358 et 376.

se distinguent le plus comme poëtes sont Isaïe, Amos, Hoséa, Joël, Micha, Nahum et Habacuc. Les livres qui font partie des douze petits prophètes offrent généralement un ensemble d'idées et une parfaite unité de diction poétique, et il ne peut y avoir aucun doute sur leur authenticité. On peut dire la même chose des recueils plus étendus qui portent les noms de Jérémie et d'Ézéchiel. Le seul travail critique que demandent ces livres, c'est l'arrangement chronologique des différents discours qu'ils renferment ; car les livres ne sortirent pas des mains de leurs auteurs tels qu'ils nous sont parvenus. Les discours épars rédigés par les prophètes eux-mêmes, ou par leurs secrétaires, ne furent recueillis que plus tard et réunis dans un volume sans qu'on suivît pour cela un plan bien arrêté. Le livre de Jérémie surtout nous est parvenu dans le plus grand désordre chronologique; on pourra s'en convaincre en comparant avec attention les citations que nous avons faites de ce livre dans notre histoire des Hébreux, depuis l'époque de Josias jusqu'à l'exil. Mais on ne saurait méconnaître dans le livre de Jérémie l'unité du style et des idées. Partout on reconnaît un esprit abattu, accablé de malheurs et incapable d'atteindre l'élan de ses prédécesseurs. L'élégie seule est sa véritable sphère poétique ; il désire *que sa tête soit changée en eau et ses yeux en sources de larmes pour pleurer jour et nuit les morts de son peuple* (Jérém. 8, 23). C'est avec une profonde émotion qu'on lit les morceaux élégiaques que contient son livre, ainsi que les *Lamentations* qui lui sont attribuées, et qui sont entièrement dignes de lui.

Le livre d'Ézéchiel a plus d'ordre ; mais la seconde moitié, postérieure à la chute de Jérusalem (ch. 25 et suiv.) laisse beaucoup à désirer sous ce rapport. Son authenticité est indubitable ; les critiques les plus avancés et les plus difficiles ont dû reconnaître que dans toutes les parties du livre on trouve le même ton, les mêmes expressions, les mêmes tournures [1]. Son style s'approche généralement de la prose, le parallélisme y est fort rare ; mais il aime beaucoup les visions et les allégories, qu'il se plaît à présenter avec des détails minutieux. Son langage est souvent incorrect, et il offre plus d'anomalies grammaticales qu'aucun autre écrivain biblique.

Quant au livre d'Isaïe, nous avons déjà fait observer (p. 420) qu'il renferme un grand nombre de discours faussement attribués à ce prophète, et qui ne remontent qu'aux derniers temps de l'exil de Babylone. De ce nombre sont non-seulement tous les discours placés après les chapitres historiques (ch. 40 à 66), mais encore différents chapitres de la première partie, tels que l'oracle sur la chute de Babylone (ch. 13 et 14) et celui qui parle de la catastrophe d'Édom et du rétablissement du peuple hébreu (ch. 34 et 35). Le livre d'Isaïe est une anthologie, comme le livre des Psaumes et celui des Proverbes. Le nom d'Isaïe, illustré par les plus sublimes discours prophétiques, et surtout par les poétiques peintures du futur âge d'or, devint en quelque sorte le représentant des prophéties messianiques, de même que le nom de David représentait la poésie lyrique et celui de Salomon la poésie gnomique. On rattacha donc à un certain nombre d'oracles qui restaient d'Isaïe les poésies postérieures du même genre et dont les auteurs étaient inconnus.

Un seul des prophètes que nous avons énumérés n'a pas été mentionné dans notre histoire des Hébreux ; c'est le prophète Obadia, dont l'époque n'est pas fixée dans le texte biblique et dont l'oracle ne s'adapte bien à aucune des époques de l'histoire avant l'exil. La tradition juive identifie ce prophète avec le pieux Obadia qui, sous le règne d'Achab, se fit le protecteur des prophètes de Jéhova (p. 308) [2] ; mais cette tradition n'a d'au-

---

[1] Voy. Gesénius, *Geschichte der hebræischen Sprache und Schrift*, p. 35.

[2] Thalmud de Babylone, *Synhédrin*, fol. 39 *b*. Comparez les commentaires de saint Jérôme à Obad., v. 1 : *Hunc aiunt esse Hebræi, qui, sub rege Samariæ Achab et impiis-*

tre base que l'identité des noms. Il résulte avec évidence de l'oracle d'Obadia (v. 16 et 20) que de son temps le Temple était déjà détruit et les habitants de la Judée avaient été emmenés en exil. Son oracle contre Édom a les plus intimes rapports avec celui que Jérémie (49, 7-22) prononça contre la même nation. Obadia reproche surtout aux Édomites la joie qu'ils manifestèrent de la chute de Juda, et il espère que les Hébreux, auxquels il prédit un glorieux avenir, pourront un jour prendre leur revanche. Il est donc probable qu'Obadia vécut pendant l'exil, lorsque déjà la puissance chaldéenne penchait vers son déclin.

D. *Les beaux-arts.*

Nous avons déjà dit plus haut que l'Hébreu ne pouvait contempler, dans la nature, autre chose que le reflet du créateur invisible. Le culte de la nature sous ses divers aspects pouvait seul, dans l'antiquité, faire naître dans l'homme le génie de l'art plastique; le génie hébreu, ayant pour mission la connaissance de Dieu, ne pouvait se plaire à reproduire les formes extérieures des objets de la nature et à développer l'œuvre du créateur. On ne trouve quelques traces de la peinture que dans le livre d'Ézéchiel (8, 10; 23, 14) écrit dans le pays des Chaldéens. La sculpture est mentionnée plus fréquemment : dans le Décalogue et dans d'autres passages de la loi mosaïque il est défendu de représenter Dieu sous une image visible, et en général de faire des images avec l'intention de leur rendre un culte; mais la sculpture, sans intention religieuse [1], n'était pas interdite aux Hébreux, et dans le sanctuaire même il y avait des images de plantes et d'animaux, comme simples ornements. Nous rappellerons, par exemple, les douze bœufs qui portaient la *mer d'airain* (p. 292). La sculpture fut cultivée d'ailleurs par les idolâtres qui existaient en très-grand nombre parmi les Hébreux, notamment dans le pays d'Israël. Cependant cette sculpture religieuse elle-même n'avait d'autre but que de représenter des *symboles* des corps célestes et des forces de la nature; elle ne visait pas au beau et à l'idéal, et elle était plutôt un art mécanique qu'un art libéral. On peut dire la même chose de l'architecture; il n'y avait pas de style hébraïque proprement dit, car pour les grands édifices, tels que le Temple de Jérusalem et les palais de David et de Salomon, on avait toujours recours aux artistes phéniciens, qui fournissaient les dessins et présidaient aux travaux.

Outre la poésie, un seul art fut cultivé avec quelque succès par les Hébreux; c'est la musique. Mais malheureusement nous manquons entièrement de données authentiques pour nous former une idée de la musique des Hébreux, et, malgré le nombre prodigieux d'ouvrages qui ont été écrits sur cette matière, depuis le commencement du dix-septième siècle [1], aucune des questions qui s'y rattachent n'a été suffisamment éclaircie et ne le sera jamais.

Les traditions des Hébreux font

---

sima Jezabel, pavit centum prophetas in specubus, etc. Quelques Pères de l'Église expriment la même opinion; d'autres, comme saint Éphrem, font d'Obadia un Sichémite, contemporain d'Hoséa et d'Amos.

[1] Les Chérubins, à la vérité, étaient des symboles religieux, mais ils ne représentaient pas d'êtres réels. Voy. ci-dessus, page 157.

[1] Le père Le Long, dans sa *Bibliotheca sacra*, publiée en 1723, compte douze cent treize auteurs qui ont écrit sur les Psaumes et qui ont aussi parlé de la musique des Hébreux. Dans le *Thesaurus antiquitatum sacrarum* d'Ugolino, t. XXXII, on trouve quarante traités spéciaux sur la musique et les instruments des Hébreux; le plus ancien est celui du médecin juif de Mantoue Abraham ben-David de Porta-Leone, qui traita cette matière dans son ouvrage d'antiquités *Schilté-haggibborim* (le bouclier des forts), ch. 4 à 11. — Forkel, dans son *Histoire de la musique* (en allemand), t. I, p. 174 et suiv., énumère un grand nombre d'autres ouvrages sur le même sujet, auquel il a consacré lui-même tout le 3ᵉ chapitre de son important ouvrage. On peut aussi consulter Pfeiffer, *Sur la musique des anciens Hébreux* (en allemand), 1779; Martini, *Storia della Musica*, t. I; Roussier, *Mémoires sur la Musique des anciens*. Contant de la Molette, *Essai sur la poésie et la musique des Hébreux*, Paris, 1781, a copié Roussier. — Les dissertations les plus récentes sont celles de Saalschütz (Berlin, 1829) et de P. J. Schneider (Bonn 1834).

remonter l'origine de la musique avant le déluge ; dans la Genèse (4, 21), l'invention des instruments à cordes est attribuée à Jubal, descendant de Caïn. Dans l'histoire de Jacob (ib. 31, 27) on mentionne le tambourin servant à accompagner les instruments à cordes et les chants, ce qui suppose déjà la mesure et la cadence. A la sortie d'Égypte nous voyons Miriam, sœur de Moïse, et d'autres femmes se servir du tambourin pour accompagner leurs chants et leurs danses (Exode, 15, 20 et 21); bientôt après on mentionne le *schophar* (ib. 19, 16) et une autre espèce de trompettes (Nombres, 10, 1). Les traditions de la Genèse prouvent dans tous les cas que le commencement de l'art musical, chez les Hébreux, était antérieur aux temps historiques, et en effet les monuments égyptiens paraissent confirmer la haute antiquité de tous les instruments mentionnés dans le Pentateuque [1]. L'art musical se développa surtout dans les confréries des prophètes, qui s'inspiraient aux sons des instruments et qui cultivaient principalement la poésie religieuse et la musique (p. 247); on cite dans l'histoire de Saül plusieurs exemples de l'effet merveilleux que produisaient leurs chants. Saül, après avoir reçu l'*onction* par Samuel, rencontre une troupe de prophètes qui récitent des chants au son de plusieurs instruments de musique; à l'étonnement des assistants, le nouveau roi est lui-même inspiré et partage les transports des prophètes. Plus tard, dans ses fréquents accès de mélancolie, le jeune David parvient à le soulager par son jeu de harpe, et lorsque le vieux roi, animé d'une haine mortelle contre David, veut le faire saisir dans les demeures des prophètes, ses messagers, ainsi que lui-même, ne peuvent résister aux accents mélodieux des chants prophétiques qui leur font oublier la haine et les sentiments de vengeance [2].

[1] Voy. Hengstenberg, *Die Bücher Moses und Ægypten*, p. 134-136.
[2] Voy. I Sam. 10, 5; 16, 14-23; 19, 20-42; comparez ci-dessus, pag. 250, 257, 260, 421 et 422.

Sous David, la musique, considérée comme un puissant moyen d'élever vers Dieu les âmes des fidèles et devenue une des parties essentielles du culte, arriva au plus haut degré de perfection qu'elle ait jamais atteint chez les Hébreux. Un nombreux corps de musiciens, divisé en diverses sections, fut chargé de la musique sacrée (p. 282). Chaque chœur des chanteurs et chaque orchestre avait en tête un virtuose (MENASSÉACH) qui dirigeait le chant ou la musique et qui chantait ou jouait les solos.

Dans la vie domestique et sociale les Hébreux faisaient de tout temps un grand usage de la musique; on a vu qu'elle ne manquait jamais dans leurs festins et leurs réjouissances, et qu'elle mêlait aussi ses accents lugubres aux chants de deuil [1]. Dès les temps de Moïse on mentionne l'usage de la trompette guerrière (Nomb. 10, 9; 31, 6).

Les Hébreux avaient, comme on vient de le voir, des instruments à cordes, des instruments à vent et des instruments de percussion; mais nous sommes loin d'avoir des notions exactes sur la forme des instruments mentionnés dans la Bible, et nous devons nous contenter de reproduire les conjectures les plus probables qui aient été faites à cet égard, et qui souvent diffèrent beaucoup les unes des autres [2].

A. Les *instruments à cordes* (NEGHINÔTH) étaient de différentes espèces; on en mentionne surtout deux qui étaient d'un fréquent usage : 1° Le KINNOR, instrument sur lequel excellait David (p. 258), avait, selon Josèphe [3], dix cordes, qu'on touchait avec le *plectrum;* cependant le texte biblique dit positivement que David

[1] Voy. ci-dessus, pages 380, 381, 384, 385.
[2] Sur les pl. 15, 16 et 17, nous avons fait reproduire les dessins qui accompagnent le commentaire hébreu des Psaumes par Joël Lœwe, Berlin, 1785, et Fürth. 1804. Ces dessins sont empruntés, en grande partie, à l'ouvrage de Forkel; divers instruments y sont représentés sous différentes formes, suivant les différentes opinions.
[3] Voy. *Antiqu.* VII, 12, 3.

jouait du *kinnor* avec la main[1]. On jouait peut-être des deux manières, suivant les dimensions de l'instrument. Quant à la forme du *Kinnor*, les opinions sont divisées; les uns y voient un instrument semblable à notre harpe[2], les autres une espèce de guitare[3]. Saint Jérôme lui attribue vingt-quatre cordes et la figure de la lettre *delta* des Grecs, c'est-à-dire la forme triangulaire[4]. Probablement le nombre des cordes n'était pas toujours le même; il paraîtrait qu'il y avait une espèce particulière de *kinnor* à huit cordes (1 Chron, 15, 21), appelé *Scheminith*; car il n'est nullement probable que les Hébreux aient employé ce mot dans le sens moderne d'*octave*, comme l'ont cru plusieurs auteurs. Sur les monuments égyptiens on voit également des harpes à huit cordes[5]. — 2° Le NÉBEL, instrument phénicien que les Grecs appellent *nabla* (νάϐλα), avait, selon Josèphe (ib.), douze sons et était pincé avec les doigts. Sur sa forme on n'est pas plus d'accord que sur celle du *kinnor*; le mot *nébel* ayant aussi le sens d'*outre* ou d'*amphore*, on a pensé que l'instrument qui portait ce nom devait offrir quelque ressemblance de forme avec l'amphore, ou le vase qui servait à conserver le vin (p. 362)[6]. Selon saint Jérôme et d'autres, il avait la forme d'un *delta* renversé, et on a cru le retrouver dans une espèce de lyre orientale, dont Niebuhr, dans ses *Voyages*, a donné la description et le dessin, et dont la forme présente en effet un delta renversé, sur un coffre rond en bois couvert de cuir[1]. Cet instrument, à la vérité, n'a que cinq cordes, mais on a pu en augmenter le nombre. Ce qui est certain, c'est qu'il y avait un *nébel* à dix cordes, appelé, dans les Psaumes, *nébel-asor* (Ps. 33, 2; 144, 9)[2]. — Le *kinnor* et le *nébel* sont les seuls instruments à cordes qu'on puisse avec certitude attribuer aux anciens Hébreux. Ils servaient l'un et l'autre aussi bien pour la musique profane que pour la musique sacrée; des bayadères qui chantaient dans les rues, s'accompagnaient du *kinnor* (Isaïe, 23, 16).

B. Les *instruments à vent* que nous trouvons chez les Hébreux avant l'exil sont au nombre de quatre : 1° OUGAB, dont la forme est inconnue, mais qui, selon les anciennes versions, est une espèce de flûte ou d'orgue. Les savants y ont vu, les uns une espèce de cornemuse, composée d'une peau enflée et de deux flûtes, la *sampogna* des Italiens[3], les autres la flûte de Pan, composée de sept tuyaux de longueur différente et proportionnée[4]. — 2° HALIL OU NEHILA, la flûte, faite de roseau, de bois ou de corne, et qui avait probablement différentes formes[5]. — 3° HAÇOCERA (Nombres, 10, 2), la trompette droite, en métal, telle qu'on la trouve représentée sur l'arc de triomphe de Titus[6]. — 4° SCHOPHAR, la trompette recourbée, faite en corne, et qui est aussi désignée par les noms de KÉREN (corne) et de

---

[1] Voy. 1 Sam. 16, 23; 18, 10; 19, 9.
[2] Selon le livre *Schilté haggibborim*, ch. 9, le *kinnor* ressemblait exactement à notre harpe, telle qu'elle est présentée sur notre pl. 17, fig. 25; mais il vaudrait mieux lui donner la forme de la harpe égyptienne (Forkel, tab. V, fig. 50).
[3] Voy. Pfeiffer, p. XXXI, et notre fig. 23.
[4] Voy. saint Jérôme, *Epist. ad Dardanum*; Forkel, t. I, p. 131, et notre fig. 24.
[5] Voy. Rosellini, *I monumenti dell' Egitto e della Nubia*, II, 3, p. 13; Hengstenberg, l. c., p. 136.
[6] Selon Abr. de Porta-Leone (*Schilté hagg.* ch. 8), il ressemblait au *luth*, tel qu'on le voit sur la pl. 17, fig. 27 et 28, de profil et de face. Forkel et d'autres le représentent par la fig. 26, et d'autres encore lui donnent la

[1] On peut en voir la face et le profil sur notre pl. 16, fig. 12 et 13.
[2] Quelques auteurs prennent le *nébel-asor* (*décacorde*, de ASAR, *dix*), appelé aussi *asor* tout court (Ps. 92, 4), pour un instrument à part, auquel on attribue une forme quadrangulaire. Voy. Forkel, l. c., p. 133, et pl. 17, fig. 30.
[3] Voy. pl. 16, fig. 21.
[4] Voy. Jahn, *Archæologie*, I, I, p. 500, et pl. 16, fig. 17.
[5] Voy. Jahn, l. c. p. 502. On peut voir différentes flûtes simples et doubles des an-

YOBEL (jubilation, retentissement)[1].

C. Les *instruments de percussion* étaient également au nombre de quatre : 1° TOPH, sans doute le même instrument que les Arabes appellent encore maintenant *Doff* et les Espagnols *Aduffa*, c'est-à-dire le tambourin, ou le tambour de basque, dont se servaient surtout les femmes pour battre la mesure avec la main, en dansant et en chantant [2]. — 2° CELCELIM (II Sam. 6, 5) ou MECILTHAIM (I Chron. 13, 8); ces mots, dont l'un a la forme du pluriel et l'autre celle du duel, désignent les *cymbales* des anciens. Il y en a chez les Orientaux deux espèces : l'une se compose de deux petits morceaux de bois ou de fer creux et ronds qu'on contient entre les doigts et qui sont connus sous le nom de *castagnettes*; l'autre est composée de deux demi-sphères creuses en métal. Dans un passage des Psaumes (150, 5), on paraît distinguer les deux espèces et désigner les castagnettes par les mots CILCELÉ SCHÉMA (*cymbala benesonantia*) et les grandes cymbales par les mots CILCELÉ THEROUAH (*cimbala jubilationis*)[3]. — 3° MENAANÉIM (II Sam. 6, 5), du verbe NOUA (agiter, mouvoir), probablement les sistres (*sistra*), très-usités chez les Égyptiens[4]. — 4° SCHALISCHIM, que nous voyons entre les mains des femmes, à côté des tambourins (I Sam. 18, 6); ce sont très-probablement les triangles, qui, selon Athénée (IV, 23), sont d'origine syrienne [1].

Nous ne nous arrêterons pas à quelques autres noms qu'on trouve dans les inscriptions de plusieurs Psaumes, tels que GUITTHITH (Ps. 8, 81, 84), ALAMOTH (Ps. 46), MAHALATH (Ps. 53, 88), etc.; ces mots, dans lesquels on a vu aussi des noms d'instruments, désignent plus probablement certains modes du chant. Quelquefois la mélodie paraît être indiquée par les premiers mots d'un chant alors généralement connu; c'est ainsi, sans doute, qu'on doit expliquer les mots AL-TASCHHETH, *ne détruis pas* (Ps. 57, etc.), AYYÉLETH HA-SCHAHAR, *la gazelle de l'aurore* (Ps. 22), YONATH ÉLEM REHOKIM, *la colombe muette au loin* (Ps. 56), et quelques autres.

L'usage fréquent que les Hébreux faisaient de la musique, dans le service divin comme dans le commerce de la vie, dans les circonstances joyeuses comme dans le deuil, montre avec évidence qu'ils avaient un grand amour pour cet art, et ils y étaient probablement bien plus avancés que les autres peuples de l'Orient. L'opinion qu'un des plus célèbres historiens de la musique a cherché à faire prévaloir[2], et selon laquelle la musique des Hébreux n'aurait été qu'une espèce de récitatif monotone, semblable aux psalmodies des synagogues et des églises, nous paraît peu vraisemblable, et est entièrement dénuée de preuves. La mélodie est une chose très-naturelle, et il serait étonnant que les Hébreux, qui employaient la musique comme l'expression des sentiments les plus variés, ne fussent pas arrivés à tirer de la voix humaine et de leurs différents instruments certaines mélodies caractéristiques. Si la poésie des Hébreux n'était pas mieux connue que leur musique, et si la Bible n'était pas là pour témoigner de sa supériorité, on serait certainement bien loin de deviner sa haute portée et de l'apprécier

---

[1] Voy. Exode, 19, 13 et 16. Le mot YOBEL n'est qu'une épithète; dans le livre de Josué (ch. 5, v. 4, 5 et suiv.), cet instrument est appelé *kchophar ha-yobel* et *séren ha-yobel* (corne de jubilation). Il y en a qui pensent que le *keren* était distinct du *schophar* et plus courbé. Voy. pl. 16, fig. 20 et 22. La fig. 22 représente le *schophar* tel qu'on le voit encore maintenant employé dans les synagogues au premier jour de l'année religieuse des Juifs (ci-dessus, page 184).

[2] Voy. Exode, 15, 20; Juges, 11, 34; I Sam. 18, 6; pl. 15, fig. 2 *b*. — Selon *Schilté hagg.*, le *toph* avait la forme de la fig. 3, et on le battait avec une baguette, ce qui n'est pas probable.

[3] Voy. Forkel, l. c., t. I, p. 139 et 140; Jahn, l. c. p. 507 et 508, et notre pl. 15, fig. 11 et 8.

[4] Voy. Plutarque, *De Is. et Osir.* ch. 63, et pl. 15, fig. 6. Selon la description du livre *Schilté hagg.*, ch. 5, c'est un bois carré, sur lequel descend des deux côtés une chaîne ou une corde garnie de petits anneaux de bois. Voy. fig. 5.

[1] Voy. Jahn, l. c., p. 509, et pl. 15, fig. 9.
[2] Forkel, l. c., p. 146 et suiv.

à sa juste valeur. Ce serait donc hardi de nier que les Hébreux aient pu porter l'art musical à un certain degré de perfection. Néanmoins, nous ne sommes pas de ceux qui exagèrent la valeur de la musique hébraïque, et qui en font des descriptions pompeuses, sans avoir pour eux l'ombre d'une preuve historique. En considérant la simplicité des instruments des Hébreux et le caractère général de la musique des anciens, on sera forcé d'avouer que les mélodies hébraïques durent être très-simples ; la musique des Hébreux dut manquer, dans tous les cas, de ce que dans l'art moderne on appelle *l'harmonie*. Son imperfection résulte aussi de l'absence de toute écriture musicale, dont on ne trouve aucune trace; le chant et l'accompagnement musical ne pouvaient être transmis que par tradition. Le seul mot *Sélah*, qu'on ne trouve que dans les Psaumes et dans la prière du prophète Habacuc (ch. 3), est évidemment un signe musical ; mais on s'est vainement épuisé en conjectures pour en déterminer le sens qui n'était déjà plus connu aux anciens interprètes juifs, car la version chaldaïque rend ce mot par *leâlemin* (*in sæculum*), et c'est dans le même sens, qu'il est employé dans les antiques prières du rituel juif. Comme le mot *sélah* se trouve généralement à la fin des strophes, il indique probablement une pause dans le chant, et peut-être une espèce de *ritournelle* exécutée par les musiciens. Pour montrer combien loin certains écrivains se sont laissé entraîner par leur imagination, afin de suppléer par là au manque total de documents historiques sur la musique des Hébreux, nous citerons la curieuse explication qu'un auteur français du dernier siècle a donnée du mot *sélah*[1] :
« David, dit-il, inventa la manière de
« filer les sons, ce qu'on appelait *sélah*
« en hébreu, et ce qu'on appelle en ita-
« lien *smorzando*. La dévotion des
« Juifs redoublait à l'approche du *sélah*,
« et les chanteurs unissaient leurs
« voix, et s'accordaient le mieux qu'il
« leur était possible, afin de l'exécuter
« de façon à pénétrer les cœurs en
« charmant les oreilles ; ils renfor-
« çaient les sons et les adoucissaient
« ensuite par gradation. Cette tenue
« était suivie d'une pause. Le pro-
« phète Habacuc, touché des merveil-
« leux effets que produisait le *sélah*,
« voulut en orner ses ouvrages. On le
« trouve plusieurs fois nommé dans
« son Cantique. »

De semblables extravagances ont été débitées dans une foule d'autres ouvrages sur la musique des Hébreux. En pareil cas, il vaut mieux avouer modestement son ignorance que de tromper le lecteur par des détails imaginaires, appuyés d'un semblant d'érudition qui approche du charlatanisme.

Nous nous trouvons dans la même incertitude sur la nature de la danse chez les Hébreux, bien que les danses, accompagnées de musique, soient fréquemment mentionnées dans la Bible. Il résulte de plusieurs passages qu'on exécutait des danses, avec une certaine pompe, dans les réjouissances publiques, et que loin d'être, comme dans l'Orient moderne, un métier vil, au service de la volupté, la danse des Hébreux avait un caractère grave et servait à rehausser l'éclat des fêtes nationales. Les femmes et les jeunes filles les plus honorables (Jérem.31,13) dansaient publiquement dans les occasions solennelles, notamment à la rentrée triomphale des guerriers victorieux (I Sam. 18, 6), ou dans les autres solennités patriotiques (Exode, 15 , 20) ; les hommes eux-mêmes ne croyaient pas se compromettre en prenant part à ces démonstrations de la joie publique, comme nous le voyons par l'exemple de David, dansant dans une procession solennelle, lorsqu'il fit transporter l'arche sainte à Jérusalem (p. 271). Le nom hébreu de la danse (MAHOL ou MEHOLA) semble indiquer un mouvement circulaire, ou des groupes formant un cercle, et dans les mots : *David dansait de toutes ses forces* (II Sam. 6, 14), nous croyons trouver une allusion à une pantomime

[1] De la Borde, *Essai sur la musique ancienne et moderne*, Paris, 1780, t. I, p. 206.

très-animée. Nous avons déjà dit que les danseuses battaient la mesure avec le tambourin.

Nous avons essayé de présenter, d'après les indications de la Bible, un tableau fidèle de la vie des Hébreux que nous avons considérée sous toutes ses faces. Nous quittons maintenant les anciens Hébreux et nous reprenons l'histoire de la Palestine, depuis la fin de leur domination.

CINQUIÈME LIVRE.

HISTOIRE DE LA PALESTINE ET DES JUIFS, DEPUIS L'EXIL DE BABYLONE JUSQU'À LA DESTRUCTION DE JÉRUSALEM PAR LES ROMAINS.

La guerre dévastatrice des Chaldéens, la déportation en Babylonie des principaux habitants de la Judée, et les diverses émigrations en Égypte avant et après la prise de Jérusalem (p. 353), avaient dépeuplé le pays de Juda et en avaient fait un désert (Jérém. 44, 6 et 22). Nous ne connaissons rien de particulier sur les destinées de ce pays depuis la dernière déportation, qui eut lieu cinq ans après la destruction de Jérusalem (en 583), jusqu'à la première année de la monarchie de Cyrus (536). Quelques passages du livre d'Ezra nous laissent deviner que des habitants des pays voisins étaient venus s'y établir à côté de quelques faibles débris de l'ancienne population de souche hébraïque ; les frontières du midi, à ce qu'il paraît, furent envahies par les Iduméens[1]. Le pays du nord, qui avait formé autrefois le royaume d'Israël, dut être mieux peuplé, et, par sa position géographique, il dut même se maintenir dans un état de prospérité sous la domination chaldéenne. A la chute de la dynastie assyrienne, le nord de la Palestine ne fit que changer de maître, et sa position dut rester telle que nous l'avons indiquée précédemment[1].

Quant aux Judéens qui avaient été déportés dans diverses contrées de l'empire babylonien, ils n'avaient à regretter que leur indépendance nationale ; car ils furent traités avec bonté par les vainqueurs. On les établit dans certaines localités, où ils demeuraient ensemble ; il y avait de grandes colonies d'Hébreux à Tell-Abib, sur le Chaboras (Ézéch. 3, 15), et dans plusieurs autres endroits (Ezra, 2, 59), et il résulte d'un passage de Jérémie (29, 5) qu'on leur abandonnait des propriétés et des terres à cultiver. Les Hébreux y formaient en quelque sorte un petit État à part, sous la surveillance du gouvernement babylonien ; ils étaient régis par leurs anciens (Ézéch. 8, 1 ; 14, 1), et à leur tête se trouvait probablement un prince ou gouverneur général portant le titre de *nâsi* (Ezra, 1, 8). S'il faut ajouter foi à l'histoire apocryphe de Susanne, les anciens exerçaient en Babylonie, comme autrefois en Palestine, les fonctions de juges et prononçaient en dernier ressort, même dans les accusations capitales. Sous le rapport religieux, la colonie ne pouvait observer qu'en partie les anciens usages de la patrie ; car les sacrifices, qui formaient la partie essentielle du culte mosaïque, ne pouvaient avoir lieu que dans le sanctuaire central de la Judée. Les prêtres comme tels étaient sans fonctions, mais on se réunissait chez les prophètes pour entendre leurs discours ; c'est ainsi que nous voyons les anciens et le peuple se rendre auprès d'Ézéchiel pour le consulter et pour *interroger Jéhova* (Ézéch. 20, 1 ; 33, 30). Certaines heures de la journée étaient consacrées à la dévotion et à la prière (Daniel, 6, 11) ; il y avait probablement des réunions où on faisait la prière en commun, et peut-être faut-il faire remonter à cette époque l'origine des synagogues[2].

---

[1] Voy. Ezra, 3, 3 ; 6, 21, et le livre apocryphe d'Ezra III, 4, 50.

[1] Voy. ci-dessus, 354 et 355.
[2] Une tradition rapportée dans le Thalmud de Babylone, *Meghilla*, fol. 28 a, attribue

Cependant les Judéens, à qui on laissait le libre exercice de leur religion, ne restèrent pas pour cela entièrement séparés des autres habitants de l'empire babylonien. Dès la première prise de Jérusalem, qui eut lieu sous le règne de Joïakin (p. 345), Nébuchadnessar, ayant fait emmener comme otages un certain nombre de jeunes gens de distinction, voulut les attacher à son service, et les fit instruire pendant trois ans dans la langue et la littérature des Chaldéens (Daniel, 1, 4). On nomme surtout quatre jeunes Hébreux qui se distinguèrent par leur piété et leur savoir, et dont la science surpassa celle de tous les mages; ce furent Daniel et ses trois amis, Hanania, Misaël et Azaria, qui restèrent à la cour de Nébuchadnessar, où ils portèrent des noms babyloniens (ib. v. 7). Daniel, dit-on, par l'interprétation miraculeuse d'un songe qu'avait eu le roi de Babylone, parvint à une des plus hautes dignités de la cour et fut nommé chef des Mages, et sur sa demande, le roi confia aussi à ses trois amis des charges importantes. Daniel sut se maintenir dans sa haute position sous les successeurs de Nébuchadnessar; il survécut à la chute de l'empire babylonien, et fut un des principaux satrapes sous Darius le Mède (Cyaxare II) et peut-être aussi sous Cyrus (ib. ch. 6, v. 3 et 29). La tradition populaire exaltait Daniel et ses trois amis, en les montrant protégés par la Divinité d'une manière miraculeuse; tout le monde connaît les récits des trois hommes sauvés de la fournaise par un ange et de Daniel délivré de la fosse aux lions. Quelques siècles plus tard, à l'époque des Maccabées, un écrivain recueillit ces traditions et se servit du nom de Daniel pour présenter, sous la forme de symboles et de visions, les grands évenements historiques depuis l'exil jusqu'à la fin de la domination gréco-macédonienne, à laquelle, après de longs malheurs, devait succéder le règne messianique. Nous ne voyons pas de motifs suffisants pour mettre en doute, avec quelques savants modernes[1], l'existence de Daniel. Il n'est pas invraisemblable que quelques Hébreux de distinction aient pu jouer un rôle à la cour des rois de Babylone, et s'il est vrai que les livres purement historiques de l'Ancien Testament ne font aucune mention de Daniel et de ses trois amis, les traditions populaires que l'auteur du livre de Daniel dut mettre à profit, nous paraissent au moins suffisantes pour constater l'existence de ces hommes. Au reste, le prophète Ézéchiel (14, 14; 28, 3) fait mention d'un certain Daniel, aussi célèbre par sa science que par sa piété; on a prétendu que le prophète, en nommant Daniel à côté de Noé et de Job, a voulu parler d'un ancien sage qui nous est inconnu; mais pourquoi donc aurait il hésité à citer comme modèle un jeune contemporain qui, par ses hautes qualités et sa position éminente, dut attirer sur lui tous les regards?

Le fils et successeur de Nébuchadnessar montra encore plus de clémence pour les captifs hébreux; à son avénement au trône (en 562), Évilmérodach fit sortir de prison le roi Joïachîn; il le combla d'honneurs, et le mit au-dessus de tous les autres princes vaincus qui vivaient à Babylone. Joïachîn fut au nombre des commensaux du roi, qui lui accorda une pension pour tout le reste de sa vie. Le malheureux Sédékia était mort en prison (Jérém. 52, 11).

Les exilés ne perdirent pas l'espoir de retourner en Judée et de voir le Temple de Jéhova se relever de ses cendres. Cet espoir se fortifia de plus en plus par la décadence de l'empire babylonien, et à l'approche des victorieux Mèdes et Perses, les prophètes annoncèrent hautement que le temps de la délivrance n'était pas éloigné. Ézéchiel ne vit point luire l'aurore de la nouvelle liberté; il la pressentit et l'annonça

---

aux exilés qui avaient accompagné le roi Joïachin la fondation d'une synagogue, bâtie avec des pierres de la Terre sainte. Comparez Benjamin de Tudèle, édit. de l'Empereur, p. 81.

[1] Voy. Lengerke, *Das Buch Daniel*, préface.

dans ses visions (ch. 36 et 37); mais cette époque heureuse lui paraissait encore éloignée, et il blâmait les faux prophètes, qui nourrissaient dans les Hébreux de vaines espérances (ch. 13). Il mourut sur la terre étrangère, nous ne savons à quelle époque, ni à quel âge [1]. L'auteur de la seconde partie du livre d'Isaïe présente comme très-prochaine la délivrance des Hébreux, et les oracles de ce prophète inconnu nous permettent aussi de juger de l'état religieux des captifs de la Judée vers la fin de l'exil.

Le prophète parle de gens qui, non contents de transgresser les lois cérémonielles concernant les aliments, s'abandonnaient à toutes les abominations de l'idolâtrie et de ses rites impies et barbares; ils méprisaient les prophètes et les maltraitaient même quand ils leur reprochaient leur infidélité envers le Dieu de leurs pères [2]. D'autres continuaient à professer la religion de Jéhova, mais ils croyaient servir Dieu par des observances extérieures et notamment par le jeûne, tandis qu'ils opprimaient leur prochain, refusaient de secourir les malheureux et commettaient toutes sortes d'iniquités; le prophète leur reproche de retarder, par leur impiété, la délivrance d'Israël [3]. Mais les vrais fidèles avaient augmenté en nombre depuis que la Providence avait instruit Israël par de graves châtiments. C'est ce parti que le prophète désigne souvent par la dénomination collective de *serviteur de Jéhova*; ce sont ces hommes pieux qu'il encourage, lorsqu'ils désespèrent de leur salut et qu'ils sont accablés par la raillerie des païens et des infidèles Hébreux; c'est à eux qu'il adresse ses consolantes promesses, en leur annonçant que le temps des souffrances est fini pour Jérusalem et que son péché est pardonné (Is. 40, 2).

Nabonnède (connu dans le livre de Daniel sous le nom de Belsassar ou Baltasar) était assis sur le trône chancelant de Babylone, lorsque les armées des Mèdes et des Perses envahirent l'empire naguère si puissant du fier Nébuchadnessar. Notre prophète proclama hautement que l'exil de ses compatriotes était arrivé à son terme, et désigna Cyrus comme *l'oint de Jéhova* destiné à soumettre les nations et à devenir le libérateur du peuple hébreu (Is. 45, 1). On se demande naturellement ce qui a pu inspirer aux prophètes cette intime conviction de la générosité de Cyrus à l'égard des Hébreux, et ce qui a pu porter le monarque de Perse à réaliser si promptement leurs espérances. Peut-être, dans les provinces déjà conquises, les Hébreux avaient-ils fait des démarches auprès du vainqueur et obtenu des promesses de sa part. Peut-être aussi, ce qui est plus probable, les Hébreux fondaient-ils leurs espérances sur les opinions religieuses de Cyrus, qui, sur beaucoup de points, étaient conformes aux croyances des Hébreux [1]. La religion de Cyrus dut être semblable à celle qu'enseigne le *Zend-Avesta*; car quand même Zoroastre serait postérieur à Cyrus (ce qui n'est nullement démontré), il n'a été que le réformateur d'un système religieux qui remonte bien plus haut [2]. Or la religion du Zend-Avesta est aussi hostile à l'idolâtrie que celle du Pentateuque, quoiqu'elle n'enseigne pas, comme cette dernière, l'unité absolue de Dieu [3]. Les vrais adorateurs de Jéhova, loin de montrer de la répugnance pour les dogmes religieux des Perses, leur

---

[1] Les Pères de l'Église, qui aiment à présenter comme martyrs les prophètes célèbres dont la fin est inconnue, prétendent qu'Ézéchiel mourut assassiné par un chef du peuple, à qui il avait reproché son idolâtrie. Voy. St. Épiphane, *De vitis prophetarum*, c. 9. — Au moyen âge on montrait son tombeau près de l'Euphrate, à quelques journées de Bagdad. Voy. Benjamin de Tudèle, p. 78; compar. Niebuhr, *Voyage*, t. II, p. 216.
[2] Isaïe, 50, 6; 57, 3-11; 65, 2-7 et 11; 66, 5 et 17.
[3] Ib. 48, 1; 58, 2 et suiv.; 59, 1-16.

[1] Voy. Gesénius, *Commentaire sur Isaïe*, ch. 41, v. 2.
[2] Voy. Jahn, *Archæologie*, t. III, p. 148 et suiv.
[3] Le prophète de l'exil (Is., 45, 7) paraît faire allusion aux deux principes de la doctrine de Zoroastre et combattre ce dualisme en proclamant que Jéhova seul est le créateur des lumières et des ténèbres, du bien et du mal. Comparez ci-dessus, page 145.

empruntèrent certaines croyances concernant les anges, les démons, le paradis, l'enfer, etc., croyances qui plus tard devinrent très-populaires parmi les Juifs. Cyrus pouvait donc, de son côté, être attiré par la spiritualité de la religion des Hébreux, et témoigner à ceux-ci plus de sympathie qu'aux autres populations du vaste empire babylonien.

Cyrus, roi de Perse depuis l'an 560 ou 559 avant J. C., conquit Babylone, en 539, ou 538, comme auxiliaire de son oncle et beau-père Cyaxare II, roi de Médie, qui, dans le livre de Daniel, est désigné par le nom de *Darius le Mède* (Dan. 6, 1). Les Babyloniens, au milieu des joies d'une fête, furent surpris par les troupes réunies des Mèdes et des Perses, et le roi Nabonnède ou Baltasar fut mis à mort par les vainqueurs [1]. Après la mort de Cyaxare II (en 536), la Babylonie passa, avec la Médie, sous la domination de Cyrus, et c'est de ce moment que date la vaste monarchie de Cyrus, qui réunit sous son sceptre la Perse, la Médie et la Babylonie. Dès la première année de son règne universel, Cyrus publia un édit, par lequel il accorda aux Hébreux qui vivaient dans ses États la permission de retourner en Palestine et de reconstruire le Temple de Jérusalem [2]. L'édit, selon le livre d'Ezra (1, 2-4), était conçu en ces termes : « Ainsi dit Cyrus, « roi de Perse : Jéhova, le Dieu du « ciel, m'a donné tous les royaumes de « la terre, et c'est lui qui m'a ordonné « de lui bâtir un Temple à Jérusalem « qui est en Judée. Quiconque d'entre « vous est de son peuple, — que son « Dieu soit avec lui, qu'il monte à « Jérusalem, qui est en Judée, et « qu'il rebâtisse le Temple de Jéhova, « Dieu d'Israël ; c'est le Dieu qui est « à Jérusalem. Et tous ceux qui (faute « de moyens) resteront en arrière « dans les endroits où ils sont établis, les gens de l'endroit les aide- « ront avec de l'argent, de l'or, du « bétail et d'autres biens, outre le don « volontaire pour le Temple de Dieu « qui est à Jérusalem. »

Cet édit parut cinquante-deux ans après la destruction de Jérusalem et soixante-trois après l'exil du roi Joïachîn. Selon le prophète Jérémie (25, 11), la servitude babylonienne devait durer soixante-dix ans; pour trouver ce nombre on a fait commencer l'époque fixée par Jérémie à dater de l'année 606, qui, selon les auteurs hébreux, est la première du règne de Nébuchadnessar [1], et en effet ce fut dans cette même année que Jérémie parla, pour la première fois, des soixante-dix ans que devait durer l'empire de Babylone (ib. v. 26,), ce qu'il répéta ensuite, en 599, à l'époque de l'exil de Joïachîn (ch. 29, v. 10). Mais dans la première année de Nébuchadnessar, il ne fut pas encore question d'une servitude babylonienne. Il nous semble d'ailleurs puéril de vouloir faire plier les faits historiques aux paroles prophétiques de Jérémie; évidemment les soixante-dix ans du prophète ne sont qu'un nombre rond et indéterminé comme le sont en général les nombres septénaires chez les Hébreux [2].

La proclamation de Cyrus, comme on vient de le voir, s'adressait à tous les Hébreux établis dans son vaste empire, où se trouvaient aussi les des-

---

[1] Ces faits résultent de la combinaison des diverses relations d'Hérodote (I, 191), de Xénophon (*Cyrop.* VII, 5) et du livre de Daniel (ch. 5). A la vérité, Hérodote et Ctésias ne connaissent pas Cyaxare II, roi de Médie et successeur d'Astyage; d'un autre côté, Bérose, cité par Josèphe (*contre Apion*, I, 20), rapporte que le roi Nabonnède, s'étant retiré dans la forteresse de Borsippe, se rendit volontairement à Cyrus, qui le traita avec douceur et l'envoya en Carmanie. Mais l'accord frappant entre la Cyropédie et le livre de Daniel nous semble mettre hors de doute la mort du roi de Babylone et l'existence de Cyaxare (successeur d'Astyage), ou Darius le Mède. Voy. Gesénius, l. c., t. I, p. 468 et 469.

[2] Voy. Ezra, I, 1; 5, 13; 6, 3; II Chron. 36, 22.

[1] Voy. ci-dessus, page 344, col. I, note I.
[2] Comparez deux passages du prophète Zacharie (1, 12; 7, 5), qui, à deux époques différentes, dans la deuxième et la quatrième année du règne de Darius, fils d'Hystaspe, seize et dix-huit ans après l'édit de Cyrus, parle de la désolation des villes de Juda et des jeûnes publics qui duraient *depuis soixante-dix ans.*

cendants de ceux qui, deux siècles auparavant, avaient été emmenés du pays d'Israël par les rois d'Assyrie. Mais les habitants du royaume d'Israël n'avaient jamais eu un grand attachement pour le culte de Jéhova et notamment pour le Temple de Jérusalem; leurs descendants, pendant un si long séjour parmi les païens, avaient dû devenir encore plus indifférents pour la religion mosaïque, et le souvenir de l'ancienne patrie dut être entièrement effacé. Il existait probablement peu de relations entre eux et leurs frères de Juda, et des deux côtés on se montrait sans doute peu disposé à faire cause commune pour la restauration de Jérusalem et de son Temple. En effet, ce ne furent généralement que des descendants des tribus de Juda et de Benjamin qui profitèrent de la permission de Cyrus; çà et là peut-être quelques familles des autres tribus se joignirent aux Judéens, mais la masse des *Israélites* continuait à rester dans les différentes provinces de l'empire persan[1]. Ce sont les *Judéens*, ou les anciens habitants du royaume de Juda, qui travaillent seuls à la restauration des institutions mosaïques et à l'accomplissement de la mission des Hébreux; depuis lors le nom de YEHOUDIM (Judéens) que, par corruption, on a changé en celui de *Juifs*, désignait en général ceux qui professaient la religion de Moïse. C'est donc du nom de *Juifs* que nous nous servirons dorénavant, en parlant des membres de la nouvelle société hébraïque en Palestine et de leurs coreligionnaires dans les pays étrangers.

L'histoire de la Palestine et des Juifs, depuis la fin de l'exil jusqu'à la destruction de Jérusalem par les Romains, peut se diviser en quatre périodes : 1° la domination persane, depuis la rentrée des Juifs en Palestine jusqu'à la conquête de la Phénicie et de la Palestine par Alexandre le Grand (de 536 à 332); 2° la domination gréco-macédonienne, sous Alexandre et ses successeurs, les rois d'Égypte et de Syrie, jusqu'à Antiochus Épiphanes et le soulèvement des Maccabées (de 332 à 167); 3° guerre de l'indépendance et époque du gouvernement national et libre sous les rois de la famille des Maccabées, jusqu'à la conquête de Jérusalem par Pompée (de 167 à 63); 4° les Juifs sous la dépendance romaine, et leur lutte héroïque jusqu'à la destruction de Jérusalem et du Temple par Titus (de l'an 63 avant l'ère chrétienne jusqu'à l'an 70 de cette ère).

Si chez les anciens Hébreux le culte de Jéhova et les institutions mosaïques n'ont jamais pu s'établir d'une manière solide, nous rencontrerons dorénavant chez les Juifs plus de zèle pour la religion nationale; car les colonies qui quittent le pays de Babylone pour se rendre en Palestine, ne se composent que des hommes les plus attachés aux doctrines mosaïques et qui sont bien convaincus que l'infidélité de leurs ancêtres était la cause principale de leurs malheurs. Mais les idées religieuses se modifient peu à peu sous l'influence de certaines croyances étrangères et de doctrines philosophiques empruntées à l'Orient. La réflexion soutient ses droits à côté de l'inspiration; le raisonnement l'emporte souvent sur le sentiment; les cérémonies dégénèrent en une foule d'observances minutieuses, et pour rattacher les nouvelles doctrines et les nouveaux usages aux textes anciens, on a recours à *l'interprétation*. Il se forme une théologie savante et des écoles; les prophètes sont remplacés par des *scribes* et des docteurs; les opinions se divisent, et la division fait naître différentes écoles ou sectes, d'où sortira enfin la doctrine chrétienne, qui devient le symbole sous lequel le judaïsme se répandra parmi les gentils. Sous le rapport civil, l'agriculture ne pouvait plus être l'unique base de la constitution, les Juifs ayant pris le goût de diverses industries et se livrant plus qu'autrefois aux spéculations commerciales. Néanmoins, nous voyons dans cette période les lois mosaïques qui ont rapport à l'agriculture plus strictement

---

[1] Voy. Josèphe, *Antiqu.* XI, 5, 2.

observées que dans les temps anciens. L'ancienne constitution des pouvoirs ne put être rétablie sous la domination étrangère, et même à l'époque de l'indépendance, sous les Maccabées, il ne put être question de revenir aux institutions primitives, qui déjà s'étaient très sensiblement modifiées depuis les temps de David et de Salomon. Nous retracerons les différentes phases des nouvelles doctrines et institutions, autant que nous le permettront les documents authentiques qui nous restent. Les livres d'Ezra et de Néhémia et les prophètes Haggaï et Zacharie ne nous fournissent que des détails incomplets sur les premiers établissements des Juifs en Palestine, sous Zéroubabel et sous Ezra et Néhémia; sur le reste de l'époque persane, ainsi que sur l'époque gréco-macédonienne, nous manquons presque complétement de documents historiques. Les livres des Maccabées renferment des détails sur le règne d'Antiochus Épiphanes et sur la guerre de l'indépendance, et là cessent les documents bibliques. Mais nous avons dans l'historien Josèphe un guide excellent pour l'histoire des Juifs depuis les Maccabées jusqu'à la destruction de Jérusalem. Le Nouveau Testament et le Thalmud renferment également des données précieuses sur l'époque romaine, mais dont il faut user avec circonspection.

PREMIÈRE PÉRIODE.

LA PALESTINE SOUS LA DOMINATION PERSANE, DEPUIS LA RENTRÉE DES JUIFS, JUSQU'A ALEXANDRE LE GRAND (de 536 à 332).

1. *La première colonie juive sous Zéroubabel et le grand prêtre Josué.*

De nombreuses familles des tribus de Juda et de Benjamin et plusieurs centaines de prêtres, de lévites et de serviteurs du sanctuaire, appelés *Nethinim*[1], répondirent immédiatement à l'appel de Cyrus et se préparèrent à partir pour la Judée. Ils formèrent une grande caravane de près de 50,000 individus, y compris 7,337 esclaves des deux sexes et 200 chanteurs et chanteuses[1]. Ils avaient à leur tête le prince Zéroubabel, petit-fils de Séalthiel, fils du roi Joïachîn (I Chron. 3, 17-19), et Josué, fils de Josadak; ce dernier était le fils du grand prêtre Séraïa (ib. 5, 40), qui fut mis à mort lors de la conquête de Jérusalem par les Chaldéens, et par conséquent Josué était l'héritier direct du pontificat. Sur l'ordre de Cyrus, le trésorier Mithridate remit à Zéroubabel[2] les vases d'or et d'argent que Nébuchadnessar avait fait enlever du temple de Jérusalem[3]. La caravane reçut aussi de riches cadeaux des Juifs qui restaient en Babylonie. Elle se mit en marche avec 736 chevaux, 245 mulets, 435 chameaux et 6,720 ânes. Le départ de la caravane dut avoir lieu à l'entrée de la belle saison, dans le courant d'avril; car il fallut environ quatre mois pour arriver en Judée (Ezra, 7, 9), et dès le sixième mois de l'année (août-septembre) nous voyons les différentes familles de la nouvelle colonie établies dans leurs villes respectives (ib. 2, 70; 3, 1). — On ne nous dit pas que les colons aient éprouvé la moindre difficulté à prendre possession du pays de leurs aïeux. A la vérité, Cyrus n'avait pas fait la conquête de la Palestine; mais après la chute de Nabonnède, les gouverneurs babyloniens de la Syrie se soumirent sans doute volontairement à la nouvelle dynastie.

Dès l'arrivée de la colonie sur le sol de la Judée, Zéroubabel et Josué s'occupèrent à organiser la nouvelle communauté conformément aux lois

---

[1] Voy. ci-dessus, page 415, col. 2.

[1] Voy. Ezra, 2, 64 et 65; Néhémia, 7, 66 et 67. Le nombre total, sans compter les esclaves, fut, selon les deux passages, de 42,360; en faisant l'addition des nombres de détail, qui d'ailleurs ne sont pas toujours les mêmes dans les deux documents, on trouve à peine 30,000. Selon les anciens docteurs juifs, il faut voir, dans le surplus, des *Israélites* des dix tribus. *Séder Olam rabba*, ch. 29.
[2] Le texte d'Ezra (1, 8) dit *à Scheschbaçar*, ce qui est très-probablement le nom babylonien ou persan de Zéroubabel.
[3] Selon le livre d'Ezra (1, 11), ils étaient au nombre de 5,400, ce qui paraît être exagéré.

mosaïques, autant que les circonstances le permettaient. Les prêtres ne furent admis à exercer leurs fonctions qu'après avoir produit leurs titres; certaines familles, n'ayant pu retrouver leurs documents généalogiques, furent exclues des fonctions et des droits du sacerdoce (Ezra, 2, 61-63). On recueillit des dons pour la construction du nouveau Temple; la somme présentée par les chefs de famille se monta à 61,000 *dariques* d'or et 5,000 mines d'argent[1], et ils offrirent en outre cent tuniques pour l'habillement des prêtres (ib. 2, 69).

Une assemblée nationale fut convoquée à Jérusalem pour le septième mois, ou le mois sacré; on établit un autel provisoire, et dès le premier jour du mois, qui était un jour de fête (p. 184), on commença à offrir les sacrifices prescrits par la loi. Quinze jours après, on célébra la fête des Tabernacles avec toutes les solennités d'usage. On prit ensuite les mesures nécessaires pour hâter la construction du Temple; on s'adressa aux Sidoniens et aux Tyriens, pour faire couper des cèdres sur le Liban; comme autrefois sous Salomon, le bois de construction arriva par mer à Joppé. Tout l'hiver se passa dans les préparatifs, et ce ne fut qu'au deuxième mois (avril-mai) de l'année suivante (535) qu'on put commencer les travaux de construction; les lévites furent spécialement chargés de présider aux travaux. On posa les fondations au son des trompettes et des cymbales et en entonnant les chants de David. Le peuple poussa des cris de joie; mais les vieillards qui se rappelaient encore l'ancien Temple, et qui, après plus d'un demi-siècle passé dans l'exil, foulèrent de nouveau le sol sacré de la patrie, ne purent à ce spectacle contenir leur émotion, et mêlèrent leurs sanglots aux transports joyeux de la nouvelle génération.

Le repeuplement de la Judée et la réédification du Temple de Jérusalem durent produire une grande sensation dans toute la Palestine; on dut être jaloux d'appartenir à une communauté à laquelle le grand conquérant avait témoigné tant de faveurs. Dès lors probablement les restes des Hébreux, demeurant dans l'ancien pays d'Israël, se séparèrent des Cananéens, avec lesquels ils s'étaient confondus, pour se rattacher à la communauté de Jérusalem, en retournant sincèrement à la religion de leurs pères; les Juifs ne firent pas de difficultés à accueillir ces débris des anciennes tribus d'Israël[1]. Mais du côté de Samarie un orage éclata sur Jérusalem, et entre les deux villes jadis rivales nous verrons naître une haine implacable, qui survivra à leur ruine totale et que les siècles ne pourront effacer. On a vu plus haut quelle était la population mixte du pays de Samarie, désignée, par les Juifs, sous le nom de *Couthéens*[2]; le culte de cette population était un sacrilége aux yeux des Juifs, car le nom de Jéhova y était profané par des rites idolâtres. Les Couthéens, ou, comme on les a appelés depuis, les *Samaritains*, se disant vrais adorateurs de Jéhova, prétendirent participer aux faveurs du roi de Perse, et envoyant une députation auprès de Zéroubabel et du prêtre Josué, ils demandèrent à faire partie de la nouvelle communauté juive et à se placer sous l'égide du Temple de Jérusalem. Cette prétention fut repoussée par les chefs des Juifs, et dès lors les Samaritains résolurent d'employer tous les moyens pour empêcher le rétablissement du Temple. Bien convaincus de l'impossibilité d'obtenir le retrait de l'édit de Cyrus, ils ne craignirent pas d'a-

[1] La *darique* (δαρεικός), ou, comme l'appellent les auteurs hébreux, *darkemón*, monnaie persane en or, valait deux drachmes attiques d'or, ou vingt drachmes d'argent. En donnant à la drachme attique la valeur de 90 centimes, les 61,000 *dariques* d'or font 1 million 98,000 francs; les 5,000 mines, faisant 300,000 sicles, valent 930,000 francs (Voy. p. 400 et 403). Ainsi la somme totale offerte par les chefs de famille s'élève à 2 millions 28,000 francs.

[1] C'est là ce que nous laissent deviner quelques mots du livre d'Ezra (6, 21) et de celui de Néhémia (10, 29); dans ceux *qui s'étaient séparés de l'impureté des peuples du pays*, il faut voir, sans doute, les restes des anciens Israélites.

[2] Voy. ci-dessus, pages 354 et 355.

gir par les voies de fait; en attaquant sans cesse les ouvriers qui travaillaient à la construction du Temple, ils cherchèrent à les intimider et à les dégoûter de leur ouvrage. En même temps ils employèrent les intrigues et gagnèrent des personnages influents, pour empêcher que les plaintes des Juifs ne parvinssent jusqu'à Cyrus[1]. Probablement l'administration de la Palestine n'avait pas encore été changée et les autorités babyloniennes, qui, par la force des choses, avaient reconnu la souveraineté de Cyrus, durent se montrer disposées à favoriser les intrigues des Samaritains. Cet état de choses dura jusqu'à la mort de Cyrus (529). Dès le commencement du règne d'Ahasvéros, ou Cambyse[2], les ennemis des Juifs, devenus plus hardis, tentèrent une démarche directe auprès du nouveau roi, pour l'engager à retirer aux Juifs la permission que son père leur avait accordée. Les membres de l'administration du pays de Samarie rédigèrent une supplique, dans laquelle ils accusèrent faussement les Juifs de rétablir les fortifications de Jérusalem, cité rebelle, disaient-ils, dans laquelle de tout temps on avait tramé des conspirations contre les rois et les pays, c'est pourquoi on avait dû la détruire; le roi pourrait s'en convaincre, en faisant faire des recherches dans les archives. Nous faisons savoir au roi, dirent-ils en terminant, que si cette ville est rebâtie et ses murailles rétablies, il n'aura plus de part au pays en deçà du fleuve (de l'Euphrate). — Cette démarche eut un succès complet; le roi de Perse ordonna que les travaux des Juifs fussent suspendus jusqu'à nouvel ordre, et les autorités samaritaines, munies du firman royal, se hâtèrent d'aller à Jérusalem et forcèrent les Juifs d'interrompre la construction du Temple.

Dans le livre d'Ezra (4, 7-23), le roi qui donna cet ordre contre les Juifs est appelé *Arthachsastha* (Artaxerxès); or, comme précédemment (v. 6) le successeur immédiat de Cyrus, c'est-à-dire Cambyse, a été désigné sous le nom d'*Ahasvéros*, on a pensé que le nom d'*Arthachsastha* désigne ici le faux Smerdis, car celui-ci est le seul roi de Perse que nous trouvons entre Cambyse et Darius (fils d'Hystaspe), qui est mentionné après. Mais alors les menées sourdes des Samaritains se seraient continuées pendant tout le règne de Cambyse, et auraient duré en tout plus de treize ans, sans que les Juifs renonçassent à leur entreprise, et sans que la démarche auprès d'Ahasvéros (Cambyse) eût produit un résultat quelconque, ce qui est peu probable. Nous croyons donc, avec Josèphe, que le roi qui ordonna de suspendre les travaux du Temple fut Cambyse, et que celui-ci est désigné, dans le livre d'Ezra (ch. 4, v. 6 et 7), par les deux noms d'*Ahasvéros* et d'*Arthachsastha*, dont le premier paraît être un nom propre et le second un titre honorifique[1].

Le roi de Perse n'avait pas absolument interdit la réédification du Temple; il n'avait ordonné que de *suspendre, jusqu'à nouvel ordre* (ib. v. 21), les travaux, que, selon le faux rapport des Samaritains, il croyait d'une

---

[1] Cet état de choses nous paraît être indiqué dans les paroles peu explicites du livre d'Ezra, ch. 4, v. 4 et 5; il n'y est point dit que les Samaritains aient calomnié les Juifs auprès de Cyrus, et que celui-ci ait retiré sa permission, ce qui d'ailleurs est dénué de toute probabilité. Comparez Josèphe, *Antiqu.*, XI, 2, 1.

[2] L'*Ahasvéros* (Assuérus) du livre d'Ezra c 4, 6) ne peut être que Cambyse; car il est désigné comme le successeur immédiat de Cyrus. Il ne faut pas le confondre avec l'*Assuérus* du livre d'Esther, qui très-probablement est Xerxès.

[1] Selon Hérodote (VI, 98), *Artaxerxès* signifie *grand guerrier*. En zend, ce nom s'écrivait probablement *Artha-Khschatra* (grand roi). Voy. Silv. de Sacy, *Mémoires sur diverses antiquités de la Perse*, p. 100; Obry, dans le *Journal asiatique*, octobre 1836, p. 389. — Si, dans le livre d'Ezra (ch. 4, v. 6), on lit : *sous le règne d'Ahasvéros*, etc., et immédiatement après (v. 7) : *Et aux jours d'Arthachsastha*, il ne faut pas conclure de là qu'il s'agit de deux rois différents; les versets 7 à 24 forment évidemment un document à part, qui a été intercalé ici pour servir de commentaire au verset 6. La première partie du livre d'Ezra (ch. 1 à 6) n'est qu'un recueil de divers documents qui ne sont pas du même auteur.

bien plus haute importance. Mais bientôt l'expédition que Cambyse entreprit contre l'Égypte, dut enlever aux Juifs tout espoir de plaider leur cause devant le souverain et d'obtenir une enquête impartiale. En outre, la marche de l'armée persane se rendant en Égypte dut imposer des charges à la Palestine, et, au milieu des troubles de la guerre, la colonie juive ne put guère penser à poursuivre son œuvre, déjà arrêtée par tant d'obstacles. Les travaux du Temple restèrent donc suspendus jusqu'après l'avénement de *Dariavesch* (Ezra, 4, 24), ou de Darius, fils d'Hystaspe.

Quinze années s'étaient écoulées depuis qu'on avait posé les fondations du nouveau Temple. Cambyse était mort en revenant d'Égypte, le faux Smerdis avait payé de sa vie son usurpation, et Darius était monté sur le trône (521). La longue interruption des travaux du Temple avait découragé même les hommes les plus zélés; on se disait que le moment fixé par la Providence pour le rétablissement du sanctuaire n'était pas encore arrivé. Chacun s'occupait de ses intérêts particuliers; on construisait des maisons, et, négligeant le Temple, chacun employait ses moyens à augmenter son bien-être matériel. Dans la deuxième année du règne de Darius (520), au premier jour du sixième mois (août-septembre), un prophète, nommé Haggaï (Aggée), se présenta devant Zéroubabel et Josué pour presser enfin la restauration du culte; l'année avait été stérile, et le prophète y voyait un châtiment céleste mérité par ceux qui laissaient en ruine la maison de Dieu, pour ne penser qu'à leurs propres maisons. Ses paroles firent une vive impression, et dès le vingt-quatrième jour du même mois, les travaux furent repris (Hagg. ch. 1). Dans le courant de la même année, le prophète vint, à différentes reprises, encourager les deux chefs de la colonie, leur annonçant que la gloire du nouveau Temple surpasserait celle de l'ancien. Dans le même temps Zecharia, ou Zacharie, fils de Béréchia et petit-fils du prêtre Iddo[1], prêcha comme prophète, et exaltant Zéroubabel et Josué, il leur fit sentir toute l'importance de leur haute mission et leur prédit un succès éclatant. Zacharie affectionnait la forme des visions et des actions symboliques; ses discours ont quelque analogie avec ceux d'Ézéchiel; comme ce dernier, il fait intervenir des êtres surhumains qui rappellent les croyances babyloniennes, et il est le seul des prophètes qui mentionne Satan. Dans une de ses visions, il fait revêtir Josué, par un ange, du costume de grand-prêtre. De même que Haggaï (2, 21-23), il fonde sur Zéroubabel les plus belles espérances, et il rêve un trône pour ce rejeton de David (Zach. 4, 7; 6, 13).

Les travaux poursuivis avec zèle éveillèrent l'attention de Tatthenaï, gouverneur des pays en deçà de l'Euphrate; il se rendit à Jérusalem accompagné des autres autorités de la province, et demanda aux Juifs qui les avait autorisés à exécuter ces travaux. Les Juifs invoquèrent l'édit de Cyrus; mais ils n'en avaient pas de copie, et le gouverneur ne le connaissait pas. Cependant Tatthenaï n'était pas défavorable aux Juifs; sans ordonner la suspension des travaux, il fit un rapport au roi Darius, et le pria de faire faire des recherches dans les archives du royaume, afin de voir s'il existait réellement un ordre de Cyrus en faveur des Juifs. L'édit fut retrouvé dans les archives d'Achmetha, ou Ecbatane, capitale de la Médie, et Darius ordonna qu'on se conformât strictement à la volonté manifestée par Cy-

[1] Zacharie, dans le livre qui porte son nom (ch. 1, v. 1 et 7), est appelé *fils de Béréchia, fils d'Iddo*; dans le livre d'Ezra (5, 1; 6, 14), on l'appelle simplement *fils d'Iddo*, de même que Zéroubabel est appelé *fils de Séalthiel*, quoiqu'il fût son petit-fils. Parmi les prêtres revenus de Babylone avec Zéroubabel, nous en trouvons un qui porte le nom d'*Iddo*, et dont le fils, ou petit-fils, s'appelle *Zacharie* (Néhém. 12, 4 et 16); il est donc plus que probable que Zacharie était issu de la race sacerdotale, et qu'il était encore bien jeune en prononçant ses oracles comme il le fait entendre lui-même (Zach 2, 8).

rus et qu'on accordât aux Juifs tous les secours dont ils pourraient avoir besoin. La construction du Temple avança donc avec rapidité ; on commençait déjà à oublier les malheurs du passé, pour s'abandonner aux plus belles espérances, et dans la quatrième année du règne de Darius, il fut question, parmi les Juifs, d'abolir les jeûnes publics qui avaient été établis en commémoration des désastres de la Judée. Depuis la destruction de Jérusalem, quatre jours de l'année avaient été consacrés au deuil et au jeûne, savoir : le 9 du quatrième mois, jour de la prise de Jérusalem par les Chaldéens (Jérém. 52, 6) ; le 10 du cinquième mois, jour de l'incendie du Temple et de la ville de Jérusalem (ib. v. 12) ; un jour du septième mois (selon la tradition, le 3), en commémoration du meurtre de Guédalia (ib. 41, 1) ; le 10 du dixième mois, jour auquel avait commencé le siége de Jérusalem (II Rois, 25, 1). — Quelques Juifs s'adressèrent au prophète Zacharie, pour lui demander s'il fallait encore continuer à célébrer ces jeûnes ; le prophète ne fit pas de réponse décisive, mais il profita de cette occasion pour faire comprendre à ceux qui l'interrogeaient, combien peu les cérémonies extérieures sont agréables à Dieu, lorsqu'on néglige les devoirs de la justice et de la charité. Il leur montra que le mépris des devoirs moraux avait été la principale cause des malheurs qui avaient frappé leurs pères, et que la pratique de la vertu pouvait seule leur assurer un heureux avenir. Les jours de jeûne, dit-il, seront convertis en jours de joie et de fête ; mais vous, aimez la vérité et la paix (Zach. ch. 7 et 8).

Dans la sixième année de Darius (516), au troisième jour du douzième mois (février-mars), tous les travaux se trouvant achevés, on procéda solennellement à l'inauguration du nouveau Temple. De toute part le peuple se rendit à Jérusalem pour assister à cette solennité ; on offrit un grand sacrifice composé de cent taureaux, deux cents béliers et quatre cents agneaux.

En outre, un sacrifice expiatoire de douze boucs fut offert au nom des douze tribus d'Israël (Ezra, 6, 17), et le Temple fut ainsi consacré symboliquement par toute la nation des Hébreux. Dans le mois suivant (le premier de l'année), on célébra le rite pascal et les sept jours de la Pâque ou *des azymes*, conformément aux prescriptions mosaïques (p. 186).

Nous ne possédons aucune description du Temple construit par Zéroubabel, et nous en ignorons même les dimensions. Selon le décret de Cyrus, rapporté dans le livre d'Ezra (6, 3), il devait avoir soixante coudées de haut et autant de large ; il aurait été, par conséquent, bien plus vaste que le temple de Salomon, à moins que par le mot *largeur* on n'entende ici la distance de l'est à l'ouest, ou la *longueur*, ce qui en effet est plus probable. Dans tous les cas la hauteur indiquée est le double de celle du Temple de Salomon ; mais il paraît certain qu'on ne suivit pas à la lettre le décret de Cyrus, et que le Temple de Zéroubabel était bien loin d'offrir l'aspect imposant de celui de Salomon (Haggaï, 2, 3). S'il faut en croire Hécatée d'Abdère, contemporain d'Alexandre, toute l'enceinte au milieu de laquelle se trouvait le Temple, avait environ cinq plèthres (ou cinq cents pieds grecs) de longueur et cent coudées de largeur [1]. Selon un discours que Josèphe met dans la bouche d'Hérodes, l'édifice de Zéroubabel était beaucoup moins élevé que celui de Salomon [2]. Au-dessus de la porte orientale de l'enceinte extérieure, on voyait, selon une tradition juive, la ville de Suse représentée en bas-relief, ce qui était un hommage rendu aux rois de Perse [3]. Le grand

---

[1] Voy. le fragment d'Hécatée, cité par Josèphe, *Contre Apion*, l. I, ch. 22.
[2] Voy. Josèphe, *Antiqu.*, XV, 11, 1. Selon le texte imprimé, il manquait à la hauteur du Temple de Zéroubabel SOIXANTE coudées, pour égaler celle du Temple de Salomon, ce qui est incompréhensible, nous préférons la leçon de plusieurs manuscrits, qui portent SEPT coudées. Voyez l'édition de Havercamp, t. I, p. 778, note z.
[3] Voy. *Mischna*, 5ᵉ partie, traité *Middôth*, ch. 1, § 3, et les commentaires.

autel du parvis était bâti en pierres blanches non polies; il avait, selon Hécatée, vingt coudées en long et en large et une hauteur de douze coudées[1]. Dans l'intérieur du sanctuaire, il n'y avait que les objets prescrits pour le Tabernacle de Moïse, savoir: l'autel des parfums, le chandelier et la table, qui étaient en or[2]. Le Saint des Saints était vide; car l'arche sainte avait disparu lors de la destruction de Jérusalem[3]. — L'oracle des *Ourîm* et *Thummîm* (p. 176) ne fut point rétabli.

Le rétablissement du sanctuaire central fut l'unique résultat de la mission de Zéroubabel et du grand prêtre Josué. Nous sommes dans une complète ignorance sur les destinées ultérieures de la colonie juive, pendant les règnes de Darius et de Xerxès, et jusqu'à la septième année d'Artaxerxès Longuemain (458). Le silence absolu que gardent les documents historiques des Juifs sur cet espace de cinquante-huit ans, prouve qu'il ne se passa en Palestine rien qui intéressât particulièrement la colonie juive. Celle-ci, après la mort de Zéroubabel, manqua probablement de chefs influents et énergiques qui pussent continuer l'œuvre de la restauration, et, au lieu d'avancer, elle ne fit que rétrograder, en négligeant le sanctuaire et en s'alliant de nouveau avec les autres habitants du pays. L'avidité des pachas pesait durement sur le peuple (Néhém. 5, 15), et la cour de Perse, préoccupée par de graves événements, ne put prêter aucune attention aux affaires de la petite colonie juive. De grands mouvements durent avoir lieu dans toute la Palestine, pendant la longue guerre entre les Perses et les Grecs. Les ports de mer de la Palestine acquirent une grande importance; une grande partie de la flotte de Xerxès sortit de ces ports, car, sur les douze cent sept trirèmes dont elle se composait, les Phéniciens et les Syriens de la Palestine, comme le dit Hérodote (VII, 89), en avaient fourni trois cents.

Les documents juifs ne relatent de cette époque qu'un événement qui concernait toute la race israélite disséminée dans les provinces du vaste empire persan. Le roi sous lequel se passa cet événement est appelé communément *Ahasvéros* ou *Assuérus*; mais les consonnes hébraïques dont se compose ce nom, sans avoir égard aux voyelles qu'on leur a données, peuvent se prononcer *Achschersch* ou *Kschersch*, nom dont les Grecs, en ajoutant une terminaison, ont fait *Xerxès*. A cette ressemblance des noms se joignent plusieurs traits caractéristiques, pour nous faire reconnaître dans Xerxès l'Assuérus de la Bible.

Assuérus, dit le récit biblique, qui commandait à cent vingt-sept provinces, depuis Hoddou (l'Inde) jusqu'à Cousch (l'Éthiopie), donna, dans la troisième année de son règne, une longue série de festins aux grands de sa cour et aux habitants de Suse. Un jour il s'avisa de faire inviter au festin la reine Vasthi, afin de faire voir à ses hôtes combien elle était belle; Vasthi refusa de paraître, et, avec l'assentiment des sept principaux conseillers ou ministres, elle fut répudiée par le roi. Pour la remplacer, des commissaires furent chargés, dans toutes les provinces, de faire choisir les plus belles filles, pour les envoyer au harem royal de Suse. Au nombre des jeunes filles amenées au palais se trouvait une juive nommée Hadassa (myrthe) et en persan *Esther* (astre); elle était orpheline et fille adoptive de son cousin Mardochée, descendant d'un certain Kîs de la tribu de Benjamin, et qui était établi à Suse. Esther présentée au roi sut gagner son cœur; ce fut elle qu'Assuérus choisit pour reine, dans la septième année de son règne, sans savoir quelle était sa famille, ni à quel peuple elle appartenait. Peu de temps après, Mardochée, chargé

---

[1] Voy. Hécatée, l. c., et I Maccab. 4, 44-46.
[2] I Maccab. I, 23; 4, 49; Hécatée, l. c.
[3] Selon une tradition, elle avait été mise en sûreté, par le prophète Jérémie, dans une caverne du mont Nébo; mais on ne put retrouver l'endroit où elle avait été placée. II Maccab. 2, 4-7.

d'un emploi à la cour, eut l'occasion de découvrir un complot formé contre la vie du roi; Esther, avertie par Mardochée, en informa le roi, qui fit punir de mort les coupables. — Plus tard, le roi ayant élevé un certain Haman aux plus hautes dignités, donna ordre à tous ses sujets de fléchir le genou et de se prosterner devant son favori, toutes les fois qu'il se montrerait. Mardochée, probablement par des scrupules religieux, ne voulut point s'incliner devant cet homme orgueilleux, et Haman, ayant su à quelle nation appartenait le fier Mardochée, résolut de le perdre ainsi que toute sa race. Il dénonça au roi cette nation répandue dans tous ses États, se distinguant, par ses mœurs, de toutes les autres nations, et qui, ne voulant reconnaître d'autres lois que les siennes, refusait d'observer celles de l'État. Assuérus, sur la demande d'Haman, consentit à ordonner l'extermination de toute la race juive, et le 13 du premier mois, dans la 12e année du règne d'Assuérus, Haman fit rédiger le décret royal qui ordonna aux gouverneurs de toutes les provinces de faire massacrer les Juifs et de s'emparer de leurs biens. Le jour de l'exécution devait être le 13 du douzième mois; ce jour avait été indiqué par le sort qu'Haman avait cru devoir interroger à cet égard, et grâce à sa superstition, l'arrêt barbare ne devait être exécuté qu'au bout de onze mois. La publication du décret répandit la consternation parmi les Juifs. Mardochée, par l'entremise d'un eunuque, informa la reine Esther de ce qui se passait, et la supplia d'intercéder pour son peuple auprès du monarque. Esther hésita d'abord; car la loi punissait de mort quiconque se montrait dans la cour intérieure du palais, sans l'ordre du roi, et depuis trente jours elle n'avait pas été invitée à se présenter chez le monarque. Mardochée lui fit comprendre que, dans une pareille circonstance, elle ne devait pas hésiter à exposer sa vie; Esther alors lui demanda de faire proclamer parmi les Juifs de Suse un jeûne de trois jours, et promit de se rendre chez le roi, après s'être préparée elle-même par le jeûne et la prière. Le troisième jour, elle se présenta à l'entrée de l'appartement du roi; en la voyant, Assuérus lui tendit son sceptre, comme signe de sa bienveillance. Esther pria le roi de venir, avec Haman, au festin qu'elle leur avait préparé; Assuérus s'y étant rendu avec son favori, la reine les invita à un autre festin, pour le lendemain. Haman, fier de l'insigne honneur que lui faisait la reine, fut d'autant plus irrité du profond dédain que lui manifestait le juif Mardochée, qu'il rencontrait toujours aux abords du palais. Il s'en plaignit amèrement à sa femme et à ses amis, et ceux-ci lui conseillèrent de se débarrasser de Mardochée en demandant au roi l'autorisation de le faire pendre dès le lendemain matin.

Mais il arriva que, dans la nuit, le roi Assuérus ne pouvant s'endormir, se fit lire les annales de son règne. Le lecteur étant arrivé au passage où l'on parlait de la conspiration découverte par Mardochée, le roi demanda quelle récompense on avait accordée à celui qui lui avait sauvé la vie. On n'a rien fait pour lui, répondirent les serviteurs du roi. Dans ce moment, Haman s'étant présenté pour obtenir un arrêt de mort contre Mardochée, le roi le fit entrer et lui demanda ce qu'il fallait faire pour un homme qu'il voulait honorer d'une manière éclatante. Le favori, pensant qu'il ne pouvait être question que de lui, proposa de revêtir cet homme du manteau royal, de le mettre sur le cheval que le roi avait monté au jour du couronnement, et de le faire conduire, à travers les rues de la capitale, par l'un des grands dignitaires de la cour, en proclamant que c'était l'homme que le roi voulait honorer. Assuérus lui dit alors que cet homme n'était autre que le juif Mardochée, et lui ordonna d'exécuter lui-même à la lettre tout ce qu'il venait de proposer. Après cet incroyable revers, Haman, rentré chez lui tout consterné, fut invité à se rendre aussitôt au festin d'Esther. Assuérus ayant exprimé à la reine combien il désirait combler tous ses vœux, dût-elle même lui demander la moitié du royaume, Esther demanda grâce pour elle-même et pour toute sa nation qu'un ennemi avait vouée à l'extermination. Le roi n'hésita pas à sacrifier son favori au ressentiment de la reine; un des eunuques ayant parlé de la potence qui avait été élevée pour le supplice de Mardochée, le roi ordonna qu'Haman y fût suspendu lui-même. Mardochée prit auprès d'Assuérus la place d'Haman, dont le roi lui donna aussi la maison. Les décrets des rois de Perse ne pouvant être révoqués, Mardochée, pour neutraliser l'effet du décret d'Haman, en rédigea un second, dans lequel Assuérus autorisa les Juifs de son royaume à prendre les armes contre leurs ennemis, au jour qui avait été fixé pour le massacre ordonné par Haman. On espérait sans doute, par l'effet moral du second décret, empêcher l'effusion de sang, et, en effet, les autorités prêtant main-forte aux Juifs, ceux-ci purent facilement vaincre un certain nombre d'ennemis qui avaient persisté dans leurs projets sanguinaires. Selon la relation du livre d'Esther, les Juifs de toutes les provinces s'étant armés le 13 du mois d'adar (février-mars), firent un grand carnage parmi leurs ennemis, et le nombre total des morts se monta à 75,000, sans compter les cinq cents qui tombèrent dans la capitale même. Les dix fils d'Haman se trouvèrent au nombre des morts. Esther, n'écoutant que ses sentiments de vengeance, pria le roi d'autoriser les Juifs de Suse à s'armer de nouveau le lendemain 14 du mois, et il y eut encore ce jour-là trois cents morts. Les nombres sont peut-être exagérés, ainsi que quelques autres détails du récit; mais le fait de la victoire des Juifs est mis hors de doute par les jours de fête que, selon le récit biblique, Mardochée et Esther ordonnèrent aux Juifs de célébrer chaque année, le 14 et le 15 du mois d'adar, fêtes que les Juifs célèbrent encore maintenant, et dont on peut historiquement constater l'existence depuis les temps anciens[1]. Ces fêtes furent appelées *jours de Pourim*, ou *des sorts*, à cause du sort qui avait été interrogé par Haman (Esther, 3, 7; 9, 26).

Quant au livre d'Esther, qui renferme la relation de cet événement, on n'en connaît pas l'auteur; il ne fut composé, sans doute, que bien longtemps après l'événement, de sorte que l'auteur, accueillant les traditions populaires, a pu quelquefois charger son tableau. Si tous les critiques sensés s'accordent à reconnaître que ce récit ne peut être une simple fiction, et que les faits principaux sont historiques, les opinions varient pourtant sur l'époque qu'il faut assigner à cette histoire et sur le roi désigné sous le nom d'*Ahasveros*, ou Assuérus, qu'on ne rencontre pas dans les auteurs profanes. Nous avons montré plus haut que ce nom peut être identifié avec celui de *Xerxès*, et en effet plusieurs données historiques viennent confirmer cette identité.

D'abord il est certain qu'il faut chercher Assuérus parmi les rois de Perse, successeurs de Cyrus. Le livre de Daniel (9, 1) mentionne un Assuérus, roi de Médie, père de Darius le Mède (Cyaxare II), et par conséquent le même qu'Astyage; mais aucun des rois de Médie ne peut être l'Assuérus du livre d'Esther, car celui-ci est désigné comme roi de Perse et de Médie, régnant sur cent vingt-sept provinces, depuis l'Inde jusqu'à l'Éthiopie, et résidant à Suse, ce qui indique bien clairement un des souverains du vaste empire fondé par Cyrus. On a vu que, dans un passage du livre d'Ezra (4, 6), Cambyse porte le nom d'*Assuérus*; mais Cambyse mourut dans la huitième année de son règne, et, selon le livre d'Esther, l'ordre d'exterminer les Juifs ne fut publié que dans la douzième année du règne d'Assuérus, et celui-ci, par conséquent, ne peut être Cambyse. D'ailleurs Darius fut le premier roi de Perse qui fit des conquêtes dans l'Inde[2], et ce fut encore lui qui introduisit les impôts réguliers

[1] Voy. II Maccab. 15, 37.
[2] Voy. Hérodote, l. IV, ch. 44.

dont il est question dans le livre d'Esther (10, 1), et qui n'avaient pas existé sous les rois précédents [1]. Les sept conseillers, ou ministres, *qui voyaient la face du roi* (Esther, 1, 14), c'est-à-dire qui étaient toujours admis sans se faire annoncer, ne remontent pas non plus au delà du règne de Darius [2]. — Il se présente, en apparence, une difficulté chronologique, qui semblerait s'opposer à ce qu'on cherchât Assuérus parmi les successeurs de Cambyse. Un passage du livre d'Esther (ch. 2, v. 5 et 6) semble dire que Mardochée fut parmi les compagnons d'exil du roi Joïachin (en 599); ce qui suppose qu'il était né environ un siècle avant l'avénement de Darius, fils d'Hystaspe, et par conséquent il n'a pu jouer un rôle sous ce roi et encore moins sous un de ses successeurs. Mais rien ne s'oppose à ce que les mots : *qui avait été transporté de Jérusalem, etc.* (v. 6), soient appliqués à Kîs, bisaïeul de Mardochée, ce qui nous permet de placer Mardochée sous les règnes de Darius, de Xerxès, et au besoin même d'Artaxerxès Longuemain. Ce sera donc dans l'un de ces trois qu'il faudra chercher notre Assuérus. Mais la noblesse de caractère, la justice et la bonté que les auteurs grecs attribuent à Darius et à Artaxerxès ne permettent pas de les confondre avec l'insensé et barbare Assuérus. On a vu aussi que Darius était très-favorable aux Juifs; en lisant le décret qu'il envoya au pacha de Syrie en faveur du Temple de Jérusalem (Ezra, ch. 6), il est impossible d'admettre que le roi qui avait ordonné la restauration de ce Temple, par respect pour *le Dieu du ciel* qu'on y adorait, ait pu, dix ans après, ordonner le massacre général des Juifs. On verra plus loin qu'Artaxerxès Longuemain montrait encore plus de bienveillance pour les Juifs; comment donc aurait-il prêté l'oreille aux calomnies d'un Haman? Xerxès seul était assez cruel et assez stupide pour jouer le rôle que le livre d'Esther attribue à Assuérus. Xerxès, qui fit fouetter la mer parce qu'elle avait désobéi à sa majesté, qui fit décapiter ceux à qui la tempête n'avait pas permis de construire un pont de bateaux sur l'Hellespont, qui fit publier un édit pour promettre une récompense à celui qui inventerait une nouvelle espèce de volupté, Xerxès, enfin, à qui l'histoire reproche tant d'actions cruelles et insensées, est bien digne de l'ignoble rôle d'Assuérus. Observons encore en terminant, que quelques dates du livre d'Esther s'accordent également bien avec l'époque de Xerxès. Le grand festin donné par Assuérus, dans la troisième année de son règne, peut être mis en rapport avec l'assemblée des grands de l'empire réunis à Suse pour délibérer sur l'expédition contre la Grèce. Ce ne fut que dans la septième année de son règne qu'Assuérus choisit Esther, parmi le grand nombre de jeunes filles qui avaient été envoyées au harem royal; car à cette époque il revint de Grèce couvert de honte, et chercha à oublier sa défaite ignominieuse au milieu des belles de son harem.

Ces preuves nous paraissent suffisantes pour établir l'identité d'Assuérus et de Xerxès [1]; nous allons voir quel fut le sort de la Palestine sous le règne suivant.

2. *La deuxième colonie juive.* — *Ezra et Néhémia.*

Dans la septième année d'Artaxerxès Longuemain (458) [2], Ezra, descen-

---

[1] Voy. ci-dessus, page 410, col. 2 note 1.
[2] Hérodote, l. III, ch. 84 et 118.

[1] Les arguments que nous venons d'alléguer en faveur de cette identité ont été développés, avec beaucoup de détails, par L. J. C. Justi, dans le *Repertorium d'Eichhorn*, t. XV, p. 1-38. On peut aussi voir Eichhorn, *Einleitung*, t. III, p. 637-641.
[2] Josèphe (*Antiqu.* l. XI, ch. 5 et 6) intervertit les rôles et les époques; selon lui, le roi *Arthachsastha*, protecteur des entreprises d'Ezra et de Néhémia, est le même que Xerxès, et *Assuérus* est son successeur Artaxerxès Longuemain. Mais le livre de Néhémia (13, 6) parle de la 32e année d'Artachsasta, tandis que Xerxès ne régna que 21 ans. Des savants modernes (Michaelis, Jahn), tout en prenant l'*Arthachsastha* du livre de Néhémia pour Artaxerxès Longuemain, identifient l'*Arthachsastha* d'Ezra avec Assuérus ou Xerxès. Les arguments de Jahn (*Archæologia*, II, 1, p. 259) sont fort peu solides. — Notre

dant du grand prêtre Séraïa[1], quitta la Babylonie, son pays natal, pour se rendre, à la tête d'une nouvelle colonie, à la ville sainte de Jérusalem, qui était encore déserte et sans organisation civile et religieuse, quoique, depuis plus d'un demi-siècle, le Temple eût été rétabli. Ezra porte le titre de SOPHER, ou *scribe*, mot qui, à cette époque, désignait un érudit, un *docteur*, qui s'occupait de l'interprétation et de l'enseignement des lois mosaïques et des écrits des prophètes. Le prophétisme, ou l'enseignement par inspiration et sous des formes poétiques, cessa à cette époque, pour faire place à l'interprétation savante, par le moyen de laquelle on cherchait à rattacher à la lettre de la loi des doctrines plus récentes qui ne s'appuyaient que sur la tradition, et à résoudre des cas de conscience qui n'étaient pas prévus par la loi écrite. Ezra donc, *qui avait disposé son cœur à étudier la doctrine de Jéhova et à la pratiquer, et à enseigner dans Israël la loi et le droit* (Ezra, 7, 10), sollicita du roi Artaxerxès la permission d'aller à Jérusalem avec une nouvelle caravane et de s'y occuper de l'organisation de la communauté conformément aux lois nationales du peuple hébreu. Le roi de Perse, avec l'assentiment de ses sept ministres, lui accorda un firman qui l'autorisa à émigrer en Palestine avec tous les Juifs qui voudraient se joindre à lui, à recueillir des dons parmi les Juifs de Babylonie, et à établir en Judée des tribunaux qui jugeraient selon les lois mosaïques. En même temps il donna ordre aux autorités persanes de la Syrie d'accorder à Ezra, sur les revenus de la province, des secours considérables en argent, en blé, en vin, en huile et en sel, et d'exempter les prêtres et les autres serviteurs du Temple de Jérusalem de toute espèce d'impôt. Ezra partit au printemps, au commencement du premier mois, pour un endroit appelé *Ahava*, situé sur une rivière du même nom, et où il avait donné rendez-vous à la caravane; environ quinze cents hommes s'y rendirent avec leurs femmes et leurs enfants. Sur la demande d'Ezra, quelques familles lévites et deux cent vingt *Nethinim* vinrent encore se joindre à eux, et on se prépara au voyage par un jeûne général et en implorant la protection du ciel. Ezra partit plein de confiance en Dieu; ne voulant devoir qu'à Dieu seul l'heureuse issue de son voyage, il refusa de se faire accompagner par les soldats du roi de Perse. La caravane se mit en marche le 12 du premier mois; les riches dons qu'on avait recueillis furent confiés à la garde de douze prêtres. Aucun accident ne troubla la marche, et au premier jour du cinquième mois, la caravane arriva heureusement à Jérusalem. Après trois jours de repos, Ezra fit remettre les dons aux prêtres et lévites du Temple, qui en dressèrent un état exact, et on offrit de nombreux sacrifices au nom de toutes les tribus d'Israël. Ezra expédia ensuite le décret royal aux satrapes de Syrie et obtint les secours qu'il avait réclamés.

L'ancienne colonie, à ce qu'il paraît, était dans la plus profonde décadence. Elle se trouvait encore sous la direction de Joïakîm, fils du grand prêtre Josué[1]; mais il paraît que Joïakîm, qui dut être d'un âge très-avancé, manquait d'énergie ou de capacité. Au lieu de maintenir la pureté de leur race, ce qui, de tout temps, avait été signalé comme une condition nécessaire pour le maintien des lois et de la religion de Moïse, les Juifs, même les prêtres et les lévites, avaient contracté de nombreux mariages avec des femmes païennes. Le pieux Ezra ne s'était pas attendu à de pareils écarts; quelques mois se passèrent sans qu'il en eût connaissance. Un jour quelques chefs du peuple lui ayant fait connaître l'état des

---

opinion est celle de la majorité des critiques modernes (Eichhorn, Gesénius, Winer).

[1] Dans la table généalogique (Ezra, 7, 1) Ezra est appelé *fils de Seraïa*; mais il est évident que *fils* veut dire ici *descendant*; car Seraïa fut mis à mort, lors de la destruction de Jérusalem (en 588), 130 ans avant cette époque.

[1] Voy. Néhémia, 12, 26; Josèphe, *Antiqu.* XI, 5, 5.

choses, il déchira ses vêtements et resta assis à terre jusqu'au soir, sans prendre aucune nourriture. A l'heure du sacrifice du soir, il se leva, alla se mettre à genoux sur la place du Temple, pria à haute voix et confessa les péchés du peuple. La foule qui s'assembla autour de lui, fut profondément émue de ses paroles et versa des larmes abondantes. Un homme sortit de la foule, et s'approchant d'Ezra, il proposa que tous ceux qui avaient contracté des mariages avec des païennes, prissent l'engagement d'expier leur faute, en se séparant de leurs femmes et de leurs enfants. Cette mesure cruelle, mais nécessaire, fut généralement approuvée, et Ezra fit jurer sur-le-champ tous les coupables qui se trouvaient présents d'accomplir promptement leur promesse. Il se rendit ensuite dans le cabinet de Johanan, petit-fils du grand prêtre Joïakîm, où, avant de prendre aucune nourriture, il décréta, de commun accord avec les chefs et les anciens, que tous les pères de famille de la colonie seraient invités à se rendre à Jérusalem, dans l'espace de trois jours, sous peine d'être exclus de la communauté et de voir confisquer tous leurs biens au profit du sanctuaire. On était alors au neuvième mois (novembre-décembre), et malgré la mauvaise saison, tout le monde se présenta à Jérusalem au bout de trois jours, le 20 du mois : « Vous avez péché, leur dit Ezra, et « en prenant chez vous des femmes « étrangères, vous avez augmenté le « crime d'Israël ; mais maintenant, « confessez-vous à Jéhova, le dieu de « vos pères, et faites sa volonté ; sé- « parez-vous des peuples du pays et « des femmes étrangères. » Tous promirent d'obéir ; mais ils représentèrent à Ezra les inconvénients qu'aurait la prompte exécution d'une pareille mesure pendant la saison des pluies, et ils demandèrent qu'on nommât une commission qui, conjointement avec les anciens et les juges de chaque ville, pût opérer petit à petit l'épuration réclamée par Ezra. Cette proposition fut adoptée ; la commission se réunit dès le commencement du dixième mois, et, au bout de trois mois, ses opérations étaient terminées. Parmi les coupables se trouvèrent des hommes des plus hautes classes, et la famille pontificale elle-même s'était dégradée en admettant dans son sein des femmes païennes. Aussi n'est-il pas question de la coopération du grand prêtre dans les mesures prises par Ezra.

Il paraît qu'Ezra ne fut pas assez énergiquement soutenu par les chefs du peuple pour pouvoir pousser plus loin son œuvre de réforme ; du moins nos documents historiques ne parlent-ils d'aucun autre acte important que celui qu'Ezra parvint à accomplir dans un premier moment d'entraînement et d'enthousiasme. L'inaction d'Ezra peut s'expliquer aussi par les événements graves qui se passèrent alors en Syrie. Les Égyptiens, ayant proclamé roi le Libyen Inarus, venaient de secouer le joug des Perses, et ce fut en Syrie et en Phénicie que s'assembla l'armée de terre et de mer qu'Artaxerxès envoya contre l'Égypte. Quelques années plus tard, Mégabyze, beau-frère d'Artaxerxès et gouverneur de la Syrie, indigné de la conduite du roi, qui, contrairement aux conventions de paix, avait fait mettre à mort Inarus et une cinquantaine de prisonniers grecs, se révolta contre son souverain, rassembla en Syrie une armée considérable et battit deux fois les troupes royales. Ces événements durent troubler la paix de la Palestine et empêcher Ezra de poursuivre ses projets et d'obtenir des secours du roi de Perse. Ce ne fut que treize ans après l'arrivée d'Ezra que la colonie juive trouva un nouvel appui dans un grand personnage, plein de piété et d'énergie et très-influent à la cour de Perse. Dans l'hiver de la vingtième année d'Artaxerxès (445), Néhémia, échanson du roi, se trouvant à Suse, apprit par son frère Hanani et par quelques autres Juifs arrivés de Jérusalem, dans quel triste état se trouvait la nouvelle communauté établie en Judée ; les murs de la ville sainte étaient encore en ruine, et ses habitants étaient en butte aux insultes des peuplades voisines. Le pieux Néhémia prit aussitôt la résolution de voler au secours de ses frères, et, livré au jeûne et à la prière, il attendait un moment favorable pour demander au roi de Perse un congé et les pouvoirs nécessaires. Au printemps de la même année, Néhémia se trouvant un jour en présence du roi et de la reine, pour remplir ses fonctions, parut profondément abattu. Le roi lui ayant demandé la cause de son chagrin, Comment, répondit-il, n'aurais-je pas un air affligé, quand la ville où sont ensevelis mes ancêtres est déserte et que ses portes sont consumées par le feu? Artaxerxès parut touché, et sur la demande de Néhémia, il lui accorda un congé, et lui promit des lettres pour les pachas de Syrie et pour l'inspecteur des forêts, afin de lui faciliter son entreprise et de lui fournir le bois nécessaire pour les constructions. Muni de pouvoirs très-étendus et nommé pacha de Judée (Néhém. 5, 14), Néhémia partit pour Jérusalem; une nombreuse escorte veillait à sa sûreté. Arrivé heureusement au terme de son voyage, il entra dans Jérusalem sans bruit et accompagné seulement d'un petit nombre d'hommes, et après avoir pris trois jours de repos, il sortit, avec ses amis, pendant la nuit, pour visiter tous les lieux où il devait faire exécuter des travaux. Ce ne fut qu'après avoir tout examiné et mûri son plan, qu'il fit un appel aux habitants de la Judée et les encouragea à mettre la main à l'œuvre, en leur faisant connaître les ressources dont il disposait et la protection que le roi lui avait accordée. L'ouvrage fut partagé entre toutes les familles de la colonie et confié aux soins de leurs chefs; les prêtres eux-mêmes n'en furent pas exemptés, et le grand prêtre Éliasib, fils et successeur de Joïakîm, présida en personne à leurs travaux.

Les travaux des Juifs durent exciter de nouveau la jalousie des peuplades voisines; comme ennemis des Juifs on mentionne surtout des Arabes, des Ammonites et des Philistins d'Asdod; mais le point central où se tramaient tous les complots et d'où partaient toutes les attaques, était sans doute le pays de Samarie. Sanballat, le Horonite, originaire de Horonaïm dans le pays de Moab, et probablement gouverneur du roi de Perse à Samarie, l'Ammonite Tobie et l'Arabe Guésem furent les principaux meneurs des intrigues. Ils se contentèrent d'abord de railler les Juifs, et leur demandèrent avec ironie s'ils pensaient se révolter contre le roi; mais voyant avancer avec rapidité les travaux des fortifications de Jérusalem, ils prirent une attitude hostile et menacèrent les Juifs d'une attaque sérieuse. Néhémia, averti de leurs projets, ordonna que tous les ouvriers eussent l'épée au côté; une moitié de ses propres gens tenait en réserve des lances, des boucliers, des arcs et des cuirasses, tandis que l'autre moitié prenait part aux travaux. Lui-même était toujours accompagné d'un trompette, afin de faire donner le signal au moment du danger; on voyait souvent les ouvriers travailler d'une main, et de l'autre tenir l'épée. La nuit on posait des sentinelles; Néhémia lui-même et tous ses gens ne quittaient point leurs vêtements pendant tout le temps que duraient les travaux. Grâce à toutes ces précautions, Néhémia parvint à déjouer les complots de Sanballat et de ses auxiliaires et à rendre la sécurité et le courage au peuple de la Judée; tout le monde mit la main à l'œuvre et on travaillait avec une extrême ardeur. Les ruses des ennemis n'eurent pas plus de succès que leurs violences. Ce fut en vain que Sanballat annonça à Néhémia, dans une lettre ouverte, qu'on l'accusait de vouloir se faire proclamer roi des Juifs; ce fut en vain qu'on gagna de faux prophètes, et même une prophétesse, pour faire croire à Néhémia que sa vie était en danger, et pour l'engager à se cacher dans le Temple, afin de s'emparer plus facilement de sa personne; ce fut en vain encore que l'Ammonite Tobie entretenait une correspondance active avec plusieurs Juifs, avec lesquels il était allié par mariage, et qui, feignant d'être amis de Néhémia, cherchaient à le trahir. Toutes ces menées échouèrent contre la prudence et le sang-froid de Néhémia, qui poursuivait ses desseins avec une constance à toute épreuve. Cinquante-deux jours suffirent pour relever les murailles de Jérusalem ; le vingt-cinquième jour du mois d'éloul (août-septembre) les travaux étaient achevés, et on les inaugura par de nombreux sacrifices et par des réjouissances publiques (Néhém. 6, 15 ; 12, 27-43).

Le commandement supérieur de la ville de Jérusalem fut confié par Néhémia à son frère Hanani et à un certain Hanania ; diverses autorités furent établies pour l'administration du Temple et de la ville, et les citoyens furent chargés, dans les différents quartiers, de la garde des murailles et des portes. Néhémia ordonna de fermer les portes chaque soir et de ne les ouvrir qu'après le lever du soleil. La population de la ville étant encore peu nombreuse, Néhémia, après avoir consulté le document dans lequel étaient inscrites toutes les familles arrivées en Judée avec Zéroubabel, convint avec les chefs du peuple qu'un dixième de la population totale de la Judée s'établirait à Jérusalem. On tira au sort les familles qui devaient transférer leur domicile dans la capitale ; à côté des familles de Juda et de Benjamin il y avait alors à Jérusalem près de douze cents prêtres et deux cent quatre-vingt-quatre lévites, sans compter les *Néthinim* qui occupaient la place Ophla. Outre Jérusalem, les colonies juives occupaient trente-trois villes avec leurs villages, depuis Bethel jusqu'à Beërséba (ib. ch. 11).

Les familles juives étaient en partie dans la plus profonde misère. Probablement plusieurs des familles arrivées sous Zéroubabel, ne pouvant produire de titres suffisants pour être mises en possession de leurs anciennes propriétés, durent se contenter d'acheter un petit terrain, ou d'accepter quelques terres abandonnées et peu fertiles, ou bien même de travailler pour le compte des grands propriétaires. Les impôts et les exactions des pachas avaient totalement ruiné les familles peu fortunées ; elles furent obligées de faire des emprunts, et ne pouvant payer, elles durent abandonner aux créanciers leurs petites propriétés et souvent leurs personnes, de sorte qu'il y avait d'un côté de grands seigneurs riches et de l'autre des serfs vivant dans la misère et dans l'oppression. Les malheureux portèrent leurs plaintes devant Néhémia, et celui-ci fut profondément affligé d'un état de choses qui était aussi contraire aux principes d'humanité qu'aux dispositions formelles des lois mosaïques. Néhémia en fit de sévères reproches aux seigneurs ; afin de les engager, par son exemple, à tenir une meilleure conduite, il leur rappela combien de sacrifices il avait faits lui-même pour racheter des Juifs tombés en esclavage, et déclara renoncer, pour son compte, à tout ce que des familles pauvres lui avaient emprunté en argent et en nature, depuis son arrivée en Judée. La générosité de Néhémia et ses paroles énergiques firent une vive impression ; les riches créanciers promirent de rendre les terres qu'ils avaient prises en gage, sans réclamer aucun payement, et Néhémia les fit jurer, en présence des prêtres. Il ajouta, en secouant son vêtement : « Que Dieu secoue (arrache) ainsi de sa maison et de ses occupations tout homme qui n'exécutera pas cette chose ! puisse-t-il ainsi être secoué et vidé ! » Tous les assistants répondirent : *Amen !* Il fallut un homme désintéressé comme Néhémia pour opérer cette importante réforme de la propriété ; son désintéressement allait si loin qu'il renonçait même aux revenus auxquels il avait droit comme pacha, quoique sa position l'obligeât de vivre avec un certain luxe, et d'admettre tous les jours à sa table un grand nombre de personnages de distinction.

Ce qui manquait surtout à la colonie juive, c'était l'amour des institutions nationales et des principes religieux et sociaux proclamés dans la doctrine mosaïque, qui, à ce qu'il paraît, était à peine connue de nom. Le vénérable Ezra n'était pas entouré de ce prestige de grandeur qui agit sur les masses ignorantes ; il n'y eut que peu d'hommes capables d'apprécier son savoir. Néhémia comprit combien un homme comme Ezra pouvait être utile à la régénération de son peuple et il paraîtrait en effet que ce fut Néhémia, le puissant pacha, qui fit reparaître sur la scène le *sopher* Ezra, et qui contribua à le rendre très-populaire [1]. Pour faire connaître au peuple les lois de Moïse, une assemblée nationale fut convoquée à Jérusalem, nous ne saurions dire dans quelle année, pour la fête de la septième néoménie; les Juifs, et même leurs femmes, s'y rendirent en foule. On s'assembla, dès le matin, sur une grande place, près de *la Porte de l'Eau* (p. 47); au milieu de la place on avait préparé une tribune, sur laquelle se présenta Ezra, tenant le livre de la loi et ayant à ses côtés les principaux chefs de famille. Lorsqu'Ezra déroula le livre, toute l'assemblée se leva ; il bénit à haute voix Jéhova, le grand Dieu, et tous les assistants se prosternèrent en répondant : *Amen! amen!* Ezra lut dans le livre jusqu'à midi ; plusieurs lévites se chargèrent de répéter les passages aux nombreux auditeurs et de leur en faire connaître le sens. Le peuple fut profondément ému, tous les yeux étaient en larmes. Alors Néhémia, Ezra et les lévites rappelèrent au peuple que c'était un jour saint et qu'il ne fallait pas troubler la fête par l'affliction et les larmes; le peuple se retira, le reste de la journée fut consacré à la joie, et, selon l'ancienne coutume, on fit des munificences aux pauvres. Le lendemain les chefs de famille, les prêtres et les lévites s'assemblèrent auprès d'Ezra pour entendre ses lectures et se pénétrer du sens des lois divines. Ezra ayant lu les préceptes concernant la fête des Tabernacles, qui devait commencer le 15 de ce même mois, on fit aussitôt les préparatifs nécessaires pour célébrer cette fête selon les rites prescrits, et on dressa des cabanes sur les toits, dans les cours et sur les places publiques (p. 188). Depuis l'époque de Josué, fils de Noun, la fête des Tabernacles n'avait pas été célébrée avec autant de solennité que cette fois (Néhém. 8, 17). Tous les jours de la fête, on lut publiquement dans le livre de la loi. Le surlendemain du dernier jour de fête, le 24 du mois, on célébra un jeûne public. Dans l'assemblée convoquée à cette occasion, le peuple se présenta en habits de deuil; on lut la loi pendant trois heures, et trois autres heures furent employées aux prières et à la confession des péchés. Huit lévites placés sur une tribune prièrent à haute voix; on rappela devant Dieu, avec contrition, toutes les vicissitudes du peuple hébreu, tout ce que la providence divine avait fait pour ce peuple, qui cependant par ses nombreuses fautes, fut privé de son bonheur et de son indépendance, et qui, sur le sol paternel, portait le joug d'un souverain étranger.

Ces solennités firent sans doute une profonde impression sur l'esprit des masses; Néhémia et Ezra parvinrent à ranimer le sentiment religieux et à jeter les bases d'une nouvelle société israélite. On tâcha de mettre à exécution toutes les lois mosaïques, autant qu'elles étaient applicables à l'état des Juifs dans ces temps, et c'est de cette époque que date l'existence réelle des institutions de Moïse. Néhémia passa douze années à organiser la nouvelle communauté; ce fut probablement avant son départ pour la Perse, dans la trente-deuxième année du règne d'Artaxerxès, que Néhémia, pour consolider son œuvre, fit signer un

---

[1] Nous ne saurions, avec M. Zunz (*Die gottesdienstlichen Vorträge der Juden*, p 24 et suiv.), ne considérer le récit des ch. 8 et 9 du livre de Néhémia que comme une simple fiction, quoique nous admettions que ces deux chapitres paraissent appartenir à un auteur postérieur à Néhémia. Mais quel qu'en soit l'auteur, il ne nous paraît nullement démontré qu'il ait fait un anachronisme en faisant d'Ezra le collègue de Néhémia. La critique des Chroniques et des Livres d'Ezra et de Néhémia, tirée du savant ouvrage que nous venons de citer, a été publiée, en français, dans le tome XVIII de la Bible de M. Cahen.

acte formel aux chefs du peuple, aux prêtres et aux lévites. Par cet acte, ils s'engagèrent, sous la foi du serment, à observer la loi divine donnée par Moïse au peuple hébreu ; à ne pas contracter de mariages avec les peuples païens qui habitaient autour d'eux ; à observer strictement les jours de sabbat et de fêtes, et à ne rien acheter en ces jours aux étrangers qui viendraient débiter leurs marchandises ; à observer les lois sur l'année sabbatique, concernant le travail de la terre et les prêts ; à payer chaque année un tiers de sicle par tête [1], pour l'entretien du sanctuaire et des sacrifices publics ; à fournir chaque année le bois nécessaire pour le service de l'autel, selon un tour de rôle qui serait fixé par le sort ; à présenter aux prêtres les premiers-nés des hommes et des animaux ; à payer les dîmes et les autres droits des prêtres et des lévites, prescrits dans les lois. — Cet acte fut revêtu de nombreuses signatures en tête desquelles on remarquait le nom de Néhémia, avec le titre de *Tirsathâ* [2], et quatre-vingt-trois autres noms qui étaient ceux des principaux prêtres, lévites et chefs de famille. Le texte de ce document remarquable nous a été conservé dans le livre de Néhémia (ch. 10).

On pourrait s'étonner de ne pas trouver parmi les signatures de cet acte le nom du grand prêtre Éliasib ; mais il paraît que Néhémia ne vivait pas en bonne intelligence avec la famille pontificale, qui probablement ne montrait pas un grand zèle pour soutenir les efforts d'Ezra et de Néhémia, et qui avait contracté des mariages avec des familles païennes. Le grand prêtre jouait, sous l'administration de Néhémia, un rôle très-secondaire ; nous ne le voyons figurer dans aucun des actes accomplis par Néhémia. — Un autre nom illustre qui manque dans le document est celui d'Ezra, et il faut conclure de là qu'Ezra était mort avant la rédaction de cet acte. Selon Josèphe, il mourut à un âge avancé et fut enseveli à Jérusalem [1]. D'autres traditions juives disent qu'il retourna en Perse, et qu'il mourut en chemin [2].

Néhémia se démit de ses fonctions, dans la trente-deuxième année d'Artaxerxès (en 433) et retourna auprès du roi (Néh. 5, 14 ; 13, 6). Mais au bout d'un certain temps, ayant appris que de nouveaux abus menaçaient de détruire l'œuvre qu'il avait accomplie avec tant de peine, il demanda encore une fois la permission d'aller à Jérusalem. Il y trouva de graves désordres : les droits des lévites n'étaient pas payés, et ceux-ci avaient quitté leurs postes ; on profanait le jour du sabbat, en travaillant dans les pressoirs et dans les champs et en vendant des comestibles ; les Tyriens débitaient leurs marchandises, et notamment le poisson, au jour de sabbat ; les mariages avec des femmes étrangères étaient redevenus très-fréquents, et il en était né des enfants qui parlaient des dialectes étrangers et qui ignoraient la langue hébraïque ; l'Ammonite Tobie, ennemi des Juifs, occupait, dans l'une des dépendances du Temple, un appartement qui lui avait été cédé par le grand prêtre Éliasib, dont il était parent par alliance ; enfin Joïada, fils d'Éliasib, et alors grand prêtre, avait marié son propre fils avec la fille de

---

[1] Voy. ci-dessus, page 178, col. 1, note 3.
[2] C'était probablement un titre honorifique que portaient les pachas et les grands seigneurs en Perse. On le trouve deux fois à côté du nom de Néhémia (Neh. 8, 9 ; 10, 2) ; dans d'autres passages, où on le trouve seul, il paraît désigner Zérobabel (Ezra, 3, 62 ; Néh. 7, 65 et 70). Le mot *Tirsathâ* signifie probablement *inspirant la terreur*, ou *le respect* ; il paraît être corrompu par les écrivains hébreux ; en sanscrit on pourrait le rendre par *trâsa-da*.

[1] Voy. *Antiqu.* XI, 5, 5. Josèphe le fait mourir longtemps avant cette époque ; selon lui, l'assemblée nationale, dans laquelle Ezra lut publiquement le livre de la Loi, eut lieu avant l'arrivée de Néhémia ; ce qui est contre le texte formel du livre de Néhémia (8, 9).
[2] Au moyen âge on montrait son tombeau près d'une rivière appelée *Samoura*, aux frontières de la Perse, à deux journées de Bassora. Voy. Benjamin de Tudèle, ed. l'Empereur, p. 85 et 86 ; Iehouda al-Harizi, *Thahkemoni*, ch. 35.

Sanballat, chef des Samaritains. Néhémia déploya une grande sévérité pour rétablir l'ordre légal et sauver la religion et la nationalité juives. Il ordonna que les portes de Jérusalem fussent fermées tous les vendredis au soir, pour n'être rouvertes qu'après le jour du sabbat, et menaça les marchands qui se tenaient aux portes de les faire repousser par la force. Il prit, pour l'épuration des familles, des mesures analogues à celles qui avaient été prises autrefois par Ezra. Tobie fut chassé de l'appartement qu'il occupait près du Temple, et le gendre de Sanballat fut exilé de Jérusalem. Le service des prêtres et des lévites fut réglé de nouveau, et Néhémia leur assura le payement de leurs droits.

Nous ne saurions indiquer, avec précision, l'époque de cette seconde réforme accomplie par Néhémia. Celui-ci dit dans ses mémoires (Néh. 13, 6) : *au bout d'un certain temps* [1], *je demandai (un congé) au roi*. Le roi dont il parle est évidemment Artaxerxès mentionné dans le même verset; or, Artaxerxès étant mort l'an 424 avant l'ère chrétienne, le second départ de Néhémia pour Jérusalem dut avoir lieu avant cette époque. Il n'est pas probable que les abus dont nous venons de parler aient pu avoir lieu immédiatement après le départ de Néhémia pour la Perse, et pour que celui-ci, à son retour à Jérusalem, pût trouver des enfants issus des mariages mixtes et parlant déjà des dialectes étrangers, il faut supposer un intervalle de quatre à cinq ans au moins. Nous croyons donc que Néhémia fit son second voyage en Judée entre 428 et 424 [2].

Les efforts de Néhémia furent secondés par Malachi, le dernier de tous les prophètes. Quoique nous ne trouvions, dans la Bible, aucun renseignement historique sur ce prophète, on reconnaît facilement dans ses discours l'époque de Néhémia. Le Temple est rebâti depuis longtemps (Malachi, 3, 1 et 10); le peuple néglige de payer les droits des prêtres et des lévites (*ib.* v. 8), et ceux-ci manquent à leurs devoirs, profanent le nom de Jéhova et se font mépriser par le peuple (*ib.* 1, 6—8; 2, 1—9). De même que Néhémia, le prophète s'élève contre ceux qui prennent pour femmes les filles d'un dieu étranger, et qui souvent trahissent, pour ces alliances impies, leurs jeunes femmes israélites (*ib.* 2, 10—16). On voit que Néhémia et Malachi luttaient contre les mêmes abus, et il est plus que probable qu'ils étaient contemporains. Nous observerons encore que Sanballat et ses alliés, en accusant Néhémia de vouloir se faire proclamer roi, lui reprochèrent positivement de se faire appuyer par des orateurs ou prophètes (Néh. 6, 7).

Nous ne savons rien sur les destinées ultérieures de Néhémia; selon Josèphe, il atteignit un âge avancé. Nous possédons de lui et d'Ezra quelques mémoires sur leurs actes les plus importants. Ces mémoires, augmentés de quelques autres documents [1],

---

[1] Le texte dit לקץ ימים (*Vulg.* in fine dierum), c'est-à-dire, *au bout (d'un nombre) de jours ou d'années*.
[2] Humphrey Prideaux (the old and new Test. connected, etc.) soutient que la deuxième réforme de Néhémia n'a pu avoir lieu avant la 11ᵉ année de Darius Nothus; mais ses arguments sont d'une extrême faiblesse. A la vérité, il paraît résulter des paroles de Néhémia (13, 4) que le grand prêtre Eliasib était mort; mais c'est sur la foi d'un livre fort peu authentique, appelé la *Chronique Alexandrine*, que Prideaux fait vivre Eliasib jusqu'à la onzième année de Darius Nothus. Il va même plus loin, et, se fondant sur un prétendu calcul des soixante-dix semaines de Daniel, il place les nouvelles réformes de Néhémia dans la quinzième année de Darius (408 avant J. C.). Jahn, qui admet l'opinion de Prideaux (voy. son *Archæologie*, II, 1, p. 272-277), s'étonne beaucoup que les commentateurs n'aient pas vu dans Néhémia, ch. 13, v. 25, que les fils issus des mariages mixtes avaient déjà des barbes. Mais d'abord le verbe WA-EMRETÊM (*et decalvavi eos*) veut dire simplement *je leur arrachai les cheveux*, et il n'est nullement vrai, comme paraît le croire Jahn, qu'il se rapporte spécialement à la barbe; ensuite il est clair, par la grammaire et le bon sens, que ce furent les pères et non pas les fils, auxquels Néhémia fit subir les mauvais traitements dont parle le v. 25.
[1] Au ch. 12 de Néhémia, on trouve des généalogies qui vont jusqu'à l'époque d'Alexandre.

formèrent plus tard les deux livres d'Ezra et de Néhémia; le dernier est rédigé sans aucune suite chronologique, et ce n'est que par des combinaisons conjecturales que nous avons pu établir l'ordre des faits racontés d'après ce livre.

A ces faits la tradition juive en ajoute plusieurs autres qu'on ne saurait admettre dans tous leurs détails, mais qui ont sans doute une base historique. Ezra surtout devint le héros de toutes les traditions qui concernent les institutions civiles et religieuses postérieures à l'exil, et notamment la collection des débris de la littérature nationale et la propagation des études littéraires [1]. On a vu qu'Ezra fut autorisé par Artaxerxès à établir des tribunaux juifs; selon la tradition, ces tribunaux siégeaient deux fois par semaine, les lundi et jeudi, et comme il y avait ces jours-là un grand concours de monde dans les villes, on en profitait pour lire publiquement dans le livre de la loi. Des réunions religieuses, ou des *Synagogues*, furent établies dans toutes les villes, et on composa, à l'usage de ces réunions, un rituel de lectures et de prières. On mit en ordre tout ce qui avait pu être sauvé de la littérature des anciens Hébreux; on en fit faire des copies correctes, et en y joignant les discours des derniers prophètes, on créa une bibliothèque sacrée, composée de la plupart des livres qui forment maintenant l'Ancien Testament, et qui fut augmentée ensuite de quelques autres écrits composés plus tard et jugés dignes d'être reçus au nombre des livres sacrés [2]. Toutes ces institutions et d'autres encore sont attribuées à Ezra; mais la tradition fait partager ses travaux par un conseil qu'il établit lui-même et dont il avait la présidence. Ce conseil est connu sous le nom de KENÉSETH HA-GUEDOLAH, c'est-à-dire, *le grand synode*, ou, comme on l'a appelé plus souvent, *la grande synagogue*. Il est convenu, en général, chez les critiques modernes, de traiter de fabuleux tout ce que les anciens rabbins rapportent de cette *grande synagogue*, et on va même jusqu'à nier qu'elle ait jamais existé. Mais une institution dont le Thalmud parle souvent comme d'une chose bien connue, et dont les adversaires mêmes du Thalmud, les docteurs de la secte des Caraïtes, reconnaissent l'existence et invoquent l'autorité [1], ne saurait être considérée comme une pure fiction, par la seule raison que Josèphe n'en parle pas. Il est vrai que plusieurs détails que donnent les rabbins sur cette synagogue reposent sur des erreurs; ainsi il est impossible qu'Ezra, contemporain d'Artaxerxès, y ait siégé ensemble avec Zéroubabel et Josué, partis de Babylone sous Cyrus, ou avec Siméon le Juste, qui, selon le Thalmud, florissait du temps d'Alexandre le Grand. Il est évident que les rabbins qui ont fait cet anachronisme, et les auteurs chrétiens qui l'ont répété [2], ignoraient complétement la chronologie de l'histoire des Perses et ne savaient pas mesurer les intervalles des différents faits racontés dans les livres d'Ezra et de Néhémia, de sorte qu'ils croyaient pouvoir réunir dans une seule assemblée tous les personnages marquants mentionnés dans ces livres et y joindre même un contemporain d'Alexandre; car les 183 ans qui s'écoulèrent depuis l'achèvement du Temple, ou la sixième année de Darius, fils d'Hystaspe (515),

---

[1] Voy. ci-dessus, page 438, col. 1.

[2] Le canon de l'Ancien Testament, tel que nous l'avons maintenant, et tel qu'il existait déjà avant le commencement de l'ère chrétienne, ne remonte pas au delà de l'époque des Maccabées; car il renferme des écrits qui appartiennent évidemment à cette époque, comme, par exemple, le livre de Daniel. Mais il est certain qu'il a été formé successivement, et, si nous cherchons l'époque où la collection a pu être commencée, nous n'en trouvons pas de plus convenable que celle d'Ezra et de Néhémia. Le IIe livre des Maccabées (2,13) parle expressément des livres recueillis par Néhémia pour former une bibliothèque sacrée.

[1] Voy. *Notitia Karæorum ex Mardochæi Karei recentioris tractatu haurienda*, ed. J. Chr. *Wolfius*, p. 111, 112.

[2] Voy. par exemple, Genebrard, *Chronologia sacra*, l. 2; Brucker; *Hist. crit. philosophiæ*, t. II, p. 789.

jusqu'à l'arrivée d'Alexandre à Jérusalem (332), se réduisent, selon eux, à quarante ans. Mais la tradition, en fixant le nombre des membres à 120, et en y plaçant des hommes qui avaient vécu à des époques différentes (si toutefois ces détails dérivent d'une source ancienne), ne voulait dire autre chose si ce n'est que cette *synagogue*, établie par Ezra, existait encore après lui, jusqu'à l'époque d'Alexandre, et que tous les membres qui en avaient fait partie, à différentes époques, jusqu'à Siméon le Juste, *qui fut un des derniers membres de la grande synagogue* [1], se montaient ensemble au nombre de cent vingt. Au reste, les travaux attribués à Ezra et Néhémia étaient de nature à exiger la coopération d'autres hommes influents, et ce ne serait pas faire preuve d'une saine critique que de mettre en doute la vérité historique d'une tradition antique, contre laquelle on ne saurait alléguer aucun argument solide, et qui, au contraire, est en elle-même très-vraisemblable [2].

La *grande synagogue*, à ce qu'il paraît, introduisit des améliorations notables dans l'administration de la justice, chercha à donner un grand développement à l'instruction publique, qui toutefois se bornait aux choses religieuses, à la littérature et aux lois nationales, et s'efforça d'assurer l'observation des lois mosaïques, en les entourant d'une foule de règlements, qu'elle y rattachait au moyen de certaines règles d'interprétation. Tel nous paraît être le sens des trois préceptes attribués par les anciens docteurs aux hommes de la grande synagogue : « Soyez circonspects dans le jugement, formez beaucoup d'élèves et faites une haie autour de la loi [3]. »

Nous aurons l'occasion, en parlant des sectes, de faire connaître certaines doctrines nouvelles, qui, en partie, doivent remonter à cette époque et sont probablement d'origine persane ou babylonienne. Le Thalmud lui-même, tout en faisant remonter ces doctrines jusqu'à Moïse, admet en principe l'influence de l'exil de Babylone sur certaines croyances et coutumes; il parle notamment de l'adoption des noms chaldéens pour les mois de l'année, et du développement de la croyance aux anges, auxquels, depuis cette époque, on donne des noms correspondant aux fonctions qu'on leur attribue [1].

Quant à la constitution civile de la nouvelle communauté juive, les textes des livres d'Ezra et de Néhémia et les traditions qui s'y rattachent ne suffisent pas pour nous en donner une idée parfaite. Il paraît que les Juifs se gouvernaient à l'intérieur avec assez d'indépendance, sauf à reconnaître la souveraineté des rois de Perse, qui jugeaient en dernier ressort, par l'intermédiaire de leurs pachas, et qui levaient certains impôts (Néhém. 5, 4). Sous Néhémia, le joug de la Perse ne se faisait pas trop sentir, et la Judée était une espèce de république, sous la suzeraineté du grand roi. Sur les temps suivants, jusqu'à l'époque des Maccabées, nous manquons presque entièrement de données historiques. Il paraît que les grands prêtres prirent un grand ascendant, et qu'ils devinrent les intermédiaires entre le peuple de la Judée et le souverain étranger. Le nord de la Palestine partageait le sort des autres provinces du vaste empire des Perses. Nous devons nous contenter, pour le reste de l'époque persane, ainsi que pour l'époque grec-

---

[1] *Mischna*, quatrième partie, traité *Aboth* (sentences des Pères), ch. I, § 2.

[2] Comparez Buxtorf, *Tiberias*, cap. 10 et 11; Jost, *Geschichte*, etc. (Histoire des Israélites depuis le temps des Maccabées jusqu'à nos jours), t. III, p. 43-45, et l'Appendice, p. 113; Zunz, l. c., p. 33 (ou la traduction dans la Bible de M. Cahen, t. XVIII, p. 32).

[3] *Mischna*, l. c. § I.

[1] Voy. Thalmud de Jérusalem, *Rosch haschana*, ch. 1. Les noms des mois que nous trouvons chez les Juifs, après l'exil, sont *Nisan* (mars-avril), *Iyyár*, *Sivan*, *Thammouz*, *Ab*, *Eloul*, *Thischri*, *Marcheschwan*, *Kislew*, *Tébéth*, *Schebât*, *Adâr*; ce sont primitivement les noms de certaines divinités orientales. En fait de noms d'anges, on trouve dans le livre de Daniel, ceux de *Gabriel* et de *Michaël*, et le livre de Zacharie (ch. 3) nous montre déjà le chef des mauvais anges sous le nom de *Satan*.

que jusqu'aux Maccabées, de reproduire quelques faits isolés rapportés par Josèphe ; c'est là tout ce que nous savons sur l'histoire de la Palestine pendant près de deux siècles et demi.

3. Fin de la domination persane. — Schisme des Samaritains.

Les courts règnes de Xerxès II et de Sogdien, ainsi que les règnes de Darius Nothus et de ses successeurs, n'amenèrent aucun changement notable dans les affaires des Juifs et de la Palestine, si ce n'est peut-être que ce pays eut à souffrir de la guerre qui éclata de nouveau entre les Perses et les Égyptiens ; car ces derniers s'étant révoltés contre Darius (en 410), chassèrent de leur pays tous les Perses, et aidés par les Arabes, les poursuivirent jusqu'en Phénicie. Darius leur fit la guerre sans les soumettre, et ce ne fut que sous Ochus que l'Égypte devint de nouveau une province de l'empire persan (350). Sous le règne d'Artaxerxès Mnémon (404 à 359), le Temple de Jérusalem fut souillé par un fratricide. Le grand prêtre Joïada était mort et son fils Johanan lui avait succédé [1] ; celui-ci avait un frère nommé Jésus, ou Josué, qui, possédant l'amitié de Bagose, l'un des généraux de l'armée de Perse et probablement gouverneur de Syrie, espérait, avec l'aide d'un protecteur si haut placé, pouvoir usurper la dignité de grand prêtre. Une querelle s'étant engagée, dans le Temple même, entre les deux frères, Jésus fut frappé mortellement par le grand prêtre Johanan. Bagose, informé de ce crime inouï, se rendit aussitôt à Jérusalem. Voulant pénétrer dans le Temple pour voir le lieu où le meurtre avait été commis, les Juifs lui refusèrent l'entrée ; mais, ne tenant aucun compte de leur résistance, il s'avança en s'écriant : « Ne suis je donc pas plus pur que le cadavre qui a souillé le Temple ? » Pour punir le forfait de Johanan, auquel il ne pouvait infliger aucun châtiment personnel, il condamna les Juifs à payer tous les jours sur chacune des victimes dont se composaient les sacrifices quotidiens, un impôt de cinquante drachmes ; cette forte amende fut payée pendant sept ans.

On rapporte aussi, d'après des sources peu authentiques, que sous Ochus (359-338), la ville de Jéricho fut occupée par les Perses et que beaucoup de Juifs furent emmenés captifs et envoyés en partie en Hyrcanie, sur la mer Caspienne, pour peupler cette province [1]. S'il est vrai, comme on le raconte, que le roi Ochus marcha sur Jéricho après avoir châtié Sidon (en 350), il paraîtrait résulter de là que plusieurs Juifs avaient pris part à la révolte des Phéniciens contre Ochus ; mais ce fait est fort douteux, car Josèphe n'en dit pas un mot. Quoi qu'il en soit, il est certain que la grande majorité des Juifs resta toujours fidèle aux rois de Perse, et on verra qu'ils bravèrent même la colère d'Alexandre plutôt que de trahir le malheureux Darius Codoman.

A Johanan avait succédé dans le pontificat, son fils Iaddoua, ou Jaddus, qui, dans sa vieillesse, vit la chute de l'empire des Perses. Iaddoua, selon Josèphe, eut un frère appelé Manassé, qui avait épousé Nicaso, fille du Couthéen Sanaballète, satrape du dernier Darius (Codoman) dans le pays de Samarie. Le grand prêtre et le peuple, également indignés de ce mariage, exigèrent de Manassé de quitter sa femme ou de renoncer au sacerdoce. Dans cette cruelle alternative, Manassé, tout en protestant de son amour pour Nicaso, manifesta à son père l'intention de la répudier, afin de ne pas être privé des droits du sacerdoce. Sanaballète, pour retenir son gendre auprès de lui, promit à Manassé d'obtenir du roi Darius la

---

[1] Dans le livre de Néhémia, le fils de Joïada est appelé tantôt *Jonathan*, tantôt *Johanan* (Jean) ; voy. Néh. ch. 12, v. 11 et 22. M. Zunz (l. c. p. 27) pense qu'il y a eu deux grands prêtres entre Joïada et Iaddoua, et que Johanan doit être considéré comme le fils de Jonathan.

[1] Prideaux cite ce fait d'après Solin, *Polyhistor*, ch. 35, et le Syncelle, *Chronogr.* p. 256. Voy. aussi Barhebræus, ou Aboulfaradj., *Chron. Syr.* p. 36 (vers. lat. p. 34).

permission d'élever sur le mont Garizim, près de Sichem (voy. p. 5), un temple rival de celui de Jérusalem, et dans lequel Manassé exercerait les fonctions de grand prêtre. Ce projet combla les vœux de l'ambitieux Manassé, qui devint le fondateur du culte samaritain. Sichem était devenu, dans ces derniers temps, le siége principal de cette population mixte, formée du mélange des anciens colons assyriens, des débris des anciens Éphraïmites et de plusieurs émigrés juifs, qui, exclus de la communauté de Jérusalem par les mesures rigoureuses d'Ezra et de Néhémia, étaient allés s'établir dans le pays de Samarie [1]. L'entière conversion de cette population au pur mosaïsme dut être d'autant plus facile, que les pratiques idolâtres dont on accusait les Couthéens (p. 355) avaient dû s'évanouir, à mesure qu'ils manifestaient la prétention de passer pour de vrais Hébreux et de prendre part au culte de Jérusalem, et les transfuges des Juifs, qui allèrent grossir le parti des Samaritains, et qui étaient intéressés, ainsi que Manassé, à soutenir la légitimité du futur temple de Garizim, durent beaucoup contribuer à épurer les croyances et les pratiques religieuses des Samaritains.

Sur ces entrefaites, les armes victorieuses d'Alexandre menacèrent l'empire de Darius d'une dissolution prochaine, ce qui empêcha Sanaballète de faire des démarches auprès du roi de Perse afin d'obtenir la permission de bâtir le Temple; mais on verra plus loin qu'il sut s'accommoder aux circonstances, et que, servant les intérêts du conquérant macédonien, il obtint de lui l'autorisation qu'il s'était proposé de demander à Darius. Manassé put donc réaliser son projet, et les Samaritains formèrent dès lors une véritable secte mosaïque, rivale des Juifs, comme autrefois le royaume d'Éphraïm avait été rival de celui de Juda. Pour justifier la dissidence, et pour constituer les Samaritains comme une secte particulière, Manassé dut établir une doctrine qui différât, sur plusieurs points essentiels, de celle des Juifs; nous ne pouvons en juger que par des documents postérieurs à cette époque et par les opinions que les restes des Samaritains ont continué à professer jusqu'à nos jours. Ce qui constituait la différence la plus essentielle entre les Juifs et les Samaritains, c'est le rejet, par ces derniers, de tous les livres sacrés autres que le Pentateuque; ils niaient l'autorité des prophètes et, à plus forte raison, celle des traditions, et ils rejetaient, par conséquent, toutes les lois et coutumes qui n'étaient pas formellement écrites dans le Pentateuque. Nous les voyons cependant déroger, sur quelques points, à la rigueur des principes, et admettre quelques doctrines qui ne se trouvent pas dans le texte des livres mosaïques et qu'ils ne pouvaient y rattacher que par le moyen de l'interprétation; ainsi, par exemple, ils croyaient au Messie, aux anges et à la résurrection des morts [1]. Un des principaux points de controverse entre les Samaritains et les Juifs concernait le véritable lieu du sanctuaire; selon les Samaritains, Moïse lui-même avait clairement indiqué le mont Garizim, comme le lieu où devait être établi le sanctuaire central, tandis que Jérusalem n'est mentionnée nulle part dans la loi mosaïque [2].

Quant à la fondation du Temple de Garizim, plusieurs savants la font remonter au temps de Darius Nothus, en prétendant que Josèphe a confondu ce roi avec Darius Codoman. Ils se fondent sur un passage du livre de Néhémia (13, 28), où il est dit qu'un des fils du grand prêtre Joïada fut exilé par Néhémia, pour avoir épousé une fille de Sanballat le Horonite, qui

[1] Voy. Silv. de Sacy, dans les *Notices et extraits des manuscrits de la Bibl. du roi*, t. XII. p. 25-30. La croyance des Samaritains au *Messie* (qu'ils appellent HA-SCHAHAB ou HA-THAHAB, *conversor*) résulte aussi de l'Évang. de saint Jean, ch. 4, v. 25.

[2] Voy. Josèphe, *Antiqu.* XIII, 3, 4; Évangile de saint Jean, 4, 20; lettres des Samaritains, dans le *Repertorium* d'Eichhorn, t. XIII, p. 283. Comparez ci-dessus, page 5, col. 2.

[1] Voy. Josèphe, *Antiqu.* XI, 8, § 2 et 6

doit être le même que le Sanaballète de Josèphe; car, disent-ils avec raison, il n'est pas probable qu'il y ait eu, à deux époques différentes, deux satrapes de Perse en Samarie, nommés Sanballat, ou Sanaballète, et ayant chacun pour gendre un prêtre juif. Cependant Josèphe parle dans des termes si explicites de la fondation du temple samaritain *sous Alexandre* [1], et il paraît d'ailleurs si bien connaître la suite des rois de Perse, qu'il serait hardi de contester l'exactitude de son récit et de n'y voir que le produit d'une erreur chronologique; car il faudrait supposer non-seulement qu'il a confondu deux Darius, mais que tout ce qu'il dit des rapports de Sanaballète avec Alexandre est de son invention. Un fait aussi important pour les Samaritains que la fondation du temple de Garizim avait dû être consigné avec exactitude dans leurs annales, et Josèphe, qui n'était éloigné que de quatre siècles de l'époque d'Alexandre, a pu consulter à cet égard des documents authentiques qui nous manquent aujourd'hui. Il faut avouer que la ressemblance frappante qu'offrent quelques circonstances du récit de Josèphe avec le fait rapporté par Néhémia est de nature à faire supposer quelque confusion; mais l'erreur de Josèphe se borne peut-être au nom du satrape de Darius Codoman, et elle a pu résulter précisément du passage de Néhémia, que Josèphe, par mégarde, aura appliqué aux rapports qui existaient entre le prêtre Manassé et le satrape du dernier Darius, ou que peut-être il aura considéré comme une interpolation. Quelle que soit du reste la solution qu'on donne à ce problème, nous croyons devoir admettre comme un fait historique, que la construction du temple de Garizim n'eut lieu que sous Alexandre le Grand, quoiqu'il y ait peut-être erreur dans le nom du satrape que Josèphe met en scène [2].

La faveur qu'Alexandre accorda aux Samaritains fut, selon Josèphe, le prix d'une trahison. Par la victoire d'Issus, la Syrie était tombée au pouvoir d'Alexandre, et bientôt la conquête de Tyr (en 332) lui ouvrit toute la Palestine. Pendant le siège de Tyr, il envoya une lettre à Iaddoua, grand prêtre des Juifs, pour l'inviter à lui envoyer des secours et des provisions et à lui payer le tribut que jusque-là il avait payé au roi de Perse. Iaddoua refusa de violer le serment qu'il avait prêté à Darius, et osa braver la colère du vainqueur macédonien, qui le menaça d'un châtiment exemplaire, afin, disait-il, de montrer à tous à qui ils devaient engager leurs serments. Le satrape de Samarie, moins scrupuleux que Iaddoua, alla au-devant de l'orage, et faisant sa soumission à Alexandre, il lui amena huit mille hommes pour l'aider à s'emparer de Tyr. Sa trahison lui valut immédiatement la permission de bâtir un temple sur le mont Garizim. Le satrape mourut au bout de quelques mois.

Après la conquête de Tyr, Alexandre s'avança le long de la côte vers Gaza; cette ville opposa une résistance héroïque, mais au bout de cinq mois elle fut conquise et subit un traitement affreux. Dix mille hommes y perdirent la vie; le reste, ainsi que les femmes et les enfants, furent emmenés en captivité et voués à l'esclavage. Un sort semblable était réservé, sans doute, à Jérusalem, dont Alexandre crut devoir s'emparer avant de se rendre en Égypte; un miracle pouvait seul sauver la ville sainte, et, quoi qu'on pense du merveilleux récit de Josèphe, il est certain qu'il dut se pas

---

[1] Voyez *Antiqu.* XI, 8, 4; XIII, 3, 4; 9, 1.
[2] La chronique arabe samaritaine, qui, à côté de plusieurs fables absurdes, paraît cependant renfermer des faits tirés d'anciens documents historiques, offre également des traces de la fondation du temple de Garizim *sous Alexandre*, mais sans nommer ni *Sanballat* ni *Manassé*. Voy. la *Chrestomathie arabe* de M. Silvestre de Sacy (2ᵉ édition), t. I, p. 338 et 339. Eusèbe, dans sa Chronique, confirme le même fait; il se trompe seulement de quelques années en disant que le temple des Samaritains fut bâti la seconde année de la cent onzième olympiade (335-334 avant J. C.); car le siége de Tyr n'eut lieu qu'en 332.

ser dans l'esprit d'Alexandre quelque chose d'extraordinaire, pour que, oubliant son vif ressentiment, il accordât à Iaddoua et à la ville de Jérusalem son pardon et une généreuse protection. Après la conquête de Gaza, les habitants de Jérusalem furent dans la consternation; on implora le secours de la Divinité, en offrant de nombreux sacrifices. Un songe, dit Josèphe, rendit le courage au prêtre Iaddoua; il eut une vision dans laquelle Dieu lui ordonna d'aller au-devant d'Alexandre, accompagné des prêtres avec leurs ornements. Iaddoua, ayant fait parer la ville, sortit avec ses prêtres. Alexandre en s'approchant fut frappé de ce spectacle; il s'avança seul, s'inclina devant Iaddoua et le salua avec respect [1]. Son ami Parménion lui ayant exprimé son étonnement de la vénération religieuse qu'il témoignait à Iaddoua, Alexandre lui déclara, qu'étant encore en Macédoine, un homme vêtu comme ce grand prêtre lui était apparu dans un songe, l'avait encouragé dans ses projets de conquêtes et lui avait promis de lui livrer l'empire des Perses. « Je crois maintenant, ajouta Alexandre, que j'ai entrepris cette expédition par une mission divine, que je vaincrai Darius et que je détruirai la puissance des Perses. » Ayant dit cela, il donna la main à Iaddoua, et arrivé à Jérusalem, il visita le Temple et y offrit des sacrifices, selon l'indication des prêtres juifs. A la demande du grand prêtre, Alexandre accorda aux Juifs la faveur d'être exemptés du payement des impôts pendant l'année sabbatique et la liberté de vivre partout conformément à leurs propres lois et coutumes. De son propre mouvement, il promit la même liberté à ceux qui seraient disposés à prendre du service dans son armée, ce qui engagea beaucoup de Juifs à entrer dans les rangs. Selon Josèphe, le grand prêtre aurait montré à Alexandre les prophéties de Daniel, où les victoires du héros macédonien et la chute de l'empire des Perses étaient prédites avec une admirable précision [1]. Ce fait est évidemment inexact; car c'est justement cette précision historique de diverses prophéties de Daniel qui prouve contre leur authenticité, et il est certain pour le critique impartial, que le livre de Daniel n'a pu exister à cette époque (p. 420).

Les Samaritains étant également venus en procession au-devant d'Alexandre, et ayant été accueillis avec bonté, prétendirent aux mêmes faveurs qui avaient été accordées aux Juifs, et demandèrent notamment l'exemption des impôts pendant l'année sabbatique. Interrogés s'ils étaient Juifs, ils répondirent avec ambiguïté, ce qui engagea Alexandre à remettre leur demande à son retour d'Égypte, pour examiner leurs prétentions. Il emmena en Égypte les huit mille hommes que les Samaritains lui avaient envoyés au siége de Tyr; ils s'établirent dans la Thébaïde, où Alexandre leur fit distribuer des terres.

C'est ainsi que la Palestine passa, sans secousse violente, sous la domination macédonienne, après avoir été pendant deux siècles sous celle des Perses. Les Juifs, liés par des serments à la Perse, et se rappelant les bienfaits de quelques-uns de ses rois, n'avaient pas voulu trahir le malheureux Darius; mais ils durent voir sans peine la fin de la tyrannie des satrapes et se promettre des jours plus heureux et plus calmes sous le sceptre du jeune héros qui les avait traités avec tant de générosité. Iaddoua mourut bientôt après, et son fils Onias (Honio) lui succéda dans le pontificat.

---

[1] Le même fait est rapporté dans le Thalmud de Babylone, traité *Yoma*, ch. 7, fol. 69 a, et dans *Meghillath Thaanith*, ch. 9; mais, selon le récit thalmudique, le grand prêtre qui alla au-devant d'Alexandre fut Siméon le Juste. Comparez Otho, *Hist. doctor. misnicorum*, p. 15. — Les Samaritains racontent la même chose de l'entrevue de leur grand prêtre avec Alexandre Voy. Silv. de Sacy, *Chrest. arabe*, t. I, p. 338. Comparez Justin, XI, 10: *Tunc in Syriam proficiscitur; ubi obvios cum infulis multos Orientis reges habuit.*

[1] Voy. Daniel, ch. 2, v. 40; ch. 7, v. 7; ch. 8, v. 1-8 et 21; ch. 11, v. 3 et 4.

DEUXIEME PERIODE.

LA DOMINATION GRÉCO-MACÉDONIENNE, SOUS ALEXANDRE ET SES SUCCESSEURS, LES ROIS D'ÉGYPTE ET DE SYRIE, JUSQU'A ANTIOCHUS ÉPIPHANES ET LE SOULÈVEMENT DES MACCABÉES.

(*De* 332 *à* 167).

Alexandre, en partant pour l'Égypte, confia la Syrie et la Palestine à un gouverneur nommé Andromaque. Après avoir promptement délivré l'Égypte du joug des satrapes de Perse et s'être emparé du pays, il repartit de Memphis (au printemps de l'an 331 avant J. C) pour se rendre à Tyr. Andromaque, qui, à ce qu'il paraît, avait fixé sa résidence à Samarie, venait d'être brûlé vif, par quelques mécontents, dans une maison de cette ville; à l'arrivée d'Alexandre, les Samaritains, redoutant sa vengeance, lui livrèrent aussitôt les coupables, qui furent punis de mort. En même temps Alexandre fit sentir sa juste colère aux habitants de Samarie, qu'il expulsa de la ville, pour y établir une colonie macédonienne. Les Samaritains allèrent se fixer à Sichem près de leur temple; ce fut probablement à cette occasion qu'Alexandre abandonna aux Juifs une partie du territoire samaritain, en récompense de leur fidélité, comme le dit l'historien Hécatée [1].

Au milieu de l'été, Alexandre quitta Tyr à la tête d'une armée de près de cinquante mille hommes, traversa le nord de la Palestine et se dirigea sur l'Euphrate. Memnon fut nommé, à la place d'Andromaque, gouverneur de tout le pays en deçà du fleuve. La Palestine et les Juifs s'effacent entièrement pour nous pendant la durée des guerres d'Alexandre en Asie. A Babylone, Alexandre voulut en vain forcer les Juifs de travailler à la reconstruction du temple de Bélus; voyant l'horreur invincible que leur inspirait ce travail, il finit par les en dispenser [1].

Après la mort d'Alexandre (323) Perdiccas, régent de l'empire macédonien, établit les généraux de l'armée dans les différentes provinces, à titre de gouverneurs; Laomédon de Mitylène reçut la Syrie et la Palestine. On connaît les divisions et les guerres qui éclatèrent bientôt entre les gouverneurs. Ptolémée, fils de Lagus, surnommé *Soter*, qui régnait en Égypte, envoya son général Nicanor faire la guerre à Laomédon, et s'empara de la Syrie, de la Phénicie et de la Palestine (320); Jérusalem tomba, sans coup férir, au pouvoir de Ptolémée. Cette ville, dit-on, fut surprise un jour de sabbat, pendant que les Juifs se livraient au repos [2]; mais il n'est pas probable que, tout autre jour, ils eussent opposé à Ptolémée une résistance sérieuse. Un grand nombre de Juifs furent transportés en Égypte, en Cyrène et en Lydie; ils peuplèrent en partie la nouvelle ville d'Alexandrie, où déjà Alexandre lui-même avait établi beaucoup de Juifs, et où ils eurent des droits égaux à ceux des Macédoniens [3], ce qui engagea depuis beaucoup de leurs compatriotes à émigrer spontanément en Égypte.

Antigonus s'étant rendu maître d'une grande partie de l'Asie, par la victoire remportée sur Eumènes (en 315), s'empara ensuite de la Syrie et de la Palestine (en 314); mais bientôt Ptolémée, ayant défait près de Gaza, Démétrius, fils d'Antigonus, occupa de nouveau la Palestine (en 312). L'année suivante, un traité de paix remit Antigonus en possession de ce pays, jusqu'à ce que, après la sanglante bataille d'Ipsus (en 301), dans laquelle Antigonus perdit le royaume et la vie, la convention faite entre Cassander, Lysimaque, Seleucus et

---

[1] Sur les faits que nous rapportons ici, voy. Quinte-Curce, l. IV, ch. 8; Hécatée, cité par Josèphe, *Contre Apion*, l. II, ch. 22; la *Chronique* d'Eusèbe, et Bar-Hebræi *Chron. Syr.*, pag. 39.

[1] Hécatée, cité par Josèphe, *Contre Apion*, l. c., édit. de Havercamp, t. II, p. 456.
[2] Agatharchide, cité par Josèphe, *Antiqu.* XII, 1, 1; *Contre Apion*, I, 22, p. 458.
[3] Josèphe, *Contre Apion*, II, 4.

Ptolémée, rendit définitivement la Palestine à ce dernier; depuis lors elle resta environ un siècle, sauf quelques courts intervalles, sous la domination des rois d'Égypte.

Sous le premier Ptolémée, vers l'an 300, florissait Siméon, surnommé *le Juste*, fils et successeur du grand prêtre Onias. Il fut un des derniers membres et des plus célèbres de la *grande synagogue* (p. 479); mais nous ne connaissons de lui aucun fait historique. Ce que les livres thalmudiques rapportent de Siméon le Juste est ou fabuleux ou très-peu important[1]; tout ce que nous savons de sa doctrine se réduit à cette sentence : « Le monde est basé sur trois choses: sur la loi, sur le culte et sur les œuvres de charité[2]. » C'est probablement à cet homme célèbre (et non pas à Siméon II) que s'applique l'éloge de l'Ecclésiastique (ch. 50), d'où il résulte qu'il fit exécuter plusieurs travaux pour l'embellissement et la fortification du Temple.

Il s'établit, depuis cette époque, des relations fréquentes entre les Grecs et les Juifs; les sciences de la Grèce furent cultivées par les Juifs, notamment par ceux d'Égypte, et les Grecs apprirent à connaître l'histoire et les lois des Juifs. Hécatée d'Abdère, qui vivait à la cour de Ptolémée, ayant fait la connaissance d'un prêtre juif de distinction, nommé Ézéchias, qui était venu se fixer en Égypte, se fit instruire par lui dans la littérature hébraïque, et composa ensuite un ouvrage sur les Juifs et leurs institutions, qu'il jugeait d'une manière très-favorable. Il raconte, entre autres, que les juifs servaient dans les armées d'Alexandre et de ses successeurs, et il rapporte que prenant part lui-même à une expédition dans les environs de la mer Rouge, il vit parmi les cavaliers Juifs qui accompagnaient la troupe, un homme vaillant et très-robuste, nommé Mosollam, qui passait pour un des meilleurs archers. Un devin ayant voulu faire arrêter la troupe, pour observer le vol d'un oiseau qui se montrait en l'air, Mosollam tua aussitôt l'oiseau d'un coup de flèche, afin de montrer combien il était peu raisonnable d'interroger un animal qui n'avait aucun pressentiment de son propre avenir et qui s'était rendu dans ce lieu, ne sachant pas qu'il y perdrait la vie.

Les Juifs d'Égypte, tout en restant fidèles à la religion de leurs pères, adoptèrent peu à peu les mœurs et le langage des Grecs, et bientôt ils ne furent plus en état de comprendre leurs livres sacrés, et ils sentirent le besoin d'en posséder une traduction grecque. Une tradition très-répandue chez les anciens auteurs juifs et chez les Pères de l'Église parle d'une version du Pentateuque faite sous le règne et sur le désir de Ptolémée Philadelphe (284-247). Ce roi, mû par le conseil de Démétrius de Phalère, se serait adressé, dit-on, au grand prêtre Éléazar, frère et successeur de Siméon le Juste, et lui aurait demandé de lui envoyer des hommes instruits et capables de traduire en grec les livres de Moïse, afin d'en enrichir la célèbre bibliothèque qui venait d'être fondée à Alexandrie. Éléazar aurait envoyé à Ptolémée soixante-douze hommes fort instruits, six de chaque tribu; le roi leur fit rendre de grands honneurs, et retirés dans l'île de Pharos, loin du bruit de la capitale, ils achevèrent la version du Pentateuque dans l'espace de soixante-douze jours. Ces faits, entourés de beaucoup d'autres détails évidemment fabuleux, sont rapportés dans un ouvrage ancien, dont l'auteur se dit Grec et se nomme Aristée, capitaine du roi Ptolémée, et, s'il fallait ajouter foi à cet ouvrage, nous y aurions la relation d'un témoin oculaire; car notre Aristée dit avoir été envoyé lui-même auprès d'Éléazar pour lui faire connaître le désir du roi. Josèphe n'a fait que copier avec une foi aveugle les détails donnés par le faux Aristée[1].

---

[1] Voy. Otho, *Hist. Doctor. misnicorum*, p. 13-32.

[2] *Mischna*, traité *Aboth*, ch. 1, § 2.

[1] Contre l'authenticité de l'ouvrage d'Aristée voy. Hody, *Contra histor. Aristeæ de LXX interpretibus dissertatio*, Oxford, 1685. et *De bibliorum textibus originalibus*, ib.

Philon, sans parler d'Aristée, attribue également l'origine de la version grecque à la demande faite par Ptolémée au grand-prêtre des Juifs, mais sans mentionner les *soixante-douze* interprètes; d'un autre côté Justin le martyr et le Thalmud vont plus loin que le faux Aristée et Josèphe, et prétendent que les soixante douze, enfermés dans autant de cellules, firent chacun une version, et que, le travail achevé, les soixante-douze versions se trouvèrent exactement conformes [1]. C'est probablement de ces diverses fables que la traduction grecque du Pentateuque a reçu le nom de *version des* LXXII, ou, comme on dit ordinairement, *des Septante*, nom qu'on étendit ensuite à la version grecque de tout l'Ancien Testament, faite successivement par différents auteurs. Quant à la véritable origine de la version du Pentateuque, il n'est guère possible de l'indiquer avec certitude; mais les récits dont nous venons de parler, quelque fabuleux qu'ils puissent être, nous paraissent cependant renfermer ce fait historique, que la version a été faite sous Ptolémée Philadelphe, ce qui est confirmé aussi par le témoignage du philosophe juif Aristobule, qui, selon toute apparence, florissait sous Ptolémée Philométor (180-145) [2]. Il est possible que le roi d'Égypte ait témoigné le désir de posséder, dans sa bibliothèque, les livres de Moïse;

1705. — Des arguments d'une autre nature, mais aboutissant au même résultat, ont été fournis par Dæhne, *Geschichtliche Darstellung, etc.* (Exposition historique de la philosophie religieuse des Juifs d'Alexandrie), Halle, 1834, t. II, p. 205-215. L'ouvrage appartient sans doute à quelque Juif helléniste d'Alexandrie.

[1] Philon, *De vitâ Mosis*, l. II; Justin, *Admonit. ad Græcos*; Thalmud de Babylone, traité *Meghilla*, ch. 1 fol. 9 a. Saint Jérôme, qui admet comme authentique les récits d'Aristée et de Josèphe, traite de mensonge l'histoire des soixante-douze cellules; voy. sa préface au Pentateuque. Les Samaritains racontent également cette fable; voy. l'extrait de la Chronique samaritaine dans la *Chrest. ar.* de Silv. de Sacy, t. I, p. 347 et 348.

[2] Voy. le fragment d'Aristobule, cité par Eusèbe, *Præp. Evang.* XIII, 12, p. 664, et dont l'authenticité a été démontrée par Valckenaer, *De Aristobulo Judæo*, p. 52 et suiv. Comparez Dæhne, l. c p. 82-89.

mais l'origine immédiate de la version est suffisamment motivée par les besoins religieux des Juifs d'Égypte. Quoique nous ne sachions dire de qui elle est émanée, il est certain qu'elle est l'œuvre d'un ou de plusieurs Juifs d'Égypte, d'éducation grecque (si toutefois notre version dite *des Septante* est exactement la même que celle qui fut faite à cette époque); car on peut y découvrir des traces de cette philosophie qui s'est développée depuis parmi les Juifs d'Alexandrie et dont Philon est pour nous le principal représentant [1]. Il ne nous appartient pas de caractériser ici la traduction sous le rapport philologique; nous devons nous contenter de constater que, dans beaucoup d'endroits, elle diffère sensiblement de notre texte hébreu, et que bien souvent ses variantes s'accordent avec le texte des Samaritains. Cependant ce dernier n'est pas assez conforme à la version des Septante, pour qu'on puisse supposer aux deux rédactions une source commune.

Située entre les royaumes grecs de Syrie et d'Égypte et constamment en rapport politique et commercial avec les Grecs, la Judée elle-même ne put rester entièrement inaccessible à la civilisation hellénique. Tant que le gouvernement grec persévérait dans son système de tolérance et accordait au Temple de Jérusalem une généreuse protection, l'étude des lettres grecques ne rencontrait pas d'opposition sérieuse. A la vérité les documents positifs nous manquent pour cette époque; mais elle dut porter les germes des doctrines et des écoles que nous trouvons plus tard à l'état de développement parfait et dans lesquelles on ne saurait méconnaître l'influence d'une philosophie étrangère, et notamment de la dialectique des écoles grecques. Le plus grand docteur de cette époque et le représentant du système de la *tradition*, fut Antigonus de Socho [2], disciple de Siméon le Juste; les anciens ne nous ont conservé de lui qu'une

[1] Voy. Dæhne, l. c. p. 1-72.
[2] Socho était le nom de deux petites villes de la Judée. Josué, 15, 35 et 48.

sentence qui dit qu'il faut pratiquer le bien pour le bien même, et non pas dans le but d'obtenir une récompense. Les rabbins disent que cette sentence donna lieu à deux de ses disciples, Sadok et Baithos, de nier les récompenses et les peines de l'autre vie, et que ce fut là l'origine de la secte des *Saducéens*, dont nous parlerons plus loin [1].

Siméon le Juste n'ayant laissé qu'un fils mineur nommé Onias, la dignité de grand prêtre, comme on l'a vu, avait passé à Éléazar, frère de Siméon. Éléazar étant mort avant que son neveu fût en âge de lui succéder, le pontificat fut donné à Manassé, fils de Iaddoua et oncle de Siméon et d'Éléazar. Ce ne fut qu'après la mort de Manassé, qui, dit-on, exerça le pontificat pendant vingt-six ans, que le fils de Siméon, nommé Onias II, fut revêtu de cette dignité (vers 250). En 246, Ptolémée Philadelphe mourut, et son fils, Ptolémée Évergètes, lui succéda. Celui-ci, pour venger la mort de sa sœur Bérénice, qui, mariée en 249 au roi de Syrie Antiochus II, surnommé Théos, avait été répudiée et ensuite assassinée, ravagea la Syrie et y fit un butin immense. Rappelé en Égypte par une révolte qui éclata dans ce pays, il passa par Jérusalem et offrit des sacrifices dans le Temple, auquel il fit des dons considérables [2]. Plus tard Onias, au lieu de se montrer reconnaissant envers le souverain, crut devoir profiter de ses dispositions bienveillantes pour satisfaire sa cupidité, et négliger de payer le tribut, qui était de vingt talents par an. Évergètes envoya à Jérusalem son favori Athénion pour sommer le grand prêtre de faire ses payements, le menaçant, en cas de refus, de s'emparer du territoire de la Judée et d'y envoyer des colonies militaires. Ce fut en vain que Joseph, fils de la sœur d'Onias, jeune homme habile et intelligent, conjura son oncle de se rendre à la cour d'Égypte pour détourner l'orage. Enfin, il obtint d'Onias la permission d'aller lui-même trouver le roi, et ayant su gagner les bonnes grâces d'Athénion et se procurer de l'argent à Samarie par l'entremise de quelques amis, il chercha à rassurer le peuple et partit pour l'Égypte précédé par Athénion, qui le recommanda vivement au roi et lui prépara un accueil favorable. En chemin il rencontra plusieurs hommes riches de Syrie et de Phénicie qui se rendaient en Égypte pour prendre à ferme les impôts de leurs provinces respectives; fiers de leur fortune, ils regardaient Joseph avec un air dédaigneux, tandis que celui-ci forma le projet de les supplanter. Joseph fut reçu par le roi et la reine avec une bienveillance extrême, et il ne lui fut pas difficile de faire oublier la conduite de son oncle, qu'il chercha à excuser par son âge avancé. Les spéculateurs syriens et phéniciens ayant offert huit mille talents pour le fermage des impôts, Joseph en offrit le double; le roi lui accordant toute sa confiance, lui afferma les revenus de la Phénicie, de la Célésyrie, de la Samarie et de la Judée, et lui donna deux mille soldats chargés de faire respecter son autorité. A Ascalon et à Scythopolis (Bethseän), il fut obligé de déployer la plus grande sévérité et de faire mettre à mort quelques-uns des habitants les plus considérés. Sa fermeté fut approuvée par le roi et son autorité fut reconnue dans les quatre provinces; il occupa pendant vingt-deux ans le poste important et lucratif de receveur des impôts.

Il paraîtrait que le gouvernement égyptien se contentait de recevoir le tribut, sans intervenir dans les affaires intérieures de la Palestine et dans les querelles des partis; car Josèphe rapporte que, sous le pontificat d'Onias, les Samaritains faisaient quelquefois des incursions en Judée, ravageaient les campagnes, emmenaient les habitants et les vendaient comme des esclaves [1].

---

[1] Voy. *Mischna*, traité *Aboth*, ch. I, § 3, et le commentaire de Maïmonide.
[2] Josèphe *Contre Apion*, II, 5.

[1] Voy. Josèphe, *Antiqu.* XII, 4, 1. Il règne quelque confusion dans le texte de Josèphe, et il y a probablement une lacune dans ce paragraphe.

Ptolémée Évergètes mourut en 221, empoisonné, dit-on, par son fils Ptolémée, surnommé *Philopator*, qui lui succéda au trône. Antiochus III, roi de Syrie, surnommé *le Grand*, entreprit la conquête de la Célésyrie et de la Palestine; déjà il s'était rendu maître de la Galilée, de la Samarie, de la Pérée et de Rabbah, capitale de l'Ammonitide, lorsque, en 217, la victoire remportée par l'armée égyptienne près de Raphia (page 64), le força de conclure un traité de paix avec Ptolémée Philopator et de renoncer à toutes ses conquêtes. Le roi d'Égypte se rendit à Jérusalem et offrit des sacrifices dans le Temple. Onias venait de mourir, et son fils Siméon II avait été revêtu de la dignité de grand prêtre. On rapporte, d'après une source peu authentique (3 Maccab.), que Philopator eut la curiosité de voir l'intérieur du Temple, et que, voulant y pénétrer malgré les représentations du grand prêtre Siméon, il fut saisi d'une terreur subite et tomba sans mouvement. Revenu à lui, il partit aussitôt pour l'Égypte, en faisant aux Juifs d'horribles menaces. De retour à Alexandrie, il priva les Juifs, dit-on, des priviléges qu'ils y possédaient depuis le temps d'Alexandre, et ordonna que les soldats juifs qui tiendraient à conserver leurs droits fussent marqués d'une feuille de lierre, symbole de Bacchus, laquelle leur serait appliquée sur le corps avec un fer chaud. Presque tous aimèrent mieux renoncer à leurs priviléges que de se soumettre à une pareille humiliation; le roi n'en fut que plus irrité, et condamna les récalcitrants à être exposés dans l'hippodrome aux éléphants mis en fureur. Mais ces bêtes ayant tourné leur rage contre la force armée, le roi vit dans ce prodige un avertissement du ciel, et, renonçant à ses projets sanguinaires, il rendit aux Juifs leurs anciens droits.

Philopator mourut en 204, laissant pour héritier du trône un enfant de cinq ans, Ptolémée V, surnommé *Épiphanes*; Antiochus, profitant des désordres qui éclatèrent en Égypte, se ligua avec Philippe III, roi de Macédoine, pour s'emparer de la Célésyrie et de la Palestine (en 202). Les Égyptiens placèrent leur jeune roi sous la protection des Romains, qui enjoignirent à Antiochus de rendre les provinces dont il s'était emparé. Le roi de Syrie s'y étant refusé, Aristomène, ministre de Ptolémée Épiphanes, expédia un corps d'armée sous le général Scopas, qui reprit facilement la Palestine, la Phénicie et la Célésyrie, pendant qu'Antiochus se trouvait engagé dans une guerre avec Attalus, roi de Pergame. Les Juifs eurent beaucoup à souffrir dans ces guerres entre la Syrie et l'Égypte; de quelque côté que fût la victoire, ils furent traités sans ménagement. Ils eurent beaucoup à se plaindre, à ce qu'il paraît, des ravages exercés par les troupes de Scopas; aussi, lorsque le roi de Syrie, revenu de l'Asie Mineure, eut vaincu le général égyptien près de Paneas (en 198), et qu'il se fut emparé de Sidon et de Gaza, les Juifs se jetèrent dans les bras du vainqueur, et non contents de fournir des vivres à l'armée d'Antiochus, ils l'aidèrent à chasser la garnison égyptienne du fort de Sion.

Antiochus se montra reconnaissant des services qui lui avaient été rendus par les Juifs; Josèphe nous a conservé un décret par lequel le roi de Syrie ordonna à son gouverneur Ptolémée de donner aux Juifs des facilités pour réparer le Temple de Jérusalem, de leur fournir les objets nécessaires pour les sacrifices, d'exempter des impôts les anciens, les prêtres et les autres serviteurs du Temple, et d'accorder la même exemption, pour trois ans, à tous les habitants de Jérusalem et à tous ceux qui viendraient s'y établir dans un temps donné, afin de hâter par là le repeuplement de cette ville, qui avait beaucoup souffert dans les dernières guerres. Un autre décret interdit à tous les non-juifs, sous peine d'une forte amende, de pénétrer dans les lieux saints, ou d'introduire dans Jérusalem la chair des animaux dont l'usage était défendu par les lois des Juifs. En général Antiochus se montrait très-favorable aux Juifs, en qui il avait une grande confiance. Ayant appris qu'il y avait des troubles en Phrygie et en Lydie, il écrivit à son général Zeuxis d'y faire passer deux mille familles des Juifs de Mésopotamie et de Babylonie, pour leur confier la garde des places fortes, et il leur fit donner des maisons et des terres.

Il paraît néanmoins qu'il y avait encore en Judée un parti favorable au gouvernement égyptien et prêt à retourner, à la première occasion, sous l'obéissance du roi d'Égypte. A la tête de ce parti se trouvait probablement Joseph, l'ancien receveur des impôts, et la famille pontificale y fut également entraînée par les événements. En 193, Antiochus, se préparant à la guerre contre les Romains, sentit le besoin de se réconcilier complétement avec l'Égypte, et mariant sa fille Cléopâtre au roi Ptolémée Épiphanes, il lui céda pour la dot de la princesse la Célésyrie et la Palestine[1]. Nous ne savons si le traité conclu à cet égard eut une prompte exécution; mais ce qui est certain, c'est que dans l'année de la mort d'Antiochus, la Palestine était sous la dépendance de l'Égypte. Ce fut en 187 qu'Antiochus, voulant piller un temple d'Élimaïde, pour subvenir aux frais de la guerre malheureuse qu'il avait soutenue contre les Romains, fut assassiné par le peuple, qui se souleva contre lui. Dans la même année, le receveur Joseph envoya en Égypte son fils Hyrcan, pour complimenter le roi Ptolémée Épiphanes sur la naissance d'un héritier du trône. Hyrcan était le plus jeune des fils de Joseph. Une première femme lui avait donné sept fils; par une singulière aventure, sa nièce, fille de son frère Solyme, lui en donna un huitième, qui plus que tous les autres lui ressemblait par son intelligence et ses manières. Joseph avait été éperdument amoureux d'une danseuse d'Alexandrie, et ayant découvert son amour à son frère, celui-ci feignit de favoriser ses désirs; mais, ne pouvant approuver une pareille liaison, il aima mieux profiter d'un moment où Joseph était pris de vin, pour lui faire amener sa propre fille. Joseph s'abandonna aux embrassements de sa nièce, qu'il prit pour la danseuse; mais revenu à lui-même, il sut gré à son frère de cette supercherie, qui l'avait préservé d'une liaison illicite. Il épousa sa nièce, et Hyrcan fut le fruit de leur mariage. Ce fut lui que Joseph, sur le conseil même de ses autres fils, envoya en Égypte, le recommandant à son chargé d'affaires, afin que celui-ci lui fournît l'argent nécessaire pour ses dépenses et pour les riches cadeaux qu'il devait présenter au roi et à la reine. Hyrcan se montra extrêmement splendide; il sut captiver la bienveillance du roi, qui lui fit rendre de grands honneurs, et à son retour en Judée, Ptolémée en fit de grands éloges dans les lettres qu'il lui remit pour son père et plusieurs grands personnages. Les succès prodigieux d'Hyrcan excitèrent la jalousie de ses frères; ils allèrent au-devant de lui dans l'intention de le tuer, et Joseph, irrité lui-même, à cause des énormes dépenses faites par Hyrcan à Alexandrie, ne fit rien pour calmer l'effervescence de ses sept fils. Ceux-ci avec leurs gens attaquèrent Hyrcan et sa suite; la lutte fut sanglante : deux des frères d'Hyrcan y perdirent la vie, les autres se réfugièrent à Jérusalem auprès de leur père. Hyrcan, mal reçu dans la capitale et ne s'y croyant pas en sûreté, se retira de l'autre côté du Jourdain, où il faisait des courses hostiles contre les peuplades arabes des environs. Joseph étant mort quelque temps après, la lutte recommença entre Hyrcan et ses frères; c'était plus qu'une lutte de famille, car Joseph, par sa position, avait exercé une très-grande influence sur les affaires du pays, et sa succession était une question d'intérêt public. Hyrcan ne comptait que peu de partisans à Jérusalem; la grande majorité, ainsi que le grand prêtre Siméon II[1], se prononcèrent en faveur

---

[1] Voy. le commentaire de saint Jérôme sur Daniel, ch. II, v. 17.

[1] Selon la plupart des chronologistes, se fondant sur l'autorité douteuse de la *Chronique Alexandrine* (que l'on appelle aussi

des fils aînés de Joseph. Hyrcan, comprenant que sa cause était perdue, jugea convenable de ne pas se rendre à Jérusalem, et aima mieux continuer sa vie aventurière à l'est du Jourdain. Il s'établit dans les environs d'Hesbon, où il se fit construire un fort nommé Tyr. De là il domina la contrée, et exerça ses brigandages pendant tout le règne de Séleucus, successeur d'Antiochus le Grand, jusqu'à ce que, mis au désespoir par l'invasion d'Antiochus Épiphanes, il se donna volontairement la mort.

Ces faits prouvent avec évidence que dans ces temps les gouvernements d'Égypte et de Syrie, préoccupés par des événements plus graves, abandonnèrent à eux-mêmes les habitants de la Palestine, et se contentèrent de recevoir les impôts. Ptolémée Épiphanes mourut empoisonné, en 180, au moment où il se préparait à faire la guerre à son beau-frère Séleucus Philopator, roi de Syrie; son fils aîné, nommé Ptolémée *Philométor*, lui succéda à l'âge de six ans, sous la tutelle de sa mère Cléopâtre. Bientôt après, nous voyons Séleucus en possession de la Palestine, soit qu'il se fût emparé de ce pays du vivant de Ptolémée Épiphanes, pendant les révoltes excitées en Égypte par la cruauté du roi, et que ce fût là le motif de la guerre qu'Épiphanes, avant sa mort, allait entreprendre contre la Syrie, ou bien qu'il eût profité de la minorité de Philométor, pour occuper les possessions égyptiennes en Asie. Quoi qu'il en soit, le 2ᵉ livre des Maccabées (ch. 3) nous montre Séleucus, vers 176, maître de la Célésyrie et de la Palestine, où il avait alors pour gouverneur Apollonius, fils de Thrasée.

Le grand prêtre Siméon II était mort, et son fils Onias III lui avait succédé dans le pontificat. Onias, par sa piété, inspirait le respect au roi de Syrie, qui, conformément au décret de son père Antiochus, faisait fournir, de ses propres revenus, tout ce qui était nécessaire pour le ministère des sacrifices. Jérusalem jouissait d'une paix profonde, lorsqu'un certain Simon, de la tribu de Benjamin, lequel, à ce qu'il paraît, commandait la garde du Temple (2 Maccab. 3, 4), jeta tout d'un coup la ville dans le plus grand trouble. Simon, dont les projets ambitieux trouvaient un obstacle insurmontable dans le pieux Onias, ne pouvant lutter contre un homme que le peuple entourait d'un profond respect, ne craignit pas de trahir sa patrie pour se venger du grand prêtre. Il alla trouver Apollonius et lui révéla que le Temple possédait d'immenses trésors, dont on pourrait s'emparer au profit du roi. Apollonius ayant averti le roi Séleucus, celui-ci, obligé de se créer des ressources pour payer aux Romains le tribut imposé à son père Antiochus, et qui était de mille talents par an, envoya à Jérusalem l'un de ses courtisans, nommé Héliodore, pour enlever les trésors du Temple. Onias protesta que ces trésors étaient ou des dépôts confiés à la garde du sanctuaire, ou des sommes destinées à secourir les pauvres, et refusa de les livrer. Héliodore, voulant employer la force, et pénétrer avec ses gens dans le lieu où se trouvait le trésor, fut, dit-on, subitement renversé par un magnifique cavalier qui se lança contre lui avec impétuosité et frappé par deux jeunes hommes de telle manière qu'il perdit connaissance et qu'on l'enleva comme mort[1]. Onias, craignant que le roi ne le soupçonnât d'avoir lui-même provoqué cette attaque, offrit des sacrifices et fit des prières pour le salut d'Héliodore. Celui-ci, convaincu d'avoir été frappé par des êtres surhumains, partit aussitôt après sa guérison, et, revenu auprès de Séleucus, il fit part au roi de toutes les merveilles qui avaient frappé son imagination. Le roi voulut envoyer un autre officier

---

Chronicon paschale), Siméon était mort en 195, mais Josèphe le mentionne expressément dans l'affaire d'Hyrcan. *Antiqu.* XII, 4, 11.

[1] Voy. 2 Maccab. 3, 25-27. Josèphe (*Des Maccabées*, ch. 4), qui raconte la chose différemment, ne parle pas d'Héliodore; selon lui, ce fut Apollonius lui-même qui commit l'attentat et qui fut frappé par des anges.

pour faire sommer Onias; mais Héliodore parvint à l'en détourner, en lui disant que s'il avait quelque ennemi ou quelque traître à faire châtier, il pouvait l'envoyer à Jérusalem. Cependant Simon ne cessait pas ses manœuvres; la querelle des partis devint de plus en plus violente, et il y eut des collisions sanglantes. Onias fut obligé de se rendre lui-même auprès de Séleucus, pour le supplier de faire cesser les intrigues de Simon; mais bientôt l'avénement d'Antiochus Épiphanes (en 175) jeta la Judée dans de nouveaux troubles, qui menaçaient de détruire la nationalité des Juifs et leur religion.

Onias, à ce qu'il paraît, était encore à Antioche, lorsque Séleucus mourut, empoisonné par Héliodore, qui, pendant l'absence de Démétrius, fils de Séleucus, envoyé comme otage à Rome, espérait pouvoir s'emparer du trône. Le frère de Séleucus, Antiochus, surnommé *Épiphanes*, arriva de Rome peu de temps après la mort du roi, expulsa Héliodore et se plaça sur le trône de son frère. Josué, frère d'Onias, homme ambitieux et irréligieux, qui, affectant les mœurs grecques, changea son nom en celui de *Jason*, profita de l'absence de son frère, pour le priver de la dignité de grand prêtre et se mettre à sa place [1]. Sachant qu'Antiochus avait besoin de sommes considérables pour faire face à son luxe et au paiement du tribut, il lui offrit quatre cent quarante talents pour être revêtu de la dignité pontificale, et cent cinquante autres pour la permission d'élever à Jérusalem un gymnase grec et pour obtenir aux habitants de cette capitale le droit de s'appeler *citoyens d'Antioche* et les priviléges attachés à ce titre. Antiochus ne fit aucune difficulté à sacrifier les droits d'Onias, qui demeurait retiré à Antioche, et Jason,

quoique premier serviteur de l'autel de Jéhova, ne craignit pas d'introduire de plus en plus l'éducation et les coutumes grecques. Dans sa grécomanie, il s'oublia à tel point, que l'année suivante, à l'occasion des fêtes d'Hercule célébrées à Tyr en présence du roi de Syrie, il y envoya de l'argent pour les sacrifices; mais sur la demande de ses messagers, qui sentaient toute l'inconvenance d'une pareille démarche, cet argent, au lieu d'être employé aux sacrifices d'Hercule, fut destiné à construire des vaisseaux de guerre. Cependant personne n'osa élever la voix contre Jason; on respectait généralement la volonté du roi, dont on ne soupçonnait pas encore les projets sacriléges et la cruauté sanguinaire. Quelque temps après (173-172), Antiochus, dans la prévision d'une guerre avec l'Égypte, étant allé à Joppé, sans doute pour mettre en sûreté les frontières, vint visiter Jérusalem, où Jason et le peuple lui firent une réception magnifique.

Jason avait un frère plus jeune, appelé Onias, comme son frère aîné, mais qui avait adopté le nom grec de *Menelaüs* [1]. Celui-ci, encore plus épris que son frère de la civilisation grecque, était loin d'imiter sa modération et sa prudence. Envoyé en mission par Jason auprès du roi de Syrie (en 172), il profita de cette occasion pour supplanter son frère et acheta le pontificat, en promettant à Antiochus trois cents talents de plus que la somme qui avait été payée par Jason. Mais revenu à Jérusalem, il ne put parvenir à expulser son frère, quoiqu'il eût su se créer de nombreux partisans, parmi lesquels on remarquait les fils de l'ancien receveur Joseph, appelés, du nom du père de ce dernier, *les fils de Tobie* [2]. Menelaüs, accompagné de

---

[1] Voy. 2 Maccab. 4, 7 et suiv.; Josèphe, *Des Maccabées*, ch. 4. Selon les *Antiquités* de Josèphe (XII, 5, 1), Onias mourut ne laissant pour héritier qu'un fils mineur, et Jason lui succéda, ce qui diffère totalement du récit du 2ᵉ livre des Maccabées, que nous suivons.

[1] Voy. Josèphe, *Antiqu.* XII, 5, 1. Selon 2 Maccab. 4, 23, Menelaüs était frère de Simon le Benjamite, qui avait révélé à Séleucus les trésors du Temple; mais il y a là nécessairement une erreur, car un Benjamite n'aurait pu briguer la dignité de grand prêtre.

[2] Voy. Josèphe, l. c. (compar. 2 Maccab. 3, 11), et *Guerre des Juifs*, I, 1, 1. Dans ce dernier passage, Josèphe dit, par erreur, que

ses amis, se rendit de nouveau à Antioche, pour implorer le secours du roi, promettant de détruire le culte juif et d'introduire en Judée le paganisme grec. Antiochus fit accompagner Menelaüs par une forte armée, et Jason, n'osant lui résister, se réfugia au pays des Ammonites[1].

Menelaüs, se trouvant hors d'état de fournir les sommes qu'il avait promises au roi, fut mandé à Antioche avec Sostrate, commandant de la forteresse de Jérusalem, qu'Antiochus avait chargé de réclamer le payement. A leur arrivée à Antioche, le roi venait de partir pour apaiser une révolte qui avait éclaté en Cilicie; Andronique, lieutenant du roi, fut gagné par Menelaüs, au moyen de quelques présents, et celui-ci eut le temps de s'entendre avec Lysimaque, qui le remplaçait à Jérusalem, et qu'il chargea de faire vendre à Tyr quelques-uns des vases d'or du Temple, afin de pouvoir payer sa dette à Antiochus. Le pieux Onias, qui se trouvait à Antioche, ayant eu connaissance de ce sacrilége, en fit de sévères reproches à son frère Menelaüs. Celui-ci s'en plaignit à Andronique, et l'engagea à faire mourir Onias, qui fut traîtreusement assassiné à Daphné, près d'Antioche, où il avait cherché un asile. Toute la population d'Antioche fut indignée de ce forfait. Au retour du roi, les Juifs qui habitaient la capitale lui portèrent leurs plaintes; Antiochus lui-même, ayant connu les vertus et la piété d'Onias, fut ému jusqu'aux larmes, et profondément indigné de l'attentat de son lieutenant Andronique; il le dépouilla de ses dignités, et le fit mettre à mort à l'endroit même où le meurtre avait été commis.

A Jérusalem, le peuple se souleva contre Lysimaque, à cause de la spoliation sacrilége du Temple; ses trois mille hommes armés ne purent le protéger contre les fureurs populaires, et il fut massacré près du trésor du Temple. Sur ces entrefaites, Antiochus entreprit sa première expédition contre le jeune Ptolémée Philométor (en 170), et ayant remporté une victoire sur les Égyptiens près de Péluse, il se rendit à Tyr pour y passer l'hiver. Là trois députés de Jérusalem vinrent trouver le roi pour se plaindre des spoliations commises par Menelaüs et pour demander une enquête; Menelaüs, déclaré coupable, employa l'influence de Ptolémée Macron, qui avait traîtreusement livré à Antiochus l'île de Cypre, dont il était gouverneur pour l'Égypte. Par les intrigues de Ptolémée, Menelaüs fut absous et ses trois accusateurs furent mis à mort; les Tyriens, pour manifester l'horreur que leur inspirait une pareille iniquité, rendirent les honneurs funèbres aux victimes. Menelaüs, réconcilié avec le roi, brava les exécrations des Juifs consternés, et revint à Jérusalem.

Au printemps de l'an 169, Antiochus fit sa seconde campagne d'Égypte. Au milieu de ses victoires, un faux bruit de sa mort s'étant répandu en Palestine, Jason vint subitement avec mille hommes attaquer son frère à Jérusalem; il fit un grand carnage des partisans de Menelaüs, et celui-ci fut forcé de se réfugier dans la forteresse. Antiochus, informé de cet événement, et s'imaginant que les Juifs voulaient se révolter contre lui, accourut avec un corps d'armée, envahit Jérusalem et y fit un horrible carnage durant trois jours; un grand nombre de Juifs furent vendus comme esclaves. Accompagné du traître Menelaüs, Antiochus pénétra dans le Temple, et fit enlever tous les vases d'or et d'argent et tous les trésors, qui se montaient ensemble à dix-huit cents talents. Il partit ensuite pour Antioche, laissant pour gouverneur un certain Philippe, Phrygien; Menelaüs fut maintenu dans sa dignité. Jason avait pu s'échapper lors de l'arrivée d'Antiochus; on dit qu'il se réfugia de nouveau chez les Ammonites, et qu'après avoir été fait prisonnier par Aretas (Hareth), roi d'une peuplade arabe, il s'enfuit en

---

ce fut Onias qui expulsa les fils de Tobie, tandis que dans les *Antiquités*, il les fait partir pour Antioche avec Menelaüs.

[1] C'est ce qui résulte de la combinaison de Josèphe, l. c., avec 2 Maccab. 4, 25 et 26.

Égypte, et se retira enfin chez les Lacédémoniens, où il termina ses jours dans la misère (2 Maccab. 5, 7-10).

En 168, Antiochus marcha une troisième fois contre l'Égypte, feignant de vouloir protéger Philométor contre l'usurpation de son frère Ptolémée Physcon. En effet, ayant poussé sa marche victorieuse jusqu'à Memphis, il y fit reconnaître la royauté de Philométor; mais celui-ci, voyant que le roi de Syrie gardait pour lui Péluse, la clef de l'Égypte, ne put se méprendre plus longtemps sur ses véritables intentions; il se réconcilia donc avec Physcon, et les deux frères convinrent de s'opposer en commun aux envahissements d'Antiochus. Celui-ci, après avoir envoyé sa flotte à Cypre, pour s'assurer de cette île, entreprit, en 167, une quatrième expédition contre l'Égypte, et marcha sur Alexandrie. Mais à Éleusine, à quatre milles romains d'Alexandrie, il fut abordé par les ambassadeurs de Rome, ayant à leur tête Caïus Popilius, qui lui enjoignit, au nom du sénat, d'évacuer Cypre et toute l'Égypte, ajoutant que son refus serait une déclaration de guerre contre Rome. Antiochus ayant demandé le temps de délibérer avec ses conseillers, Popilius traça sur le sable, avec son bâton, un cercle autour du roi, en lui disant : « Avant que tu sortes de ce cercle, donne une réponse que je puisse apporter au sénat. » Antiochus, stupéfait, hésita un moment, et finit par répondre qu'il ferait ce que le sénat avait décrété[1].

Revenu d'Égypte plein de confusion, le roi de Syrie rejeta sa colère sur les Juifs, soit que ceux-ci eussent manifesté leur joie de la déconvenue d'Antiochus, ou que le roi cherchât un prétexte pour se dédommager des frais de la guerre sur les trésors qu'il espérait trouver à Jérusalem. Il y envoya Apollonius avec un corps d'armée de vingt-deux mille hommes; le général syrien, feignant la paix, entra dans la ville sans coup férir (2 Maccab. 5, 25). Mais au premier jour de sabbat, pendant que les Juifs se rendaient à leurs réunions solennelles, il lâcha subitement ses bandes avec l'ordre de massacrer tous les hommes qu'elles rencontreraient et de s'emparer des femmes et des enfants pour les vendre comme esclaves. Des flots de sang coulèrent dans les rues de Jérusalem, la ville fut livrée au feu et au pillage. Une citadelle redoutable s'éleva dans la *basse ville*[1], qui reçut de là le nom d'*Acra*; du haut de cette citadelle Apollonius et ses soldats pouvaient dominer le Temple et assassiner ceux qui voulaient s'y rendre pour faire leurs dévotions. Tous ceux qui avaient pu échapper au massacre prirent la fuite, et Jérusalem fut entièrement déserte.

Le roi, qui était retourné à Antioche[2], expédia l'ordre d'introduire dans toutes les provinces la religion des Grecs; la circoncision fut défendue aux Juifs sous peine de mort, les livres de la loi furent déchirés et les réunions religieuses interdites. Les Samaritains, qui, sous Alexandre, s'étaient fait passer pour Juifs, se déclarèrent alors descendants des Sidoniens et consacrèrent leur temple du mont Garizim au *Jupiter grec*. Un prêtre grec fut envoyé à Jérusalem pour profaner le temple de Jéhova et pour y introduire le culte de Jupiter Olympien; il fit construire, sur le grand autel du parvis, un autel plus petit, pour y offrir les sacrifices païens, qui commencèrent le 25 du mois de Kislev (novembre-décembre). On contraignait les Juifs d'assister à ces sacrifices et d'aller à la procession de Bacchus couronnés

---

[1] Voy. Tite-Live, l. 45, c. 11 et 12; *Selecta de legationibus ex Polybio*, etc., legat. 89 et 90; Justin, l. 34, c. 2 et 3.

[1] Voy. ci-dessus, page 44, col. 2; Josèphe, *Antiqu.* XII, 5, 4. Michaëlis, Jahn et quelques autres placent cette citadelle sur le mont Sion, ce qui est évidemment est une erreur; non-seulement Josèphe dit expressément ἐν τῇ κάτω πόλει ᾠκοδόμησεν ἄκραν, mais il est certain que les Syriens occupaient cette citadelle, longtemps encore après que les Maccabées eurent pris possession du mont Sion. Voy. I Maccab. 4, 60; 6, 62.

[2] Selon Josèphe (*Antiqu.* XII, 5, 4), ce fut le roi en personne qui fit la terrible expédition dont nous venons de parler; nous avons suivi la relation des livres des Maccabées, I, 1, 30-40; II, 5, 24-26.

de lierre. Il n'était plus permis de s'avouer Juif, et on punissait de mort ceux qui se livraient aux pratiques de la religion mosaïque, ou qui refusaient de prendre part aux cérémonies idolâtres. Des cruautés inouïes, sans nombre, furent commises dans toute la Judée; on raconte, entre autres, que deux femmes, accusées d'avoir fait circoncire leurs enfants, furent précipitées du haut des murailles dans un profond ravin, ayant leurs enfants suspendus à leur cou.

Par ces persécutions, dont l'histoire des Juifs n'offrait pas d'exemple, l'insensé Antiochus crut parvenir à détruire la nationalité juive et à faire prévaloir les cérémonies et les superstitions païennes sur le culte antique et les sublimes doctrines de Moïse. Mais la Providence, en réduisant les Juifs à cette terrible extrémité, voulut leur montrer les conséquences funestes de leur relâchement religieux, et faire revivre, en les humiliant, le sentiment national, qui s'était entièrement effacé pendant quatre siècles de domination étrangère. Antiochus, en se plaçant lui-même à la tête du parti antireligieux parmi les Juifs, changea la lutte civile en une guerre pour l'indépendance nationale. Il y avait encore en Judée beaucoup de partisans zélés du culte national, qui souffraient en silence, n'osant s'élever contre la force imposante du tyran; l'excès des cruautés d'Antiochus et l'héroïque dévouement d'une famille de prêtres les firent sortir de leur retraite et prendre les armes pour venger leur religion et leur nationalité outragées, ou mourir de la mort des héros. Après tant d'orages nous verrons de nouveau le soleil de la liberté briller sur la Judée, et une lutte étonnante de grandeur, de courage et de dévouement, amènera la plus brillante époque de l'histoire des Juifs, de courte durée, il est vrai, mais d'une gloire impérissable, et qui prépara le triomphe des croyances juives sur les erreurs du monde païen.

TROISIÈME PERIODE.

GUERRE DE L'INDÉPENDANCE ET ÉPOQUE DU GOUVERNEMENT NATIONAL ET LIBRE, SOUS LES PRINCES DE LA FAMILLE DES MACCABÉES, JUSQU'A LA CONQUÊTE DE JÉRUSALEM PAR POMPÉE.

(De 167 à 63.)

1. *Guerre des Juifs contre les Syriens; — établissement et consolidation du gouvernement national* (167-130).

Dans le bourg de *Modaïm*, ou Modéïn, situé sur une montagne du même nom, près de Lydda, sur la route qui conduit de Joppé à Jérusalem, vivait un prêtre de Jérusalem, appelé Matthathias, fils de Johanan (Jean), fils de Siméon, fils d'Hasmon (Asmonée), de la division sacerdotale de Joïarib (1 Chron. 24, 7). Du nom du bisaïeul de Matthathias, les membres de sa famille furent appelés *Hasmonéens*. Matthathias, déjà avancé en âge, avait cinq fils, nommés : Johanan, Siméon, Juda, Éléazar et Jonathan. Chacun des cinq avait plus tard un surnom (1 Maccab. 2, 2-5), dont l'origine est incertaine ; Juda fut appelé *Makkabi*, ou *Maccabée*, nom qui paraît être analogue à *Martel*[1], et comme il se distinguait par son héroïsme plus encore que ses frères, dont, par la volonté du père, il devint le chef, il communiqua son épithète honorifique à tous les Hasmonéens, qui plus tard furent appelés *Maccabées*.

Matthathias et sa famille pleuraient dans leur retraite les malheurs de leur peuple et adressaient leurs prières au Dieu d'Israël, lorsqu'un jour un officier du roi de Syrie, nommé Apellès, se présenta dans le bourg de Modéïn pour forcer les habitants de se sou-

---

[1] Le nom doit s'écrire en hébreu מקבי, par un *Kouph*, comme le prouve la version syriaque des livres des Maccabées; le nom de MAKKABI signifierait donc *matteator*, de MAKKABA (marteau), et Juda aurait été ainsi nommé, de même Charles *Martel*, « à cause de « la force de son courage, dont il rompit tant « de nations, » comme s'exprime Mézeray.

mettre au décret d'Antiochus et de sacrifier aux divinités grecques. Matthathias résista courageusement aux menaces d'Apellès et à ses brillantes promesses, et déclara à haute voix que lui, ses fils et ses frères resteraient fidèles à la religion de leurs pères. Un Juif s'étant approché de l'autel pour faire le sacrifice impie, Matthathias se jeta sur lui et le tua sur-le-champ; ensuite l'intrépide vieillard, ses fils et quelques autres Juifs, saisis d'une sainte fureur, osèrent attaquer Apellès et ses soldats, et, les ayant tués, ils détruisirent l'autel. Après ce premier acte de vengeance, Matthathias, ayant invité tous ceux qui étaient animés du même zèle pour la religion à s'assembler autour de lui, se retira avec ses fils dans les montagnes de Juda, où un grand nombre de pieux compatriotes vinrent les rejoindre.

La nouvelle de la révolte étant arrivée à Jérusalem, le gouverneur Philippe se mit aussitôt en marche contre les rebelles retirés sur divers points dans les cachettes des montagnes. Il en rencontra une troupe cachée dans une caverne, et, les ayant attaqués un jour de sabbat, les malheureux, pour ne pas violer le repos de ce jour sacré, ne prirent aucune mesure pour leur défense, et aimèrent mieux se laisser massacrer avec leurs femmes et leurs enfants, au nombre de mille âmes. A la nouvelle de ce désastre, Matthathias, et les siens, déplorant les scrupules exagérés de leurs compatriotes, résolurent de prendre les armes le jour de sabbat toutes les fois qu'ils seraient attaqués.

A Jérusalem on redoubla de fureur contre les Juifs récalcitrants; on raconte qu'un prêtre nonagénaire, nommé Éléazar, qu'on voulut forcer de manger de la chair de porc, se voua généreusement au martyre, et que sept frères périrent sous les yeux de leur mère, qui, après les avoir elle-même encouragés à subir les plus affreux supplices, expira sur leurs cadavres[1]. S'il était vrai, comme le dit la relation, que ces scènes d'horreur se passèrent devant un tribunal présidé par Antiochus, il faudrait supposer que le roi, à la nouvelle de la révolte des Hasmonéens, accourut lui-même en Judée; mais il est plus que probable que les détails de ces scènes, recueillis par la tradition, ne sont pas exactement historiques.

La troupe de Matthathias devint de plus en plus nombreuse; tous les vrais amis de la religion et de la nationalité juive qui purent échapper aux tyrans vinrent la rejoindre. On désignait ces patriotes par le nom d'*Assidéens* ou mieux *Hasidim* (pieux)[1], par opposition aux *impies* qui favorisaient le parti grec. Matthathias, à la tête d'une petite armée d'élite, osa prendre l'offensive; il pénétra dans plusieurs villes, renversa les autels païens, fit circoncire les enfants, et arracha aux ennemis les exemplaires de la loi qu'il trouva entre leurs mains, et qui étaient voués à la destruction. Au bout de quelques mois, le magnanime vieillard, se sentant près de mourir, conféra le commandement de sa troupe à son troisième fils, le vaillant Juda Maccabée, lui adjoignant, comme conseiller, son second fils, nommé Siméon.

Après la mort de Matthathias (166), Juda, se trouvant à la tête d'environ six mille hommes, continua, à l'exemple de son père, à parcourir les montagnes de la Judée et à attaquer les Syriens ainsi que les Juifs infidèles. Apollonius, gouverneur de Samarie, étant venu, à la tête de ses troupes, arrêter la marche victorieuse du jeune héros, fut entièrement défait et reçut la mort de la main de Juda, qui lui ôta son épée, pour s'en servir dans les combats. Bientôt après, Séron, général de l'armée de Célésyrie, vint attaquer la troupe de Juda près de Beth-Horôn; il eut le même sort qu'Apollonius. Les soldats ayant vu tomber leur chef, prirent la fuite: Juda les poursuivit et en tua huit cents; les autres s'enfuirent au pays des Philistins.

[1] Voy. 2 Maccab., ch. 6 et 7, et Josèphe, *Des Maccabées*, ch. 5 et suivants.

[1] Voy. 1 Maccab. 2 42 (Vulgate); 7, 13; 2 Maccab. 14, 6.

Irrité de ces défaites, Antiochus résolut d'exterminer toute la race juive et de donner à la Judée de nouveaux habitants; mais ses trésors étaient épuisés et sa perplexité était d'autant plus grande, que les provinces de Perse venaient de refuser le payement du tribut. Obligé de diviser ses forces, il marcha lui-même en Perse avec une partie de ses troupes, et laissa une autre division à la disposition de Lysias, à qui il confia son jeune héritier, et qu'il nomma gouverneur général de toutes les provinces situées entre l'Euphrate et l'Égypte. Lysias envoya en Judée un corps d'armée composé de quarante mille hommes de pied et de sept mille chevaux, et dont le commandement général fut confié à Ptolémée Macron, gouverneur de Célésyrie. Celui-ci expédia d'abord vingt mille hommes sous les ordres des généraux Nicanor et Gorgias (2 Macc. 8, 9) et suivit lui-même avec le reste des troupes. Toute l'armée vint camper près d'Emmaüs, dans la Judée occidentale (p. 43), où se rendirent aussi une foule de marchands d'esclaves, invités d'avance par Nicanor, pour acheter les prisonniers qu'on comptait faire sur les Juifs.

Juda, après s'être préparé à Mispah par des actes de dévotion, marcha avec sa petite troupe à la rencontre des ennemis, et résolut de tenter une attaque. Il venait d'inviter ses soldats à se tenir prêts pour le lendemain matin, lorsqu'il apprit que Gorgias avait quitté son camp avec cinq mille hommes de pied et mille cavaliers, et qu'il se proposait de surprendre la nuit même le camp des Juifs. A cette nouvelle, Juda partit sur-le-champ pour attaquer le camp syrien que Gorgias venait de quitter. Cette attaque nocturne, qui vint surprendre les Syriens au milieu de la plus profonde sécurité, mit le désordre dans leur camp; trois mille hommes furent tués par les Juifs, les autres prirent la fuite. Le lendemain matin, Gorgias, revenu de son expédition contre les Juifs qu'il avait vainement cherché à surprendre, trouva son camp en flammes; saisi de frayeur, il prit la fuite avec toute son armée. Poursuivis par Juda, les Syriens perdirent encore plusieurs milliers d'hommes; la troupe de Juda pilla ensuite les camps de Gorgias et de Nicanor et enleva l'argent de ceux qui étaient venus pour acheter les prisonniers juifs. Nicanor s'échappa déguisé en esclave et s'enfuit par mer à Antioche.

L'année suivante (165), Lysias conduisit en personne une armée plus nombreuse [1] contre les Juifs, et voulant occuper les positions fortes du midi de la Judée, il arriva par l'Idumée et campa près de Bethsour, situé à vingt milles romains de Jérusalem, sur le chemin de Hébron. Juda, dont la troupe était devenue plus nombreuse, vint l'attaquer avec dix mille hommes et mit en déroute l'armée syrienne, qui laissa cinq mille morts sur le champ de bataille. Lysias s'en retourna à Antioche et fit enrôler de nouvelles troupes à l'étranger pour compléter son armée et la conduire une seconde fois en Judée.

Après le départ de Lysias, Juda, pour le moment maître dans le pays, alla s'emparer de Jérusalem, à l'exclusion de la citadelle, qui avait une garnison syrienne. Il purifia le Temple, remplaça tous les objets sacrés qui avaient été enlevés par les Syriens, et ayant fait démolir l'autel du parvis souillé par les sacrifices païens, il en fit construire un nouveau. L'inauguration du nouvel autel eut lieu le 25 kislew de l'an 148 des Séleucides (164), le même jour où, trois ans auparavant, on avait offert dans le Temple les premiers sacrifices à Jupiter Olympien. La fête de l'inauguration (HANUCCA) fut célébrée, avec beaucoup de solennité, pendant huit jours; on convint qu'une fête pareille aurait lieu chaque année, en commémoration de la victoire des Maccabées, et encore maintenant les Juifs célèbrent ces jours de réjouissance par

---

[1] Selon I Maccab. 4, 28, elle se composa de soixante mille hommes d'infanterie et de cinq mille cavaliers; ces nombres paraissent être exagérés.

des illuminations dans leurs synagogues et dans leurs maisons.

Pour mettre en sûreté les visiteurs du Temple contre les attaques de la garnison de la citadelle, on construisit, du côté de la basse ville, une haute muraille garnie de tours. En même temps Juda fit fortifier Bethsour, dans la crainte d'une nouvelle invasion du côté de l'Idumée.

Les peuples voisins ne purent rester indifférents à ces succès des Juifs; sur plusieurs points ils massacraient les Juifs qui tombaient entre leurs mains. Juda les attaqua et les vainquit dans plusieurs combats; il défit les Iduméens, et passant de l'autre côté du Jourdain, il combattit les Ammonites conduits par Timothée et Bacchide, et s'empara de la ville de Yaëzer (p. 73) et des environs [1]. A peine revenu en Judée, il apprit que les païens, dans le pays de Giléad, pillaient et massacraient de nouveau les habitants juifs. Ceux-ci s'étaient réfugiés en partie dans une forteresse appelée Dathema, d'où ils envoyèrent des lettres à Juda et à ses frères, pour les supplier de venir à leur secours. En même temps on apprit que les Juifs de Galilée étaient menacés d'une guerre d'extermination de la part des habitants de Ptolémaïde (Acco), de Tyr et de Sidon. Juda envoya en Galilée son frère Siméon, avec trois mille hommes, tandis qu'il marcha lui-même avec Jonathan, son frère cadet, à la tête de huit mille hommes, contre les Giléadites; il laissa deux autres capitaines, Joseph et Azaria, pour garder la Judée, et leur défendit de rien entreprendre contre les ennemis, pendant son absence.

Siméon ayant vaincu, dans plusieurs combats, les ennemis des Juifs dans la Galilée, mais se voyant hors d'état d'assurer aux Juifs de ces contrées une paix durable, les emmena tous en Judée, avec leurs femmes et leurs enfants. Juda passa le Jourdain; après trois journées de marche dans le désert, il apprit par les nomades nabathéens que les Juifs de Giléad étaient assiégés dans plusieurs villes, et que le lendemain la forteresse de Dathema devait être prise d'assaut. Se dirigeant sur cette forteresse, il prit, chemin faisant, la ville de Bosor [1], et y mit le feu; car il avait appris que dans cette ville et dans quelques autres beaucoup de Juifs étaient retenus prisonniers. Ayant ensuite continué sa marche pendant toute la nuit, il arriva au point du jour devant Dathema et attaqua aussitôt les assiégeants qui déjà montaient à l'assaut; ceux-ci se voyant en présence de Maccabée prirent la fuite, mais poursuivis par les Juifs, ils furent entièrement défaits et perdirent près de huit mille hommes. Plusieurs villes fortes tombèrent au pouvoir des Juifs et furent livrées au pillage. Timothée, ayant renforcé son armée par des mercenaires arabes, vint se poster près de Raphon, non loin d'Astharoth-Karnaïm [2]. Juda alla à la rencontre des ennemis, et ayant passé courageusement un torrent qui séparait les deux armées, il mit en déroute les troupes de Timothée, qui se réfugièrent en partie dans le temple d'Astharoth-Karnaïm. Juda les y poursuivit, prit la ville et brûla le temple avec tous ceux qui y avaient cherché un refuge. Il rassembla ensuite tous les Juifs qui se trouvaient en Pérée, pour les emmener en Judée avec leurs familles. Avant de repasser le Jourdain, il conquit et détruisit la ville d'Éphron (p. 72), dont les habitants lui avaient refusé le passage; ensuite ayant passé le Jourdain, il alla à Beth-Seân, ou Scythopolis, re-

---

[1] Voy. I Macc. 5, 6-8. C'est sans doute le même combat qui est raconté 2 Macc. 8, 30-33, avant la conquête de Jérusalem; évidemment l'ordre des faits y est interverti, car, selon le v. 31, Jérusalem était déjà entre les mains des Juifs. Le récit de 2 Macc. 10, 24-38, paraît encore se rapporter à ce même combat; la ville de Gazara (v. 32) paraît être la même que Yaëzer, mais alors l'auteur s'est trompé en disant que Timothée fut tué au siège de cette ville.

[1] Bosor, ou Béser, ancienne ville asile des Hébreux, était située dans les environs de Baal-Méon. Voy. ci-dessus, p. 74, col. 1.
[2] Voy. ci-dessus, p. 69 et p. 75, col. 2, note 1.

mercia les habitants de la bienveillance qu'ils avaient témoignée à l'égard des Juifs, et partit pour Jérusalem, où il arriva pour la fête de la Pentecôte (2 Maccab. 12, 29-31).

Pendant l'absence de Juda, Joseph et Azaria, ayant appris ses exploits et ceux de son frère Siméon, avaient voulu aussi se rendre célèbres par quelque fait d'armes et avaient marché contre Yabné, où Jamnia (p. 61); mais ils avaient été repoussés par les troupes de Gorgias, et avaient perdu environ deux mille hommes. Ce fut sans doute pour venger cette défaite que Juda, après avoir arraché aux Iduméens la ville de Hébron et ses environs, envahit le pays des Philistins. Malgré la perte qu'il essuya d'abord par une tentative imprudente de quelques prêtres, il parvint à s'emparer de la ville d'Asdod, qu'il livra au pillage, après avoir renversé les autels païens et brûlé les idoles. Satisfait d'avoir ainsi vengé l'échec de ses compagnons d'armes, il retourna immédiatement en Judée.

Pendant que les généraux d'Antiochus Épiphanes s'épuisaient en vains efforts pour soumettre un petit nombre de patriotes juifs, le roi lui-même ne fut pas plus heureux dans son expédition contre les provinces de Perse. Voulant renouveler la tentative qui avait coûté la vie à son père, Antiochus le Grand, il chercha à s'emparer d'un des temples les plus riches de la province d'Élymaïde pour en piller les trésors; mais il fut repoussé par les Élyméens et obligé de s'enfuir. En même temps on lui apporta la nouvelle des victoires remportées sur ses troupes par Juda Maccabée. Il résolut d'aller lui-même en Judée pour exterminer les rebelles; mais à Tabès, ville de Perse sur les frontières de la Babylonie, il fut atteint d'une cruelle maladie dans les entrailles. Se sentant près de mourir, et n'ayant pour héritier qu'un enfant de neuf ans, il en confia la tutelle à un de ses amis, nommé Philippe, à qui il remit les insignes royaux pour aller en revêtir le jeune roi. Il mourut bientôt après

dans des souffrances horribles, l'an 149 des Séleucides (164-163 avant J.C.), après un règne de onze ans et quelques mois.

Le jeune Antiochus, surnommé *Eupator*, se trouvant au pouvoir de Lysias, celui-ci refusa de reconnaître Philippe comme tuteur, et s'empara lui-même de la régence. Philippe se rendit d'abord en Égypte auprès de Ptolémée Philométor; mais n'y trouvant point d'appui, il alla en Perse, où il réussit à s'entourer de forces suffisantes pour aller attaquer Lysias.

En même temps Démétrius, fils de Séleucus Philopator, qui se trouvait toujours à Rome, ayant appris la mort de son oncle Antiochus Épiphanes, réclama la couronne que ce dernier avait usurpée. Mais le sénat de Rome aimant mieux voir le trône de Syrie occupé par un enfant, s'empressa de reconnaître la royauté d'Antiochus Eupator. Néanmoins Démétrius ne renonça pas à ses prétentions et n'attendit qu'une occasion favorable pour s'échapper de Rome. Il y eut donc en Syrie de nombreux éléments de guerres civiles, et grâce à ces conflits, les patriotes juifs, dont l'héroïsme n'aurait pu résister à la longue à de grandes forces unies et compactes, purent continuer une lutte qui était au-dessus de leurs moyens et conquérir, par leur courage et leur dévouement héroïque, l'indépendance de leur patrie.

Après la mort d'Antiochus Épiphanes, Juda résolut de délivrer Jérusalem de la garnison syrienne qui occupait encore la citadelle et qui ne cessait d'exercer de cruelles représailles contre ceux qui visitaient le Temple. Juda fit un appel au peuple; on assiégea la citadelle, mais sans obtenir un prompt résultat. Quelques-uns des assiégés, et notamment les traîtres juifs qui favorisaient le parti syrien, sortirent du fort, et ayant su tromper la vigilance des soldats de Juda, ils partirent pour Antioche, afin d'engager le nouveau roi à se rendre promptement en Judée. Lysias, à ce qu'il paraît, avait déjà préparé des forces redoutables, afin de hâter la soumission des Juifs avant d'être attaqué par son rival Philippe; une armée immense [1] se mit aussitôt en marche contre la Judée; Lysias commanda en personne et le jeune roi le suivit au combat. La guerre s'ouvrit de nouveau dans le midi de la Judée et la première attaque fut dirigée contre la forteresse de Bethsour. Le héros Maccabée accourut avec sa petite troupe de patriotes, et pénétrant au milieu de la nuit dans le camp des Syriens, il leur tua près de quatre mille hommes (2 Macc. 13, 15); mais le matin les Syriens s'étant rangés en bataille, Juda dut céder aux forces supérieures de l'ennemi et se retirer vers Jérusalem. Au nombre des braves qui restèrent sur le champ de bataille fut Éléazar, frère de Juda, qui s'était voué à la mort pour tuer un éléphant qu'il croyait monté par le roi de Syrie. La forteresse de Bethsour fut obligée de se rendre, et l'armée syrienne marcha sur Jérusalem, où les patriotes juifs s'étaient enfermés; c'en était fait de l'indépendance de la Judée, si la force de l'ennemi n'eût été subitement paralysée par un coup de la Providence. Au moment de commencer le siège des lieux saints, Lysias reçut la nouvelle inattendue que Philippe, revenu de Perse avec une nombreuse armée, venait de s'emparer d'Antioche. En outre l'armée manquait de vivres; car c'était une année sabbatique, et les greniers étaient épuisés. Lysias, obligé de se retirer, offrit aux Juifs une paix honorable; il leur accorda le libre exercice de leur religion et le maintien de leurs lois nationales. Sur la foi du serment fait par le roi et par les chefs de l'armée, les Juifs ouvrirent les portes; mais le roi viola bientôt son serment, en commandant de démolir la muraille qui protégeait le Temple. Cependant Lysias, avant de retourner en Syrie, donna aux Juifs un grand sujet de satisfaction, en les débarrassant du traître Menelaüs, instigateur de l'assassinat commis sur le pieux Onias à Antioche. Présentant Menelaüs comme la première cause de toute cette guerre, il conseilla au roi de le faire périr, afin de trouver dans sa mort un gage de paix avec les Juifs. Menelaüs fut envoyé à Berée (Alep), où il périt d'un affreux supplice (2 Maccab. 13, 4-7). A sa place un certain Joïakim, qui portait le nom grec d'Alcime (*Alkimos*), fut nommé grand prêtre par le roi, quoiqu'il ne fût pas de la famille pontificale, et qu'il existât un héritier direct du pontificat. Le malheureux Onias III avait laissé, en mourant, un jeune fils qui portait également le nom d'Onias, et qui avait été privé de ses droits par l'usurpation de ses oncles Jason et Menelaüs. Se voyant définitivement exclu du pontificat par la nomination du prêtre Alcime, le jeune Onias se réfugia en Égypte, où il fut accueilli avec bonté par Ptolémée Philométor. Il éleva plus tard, sur les ruines d'un temple d'Isis, à Léontopolis, dans le district d'Héliopolis, un temple rival de celui de Jérusalem; invoquant un oracle d'Isaïe (ch. 19, v. 18 et 19), il soutint que ce prophète avait prédit l'établissement d'un autel de Jéhova à Héliopolis en Égypte. Il sut gagner pour ce temple des prêtres de la race d'Ahron, et il en devint lui-même le pontife [1].

Lysias, revenu à Antioche, parvint à s'emparer de Philippe, qui fut mis à mort. Mais à peine Antiochus Eupator se fut-il affermi sur le trône, que Démétrius (Soter), fils de Séleucus

---

[1] Selon 1 Maccab. 6, 30, elle se composa de cent mille fantassins, de vingt mille hommes à cheval et de trente-deux éléphants; Josèphe rapporte la même chose dans ses *Antiquités* (XII, 9, 3), mais dans la *Guerre des Juifs* (I, 1, 5), il dit que cette armée de Lysias se composa de cinquante mille hommes de pied, de cinq mille cavaliers et de quatre-vingts éléphants. Les chiffres du livre des Maccabées sont sans doute fort exagérés.

[1] Voy. Josèphe, *Antiqu.* l. XIII, ch. 3; *Guerre des Juifs*, l. VII, ch. 10. Le Thalmud, dont l'autorité, en fait d'histoire, ne saurait prévaloir sur celle de Josèphe, fait remonter bien plus haut la fondation du temple d'Héliopolis, et l'attribue à Onias, fils de Siméon le Juste. Voy. *Thalmud de Babylone*, traité *Menachoth* (des oblations), fol. 109 b; Maïmonide, *Comment. sur la Mischna*, même traité, ch. 13, § 10.

Philopator, qui, sur le conseil de l'historien Polybe, avait quitté Rome en secret, débarqua subitement sur les côtes de Syrie (en 162). Le bruit se répandit qu'il était envoyé par le sénat de Rome, pour prendre possession du trône de son père; l'armée se déclara bientôt en sa faveur, et il signala son avènement par le meurtre de son cousin Antiochus et par celui de Lysias.

Le prêtre Alcime, que les Juifs avaient refusé de reconnaître comme pontife, se rendit auprès de Démétrius pour l'engager à prendre des mesures sévères contre Juda Maccabée et son parti, qu'il accusait de troubler le repos du pays. Démétrius envoya en Judée un corps d'armée sous les ordres de Bacchide, gouverneur d'une province au delà de l'Euphrate, pour établir Alcime dans la dignité de grand prêtre (161). Alcime et son protecteur Bacchide feignirent d'abord d'apporter la paix et parvinrent même à gagner la confiance d'une partie des amis de Juda. Soixante hommes du parti des *Hasidim* se rendirent auprès d'Alcime et se montrèrent disposés à le reconnaître pour pontife; mais il les fit traîtreusement assassiner. Bacchide, après avoir établi Alcime à Jérusalem et lui avoir laissé les troupes nécessaires pour le protéger, retourna en Syrie. La trahison d'Alcime alluma de nouveau la guerre civile entre son parti et celui de Juda; Alcime, ne pouvant lutter longtemps avec avantage contre les patriotes, se rendit une seconde fois auprès du roi Démétrius pour implorer son secours. Cette fois le commandement des troupes fut confié à Nicanor, qui, cinq ans auparavant, avait pris part à la malheureuse expédition de Gorgias. Nicanor, arrivé à Jérusalem, joua d'abord le rôle de médiateur pacifique ; sur son invitation, Juda et ses frères se rendirent auprès de lui, avec les précautions nécessaires, et furent reçus avec des témoignages d'amitié. Mais bientôt Juda s'aperçut des véritables intentions de Nicanor, et rompant les négociations, il se prépara à la guerre.

Un combat s'engagea près d'un village appelé *Caphar-Salama;* Nicanor, repoussé avec perte, se retira dans la citadelle de Jérusalem [1]. Il menaça les prêtres et les anciens de brûler le Temple, si Juda ne lui était livré avec sa troupe; on dit qu'il envoya des soldats pour faire saisir Razia, un des anciens, renommé pour ses vertus et sa piété, mais que celui-ci prévint les sicaires de Nicanor, en se donnant lui-même la mort (2 Maccab. 14, 37-46). Nicanor marcha de nouveau contre Juda qui campait près d'Adasa, non loin de Beth-Horon. Malgré les renforts que Nicanor venait de recevoir de Syrie, il fut battu par les trois mille hommes de Juda; il tomba lui-même dès le commencement du combat, et l'armée syrienne, voyant son chef tué, prit la fuite. Les Juifs la poursuivirent et en tuèrent un grand nombre. Juda fit couper la tête et la main droite de Nicanor pour les exposer à Jérusalem. Le jour de cette victoire fut le 13 du mois d'adar (février-mars), la veille de la fête d'Esther; on convint de perpétuer la mémoire de cette journée par une fête annuelle. On trouve encore bien plus tard des traces de cette *fête de Nicanor* [2], qui est tombée en désuétude chez les Juifs.

La Judée respira un moment; Juda, pour ne pas être exposé aux attaques continuelles des Syriens, voulut mettre son peuple sous la protection d'une grande puissance étrangère, et envoya deux ambassadeurs à Rome, pour demander au sénat de conclure une alliance avec lui. Les négocia-

---

[1] Voy. 1 Maccab. 7, 32. Selon la Vulgate, Nicanor perdit *cinq mille* hommes ; mais quelques éditions du texte grec, ainsi que la version syriaque, portent *cinq cents*. Josèphe (*Antiqu.* XII, 10, 4) s'écarte ici complètement du livre des Maccabées ; selon lui, Nicanor remporta la victoire et força Juda de se retirer dans la citadelle (ἄκρα) de Jérusalem ; ce qui paraît être un malentendu, car le fort d'Acra était occupé par les Syriens, et ne pouvait servir de refuge à Juda. Peut-être Josèphe veut-il parler du fort de Sion.

[2] Voy. *Meghillath Thaanith* (traité des jeûnes), ch. 12. Il résulte aussi du récit de Josèphe (l. c. § 5) que cette fête était encore célébrée de son temps.

tions réussirent complétement; le sénat de Rome ne fit pas de difficultés à conclure un traité qui ne pouvait porter aucun préjudice au peuple romain, et qui lui donnait la perspective d'intervenir avec une apparence de droit dans les affaires intérieures de la Judée et de la Syrie [1]. Par suite de de cette alliance, le sénat enjoignit à Démétrius de laisser les Juifs en repos, le menaçant de lui faire la guerre s'il osait les inquiéter de nouveau (1 Maccab. 8, 31 et 32).

Mais au printemps de l'an 152 des Séleucides (160 avant J. C.), avant que la lettre du sénat fût parvenue à Démétrius, celui-ci, pour venger la défaite de Nicanor, envoya en Judée un corps d'armée composé de vingt mille hommes de pied et de deux mille chevaux, sous le commandement de Bacchide. Cette armée, traversant la Galilée, tua un grand nombre de Juifs qui s'étaient réfugiés dans les cavernes près d'Arbèles (non loin de Sephoris); de là elle marcha sur Jérusalem. Juda campa avec trois mille hommes, dans les environs de la capitale, près d'un village appelé (selon Josèphe) *Beth-zétho* [2]. Bacchide marcha à sa rencontre; à la vue des nombreuses phalanges syriennes qui s'avançaient en bon ordre, les soldats de Juda perdirent courage et désertèrent du camp, à l'exception de huit cents hommes qui ne voulurent pas abandonner leur chef. En vain on représentait à Juda l'impossibilité de soutenir une lutte aussi inégale; son courage restait inébranlable : « Dieu me garde, dit-il, de fuir devant eux; si notre heure est venue, mourons vaillamment pour nos frères, et ne laissons point de blâme à notre gloire. » Avec le courage du désespoir, Juda et ses braves se jetèrent sur l'aile droite de l'ennemi commandée par Bacchide en personne; les Syriens ne pouvant soutenir le choc, se retirèrent en désordre, et Juda les poursuivit. Mais l'aile gauche, venant au secours de Bacchide, attaqua les Juifs par derrière; Juda et ses héros enveloppés de toute part résistèrent encore et trouvèrent, en combattant, une mort glorieuse. La lutte était terminée; la mort de Juda fit triompher l'oppresseur et les traîtres qui l'appuyaient. Mais Juda légua aux patriotes l'exemple de son dévouement héroïque et leur laissa dans ses frères des guides courageux, dont le calme et la prudence devaient achever l'œuvre pour laquelle le fougueux héroïsme de Juda avait donné l'impulsion. L'enthousiasme religieux et l'esprit d'indépendance que les exploits de Juda avaient fait naître parmi les Juifs, ne pouvaient plus être étouffés par une défaite et devaient d'un moment à l'autre faire revivre le courage et recommencer la lutte. Le corps de Juda fut emporté du champ de bataille par ses frères Jonathan et Siméon, qui l'ensevelirent dans le sépulcre de leur famille, au bourg de Modéin.

Bacchide abandonna l'administration du pays à Alcime et aux hommes de son parti, qui crurent affermir leur pouvoir en livrant au tyran étranger tous les amis de Juda dont ils purent s'emparer. La famine, qui désolait alors la Palestine, força un grand nombre de Juifs de se soumettre à ceux qui, pour le moment, dominaient dans le pays. Le désespoir des patriotes était au comble; ils s'adressèrent à Jonathan, frère de Juda, et le supplièrent de se mettre à leur tête pour recommencer la lutte. Jonathan y consentit; menacé d'être pris par Bacchide, il se retira d'abord, avec sa troupe, dans le désert de Thécoa, au midi de Jérusalem. De là il envoya son frère Johanan à la tête d'un détachement, qu'il

---

[1] Voici comment Justin (l. 36, ch. 3) s'exprime sur cette alliance : *A Demetrio cum descivissent (Judæi), amicitiá Romanorum petitá, primi omnium ex Orientalibus libertatem receperunt, facile tunc Romanis de alieno largientibus.*

[2] Voy. Josèphe, *Antiqu.* XII, 11, 1; le Iᵉʳ livre des Maccabées (9, 5) appelle cet endroit *Éleasa*, ou, selon la Vulgate, *Laisa*, mais Reland présume que les deux noms sont corrompus, et qu'il faut lire *Adasa*, comme ci-dessus. Peut-être doit-on lire Ἐλαία (*Elæa*), nom grec qui serait en quelque sorte la traduction de *Beth-Zétho*; comparez ci-dessus, page 45, col. 1, note I.

chargea d'emporter tous les bagages pour les mettre en sûreté chez les nomades nabatéens, amis des patriotes juifs. Le convoi fut attaqué par des Arabes de la tribu des Amarites, ou Beni-Amr, de Médaba, qui s'emparèrent des bagages et tuèrent Johanan et ses gens. — Après le départ de Johanan, Jonathan et son frère Siméon s'étaient rendus avec leur troupe dans les endroits marécageux de la plaine du Jourdain, peu praticables pour une armée nombreuse. Cependant Bacchide vint les y attaquer un jour de sabbat; malgré la sainteté de ce jour, Jonathan encouragea les patriotes à prendre les armes, et leur présenta les dangers qui les menaçaient, étant enfermés entre le Jourdain et les ennemis. Le combat s'engagea; les Juifs tuèrent beaucoup de monde à Bacchide, et déjà l'épée de Jonathan était levée sur la tête de ce chef, mais Bacchide para le coup. Ne pouvant résister plus longtemps aux ennemis qui leur étaient bien supérieurs en nombre, les patriotes juifs, Jonathan en tête, se jetèrent dans le Jourdain et le traversèrent à la nage. Bacchide retourna à Jérusalem; pour tenir en respect les patriotes, il donna immédiatement l'ordre de remettre en bon état les fortifications des principales villes de la Judée, dans lesquelles il établit des garnisons syriennes. Dans la citadelle de Jérusalem, il mit comme otages les fils des principaux habitants du pays.

Jonathan et Siméon, restés dans les environs du Jourdain, trouvèrent bientôt l'occasion de venger la mort de leur frère Johanan sur les Arabes Amarites, au moment où ceux-ci, revenus de la rive droite du Jourdain, où ils étaient allés chercher la fiancée d'un des leurs, allaient rentrer à Médaba en procession solennelle. Jonathan et ses gens, placés en embuscade, tombèrent sur les Amarites, en tuèrent un grand nombre et firent un riche butin.

L'année suivante (159), le grand prêtre Alcime, croyant son pouvoir assez solidement établi pour entreprendre des innovations qui devaient flatter ses amis et ses protecteurs païens, commença par faire démolir les murs intérieurs du parvis du Temple qui marquaient la limite jusqu'où les païens pouvaient pénétrer; mais frappé subitement de paralysie, il mourut bientôt après dans de grandes douleurs. Bacchide, après la mort de son protégé, repartit aussitôt pour Antioche, sans s'occuper de la nomination d'un nouveau pontife. Le pays était tranquille; les deux frères Hasmonéens, restés dans leur retraite près du Jourdain, eurent le temps de rassembler de nouvelles forces, sans être inquiétés par les Syriens. Peut-être ce repos, qui dura près de deux ans, était-il dû au traité conclu par Juda Maccabée avec le sénat de Rome, et dont la notification avait dû parvenir à Démétrius, qui, dans sa position, était obligé d'avoir des égards pour le peuple romain. Cependant le parti grec parmi les Juifs, voyant avec peine et avec inquiétude la tranquillité dont jouissait le parti des Hasmonéens, usa de nouvelles intrigues auprès de Bacchide et l'engagea à venir surprendre Jonathan, dans sa retraite, et exterminer son parti, ce qui était présenté comme une chose très-facile. Bacchide revint avec un corps d'armée; mais Jonathan, prévenu du complot, se tint sur ses gardes. Il parvint à saisir cinquante des meneurs, qu'il fit mettre à mort. Cependant n'étant pas de force pour résister aux troupes de Bacchide, il se retira dans le désert et se fortifia dans un endroit appelé Bethbasi, ou (selon Josèphe) Bethalaga. Confiant la défense de la forteresse à son frère Siméon, Jonathan fit des excursions dans les environs et harcela les ennemis, sur lesquels il remporta des avantages signalés. Siméon ne fut pas moins heureux au poste qu'il occupait; non-seulement Bacchide s'épuisa en vains efforts pour se rendre maître de la forteresse, mais il fut même attaqué par Siméon qui faisait souvent des sorties et brûlait les machines de guerre des assiégeants. Bacchide, obligé enfin de renoncer au siége et de se retirer, déchargea sa colère sur les traîtres juifs qui l'avaient engagé à cette expédition, et en fit mourir plusieurs. Jonathan, informé de la retraite de Bacchide, envoya des messagers auprès de lui pour lui offrir la paix et l'échange des prisonniers. Bacchide accepta volontiers les propositions de Jonathan, conclut avec lui un traité de paix et se retira de la Judée pour ne jamais y rentrer. Cependant les garnisons syriennes restèrent dans les forteresses et notamment dans la citadelle de Jérusalem. Jonathan établit sa résidence à Michmas [1]. Son parti se fortifiait de jour en jour, ses ennemis étaient terrassés, et pendant quatre ans (157—153) le pays jouit d'une profonde tranquillité.

En 153, un imposteur, Alexandre Balas, se disant fils d'Antiochus Épiphanes, et favorisé par le sénat de Rome, entra dans Ptolémaïde (Acco), s'y fit proclamer roi de Syrie, et fut reconnu par un parti nombreux, mécontent de Démétrius qui menait une vie dissipée et négligeait les affaires du royaume. Démétrius, craignant que les patriotes juifs ne profitassent de cette occasion pour se rendre indépendants en favorisant l'usurpation d'Alexandre, écrivit à Jonathan pour lui conférer le commandement de la Judée, l'autorisant à lever des troupes et à faire provision d'armes ; en même temps il ordonna de rendre les otages qui se trouvaient dans la citadelle de Jérusalem. Les garnisons syriennes évacuèrent toutes les places de la Judée, à l'exception de la forteresse de Bethsour et de la citadelle de Jérusalem, occupées principalement par des Juifs du parti grec. Jonathan fit aussitôt rétablir les murs qui protégeaient le Temple, et établit sa résidence à Jérusalem.

Alexandre, désirant attirer Jonathan dans son parti, renchérit sur les offres de Démétrius, et appelant Jonathan son frère et *ami du roi*, il lui envoya une couronne d'or et une robe de pourpre et lui conféra la dignité de grand prêtre. Jonathan, qui avait accepté les concessions de Démétrius sans prendre aucun engagement envers lui, accepta également les offres d'Alexandre, et n'hésita pas à reconnaître ce prétendant qui, par sa position même, lui offrait plus de garanties que toutes les promesses de Démétrius, dictées par une nécessité momentanée. A la fête des Tabernacles de l'an 160 des Séleucides (octobre 153), Jonathan se présenta pour la première fois au Temple, revêtu des ornements pontificaux et ouvrit la série des grands prêtres hasmonéens. Démétrius écrivit une seconde lettre à Jonathan pour faire à la nation juive les offres les plus brillantes. Il offrit d'affranchir les Juifs du tribut et des différents impôts qui se composaient de droits sur le sel, du tiers des semences, de la moitié des fruits des arbres, des couronnes ou présents honorifiques ; les mêmes exemptions devaient être accordées à divers districts des pays de Samarie et de Galilée qui avaient été joints à la Judée, et qui devaient demeurer sous la domination immédiate du grand prêtre. Il promit aussi d'évacuer la citadelle de Jérusalem et de la livrer à Jonathan, qu'il confirma dans la dignité de grand prêtre ; de renoncer aux cinq mille sicles d'argent que lui fournissait chaque année le Temple de Jérusalem ; de faire don à ce Temple de quinze mille sicles par an et de la ville de Ptolémaïde, pour subvenir aux dépenses nécessaires du sanctuaire ; de mettre en liberté tous les captifs juifs ; d'exempter les Juifs de son royaume de tout service pendant les jours de fête, de même que trois jours avant et après les fêtes ; de prendre à sa solde trente mille Juifs, commandés par leurs propres chefs, et d'admettre des Juifs à occuper des emplois supérieurs, sans les troubler dans l'exercice de leurs devoirs religieux. Ces promesses et d'autres encore furent faites par celui qui naguère avait traité les Juifs en sujets rebelles et avait cherché à exterminer les patriotes ; elles étaient trop

---

[1] Voy. ci-dessus, p. 252, col. 2, note 2.

belles pour que Jonathan pût les croire sincères. Il resta donc fidèle à Alexandre, et bientôt il eut lieu de se louer du parti qu'il avait pris ; dans le second combat entre Alexandre et Démétrius (151), ce dernier fut vaincu et perdit la vie. Alexandre, monté sur le trône, se montra reconnaissant envers Jonathan ; en 150, célébrant à Ptolémaïde son mariage avec Cléopâtre, fille de Ptolémée Philométor, il invita Jonathan à assister aux fêtes, et le recevant avec beaucoup de distinction, il l'honora d'une robe de pourpre et le fit asseoir près de lui. En même temps il le nomma général en chef et gouverneur de Judée et fit cesser les intrigues des malveillants, en refusant d'écouter les plaintes qu'on portait contre lui.

Le fils aîné de Démétrius Soter, qui portait également le nom de Démétrius, s'était réfugié en Crète. Après quelques années (en 147), ayant appris que les Syriens étaient peu satisfaits du nouveau roi, il se présenta, à la tête d'une petite armée de Crétois, en Cilicie, où il fut favorablement accueilli, et s'avança de là en Syrie. Apollonius, gouverneur de Célésyrie, se déclara en faveur du prétendant, et ayant rassemblé ses troupes près de Yabné, ou Jamnia, il menaça Jonathan, qui resta fidèle à Alexandre. Jonathan marcha avec dix mille hommes sur Joppé, et s'empara de cette ville ; ensuite, ayant remporté une victoire sur Apollonius, il mit le feu à la ville d'Asdod, où les ennemis avaient cherché un refuge. Ascalon se soumit également au vainqueur, qui retourna à Jérusalem chargé de butin. Alexandre, pour témoigner sa reconnaissance à Jonathan, lui envoya une agrafe d'or, telle qu'on n'en donnait qu'aux princes du sang, et lui céda la ville d'Ékron, qui fut réunie à la Judée.

Alexandre se trouvait encore en Cilicie, où il était allé combattre l'insurrection, lorsque Ptolémée Philométor, dont il avait imploré le secours, arriva, en 146, avec une armée de terre et une flotte, sur les côtes de la Palestine et de la Phénicie, avec l'intention secrète de s'emparer lui-même de la Syrie, en expulsant son gendre. Dans cette vue, il laissa des garnisons égyptiennes dans toutes les villes de la côte. Jonathan qui vint le rejoindre à Joppé fut très-bien accueilli, et l'accompagna jusqu'à l'Éleutherus (fleuve sur les limites de la Phénicie et de la Syrie), d'où il retourna à Jérusalem. Philométor, prétendant qu'Alexandre avait voulu attenter à ses jours [1], fit reprendre sa fille Cléopâtre, femme d'Alexandre, qu'il offrit en mariage à Démétrius, lui promettant de le rétablir sur le trône de son père. Le roi d'Égypte se présenta bientôt devant Antioche, le peuple se souleva contre Ammonius, ministre d'Alexandre, le massacra et ouvrit les portes à Philométor, qui fut proclamé roi de Syrie. Alexandre revint en toute hâte de la Cilicie, et conduisit toute son armée contre Philométor ; mais il fut défait et s'enfuit en Arabie, où il tomba victime d'une trahison, après avoir régné cinq ans et quelques mois. Philométor mourut bientôt après, d'une blessure qu'il avait reçue dans son combat contre Alexandre. Démétrius monta sur le trône de Syrie et prit le nom de *Nicator* (vainqueur); il confia les rênes du gouvernement à un certain Lasthène, Crétois, qui lui avait rendu de grands services, et lui avait fourni les troupes avec lesquelles il était allé insurger la Cilicie. Lasthène fit massacrer les garnisons égyptiennes, et congédia toutes les troupes, à l'exception des mercenaires qu'il avait amenés des îles de Grèce, ce qui excita au plus haut degré le mécontentement du peuple.

A cette époque (145), Jonathan entreprit le siége de la citadelle de Jérusalem, pour se délivrer enfin de la garnison syrienne qui occupait encore cette partie de la capitale. Démétrius le fit venir à Ptolémaïde, pour lui demander compte de sa conduite ; Jonathan s'y rendit, accompagné d'une

---

[1] Voy. I Maccab. ch. II, v. 10 et 11. Selon Josèphe (*Antiq.* XIII, 4, 6), Alexandre avait en effet engagé son ministre Ammonius à faire périr le roi d'Égypte.

nombreuse suite d'anciens et de prêtres, et précédé de riches présents. Le roi, satisfait de ses explications, lui confirma les priviléges accordés par ses prédécesseurs, et consentit, pour la somme de trois cents talents que Jonathan lui promit, à affranchir de tout impôt la Judée, ainsi que les districts de Samarie et de Galilée qui y avaient été joints, ce qui augmenta considérablement le pouvoir de Jonathan.

Pendant l'absence de Jonathan, le siége de la citadelle de Jérusalem avait été continué sans succès; Jonathan entama des négociations à ce sujet avec Démétrius. Une révolte venait d'éclater à Antioche, et Démétrius, manquant de défenseurs, promit à Jonathan d'évacuer la citadelle, si celui-ci voulait envoyer des troupes à son secours. Jonathan expédia trois mille Juifs, qui, s'étant rendus maîtres de la ville d'Antioche, y mirent le feu, firent un grand carnage des insurgés et délivrèrent le roi. Mais l'ingrat Démétrius, se voyant sauvé, ne voulut pas accomplir ses promesses; non-seulement la citadelle ne fut pas évacuée, mais Démétrius réclama même les impôts que Jonathan avait rachetés pour trois cents talents.

Cependant un nouvel orage qui éclata sur la tête de Démétrius fournit bientôt à Jonathan l'occasion de prendre sa revanche. Diodotus, surnommé Tryphon, l'un des généraux d'Alexandre Balas, ramena d'Arabie le fils de son ancien maître, nommé Antiochus, pour le placer sur le trône de Syrie. Les troupes qui avaient été congédiées par Démétrius, s'empressèrent de se ranger sous les drapeaux du prétendant; Démétrius fut battu et forcé de se retirer à Séleucie, et le fils d'Alexandre, Antiochus VI (Théos), monta sur le trône (144). Il fit aussitôt à Jonathan les offres les plus avantageuses, en confirmant tous ses priviléges, et nomma en outre son frère Siméon général de l'armée de la côte, depuis Tyr jusqu'aux frontières d'Égypte. Jonathan ayant accepté les offres d'Antiochus, marcha sur Ascalon, qui se soumit volontairement, et prit Gaza après en avoir fait brûler les faubourgs; en peu de temps il fit reconnaître Antiochus dans tout le pays jusqu'à Damas. Démétrius, qui avait établi son gouvernement à Séleucie, envoya des troupes en Galilée pour attaquer Jonathan, qui campait près du lac de Génésareth. Le combat s'engagea dans les environs de Hasor; les ennemis ayant placé des embuscades dans les montagnes, attaquèrent les troupes de Jonathan sur plusieurs points. Déjà Jonathan voyait s'enfuir une partie de son armée; mais deux de ses généraux ayant courageusement chargé l'ennemi, leur exemple ranima les autres, et l'armée de Démétrius fut totalement défaite. En même temps, Siméon poursuivit ses succès dans le midi, se rendit maître de la forteresse de Bethsour, et y mit une garnison juive.

Jonathan, revenu à Jérusalem, voulant s'affermir dans la position presque indépendante qu'il avait prise par ses exploits et par sa conduite pleine de sagesse, envoya des ambassadeurs à Rome, pour renouveler l'alliance avec le peuple romain. Le premier livre des Maccabées (ch. 12, v. 5 — 23) parle aussi, à cette occasion, du renouvellement d'une autre alliance jadis conclue entre les Juifs et les *Spartiates*, et d'une lettre écrite autrefois par un roi de Sparte, nommé *Darius*, ou *Arius* [1], au grand prêtre Onias, et dans laquelle on rappelait que les Spartiates étaient, comme les Juifs, descendants d'Abraham. Mais les difficultés historiques et chronologiques qu'offre ce document ne permettent pas à l'historien de le considérer comme authentique; dans tous les cas, il doit y avoir ici quelque confusion qu'il est impossible d'éclaircir [2].

---

[1] Le texte grec et la version syriaque portent *Darius*; dans la Vulgate on lit *Arius*, et de même dans Josèphe (*Antiqu.* XII, 4, 10). Mais il paraîtrait qu'au nom de *Darius*, qui ne pouvait appartenir à un roi de Sparte, on a substitué, par conjecture, celui d'*Arius* qui se rapproche d'*Areus*, nom de deux rois de Sparte dont le premier a pu être contemporain d'Onias Ier (quoique Josèphe fasse adresser la lettre à Onias III).

[2] Michaëlis, dans son Commentaire sur

Démétrius, s'étant remis de sa défaite en Galilée, voulut tenter une nouvelle attaque contre les Juifs. Jonathan marcha au-devant des ennemis jusqu'aux environs de Hamath (Épiphanie), en Syrie, pour ne pas leur donner le temps d'entrer en Palestine. Ayant appris par des émissaires que les troupes de Démétrius devaient le surprendre dans la nuit, il prit des mesures de défense tellement bien combinées que les ennemis, craignant une défaite, cherchèrent leur salut dans une retraite subite. Le lendemain Jonathan, s'en étant aperçu, se mit à leur poursuite; mais ils s'étaient hâtés de passer l'Éleuthérus, et il ne put les atteindre. Se dirigeant vers Damas, il rencontra une horde arabe qui lui était hostile; il la défit et prit ses dépouilles. En même temps, Siméon combattit dans le midi les amis de Démétrius, qu'il expulsa de Joppé et des autres forteresses. Revenus à Jérusalem, les deux frères, de commun accord avec les anciens, prirent des mesures pour fortifier la capitale et d'autres villes de la Judée, et pour resserrer de plus en plus les ennemis qui occupaient encore la citadelle, de manière à leur rendre impossible toute communication avec la ville.

Sur ces entrefaites, Tryphon, qui avait élevé au trône le jeune Antiochus, fils d'Alexandre, pour gouverner sous son nom, résolut de lui enlever la couronne et de se faire proclamer roi de Syrie (143). Craignant avec raison que Jonathan ne mît obstacle à sa trahison, il vint en Palestine avec une armée. Jonathan, qui probablement avait conçu des soupçons, alla au-devant de lui avec quarante mille hommes et le rencontra à Bethseân; mais Tryphon le combla d'honneurs

le Ier livre des Maccabées, a pensé que le texte primitif de ce livre portait *Sepharad* ou *Sphard*, nom qu'on trouve dans le livre d'Obadia (v. 20), et qui, selon saint Jérôme, désigne un peuple du Bosphore; le traducteur grec a pu confondre *Spard* avec *Sparte*. D'autres auteurs ont cherché à démontrer historiquement la parenté des Hébreux avec les Spartiates. Voy. Winer, *Realwœrterbuch*, t. II, article *Sparta*, où les différentes opinions se trouvent résumées.

et lui donna à l'extérieur toutes les marques d'une bienveillance sincère, disant qu'il était venu pour lui remettre Ptolémaïde et d'autres forteresses. Il lui persuada donc de renvoyer ses troupes et de venir à Ptolémaïde; Jonathan le crut et partit avec trois mille hommes, dont il laissa deux mille en Galilée. Dès qu'il fut arrivé à Ptolémaïde avec ses mille hommes, Tryphon fit fermer les portes de la ville, et ayant fait massacrer les soldats de Jonathan, il s'empara de sa personne. Il envoya ensuite une division de ses troupes en Galilée, pour faire main basse sur les deux mille hommes que Jonathan y avait laissés; mais ceux-ci se montrant résolus à opposer une résistance désespérée, les Syriens n'osèrent les attaquer, et ils purent retourner en Judée, où la nouvelle de l'infâme trahison de Tryphon répandit la plus profonde consternation.

Siméon, qui s'occupait alors à mettre en état de défense Hadida et d'autres villes de l'ouest de la Judée, ayant appris le malheur qui venait de frapper son frère, accourut à Jérusalem, et ayant assemblé le peuple, il l'exhorta à s'armer de courage dans les nouveaux dangers qui menaçaient la patrie, et offrit de se mettre à la tête de l'armée et de sacrifier sa vie, comme l'avaient fait ses frères, pour le salut de sa nation. Les paroles de Siméon furent accueillies avec le plus vif enthousiasme, et il fut nommé chef de la nation. Il envoya aussitôt à Joppé une division commandée par un capitaine distingué, Jonathan, fils d'Absalom, pour s'assurer de cette place, tandis qu'il campa lui-même près de Hadida. Tryphon partit de Ptolémaïde avec une grande armée, pour envahir la Judée, et mena avec lui le malheureux Jonathan prisonnier; mais voyant les forces dont disposait Siméon, il n'osa l'attaquer. Il fit dire à Siméon qu'il n'avait gardé Jonathan que pour se faire payer cent talents que celui-ci devait au roi, et qu'il était prêt à le mettre en liberté aussitôt que Siméon lui aurait payé cette somme et envoyé les deux fils de Jonathan comme otages, pour répondre de la fidélité de leur père. Siméon craignit bien que ce ne fût là qu'une nouvelle perfidie; mais pour ne pas s'exposer à des reproches de la part du peuple, il envoya à Tryphon les cent talents et les deux enfants de Jonathan. Ce que Siméon avait craint arriva en effet ; Jonathan ne fut point rendu à la liberté. Tryphon se rendit en Idumée, cherchant à envahir la Judée par le midi ; mais Siméon le suivit partout et déjoua ses projets. Sollicité par la garnison syrienne de la citadelle de Jérusalem qui manquait de vivres, Tryphon expédia toute sa cavalerie pour la délivrer ; mais on était dans l'hiver et une forte neige mit obstacle à cette expédition. Tryphon se retira dans le Giléad, d'où il retourna à Antioche, après avoir fait assassiner Jonathan près d'une petite ville appelée Bascama (1 Maccab. 13,23). Siméon alla chercher la dépouille mortelle de son frère et l'ensevelit à Modëïn dans le tombeau des Hasmonéens ; le peuple tout entier pleura le héros qui avait échappé à tant de périls pour recevoir la mort de la main d'un lâche assassin. Bientôt Siméon éleva à Modëïn un magnifique mausolée de pierres de taille ; sous un portique très-élevé et reposant sur des colonnes d'une seule pierre, ornées d'armes et de navires en bas-relief, on voyait sept pyramides, pour la mémoire des parents et des cinq fils, dont Siméon était le dernier survivant. Ce monument était vu de loin par les navigateurs de la Méditerranée ; il existait encore près de trois siècles après la destruction de Jérusalem.

Peu de temps après le retour de Tryphon à Antioche, le bruit se répandit que le jeune Antiochus était mort, sous la main des médecins, pendant une opération [1] ; Tryphon, qui se fit proclamer roi (143-42), passa, aux yeux de tout le monde, pour le meurtrier d'Antiochus. Les Juifs, si cruellement trompés par Tryphon, n'hésitèrent point à reconnaître la royauté de Démétrius et à lui offrir leur secours contre l'assassin de Jonathan et d'Antiochus. Démétrius qui était encore à Séleucie, et dont l'armée venait d'être battue, près de Ptolémaïde, par celle de Tryphon, accepta avec empressement les propositions de paix faites par les ambassadeurs de Siméon, qui lui offrirent, de la part de leur maître, une couronne d'or et un manteau de pourpre ; il souscrivit à toutes les conditions, et, promettant d'oublier le passé, il reconnut Siméon comme grand prêtre et chef de la nation juive, lui abandonna toutes les forteresses de la Judée, et exempta ce pays du tribut et de tous les impôts. Dès lors Siméon devint de fait prince indépendant, et la suzeraineté du roi de Syrie ne fut plus qu'une vaine forme. Et l'an 170 des Séleucides (142 avant J.C.), le peuple juif commença une nouvelle ère, et on écrivit dans les actes publics : *La première année de Siméon, grand prêtre et prince des Juifs* (1 Maccab. 13, 42).

Siméon eut soin de remettre les forteresses en bon état ; il s'empara de Gazer, ou Gazara (place forte près de Beth-Horon, au nord-ouest de Jérusalem), de Joppé et de Jamnia (Yabné) [1], et la garnison syrienne de la citadelle de Jérusalem, ne voyant plus aucun moyen de salut, demanda enfin à capituler. Le 23 du deuxième mois de l'an 171 (mai 141), les Juifs prirent possession de la citadelle. Siméon la fit raser et on se mit aussitôt à aplanir la hauteur sur laquelle elle avait été élevée et qui dominait le Temple [2] ; ce travail dura trois ans. Il fortifia la hauteur sur laquelle était situé le Temple et y fixa sa résidence (1 Maccab. 13,53), probablement au N.-O. du Temple, là où ses successeurs élevèrent un château appelé *Baris* et plus tard *Antonia* [3]. Johanan, ou Jean Hyrcan, fils de Siméon, fut nommé général en chef, et s'établit à

---

[1] Voy. Tite-Live, Epitome du liv. 55.

[1] Voy. Josèphe, *Antiqu.* XIII, 6, 6 ; *Guerre des Juifs*, 1, 2, 2. Au 1er livre des Maccabées, ch. 13, v. 43, il faut lire *Gazara* au lieu de *Gaza*.
[2] Voy. ci-dessus, page 44, col. 2.
[3] Voy. ci-dessus, page 47, col. 2.

Gazara. Siméon, qui déjà avait fait annoncer au sénat de Rome la mort de son frère Jonathan, envoya à Rome une nouvelle ambassade avec un grand bouclier d'or pour confirmer son alliance avec la république romaine.

A Jérusalem, on convoqua, l'année suivante, une grande assemblée nationale, composée des prêtres, des anciens et de tous les chefs du peuple, pour conférer solennellement à Siméon et à ses descendants la dignité de grand prêtre et de prince des Juifs, avec des pouvoirs très-étendus et le droit exclusif de convoquer les assemblées nationales; tous les actes publics devaient être dorénavant rédigés sous son nom. L'acte d'investiture, daté du 23 éloul 172, troisième année du règne de Siméon (septembre 140), fut gravé sur une table d'airain et placé à l'entrée du parvis du Temple; une copie en fut mise dans les archives.

Ce fut environ à la même époque que Démétrius Nicator, ayant tourné ses armes contre l'Arsacide Mithridate, roi des Parthes, fut fait prisonnier et envoyé en Hyrcanie, où il se maria avec Rhodogune, fille de Mithridate. Cléopâtre, sa première femme qu'il avait laissée à Séleucie, offrit sa main et la couronne de Syrie à Antiochus *Sidètes*, frère de Démétrius, qui se trouvait alors à Rhodes. Antiochus accepta avec empressement les offres de sa belle-sœur, se fit proclamer roi de Syrie et se prépara à continuer la guerre contre l'usurpateur Tryphon. Il écrivit à Siméon pour lui confirmer toutes les concessions que ses prédécesseurs lui avaient faites et y ajouta même le droit de frapper de la monnaie (1 Maccab. 15, 6), droit dont Siméon, à ce qu'il paraît, avait déjà usé depuis deux ans, sans attendre l'autorisation du gouvernement syrien [1]. L'année suivante (139-

38), Antiochus, ayant rassemblé une nombreuse armée, marcha contre Tryphon; l'usurpateur perdit la plus grande partie de ses troupes, qui passèrent du côté d'Antiochus, et il fut obligé de se réfugier dans la forteresse de Dor (p. 59). Là Antiochus vint l'assiéger, par terre et par mer, avec toute son armée, qui, dit-on, se composa de cent vingt mille hommes de pied et de huit mille chevaux (1 Maccab. 15,13). Siméon lui envoya deux mille hommes d'élite avec des armes et des machines de guerre, ainsi que de l'argent pour subvenir aux frais de l'expédition; mais Antiochus refusa les secours de Siméon et manifesta des intentions hostiles, croyant probablement pouvoir se passer de l'alliance de Siméon, puisque Tryphon était réduit à la dernière extrémité. L'usurpateur, obligé de rendre la forteresse de Dor, s'enfuit par mer à Orthosiade, ou Orthosie, au nord de Tripolis; de là il se rendit à Apamée, sa ville natale, où, quelque temps après, il fut pris et tué.

L'ambassade que Siméon avait envoyée à Rome venait de revenir en Judée; elle avait eu le plus grand succès, et le consul Lucius Cornélius Pison avait adressé des lettres à Démétrius Nicator, au roi d'Égypte, Ptolémée Physcon, et à plusieurs gouvernements d'Asie et de Grèce, leur recommandant de respecter le territoire des Juifs et de livrer au prince Siméon les traîtres qui se réfugieraient auprès d'eux. Antiochus Sidètes, ne tenant aucun compte de la lettre de Rome qui était adressée à son frère Démétrius, rétracta les promesses qu'il avait faites à Siméon, et lui fit signifier par son favori Athénobius que, pour avoir la paix, il devait lui livrer les villes de Gazara et de Joppé et la citadelle de Jérusalem, ou payer, à leur place, cinq cents talents; en outre, il lui fit demander cinq

---

[1] Au cabinet des médailles de la Bibliothèque royale, et dans quelques autres cabinets, il existe encore un nombre assez considérable de pièces de monnaies qui portent pour inscription : *Siméon prince d'Israël*, et où l'on trouve marquées les quatre premières années *de la délivrance*; voy. la pl. 21, et l'explication à la fin de ce volume. Or, on peut conclure d'un passage du 1er livre des Maccabées (13, 42) que *l'an 1 de la délivrance* ou *de la liberté* est l'an 170 des Séleucides, ou l'an 142 avant l'ère chrétienne.

cents autres talents pour les dégâts faits pendant la guerre. Siméon offrit de payer cent talents pour Gazara et Joppé, et repoussa avec dignité toutes les autres prétentions d'Antiochus : « Nous n'avons point pris, dit-il, le pays d'autrui, mais c'est l'héritage de nos pères qui a été, pendant quelque temps, injustement possédé par nos ennemis, et que nous avons repris quand nous en avons trouvé l'occasion. » Athénobius ne répondit pas un mot, et s'en retourna aussitôt auprès d'Antiochus. Celui-ci, sur le point de partir pour réduire le reste des partisans de Tryphon, envoya contre la Judée son général Cendebée, qui se rendit, avec une armée, dans les environs de Joppé et de Jamnia, et s'étant fortifié dans un endroit appelé Kedron, ou (selon la Vulgate) Gedor (1 Maccab. 15, 39 et 40)[1], il ravagea l'ouest de la Judée. Jean Hyrcan, qui résidait à Gazara, vint à Jérusalem avertir son père Siméon des mouvements de Cendebée. Siméon, trop âgé pour se mettre lui-même à la tête de ses troupes, en confia le commandement à ses fils Juda et Jean, qui marchèrent contre Cendebée avec vingt mille hommes de pied et quelque cavalerie. Une vigoureuse attaque força Cendebée de se jeter dans la place où il s'était fortifié, et son armée se débanda ; Juda fut blessé, mais Jean poursuivit les fugitifs jusque dans les plaines d'Asdod, brûla les tours occupées par les ennemis et fit périr deux mille hommes. La victoire resta aux Juifs; le territoire de la Judée fut délivré des Syriens, et Siméon gouverna dès lors avec une entière indépendance.

Siméon disposa d'un pouvoir presque absolu ; il en usa avec justice et modération, et la Judée jouit, sous sa domination, de quelques années de paix et de bonheur. Une noire trahison vint interrompre ce bonheur, et jeter de nouveau le pays dans le trouble et la consternation. Ptolémée, fils d'Aboub, gendre de Siméon, était gouverneur du district de Jéricho ; riche et ambitieux, il forma le projet de se mettre à la place de son beau-père, et probablement il était d'intelligence avec Antiochus Sidètes, lui promettant de placer de nouveau la Judée sous la souveraineté des rois de Syrie. Siméon étant allé faire une tournée dans son pays et visiter les principales villes pour s'enquérir de leurs besoins et mettre en bon ordre leur administration, vint à Jéricho, avec sa femme et deux de ses fils, Matthathias et Juda, au mois de schebât de la huitième année de son règne (janvier-février 135). Ptolémée les invita traîtreusement à se rendre à son château de Dôch, situé au nord de Jéricho, et leur donna un grand festin ; au milieu de la gaieté produite par le vin, Ptolémée et ses gens se jetèrent sur Siméon et l'assassinèrent. Sa femme et ses fils furent jetés en prison [1]. Ptolémée annonça aussitôt la mort de Siméon à Antiochus Sidètes et lui demanda d'envoyer des troupes à son secours ; en même temps il chercha à corrompre plusieurs capitaines juifs en leur promettant de riches présents. Il envoya aussi des sicaires à Gazara pour assassiner Jean Hyrcan, mais celui-ci, ayant été informé d'avance, par un ami, de tout ce qui s'était passé et du danger qui le menaçait, saisit dès leur arrivée les gens envoyés par Ptolémée et les fit mettre à mort. Il se rendit aussitôt à Jérusalem, où il fut reconnu grand prêtre et prince des Juifs, à la place de son père. Ptolémée, arrivé peu de temps après devant Jérusalem, fut repoussé par les habitants et alla se réfugier dans son château de Dôch, où Jean Hyrcan vint l'assiéger. Ptolémée eût infailliblement succombé ; mais chaque fois que Jean tentait un assaut, le barbare faisait amener sur la muraille la mère et les frères de Jean, leur faisait endurer de cruels tourments et menaçait de les précipiter en bas, si Jean ne se retirait

---

[1] Comparez Josué, 15, 58 ; 1 Chron. 4, 39.

[1] Voy. Josèphe, *Antiqu.* XIII, 7, 4 ; *Guerre des Juifs*, I, 2, 3. Selon le Ier livre des Maccabées (16, 16), qui ne fait pas mention de la femme de Siméon, les deux fils furent tués sur-le-champ avec leur père.

pas. Jean, malgré les instances de sa mère héroïque, qui l'encourageait toujours au combat, ne pouvait supporter la vue de ses tourments et se retirait chaque fois. Bientôt le siége fut arrêté par l'arrivée de l'année sabbatique, pendant laquelle on avait l'habitude de s'abstenir de la guerre offensive. Ptolémée eut le temps de s'enfuir, mais il ne le fit qu'après avoir fait assassiner la mère et les frères de Jean; il passa ensuite le Jourdain et se retira auprès de Zénon Cotylas, prince de Philadelphie (Rabbath-Ammôn).

Cependant Antiochus Sidètes, appelé par Ptolémée, envahit la Judée et vint mettre le siége devant Jérusalem. Il divisa ses troupes en sept corps qu'il plaça sur les points les plus importants, en les couvrant par une double tranchée. Malgré le courage et la constance des assiégés, Jérusalem fut près de succomber par le manque de vivres; ce fut en vain qu'on chercha à faire sortir une partie de la population, il était impossible de se frayer un chemin à travers les ennemis qu'on rencontrait sur tous les points. Mais Antiochus, qui n'était point animé contre les Juifs de la haine implacable que leur avaient portée ses prédécesseurs, et qui peut-être aussi craignait une intervention sérieuse de la part des Romains, eut bientôt l'occasion de gagner les Juifs par un acte de générosité, et sa modération les mit à même de demander une capitulation, sans compromettre leur honneur. Jean Hyrcan ayant demandé une trêve pour les prochaines fêtes des Tabernacles, Antiochus non-seulement accorda cette demande, mais il envoya même des victimes pour les sacrifices, et des coupes d'or et d'argent remplies d'aromates. Hyrcan, touché de ces procédés, demanda à traiter. Antiochus exigea que les assiégés livrassent leurs armes, qu'on payât le tribut pour Joppé et quelques autres villes, que les créneaux des murs de Jérusalem fussent démolis, mais que la citadelle fût rétablie pour recevoir de nouveau une garnison syrienne. Hyrcan accepta toutes ces conditions, à l'exception de la dernière. Antiochus céda sur ce point et consentit à accepter en place de la citadelle, cinq cents talents d'argent[1] et des otages, parmi lesquels se trouva un frère d'Hyrcan. Le siége fut levé et l'armée syrienne quitta la Judée; mais ce pays se trouva de nouveau, pour quelque temps, sous la dépendance de la Syrie.

Quatre ans après cet événement (en 131), Hyrcan marcha, comme auxiliaire d'Antiochus, contre Phraates, roi des Parthes, et revint couvert de gloire, après une première campagne, qui avait été heureuse pour les Syriens. L'année suivante, Antiochus ayant été tué sur le champ de bataille, Hyrcan se rendit entièrement indépendant. Démétrius Nicator recouvra bientôt ses États de Syrie; mais son armée était trop affaiblie, pour qu'il pût entreprendre une nouvelle expédition contre les Juifs, qui furent délivrés pour toujours du joug syrien.

Avant de raconter l'histoire de la Judée indépendante, sous Hyrcan et ses successeurs, nous devons jeter un coup d'œil sur l'état religieux, intellectuel et social des Juifs, dont la connaissance est nécessaire pour la parfaite intelligence des événements qui vont suivre.

2. *État religieux, intellectuel et social des Juifs à l'époque des Maccabées.*

Les sectes.

Nous avons déjà indiqué plus haut l'influence qu'exerça l'exil de Babylone sur les idées religieuses des Hébreux, et le caractère distinctif imprimé au judaïsme par l'admission de certaines doctrines étrangères et par le système

---

[1] Sur ces cinq cents talents, trois cents devaient être payés de suite. Josèphe raconte que, pour se procurer cette somme, Hyrcan fit ouvrir le sépulcre de David, et en tira 3,000 talents qu'il employa, après avoir payé le tribut, à entretenir des troupes étrangères. Voy. Josèphe, *Antiqu.* XIII, 8, 4; *Guerre des Juifs*, I, 2, 5. Si le fait est exact, les 3,000 talents provenaient probablement des trésors du Temple qui, du temps d'Antiochus Épiphanes, avaient pu être sauvés en partie et déposés dans le sépulcre de David. Voy. Jahn, *Archæologie*, t. I, 2ᵉ partie, p. 440.

d'interprétation formé successivement par les docteurs qui remplaçaient les prophètes et qui s'efforçaient de rattacher au texte de l'Écriture les doctrines nouvelles et les nouveaux usages [1]. Ceux qui cultivaient l'étude de la loi et des prophètes, et la science d'interprétation, s'appelaient SOPHERIM ou *scribes* (p. 472); plus tard on leur donnait aussi le titre de *docteur de la loi* (νομοδιδάσκαλος) et celui de *maître* (Rabbi), qu'on trouve çà et là dans le Nouveau Testament. La masse du peuple *croyait* par tradition et *pratiquait* par habitude, sans trop s'enquérir de l'origine de ses croyances et de ses pratiques; mais parmi les scribes ou docteurs, qui scrutaient et examinaient, les opinions se divisèrent. Les uns, acceptant les croyances, les doctrines et les pratiques que le temps avait consacrées et qui cependant n'étaient pas écrites dans les livres saints, cherchèrent à leur attribuer une origine antique et divine, en les disant émanées de Moïse et transmises, par une tradition orale, de génération en génération, ou bien en faisant remonter à Moïse le système d'interprétation par lequel ils les rattachaient au texte; les autres refusèrent d'admettre l'origine divine des traditions et de reconnaître les doctrines qui n'avaient pas de base dans l'Écriture. Il se forma donc deux sectes, ou mieux deux écoles opposées; les partisans de l'une furent appelés *Pharisiens*, ceux de l'autre *Sadducéens*. Les uns sanctionnèrent certaines croyances superstitieuses et un grand nombre de pratiques minutieuses; mais leur système d'interprétation avait l'avantage de donner la vie et le mouvement à la lettre morte, de revêtir d'une autorité divine certaines doctrines utiles et même nécessaires qui n'étaient pas explicitement énoncées dans l'Écriture, et de favoriser le progrès et le développement perpétuel du judaïsme; car les docteurs de chaque époque pouvaient se servir de ce même principe de l'interprétation pour accommoder le culte et les institutions aux besoins et à l'esprit de leur temps. Les autres, à la vérité, cherchèrent à conserver le mosaïsme dans sa pureté, comme le faisaient aussi les Samaritains; mais ils le rendirent stationnaire et le dépouillèrent des germes de développement qui y étaient déposés. A côté de ces deux écoles, il se forma une association d'hommes exaltés ou de philosophes pratiques, qui, admettant en principe le système religieux des Pharisiens, cherchèrent à en éviter les inconvénients, en y apportant les lumières d'une philosophie probablement puisée chez les Juifs d'Alexandrie, et en faisant prévaloir les principes d'une morale sévère sur les pratiques extérieures de la religion. Nous allons donner quelques détails sur les écoles des *Pharisiens* et des *Sadducéens*, ainsi que sur l'association dont nous venons de parler, et qui est connue sous le nom d'*Esséniens* [1].

A. Les *Pharisiens*, dont le nom signifie *séparés*, *distingués* (hébr. PEROUSCHIM, chald. PERISCHIN), admettaient, à côté des doctrines mosaïques et des traditions prophétiques, certaines doctrines étrangères, puisées principalement dans la religion de Zoroastre, dont les dogmes offraient de l'analogie avec ceux de la religion mosaïque et pouvaient facilement se répandre parmi les Juifs pendant l'exil et à l'époque de la domination persane [2]. La base de la doctrine des Pharisiens était la *tradition orale*, qu'ils faisaient remonter jusqu'à Moïse, et dont l'autorité, pour eux, était égale à celle de l'Écriture. Voici quels étaient leurs dogmes principaux : 1° Il y a un destin, ou mieux une *providence divine*, un ordre de choses établi par Dieu et auquel l'homme ne saurait se soustraire; cependant Dieu laisse à la volonté humaine la liberté de se déterminer, l'homme peut choisir entre le bien et le mal et il est responsable de ses œuvres [3]. 2° L'âme de l'homme

[1] Voy. ci-dessus, pages 462, 472 et 480.

[1] Voy. Josèphe, *Antiqu.* XIII, 9; 10, 5 et 6; XVII, 2, 4; XVIII, 1, 3; *Guerre des Juifs*, I, 8.
[2] Comparez ci-dessus, page 460, col. 2.
[3] C'est ce que Josèphe dit très-claire-

est immortelle; après la mort, les âmes des bons seront récompensées et un jour elles reviendront sur la terre, revêtues d'un nouveau corps [1]; celles des méchants resteront toujours sous la terre (dans le *Scheôl*) [2], pour y subir une peine éternelle. A ce dogme qui, comme le premier, avait sa base dans la doctrine mosaïque (p. 147 et suiv.), se rattachaient diverses croyances populaires concernant le paradis et l'enfer, et empruntées aux Chaldéens et aux Perses. On appelait le paradis GAN-ÉDEN (jardin d'Éden), et l'enfer GUÉ-HINNÔM (voy. p. 7). 3° Il existe des êtres supérieurs à l'homme, de purs esprits, intermédiaires entre la divinité et les hommes, et qui sont appelés *messagers de Dieu* ou *anges*. Il y en a de bons et de mauvais ; les uns sont les protecteurs des hommes, les autres sont des génies malfaisants, des démons qui causent aux hommes toute sorte de maux. — Ce troisième dogme n'est pas mentionné par Josèphe dans les divers passages où il parle des doctrines des Pharisiens, mais il en est question dans le Nouveau Testament (Actes des Ap. 23, 8). Il paraît que la croyance à deux sortes d'anges, les uns bons, les autres mauvais, croyance empruntée aux doctrines de Zoroastre, était généralement répandue parmi le peuple et admise par les Pharisiens, sans cependant former un point essentiel de leur doctrine ou un dogme proprement dit. Josèphe voit dans les démons les âmes des hommes méchants qui, après leur mort, viennent quelquefois tourmenter les vivants [1]; il ne fait pas mention de mauvais anges. Mais dans le Nouveau Testament et dans le Thalmud, les anges et les démons jouent un très-grand rôle, et il est évident que la croyance populaire des Juifs avait adopté jusqu'à un certain point le dualisme des Parses qui fut subordonné au monothéisme mosaïque. Déjà dans les croyances des anciens Hébreux, nous rencontrons les messagers célestes, ou les anges, représentant les actes émanés de Dieu et les facultés de la nature ; les Hébreux pouvaient donc facilement retrouver leurs *messagers célestes* dans les *Izeds* de la doctrine de Zoroastre. A l'exemple de cette doctrine, on arriva bientôt à distinguer un esprit représentant le mal, un ange rebelle, l'ennemi de l'humanité, qu'on désignait par le nom de *Satan* (adversaire) [2], et qui est l'Ahriman de la doctrine du Zend-Avesta ; on entoura Satan de mauvais anges, ou de démons, semblables aux *devs* d'Ahriman. A la tête des bons anges on plaça sept princes ou *archanges* : ce sont les sept *Amschaspandas* des Perses, dont le premier est Ormuzd. Il y est fait allusion dans le livre de Daniel, écrit à l'époque des Maccabées, et on les représente comme les protecteurs des différents peuples et empires [3]. L'angélologie prit de plus grands développements dans la doctrine chrétienne et dans celle des Kabbalistes.

---

ment, *Antiqu.* XVIII, 1, 3 ; sur l'erreur de ceux qui, s'étant mépris sur le sens d'un autre passage de Josèphe, ont attribué aux Pharisiens un fatalisme absolu, voy. Basnage, *Histoire des Juifs*, liv. 2, ch. 10, Brucker, *Hist. crit. Philosophiæ*, t. II, p. 751 et 752. Comparez *Mischna*, quatrième partie, *Pirke aboth* (sentences des Pères), ch. 3, § 15.

[1] On s'est trompé sans doute en croyant reconnaître dans cette doctrine celle de la *métempsycose* ; c'est plutôt celle de la *résurrection* qui aura lieu *après la révolution des siècles* ; comparez le discours de Josèphe, *Guerre des Juifs*, III, 8, 5), avec cette différence que les anciens Pharisiens n'admettaient pas la résurrection des corps, mais seulement la renaissance des âmes.

[2] Il paraîtrait résulter d'un passage de Josèphe (*Antiqu.* XVIII, 1, 3) que, selon la croyance des Pharisiens, les âmes après la mort, celles des bons comme celles des méchants, séjournaient *sous la terre* ; mais dans le discours que nous venons d'indiquer dans la note précédente, Josèphe, Pharisien lui-même, dit que les âmes des vertueux occupent *le lieu le plus saint du ciel*. Ce point, du reste, ne fait point partie du dogme et appartient au domaine de l'imagination poétique et populaire qui se plaisait à deviner et à décrire les différents lieux où séjournaient les âmes, ou, comme on disait plus tard, le paradis et l'enfer.

33° Livraison. (PALESTINE.)

---

[1] Voy. *Guerre des Juifs*, VII, 6, 3.
[2] Voy. Zacharie, ch. 3, v. 1 et 2 ; 1 Chroniques, ch. 21, v. 1. Sur le Satan du liv. de Job, voy. ci-dessus, p. 449.
[3] Voy. Daniel, ch. 10, v. 13, 20 et 21 ; ch. 12, v. 1 ; comparez Apocalypse, ch. 8, v. 2.

Quant aux pratiques religieuses, les Pharisiens observaient une foule de cérémonies qui n'étaient pas écrites dans les lois de Moïse; c'étaient des usages introduits peu à peu et qui avaient pris un caractère religieux, ou des règlements faits par les docteurs pour servir, comme ils disent, de *haie autour de la loi* [1]. Ces usages et règlements, qui, en grande partie, étaient rattachés au texte de la loi, au moyen de l'*interprétation*, concernaient aussi bien les lois sociales que les pratiques religieuses; quelques siècles plus tard ils furent réunis en un corps d'ouvrage qu'on appelle la MISCHNA, *seconde loi ou répétition* (δευτέρωσις). Il est vrai que les Pharisiens ne considéraient ces pratiques que comme un moyen d'entretenir le sentiment religieux et qu'ils recommandaient une vie modeste et une morale austère, ce qui fait que Josèphe les compare aux Stoïciens [2]; mais comme ils attachaient une grande importance aux cérémonies extérieures, telles que les ablutions, les jeûnes, les prières etc., il y avait beaucoup d'hommes qui, sans être animés de vrais sentiments de piété, affectaient la vie extérieure des Pharisiens et renchérissaient même sur les observances prescrites, afin d'agir sur les masses ignorantes en se donnant à leurs yeux toutes les apparences d'une vie sainte. Ils abusaient souvent de l'influence qu'ils exerçaient sur le peuple, pour faire prévaloir leurs vues politiques. Dans le Nouveau Testament on met souvent en scène ces faux Pharisiens, dont le nombre était devenu très-grand et dont la conduite compromettait gravement la réputation de la secte et de ses principes, de manière que le mot *Pharisien* finit par devenir synonyme d'*hypocrite*. Le Thalmud lui même, qu'on peut considérer comme l'expression des doctrines pharisiennes dans leur plus grande étendue, plaisante quelquefois sur ceux qui les professent; il énumère sept classes de Pharisiens, dont il fait ressortir le ridicule, l'arrogance et l'hypocrisie, et dont une seule, selon lui, est animée de l'amour sincère de Dieu et de la vertu [1].

B. Les *Sadducéens* étaient, sous tous les rapports, opposés aux Pharisiens. 1° Ils rejetaient toutes les doctrines qui n'étaient pas formellement écrites dans le Pentateuque ou dans les Prophètes [2] et refusaient de reconnaître l'autorité de la *tradition orale*. 2° Ils niaient le destin ou la providence divine, dans ce sens qu'ils ne lui reconnaissaient aucune influence sur le sort de l'individu, dont toutes les actions, disent-ils, sont parfaitement libres, et qui est toujours lui-même l'ouvrier de son bonheur ou de son malheur. En vertu de ce principe ils jugeaient très-sévèrement les actions humaines et étaient beaucoup moins portés à l'indulgence que les Pharisiens, qui usaient d'une grande circonspection dans l'application des peines légales [3]. On rapporte que les Sadducéens surent faire prévaloir, pendant un certain temps, l'application à la lettre des lois mosaïques concernant le talion, qui, selon l'interprétation pharisienne, devaient s'entendre dans le sens d'une composition pécuniaire [4]. Ces principes agissaient aussi sur le caractère personnel des Sadducéens; dans le commerce de la vie, ils étaient extrêmement froids et réservés, et avaient

---

[1] Voy. Josèphe, *Antiqu.* XIII, 10, 6, et ci-dessus, page 480, col. 1.
[2] Vie de Josèphe, ch. 2.

[1] Voy. Thalmud de Babylone, traité *Sota*, fol. 22 b; Buxtorf, *Lexicon thalmudicum*, col. 1852.
[2] Plusieurs auteurs ont soutenu que les Sadducéens rejetaient même l'autorité des livres prophétiques et ne reconnaissaient que le Pentateuque seul. Cette opinion, qui n'est nullement favorisée par les paroles de Josèphe, est formellement contredite par le Thalmud, où nous voyons les Pharisiens citer des passages des Prophètes et des Hagiographes, pour réfuter les Sadducéens, sans que ceux-ci contestent l'autorité de ces passages. Voy. Thalmud de Babylone, *Synhedrin*, fol. 90 b.
[3] Voy. Josèphe, *Antiqu.* XIII, 10, 6; XX, 9, 1; comparez Actes des Apôtres, ch. 5, v. 17, 34 et suiv.
[4] Voy. *Meghillath Thaanith*, ch. 4, et ci-dessus, page 215.

même quelque chose d'acerbe et de repoussant [1]. 3° Ils niaient l'immortalité de l'âme et par conséquent la résurrection, ainsi que les récompenses et les peines d'une autre vie. 4° Ils n'admettaient, hors Dieu, l'existence d'aucun esprit sans corps et soutenaient qu'il n'y avait ni ange ni démon (Actes des Ap., 23, 8). Comme il n'est jamais question des anges dans les *doctrines* mosaïques, ils se croyaient sans doute autorisés à interpréter dans un sens allégorique les apparitions d'anges mentionnées dans le Pentateuque et dans les autres parties de l'Écriture sainte [2].

Les principes du Sadducéisme, qui faisaient consister le bonheur de l'homme dans la jouissance des biens terrestres, devaient convenir principalement aux grands et aux riches; mais la grande majorité du peuple trouvait plus de satisfaction dans la spiritualité des doctrines pharisiennes. Aussi les Sadducéens étaient-ils peu nombreux et toujours dominés par le parti compacte des Pharisiens. Ils n'étaient pas exclus des fonctions publiques; mais, en les acceptant, ils étaient obligés de suivre malgré eux les principes des Pharisiens, qui possédaient la sympathie du peuple. Quand, par surprise, ils s'emparaient du pouvoir, leur domination n'était que de courte durée et ils ne pouvaient résister longtemps à la puissante influence de leurs adversaires.

L'histoire nous laisse dans l'ignorance sur l'origine des Sadducéens et de leur nom. Nous avons déjà dit (p. 488) que la tradition rabbinique leur donne pour fondateur un certain Sadok, disciple d'Antigonus de Socho.

C. Les *Esséniens*, ou *Esséens*, issus des Pharisiens, formaient, comme nous l'avons dit, une association de philosophes pratiques qui joignaient aux croyances pharisiennes les principes d'une morale exaltée et s'appliquaient aux vertus pratiques, à la tempérance et au travail. On ne saurait dire quelle fut l'origine de cette association, ni quel est le sens exact du nom d'*Esséniens*. On a cru voir dans ce nom le mot syriaque *Hasaya* (les pieux), et on a pensé que les Esséniens étaient les mêmes que ceux que les livres des Maccabées désignent par le nom hébreu d'*Assidéens* ou *Hasidim* (p. 496); mais quelque recommandable que soit d'ailleurs cette étymologie du mot *Esséniens*, il nous semble bien plus probable que ce nom vient du syriaque *Asaya* (les médecins), et que les Esséniens de Palestine s'étaient formés sur le modèle d'une secte ou association juive d'Égypte portant le nom de *Thérapeutes* (θεραπευταί) ou *médecins (des âmes)* [1]. Les Thérapeutes vivaient dans la solitude et se livraient à l'abstinence et à la contemplation; les Esséniens vivant dans un monde où le côté pratique, dans la religion comme dans la vie sociale, était bien plus apprécié que les spéculations philosophiques des Juifs d'Égypte, cherchaient à diriger les principes philosophiques des Thérapeutes vers un but plus pratique, et, malgré leur penchant pour la vie ascétique et contemplative, ils restaient en relation avec le monde extérieur et cherchaient à servir la société en lui donnant l'exemple d'une vie laborieuse, d'une piété sincère et d'une vertu constante qui domptait toutes les passions humaines. Josèphe, dans le 2ᵉ livre de la *Guerre des Juifs* (ch. 8), entre dans de longs détails sur l'association des Esséniens, qui, de son temps, comptait environ quatre mille membres; nous reproduirons ici les traits les plus saillants de sa description.

Les Esséniens avaient, dans plusieurs villes et villages de la Palestine, des établissements où ils demeuraient ensemble. Ceux qui entraient dans leur société devaient y apporter tout ce qu'ils possédaient; les biens de la société, confiés à des administrateurs, appartenaient à tous les membres en

---

[1] Josèphe, *Guerre des Juifs*, II, 8, 14.
[2] Voy. ci-dessus; p. 144.

[1] Voy. sur le sens du nom de *Thérapeutes*, Philon, *De la vie contemplative*, au commencement.

commun, et il n'y avait parmi eux ni riches ni pauvres. Les différents établissements accordaient mutuellement à leurs membres la plus généreuse hospitalité; l'Essénien qui voyageait était sûr de trouver chez ses confrères des autres localités tout ce dont il avait besoin et d'y être reçu comme dans sa propre famille. Le voyageur n'emportait rien, si ce n'est des armes pour se défendre contre les brigands; car dans chaque ville [1] il y avait un délégué de la confrérie chargé de distribuer aux voyageurs des vêtements et des vivres.

La journée était divisée, chez les Esséniens, entre la prière, les ablutions, le travail et les repas communs. Aucun mot profane ne sortait de leur bouche avant le lever du soleil, qu'ils saluaient chaque matin par des prières selon l'antique usage. Ensuite les supérieurs renvoyaient chacun à sa besogne; après avoir travaillé jusqu'à cinq (onze) heures, ils se baignaient dans l'eau froide, et se réunissaient pour le repas. Ils entraient dans leur salle à manger avec un air solennel, comme si c'était un temple, et s'asseyaient dans le plus profond silence. Chacun recevait un pain de la main du boulanger et le cuisinier apportait à chacun un plat avec un seul mets. Avant et après le repas, un prêtre prononçait une prière. Avant de retourner au travail, ils ôtaient le vêtement qu'ils avaient pris pour le repas et qu'ils considéraient comme sacré. Le soir, ils se réunissaient de nouveau pour un second repas.

Ils ne faisaient rien sans l'ordre de leurs supérieurs, excepté quand il s'agissait de porter secours ou de pratiquer la charité; ils étaient toujours libres d'assister les malheureux, mais pour donner quelque chose à leurs propres parents, il leur fallait la permission des supérieurs. — Celui qui voulait être reçu dans leur confrérie, devait d'abord se soumettre, pendant un an, à leur manière de vivre, avant d'être admis dans l'établissement; ce n'était qu'après avoir donné des preuves suffisantes de tempérance que le novice était reçu dans la confrérie et prenait part aux ablutions; mais les membres anciens n'entretenaient encore aucun rapport avec lui, et évitaient même son contact comme une souillure. Pour être admis au repas commun, il lui fallait traverser deux autres années d'épreuves. Au bout de ce temps, s'étant montré digne d'être membre de la confrérie, il y était reçu sans réserve, après s'être engagé par de terribles serments à s'astreindre aux devoirs imposés à la confrérie. Il jurait: « d'observer la piété envers Dieu et la « justice envers les hommes; de ne nuire « à personne, ni de son propre mouve- « ment, ni par ordre; de haïr toujours « les injustes et d'aider les justes; de « garder sa foi à tout le monde et prin- « cipalement aux autorités, parce que « tout pouvoir venait de Dieu; de ne « pas abuser du pouvoir s'il y arrivait « lui-même, et de ne pas chercher la « splendeur des vêtements et d'autres « ornements pour s'élever par là au-des- « sus de ses subordonnés; d'aimer tou- « jours la vérité et de dévoiler les men- « teurs; de garder ses mains pures de « larcin, et son âme de tout gain illicite; « de ne rien cacher à ses confrères (des « mystères de la secte), et de ne rien « révéler aux autres, dût-il être menacé « de la mort; de ne communiquer à « personne les doctrines de la secte au- « trement qu'il ne les aurait reçues lui- « même; enfin de conserver avec soin « les livres de la secte et les noms des « anges »

Leurs mœurs étaient très-austères. Ceux qui se rendaient coupables d'un grave péché étaient exclus de la confrérie et abandonnés à leur sort. Pour prononcer un jugement il fallait une réunion de cent membres; la sentence de ces juges était irrévocable. Après Dieu, ils avaient le Législateur (Moïse) en grande vénération; si quelqu'un avait blasphémé contre lui, il était puni de mort. Ils fuyaient les voluptés

---

[1] C'est-à-dire dans les villes où il n'y avait pas d'établissement. Voy Gefrœrer, *Geschichte des Urchristenthums* (Histoire du christianisme primitif), t. I, première partie, p. 301.

comme un crime, et considéraient comme la plus grande vertu de l'homme de dompter ses passions. La plupart d'entre eux, voulant se garder des excès des femmes, qu'ils croyaient généralement infidèles, renonçaient au mariage, et élevaient des enfants étrangers; ceux d'entre eux qui se mariaient éprouvaient leurs fiancées pendant trois ans et cherchaient aussi à savoir si elles seraient propres à avoir des enfants. Ne se soumettant au mariage que par devoir, ils se tenaient éloignés de leurs femmes pendant leur grossesse.

Dans l'observance des lois cérémonielles, ils étaient quelquefois très-minutieux, et ils avaient aussi certains usages singuliers; ainsi, par exemple, ils s'abstenaient de cracher devant eux ou à droite; ils évitaient le contact de l'huile comme une chose impure, et si quelqu'un avait eu involontairement un peu d'huile sur quelque partie de son corps, il s'essuyait et se frottait avec soin. Ils tenaient toujours à ce que leurs vêtements fussent de couleur blanche, mais peu leur importait qu'ils fussent propres; ils trouvaient même un certain mérite dans la négligence. Pour leurs besoins naturels, ils observaient strictement les prescriptions du Deutéronome (ch. 23, v. 13 et 14); à cet effet chaque novice recevait, avec le vêtement blanc et le tablier (pour le bain), une bêche pour creuser la terre. Ils cherchaient à vaincre ces besoins pendant le jour de sabbat, qu'ils observaient, en général, avec une grande rigueur; ils n'osaient en ce jour remuer aucun objet de sa place. Ils consacraient le sabbat à la lecture de l'Écriture sainte et des livres de leur secte; ils étudiaient avec un grand zèle certains écrits de médecine qui traitaient des vertus occultes des plantes et des minéraux. Il y en avait parmi eux qui prétendaient pouvoir prédire l'avenir.

Au reste ils étaient d'une moralité exemplaire; ils s'efforçaient de réprimer toute passion et tout mouvement de colère, et dans leurs relations ils étaient toujours bienveillants, paisibles et de la meilleure foi. Leur parole avait plus de force qu'un serment; aussi considéraient-ils le serment comme une chose superflue et comme un parjure, et ils n'en prêtaient plus après celui par lequel ils avaient été reçus dans la confrérie. Ils supportaient, avec une admirable force d'âme et le sourire sur les lèvres, les plus cruelles tortures, plutôt que de violer le moindre précepte religieux. Leur vie sobre et leurs mœurs simples et austères les faisaient arriver à un âge très-avancé; on voyait parmi eux beaucoup de centenaires.

Nous citerons encore un passage de Philon, qui nous donne sur les occupations des Esséniens quelques détails qui manquent dans la description de Josèphe: « Ils servent Dieu, dit Phi-
« lon [1], avec une grande piété, non
« pas en lui offrant des victimes [2],
« mais en sanctifiant leur esprit. Ils
« habitent les villages et fuient les
« villes [3], à cause des déréglements
« habituels des citadins, sachant que,
« par leur contact, l'âme est atteinte
« d'un mal incurable, tel que la mala-
« die qui provient d'un air pestiféré.
« Il y en a parmi eux qui cultivent la
« terre; d'autres s'appliquent aux arts
« qui accompagnent la paix, et ils sont
« utiles par là à eux-mêmes et à leur
« prochain. Ils n'amassent pas l'ar-
« gent et l'or et ne cherchent pas à
« augmenter leurs revenus en ache-
« tant de grands terrains; ils s'effor-
« cent seulement d'avoir le strict né-
« cessaire pour vivre. Presque seuls

[1] Voy. Philon, *Quod omnis probus liber*, ed. de Genève, 1613, p. 678 et 679.
[2] Comparez Josèphe, *Antiqu.* XVIII, 1, 5.
[3] Ici Philon est en contradiction avec Josèphe qui dit expressément que les Esséniens habitaient dans plusieurs villes. Il paraît que Philon a principalement en vue ceux d'entre les Esséniens qui, s'abandonnant plus que les autres à la vie contemplative, recherchaient de préférence les lieux solitaires, et notamment les environs de la mer Morte; c'est peut-être cette classe des Esséniens, qui, selon Josèphe, vivait dans le célibat. Comparez Pline, *Hist. Nat.* V, 17 : *Ab occidente* (lacus) *littora Esseni fugiunt... Gens sola et in toto orbe præter cæteros mira, sine ulla fæmina, omni venere abdicata*, etc.

« d'entre tous les hommes, ils sont
« (pour ainsi dire) sans argent et sans
« possessions, plutôt par leurs mœurs
« que parce que la fortune leur fait dé-
« faut, et ils sont réputés les plus ri-
« ches, parce que la richesse consiste
« pour eux dans la frugalité et dans le
« contentement. Vous ne trouverez
« chez eux aucun artisan qui fabri-
« que des flèches, des javelots, des
« glaives, des casques, des cuiras-
« ses ou des boucliers, en général au-
« cun armurier, aucun qui fasse des
« machines ou quoi que ce soit qui ait
« rapport à la guerre, et même au-
« cun qui embrasse une profession
« paisible pouvant conduire au mal.
« Ainsi ils ignorent jusqu'au rêve des
« métiers de commerçant, de cabare-
« tier, de fréteur; car ils repoussent
« loin d'eux tout ce qui donne lieu à
« la cupidité. Il n'existe pas un seul
« esclave chez eux ; ils sont tous libres
« et travaillent les uns pour les autres.
« Ils rejettent la domination non-seu-
« lement comme une chose injuste
« qui détruit l'égalité, mais comme
« une chose impie, renversant la loi de
« la nature qui, semblable à une mère,
« a mis au monde et a élevé tous les
« hommes, et les a faits égaux comme
« des frères germains, non pas de nom
« mais de fait ; mais la rusée cupidité,
« l'emportant sur cette parenté, pro-
« duit l'éloignement au lieu de la
« familiarité, l'inimitié au lieu de l'ami-
« tié. La partie logique de la philoso-
« phie n'étant pas nécessaire pour ac-
« quérir la vertu, ils l'abandonnent
« aux chasseurs de mots; la partie
« physique étant au-dessus de la nature
« humaine, (ils l'abandonnent) à
« ceux qui prétendent s'élever dans les
« hautes régions, excepté toutefois ce
« qui traite de l'existence de Dieu et
« de l'origine de tout ce qui est. Mais
« la partie morale, ils l'étudient avec
« un grand zèle, en prenant pour gui-
« des les lois nationales, dont l'in-
« telligence (selon eux) est inaccessi-
« ble à l'esprit humain, sans une ins-
« piration divine; ils s'instruisent dans
« ces lois en tout temps, mais prin-
« cipalement le septième jour (de la
« semaine), qui est réputé un jour sa-
« cré, et pendant lequel ils s'abstien-
« nent de toute autre occupation. Réu-
« nis dans les lieux saints, qu'on appelle
« *synagogues*, ils forment un audi-
« toire, assis par classes et dans un
« ordre convenable suivant l'âge, les
« jeunes au-dessous des anciens. L'un
« prend les livres et lit; un autre d'en-
« tre les plus expérimentés aborde les
« matières difficiles et les explique;
« car la plupart des sujets sont pré-
« sentés chez eux par des symboles
« selon la méthode des anciens, etc. »

Les dogmes des Esséniens étaient au fond les mêmes que ceux des Pharisiens; seulement nous y remarquons quelques modifications produites par l'exaltation des Esséniens. Ceux-ci, comme l'affirme Josèphe, attribuaient tout au destin, et croyaient que rien n'arrivait à l'homme que par le décret du destin, ou plutôt de la providence; selon les Esséniens, dit-il ailleurs, tout devait être abandonné à Dieu [1]. Il est évident que, par le mot *destin* (εἱμαρμένη), il faut entendre la *providence divine;* mais il paraîtrait toujours, d'après Josèphe, que les Esséniens refusaient à l'homme le libre arbitre, ce qui ne s'accorde pas bien avec les austérités volontaires qu'ils s'imposaient pour plaire davantage à la Divinité et acquérir un mérite plus grand. Josèphe ne se prononce pas assez clairement sur ce point; peut-être les Esséniens ne se rendaient-ils pas compte eux-mêmes des conséquences de leur principe. Selon Philon (l. c.), ils faisaient remonter à Dieu tout ce qui est bon, mais ils ne le croyaient l'auteur d'aucun mal. Les Esséniens ont pu, dans leur exaltation, ôter à l'homme le mérite des bonnes œuvres et le croire responsable du mal; leurs austérités avaient peut-être pour but d'éviter jusqu'au moindre contact du mal. Nos documents ne suffisent pas pour nous former une idée nette de ce que les Esséniens enseignaient sur le destin ou la providence et sur ses rapports avec

---

[1] Voy. *Antiqu.* XIII, 5, 9; XVIII, 1, 5.

les actions humaines. — La doctrine des Esséniens sur la permanence de l'âme humaine est conforme à celle des Pharisiens; il résulte d'un passage de Josèphe qu'ils s'exprimaient à cet égard dans un langage figuré, car il n'est pas possible que les Esséniens aient entendu à la lettre ce que Josèphe leur fait dire sur le séjour des âmes après la mort[1]. L'âme, disaient-ils, descendue de l'éther le plus subtil et attirée dans le corps *par un certain charme naturel* (ἴυγγί τινι φυσικῇ), y demeure comme dans une prison; délivrée des liens du corps, comme d'un long esclavage, elle s'envole avec joie. Les âmes des bons vivent dans un lieu au delà de l'Océan, où il n'y a ni pluie, ni neige, ni chaleur, qui les incommode, et où l'on ne sent que le souffle d'un doux zéphyr; celles des méchants sont reléguées dans un réduit sombre et froid, où elles sont livrées à un supplice éternel.

On a vu plus haut que les Esséniens attachaient une grande importance aux noms des anges, et qu'ils avaient des doctrines particulières dont ils faisaient mystère et qui ne pouvaient être communiquées qu'aux membres de leur secte. Rien n'a transpiré de leurs mystères dans les écrits de Josèphe et de Philon; mais il est plus que probable que les livres plus récents des Kabbalistes nous retracent, en grande partie, les doctrines mystiques et métaphysiques des Esséniens, et l'existence en Judée des divers éléments de la Kabbale s'explique d'une manière très-satisfaisante par les liens qui rattachaient les croyances et doctrines esséniennes aux traditions pharisiennes d'un côté, et de l'autre aux spéculations et à la vie contemplative des philosophes juifs d'Égypte[2].

Pour compléter le tableau des doctrines qui avaient cours chez les Juifs depuis l'époque des Maccabées, on nous permettra de donner ici une esquisse rapide de la Kabbale, bien que les sources anciennes nous manquent et que nous soyons obligé de puiser dans des écrits où les doctrines kabbalistiques se présentent avec des développements qui appartiennent sans doute à des époques postérieures. Nous devons donc avertir le lecteur que c'est par anticipation que nous présentons ici le système développé de la Kabbale, dont les éléments cependant remontent sans doute à l'époque dont nous nous occupons ici et en partie même à des époques plus reculées.

La Kabbale.

Le mot *Kabbale*, ou mieux *Kabbalah*, vient du verbe *Kibbel*, qui veut dire *recevoir par tradition*; les adeptes ont cru devoir décorer du nom de *tradition* une doctrine qu'ils faisaient remonter jusqu'à Abraham et même jusqu'à Adam, qui, selon eux, fut initié dans les mystères par l'ange Raziel. La doctrine de la Kabbale, déposée plus tard dans *le livre de la création* (YECIRAH) et dans *le livre de l'éclat* (ZOHAR), a eu sans doute sa première origine dans l'exil de Babylone; mais le système tout entier n'a pu se former que plus tard sous l'influence des écoles juives d'Alexandrie, où les doctrines de Pythagore et de Platon furent combinées avec certaines autres doctrines philosophiques que jusqu'ici on a vaguement désignées par le nom de *philosophie orientale*, mélange de

---

[1] *Guerre des Juifs*, II, 8, 11.
[2] Voy. Basnage, *Histoire des Juifs*, liv. III, ch. 16, § 7; Brucker, *Hist. crit. Philosophiæ*, t. II, p. 943 et suiv; Jost, *Geschichte*, etc. (Histoire des Israélites, depuis l'époque des Maccabées), t. III, p. 72 et 75. — M. Franck (*La Kabbale, ou la philosophie religieuse des Hébreux*. Paris, 1843), qui n'admet pas l'influence de la philosophie grecque sur la formation de la Kabbale, parce que, dit-il, le judaïsme a toujours montré à l'égard de la civilisation grecque une aversion et une ignorance profonde (p. 283 et 388), nous paraît avoir négligé à tort d'examiner le rôle que les Esséniens ont pu jouer comme intermédiaires entre l'Égypte et la Palestine. Sur les rapports qui existaient entre les Esséniens de Palestine et les Thérapeutes d'Égypte, voy. Dæhne, *Geschichtliche Darstellung*, etc. (Exposition historique de la philosophie religieuse des Juifs d'Alexandrie), t. I, p. 467 et suivantes.

spéculations profondes et de croyances superstitieuses, de haute sagesse et d'extravagances. — Les Kabbalistes modernes divisent ordinairement leur science en deux parties ; l'une *théorique* ou *spéculative* (IYYOUNITH), l'autre pratique (MAASITH). La première s'occupe de la doctrine de l'*émanation*, base du système métaphysique de la Kabbale ; elle expose les différents noms de Dieu, des anges et des démons, et leur influence sur le monde sublunaire, et elle enseigne aussi un mode d'exégèse mystique pour faire retrouver ses doctrines dans l'Écriture sainte. La seconde renferme une prétendue science secrète, qui enseigne l'art de faire agir, dans certaines occurrences, les puissances supérieures sur le monde inférieur, et de produire par là des effets surnaturels ou des miracles. En prononçant certains mots de l'Écriture sainte qui renferment des allusions aux différents noms des puissances que l'on veut faire agir, ou en écrivant ces mots sur des amulettes, on parvient à se soumettre ces puissances, et par là on peut exorciser, guérir des malades, éteindre des incendies et opérer toute sorte de miracles. Cette science chimérique, qui offre un triste spectacle des égarements de l'esprit humain, a été puisée, sans doute, dans les superstitions de l'Orient, pendant et après l'exil de Babylone ; quelques-uns des livres apocryphes de l'Ancien Testament, ainsi que les Évangiles, les Actes des Apôtres et le Thalmud, en offrent des traces nombreuses. Sans nous arrêter à ce dernier degré de folies et d'extravagances dues à l'imagination déréglée de quelques têtes malades, considérons la Kabbale dite *théorique* dans ses différentes parties. Les Kabbalistes eux-mêmes la divisent en MAASÉ BERÉSCHITH (histoire de la création, ou explication du premier chapitre de la Genèse) et MAASÉ MERCAVA (histoire du char céleste, ou explication des visions d'Ézéchiel et de quelques autres prophètes) ; mais ils sont très-peu d'accord sur ce qu'il faut comprendre sous chacune de ces dénominations[1]. En suivant un ordre qui nous paraît plus méthodique et en même temps plus conforme au développement historique de la Kabbale, nous la diviserons, 1° en symbolique, 2° en positive ou dogmatique, et 3° en spéculative ou métaphysique.

1. La *Kabbale symbolique* donne les moyens de trouver dans l'Écriture sainte un sens ésotérique ou mystique, différent du sens littéral. On y parvient par différentes permutations ou combinaisons des lettres. Ces opérations se réduisent à trois : *themoura*, *guématria* et *notarikon*. A. La *themoura* (change, permutation) consiste à transposer arbitrairement les lettres d'un mot, ou à leur substituer, d'après certaines règles, d'autres lettres de l'alphabet, de manière qu'on en forme un autre mot que celui qui est dans le texte. Parmi les différentes méthodes de substitution, nous choisissons pour exemple celle qu'on appelle *ath basch*, et qui consiste à substituer la dernière lettre de l'alphabet (*thau*) à la première (*aleph*), l'avant-dernière (*schin*) à la deuxième (*beth*), et ainsi de suite. C'est de cette manière que le mot SCHÉSCHACH (Jérémie, 25, 26 ; 51, 41), nom de pays inconnu, et qui se compose des lettres *schin*, *schin*, *caph*[2], est expliqué par BABEL (*beth*, *beth*, *lamed*)[3], ce qui

---

[1] Maïmonide, dont les nombreux écrits n'offrent aucune trace de doctrines de la Kabbale, parle cependant, comme thalmudiste, du *maasé beréschith* et du *maasé mercava*, dans lesquels le Thalmud voit de profonds mystères. Préoccupé des doctrines gréco-arabes, et notamment de la philosophie d'Aristote, il voit dans *maasé beréschith* la physique et dans *maasé mercava* la métaphysique ; dans la troisième partie de son *Moré nébouchim* (ch. I à 7), il parle de la *mercava* dans un langage assez obscur, et il paraît y avoir vu toute la cosmologie d'Aristote. M. Franck dit (*La Kabbale*, p. 55) que l'opinion de Maïmonide a été adoptée par tous les Kabbalistes ; mais ceci ne doit s'entendre que de certains Kabbalistes modernes du treizième et du quatorzième siècle, chez lesquels la Kabbale se présente sous une enveloppe péripatéticienne.

[2] Il faut se rappeler qu'en hébreu on n'écrit que les consonnes. Voy. ci-dessus, pages 434 et 439.

[3] Saint Jérôme parle déjà de cette inter-

convient parfaitement au sens des deux passages. — *B.* La *guématria* consiste à n'avoir égard qu'à la valeur numérique des lettres et à leur en substituer d'autres qui produisent la même somme; car les Hébreux, comme les Grecs, emploient les lettres de l'alphabet comme chiffres numériques. Le mot MASCHIAH (Messie), composé de *mem* (40), *schin* (300), *yod* (10), *heth* (8), donne la valeur numérique de 358; il en est de même du mot NAHASCH (serpent), composé de *noun* (50), *heth* (8), *schin* (300). Les Kabbalistes concluent de là que le Messie l'emportera sur Satan, représenté sous l'image du serpent, et qu'il détruira le péché et la mort spirituelle. — *C.* Le *notarikon* consiste à réunir les lettres initiales ou finales de plusieurs mots, pour en former un seul, ou à considérer les lettres d'un seul mot comme autant de mots dont elles formeraient les initiales. Ainsi, par exemple, les finales des mots BARA ÉLOHÎM LAASOTH, *creavit Deus ut faceret* (Genèse, 2, 3), forment le mot EMETH (vérité), ce qui indique que Dieu n'a créé le monde que pour y faire régner la vérité. Les trois lettres du mot ADAM forment les initiales des trois mots *Adam, David, Messie,* ce qui indique que l'âme d'Adam, par la métempsycose, devait reparaître dans les corps de David et du Messie. — Cette méthode d'exégèse laisse un champ très-vaste à l'imagination; on devait nécessairement avoir recours à ces moyens artificiels dès qu'il s'agissait de trouver dans les écrits de Moïse et des prophètes les dogmes d'une croyance étrangère et les différents noms de Dieu et des anges. La Kabbale symbolique devait se perfectionner à mesure que les doctrines étrangères se multipliaient, et si les méthodes de *guématria* et de *notarikon* paraissent être assez récentes, comme l'indiquent ces mots mêmes, corrompus du grec et du latin, celle de *themoura,* dont le nom est hébreu, est sans doute très-ancienne, comme les deux passages de Jérémie, cités plus haut, paraissent le prouver. Il se trouve dans le même prophète un troisième passage très-remarquable (ch. 51, v. 1), où le nom d'un pays est indiqué par les mots LEB KAMAY (le cœur de mes adversaires), que la version gréco-alexandrine explique par *Chaldéens.* Or, par la permutation *ath basch,* les lettres de LEB KAMAY correspondent en effet à celles du mot hébreu CASDÎM (Chaldéens) de la manière suivante :

Le *lamed* au *caph*
    beth   *sin*
    kouph   *daleth*
    mem   *yod*
    yod   *mem.*

2. La *Kabbale positive* ou *dogmatique.* Nous comprenons sous cette dénomination tout cet amas de croyances et de dogmes mystiques entés sur le judaïsme pendant et après l'exil de Babylone, adoptés en substance par les Pharisiens et naturalisés longtemps avant la formation de la Kabbale spéculative. Quoique celle-ci ait adopté en général l'essence de ces dogmes, elle ne s'occupe pas de leurs détails positifs. Ces détails sont plutôt du domaine de la croyance que de celui de la spéculation philosophique; c'est pourquoi nous en formons une branche particulière que nous appelons *Kabbale dogmatique.* Elle s'occupe des anges et des démons et de leurs différentes divisions, des différents départements du paradis et de l'enfer, de la transmigration des âmes, etc. Toute cette partie est purement mythologique; comme nous l'avons déjà dit, en parlant des Pharisiens, ces mythes sont empruntés aux Chaldéens et aux Perses, mais les Kabbalistes n'ont pas manqué d'y exercer leur imagination et d'amplifier à leur manière les fables étrangères. Dans les visions d'Ézéchiel, nous voyons Dieu sur un trône entouré de différentes figures d'animaux ailés; les figures d'Ézéchiel ont de l'analogie avec celles que l'on trouve

prétation; voy. son Commentaire sur Jérémie, ch. 25.

représentées sur les ruines de Persépolis ; les unes et les autres sont sans doute des êtres symboliques en rapport avec les croyances locales [1]. Les Kabbalistes, comme on l'a vu, appellent la vision d'Ézéchiel *mercava* (le char); ils y ont vu la cour du roi céleste, le trône de Dieu entouré des anges, et ils y ont rattaché leurs théories d'anges et de démons. Nous voyons reparaître les bons génies d'Ormuzd, Ahriman avec ses Devs, un monde entier de génies bienveillants et de malins esprits. Les astres, les différents règnes de la nature, les éléments, les hommes, leurs vertus, leurs passions, enfin tout ce qu'il y a dans la nature de matériel et d'intellectuel, se trouve sous l'influence d'anges ou de génies. Le monde inférieur lui-même est rempli de génies matériels des deux sexes, qui tiennent le milieu entre l'homme et l'ange, et qui s'appellent *Schédim* [2] ou *Keliphoth* (écorces) [3]. Les bons anges se trouvent sous le commandement de *Metatron* [4], qui s'appelle aussi *Sarhappanim* (l'ange de la face divine), et qui est le premier ministre de la cour céleste. Les diables sont commandés par *Samaël*, qui est le Satan et l'ange de la mort. — Nous mentionnons encore ici la doctrine de la *métempsycose*, adoptée par la masse des Kabbalistes, mais qui trouva aussi de chaleureux adversaires parmi eux, et qui, simple doctrine traditionnelle, n'est pas essentiellement liée à leurs spéculations métaphysiques sur l'âme humaine. Outre la métempsycose proprement dite, les Kabbalistes en admettent une autre qu'ils appellent *ibbour* (gestation, ou imprégnation); c'est la réunion de deux âmes dans un seul corps, lorsque chacune séparément, ou du moins l'une d'elles, manque de force pour accomplir tous les préceptes de la loi, et a besoin d'un secours étranger pour s'acquitter de ses devoirs. — En somme, la Kabbale dogmatique nous présente une mythologie complète qui a beaucoup de rapport avec celle de plusieurs peuples de l'Orient et notamment avec celle des anciens Perses telle que nous la trouvons dans les livres de Zoroastre. Des Kabbalistes d'une imagination poétique n'ont pas manqué de profiter de cette mythologie ; plusieurs de leurs fables du paradis et de l'enfer rappellent les descriptions d'un Dante, d'un Milton, et leurs légendes respirent souvent un profond sentiment poétique. C'est pourquoi cette partie de la Kabbale devint assez populaire parmi les Juifs, sans que pour cela ils eussent généralement adopté la partie métaphysique qui s'y rattache et qui en donne le sens ésotérique.

3. La *Kabbale spéculative* ou *métaphysique* renferme un système de philosophie qui tend à mettre d'accord le monothéisme et le dogme de la création avec ce principe fondamental de la philosophie ancienne : *ex nihilo nihil fit*. Les philosophes non matérialistes admettaient deux principes fondamentaux, l'esprit et la matière ; mais dans ce dualisme, les deux principes sont bornés l'un par l'autre, l'esprit ou la divinité n'est pas libre dans son mouvement et ne peut se manifester selon sa volonté. D'un autre côté, ce système avait l'avantage d'expliquer l'existence du mal moral et physique qu'on rejetait sur la matière, tandis qu'en n'admettant qu'un principe unique, d'une perfection absolue, on ne pouvait comprendre le mal. Au lieu de mettre ce principe au-dessus de la spéculation et du raisonnement et de reconnaître l'insuffisance de la raison humaine, on se perdait dans un labyrinthe de subtilités pour chercher à lever toutes les contradictions Dans la doctrine de Zoroastre, la question n'est que déplacée ; car, quoique dans son dua-

---

[1] Voy. Herder, *Persepolis*, œuvres complètes, t. I, p. 63 de l'édition de Carlsruhe.
[2] Comparez Deutéronome, 32, 17; Ps. 106, 37.
[3] C'est-à-dire *rebuts*, esprits impurs ou déchus. Voy. Chr. Knorr de Rosenroth, *Kabbala denudata*, *Apparat. in librum Sohar*, P. I, p. 675. Franck, l. c. p. 211.
[4] Ce nom paraît être composé des mots grecs μετὰ θρόνου, *auprès du trône*.

lisme il *suboraonne* le principe du mal (Ahriman) au bon principe (Ormuzd), on se demande toujours quelle pouvait être l'origine du mal dans le monde d'Ormuzd. Pour résoudre ces difficultés, on imagina la doctrine de *l'émanation*. Toute la création, disait-on, est émanée graduellement de la lumière divine; à mesure qu'elle s'éloignait de la source, elle s'approchait des ténèbres, et la matière qui en est le plus éloignée est le siége du mal. Cette doctrine, qui nous fait entrer dans un nouveau labyrinthe, était en vogue dans les écoles d'Alexandrie; la Kabbale spéculative est une de ses ramifications. Voici le système des Kabbalistes :

Aucune substance n'est sortie du néant absolu; tout ce qui est a tiré son origine d'une source de lumière éternelle, de Dieu. Dieu n'est compréhensible que dans sa manifestation; le Dieu non manifesté est pour nous une abstraction. Ce Dieu est de toute éternité; c'est, selon les termes des Kabbalistes, le *vieux des jours*, l'*occulte des occultes* (ATTHIK YOMÎN, TEMIR MICCOL TEMIRIN). Sous ce rapport il est appelé aussi le *Néant* (AYIN)[1], et c'est ainsi que le monde, créé par lui, est sorti du néant. Ce néant est unique, c'est l'unité indivisible et infinie; c'est pourquoi il s'appelle ÊN-SOPH (sans fin). Cet *Ên-soph* n'est borné ni déterminé par rien, car il est tout, et rien n'est hors lui; il se manifeste librement et par sa sagesse, et devient ainsi la *cause première*, la *cause des causes*. La lumière primitive du Dieu-Néant remplissait tout l'espace, elle est l'espace même; tout y était virtuellement, mais pour se manifester, elle devait créer, c'est-à-dire se développer par l'émanation. Elle se retira donc en elle-même pour former un vide qu'elle remplit ensuite graduellement par une lumière tempérée et de plus en plus imparfaite. Cette *contraction* ou concentration de la lumière de l'Ên-soph s'appelle, dans le langage des Kabbalistes, CIMCOUM. Par cette théorie qui repose sur des principes purement physiques, sur la manière de considérer les effets matériels des rayons de lumière, les Kabbalistes croyaient sauver l'*infini* de la lumière divine; car dans les autres systèmes d'émanation, la lumière se montrait bornée en se perdant enfin dans les ténèbres. Après cette concentration, l'Ên-soph se manifesta d'abord dans un premier principe, prototype de la création, ou *Macrocosme*, qui est appelé le fils de Dieu, ou l'*homme primitif* (ADAM KADMÔN). C'est la figure d'homme qui plane au-dessus des animaux symboliques d'Ézéchiel. De cet *Adam Kadmôn* émana la création en quatre degrés, ou quatre mondes, que les Kabbalistes appellent : ACILAH, BERIAH, YECIRAH, ASIAH. *a*. Le monde *Acilah* (émanation) représente les qualités opératrices de l'*Adam Kadmôn*; ce sont des *puissances* ou des *intelligences* émanées de lui et qui forment en même temps ses qualités essentielles et les instruments avec lesquels il opère. Ces qualités sont réduites au nombre de dix et forment la sainte décade des SEPHIRÔTH[1], qui se com-

---

[1] Le mot hébreu *ayin* (rien, néant) est aussi adverbe interrogatif, et signifie *où*. David a dit (Ps. 121, 1) : « Je leve mes yeux vers les montagnes d'où (*me-ayin*) viendra mon secours. » Les Kabbalistes traduisent : *du néant* (c'est-à-dire de Dieu) *viendra mon secours*.

[1] L'étymologie du mot *Sephirah* (pl. *Sephirôth*) est incertaine : si on le considère comme un mot hébreu, il signifie *numération*, *nombre*, ce qui a fait penser aux *nombres* de Pythagore et aux *idées* de Platon; voy. Brucker, *Hist. crit. philosophiæ*, t. II, p. 1004 et 1020. M. Franck, qui adopte le sens de *numération*, s'exprime ainsi sur les Sephirôth (*La Kabbale*, p. 147) : « Elles « sont représentées comme les formes les plus « générales, par conséquent les plus essen- « tielles de tout ce qui est, et, si je puis « m'exprimer ainsi, comme les catégories « de l'univers. Nous voulons dire qu'en « cherchant, n'importe de quel point de « vue, les premiers éléments ou les princi- « pes invariables du monde, on doit, d'après « les idées dont nous sommes l'interprète, « rencontrer toujours le nombre dix. » D'autres font venir le mot *Sephirah* du grec σφαῖρα (sphère), et quelques Kabbalistes représentent les *Sephirôth* en dix cercles ou sphères, les unes dans les autres, et au

pose de deux nombres sacrés, *trois* et *sept;* car les trois premières *Sephirôth* sont appelées intellectuelles, tandis que les sept autres ne sont que des attributs. Voici dans quel ordre elles émanent les unes des autres :

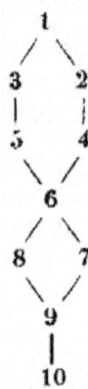

Elles s'appellent : 1 *Kéther* (couronne), 2 *Hochmah* (sagesse), 3 *Binah* (intelligence), 4 *Hésed* (grâce) ou *Guedoulah* (grandeur), 5 *Guevourah* (force), 6 *Tiphéreth* (beauté), 7 *Nécach* (triomphe), 8 *Hôd* (gloire ou majesté), 9 *Yesôd* (fondement), 10 *Malchouth* (règne). Il nous semble qu'on peut reconnaître facilement dans les Sephirôth les *puissances* (δυνάμεις) de Philon et les *Éons* des Gnostiques. — Ce premier monde d'*émanation* fit émaner à son tour : *b.* le monde *Beriah* (création); c'est le commencement de la création. Les substances que renferme ce deuxième monde sont toutes spirituelles; mais n'étant pas immédiatement émanées de l'Ên-soph, elles sont inférieures aux Sephirôth. De ces substances émane : *c.* le monde *Yecirah* (formation), qui renferme les anges, êtres incorporels, mais individuels, entourés d'une enveloppe lumineuse. *d.* Le monde *Asiah* (fabrication) est la dernière émanation; c'est la matière. Ce monde renferme des substances soumises à des variations continuelles, qui naissent et périssent, se composent et se décomposent. Tout ce qui est matériel y appartient; c'est le rebut de la création, c'est là que réside le mal.

L'homme, par sa nature, participe aux trois mondes créés, et pour cela il est appelé *microcosme* (OLAM KATAN); car tout ce que l'*Adam Kadmôn* ou le macrocosme contient virtuellement, l'homme le contient en réalité. Par l'âme, comme principe vital, il appartient au monde Asiah, par l'esprit au monde Yecirah et par l'âme intellectuelle au monde Beriah; cette dernière est une partie de la Divinité, elle est préexistante[1]. C'est pour exprimer cette triplicité que la langue hébraïque a trois mots pour dire *âme*, savoir, NÉPHESCH (*anima*), ROUACH (*spiritus*), NESCHAMAH (*animus*); Isaïe y fait allusion dans ces mots (ch. 43, v. 7) : « Je l'ai créé (BERATHIW), je l'ai formé (YEÇARTHIW) et je l'ai fait (AF ASITHIW). » L'homme est donc composé de deux principes, l'un bon et l'autre mauvais; il dépend de lui de faire prévaloir l'un sur l'autre, et après la mort il est récompensé selon ses œuvres, car la *Neschamah* est immortelle.

Tel est en substance le système de la Kabbale; les difficultés, loin d'y être résolues, ne sont qu'éludées. Le passage de l'esprit à la matière, du bien absolu au mal, reste enveloppé d'un voile impénétrable. Ce système, par ses résultats, s'écarte complétement de la doctrine mosaïque et aboutit au panthéisme; au lieu d'un Dieu libre créant par sa volonté, nous ne trouvons plus, dans ce système d'émanation, qu'une *fatalité* organisatrice de la nature divinisée.

Synagogues, écoles et littérature.

Des synagogues et des oratoires (προσευχαί) existaient, depuis l'époque des Maccabées, dans toutes les villes de la Judée et dans beaucoup d'autres villes où il y avait des communautés juives; il en est souvent fait mention dans les écrits de Josèphe et de Philon

---

dessus d'elles plane l'Ên-soph; d'autres encore y trouvent l'idée de lumière exprimée par le mot *Saphir*.

[1] Voy. sur la doctrine de la préexistence selon les Kabbalistes, *la Kabbale* de M. Franck, p. 239-244.

et dans le Nouveau Testament, et leur origine remonte probablement à l'époque de l'exil, ou tout au moins à celle d'Ezra. Ces *lieux de réunion* étaient destinés à la prière commune et à l'instruction religieuse; les fidèles s'y assemblaient surtout les jours de sabbat et de fête pour prier et pour entendre la lecture et l'interprétation de différents chapitres du Pentateuque et des Prophètes. Chaque synagogue était administrée par un collége d'Anciens, à la tête desquels se trouvait un *chef* ou *principal* (ROSCH HA-KENÉSETH, ἀρχισυνάγωγός). Le ministre officiant, chargé de réciter les prières à haute voix, s'appelait SCHE-LIACH CIBBOUR (legatus ecclesiæ)[1]; l'entretien du local était confié à un bedeau appelé HAZZĀN (ὑπηρέτης, Luc, 4, 20), qui avait soin aussi des livres sacrés et les présentait à la lecture; il paraît qu'il apprenait aussi à lire aux enfants[2].

L'instruction était mieux organisée que dans les temps anciens; les synagogues, comme on l'a vu, servaient en quelque sorte d'écoles publiques; mais il y avait des écoles élémentaires pour les enfants[3], et les scribes ou docteurs tenaient aussi des écoles supérieures, dont l'entrée était ouverte à tout le monde[4]. L'instruction se donnait en général gratuitement, les hommes instruits se faisaient un honneur et un devoir d'enseigner aux autres ce qu'ils savaient, et chaque docteur, s'il n'avait pas de fortune, possédait un art ou un métier qui le faisait vivre (p. 393).

Il nous reste un petit nombre de monuments de la littérature des Juifs depuis l'époque de Néhémia jusqu'à la fin de celle des Maccabées. Dans le livre de l'Ecclésiaste qui est attribué à Salomon, mais qui remonte tout au plus à l'époque persane[1], on fait allusion à une surabondance de livres (ch. 12, v. 12), et il en existait certainement d'autres que ceux qui nous sont restés de ces temps. Parmi ces derniers, un des plus anciens est *l'Ecclésiastique*, ou la *Sagesse de Jésus fils de Sirach*, recueil de sentences morales dans le genre des Proverbes de Salomon, et dont l'auteur vécut probablement quelque temps après Siméon le Juste. Nous ne possédons plus de cet ouvrage qu'une version grecque due au petit-fils de l'auteur (voir le prologue), et de laquelle sont émanées les autres versions anciennes; mais dans le Thalmud nous trouvons encore des fragments de l'original hébreu. La rédaction des livres des Chroniques, d'Ezra et de Néhémia, tirés de sources plus anciennes, date à peu près de la même époque et ne remonte pas au delà du commencement de l'ère des Séleucides[2]. Le livre d'Esther est d'une date incertaine, et remonte probablement avant la fin de l'époque persane; mais le livre de Daniel, comme nous l'avons déjà dit, est de l'époque maccabéenne, de même que le premier livre des Maccabées, dont l'original, écrit probablement en hébreu, est perdu, et dont nous n'avons que la version grecque. Nous rappellerons encore les livres mystiques des Esséniens, dont nous avons parlé plus haut. Quelques-uns des livres *apocryphes*[3] de l'An-

---

[1] Comparez Apocalypse, ch. 2, v. 1.
[2] Voy. Mischna, 2e partie, traité *Schabbath*, ch. 1, § 3. Plus tard on donnait le nom de *Hazzān* au ministre officiant, et c'est dans ce sens qu'il est employé maintenant par les Juifs.
[3] Voy. Josèphe, *Antiqu*. XV, 10, 5.
[4] Voy. Josèphe, *Guerre des Juifs*, I, 33, 2; *Vie de Josèphe*, ch. 2; Actes des Apôtres, 22, 3.

[1] Voy. Eichhorn, *Einleitung*, t. V, p. 266.
[2] Voy. Zunz, *Gottesdienstliche Vorträge*, ch. 2, ou le tome XVIII de la Bible de M. Cahen, p. 31.
[3] On appelle ainsi ceux des livres de l'Ancien Testament qui ne sont pas reçus dans le *Canon* des Juifs. Le mot grec ἀπόκρυφοι est probablement la traduction de GUENOUZIM (cachés), mot par lequel on désignait des livres dans lesquels il n'était pas permis de lire publiquement dans les synagogues, soit parce qu'ils étaient usés et fautifs, ou parce qu'ils n'étaient pas comptés parmi les livres *inspirés*. Voy. Hottinger, *Thesaur. philolog*. p. 514. Le Canon, qui renferme les livres dont l'inspiration est reconnue par les Juifs, se divise en trois parties, selon les trois degrés d'inspiration; ce sont : la THORAH (Pentateu-

cien Testament sont ou d'une époque plus récente, comme, par exemple, le livre de Tobie, ou dérivent des Juifs d'Alexandrie, comme le livre de la Sapience, le troisième livre des Maccabées, et quelques autres.

État social.

La société juive n'était plus basée, comme autrefois, sur l'agriculture ; le commerce et l'industrie avaient pris de très-grands développements. Les Juifs prenaient part au commerce actif qui se faisait sur les côtes de la Palestine, dans les villes phéniciennes et philistéennes ; ils durent avoir des vaisseaux marchands partant du port de Joppé, car à la fin de l'époque maccabéenne, du temps de Pompée, Aristobule II fut accusé de se livrer à la piraterie [1]. Les habitants des campagnes s'occupaient de l'agriculture (2 Maccab. 12, 1), ainsi que de la culture des palmiers et des baumiers dans les environs de Jéricho [2].

Nous avons très-peu de données sur les institutions civiles et politiques à l'époque des rois maccabéens. Ces rois, à ce qu'il paraît, disposaient d'un pouvoir très-étendu, et sans leur autorisation aucune assemblée ne pouvait être convoquée dans le pays (1 Maccab. 14, 44). Au lieu des anciens représentants de la nation, nous trouvons un sénat permanent, que plusieurs auteurs ont fait remonter à tort aux temps anciens, mais qui fut probablement établi sous le règne de Jean Hyrcan, et que Josèphe mentionne pour la première fois au temps d'Hyrcan II et d'Hérode [3]. Ce sénat, qui est connu sous le nom de *Synédrium*, se composait de soixante-onze membres, y compris le président, qui portait le titre de *Nasi* (prince), et le vice-président, appelé *Ab Béth-din* (père du tribunal). Les membres étaient choisis dans toutes les classes de la société ; on y trouve des prêtres, des anciens ou chefs de famille et des scribes ou docteurs de la loi. L'instruction seule donnait des titres pour siéger dans le sénat ; le président et le vice-président devaient être les plus instruits de tous [1]. Quelques auteurs ont soutenu à tort que la présidence appartenait de droit au grand prêtre [2] ; il paraît cependant que le grand prêtre était préféré, quand il avait l'instruction nécessaire [3]. Selon les rabbins, on portait devant ce tribunal suprême les affaires criminelles et administratives qui concernaient une tribu tout entière ou une ville ; il jugeait aussi le grand prêtre et les faux prophètes, et le roi avait besoin de son consentement pour entreprendre une guerre qui n'était pas obligatoire [4]. Il recevait aussi les témoignages pour la fixation des néoménies, qui furent proclamées par son ordre (p. 183 et 184). Le Synédrium siégeait près du Temple dans une salle appelée GA-ZITH (bâtie en pierres de taille) ; plus tard il fut transféré dans quelques autres endroits [5]. Les sièges étaient disposés en demi-cercle ; le *Nasi* était assis au milieu, à sa droite le *Ab Béth-din*, et à chacune des deux extrémités de l'hémicycle était placé un secrétaire [6]. Pour les affaires d'une haute gravité il fallait la présence de tous

---

que), écrite sous l'inspiration immédiate ; les NEBIIM (Prophètes), inspirés par un esprit prophétique inférieur à celui de Moïse, et les KETHOURIM (Hagiographes), inspirés par l'esprit saint, inférieur à l'esprit prophétique. Le Canon fut probablement clos à l'époque maccabéenne ; le dernier livre qui y fut reçu est celui de Daniel.

[1] Josèphe, *Antiqu.*, XIV, 3, 2.
[2] Voy. ci-dessus, pages 24 et 25.
[3] Voy. ci-dessus, p. 194 ; on y a écrit, par erreur, que Josèphe en parle pour la première fois *sous le règne* d'Hérode.

[1] Voy. Maïmonide, *Abrégé du Thalmud*, liv. XIV, traité du *Synedrium*, ch. 1 ; Selden, *de Synedriis*, p. 663.
[2] Contre cette opinion, voy. Selden, l. c. p. 980 et suiv.
[3] Voy. par exemple, Actes des Apôtres, ch. 5, v. 21 et 27 ; Évang. de Matthieu, 26, 3.
[4] Voy. Mischna, *Synhedrin*, ch. 1, § 5. Il paraît que les crimes politiques d'une certaine importance étaient également jugés par le grand Synédrium ; compar. Josèphe, *Antiqu.* XIV, 9, 4.
[5] Voy. ci-dessus, page 48.
[6] Voy. la description et le dessin donnés par Selden, l. c. p. 663 à 665. Les deux secrétaires n'étaient pas membres du Synédrium.

les membres ; pour celles d'une importance moindre, on se contentait de vingt-trois membres [1].

Les rabbins parlent aussi de *petits synhédrin* composés de vingt-trois membres et qui siégeaient dans chaque ville; à Jérusalem, disent-ils, il y en avait deux. Ces tribunaux jugeaient en général toutes les affaires criminelles de l'ordre vulgaire [2]. Mais dans les œuvres de Josèphe, il n'existe aucune trace de ces tribunaux de vingt-trois membres; cet auteur ne parle que de tribunaux composés de sept juges, et qui, selon lui, furent établis par Moïse [3]. Les affaires civiles étaient jugées, selon les rabbins, par trois juges arbitres; chacune des parties en choisissait un, et les deux ensemble choisissaient le troisième [4].

La procédure, dans les affaires criminelles, était bien plus lente et plus compliquée que dans les temps anciens; les formalités prescrites à ce sujet par le droit rabbinique, notamment pour l'audition des témoins [5], offraient aux accusés de nombreuses garanties, et les condamnations capitales, selon le Thalmud, étaient extrêmement rares.

Nous n'avons pas de données particulières sur l'administration du pays et sur les finances à l'époque des rois maccabéens; ceux-ci possédaient des domaines et levaient certains impôts, comme nous le voyons par plusieurs décrets de César, rapportés par Josèphe [6]. Il est probable que les impôts que nous trouvons mentionnés sous Hérode et plus tard remontent en grande partie à cette époque; on parle de certains impôts sur les terres et les maisons, des douanes et des octrois [7]. Les routes commerciales qui traversaient la Palestine durent, comme autrefois, offrir de grands avantages aux souverains.

Nous devons nous borner ici à cette esquisse rapide de l'état religieux et social des Juifs; elle se complétera sur plusieurs points par le récit historique que nous reprenons maintenant.

3. *Les princes maccabéens indépendants jusqu'à la conquête de Jérusalem par Pompée* (de 130 a 63).

Jean Hyrcan, comme on l'a vu, était devenu indépendant par la mort d'Antiochus Sidètes et par la défaite de l'armée syrienne dans la malheureuse expédition contre les Parthes. Après s'être emparé de Médaba (p. 74), de Samega [1] et d'autres villes de Pérée occupées par les Syriens, il fit, en 129, la conquête de Sichem, et détruisit le temple des Samaritains, bâti depuis deux cents ans sur le mont Garizim. Les Samaritains, quoique sujets des princes juifs, ne purent cependant être convertis au judaïsme orthodoxe, et continuant à nourrir une haine implacable contre le temple de Jérusalem, ils célébraient leur culte sur le mont Garizim, près des ruines de leur sanctuaire. Le judaïsme remporta une victoire plus complète sur les Iduméens. Ce peuple, qui s'était emparé de plusieurs villes du midi de la Judée, était devenu un dangereux voisin pour les Juifs et avait maintes fois facilité les invasions hostiles des Syriens. Jean Hyrcan, les ayant complétement défaits, leur laissa le choix d'émigrer ou d'adopter la religion juive en se faisant circoncire. Les Iduméens prirent ce dernier parti; leur pays forma dès lors une province de la Judée et fut gouverné par un préfet (στρατηγός) juif [2].

Quelque temps après (128-127), à l'époque où Démétrius Nicator, entre-

---

[1] Maïmonide, l. c. ch. 3, § I.
[2] Mischna, *Synhédrin*, ch. I, § 4 et 6. Comparez Evang. de Matthieu, 10, 17; Marc, 13, 9.
[3] Voy. ci-dessus, page 195.
[4] Mischna, *Synhédrin*, ch. 3, § I.
[5] Voy. ibid. ch. 4 et 5.
[6] *Antiqu.* XIV, 10, § 5, 6 et suiv.
[7] Voy. ib. XV, 9, 1; 10, 4; XVII, 2, 1; 8, 4; XIX, 6, 3.

[1] Josèphe, *Antiqu.* XIII, 9, 1. Cette ville était située sans doute, comme Médaba, dans l'ancien pays de Moab; dans la *Guerre des Juifs* (I, 2, 6). Josèphe l'appelle (Samée Σαμαία).
[2] Voy. Josèphe, *Antiqu.* XIII, 9, I; XIV, 1, 3.

prenant une expédition contre le tyran d'Égypte Ptolémée Physcon [1], s'approcha avec son armée du territoire de la Judée, Jean Hyrcan envoya une ambassade à Rome, pour renouveler le traité fait par le sénat avec son père Siméon, et pour demander l'annulation du traité qu'il avait été forcé de conclure avec Antiochus Sidètes, et par lequel il s'était engagé à payer au roi de Syrie un tribut pour Joppé et quelques autres villes. Le sénat renouvela l'alliance avec les Juifs, et promit de s'occuper plus tard des griefs d'Hyrcan. Celui-ci envoya de nouveau, pour traiter cette affaire, un certain Numénius, fils d'Antiochus, qui déjà avait été employé par Jonathan à des négociations semblables (1). Maccab. 12, 16). Numénius fut chargé de présenter au sénat un bouclier d'or du poids de cinquante mille sicles. La négociation réussit complétement ; le sénat publia un décret par lequel il accorda aux Juifs tout ce que leurs ambassadeurs avaient demandé [2].

Les guerres civiles qui troublèrent la Syrie profitèrent à Jean Hyrcan, qui put agrandir son territoire et se fortifier de plus en plus. Démétrius fut assassiné à Tyr, après avoir été défait par le prétendant Alexandre Zebina (125), protégé par Ptolémée Physcon. Son fils Séleucus prit le diadème, mais il fut bientôt tué par sa mère Cléopâtre (124). Zebina, qui s'était emparé d'une partie de la Syrie, fit un traité d'alliance avec Jean Hyrcan; mais Cléopâtre fit venir d'Athènes son fils Antiochus *Gryphus*, qui fut proclamé roi de Syrie (123). Le roi d'Égypte, qui avait à se plaindre de l'ingratitude de Zebina, envoya une armée au secours d'Antiochus; Zebina fut défait

[1] Voy. Justin, l. 39, ch. I.
[2] Voy. Josèphe, Antiqu. XIV, 8, 5. C'est par mégarde que ce document a été inséré par Josèphe, ou par son secrétaire, dans l'histoire d'Hyrcan II ; l'erreur devient surtout manifeste par le nom de *Numénius, fils d'Antiochus*, expressément mentionné dans ce décret, et qui, chargé d'une mission du temps de Jonathan, n'a pu figurer un siècle plus tard sous Hyrcan II. Voy. l'édition de Havercamp, t. I, p. 698, notes *k* et *t*.

et périt dans une émeute au moment où il voulait emporter des trésors du temple de Jupiter à Antioche, pour s'enfuir en Grèce. Après quelques années de règne (114), Antiochus Gryphus fut attaqué par son frère utérin, Antiochus de Cyzique; la guerre civile entre les deux frères dura plusieurs années, jusqu'à ce qu'enfin, en 111, ils convinrent de se partager le royaume. Antiochus de Cyzique reçut la Célésyrie et la Phénicie et fixa sa résidence à Damas; Gryphus conserva le reste du royaume avec l'ancienne résidence d'Antioche.

Hyrcan, encouragé par les troubles et la division du royaume de Syrie, voulut s'emparer de la ville de Samarie, habitée par des Grecs syriens, qui avaient exercé des violences contre les Juifs de Marissa ou *Maréscha*, dans la plaine de *Schephéla*. Les deux fils d'Hyrcan, Aristobule et Antigonus, mirent le siége devant Samarie (110). Antiochus de Cyzique vint au secours des assiégés, mais il fut repoussé avec perte, et, poursuivi par les Juifs, il ne put se sauver qu'avec peine. Il implora le secours de Ptolémée Lathyre, roi d'Égypte; malgré l'opposition de sa mère Cléopâtre, gagnée pour la cause d'Hyrcan par deux Juifs, Hilkia et Hanania, les fils du prêtre Onias de Léontopolis, Lathyre envoya six mille hommes pour renforcer les troupes du roi de Damas. Pour obliger les Juifs à partager leurs forces, Antiochus, au lieu de marcher directement sur Samarie, fit ravager le pays dans divers endroits; mais ces manœuvres n'eurent pas le succès qu'il s'était promis, et ses soldats, fatigués d'une lutte inutile, désertèrent en grande partie. Antiochus se retira à Tripolis, chargeant ses deux généraux, Callimandre et Épicrate, de continuer la lutte; Callimandre fut bientôt défait et mis en fuite, et Épicrate, trahissant son maître, vendit à Hyrcan Bethseán et les autres villes des environs occupées par les Syriens. Samarie fut obligée de se rendre après un an de siége (109); Hyrcan la fit raser, et elle ne fut rebâtie qu'après un demi-siècle, par le général romain Gabinius.

Jean Hyrcan, maître de toute la Judée avec les places de Joppé et de Jamnia, de la plus grande partie de la Samarie et de la Galilée (excepté le littoral de la Méditerranée) et de plusieurs villes conquises dans la Pérée sur les Syriens, passa le reste de ses jours dans le repos, quant aux affaires du dehors. Il était juste et vertueux; disciple et ami des Pharisiens, il possédait à un haut degré l'affection du peuple. Les rabbins lui attribuent plusieurs règlements de police religieuse qui témoignent d'un grand attachement aux observances pharisiennes[1]. Mais vers la fin de son règne, sa tranquillité fut troublée par les querelles des partis dans lesquelles il fut entraîné lui-même par un outrage qu'il subit de la part d'un Pharisien et dont les Sadducéens profitèrent pour l'attirer dans leur parti. Il paraîtrait que plusieurs Pharisiens voyaient avec déplaisir le même homme revêtu en même temps des suprêmes dignités religieuses et temporelles, et disposant par là d'un immense pouvoir dont l'abus pouvait détruire la liberté du peuple. Hyrcan, qui peut-être avait reçu quelque avertissement, invita un jour les principaux chefs des Pharisiens à un festin, et les engagea à lui déclarer avec franchise, si, sous un rapport quelconque, il s'était écarté de la bonne voie et avait négligé ses devoirs. Tous s'accordèrent à faire son éloge; un seul, nommé Éléazar, homme d'un esprit remuant, osa se faire l'organe du parti des mécontents : « Puisque, dit-il au prince, tu veux connaître la vérité et être juste, abdique le pontificat et contente-toi du pouvoir temporel. » Sommé de s'expliquer, il dit avoir appris que la mère d'Hyrcan avait été prisonnière des Syriens du temps d'Antiochus Épiphanes, et cherchait ainsi à jeter des doutes sur la naissance légitime du prince. Un Sadducéen, nommé Jonathan, ami intime d'Hyrcan, persuada à celui-ci que l'opinion dont Éléazar s'était fait l'écho, était celle de tous les Pharisiens; pour convaincre le prince de la vérité de son assertion, il l'engagea à faire juger Éléazar par les Pharisiens eux-mêmes. Ceux-ci, étant en général portés à l'indulgence, condamnèrent le calomniateur à la peine du fouet et de la prison. Hyrcan, ne trouvant point dans cette peine une réparation suffisante de l'outrage qu'il avait subi de la part d'Éléazar, ajouta foi aux insinuations de Jonathan, et se déclarant dès ce moment partisan de la doctrine sadducéenne, il abolit les pratiques introduites par les Pharisiens et ordonna de punir ceux qui observeraient les prescriptions de la loi orale ou traditionnelle[1].

Cette mesure devint funeste à la famille des Maccabées et lui fit perdre la popularité dont elle avait joui jusqu'alors. Cependant Hyrcan, grâce au respect que commandait son caractère personnel, réussit à maintenir la paix pendant le reste de ses jours. Il mourut après un règne de vingt-neuf ou trente ans (105). Sa mémoire resta en vénération à la postérité; on disait dans le peuple qu'il avait des révélations divines, et qu'il prédisait les choses futures[2].

Jean Hyrcan laissa en mourant cinq fils : Aristobule et Antigonus, qui s'étaient distingués au siége de Samarie; Alexandre Jannée, élevé en Galilée et que son père avait pris en haine, parce que, disait-on, un songe l'avait averti qu'il régnerait un jour; un quatrième

---

[1] Cet événement est raconté d'une manière un peu différente dans le Thalmud de Babylone, traité *Kiddouschin*, fol. 66 a, où on a confondu Johanan, ou Jean Hyrcan, avec son fils le roi (Alexandre) Jannée; mais dans un autre passage (*Berachoth*, fol. 29 a), on nomme expressément *le grand prêtre Johanan* (Jean Hyrcan), qui à la fin de ses jours devint Sadducéen.

[2] Voy. Josèphe, *Antiqu.* XIII, 10, 7; *Guerre des Juifs*, I, 2, 8. Cet auteur raconte, entre autres (Antiqu. l. c. § 3), qu'au jour où ses deux fils vainquirent Antiochus de Cyzique, Hyrcan entendit une voix dans le sanctuaire, qui lui annonça cette victoire. On paraît faire allusion à ce même fait dans le Thalmud de Babylone, traité *Sota*, fol. 33 a.

---

[1] Voy. Mischna, 1er partie, *Maaser schéni*, ch. 5, § 15; 3e partie, *Sota*, ch. 9, § 10.

dont le nom est inconnu et un cinquième nommé Absalom. En vertu du testament d'Hyrcan, son épouse devait gouverner à sa place; mais Aristobule ne voulant pas se contenter du pontificat, s'empara aussi de la principauté temporelle, et prenant le diadème, il changea son titre de *prince* (nasi) en celui de *roi*. Sa mère voulant faire valoir ses droits, il la fit jeter en prison et mourir de faim. Ses frères aussi furent retenus dans les fers, à l'exception d'Antigonus, qui possédait son affection et à qui il accorda une grande part dans les affaires du gouvernement.

Son court règne fut illustré par quelques brillants faits d'armes et notamment par la conquête de l'Iturée (p. 66), dont les habitants furent forcés d'embrasser le judaïsme. Mais la vengeance du ciel atteignit bientôt le roi parricide et son châtiment fut un autre crime, commis sur la personne de son frère qu'il chérissait, mais qui avait à la cour de puissants ennemis, à la tête desquels se trouvait l'épouse d'Aristobule, la reine Salomé, ou, comme on l'appelait en grec, Alexandra. Aristobule avait toujours fermé l'oreille aux bruits mensongers et aux noires calomnies que Salomé et quelques courtisans ne cessaient de répandre contre Antigonus, qu'ils présentaient comme un homme ambitieux méditant l'usurpation du pouvoir royal. A la fête des Tabernacles, Aristobule étant malade et retenu dans son château, Antigonus, revenu de l'armée, sans se donner le temps de déposer sa magnifique armure, se rendit directement au Temple, accompagné d'une troupe de guerriers, afin de rendre des actions de grâce à la Divinité et de prier pour le salut de son frère. Ses ennemis profitèrent de cette occasion pour exciter les soupçons du roi malade, en lui parlant de l'entrée pompeuse d'Antigonus et de sa troupe armée. Le roi, pour éprouver son frère, lui fit ordonner de se présenter immédiatement chez lui sans armes; en même temps il fit placer des hommes de sa garde dans une allée souterraine qui conduisait du Temple au château des Maccabées appelé *Baris* [1], et leur donna l'ordre de tuer Antigonus s'ils le voyaient passer en armes. Le messager d'Aristobule, gagné par la reine, dit à Antigonus que le roi désirait le voir revêtu de son armure, et le malheureux, en traversant le souterrain, fut assassiné par la garde du roi. Josèphe rapporte qu'un Essénien, nommé Juda, qui ne s'était jamais trompé dans ses prophéties, avait prédit qu'Antigonus mourrait près de la *Tour de Straton*, voulant indiquer la ville qui plus tard fut appelée Césarée (p. 59). Voyant Antigonus à Jérusalem au jour qu'il croyait fixé pour sa mort, il désespérait de la vérité de ses visions prophétiques; mais il apprit avec étonnement que le meurtre d'Antigonus venait d'être commis dans le souterrain qui portait également le nom de *Tour de Straton*. Ce récit de Josèphe, quelle que soit son origine, peut servir à caractériser le rôle qu'on attribuait aux Esséniens.

La maladie d'Aristobule s'aggrava par les cruels remords qui déchiraient son âme, et il vomit du sang. Un domestique, qui emporta le sang, le versa par hasard à l'endroit où Antigonus avait été assassiné; le roi l'ayant appris y vit un signe de la vengeance céleste. Le souvenir de sa mère et de son frère le remplit d'un affreux désespoir; il invoqua la mort pour qu'elle mît fin à ses souffrances et expira bientôt dans d'horribles angoisses. Il n'avait régné qu'un an.

Immédiatement après sa mort, ses trois frères qu'il avait fait mettre en prison furent relâchés par les ordres de la reine Alexandra et le plus âgé d'entre eux, Alexandre Jannée, monta sur le trône (104). La reine se conforma probablement au vœu du peuple; car on ne saurait indiquer aucun motif qui pût la porter à faire librement un choix aussi contraire à son intérêt personnel [2]. Alexandre signala son

[1] Voy. ci-dessus, pages 47 et 503.
[2] Quelques savants ont supposé que la reine épousa Alexandre, et qu'elle est la même qu'Alexandra, femme d'Alexandre

avénement par le meurtre du frère qui le suivait dans l'ordre de la naissance et qui avait manifesté des vues ambitieuses ; Absalom, l'autre frère de Jannée, homme paisible et modeste, put vivre en paix.

Alexandre, d'une humeur guerrière et d'un esprit entreprenant, mais peu réfléchi, voulut agrandir son royaume et s'emparer notamment de plusieurs villes du littoral de la Méditerranée, lesquelles, profitant des troubles qui désolaient la Syrie divisée en deux royaumes, s'étaient rendues indépendantes. Alexandre commença par mettre le siége devant Ptolémaïde, et envoya quelques divisions de son armée assiéger Dora et Gaza. Les habitants de Ptolémaïde appelèrent à leur secours Ptolémée Lathyre, chassé d'Égypte par sa mère Cléopâtre et qui était alors roi de Cypre ; mais bientôt ils se repentirent d'avoir demandé un secours aussi dangereux et refusèrent de recevoir Lathyre. Il fut invité cependant à venir protéger Dora et Gaza contre les troupes d'Alexandre, et celui-ci, pour pouvoir porter son attention de ce côté, fut obligé de lever le siége de Ptolémaïde. S'adressant secrètement à Cléopâtre pour implorer son secours, il feignit de demander la paix à Lathyre, qui consentit à trahir les villes de Dora et de Gaza et à les lui livrer pour quatre cents talents. Mais Lathyre, ayant découvert les démarches faites par Alexandre auprès de Cléopâtre, envahit la Galilée, prit la ville d'Asochis et fit dix mille prisonniers (103). Après avoir vainement tenté de s'emparer de Séphoris, Lathyre s'avança vers le Jourdain et tailla en pièces les troupes d'Alexandre assemblées près du fleuve. Alexandre y perdit trente mille hommes. Ptolémée Lathyre ravagea le pays et y exerça des cruautés inouïes ; il se serait infailliblement emparé de la Palestine, si Cléopâtre n'eût pas amené une armée au secours d'Alexandre. Les troupes égyptiennes étaient commandées par les deux frères Hilkia et Hanania dont nous avons parlé plus haut. Par cette diversion, Lathyre fut obligé de se retirer ; Hilkia se mit à sa poursuite, mais il y perdit la vie, et Lathyre put se sauver par la fuite (102).

Cléopâtre, ayant pris Ptolémaïde, où Alexandre vint la voir, eut un moment la pensée de faire assassiner le roi des Juifs et de s'emparer de son pays ; mais Hanania la détourna de ce projet et elle fit une alliance avec Alexandre. Celui-ci, ayant passé de l'autre côté du Jourdain (101), assiégea Gadara, qu'il prit au bout de dix mois, et se rendit maître d'Amathous (p. 72), où il saisit les trésors que Théodore, fils de Zénon Cotylas, prince de Philadelphie, y avait déposés. Mais Théodore vint l'attaquer subitement, reprit ses trésors et la ville d'Amathous, et s'empara des bagages d'Alexandre, qui laissa dix mille hommes sur le champ de bataille.

Après s'être remis de cette défaite, il marcha de nouveau sur la côte du sud-ouest, prit Raphia et Anthedon, près de Gaza, et mit le siége devant cette dernière ville (98). Gaza fit une résistance vigoureuse ; après un an de siége, elle fut livrée par trahison à Alexandre, qui, feignant la clémence, occupa paisiblement toutes les positions fortes. Mais aussitôt il donna l'ordre de massacrer tous les habitants ; ceux-ci firent payer cher leur vie aux troupes d'Alexandre, et mirent eux-mêmes le feu à leurs maisons, afin d'enlever au barbare le fruit de sa victoire. Alexandre fit raser les fortifications et revint dans sa

---

Jannée et qui régna après sa mort. Voy. Jost. *Geschichte*, etc. (Histoire des Israélites depuis le temps des Maccabées), t. I, appendice, p. 30. Mais un pareil mariage eût été une insulte manifeste aux lois du pays ; comme grand prêtre, Jannée n'aurait pas même pu épouser sa belle-sœur en vertu du lévirat (voy. page 204). D'ailleurs, le caractère de Salomé ou Alexandra, femme d'Aristobule, n'aurait pu mériter les éloges que Josèphe fait d'Alexandra, veuve de Jannée (*Guerre des Juifs*, I, 5, 1). Nous ne saurions nous occuper ici de la solution des difficultés chronologiques qui résultent, dans tous les cas, de l'âge que Josèphe donne à Jannée, à sa femme Alexandra et à leurs fils ; il y a nécessairement des fautes graves dans les nombres. Voy. Jost. l. c.

capitale, couvert du sang des vaincus et de celui des vainqueurs qu'il avait versé à flots sans aucune utilité pour la gloire et le bien-être de son pays.

À Jérusalem, la haine que les Pharisiens portaient à la famille des Maccabées, depuis la défection de Jean Hyrcan, ne demandait qu'une occasion pour éclater avec fureur contre un prince dans lequel le caractère du sadducéisme se manifestait dans toute sa dureté repoussante. Le mécontentement général, excité par les guerres infructueuses d'Alexandre, fut mis à profit par les Pharisiens. La révolte éclata à la fête des Tabernacles (en 95), au moment où Alexandre Jannée, fonctionnant comme grand prêtre, offrit dans le Temple le sacrifice de la fête. Des hommes du parti des Pharisiens lancèrent contre lui les cédrats qu'ils tenaient dans leurs mains, selon l'usage prescrit pour la fête (p. 188), et vociférèrent contre lui en l'appelant *fils d'une captive* et indigne du pontificat. Le roi en fureur ordonna à sa garde étrangère, composée de Pisidiens et de Ciliciens, de charger le peuple; la mêlée devint générale et six mille hommes du peuple tombèrent en ce jour.

Par cette sévérité, Alexandre parvint à rétablir la tranquillité pour le moment, mais la haine que lui portaient les Pharisiens et le peuple n'en devint que plus forte. Pour faire diversion aux troubles intérieurs, il entreprit de nouvelles expéditions contre les pays voisins. Il passa le Jourdain (93), rendit tributaires les Moabites et les Arabes du pays de Gilead, et rasa la forteresse d'Amathous, qui avait été abandonnée par Théodore; mais son expédition se termina par une défaite honteuse. Ayant attaqué Obedas (Obéida), émir d'une peuplade arabe, il donna dans une embuscade près de Gadara; son armée, précipitée des hauteurs et refoulée dans un ravin, fut écrasée par les nombreux chameaux des Arabes et entièrement détruite. Ce ne fut qu'avec peine qu'Alexandre parvint à se sauver.

Cette défaite fut le signal de nouveaux troubles, qui éclatèrent à Jérusalem à l'arrivée du roi. La Judée fut désolée, pendant six années, par une guerre civile dans laquelle cinquante mille Juifs perdirent la vie. En vain, Alexandre fit-il aux révoltés des propositions de paix; quand il leur demanda ce qu'il devait faire pour les contenter, ils répondirent : Mourir! car ses actes, disaient-ils, pouvaient à peine se pardonner après la mort. Ils appelèrent à leur secours Démétrius Eucérus, fils d'Antiochus Gryphus; Alexandre ne put tenir tête aux forces réunies des Syriens et des rebelles juifs, et son armée fut entièrement détruite près de Sichem (88). Alexandre se réfugia dans les montagnes, où il rassembla de nouveau quelques forces; six mille des rebelles rentrèrent spontanément sous l'obéissance du roi, ce qui engagea Démétrius à se retirer à Damas. Alexandre parvint à vaincre les révoltés dans un combat décisif (86); les plus opiniâtres se jetèrent dans une forteresse appelée Béthome. Vaincus par Alexandre, ils furent conduits à Jérusalem, où huit cents des principaux prisonniers furent crucifiés le même jour, après avoir vu massacrer leurs femmes et leurs enfants. Alexandre assista à ce spectacle horrible au milieu de ses femmes, qu'il avait réunies pour un festin. Cette cruauté inouïe mérita à Alexandre le surnom de *doker* (trucidator), ou *assassin*[1]; la terreur qu'elle inspira rétablit le repos, et le reste des rebelles, au nombre de huit mille, chercha le salut dans une prompte fuite. Parmi les fugitifs, dit-on, se trouva Siméon, fils de Schatach, frère de la reine Alexandra, et l'un des plus célèbres Pharisiens, qui se réfugia à Alexandrie. La reine intercéda pour lui et il fut rappelé à Jérusalem; il devint

---

[1] Josèphe dit *thracidas*, θραχίδας (*Antiqu.* XIII, 14, 2), mot que quelques-uns ont expliqué par *Thrace*, *barbare*; mais le mot est probablement corrompu. Dans l'extrait hébreu de l'histoire de Josèphe, connu sous le nom de *Josippon* (liv. 4, ch. 33), on lit *Doker*. Voy. aussi la *Notitia Karæorum*, publiée par Wolf, p. 86.

ensuite le restaurateur de la doctrine pharisienne et de la loi traditionnelle [1].

Les dernières années d'Alexandre Jannée furent encore troublées par quelques guerres. Hareth, roi de l'Arabie Pétrée, qui, après avoir vaincu Antiochus Denys, occupa momentanément le trône de Damas, fit une invasion en Judée et vainquit Alexandre près de Hadida (dans la Judée occidentale); mais il se retira en vertu d'une convention faite entre les deux rois (84). Alexandre, convoitant toujours les trésors du prince Théodore de Philadelphie, déposés à Gerasa, fit une nouvelle expédition en Pérée. Dans l'espace de trois ans il se rendit maître de Dion, de Pella, de Gerasa, de Golan, de Gamala et de quelques autres villes. De retour à Jérusalem (81), où, grâce à ses victoires, il fut bien accueilli par le peuple, il s'abandonna à la bonne chère et aux excès du vin. Son intempérance lui attira une fièvre quarte; pour faire diversion à sa maladie, il se mit de nouveau en campagne et alla assiéger la citadelle de Ragaba, dans les environs de Gerasa, mais les fatigues hâtèrent les progrès du mal. Se sentant près de mourir, il conseilla à la reine, qui l'avait accompagné au siége, et à laquelle il confia les rênes du gouvernement, de se réconcilier avec les Pharisiens, qui exerçaient une grande influence sur le peuple et dont l'amitié lui serait nécessaire pour régner en paix. Il l'engagea à tenir secrète sa mort jusqu'après la prise de Ragaba, de retourner ensuite à Jérusalem à la tête de l'armée victorieuse et de mettre son corps à la disposition des Pharisiens. Il mourut âgé de quarante neuf ans, après en avoir régné vingt-sept (78). Les Pharisiens, ayant appris les recommandations faites par Alexandre à la reine, oublièrent toute sa conduite passée, et, le comblant d'éloges, ils lui firent de pompeuses funérailles.

Ce fut sous les auspices des Pharisiens que la reine Alexandra monta sur le trône. Elle avait d'Alexandre deux fils: l'aîné, appelé Hyrcan, fut nommé grand prêtre, le cadet, Aristobule, fut chargé du commandement des troupes, et le trône fut occupé par Alexandra. La reine fut entièrement dominée par les Pharisiens. Ceux-ci avaient atteint le but de leurs efforts, la séparation entre le pouvoir temporel et le pouvoir sacerdotal; mais il y eut parmi eux des esprits remuants qui désirèrent satisfaire leur vengeance par de sanglantes réactions. Ils purent s'y abandonner librement, grâce à la faiblesse de la reine et à l'indolence du grand prêtre Hyrcan. La première victime de cette réaction fut le sadducéen Diogène, homme d'une haute distinction, qui avait été l'ami d'Alexandre Jannée et qu'on accusait d'avoir engagé ce dernier à faire crucifier les huit cents prisonniers de Béthome. Diogène fut mis à mort; beaucoup d'autres Sadducéens eurent le même sort; d'autres se sauvèrent par la fuite. Enfin Aristobule se fit le protecteur du parti opprimé; à la tête d'une députation de Sadducéens, anciens compagnons d'armes d'Alexandre Jannée, il se rendit auprès de sa mère et implora sa protection en faveur de ceux qui avaient partagé les dangers de son père et participé à ses victoires, et dont la mort ou l'exil ferait triompher les ennemis du dehors. Sur ses représentations énergiques, Alexandra chercha à soustraire les Sadducéens à la vengeance de leurs adversaires, en les envoyant dans plusieurs forteresses dont elle leur confia la garde; mais par là elle leur rendit le moyen de se fortifier et de préparer une contre-révolution, et bientôt Aristobule en profita pour s'emparer du pouvoir. Sa mère étant tombée dangereusement malade, il partit secrètement de Jérusalem; dans l'espace de quinze jours il se trouva en possession de vingt-deux places fortes, et avec l'argent qu'il y trouva, il enrôla des

---

[1] Voy. le livre *Cosri*, 3ᵉ partie, § 65, édit. de Buxtorf, p. 241; *Notitia Karæorum*, p. 86. Comparez *Thalmud de Babylone*, traité *Kiddouschin*, fol. 66 *a*. — Josèphe n'en fait aucune mention.

troupes et se fit proclamer roi. Sur les prières d'Hyrcan et des Pharisiens, Alexandra fit enfermer la femme et les enfants d'Aristobule dans le château de Baris; elle remit aux Pharisiens le soin des affaires, et institua Hyrcan son héritier universel. Mais avant de pouvoir rien entreprendre contre Aristobule, elle mourut laissant le pays exposé aux troubles de la guerre civile (69). Elle avait régné neuf ans.

A Jérusalem, les Pharisiens placèrent sur le trône le grand prêtre Hyrcan, aimant mieux confier le double pouvoir à un prince qu'ils pouvaient diriger à leur volonté, que de laisser le fougueux Aristobule maître de leur sort. Ils levèrent aussitôt une armée, pour maintenir Hyrcan contre son frère; mais cette armée fut battue près de Jéricho, par les troupes d'Aristobule, et Hyrcan, obligé de se retirer, alla s'enfermer dans Jérusalem. La désertion de ses soldats, à qui il ne put inspirer le courage et l'énergie dont il manquait lui-même, et qui aimèrent mieux se placer sous les drapeaux du belliqueux Aristobule, ne lui permit pas de soutenir un siége; il traita avec son frère des conditions de la paix, et heureux de pouvoir jouir tranquillement de ses biens, il se déchargea sans peine du fardeau de la couronne, mais il conserva probablement le titre et les fonctions de grand prêtre[1]. Les deux frères s'embrassèrent en public; Aristobule prit possession du château de Baris, et Hyrcan alla demeurer dans la maison d'Aristobule.

Cette paix cependant fut de courte durée; elle fut bientôt troublée par les intrigues de l'Iduméen Antipas,

plus connu sous le nom d'Antipater, et dont le père avait été préfet de la province d'Idumée, sous Alexandre Jannée. Antipater, homme séditieux et ami d'Hyrcan, persuada à celui-ci que sa vie était en danger, et l'engagea à se réfugier auprès de Hareth ou Aretas, roi de l'Arabie Pétrée. Le faible Hyrcan consentit à le suivre à Pétra; Antipater sut gagner Hareth pour la cause d'Hyrcan, en lui promettant de lui faire rendre douze villes qu'Alexandre Jannée avait prises aux Arabes. Hareth, à la tête de cinquante mille hommes, envahit la Judée, défit les troupes d'Aristobule, entra dans la capitale (65) et força le roi de se retrancher dans l'enceinte du Temple, où il fut assiégé par les Arabes et les Juifs du parti d'Hyrcan, pendant la fête de Pâques. Les assiégeants manifestèrent une grande exaspération et se rendirent coupables de plusieurs forfaits. Un homme pieux, nommé Onias (Honia), qui, disait-on, était chéri de Dieu, et qui, un jour, dans une sécheresse, avait fait tomber, par sa prière, une pluie abondante[1], fut saisi par les assiégeants, qui voulurent le forcer de prier pour le succès de leur entreprise et de prononcer des imprécations contre Aristobule et ses partisans. « Dieu, s'écria-t-il, roi de l'univers, ceux qui m'entourent ici sont de ton peuple, et les assiégés sont tes prêtres; je te prie: n'exauce pas ceux-là contre ceux-ci, et ne permets pas que les prières de ceux-ci s'accomplissent contre ceux-là. » Pour prix de cette prière le pieux Onias fut tué à coups de pierres. Les prêtres assiégés envoyèrent mille drachmes, afin d'obtenir des victimes pour les sacrifices de la fête; on garda l'argent sans expédier les victimes.

Le siège se prolongea sans succès;

---

[1] Il n'est pas probable, comme le disent généralement les auteurs modernes, qu'Hyrcan, en déposant la couronne, ait renoncé en même temps au pontificat. Josèphe ne parle expressément que de l'abdication de la royauté (*Antiqu.* XIV, 1, 2; *Guerre des Juifs*, 1, 6, 1). Hyrcan s'engagea à vivre ἀπραγμόνως, c'est-à-dire sans prendre part aux affaires publiques, ce qui n'exclut pas le pontificat. L'auteur du livre Josippon (ch. 36) dit avec raison qu'Hyrcan resta grand prêtre.

[1] Cet homme est célèbre, dans les traditions thalmudiques, sous le nom de *Honi*, et surnommé *Ha-Meagghel* (faisant des cercles magiques). On parle aussi dans le Thalmud de l'effet de ses prières, et notamment de celle par laquelle il obtint la pluie. Voy. *Thalmud de Babylone*, traité *Thaanith*, fol. 23 *a*.

mais Aristobule eût été obligé de se rendre, si les événements de Syrie ne lui eussent pas fourni le moyen de se délivrer et de vaincre son frère : funeste victoire, achetée au prix de l'indépendance de la Judée, dont les destinées, depuis ce moment, reposaient entre les mains d'une puissance qui écrasait les peuples sous le poids de sa protection et les étouffait dans les étreintes de son amitié.

Pompée, après avoir vaincu Mithridate, fit la guerre à Tigranes, roi d'Arménie, auquel les Syriens, fatigués des interminables guerres civiles, avaient livré le royaume des Séleucides. Scaurus, envoyé en Syrie par Pompée, venait d'occuper Damas (64), d'où il se rendit en Judée, attiré par les querelles des Juifs, qu'il crut devoir mettre à profit. Les deux partis s'adressèrent au général romain, pour le rendre juge de leur querelle. Scaurus pouvait être impartial ; car chacun des deux frères lui offrit quatre cents talents, et sa cupidité était désintéressée dans la question. Il décida en faveur du belliqueux et riche Aristobule, et contre le faible Hyrcan, qui était le jouet d'un parti et appuyé par une armée étrangère dont la présence probablement donnait ombrage au Romain. Scaurus ordonna à Hyrcan et à son allié Hareth de quitter immédiatement la Judée, sous peine de se voir traités en ennemis par les Romains ; après quoi il retourna à Damas. Hareth se retira avec son armée, mais poursuivi par Aristobule, il fut battu dans un combat et perdit six mille hommes, au nombre desquels se trouvèrent beaucoup de Juifs, ainsi que Phalion, frère d'Antipater. Aristobule rentra triomphant dans Jérusalem.

Quelque temps après, Pompée étant venu lui-même à Damas, Antipater se rendit auprès de lui pour plaider la cause d'Hyrcan. De son côté, Aristobule, pour faire sa cour à Pompée, lui envoya une vigne en or, qui, à ce qu'il paraît, provenait de son père Alexandre Jannée. Strabon (cité par Josèphe) dit l'avoir vue à Rome, dans le temple de Jupiter Capitolin ; elle portait l'inscription : *D'Alexandre roi des Juifs*, et on l'estimait cinq cents talents. Un certain Nicodème fut chargé par Aristobule de défendre ses droits contre Antipater, envoyé d'Hyrcan ; il eut la maladresse de se plaindre de la cupidité de Scaurus et de celle de Gabinius, autre général romain, qui avait aussi reçu trois cents talents pour favoriser la cause d'Aristobule. Ces plaintes indisposèrent Pompée contre Aristobule ; il renvoya les deux ambassadeurs, disant qu'il entendrait les deux frères au printemps prochain, à son retour à Damas. A l'époque fixée, Hyrcan et Aristobule se présentèrent en personne devant Pompée (63). Hyrcan invoqua son droit de premier-né et accusa son frère d'avoir usurpé la couronne et de se livrer à toute sorte de violences, même au brigandage et à la piraterie, ce qui fut affirmé par plus de mille témoins qu'Antipater avait fait venir à Damas. Aristobule, d'un ton arrogant, parla de l'incapacité et de l'indolence de son frère, et de la voix du peuple, qui s'était prononcée pour lui comme étant plus digne de porter la couronne et seul capable de protéger le pays contre les ennemis. En même temps un troisième parti se présenta devant Pompée, pour protester à la fois contre les deux princes, en les accusant d'avoir changé la forme du gouvernement et d'avoir usurpé le titre de *roi* dans un pays qui, jusque-là, avait été gouverné par les grands prêtres selon ses antiques institutions. Pompée, blessé de la fierté d'Aristobule, l'accusa d'avoir agi avec violence ; mais il ajourna encore la décision jusqu'à son retour d'Arabie, où il allait combattre le roi Hareth. Aristobule, reconnaissant que Pompée ne lui était pas favorable, partit brusquement pour se mettre en état de défense.

Pompée, après avoir réduit Hareth, ayant appris les intentions hostiles d'Aristobule, se dirigea vers la Judée. Aristobule l'attendit dans la citadelle d'Alexandrion, élevée par Alexandre Jannée sur la frontière au delà du Jourdain, probablement pour protéger la Judée contre les invasions des Arabes. Arrivé devant Alexandrion, Pompée fit inviter Aristobule à sortir auprès de lui pour exposer ses prétentions; cet entretien, qui resta sans succès, fut suivi de trois autres, qui n'en eurent pas davantage. Enfin Pompée, fatigué de ces négociations infructueuses, déclara à Aristobule qu'il le retiendrait prisonnier, s'il n'expédiait pas sur-le-champ à toutes les forteresses l'ordre de se rendre aux Romains. Aristobule, pour recouvrer sa liberté, écrivit aussitôt aux commandants des forteresses, et se retira à Jérusalem, plein d'une juste indignation et résolu de se préparer au combat. Pompée le suivit, et Aristobule, reconnaissant qu'il essaierait vainement de lui résister, se rendit de nouveau auprès de lui et lui offrit une somme considérable pour obtenir la paix et être maintenu sur le trône. Pompée y consentit, et envoya Gabinius à Jérusalem pour recevoir la somme promise par Aristobule; mais le peuple refusa de ratifier la promesse et ferma les portes au général romain. Pompée s'en vengea sur Aristobule en le retenant prisonnier, et mit le siège devant Jérusalem. Les partisans d'Hyrcan ouvrirent les portes aux Romains, mais ceux d'Aristobule se retirèrent sur la montagne du Temple, résolus d'opposer une résistance opiniâtre. Pompée fit venir de Tyr des machines de guerre, et commença les opérations du siége du côté du nord, qui était le moins fortifié. Le siége dura trois mois, et il aurait duré plus longtemps, si les Romains n'eussent pu profiter des jours de sabbat pour avancer leurs travaux sans en être empêchés par les Juifs. Enfin la plus grande tour de la muraille ayant été renversée par les machines, ses ruines, comblant le fossé, donnèrent passage aux Romains, qui montèrent à l'assaut. Le premier qui pénétra dans le fort fut Faustus Cornélius, fils du fameux Sylla; il fut suivi par les centurions Furius et Fabius avec leurs troupes. Les Romains firent un horrible carnage de tous les Juifs qu'ils rencontrèrent dans la place; beaucoup d'entre eux se précipitèrent du haut de la muraille pour se donner la mort; d'autres mirent le feu à leurs maisons et expirèrent dans les flammes. Au milieu de ces scènes d'horreur, les prêtres, impassibles, firent leur service à l'autel, en attendant la mort; ils furent impitoyablement égorgés au pied de l'autel, et leur sang se mêla à celui des victimes. Environ douze mille Juifs périrent en ce jour; ils tombèrent en partie sous les coups de leurs propres frères du parti d'Hyrcan.

Ce qui ajouta à la douleur et à l'humiliation des Juifs, ce fut la profanation du sanctuaire; car Pompée pénétra avec sa suite dans le Saint des Saints, qui n'était accessible qu'au grand prêtre, une fois par an. Cependant Pompée ne toucha à aucun des vases sacrés, ni même au trésor du Temple, qui était de deux mille talents. Le lendemain, il ordonna de purifier le sanctuaire et d'y offrir les sacrifices comme à l'ordinaire. Ceux qui avaient engagé Aristobule à faire la guerre aux Romains furent condamnés à mort; d'autres furent faits prisonniers, et parmi ces derniers nous remarquons Absalom, oncle et beau-père d'Aristobule, dont le sort ultérieur est inconnu. Aristobule fut épargné pour être conduit à Rome; il avait régné six ans.

La conquête de Jérusalem et le massacre qui la suivit eurent lieu, selon Josèphe, pendant un jour de jeûne solennel; on a pensé que ce fut l'anniversaire de la destruction de Jérusalem par les Chaldéens. Selon d'autres, Josèphe veut parler du 10 Thischri (septembre-octobre), jour des expiations, ce qui est plus probable [1]. Par cette conquête la Judée perdit de nouveau son indépendance; le royaume des Hasmonéens fut changé en une *ethnarchie* tributaire des Romains.

[1] Selon Strabon, l. XVI (ed. Casaubon, 1587, p. 525), c'était un jour de jeûne auquel les Juifs s'abstenaient de toute espèce de travail, ce qui ne peut s'adapter qu'au jour des expiations. Voy. les arguments allégués par M. Jost dans son Histoire des Juifs depuis les Maccabées, t. I, appendice, p. 23 à 28.

Pompée rendit à Hyrcan le pontificat, mais il lui défendit de porter le diadème, et Hyrcan n'eut plus que le titre d'*ethnarque* (chef du peuple); il fut obligé de payer un tribut, de faire démolir les murailles de Jérusalem, de rendre aux Romains toutes les villes qui autrefois avaient appartenu à la Syrie, et il dut s'engager à faire rebâtir Gaza, Gadara et quelques autres villes détruites par ses prédécesseurs. Scaurus, nommé gouverneur de Syrie, fut chargé de veiller sur la Judée. Pompée retourna ensuite à Rome, en passant par le Pont, où il confirma la royauté de Pharnace, fils de Mithridate, qui venait de se donner la mort. Le vainqueur des Juifs emmena avec lui l'ex-roi Aristobule, ainsi que ses deux fils, Alexandre et Antigonus, et ses deux filles, pour orner son triomphe.

QUATRIÈME PÉRIODE.

LES JUIFS SOUS LA DÉPENDANCE ROMAINE, ET LEUR LUTTE HÉROÏQUE JUSQU'A LA DESTRUCTION DE JÉRUSALEM ET DU TEMPLE PAR TITUS.

(De l an 63 avant l'ère chrétienne jusqu'à l'an 70 de cette ère.)

1. *Les derniers Maccabéens.*

Hyrcan resta, pendant quelques années, dans la paisible possession du pontificat et de la principauté; Antipater, qui gouvernait en son nom, cherchait à augmenter son influence, en se rendant utile aux Romains. Il eut bientôt l'occasion de rendre un grand service à l'armée de Scaurus, qui, dans une nouvelle expédition contre Hareth (62), faillit succomber près de Pella par le manque de vivres. Antipater vint au secours de l'armée romaine, et, par son intervention, la paix fut rétablie, et Hareth paya à Scaurus trois cents talents. Scaurus ayant été rappelé, Antipater sut maintenir la bonne intelligence avec ses successeurs; mais, au bout de quelques années, le repos de la Judée fut troublé de nouveau par la guerre civile.

Alexandre, fils d'Aristobule, conduit à Rome avec son père, avait pu s'échapper en chemin; il revint en Palestine (57), et bientôt il put réunir dix mille hommes de pied et quinze cents cavaliers, s'emparer d'Alexandrion et de Machérous (p. 67) au delà du Jourdain et menacer Jérusalem, dont il n'était pas permis à Hyrcan de relever les fortifications. Hyrcan et Antipater appelèrent à leur secours Gabinius, alors proconsul de Syrie; celui-ci entra en Judée accompagné de Marc-Antoine, qui commandait la cavalerie. Antipater vint rejoindre Gabinius avec les troupes juives commandées par les généraux Pitholaüs et Malich. Le combat s'engagea près de Jérusalem; Alexandre laissa trois mille hommes sur le champ de bataille, on lui fit autant de prisonniers, et il se réfugia dans la forteresse d'Alexandrion, où il fut assiégé. Gabinius visita Samarie et les autres villes qui avaient été détruites par les Juifs, et donna ordre de les rétablir. Revenu au camp d'Alexandrion, il trouva Alexandre prêt à capituler; l'ancienne reine, femme d'Aristobule, se chargea des négociations, et obtint la liberté de son fils. Alexandrion et les autres forteresses dont Alexandre s'était emparé furent rasées.

Gabinius alla ensuite à Jérusalem, où il confirma Hyrcan dans le pontificat; mais en même temps il introduisit des changements très-notables dans le gouvernement, auquel il donna une forme aristocratique. Il divisa le pays en cinq districts, dont chacun devait être gouverné par un grand conseil; les sièges des cinq gouvernements, indépendants les uns des autres, furent établis dans les villes de Jérusalem, Jéricho, Gadara, Amathous et Séphoris. Par cette mesure, qui fut généralement accueillie avec satisfaction, Gabinius voulut sans doute mettre un terme aux ambitions des princes Maccabéens et faire cesser les intrigues de l'un et de l'autre parti.

L'année suivante (56), Aristobule et

son fils Antigonus s'échappèrent de Rome, et, arrivés en Palestine, ils se virent bientôt entourés de nombreux partisans; le général Pitholaüs, trahissant son maître Hyrcan, passa avec mille hommes du côté d'Aristobule. Celui-ci parvint à rétablir la forteresse d'Alexandrion; mais s'étant dirigé sur Machérous, il fut défait par Sisenna, fils de Gabinius, et perdit cinq mille hommes. Il s'enferma avec mille hommes dans Machérous; mais cette place, fortifiée à la hâte, fut prise par Sisenna après deux jours de siége. Aristobule, blessé, tomba entre les mains des ennemis et fut renvoyé à Rome avec son fils; mais Antigonus et ses deux sœurs furent relâchés, sur la demande de Gabinius, qui, dans ses négociations précédentes avec la femme d'Aristobule, avait promis à celle-ci de faire rendre la liberté à ses enfants. Alexandre, malgré cette générosité et celle dont il avait été l'objet lui-même de la part de Gabinius, excita de nouveaux troubles en Palestine, et, ayant rassemblé un nombreux corps d'armée, il sévit partout contre les Romains (55). Gabinius, revenu d'une expédition contre les Parthes, s'était rendu immédiatement en Égypte, appelé par Ptolémée Aulètes, qui lui offrit dix mille talents pour être rétabli sur le trône dont il avait été dépouillé par Archelaüs. Alexandre assiégea les Romains dans leurs retranchements du mont Garizim, quand Gabinius revint d'Égypte avec son armée victorieuse. Le général romain expédia Antipater, le ministre d'Hyrcan, auprès d'Alexandre; mais ses démarches étant restées infructueuses, le combat s'engagea près du mont Thabor, entre les Romains et Alexandre, qui avait encore trente mille hommes avec lui. Les troupes d'Alexandre furent défaites; dix mille hommes tombèrent sur le champ de bataille, Alexandre prit la fuite avec le reste de ses troupes, et la tranquillité fut rétablie.

L'année suivante (54), Gabinius, accusé de concussion, fut rappelé à Rome, et Crassus le remplaça dans le gouvernement de Syrie. Mais la cupidité du nouveau proconsul surpassa celle de son prédécesseur. Crassus vint aussitôt à Jérusalem pour rançonner le Temple, afin de se procurer les ressources nécessaires pour son expédition contre les Parthes. Le trésorier Éléazar lui offrit une barre d'or du poids de trois cents mines cachée dans une poutre à laquelle étaient suspendus les rideaux à l'entrée du Saint des Saints. Éléazar, qui connaissait seul ce trésor caché, espérait, en le sacrifiant, satisfaire l'avidité du proconsul, à qui il fit jurer d'épargner les autres trésors du Temple; mais Crassus, malgré son serment, s'empara des deux mille talents que Pompée avait laissés intacts, et Josèphe nous assure qu'il prit encore huit mille autres talents qui se trouvaient dans le Temple [1]. Quelque temps après, Crassus passa l'Euphrate pour combattre les Parthes; on sait qu'il périt d'une manière ignominieuse, après la malheureuse bataille de Carres ou Harran, en Mésopotamie (53). Cassius Longinus, qui avait pris part à l'expédition de Crassus, rassembla les débris de l'armée romaine, et parvint à sauver la Syrie de l'invasion des Parthes. Il entra ensuite en Palestine, et défit à Tarichée (p. 35) les partisans d'Aristobule commandés par Pitholaüs; celui-ci, pris par les Romains, fut mis à mort. Alexandre fut forcé d'accepter les conditions dictées par Cassius et de se tenir tranquille.

Au bout de quelques années (49), César étant devenu maître de Rome, remit en liberté l'ex-roi Aristobule et l'envoya en Palestine avec deux légions, pour reconquérir son royaume et combattre le parti de Pompée dans la province de Syrie gouvernée par Métellus Scipion, alors beau-père de Pompée. Mais, avant de pouvoir rien entreprendre, Aristobule mourut empoisonné

---

[1] Voy. Josèphe, *Antiqu.* XIV, 7, § 1 et 2. Ces immenses trésors, dit Josèphe, provenaient des dons que les Juifs de tous les pays envoyaient, depuis des siècles, au Temple de Jérusalem. Comparez Cicéron, *Pro Flacco*, ch. 28; Tacite, *Hist.* V, 5.

par les partisans de Pompée, et son fils Alexandre, qui avait osé tant de fois braver les Romains et qu'on accusait d'enrôler des troupes pour le parti de César, fut décapité à Antioche par les ordres de Scipion.

Après la célèbre bataille de Pharsale (48) et la fin tragique de Pompée, traîtreusement assassiné à son arrivée en Égypte, le rusé Antipater sut gagner les faveurs de César, à qui il rendit de grands services en Égypte, en se joignant avec trois mille Juifs à Mithridate de Pergame, que César, se trouvant dans le plus grand danger, avait appelé à son secours, et en payant de sa personne dans la prise de Péluse et dans la conquête de l'Égypte. Il procura des vivres à l'armée romaine, en gagnant les Juifs du district d'Héliopolis, et il eut une grande part à la victoire de César, par suite de laquelle Cléopâtre, débarrassée de son frère et époux Ptolémée Denys, qui périt dans le Nil, régna seule en Égypte. Arrivé en Syrie (47), César se montra reconnaissant envers Antipater. Il confirma à Hyrcan la dignité de grand prêtre et la principauté, en lui donnant la permission de rétablir les fortifications de Jérusalem, et donna à Antipater la charge de *procurateur* de Judée et le titre de citoyen de Rome. La constitution aristocratique introduite par Gabinius fut abolie, et le gouvernement de Judée fut rétabli sur l'ancien pied. Ce fut en vain qu'Antigonus, fils d'Aristobule, vint se plaindre d'Hyrcan et d'Antipater, qui, disait-il, après avoir usurpé le pouvoir et fait périr son père et son frère, n'étaient venus au secours de César que pour faire oublier l'amitié qu'ils avaient témoignée à Pompée. Antipater le fit taire en montrant les nombreuses blessures qu'il avait reçues en Égypte, et en le présentant comme un homme avide de révolutions et comme l'héritier de l'esprit turbulent de son père Aristobule.

César nomma son parent Sextus César gouverneur de Syrie, et partit pour le Pont; Antipater l'accompagna jusqu'aux frontières, et, revenu à Jérusalem, il profita des pouvoirs qui lui avaient été donnés par César, pour régler l'administration du pays, selon ses propres intérêts et ceux de sa famille. L'indolent Hyrcan ne mit aucun obstacle aux vues ambitieuses d'Antipater, qui était le vrai maître dans le pays et qui partagea le gouvernement avec ses fils; il nomma Phasaël, son fils aîné, gouverneur de Jérusalem et confia à Hérode, son second fils, l'administration de la Galilée. Hérode, quoique très-jeune, montra un esprit entreprenant et énergique. Au milieu des troubles de la guerre civile et des spoliations continuelles, beaucoup de mécontents s'étaient retirés dans les cavernes de la Galilée; un certain Ézéchias se mit à leur tête, ils infestèrent la Galilée et différentes contrées de la Syrie, où ils se livrèrent au brigandage. Hérode chercha à en purger le pays; Ézéchias et une partie de sa bande étant tombés entre ses mains, il les fit mettre à mort sans jugement. A Jérusalem, où la puissance toujours croissante d'Antipater et de ses fils donna de sérieuses inquiétudes, on blâma hautement les actes arbitraires d'Hérode et la faiblesse d'Hyrcan; celui-ci fut obligé de faire citer Hérode devant le grand Synédrium [1]. Hérode, bravant ses juges, se présenta vêtu de pourpre et entouré d'une garde nombreuse; les membres du Synédrium hésitèrent, et gardèrent le silence. Un seul, nommé Saméas, prit la parole, pour blâmer en termes énergiques l'arrogance d'Hérode et la faiblesse des juges : « Sachez, dit-il en terminant, que Dieu est grand, et que celui-ci que vous voulez maintenant absoudre à cause d'Hyrcan, vous châtiera un jour, vous et le roi lui-même. » Ce discours fit une profonde impression sur les juges; Hyrcan, qui présida, voyant le Synédrium mal disposé à l'égard d'Hérode, leva brusquement la séance, et renvoya l'affaire au lendemain. Il avait reçu une lettre de Sextus César,

---
[1] C'est à cette occasion que Josèphe mentionne pour la première fois le *Synédrium*.

qui lui demanda d'un ton impérieux de faire absoudre Hérode; et comme il désirait lui-même le soustraire au jugement, il lui fit conseiller, en secret, de prendre la fuite. Hérode suivit ce conseil, et se rendit à Damas auprès de Sextus César, qui, gagné par une somme d'argent, le nomma gouverneur de Célésyrie. Hérode voulut aussitôt profiter de sa nouvelle puissance, pour marcher sur Jérusalem, à la tête d'une armée, afin de châtier le Synédrium et de détrôner Hyrcan, qui l'avait fait appeler devant le tribunal; mais, fléchi par les prières de son père et de son frère, il renonça à cette expédition.

La mort de César (44) jeta la Judée dans de nouveaux troubles. Cassius Longinus, l'un des meurtriers du dictateur, vint en Syrie, où l'armée romaine était alors divisée en deux camps ennemis, à cause de la mort de Sextus César, assassiné par Cécilius Bassus, ancien ami de Pompée. Cassius parvint à réconcilier les deux partis, et à la tête d'une nombreuse armée il se prépara à disputer la province à Dolabella, nommé proconsul d'Asie. Il leva partout des impôts, et, s'avançant en Judée, il en exigea sept cents talents. Antipater, pour se procurer cette somme, chargea ses fils, ainsi que Malich[1] et quelques autres personnages, de mettre à contribution les districts dont ils étaient gouverneurs. Hérode qui, rentré en grâce, était de nouveau gouverneur de Galilée, apporta le premier sa part, qui était de cent talents, et gagna par là les bonnes grâces de Cassius; les autres ne furent pas en état de se procurer tout l'argent nécessaire, et on fut obligé de céder à Cassius les villes de Gophna, Emmaüs, Lydda et Thamna, dont il fit vendre les habitants comme esclaves. Malich, qui ne put fournir sa part, eût péri par les ordres de Cassius, si Hyrcan ne l'eût sauvé en envoyant par Antipater cent talents de sa propre fortune.

[1] C'est sans doute le même qui marcha avec Pitholaüs contre Alexandre; voy. ci-dessus.

Après le départ de Cassius, qui se rendit à Laodicée pour combattre Dolabella, Malich, jaloux de la puissance d'Antipater, résolut de le faire périr. Antipater, qui avait conçu des soupçons, alla rassembler des troupes de l'autre côté du Jourdain, afin de se mettre à l'abri des intrigues de Malich. Celui-ci ne pouvant lutter ouvertement contre le puissant Antipater, employa la ruse; il sut persuader aux fils d'Antipater que les soupçons de leur père étaient mal fondés, et les engagea par ses protestations à le réconcilier avec Antipater. Celui-ci eut la générosité d'intercéder pour son ennemi auprès de Statius Murcus, successeur de Sextus César dans le gouvernement de Syrie, qui voulut faire mourir Malich. Néanmoins la haine de Malich ne fit que s'accroître, lorsque Cassius, pour récompenser les services d'Hérode, lui confia le gouvernement de toute la Syrie, et lui fit espérer de le nommer roi de Judée. Quelque temps après, Antipater fut empoisonné à la table d'Hyrcan, par l'échanson qui avait été gagné par Malich (43).

Quoique Malich protestât de son innocence et ne manquât pas de larmes pour pleurer Antipater, Hérode reconnut en lui le meurtrier de son père; mais, sur le conseil de Phasaël, il différa sa vengeance pour l'exécuter sans bruit et sans danger. Il se présenta bientôt une occasion favorable. Hyrcan allait partir pour Laodicée, accompagné par Malich et Hérode, pour présenter ses félicitations à Cassius; Hérode voulut profiter de ce voyage pour venger la mort de son père. On était arrivé à Tyr, lorsque Malich, soupçonnant les dangers dont il était menacé, résolut de retourner en Judée, après avoir enlevé son fils, que les Romains avaient conduit à Tyr comme otage. Il compta même, à son arrivée à Jérusalem, trouver des partisans parmi le peuple et s'emparer du pouvoir. Ce projet hardi, inspiré par le désespoir, fut découvert par Hérode. Celui-ci invita Hyrcan avec sa suite à un repas, et, sous prétexte d'envoyer faire les préparatifs, il fit appeler les tribuns militaires que Cassius avait placés sous son commandement. Ils arrivèrent en armes, et bientôt Malich expira sous leurs coups. Hyrcan, témoin de ce meurtre, tomba évanoui; revenu à lui-même et informé des projets de Malich et de l'approbation que Cassius avait donnée d'avance au projet d'Hérode, il témoigna, du moins extérieurement, sa satisfaction de voir le pays sauvé par cet acte de légitime vengeance.

Malich avait en effet des partisans en Judée prêts à venger sa mort; ils surent gagner Félix, commandant des troupes romaines, et un frère de Malich s'empara de Masada et de quelques autres forteresses, sans en être empêché par Hyrcan. Hérode était malade à Damas, Cassius avait été rappelé par Brutus, et on était à la veille de la bataille de Philippes (42). Dans ces circonstances, Hyrcan a pu nourrir l'espoir d'être délivré du redoutable fils d'Antipater en se servant du parti de Malich. Mais Phasaël attaqua ce parti et parvint à expulser Félix de Jérusalem, et bientôt Hérode vint achever la victoire. Les deux frères reprochèrent à Hyrcan sa conduite hostile; mais, quelque temps après, Hérode, croyant servir ses intérêts en s'alliant avec la famille hasmonéenne, se réconcilia avec le prince, qui promit de lui donner pour femme Mariamne, fille du malheureux Alexandre, et dont la mère, Alexandra, était fille d'Hyrcan. A la même époque, Antigonus, fils d'Aristobule, tenta de recouvrer le trône de son père. Il fut appuyé par Ptolémée, prince de Chalcide (au pied du Liban), qui était devenu son beau-frère; car, après la fin tragique d'Aristobule et d'Alexandre, Antigonus et ses deux sœurs, ayant quitté la Judée, avaient été reçus par Ptolémée, qui épousa ensuite l'une des princesses. Marion, prince de Tyr, qui haïssait Hérode, prit le parti d'Antigonus et lui amena des troupes, et même Fabius, gouverneur romain à Damas, fut gagné par l'argent de Ptolémée. Marion s'était déjà emparé de trois forteresses en Galilée; mais Hérode l'en expulsa et remporta une éclatante victoire sur Antigonus et ses alliés. Revenu à Jérusalem en triomphe, il fut magnifiquement reçu par Hyrcan, et le peuple lui présenta des couronnes.

Pendant ce temps la bataille de Philippes décida le sort de Rome et du monde ancien.; Brutus et Cassius se donnèrent la mort, et la république expira. Les triumvirs se partagèrent l'empire; Octavien garda l'Occident, Lépidus reçut l'Afrique, et ce fut Antoine qui vint en Asie (41). En Bithynie, il reçut les ambassades des provinces asiatiques. Une députation de Juifs se présenta pour accuser Hérode et Phasaël de s'être emparés du pouvoir et de n'avoir laissé à Hyrcan qu'un vain titre; mais déjà Hérode avait prévenu ses accusateurs, et avait gagné par de riches présents la bienveillance d'Antoine, qui autrefois avait eu des relations d'amitié avec Antipater, lorsqu'il était venu en Judée avec Gabinius. Les ennemis d'Hérode ne furent pas écoutés. A Éphèse, une ambassade d'Hyrcan vint demander la restitution des villes et des terres livrées à Cassius et l'affranchissement de ceux qui avaient été vendus comme esclaves; Antoine accorda cette demande, et écrivit aussitôt à ce sujet une lettre à Hyrcan, lui promettant toute sa protection, et une autre au gouvernement de Tyr, auquel Cassius avait vendu un grand nombre d'esclaves juifs[1]. A Daphné, près d'Antioche, les ennemis d'Hérode, au nombre de cent, vinrent renouveler leur plainte; mais Hyrcan, qui se trouvait là, interrogé par Antoine, fit de grands éloges d'Hérode et de Phasaël, sur quoi Antoine fit emprisonner quinze des accusateurs, et nomma Hérode et son frère *tétrarques* de Palestine. Hérode eut la générosité d'intercéder pour les quinze prisonniers qu'Antoine voulut faire mettre à mort. Néanmoins les ennemis d'Hérode ne perdirent pas courage;

---

[1] Voy. Josèphe, *Antiqu.* XIV, 12.

une députation composée de mille hommes demanda à être admise auprès d'Antoine qui s'était rendu à Tyr. Ce fut en vain qu'Hyrcan et Hérode les supplièrent de se retirer pour éviter un malheur. Antoine, qui vit dans leur opiniâtreté et dans leur grand nombre une vraie rébellion, envoya des soldats qui les dispersèrent et en tuèrent un grand nombre; dans son irritation, Antoine fit mettre à mort les prisonniers.

Antoine étant allé passer l'hiver en Égypte, dans les bras de Cléopâtre, les Syriens, las de l'oppression romaine, provoquèrent et favorisèrent l'invasion des Parthes (40). Ceux-ci arrivèrent en grand nombre, commandés par le prince Pacorus, fils de leur roi Orode, et par le général romain Labiénus, un des anciens partisans de Pompée. Tandis que Pacorus s'empara de la Syrie, Labiénus poursuivit le gouverneur romain Saxas, le tua et envahit l'Asie Mineure. Antigonus s'empressa de profiter d'une si belle occasion pour tenter de nouveau la conquête de la Judée; Lysanias, prince de Chalcide, qui venait de succéder à son père Ptolémée, réussit à gagner le prince des Parthes pour les intérêts d'Antigonus, en promettant de lui fournir mille talents et cinq cents femmes. Pacorus s'avança le long de la côte, et prit Sidon et Ptolémaïde, tandis que son général Barzapharne pénétra dans l'intérieur du pays. Antigonus, à la tête d'une armée qui s'accroissait de jour en jour, envahit la Judée, où Pacorus envoya en même temps une partie de sa cavalerie commandée par son échanson, qui portait également le nom de Pacorus. Antigonus, à la tête d'un détachement, vint surprendre la capitale; avant qu'Hérode et Phasaël pussent prendre des mesures de défense, l'ennemi avait envahi la ville. On combattit dans les rues de Jérusalem; le sang fut versé inutilement, et la victoire resta longtemps indécise. Antigonus se retira sur la montagne du Temple, Hérode occupa le château de Baris. La multitude du peuple qui arriva pour la fête de la Pentecôte, se partageant entre les deux partis, ne fit qu'augmenter le carnage, sans amener une décision, et chaque jour le sang coula par torrents. Enfin Antigonus proposa perfidement de faire entrer dans la ville l'échanson Pacorus, comme médiateur. Celui-ci, arrivé avec cinq cents cavaliers, joua l'impartial, et engagea Hyrcan et Phasaël à aller trouver Barzapharne en Galilée, pour demander sa médiation. Hérode, qui soupçonna quelque trahison, désapprouva cette démarche; mais malgré ses avertissements, Hyrcan et Phasaël partirent. Pacorus, après les avoir conduits auprès de Barzapharne, retourna à Jérusalem. Barzapharne les traita d'abord amicalement; mais dès qu'il put présumer que Pacorus serait rentré dans Jérusalem, où il devait s'emparer d'Hérode, il cessa de feindre et déclara Hyrcan et Phasaël ses prisonniers. Hérode, s'étant aperçu qu'il était trahi, quitta Jérusalem pendant la nuit, avec sa famille, et ayant repoussé les Parthes et les Juifs qui le poursuivirent, il arriva à la forteresse de Masada. Ses soldats, au nombre de neuf mille, n'ayant pu trouver place dans la forteresse, il les congédia. Il n'y laissa que huit cents hommes d'élite, sous le commandement de son frère Joseph, qui était venu le rejoindre, et leur confia la garde de sa famille, qu'il laissa à Masada, en se rendant lui-même auprès de Malchus ou Malich, roi de l'Arabie Pétrée et successeur de Hareth. Le roi ayant refusé de le recevoir, il se rendit à Alexandrie, où il s'embarqua pour aller trouver Antoine à Rome. Avant de partir il apprit le sort funeste de Phasaël et d'Hyrcan. Les Parthes avaient pillé Jérusalem et ses environs, et livré Hyrcan et Phasaël à Antigonus, proclamé roi de Judée. Phasaël se donna la mort dans sa prison, en se brisant la tête contre le mur. Le barbare Antigonus fit couper les oreilles à son oncle Hyrcan, afin de l'exclure à jamais du pontificat; car aucun prêtre ayant un défaut corporel ne pouvait approcher de l'autel. Le malheureux vieillard fut emmené captif par les Parthes.

Hérode, arrivé à Rome, rendit compte à Antoine des événements de la Judée. Antoine le recommanda vivement à Octavien, et Hérode obtint plus qu'il n'avait espéré. Son intention avait été de faire nommer roi de Judée le jeune Aristobule, fils d'Alexandre et frère de Mariamne, sa fiancée ; pour lui, il ne voulait être que premier ministre du roi, comme l'avait été son père Antipater sous le règne d'Hyrcan ; car il savait que les Romains n'avaient pas l'habitude de violer les droits des maisons royales qui s'étaient placées sous leur protection. Mais l'amitié d'Antoine, et aussi les sommes qu'Hérode lui offrit, obtinrent à celui-ci des faveurs inattendues ; Octavien et Antoine le firent nommer, par le sénat, roi de Judée, et le conduisirent au Capitole, où il fut solennellement couronné (39). En même temps Antigonus fut déclaré ennemi de la république. Hérode quitta Rome, où il n'était resté que sept jours.

Au printemps de l'an 39, Hérode arriva à Ptolémaïde. Déjà Ventidius, envoyé en Syrie, avait forcé les Parthes de repasser l'Euphrate, et le traître Labiénus avait été pris et mis à mort. Avec l'aide de ses amis, Hérode put former une armée ; les généraux romains Ventidius et Silon avaient reçu l'ordre de venir à son secours, et en peu de temps il se rendit maître de presque toute la Galilée, où l'on se rappelait avec reconnaissance les services qu'il avait rendus au pays. Ensuite Joppé fut pris d'assaut, et de là Hérode marcha sur Masada et délivra sa famille qui y était assiégée et qui souffrait beaucoup de la disette d'eau. Il se réunit ensuite avec Silon pour mettre le siége devant Jérusalem ; mais il fut mal appuyé par les troupes romaines. Silon accepta des cadeaux, tantôt d'Antigonus, tantôt d'Hérode, et n'aida ni l'un ni l'autre ; ses soldats, sous prétexte de manquer de vivres, ravagèrent la contrée et pillèrent même la ville de Jéricho. Ventidius aussi, gagné par l'argent d'Antigonus, s'était retiré. Dans ces circonstances, Hérode dut renoncer, pour le moment, à la prise de Jérusalem, dont les habitants paraissaient disposés à une vigoureuse résistance.

Hérode retourna en Galilée, où, après avoir pris Séphoris et quelques autres places, il passa une partie de la mauvaise saison à combattre les brigands qui étaient redevenus très-nombreux, notamment près d'Arbèles, en Galilée, où il y avait beaucoup de cavernes qui leur servaient de retraite. Pendant ce temps, Joseph, frère d'Hérode, s'assura de l'Idumée, qu'il occupa avec deux mille hommes de pied et trois cents cavaliers. Hérode, ayant forcé une grande partie des brigands de passer le Jourdain, fit prendre à ses soldats les quartiers d'hiver, et chargea Phéroras, le plus jeune de ses frères, de fournir des provisions et de fortifier Alexandrion.

Au retour du printemps (38), Hérode, après avoir complétement vaincu les brigands et détruit leurs repaires, alla trouver Antoine, qui, pour ne pas laisser à Ventidius toute la gloire de la victoire sur les Parthes, était revenu en Asie, et assiégeait alors Samosate sur l'Euphrate. Avant de partir, Hérode avait fait contre Jérusalem une nouvelle expédition infructueuse ; Machérus, qu'Antoine avait envoyé à son secours, ne l'avait pas mieux servi que Silon. Hérode demanda à Antoine un secours plus efficace, et Sosius, gouverneur de Syrie, fut chargé par le triumvir de marcher avec Hérode contre Antigonus. Pendant l'absence d'Hérode, Joseph, contre l'ordre précis de son frère, avait livré un combat à Antigonus, près de Jéricho, et avait péri avec la plus grande partie de ses troupes. Hérode, retournant en Palestine, apprit à Daphné près d'Antioche la défaite et la mort de son frère ; hâtant sa marche, il arriva en Galilée, à la fin de l'été. Attaqué en Galilée et en Samarie par les partisans d'Antigonus, qui lui firent subir quelques pertes, il finit par les repousser, et vengea la mort de Joseph sur Pappus, général d'Antigonus, et sur ses troupes, dont il fit un grand carnage. La rigueur de l'hiver l'empêchant de poursuivre ses victoires, il n'attendit que le retour de la belle saison, pour commencer les opérations du siége de Jérusalem.

Dès le commencement du printemps (37), Hérode conduisit son armée devant Jérusalem, pour faire les préparatifs du siége. Pendant les travaux, il alla à Samarie pour y célébrer son mariage avec Mariamne. De retour au camp, il fut rejoint par Sosius et les légions romaines. L'armée de siége se composa de onze légions, sans compter six mille hommes de cavalerie; cette nombreuse armée, qui poussa le siége avec la plus grande vigueur, s'épuisa pendant cinq mois en vains efforts. La ville étant prise, les partisans d'Antigonus se retirèrent sur la montagne du Temple pour continuer leur résistance désespérée; enfin le Temple fut pris d'assaut, au même jour de jeûne où, vingt-six ans auparavant, Pompée était entré vainqueur dans ces lieux saints. Le carnage ne fut pas moins effroyable que lors de la première invasion des Romains; les troupes de Sosius, irritées de la longue résistance, ne voulurent pas mettre de terme au pillage et au massacre, et n'épargnèrent pas même les femmes et les enfants. Hérode employa en vain les prières, les menaces et même les armes pour arrêter les excès des soldats romains; il demanda à Sosius si les Romains voulaient le faire roi d'un désert. Ce ne fut qu'en promettant aux soldats de leur donner à chacun une récompense sur sa propre fortune, qu'il parvint à rétablir l'ordre.

Le malheureux Antigonus vint se jeter aux pieds de Sosius, qui le repoussa avec mépris, en l'appelant du nom de femme, *Antigone*. Sosius l'envoya enchaîné à Antoine; sur la demande d'Hérode, qui présenta ce prince comme un sujet perpétuel de nouveaux troubles, Antoine le fit décapiter. Ainsi mourut le dernier prince de l'illustre famille des Hasmonéens, qui, selon Josèphe, avait gouverné pendant cent vingt-six ans [1]. Devenue puissante par les guerres civiles des Séleucides qui avaient amené leur chute, elle ne profita pas de cet exemple, et tomba, comme eux, victime des luttes intestines.

2. *Règne d'Hérode.*

Le caractère et la position d'Hérode devaient faire de lui un tyran, et il le fut dans toute la force du terme. Selon la lettre des lois mosaïques, Hérode, d'origine étrangère, ne pouvait être roi du peuple juif; les Pharisiens ne craignirent pas d'invoquer contre lui le texte positif du Deutéronome (ch. 17, v. 15) [2], et ce qui dut encore augmenter leur haine contre Hérode, c'est que ce roi de race iduméenne leur fut imposé par les Romains, au mépris des lois nationales et des droits que le peuple avait conférés à la dynastie hasmonéenne. Hérode avait donc contre lui la majorité de ses sujets dévoués aux Pharisiens, et ce ne fut qu'en cherchant son appui dans les Romains, ennemis de son pays, en bravant les mœurs et les institutions nationales, et en sévissant contre ses adversaires, qu'il put se maintenir sur le trône. Sous son règne se prépara la grande lutte qui devait terminer l'existence politique de la Judée.

Le peuple juif ne manqua pas de héros qui, à l'exemple des Hasmonéens, prirent les armes pour secouer le joug étranger; pour lutter contre la force compacte et colossale de l'empire romain, il fallait, de la part des Juifs, des efforts bien autrement prodigieux que lorsqu'il s'agissait de renverser la domination des Séleucides. La lutte fut grandiose et terrible; mais dans cette lutte inégale, la Judée dut succomber.

Hérode débuta par le massacre de tous les membres du Synédrium, qui,

[1] *Antiquités*, à la fin du liv. XIV. Josèphe compte sans doute le règne des Hasmonéens, ou Maccabées, depuis la mort d'Antiochus Épiphanes.
[2] Voy. Thalmud de Babylone, *Bava bathra*, fol. 3 *b*.

pendant le siége de Jérusalem, avaient encouragé le peuple à résister à Hérode et à ses alliés romains. Le pharisien Pollion et son disciple Saméas furent les seuls que le tyran crut devoir épargner; car, pour arrêter l'effusion de sang, ils avaient été d'avis qu'on ouvrît les portes à Hérode[1]. Grâce à cette circonstance, Hérode oublia la hardiesse avec laquelle Saméas, dix ans auparavant, lui avait parlé, comme juge, dans le sein du Synédrium, auquel il demanda alors sa condamnation, prédisant que les membres du Synédrium et le roi Hyrcan seraient un jour punis de leur faiblesse par Hérode lui-même. Hérode dut composer le Synédrium d'hommes faibles qu'il pût dominer à son gré. La vacance du pontificat lui fournit l'occasion d'anéantir ce pouvoir rival de la royauté, en revêtant de la dignité de grand prêtre un homme insignifiant dont il pût disposer comme de sa créature; la minorité de son beau-frère Aristobule, héritier légitime du pontificat, mais qui n'était âgé que de seize ans, favorisa ses projets. Un certain Hananel, prêtre peu connu qui vivait parmi les Juifs de Babylone et qui faisait remonter sa généalogie à l'une des anciennes familles pontificales, fut appelé à Jérusalem et nommé grand prêtre.

Hyrcan qui, par la barbare cruauté d'Antigonus, avait été rendu incapable d'exercer les fonctions sacerdotales, pouvait cependant devenir un concurrent dangereux pour Hérode,

en faisant valoir ses droits sur la couronne. Il importait donc à Hérode de prévenir les dangers qui le menaçaient de ce côté, d'autant plus qu'il avait appris que Phraates, roi des Parthes, avait rendu la liberté à Hyrcan et lui avait donné la permission de s'établir à Babylone, où il vivait entouré du respect et de l'amour de tous les Juifs de Mésopotamie. Hérode, feignant pour lui des sentiments d'amitié et de gratitude, l'invita à revenir en Judée; le faible vieillard, malgré les avertissements de ses amis, ne put résister au désir de revoir sa patrie et le sanctuaire, et revint à Jérusalem, où Hérode, pour mieux cacher les piéges qu'il lui tendait, lui fit le plus brillant accueil (36).

Alexandra, fille d'Hyrcan et belle-mère d'Hérode, pénétra les machinations du roi; ce fut avec une profonde douleur qu'elle vit l'illustre famille des Hasmonéens outragée dans son dernier rejeton. Elle comprit bien que la nomination de Hananel était un arrêt d'exclusion porté contre son fils Aristobule, qui pouvait prétendre au pontificat par droit de succession, et elle usa du seul moyen qui lui restait pour faire reconnaître les droits de son fils. Elle s'adressa à Cléopâtre pour la prier de gagner Antoine en faveur du jeune Aristobule. En même temps un certain Dellius, ami d'Antoine, vint à Jérusalem, et ayant vu Mariamne et Aristobule qui étaient d'une beauté parfaite, il conseilla à Alexandra d'envoyer à Antoine les portraits de ses enfants, l'assurant que leurs beaux traits ne pouvaient manquer de toucher Antoine et de lui inspirer le plus vif intérêt pour la cause d'Aristobule. Alexandra suivit ce conseil, sans en comprendre toute la portée. Antoine après avoir reçu les portraits, écrivit à Hérode pour l'engager à lui envoyer son beau-frère, si cela ne lui était pas désagréable. Hérode répondit avec esprit que le départ du jeune prince pourrait être mal interprété et offrir aux mécontents un prétexte pour exciter de nouveaux troubles. Pour faire cesser

---

[1] Voy. Josèphe, *Antiqu.*, XV, I, I. Le livre Josippon substitue aux noms de Pollion et de Saméas ceux de *Hillel* et de *Schammaï*, docteurs d'une grande célébrité dans le Thalmud. Il est possible que Josèphe ait voulu parler de ces deux personnages, la chronologie ne s'y oppose pas; car, selon le Thalmud (*Schabbath*, fol. 15 a), Hillel fut *Nasi*, ou président du Synédrium, cent ans avant la destruction de Jérusalem. Le Thalmud, en parlant du massacre de tous les docteurs ordonné par Hérode (*Bava bathra*, fol. 3 b), dit que le roi épargna Baba, fils de Bouta, qui était un disciple de Schammaï. Il sera question plus loin des fils de ce même Baba, qui est aussi mentionné par Josèphe.

les intrigues d'Alexandra et les vives sollicitations de Mariamne, il résolut de céder pour le moment, et déclarant qu'il n'avait nommé Hananel que provisoirement, à cause de la jeunesse d'Aristobule, il revêtit le jeune prince de la dignité pontificale et révoqua Hananel de ses fonctions. Se méfiant d'Alexandra, il lui ordonna de rester toujours dans la capitale, et la fit surveiller par de fidèles serviteurs. Alexandra, irritée de ce procédé et soupçonnant les intentions d'Hérode, s'en plaignit de nouveau à Cléopâtre, qui lui conseilla de s'enfuir en Égypte avec son fils. Alexandra fit faire deux cercueils pour s'y faire transporter elle et son fils, pendant la nuit, à un port de mer où un vaisseau était préparé pour les conduire en Égypte; mais Hérode, averti par un des serviteurs d'Alexandra, surprit les fugitifs et les fit ramener. Tout en feignant de leur pardonner, il résolut de se défaire d'Aristobule; l'enthousiasme que le peuple manifesta pour le jeune pontife, lorsque, pendant les fêtes du septième mois, il fonctionna dans le Temple, fut pour Hérode un motif de plus pour hâter l'exécution de ses projets criminels. Après les fêtes, Hérode assista avec ses courtisans à un festin qui leur fut donné à Jéricho par Alexandra; à la fin du repas, Hérode s'amusa avec le jeune Aristobule à des jeux gymnastiques, et à la nuit tombante, il lui proposa ainsi qu'aux courtisans d'aller se baigner dans un étang voisin. Les amis d'Hérode, suivant l'ordre que leur avait donné le tyran, plongèrent Aristobule sous l'eau, comme pour plaisanter, et le noyèrent. Hérode feignit une profonde douleur et fit faire à Aristobule de magnifiques funérailles; mais ces démonstrations hypocrites ne trompèrent personne, et l'opinion publique le désigna comme le meurtrier du jeune prince. Hananel fut rétabli dans le pontificat.

Alexandra, inconsolable de la mort de son fils, fut sur le point d'attenter à ses jours; mais l'espoir de venger un jour le meurtre d'Aristobule lui fit supporter la vie. Elle écrivit à Cléopâtre, pour l'instruire du crime d'Hérode, et la reine d'Égypte, qui désirait se faire donner par Antoine quelques contrées de la Palestine, insista auprès de son amant pour qu'il demandât compte au roi des Juifs du meurtre d'Aristobule. Hérode fut appelé à se justifier devant Antoine, qui se trouvait alors devant Laodicée (34). Avant de partir, il confia les affaires du gouvernement à son oncle Joseph, mari de sa sœur Salomé, et lui recommanda, en cas d'un jugement défavorable de la part d'Antoine, de tuer aussitôt Mariamne, afin qu'elle ne tombât pas au pouvoir du voluptueux Romain. Joseph en fit part à Mariamne, afin de lui montrer combien elle était aimée par Hérode; mais Mariamne, loin de voir dans cet ordre atroce une preuve de tendresse, en conçut une haine implacable contre son époux. Le bruit s'étant répandu qu'Hérode avait été condamné et mis à mort, Alexandra persuada à Joseph de confier Jérusalem à la garde des légions romaines qui se trouvaient en Palestine, espérant qu'à l'arrivée d'Antoine elle pourrait avec Mariamne saisir le pouvoir. Mais bientôt Hérode revint sain et sauf dans sa capitale, ayant su, par son éloquence et son argent, se faire absoudre par Antoine. Salomé, ennemie d'Alexandra et de Mariamne, qui lui avaient fait sentir leur supériorité, rendit compte à Hérode de l'intimité qui s'était établie entre son mari Joseph et les deux princesses, et chercha à rendre suspecte la vertu de Mariamne. Hérode ne crut pas d'abord à l'infidélité de Mariamne; mais voyant que celle-ci était instruite de l'ordre cruel qu'il avait donné à son égard à Joseph, il ajouta foi aux insinuations mensongères de Salomé. Joseph fut mis à mort sans avoir été entendu; Alexandra fut condamnée à la prison. Mariamne seule obtint le pardon; l'amour qu'Hérode éprouvait pour elle l'emporta sur ses soupçons jaloux.

Hérode put jouir, pendant quelque temps, du fruit de ses crimes; dans l'intérieur régnait la tranquillité produite par la terreur. Mais bientôt son repos fut troublé au dehors par les exigences de Cléopâtre et par l'ascendant qu'elle avait sur l'esprit d'Antoine. Non contente d'avoir reçu d'Antoine une bonne partie des pays conquis avec le sang des Romains, elle convoita aussi la Palestine et l'Arabie Pétrée, et Antoine, qu'elle avait accompagné en Syrie, eut la faiblesse de lui céder une partie de ces pays et de la Phénicie; il lui donna la contrée de Jéricho avec ses baumiers, toutes les villes de la côte de la Méditerranée, depuis l'Éleutherus jusqu'à Rhincorura (El-Arisch), à l'exception de Tyr et de Sidon, ainsi que la portion de l'Arabie Pétrée qui était limitrophe de l'Égypte. Hérode et le roi arabe Malich offrirent chacun à Cléopâtre deux cents talents de tribut annuel, pour racheter le pays dont elle les avait dépouillés. Cléopâtre, retournant en Égypte, passa par Jérusalem, et malgré sa haine pour Hérode, elle essaya de le séduire par ses charmes; Hérode sut échapper à ses pièges, et il aurait même attenté aux jours de son ennemie, s'il n'eût craint la vengeance d'Antoine. Dissimulant la haine et le mépris qu'elle lui inspirait, il lui fit un accueil magnifique, et la reconduisit jusqu'aux frontières de l'Égypte.

Hérode, pour plaire à Cléopâtre et à Antoine, s'était chargé de faire le payement du tribut imposé à Malich, en se faisant rembourser par celui-ci; mais bientôt Malich fit des difficultés à payer sa dette et Hérode se vit dans la nécessité de lui faire la guerre. Il voulut d'abord différer cette guerre, pour prendre part à la lutte que son protecteur Antoine eut à soutenir alors contre Octavien; mais Antoine lui-même l'engagea à marcher contre le roi arabe, l'assurant qu'il pouvait se passer de son secours. Hérode, vainqueur dans un premier combat, subit dans le second une grande défaite. Un terrible tremblement de terre ayant en même temps ravagé la Judée et fait périr plus de dix mille personnes, Hérode fit demander la paix à Malich; mais celui-ci répondit par le massacre des ambassadeurs et envahit la Judée. Hérode le repoussa, le vainquit dans deux batailles et l'obligea à son tour de demander la paix (31).

A la même époque, la bataille d'Actium priva Hérode de son puissant protecteur; Octavien devint le maître de l'empire romain. Les amis d'Antoine furent saisis de terreur et Hérode dut redouter les Romains ainsi que ses propres sujets qui l'avaient en horreur. Il résolut d'aller au-devant de l'orage, en présentant humblement ses hommages à Octavien, et de frapper en même temps un faible vieillard qui inspirait des craintes à l'ombrageux tyran. Hyrcan, plus qu'octogénaire, qui, même dans sa jeunesse, ne s'était mêlé que malgré lui des affaires politiques et avait poussé l'amour de la tranquillité jusqu'à l'indolence, Hyrcan qui, prince de la Judée, avait résigné tout son pouvoir entre les mains d'Antipater, devint alors un sujet d'épouvante pour Hérode, qui craignait déjà de voir le peuple se réunir autour de cette ombre de l'illustre race des Hasmonéens, et la terreur d'Hérode fut l'arrêt de mort d'Hyrcan, son bienfaiteur. Une lettre insignifiante et quatre montures que Malich avait envoyées à Hyrcan devinrent un prétexte pour accuser ce dernier de haute trahison et pour le livrer lâchement aux mains du bourreau[1]. Ainsi mourut le dernier des Hasmonéens, après une longue vie pleine de vicissitudes et après avoir vu périr misérablement toute sa race par suite de la lutte funeste dans laquelle il avait été entraîné lui-même par le père d'Hérode.

Sur le point de se rendre auprès

---

[1] Cette version, comme le fait entendre Josèphe, est bien plus probable que celle que le même auteur rapporte d'après les mémoires du règne d'Hérode, et selon laquelle Hyrcan, mû par les instances d'Alexandra, sa fille, aurait traité avec Malich, pour se retirer en Arabie et y attendre les événements. Voy. *Antiq.* XV, 6, § 2 et 3.

d'Octavien, Hérode chargea son frère Phéroras des affaires du gouvernement ; Alexandra et Mariamne furent mises en sûreté dans la forteresse d'Alexandrion, et confiées à la garde de Joseph et de Sohem, deux des plus fidèles serviteurs d'Hérode, qui reçurent l'ordre de tuer les deux femmes, si Hérode était mis à mort. Celui-ci partit pour Rhodes, où se trouvait alors Octavien ; admis devant l'homme puissant qui devait décider de son sort, il se présenta sans diadème, avoua l'attachement qu'il avait eu pour Antoine, et promit à Octavien de le servir avec le même dévouement, s'il daignait accepter ses services. Octavien l'accueillit avec bienveillance, lui rendit le diadème et le confirma dans son royaume. Revenu en Judée, Hérode prépara une magnifique réception à Octavien, qui devait venir à Ptolémaïde pour se rendre de là en Égypte, par les côtes de la Palestine. Hérode accompagna son auguste hôte jusqu'aux frontières de l'Égypte, se chargea de tous les besoins de l'armée romaine, et s'affermit encore plus dans les bonnes grâces d'Octavien en lui offrant huit cents talents.

Enivré de bonheur, Hérode revint à Jérusalem ; mais là personne ne partageait sa joie, et dans sa propre maison régnait la douleur. Mariamne avait été instruite encore de l'ordre cruel que son époux, en partant pour Rhodes, avait donné à son égard ; elle répondit à ses transports par le silence et par les marques du plus profond chagrin, ce qui excita de nouveau les soupçons et la fureur du tyran. La mère et la sœur d'Hérode ne manquèrent pas de profiter de cette circonstance pour calomnier la vertueuse Mariamne et pour la perdre sans retour ; mais elles durent ajourner l'exécution de leurs projets sanguinaires, car, sur la nouvelle de la victoire d'Octavien et de la mort tragique d'Antoine et de Cléopâtre (30), Hérode partit aussitôt pour l'Égypte. Octavien lui fit l'accueil le plus gracieux et lui rendit les districts de la Palestine qui avaient été tributaires de Cléopâtre, ou dont les Romains avaient pris possession ; Hérode reçut Jéricho, Gadara, Hyppos et Samarie dans l'intérieur du pays, et quatre places sur la côte, savoir, Gaza, Anthédon, Joppé et la Tour de Straton (Césarée).

A Jérusalem, il retrouva ses chagrins domestiques, qui, par leur contraste avec sa fortune brillante, l'irritèrent au plus haut degré. Il prêta l'oreille à toutes les insinuations de Salomé et de sa mère, et Mariamne, qui ne cachait pas la haine que lui inspirait Hérode et qui eut un jour l'imprudence de l'appeler le meurtrier de son père et de son frère, fournit elle-même à ses deux ennemies le moyen de hâter sa perte. Quelque peu vraisemblables que fussent les accusations portées contre Mariamne, Hérode y ajouta foi ; ayant appris par un serviteur de Mariamne que celle-ci avait été instruite par Sohem, son gardien, de l'ordre sanguinaire qu'Hérode avait donné à son égard, il s'imagina que Sohem, dans lequel il avait toujours reconnu son plus fidèle serviteur, avait eu avec Mariamne de coupables liaisons. En outre, Salomé, par l'intermédiaire de l'échanson qu'elle avait gagné, fit planer sur Mariamne le soupçon d'avoir voulu faire empoisonner le roi par un philtre. Sohem paya aussitôt de sa vie son imprudente indiscrétion, et Mariamne fut placée devant un tribunal composé de courtisans, les plus intimes amis d'Hérode. Le roi accusa lui-même son épouse dans des termes si violents qu'aucun des juges n'osa l'absoudre ; sa condamnation fut prononcée. Quelques-uns des amis du roi proposèrent d'enfermer Mariamne dans une forteresse ; mais Salomé ayant fait observer qu'on pouvait craindre un mouvement populaire en faveur de ce dernier rejeton de la famille des Hasmonéens, le roi confirma le sentence de mort prononcée contre Mariamne, qui, au milieu de cette cour souillée de crimes et de sang, avait seule conservé la vertu, et qui brillait autant par sa beauté que par son esprit et son courage héroïque. Un spectacle horrible attendait Mariamne sur le chemin de la mort; Alexandra, pour conserver une triste existence, dans l'espoir peut-être de trouver le moyen de se venger sur Hérode, ne craignit pas de feindre contre Mariamne une exaspération atroce, et outrageant sa fille vertueuse jusqu'au pied de l'échafaud, elle lui reprocha publiquement son ingratitude et son infidélité envers le roi, et la présenta comme une criminelle qui allait être frappée d'un juste châtiment. Mariamne ne répondit que par le silence à tous ces outrages; calme et résignée, elle offrit sa tête au bourreau, et mourut avec un sublime courage digne du noble sang des Maccabées qui coulait dans ses veines (28).

A peine Hérode avait-il fait tomber cette tête qui lui avait été si chère, qu'il sentit renaître tout son amour; le plus terrible désespoir s'empara de son âme et le jeta dans une sombre mélancolie qui le rendit encore plus redoutable à tous ceux qui l'entouraient. La peste fit alors des ravages épouvantables en Judée, et ce fléau fut regardé généralement comme un châtiment céleste pour la mort de la vertueuse Mariamne. Hérode, qui chercha en vain le repos, abandonna un moment les affaires et se rendit à Samarie, où il tomba dangereusement malade. Pendant sa maladie, Alexandra essaya de s'emparer de la citadelle de Jérusalem et du château Antonia; Hérode, instruit du complot, la fit aussitôt mettre à mort (27).

Il restait encore quelques collatéraux de la famille des Hasmonéens, qui périrent bientôt par les intrigues de Salomé. Celle-ci s'était remariée en secondes noces avec Costobare, issu d'une noble famille d'Idumée, et qui avait été nommé par Hérode gouverneur de sa patrie. Les époux ne vivaient pas en bonne intelligence, et Salomé se fit séparer de son mari, en lui envoyant une lettre de divorce, contrairement aux lois des Juifs qui demandent que l'acte de divorce émane du mari. Pour justifier sa conduite devant le roi, elle accusa Costobare d'avoir conspiré contre lui, et pour prouver la vérité de son accusation, elle révéla à Hérode que Costobare, lors de la prise de Jérusalem, avait soustrait à la vengeance du roi les deux fils du pharisien Baba, qui, favorisant la cause d'Antigonus, avaient encouragé le peuple à la résistance contre Hérode. Les fils de Baba, parents des Hasmonéens, furent trouvés en effet dans le lieu indiqué par Salomé, et le roi les fit mettre à mort, ainsi que Costobare et quelques-uns de ses amis accusés par Salomé d'avoir trempé dans la conspiration (26).

Hérode, délivré de tous ceux qui pouvaient lui inspirer quelque inquiétude, et n'aspirant qu'à la faveur des Romains, ne craignit pas de braver les mœurs nationales, en donnant aux Juifs des spectacles inaccoutumés qui devaient révolter leurs sentiments religieux. Il construisit un théâtre dans la ville de Jérusalem et un amphithéâtre au dehors; il établit des combats d'athlètes qui depuis se célébraient tous les cinq ans (*ludi quinquennales*) en l'honneur d'Octavien, devenu empereur, sous le nom d'*Auguste*. Ces innovations causèrent un mécontentement général parmi les Pharisiens; dix des plus exaltés conspirèrent contre la vie du roi et convinrent de se rendre au théâtre armés de poignards, pour assassiner le roi à son arrivée. Au nombre des conspirateurs était un aveugle; quoique incapable d'agir, il ambitionna la gloire de partager le martyre des autres, si le complot échouait. Un des nombreux espions d'Hérode découvrit la conspiration; les coupables furent saisis, et loin de se justifier, ils se glorifièrent d'avoir voulu venger les mœurs de leurs ancêtres indignement outragées. Ils furent tous livrés à un cruel supplice; mais le délateur fut massacré par le peuple, et son corps déchiré fut jeté en pâture aux chiens. Hérode sut se faire révéler, par des tortures, les auteurs de cet acte de vengeance, qui furent également livrés aux bourreaux. Mais le tyran avait appris par là à connaître l'esprit du peuple; ne se voyant plus en sûreté au milieu de ses sujets, il dut s'entourer d'une garde nombreuse et élever plusieurs forteresses, afin de se ménager une retraite en cas de révolte. Il fortifia et embellit la ville de Samarie, rebâtie par Gabinius, et lui donna le nom de *Sebasté*, en l'honneur d'Auguste, auquel il y éleva un temple; il fortifia d'autres places en Galilée et en Pérée, et fonda sur la Méditerranée la ville de Césarée, près de la Tour de Straton. Il fit occuper toutes ces places par les troupes étrangères qu'il avait à sa solde.

La famine et la peste qui ravagèrent la Palestine à cette époque (25), fournirent à Hérode l'occasion de regagner pour un moment l'affection de la classe pauvre dont il devint le bienfaiteur. Il employa son or et son argenterie à acheter du blé en Égypte, et procura ainsi des vivres à ses sujets et aux peuplades voisines. Les années de calme qui succédèrent furent employées par Hérode à élever toute sorte de constructions magnifiques. Il se bâtit un palais sur le mont Sion; dans Césarée, peuplée par des habitants païens, on vit s'élever des théâtres et des temples d'une grande magnificence; le port de cette ville devint le meilleur de toute la côte de Palestine et de Phénicie. Il attacha son nom et ceux des membres de sa famille à plusieurs forts et villes; à l'endroit où il avait repoussé les Parthes et les partisans d'Antigonus, lors de sa fuite de Jérusalem, à soixante stades à l'est de la capitale, il bâtit le château d'*Hérodion*, et y fonda une ville; dans la plaine de Caphar-Zaba, entre Jérusalem et Césarée, on vit s'élever la ville d'*Antipatris*, pour perpétuer la mémoire d'Antipater, père d'Hérode; en l'honneur de sa mère Cypros, il bâtit le château du même nom, sur une hauteur près de Jéricho; une tour de Jérusalem (p. 46) et une petite ville dans la plaine au nord de Jéricho reçurent le nom de son frère Phasaël. Sa passion de bâtir alla si loin qu'il prodigua de grandes sommes pour faire élever des édifices somptueux à Damas, à Tripolis, à Tyr, à Sidon et dans d'autres villes de l'étranger.

Cette passion et les faveurs d'Auguste effacèrent peu à peu le souvenir de ses chagrins domestiques; la malheureuse Mariamne fut remplacée par une autre femme du même nom, fille d'un prêtre nommé Simon, fils de Boëthus, lequel, devenu beau-père du roi, fut nommé grand prêtre. Hérode ôta arbitrairement le pontificat à Jésus, fils de Phabi, successeur de Hananel, pour le donner à Simon. Les deux fils de la première Mariamne, Alexandre et Aristobule, furent envoyés à Rome, pour y être élevés sous les yeux d'Auguste (22). L'empereur les reçut avec beaucoup de bienveillance, et donna à Hérode la permission de choisir l'un d'eux pour son successeur; en même temps il agrandit les États d'Hérode en lui donnant la Trachonitide, l'Auranitide et la Batanée (p. 65, 66), dont il dépouilla le tétrarque Zénodore, dans lequel les brigands de la Trachonitide avaient trouvé un protecteur. Zénodore s'en plaignit à Agrippa, qui, nommé gouverneur général des provinces d'Orient, venait d'arriver à Mitylène; mais déjà Hérode était venu faire sa cour à Agrippa, et l'avait disposé en sa faveur. L'année suivante (21), Auguste vint lui-même en Syrie. Zénodore, à la tête d'une députation du district de Gadara, vint trouver l'empereur à Antioche, pour accuser Hérode de violence et de rapine; mais les députés de Gadara, voyant qu'Hérode était reçu par l'empereur avec beaucoup de distinction, se donnèrent la mort. Bientôt après Zénodore mourut subitement à Antioche, d'une maladie des intestins. Auguste donna à Hérode la principauté de Zénodore, située entre la Trachonitide et la Galilée, et à laquelle appartenait le district de Panéas (p. 68). En même temps Hérode fut nommé l'un des procurateurs de Syrie ; il céda un district du midi de la Pérée, avec cent talents de revenu, à son frère Phéroras, auquel Auguste donna le titre de *Tétrarque*. Par reconnaissance pour les bienfaits de l'empereur, Hérode lui bâtit dans les environs de Panéas un temple magnifique en marbre blanc.

Pour faire taire les murmures des Juifs qui se plaignaient autant de son despotisme que de ses nombreuses constructions païennes, Hérode leur fit remise du tiers des impôts; mais il ne parvint point par là à satisfaire les mécontents, il se vit obligé de s'entourer de gardes et d'espions et les exécutions reprirent leur cours. On refusa généralement de prêter le serment de fidélité qu'Hérode exigea alors de tous ses sujets; mais Hérode employa la force et fit mettre à mort les plus obstinés. Il n'épargna dans cette circonstance que les Pharisiens Saméas et Pollion et leurs disciples, ainsi que les Esséniens qui ne prêtaient aucun serment et pour lesquels il avait toujours professé un grand respect, parce qu'un membre de leur secte, un certain Menahem, lui avait prédit dans son enfance qu'il régnerait un jour.

Un moyen plus efficace de rétablir la tranquillité pour quelque temps fut la résolution prise par Hérode de porter enfin ses regards sur le sanctuaire national, après avoir prodigué d'immenses richesses pour élever des temples au paganisme romain. Dans la dix-huitième année de son règne (19), Hérode convoqua une assemblée nationale et lui adressa un discours dans lequel il exposa la nécessité de rebâtir le Temple que les Juifs, revenus de l'exil de Babylone, n'avaient pu rétablir dans les dimensions et les formes convenables. En effet, cet édifice, qui avait alors cinq siècles d'existence, et qui avait été élevé par une colonie pauvre, avec le secours des rois de Perse, dut être d'une apparence assez mesquine à côté des monuments somptueux élevés par Hérode dans toute la perfection de l'art grec. Cependant les Juifs, se méfiant des intentions d'Hérode, furent d'abord consternés. Hérode les rassura en leur promettant de ne faire commencer la démolition de l'ancien Temple qu'après avoir préparé tous les matériaux nécessaires pour le nouvel édifice. Hérode tint sa promesse ; deux années se passèrent dans les préparatifs. Mille chariots amenèrent les pierres; le roi engagea dix mille ouvriers des plus habiles, et leur adjoignit mille prêtres en costume, qu'il fit instruire dans les travaux en bois et en pierre, pour travailler à l'intérieur, qui n'était pas accessible aux autres ouvriers [1]. Le sanctuaire proprement dit fut achevé en dix-huit mois ; les travaux des parvis et de leurs portiques durèrent huit ans, mais on continua fort longtemps à travailler aux bâtiments du dehors [2]. Nous allons donner une courte description du Temple bâti par les ordres d'Hérode, et dont la magnificence est beaucoup vantée par Josèphe et les rabbins [3].

Toute l'enceinte formée par le mur extérieur, et appelée (dans la *Mischna*) *la montagne du Temple*, était un carré qui avait cinq cents coudées de

---

[1] Voy. Josèphe, *Antiqu.* XV, 11, § 2 et 6.

[2] Josèphe, l. c. XX, 9, 7; comparez Évang. de Jean, 2, 20.

[3] Nous avons de ce Temple deux descriptions dans les œuvres de Josèphe, l'une dans les *Antiquités* (XV, 11, § 3 et suiv.), l'autre plus développée dans la *Guerre des Juifs* (V, 5) ; l'une et l'autre laissent beaucoup à désirer et les nombres paraissent quelquefois être corrompus par les copistes. Elles peuvent se compléter par une troisième description plus détaillée que nous fournit la *Mischna*, 5ᵉ partie, traité *Middôth* (publié à part avec une traduct. lat. et des notes par l'Empereur, Leyde, 1630, in-4°). Parmi les modernes, on peut consulter Lightfoot, *Descript. Templi Hierosol.*, dans ses œuvres, t. I, p. 549 et suiv. (principalement d'après la *Mischna*); Hirt, dans les Mémoires de la classe histor. et philol. de l'Acad. de Berlin des années 1816 et 1817 (publiés en 1819). Hirt a travaillé uniquement d'après Josèphe; son plan a plusieurs défauts essentiels; nous avons suivi celui de De Wette (*Archæologie*, § 238), qui est beaucoup plus exact, et nous avons combiné les descriptions de Josèphe et de la *Mischna*. Voy. pl. 22.

chaque côté. Elle était divisée en différentes parties plus élevées les unes que les autres, et l'emplacement du Temple proprement dit, beaucoup plus rapproché du mur extérieur au nord et à l'ouest qu'au midi et à l'est, était la partie la plus élevée, de sorte que le Temple offrait un aspect imposant et pouvait être vu dans toute la ville. Le mur de l'enceinte avait plusieurs portes : selon la Mischna[1], il y en avait cinq, dont deux au midi et une à chacun des trois autres côtés; mais Josèphe[2] dit positivement qu'il y en avait quatre à l'occident, sans fixer le nombre de celles des autres côtés. La porte principale, située à l'orient, s'appelait la *porte de Suse*[3]. Des portiques régnaient à l'intérieur le long du mur; leurs toits en bois de cèdre étaient portés par des colonnes de la hauteur de vingt-cinq coudées. A l'est, au nord et à l'ouest, les portiques étaient doubles, ayant trois rangées de colonnes, et leur largeur était de trente coudées; au midi il y avait un triple portique, formé par quatre rangées de colonnes, et appelé *le portique royal*. Tous ces portiques étaient pavés de pierres de différentes couleurs. Là se tenaient aussi les marchés du Temple; tout le monde pouvait y pénétrer, et même les étrangers; c'est pourquoi des auteurs modernes ont appelé ces lieux *la cour* (ou *le parvis*) *des Gentils*. Cette cour était limitée tout autour par une balustrade de pierres de trois coudées de hauteur, travaillée avec beaucoup d'art[4], et près de laquelle il y avait, de distance en distance, des colonnes portant des inscriptions, les unes en grec, les autres en latin, qui avertissaient les païens qu'il leur était défendu de pénétrer plus loin. Cette balustrade avait (selon la Mischna) treize ouvertures; on montait de là quatorze marches (d'une demi-coudée de hauteur et de largeur), pour arriver sur un plan large de dix coudées, que la Mischna appelle HÊL (*antemurale*), et qui était limité par le mur de l'enceinte sacrée. Ce mur, dont la hauteur visible était de vingt-cinq coudées, avait neuf portes, dont quatre au nord, quatre au midi et une à l'est; on montait cinq marches pour arriver aux portes, et par conséquent l'enceinte sacrée était plus élevée que le *Hel*.

Cette enceinte était divisée en deux cours ou parvis ; l'une à l'est, l'autre à l'ouest. Par la porte de l'est on entrait dans la première cour appelée *la cour des femmes* (AZARATH NASCHÎM), et où les femmes pouvaient entrer pour faire leurs dévotions. Elle formait un carré ayant cent trente-cinq coudées en long et en large; à chacun des quatre angles les rabbins placent une chambre ou une cellule (LISCHCA), dont ils indiquent la destination[1]. Cette cour était séparée de la cour occidentale par un mur au milieu duquel se trouvait, vis-à-vis du grand portail de la cour des femmes, la *porte de Nicanor*[2]; on y arrivait par quinze marches en forme d'hémicycles, d'où il résulte nécessairement que la cour occidentale était plus élevée que celle appelée cour des femmes. Cependant la différence n'était en réalité que de cinq marches ; car la hauteur totale des quinze marches équivalait, selon Josèphe, à celle des cinq qui conduisaient aux autres portes. Par cette *porte de Nicanor* on entrait dans la grande cour occidentale qui entourait le Temple proprement dit; elle avait cent trente cinq coudées de large (du nord au midi) et cent quatre-vingt-sept coudées de long (de l'est à l'ouest). Le

---

[1] *Middôth*, ch. 1, § 3.
[2] *Antiq.* XV, 11, 5.
[3] Voy. ci-dessus, page 467, col. 2.
[4] Selon la Mischna, *Middôth*, ch. 2, § 3, cette balustrade, appelée *Soreg* (treillis), n'avait que dix palmes de hauteur.

[1] Voy. Mischna, *Middôth*, ch. 2, § 5.
[2] Selon la tradition, les battants de cette porte, qui étaient de bronze corinthien, avaient été apportés d'Alexandrie par un certain Nicanor et miraculeusement sauvés d'un naufrage. Cette porte seule était de bronze ; les autres étaient de bois et revêtues d'or et d'argent. Voy. Mischna, 2ᵉ partie, traité *Yoma*, ch. 3, § 10, et le commentaire de Maïmonide; Thalmud de Babylone, même traité, fol. 38 a. Comparez Josèphe, *Guerre des Juifs*, V, 5, 3.

mur était à l'intérieur entouré de colonnades; au nord et au midi il y avait un certain nombre de cellules ou de chambres destinées à divers usages; nous y remarquons notamment la salle des séances du Synédrium appelée LISCHCATH HAGAZÎTH (p. 526), qui avait deux entrées, l'une par la cour, l'autre par le *Hel*[1]. A l'extrémité orientale de cette cour le peuple pouvait pénétrer jusqu'à la distance de onze coudées de la porte de Nicanor; la limite était marquée par une balustrade, au milieu de laquelle il y avait trois marches, où se plaçaient les prêtres, pour prononcer la bénédiction sur le peuple[2]. On voit que l'enceinte réservée au peuple avait cent trente-cinq coudées du nord au midi, et onze coudées de l'est à l'ouest; elle était appelée *la cour des Israélites* (AZARATH YISRAEL). Le reste du grand parvis portait le nom de *cour des prêtres* (AZARATH COHANÎM). Les portes des différentes cours étaient généralement surmontées d'une chambre ou d'une tour; elles étaient par conséquent d'une certaine profondeur et devaient être fermées par de doubles battants à chacune des deux extrémités. Les deux battants ensemble avaient trente coudées de hauteur et quinze de largeur[3]; à l'intérieur il y avait de chaque côté deux colonnes de douze coudées de circonférence, pour supporter la tour. La plus grande porte était celle de l'est, qui conduisait à la cour des femmes; sa tour s'élevait (selon Josèphe) à la hauteur de cinquante coudées et était large de quarante coudées.

Le Temple proprement dit, bâti en marbre blanc et richement doré au dedans et au dehors, avait cent coudées de long, et autant de hauteur; sa largeur sur le devant (à l'est) était également de cent coudées, et il y avait là un vestibule qui occupait vingt (selon la Mischna, onze) coudées de la longueur totale. Le reste de l'édifice avec les étages qui y étaient adossés au dehors n'avait que soixante coudées de largeur (ou, selon la Mischna, soixante-dix)[1], de sorte que le vestibule offrait de chaque côté une saillie de vingt (ou quinze) coudées. On montait douze marches pour arriver à l'entrée du vestibule qui était ouverte et qui avait soixante-dix coudées de hauteur et vingt-cinq de largeur. La hauteur intérieure du vestibule était de quatre-vingt-dix coudées et sa largeur (du nord au midi) de cinquante coudées; il restait par conséquent, de chaque côté, vingt-cinq coudées de largeur, en y comprenant l'épaisseur du mur, qui, dit-on, était de cinq coudées. Selon les rabbins, ces deux espaces étaient occupés par deux chambres, où étaient déposés les couteaux servant à égorger les victimes[2]. — La porte qui conduisait du vestibule au HÉCHAL ou lieu saint (selon Josèphe) cinquante-cinq coudées de hauteur et seize coudées de largeur; elle avait deux battants dorés et en outre un magnifique rideau babylonien couvert de tapisseries de différentes couleurs. Au-dessus de la porte on voyait une vigne colossale en or. Le *Hechal* avait vingt coudées de largeur, quarante de longueur et soixante de hauteur; un rideau le séparait du Saint des Saints, qui avait vingt coudées de longueur, autant de largeur et soixante coudées de hauteur[3]. Comme la hauteur intégrale

---

[1] Mischna, *Middóth*, ch. 5, et le comment. de Maïmonide.
[2] Ibid., ch. 2, § 6.
[3] Josèphe, *Guerre des Juifs*, V, 5, 3; selon la Mischna, ib., ch. 2, § 3, la haute était de 20, et la largeur de 10 coudées.

[1] La mesure indiquée par Josèphe nous paraît plus exacte, car en déduisant des 60 coudées la largeur intérieure de vingt coudées, il reste de chaque côté, pour le mur et les ét ges extérieurs, 20 coudées; de même, en déduisant de la longueur totale, qui était de 100 coudées, la longueur du vestibule, du lieu saint et du Saint des Saints (20 + 40 + 20), il reste à l'ouest 20 coudées pour le mur et les étages extérieurs. Les proportions ne sont plus les mêmes selon le calcul de la Mischna.
[2] Les rabbins ne donnent à ces chambres que 15 coudées de largeur, en comptant probablement 60 coudées pour la largeur intérieure du vestibule et 5 pour le mur.
[3] Selon la Mischna, la hauteur du *Héchal* et du Saint des Saints n'était que de quarante coudées, ce qui ne nous paraît nullement

était de cent coudées, il restait nécessairement au-dessus du lieu saint et du Saint des Saints un espace vide, ou étage supérieur (*Aliyya*), auquel on attribue ordinairement une hauteur de quarante coudées[1]. Il nous semble cependant qu'on doit en déduire la hauteur des marches qui conduisaient de la cour au vestibule; car la hauteur intégrale de cent coudées est comptée sans doute à partir de la base de l'édifice, tandis que la hauteur intérieure de soixante coudées n'a pu être comptée qu'à partir du sol du lieu saint qui était nécessairement élevé, au-dessus de la base, de toute la hauteur des marches qu'il fallait monter pour arriver au vestibule. Ce n'est qu'en mesurant de cette manière que nous pouvons trouver une place pour les fenêtres qui durent exister dans ce Temple comme dans celui de Salomon, quoiqu'elles ne soient pas mentionnées dans les différentes descriptions. Nous savons par Josèphe qu'à l'extérieur il y avait des bâtiments de trois étages adossés au mur (au nord, au midi et à l'ouest), et que l'édifice principal s'élevait de quarante coudées au-dessus de ces étages[2]. La hauteur intégrale des trois étages (en partant de la base de l'édifice) était par conséquent de soixante coudées; or, en comptant les soixante coudées de la hauteur intérieure du Temple à partir du sol du lieu saint, nous gagnons au-dessus des étages une hauteur égale à celle des marches du vestibule et c'est là que durent se trouver les fenêtres, précisément comme dans le Temple de Salomon[3].

Le toit, à ce qu'il paraît, était plat et entouré d'une balustrade de trois coudées de hauteur; il était garni proportionné à la hauteur totale de l'édifice, qui était de 100 coudées.

[1] Comparez Mischna, *Middôth*, ch. 4, § 6.
[2] Voy. *Guerre des Juifs*, V, 5, 5. Les trois étages avaient des chambres destinées à divers usages et qui communiquaient les unes avec les autres; leurs entrées communes étaient sur le devant, des deux côtés du vestibule. Comparez Mischna, l. c., § 3 et 7; on y compte trente-huit chambres, quinze au nord, quinze au midi et huit à l'occident.
[3] Voy. ci-dessus, page 290, col. 1.

d'aiguilles dorées de la hauteur d'une coudée pour empêcher les oiseaux d'y séjourner[1].

Les autels et les autres objets sacrés étaient distribués comme dans le tabernacle de Moïse et dans le Temple de Salomon. Dans la cour des prêtres, au S.-E. du sanctuaire, était le *bassin d'airain*, auquel un certain Ben-Katîn fit mettre douze robinets, afin que douze prêtres pussent s'y laver à la fois; le même y fit faire un appareil pour y amener directement l'eau d'un puits[2]. Au milieu de la cour, en face de l'entrée du Temple et au N.-E. du bassin, se trouvait le grand *autel des holocaustes*, bâti de pierres non polies. Il avait, selon Josèphe, cinquante coudées en long et en large et une hauteur de quinze coudées, et les angles aboutissaient en haut en une espèce de cornes; on y arrivait par une montée douce qui était au midi[3]. Au nord de l'autel il y avait des tables de marbre pour y déposer la chair des victimes. — Dans le lieu saint se trouvaient, au nord la table des *pains de proposition*, au midi le chandelier à sept branches[4], et entre les deux l'autel des parfums, le tout en or. — Le Saint des Saints était vide[5]; à la place qu'occupait l'arche sainte dans le Temple de Salomon, il y avait une pierre de la hauteur de trois doigts, sur laquelle le grand prêtre déposait l'encensoir au jour des expiations[6].

[1] Voy. **Mischna**, l. c., § 6; Josèphe, l. c., § 6.
[2] Voy. Mischna, 2ᵉ partie, traité *Yoma*, ch. 3, § 10; Thalmud de Babylone, même traité, fol. 37 a.
[3] Josèphe, l. c. Les rabbins (ib. ch. 3, § 1) lui donnent une base de 32 coudées en long et en large et plusieurs gradins qui faisaient successivement diminuer ces dimensions; ils y placent au S. O. un conduit par lequel le sang des aspersions coulait dans le torrent de Kidron.
[4] On voit le dessin de la table et du chandelier sur l'arc de triomphe de Titus. Voy. notre Pl. 23.
[5] Voy. ci-dessus, p. 468, col. 1.
[6] Sur cette pierre appelée *schethiyya* (fondement), voy. Mischna, traité *Yoma*, ch. 5, § 2, et les traditions rabbiniques dans le Thalmud de Babylone même traité fol. 54 b.

Au nord-ouest du Temple s'élevait le château *Antonia*, dont nous avons parlé dans notre description de Jérusalem (page 48); il communiquait avec le Temple par une allée souterraine.

Après l'achèvement de l'édifice intérieur, ou du Temple proprement dit (l'an 15 avant l'ère chrétienne), on en fit l'inauguration solennelle. Hérode, qui célébra le même jour l'anniversaire de son avénement au trône, offrit trois cents taureaux; des victimes innombrables furent offertes par le peuple. Le pays était tranquille en apparence; Hérode put un moment se croire réconcilié avec son peuple et espérer un règne heureux sous la puissante protection de l'empereur romain. Il se rendit alors à Rome pour faire sa cour à Auguste et pour ramener en Judée ses deux fils, Alexandre et Aristobule; ceux-ci, de retour à Jérusalem, furent reçus par le peuple avec les marques de la plus vive affection, et on honorait en eux la mémoire de leur malheureuse mère et de la noble famille des Maccabées. Hérode les maria l'un et l'autre : Alexandre, qui était l'aîné, épousa Glaphyre, fille d'Archelaüs, roi de Cappadoce; Aristobule prit pour femme sa cousine Bérénice, fille de Salomé, sœur d'Hérode. Peu de temps après, Agrippa ayant fait un nouveau voyage en Orient, Hérode alla à sa rencontre en Asie Mineure et l'amena en Palestine, où il lui fit voir avec orgueil les villes et les magnifiques édifices qu'il avait fait construire dans le style grec. Les habitants de Jérusalem firent une magnifique réception à Agrippa, et l'illustre Romain offrit une hécatombe au temple de Jéhova.

L'année suivante (14), Hérode rejoignit Agrippa à Sinope, et lui amena des troupes auxiliaires pour une expédition dans le Bosphore Cimmérien. En parcourant ensuite avec Agrippa différents pays de l'Asie Mineure, il se fit auprès de lui l'interprète des griefs et des besoins des populations et leur obtint maintes faveurs. A cette occasion, Agrippa, sur la demande d'Hérode, renouvela aux Juifs d'Ionie les priviléges et immunités qu'ils avaient possédés autrefois sous les rois de Syrie, et leur accorda le libre exercice de leur religion. Hérode, de retour à Jérusalem, s'en glorifia dans une assemblée publique, et pour gagner encore davantage la faveur du peuple, il lui fit remise du quart des impôts pour la dernière année.

Le bonheur d'Hérode fut de courte durée; les intrigues de sa sœur Salomé et de son frère Phéroras l'entraînèrent dans une nouvelle série de crimes qui répandirent la terreur autour de lui et jetèrent le désespoir dans sa propre âme. Plus les deux fils de Mariamne étaient chéris du peuple, et plus ils devinrent un objet d'inquiétude et de haine pour Salomé. Alexandre et Aristobule étaient fiers d'appartenir, par leur mère, à la famille Hasmonéenne; leur caractère impétueux et ouvert les entraînait souvent à rappeler avec amertume le douloureux souvenir de leur mère et sa mort ignominieuse. Leurs ennemis abusaient de leur franchise pour leur faire tenir des propos imprudents; chacune de leurs paroles fut rapportée à Hérode avec des commentaires perfides, et on parvint à persuader au roi que ses fils voulaient attenter à sa vie. Salomé et Phéroras étaient l'âme de ces intrigues, et Hérode leur donna lui-même un auxiliaire plein de perfidie, en appelant à la cour le rusé Antipater, son fils aîné, qu'il avait eu avant d'être roi, de sa première femme nommée Doris. Hérode voulut humilier l'orgueil des fils de Mariamne en faisant valoir contre leurs prétentions les droits de son fils aîné; mais Alexandre et Aristobule n'en furent que plus irrités et s'exprimèrent avec plus de vivacité encore sur le compte de leur père. Antipater fut comblé d'honneurs par Hérode; peu de temps après, Agrippa ayant été rappelé à Rome, Hérode l'engagea à amener avec lui Antipater pour le recommander à Auguste (12). Quoique absent, Antipater continua à prendre part aux intrigues et aux calomnies de Salomé et ne cessa, par ses lettres d'irriter son père contre les fils de Mariamne. L'année suivante (11), Hérode, croyant ses fils coupables, partit avec eux pour Rome, afin de les accuser devant Auguste. L'empereur était alors à Aquilée, où Hérode alla le rejoindre. Le roi exposa avec véhémence ses griefs contre ses deux fils; Alexandre prit la parole et montra dans leur nullité les accusations accumulées contre lui et son frère. Tous les assistants furent profondément émus; l'empereur reconnut que les soupçons d'Hérode étaient mal fondés et que le roi avait trop promptement prêté l'oreille à la calomnie. Les deux princes furent absous; Auguste les exhorta à se conduire avec plus de modération et opéra une réconciliation entre Hérode et ses fils. Antipater manifesta une joie hypocrite, pour dissimuler sa haine contre les fils de Mariamne et se ménager les moyens de les perdre. Hérode fit à Auguste un présent de trois cents talents et obtint la permission de disposer à son gré de la succession au trône.

Hérode, de retour à Jérusalem avec ses fils, déclara dans une assemblée publique que le droit de succession était dévolu à Antipater et après lui aux fils de Mariamne. Cette déclaration n'était pas propre à rétablir la concorde et à faire cesser les intrigues dans la famille d'Hérode; quoique les fils de Mariamne se conduisissent avec plus de prudence, Antipater trouva moyen de les faire calomnier de nouveau, et tout en feignant de les aimer et de prendre leur défense, il en parlait toujours de manière à entretenir et à augmenter les soupçons de son père. A cette époque (10), les constructions de Césarée étant achevées, Hérode fit diversion à ses chagrins domestiques, en célébrant des jeux d'athlètes pour l'inauguration de la nouvelle ville. Mais les discordes de famille et les intrigues se compliquèrent de plus en plus. Glaphyre, femme d'Alexandre, habituée à se considérer comme future reine et se voyant privée de cette espérance par les prétentions d'Antipater, en conçoit une haine violente contre Salomé, première cause de la disgrâce d'Alexandre et d'Aristobule. Phéroras se brouille avec Hérode, en refusant de prendre pour femme une des princesses royales, fille de Mariamne, et préférant conserver des liaisons avec une esclave dont il était éperdument amoureux. Salomé cherche à détourner sa fille Bérénice de son mari Aristobule, dont elle espérait de cette manière apprendre les projets secrets. Phéroras, mécontent d'Hérode, persuade à Alexandre que le roi était amoureux de Glaphyre; le roi, informé de cette calomnie, en manifeste toute son indignation à Phéroras, et celui-ci accuse Salomé d'en être l'auteur. Au milieu de ces haines et de ces intrigues qui se multiplient et se croisent, les calomnies se renouvellent contre les fils de Mariamne, qu'on accuse d'une conspiration à laquelle, dit-on, quelques serviteurs du roi ont prêté la main. Les serviteurs mis à la torture font toute sorte de fausses révélations. Le roi, devenu de plus en plus sombre et ombrageux, fait mourir beaucoup d'innocents, et ensuite quand l'erreur est reconnue, les accusateurs sont également voués à la mort. Telle fut la terrible situation produite par la barbare cruauté d'Hérode, par les intrigues de son frère et de sa sœur, et par la perfidie d'Antipater, qui, par ses ruses et ses calomnies, excitait la fureur du roi.

La catastrophe à laquelle devait nécessairement aboutir cette situation violente fut précédée de quelques moments de calme par la prudence du roi Archelaüs, beau-père d'Alexandre, que l'inquiétude sur le sort de sa fille et de son gendre amena à Jérusalem (an 8). Pour fléchir le cœur d'Hérode il ne voyait d'autre moyen que la ruse; il feignit la plus profonde indignation de la conduite de son gendre, le menaça de lui enlever Glaphyre, dont il s'était rendu indigne, et engagea Hérode d'agir avec sévérité contre son fils pervers. Hérode chercha lui-même à calmer l'irritation d'Archelaüs, et celui-ci, ayant gagné la confiance d'Hérode, sut trouver le chemin pour arriver à son cœur et l'émouvoir jusqu'aux larmes. Peu à peu il parvint à justifier Alexandre et à dévoiler à Hérode les intrigues de Phéroras; étant parvenu à opérer une nouvelle réconciliation entre Hérode et les fils de Mariamne, il eut la générosité d'intercéder pour Phéroras et de lui faire obtenir la grâce de son frère. Hérode témoigna sa reconnaissance à Archelaüs en lui faisant de riches présents et le reconduisit lui-même en Cappadoce, pour aller de là à Rome rendre compte à l'empereur de tout ce qui s'était passé.

Pendant son absence, les hordes de brigands infestèrent de nouveau la Trachonitide et les pays à l'entour; elles trouvèrent un appui dans Syllée, ministre du roi arabe Obodas, qui, à cette occasion, cherchait à se venger du refus qu'il avait subi de la part d'Hérode en demandant la main de Salomé. Hérode, revenu en Palestine, adressa des plaintes contre Syllée à Saturnin, gouverneur de Syrie, et Syllée s'engagea à livrer tous les chefs des brigands qui s'étaient réfugiés sur le territoire d'Obodas. Mais au lieu de tenir parole il partit pour Rome, et Hérode se vit obligé d'envahir l'Arabie, où il prit d'assaut la forteresse de Raëpta, lieu de refuge des brigands. En même temps trois mille Iduméens furent envoyés en Trachonitide pour y rétablir la tranquillité. Syllée accusa Hérode, auprès d'Auguste, d'avoir ravagé le pays d'Obodas et d'avoir fait massacrer deux mille cinq cents chefs arabes. L'empereur, fort irrité, écrivit à Hérode pour le réprimander, et Syllée ne manqua pas de donner avis à ses amis en Arabie de la disgrâce d'Hérode. Les Arabes en profitèrent pour envahir la Trachonitide, où ils massacrèrent la garnison iduméenne. Les ambassadeurs qu'Hérode envoya à Rome ne furent pas admis devant l'empereur. Enfin Auguste ayant été informé des intrigues de Syllée qui avait fait empoisonner son maître Obodas, Nicolas de Damas, ami d'Hérode, put s'introduire auprès d'Auguste en se joignant aux ambassadeurs que Hareth, fils d'Obodas, avait envoyés à Rome; il parvint à justifier Hérode et à dévoiler toutes les menées de Syllée, qui plus tard fut condamné à mort.

Sur ces entrefaites, Salomé, Phéroras et Antipater, ayant attiré dans leurs confidences un certain Eurycles, Lacédémonien qui vivait à Jérusalem, parvinrent, par leurs calomnies, à réveiller les soupçons d'Hérode contre les fils de Mariamne. Malheureusement Alexandre avait pris à son service deux officiers qui avaient été congédiés par Hérode; ils furent arrêtés, et, appliqués à la torture, ils déclarèrent qu'Alexandre les avait engagés à tuer le roi à la chasse. D'autres faits furent rapportés par des délateurs qui avaient été gagnés, et Hérode, ayant fait enchaîner ses fils, en référa à l'empereur. Auguste l'autorisa à punir ses fils, mais il lui conseilla de ne pas agir précipitamment, de porter sa cause devant un tribunal à Béryte, et d'y appeler les hommes les plus distingués et notamment les autorités romaines de Syrie et le roi Archelaüs, beau-père d'Alexandre. Hérode convoqua une assemblée de cent cinquante personnes; mais il n'y appela point Archelaüs, dont il se méfiait. Sur l'accusation portée par Hérode, ses malheureux fils furent condamnés à la majorité des voix, sans d'autres preuves que les témoignages obtenus par la torture. Hérode partit pour Tyr avec les condamnés; là il rencontra Nicolas, revenu de Rome, qui chercha en vain à ramener le père dénaturé à de meilleurs sentiments. Ils s'embarquèrent ensemble pour Césarée, où un vieux guerrier nommé Téron se voua à la mort en reprochant à Hérode sa cruauté barbare. Hérode envoya ensuite ses deux fils à Samarie, où ils furent étranglés par ses ordres; leurs corps furent transportés à Alexandrion pour y être enterrés (an 6).

Ce fut en vain que le tyran avait consommé cet horrible sacrifice; à peine délivré d'un danger imaginaire, il vit s'élever contre lui un ennemi bien plus redoutable dans celui-là même à qui il avait accordé toute sa confiance, qu'il avait nommé son successeur et qui le payait de la plus noire ingratitude. L'infâme Antipater, digne d'un tel père, conspira contre la vie du sanguinaire Hérode, digne d'un tel fils. Phéroras était dans le complot; il y avait été entraîné par sa femme qu'Hérode avait en haine parce qu'elle avait empêché le mariage de Phéroras avec une des princesses. Salomé avertit le roi des intelligences qui existaient entre Antipater et Phéroras; Hérode se méfia des révélations de sa sœur, mais ses soupçons s'éveillèrent, quand il apprit que la femme de Phéroras avait fourni de l'argent aux Pharisiens, afin de payer une amende qui leur avait été imposée pour avoir refusé de prêter le serment de fidélité à Hérode et à l'empereur. Par reconnaissance, quelques Pharisiens avaient prédit que la couronne passerait sur la tête de Phéroras; Hérode fit mettre à mort les imprudents prophètes et ordonna à Phéroras de renvoyer sa femme. Phéroras, ayant refusé d'obéir, fut banni de Jérusalem et se retira dans sa tétrarchie. Le roi interdit à Antipater et à sa mère toute espèce de liaison avec Phéroras; Antipater obéit en apparence, mais il continua à entretenir avec son oncle des relations secrètes. Exécré par le peuple et ne se croyant pas en sûreté en Judée, il sut, par ses amis romains, faire engager son père à l'envoyer à Rome. Hérode y consentit et chargea Antipater de porter à Auguste son testament, par lequel il établit Antipater l'héritier de sa couronne, ou, à son défaut, Hérode, né de la seconde Mariamne, fille du grand prêtre Simon.

Peu de temps après, Phéroras tomba subitement malade; Hérode, oubliant ses ressentiments, alla voir son frère et assista à sa mort (an 5). On accusa la femme de Phéroras d'avoir empoisonné son mari; cette accusation n'était pas fondée, mais l'enquête faite à ce sujet fit découvrir le complot d'Antipater et de Phéroras.

La veuve de ce dernier avoua que son mari avait reçu d'Antipater du poison pour faire mourir Hérode, mais que Phéroras, avant de mourir, touché de la visite d'Hérode, avait ordonné de jeter le poison au feu, et qu'elle n'en avait gardé qu'un peu pour elle-même. En même temps un affranchi d'Antipater arriva de Rome et on découvrit qu'il était envoyé pour apporter à Phéroras du poison plus fort. Quelques amis d'Antipater écrivirent à Hérode pour jeter des soupçons sur ses jeunes fils Archelaüs et Philippe, qui venaient d'être rappelés de Rome où Hérode les avait envoyés; Antipater confirma ces révélations, et chercha hypocritement à excuser ses frères sur leur jeunesse. Hérode reconnut enfin la noire et monstrueuse trahison d'Antipater; pour s'emparer de sa personne, il lui écrivit une lettre affectueuse et l'engagea à revenir promptement en Judée. Mariamne, fille de Simon, soupçonnée de complicité dans le complot d'Antipater et de Phéroras, fut répudiée par Hérode; le nom de son fils fut effacé du testament du roi, et le grand prêtre Simon fut révoqué de ses fonctions et remplacé par Mathias, fils de Théophile.

Antipater revint à Jérusalem (an 4). Dès le lendemain de son arrivée, il fut accusé de parricide devant Quintilius Varus, gouverneur de Syrie, qui se trouvait alors à Jérusalem. Les preuves ne manquaient pas; malgré ses protestations hypocrites, Antipater fut condamné à mort, mais Hérode différa l'exécution, pour demander l'avis de l'empereur Auguste.

Quelque temps après, Hérode tomba dangereusement malade. Il fit de nouveau son testament, et se méfiant d'Archelaüs et de Philippe, il destina la couronne à son fils Hérode Antipas, né d'une Samaritaine nommée Malthacé, qui était aussi la mère d'Archelaüs. L'état du roi s'aggrava de jour en jour, et on désespérait de sa guérison; déjà les Pharisiens relevaient la tête et deux des plus célèbres docteurs, Juda, fils de Sariphée, et Mathias, fils de Margaloth, chéris du peuple à cause de leur vertu, de leur érudition et de leur éloquence, engagèrent leurs disciples à renverser l'aigle romaine qu'Hérode avait fait placer au-dessus du portail oriental du Temple. Les disciples se mirent aussitôt à l'œuvre; mais ils furent surpris par la force armée et arrêtés au nombre de quarante, ainsi que leurs deux maîtres. Amenés devant le roi, ils avouèrent le fait, et s'en vantèrent comme d'un acte de piété et de patriotisme. Les juges d'Hérode les condamnèrent à mort; les deux docteurs et plusieurs de leurs disciples furent brûlés vifs, les autres furent livrés au glaive du bourreau. Le grand prêtre Mathias, soupçonné de complicité, fut destitué, et le pontificat fut donné au frère de sa femme, nommé Joazar.

Le roi était affligé d'une maladie terrible qui inspirait l'horreur et le dégoût à ceux qui l'entouraient[1]. Les médecins lui conseillèrent d'aller aux eaux de Callirrhoë (p. 75); mais les bains restèrent sans effet, et le roi se fit transporter à son palais de Jéricho pour y attendre sa dernière heure. Les horribles souffrances physiques et les terreurs de la conscience lui donnèrent des accès de fureur qui le rendaient encore plus terrible. Prévoyant que sa mort serait un sujet de joie pour la nation, il fit enfermer dans le cirque de Jéricho les hommes les plus distingués du pays, et chargea Salomé et son troisième époux, Alexas, de les faire mourir au moment de sa mort, afin de donner au peuple un sujet de deuil.

Dans ces temps de terreur, les hommes pieux jetaient des regards pleins d'espoir dans l'avenir, et cherchaient une consolation en parlant du Rédempteur qui devait venir mettre un terme aux souffrances d'Israël et lui rendre son ancienne gloire et son indépendance. Hérode, dit-on, fut informé que des Mages avaient annoncé la naissance du Messie, et comme celui-ci, selon la croyance du peuple, devait naître à Bethléhem, il ordonna de massacrer, dans cette ville et dans les environs, tous les enfants mâles au-dessous de deux ans. Selon la tradition chrétienne, Jésus, qui venait de naître à Bethléhem, fut sauvé par la fuite de ses parents, qui emportèrent le nouveau-né en Égypte[1].

Un jour, dans un accès de frénésie, Hérode essaya de se suicider, mais il en fut empêché; le bruit s'étant répandu que le roi était mort, Antipater offrit à son gardien une grande somme d'argent pour qu'il le laissât sortir de prison. Mais le gardien en informa le roi, qui ordonna aussitôt l'exécution de son fils; l'autorisation de l'empereur venait d'arriver.

Le roi profita de ses derniers moments pour partager définitivement sa succession. Il nomma Archelaüs son successeur au trône, et lui donna la Judée, l'Idumée et la Samarie; Hérode Antipas fut nommé tétrarque de Pérée et de Galilée, et Philippe, né d'une autre femme, Cléopâtre de Jérusalem, fut nommé tétrarque des pays de Batanée, de Gaulanitide, de Trachonitide et de Panéas. Salomé reçut les villes de Jamnia, d'Asdod et de Phasaëlis avec une somme considérable d'argent. Hérode légua aussi de grandes sommes d'argent à Auguste et à l'impératrice. Il mourut peu de temps avant la Pâque, cinq jours après l'exécution d'Antipater, à l'âge de soixante-dix ans, dans la trente-quatrième année de son règne, l'an 4

---

[1] Voy. Josèphe, *Antiqu.* XVII, 6, 5; *Guerre des Juifs*, I, 33, 5.

[1] La vérité historique du massacre des enfants de Bethléhem a été mise en doute, parce que Josèphe n'en parle pas. Quoi qu'il en soit, ce massacre était peu de chose dans la longue série des crimes commis par Hérode, et l'historien a pu le passer sous silence. Dans la petite ville de Bethléhem et dans ses environs il pouvait à peine exister 10 à 12 enfants mâles au-dessous de deux ans. On trouve une trace de ce fait dans un passage de Macrobe (*Saturn.* II, 4), qui, par ignorance, a confondu la mort d'Antipater et le massacre des enfants en un seul fait : *Quum audisset (Augustus) inter pueros, quos in Syriâ Herodes rex Judæorum intra bimatum jussit interfici, filium quoque ejus occisum, ait : Melius est Herodis porcum esse quam filium.*

avant le commencement de l'ère vulgaire[1].

Hérode avait travaillé toute sa vie à s'assurer le nom d'un grand souverain, et il ne mérita que celui d'un tyran exécrable; à un vain éclat extérieur il avait sacrifié la liberté de son pays, ainsi que sa propre indépendance, et cependant il ne fut que l'esclave de l'empereur romain. Incapable de secouer le joug étranger, il se vengea de son dur esclavage sur ses propres concitoyens, en bravant leurs coutumes et leurs lois, en imitant servilement les coutumes étrangères et en se mettant au-dessus de l'antique loi sociale et religieuse, qui seule devait dominer sur le peuple juif. Il foulait aux pieds les pouvoirs nationaux; le synédrium n'était plus qu'une ombre, et le pontificat dépendait du caprice du tyran. Sachant bien que toute réconciliation était impossible entre l'esclave des mœurs païennes et les zélés partisans de la loi de Jéhova, il ne voyait partout que des ennemis; ses lâches confidents lui en faisaient voir jusque dans ceux qui devaient lui être le plus chers, et il déchirait ses propres entrailles en cherchant vainement le repos qui le fuyait sans cesse. Sa prodigalité, qui parfois empruntait les dehors de la bienfaisance, avait également sa source dans son ambition démesurée; il opprimait son peuple pour perpétuer son nom par de magnifiques monuments, qu'il faisait élever jusque dans les pays étrangers[2], et la brillante restauration du sanctuaire national n'était elle-même qu'un calcul ambitieux et un moyen de faire oublier, pour un moment, sa tyrannie et ses crimes. L'épithète de *Grand*, que l'histoire lui a donnée, est une amère dérision; sa grandeur consistait à être un magnifique esclave portant des chaînes d'or; elle aboutit à le faire mourir dans le désespoir et à détruire entièrement l'indépendance de son peuple devant lequel il ouvrit l'abîme qui devait l'engloutir.

3. *Les successeurs d'Hérode. — La Judée province romaine. — Jésus-Christ. — Agrippa.*

Avant que la mort d'Hérode fût connue, Salomé et Alexas se rendirent au cirque de Jéricho, et firent relâcher ceux qu'Hérode y avait fait enfermer. Ensuite Archélaüs fut proclamé roi; on fit lecture aux troupes assemblées d'une lettre d'Hérode qui, en les remerciant de leurs services, leur recommandait de servir le nouveau roi avec la même fidélité. Archélaüs fit faire à son père de magnifiques funérailles; le corps d'Hérode, selon sa dernière volonté, fut conduit au château d'Hérodion. Après les sept jours de deuil, Archélaüs se rendit à Jérusalem, où, après avoir donné un brillant festin au peuple, il en reçut les hommages dans le parvis du Temple, et lui fit les plus belles promesses, déclarant toutefois qu'il ne pouvait disposer de rien, ni accepter le titre de roi, avant que sa succession au trône eût été confirmée par Auguste. Cependant, les Pharisiens et leurs partisans insistèrent pour que le grand prêtre Joazar, nommé arbitrairement par Hérode, fût immédiatement révoqué et qu'on punît ceux qui avaient engagé Hérode à faire mourir les célèbres docteurs Judas et Matthias et leurs disciples. Les nombreux pèlerins, réunis alors à Jérusalem pour célébrer la Pâque, se joignirent aux mécontents, qui reçurent à coups de pierres les soldats envoyés au Temple pour maintenir l'ordre. Archélaüs y envoya toute la garnison de la capitale, et une lutte s'engagea dans laquelle trois mille hommes du peuple perdirent la vie.

Après ce triste début, Archélaüs partit pour Rome, accompagné par Salomé, qui lui promit son appui auprès de l'empereur, mais qui secrètement favorisait Antipas, qu'Hérode avait nommé antérieurement successeur au trône. A Césarée, Archélaüs rencontra

---

[1] On sait que la naissance de Jésus précède de 4 ou 5 ans au moins le commencement de *l'ère chrétienne*; la faute commise par Denys le Petit, qui, au sixième siècle, introduisit cette ère, n'a été reconnue que longtemps après.

[2] On peut voir à ce sujet les judicieuses observations de Josèphe, *Antiq.* XVI, 5, 4.

Sabinus, l'un des gouverneurs de Syrie, qui allait se rendre à Jérusalem, afin d'administrer provisoirement la succession d'Hérode, au nom de l'empereur. Varus, appelé par Archélaüs, désapprouva la prétention de Sabinus, qui fit semblant de céder; mais, après le départ d'Archélaüs et de Varus, il se rendit à Jérusalem, occupa le palais du roi et les forteresses, et s'empara des trésors.

Antipas se rendit également à Rome pour y faire valoir ses droits sur le trône; ses prétentions furent appuyées par Salomé et les autres membres de la famille royale. Pendant que les prétendants plaidaient devant l'empereur, la Judée était le théâtre des plus grands désordres. L'usurpation de Sabinus avait exaspéré toute la nation; sous prétexte de vouloir célébrer la Pentecôte, le peuple arriva de toutes parts à Jérusalem, pour combattre le tyran étranger. Une lutte sanglante s'engagea entre les Juifs et les troupes romaines; celles-ci ayant mis le feu aux portiques du Temple et pillé les trésors, la fureur et le désespoir redoublèrent le courage des Juifs, qui refoulèrent Sabinus et ses troupes dans le palais du roi. Sabinus soutint un siège en attendant les secours qu'il avait demandés à Varus. En même temps tout le pays était livré à une terrible anarchie (an 3). Judas, fils du fameux Ézéchias qu'Hérode avait fait mettre à mort sous le règne d'Hyrcan, s'empara de Séphoris, et répandit la terreur dans toute la Galilée, une bande de brigands conduite par Simon, ancien esclave d'Hérode, prit le château de Jéricho, le pilla et le livra aux flammes. Un berger, nommé Athronge, usurpa le titre de roi, et avec ses quatre frères dont chacun commandait une troupe nombreuse; il ravagea le pays et combattit à la fois les Hérodiens et les Romains. En Idumée, deux mille soldats qui avaient été congédiés par Hérode prirent les armes, et attaquèrent les troupes royales, commandées par Achiab, cousin d'Hérode. Enfin, Varus entra en Palestine avec deux légions, soutenues par les troupes de quelques principautés voisines. Les brigands furent dispersés, et les insurgés de Jérusalem forcés de lever le siège du palais. Varus fit saisir partout les principaux rebelles, et en fit crucifier deux mille; d'autres prisonniers furent envoyés à Rome. L'empereur fit mettre à mort ceux d'entre eux qui étaient de la famille d'Hérode, et accorda le pardon à tous les autres.

Auguste n'avait pas encore prononcé entre les deux prétendants, lorsque cinquante députés du peuple juif, partis de Jérusalem avec la permission de Varus, arrivèrent à Rome. Cette députation devait demander à l'empereur d'abolir la royauté, de joindre la Judée à la province de Syrie et de permettre aux Juifs de se gouverner, selon leurs propres lois, sous l'administration supérieure d'un gouverneur romain. Les Juifs qui habitaient Rome, au nombre de huit mille, appuyèrent vivement la demande de leurs frères. L'empereur, entouré de ses amis et des principaux magistrats de Rome, reçut les députés juifs dans le temple d'Apollon, où Archélaüs et son frère Philippe se présentèrent également; le dernier était arrivé avec la députation pour obtenir la confirmation de ce qui le concernait dans le testament d'Hérode. Les députés flétrirent avec énergie la tyrannie d'Hérode et la cruauté d'Archélaüs, qui, dès son début, avait fait massacrer trois mille citoyens. Nicolas de Damas prit la parole pour Archélaüs. L'empereur, après avoir entendu les parties, leva la séance; et quelques jours après il rendit une décision qui confirma presque entièrement le dernier testament d'Hérode. Archélaüs reçut la moitié du royaume avec le titre d'*ethnarque*; cette moitié comprenait la Judée, l'Idumée et la Samarie, et rapportait environ six cents talents par an. Auguste lui promit de lui donner ensuite le titre de *roi*, s'il s'en rendait digne. Antipas fut nommé tétrarque de Galilée et de Pérée avec un revenu de deux cents talents; Philippe devint tétrarque de Batanée, de Trachonitide, d'Auranitide et de Panéas : ces provinces rapportaient cent talents. Salomé reçut les villes qu'Hérode lui avait destinées, et, en outre, Auguste lui donna le palais d'Ascalon : ses revenus étaient de soixante talents par an. Les villes de Gerasa [1], de Gadara et d'Hippos, habitées par des Grecs, furent jointes à la Syrie. Deux filles d'Hérode, Roxane et Salomé, furent mariées aux fils de Phéroras, et chacune eut une dot de 250,000 pièces d'argent. Auguste distribua aux enfants d'Hérode la somme considérable que celui-ci lui avait léguée, et ne garda pour lui, comme souvenir, que quelques objets de peu de valeur.

Les enfants d'Hérode revenus en Palestine, chacun prit possession de son domaine. Archélaüs, dès son arrivée à Jérusalem, céda au vœu du peuple en ôtant le pontificat à Joazar, qui fut remplacé par son frère Éléazar; mais celui-ci fut obligé, quelque temps après, de céder sa place à Josué, fils de Sia. — Un jeune Juif de Sidon attira un moment l'attention publique, en se donnant pour Alexandre, fils d'Hérode et de Mariamne; il eut même l'audace d'aller à Rome pour réclamer la succession d'Hérode; mais il fut démasqué par l'empereur lui-même, qui l'envoya aux galères. — Les fils d'Hérode marquèrent leur règne par la fondation ou l'embellissement de plusieurs villes. Hérode Antipas agrandit la ville de Beth-Haran (page 73), à laquelle il donna, en l'honneur de la fille d'Auguste, le nom de *Julias*. Le même nom fut donné par le tétrarque Philippe à une ville qu'il établit à la place du village de Bethsaïda (page 68); Philippe embellit aussi la ville de Panéas et lui donna le nom de *Cæsarea Philippi* (ib.). Archélaüs attacha son propre nom à la petite ville d'*Archélaïde*, et restaura la ville de Jéricho, ravagée par la bande de Simon. Le berger Athronge, qui avait pu se maintenir encore, fut vaincu par Archélaüs et mis à mort.

Archélaüs s'attira la haine générale par sa tyrannie et par son mépris des mœurs et des lois nationales. Il épousa Glaphyre, veuve de son frère Alexandre, et mariée ensuite à Juba, roi de Libye [1]; ce mariage, selon les lois juives, était un inceste, car Alexandre avait laissé des enfants [2]. Ses sujets juifs et samaritains, las de son despotisme effréné, adressèrent une plainte à l'empereur. Archélaüs, dans la dixième année de son règne, fut appelé à Rome, pour rendre compte de sa conduite devant le trône d'Auguste; ne pouvant se justifier, il fut déclaré déchu de sa principauté et exilé à Vienne dans les Gaules (l'an 6 de l'ère vulgaire). Son État fut réduit en province romaine, incorporé à la Syrie et administré par un gouverneur romain.

Coponius, chevalier romain, fut envoyé comme gouverneur en Judée. En même temps P. Sulpicius Quirinus, qui venait d'être nommé proconsul de Syrie, fut chargé par l'empereur de faire un recensement général de la Judée. Cette opération inaccoutumée [3] fit une grande sensation parmi les Juifs. En général, les préjugés du peuple étaient opposés à tout dénombrement; mais alors surtout on dut voir dans le recensement des personnes et des biens une mesure menaçante pour la nationalité juive et pour les droits que les Juifs prétendaient conserver sous la domination étrangère. Joazar, qui avait été rétabli dans le pontificat, parvint à calmer l'effervescence du peuple, et le recensement put s'opérer sans opposition. Mais,

---

[1] Dans le texte de Josèphe on lit *Gaza* (*Antiqu.* XVII, 11, 4; *Guerre des Juifs*, II, 6, 3); mais comme Gaza est très-éloignée des deux autres villes, il faut lire probablement Gérasa. Voy. Reland, *Palæstina*, p. 773.

[1] Sur ce Juba voy. Nolde, *Historia Idumæa*, p. 172 — 190.
[2] Comparez ci-dessus, page 204.
[3] Le recensement mentionné dans l'Évangile de saint Luc (ch. 2), et qui fut fait sous Quirinus ou Quirinius (Κυρήνιος), est évidemment le même que celui dont nous parlons ici. C'est par erreur que l'évangéliste le fait remonter à l'époque de la naissance de Jésus; à cette époque Quirinus n'était pas encore gouverneur de Syrie; Hérode vivait encore : le gouvernement romain n'avait aucun intérêt à faire un recensement en Judée, et il n'avait même pas le droit de le faire

deux hommes exaltés, Juda le Gaulanite (appelé aussi *le Galiléen*[1]) et le pharisien Sadok excitèrent le peuple à la révolte contre le gouvernement romain, en présentant la mesure qui venait d'être prise comme le présage de la plus dure servitude. Ils enseignèrent publiquement que la loi juive défendait de reconnaître d'autre souverain que Dieu, et que les Juifs devaient plutôt mourir que de se soumettre à une puissance humaine. Ils parvinrent à se créer de nombreux partisans, désignés plus tard sous le nom de *zélateurs*. Pour le moment la révolte put être étouffée (Actes, 5, 37); mais plus tard le parti des zélateurs, ou des patriotes exaltés, devint de plus en plus fort; ce fut lui qui devint, ainsi qu'on le verra plus tard, la cause de la terrible catastrophe qui termina l'existence politique de la nation juive.

Pendant quelque temps, les gouverneurs s'étant conduits avec prudence, la tranquillité fut maintenue dans le pays. Nous ne remarquons que les fréquents changements du grand prêtre; les gouverneurs choisissaient pour ces fonctions des hommes qu'ils croyaient pouvoir dominer à leur gré. La position du grand prêtre était, à cette époque, très-difficile : intermédiaire entre le gouvernement romain et le peuple juif, il devait, pour se maintenir, contenter à la fois l'un et l'autre. Joazar fut de nouveau révoqué par Quirinus et remplacé par Hanan ou Ananus[2], fils de Seth. Sous son pontificat, pendant que Coponius était encore gouverneur de Judée, quelques Samaritains, s'étant glissés dans le Temple, pendant une nuit de la fête de Pâques, y répandirent des ossements d'hommes, et souillèrent ainsi le lieu saint; de sorte que les prêtres ne purent y entrer pour remplir leur office. Ce fait prouve que les dispositions des Samaritains, à l'égard des Juifs, n'avaient pas changé dans le cours des siècles.

Coponius gouverna la Judée environ trois ou quatre ans; il fut remplacé par Ambivius. Quelque temps après, Salomé, sœur d'Hérode, mourut, laissant toutes ses possessions à l'impératrice. Ambivius fut remplacé par Annius Rufus, quelque temps avant la mort d'Auguste. Lorsque Tibère monta sur le trône (l'an 14 de l'ère vulgaire), il envoya Valérius Gratus en Judée; celui-ci administra le pays pendant onze ans. Ce gouverneur nomma et destitua plusieurs grands prêtres : il remplaça Hanan par Ismaël, fils de Phabi, qui, à son tour, fut remplacé, quelque temps après[1], par Éléazar, fils de Hanan. A ce dernier succéda, au bout d'un an, Simon, fils de Kamhith, qui fut également révoqué un an après, pour faire place à Joseph, dit *Caïphas* ou Caïphe (an 25 ou 26).

Pendant ce temps, les deux tétrarques, Hérode Antipas et Philippe, jouissaient d'une paix profonde et achevaient les constructions et les embellissements de leurs nouvelles villes. Antipas sut gagner les bonnes grâces de l'empereur Tibère; ce fut en son honneur qu'il bâtit la ville de *Tibériade*, sur le lac de Génésareth (p. 34), et il en fit sa résidence. Dans un voyage qu'Antipas fit à Rome, où vivait alors son frère Hérode, né de la seconde Mariamne, il eut de coupables intelligences avec Hérodias, fille du malheureux Aristobule et femme d'Hérode. Antipas offrit sa main à Hérodias, et celle-ci consentit à quitter son mari, homme privé, pour épouser son beau-frère, le tétrarque, qui se sépara de sa première

---

[1] Voy. Actes des apôtres, 5, 37; Josèphe, *Antiqu.* XVIII, 1, 6; XX, 5, 2; *Guerre des Juifs*, II, 8, 1. Juda était natif de Gamala dans la basse Gaulanitide et établi probablement en Galilée.

[2] C'est celui qui, dans l'Évangile de saint Luc (3, 2), est appelé *Annas* ou *Anne*.

[1] Μετ' οὐ πολύ, dit Josèphe, *Antiqu.* XVIII, 2, 2. Selon le Thalmud, traité *Yoma*, fol. 9 a, Ismaël occupa le pontificat pendant dix ans; Gratus ayant gouverné onze ans et les deux prêtres Éléazar et Simon ayant exercé le pontificat chacun pendant un an, il reste en effet neuf ans pour Ismaël, car il paraît résulter des paroles de Josèphe que Hanan fut révoqué immédiatement après l'arrivée de Gratus et Simon peu de temps avant son départ. Ismaël fut de nouveau grand prêtre sous Agrippa, pendant un an (Josèphe, ib. XX, 8, § 8 et 10), ce qui complète les dix ans qui lui sont attribués par le Thalmud.

femme, fille du roi arabe Hareth. Selon les Évangiles, cette femme ambitieuse devint plus tard la cause du meurtre de Jean-Baptiste, qui avait reproché à Antipas son mariage criminel [1].

En Judée, Ponce Pilate succéda comme gouverneur à Valérius Gratus (25 ou 26). Sa conduite causa bientôt de graves tumultes ; ayant fait entrer dans Jérusalem, durant la nuit, les enseignes romaines, ornées de l'image de l'empereur, les Juifs virent dans cet acte une profanation des lieux saints. Jusque-là les gouverneurs, connaissant l'horreur qu'avaient les Juifs de toute espèce d'images, avaient respecté les préjugés populaires et laissé les enseignes hors de la ville sainte. Irrités de l'insulte qui leur était faite par Pilate, les Juifs se rendirent en foule à Césarée, résidence des gouverneurs, pour demander qu'on retirât les enseignes. Pilate voulut sévir contre les séditieux ; les ayant fait entourer par ses soldats sur la place publique, il les invita à cesser leurs instances, en les menaçant de les faire mourir. Les Juifs se jetèrent par terre et tendirent leurs cous, déclarant qu'ils aimaient mieux mourir que de supporter la profanation de la sainte cité. Pilate, fléchi par cette fermeté, fit ôter les enseignes, et plus tard il reçut ordre de Tibère de faire retirer de Jérusalem les boucliers dorés qu'il y avait fait placer, et dont les inscriptions, renfermant des noms de divinités païennes, étaient un sujet de scandale pour les Juifs [2]. Pilate occasionna bientôt de nouveaux troubles plus sérieux encore par l'emploi qu'il fit de l'argent du trésor sacré pour construire un aqueduc qui devait amener l'eau à Jérusalem d'une distance de deux cents stades. Dans les émeutes qui s'élevèrent à cette occasion, Pilate envoya au milieu de la foule un grand nombre de soldats romains, déguisés en Juifs et portant des poignards sous leurs vêtements. Sur un signe donné, les soldats assaillirent les Juifs qui étaient sans défense et en tuèrent un grand nombre.

L'administration tyrannique de Pilate fut signalée par un événement qui alors ne paraissait pas avoir une grande importance, mais qui, par l'immensité de ses conséquences, est un des plus mémorables de l'histoire du monde : c'est le procès et la condamnation de Jésus de Nazareth, surnommé le Christ.

Au milieu des troubles des guerres civiles, des calamités de tout genre qu'entraîna l'oppression étrangère, des querelles parmi les sectes religieuses et des disputes dans les écoles, une idée dominait le peuple juif, celle de sa future gloire prédite par les prophètes. Les Juifs généralement croyaient alors le moment venu où les prédictions prophétiques devaient s'accomplir par un rejeton de la maison de David, qui briserait le joug étranger, rétablirait leur État dans l'ancienne splendeur qu'il avait eue sous David et Salomon, qui ferait triompher leur religion sur celles des gentils, et donnerait au peuple juif la paix et le bonheur, sous le règne de Dieu et de sa loi. Plus le peuple juif était dans l'abaissement et dans le malheur, plus il cherchait des consolations dans les promesses que Dieu lui avait faites par les prophètes, et il attendait leur prompt et miraculeux accomplissement. Il y eut cependant des docteurs, qui, interprétant les paroles des prophètes dans un sens plus élevé, n'attachaient que peu d'importance à la régénération politique de la Judée et attendaient un libérateur spirituel, qui, à la manière des anciens prophètes [1], ferait ressortir le côté moral du judaïsme, et qui glorifierait le peuple juif en répandant les croyances monothéistes et la morale du judaïsme parmi tous les peuples de la terre. Ce fut surtout parmi les Esséniens que

---

[1] Voy. Matth. 14, 3 — 11; Marc, 6, 17 — 28; Luc, 3, 19 et 20. Selon Josèphe (*Antiqu.* XVIII, 5, 2), Antipas fit mourir Jean-Baptiste par des motifs politiques.
[2] Ce fait est rapporté par Philon, *De legatione ad Caïum*, éd. de Genève, p. 799 et 800.

[1] Voy. ci-dessus, pages 419 — 421.

durent naître ces idées plus élevées du règne messianique; mais il y eut aussi un grand nombre de Pharisiens qui les partageaient, et, parmi les plus illustres, on en cite qui faisaient consister toute la loi dans la pratique de la morale et dans l'amour du prochain et qui déclaraient ouvertement que c'était dans ce sens que la loi divine devait être enseignée aux gentils. Nous rappellerons la célèbre réponse faite par le pharisien Hillel à un païen qui vint lui déclarer qu'il était prêt à embrasser le judaïsme, si le docteur pouvait lui faire connaître en peu de mots le résumé de toute la loi de Moïse. « Ce que tu n'aimes pas pour toi, dit Hillel, ne le fais pas à ton prochain; c'est là toute la loi, le reste n'en est que le commentaire [1]. » Hillel fut un des plus illustres chefs d'école du temps d'Hérode; ni son nom ni celui d'aucun autre docteur célèbre de cette époque ne se trouve mêlé aux affaires politiques. Ils ne s'occupaient guère des choses de ce monde; selon eux, Dieu seul devait accomplir l'œuvre de la rédemption, et il fallait attendre, avec résignation, l'époque fixée par la Providence pour la glorification du peuple juif.

Lorsque Jésus vint populariser, dans ses discours et dans ses paraboles, les doctrines des prophètes et des docteurs spiritualistes, il s'annonça lui-même comme le *Messie*, ou le *Christ*, comme le rédempteur attendu par le peuple juif [2]. La grande majorité des Juifs refusa de le reconnaître comme tel, et dans les épithètes de *roi des Juifs*, de *fils de David* et de *fils de Dieu*, prises dans un sens plus que figuré (Luc, 1, 35), épithètes que lui donnèrent ses disciples, et qu'il adopta lui-même, le synédrium crut trouver des motifs suffisants pour élever contre lui une accusation capitale. Le procès de Jésus, par son côté politique, intéressait à un haut point le gouvernement romain, qui seul pouvait ordonner l'exécution de la sentence. Pour un homme comme Pilate c'était peu de chose que la mort d'un Juif présenté comme rebelle; et sa complaisance, dans cette occasion, ne fit pas défaut au synédrium, quoique, selon les Évangiles, il ne fût rien moins que convaincu de la culpabilité de Jésus.

Nous croyons ne devoir donner ici qu'un résumé succinct de la vie et des actes de Jésus-Christ. Manquant de documents purement historiques, nous abdiquons, pour un moment, le rôle d'historien, et nous nous bornons à reproduire les faits principaux résultant de l'ensemble des quatre Évangiles, qu'il n'est pas facile, comme l'on sait, de mettre toujours d'accord [1].

Jésus naquit dans l'avant-dernière ou au commencement de la dernière année du règne d'Hérode (quatre ou cinq ans avant l'ère vulgaire), dans la petite ville de Bethléhem, où ses parents, établis à Nazareth, s'étaient rendus par un motif inconnu [2]. Sa mère, appelée Miriam ou Marie, était fiancée du charpentier Joseph, qui faisait remonter sa généalogie au roi David; mais Joseph ne passait pas pour être le père réel de Jésus, à qui l'on attribuait une naissance surnaturelle. Ayant eu connaissance de

---

[1] Voy. Thalmud de Babylone, traité *Schabbath*, fol. 31 *a*. L'espace nous manque pour citer d'autres passages de la même nature qu'on trouve en grand nombre dans le Thalmud et dans les autres recueils des anciens rabbins. Dans le traité *Maccoth*, fol. 24 *a*, on démontre que les prophètes ont successivement ramené les lois de Moïse à un petit nombre de préceptes moraux; voyez mes *Réflexions sur le culte des anciens Hébreux* (t. IV de la Bible de M. Cahen, p. 19 et 20). Joseph de Voisin, dans ses notes au *Pugio fidei* de Raymond Martin, a recueilli de nombreuses sentences des anciens docteurs de la synagogue, qui offrent des parallèles aux discours de Jésus.

[2] Voy. Matth. 16, 16; 21, 15; 26, 64; Jean, 4, 26; 9, 37, et *passim*. Sur le sens du mot *Messie*, dont *Christ* (Χριστός) est la traduction grecque, voy. ci-dessus, pages 409 et 421.

[1] L'auteur croit devoir rappeler à cette occasion qu'il professe la religion juive. Ne pouvant accepter tous les faits tels qu'ils sont rapportés, ni faire intervenir ici la critique historique, il doit se borner à donner une simple relation d'après les Évangiles, laissant chacun libre d'apprécier les faits selon ses convictions.

[2] On a vu plus haut, p. 565, col. 2, note 3, que le motif du recensement, indiqué par saint Luc seul, ne saurait être admis.

l'ordre sanguinaire d'Hérode, qui vouait à la mort les enfants de Bethléhem [1], Joseph et Marie s'enfuirent en Égypte avec leur enfant. Après la mort d'Hérode, ils revinrent en Palestine; se méfiant du tyran Archélaüs, ils renoncèrent au séjour de Bethléhem, et allèrent s'établir de nouveau à Nazareth en Galilée; ce fut là que Jésus reçut sa première éducation. Les Évangiles gardent un profond silence sur la jeunesse de Jésus et sur la manière dont il fut élevé. Ils nous disent seulement que, dans sa douzième année, étant venu à Jérusalem avec ses parents, pour célébrer la Pâque, il alla s'asseoir dans le Temple, au milieu des docteurs, pour les écouter et les interroger, et qu'il étonna tout le monde par les connaissances profondes qu'il manifesta dès un âge si tendre. Nous ne le retrouvons ensuite qu'à l'âge de trente ans, recevant le baptême, dans les environs de la mer Morte, par Jean, fils du prêtre Zacharie et d'Élisabeth cousine de Marie. Jean, né six mois avant Jésus (Luc, 1, 36), menait dans le désert de Juda la vie austère de *Naziréen* (p. 168), annonçant dans ses discours l'approche du règne messianique, invitant le peuple à faire pénitence, et purifiant ceux qui s'assemblaient autour de lui par l'acte symbolique du *baptême*, dans les eaux du Jourdain. Lorsque Jésus vint se faire baptiser par Jean, celui-ci reconnut en lui le Messie, dont il se déclara lui-même le précurseur. Jésus se retira ensuite dans le désert, où il resta quarante jours pour méditer son plan; ayant vaincu les doutes qui s'élevèrent dans son âme, et étant sorti victorieux de toutes les épreuves, il résolut de commencer immédiatement l'œuvre de la régénération du peuple juif. Tel paraît être le sens du récit obscur des évangélistes qui font intervenir Satan en personne, d'une manière qui fait peu d'honneur à la sagacité et à la logique de cet ange rebelle. Jésus, ayant rassemblé quelques disciples, parcourut diverses contrées de la Galilée, et prêcha avec beaucoup de succès dans différentes synagogues. Ayant trouvé un accueil moins favorable à Nazareth, où ses discours causèrent un grave tumulte et mirent sa vie en danger (Luc, 4, 24-29), il se retira à Capharnaoum (p. 34), et attira de plus en plus l'attention des habitants par les discours qu'il prononçait dans les synagogues les jours de sabbat et par la guérison extraordinaire de plusieurs malades. A la fête prochaine de Pâque, il fit le pèlerinage de Jérusalem; ce fut la première Pâque qu'il y célébra depuis le commencement de sa vie publique. Il se créa dès lors des partisans dans la capitale; un pharisien, nommé Nicodème, vint le voir, pendant la nuit, pour lui déclarer qu'il voyait en lui un envoyé de Dieu et pour être instruit par lui dans un entretien particulier (Jean, ch. 3) : ce fut le même pharisien qui, plus tard, parla en sa faveur dans le sein du synédrium (ib. 7, 50 et 51). Jésus, après s'être arrêté pendant quelque temps en Judée, retourna en Galilée en passant par le pays de Samarie, et ce fut près de Sichem qu'il eut le célèbre entretien avec la Samaritaine. Il resta deux jours parmi les Sichémites, qui, malgré leur haine pour les Juifs, ne purent résister à la force de ses paroles, en sorte que plusieurs d'entre eux restèrent convaincus que Jésus était le Messie attendu par eux comme par les Juifs. Arrivé à Cana, en Galilée, Jésus reçut la visite d'un seigneur de la cour d'Hérode Antipas, qui lui demanda de guérir son fils malade; Jésus, dit-on, opéra cette guérison, sans visiter le malade (Jean, 4, 46-53). En Galilée il fit encore plusieurs autres miracles; puis, ayant traversé, avec quelques disciples, le lac de Génésareth, pendant une tempête qui se calma à sa parole, il arriva dans les environs de Gadara, où il guérit un fou qui se croyait possédé d'une légion de démons. Revenu à Capharnaoum, il continua ses cures merveilleuses. La foule qui s'assembla autour de lui

---

[1] Voy. ci-dessus, page 559.

étant devenue de plus en plus nombreuse, il choisit douze disciples, qui devaient partager avec lui l'œuvre de sa mission. Sur une des montagnes de Galilée, il leur exposa, ainsi qu'à la foule réunie, les principes de morale et les règles de conduite que devaient suivre les fidèles ; le discours que Jésus prononça dans cette circonstance est appelé *le sermon sur la montagne*. Après un autre voyage en Pérée, où il reçut un message de Jean-Baptiste, qui était alors emprisonné à Machérous, il se rendit à Jérusalem pour y célébrer une seconde fois la fête de Pâques. Déjà la renommée de ses actes miraculeux et de ses discours l'avait précédé dans la capitale, et son arrivée y fit une grande sensation. La guérison d'un paralytique qu'il opéra publiquement, au jour de sabbat, près d'une piscine appelée Béthesda, souleva contre lui les Pharisiens, qui voyaient dans cet acte une profanation du sabbat; la manière dont il se défendit les irrita encore davantage, et dès lors ils épièrent toutes ses démarches et l'accusèrent hautement de plusieurs actions qui étaient contraires à leurs principes religieux. Dans un nouveau voyage que Jésus fit en Galilée, il continua ses prédications et ses miracles. Après la mort de Jean-Baptiste, Jésus, ayant su que ses démarches étaient également suspectes à Hérode Antipas, passa en Pérée sur le territoire du tétrarque Philippe. En vain il chercha à se dérober pour quelque temps aux yeux de la foule; partout où il allait, aux frontières de la Phénicie, dans le district de Décapolis, ou des *dix villes* (p. 67), il se voyait reconnu et suivi du peuple, qui réclamait son secours. Déjà il pressentait le sort qui l'attendait et en parlait souvent à ses disciples. Néanmoins nous le trouvons à Jérusalem, au milieu de l'hiver, à la fête des Maccabées, ou de l'inauguration du Temple (p. 497). Pour éviter le danger qui le menaçait, il quitta encore une fois la capitale, et, après avoir parcouru pendant quelque temps la Pérée et la Galilée, il résolut d'aller à Jérusalem célébrer sa dernière Pâque et y accomplir sa destinée. Il serait inutile de raconter ici en détail son entrée solennelle dans Jérusalem, comme roi-messie, sa dernière réunion avec ses disciples au repas de la Pâque, son arrestation, son procès sommaire [1] et sa mort. Tout le monde connaît les récits des Évangiles ; on sait comment la résurrection de Jésus, affirmée par ses disciples, devint le symbole d'une nouvelle doctrine qui, rejetée par la grande majorité des Juifs, était destinée à changer la face du monde païen.

Il n'est pas de notre mission de considérer ici l'origine et les développements de la religion chrétienne, dont les dogmes offrent de nombreux rapports avec le système des Kabbalistes. Pour l'époque dont nous nous occupons ici, le procès de Jésus n'est qu'un épisode dont l'importance historique ne fut pas très-grande. Josèphe en dit à peine quelques mots, et encore ce passage, justement suspect, est-il généralement considéré comme une interpolation [2]. Ce ne fut que plus tard que les Juifs durent reconnaître la haute portée de cet événement ; ils virent dans la fondation du christianisme une œuvre de la providence divine, et considérèrent la religion chrétienne comme une des grandes phases nécessaires dans le développement progressif des idées religieuses du genre humain, phase que, selon eux, le monde païen devait traverser avant d'arriver au monothéisme absolu de la religion juive [3]. Ce fut au monde païen que s'adressèrent les apôtres de Jésus-Christ; ils

---

[1] Selon le Thalmud, la condamnation de Jésus aurait eu lieu longtemps avant la Pâque, et le synédrium l'aurait fait proclamer publiquement pendant quarante jours, en invitant tous ceux qui sauraient justifier Jésus à venir déposer en sa faveur. Voy. le traité *Synhedrin*, fol. 43 *a*, édition de Venise. Dans la plupart des éditions du Thalmud, ce passage a été supprimé par la censure.
[2] Voy. les controverses dans le tome II des œuvres de Josèphe, de l'édition de Havercamp.
[3] Voy. Maïmonide, *Abrégé du Thalmud*, liv. XIV, dernière section (*des rois et des guerres*), ch. 11.

restèrent presque étrangers aux grands événements qui se passèrent en Judée et qui amenèrent le terrible dénoûment de son histoire.

Ponce Pilate subit, dans la onzième année de son administration, le juste châtiment de ses violences. Un imposteur mit en émoi les Samaritains, en les invitant à le suivre au mont Garizim pour déterrer les vases sacrés de Moïse (probablement du tabernacle) qu'il disait y avoir été cachés. La foule accourant de tout côté au mont sacré, Pilate fit occuper les chemins par ses troupes, afin d'empêcher cet étrange pèlerinage. Les Samaritains voulurent pénétrer de force, et une lutte s'engagea, où les Romains tuèrent beaucoup de monde, et dispersèrent les Samaritains, dont les principaux furent mis à mort par ordre de Pilate. Les Samaritains ayant porté plainte contre Pilate devant Vitellius, gouverneur général de Syrie, celui-ci nomma Marcellus gouverneur de Judée et de Samarie, et ordonna à Pilate d'aller à Rome pour se justifier devant l'empereur (35 ou 36 de l'ère vulgaire). Pilate n'arriva à Rome qu'après la mort de Tibère (37). On dit que l'empereur Caligula l'exila à Vienne, dans les Gaules, où plus tard il se tua de désespoir [1].

Sur ces entrefaites, le tétrarque Philippe était mort à Julias (34), après avoir régné trente-sept ans; il s'était fait aimer par ses mœurs simples et douces et en remplissant avec zèle tous ses devoirs envers ses sujets. Philippe n'ayant pas laissé d'enfants, ses provinces furent réunies à la Syrie.

Après le départ de Pilate, Vitellius, gouverneur de Syrie, ayant fait un voyage en Judée, vint à Jérusalem pendant la fête de Pâques. Il témoigna aux Juifs beaucoup de bienveillance, leur fit remise de plusieurs impôts et confia à leur propre garde le costume de luxe du grand prêtre, qui jusque-là avait été toujours déposé dans la forteresse Antonia. Avant de retourner à Antioche, il dépouilla Joseph Caïphas de la dignité de grand prêtre, et lui donna pour successeur Jonathan, fils de Hanan (36).

Hérode Antipas était toujours en guerre avec le roi arabe Hareth, son ancien beau-père, qui n'avait pas oublié l'outrage fait à sa fille, répudiée par Antipas lors de son mariage avec Hérodias. Antipas, battu par Hareth, s'adressa à Tibère pour obtenir des secours, et l'empereur donna ordre à Vitellius d'aller combattre Hareth. Pendant que ses légions se dirigèrent vers l'Arabie Pétrée, en prenant leur chemin par la plaine d'Esdrélon, Vitellius vint lui-même à Jérusalem avec Hérode Antipas, pour assister aux solennités de la fête des Tabernacles. Ce fut à cette occasion qu'il remplaça le grand prêtre Jonathan par son frère Théophile. Ayant reçu à Jérusalem la nouvelle de la mort de Tibère (37), il renonça à l'expédition d'Arabie, et fit rentrer ses troupes dans les quartiers d'hiver.

L'avénement de Caïus Caligula fit paraître sur la scène un nouveau personnage, par lequel la Judée, avant d'accomplir sa destinée, devait pour la dernière fois s'élever au rang d'un royaume et jouir de quelques années de paix et d'une ombre d'indépendance. Hérode Agrippa, fils d'Aristobule et frère d'Hérodias, avait été élevé à Rome avec Drusus, fils de l'empereur Tibère. Après la mort de sa mère Bérénice, qui vivait également à Rome, Agrippa prodigua toute sa fortune dans les plaisirs et dans la débauche, et bientôt la mort prématurée de son ami Drusus l'éloigna de la cour et le jeta dans une affreuse misère. Pour échapper à ses nombreux créanciers, il s'enfuit en Idumée, avec sa femme Cypros, et il était même sur le point de se donner la mort, lorsque sa sœur Hérodias, mue par les prières de Cypros, l'appela à Tibériade, où le tétrarque Hérode Antipas, son beau-frère, le nomma édile et lui assura une pension. Au bout de quelque temps, humilié par Antipas, qui lui reprochait ses bienfaits, il alla trouver

---

[1] Eusèbe, *Hist. eccles.*, II, 7.

Flaccus, préteur de Syrie, qu'il avait connu à Rome; mais bientôt son frère Aristobule, qu'il y rencontra et qui ne l'avait jamais aimé, sut l'éloigner par ses intrigues. Agrippa se rendit à Ptolémaïde, avec le projet de retourner à Rome. Sur le point de s'embarquer, il fut arrêté par les agents d'Hérennius, gouverneur de Jamnia, pour payer une somme considérable qu'il devait au fisc; mais, dans la nuit, il sut s'échapper, et parvint à Alexandrie, où il se procura, par le crédit de sa femme, les ressources nécessaires pour aller à Rome. Tibère lui fit un fort bon accueil dans sa résidence de Caprée; mais, ayant reçu des lettres d'Hérennius qui se plaignit de la conduite d'Agrippa, l'empereur refusa de le recevoir, jusqu'à ce qu'il se fût acquitté envers le gouverneur de Jamnia. Agrippa s'adressa à Antonia, mère de Germanicus et de Claude, laquelle, ayant été l'amie de Bérénice, mère d'Agrippa, prêta à celui-ci la somme nécessaire pour satisfaire au fisc. Un Samaritain, nommé Thallus, affranchi de Tibère, lui avança ensuite une somme très-considérable, qui le mit en état, après avoir payé Antonia, de recommencer sa vie dissipée. Il fit sa cour à Caligula, et un jour, dans une promenade, il eut l'imprudence de faire des vœux pour que Tibère cédât bientôt le trône à Caligula, qui, disait-il, en était bien plus digne. Tibère, l'ayant appris, le fit mettre en prison, et il y resta jusqu'à la mort de l'empereur.

Caligula, monté sur le trône, fit sortir Agrippa de sa prison, et lui donna la tétrarchie de son oncle Philippe, avec le titre de *roi*. L'ambitieuse Hérodias, ne pouvant supporter que son frère, qui naguère avait vécu de ses aumônes, occupât un rang plus élevé que son mari, le tétrarque Hérode Antipas, persuada à celui-ci de faire avec elle un voyage à Rome, afin de solliciter le diadème. Agrippa, qui venait d'arriver dans son royaume (38), ayant appris le dessein d'Antipas, écrivit aussitôt à l'empereur, pour accuser son beau-frère d'être d'intelligence avec les ennemis de l'empire et d'avoir fait de grandes provisions d'armes. L'empereur reçut la lettre d'Agrippa au moment où Antipas se présentait devant lui; il demanda au tétrarque s'il avait des provisions d'armes, et, sur sa réponse affirmative, Caligula, sans autre enquête, lui ôta ses possessions et l'exila à Lyon, dans les Gaules. Il offrit sa clémence à Hérodias, qui la refusa pour suivre son époux dans l'exil (39). La tétrarchie d'Hérode Antipas fut jointe au royaume d'Agrippa.

Le nouveau roi, si peu recommandable par son caractère personnel et ses antécédents, trouva bientôt l'occasion d'acquérir l'estime et la reconnaissance de ses sujets, en employant son influence auprès de l'empereur pour détourner du peuple juif un orage menaçant, qui, sans son intervention, aurait probablement hâté la catastrophe de la Judée. L'insensé et cruel Caligula, ayant eu la folle idée de se faire adorer comme un dieu, voulut faire placer sa statue dans le Temple de Jérusalem, et donna ordre à Pétrone, qui avait été nommé gouverneur de Syrie en place de Vitellius, de faire aux Juifs une guerre à outrance, s'ils refusaient de recevoir la statue impériale. Les Juifs d'Alexandrie et de toute l'Égypte étaient alors en butte aux plus cruelles persécutions de la part des habitants grecs; le roi Agrippa lui-même, après son élévation au trône, en passant par Alexandrie pour se rendre en Palestine, avait été grièvement insulté par la populace grecque. L'influence d'Agrippa avait à peine délivré les Juifs d'Égypte de la tyrannie du gouverneur Flaccus, que déjà les Grecs excitèrent contre eux de nouvelles persécutions, en les accusant de refuser leurs marques de respect à la statue de l'empereur, qu'ils ne voulaient pas recevoir dans leurs synagogues. Une députation des Juifs d'Alexandrie, ayant en tête le célèbre philosophe Philon, se présenta à Rome pour supplier l'empereur de mettre un terme à leurs souffrances;

mais les députés se virent traités avec mépris par Caligula, qui les écouta à peine. En Palestine, les Juifs prirent une attitude menaçante et montrèrent partout une fermeté et un courage qui mirent le gouverneur Pétrone dans la plus grande perplexité. Bien persuadé que l'exécution violente de l'ordre de Caligula ferait couler à flots le sang des Juifs et des Romains, et mû par les prières d'Aristobule, frère d'Agrippa, et par celles d'un autre grand personnage, nommé Hilkia, Pétrone se décida à écrire à l'empereur pour le supplier de révoquer son ordre. Pendant ce temps Agrippa, qui était retourné à Rome pour s'y distraire, avait gagné de plus en plus les bonnes grâces de Caligula; informé de ce qui se passait en Palestine, il invita un jour l'empereur à un festin magnifique, et, au milieu des joies de la fête, il trouva moyen de fléchir le nouveau dieu qui, renonça à être adoré dans le temple de Jérusalem. Caligula avait à peine écrit à Pétrone, pour lui faire connaître sa nouvelle décision, qu'il reçut la lettre dans laquelle le gouverneur lui rendait compte des troubles de la Palestine et lui manifestait ses craintes. La vanité de Caligula en fut profondément blessée; il s'imagina que Pétrone avait été gagné par l'argent des Juifs, et le menaça d'une vengeance terrible. Mais bientôt l'exécrable tyran périt sous les coups de Cassius Chærea (41), et sa mort calma l'effervescence des Juifs et les terreurs de Pétrone.

Le roi Agrippa, selon Josèphe, eut une grande part à l'avénement de Claude; ce fut lui qui, par ses conseils, fit accepter à Claude la couronne qui lui était offerte par les troupes, et ce fut lui qui se chargea des négociations entre Claude et le sénat disposé à rétablir la république. Claude, monté sur le trône, joignit au royaume d'Agrippa la Samarie, la Judée, Abila de Lysanias [1] et un district du Liban. Hérode, frère d'Agrippa, reçut la principauté de Chalcide.

Agrippa, devenu roi de toute la Palestine, se rendit à Jérusalem (42); son arrivée fut célébrée par de nombreux sacrifices, et le roi suspendit dans le Temple une lourde chaîne d'or qui lui avait été donnée par Caligula à sa sortie de la prison de Rome. Le grand prêtre Théophile fut remplacé par Simon Cantheras. Dès l'année suivante Agrippa voulut rendre le pontificat à Jonathan, fils de Hanan; mais Jonathan refusant d'accepter cette dignité, elle fut donnée à son frère Mathias. A Dora, les habitants grecs osèrent introduire la statue de l'empereur dans une synagogue; Agrippa s'adressa à Pétrone, et produisit un décret qu'il avait obtenu de Claude et qui assurait aux Juifs de tout l'empire romain le libre exercice de leur culte. Pétrone ordonna aussitôt aux autorités de Dora de faire cesser le désordre et de punir les coupables. A tant de bienfaits Agrippa ajouta l'abolition de certains impôts, ce qui lui gagna de plus en plus la faveur du peuple.

Agrippa avait, comme son grand-père Hérode, une grande passion pour les constructions; il bâtit des théâtres, des amphithéâtres, des bains, des portiques, et il agrandit considérablement la ville de Jérusalem, du côté du nord, où il fit construire, autour de la colline de Bezetha, un nouveau quartier qu'on appelait la *ville neuve* (p. 45). A l'exemple d'Hérode, il dota aussi les villes de ses voisins de plusieurs beaux monuments; à Béryte il bâtit un magnifique théâtre et un grand cirque où il établit des combats d'athlètes. Son nom devint si célèbre que plusieurs princes des pays voisins et même Cotys, roi de la petite Arménie, et Polémon, roi du Pont, vinrent voir Agrippa à Tibériade. La considération dont il jouissait était telle que Marsus, gouverneur de Syrie et successeur de Pétrone, en conçut de vives inquiétudes; dans la réunion de tant de princes il crut voir un complot contre l'empire romain, et il vint brusquement inviter les hôtes d'Agrippa à quitter Tibériade

---

[1] Sur ce Lysanias et sur sa tétrarchie d'Abila ou Abilène, voy. De Boissi, *Dissertations*, t. I, p 299 et suivantes.

et à se retirer chacun dans son pays. Agrippa ayant fait élever une muraille autour de la *ville neuve* de Jérusalem et se disposant à la fortifier encore davantage, Marsus crut devoir en informer l'empereur Claude, qui ordonna à Agrippa de suspendre les travaux.

Au reste, Agrippa n'avait de commun avec Hérode que l'amour du luxe et la prodigalité; il était doux et clément, et Josèphe rapporte de lui maint trait de générosité. Il demeurait presque toujours à Jérusalem, et se montrait observateur des lois et des usages religieux. Les rabbins racontent qu'un jour, à la fête des Tabernacles, il lut publiquement le Deutéronome [1], dans le parvis du Temple, en se tenant debout pendant toute la lecture; arrivé au passage dans lequel le législateur refuse à l'étranger le droit de régner sur Israël (Deut. 17, 15), il se rappela son origine iduméenne, et fondit en larmes. Mais de toutes parts on lui cria: « Ne crains rien, Agrippa, tu es notre frère! tu es notre frère [2]! » On cite aussi des exemples de sa modestie: quoique, selon l'usage établi, le peuple dût toujours faire place au roi qui passait avec sa suite, Agrippa s'empressait toujours de céder le pas quand il rencontrait une procession nuptiale ou un convoi funèbre [3]. Il paraîtrait que, pour plaire au peuple, il se montrait sévère à l'égard de la secte chrétienne; on dit qu'il fit mourir Jacques, frère de Jean l'évangéliste, et emprisonner l'apôtre Pierre [4].

Le règne d'Agrippa fut de courte durée. Assistant un jour à Césarée, dans toute sa pompe royale, aux jeux d'athlètes qu'il y fit donner en l'honneur de l'empereur, il fut subitement saisi de violentes coliques. La maladie prit aussitôt un caractère très-grave; le roi mourut au bout de cinq jours, à l'âge de cinquante-quatre ans, dans la septième année de son élévation au trône et dans la quatrième de son règne sur toute la Palestine (l'an 44 de l'ère chrétienne). Sa mort répandit la consternation parmi les Juifs; mais les Grecs de Samarie et de Césarée manifestèrent leur joie de la manière la plus révoltante, et se livrèrent à des plaisanteries infâmes, en exposant les statues des filles d'Agrippa sur les toits des maisons mal famées. Les soldats romains prirent part à ces infamies, et ce fut là le prélude des scènes de désordre que nous verrons se répéter sans cesse et aboutir à la guerre la plus désastreuse. Agrippa laissa trois filles, Bérénice, Mariamne et Drusille, et un fils âgé de dix-sept ans, qui portait également le nom d'Agrippa, et qui vivait alors à Rome, où il faisait son éducation sous les yeux de l'empereur. Quelque temps avant sa mort, Agrippa avait ôté le pontificat à Mathias et avait nommé à sa place Élionée, fils de Cantheras.

L'empereur Claude était disposé à envoyer le jeune Agrippa prendre possession du royaume de son père; mais l'extrême jeunesse du prince n'inspirant pas la confiance nécessaire, l'empereur, sur le conseil de ses plus intimes amis, résolut de confier l'administration de la Palestine à un procurateur ou gouverneur, en sorte que ce pays fut de nouveau réduit en province romaine. Cuspius Fadus fut envoyé comme gouverneur en Palestine, avec ordre de punir ceux qui, à Césarée et à Samarie, avaient si impudemment insulté à la mémoire du roi Agrippa. En même temps, Claude rappela le gouverneur Marsus, et ordonna qu'on fît partir pour le Pont les cinq cohortes romaines qui avaient pris part au désordre; mais les soldats ayant envoyé une députation à l'empereur, obtinrent leur pardon, et purent continuer à troubler le repos de la Palestine. A l'arrivée de Fadus, les Juifs de Pérée étaient en guerre ouverte avec les habitants de Philadelphie, pour la fixation des limites; Fadus, ne voulant pas que les Juifs se fissent justice eux-mêmes, saisit trois de leurs chefs, en fit mourir un et exila

---

[1] Voy. ci-dessus, page 185, col. I.
[2] Voy. Mischna, 3ᵉ partie, traité *Sota*, ch. 7, § 8.
[3] Thalmud de Babylone, traité *Kethouboth*, fol. 17 a.
[4] Actes des apôtres, 12, 1 — 3.

les deux autres. Bientôt après, il s'empara de Tholomée, chef de brigands, qui infestait l'Idumée et l'Arabie; la mort de ce chef redoutable fit cesser les brigandages. A Jérusalem, Fadus voulut se faire livrer le grand costume pontifical pour le déposer de nouveau dans le château Antonia. Les Juifs envoyèrent une députation à Rome, et l'empereur, sur la demande du jeune Agrippa, consentit à leur laisser le dépôt de ce vêtement. En même temps, il confia à Hérode, prince de Chalcide, la garde du Temple de Jérusalem et de ses trésors, et lui conféra le droit de nommer les grands prêtres; Hérode destitua Élionée, et lui donna pour successeur Joseph, fils de Camith (45).

A cette époque, un certain Theudas, se disant prophète, causa des troubles en Judée; beaucoup d'hommes crédules s'étant assemblés autour de lui, il les engagea à le suivre, avec leurs biens, jusqu'au Jourdain, qu'il promit de leur faire passer à pied sec. Fadus envoya des troupes, qui dispersèrent les partisans du nouveau prophète, et en tuèrent un grand nombre; Theudas fut pris et eut la tête tranchée [1].

L'an 47, Fadus fut rappelé; il eut pour successeur un Juif apostat d'Égypte, Tibère Alexandre, neveu du célèbre philosophe Philon d'Alexandrie. Tibère fit crucifier les fils de Juda le Galiléen, Jacob et Simon, qui, marchant sur les traces de leur père, étaient alors les chefs des *zélateurs* ou patriotes.

Une cruelle famine, qui fit beaucoup de victimes dans la classe pauvre, désolait alors le pays. Hélène, reine d'Adiabène [2], qui demeurait à Jérusalem, employa généreusement ses trésors à faire acheter des vivres en Égypte et en Cypre, pour soulager la misère du peuple; son fils Izate, roi d'Adiabène, envoya également de grandes sommes pour secourir les Juifs. On trouve des détails, dans Josèphe, sur ces deux personnages qui avaient embrassé le judaïsme [1]. Monobaze, roi d'Adiabène, avait épousé sa sœur Hélène, après avoir eu d'elle un fils, appelé Monobaze, comme son père. La reine eut ensuite un autre fils, appelé Izate, qui devint l'objet de la prédilection de ses parents. Monobaze, pour le soustraire à la haine jalouse de ses autres fils, l'envoya à la cour d'un roi, son allié, qui donna sa fille en mariage au jeune Izate; celui-ci fit la connaissance d'un marchand juif, nommé Hanania, qui le convertit au judaïsme. Monobaze, avancé en âge, rappela son fils, qui revint en Adiabène, accompagné de Hanania; le roi lui confia le gouvernement d'une province. Pendant l'absence d'Izate, sa mère Hélène avait été également convertie par un autre Juif. Après la mort de Monobaze, la reine parvint à faire proclamer Izate roi d'Adiabène. Pour prévenir les troubles, les grands du royaume voulurent faire mourir les frères du nouveau roi; mais Hélène les en empêcha, et Izate, à son arrivée dans la capitale, les fit sortir de la prison où on les avait enfermés. Il en envoya, les uns à Rome, les autres auprès d'Artaban, roi des Parthes. Izate, quoique converti au judaïsme, ne l'avait pas encore adopté extérieurement; il voulut alors se soumettre à la circoncision; mais sa mère, craignant que cet acte ne causât des troubles dans le pays, chercha à l'en détourner, et Hanania lui-même fit comprendre au roi qu'il pouvait adorer le vrai Dieu, sans adopter les symboles extérieurs du culte juif. Quelque temps après, Izate se fit circoncire secrètement, sur les conseils d'un Juif de Galilée, nommé Éléazar, qui lui avait présenté la circoncision comme un acte absolument nécessaire pour entrer dans l'alliance divine. Plus tard, Hélène, pour professer avec plus de liberté la religion juive, se retira à Jérusalem, où, comme nous l'avons dit, sa géné-

---

[1] Cet événement ne saurait être le même qui est rapporté dans les Actes des apôtres, 5, 36; à moins qu'on ne veuille attribuer à saint Luc un grave anachronisme.

[2] Ce pays, autrefois une province de l'Assyrie, forme maintenant une partie du Kurdistan.

[1] Voy. *Antiqu.* l. XX, ch. 2 à 4.

rosité détourna les désastres de la famine. Monobaze, fils aîné d'Hélène, et d'autres membres de la famille royale embrassèrent également la religion juive. Izate vainquit les princes étrangers que les grands de son royaume, irrités de sa conversion, avaient appelés dans le pays. Il mourut, après un règne de vingt-quatre ans, âgé de cinquante-cinq ans, laissant, selon Josèphe, vingt-quatre fils et vingt-quatre filles, nés de plusieurs femmes ; mais ses enfants ne lui succédèrent pas, et son frère aîné Monobaze, en vertu de ses droits antérieurs, occupa, après lui, le trône d'Adiabène. Hélène retourna dans son pays, après la mort d'Izate, à qui elle ne survécut pas longtemps. Monobaze fit transporter à Jérusalem les restes d'Hélène et d'Izate, qui furent déposés dans un magnifique mausolée au nord-ouest de la ville [1]. Cinq fils d'Izate avaient été envoyés, par leur père, à Jérusalem, où ils se trouvaient encore, avec quelques frères d'Izate, lorsque Titus se rendit maître de la ville. Deux membres de cette famille périrent en combattant pour les Juifs ; les autres se soumirent à Titus, qui les envoya, comme otages, à Rome [2]. Hélène et son fils aîné, Monobaze, sont célèbres dans les traditions rabbiniques pour les bienfaits dont ils comblèrent les Juifs et les dons précieux qu'ils firent au Temple [3].

Grâces aux bienfaits d'Hélène, la tranquillité de Jérusalem ne fut pas troublée dans les circonstances difficiles causées par la famine. Tibère Alexandre, nommé bientôt gouverneur d'Égypte, fut remplacé en Judée par Ventidius Cumanus (48). A la même époque, Hérode de Chalcide ôta le pontificat à Joseph, fils de Camith, et le donna à Hanania ou Johanan (Jean), fils de Nédebée [1]. Bientôt après, Hérode mourut, et l'empereur donna la principauté de Chalcide au jeune Agrippa, qui prit bientôt le titre de roi [2].

Cumanus était d'une violence extrême, et, sous son administration, commencèrent les troubles qui ne finirent qu'avec la destruction de la Judée. A la fête de Pâque, le gouverneur ayant fait occuper par ses troupes les issues du Temple, pour maintenir l'ordre, un soldat romain révolta les fidèles par ses indécences. Les Juifs demandèrent satisfaction au gouverneur; mais ne pouvant rien obtenir, ils lancèrent des pierres aux soldats. Cumanus ayant fait assembler toutes les troupes dans le château Antonia, le peuple effrayé prit la fuite, et plusieurs milliers de Juifs furent écrasés dans la foule [3]. La fête fut changée en deuil, et, dans toutes les maisons, on s'abandonna aux larmes et aux gémissements. Quelque temps après, un esclave de l'empereur ayant été attaqué par des brigands, près de Beth-Horon, Cumanus fit piller les villages voisins et saisir les principaux habitants. A cette occasion un soldat romain déchira un exemplaire des livres de Moïse, en poussant des blasphèmes; les Juifs coururent à Césarée pour s'en plaindre à Cumanus, qui fut obligé de punir de mort le coupable.

Plus tard, quelques pèlerins de Galilée, se rendant à Jérusalem pour une fête, furent assassinés près de Ginée (p. 38). Les Galiléens s'assemblèrent pour attaquer les Samaritains, qu'ils

---

[1] Voy. Josèphe, Antiqu. XX, 4, 3; Eusèbe, Hist. eccles., II, 12. Pausanias (VIII, 16) parle de ce tombeau, comme d'une merveille.
[2] Voy. Josèphe, Guerre des Juifs, II, 19, 2; VI, 6, 4.
[3] Voy. Mischna, 2e partie, traité Yoma, ch. 3, § 10; Thalmud de Babylone, Bava bathra, fol. 11 a. Izate est mentionné sous le nom de Zoutos, à côté de son frère Monobaze, dans Beréschith rabba, sect. 46, où on parle de leur circoncision.

[1] Dans le texte de Josèphe on lit Ananias fils de Nébedée ; les rabbins l'appellent Johanan, fils de Nedabaï, Voy. Thalmud de Babylone, traité Pesachim (de la Pâque), fol. 57 a; traité Kerithoth, fol. 28 a.
[2] Josèphe l'appelle très-souvent βασιλεύς; voy. par exemple, Antiqu. XX, 8, 11; Vie de Josèphe, ch. 65; Contre Apion, l. I, ch. 9, et beaucoup de passages de la Guerre des Juifs.
[3] Josèphe, dans la Guerre des Juifs (II, 12, 1), fixe le nombre des morts à plus de dix mille; dans les Antiquités (XX, 5, 3) il parle de vingt mille morts.

accusèrent d'être les auteurs de ce meurtre. En même temps, une députation des Galiléens se rendit auprès de Cumanus ; mais le gouverneur, gagné par les Samaritains, resta sourd à leurs plaintes. A Jérusalem, le peuple embrassa la cause des Galiléens. Une troupe de Juifs ayant à sa tête deux chefs de brigands, les frères Éléazar et Alexandre, fils de Dinée, envahit la Samarie, où elle se livra au meurtre et au pillage. Cumanus parvint à dompter cette bande, et les principaux Juifs de Jérusalem, vêtus de deuil, vinrent sur la place publique conjurer le peuple de s'apaiser et de ne pas exposer la patrie à une destruction totale. Le peuple se dispersa ; mais des bandes de brigands continuèrent à parcourir le pays et à exercer toute sorte de violences. Les Samaritains accusèrent les Juifs auprès d'Ummidius Quadratus, gouverneur de Syrie, qui se trouvait alors à Tyr. Les Juifs, de leur côté, présentèrent les Samaritains comme la première cause des troubles, et accusèrent Cumanus de s'être laissé corrompre par eux. Quadratus promit de faire une enquête impartiale ; quelque temps après, étant venu à Samarie, il se prononça d'abord contre les Samaritains ; mais, ayant appris les excès commis par les Juifs, il fit crucifier ceux que Cumanus avait faits prisonniers à Lydda. Une conspiration d'un certain Dortus et de quatre autres Juifs, qui avaient excité le peuple à se révolter contre les Romains, lui fut révélée par un Samaritain, et il fit mettre à mort les rebelles. Pour terminer la querelle entre les Juifs et les Samaritains, Quadratus fit saisir les chefs des deux nations et les envoya à Rome pour plaider leur cause devant l'empereur ; le grand prêtre Hanania et son fils Hanan, gouverneur du Temple, furent du nombre. Cumanus et le tribun Céler, qui avaient tenu dans cette affaire une conduite coupable, furent également envoyés à Rome. L'intervention du jeune Agrippa, qui était à Rome, déjoua les intrigues des Samaritains, qui avaient su gagner les amis de l'empereur. Claude décida en faveur des Juifs ; trois des principaux Samaritains furent mis à mort, Cumanus fut exilé et Céler fut renvoyé à Jérusalem pour y être décapité sous les yeux des Juifs. Hanania revint à Jérusalem, où nous le retrouvons plus tard, comme pontife [1].

A la fin de la douzième année de son règne (52-53), Claude envoya son affranchi Félix comme gouverneur en Judée [2] ; il était frère du fameux Pallas, confident de l'empereur. En même temps, Agrippa, au lieu de la principauté de Chalcide, reçut l'ancienne tétrarchie de Philippe et l'Abilène de Lysanias. Agrippa maria sa sœur Drusille à Azize, roi d'Émesse, en Syrie ; son autre sœur Bérénice, veuve d'Hérode de Chalcide, se maria avec Polémon, roi de Cilicie, afin de faire cesser les bruits qui couraient sur son compte, et qui l'accusaient d'un commerce incestueux avec son frère Agrippa [3]. Les deux sœurs quittèrent bientôt leurs époux, pour se livrer à une vie dissolue. Le gouverneur Félix devint amoureux de la belle Drusille, et la fit demander en mariage par un Juif de Cypre, nommé Simon, qui se disait magicien [4]. Drusille épousa le gouverneur, et de ce lien adultère naquit un fils, nommé Agrippa, qui périt, ainsi que sa mère, dans l'éruption du Vésuve, sous le règne de Titus.

L'empereur Claude mourut en 54. Son successeur Néron, dès la première année de son règne, agrandit le royaume d'Agrippa, en y joignant une partie de la Galilée, avec les villes

---

[1] Voy. Actes des apôtres, 23, 2 ; 24, 1.
[2] Selon Tacite (*Annal.* XII, 54), Félix aurait été déjà gouverneur de Samarie, lorsque Cumanus était en Judée, et aurait joué un rôle dans les querelles entre les Juifs et les Samaritains. Mais Josèphe, contemporain de ces événements, mérite plus de foi.
[3] Juvénal y fait allusion, dans la VIe Satire :

. . . . hunc dedit olim
Barbarus, incestæ dedit hunc Agrippa sorori.

[4] Il importe peu de savoir si ce Simon est le même que le fameux *Simon Magus* dont il est parlé dans les Actes des apôtres (8, 9-11) et dans les écrits des Pères ; ceux qui se préoccupent de ce genre de questions peuvent consulter Brucker, *Hist. crit. philosophiæ*, t. II, p. 668, et les auteurs qui y sont cités.

de Tibériade et de Tarichée, ainsi que la ville de Julias, en Pérée, avec quatorze villages de ses environs. La plus terrible anarchie régnait alors en Judée. Des bandes de brigands infestaient le pays; des fourbes de toute espèce, des magiciens, de faux prophètes et de faux Messies séduisaient le peuple et excitaient des troubles continuels. Des assassins, armés de poignards cachés sous leurs vêtements, se mêlaient à la foule et commettaient des meurtres jusque dans le Temple, sans qu'on sût d'où partaient les coups; on les appelait *sicaires* (de *sica*). Félix s'empara par ruse d'Éléazar, fils de Dinée, chef d'une bande de brigands, et l'envoya enchaîné à Rome. Plusieurs faux prophètes furent mis à mort. Un de ces imposteurs, juif égyptien, assembla en Judée une grande multitude de peuple, qu'il engagea à le suivre sur la montagne des Oliviers, du haut de laquelle, disait-il, on verrait s'écrouler, à sa parole, les murailles de Jérusalem, après quoi il pénétrerait dans la capitale et en expulserait les Romains. Dans le combat que Félix lui livra, la plupart de ses partisans furent tués ou faits prisonniers; mais l'imposteur s'échappa, et on ne put le retrouver. Quelque temps après, l'apôtre Paul ayant été arrêté, dans un tumulte, à Jérusalem, le capitaine de la garde le prit un moment pour le prophète égyptien [1].

Félix ne put cependant parvenir à faire cesser les désordres; partout il se forma des bandes qui prêchaient la révolte contre les Romains, et qui, parcourant les campagnes, livraient aux flammes les habitations de ceux qui refusaient de se joindre à eux. La violence de Félix et sa cupidité ne contribuèrent qu'à augmenter la haine des Juifs contre les Romains [2]. L'apôtre Paul fut retenu en prison par Félix, qui espérait toujours obtenir de lui une rançon [3]. Le prêtre Jonathan,

homme influent, qui avait lui-même demandé à l'empereur d'envoyer Félix comme gouverneur en Judée, s'attira la haine de cet homme pervers en l'exhortant souvent à changer de conduite et à exercer avec plus de modération et de justice les fonctions qui lui avaient été confiées. Félix, pour se débarrasser de Jonathan qui avait été nommé grand prêtre [1], parvint à corrompre, par des promesses d'argent, un certain Dora, intime ami de Jonathan, qu'il engagea à le faire périr, et bientôt le digne pontife expira sous les coups d'un *sicaire*. Ce meurtre, resté impuni, rendit la bande des sicaires de plus en plus hardie; chaque jour on comptait de nouvelles victimes.

Des troubles très-graves éclatèrent à Césarée par suite d'une querelle entre les Juifs et les Grecs syriens de cette ville, au sujet du droit de bourgeoisie. Les Juifs prétendirent être les maîtres d'une ville bâtie par un de leurs rois; les Grecs invoquèrent leur droit d'ancienneté, ayant habité la ville, lorsqu'elle s'appelait encore Tour de Straton. Les Juifs firent valoir leurs droits les armes à la main; mais Félix envoya contre eux ses soldats, qui en tuèrent beaucoup dans les rues de Césarée, et pillèrent leurs maisons. Enfin, sur la proposition des chefs des Juifs, Félix autorisa les deux partis à envoyer des députés à Rome, pour plaider leur cause devant Néron.

A la même époque (59-60), Agrippa donna le pontificat à Ismaël, fils de Phabi, qui déjà avait été grand prêtre sous le gouverneur Gratus (p. 563). Il

---

[1] Voy. Actes des apôtres, 21, 38.
[2] Tacite (*Hist.*, V, 9) dit, en parlant de Félix : *Per omnem sævitiam ac libidinem, jus regium servili ingenio exercuit*. Comparez le même auteur, *Annal.*, XII, 54.
[3] Actes des apôtres, 24, 27.

[1] Josèphe attribue à Jonathan le titre de grand prêtre (*Antiqu.*, XX, 8, 5; *Guerre des Juifs*, II, 13, 3), quoiqu'il ne parle nulle part de sa nomination. Il fut probablement le successeur de Hanania, de sorte que sa nomination et sa mort tomberaient dans les dernières années de Félix ; car, selon les Actes des apôtres (24, 1), Hanania fonctionnait encore lors de l'emprisonnement de l'apôtre Paul. Au reste Josèphe, en comptant *vingt-huit* grands prêtres, depuis le commencement du règne d'Hérode jusqu'à la destruction de Jérusalem, dut nécessairement comprendre Jonathan dans ce nombre, comme l'a démontré Reland. Voy. Josèphe, édition de Havercamp, t. I, p. 972, note *q*.

existait alors de graves mésintelligences entre les chefs des diverses classes sacerdotales et les prêtres inférieurs. Les chefs envoyaient leurs gens chez les propriétaires, pour s'emparer violemment des dîmes dues aux prêtres; la distribution ne se faisait pas avec l'équité convenable, et les prêtres communs, qui se trouvaient souvent réduits à une profonde misère, mouraient de faim [1]. Les habitants de Jérusalem prirent fait et cause pour les malheureux prêtres; ce qui excita souvent de graves désordres. Ismaël ne fit rien, ou ne put rien faire, pour changer cet état de choses, ce qui est une preuve de l'anarchie qui régnait alors à Jérusalem.

L'an 60 ou 61, Félix fut rappelé et remplacé par Porcius Festus. Les Juifs de Césarée envoyèrent une députation à Rome, pour accuser Félix devant l'empereur; mais Pallas, qui alors était tout-puissant près de Néron, parvint par ses supplications à faire absoudre son frère. En même temps, les Juifs éprouvèrent un échec bien plus grave encore. Les députés syriens de Césarée ayant gagné, par de l'argent, Burrhus, qui avait été le gouverneur de Néron, obtinrent un décret impérial qui dépouilla les Juifs de Césarée du droit de bourgeoisie. De ce funeste décret naquirent des séditions continuelles, qui finirent par insurger tout le pays contre les Romains.

Festus, obligé de sévir contre les brigands, les sicaires et les faux Messies, en fit mourir un grand nombre. Un imposteur, qui s'était créé une foule de partisans, fut vaincu par les troupes romaines, qui tuèrent le faux prophète, ainsi que ceux qu'il était parvenu à séduire.

Agrippa lui-même, qui résidait alors à Jérusalem, excita quelques mouvements, en élevant près du *Xystus* (p 44), dans le château d'Hérode, sur le mont Sion, un édifice du haut duquel il pouvait observer ce qui se passait dans la cour intérieure du Temple.

Les Juifs, et notamment les prêtres, y virent une profanation des cérémonies sacrées qui ne devaient être vues que par les prêtres seuls; pour en dérober l'aspect au roi Agrippa, ils élevèrent une haute muraille à l'occident du Temple. Cette muraille masquait, en même temps, le portique occidental où se tenait la garde romaine, pendant les jours de fête. Festus et le roi Agrippa en furent également indignés. En vain le gouverneur donna ordre d'abattre cette muraille; les Juifs refusèrent d'obéir et voulurent en appeler à l'empereur. Festus leur ayant permis d'envoyer une députation auprès de Néron, dix des principaux habitants de Jérusalem partirent pour Rome, ayant à leur tête le grand prêtre Ismaël et Hilkia, trésorier du Temple. Sur la demande de l'impératrice Poppée, qui était favorable aux Juifs, Néron ordonna que la muraille fût conservée; les députés retournèrent à Jérusalem, à l'exception d'Ismaël et de Hilkia, retenus par Néron comme otages. Agrippa remplaça le grand prêtre Ismaël par Joseph Cabi, fils de Simon.

Festus étant mort en Judée (63), Néron lui donna pour successeur Albinus. En même temps, Agrippa ôta le pontificat à Joseph pour le donner à Hanan, fils de l'ancien grand prêtre du même nom. Hanan le père eut le rare bonheur, après avoir été lui-même grand prêtre, d'avoir cinq fils, qui tous furent revêtus de cette haute dignité, savoir, Éléazar, Jonathan, Théophile, Mathias et Hanan. Ce dernier appartenait à la secte des Sadducéens, et se faisait remarquer par sa dureté et sa sévérité. Avant l'arrivée d'Albinus, il profita de sa position pour convoquer un synédrium et faire juger et lapider quelques transgresseurs de la loi, et entre autres Jacques, frère de Jésus-Christ. Cet acte arbitraire excita des murmures parmi les citoyens paisibles et les plus rigides observateurs des lois, qui envoyèrent secrètement une députation à Agrippa pour le prier de faire des remontrances à Hanan, afin que de pareils actes ne se renouvelassent plus. Une autre députation alla

---

[1] Voy. Josèphe, *Antiqu.* XX, 18, 8; 9, 2; Thalmud de Babylone, traité *Pesachim*, fol. 57 *a.*

au-devant d'Albinus, pour lui dénoncer Hanan qui n'avait pas le droit de faire rendre des sentences de mort, sans l'autorisation du gouvernement romain. Albinus écrivit une lettre, pleine de menaces, à Hanan, auquel Agrippa retira le pontificat, qu'il n'avait possédé que pendant trois mois; Jésus, fils de Damnée, le remplaça.

La méchanceté et la basse cupidité d'Albinus ne connurent point de bornes; il affecta, il est vrai, de sévir contre les brigands et les sicaires, et en fit tuer un grand nombre; mais il ne voyait de vrais coupables que dans ceux qui n'avaient pas les moyens de se racheter. Les plus grands criminels étaient sûrs d'être absous, dès qu'ils pouvaient offrir à Albinus de grosses sommes d'argent. Tous ceux qui étaient entraînés par de mauvaises passions et qui espéraient profiter des troubles civils, se rangeaient sous le drapeau de quelque riche brigand et s'assuraient ainsi la protection du gouverneur, qu'on pouvait considérer comme le chef de tous les brigands. L'ancien grand prêtre Hanania, un de ceux qui s'étaient enrichis en s'emparant des revenus des prêtres communs, exerçait ses violences, en toute sécurité, sous la protection d'Albinus, à qui il faisait de riches présents. Hanania fit même relâcher plusieurs brigands et sicaires, pour se faire rendre le secrétaire de son fils Éléazar, commandant du Temple, qui avait été saisi par une bande de malfaiteurs. Les brigands usaient souvent de semblables moyens pour faire mettre en liberté leurs camarades. Albinus augmenta encore ses brigandages en levant des impôts extraordinaires.

Au milieu de ces calamités, Agrippa, à l'imitation de son père, dépensa des sommes énormes pour élever toute sorte d'édifices; non-seulement il embellit la ville de Panéas, ou Césarée de Philippe, à laquelle il donna le nom de *Nérontas*, mais il donna aussi à la ville de Béryte un nouveau théâtre et une foule de statues, et distribua à la population des blés et de l'huile, ce qui ne pouvait que lui attirer la haine de ses compatriotes juifs. Il excita des troubles à Jérusalem, en ôtant subitement le pontificat à Jésus, fils de Damnée, pour le donner à Jésus, fils de Gamaliel ou Gamala[1]. Josèphe, peut-être pour ménager Agrippa, ne nous dit pas les motifs de ce brusque changement; mais nous savons, par le Thalmud, que Jésus, ou Josué, fils de Gamala, avait épousé une riche veuve, appelée Marthe, fille de Boëthus, et que celle-ci donna à Agrippa une grande somme d'argent pour faire nommer son mari grand prêtre[2]. Jésus, fils de Damnée, ne voulut pas céder la place à son successeur, ce qui occasionna des querelles et des luttes violentes; mais enfin, la victoire resta aux partisans de Jésus, fils de Gamala. Au milieu de ces désordres, les lévites musiciens et chanteurs demandèrent à Agrippa d'obtenir, en leur faveur, une décision synédriale, qui leur permît de porter la tunique de lin, à l'égal des prêtres; cette demande ayant été accordée, beaucoup de lévites des autres classes demandèrent et obtinrent d'entrer dans celle des musiciens.

Vers cette époque (64), tous les édifices extérieurs du Temple, auxquels on avait continué à travailler depuis le temps d'Hérode, furent complétement achevés. Plus de dix-huit mille ouvriers se trouvèrent alors sans travail, ce qui, dans ces temps de troubles, dut causer de vives inquiétudes à la population. Les habitants de Jérusalem, pour donner de l'occupation aux ouvriers et, en même temps, pour employer utilement les fonds du Temple et les soustraire à la cupidité des Romains, demandèrent à Agrippa

---

[1] Voy. Josèphe, *Antiqu.* XX, 9, 4; *Vie de Josèphe*, ch. 38 et 41.
[2] Voy. Thalmud de Babylone, *Yevamoth*, fol. 61 a; *Yoma*, fol. 18 a. Le roi Jannée, dont on parle dans ces passages, n'est autre qu'Agrippa II; car la riche Marthe mourut misérablement de faim, lors du dernier siége de Jérusalem. Thalmud de Bab., *Guittin*, fol. 56 a. Le Thalmud vante Josué fils de Gamala pour avoir donné de grands développements à l'instruction publique, en fondant dans toutes les villes des écoles élémentaires où les enfants étaient reçus depuis l'âge de six ou sept ans. *Bava bathra*, fol. 21 a.

(qui, avec le droit de nommer les grands prêtres, possédait aussi l'administration supérieure du Temple) de faire restaurer le portique oriental de l'enceinte extérieure, ainsi que ses immenses fondements, qui remontaient à une haute antiquité, puisqu'on les croyait être du temps de Salomon. Agrippa, y ayant réfléchi, trouva que ce serait un travail trop long et trop difficile, et, pour occuper les ouvriers, il fit paver la capitale de pierres blanches. A la même époque, il ôta à Jésus, fils de Gamala, la dignité de grand prêtre et en revêtit Mathias, fils de Théophile, sous lequel éclata la guerre contre les Romains.

Albinus, informé que Néron allait lui donner un successeur, ne voulut pas quitter la Judée sans se vanter d'avoir rendu au pays un service signalé. Il fit donc mettre à mort les plus criminels d'entre les brigands qu'il avait fait saisir; mais, en même temps, il relâcha, pour de l'argent, tous ceux qui étaient accusés de crimes moins graves; de sorte que le pays fut de nouveau infesté par les malfaiteurs.

Albinus eut pour successeur Gessius Florus (65). Le nouveau gouverneur se conduisit de manière à faire regretter même un Albinus; sa cruauté était sans exemple et sa cupidité insatiable; il protégeait ouvertement tous les brigands, pourvu qu'ils consentissent à partager avec lui leurs rapines. Il mit la Judée dans une situation terrible, et les habitants émigrèrent en grand nombre. Sa femme Cléopâtre, qui était une amie intime de l'impératrice Poppée, avait contribué à le faire nommer gouverneur; comptant sur la protection de Poppée, il crut pouvoir impunément commettre les crimes les plus abominables. Peu de temps avant la Pâque, Cestius Gallus, gouverneur de Syrie, étant venu à Jérusalem, se vit entouré par la foule immense assemblée pour la célébration de cette fête [1]; on le supplia d'avoir pitié de la profonde misère dans laquelle Florus avait jeté le pays. A ces plaintes du peuple, Florus, qui était présent, n'opposa qu'un rire sardonique. Cestius se contenta de faire de vaines promesses et partit pour Antioche; Florus l'accompagna jusqu'à Césarée et profita de ce voyage pour tromper son chef par des rapports mensongers. Le lâche tyran employa tous les moyens pour exciter les Juifs à une révolte ouverte, pensant par là faire oublier ses crimes. Il n'y réussit que trop bien, et sa tyrannie fit éclater cette funeste insurrection qui amena une des plus terribles catastrophes, dont l'histoire nous ait conservé la mémoire.

4. *Insurrection générale des Juifs et destruction de Jérusalem.*

Le décret impérial qui dépouilla les Juifs de Césarée du droit de bourgeoisie, en accordant ce privilége aux Grecs et aux Syriens, venait d'être promulgué dans cette ville (avril-mai 65). Un Grec, qui y possédait un terrain près d'une synagogue, y fit construire, malgré l'opposition des Juifs, des ateliers qui gênaient la circulation, de sorte que les Juifs ne pouvaient aborder qu'avec peine leur lieu de réunion. Un publicain, nommé Jean, et quelques autres Juifs de Césarée se rendirent auprès de Florus, et lui donnèrent huit talents pour l'engager à empêcher les constructions de ce Grec; Florus accepta l'argent, mais partit, le même jour, pour Samarie, sans rien faire pour les Juifs. Le lendemain, qui était un jour de sabbat, un Grec, pour scandaliser les Juifs, sacrifia quelques oiseaux devant la porte de la synagogue, voulant faire allusion au sacrifice ordonné par Moïse pour la purification des lépreux. Cet acte inconvenant causa un grand tumulte; de part et d'autre on prit les armes et un combat s'engagea. Jucundus, chef de la cavalerie romaine, qui vint rétablir la paix, fut repoussé par les Grecs; les Juifs sortirent de la ville et se retirèrent dans la contrée de Narbate, à soixante stades de Césarée, emportant avec eux le livre de la Loi. Le publicain Jean et

---

[1] Selon Josèphe (*Guerre des Juifs*, II, 14, 3), il y avait alors trois millions d'âmes à Jérusalem.

quelques autres Juifs de distinction se rendirent à Samarie, pour se plaindre à Florus; mais celui-ci les fit mettre en prison, sous prétexte d'avoir causé des troubles en faisant emporter de Césarée le livre de la Loi.

La conduite infâme de Florus excita à Jérusalem une indignation générale. Pour irriter encore davantage les habitants de cette ville et les pousser à une révolte ouverte, Florus fit prendre, dans le trésor du Temple, dix-sept talents, dont il avait besoin, disait-il, pour le service de l'empereur. Cet acte excita une violente émeute à Jérusalem. Le peuple poussa des imprécations contre Florus, et quelques Juifs, pour insulter cet homme cupide, allèrent quêter dans la foule et demandèrent l'aumône *pour le pauvre et misérable Florus*. Le gouverneur vint lui-même à Jérusalem; les habitants paisibles allèrent au-devant de lui, pour le saluer par des acclamations; mais il fit dissiper la foule par ses cavaliers et demanda qu'on lui livrât ceux qui l'avaient insulté. Le lendemain, personne n'étant venu dénoncer les coupables devant son tribunal, il donna ordre à ses bandes d'envahir une des principales places de la haute ville pour la piller; les farouches soldats se répandirent dans toutes les rues de Jérusalem, pénétrèrent dans les maisons, se livrèrent au pillage, massacrèrent les habitants paisibles et même les femmes et les enfants. Trois mille six cents victimes tombèrent en ce jour [1]; Florus osa même faire saisir quelques Juifs qui avaient le titre de chevalier romain et les faire flageller et crucifier. Bérénice, sœur d'Agrippa, qui était alors à Jérusalem, pour accomplir un vœu, se rendit nu-pieds auprès de Florus, pour le prier d'arrêter le massacre; mais le barbare resta sourd à ses prières, et ce ne fut qu'avec peine qu'elle échappa elle-même au fer des assassins. Agrippa était alors à Alexandrie, où il était allé complimenter l'apostat Tibère Alexandre, nommé gouverneur d'Égypte.

Le lendemain, les prêtres et d'autres personnages de distinction se présentèrent sur la place publique vêtus de deuil, et cherchèrent à consoler le peuple qui pleurait les morts et à calmer son effervescence. Florus, impatient de voir recommencer les troubles, exigea que le peuple, pour donner une marque de sa soumission, allât au-devant des deux cohortes qui devaient arriver de Césarée et les saluât par des acclamations. Le peuple, sur les prières des prêtres et des grands, se soumit à cette humiliation; mais Florus eut soin de faire dire aux centurions des deux cohortes que les soldats ne répondissent pas aux saluts des Juifs. Ceux-ci, voyant que leurs acclamations étaient accueillies avec indifférence et avec mépris, manifestèrent hautement leur indignation de la trahison de Florus. Alors les soldats romains chargèrent le peuple; un grand nombre de Juifs furent massacrés par les Romains, et les fugitifs furent étouffés dans la foule ou écrasés sous les pieds des chevaux. Les Romains poursuivirent les Juifs à travers le quartier de Bezetha et voulurent s'emparer du château Antonia, et du Temple, où Florus se disposait à les rejoindre avec les troupes de la ville; mais les habitants de Jérusalem, montés sur les toits, les accablèrent de pierres et de flèches et leur opposèrent une résistance tellement vigoureuse, qu'ils furent obligés de se retirer. Les zélateurs ou patriotes juifs occupèrent aussitôt l'enceinte du Temple et démolirent le portique qui conduisait de là au château Antonia. Florus quitta Jérusalem, laissant à la disposition des prêtres, qui promirent de rétablir la tranquillité, une des cohortes qui n'avaient pas combattu contre les Juifs.

De retour à Césarée, il fit à Cestius Gallus un rapport mensonger sur les événements qui venaient de se passer. Bérénice et les grands de Jérusalem écrivirent également à Cestius, pour lui faire connaître les infamies de

---

[1] Ce fut, selon Josèphe, le 16 Artemisius ou *Iyyar* (avril-mai).

Florus. Le gouverneur envoya à Jérusalem un de ses capitaines pour faire une enquête impartiale. A Jamnia, l'envoyé de Cestius rencontra le roi Agrippa, qui venait d'arriver d'Alexandrie, et ils partirent ensemble pour la capitale, où Agrippa espérait rétablir l'ordre. L'aspect de la ville, la désolation qui régnait partout, les cris des femmes des victimes et le deuil général ne laissèrent pas de doute sur les violences inouïes exercées par Florus. Le peuple demanda instamment à Agrippa d'envoyer une députation auprès de l'empereur pour accuser le tyran; mais Agrippa craignit les dangers d'une pareille démarche. Dans un long discours, il fit comprendre au peuple combien il serait insensé de faire une levée de boucliers contre la redoutable puissance de Rome, et énuméra toutes les nations qui, malgré les forces dont elles disposaient, s'étaient soumises à l'empire; il blâma ceux qui parlaient de liberté et d'indépendance, et qui cependant prétendaient n'en vouloir qu'à Florus, accusa les uns d'inexpérience ou d'un zèle mal entendu, les autres de projets ambitieux et du désir d'opprimer et d'exploiter les faibles qui se fiaient à eux, et engagea les modérés à séparer leur cause de celle des rebelles et à se montrer soumis à l'empereur. Le discours d'Agrippa fit une profonde impression sur le peuple, qui consentit à payer au gouvernement l'arriéré des impôts et à rétablir la communication entre le Temple et le château. Mais bientôt Agrippa excita la fureur du peuple en l'engageant à obéir à Florus jusqu'à l'arrivée d'un nouveau gouverneur; au nom de Florus les murmures éclatèrent de toutes parts, on fit signifier à Agrippa de quitter la ville, et on alla même jusqu'à lancer des pierres contre lui. Agrippa abandonna la malheureuse ville à son sort, et se retira dans son royaume.

Pour comble de malheur, la division qui, depuis des siècles, avait régné parmi les Juifs, et qui avait été la cause principale de leurs malheurs, éclata avec une nouvelle force, et le danger commun ne put rétablir la paix à l'intérieur. Les uns, reconnaissant l'impossibilité de lutter longtemps avec avantage contre les Romains, étaient portés à la modération et recommandaient les mesures sages; ce parti se composait principalement des Sadducéens, des hommes riches, et comptait aussi dans son sein les Pharisiens les plus considérables, qui prévoyaient la destruction du sanctuaire central, symbole de l'unité du peuple juif. Les autres aimaient mieux tout sacrifier que de rester soumis à une puissance étrangère; à la tête de ce parti on voyait les patriotes exaltés, héritiers des principes de Juda le Galiléen et qu'on appelait les *Zélateurs*. Les masses, qui n'avaient rien à perdre, et tous ceux que leur obscurité même mettait à l'abri de la vengeance de l'empereur, suivaient l'impulsion des zélateurs. Ce parti redoutable eut le dessus; les zélateurs s'emparèrent de la forteresse de Masada, dont ils massacrèrent la garnison romaine. A Jérusalem, le commandant du Temple, Éléazar, fils de Hanania, déclara que les sacrifices des païens ne devaient pas être offerts sur l'autel de Jéhova, et on cessa, dès lors, d'offrir des victimes pour l'empereur et les Romains, comme on l'avait fait jusqu'alors. Les modérés, afin de montrer au gouvernement romain qu'ils n'avaient aucune part à ces violences, s'adressèrent à Florus et à Agrippa pour leur demander des secours contre les rebelles. Florus, trop content de voir si bien réussir ses machinations, ne fit aucune réponse; Agrippa envoya trois mille cavaliers au secours des modérés. Ceux-ci prirent possession de la haute ville, tandis que les zélateurs, fortifiés par les brigands et les sicaires, occupèrent le Temple et la basse ville.

La guerre civile recommença au mois d'Ab (juillet-août) de l'an 65. Les deux partis se firent pendant sept jours une petite guerre, sans qu'aucun des deux remportât un avantage signalé. Le huitième jour était une fête; c'était le 15 Ab, jour auquel les prêtres et le peuple offraient du bois au Temple pour entretenir le feu des sacrifices [1]. Les zélateurs refusèrent à leurs adversaires l'entrée du Temple; une lutte s'engagea par suite de laquelle les zélateurs se rendirent maîtres de la haute ville et brûlèrent les palais d'Agrippa, de Bérénice et du prêtre Hanania. Ensuite ils mirent le feu aux archives, afin de détruire tous les titres de créances qui y étaient déposés, et d'attirer par là les débiteurs dans leur parti. Le lendemain, ils attaquèrent le château Antonia; ils s'en rendirent maîtres au bout de deux jours et massacrèrent la garnison romaine. Les modérés s'étaient réfugiés dans le palais d'Hérode, où ils firent une résistance vigoureuse. Menahem, petit-fils de Juda le Galiléen, se rendit à Masada, avec quelques autres zélateurs. L'arsenal du roi Hérode, qui était dans cette ville, lui fournit des armes en grande quantité; il arma ses partisans et un grand nombre de brigands, à la tête desquels il fit son entrée triomphale dans Jérusalem, et assiégea le palais d'Hérode. Les assaillants parvinrent à renverser une tour; mais lorsqu'ils voulurent pénétrer dans le palais, ils se virent arrêtés, à leur grand désappointement, par un mur que les assiégés avaient eu le temps d'élever en dedans. Une capitulation s'ensuivit, et les assiégés, à l'exception des soldats romains, purent se retirer librement. Les Romains se réfugièrent dans les trois tours de l'ancienne muraille (p. 46); ceux qui n'avaient pu s'enfuir furent mis à mort par les zélateurs, qui entrèrent dans le palais le 6 Éloul (août-septembre) et y mirent le feu. Le lendemain, le prêtre Hanania et son frère Ezéchias, qu'on trouva cachés dans un aqueduc, furent massacrés par les brigands. Bientôt Éléazar, pénétrant les vues ambitieuses de Menahem, qui se conduisait en roi, mit un terme à la tyrannie de ce chef; appuyé par une partie des zélateurs et par le peuple, il attaqua Menahem et ses partisans dans le parvis du Temple et en fit un grand carnage. Le peu qui s'en échappa s'enfuit à Masada, ainsi qu'un parent de Menahem, un certain Éléazar, fils de Jaïr, qui plus tard se fit le chef des zélateurs à Masada. Menahem, qui s'était lâchement dérobé, fut découvert dans un lieu de la place Ophla, où il s'était caché, et fut mis à mort.

Les soldats romains, serrés de près dans les tours, demandèrent à capituler, et les zélateurs leur promirent, sous la foi du serment, de les laisser partir; mais, quand les Romains eurent déposé les armes, les gens d'Éléazar se jetèrent traîtreusement sur eux et les massacrèrent. Un seul, le centurion Métilius, sauva sa vie en promettant d'embrasser le judaïsme. Cet horrible parjure, commis un jour de sabbat, répandit le deuil et la consternation dans Jérusalem; une action aussi atroce était sans exemple dans l'histoire des Juifs. Il était évident que, parmi les zélateurs, qui prétendaient combattre pour Dieu et la religion, il y avait des gens qui foulaient aux pieds les lois morales et religieuses et étaient entraînés par les plus farouches passions. Le peuple de Jérusalem tremblait d'être frappé par la vengeance du ciel.

Le même jour, à la même heure, les Grecs et les Syriens de Césarée, animés par Florus, massacrèrent les Juifs de cette ville, au nombre de vingt mille; ceux qui purent s'enfuir furent pris par les soldats de Florus et envoyés aux galères. A la nouvelle de cet horrible massacre, l'insurrection devint générale, et chaque ville fut changée en un champ de bataille. Des bandes d'insurgés parcoururent le pays. Les principales villes de la Pérée, habitées par des Syriens et des Grecs, furent rava-

---

[1] Il est question de ces offrandes dans le livre de Néhémia (10, 35; 13, 31). Selon les rabbins, diverses familles offraient le bois à tour de rôle; neuf jours de l'année étaient fixés pour ces offrandes, et cinq de ces jours tombaient dans le mois d'Ab. Voy. Mischna, deuxième partie, traité *Thaanith*, ch. 4, § 5. Le 15 Ab était le plus solennel des jours destinés aux offrandes du bois; voy. *Meghillath Thaanith*, ch. 5. — Josèphe (*Guerre des Juifs*, II, 17, 7) dit, par inadvertance, que le *lendemain* de ce jour était le 15 Loüs (Ab).

gées par les rebelles juifs, de même que Kedasa (Kedès), en Galilée, Ptolémaïde, Samarie et Ascalon; Anthédon et Gaza furent détruites de fond en comble. Les Syriens de leur côté, là où ils étaient les plus forts, massacrèrent les Juifs. A Scythopolis, les habitants juifs se joignirent d'abord aux Syriens pour repousser l'attaque des insurgés; mais les Syriens, se méfiant des Juifs, les forcèrent de quitter la ville et de se retirer dans un bois voisin. Après y être restés deux jours dans un calme profond, ils furent surpris, pendant la nuit, par les Syriens et massacrés, ainsi que leurs femmes et leurs enfants, au nombre de treize mille. Un certain Simon, homme d'une force prodigieuse et d'un grand courage, avait fait beaucoup de mal aux insurgés qui étaient devant Scythopolis; près d'être égorgé par ceux-là même qu'il avait défendus, il y vit un juste châtiment du ciel pour avoir pris les armes contre ses propres frères. Il voulut épargner à lui-même et à sa famille l'ignominie de tomber par les mains des traîtres Syriens, et après avoir jeté un regard mêlé de fureur et de pitié sur les membres de sa famille, il égorgea, de sa propre main, son père, sa mère, sa femme et ses enfants, et se plongea ensuite son épée dans le corps.

Même dans le royaume d'Agrippa, les Juifs coururent de grands dangers et manquèrent d'être entraînés dans les troubles de la guerre civile, par les intrigues et les violences de Noarus ou Varus, parent de Sohem, roi d'Iturée, qu'Agrippa, en se rendant auprès de Cestius, avait nommé gouverneur de son royaume. Ce traître ayant attiré auprès de lui soixante-dix des principaux Juifs de Batanée, les fit massacrer, et chercha à faire croire que les Juifs du royaume d'Agrippa voulaient prendre part à l'insurrection contre les Romains. Ses projets furent déjoués par Philippe, général d'Agrippa, qui avait pu s'échapper de Jérusalem, où il s'était trouvé au nombre des assiégés dans le palais d'Hérode [1].

[1] Voy. Josèphe, *Guerre des Juifs*, II,

Les Juifs des pays voisins partagèrent le sort de leurs frères de Palestine. A Alexandrie, où les cruautés des Grecs les avaient poussés à la sédition, les légions de Tibère Alexandre et la populace grecque en égorgèrent près de cinquante mille.

Les zélateurs, sur divers points, remportèrent des avantages sur les garnisons romaines; celle de Cypros, près de Jéricho, fut passée au fil de l'épée, celle de Machérous obtint une capitulation. Cestius Gallus ne put rester plus longtemps oisif spectateur de toutes ces scènes de désordre et de carnage; il partit d'Antioche avec la douzième légion tout entière et deux mille hommes d'élite qu'il avait pris dans les autres légions. Antiochus, roi de Comagène, Sohem, roi d'Iturée, et Agrippa qui l'accompagna en personne, lui fournirent un grand nombre de troupes auxiliaires. Avec cette armée considérable, il pénétra en Galilée, en passant par Ptolémaïde, occupa la ville de Zabulon, qui avait été abandonnée par ses habitants, et y fit mettre le feu. Laissant ensuite au général Gallus le soin de soumettre la Galilée, il se dirigea vers la côte et ravagea Joppé, où huit mille quatre cents Juifs perdirent la vie, et la contrée de Narbate, près de Césarée, tandis que Gallus, devenu maître de Séphoris, qui lui ouvrit ses portes, occupa toute la Galilée. Réunissant ensuite leurs forces, Cestius et Gallus prirent Antipatris et Lydda, dont presque tous les habitants s'étaient rendus à Jérusalem pour la fête des Tabernacles, et bientôt les Romains campèrent près de Gabaon, à environ deux lieues de Jérusalem.

Les Juifs, oubliant la fête, ne pensèrent plus qu'à la défense de leur capitale; les nombreux pèlerins qui étaient alors assemblés à Jérusalem, grossirent

18, 6; *Vie de Josèphe*, ch. II. Il faut combiner les deux passages, qui racontent très-probablement le même fait. Josèphe, dans sa *Biographie*, paraît avoir rectifié et complété, sur plusieurs points, le récit qu'il avait fait dans la *Guerre des Juifs*. Voy. Jost, *Hist. des Israélites depuis l'époque des Maccabées*, t. II, appendice, p. 88—90.

le nombre des combattants. Une immense multitude se mit en marche, un jour de sabbat, et les Romains, attaqués avec impétuosité, furent forcés de se retirer à Beth-Horon, avec une perte de cinq cent quinze hommes. Le vaillant Simon, fils de Gioras, un des chefs des zélateurs, poursuivit les fugitifs, dispersa l'arrière-garde des Romains et leur prit beaucoup de bêtes de somme qu'il ramena à Jérusalem.

Sur le conseil d'Agrippa, Cestius consentit à traiter avec les Juifs; mais les deux envoyés d'Agrippa furent reçus avec indignation par les zélateurs, qui tuèrent l'un et blessèrent l'autre dans sa fuite. Cestius marcha une seconde fois sur Jérusalem, et, après s'être arrêté trois jours à un endroit appelé *Sophim*[1], à sept stades de la ville, il pénétra, le 30 Thischri (septembre-octobre), jusque dans le nouveau quartier de Bezetha, et força les Juifs de se retirer dans l'intérieur de la ville, derrière la deuxième muraille. Cestius fit mettre le feu à la ville neuve qui environnait la colline de Bézetha; s'il eût aussitôt donné l'assaut, toute la ville était prise et la guerre finie; mais il en fut empêché par Tyrannius Priscus et quelques autres officiers, gagnés par l'argent de Florus, qui désirait prolonger la guerre. Un certain Hanan, fils de Jonathan, engagea les amis de la paix à ouvrir les portes à Cestius; celui-ci, se méfiant de cette offre, hésita, et les zélateurs, instruits du projet de Hanan, le précipitèrent, ainsi que ses partisans, du haut de la muraille. Les Romains se décidèrent alors à donner l'assaut; après avoir vainement essayé, pendant cinq jours, à se frayer un passage dans la ville, ils commencèrent, le sixième jour, à miner la muraille, à l'abri d'une *tortue* (testudo). Déjà les zélateurs, découragés, s'enfuyaient en partie, et les modérés allaient ouvrir les portes aux Romains, lorsque Cestius, contre toute raison, fit subitement sonner la retraite. Il faut supposer que Cestius, sur des rapports vrais ou faux, craignit d'être attaqué par derrière. Alors les zélateurs, reprenant courage, tombèrent sur les Romains, qui se retirèrent dans leur camp, après avoir essuyé des pertes considérables. Le lendemain, les Romains furent encore harcelés en se retirant sur Gabaon; Cestius y resta deux jours, indécis sur ce qu'il devait faire; pendant ce temps, le nombre des combattants juifs, qui occupèrent les hauteurs, augmenta de plus en plus. Les Romains voulurent retourner à Beth-Horon, mais ils furent battus en queue par les Juifs; poursuivis pendant plusieurs jours dans les défilés, ils perdirent près de six mille hommes. Toute l'armée romaine fut près de périr, et ne put se dérober à la poursuite des Juifs qu'à la faveur de la nuit. Les Juifs s'emparèrent du bagage des Romains et des machines de guerre, dont ils surent se servir ensuite contre leurs ennemis. Cette défaite des Romains eut lieu le 8 Marheschwan (octobre-novembre) de la douzième année du règne de Néron (65). A la nouvelle du désastre des Romains, les habitants païens de Damas résolurent de se venger sur les Juifs. Craignant d'être trahis par les femmes, qui presque toutes professaient la religion juive (car le judaïsme avait fait alors beaucoup de prosélytes parmi les femmes païennes), ils tinrent secret leur projet sanguinaire. Sous un prétexte ils assemblèrent les Juifs sans armes dans le gymnase de Damas et les massacrèrent au nombre de dix mille.

La paix entre les Juifs et les Romains était devenue impossible, et les modérés eux-mêmes durent dès lors se joindre aux patriotes exaltés et se préparer à une lutte acharnée, pour sauver leur patrie, s'il était possible, de la terrible catastrophe dont elle était menacée, ou trouver en combattant une mort glorieuse. Ceux-là seuls qui mettaient leurs intérêts personnels

---

[1] Josèphe (*Guerre*, II, 19, 4) appelle cet endroit Σκοπός (*speculator*), ce qui, sans doute, est la traduction du nom de Sophim (*speculatores*), par lequel les Thalmudistes désignent un endroit près de Jérusalem, d'où l'on pouvait découvrir la montagne du Temple. Voy. *Thalm. de Babylone*, traité *Berachoth*, fol. 61 b, et *passim*; comparez Josèphe, *Guerre*, V, 2, 3.

au-dessus de la patrie, ou qui cherchaient, dans sa ruine, la triste satisfaction de voir triompher leurs opinions politiques ou religieuses, s'enfuirent au moment du danger. Les amis d'Agrippa trahirent ouvertement leur patrie, en passant du côté des Romains et en allant faire leur cour à Cestius et à l'empereur Néron. Au nombre des fugitifs se trouvèrent aussi les Juifs chrétiens, suivant le conseil que Jésus-Christ avait donné à ses disciples (Matth. 24, 16). Préoccupés du royaume du ciel, qu'ils prenaient alors au sérieux, les chrétiens ne crurent pas devoir intervenir dans les choses terrestres et prendre part à la défense de leur malheureuse patrie; guidés par leur évêque Siméon, ils se retirèrent au delà du Jourdain, loin du bruit des armes, et cherchèrent un refuge dans la ville de Pella [1].

Au milieu de l'agitation causée dans la capitale par les derniers événements, les gens oisifs et superstitieux s'entretenaient de toutes sortes de prodiges, qui, disait-on, s'étaient manifestés dans les derniers temps, et par lesquels on cherchait à deviner l'avenir. On prétendait avoir vu au-dessus de la ville une étoile en forme de glaive, et une comète qui était restée au ciel pendant une année entière. Avant le commencement de la guerre, vers la fête de la Pâque, on avait vu le Temple et l'autel, au milieu de la nuit, environnés d'une si grande lumière, qu'on se crut en plein jour, et une fois, à minuit, la porte de Nicanor, qui était de bronze massif et que vingt hommes pouvaient à peine remuer, s'était subitement ouverte d'elle-même. Un soir, on avait cru apercevoir des chariots et des troupes armées, qui parcouraient les airs et environnaient les villes. Une autre fois, à la fête de la Pentecôte, les prêtres, étant entrés dans le Temple, avant le jour, y avaient entendu un bruit confus et ensuite plusieurs voix qui s'écrièrent: *Sortons d'ici* [2]. — Sous le gouverneur Albinus, tandis que Jérusalem était encore dans une paix profonde, un simple campagnard, nommé Jésus, étant venu célébrer la fête des Tabernacles, se mit à crier : « Voix de l'« orient, voix de l'occident, voix des « quatre vents ; voix sur Jérusalem et « sur le Temple, voix sur les nouveaux « mariés et les nouvelles mariées, voix « sur tout le peuple. » Cet homme criait ainsi jour et nuit en parcourant les rues. Amené devant Albinus et déchiré par les verges, il ne se plaignit pas et ne pleura pas ; à chaque coup qu'on lui donnait, il répétait : *Malheur, malheur à Jérusalem!* Ces paroles étaient les seules qu'on l'entendît prononcer; car il ne parlait à personne ; il ne maudissait pas ceux qui le frappaient, ni ne remerciait ceux qui lui offraient de la nourriture. Il n'interrompit point ses cris lugubres pendant tout le temps de la guerre et jusqu'au dernier siège de Jérusalem. A cette époque, un jour qu'il courait le long de la muraille, en s'écriant sans cesse : *Malheur, malheur à la ville, et au peuple et au Temple!* subitement il ajouta : *Malheur à moi-même!* et au même instant il fut tué d'une pierre lancée d'une machine par les Romains.

Les hommes politiques et les guerriers ne s'effrayèrent pas des prodiges dont on les entretenait, ni des sinistres prophéties. Les zélateurs étaient parvenus à compromettre la nation tout entière, et, excepté ceux qui ne craignaient pas de braver l'ignominie de la désertion, tous, par un accord unanime, s'occupèrent des mesures qu'exigeaient les circonstances. Dans une assemblée nationale, convoquée au parvis du Temple, on établit un gouvernement provisoire. Joseph, fils de Gorion, et Hanan, chef d'une des classes sacerdotales, furent nommés commandants de Jérusalem et chargés de remettre en bon état les fortifications. Jésus, fils de Sapphia, également chef d'une classe sacerdotale, et Éléazar, fils de l'ancien grand prêtre Hanania, furent envoyés comme gou-

---

[1] Voy. Eusèbe, *Hist. eccles.* III, 5.
[2] Tacite (*Hist.* V, 13) parle également de ces prodiges, évidemment d'après Josèphe (*Guerre des Juifs*, VI, 5, 3), et il blâme les Juifs d'y avoir attaché si peu d'importance.

verneurs en Idumée, ayant sous leurs ordres Niger de Pérée, qui jusque-là avait gouverné cette province. Joseph, fils de Simon, fut envoyé comme commandant à Jéricho; la Pérée fut confiée à Manassé, les districts de Thamna, de Lydda, de Joppé et d'Emmaüs à l'essénien Jean, et ceux de Gophna et d'Acrabatène à Jean, fils de Hanania. Un des postes les plus importants, le gouvernement de la haute et de la basse Galilée et de Gamala, fut confié au prêtre Josèphe, fils de Mathias, qui depuis devint célèbre, comme historien, sous le nom de *Josèphe* ou *Josephus Flavius*; c'est à lui que nous devons la connaissance de l'histoire des Juifs de ces temps. Voici quelques détails sur cet homme remarquable :

Josèphe, fils du prêtre Mathias ou Matthathias, naquit à Jérusalem, dans la première année du règne de Caligula, l'an 37 de l'ère chrétienne. Son père appartenait, comme la famille des Hasmonéens, à la première des vingt-quatre classes ou *éphémeries* sacerdotales, qui était celle de Joïarib (1 Chron. 24, 7); un de ses aïeux avait épousé la fille du grand prêtre Jonathan, fils de Matthathias le Hasmonéen, et sa mère descendit également de cette illustre famille. Son père lui fit donner de bonne heure une instruction solide, et, à côté des connaissances religieuses, il cultivait aussi les études profanes et notamment la littérature grecque, comme on le voit par les ouvrages qu'il composa plus tard. A l'âge de quatorze ans il fut consulté par les prêtres sur divers points difficiles de l'interprétation de la loi. Ayant examiné les doctrines des trois sectes religieuses, et désirant connaître, par sa propre expérience, la vie ascétique et contemplative des Esséniens, il se rendit, à l'âge de seize ans, auprès d'un célèbre anachorète, nommé Banoun, qui vivait dans le désert; il se fit le disciple de cet homme, et passa trois ans avec lui, s'imposant toutes sortes de privations et se livrant aux pratiques les plus austères. Il sentit cependant que ce n'était pas là sa vocation, et, à l'âge de dix-neuf ans, il revint à Jérusalem et embrassa les doctrines des Pharisiens, qui lui semblaient les plus conformes à l'esprit des lois mosaïques. Agé de vingt-six ans il fit un voyage à Rome, pour demander la mise en liberté de quelques prêtres, ses amis, que le gouverneur Félix y avait envoyés prisonniers. Miraculeusement sauvé d'un naufrage, il arriva à Puteoli (Puzzuolo), où il trouva un accueil hospitalier chez un comédien, nommé Aliturus, Juif de nation. Cet homme, qui était en faveur à la cour de Néron, recommanda Josèphe à l'impératrice Poppée, qui le combla d'honneurs et fit rendre la liberté aux prêtres juifs.

Lorsque Josèphe revint à Jérusalem, les germes de la révolte s'y étaient déjà développés et la guerre menaçait d'éclater. Convaincu qu'il était impossible de lutter avec avantage contre les Romains, il fit tout son possible pour conjurer l'orage, et se déclara ouvertement pour le parti de la paix. Les zélateurs ayant pris le dessus et s'étant emparés du château Antonia, Josèphe fut obligé de se cacher dans l'intérieur du Temple, d'où il ne put sortir qu'après la mort de Menahem. La défaite de Cestius et le massacre des Juifs dans les villes syriennes ayant forcé les modérés de faire cause commune avec les zélateurs, ils voulurent cependant éviter de prendre l'offensive, et leurs armements n'avaient pour but que d'obtenir de meilleures conditions de la part des Romains et d'être préparés à tout événement. Josèphe, connu pour sa modération et son habileté, fut envoyé en Galilée, avec deux autres prêtres, Joazar et Judas; ils avaient pour mission expresse d'y maintenir la paix, car on savait que le parti de la paix était encore très-fort en Galilée.

Josèphe qui, dans sa *Guerre des Juifs* (II, 20 et 21), ne rend compte que très-sommairement des mesures prises par lui en Galilée et des difficultés qu'il rencontra dans cette mission, y revient dans sa *Biographie*, où il entre dans de longs détails, afin de se défendre contre les attaques dont il avait été l'objet de la part de Justus de Tibériade, qui avait également écrit l'histoire de cette guerre désastreuse. L'animosité que Josèphe met dans sa justification peut faire supposer que ses adversaires, à tort ou à raison, lui avaient reproché des fautes très-graves et avaient jeté des doutes sur sa sincérité et son patriotisme. On a pu reprocher à Josèphe d'avoir manifesté dans mainte occasion une tendance révolutionnaire qui convenait mal au parti de la paix qu'il prétend avoir toujours soutenu, et d'un autre côté, d'avoir abandonné la cause des patriotes, dès que, prisonnier des Romains, il se vit condamné à quitter la scène politique. Mais s'il est vrai peut-être que la position que Josèphe occupait plus tard à Rome ne lui permettait pas de faire toujours connaître avec franchise les véritables motifs qui le faisaient agir lui-même et son parti; s'il est vrai qu'il condamne trop légèrement les zélateurs en masse qui ne faisaient que pousser à leur extrémité les principes constamment professés par les Pharisiens, on n'a cependant aucun motif plausible pour mettre en doute la vérité des faits généraux racontés par Josèphe, et ce sont ces faits qui nous intéressent ici bien plus que le rôle individuel de quelques-uns des acteurs de ce drame. Notre sympathie et notre admiration sont pour le dévouement sublime de ces martyrs de la liberté, qui même, quand tout était déjà perdu, préférèrent la mort à la servitude; mais il faut les plaindre d'avoir été le jouet d'hommes ambitieux et pervers; car les chefs des zélateurs sont dépeints dans les traditions rabbiniques sous les mêmes couleurs noires que dans les écrits de Josèphe. Quant à ce dernier, il faut lui reconnaître de l'habileté, de la présence d'esprit et du courage dans les moments du danger; dans son administration, disposant à l'âge de vingt-neuf ans d'un pouvoir absolu, il montrait à l'égard de ses adversaires cette douceur qui distinguait les Pharisiens et se laissait rarement entraîner par les circonstances à agir avec sévérité. Il aimait sincèrement sa patrie et était toujours jaloux de l'honneur national, mais son patriotisme était froid et réfléchi; il était capable d'exposer sa vie pour le salut de son pays, mais il n'avait pas assez d'enthousiasme pour en faire le sacrifice en faveur d'un principe, d'une idée qui ne pouvait plus avoir d'application réelle, et il s'est fait remarquer plutôt par sa finesse et par sa flexibilité que par son exaltation. La carrière que nous allons le voir parcourir, comme homme politique et comme capitaine, est très-courte, mais non sans gloire.

Josèphe, arrivé en Galilée, chercha tout d'abord à gagner la confiance et l'affection des habitants, en conférant une partie de son autorité à leurs propres représentants. Il composa, d'après le modèle du Synédrium, un grand conseil de soixante-dix hommes, et établit dans chaque ville un tribunal composé de sept juges pour décider les affaires d'une moindre importance. Il s'occupa ensuite de mettre le pays en état de défense, fortifiant les principales villes, parmi lesquelles nous remarquons celles de Tibériade, de Tarichée et de Gamala, qui faisaient partie du royaume d'Agrippa; ce qui prouve qu'il y avait dans ces villes un fort parti pour défendre la cause nationale des Juifs, et que le roi Agrippa, créature des Romains, y avait perdu tout son crédit. Même Séphoris, qui s'était rendue à Cestius, reconnut l'autorité de Josèphe. Ce gouverneur rassembla plus de cent mille hommes capables de porter les armes; n'ayant pas le temps de leur faire faire les exercices nécessaires, il chercha à y suppléer par la discipline dont les Romains lui donnaient l'exemple, et en établissant un grand nombre de chefs qui pussent régler les mouvements des plus petites divisions et qui étaient commandés eux-mêmes par des officiers supérieurs. En peu de temps il parvint à créer une armée disciplinée de soixante mille hommes de pied; la cavalerie ne se composait que de deux cent cinquante hommes. Il avait, en outre, quatre mille cinq cents étrangers à sa solde et une garde de six cents hommes.

Les succès de Josèphe excitèrent la jalousie de Jean, fils de Lévi, un des habitants les plus riches et les plus influents de la ville de Gischala, en Galilée. Cet homme, qui avait acquis une grande fortune par des moyens peu honnêtes, rebâtit la ville de Gischala, qui avait été détruite par les Syriens et les Phéniciens des environs, et la fortifia à ses frais; ambitieux, méchant et artificieux, il ne craignit pas de calomnier Josèphe pour s'emparer lui-même du gouvernement de la province, et il fit répandre le bruit que les armements de Josèphe n'avaient d'autre but que de livrer la Galilée aux Romains. Il gagna le parti révolutionnaire de Tibériade et notamment Justus, fils de Pistus, le même qui, plus tard, écrivit contre Josèphe. Averti des menées de Jean, Josèphe se rendit à Tibériade avec deux cents hommes; mais, pour échapper aux assassins de Jean, il fut obligé de se retirer à Tarichée. Peu de temps après, quelques soldats ayant enlevé, sur la route, des effets de valeur appartenant à Agrippa et à Bérénice, Josèphe s'empara du butin dans l'intention de le restituer aux propriétaires. Cet acte devint le prétexte d'une nouvelle attaque contre Josèphe. Les révolutionnaires de Tibériade vinrent en masse à Tarichée; les gardes de Josèphe, qui avaient été gagnés, le quittèrent pendant la nuit, et sa maison fut cernée par les rebelles. Josèphe, éveillé par un fidèle serviteur qui vint l'avertir du danger, se présenta devant la foule, les vêtements déchirés et la tête couverte de cendres, et promit de justifier sa conduite. Le peuple, touché de son air de suppliant, fit silence pour écouter le gouverneur, et celui-ci déclara qu'il s'était emparé du butin pour l'employer aux fortifications de Tarichée. Sur cette déclaration, les mécontents se retirèrent en grande partie; mais les plus mutins poursuivirent Josèphe jusque dans sa maison et menacèrent d'y mettre le feu. Josèphe les harangua du haut du toit et leur demanda de lui envoyer quelques-uns des leurs pour s'entendre avec eux; les chefs des rebelles étant entrés chez lui sans armes, il les fit saisir par ses gens, qui les déchirèrent à coups de fouet et les renvoyèrent tout sanglants. A leur vue, les rebelles furent tellement effrayés, qu'ils jetèrent leurs armes et s'enfuirent.

Une nouvelle révolte, qui éclata à Tibériade, fut également apaisée par la fermeté et la présence d'esprit de Josèphe. N'ayant pas alors assez de troupes à sa disposition, il s'embarqua sur le lac de Tibériade et se fit suivre par deux cent trente bateaux. Les rebelles de Tibériade, voyant de loin ces bateaux et croyant qu'ils amenaient des troupes nombreuses, déposèrent les armes. Josèphe, arrivé sur le rivage, demanda qu'on lui envoyât les hommes les plus considérables pour écouter leurs plaintes, et les ayant fait embarquer, il les envoya à Tarichée. Un certain Clitus lui ayant été dénoncé comme chef de la révolte, Josèphe lui ordonna de se couper lui-même le bras gauche, sous peine de lui faire couper les deux bras, et le rebelle obéit en tremblant. Revenu à Tarichée, il usa de clémence envers les prisonniers; Justus et son père, qui étaient du nombre, furent même invités à la table du gouverneur, qui, après leur avoir fait des réprimandes paternelles, leur rendit la liberté. Jean de Gischala, voyant ses complots déjoués, essaya alors d'user de l'influence de ses amis à Jérusalem pour faire destituer Josèphe par le Synédrium et se faire nommer lui-même gouverneur de Galilée; mais toutes ses intrigues échouèrent contre la fermeté et l'adresse de Josèphe.

A Jérusalem et dans tout le midi on avait également déployé une grande activité; le prêtre Hanan et les autres autorités de Jérusalem travaillèrent avec zèle à préparer les moyens de défense. Les fortifications de la capitale furent remises en bon état; on fabriqua des flèches, des lances et des machines de guerre, et la jeunesse s'exerça aux armes. Les partisans de la guerre, avides de combattre et fiers de la victoire remportée sur Cestius, s'empressèrent de marcher sur Ascalon, qui n'avait pour garnison qu'une cohorte d'infanterie et un escadron de cavalerie; mais l'attaque des Juifs échoua contre la tactique et la discipline des Romains, et les assaillants furent repoussés avec une perte de dix mille hommes. Deux de leurs chefs, Silas le Babylonien et l'essénien Jean, furent au nombre des morts. Les Juifs, revenus à la charge en plus grand nombre, tombèrent dans une embuscade et perdirent encore huit mille hommes; les autres prirent la fuite. Niger de Pérée, qui avait commandé les Juifs, se réfugia avec les débris de ses troupes dans une tour appelée Bézédel; les Romains y mirent le feu, et les Juifs périrent presque tous dans les flammes. Niger, qui s'était sauvé dans un souterrain, en sortit vivant après trois jours.

Simon, fils de Gioras, qui avait eu une grande part à la défaite de Cestius, faisait le tyran dans le district d'Acrabatène, sur les limites de la Samarie, où il se rendait redoutable par ses brigandages. Le gouvernement de Jérusalem envoya un détachement pour mettre un terme au désordre; à l'approche des troupes, Simon s'enfuit à Masada, et se joignit aux rebelles qui occupaient cette place, pour faire des excursions en Idumée.

Sur ces entrefaites, Néron, ayant fait un voyage en Achaïe (66), y fut informé des événements de la Palestine, par les envoyés de Cestius Gallus et d'Agrippa, qui présentèrent le gouverneur Florus comme la cause unique de tous les troubles. Néron confia le commandement en chef de l'armée de Syrie à Vespasien, qui s'était distingué par de brillants faits d'armes dans la Germanie et la Grande-Bretagne. Vespasien, qui se trouva en Achaïe auprès de l'empereur, passa l'Hellespont pour se rendre en Syrie par l'Asie Mineure, tandis qu'il envoya son fils Titus à Alexandrie pour y aller chercher la cinquième et la dixième légion et les amener en Palestine. A Antioche Vespasien trouva Agrippa, qui était venu lui amener ses troupes; ils se rendirent ensemble à Ptolémaïde, où Titus vint les rejoindre plus promptement que la mauvaise saison n'avait permis de l'espérer. Quelques petits rois des pays environnants, Antiochus de Comagène, Sohem et l'Arabe Malchus, amenèrent des troupes auxiliaires, et, vers la fin de l'hiver de l'an 67, environ quinze ou seize mois après la défaite de Cestius Gallus [1], une armée formidable, qui comptait plus de soixante mille hommes, fut prête à fondre sur la Palestine.

Le général romain Placidus préluda à la guerre par quelques excursions en Galilée et tua beaucoup de Juifs dans les campagnes. Il essaya même une attaque contre Jotapat; cette ville, située sur un rocher escarpé entouré de profonds ravins, était la mieux fortifiée de toute la Galilée. Les Juifs sortirent au-devant de l'ennemi et le forcèrent de se retirer. Josèphe campa dans les environs de Séphoris, attendant un moment favorable pour s'emparer de cette ville, qui venait de se rendre aux Romains et de recevoir une garnison. Bientôt toute l'armée de Vespasien entra en Galilée; son approche répandit l'alarme parmi les soldats de Josèphe, qui se débandèrent. Josèphe fut obligé de se retirer à Tibériade, où son arrivée répandit la consternation. Il écrivit au gouvernement de Jérusalem pour lui demander des secours; mais, ayant appris que Vespasien s'était emparé de Ga-

[1] Les chronologistes ne sont pas d'accord sur le commencement de l'insurrection des Juifs et sur la date de la défaite de Cestius Gallus; les uns font commencer l'insurrection en 65, les autres en 66. Il est certain que Vespasien commença ses opérations au printemps de l'an 67; or, en plaçant la défaite de Cestius en novembre 66, il ne resterait que les quelques mois d'hiver pour les préparatifs et les actes de Josèphe en Galilée, ce qui manque de toute vraisemblance. Cette considération doit l'emporter sur certaines difficultés chronologiques qu'on a fait remarquer dans le texte de Josèphe et que nous ne pouvons exposer ici. Nous plaçons donc l'insurrection contre Florus dans l'été 65, et la défaite de Cestius dans le mois de novembre de la même année; ce qui nous laisse un intervalle de quinze à seize mois pour les événements de l'administration de Josèphe et pour le rassemblement des troupes de Vespasien.

bara[1] et qu'il se préparait à marcher sur Jotapat, le gouverneur de la Galilée crut devoir se rendre lui-même dans cette dernière ville pour la défendre en personne; car avec elle toute la Galilée était perdue. Josèphe y arriva le 21 Iyyar (avril-mai). Bientôt après, Vespasien mit le siège devant cette forteresse qui n'était accessible que du côté du nord, où elle était défendue par une forte muraille. Josèphe était décidé à faire la résistance la plus vigoureuse; son courage était digne de ses vaillants compagnons d'armes, et son génie inépuisable imagina chaque jour de nouveaux moyens de défense, qui étonnèrent les Romains, et dont les terribles effets ébranlèrent leur courage. Les Juifs firent des prodiges de valeur; souvent ils sortirent et détruisirent les travaux des ennemis. Quand les Romains furent parvenus à grand'peine à élever leurs ouvrages au niveau de la muraille, Josèphe fit hausser celle-ci de vingt coudées, en protégeant les soldats qui y travaillaient par de fraîches peaux de bœufs tendues sur des poutres qu'on avait érigées de distance en distance; les flèches et tous les projectiles lancés par les Romains glissèrent ou rebondirent, et le feu resta sans action sur ces peaux humides. Vespasien renonça enfin à l'assaut, et résolut d'affamer la ville; il avait appris qu'on y manquait surtout de sel et d'eau. Déjà Josèphe perdait courage, mais, sur les instances des habitants, il prit l'offensive et força ainsi Vespasien à recommencer la lutte. Les machines des Romains jouèrent, le grand bélier menaça de faire la brèche; mais Josèphe fit suspendre à la muraille des sacs remplis de balle qui amortirent les coups. Les Romains ayant essayé de couper les sacs, les Juifs sortirent en fureur, et, en un clin d'œil, les ouvrages de l'ennemi furent dévorés par les flammes. Un certain Eléazar, fils de Saméas, se distingua par un acte d'héroïsme sans exemple, qui le voua à une mort certaine. Lançant de toutes ses forces une énorme pierre contre le bélier, il en abattit la tête; il courut ensuite la ramasser en présence des ennemis, remonta au milieu d'une grêle de flèches qui le poursuivit et montra aux Romains la tête de leur bélier; mais bientôt il tomba percé de cinq flèches. Les Romains amenèrent un autre bélier; un terrible combat s'engagea et se prolongea bien avant dans la nuit; mais le courage de lion des assiégés dut céder devant la force supérieure des Romains, et le lendemain matin, le 20 Siwan (mai-juin), on vit l'ennemi prêt à monter sur la brèche. Déjà les Romains croyaient triompher; mais les Juifs, trop faibles pour vaincre, étaient décidés à se vouer à la mort pour leur faire payer cher la victoire. Les soldats romains serrèrent leurs rangs, et montant à l'assaut sous l'abri d'un toit de boucliers, ils furent subitement inondés, par les Juifs, de flots d'huile bouillante; ce feu, pénétrant à travers les armures des assaillants, en fit périr un grand nombre dans les plus horribles douleurs. Les derniers rangs continuant à monter, malgré le spectacle horrible qu'ils avaient devant les yeux, les Juifs, n'ayant plus d'huile, versèrent du fénugrec cuit sur les planches qui servaient de pont aux assaillants; ceux-ci glissèrent et tombèrent dans les fossés, s'écrasant les uns les autres; d'autres périrent par les traits des Juifs. Le soir Vespasien fit sonner la retraite; l'armée romaine avait fait de grandes pertes; les Juifs n'avaient que six morts, mais ils comptèrent plus de trois cents blessés.

Cependant le courage des Romains n'était pas abattu, et la victoire des Juifs ne fit que retarder de quelques jours la chute de Jotapat. Vespasien fit élever de hauts remparts garnis de tours, d'où les archers et les frondeurs pussent attaquer les Juifs et les forcer de quitter la muraille, pendant

---

[1] Le texte de Josèphe (*Guerre*, III, 7, 1) porte *Gadara*; il faut lire sans doute *Gabara*, nom d'une des principales villes de la Galilée (*Vie de Josèphe*, ch. 25). Il serait absurde de penser ici à Gadara, métropole de la Pérée, qui d'ailleurs ne fut prise que plus tard. *Guerre*, IV, 7, 3.

que les autres troupes monteraient à l'assaut. Pendant ces préparatifs, un détachement fut envoyé par Vespasien contre une forteresse voisine, appelée Japha; une partie de la garnison, encouragée par la résistance héroïque de Jotapat, alla au-devant des Romains. Les Juifs furent repoussés et poursuivis jusque dans la première enceinte; aussitôt les habitants de Japha fermèrent aux fugitifs les portes de la deuxième muraille, de peur que les Romains n'y entrassent avec eux, et les malheureux, enfermés entre les deux murailles, furent égorgés par les Romains au nombre de douze mille. Les Romains, renforcés par un nouveau détachement sous le commandement de Titus, fils de Vespasien, se rendirent maîtres de Japha, le 25 Siwan. On combattit encore six heures dans les rues de la ville; les Romains massacrèrent tous les hommes, et emmenèrent les femmes et les enfants.

Deux jours après, les Samaritains, qui, également en révolte contre les Romains, s'étaient retranchés sur le mont Garizim et se trouvaient réduits à la dernière extrémité par la chaleur et le manque de vivres, furent attaqués par Céréalis, général de la cinquième légion; refusant de se rendre, ils furent massacrés au nombre de onze mille six cents hommes.

Jotapat vit arriver sa dernière heure. Sur le conseil d'un transfuge qui avait fait connaître à Vespasien l'épuisement des assiégés, les Romains tentèrent un nouvel assaut de très-bon matin, à l'heure où les défenseurs de la ville se livraient au repos. Titus dirigea l'attaque. Les Romains, après avoir tué les gardes, se rendirent facilement maîtres de la muraille, qui n'était pas défendue, et pénétrèrent au milieu de la ville à la faveur d'un épais brouillard. Les habitants ne s'éveillèrent que pour voir les glaives des ennemis levés sur leurs têtes; une lutte désespérée s'engagea dans les rues. Beaucoup de Juifs se donnèrent eux-mêmes la mort; quelques-uns opposèrent, dans une tour, une courte et vaine résistance. Tous les habitants furent massacrés sans ménagement, à l'exception des femmes et des petits enfants; le nombre des morts, y compris ceux qui avaient succombé pendant le siége, se montait à quarante mille; on ne fit que douze cents prisonniers. Tel fut le terrible dénoûment de cette lutte sanglante qui avait duré quarante jours [1]; ce fut le 1er Thammouz (juin-juillet) que les Romains prirent Jotapat. Après le massacre des habitants, les fortifications furent rasées et la ville livrée aux flammes. Josèphe s'était réfugié, avec quarante de ses principaux compagnons d'armes, dans une citerne d'où ils purent pénétrer dans un souterrain et échapper, pendant plusieurs jours, aux investigations des Romains. Une femme ayant fait connaître aux ennemis le lieu où Josèphe était caché, Vespasien le fit sommer de se rendre avec ses gens, leur promettant son pardon. Josèphe voulut y consentir, mais les autres préférèrent la mort. Ce fut en vain que Josèphe épuisa son éloquence et ses raisonnements pour fléchir ses compagnons, en leur démontrant que le suicide était un acte criminel; on menaça de le tuer, s'il refusait de se donner volontairement la mort. Dans cette perplexité, Josèphe proposa, pour éviter le suicide, qu'on se tuât les uns les autres selon un tour de rôle qui serait fixé par le sort. Cette proposition fut adoptée; le sort ayant réservé Josèphe pour la fin, il persuada à son compagnon d'infortune, qui devait l'égorger, de sortir tous deux de la citerne et de se rendre aux Romains. Conduit devant Vespasien, qui voulut l'envoyer à Néron, Josèphe lui demanda un entretien secret qui lui fut accordé et qui n'eut d'autres témoins que Titus et deux amis de Vespasien. Josèphe alors, pour gagner du temps, essaya au hasard, ou (comme il le dit lui-même) inspiré par un songe, de deviner l'avenir, et prédit à Vespasien qu'il serait empereur, pro-

---

[1] Le texte de Josèphe porte, dans deux passages, *quarante-sept* jours (*Guerre*, II, 7, § 33; 8, § 9), ce qui nécessairement est une faute, s'il est vrai que Josèphe n'arriva à Jotapat que le 21 *Artemisius* ou Iyyar (ib. 7, § 3).

posant qu'on le gardât dans les fers, jusqu'à ce que sa prédiction se fût accomplie [1]. Sur la prière de Titus, qui fut touché de la jeunesse et de la bravoure de Josèphe, celui-ci fut traité avec générosité. Plus tard, quand Vespasien eut été proclamé empereur, l'habile prophète fut rendu à la liberté. Quel que soit le jugement qu'on porte sur la conduite de Josèphe, l'historien rendra grâce à la Providence de la conservation miraculeuse de cet homme illustre; car, sans lui, nous serions dans une complète ignorance sur les détails de cette guerre mémorable. C'est lui seul qui a conservé à la postérité la mémoire des magnanimes défenseurs de Jotapat et qui a présenté à notre admiration l'héroïque dévouement de ses compagnons, sans nous cacher sa propre faiblesse. La Providence a voulu le conserver pour faire l'oraison funèbre de son peuple et personne ne disconviendra qu'il ne se soit acquitté de cette tâche avec un talent admirable.

Le 4 Thammouz, Vespasien partit pour Ptolémaïde. De là il alla à Césarée, où les habitants, tous païens, lui firent un brillant accueil et lui demandèrent la mort de Josèphe; mais Vespasien ne tint aucun compte de leur fureur sanguinaire, et ne daigna pas même leur répondre. — Quelque temps après, Joppé tomba de nouveau au pouvoir des Romains. On se rappelle que cette forteresse avait été détruite l'année précédente par Cestius; la ville avait reçu de nouveaux habitants qui se livraient à la piraterie, et les fortifications avaient été rétablies. A l'approche des Romains, les habitants se sauvèrent sur leurs vaisseaux et s'enfuirent sur la mer, où ils périrent presque tous, dans une tempête, au nombre de quatre mille deux cents. Les fortifications furent rasées

une seconde fois, à l'exception d'une citadelle, qui reçut une garnison romaine.

Avant de marcher sur Jérusalem, Vespasien voulut achever la conquête de la Galilée. Après avoir pris vingt jours de repos à Panéas, il se dirigea sur Tibériade; cette ville, où le parti de la paix était le plus fort, ouvrit ses portes aux Romains, et fut épargnée en faveur d'Agrippa. Tarichée résista; la ville ayant été prise au mois d'Éloul, beaucoup de ses habitants montèrent sur des barques et s'enfuirent sur le lac de Tibériade. Les Romains les ayant poursuivis sur des radeaux, il s'engagea un combat naval, qui fut fatal pour les Juifs. Un conseil de guerre jugea les habitants de cette ville rebelle, dont six mille cinq cents avaient péri dans le combat; douze cents furent condamnés à mort, six mille furent envoyés à Néron, pour les employer à percer l'isthme de Corinthe, et plus de trente mille furent vendus comme esclaves. Un certain nombre de brigands, qui s'étaient mêlés aux combattants, furent livrés au roi Agrippa, leur souverain.

Gamala, de l'autre côté du lac, une des villes les mieux fortifiées, imita l'exemple de Jotapat, et fit, pendant un mois, une résistance désespérée. Agrippa, qui la somma en personne, fut blessé d'un coup de pierre. La conquête de cette ville, qui eut lieu le 23 Thischri (septembre-octobre), coûta cher aux Romains; mais aussi leur vengeance fut terrible. Tous les habitants furent égorgés; ceux que le glaive des Romains ne put atteindre se donnèrent eux-mêmes la mort. Pendant le siége de Gamala, un détachement romain prit la forteresse du mont Thabor.

La campagne de cette année (67) se termina par la prise de la forteresse de Gischala, dans laquelle le fameux Jean avait le commandement. Titus l'ayant fait sommer un jour de sabbat, Jean prétexta la sainteté de ce jour pour remettre les négociations au lendemain; mais, dans la nuit, il s'échappa avec un grand nombre de ses partisans. Les fugitifs périrent en partie

---

[1] Quoi qu'il en soit de ce fait singulier, la vérité en était reconnue par les Romains; voici ce qu'en dit Suétone, dans la vie de Vespasien (ch. 5) : *Et unus ex nobilibus captivis Josephus, quum conjiceretur in vincula, constantissime asseveravit fore, ut ab eodem brevi solveretur, verum jam Imperatore.*

sous les coups des soldats romains qui les poursuivirent; mais Jean arriva sain et sauf à Jérusalem. Gischala ouvrit ses portes aux Romains. Toute la Galilée se trouvant soumise, les Romains allèrent prendre leurs quartiers d'hiver à Césarée et à Scythopolis.

A Jérusalem, les nouvelles de la Galilée causèrent une grande agitation. La situation de la malheureuse ville était devenue plus effrayante de jour en jour; les zélateurs disposaient de fait de tous les pouvoirs, et leur domination tyrannique pesait durement sur la population qui, en grande partie, désirait la paix. Plusieurs membres de la famille royale d'Hérode, et en général ceux qui passaient pour riches ou qui occupaient une position distinguée, furent arrêtés comme suspects et périrent dans la prison par le fer des assassins. Mathias, fils de Théophile, fut dépouillé, par les zélateurs, de la dignité pontificale, et il fut convenu que le nouveau grand prêtre serait désigné par le sort. C'est ainsi que le pontificat fut donné à un prêtre de la campagne, nommé Phannias, fils de Samuel, qui fut installé malgré lui; son ignorance devint un sujet de railleries pour les zélateurs eux-mêmes, qui ne craignirent pas de profaner ainsi le saint ministère. Tous les gens de bien furent dans la consternation. Le prêtre Hanan, qui était toujours commandant de Jérusalem, s'éleva avec force contre ces excès abominables; il fut appuyé par Jésus, fils de Gamala, ancien pontife, et par un des plus célèbres docteurs, Siméon, fils de Gamaliel; leurs paroles énergiques firent une profonde impression sur le peuple; on fit la guerre aux zélateurs, qui, après plusieurs combats sanglants, furent refoulés dans le parvis intérieur du Temple, où Hanan, par respect pour le lieu saint, ne voulut pas les attaquer. Le désordre augmenta encore par l'arrivée de Jean de Gischala, dont l'ambition et l'astuce avaient causé tant de malheurs en Galilée. Par son hypocrisie, il sut gagner la confiance de Hanan, qui le choisit comme médiateur entre les zélateurs et le peuple. La paix ne convenait pas à ses vues ambitieuses; au lieu de calmer les zélateurs, il chercha à exciter leurs fureurs, en leur persuadant que Hanan était prêt à livrer la capitale aux Romains, et qu'il en voulait à la vie des principaux chefs des zélateurs, qui étaient alors Éléazar, fils de Simon, et Zacharie, fils de Phalec. Les zélateurs trouvèrent moyen de faire partir secrètement quelques émissaires pour appeler à leur secours les Iduméens, qui arrivèrent bientôt, au nombre de deux mille, sous les murs de Jérusalem. Hanan leur refusa l'entrée; mais dans la nuit, les zélateurs, à la faveur d'un violent orage et au milieu du bruit du tonnerre, purent sortir du Temple sans être aperçus par les gardes, et ouvrir les portes, dont ils scièrent les verrous. Les Iduméens pénétrèrent dans le parvis du Temple, en tuant les postes; l'alarme se répand; les Iduméens réunis aux zélateurs portent le carnage au milieu de ceux qui occupaient le parvis, se répandent dans la ville et massacrent tous ceux qui se présentent, et les premiers rayons de l'aurore montrent huit mille cinq cents cadavres. Le massacre se continue dans la ville; Hanan et Jésus, fils de Gamala, tombent sous les coups des assassins, et leurs corps sont jetés en proie aux chiens. En peu de jours, on compte dans Jérusalem douze mille victimes. Un homme de distinction, nommé Zacharie, fils de Baruch, dont la richesse et les vertus donnèrent de l'ombrage aux zélateurs, fut placé devant un Synédrium extraordinaire, sous l'accusation imaginaire d'entretenir des intelligences avec Vespasien pour livrer la Judée aux Romains. Zacharie n'eut pas de peine à démontrer toute l'absurdité de cette accusation, et, malgré l'attitude menaçante des zélateurs, il fut absous par les juges. Mais deux des plus furieux zélateurs l'égorgèrent dans le parvis du Temple, et le Synédrium improvisé fut dispersé à coups de plat d'épée.

Les Iduméens eux-mêmes furent tellement révoltés de ces scènes d'horreur qu'ils quittèrent la ville, après avoir délivré deux mille citoyens retenus en prison par les zélateurs. Ces derniers n'en continuèrent pas moins à sévir contre tous les citoyens paisibles, qui alors cherchèrent à s'enfuir en grand nombre. Les zélateurs occupèrent toutes les issues de la ville, pour empêcher l'émigration, et ceux qu'on surprenait dans leur fuite furent accusés de trahison et mis à mort. Les rues de Jérusalem étaient jonchées de cadavres, et ceux qui cherchaient à les ensevelir furent traités de suspects et voués à la mort. Un des plus célèbres docteurs, Johanan, fils de Zacchaï, ne put sortir de la ville qu'enfermé dans un cercueil; le fils de sa sœur, qui était un des chefs des zélateurs, favorisa sa fuite. Ayant fait répandre le bruit que son oncle était mort, il se présenta avec le convoi à la porte de la ville, et invoquant le respect dû à la dépouille mortelle de l'illustre docteur qu'il allait conduire au lieu de sépulture, il trompa les gardes qui voulaient examiner le cercueil [1].

Vespasien jugea convenable d'abandonner Jérusalem à son sort, ne doutant pas que les divisions intérieures ne finissent par en rendre la conquête très-facile. Au printemps de l'an 68, les Romains ouvrirent la campagne en Pérée, et se dirigèrent sur Gadara, dont les principaux habitants avaient invoqué leur secours contre les révolutionnaires; ceux-ci s'enfuirent, après avoir massacré les partisans des Romains. La ville fut prise, et Vespasien envoya Placidus à la poursuite des fugitifs; ils périrent presque tous, les uns par les armes des soldats romains, les autres noyés dans le Jourdain qui était alors débordé. Toutes les villes de la Pérée furent successivement soumises, à l'exception de la forteresse de Machérous. Vespasien pénétra ensuite en Judée; en peu de temps il se rendit maître de la côte; Lydda et Jamnia se soumirent volontairement. Ayant établi à Emmaüs un camp retranché, il se dirigea vers le Jourdain, en passant par la Samarie. Près de Jéricho, il rejoignit une division venant de Pérée; les habitants de Jéricho s'étant presque tous enfuis dans les montagnes, cette ville fut prise sans effort. Vespasien laissa des garnisons à Jéricho et à Hadida, et Jérusalem dès lors se trouvait cernée de tous les côtés.

Revenu à Césarée, Vespasien reçut la nouvelle de la mort de Néron et de l'avénement de Galba. Il suspendit alors les opérations et fit partir son fils Titus, accompagné du roi Agrippa, pour aller féliciter le nouvel empereur. Arrivé en Achaïe, Titus apprit que déjà Galba n'existait plus et qu'Othon avait été proclamé empereur; il revint aussitôt en Palestine, laissant Agrippa continuer seul le voyage de Rome. L'année 68 s'était ainsi écoulée sans que les Romains eussent mis le siége devant Jérusalem.

Pendant les premiers mois de l'année suivante (69), Vespasien était encore tenu en suspens par l'incertitude dans laquelle il se trouvait à l'égard des événements de Rome. Au mois de juin, il soumit les districts de Gophna et d'Acrabatène, ainsi que les petites villes de Béthel et d'Éphraïm; en même temps Céréalis conquit la haute Idumée. Toute la Palestine était au pouvoir des Romains, à l'exception de Jérusalem et des trois forteresses de Machérous, d'Hérodion et de Masada, qui étaient occupées par les zélateurs. De retour à Césarée, Vespasien reçut la nouvelle de l'avénement de Vitellius, entré à Rome à la tête des légions germaniques. Cette nouvelle excita le mécontentement de l'armée de Syrie, qui, de son côté, proclama Vespasien empereur (juillet 69); dès lors il dut ajourner la conquête de Jérusalem, pour ne s'occu-

---

[1] Ce fait est rapporté dans le Thalmud de Babylone, traité *Guittin*, fol. 56. On y ajoute que Johanan, conduit devant Vespasien, lui donna le titre de *roi* et lui prédit son avénement au trône.

per que de celle de Rome. Il écrivit aussitôt à Tibère Alexandre, gouverneur d'Égypte, qui le fit reconnaître, sans difficulté, dans cette province [1]. S'étant rendu à Béryte, il y reçut plusieurs députations qui lui présentèrent leurs hommages; dès lors il fit rompre les fers de Josèphe, dont la prédiction était accomplie. Il alla à Alexandrie, accompagné de Titus ; de là il se rendit à Rome, chargeant Titus d'achever la guerre en Judée.

Sur ces entrefaites, la guerre civile continua ses ravages dans Jérusalem, et la malheureuse ville pleurait chaque jour de nouvelles victimes. Simon fils de Gioras, s'étant brouillé avec les zélateurs de Masada, avait rassemblé dans les montagnes une armée de vingt mille hommes et envahi l'Idumée, y portant le massacre et le pillage. Il avait cherché en vain à s'emparer de Masada; mais il se livra à de terribles actes de vengeance contre les zélateurs, qui avaient fait prisonnière sa femme, et elle lui fut rendue. Ses courses vagabondes et la poursuite d'une bande d'Iduméens, qui se jeta dans Jérusalem, l'avaient conduit aux environs de cette capitale, où sa présence répandit l'alarme. A Jérusalem, Jean avait continué son régime de terreur, et la population mise au désespoir l'ayant attaqué et refoulé dans l'enceinte du Temple, mais n'étant pas assez forte pour le tenir longtemps en échec, appela à son secours Simon et ses hordes, vers la Pâque de l'an 69. Simon put empêcher Jean de sortir et de fondre sur la ville; mais il ne fut pas capable de l'expulser et de réduire les zélateurs. Bientôt Simon s'empara de la haute ville et d'une grande partie de l'Acra, et Jérusalem vit en lui un nouveau tyran. En même temps Éléazar, autrefois chef des zélateurs, s'éleva contre la tyrannie de Jean, qui voulait seul commander en maître. Éléazar se retira, avec ses partisans, dans l'enceinte intérieure du Temple, qui, par sa position très-élevée, était inexpugnable, et qui renfermait des provisions abondantes. Dès lors trois factions se partageaient la ville de Jérusalem. Jean se trouvait continuellement en guerre avec Simon et avec Éléazar. Simon entretenait abondamment ses troupes aux dépens de la population. Jean, impuissant contre Éléazar, faisait souvent des sorties contre Simon, pillait et incendiait les maisons, et les provisions accumulées dans Jérusalem furent en grande partie consommées par les bandes des deux adversaires ou dévorées par les flammes [1]. Malheur au citoyen paisible qui avait l'air de se plaindre; c'était un traître, un ami des Romains, il était voué à la mort. Les cadavres de ceux qui tombaient dans les combats journaliers, ou qu'on massacrait comme traîtres, étaient entassés chaque jour dans les rues et restaient sans sépulture. — Au milieu de ce désordre, on offrait encore des sacrifices dans le Temple; les zélateurs laissaient entrer les fidèles qui leur en demandaient la permission; mais souvent les prêtres et les fidèles étaient tués ou blessés par les traits des factions belligérantes.

Jérusalem se trouvait encore dans cette terrible situation, lorsque, au printemps de l'an 70, Titus, revenu d'Alexandrie à Césarée, s'approcha avec les légions romaines, les troupes d'Agrippa et d'autres auxiliaires. Il se dirigea par la Samarie et par Gophna, sur Gabaa, ou Gabath Saül, où il établit un camp. Étant allé un jour, avec six cents cavaliers, faire une reconnaissance dans les environs de Jérusalem, et s'étant avancé jusque vers la tour Pséphina, il se vit subitement entouré par les Juifs et séparé de la plus grande partie de sa suite, et ce

---

[1] Voy. Josèphe, *Guerre des Juifs*, IV, 10, 6. Selon Tacite (*Hist.* II, 79), Tibère Alexandre fut le premier à proclamer Vespasien empereur, et fit prêter serment à ses légions dès le 1er juillet.

[1] Voici comment Tacite (*Hist.* V, 12) caractérise ces trois factions : *Tres duces, totidem exercitus. Extrema et latissima moenium Simo, quem et Bargioram vocabant, mediam urbem Joannes, templum Eleazarus firmaverat. Multitudine et armis Joannes ac Simo Eleazarus loco; pollebat.*

ne fut que par miracle qu'il put se frayer un chemin à travers les ennemis et s'échapper au milieu d'une grêle de flèches et de javelots. Il fit ensuite avancer son camp jusqu'à Sophim (ou *Skopos*) [1]. La dixième légion étant venue camper sur la montagne des Oliviers, les différentes factions se réunirent enfin pour repousser l'ennemi commun. La légion fut ébranlée par l'attaque impétueuse des Juifs ; mais Titus vint à son secours et força les Juifs de repasser le torrent de Kidron.

Malheureusement l'union des partis fut de courte durée : à la fête de Pâques, le 14 Nisan, Éléazar ayant fait ouvrir les portes du parvis intérieur, pour laisser entrer les fidèles qui, malgré la guerre, étaient arrivés en grand nombre à Jérusalem, Jean mêla dans la foule une partie de ses gens qui avaient des armes cachées sous leurs vêtements, et ces hommes qui disaient combattre pour Dieu et pour le maintien des lois nationales, n'hésitèrent pas à profaner les lieux saints et à troubler les solennités religieuses par un horrible carnage. Les assassins frappèrent en même temps et les zélateurs d'Éléazar et les troupes inoffensives des fidèles, et le sang coulait à flots dans les parvis du Temple. Jean resta maître de l'enceinte intérieure, et au lieu de trois factions, il n'y en eut plus que deux [2]. Simon occupait avec quinze mille hommes la haute et la basse ville ; Jean, avec ses six mille hommes, et Éléazar, qui s'était rendu à lui avec deux mille quatre cents zélateurs, occupaient le Temple avec ses environs incendiés, la place Ophla et la muraille de l'est qui dominait la vallée du Kidron.

Titus avança son camp jusqu'à deux stades de la capitale, dont le siège, comme toujours, se fit principalement du côté du nord. Le corps de l'armée romaine commandé par Titus campa au nord-ouest en face de la tour Pséphina, qui était de forme octogone et avait soixante-dix coudées de hauteur ; une division campa à l'ouest, en face de la tour quadrangulaire Hippicos, haute de quatre-vingts coudées, et la dixième légion garda sa position à l'est, sur la montagne des Oliviers [1]. Après avoir fait vainement sommer les Juifs par Josèphe, qui se trouvait au camp, et par quelques Romains, Titus fit commencer les opérations du siège. Les deux factions, réunies pour la défense commune, firent de vains efforts pour repousser l'ennemi et détruire les ouvrages. Au bout de quinze jours, les Romains, après avoir essuyé de grandes pertes, purent pratiquer la brèche, et se rendre maîtres du quartier de Bezetha, le 7 Iyyar (avril-mai) ; les Juifs se retirèrent derrière la deuxième muraille.

Des deux côtés la lutte se continua avec une fureur extrême. Après cinq jours les Romains purent pénétrer dans la basse ville (Acra) ; mais chaque pas qu'ils voulaient faire en avant leur coûtait cher, chaque rue devint un champ de bataille, chaque maison une forteresse, et après une lutte acharnée dans laquelle Titus lui-même courut de grands dangers, les Romains se retirèrent. Au bout de quatre jours cependant, ils parvinrent à se rendre maîtres de l'Acra et à s'y maintenir. Les Juifs n'occupaient plus que la haute ville, la forteresse Antonia et le Temple ; mais Jean et Simon, ainsi que leurs soldats, étaient bien décidés à verser leur dernière goutte de sang plutôt que de se rendre. Si les abondantes provisions de Jérusalem n'avaient pas été dévorées par les flammes et si la paix avait régné à l'intérieur, les Juifs auraient pu résister longtemps dans leurs positions inexpugnables. Titus envoya de nou-

---

[1] Voy. ci-dessus, page 583.
[2] Comparez Tacite, l. c. : *Mox Joannes, missis per speciem sacrificandi, qui Eleazarum manumque ejus obtruncarent, templo potitur ; ita in duas factiones civitas discessit, donec, propinquantibus Romanis bellum externum concordiam pareret.*

[1] Voy. Josèphe, *Guerre des Juifs*, V, 3, 5 ; comparez ci-dessus, pages 45 et 46, et notre plan de Jérusalem.

veau Josèphe pour faire sommer les Juifs. En vain Josèphe, placé à quelque distance de la muraille, essaya, dans un long discours, de montrer aux Juifs que c'était Dieu lui-même qui livrait la ville aux Romains, et que les crimes horribles qu'ils avaient commis ne leur permettaient pas de compter sur la miséricorde divine; en vain il leur dépeignit les angoisses de la famine qui allait les exterminer; pour toute réponse les Juifs lancèrent des flèches contre Josèphe et l'accablèrent de malédictions.

Titus se prépara à attaquer la troisième muraille. A la fin du mois d'Iyyar, on avait achevé quatre terrasses dont deux étaient dirigées contre la forteresse Antonia et deux contre la haute ville. Jean ayant fait miner le terrain, l'une des terrasses s'écroula; les soldats de Simon attaquèrent les autres, avec le courage du désespoir, et brûlèrent les machines de guerre; ils pénétrèrent même dans le camp romain et y firent un grand carnage. Titus prit la résolution de réduire la ville par la famine qui déjà avait commencé ses ravages; pour couper aux Juifs toute ressource du dehors, il fit construire par ses soldats, avec une incroyable rapidité, une muraille qui entourait la ville de tous les côtés, elle avait trente-neuf stades de circuit et était garnie de treize tours. Les malheureux habitants de Jérusalem voyaient la mort sous mille formes planer sur leurs têtes. Plusieurs vendaient leur patrimoine pour une mesure de froment ou d'orge; chaque jour d'innombrables victimes moururent dans les souffrances et dans les angoisses de la faim ou furent immolées par les barbares qui se disaient les défenseurs de la patrie. Ceux-ci parcouraient les maisons et faisaient subir aux habitants les plus horribles tortures pour leur arracher les vivres qu'ils pouvaient encore posséder; ils enlevaient aux pauvres les herbes qu'ils avaient cueillies au péril de leur vie, et assassinaient les riches en les accusant de trahison et de désertion. L'ingrat Simon accusa l'ancien pontife Mathias, qui l'avait reçu dans la ville, de vouloir passer du côté des Romains, et le fit mourir avec ses trois fils et seize autres citoyens. Un des officiers de Simon, profondément indigné de ces excès, voulut se rendre aux Romains avec sa troupe; mais Simon, l'ayant prévenu, le fit mettre à mort avec dix de ses complices.

Les horreurs de la famine étouffèrent tous les sentiments humains et déchirèrent tous les liens de la nature. La femme arrachait le morceau de pain de la bouche de son mari, le fils de celle son vieux père, la mère enlevait à son enfant sa chétive nourriture. La famine forçait les habitants de sortir armés pour aller chercher des herbes; Titus faisait crucifier tous ceux qui furent saisis par les Romains, et il en mourait de cette manière jusqu'à cinq cents par jour. Les zélateurs ayant fait répandre le bruit que c'étaient les transfuges qu'on traitait de la sorte dans le camp romain, Titus fit couper les bras à plusieurs prisonniers et les renvoya dans la ville pour qu'ils y fissent connaître la vérité. Malgré cette cruelle extrémité, les zélateurs tuaient tous ceux qui osaient leur conseiller de se rendre aux Romains; ils insultaient à ceux qui mouraient de faim et se faisaient un cruel jeu de les percer de leurs épées. Les rues étaient pleines de cadavres qu'on ne pouvait enterrer et qu'on jetait dans les ravins qui entouraient la ville. Pendant que le peuple périssait par la faim, Jean et ses soldats se nourrissaient de l'huile sacrée et du vin destiné aux sacrifices. — Ceux qui étaient assez heureux pour pouvoir passer aux Romains périssaient bientôt par l'excès de nourriture. Des soldats syriens surprirent un juif qui ramassait dans ses excréments de l'or qu'il avait avalé; aussitôt le bruit se répandit que les transfuges juifs avaient de l'or dans l'estomac, et en une seule nuit, les soldats éventrèrent deux mille Juifs. Titus chercha en vain à arrêter, par des menaces, cette barbarie inouïe.

Josèphe, qui essaya de nouveau de parler aux assiégés, manqua d'être tué par une pierre lancée contre lui ; tombé évanoui, il ne put être sauvé qu'avec peine des mains des Juifs qui accoururent pour le traîner dans la ville.

Les Romains avaient recommencé les travaux du siége ; en vingt et un jours ils avaient relevé les ouvrages détruits, malgré les grandes difficultés qu'ils eurent à vaincre ; car il fallut aller chercher à une distance de quatre-vingt-dix stades le bois dont on avait besoin. Le 1er Thammouz (juin-juillet) on commença à donner l'assaut à la forteresse Antonia ; la muraille s'étant écroulée, les Romains virent à leur désespoir une seconde muraille qui avait été élevée à l'intérieur. Celle-ci fut attaquée sans succès le 3 Thammouz ; après plusieurs combats des plus sanglants, la forteresse fut prise le 5 du même mois, mais les Juifs se retranchèrent dans l'enceinte du Temple.

Titus donna ordre à ses soldats de raser la forteresse Antonia, afin de faciliter la prise du Temple. Le 17 Thammouz on cessa d'offrir les sacrifices quotidiens, qui jusque-là, malgré les terreurs de la guerre, n'avaient pas été interrompus. Titus envoya encore une fois Josèphe auprès de Jean, pour le conjurer de ne pas profaner le Temple et de venir avec toutes ses troupes lui livrer bataille hors de l'enceinte sacrée. Jean ne répondit à Josèphe que par des injures ; Jérusalem, ajouta-t-il, la ville de Dieu, ne saurait être détruite. En vain Titus s'approcha-t-il lui-même de la muraille, pour engager Jean à sortir, protestant de sa sollicitude pour la conservation du Temple ; tout fut inutile, les zélateurs prétendirent que c'était la peur qui avait dicté les paroles de Titus, et celui-ci se vit obligé de recommencer l'attaque. Dès le lendemain, à trois heures du matin, des troupes d'élite tombèrent sur les postes des Juifs ; il faisait encore nuit, les soldats juifs accourus ne se reconnaissant pas les uns les autres tuèrent beaucoup des leurs, tandis que les Romains se reconnaissaient au mot d'ordre. Le combat se prolongea jusqu'à midi, mais la victoire resta indécise.

Au bout de sept jours, la forteresse Antonia ayant été entièrement rasée, les Romains élevèrent sur son emplacement leurs terrasses contre le Temple. Les Juifs, qui venaient d'être battus dans une sortie qu'ils avaient faite du côté de la montagne des Oliviers, voyant les ouvrages des Romains très-avancés, mirent eux-mêmes le feu aux portiques du nord-ouest du Temple, par lesquels celui-ci communiquait avec la forteresse Antonia. Deux jours après, le 24 Thammouz, le portique du nord fut dévoré par le feu que les Romains y avaient lancé. Les Juifs, au lieu d'éteindre le feu, se réjouissaient de l'incendie, le croyant avantageux pour leur position militaire. Le 27, ils remplirent les portiques de l'occident de bois sec, de soufre et d'asphalte ; y ayant attiré les Romains, en simulant une fuite, ils y mirent le feu et beaucoup de Romains périrent dans les flammes.

Les horreurs de la famine augmentèrent de plus en plus dans l'enceinte du Temple et dans la haute ville ; les soldats juifs étaient réduits à manger les courroies des sandales, les cuirs des ceintures et des boucliers. Une femme de Pérée, appelée Marie, à qui les soldats avaient enlevé les derniers restes de nourriture, et qui implorait vainement la mort, saisit dans son désespoir son jeune fils qui se mourait à côté d'elle, l'immola, fit rôtir sa chair et en dévora la moitié. Les soldats, attirés par l'odeur, menacèrent la malheureuse de la tuer sur-le-champ si elle ne leur livrait la nourriture qu'elle venait de préparer. « Voici, » dit-elle, en montrant les restes de son enfant, « je vous ai réservé une bonne portion. » Les barbares, saisis de terreur à cet affreux spectacle, ne purent proférer un mot. « C'est mon enfant, continua Marie ; c'est moi-même qui ai commis cette action ; mangez, j'en ai mangé aussi, ne soyez pas plus tendres qu'une femme, plus sensibles qu'une mère. » Les soldats s'enfuirent en tremblant. L'horrible histoire s'étant répandue dans la ville, beaucoup de malheureux exténués par la faim se donnèrent la mort, estimant heureux ceux qui avaient pu mourir avant d'apprendre cette affreuse nouvelle. Titus protesta devant Dieu que c'étaient les Juifs eux-mêmes qui avaient préféré ces désastres à la paix qu'il leur avait offerte.

Les béliers des Romains avaient vainement battu, pendant six jours, le mur occidental de l'enceinte intérieure; vainement les Romains avaient essayé de saper les fondements de la porte du nord. Le 8 Ab (juillet-août), Titus donna ordre d'escalader le haut des portiques au moyen des échelles. Les Romains purent monter sans obstacle; mais à peine arrivés au haut du mur, ils furent renversés par les Juifs, qui leur arrachèrent même leurs enseignes. Titus voyant toutes ses tentatives échouer contre la résistance opiniâtre des Juifs, fit mettre le feu aux portes; le revêtement d'argent fondit, le bois fut consumé par les flammes pétillantes qui se communiquèrent aussitôt aux portiques dans toutes les directions. Le feu exerça ses ravages toute la journée et toute la nuit, sans que les Juifs, saisis de terreur, fissent rien pour arrêter les progrès de l'incendie. Le lendemain, 9 du mois, Titus ordonna à ses soldats d'éteindre le feu, afin de se frayer un passage vers le Temple. Il assembla son conseil pour délibérer sur le sort du sanctuaire; les uns, le présentant comme une citadelle qui servirait toujours de point de ralliement aux rebelles, furent d'avis qu'il fallait le détruire; les autres pensaient qu'on devait l'épargner, si les Juifs consentaient à se retirer. Titus manifesta l'intention de conserver à tout prix le magnifique édifice, qui, disait-il, resterait un des plus beaux ornements de l'empire romain.

Ce jour-là les Juifs, épuisés de fatigue et anéantis par la douleur, n'essayèrent point d'attaque contre l'ennemi; mais le lendemain matin, ils firent un dernier effort terrible pour sauver le sanctuaire ou s'ensevelir sous ses ruines. Ayant fait une sortie par la porte orientale, ils attaquèrent les postes romains inférieurs en nombre qui furent obligés de se retirer; mais aussitôt Titus, qui était à la forteresse Antonia, vint à leur secours. Les Juifs reculèrent d'abord, puis ils revinrent une seconde fois à la charge; mais vers la cinquième heure du jour (11 heures), ils furent repoussés jusqu'à l'intérieur du Temple. Titus était décidé à donner l'assaut avec toutes ses troupes dès le lendemain matin. Mais il était écrit dans le livre du destin que le Temple serait détruit en ce jour fatal, de funeste mémoire dans les annales du peuple juif; car il y avait six siècles et demi qu'à pareil jour, le 10 Ab, les Babyloniens avaient mis le feu au Temple de Salomon [1]. Les Juifs ayant fait une sortie contre les Romains qui travaillaient à éteindre le feu de l'enceinte intérieure, furent refoulés jusque dans le corps du Temple. Alors un soldat romain, sans attendre l'ordre, prit un tison ardent, et se faisant soulever par un de ses camarades, le jeta dans l'une des fenêtres dorées des cabinets adossés au Temple du côté du nord. Le feu se communiqua rapidement à tous les cabinets; Titus accouru donnait vainement des ordres pour faire éteindre le feu; sa voix fut étouffée par le tumulte, personne ne prenait garde à ses signes; les soldats furieux, au lieu d'obéir à leur chef, s'excitaient les uns les autres à hâter les progrès du feu, et il devint impossible de l'éteindre. Les Juifs, poussant des hurlements horribles, s'efforçaient encore, mais trop tard, de sauver ce dernier boulevard de leur nationalité;

[1] Voy. Jérémie, 52, 12. Selon la tradition rabbinique, l'incendie du temple de Salomon commença le 9 Ab au soir, et ce fut aussi le 9 Ab que les Romains brûlèrent le second temple; c'est donc à ce jour que les Juifs (à l'exception des caraïtes) célèbrent encore maintenant l'anniversaire de la destruction de Jérusalem. Cependant Josèphe (*Guerre*, VI, 4, 5), conformément au livre de Jérémie, indique expressément le 10ᵉ jour du mois de Loûs, ou Ab. Il serait possible que la date indiquée par les rabbins, pour ce qui concerne le second temple, fût le résultat d'un calcul des néoménies, différent de celui de Josèphe.

déjà l'édifice sacré s'écroulait de toutes parts; ses héroïques défenseurs furent immolés par milliers, la fureur des Romains n'épargnait même pas le peuple sans armes, les vieillards, les enfants, les femmes, les prêtres; et l'autel de Jéhova, avant de disparaître pour toujours, reçut pour dernière expiation de nombreuses hécatombes humaines.

Titus entra dans le lieu saint et dans le Saint des Saints; frappé de la vue de tant de magnificence, il essaya une dernière fois de sauver ce qui restait de l'édifice, mais ses ordres, ses menaces, furent vains. L'espoir d'un riche butin augmenta la fureur incendiaire des troupes; Titus se retira avec ses généraux, et bientôt toute la montagne du Temple ne présentait plus qu'un vaste embrasement. Au bruit des flammes pétillantes, au fracas des murs croulants, se mêlaient les gémissements des victimes et le cri de victoire des Romains; les habitants de la ville répondaient aux cris plaintifs de leurs frères mourants et les échos des montagnes voisines accompagnaient de leur retentissement cette scène effroyablement grandiose de destruction et de mort. Simon et Jean, avec le reste de leurs troupes, se frayèrent un chemin à travers les légions romaines et gagnèrent la haute ville. Plusieurs prêtres saisirent les aiguilles dorées du toit du Temple, les lancèrent contre les soldats romains, et cherchèrent ensuite un dernier refuge sur le haut de la muraille fumante. Deux prêtres, Méir, fils de Belga, et Joseph, fils de Dalaï, se jetèrent dans les flammes, pour périr avec le sanctuaire. Des vieillards, des femmes et des enfants, au nombre de six mille, se réfugièrent sur l'un des portiques du nord qui était encore debout; un faux prophète leur avait dit que Dieu leur enverrait le salut et que ce jour même ils verraient du haut du Temple les miracles de la délivrance. Les Romains mirent le feu au portique et pas un seul de ces malheureux n'échappa à la mort. Les prêtres réfugiés sur la muraille y restèrent cinq jours, jusqu'à ce que la faim les força de descendre; ils implorèrent la clémence de Titus, mais celui-ci leur répondit que le temps de la clémence était passé, que le Temple en faveur duquel il leur aurait fait grâce était en ruine, et qu'il convenait aux prêtres de périr avec le Temple. Ils furent tous mis à mort. Les Romains plantèrent leurs enseignes devant la porte orientale et sacrifièrent à leurs dieux sur la place du Temple de Jéhova. Titus y fut proclamé empereur par ses légions.

Simon et Jean auraient eu des droits à l'admiration de la postérité, s'ils avaient été animés d'un patriotisme pur, s'ils ne s'étaient pas souillés de tant de crimes et s'ils avaient su mourir en héros avec tous les braves qui, mus par des sentiments plus purs, avaient aveuglément suivi leurs inspirations. Voyant que tout était perdu, les deux chefs, du haut du mont Sion, demandèrent un entretien à Titus; celui-ci s'étant présenté à l'occident du temple près du *xystus*, prit le premier la parole et promit aux Juifs de leur faire grâce, s'ils déposaient immédiatement les armes et se rendaient à discrétion. Les guerriers juifs répondirent qu'ils avaient juré de ne pas se rendre aux Romains, et demandèrent la permission de se retirer librement avec leurs femmes et leurs enfants. Titus, irrité de ce que les vaincus prétendaient lui dicter des conditions, leur fit dire qu'ils n'avaient plus rien à espérer de sa clémence et qu'il n'épargnerait personne. Aussitôt il donna ordre de piller la basse ville et d'y mettre le feu, et dès le lendemain cet ordre barbare fut exécuté. Toute l'Acra, avec les archives, l'hôtel de ville et le palais d'Hélène d'Adiabène, ainsi que la place Ophla, devinrent la proie des flammes. Les fils et les frères du roi Izate d'Adiabène, qui avaient combattu dans les rangs des Juifs, firent un appel à la clémence de Titus; le vainqueur leur accorda la vie et les envoya à Rome comme otages.

[1] Voy. ci-dessus, page 45.

Titus disposa tout pour l'attaque de la haute ville. Pendant les préparatifs, beaucoup de Juifs, assez heureux pour tromper la vigilance des zélateurs, arrivèrent au camp romain. Titus oublia les ordres sévères qu'il avait donnés; les soldats eux-mêmes étaient enfin las d'égorger, et beaucoup de transfuges conservèrent la vie. Le prêtre Jésus, fils de Thébout, et Phinéas, trésorier du Temple, qui livrèrent divers objets d'un haut prix, obtinrent également leur grâce. Le 7 Eloul (août-septembre), après un travail de dix-huit jours, les machines de guerre battirent la muraille de la haute ville. Les Juifs découragés n'opposèrent qu'une faible résistance. Bientôt la muraille ayant été ouverte, les Romains pénétrèrent dans la haute ville; le carnage, l'incendie et le pillage recommencèrent de nouveau. On trouva beaucoup de maisons remplies des cadavres de ceux qui étaient morts de faim. Titus fit ensuite son entrée dans la ville; un dieu, dit-il, a expulsé les Juifs de ces forteresses; car que peuvent les mains des hommes et les machines contre de telles tours? Il ordonna de faire mourir tous les Juifs armés; les autres furent faits prisonniers, mais il en mourut un grand nombre par manque de nourriture. Toute la ville fut rasée; Titus ne fit conserver que les trois tours d'Hippicos, de Phasaël et de Mariamne, pour servir de monuments de la force et de la magnificence de la ville de Jérusalem.

Telle fut l'issue de cette guerre effroyable, qui termina l'existence politique de la nation juive, dont l'héroïque résistance, après la soumission de tout l'Orient, humilia l'orgueil de Rome : *Augebat iras*, dit Tacite, *quod soli Judæi non cessissent*. Sa lutte fut glorieuse, unique peut-être dans les annales des nations. Sa catastrophe est une des plus effrayantes dont l'histoire nous ait conservé le souvenir; Jérusalem fut plus grandiose dans sa chute qu'elle ne l'avait jamais été aux jours de sa magnificence. Les fiers Romains durent admirer le courage indomptable des Juifs et cet ardent amour de la patrie qui leur faisait craindre la vie bien plus que la mort, dès qu'on voulait les arracher au sol paternel[1]. Et pendant une longue série de siècles, leurs descendants ont porté des regards pleins de douleur et d'espoir vers ces ruines sacrées, et la Judée, comme une mère privée de ses enfants, est toujours restée dans la désolation et dans le deuil. Jamais elle n'est redevenue florissante, et les races étrangères qui se sont succédé sur son sol n'y ont jamais trouvé une véritable patrie.

Le nombre des victimes, pendant le siége de Jérusalem, fut immense; car la ville fut enfermée au moment où de nombreuses troupes de pèlerins y étaient arrivées pour célébrer la Pâque. Josèphe parle de onze cent mille personnes enlevées par le glaive, les maladies et la famine; ce nombre peut paraître exagéré, malgré le calcul justificatif établi par Josèphe[2]. Tacite, d'après des rapports plus vraisemblables, fixe le nombre des assiégés à six cent mille âmes. Les prisonniers furent, selon Josèphe, au nombre de quatre-vingt-dix-sept mille; Titus en envoya un grand nombre en Égypte, pour travailler dans les mines, d'autres furent vendus comme esclaves. Malgré les ravages de l'incendie, le butin fait à Jérusalem fut si énorme, que l'or perdit en Syrie la moitié de sa valeur. Lorsque les Romains, après le sac de la ville, fouillèrent les souterrains, ils y trouvèrent les cadavres de deux mille malheureux, qui étaient morts de faim, ou qui s'étaient entre-tués pour ne pas tomber au pouvoir des Romains. Jean, qu'on trouva caché sous terre, n'eut pas le courage de mourir et demanda grâce au vainqueur; il fut condamné au cachot pour le reste de sa vie. Simon, agissant avec prévoyance, avait emporté des vivres pour plusieurs

---

[1] *Arma cunctis, qui ferre possent; et plures, quam pro numero, audebant. Obstinatio viris feminisque par; ac, si transferre sedes cogerentur, major vitæ metas, quam mortis.* Tacite, *Hist.* V, 13.

[2] Voy. *Guerre*, VI, 9, 3.

jours et s'était fait accompagner par des ouvriers munis d'instruments de fer, pour essayer de s'ouvrir sous terre une issue secrète, afin d'échapper à l'ennemi; mais ses efforts furent vains; bientôt tourmenté par la faim, il se déguisa avec des vêtements blancs et un manteau de pourpre, et, sorti de dessous la terre comme un spectre, il apparut sur la place du Temple. Là il fut reconnu et fait prisonnier.

Sur ces entrefaites, Titus parcourut la Syrie et célébra, dans plusieurs villes, des jeux d'athlètes où des milliers de prisonniers juifs furent forcés de s'entre-tuer ou de lutter contre les bêtes féroces. Titus fut loin, dans cette guerre désastreuse et après la victoire, de montrer toujours cette douceur que plus tard on vantait en lui et qui le fit surnommer *les délices du genre humain*. A son retour, avant de se rendre à Alexandrie, Titus alla visiter encore une fois les ruines de Jérusalem, gardées par la dixième légion, sous le commandement de Rufus. Il envoya à Rome Jean et Simon et sept cents jeunes hommes d'élite d'entre les prisonniers, pour orner le triomphe qu'il devait célébrer à côté de son père. Au printemps de l'an 71, Titus partit d'Alexandrie pour la capitale du monde, où le Capitole attendait le triomphateur. Dans la magnifique marche impériale, on porta devant Vespasien et Titus les dépouilles du Temple de Jérusalem, la table d'or, un chandelier à sept branches à peu près pareil à celui qui était placé dans le sanctuaire pour l'usage quotidien, et enfin le livre de la loi des Juifs. Les prisonniers juifs y parurent, ayant en tête Jean et Simon. Après la cérémonie on traîna Simon sur le Forum où il fut flagellé et ensuite décapité; Jean fut conduit dans le cachot où il devait traîner sa misérable existence. Les dépouilles du sanctuaire furent déposées plus tard dans le temple de la Paix que Vespasien fit construire alors.

Les Juifs occupaient encore les trois forteresses d'Hérodion, de Machérous et de Masada. Lucilius Bassus, envoyé en Judée, prit possession, sans difficulté, de la forteresse d'Hérodion. La garnison de Machérous résista quelque temps, jusqu'à ce que, son commandant Éléazar ayant été fait prisonnier, maltraité et menacé de la mort, elle consentit à se rendre, et obtint une capitulation. Les habitants, qui ne furent pas compris dans le traité, s'enfuirent en partie; les Romains en tuèrent dix-sept cents et emmenèrent en captivité leurs femmes et leurs enfants. Bassus fit ensuite une expédition contre les restes des zélateurs réfugiés dans une forêt; il y périt trois mille Juifs. Vers cette époque, Bassus et le procurateur Libérius Maximus reçurent l'ordre de vendre les terres de la Judée. En même temps, il fut ordonné à tous les Juifs de l'empire de payer dorénavant au Capitole les deux drachmes par tête que jusque-là ils avaient envoyées chaque année au Temple de Jérusalem.

Masada, près de la mer Morte, resta seule au pouvoir des zélateurs. Située sur une haute montagne entourée de profonds précipices, bien fortifiée et abondamment pourvue de vivres et d'armes, cette forteresse pouvait être longtemps disputée à l'ennemi par un petit nombre de défenseurs. Flavius Silva, successeur de Bassus qui venait de mourir, vint mettre le siège devant Masada. Il l'attaqua à l'ouest, le seul côté accessible, en faisant élever, par ses troupes nombreuses, une terrasse de deux cents coudées de hauteur, qu'on garnit de machines de guerre d'une nouvelle invention, et notamment d'une tour haute de soixante coudées et presque entièrement revêtue de fer. Ce fut avec beaucoup de peine que les Romains parvinrent à pratiquer une brèche; un second mur, qui avait été élevé à l'intérieur, fut bientôt détruit par le feu. Le commandant de la forteresse, Éléazar, descendant de Juda le Galiléen, reconnaissant l'impossibilité de lutter contre les forces supérieures des Romains, repoussa cependant loin de lui toute idée de soumission. Héritier des principes de son aïeul, il avait fait jurer à ses compagnons d'armes de ne reconnaître d'autre souverain que Dieu seul et de ne jamais se soumettre à aucun maître étranger. Le désespoir fit naître dans son âme une terrible résolution, et, par son éloquence, il parvint à la faire partager à ses frères d'armes. Leurs corps tomberont au pouvoir de l'ennemi, mais leurs âmes s'envoleront libres vers les demeures célestes. Tous les guerriers, après avoir embrassé, en pleurant, leurs femmes et leurs enfants et leur avoir fait les derniers adieux, les immolèrent de leurs propres mains. Après cette horrible exécution, ils tirèrent au sort dix hommes pour servir de bourreaux aux autres et s'entr'égorger ensuite eux-mêmes. Le palais et tous les objets précieux furent livrés aux flammes, et puis chacun se fit égorger en tenant embrassés les corps de sa femme et de ses enfants. Cet effroyable sacrifice fut consommé le jour de Pâques, le 15 Nisan de l'an 73. Le nombre des victimes, y compris les femmes et les enfants, était de neuf cent soixante. Le lendemain matin, les Romains, en pénétrant dans la ville, furent étonnés du silence de mort qui y régnait et qui n'était interrompu que par le pétillement des flammes. Leurs cris firent enfin paraître deux femmes et cinq enfants qui avaient échappé à la mort en se cachant dans les aqueducs. L'une des femmes raconta la fin tragique de la population. Les Romains eurent de la peine à ajouter foi à cette horrible histoire, jusqu'à ce que, s'étant frayé un chemin à travers les flammes, ils virent étendus dans la cour du palais les corps des victimes; et, au lieu de se réjouir de la chute des ennemis, ils payèrent un tribut de regrets et d'admiration aux héroïques défenseurs de Masada. Telle fut la dernière scène du drame grandiose de la guerre des Juifs.

Quelque temps après, Vespasien fit détruire aussi le temple d'Onias, en Égypte [1], qui était devenu un point de ralliement pour un certain nombre de zélateurs. L'un d'eux, nommé Jonathan, réfugié en Cyrène, y excita une révolte; mais les Juifs le livrèrent eux-mêmes au gouverneur Catulle, qui l'envoya à Rome. Pour se venger, Jonathan dénonça comme ses complices les Juifs les plus distingués et entre autres Josèphe, qui, disait-il, lui avait envoyé des armes et de l'argent. Il causa par là la mort d'un grand nombre d'innocents; mais bientôt une enquête sévère fit reconnaître la fausseté des accusations de Jonathan, qui expia son crime sur le bûcher.

Trois personnages juifs survécurent à la ruine de leur patrie, pour jouer un certain rôle à la cour impériale de Rome: ce furent Agrippa, sa sœur Bérénice et Josèphe. Les deux premiers étaient devenus presque étrangers à leur peuple; Agrippa avait même poussé la trahison jusqu'à envoyer des troupes auxiliaires à Vespasien et à Titus. Parti pour Rome, lors de l'avénement de Galba, il y resta pendant les courts règnes d'Othon et de Vitellius; averti en secret, par ses amis, que Vespasien avait été proclamé empereur par l'armée de Syrie, il quitta Rome, avant que la nouvelle y fût connue, et accourut promptement auprès de Vespasien [1]. Celui-ci, après la destruction de Jérusalem, confirma Agrippa dans son royaume [2], et l'honora aussi du titre de préteur. Sa vie était probablement partagée entre les soins de son royaume et les distractions qu'il allait souvent chercher dans la capitale du monde [3]. On présume qu'il n'était pas marié; du moins il ne laissa pas d'enfants, et son royaume fut plus tard réuni à la

---

[1] Voy. ci-dessus, page 500, col. 2.

[1] Tacite, *Hist.* l. II, ch. 81.
[2] Voy. Justus de Tibériade, cité par Photius, *Biblioth.*, cod. 33. — Il existe des médailles qui portent pour date l'an 29 du règne d'Agrippa, correspondant à l'an 76 ou 77 de l'ère chrétienne; ce qui prouve qu'il conserva son royaume après la destruction de Jérusalem. Voy. Cellarius, *Dissertatio de historia Herodum, contra Harduinum*, dans les œuvres de Josèphe, éd. Havercamp, t. II, p. 328.
[3] Josèphe reçut de lui soixante-deux lettres, et une entre autres où Agrippa le remercie de l'envoi de sa *Guerre des Juifs* (*Vie de Josèphe*, ch. 65), ce qui montre qu'Agrippa ne vivait pas toujours à Rome, comme l'ont dit plusieurs auteurs.

Syrie. L'époque de sa mort est inconnue[1]. Bérénice, à ce qu'il paraît, ne brillait pas par sa vertu; mais elle passait pour une femme de beaucoup d'esprit, et Vespasien lui demandait souvent des conseils. Ses liaisons avec Titus, qui, disait-on, lui avait promis sa main[2], la firent exiler de Rome, où elle ne put revenir qu'après la mort de Vespasien. Juvénal ne craignit pas de la flétrir dans une de ses Satires[3]. — Josèphe, qui avait été mis en liberté par Vespasien, ajouta à son nom celui de *Flavius*, nom de famille de l'empereur. Pour ses terres dévastées dans les environs de Jérusalem, Titus lui en donna d'autres dans la plaine d'Esdrélon; par son crédit, il fit rendre la liberté à beaucoup de prisonniers. Titus lui donna aussi les livres sacrés pris dans Jérusalem. Josèphe se maria trois fois ; sa première femme fut une Juive de Césarée, qui le quitta, lorsque, après la conquête de la Galilée, il partit pour Alexandrie avec Vespasien. Dans cette ville il prit une seconde femme, qu'il répudia plus tard à cause de ses mauvaises mœurs; elle lui avait donné trois fils, dont deux étaient morts; le troisième, nommé Hyrcan, vivait avec son père à Rome. Il épousa en troisièmes noces une riche Juive de Crète, qui lui donna deux fils, Justus et Simonide Agrippa[1]. Il écrivit à Rome l'Histoire de la guerre des Juifs en hébreu; cet ouvrage est perdu, mais il nous en reste une seconde rédaction, faite par Josèphe lui-même en langue grecque. Il la soumit à l'empereur Vespasien, à Titus et au roi Agrippa; Titus la revêtit de sa signature et attesta la fidélité du récit. Plus tard, sous Domitien, Josèphe composa ses *Antiquités*, en vingt livres; cet ouvrage contient l'histoire du peuple hébreu, depuis son origine jusqu'à la douzième année de l'empereur Néron. Josèphe avait pour but, dans cet ouvrage, de faire connaître aux étrangers la véritable histoire de son peuple et de le relever aux yeux des Romains. Il y joignit plus tard sa Biographie, ou plutôt l'Histoire de son administration en Galilée, pour répondre aux attaques dont il avait été l'objet de la part de Justus de Tibériade. Çà et là, dans ses *Antiquités*, il n'est pas entièrement d'accord avec les sources bibliques, et souvent il a puisé dans les traditions. Le grammairien Apion d'Alexandrie ayant attaqué les Juifs et jeté des doutes sur plusieurs points de leur histoire, Josèphe écrivit contre lui une réfutation très-savante, qui témoigne de sa vaste érudition dans la littérature grecque. Ses écrits lui ont assuré une place parmi les plus célèbres écrivains de l'antiquité; c'est à lui seul que nous devons la connaissance de l'histoire des Juifs, depuis les rois maccabéens jusqu'à la dernière catastrophe de la Judée.

---

[1] Photius dit (l. c.), d'après Justus, qu'il mourut dans la troisième année du règne de Trajan; ce qui évidemment est une erreur; car il résulte du ch. 65 de la *Vie de Josèphe*, écrite sous le règne de Domitien, qu'à cette époque Agrippa était déjà mort.
[2] Voy. Tacite, *Hist.* II, 2; Suétone, *Titus*, ch. 7. — Nolde, *Histor. idumæa*, 405 et suiv.
[3] Voy. ci-dessus, page 574.

[1] Voy. *Vie de Josèphe*, ch. 75 et 76.

APPENDICE.

Coup d'œil sur les événements arrivés en Palestine, depuis la destruction de Jérusalem jusqu'à nos jours.

Il nous reste à raconter les destinées de la Palestine, depuis la catastrophe qui détruisit l'existence politique du peuple juif, et à suivre les débris de ce peuple dans les différents pays qui leur ont offert un asile et où, pendant dix-huit siècles, ils ont continué à former une société religieuse, au milieu de tout un monde ennemi conspirant leur ruine totale, et malgré les plus cruelles persécutions, rarement interrompues çà et là par quelques moments de repos. Les développements que nous avons cru devoir donner à notre histoire ancienne de la Palestine nous obligent de remettre à un autre temps la continuation de l'histoire des Juifs et du judaïsme, sujet riche en détails curieux et instructifs, en scènes dramatiques et imposantes, et qui se rattache par maints fils à l'histoire du monde chrétien au moyen âge. Mais, pour compléter ce volume, nous jetterons un coup d'œil rapide sur les événements qui se sont passés sur le sol de la Palestine, depuis la destruction de Jérusalem jusqu'à nos jours. Depuis l'incendie du sanctuaire central des Juifs, la Palestine n'a plus d'histoire proprement dite; car elle n'a plus d'habitants liés entre eux par des intérêts communs ou par une nationalité commune et suivant un mouvement régulier quelconque de développement, de progrès ou de décadence. Ce sont des événements isolés, dont la Palestine devient successivement le théâtre, mais auxquels elle-même reste indifférente, qu'elle n'a ni provoqués, ni désirés, ni redoutés, et dont les acteurs viennent toujours du dehors. Une seule fois encore les véritables enfants de ce sol lèvent audacieusement la tête et font un dernier effort pour arracher leur terre natale au puissant empire qui l'a engloutie; mais ce n'est que pour partager le sort de l'héroïque génération qui les a précédés, et pour mourir, eux aussi, de la mort des héros. Depuis lors les populations et les races se succèdent sur ce sol, et, à aucune époque, la Palestine n'a été agitée par ses intérêts propres; car elle n'en a jamais eu. Les croisades elles-mêmes et le royaume chrétien de Jérusalem ne sont que des épisodes dans l'histoire des peuples européens qui y furent intéressés, et n'ont pas rendu l'organisme de la vie à la Palestine. Nous n'avons donc pas à écrire une *histoire*, mais à recueillir une série de faits isolés, dont les mobiles doivent être cherchés ailleurs et dont les détails, pour la plupart, intéressent des hommes étrangers à ce sol. Il suffira d'en présenter ici un tableau rapide.

La Palestine n'avait pas été entièrement privée de ses habitants juifs. La guerre dévastatrice avait épargné plusieurs contrées; d'autres, et notamment les villes de la côte et quelques-unes du royaume d'Agrippa, s'étaient volontairement soumises, ou n'avaient pas pris part à l'insurrection, et continuaient à jouir d'une certaine prospérité sous la domination romaine. Quand les soldats romains eurent quitté Jérusalem, changée en un monceau de ruines, quelques familles juives et chrétiennes revinrent s'établir dans ces lieux de désolation, et préférèrent quelques misérables masures, sur les ruines de la sainte cité, au séjour que pouvaient leur offrir les autres villes de la Judée. La ville de Yabné, ou Jamnia, où, selon la tradition, le Synédrium avait été transféré quelque temps avant la destruction de Jérusalem, devint le siège d'une des plus illustres écoles des rabbins, présidée par Johanan, fils de Zacchaï, qui avait pu s'échapper de la capitale (p. 593), et ensuite par Gamaliel, fils du célèbre Siméon-ben-Gamaliel (p. 592), qui, dit-on, périt pendant le siège. Le président prit le titre de *nasi*, ou prince. Pour empêcher la réédification de Jérusalem et la fortification de ses hauteurs, les Romains placèrent sur le mont Sion une garnison de huit cents hommes. L'empereur Domitien persécuta les Juifs comme les chrétiens; ceux qui cherchaient à cacher leur origine juive furent soumis quelquefois aux enquêtes les plus humiliantes [1]. Il ordonna, dit-on, comme l'avait déjà fait Vespasien, de chercher avec soin tous les descendants de David, afin de s'emparer d'eux et d'ôter au peuple tout espoir de voir s'élever dans cette famille royale le Messie qui devait apporter la consolation et rendre l'indépendance à la malheureuse race de Jacob [2]. En effet, les Juifs ne cessèrent pas de nourrir des espérances chimériques, qu'ils crurent bientôt devoir réaliser eux-mêmes par la force des armes. Sous le règne de Trajan, ils s'insurgèrent sur plusieurs points de l'empire. En 115, ou 116, une des plus violentes insurrections éclata dans la Cyrénaïque, où la dureté du gouverneur romain avait aigri les Juifs au plus haut point; un certain André se mit à leur tête [3]. Enhardis par un premier succès, ils ravagèrent tout le pays jusqu'à l'Égypte. Étant supérieurs à leurs ennemis par le nombre, ils commirent des cruautés inouïes; on fait monter à deux cent vingt mille le nombre des Grecs et des Romains massacrés par les Juifs; ce qui paraît exagéré. Trajan envoya contre les rebelles une forte armée, commandée par Marcius Turbon, qui ne parvint à les soumettre qu'après bien des combats. L'esprit de rébellion gagna les Juifs d'Égypte et de l'île de Cypre; mais ces insurrections, dans lesquelles beaucoup de milliers de Juifs perdirent la vie, ne servirent qu'à rendre plus cruel encore le sort de ceux qui échappèrent au glaive.

Adrien, à ce qu'il paraît, ne se montrait pas d'abord hostile aux Juifs. Selon une tradition rabbinique, il aurait même donné la permission de rebâtir le Temple de Jérusalem; mais les représentations des ennemis des Juifs lui ayant fait changer d'avis, et ne voulant pas néanmoins retirer sa promesse, il indiqua pour le nouveau Temple des dimensions que les Juifs ne pouvaient adopter [1]. Bientôt l'esprit de sédition qui se faisait remarquer parmi les Juifs changea les dispositions de l'empereur. Il renouvela un décret de Trajan qui défendit aux Juifs de pratiquer la circoncision, d'observer le sabbat ou même de lire les lois mosaïques; et, pour leur ôter tout espoir d'une restauration politique, il résolut de rebâtir Jérusalem et d'en faire une ville païenne, peuplée de Grecs et de Romains. Les malheureux Juifs alors firent un dernier effort pour reconquérir leur indépendance. Un homme hardi et entreprenant, nommé Bar-Coziba, qui se disait le Messie et prenait le nom de *Bar-Cocheba* (fils de l'étoile) [2], profita de l'absence des légions romaines pour rassembler des troupes nombreuses et s'emparer de Jérusalem, de cinquante places fortes et d'un grand nombre de villes ouvertes et de villages. Il se conduisit bientôt en roi et fit battre monnaie [3]. Akiba, un des plus illustres docteurs de cette époque, reconnut publiquement dans Bar-Cocheba le Messie annoncé par les prophètes, et déclara que c'était là l'*Étoile* de Jacob, sous la-

---

[1] Voy. Suétone, *Domitianus*, c. 12.
[2] Voy. Eusèbe, *Hist. ecclés.*, l. III, ch. 12 et 19; Eutychii (Ibn-Batrik) *Annales*, ed. Pocock. (arab. lat.), t. I, p. 344.
[3] Voy. Dion Cassius, l. LXVIII, ch. 32. Eusèbe (*Hist. ecclés.*, l. IV, ch. 2) donne au chef des Juifs le nom de *Lucuas* et le qualifie *roi* de cette nation.

[1] Voy. *Beréschith rabba*, sect. 64; Jost, *Hist. des Isr.*, t. III, p. 239.
[2] *Bar-Coziba*, à ce qu'il paraît, était son véritable nom, et non pas, comme on le dit communément, un sobriquet qu'on lui aurait donné plus tard, et signifiant *fils du mensonge*. Dans le Thalmud de Jérusalem, *Thaanith*, ch. 4, le célèbre Akiba, partisan de ce *Messie*, l'appelle lui-même *Coziba*; comparez le *Midrasch* sur les Lamentations de Jérémie, ch. 2, v. 2. Münter (*Ueber den jüdischen Krieg unter Trajan und Hadrian*, p. 57 et suiv.) et, d'après lui, Jost (l. c., p. 244) lui attribuent, sur la foi de quelques monnaies, le nom de *Simon*, qui me paraît fort problématique.
[3] Ses monnaies sont mentionnées dans les deux Thalmuds. Voy. *Th. de Jérus.*, traité *Maaser schéni*, ch. 1; *Th. de Bab.*, traité *Bava Kamma*, fol. 97 b; Buxtorf *Lexic. Thalmud.*, col. 1029.

quelle Bileam avait désigné le futur rédempteur du peuple hébreu [1]; ce qui contribua beaucoup à augmenter les forces de Bar-Cocheba et le courage de ses partisans. Adrien, qui avait commencé par mépriser cette insurrection, dut bientôt en reconnaître toute la gravité. Tinnius Rufus, qui commandait alors en Judée, fut battu dans plusieurs rencontres. Pour dompter cette redoutable révolte, qui mettait en émoi tout l'empire romain [2], Adrien envoya en Palestine Jules Sévère, dont la bravoure et le talent guerrier venaient d'être éprouvés dans la Grande-Bretagne. Sévère se borna à harceler les révoltés, à leur couper les vivres, et à leur prendre une à une toutes les places dans lesquelles ils s'étaient fortifiés, mais n'osa leur livrer bataille. Encore une fois Jérusalem fut prise et rasée. Bar-Cocheba s'étant enfermé dans Béthar [3], les Romains l'y assiégèrent; ce siége, selon les rabbins, dura trois ans et demi. Bar-Cocheba fit mourir le pieux R. Éliézer de Modéin, qui ne cessait de prier pour lui, mais qu'on avait faussement accusé de trahison. La ville fut prise d'assaut par les Romains, après des efforts incroyables l'an 136 de l'ère chrétienne; et on vit s'y renouveler les scènes de carnage qui avaient eu lieu à la prise de Jérusalem par Titus. Selon la tradition juive, ce fut au jour anniversaire de la destruction du Temple que les Romains entrèrent dans Béthar. Dans cette guerre, les Romains, comme les Juifs, combattirent avec un acharnement extrême; selon Dion Cassius, cinq cent quatre-vingt mille Juifs furent massacrés par les Romains, qui, de leur côté, essuyèrent des pertes immenses. Les rabbins exagèrent encore bien davantage le nombre des victimes; mais personne n'était en mesure d'en constater le chiffre exact. — Bar-Cocheba ayant péri dans la mêlée, lors de la prise de Béthar, la conquête de cette ville termina la guerre. La Judée fut changée en un désert; ceux des rebelles qui survécurent furent vendus publiquement sur les marchés, au même prix que les chevaux. L'illustre Akiba, qui avait été emprisonné dès le commencement de la guerre, fut écorché vif; les plus atroces douleurs ne purent lui arracher aucune plainte, et il expira en s'écriant: *Écoute, Israël; l'Éternel est notre Dieu, l'Éternel est un* (Deutér., 6, 4). D'autres docteurs de la synagogue subirent également le martyre.

Adrien fit bâtir ensuite, sur les ruines de Jérusalem, une nouvelle ville, qu'il appela *Ælia*, de son nom de famille *Ælius*. Il y fit aussi élever un temple à Jupiter Capitolin, sur la même place où s'était trouvé l'ancien sanctuaire des Juifs; c'est pourquoi la ville fut surnommée *Capitolina*. Il fut défendu aux Juifs, sous peine de mort, d'entrer dans la ville, ou de s'en approcher jusqu'à une certaine distance. Sur la porte du chemin de Bethléem, Adrien fit placer un pourceau de marbre. Le décret d'Adrien frappait aussi les chrétiens issus des Juifs; les chrétiens gentils eurent la permission de s'établir à Ælia, qui devint bientôt le siége d'un évêque. Dès lors les observances religieuses du judaïsme s'effacèrent de plus en plus parmi les chrétiens. Les Juifs obtinrent, à prix d'argent, la permission d'aller à Jérusalem une fois par an, pour pleurer leurs malheurs [1].

On raconte, sur la foi d'un écri-

---

[1] Voy. Nombres, ch. 24, v. 17.
[2] Κινουμένης πάσης οἰκουμένης, dit Dion Cassius, l. LXIX, ch. 13.
[3] La position géographique de la ville de Béthar n'est pas bien connue. Eusèbe (*Hist. ecclés.*, IV, 6) la place près de Jérusalem; selon le Thalmud de Jérus. (*Thaanith*, ch. 4), elle était à 40 milles de la mer. Il paraîtrait résulter d'un passage de la *Mischna* (Ire partie, *Hallah*, ch. 4, § 10) qu'elle était située hors des limites de la Judée et peut-être dans le midi, non loin de Thécoa. Il y en a qui l'identifient avec Bethsour près de Hébron, où l'on trouve encore un village appelé *Betour*.

[1] Voy. Eusèbe, *Hist. ecclés.*, IV, 6. Cet état de choses existait encore du temps de saint Jérôme; voici ce que nous lisons dans son commentaire sur Sophonia, c. I: *Usque in præsentem diem prohibentur ingredi Jerusalem, et ut ruinam suæ eis flere liceat civitatis, pretio redimunt.*

vain peu authentique [1], qu'Aquila de Sinope, parent de l'empereur et chargé par lui de présider à la construction d'Ælia, se convertit au christianisme, mais que plus tard, exclu de l'Église, à cause de son goût pour l'astrologie, il embrassa le judaïsme. La conversion au judaïsme d'*Akilas* ou Aquila, parent de l'empereur, est aussi racontée dans les Thalmuds et dans divers autres livres rabbiniques[2]. Il se fit connaître plus tard par une version grecque de la Bible.

Depuis la défaite de Bar-Cocheba les Juifs ne firent plus de tentative sérieuse pour reconquérir leur indépendance et se tinrent tranquilles. Les Samaritains seuls embrassèrent la cause de Pescennius Niger, compétiteur de Septime Sévère, et prirent part à la guerre (194); ils eurent à subir les rigueurs de Sévère, qui, à ce qu'il paraît, punit aussi les Juifs d'une rébellion dont ils étaient innocents[3]. Renonçant à jouer un rôle politique, les Juifs dirigeaient tous leurs efforts vers un but moral et mettaient tous leurs soins à consolider leur unité religieuse. Convaincus enfin que leur mission, comme société politique, était finie, et que le sanctuaire de Jérusalem, avec ses prêtres et ses sacrifices, ne pouvait plus être le symbole autour duquel devaient se réunir les débris dispersés du peuple juif, ils déposèrent les armes et cherchèrent, par des voies pacifiques et par des moyens intellectuels, à se fortifier comme société religieuse. Ils ne combattirent plus pour posséder une patrie, mais ils savaient mourir pour leur religion, et des victimes innombrables tombèrent comme martyrs de leur foi. La Palestine resta encore quelque temps le siége principal des études religieuses; les rabbins s'établirent dans plusieurs villes de la Galilée, notamment à Séphoris et à Tibériade. De l'académie de Tibériade, fondée vers l'an 180, sortit le célèbre Rabbi Juda, surnommé *le saint*, qui recueillit les codes partiels et les lois traditionnelles des écoles pharisiennes, et en forma, dans le premier quart du troisième siècle, un vaste corps de lois, qui est connu sous le titre de MISCHNA (répétition, ou seconde loi)[1]. Ce code est divisé en six parties appelées *Sedarim* (ordres), savoir : 1° *Séder Zeraïm* (des semences), renfermant les lois et observances à l'égard de tout ce qu'on sème et qu'on plante; on y traite des semences hétérogènes, des dîmes, des prémices, de l'année sabbatique, etc. En tête de cette première partie se trouve un traité sur les prières journalières et celles qu'on doit prononcer dans différentes circonstances. 2° *Séder Moëd* (des fêtes), traitant du sabbat et des autres jours solennels, ainsi que des jours de jeûne. 3° *Séder Naschim* (des femmes), traitant du mariage, du divorce, du lévirat et de tout ce qui se rattache aux rapports mutuels des époux; on y a inséré aussi les lois sur les vœux et sur le naziréat. 4° *Séder Nezikin* (des dommages), traitant des indemnités dues pour les dommages causés à autrui, et en général de tout ce qui a rapport au droit civil, au droit pénal et aux tribunaux. Cette partie, sur différents points, offre une grande analogie avec le droit romain. On y a inséré un traité de morale, renfermant les sentences des Pères de la Synagogue. 5° *Séder Kodaschim* (des choses saintes), renfermant les lois et règlements des sacrifices et des autres choses consacrées à la Divinité, les préceptes sur les aliments et la description du Temple de Jérusalem. 6° *Séder Tohoroth* (des purifications), traitant des choses pures et impures et de la purification des personnes et des choses. — Chacune des six parties est subdivisée en différents traités

---

[1] Saint Épiphane, *De ponderibus et mensuris*, c. 14. La Chronique alexandrine a reproduit le récit d'Épiphane.
[2] Voy. entre autres, *Midrasch rabba* sur l'Exode, sect. 30.
[3] Voy. Jost, l. c., t. IV, p. 83.

[1] Dans les Novelles de Justinien la Mischna est désignée sous le nom de δευτέρωσις (voy. Nov. 146, 1); de même par saint Augustin, *Contra adversar. legis et prophetarum*, II, I.

et chaque traité en chapitres [1]. — Ce code fut successivement annoté, discuté et amplifié par les écoles de Palestine et de Babylone, et dans chacune des deux académies, on fit plus tard un recueil de ces annotations et discussions; ces recueils, beaucoup plus volumineux que la Mischna, qui leur sert de texte, reçurent le nom de GUEMARA (complément). La Mischna et la Guemara ensemble forment le *Thalmud* (doctrine). Il y a, par conséquent, deux Thalmuds : l'un, émané des écoles de Palestine et appelé le *Thalmud de Jérusalem*, fut achevé probablement dans la seconde moitié du quatrième siècle; l'autre, appelé le *Thalmud de Babylone*, fut rédigé, au cinquième siècle, par Asché, célèbre docteur de l'académie de Sora, et par son disciple Rabina, et terminé l'an 500 par Rabbi José. La Guemara de Babylone, plus complète et plus claire que celle de Palestine, est aussi celle dont l'autorité a prévalu parmi les Juifs.

A mesure que l'esprit de sédition disparaissait du milieu des Juifs, les Romains les traitaient avec plus de douceur; ils formaient une société religieuse, protégée par l'État, et dépendaient d'une hiérarchie sanctionnée par le gouvernement romain. Ils étaient administrés civilement par leur *Nasi*, ou patriarche, qui résidait à Tibériade, et par leurs *primats* ou juges. Ils avaient des synagogues dans les principales villes de l'empire et célébraient publiquement leurs fêtes, jusqu'à ce que la puissance croissante du christianisme leur prépara de nouveaux malheurs.

Constantin ayant fait monter la religion chrétienne sur le trône des Césars, elle célébra son triomphe dans le pays qui fut son berceau. L'empereur et sa mère Hélène couvrirent la Palestine d'édifices magnifiques, consacrés au culte chrétien et dont le plus célèbre est l'église du Saint-Sépulcre [1], achevée en 335. L'arrogance et la barbarie des chrétiens réduisirent au désespoir les malheureux Juifs. On parle d'une nouvelle tentative de rébellion de la part des Juifs et d'une sévérité barbare déployée contre eux par l'empereur [2]. Le règne de Constance ne fut pas plus heureux pour les Juifs; ceux-ci se révoltèrent contre Gallus, beau-frère et corégent de Constance, qui opprimait cruellement les provinces d'Orient (352). La vengeance que Gallus exerça contre les Juifs fut terrible; au massacre il ajouta l'incendie; et les principaux sièges des écoles juives, les villes de Tibériade, de Diocésarée (Séphoris) et de Diospolis (Lydda), devinrent la proie des flammes [3].

Depuis cette époque les pèlerinages de Jérusalem devinrent de plus en plus fréquents parmi les chrétiens. Les pèlerins arrivaient en foule des contrées les plus lointaines de l'Orient et de l'Occident, pour contempler les monuments de leur rédemption et notamment la *vraie croix*, qu'on prétendait avoir été retrouvée par Hélène. Mais saint Jérôme fait un triste tableau des vices que la foule des fidèles étalait alors dans la sainte cité [4].

L'avénement de Julien, surnommé *l'Apostat*, inspira aux Juifs de nouvelles espérances. Cet empereur correspondait avec le patriarche de Tibériade; il déchargea les Juifs des impôts dont Constance les avait accablés, et alla jusqu'à leur donner la permission de rebâtir le Temple de Jéru-

---

[1] La MISCHNA a été publiée, avec une version latine du texte et des commentaires de Maïmonide et de Bartenora, et accompagnée des notes de plusieurs savants, par *Surenhusius*, en six volumes in-fol., Amsterdam, 1698-1703.

[1] Voy. sur les lieux appelés le *Calvaire* et le *Saint-Sépulcre*, ci-dessus, page 52. Dans la description des gravures, on trouvera quelques détails sur l'église du Saint-Sépulcre.
[2] *Eutychii Annales*, p. 466 et suiv.; Fabricii *Lux evang.*, p. 124 et 126. — Voy. en général Gibbon, *History of the decline and fall of the roman empire*, ch. 23, éd. de Paris (en un volume), p. 356, et les autorités qui y sont citées.
[3] Saint Jérôme, dans ses additions à la Chronique d'Eusèbe.
[4] Comparez Gibbon, *History*, etc. l. c., éd. de Paris, p. 357.

salem (363). Alypius d'Antioche, ancien gouverneur de la Grande-Bretagne, fut chargé de l'exécution des travaux et soutenu par le concours le plus actif du gouverneur de Syrie. Les Juifs se mirent à l'œuvre; mais, après de vains efforts, ils renoncèrent à l'entreprise. Les ouvriers, en creusant la terre pour poser les fondements du nouveau Temple, furent subitement arrêtés par des tourbillons de flammes qui sortirent de la terre avec un bruit de tonnerre; ce phénomène, dont ils ignoraient la cause physique, se répéta plusieurs fois, et leur imagination en fut frappée à tel point qu'ils n'osèrent continuer le travail [1]. Quelques Pères de l'Église ont rapporté ce fait simple avec des circonstances dans lesquelles on reconnaît la superstition de ces temps et une imagination exaltée par la foi religieuse. Le feu, disent-ils, en atteignant les vêtements des ouvriers, prit la forme d'une croix; au milieu des flammes on aperçut un cavalier formidable, et les ouvriers, effrayés, voulant se sauver dans une église, une force surnaturelle retint les portes fermées en dedans. Cependant le fait en lui-même doit être considéré comme historique; il y eut probablement une forte explosion, causée par l'air inflammable longtemps comprimé dans les souterrains. Le même phénomène arriva aussi sous Hérode, lors de l'ouverture des sépulcres de David et de Salomon [2]. Il n'est pas étonnant que le phénomène le plus naturel ait été considéré comme un miracle par des hommes qui en ignoraient la cause [3]. Au reste, la cessation définitive des travaux s'explique aussi par la mort de Julien, qui tomba, bientôt après, dans un combat contre les Perses.

Sous les empereurs suivants, jusqu'à Théodose, l'importance politique des Juifs de Palestine diminue de plus en plus; le gouvernement les protégeait contre les persécutions des chrétiens, et de longtemps il n'est pas question de collisions sanglantes. Le partage définitif de l'empire romain par Théodose (396) fit de la Palestine une province de l'empire d'Orient. Le patriarche juif, quoique protégé par Arcadius et honoré de l'épithète d'*illustre*, perdit de plus en plus son influence, à mesure que la liberté accordée aux synagogues dans toutes les parties de l'empire diminuait l'importance de la hiérarchie palestinienne [1]. Une circonstance qui dut contribuer également à diminuer l'influence du patriarcat fut l'introduction d'un calendrier uniforme à l'usage des Juifs dispersés dans tous les pays. Jusque-là les néoménies et les fêtes avaient été fixées par le Synédrium de Palestine, selon l'ancien usage (p. 183 et 184); mais, vers 360, le patriarche Hillel convoqua un synode qui eut pour mission d'établir un calendrier fixe qui pût servir de guide à tous les Juifs. On adopta pour base le calendrier grec de Méton, avec son cycle de dix-neuf ans, afin de mettre d'accord les années lunaires avec les années solaires; la durée de l'année solaire, selon le calcul des Juifs, tient le milieu entre l'année Julienne et l'année Grégorienne.

Sous Théodose II (vers 420), le patriarcat de Tibériade s'éteignit dans la personne de Gamaliel, qui, étant mort sans héritier, ne fut pas remplacé. — Au commencement du règne de Marcien, successeur de Théodose, le concile général tenu à Chalcédoine éleva l'église de Jérusalem à la dignité patriarcale, en reconnaissant le titre de *patriarche,* adopté par Juvénal, évêque de Jérusalem [2]. Les métropolitains des trois parties de la Palestine [3], résidant à Césarée, à Scythopolis et à Petra, dépendaient du nouveau patriarcat.

---

[1] Ammien Marcellin, l. 23, ch. 1.
[2] Josèphe, *Antiqu.*, XVI, 7, 1.
[3] Voy. Gibbon, l. c., page 358. Le silence gardé sur cet événement par saint Jérôme, qui, quelques années après, vint en Palestine, prouve, selon Gibbon, que sur les lieux mêmes le prétendu miracle avait fait beaucoup moins de sensation que dans les contrées éloignées.

[1] Voy. Jost, l. c., t. IV, p. 223 et suiv.
[2] Voy. Le Quien, *Oriens christianus*, t. III, p. 113 et suiv.
[3] La Palestine, depuis Constantin, était

Les Samaritains, qui, depuis leur défaite sous Vespasien (p. 590), s'étaient presque entièrement effacés et avaient traversé, sous la domination romaine, quatre siècles d'humiliations, furent enfin poussés à bout par l'esprit persécuteur du clergé chrétien; et une violente révolte éclata vers la fin du règne de Zénon (490). Ayant choisi pour chef un certain Justus, ils tombèrent sur les chrétiens, en firent un grand carnage, et détruisirent leurs églises. Il avait fallu, sans doute, des excès de tyrannie de la part des chrétiens, pour pousser un petit peuple à une rébellion aussi hardie, et le désespoir seul a pu les rendre insensibles au danger auquel ils s'exposaient. Les troupes de Zénon n'eurent pas beaucoup de peine à dompter la rébellion. Les Samaritains furent expulsés de Néapolis (Sichem), et sur le mont Garizim, lieu de leur culte, on vit s'élever une église consacrée à la Vierge [1].

Les Samaritains se révoltèrent de nouveau sous Justinien, qui persécuta, avec une égale cruauté, les Juifs, les Samaritains, les païens et les hérétiques chrétiens. Un certain Julien, qui prenait le titre de roi, se mit à la tête des Samaritains révoltés, qui massacrèrent les chrétiens, brûlèrent les églises, ravagèrent le pays et se livrèrent à des excès de cruauté. Justinien fut obligé d'envoyer une armée contre les rebelles. Un combat sanglant eut lieu, dans lequel les Samaritains furent défaits; Julien et les principaux chefs furent tués (530). On dit que dans cette lutte il périt de part et d'autre cent mille hommes, et une des plus belles contrées de la Palestine fut changée en un désert. Après le combat, on égorgea les vaincus, à l'exception de ceux qui firent une profession de foi mensongère et cherchèrent un refuge dans le sein de l'Église. Dans l'opinion de Justinien, ce n'était point un crime que de massacrer les infidèles, et il mettait tout à feu et à sang pour établir l'unité de la foi chrétienne [1]. Arsénius, ami de Julien, homme habile et éloquent, se rendit à Constantinople, pour implorer la justice et la clémence de l'empereur, en montrant que les chrétiens étaient la première cause des troubles. Le clergé de Palestine, redoutant les effets de cette démarche, s'adressa à Sabas, supérieur général des monastères de Palestine, et le pria de se rendre auprès de l'empereur pour défendre les chrétiens; quoique plus que nonagénaire, Sabas partit pour Constantinople. Justinien vint à sa rencontre et se jeta à ses pieds. La mission de Sabas fut couronnée d'un succès complet; sur son conseil, Justinien condamna à mort les chefs de la révolte qui avaient survécu, ordonna aux Samaritains de rétablir les églises qu'ils avaient détruites, et poussa l'iniquité jusqu'à leur ôter la faculté de laisser leur fortune à leurs héritiers naturels, à moins que ceux-ci n'eussent embrassé le christianisme [2]. Les synagogues des Samaritains furent détruites. Arsénius, tremblant pour sa vie, embrassa le christianisme. — Quelque temps après (536), un nouveau décret de Justinien imposa aux Juifs et aux Samaritains toutes les charges *curiales* sans exception, mais les dépouilla de tous les honneurs et priviléges qui y étaient attachés [3]. Plus tard (541), sur l'intervention de Sergius, évêque

---

divisée en trois parties : I° *Palæstina prima*, comprenant l'ancien pays de Samarie, celui de Juda et le territoire des Philistins; 2° *Palæstina secunda*, qui renfermait l'ancienne Galilée et la Trachonitide; 3° *Palæstina tertia*, ou *salutaris*, comprenant l'ancienne Pérée et l'Idumée.

[1] Voy. Barhebræus ou Aboulfaradj, *Chron. syr.*, p. 79 (vers. lat., p. 77); *Chron. ar.* ou *Hist. dynastiarum*, p. 147 (vers. lat., p. 93).
— Comparez Jost, l. c., t. V, p. 161-163.

[1] Voy. Gibbon, ch. 47, page 832, et les auteurs qui y sont cités.
[2] Voy. Jost, l. c., t. V, p. 166. M. Poujoulat, dans son *Histoire de Jérusalem* (t. II, p. 274), parle aussi du voyage que Sabas fit à Constantinople, pour y remplir, dit-il, une *mission de charité*; mais la révolte des Samaritains n'est pas mentionnée dans cet ouvrage. En général, on doit regretter que le célèbre auteur de l'Histoire de Jérusalem se soit moins préoccupé des événements historiques que des traditions de l'Église.
[3] Voy. Justin. Novelles, 45, I.

de Césarée, les lois sévères contre les Samaritains furent modifiées et adoucies sur plusieurs points [1]; cependant les lois exceptionnelles et oppressives causèrent encore une fois des troubles très-graves à Césarée, où, selon quelques auteurs, les Juifs et les Samaritains, en 555, se jetèrent avec fureur sur les chrétiens, détruisirent les églises et tuèrent le gouverneur dans son palais. Les révoltés furent punis avec la plus grande sévérité, et la tranquillité fut bientôt rétablie [2]. Justin II, successeur de Justinien, rétablit les lois oppressives contre les Samaritains, dans toute leur sévérité (vers 570); on parle encore de réactions sanglantes dont cependant nous ignorons les détails [3].

Depuis cette époque, les Samaritains disparaissent presque entièrement de l'histoire, quoique leur communauté se soit conservée jusqu'à ce jour. La plupart, sans doute, pour se soustraire aux persécutions, embrassèrent le christianisme; plus tard l'islamisme aussi aura fait, parmi eux, de nombreux prosélytes, et les croisades leur furent également funestes. Au douzième siècle, Benjamin de Tudèle ne trouva à Sichem que cent Samaritains, c'est-à-dire probablement cent pères de famille; mais il y en avait deux cents à Césarée, trois cents à Ascalon et quatre cents à Damas [4]. Un autre voyageur juif, qui visita la Palestine en 1217, fait monter le nombre des Samaritains à environ mille *hommes* [5]. Maintenant cette secte se réduit à une quinzaine de familles vivant à Nablous (Sichem) [6].

[1] Voy. Novelle 129.
[2] Voy. Baronius, *Annal. ecclés.*, à l'année 555.
[3] Voy. en général Jost, l. c., t. V, p. 163-191.
[4] *Itinerarium*, éd. de l'Empereur, p. 37, 38, 52 et 57.
[5] Iehouda Al-Harizi, *Thahkemoni*, ch. 17. S'il faut en croire l'auteur arabe Makrizi, il existait encore au 15e siècle un grand nombre de Samaritains dans les villes de la Syrie. (Voy. la *Chrestomathie arabe* de Silv. de Sacy, t. I, p. 304.) Le même auteur mentionne une synagogue samaritaine au Caire.
[6] Sur les Samaritains, sur leurs doctrines et usages, et sur les lettres qu'ils ont échangées

Quant aux Juifs de Palestine, nous les voyons encore au sixième siècle, au milieu des plus cruelles persécutions, continuer avec ardeur leurs études sacrées. Il nous reste de cette époque un monument grandiose de l'académie de Tibériade; c'est le texte hébreu de la Bible, irrévocablement fixé d'après les manuscrits les plus authentiques et accompagné d'un travail critique, indiquant l'orthographe exacte et un certain nombre de variantes qui méritaient d'être notées. Ce travail reçut le nom de *Masora* (tradition); il est fait avec le soin le plus minutieux, et, pour garantir le texte de toute altération, les auteurs indiquent le nombre des versets, des mots et même des lettres contenus dans chaque livre. C'est problablement aussi de cette époque que datent les points-voyelles et les accents qui accompagnent le texte biblique [1].

Sur la physionomie que présentait la Palestine chrétienne à la fin du sixième siècle et sur les croyances populaires de cette époque, on trouve quelques détails curieux dans l'Itinéraire de saint Antonin et de ses deux compagnons de voyage. Nous en reproduisons ici quelques traits d'après l'analyse donnée par un écrivain de nos jours [2].

« Partis de Plaisance, ils vont à Constantinople, s'arrêtent en Chypre, à Salamine ou Constance, jolie cité ornée de palmiers, et arrivent aux côtes de Syrie. Ils remarquent les femmes juives de Nazareth qui passaient pour les plus belles de la Palestine; ces femmes doivent leur beauté à Marie, dit naïvement le pieux narrateur; elles étaient bienveillantes et charitables envers les chrétiens. Nos pèlerins appellent la Galilée un paradis

depuis le seizième siècle avec plusieurs savants d'Europe, on peut voir Grégoire, *Hist. des sectes religieuses*, t. III, et Silv. de Sacy, dans les *Notices et extraits des manuscrits*, t. XII.
[1] Sur les détails de la *Masora* on peut voir Jean Buxtorf, *Tiberias, sive commentarius masorethicus*, Basileæ, 1665, in-4°.
[2] Poujoulat, *Histoire de Jérusalem*, t. II, p. 276 et suiv.

et la comparent à l'Égypte pour l'abondance des fruits et la richesse des moissons. Ils trouvent sur la montagne de la Transfiguration trois églises en mémoire des trois tentes de l'Évangile. A Scythopolis, l'aversion des Juifs contre les chrétiens frappe leur attention; dans leurs rapports de commerce, les Israélites ne voulaient pas recevoir l'argent de la main des chrétiens; ceux-ci mettaient dans l'eau les pièces de monnaie que les Juifs prenaient. D'après notre narrateur, à la première heure du lever du soleil, une rosée s'étendait de l'Hermon à Jérusalem au-dessus de l'église de Sainte-Marie; les médecins chrétiens de la ville sainte la recueillaient, et s'en servaient pour préparer d'infaillibles remèdes à tous les maux. C'était la rosée dont parle le prophète et qui descendait sur la montagne de Sion.

« La vallée du Jourdain était peuplée d'ermites. Aux mois de juillet et d'août, les bords de la mer Morte, dans le voisinage de l'embouchure du Jourdain, se couvraient de lépreux; après s'être toute la journée couchés sur la rive, ils se plongeaient le soir dans le lac asphaltique, et *Dieu guérissait ceux qu'il voulait guérir,* selon l'expression du pèlerin. Ségor était encore debout; sept monastères d'hommes et huit monastères de femmes se montraient aux environs. Une croix de bois, plantée dans l'eau, marquait l'endroit du Jourdain où le Sauveur avait reçu le baptême. La veille de l'Épiphanie, on y accourait tous les ans : le célébrant entrait dans le fleuve, le bénissait, et soudain, dit le narrateur, le Jourdain rebroussait à grand bruit et les flots demeuraient immobiles. Des fidèles d'Alexandrie arrivaient à la solennité avec des vases renfermant des baumes et des aromates qu'ils remplissaient de l'eau du fleuve sacré; on répandait de cette eau sur les navires, à chaque nouveau voyage en mer qu'on entreprenait; les chrétiens ne quittaient point le Jourdain sans avoir plongé dans l'eau sainte, revêtus du suaire qui devait les suivre au sépulcre. Après la cérémonie les flots du Jourdain reprenaient leur cours vers la mer Morte. »

Les singularités trouvent place à côté des merveilles dans l'Itinéraire d'Antonin et de son compagnon. Non loin de Jéricho, dont les murs avaient été renversés par un tremblement de terre, peut-être par la secousse qui eut lieu du temps de Prayle, évêque de Jérusalem, on voyait une caverne où sept vierges vivaient dans la prière; ces vierges, ayant chacune leur cellule séparée, au fond de la caverne, étaient amenées là dès leur plus tendre enfance; lorsqu'une d'elles mourait, sa cellule lui servait de tombeau; on creusait alors une autre cellule pour une autre vierge qui arrivait. Il y avait toujours sept vierges dans la caverne. On y possédait le linge qu'on croyait avoir enveloppé la tête de Jésus mort. Les pèlerins d'Italie pénétrèrent avec effroi dans la funèbre grotte pour y prier, et n'aperçurent rien de vivant.

Le septième siècle amena des événements qui furent funestes à la domination chrétienne en Palestine. Le roi de Perse Khosrou, ou Chosroës II, qui avait envahi l'empire romain d'Orient, sous prétexte de venger la mort de Maurice sur son meurtrier Phocas, continua la guerre après l'avénement d'Héraclius, afin de mettre un terme aux usurpations de l'empire. Une division de l'armée persane, conduite par Schaharbarz, gendre de Chosroës, entra en Palestine (614); vingt-six mille Juifs combattirent sous les drapeaux du roi de Perse, dans lequel peut-être ils espéraient trouver un nouveau Cyrus. Après avoir occupé la Galilée et les deux rives du Jourdain, Schaharbarz marcha sur Jérusalem, qui succomba bientôt aux efforts réunis des Perses et des Juifs (615). Ces derniers se vengèrent sur les chrétiens des cruelles persécutions et de toutes les humiliations dont ils avaient été accablés pendant des siècles. On dit que quatre-vingt-dix mille chrétiens périrent dans cette prise de Jérusalem[1].

---

[1] On a dit que les Juifs achetèrent 90,000

L'église du Saint-Sépulcre et tous les autres édifices du culte chrétien furent livrés aux flammes. Le reste des habitants, ainsi que le patriarche Zacharie, furent emmenés captifs. Le bois que les chrétiens considéraient comme celui de la *vraie croix* fut emporté en Perse.

Le triomphe des Juifs fut de courte durée. Les progrès des Perses, qui déjà menaçaient Constantinople, firent enfin sortir l'empereur Héraclius de son inaction et de sa léthargie; ses légions remportèrent plusieurs victoires sur les troupes de Chosroës; et, en quelques années, toutes les provinces romaines furent arrachées aux Perses. Héraclius, après avoir conclu une paix honorable avec Siroës, le fils dénaturé qui avait fait mourir en prison le malheureux Chosroës, fit lui-même le pèlerinage de Jérusalem (629). Le bois de la *vraie croix* rendu par Siroës fut solennellement rétabli à sa place; l'empereur porta lui-même cette relique jusqu'au Calvaire, où le patriarche Zacharie, revenu de captivité, la reçut avec son clergé, et la montra au peuple. Telle est l'origine de la fête de l'*Exaltation de la croix*, que l'Église catholique célèbre le 14 septembre. Les églises chrétiennes se relevèrent dans leur ancienne magnificence, et l'empereur, en vertu de la loi d'Adrien, renouvela aux Juifs la défense de s'approcher de la ville sainte. Héraclius, lié par des engagements solennels qu'il avait pris antérieurement envers les Juifs de les protéger contre leurs persécuteurs, voulut d'abord arrêter les actes de cruauté auxquels les chrétiens menaçaient de se livrer; mais il céda aux vives instances des chrétiens de Jérusalem, qui le délièrent de ses serments, promirent de lui obtenir, par le jeûne et la prière, le pardon du ciel, et lui persuadèrent de laver ses péchés dans le sang des infidèles. L'empereur, étouffant la voix de la conscience, permit le massacre des Juifs; et on en tua un nombre immense dans les environs de Jérusalem [1].

A la même époque, une grande révolution se prépara en Asie; l'islamisme venait d'élever son victorieux étendard. Des provinces entières de l'Empire furent subjuguées par les musulmans, qui, sous les généraux du khalife Omar, s'approchèrent de la Palestine, où le croissant allait être substitué à la croix. Déjà une grande partie de la Syrie était conquise : les Grecs venaient de perdre, en Pérée, la bataille décisive qui rendit célèbre le nom de la petite rivière du Yarmouk (p. 11); la Palestine était sans défense contre les musulmans, qui, sous le commandement de Khaled et d'Abou-Obéida, vinrent mettre le siége devant Jérusalem (636). Les débris de l'armée d'Héraclius s'y étaient réfugiés après la bataille du Yarmouk; les fortifications avaient été restaurées depuis l'invasion de la Syrie, et la ville disposait de grands moyens de défense. Le siége dura quatre mois, et il ne se passa pas un jour sans une attaque ou une sortie [2]. L'hiver ajouta ses rigueurs aux fatigues des assiégeants; mais les Arabes ne se découragèrent point, et les chrétiens durent enfin céder à tant de persévérance. Le patriarche Sophronius demanda à capituler; mais il désira traiter avec le khalife en personne, dont probablement il avait entendu vanter la modestie et la générosité. Omar, arrivé de Médine, accorda aux habitants de Jérusalem une paix généreuse et le libre exercice de leur culte dans l'intérieur des églises. Sa clémence dut faire faire à Sophronius des réflexions

---

prisonniers qu'ils assassinèrent froidement; mais il n'est guère probable qu'un aussi grand nombre de prisonniers se soient laissé égorger sans résistance et que les Perses aient autorisé cette horrible boucherie. Barhebræus (*Chron. syr.*, vers. lat., p. 99) dit avec plus de vraisemblance, sans parler des Juifs : *Cepit (Schaharbarz) Hierosolyma ibique occidit* 90000 *homines.* Selon Gibbon (ch. 46, p. 807), *the massacre of ninety thousand christians is imputed to the Jews and Arabs, who swelled the disorder of the Persian march.*

[1] Voy. les *Annales* d'Ibn-Batrik, ou Eutychius, t. II, p. 242 et suiv.
[2] Gibbon, ch. 51, p. 949.

humiliantes sur les atrocités naguère commises par les chrétiens ; elle ne fut pas imitée par les chrétiens d'Europe, qui, au bout de quatre siècles et demi, vinrent établir à Jérusalem leur domination éphémère.

Dans la capitulation accordée par Omar, il fut stipulé, dit-on, qu'il ne serait pas permis aux Juifs de s'établir à Jérusalem [1]. Si le fait est vrai, la capitulation d'Omar a été violée par ses successeurs, sur ce point comme sur beaucoup d'autres; car il est certain que la domination musulmane rouvrit aux Juifs les portes de la ville sainte.

Omar ordonna la construction d'une mosquée sur l'emplacement de l'ancien temple des Juifs ; il fut lui-même le premier qui mit la main à l'œuvre pour enlever les décombres et déblayer le terrain [2]. On rapporte que le patriarche Sophronius ne put supporter la vue de cet édifice consacré au culte des infidèles, et qu'il mourut de désespoir.

Omar laissa en Palestine une division de son armée, sous les ordres d'Amrou et de Yézid, tandis que le gros de l'armée, sous le commandement d'Abou-Obéida et de Khaled, se dirigea vers Antioche et Alep. — La conquête de la Palestine fut achevée, en 638, par la prise de Césarée, que Constantin, fils aîné d'Héraclius, défendait avec quarante mille hommes. Constantin, ayant appris que son père venait de quitter la Syrie, n'eut pas le courage de résister aux musulmans ; il s'embarqua pendant la nuit, et Césarée ouvrit ses portes aux troupes du khalife [1].

La Palestine, devenue une des provinces du khalifat, partagea depuis lors, le sort du vaste empire arabe. Soliman, fils d'Abdalmélic, septième khalife de la dynastie des Ommiades, qui régnait de 715 à 718, fonda en Palestine la ville de Ramla (p. 60). — En 748, la dynastie des Ommiades fut remplacée par celle des Abbassides ; le siége du khalifat fut éloigné de la Syrie et transféré de Damas dans l'Irâk arabe, ou la Babylonie, où le second khalife de cette dynastie, Abou-Djaafar Almansour, fonda la ville de Bagdad. Le sort des chrétiens de la Palestine n'était pas heureux sous les successeurs d'Omar ; à Jérusalem, ils habitaient un quartier particulier et payaient un tribut pour la protection qui leur était accordée [2]. Malgré l'oppression qui pesait sur les chrétiens, et les périls de tous genres auxquels étaient exposés les voyageurs, on voyait alors en Palestine une grande affluence de pèlerins chrétiens de toutes les sectes. Vers le commencement du huitième siècle, un évêque des Gaules, saint Arculphe, vint à Jérusalem et y resta neuf mois ; le récit de son pèlerinage, rédigé par Adamman, abbé d'un monastère des îles Britanniques, renferme beaucoup de détails sur la ville sainte, et notamment sur les monuments chrétiens. En parlant de la mosquée d'Omar, il se borne à dire que cette *vile construction sarrasine* pouvait renfermer trois mille hommes. Il nous apprend qu'une foire se tenait dans la ville sainte, tous les ans, le 15 septembre, et qu'une grande multitude d'hommes accourait alors à Jérusalem. Il ajoute que la présence des chameaux, des chevaux et des bœufs, remplissait d'ordures la ville sacrée, mais qu'après la foire une

---

[1] Voy. Aboulfaradj, *Chron. syr.*, p. 109. On trouve le texte arabe de la capitulation dans *l'Histoire de Jérusalem et d'Hébron*, ms. ar. de la Bibl. roy., fonds de Saint-Germain des Prés, n° 100, fol. 114 *recto*. On y lit les mots : *Et aucun Juif n'habitera Ilia* (Ælia). Mais l'authenticité de cette pièce est fort douteuse.

[2] Cette mosquée est une des trois que les musulmans considèrent comme les plus sacrées et où ils vont en pèlerinage ; les deux autres sont celles de la Mecque et de Médine. Celle de Jérusalem étant la plus septentrionale, est appelée *Al-Akçà* (l'extrême, ou la lointaine). Elle se compose du temple proprement dit et de plusieurs chapelles; l'une de ces dernières s'appelle *Al-Çakhrâ* (la roche); car, selon la tradition musulmane, on y conserve la pierre sur laquelle le patriarche Jacob appuya sa tête (Genèse, ch. 28, v. 11 et 18). Voy. la pl. 50.

[1] Voy. Gibbon, ch. 51, p. 951.
[2] Gibbon, ch. 57, p. 1064.

pluie miraculeuse faisait disparaître ces vastes immondices [1].

Le règne d'Haroun-al-Raschid (786-809) amena aux chrétiens de Palestine des jours plus calmes. A cette époque, la gloire de Charlemagne, qui s'était étendue jusqu'en Asie, protégea les églises d'Orient. Le khalife, qui faisait la guerre à l'empire d'Orient, pouvait craindre l'intervention des peuples chrétiens d'Europe. Afin d'ôter aux Francs tout prétexte d'une guerre religieuse, qui aurait pu leur faire embrasser la cause des Grecs et les attirer en Asie, le khalife ne négligea aucune occasion d'obtenir l'amitié de Charlemagne, et lui fit présenter les clefs du Saint-Sépulcre et de la ville sainte [2].

En 842, sous le khalifat d'Al-Motasem, un certain Tamîm, surnommé Abou-Harb, excita des troubles en Palestine. Ayant rassemblé des gens sans aveu et misérables, au nombre de trente mille, il se livra avec eux au pillage et au meurtre, disant combattre pour la religion qui était foulée aux pieds. Il pénétra dans Jérusalem et menaça de brûler les églises; mais le patriarche lui ayant donné une grande somme d'argent, il se retira. Les révoltés furent défaits par les troupes du khalife, qui tuèrent huit mille hommes et firent mille prisonniers. Abou-Harb, blessé, fut envoyé au khalife [3].

En 878, la Syrie et la Palestine furent conquises par Ahmed ben-Touloun, qui, fils d'un esclave turc, favori du khalife Al-Mamoun, avait été nommé gouverneur d'Égypte par le khalife Al-Motazz (868) et venait d'usurper, sous Al-Motamed, la souveraineté de ce pays. Ahmed mourut en 884 et eut pour successeur son fils aîné Khamarouya. Celui-ci fut assassiné à Damas en 896; son fils Djéisch eut le même sort, l'année suivante, Haroun, autre fils de Khamarouya, succéda à Djéisch, mais il fut tué, au commencement de l'an 905, par ses deux oncles, Schéibân et Adi, fils d'Ahmed-ben-Touloun. Schéibân s'était à peine emparé du gouvernement, qu'il fut attaqué et défait par Mohammed-ben-Soléimân, un des généraux du khalife Al-Moktafi, qui le fit mourir, ainsi que tous ses frères. Ainsi s'éteignit la dynastie des Toulounides, et leurs États rentrèrent sous la domination des khalifes de Bagdad [1].

Quelque temps après, Jérusalem acquit pour plusieurs années une grande importance dans le monde musulman; car l'invasion des Karmates ayant interrompu le pèlerinage de la Mecque, la mosquée d'Omar remplaça la Caaba, et, pendant plus de vingt ans, les troupes des pèlerins se dirigeaient vers Jérusalem. L'interruption du pèlerinage de la Mecque, commencée l'an 317 de l'hégire (929), sous le khalifat d'Al-Moktader, se prolongea jusqu'en 339 (950) [2].

En 936 ou 937, un Turc, Aboubecr Mohammed, fils de Tagadj, surnommé Ikhschîd, se rendit maître de la Palestine, de la Syrie et de l'Égypte. A sa mort (945), l'eunuque Cafour, qu'il avait nommé tuteur de ses deux enfants, s'empara du pouvoir; ce ne fut qu'après la mort de Cafour (968) qu'Aboul-Fawâris, fils d'Ali et petit-fils d'Ikhschîd, reprit le titre de prince.

Au milieu de ces révolutions, lorsque le vaste empire des Abbassides s'écroulait de toutes parts, l'empereur Nicéphore Phocas et son meurtrier et successeur Zimiscès profitèrent des divisions des musulmans pour envahir la Syrie. Les triomphes de Nicéphore se bornèrent à l'occupation passagère d'Antioche et peut-être aussi de Gaza [3], et ne servirent qu'à faire persécuter les chrétiens de la Palestine. Le patriarche de Jérusalem, accusé d'entretenir des intelligences

---

[1] Voy. Michaud, *Histoire des Croisades*, t. I, p. 17 et 18 (5ᵉ édition, 1838).
[2] Gibbon, l. c.; Michaud, l. c., p. 20 et 21.
[3] Aboulfaradj, *Chron. syr.*, p. 160.

[1] Makrizi, *Description de l'Égypte*, dans la partie historique; d'Herbelot, *Bibliothèque orientale*, à l'article *Tholoun*.
[2] Voy. d'Herbelot, à l'article *Cods*.
[3] Aboulfaradj, *Chron. syr.*, p. 200 (vers. lat., p. 204).

avec les Grecs, expira sur un bûcher, et plusieurs églises de la ville sainte furent livrées aux flammes [1]. Zimiscès poursuivit la guerre contre les musulmans; s'avançant dans la Syrie, il s'empara de Damas, traversa le Liban et soumit plusieurs villes de la Judée. Une relation arménienne lui attribue même la prise de Jérusalem, et rapporte une lettre que Zimiscès écrivit alors au roi d'Arménie et dans laquelle il regrette que les événements de la guerre ne lui aient pas permis de voir la ville sainte, qui venait d'être délivrée de la présence des infidèles et dans laquelle il avait envoyé une garnison chrétienne [2]. Mais il y a lieu de douter de la vérité de ce fait. — Zimiscès passa l'Euphrate, et menaçait déjà le siége du khalifat; mais le manque de vivres obligea l'armée grecque de se retirer [3]. Zimiscès se proposait d'enlever aux musulmans toutes les provinces de la Syrie et de l'Égypte, lorsqu'il mourut empoisonné (975).

La Palestine venait de tomber au pouvoir de Moezz-Ledîn-Allah, khalife de la dynastie des Fatimites en Afrique, qui soumit à son sceptre l'Égypte et la Syrie (972). Moezz et son successeur Azîz traitèrent avec indulgence les chrétiens, qui se félicitaient d'être débarrassés du joug des Turcs. Mais le troisième khalife d'Égypte, Al-Hakem-Biamr-Allah, qui monta sur le trône en 996, à l'âge de onze ans, signala son règne par tous les excès de la cruauté et de la démence. Ce Néron de l'Égypte, n'osant se livrer à l'égard des musulmans à tous les emportements de sa frénésie, fit tomber toute sa colère sur les Juifs et les chrétiens, qu'il persécuta de la manière la plus cruelle et la plus extravagante. Ce qui nous intéresse ici ce sont ces actes de barbarie envers les chrétiens de Jérusalem. L'an 1008 ou 1010 [4], il ordonna de détruire de fond en comble l'église du Saint-Sépulcre, parce qu'on lui avait rapporté que les prêtres chrétiens, à la veille de Pâques, faisaient descendre le feu sacré sur les lampes du Saint-Sépulcre, au moyen de cordons graissés d'huile et couverts de soufre et autres matières inflammables, faisant croire à la foule que le feu tombait du ciel [1]. Quelques auteurs chrétiens ont prétendu que ce furent les Juifs d'Europe, et notamment ceux d'Orléans, qui excitèrent le khalife à sévir contre les chrétiens et à détruire l'église du Calvaire [2]. Cette fable absurde, qui a été reproduite de nos jours dans un ouvrage intitulé *Histoire* [3], fut inventée par les moines pour cacher les vrais motifs de la colère de Hakem et pour provoquer à la persécution et au massacre des Juifs d'Europe. Les auteurs orientaux, qui durent être mieux informés à cet égard, indiquent comme véritable motif de l'ordre de Hakem, la dénonciation de la descente artificielle du feu sacré, et Aboulfaradj, ou Barhebræus, quoique chrétien, a rendu hommage à la vérité : « L'au« teur de cette persécution, dit-il [4], « fut quelque ennemi des chrétiens, « qui raconta à Hakem que lorsque

---

[1] Lebeau, *Histoire du Bas-Empire*, liv. 75; Michaud, *Hist. des Croisades*, t. I, p. 31.
[2] Voy. Michaud, l. c., p. 33.
[3] Voy. Gibbon, ch. 52, p. 994.
[4] Les chroniques orientales placent généralement cet événement sous l'année 398 de l'hégire (1008). Makrizi est le seul qui, d'accord avec quelques chroniques latines, le fixe à l'an 400 (1010).

[1] Voy. *Histoire de Jérusalem et d'Hébron*, ms. ar. de Saint-Germain des Prés, n° 100, fol. 135 *verso* et 136 recto. — Le feu miraculeux que, dans les temps modernes, les Abyssins et les Grecs avaient seuls le privilége de faire descendre du ciel, et qui donnait lieu à des scènes de scandale, est déjà mentionné au neuvième siècle. Voy. Michaud, l. c., p. 49. Le même auteur, dans la *Biblioth. des Croisades* (t. I, p. 93 et 94), a donné le récit d'un témoin oculaire.
[2] Voy. les Chroniques des moines Raoul Glaber et Adhémar de Chabannes, à l'an 1010 (Bouquet, *Recueil des Historiens de France*, t. X, p. 34 et 152); Michaud, *Bibliothèque des Croisades*, t. I, p. 202 et 205.
[3] Poujoulat, *Histoire de Jérusalem*, t. II, p. 311.
[4] *Chronique syriaque*, p. 215 et 216 (vers. lat., p. 220). Comparez Silv. de Sacy, *Exposé de la religion des Druzes*, t. I, p. CCCXXXVI et suiv.; l'illustre auteur cite, sur l'origine et les motifs de la fureur de Hakem, d'autres détails donnés par Sévère; cet auteur arabe copte en attribue la cause à un moine nommé *Jean*, qui ambitionnait l'honneur de l'épiscopat.

« les chrétiens s'assemblaient dans le
« temple de Jérusalem pour célébrer
« la pâque, les chapelains de l'é-
« glise, usant d'un artifice, graissaient
« d'huile de baume la chaîne de fer
« à laquelle était suspendue la lampe
« au-dessus du tombeau. L'officier
« arabe ayant scellé la porte qui con-
« duisait au tombeau, ils mettaient le
« feu par le toit à l'extrémité de la chaîne
« de fer; le feu descendait aussitôt
« jusqu'à la mèche et l'allumait. Alors
« ils s'écriaient, en pleurant : *Kyrie*
« *eleison*, comme s'ils voyaient le feu
« tombant du ciel sur le tombeau, et
« se fortifiaient par là dans leur foi. »
Au reste, il n'y a rien d'étonnant dans
cet acte commis par un homme qui
poussa la folie jusqu'à se faire rendre
un culte divin, et qui avait la prétention de rivaliser avec Jésus-Christ,
en se faisant passer pour l'incarnation
de Dieu [1].

Un complot, à la tête duquel se
trouva la sœur de Hakem, mit fin aux
jours du tyran et fit cesser l'affliction
des chrétiens (1020). L'église du Saint-
Sépulcre ne fut rebâtie que sous le
khalifat d'Al-Mostanser-Billah, petit-
fils de Hakem; ce khalife demanda à
l'empereur grec (Constantin Monoma-
que) de faire relâcher, à cet effet, cinq
mille prisonniers musulmans, qui devaient être chargés des travaux de
construction. L'empereur accorda
cette demande et envoya, en outre, de
grandes sommes d'argent pour subvenir aux frais (entre 1046 et 1048) [2].

Bientôt les Turcs Seldjoukides, qui
avaient établi leur domination dans une
grande partie de l'Asie et s'étaient faits
les protecteurs du khalifat de Bagdad,
dirigèrent leurs armes victorieuses
contre les Fatimites. En 1071, Atsiz,
un des généraux sous les ordres de
Malec-Schah, fils du sultan Alp-Arslân
le Seldjoukide, enleva Ramla et ensuite
Jérusalem au khalife Al-Mostanser-
Billah, et y rétablit la *khotba* (la prière
pour le souverain) au nom du khalife
abbasside. Il sévit également contre
les chrétiens et les musulmans d'É-
gypte, livra au pillage les églises et
les mosquées et remplit de carnage la
ville sainte. En 1076, sous le règne
de Malec-Schah, Atsiz parvint aussi à
s'emparer de Damas, ainsi que de Baniâs (Panéas) et de Joppé. En 1078
ou 1079, Atsiz, assiégé à Damas par
les Égyptiens, appela à son secours
Tâdj-al-Daula-Toutousch, frère de
Malec-Schah, qui poursuivait ses conquêtes dans la Syrie. A l'approche de
Toutousch, les Égyptiens s'enfuirent.
Atsiz alla recevoir le prince aux portes
de la ville; mais Toutousch, irrité de ce
qu'Atsiz n'était pas venu le complimenter à une plus grande distance,
le fit arrêter et mettre à mort [1]. Toutousch confia le gouvernement de
Jérusalem et de la Palestine à un Turc
de distinction, nommé Ortok; celui-ci
étant mort en 1091, ses deux fils
Socmân et Ilgazi gouvernèrent ensemble en Palestine, soit pour les
princes seldjoukides, qui se faisaient
la guerre les uns aux autres, soit
pour leur propre compte; car après
la mort de Malec-Schah (1092), la
Syrie fut divisée en plusieurs petits
États.

En 1095, Toutousch ayant été assassiné à Damas, Al-Mostaali-Billah,
khalife d'Égypte, envoya en Palestine
une armée sous les ordres d'Al-Afdhal-
ibn-Bedr, son généralissime, qui,

---

[1] On sait que les Druzes encore maintenant adorent Hakem comme le Dieu incarné.
Silv. de Sacy (l. c., t. I, p. 67), en parlant du
dogme fondamental des Druzes, de la manifestation de Dieu sous la forme de Hakem, fait
la note suivante : « S'il était permis de rap-
« procher une doctrine aussi étrange, de ce
« que la religion chrétienne a de plus saint et
« de plus mystérieux en même temps, je dirais
« que ce dogme de l'humanité divine unie à
« la divinité, et toujours la même, quoique
« revêtant à diverses époques des figures dif-
« férentes, ne peut être comparé qu'à ce que
« la foi nous enseigne de la présence de Jésus-
« Christ, Dieu et homme, sous les espèces
« consacrées. »

[2] *Histoire de Jérusalem et d'Hébron*, l. c.
Selon Guillaume de Tyr (liv. I, ch. 6),
ce fut le khalife Dhaher, fils et successeur de
Hakem, qui permit de rebâtir l'église du
Saint-Sépulcre; ce qui ne s'accorde pas avec
la chronologie, s'il est vrai que l'église ne
se releva que trente-sept années après qu'elle
eut été renversée; car Dhaher mourut en 1035.

[1] *Chronique* d'Ibn Al-Athir (man. ar. de
la Bibl. roy.), à l'année 471 de l'hégire.

l'année suivante (1096), prit possession de Jérusalem par capitulation, après un siége de quarante jours, et en expulsa les fils d'Ortok. Socmân se rendit à Édesse. et Ilgazi à Bagdad [1]. Mostaali ne resta pas longtemps en possession de la ville sainte ; ce fut sous son règne que les croisés arrivèrent sur les côtes de la Syrie.

La cour de Bagdad n'avait mis aucun obstacle aux pèlerinages des chrétiens d'Occident, dans lesquels les khalifes trouvaient un moyen d'augmenter leurs revenus; mais, depuis que des princes turcs s'étaient établis en Palestine, les pèlerins étaient exposés à toutes sortes d'avanies, et les portes de la ville sainte ne s'ouvraient que pour ceux qui pouvaient payer une pièce d'or. Le plus grand nombre périssait par le besoin ou par le glaive des barbares [2]. Depuis longtemps les plaintes des pèlerins retentissaient par toute l'Europe, et on dépeignait sous les couleurs les plus sombres le sort des chrétiens qui habitaient les lieux saints. L'éloquence de Pierre l'Ermite souleva les populations fanatisées, et les princes de la chrétienté profitèrent de l'enthousiasme populaire pour entreprendre une guerre que les intérêts politiques et religieux de l'Europe avaient depuis longtemps rendue nécessaire. Les musulmans occupaient l'Espagne depuis près de quatre siècles; ils s'étaient emparés de la Sicile, et une fois même ils avaient pénétré jusqu'en France. Ce fut donc avec empressement qu'on dut saisir l'occasion d'affaiblir la domination musulmane en Orient, afin de tenir en respect les dynasties d'Afrique et d'Espagne. En même temps l'empereur Alexis Comnène, menacé par les Turcs, envoya au pape des ambassadeurs pour solliciter les secours de l'Europe. « Il pouvait, disait-il, supporter l'idée de perdre sa couronne, mais non la honte de voir ses États soumis aux lois de Mahomet; s'il devait un jour perdre l'empire, il s'en consolait d'avance, pourvu que la Grèce échappât au joug des musulmans et devînt le partage des Latins [1]. »

Au concile général de Clermont (novembre 1095), Pierre l'Ermite parut à côté du pape Urbain II; leurs discours électrisèrent l'assemblée, et la croisade fut résolue au cri unanime de *Dieu le veut*. Le cardinal Grégoire prononça à haute voix une formule de confession générale ; tous les assistants se prosternèrent, et le pape leur donna l'absolution de leurs péchés. Tous ceux qui s'engagèrent à aller combattre en Asie, ou, comme on disait, à marcher dans *la voie de Dieu*, attachèrent sur leurs vêtements une petite pièce d'étoffe rouge en forme de croix. Le pape Urbain, qui n'avait point encore triomphé de l'antipape Guibert et qui ne pouvait quitter l'Europe, nomma Adhémar de Monteil, évêque du Puy, son légat apostolique auprès de l'armée des chrétiens, dont le départ fut fixé au 15 août 1096 [2].

Le concours des chrétiens qui voulurent prendre part à la guerre sacrée fut immense; mais, pour cette fois, aucun roi de l'Europe ne fut au nombre des croisés. A la tête des chefs de la première croisade se place Godefroy de Bouillon, duc de la basse Lorraine, qui réunit quatre-vingt mille fantassins et dix mille cavaliers; il avait avec lui ses frères Eustache de Boulogne et Baudouin. Les autres chefs les plus illustres furent Hugues, comte de Vermandois, frère du roi Philippe Ier; Robert, duc de Normandie, fils aîné de Guillaume le Conquérant; Étienne, comte de Blois et de Chartres; Robert, comte de Flandre, et Bohémond, prince de Tarente, accompagné du célèbre Tancrède. Raymond, comte de Toulouse, qui avait avec lui l'évêque Adhémar de

---

[1] Voy. Aboulmahasen, *Al-nodjoum al-zahira*, à l'année 489 de l'hégire (man. ar. de la Bibl. roy., ancien fonds, n° 660, fol. 172 verso); *Histoire de Jérusalem et d'Hébron* (manuscr., fonds de Saint-Germain, n° 100, fol. 136 verso).

[2] Voy. Michaud, l. c., p. 61 et suiv.

[1] Michaud, l. c., p. 97.

[2] L'histoire des croisades sera l'objet d'un travail spécial dans la collection de *l'Univers*; nous nous bornons ici à un résumé rapide des faits principaux.

Monteil, réunit à lui seul une armée de cent mille croisés.

Dès le commencement du printemps, rien ne put contenir l'impatience de Pierre l'Ermite, qui devança les autres croisés à la tête de quatre-vingt ou cent mille hommes; son armée était divisée en deux corps, dont l'un, formant l'avant-garde, marchait sous les ordres de Gauthier *Sans-avoir*, et l'autre était commandé par Pierre en personne. Quelque temps après, trois autres bandes d'environ douze mille hommes chacune partirent de plusieurs provinces d'Allemagne sous le commandement de deux prêtres, Gotschalk et Volkmar, et d'un comte, Émicon de Leiningen. Toutes ces troupes, sorties de la lie du peuple, ressemblaient plutôt à des hordes de brigands qu'à une armée. On connaît les affreux désordres qu'ils commirent partout sur leur passage, les horribles massacres des Juifs, auxquels ces soldats du Christ voulurent imposer le baptême, après leur avoir arraché leurs biens, mais qui partout préférèrent la mort à l'apostasie. La plupart de ces brigands périrent sous les coups des Hongrois et des Bulgares. Parmi le petit nombre de ceux qui trouvèrent leur salut dans la fuite, les uns retournèrent dans leur pays, les autres se réfugièrent à Constantinople. Leur soif de brigandage ne respecta même pas le territoire de l'Empire, et Alexis, pour se délivrer de ces hôtes destructeurs, leur fournit des vaisseaux et les fit transporter en Bithynie. Environ trois cent mille chrétiens d'Europe avaient trouvé la mort, sans voir la terre sainte, lorsque Godefroy de Bouillon se mit en marche avec l'armée régulière des croisés.

Il n'est pas de notre mission de raconter ici la marche de cette armée formidable et ses démêlés avec l'empereur Alexis, effrayé du nombre immense de ses libérateurs. Nous avons hâte de voir arriver les croisés en Palestine, après la conquête de Nicée et d'Antioche. Les six cent mille croisés partis d'Europe en 1096 étaient réduits au nombre de cinquante mille.

Au mois de mai 1099, ils s'avancèrent entre le Liban et la côte de la Méditerranée vers la Palestine; la plupart des villes de la côte se rendirent ou se soumirent au tribut. Après avoir passé par Ramla et Emmaüs, les croisés arrivèrent, le 7 juin, sur une hauteur d'où l'on remarquait Jérusalem. A la vue de la sainte cité, les cris de *Jérusalem*, *Dieu le veut*, retentissaient de toutes parts; les guerriers se prosternaient et versaient des larmes de joie, et tous renouvelaient le serment de délivrer Jérusalem du joug des musulmans. Dès le lendemain ils s'occupèrent de former le siége de la ville. Un premier revers leur apprit que leur enthousiasme seul ne suffisait pas, et qu'au lieu de compter sur des prodiges, il fallait construire des machines de guerre. Ce ne fut qu'avec beaucoup de peine qu'ils purent se procurer le bois nécessaire, et, pendant les travaux, sous un soleil ardent, ils se trouvèrent bientôt en proie à toutes les horreurs de la soif. Le 14 juillet, les croisés tentèrent un assaut général; mais ils trouvèrent partout une résistance opiniâtre, et après douze heures d'un combat infructueux, la nuit obligea les chrétiens de rentrer dans leur camp. Le lendemain matin, le vendredi 15 juillet, l'armée chrétienne, encouragée par les discours de ses chefs, s'avança de nouveau vers la muraille, aux chants religieux du clergé qui marchait en procession autour de la ville. Le premier choc fut terrible; mais, malgré le courage et l'impétuosité des chrétiens, la moitié de la journée se passa en efforts inutiles, et la victoire paraissait pencher du côté des musulmans. Déjà l'armée des croisés commençait à perdre courage, lorsqu'elle vit paraître sur la montagne des Oliviers un cavalier agitant un bouclier et paraissant donner aux assiégeants le signal pour entrer dans la ville. Godefroy et Raymond s'écrièrent que c'était saint Georges qui venait au secours des chrétiens. Alors toute l'armée, animée d'un nouveau courage, revint à la charge; les femmes elles-mêmes se mêlèrent aux combattants et voulurent partager la gloire de la conquête. En même temps on fit répandre le bruit que l'évêque Adhémar et plusieurs croisés, morts pendant le siége, venaient de paraître à la tête des assaillants et d'arborer les drapeaux chrétiens sur les tours de Jérusalem. Au bout d'une heure, la tour de Godefroy laissa tomber son pont-levis sur la muraille; un gentilhomme flamand, Letholde de Tournay, fut le premier qui s'élança sur les murs; son frère Engelbert le suivit, et Godefroy fut le troisième. Bientôt toute la ville fut envahie par les chrétiens. Les musulmans, se réfugièrent en grand nombre dans la grande mosquée d'Omar; les croisés les y poursuivirent et y renouvelèrent les horribles scènes de carnage dont, mille vingt-neuf ans auparavant, les soldats de Titus avaient souillé ces mêmes lieux, environ à la même époque de l'année. Un écrivain chrétien, témoin oculaire, dit que sous le portique et le parvis de la mosquée le sang s'élevait jusqu'aux genoux et jusqu'au frein des chevaux [1]. C'est bien mal à propos qu'un écrivain illustre a cru, en parlant des croisades, devoir rappeler cette vérité : « que l'esprit du mahométisme est la persécution et la conquête, et que l'Evangile, au contraire, ne prêche que la tolérance et la paix [2]. » Les champions du Christ donnèrent à ses doctrines un sanglant démenti, et nous verrons le noble Saladin, à l'exemple de l'humble et généreux Omar, oublier les sévères préceptes du prophète de la Mecque. Les croisés se rappelèrent à peine quelques moments qu'ils étaient venus pour adorer le tombeau du Christ; après s'être prosternés avec une pieuse ferveur dans l'église de la Résurrection, et avoir apaisé les premières fureurs, ils recommencèrent froidement les scènes de carnage, qui ne cessèrent qu'au bout d'une semaine. Plus de soixante-dix mille musulmans, de tout âge et de tout sexe, furent massacrés dans Jérusalem; quant aux Juifs, on les enferma dans leurs synagogues et on les y brûla [1].

Dix jours après la victoire, les croisés s'occupèrent d'élire un roi : Godefroy de Bouillon réunit tous les suffrages; il n'accepta que le titre modeste de défenseur et de baron du Saint-Sépulcre, et refusa le diadème et les marques de la royauté, « ne voulant point, disait-il, porter une couronne d'or, où Jésus-Christ avait porté une couronne d'épines. » Le choix des ministres de l'Église fut moins heureux. Un prêtre, dont les mœurs étaient plus que suspectes, Arnould de Rohes, fut nommé pasteur de l'église de Jérusalem, sans qu'on eût attendu la mort du patriarche grec Siméon. Ce dernier était dans l'île de Chypre, d'où il n'avait cessé d'envoyer des vivres aux croisés pendant le siége. Arnould réclama aussitôt les trésors enlevés par Tancrède dans la mosquée d'Omar; mais ses prétentions furent repoussées avec dédain.

Le royaume de Godefroy ne se composait encore que de Jérusalem, de Joppé et d'une vingtaine de petits bourgs. Le khalife d'Égypte envoya contre Godefroy son vizir Al-Afdhal, avec une puissante armée; mais les croisés remportèrent sur les Égyptiens une victoire éclatante, dans les plaines d'Ascalon. Baudouin, prince d'Édesse, et Bohémond, prince d'Antioche, étant venus à Jérusalem, Godefroy travailla avec eux à jeter les bases d'un code pour le nouveau royaume; ce code, complété par les successeurs de Godefroy et connu sous le nom d'*Assises de Jérusalem*, introduisit en Orient la constitution féodale établie en Europe. Le règne de Godefroy dura à peine un an; il mourut au mois de juillet 1100, laissant le trône mal assuré à son frère Baudouin, prince d'Édesse. La conquête d'une partie de la Galilée par Tancrède avait reculé les limites du petit royaume.

Baudouin soumit Arsouf, Césarée,

---

[1] Voy. Michaud, *Hist. des Croisades*, t. I, p. 443 (5ᵉ édition).
[2] Chateaubriand, *Itinéraire de Paris à Jérusalem*, 4ᵉ partie.

[1] Voy. *Bibliothèque des Croisades*, t. IV, p. 12.

Ptolémaïde et d'autres villes de la côte, et fit des expéditions au delà du Jourdain. Pour peupler la ville de Jérusalem, il y appela les chrétiens qui, à l'est du Jourdain, gémissaient encore sous l'oppression des musulmans. Il mourut, au milieu de ses victoires, en 1118, lorsqu'il venait de prendre Pharamia, située à quelques lieues des ruines de Thanis et de Péluse. Il eut pour successeur son cousin Baudouin Dubourg, qui déjà l'avait remplacé dans le comté d'Édesse.

Baudouin II fut moins heureux que ses prédécesseurs : en 1122, s'étant rendu dans les environs d'Édesse pour chercher à délivrer Josselin de Courtenay et son cousin Galeran, faits prisonniers par Balac, émir des Turcomans, il tomba lui-même dans les embûches de l'émir, qui le fit conduire à Harrân, en Mésopotamie. Après la conquête de Tyr par les croisés (1124), Baudouin profita de la confusion répandue parmi les musulmans, pour traiter de sa rançon et recouvrer sa liberté. Le butin d'une victoire qu'il remporta dans le territoire de Damas lui servit à racheter les otages qu'il avait laissés entre les mains des Turcs. Il mourut en 1131, après une expédition malheureuse contre Damas. Ce fut sous le règne de Baudouin II que les ordres militaires et religieux des chevaliers de Saint-Jean ou des Hospitaliers et des chevaliers du Temple furent approuvés par le pape.

Le vieux Foulques, comte d'Anjou, arrivé en Palestine en 1129, avait épousé Mélisende, fille aînée de Baudouin II. Il devint l'héritier du royaume de Jérusalem; car Baudouin n'avait pas d'enfants mâles. La prise de la ville de Panéas, appelée alors Belinas, fut le seul événement important de son règne. Foulques était trop âgé pour entretenir, par son exemple, l'esprit militaire des chrétiens; vers la fin de son règne les États chrétiens penchaient déjà vers leur décadence. Il mourut à Ptolémaïde, en 1142, d'une chute de cheval. Il ne laissa pour lui succéder que deux jeunes enfants, Baudouin et Amaury.

Baudouin III, en montant sur le trône, était âgé à peine de quatorze ans ; sa mère Mélisende prit la régence du royaume. Quand Baudouin fut en âge de régner, il voulut profiter d'une trahison pour prendre possession de Bosra, dans le Haurân; l'émir qui gouvernait cette ville au nom du prince de Damas, avait promis de la lui livrer. Mais cette expédition eut un résultat malheureux ; l'armée de Baudouin, après avoir éprouvé toutes sortes de misères, revint à Jérusalem couverte de confusion. A la même époque, Émâd-Eddîn Zengui, fondateur de la dynastie des Atabeks d'Irâk, s'empara de la ville d'Édesse, et y fit un grand carnage des chrétiens (1144). Cet événement donna lieu à la seconde croisade, prêchée par Bernard, abbé de Clairvaux, et qui fut résolue dans l'assemblée de Vézelay, le 31 mars 1146. Louis VII, pour expier l'incendie de Vitry, reçut la croix des mains de Bernard, qui alla ensuite à la diète que l'empereur d'Allemagne, Conrad III, tenait à Spire. Conrad, fléchi par l'éloquence de Bernard, prit la croix avec son neveu Frédéric. Chacun des deux monarques assembla une armée prodigieuse. Trahis par l'empereur grec Manuel Comnène et battus par les Turcs, Conrad et Louis arrivèrent enfin en Palestine, avec les débris de leurs troupes, au commencement de l'année 1148. Dans une assemblée convoquée à Ptolémaïde ou Saint-Jean d'Acre, par Baudouin III, on décida d'aller assiéger Damas. Déjà cette ville était près de céder aux vigoureuses attaques des chrétiens, et les assiégés songeaient à se ménager une retraite, lorsque la discorde et la trahison firent échouer l'entreprise. Quelques barons et seigneurs, qui se trouvaient dans l'armée chrétienne, demandèrent aux princes, les uns le gouvernement de la ville, les autres différents commandements dans la place dont on allait prendre possession. Voyant leurs prétentions repoussées, ils traitèrent avec les musulmans, qui leur donnèrent une somme considérable. Ils ralentirent les opérations du siége et firent adopter des mesures pernicieuses. Bientôt on apprit que les princes d'Alep et de Mossoul arrivaient avec une armée nombreuse, et le siége fut abandonné. Un auteur chrétien d'Orient assure que le roi de Jérusalem se laissa corrompre lui-même par Moïn, prince de Damas, mais que celui-ci le trompa en lui donnant deux cent mille pièces de cuivre, revêtues d'une lame d'or [1]. Louis VII et Conrad se retirèrent à Jérusalem pleins de confusion. L'empereur d'Allemagne, instruit de la trahison, partit avec indignation et retourna dans son pays. Le roi de France resta encore près d'une année en Palestine, comme simple pèlerin. Par l'issue malheureuse de cette seconde croisade, les musulmans apprirent à ne plus redouter les guerriers du Christ, et les États chrétiens en Asie marchèrent vers une rapide décadence.

Depuis lors Noureddîn, fils de Zengui, s'agrandit en Mésopotamie et en Syrie. Baudouin III, qui entreprit d'arrêter ses progrès, chercha à agrandir son royaume par la prise d'Ascalon, qu'il conquit, après un siége opiniâtre, en 1153. Quelque temps après, Noureddîn se rendit maître de Damas (1154), et cette possession rendait sa puissance encore plus redoutable. L'année suivante, il battit Baudouin près du Jourdain ; le roi, resté presque seul sur le champ de bataille, se réfugia à travers les plus grands périls dans la forteresse de Sapheth. En 1155, Baudouin épousa une nièce de l'empereur Manuel, et ce mariage améliora considérablement la situation financière du royaume de Jérusalem.

Le reste du règne de Baudouin III n'offre pas de fait bien important. Des querelles intérieures entre le clergé de la ville sainte et les Hospitaliers refusant de payer la dîme de leurs biens, aboutirent d'un côté à des anathèmes, et de l'autre aux plus brutales voies de fait. Heureusement, la mort du vieux patriarche Foucher mit fin à la discorde et au scandale.

Renaud de Châtillon, prince d'Antioche, ayant été pris par les musulmans et conduit à Alep (1160), Baudouin fut appelé à Antioche pour prendre les rênes du gouvernement. Atteint d'une maladie grave, il se fit transporter à Tripoli, et de là à Beirouth, où il mourut, âgé de trente-trois ans (1162). Guillaume de Tyr accuse de sa mort les médecins syriens, qui lui donnèrent des pilules empoisonnées. On transporta ses restes mortels à Jérusalem. Il ne laissa point d'enfants, et ce ne fut qu'après de longs débats que son frère Amaury, dont on redoutait l'avarice et l'ambition, fut reconnu pour son successeur.

Amaury, dès les premiers jours de son règne, dirigea ses armes contre le khalife d'Égypte, qui avait refusé de payer le tribut auquel il s'était engagé envers les rois de Jérusalem. L'Égypte était alors le théâtre d'une guerre civile, occasionnée par l'ambition rivale de deux vizirs. L'un d'eux, Schawer, obligé de s'enfuir, alla implorer le secours de Noureddîn, qui envoya sur les bords du Nil un de ses lieutenants appelé Schirkou. Cependant, Schawer ne remplit pas les promesses faites à Noureddîn, qui profita de cette occasion pour attaquer l'Égypte, dont il avait depuis longtemps convoité la possession. Le khalife Adhed Ledîn-Allah sollicita l'alliance d'Amaury contre Noureddîn, en faisant aux chrétiens les plus brillantes promesses. Amaury battit plusieurs fois les troupes de Noureddîn, et fut comblé de richesses par le khalife. Mais bientôt il forma le projet de s'emparer lui-même de l'Égypte, et, violant la foi des traités, il assiégea tout à coup Bilbéis, qui ne tarda pas à se rendre, et marcha ensuite sur le Caire (1168). De nouvelles promesses d'argent engagèrent Amaury à suspendre les hostilités ; mais, au moment où il espérait emporter à Jérusalem les trésors de l'Égypte, il fut obligé de se retirer devant une puissante armée envoyée par Noureddîn, que le khalife avait appelé à son secours, et qui, trop content de trouver cette oc-

---

[1] Aboulfaradj, *Chron. syr.*, p. 433.

casion d'envahir l'Égypte, ne tint aucun compte des négociations intervenues entre le khalife et les chrétiens. Schirkou, de nouveau maître de l'Égypte, sut se faire nommer généralissime du khalife Adhed, qui n'exerçait plus aucun pouvoir réel. Quelque temps après, Schirkou étant mort, son neveu, Salaheddîn Yousouf, fils d'Ayyoub, le remplaça comme vizir de l'Égypte. C'est le célèbre héros, connu sous le nom de Saladin, qui renversa le khalifat des Fatimites, pendant qu'Adhed était sur son lit de mort (1171), et qui, d'abord gouverneur au nom de Noureddîn, se rendit bientôt indépendant et s'empara, après la mort de ce dernier (1174), de Damas et de la plus grande partie de l'empire des Atabeks. Amaury, qui mourut en 1173, avait assisté à la naissance et au développement de la puissance de Saladin, et avait en vain imploré le secours des chrétiens d'Occident pour arrêter les progrès d'un ennemi aussi redoutable. Il laissa son royaume, entouré des plus grands dangers, à son fils Baudouin IV, frêle enfant, âgé de treize ans.

Pendant la minorité de Baudouin IV, Raymond III, comte de Tripoli, était chargé de la régence. En 1178, pendant que les forces des Francs s'étaient dirigées vers Antioche, Saladin, à la tête d'une puissante armée, se mit en marche pour attaquer la Palestine. Le jeune roi de Jérusalem le battit près d'Ascalon, et le força de se retirer. Mais Saladin prit bientôt sa revanche; s'avançant de nouveau dans la Palestine (1179), il attaqua les chrétiens sur les bords du Jourdain, dans le lieu appelé le *pont de Jacob*, et prit d'assaut la forteresse que les Francs y avaient fait construire pour défendre la Galilée et les deux rives du Jourdain. Les chrétiens n'échappèrent à de plus grands désastres que par une calamité publique : une famine qui désolait alors le pays détermina Saladin à conclure une trêve de deux ans avec le royaume de Jérusalem, et à se retirer en Égypte (1180). Cependant, dès l'année suivante, il trouva un prétexte pour rompre la trêve. Après avoir ravagé la Galilée, il passa le Jourdain et se rendit sur les bords de l'Euphrate, d'où chaque jour on s'attendait à le voir revenir avec de nouvelles forces. Baudouin, qui depuis longtemps était atteint de la lèpre, et qui venait de perdre la vue, confia les soins de l'administration et le commandement des troupes à Guy de Lusignan, arrivé depuis peu dans la terre sainte et dont le roi avait fait son beau-frère, en lui donnant en mariage sa sœur aînée, la princesse Sibylle. Celle-ci avait été mariée, en 1178, à Guillaume, marquis de Montferrat, surnommé *Longue-Epée*, qu'on avait fait venir en Palestine; mais le marquis ne vécut que deux mois après son mariage, et sa jeune veuve entretint avec Guy des relations de galanterie que le roi Baudouin dut consacrer par une union légitime. Guy de Lusignan se montrait peu digne du poste élevé que le roi lui avait confié; Saladin ayant pénétré de nouveau sur le territoire des chrétiens, faisait dévaster les campagnes, emmener les femmes et les enfants, et livrer aux flammes les bourgs et les villages, sans que Guy, campé avec plus de vingt mille hommes en présence de l'ennemi, osât présenter le combat. De toutes parts il s'éleva des murmures contre le régent, et Baudouin, partageant l'indignation générale, lui retira le commandement et confia l'administration du royaume au comte de Tripoli. En même temps il fit couronner Baudouin V, enfant de cinq ans, né du premier mariage de Sibylle avec Guillaume Longue-Épée. Baudouin IV, qui avait été assez heureux pour obtenir de Saladin une nouvelle trêve, mourut en 1185; le comte de Tripoli voulut conserver la régence, mais Sibylle cherchait à donner le sceptre à son époux. Ces dissensions duraient encore, quand Baudouin V mourut subitement, en 1186, sept mois après la mort de son oncle. Selon quelques historiens, il fut empoisonné par Raymond; d'autres accusent l'ambition de sa mère. Malgré la vive opposition du comte de Tripoli et des barons, qui voulaient donner la couronne à Homfroi de Thoron, mari d'Isabelle, seconde fille d'Amaury, les intrigues de Sibylle eurent un succès complet, et elle fut couronnée avec son mari, Guy de Lusignan, dans l'église du Saint-Sépulcre.

L'inaptitude et la mollesse du nouveau roi, les querelles des partis et l'extrême licence des mœurs qui régnait dans la ville sainte, et dont le patriarche Héraclius lui-même donnait l'exemple, faisaient pressentir la ruine prochaine du royaume de Jérusalem. « L'ancien ennemi du genre humain, dit un historien de ce temps-là, portait partout son esprit de séduction, et régnait surtout à Jérusalem. Les autres nations qui avaient reçu de ce pays les lumières de la religion en recevaient alors l'exemple de toutes les iniquités; aussi, Jésus-Christ méprisa-t-il son héritage, et permit-il que Saladin devînt la verge de sa colère [1]. »

La trêve conclue avec Saladin fut subitement rompue par Renaud de Châtillon, qui dépouilla près de Kérek une riche caravane musulmane. Saladin, indigné de cette perfidie, dévasta les environs de Kérek et de Schaubek, tandis que son fils Al-Afdhal passa le Jourdain et s'avança dans la Galilée (mars et avril 1187). Le 1er mai, quelques centaines de chrétiens attaquèrent près de Nazareth sept mille musulmans. La troupe chrétienne succomba après avoir fait des prodiges de valeur; le grand maître du Temple et deux de ses chevaliers échappèrent seuls au carnage. Deux mois après, Saladin étant venu occuper Tibériade, et ayant rassemblé aux environs de cette ville une armée de quatre-vingt mille hommes, Guy de Lusignan, par les conseils du grand maître des Templiers, marcha contre l'ennemi, avec cinquante mille hommes, malgré l'opposition du comte de Tripoli, qui, montrant les dangers d'une agression imprudente, voulut qu'on sacrifiât Tibériade, et que l'armée chrétienne restât aux environs de Séphoris, où elle avait de l'eau et des vivres. Le grand maître accusa Raymond de trahison, et le roi donna l'ordre de marcher contre l'ennemi. Dans la matinée du 3 juillet, l'armée chrétienne sortit de son camp de Séphoris, pour marcher vers Tibériade. Arrivée près de la colline de Hottéin ou Hittin (page 5), elle rencontra les musulmans, qui fermaient l'approche du lac, et elle eut beaucoup à souffrir de la disette d'eau. Guy, n'osant plus avancer, donna l'ordre de planter les tentes. Les chrétiens passèrent une nuit affreuse, tourmentés par la soif, accablés par une nuée de flèches que les musulmans lancèrent contre eux et étouffés par la fumée sortant des bruyères auxquelles l'ennemi avait mis le feu. Le lendemain matin, 4 juillet, Saladin sortit de Tibériade avec toute son armée; les chrétiens furent bientôt mis en désordre. Le comte de Tripoli, qui commanda l'avant-garde, voyant que toute l'armée chrétienne ne présentait plus qu'une multitude confuse, se fraya un chemin à travers les ennemis et se retira du combat [1]. L'évêque de Ptolémaïde, qui portait le bois de la vraie croix, reçut une blessure mortelle et laissa la croix à l'évêque de Lydda, qui tomba bientôt, avec ce palladium des chrétiens, entre les mains des ennemis. Le roi et le grand maître des Templiers furent faits prisonniers; tous les Templiers et Hospitaliers furent tués ou pris, et Saladin souilla sa victoire

[1] Les historiens chrétiens accusent généralement Raymond d'avoir traité avec l'ennemi; on est allé jusqu'à dire qu'il embrassa l'islamisme. Dans la chronique hébraïque de Joseph ben-Josué ha-Cohen (édit. d'Amsterdam, fol. 28 b), qui n'a puisé que dans des auteurs chrétiens, il est dit qu'après la mort du comte de Tripoli on découvrit qu'il était circoncis. Cependant le silence des auteurs musulmans ne permet pas de croire à l'apostasie de Raymond; quelques-uns même le présentent comme le plus cruel ennemi des Sarrasins. Voy. Michaud, l.c., p. 330, note.

[1] Voy. Michaud, *Hist. des Croisades*, t. II, p. 311 (5e édition).

du sang des prisonniers, voulant, disait-il, délivrer la terre de ces deux races immondes. Renaud de Châtillon fut décapité en présence du roi de Jérusalem; le grand maître trouva grâce devant Saladin.

Par suite de cette victoire, la plus grande partie de la Palestine tomba au pouvoir des musulmans; les principales villes se soumirent au sultan. Ascalon, après une résistance héroïque, se rendit enfin sur les instances de Guy de Lusignan, que Saladin conduisait avec lui en triomphe; la principale condition que firent les assiégés, fut la mise en liberté du roi de Jérusalem; Saladin accepta cette condition, mais il ne consentit à l'accomplir qu'après le délai d'une année. Sur la côte, les seules villes de Tyr et de Tripoli restaient encore aux chrétiens; Tyr avait été assiégée sans succès, et Saladin avait dû abandonner le siége. Le sultan marcha enfin vers Jérusalem, où les débris de l'armée de Guy, les enfants des guerriers morts et un grand nombre de familles chrétiennes des provinces dévastées avaient cherché un refuge. On dit que cent mille personnes étaient enfermées dans la ville sainte; mais on n'y comptait que peu de guerriers capables de la défendre, et la grande multitude ne faisait qu'augmenter le trouble et rendre la résistance plus difficile. Saladin somma les habitants de lui livrer la ville, en leur promettant des secours en argent et des terres fertiles en Syrie; ces offres ayant été rejetées avec dédain, le sultan jura de renverser les tours et les remparts de Jérusalem et de venger sur les chrétiens le sang musulman versé par les soldats de Godefroy de Bouillon. Les assiégés choisirent pour chef Baléan d'Ibelin, vieux guerrier qui s'était trouvé à la bataille de Tibériade. Saladin, après avoir campé quelques jours à l'occident de la ville, dirigea ses attaques vers le nord, comme l'avaient fait tous ceux qui, dans les temps précédents, avaient assiégé Jérusalem.

Douze jours se passèrent en combats continuels; les chrétiens montrèrent d'abord un grand courage et opposèrent une vive résistance; mais bientôt, voyant que tous leurs efforts étaient inutiles contre les forces imposantes de l'ennemi, le désespoir s'empara d'eux. Les soldats n'osaient plus rester pendant la nuit sur les remparts qui menaçaient de s'écrouler sous le choc des machines de Saladin, et au lieu de prendre les armes, ils couraient aux églises pour invoquer la protection du ciel. Les Latins ayant appris que les chrétiens grecs et orientaux avaient formé un complot pour mettre fin à cette guerre désastreuse et livrer Jérusalem aux musulmans, se hâtèrent de demander une capitulation à Saladin. Les docteurs musulmans déclarèrent que le sultan pouvait accorder la capitulation sans violer son serment. Les guerriers obtinrent la permission de se retirer à Tyr ou à Tripoli; les autres habitants devaient être considérés comme esclaves, mais il leur fut permis de racheter leur liberté. La rançon fut fixée à dix pièces d'or pour chaque homme, à cinq pour chaque femme, et à deux pour chaque enfant. Cette capitulation, à laquelle les auteurs chrétiens assignent diverses dates, eut lieu, selon le témoignage unanime de tous les auteurs arabes, le vendredi 27 du mois de Redjeb, de l'an 583 de l'hégire, correspondant au 2 octobre 1187. Un délai de quarante jours fut accordé aux chrétiens pour faire leurs préparatifs de départ, tandis que les musulmans prirent possession de Jérusalem. Voici comment le célèbre historien des croisades raconte le départ des chrétiens[1]:

« Enfin arriva le jour fatal où les chrétiens devaient s'éloigner de Jérusalem. On ferma toutes les portes de la ville, excepté celle de David. Saladin, élevé sur un trône, vit passer devant lui un peuple désolé. Le patriarche, suivi du clergé, parut le premier, emportant les vases sacrés, les ornements de l'église du Saint-Sépulcre

---

[1] Michaud, l. c., p. 344-346.

et des trésors, dont Dieu seul, dit un auteur arabe, connaissait la valeur. La reine de Jérusalem, accompagnée des principaux barons et chevaliers, venait ensuite; Saladin respecta sa douleur, et lui adressa des paroles pleines de bonté. La reine était suivie d'un grand nombre de femmes qui portaient leurs enfants dans leurs bras, et faisaient entendre des cris déchirants. Plusieurs d'entre elles s'approchèrent du trône de Saladin : « Vous voyez à « vos pieds, lui dirent-elles, les épou-« ses, les mères, les filles des guer-« riers que vous retenez prisonniers; « nous quittons pour toujours notre « patrie, qu'ils ont défendue avec « gloire; ils nous aidaient à supporter « la vie; en les perdant, nous avons « perdu notre dernière espérance; si « vous daignez nous les rendre, ils « soulageront la misère de notre exil, « et nous ne serons plus sans appui « sur la terre. » Saladin fut touché de leurs prières, et promit d'adoucir les maux de tant de familles malheureuses. Il rendit aux mères leurs enfants, aux épouses leurs maris qui se trouvaient parmi les captifs. Plusieurs chrétiens avaient abandonné leurs meubles et leurs effets les plus précieux, et portaient sur leurs épaules, les uns leurs parents affaiblis par l'âge, les autres leurs amis infirmes et malades. Saladin fut attendri par ce spectacle, et récompensa, par ses aumônes, la vertu et la piété de ses ennemis; prenant pitié de toutes les infortunes, il permit aux Hospitaliers de rester dans la ville pour soigner les pèlerins et ceux que des maladies graves empêchaient de sortir de Jérusalem. »

Sur cent mille chrétiens que renfermait Jérusalem, il ne resta dans l'esclavage que quatorze mille, parmi lesquels on comptait quatre à cinq mille enfants en bas âge. Baléan employa les trésors destinés aux dépenses du siège à délivrer une partie des habitants. Le généreux Saladin brisa les fers d'un grand nombre de pauvres et d'orphelins, et son frère Malec-Adel paya la rançon de deux mille captifs. C'est avec raison qu'on a opposé la conduite généreuse des princes musulmans aux excès barbares commis par les guerriers de la première croisade. Quelques écrivains se sont efforcés, si non de justifier, du moins d'atténuer la barbarie sanguinaire des guerriers de Godefroy, en faisant observer que les chrétiens offrirent à Saladin de capituler, tandis que les musulmans soutinrent contre les croisés un long siége avec une résistance opiniâtre [1]. Mais ces circonstances diverses ne suffisent pas pour excuser les massacres continués de sang-froid par les croisés, pendant toute une semaine, les meurtres commis sur un peuple sans armes, sur des femmes et des enfants, et sur les Juifs qui n'avaient pris aucune part à la guerre.

Quand les chrétiens eurent quitté Jérusalem, Saladin y fit son entrée triomphale. Toutes les églises, excepté celle du Saint-Sépulcre, furent converties en mosquées. Les musulmans renversèrent la grande croix de l'église du Saint-Sépulcre, et firent fondre les cloches qui avaient appelé les chrétiens à la prière; les murs et le parvis de la mosquée d'Omar furent lavés avec de l'eau rose, venue de Damas, et Saladin y plaça lui-même la chaire construite par Noureddîn.

Telle fut la fin réelle du royaume fondé par Godefroy, et qui avait duré quatre-vingt-neuf ans. Depuis ce temps, la royauté de Jérusalem ne fut plus qu'un vain titre; car la domination passagère de l'empereur Frédéric II ne fut qu'une chimère, et n'avait aucun caractère sérieux.

Avant de raconter les dernières luttes des chrétiens jusqu'à la dissolution totale de leur domination en Palestine, disons quelques mots sur le sort que cette domination fit subir aux malheureux descendants des anciens maîtres du pays. Les croisades furent funestes aux Juifs dans tous les pays chrétiens; des communautés entières furent égorgées par les croisés. En Palestine, le fa-

[1] Voy. Gibbon, ch. 59, p. 1100; Michaud, l. c. p. 347.

natisme des chrétiens se déchaîna avec fureur contre les Juifs; ceux qui purent échapper au glaive se réfugièrent dans les États musulmans, notamment en Syrie et en Égypte, et le siége de l'académie palestinienne fut transféré à Damas, où les principaux docteurs furent appelés depuis *chefs de l'académie de la terre d'Israël*[1]. Quand les premières fureurs des chrétiens furent calmées, quelques Juifs vinrent de nouveau s'établir dans les villes de Palestine où on leur permettait d'exercer certaines industries, notamment le métier de teinturier. Des pèlerins juifs, ne pouvant résister au désir de fouler le sol sacré de la Palestine, bravaient mille dangers pour aller pleurer sur les lieux de l'ancien sanctuaire du Dieu d'Israël. Un des plus illustres écrivains juifs d'Espagne, Rabbi Iehouda Hallévi, qui fit le voyage de Palestine vers 1140, nous a laissé une élégie que nous pouvons considérer comme l'expression des sentiments de douleur et de désespoir qui accablaient les Juifs dans ces temps des plus cruelles épreuves, et du désir ardent qui entraînait beaucoup d'entre eux vers les lieux saints pour y trouver au moins un tombeau. La sombre mélancolie qui règne en général dans les poésies et dans les prières hébraïques de cette époque ne se présente nulle part sous des formes aussi touchantes et aussi poétiques que dans les poésies qui nous restent de Iehouda Hallévi et surtout dans son élégie sur Sion. Nous ne croyons pas nous écarter de notre sujet en donnant ici une traduction de cette élégie[2] :

« As-tu oublié, ô Sion, tes enfants captifs? Es-tu insensible au salut que le reste de ton troupeau t'envoie de tous les coins de la terre? De l'est, de l'ouest, du nord et du sud, l'esclave dirige vers toi un regard plein d'espoir et te porte le tribut de ses larmes; elles tombent comme la rosée du Hermon; hélas! que ne peuvent-elles arroser tes collines désertes! Quand je pleure ta chute, c'est le cri lugubre du chacal; mais quand je rêve le retour de la captivité, ce sont les accents de la harpe qui jadis accompagnaient tes chants divins. Mon cœur se transporte dans la maison de Dieu; là il s'épanche devant le Créateur. N'est-ce pas là que s'ouvraient les portes du ciel, que la majesté de Jéhova obscurcissait la lune, le soleil et les astres? Ah! que ne puis-je verser mon âme là où l'esprit de Dieu descendait sur tes élus! Tu étais la résidence du Roi éternel, et je vois des esclaves assis sur le trône de tes princes. »

« Pourquoi mon âme ne peut-elle planer sur les lieux où la Divinité se révélait à tes prophètes? Donne-moi des ailes, et je porterai sur tes ruines les débris de mon cœur; j'embrasserai tes pierres muettes, et mon front touchera ta sainte poussière. Mon pied foulera le tombeau de mes ancêtres; je contemplerai à Hébron la sainte sépulture; je contemplerai le mont Abarîm, le mont Hor, qui couvrent les cendres de tes divins maîtres, les deux lumières d'Israël. Dans ton air je respirerai le souffle de la vie; dans ta poussière, le parfum de la myrrhe; dans l'eau de tes fleuves, je savourerai le miel. »

« Qu'il me serait doux de marcher nu-pieds sur les ruines de ton sanctuaire, à l'endroit où la terre s'ouvrit pour recevoir dans son sein l'arche d'alliance et ses chérubins[1]. J'arracherais de ma tête cette vaine parure, et je maudirais le destin qui a jeté tes pieux adorateurs sur une terre profane. Comment pourrais-je m'abandonner aux jouissances de cette vie, quand je vois des chiens entraîner tes lionceaux? mes yeux fuient la lumière du jour, qui me fait voir des corbeaux enlevant dans les airs les cadavres de

---

[1] Voy. l'Itinéraire de Benjamin de Tudèle, éd. de L'Empereur, p. 56.
[2] L'original hébreu se trouve dans le recueil d'élégies à l'usage des synagogues des rites allemand et polonais, pour l'anniversaire de la destruction de Jérusalem. Nous supprimons dans notre traduction quelques répétitions que la rime et la prosodie avaient imposées à l'auteur.

[1] Voy ci.-dessus, p. 468, col. 1, note 3.

tes aigles. — Arrête-toi, coupe de souffrances! laisse-moi un seul moment de repos; car déjà toutes mes veines sont remplies de tes amertumes. Un seul moment, que je pense à Ohola (Samarie), et puis j'achèverai ton amer breuvage; encore un court souvenir d'Oholiba (Jérusalem), et puis je te viderai jusqu'à la lie. — »

« Sion, couronne de la beauté, rappelle-toi le tendre amour des tiens, que ton bonheur transportait de joie, et que tes revers ont plongés dans le deuil; du fond de leur exil, ils t'ouvrent leurs cœurs, et dans leurs prières ils s'inclinent vers tes portes. Tes troupeaux dispersés sur les montagnes n'ont pas oublié la chère patrie; ils se sentent encore entraînés vers tes hauteurs, sous l'ombre de tes palmiers. Sinéar et Pathros, dans leur vaine grandeur, peuvent-elles se comparer à toi? Que sont leurs oracles mensongers auprès de tes Ourîm et Thummîm? Où est le mortel qui pourrait se mesurer avec tes princes, tes prophètes, tes lévites, tes chantres célestes? — Tous ces empires rentreront dans le néant; toi seule tu resteras à la fin des siècles, car le Seigneur fixera sur toi sa résidence éternelle. Heureux le mortel qui demeurera sous l'abri de tes murs! heureux le mortel qui verra poindre ta nouvelle aurore! Il verra le bonheur de tes élus, il assistera à tes fêtes, et tu seras belle comme aux jours de ta jeunesse! »

Une force irrésistible entraîna notre poëte, dans un âge avancé, du fond de l'Andalousie vers la Palestine. Les poésies qui nous restent de lui nous permettent de le suivre dans son voyage à Alexandrie et au Caire, et jusqu'à son départ pour le désert[1]. Ensuite il se dérobe à nos regards, et son sort nous est inconnu. Selon une tradition, dont l'authenticité est douteuse, il arriva à Jérusalem; aux portes de la ville sainte il déchira ses vêtements, se prosterna et récita son élégie; bientôt un cavalier, qui vint à passer, insulta le pauvre juif et l'écrasa sous les pieds de son cheval.

Benjamin de Tudèle, qui visita la Palestine sous le règne d'Amaury, trouva un certain nombre de Juifs dans les principales villes de la terre sainte. A Jérusalem, il y en avait deux cents qui exerçaient la profession de teinturier; la teinture des laines était une espèce de monopole que le gouvernement abandonnait aux Juifs pour une certaine somme qu'ils payaient chaque année; ils avaient en même temps la permission d'aller pleurer en face du mur occidental de la mosquée d'Omar, où il existait encore des traces des anciens murs du Temple des Juifs (p. 52). Il paraîtrait que le séjour de Jérusalem était interdit à tous les autres Juifs, et que les pèlerins juifs, en voulant aborder la sainte cité, s'exposaient aux plus grands dangers. Maïmonide, ou Moïse ben-Maïmoun, forcé par le fanatisme des Almohades de quitter l'Espagne, son pays natal, et qui depuis devint la plus grande gloire de la Synagogue, arriva à Acre avec son père, au mois de mai 1165[1], et il nous dit qu'il brava les plus grands périls pour faire le pèlerinage de Jérusalem, avant de se rendre en Égypte. La plus forte communauté juive que Benjamin trouvât dans les possessions chrétiennes d'Orient, fut celle de Tyr. Dans cette ville, il y avait environ quatre cents Juifs, au nombre desquels on remarquait plusieurs savants thalmudistes et beaucoup de patrons de vaisseaux. Au reste, la législation assimilait les Juifs aux Sarrasins et aux idolâtres; aucun Juif ne pouvait acheter ni vendre une *bourgeoisie*[2]. On ne manquait pas, cependant, de leur faire supporter une partie des charges de

---

[1] Ce n'est que depuis quelques années que nous connaissons son *Divan* ou recueil de poésies, dont le savant professeur Luzzatto, à Padoue, a publié des extraits d'après un manuscrit qui se conserve à Tunis. Voy. *Virgo ilia Jehudæ, sive Excerpta ex inedito celeberrimi Jehudæ Levitæ Divano, præ æfatione et notis illustrata a Samuele Davide Luzzatto*. Pragæ, 1840, in-8°.

[1] Voy. ma *Notice sur Joseph ben-Iehouda, disciple de Maïmonide* (dans le Journal asiatique, juillet 1842), p. 38, note 1.
[2] Voy. Les *Assises de Jérusalem*, publiées par M. le comte Beugnot, t. II, p. 264 et 265.

l'État; ils furent forcés de contribuer à l'impôt extraordinaire levé sous Baudouin IV, en 1183, pour préparer les moyens de défense contre Saladin [1]. Il paraît que les Juifs, qui habitaient Jérusalem du temps de Benjamin de Tudèle en furent expulsés depuis; vers 1180, le voyageur Péthachia, de Ratisbonne, ne trouva à Jérusalem qu'un seul juif [2]. Iehouda Al-Harizi, célèbre poëte Juif d'Espagne, qui visita Jérusalem en 1217, nous dit positivement que les portes de la ville sainte ne s'ouvrirent pour les Juifs que depuis la conquête de Saladin [3]. La protection que le sultan d'Égypte accordait aux Juifs, attira à Jérusalem un grand nombre de Juifs de différents pays, qui y formaient plusieurs communautés séparées, entre lesquelles ne régnait pas toujours un parfait accord; on y remarquait surtout plusieurs célèbres rabbins venus de France [4]. Persécutés par les chrétiens dans toute l'Europe, et expulsés de l'Espagne et de l'Afrique par la dynastie des Almohades, les Juifs ne trouvaient alors une véritable protection que dans les États soumis au sceptre de Saladin; on voyait affluer en Orient les hommes les plus distingués d'entre les Juifs de l'Occident musulman; et à la cour même de Saladin des savants juifs, et notamment des médecins, occupaient le rang le plus élevé et jouissaient d'une haute estime [5]. La chute du royaume chrétien de Jérusalem dut donc être saluée par la race d'Israel comme un des événements les plus heureux.

En Europe, la chute de la ville sainte répandit une consternation générale; le pape Urbain III en mourut de chagrin. Guillaume, le célèbre archevêque de Tyr, vint en Europe solliciter les secours des princes chrétiens. Après avoir prêché la croisade en Italie, il se rendit en France, où il assista à l'assemblée convoquée près de Gisors, par Henri II, roi d'Angleterre, et Philippe-Auguste, roi de France. Ces deux rois, oubliant leur inimitié, prirent la croix (1188). Comme on manquait d'argent pour subvenir aux frais de la croisade, on décida que tous ceux qui ne prendraient pas la croix payeraient la dixième partie de leurs revenus et de la valeur de leurs meubles; cet impôt reçut le nom de *dîme saladine*. Le produit de cette dîme ne suffisant pas aux préparatifs de l'expédition, Philippe-Auguste fit arrêter les Juifs dans leurs synagogues, et les força de lui fournir cinq mille marcs d'argent. Bientôt la paix jurée entre les rois de France et d'Angleterre ayant été troublée, les deux monarques employèrent l'argent qu'ils avaient ramassé à soutenir une guerre sacrilège, dans laquelle on voyait un fils porter les armes contre son père. Henri II mourut de douleur, en chargeant de malédictions son fils Richard, et ce dernier, s'accusant de la mort de son père, voulut expier son crime en accomplissant le serment qu'il avait fait dans le *champ sacré*. Richard Cœur-de-Lion commença sa croisade par une persécution violente contre les Juifs, qui furent pillés et massacrés dans les villes de Londres et d'York. Philippe-Auguste et Richard eurent ensuite une entrevue à Nonancourt et une autre à Vezelay; les deux rois, après s'être juré une amitié éternelle, s'embarquèrent, Richard à Marseille et Philippe à Gênes.

Après la conférence de Gisors, l'archevêque de Tyr s'était rendu en Allemagne pour solliciter Frédéric Barberousse de prendre la croix. On vit alors Frédéric, le premier capitaine de son siècle, et qui avait vieilli sur les champs de bataille, forcé de marcher à une croisade, pour mériter les éloges de

---

[1] Michaud, *Hist. des Croisades*, t. II, p. 303.
[2] Voy. Journal asiatique, novembre 1831, p. 398.
[3] Voy. *Sépher Thahkemoni*, ch. 28.
[4] Voy. Al-Harizi, l. c., ch. 28 et 46; Zunz, *Essay on the geographical literature of the Jews* (inséré dans *the Itinerary of R. Benjamin of Tudela, by A. Asher*, t. II), p. 255 et 256.
[5] Le vizir et ami de Saladin, le célèbre kâdhi al-Fadhel, se fit le Mécène de Maïmonide, et un autre grand personnage de la cour du Caire composa des vers à l'éloge de l'illustre médecin juif. Voy. Notice sur Joseph ben-Iehouda, p. 29.

ses contemporains et obtenir l'absolution du pape. A la tête d'une armée de plus de cent mille hommes, Frédéric pénétra dans l'Asie Mineure, châtia les Grecs qui agissaient toujours avec la même perfidie que dans les expéditions précédentes, battit deux fois Kilidj Arslân, sultan d'Iconium, qui tenta d'arrêter sa marche, se rendit maître de la Cilicie, et pénétra à travers mille dangers jusqu'aux frontières de la Syrie. Mais là se terminèrent ses conquêtes et sa vie; le vieux héros périt misérablement dans la rivière de Sélef, l'ancien Cydnus, le 10 juin 1190. Son armée se dispersa et périt en grande partie par la peste. Le duc Frédéric de Souabe, second fils de l'empereur, conduisit environ cinq mille hommes au camp de Saint-Jean d'Acre, où il mourut de la peste, au commencement de l'année suivante.

Le 13 avril 1191, Philippe-Auguste arriva à Saint-Jean d'Acre, dont Guy de Lusignan avait depuis longtemps commencé le siége. Richard était retenu dans la Méditerranée par des intérêts étrangers à la croisade; chemin faisant il enleva l'île de Chypre à Isaac Comnène, qui prenait le titre d'empereur. Lorsqu'enfin les Anglais eurent réuni leurs forces à celles des Français, les travaux du siège d'Acre se poursuivirent sans relâche; l'intérêt de la croisade étouffa un moment les dissensions et la jalousie mutuelle des deux rois. Chaque jour les croisés redoublaient d'efforts; tantôt ils attaquaient la ville, tantôt ils repoussaient l'armée de Saladin qui était venue la délivrer. Après une résistance héroïque, les assiégés, ayant épuisé toutes leurs ressources, se rendirent au mois de juillet 1191, et obtinrent une capitulation, en promettant, au nom de Saladin, la somme de deux cent mille pièces d'or, la remise de la vraie croix et la délivrance d'un certain nombre de prisonniers chrétiens. Philippe-Auguste repartit aussitôt pour l'Europe, et Richard restait seul chargé d'exécuter la capitulation. Saladin ayant tardé à remplir des conditions qu'il n'avait pas souscrites, Richard, après avoir attendu plus d'un mois, fit mettre à mort deux mille sept cents prisonniers musulmans; Hugues III, duc de Bourgogne, que Philippe-Auguste avait laissé en Palestine avec dix mille hommes, assista, en sa qualité de lieutenant du roi de France, à cette barbare exécution.

Les croisés jouirent un moment, dans Saint-Jean d'Acre, de tous les plaisirs de la paix. Ensuite l'armée se dirigea le long de la côte vers Joppé, ayant constamment à repousser les attaques des musulmans. Après une victoire éclatante, remportée par Richard sur Saladin, près d'Arsouf, les chrétiens entrèrent dans Joppé, dont ils trouvèrent les murailles et les tours démolies. Sur l'avis de Richard, qui pensait que, pour assurer le succès de la croisade, il fallait avant tout rétablir les places démolies, on s'occupa de relever les murailles de Joppé et d'Ascalon, avant de marcher sur Jérusalem. Ce ne fut qu'au printemps de l'an 1192 que les deux armées se remirent en campagne. Si l'union avait régné dans l'armée chrétienne, Richard aurait pu facilement s'emparer de Jérusalem; mais la discorde entre les Anglais et les Français ne permit pas à Richard d'agir avec promptitude et énergie, et les nouvelles des troubles politiques de l'Angleterre firent désirer à Richard de terminer la guerre par la voie des négociations. Il eut la singulière idée de faire proposer à Saladin un mariage entre Malec-Adel, frère du sultan, et la veuve de Guillaume de Sicile; les deux époux devaient gouverner le royaume de Jérusalem et régner ensemble sur les musulmans et les chrétiens. Saladin parut disposé à accepter cette proposition; mais elle fut repoussée avec une égale indignation par les évêques chrétiens et par les docteurs musulmans. Au mois de juin, l'armée chrétienne marcha enfin sur la ville sainte; mais plus on s'en approchait, et plus Richard manifestait d'irrésolution et d'abattement; il disait que son armée n'était pas assez forte pour entretenir des communications régulières avec la côte, que l'expédition contre Jérusalem présentait de grands périls, et qu'il ne pouvait pas y risquer son honneur et celui de la chrétienté. La question fut soumise à un conseil composé de vingt membres choisis parmi les chevaliers du Temple, les chevaliers de Saint-Jean, les barons français et les barons de la Palestine. Pendant que le conseil délibérait, Richard passa le temps à piller une riche caravane d'Égypte qui se rendait à Jérusalem. Après plusieurs jours de délibération, les chevaliers et les barons décidèrent, à la grande satisfaction de Richard, que l'armée s'éloignerait des montagnes de la Judée et retournerait vers les rivages de la mer. La conduite de Richard restera toujours un problème historique, car toutes les raisons alléguées pour justifier la retraite [1] devaient être connues à Richard lorsqu'il donna l'ordre de marcher sur Jérusalem.

« S'il est aisé, dit l'historien des « croisades, de décrire les passions hu- « maines lorsqu'elles éclatent dans les « camps et sur le champ de bataille, il « n'en est pas de même lorsqu'elles se « renferment dans le conseil des prin- « ces, et qu'elles s'y mêlent à mille inté- « rêts inconnus. C'est là qu'elles par- « viennent facilement à échapper aux « regards de l'histoire, et qu'elles déro- « bent presque toujours leurs secrets « les plus honteux aux recherches de « la postérité [2]. »

Les négociations entamées avec Saladin furent prolongées par celui-ci, pour avoir le temps de rappeler ses émirs. Ayant rassemblé assez de forces, il surprit Joppé, s'empara de la ville, où les musulmans commirent d'horribles cruautés, et fut sur le point d'attaquer la citadelle, lorsque Richard parut tout à coup devant le port, et, ayant débarqué, repoussa les musulmans et délivra la place. Cette victoire, cependant, ne changea rien à la position des chrétiens de Palestine. Richard avait hâte de retourner en Europe, et Saladin, voyant que les musulmans étaient également fatigués de la guerre, consentit à accepter une trêve de trois ans et huit mois. On convint que les chrétiens conserveraient toute la côte, depuis Joppé jusqu'à Tyr, que la citadelle d'Ascalon serait démolie, et que Jérusalem serait ouverte aux pèlerins chrétiens. Richard donna la royauté imaginaire de Jérusalem à Henri, comte de Champagne, troisième mari d'Isabelle, fille d'Amaury et sœur de Sibylle, et dédommagea Guy de Lusignan en lui donnant l'île de Chypre. Vers la fin de l'an 1192, Richard partit pour l'Europe. Ainsi finit la troisième croisade, dont tout l'avantage se réduisit à la conquête de Saint-Jean d'Acre et à la démolition des fortifications d'Ascalon. Le départ de Richard remplit de désespoir les chrétiens de la terre sainte, dont la cause était irrévocablement perdue. De grands dangers et une longue captivité dans un cachot d'Allemagne attendaient le héros de la croisade, dont la renommée remplissait le monde, et dont le nom fut encore longtemps l'effroi de l'Orient. Saladin, son rival en gloire militaire, mais distingué par des vertus plus réelles, fut enlevé l'année suivante par une maladie aiguë; il mourut à Damas, dans la nuit du mercredi, 27 safar de l'an 589 de l'hégire (3 mars 1193), âgé à peine de cinquante-six ans. Il avait régné environ vingt-quatre ans en Égypte et dix-neuf ans en Syrie. La douleur profonde que firent éclater ses peuples, fut l'éloge funèbre le plus digne des vertus de ce prince. On raconte qu'avant de mourir, il fit distribuer également ses aumônes aux chrétiens et aux musulmans, et il ordonna que l'on portât son drap mortuaire dans les rues de Damas, et qu'un héraut répétât à haute voix : *Voilà ce que Saladin, vainqueur de l'Orient, emporte de ses conquêtes* [1].

---

[1] Selon Aboulfaradj, ou Barhebræus (*Chron. Syr.*, p. 421), Saladin avait fait détruire les aqueducs et obstruer les sources qui auraient pu fournir de l'eau aux assiégeants. Comparez ci-dessus, p. 54, col. 1.
[2] Michaud, t. II, p. 501.

[1] Voy. Michaud, *Hist. des Croisades*, t. II, à la fin du liv. VIII.

Saladin n'avait rien réglé à l'égard de sa succession ; les trois aînés de ses seize fils se partagèrent ses États. Malec Afdhal Noureddîn devint roi de Damas, de Jérusalem et de la Célésyrie; Malec-Aziz Othman reçut l'Égypte, et Malec-Dhaher Gazi, le royaume d'Alep. Une querelle ayant éclaté entre les deux premiers, Malec-Adel Séif-Eddîn, frère de Saladin, prit d'abord le parti d'Afdhal; puis, s'étant joint à Aziz, ils assiégèrent ensemble le roi de Damas dans sa capitale et le forcèrent de capituler (1196). Aziz fut reconnu souverain à Damas; mais il céda bientôt ce royaume à Malec-Adel, qui plus tard, après la mort d'Aziz (1198), conquit aussi l'Égypte (1199) sur Afdhal, auquel les habitants de ce pays venaient de donner la couronne. Ce fut donc Malec-Adel, plus connu dans les auteurs chrétiens sous le nom de Saphadin (Seif-Eddîn), qui continua la dynastie des Ayyoubites en Égypte et dans une grande partie de la Syrie.

Une quatrième croisade fut provoquée par le pape Célestin III et l'empereur d'Allemagne, Henri VI. Plusieurs petits princes du nord de l'Europe prirent part à cette expédition. Henri resta en Occident pour s'occuper de ses propres affaires. Les croisés furent divisés en deux armées : l'une était commandée par les ducs de Saxe et de Brabant; l'autre, par l'archevêque de Mayence et par Valeran, comte de Limbourg. Malec-Adel, informé de l'arrivée des croisés à Saint-Jean d'Acre, alla mettre le siége devant Joppé ; la garnison ayant voulu faire une sortie, tomba dans une embuscade; les musulmans se rendirent maîtres de la ville, où vingt mille chrétiens furent passés au fil de l'épée (1197). Malec-Adel, après avoir détruit les fortifications de Joppé, alla à la rencontre de l'armée des croisés; les deux armées se rencontrèrent entre Tyr et Sidon; un combat s'engagea, et la victoire resta aux croisés. Bientôt après, Henri envoya en Palestine de nouvelles troupes commandées par Conrad, évêque de Hildesheim et chancelier de l'Empire. Les musulmans ne conservaient plus sur la côte que la forteresse de Thoron, située à une lieue de Tyr, et les croisés résolurent d'en faire le siége, avant de marcher sur Jérusalem. La bravoure des musulmans augmentée par le désespoir, la désunion, les vices et les désordres qui régnaient dans le camp des chrétiens, enfin la nouvelle de l'arrivée de Malec-Adel, impatient de venger sa dernière défaite, firent échouer cette expédition. Conrad et la plupart des chefs quittèrent l'armée pendant la nuit et prirent le chemin de Tyr; le lendemain, l'armée suivit les chefs fugitifs dans la plus grande confusion. Selon plusieurs auteurs, la retraite précipitée des chefs fut l'œuvre de la trahison; on accuse les Templiers d'avoir reçu des sommes d'argent de Malec-Adel [1]. — Les plus graves discordes éclatèrent entre les Allemands et les chrétiens de Palestine; les Allemands se retirèrent dans la ville de Joppé, dont ils relevèrent les fortifications. Malec-Adel vint leur livrer une grande bataille; la victoire se déclara pour les Allemands, mais ils perdirent un grand nombre de leurs plus braves guerriers, et au nombre des morts furent le duc de Saxe et le duc d'Autriche (1198). Bientôt on apprit la mort de l'empereur Henri VI, et les seigneurs allemands prirent la résolution de retourner en Occident, se contentant de laisser une garnison dans Joppé. Peu de temps après leur départ, le 11 novembre 1198, la garnison allemande de Joppé, célébrant la fête de saint Martin, au milieu de tous les excès de l'ivresse et de la débauche, fut surprise et massacrée par les musulmans [2]. Ainsi se termina la quatrième croisade; les chrétiens et les musulmans désirant également la paix, conclurent une trêve de trois ans.

Henri de Champagne était mort pendant cette dernière croisade, en tombant d'une fenêtre de son palais; sa veuve Isabelle épousa en quatrièmes noces Amaury II, qui venait de suc-

---

[1] Voy. Michaud, l. c., t. III, p. 63.
[2] Michaud, l. c., p. 68.

céder à son frère Guy de Lusignan dans le royaume de Chypre, et elle lui apporta, avec sa main, le vain titre de roi de Jérusalem.

Innocent III, qui venait de monter, à l'âge de trente-trois ans, sur le trône pontifical, publia une bulle générale pour appeler les fidèles à une cinquième croisade. Foulques, curé de Neuilly-sur-Marne, joignant l'éloquence de saint Bernard au zèle ardent et à l'exaltation de Pierre l'Ermite, devint un puissant auxiliaire pour le jeune pontife. Cette fois nous ne suivrons pas les croisés, qui, au lieu de se rendre en Palestine, firent la guerre à l'empire grec, s'emparèrent de Constantinople et placèrent sur le trône des Césars un prince français, Baudouin, comte de Flandre et de Hainaut (1204). Pendant ce temps la famine et la peste ravagèrent l'Égypte et la Syrie (1201); ensuite, un violent tremblement de terre bouleversa toute la Palestine et une grande partie de la Syrie (1202); le territoire de Jérusalem fut seul épargné par ce fléau. Ces calamités et la terreur répandue parmi les musulmans par le départ des croisés, engagèrent Malec-Adel à prolonger la trêve. Cependant les chrétiens étaient toujours sous les armes, et quoiqu'on ne livrât point de grandes batailles, on faisait souvent des excursions sur le territoire ennemi.

Amaury II mourut au printemps de l'an 1205, et Isabelle ne lui survécut que peu de mois. Le royaume de Jérusalem devint l'héritage de Marie, fille d'Isabelle et de Conrad, marquis de Tyr. Les seigneurs et les barons de la Palestine s'adressèrent à Philippe-Auguste pour lui demander de choisir un époux pour la jeune Marie; le roi de France fixa son choix sur Jean de Brienne, qui promit de partir aussitôt pour la Palestine, à la tête d'une armée.

Les promesses présomptueuses de Jean de Brienne et le bruit d'un armement extraordinaire en Europe relevèrent les espérances des chrétiens à tel point qu'ils refusèrent de renouveler la trêve qui était sur le point d'expirer (1209), quoique Malec-Adel offrît de leur livrer dix forteresses pour gage de son amour de la paix. Jean de Brienne arriva bientôt à Saint-Jean d'Acre; mais, au lieu de l'armée qu'il avait promise, il n'amena que trois cents chevaliers. Pendant les fêtes du couronnement, Malec-Adel vint assiéger Tripoli et menaça même Saint-Jean d'Acre. Jean se vit bientôt abandonné par les chevaliers français, qui se hâtèrent de quitter un royaume qu'ils n'étaient pas en état de défendre. Jean envoya des ambassadeurs à Rome, afin d'implorer, par l'intermédiaire du pape, le secours des princes de l'Europe; mais ceux-ci étaient alors trop occupés de leurs propres affaires, pour prêter l'oreille aux cris d'alarme des chrétiens d'Orient. Les exhortations du pape n'eurent alors d'autre résultat que le départ de cinquante mille enfants, suivis de quelques hommes pervers et de femmes de mauvaise vie, et qui, pour la plupart, périrent en chemin ou tombèrent entre les mains des musulmans (1212-13) [1].

Les exhortations apostoliques retentirent de nouveau dans toute l'Europe (1214); la mission de prêcher la croisade fut confiée aux évêques et principalement au cardinal Robert de Courçon, qui se trouvait alors en France comme légat du pape. Les prédicateurs eurent un grand succès, le nombre des croisés fut immense, et, pour subvenir aux dépenses de la guerre, on plaça des troncs dans toutes les églises. Philippe-Auguste abandonna pour cet effet le quarantième de ses revenus domaniaux, et un grand nombre de seigneurs et de prélats suivirent son exemple. Un concile fut convoqué à Rome, dans l'église de Latran (1215); le pape le présida en personne, et on y vit les représentants de l'empereur Frédéric II, de Philippe-Auguste, des rois d'Angleterre, de Hongrie et de Jérusalem, et de plusieurs autres souverains. Toutes les dispositions exprimées dans la bulle de convocation fu-

[1] Voy. Michaud, l. c., p. 380-383, et p. 605-613.

rent confirmées; comme à l'ordinaire, l'absolution fut accordée aux croisés, et le pape promit de fournir lui-même trois mille marcs d'argent et d'armer plusieurs vaisseaux. L'armée était prête à partir, lorsque le pape Innocent III tomba malade et mourut (19 juillet 1216).

Son successeur, Honorius III, marcha sur ses traces, et continua ses efforts pour la croisade. Dans la nombreuse armée de cette sixième croisade, on remarquait surtout les guerriers de la basse Allemagne et les peuples de Hongrie qui, un siècle auparavant, avaient été la terreur des croisés conduits par Pierre l'Ermite. André II, roi de Hongrie, marcha lui-même à la tête de ses troupes. Frédéric II, qu'on avait regardé comme le chef de la croisade, avait alors trop à craindre des républiques d'Italie pour se décider à partir.

L'arrivée des croisés à Saint-Jean d'Acre (1217) y causa la plus grande joie; toute l'armée, commandée par les rois de Jérusalem, de Chypre et de Hongrie, alla camper sur les bords du torrent de Kison. A cette époque, Malec-Adel s'était retiré dans la vie privée, et avait confié les soins du gouvernement à ses deux fils; l'aîné, Malec-Camel, régnait sur l'Égypte; Malec-Moaddham, son second fils, était souverain de Syrie et de Palestine. Leurs armées ne parurent point dans la Judée, et l'armée chrétienne dévastait et pillait le pays, et faisait un grand nombre de prisonniers sans livrer de combats. Pour occuper les soldats, on forma le projet d'attaquer le mont Thabor, où les musulmans s'étaient fortifiés. Malgré l'héroïque résistance des ennemis, les croisés parvinrent au sommet de la montagne et poursuivirent les musulmans jusqu'aux portes de la forteresse; mais tout à coup une terreur panique s'empara des vainqueurs, qui se retirèrent sans rien entreprendre (décembre 1217). On ne manqua pas d'expliquer par la trahison cette fuite précipitée; d'autres l'attribuent à l'esprit de discorde, qui régnait parmi les croisés, et au manque d'eau et de vivres [1]. L'armée se sépara ensuite en quatre corps différents, pour attendre la fin de l'hiver : une partie de l'armée s'en retourna à Acre; le roi de Jérusalem, le duc d'Autriche et le grand maître des Hospitaliers campèrent dans les plaines de Césarée; les Templiers et les chevaliers teutoniques prirent possession du mont Carmel; le roi de Hongrie se retira à Tripoli, accompagné du roi de Chypre, qui y mourut au bout d'un mois; André, désespérant du succès de la guerre, retourna bientôt dans ses États.

Au commencement du printemps (1218), on vit arriver à Saint-Jean d'Acre un grand nombre de croisés partis de la Hollande, de la Frise et des bords du Rhin. L'arrivée de ces guerriers, qui avaient obtenu des succès brillants en combattant les Maures sur les rives du Tage, ranima le courage des croisés restés en Palestine. L'idée d'une guerre en Égypte, exprimée par Innocent III au concile de Latran, occupait alors tous les esprits, et on s'y attachait d'autant plus que la Palestine, épuisée, offrait peu de ressources pour l'entretien d'une nombreuse armée. Au mois de mai, les croisés s'embarquèrent et allèrent diriger leurs attaques contre Damiette, qu'on pouvait considérer comme la clef de l'Égypte. Avant d'attaquer la ville, il fallait d'abord s'emparer d'un fort bâti au milieu du Nil; après plusieurs assauts infructueux, on construisit sur deux navires un énorme château de bois qui portait trois cents guerriers, et sur lequel on plaça un pont-levis qui pouvait s'abattre sur la tour du Nil. En vain les musulmans essayèrent de brûler cette forteresse mobile; le feu fut éteint, et les musulmans, attaqués de toutes parts, furent obligés de se rendre à discrétion. Malec-Adel, qui était en Syrie, en apprenant la victoire des chrétiens, désespéra du

[1] Voy. Michaud, t. III, p. 429 et 430.

salut de l'Égypte; il mourut peu de temps après, à la fin d'août 1218, et depuis ce temps l'empire des Ayyoubites pencha vers sa décadence.

Cependant les chrétiens, au lieu de poursuivre leurs succès, s'abandonnèrent à un funeste repos, et un grand nombre de croisés, croyant avoir assez fait, retournèrent en Europe. Heureusement, on vit bientôt arriver au camp de Damiette de nouveaux croisés venus d'Allemagne, de Pise, de Gênes, de Venise et de plusieurs provinces de France; à leur tête se trouvaient deux cardinaux, Robert de Courçon et Pélage, évêque d'Albano; le premier mourut peu de temps après son arrivée. Pendant ce temps, le sultan de Damas, craignant que les chrétiens, vainqueurs en Égypte, ne vinssent occuper Jérusalem et s'y fortifier, fît démolir les remparts de la ville sainte. En Égypte, le printemps et l'été (1219) se passèrent dans des combats continuels. A la nouvelle de la prochaine arrivée de l'empereur d'Allemagne, Malec-Camel fit, avec le consentement de son frère, des propositions de paix: il offrait d'abandonner aux Francs le royaume de Jérusalem et de faire rebâtir les fortifications de la ville sainte, et ne se réservait que les places de Kérek et de Montréal, pour protéger les caravanes de la Mecque. Le cardinal Pélage s'opposa à la conclusion de la paix, et ne voulut pas abandonner le siège de Damiette. Cette ville fut enfin prise d'assaut au mois de novembre; les habitants avaient presque tous péri pendant le siége, qui avait duré un an et demi; sur soixante-dix mille habitants, trois mille seulement survécurent à la prise de la ville.

Le sultan du Caire fit de nouvelles propositions de paix; mais le cardinal Pélage, restant inflexible, exigea qu'on marchât sur le Caire. Le plus grand nombre des croisés refusant de lui obéir et le roi de Jérusalem étant absent, il se passait beaucoup de temps dans l'inaction. Jean de Brienne, revenu à Damiette, se montrait également opposé à la volonté de Pélage, mais dans la crainte d'une excommunication, il dut céder à l'opiniâtreté du cardinal. Une armée de soixante-dix mille hommes s'avança sur les rives du Nil (1221); tout fuyait à l'aspect des croisés, qui arrivèrent, sans livrer un seul combat, jusqu'à l'extrémité du Delta. Mais le souverain de Damas, accompagné de quelques autres princes musulmans, s'était mis en marche pour venir au secours de l'Égypte, et bientôt une armée formidable allait arrêter la marche des croisés. De nouvelles offres du sultan d'Égypte furent rejetées par Pélage, qui déjà se flattait d'arborer la croix dans tout l'Orient et de détruire le culte de Mahomet. Bientôt le Nil débordé devint un redoutable auxiliaire pour les musulmans, qui, après avoir intercepté la communication avec Damiette et coupé la retraite aux croisés, mirent ceux-ci dans la nécessité de demander la paix et de devoir leur salut à la générosité du sultan d'Égypte. Grâce à la modération de Malec-Camel, qui redoutait peut-être l'arrivée de Frédéric, l'armée chrétienne prisonnière obtint une capitulation; les croisés ayant évacué Damiette, le sultan fit fermer les écluses, l'armée chrétienne put opérer sa retraite et fut accompagnée par un des frères du sultan, chargé de pourvoir aux besoins des soldats. Tels furent les résultats de la présomptueuse opiniâtreté du cardinal; le retour de l'armée à Saint-Jean d'Acre y fit succéder le deuil aux chants de triomphe et aux réjouissances, et on se prépara à soutenir une nouvelle attaque des musulmans, tandis qu'un grand nombre de croisés s'embarquèrent pour l'Europe.

En Europe, des plaintes s'élevèrent contre l'empereur Frédéric, qu'on accusait d'avoir, par ses retards, contribué aux désastres des chrétiens. L'impératrice Constance étant morte en 1222, le pape Honorius, pour intéresser plus directement l'empereur au projet de la croisade, lui fit épouser

Yolande, fille et héritière de Jean de Brienne. Frédéric faisait tous les préparatifs nécessaires pour l'expédition en Palestine (1223-25); mais les germes de discorde et de rébellion que renfermait l'Italie, empêchaient l'empereur de remplir promptement ses promesses, et il demanda au pape un délai de deux années. Honorius mourut au mois de mars 1227, et Grégoire IX venait de monter sur le trône pontifical, lorsque Frédéric donna enfin le signal du départ. Mais la flotte impériale, sortie du port de Brindes, fut dispersée par une violente tempête, et l'empereur, tombé malade, renonça tout à coup à son entreprise et débarqua dans le port d'Otrante. Grégoire, regardant son retour comme une révolte contre le saint-siége, refusa d'entendre sa justification et prononça l'excommunication contre lui; dès lors la guerre se trouva déclarée entre le pape et l'empereur.

Sur ces entrefaites le sultan de Damas, redoutant les entreprises de son frère Malec-Camel, avait appelé à son secours Djelâl-Eddîn, le puissant sultan de Khowarezm ou Kharezm. Malec-Camel s'adressa à Frédéric, pour lui demander son alliance, l'invita à se rendre en Orient, et lui promit de lui livrer Jérusalem. Frédéric résolut de s'embarquer de nouveau pour la terre sainte; son arrivée à Saint-Jean d'Acre (1228) répandit la joie parmi les chrétiens. Mais bientôt, ayant appris l'excommunication de l'empereur, les chrétiens de Palestine s'éloignaient de lui avec horreur. Frédéric envoya des ambassadeurs auprès de Malec-Camel, pour lui rappeler ses promesses; Malec-Moaddham, sultan de Damas, venait de mourir, et le sultan d'Égypte, étant venu enlever la Palestine au fils de son frère, campait alors dans le voisinage de Jérusalem. Quoique les circonstances eussent changé et qu'on ne redoutât plus l'invasion des Kharezmiens, Malec-Camel crut cependant ne pas devoir retirer sa parole, et les négociations furent entamées, malgré les dispositions hostiles et les murmures des deux armées. Le 20 février 1229, une trêve fut conclue pour dix ans cinq mois et quelques jours. Jérusalem, Bethléhem, Nazareth, et tous les villages situés entre Joppé et Acre furent rendus aux chrétiens; mais il leur était interdit de rétablir les fortifications de la ville sainte; les musulmans devaient conserver la mosquée d'Omar et le libre exercice de leur culte.

Dans les deux camps, on considéra cette paix comme impie et sacrilége. Les poëtes musulmans faisaient des élégies sur la perte de Jérusalem, et les chaires des mosquées retentissaient de complaintes, tandis que le patriarche latin frappait d'interdit la ville sainte. Les ecclésiastiques désertèrent l'église du Saint-Sépulcre, qui était tendue de deuil. Frédéric y entra accompagné des barons allemands et des chevaliers teutoniques; il prit lui-même la couronne qui était sur l'autel, la plaça sur sa tête et fut proclamé roi de Jérusalem sans aucune cérémonie religieuse. Frédéric ne resta que quelques jours à Jérusalem; il revint à Saint-Jean d'Acre, où il retrouva les mêmes dispositions hostiles parmi les chrétiens. Se voyant partout entouré d'ennemis, et averti des complots qui se tramaient contre lui dans ses États, il se hâta de retourner en Europe.

Les chrétiens de la Palestine n'avaient rien gagné au traité du 20 février, si ce n'est une trêve de quelques années; Jérusalem était sans défense, et on y redoutait sans cesse l'invasion des musulmans qui habitaient les environs. Plusieurs fois les chrétiens, attaqués par leurs ennemis, étaient obligés de chercher un refuge dans la forteresse de David, restée seule debout au milieu des fortifications en ruine. Ils imploraient de nouveau le secours des princes de l'Occident, et le pape Grégoire, qui n'avait point oublié le projet de la croisade, convoqua à Spolette une assemblée à laquelle assista Frédéric, réconcilié avec le saint-siége (1232). On résolut d'envoyer en Palestine une nouvelle armée de croisés; la prédication de cette croisade fut confiée aux religieux de Saint-Dominique et de Saint-François, mais leur éloquence ne pouvait plus ranimer l'enthousiasme des peuples qui regrettaient d'avoir fait inutilement tant de douloureux sacrifices. Ce ne fut qu'en 1239 que Thibaut, comte de Champagne et roi de Navarre, amena en Palestine un certain nombre de barons et de chevaliers de France. Les chrétiens, rompant la trêve, avaient relevé les remparts de Jérusalem, mais le prince de Kérek était entré dans la ville et avait détruit les nouvelles fortifications, ainsi que la tour de David. Les croisés du roi de Navarre furent totalement vaincus et dispersés près de Gaza. Les chefs, se reprochant réciproquement la défaite de l'armée, traitèrent séparément avec les musulmans. Les Templiers et quelques chefs de l'armée conclurent une trêve avec le prince de Damas; les Hospitaliers, le roi de Navarre et les ducs de Bretagne et de Bourgogne firent un traité avec le sultan d'Égypte, et s'engagèrent à le défendre contre les musulmans de Syrie, qui avaient promis aux chrétiens la restitution des saints lieux. Il régnait alors entre les musulmans la même discorde qu'entre les chrétiens de Palestine. Malec-Camel était mort en 1238, et sa mort était devenue le signal de plusieurs guerres sanglantes entre les princes de sa famille; le trône était occupé par son fils Malec-Saleh.

L'année suivante (1240), Richard de Cornouailles, frère du roi d'Angleterre, Henri III, arrivé en Palestine avec une troupe de croisés anglais, vit à sa grande surprise que les Français avaient abandonné la terre sainte, et que les possessions des chrétiens se bornaient de nouveau à quelques villes de la côte. Le prince de Cornouailles était neveu de Richard Cœur-de-Lion, dont le seul nom jetait l'effroi parmi les musulmans, et tout semblait lui présager des succès. Mais il était peu secondé par les chrétiens de Palestine; car les Templiers et les Hospitaliers ne voulaient pas rompre leurs traités respectifs conclus avec les sultans de Damas et du Caire. Richard dut donc se borner à renouveler les traités de paix avec le sultan d'Égypte, qui consentit à abandonner aux chrétiens Jérusalem, Nazareth, Bethléhem et le mont Thabor; en outre, Malec-Saleh accorda à Richard l'échange des prisonniers et la permission de rendre les honneurs de la sépulture aux chrétiens tués à la bataille de Gaza.

Les chrétiens, protégés par les discordes des musulmans, jouissaient de quelques moments de repos et s'occupaient de relever les murailles de la ville sainte. Ils s'abandonnaient même aux rêves d'un meilleur avenir; car les princes de Damas, de Kérek et d'Émesse, contractant une alliance avec eux, venaient de leur rendre la principauté de Galilée, et promettaient de les associer à la conquête de l'Égypte (1243). Mais bientôt un ennemi redoutable vint troubler la sécurité de la Palestine; les Kharezmiens, chassés de leur pays par l'invasion des Tartares, sous Djenghiz-Khan, se répandirent dans l'Asie Mineure et dans la Syrie, sous la conduite d'un de leurs chefs nommé Barbakan. Le sultan d'Égypte, pour punir les chrétiens et leurs nouveaux alliés et se mettre à l'abri de leur invasion, appela à son secours les hordes barbares des Kharezmiens, et les engagea à prendre possession de la Palestine, qu'il promit de leur abandonner. Bientôt vingt mille cavaliers kharezmiens ravagèrent le territoire de Tripoli et la Galilée et se présentèrent aux portes de Jérusalem (1244). Le petit nombre de guerriers qui occupaient la ville, incapables de repousser une attaque, se retirèrent, suivis de presque tous les habitants; les Kharezmiens entrèrent dans la ville sans rencontrer la moindre résistance; trouvant probablement que c'était trop peu de chose que de tuer quelques infirmes qui n'avaient pu quitter la ville, ils employèrent un stratagème pour faire revenir les fugitifs, qui furent tous massacrés ou chargés de fers. Les barbares profanèrent même les tombeaux et livrèrent aux flammes les cercueils et les ossements des morts. Les Templiers et les Hospitaliers, oubliant enfin leurs discordes, s'occupèrent ensemble des moyens de sauver la Palestine, réunirent tous les chrétiens qui pouvaient porter les armes et appelèrent à leur secours les trois princes musulmans alliés des chrétiens. En vain ces princes s'efforcèrent-ils de modérer la valeur impatiente des Francs, en leur montrant combien il était imprudent d'exposer leur salut aux hasards d'une seule bataille et en leur conseillant de se borner, pour le moment, à occuper des positions avantageuses; l'ardeur belliqueuse du patriarche de Jérusalem l'emporta sur les conseils de la prudence, et encore une fois le zèle du clergé amena la ruine de l'armée chrétienne. Les armées alliées des chrétiens et des musulmans se mirent en marche; ils rencontrèrent l'ennemi dans l'ancien pays des Philistins, et les plaines de Gaza devaient encore une fois être arrosées de torrents de sang qui coulaient inutilement pour la cause perdue des chrétiens. Un combat meurtrier, qui dura deux jours, se termina par une défaite totale des armées alliées; plus de trente mille guerriers chrétiens et musulmans y perdirent la vie ou la liberté; le grand maître des Templiers et celui des Hospitaliers furent au nombre des morts. Les débris de l'armée chrétienne, avec le patriarche de Jérusalem, se retirèrent à Saint-Jean d'Acre, leur dernier refuge; parmi les guerriers qui avaient échappé au carnage, il ne se trouva que trente-trois Templiers, vingt-six Hospitaliers et trois chevaliers teutoniques. Les Égyptiens prirent possession de Jérusalem et de toutes les villes cédées aux chrétiens par le prince de Damas. Les Kharezmiens restèrent encore pendant quelques années le fléau de la Palestine; en 1246 ils s'emparèrent de Damas, et leur allié, le sultan d'Égypte, y fit reconnaître sa domination. Mais alors les Kharezmiens ayant demandé d'un ton menaçant les terres qu'on leur avait promises dans la Palestine, le sultan d'Égypte, qui redoutait leur voisinage, se ligua avec plusieurs princes de Syrie, battit les barbares dans deux batailles et les força de quitter ces contrées (1247). La Palestine resta au pouvoir des Égyptiens.

Pendant ce temps le pape Innocent IV, sur la nouvelle de l'invasion des Kharezmiens, avait fait prêcher une nouvelle croisade; mais alors la querelle élevée entre le pape et l'empereur d'Allemagne remplissait de troubles tout l'Occident. L'empereur offrait en vain d'aller combattre dans la Palestine; excommunié de nouveau au concile de Lyon (1245), il fut déclaré indigne de prendre part à la guerre sacrée, et la médiation de Louis IX, roi de France, fut impuissante pour fléchir l'opiniâtreté du pontife. Henri III, roi d'Angleterre, occupé d'apaiser des troubles intérieurs et de repousser les agressions du roi d'Écosse, n'était nullement disposé à s'engager dans une guerre lointaine; il défendit même qu'on prêchât la croisade dans son royaume. Louis IX, entraîné par son enthousiasme religieux, fut le seul à prendre les armes pour la délivrance de la Palestine. En 1244, au moment où on venait d'apprendre les derniers désastres des lieux saints, le roi de France, alors dangereusement malade, avait fait le vœu imprudent de prendre la croix pour voler au secours de la terre sainte : ni les supplications de sa mère, la reine Blanche, ni les représentations de ses plus fidèles serviteurs, à la tête desquels on remarquait l'évêque de Paris, ne purent ébranler la résolution du monarque. Louis, accompagné de ses deux frères, les comtes d'Anjou et d'Artois, et de la reine Marguerite, s'embarqua à Aigues-Mortes, le 25 août 1248, et arriva en Chypre le 21 septembre. Les croisés y passèrent l'hiver, et décidèrent que les armes des chrétiens seraient d'abord dirigées contre l'Égypte. Le vendredi avant la Pentecôte, 21 mai 1249, la flotte française sortit du port de Limisso; tout à coup une violente tempête dispersa la flotte et entraîna la moitié des vaisseaux sur les côtes de Syrie. Le roi, forcé de rentrer dans le port, en repartit bientôt, accompagné d'un grand nombre de chevaliers français et anglais qui venaient d'arriver de Grèce, où ils avaient passé l'hiver. Le quatrième jour, la flotte arriva devant Damiette, et le lendemain les Français débarquèrent en présence de l'ennemi; les musulmans, vaincus dans un premier combat, abandonnèrent la ville, sans essayer de la défendre, bien qu'elle fût mieux préparée à la résistance que lors de la première attaque sous Jean de Brienne, qui ne put s'en emparer qu'au bout de dix-huit mois. Mais cette conquête facile fut suivie d'une funeste inaction. Louis IX voulut attendre, pour poursuivre ses conquêtes, l'arrivée de son frère, le comte de Poitiers; cette résolution devint la source des plus graves désordres. Les croisés, pendant le séjour prolongé qu'ils firent à Damiette, s'abandonnèrent aux vices les plus honteux, se rendirent odieux aux habitants par toute espèce d'exactions et de rapines, et n'observèrent plus aucune discipline. Après l'arrivée du comte de Poitiers, on résolut enfin d'attaquer le Caire, et les croisés allèrent camper à Fariscour, le 7 décembre 1249. La mort du sultan Malec-Saleh n'interrompit pas, parmi les musulmans, les préparatifs de défense contre les croisés; la sultane Schedjr Eddourr la tint secrète et fit reconnaître comme souverain d'Égypte Al-Moaddham Tourân-Schah, qu'elle rappela de Mésopotamie, où il avait été relégué par son père Malec-Saleh. Ce fut le 19 décembre que l'armée chrétienne arriva devant le canal d'Aschmoun, et dressa ses tentes dans l'endroit même où l'armée de Jean de Brienne avait campé trente ans auparavant. Les croisés eurent besoin de déployer toute leur bravoure pour repousser l'ennemi, qui pénétra plusieurs fois dans leurs retranchements; mais enfin, après plusieurs essais infructueux, l'armée française opéra le passage du canal dans un endroit guéable qui lui avait été indiqué par un Arabe (janvier 1250). L'impétueux comte d'Artois, qui avait passé le premier à la tête de l'avant-garde, s'éloigna imprudemment du corps de l'armée, repoussa les musulmans et entra dans Mansoura; mais bientôt toute l'armée chrétienne, combattant sans ordre et sans ensemble, victorieuse d'un côté et vaincue de l'autre, se trouva dans le plus grand péril; ne pouvant se rallier, elle s'épuisa en mille petits combats, sans pouvoir livrer une bataille, et le comte d'Artois périt à Mansoura, sans qu'il fût possible de lui porter secours. La prise du camp musulman et les victoires remportées par les Français au commencement du carême ne purent réparer les désastres de cette campagne, et bientôt les croisés furent en butte à des fléaux plus redoutables que les armes des ennemis. Une maladie contagieuse se déclara dans l'armée chrétienne, et y fit de grands ravages; mais on ne pensa à se retirer à Damiette que lorsque la retraite fut devenue impossible. Pour comble de malheur, les musulmans étaient parvenus à interrompre les communications des croisés avec Damiette, et ceux qu'avait épargnés la maladie expiraient de misère et de faim. Le roi, se voyant lui-même malade et dans l'impossibilité de continuer la lutte, se décida à capituler. La demande que fit Tourân-Schah que le roi de France se livrât lui-même comme otage, fit faire à l'armée des croisés des efforts désespérés pour sauver le roi et opérer sa retraite; mais les Français furent enfin obligés de mettre bas les armes, et le roi, ainsi que ses deux frères, furent faits prisonniers. Après de longues négociations, Tourân-Schah consentit à rendre la liberté au roi et à tous les prisonniers, dont le prix de rançon furent la ville de Damiette et la somme de 800,000 besants d'or (environ huit millions de francs). Avant l'exécution du traité, Tourân-Schah fut assassiné par les mamelouks (mai 1250). Ceux-ci ayant confirmé le traité fait avec les Français, Louis IX, après avoir fait évacuer Damiette, s'embarqua pour Saint-Jean d'Acre avec les débris de son armée.

Le roi de France séjourna trois ans et demi dans la terre sainte; mais il ne put rien faire pour y améliorer la position des chrétiens, qui ne durent leur salut qu'aux dissensions qui régnaient parmi les musulmans. Louis se borna à ranimer, par sa présence, le courage abattu des chrétiens et à relever les murs de quelques villes telles que Saint-Jean d'Acre, Caïpha, Joppé, Césarée. Ne pouvant délivrer Jérusalem, il s'abstint de la visiter. Les mamelouks, qui désiraient l'alliance du roi de France, conclurent avec lui un traité qui donnait aux chrétiens la ville sainte et toute la Palestine, excepté Gaza et Daroum; mais l'exécution de ce traité se fit vainement attendre, et la paix conclue entre les mamelouks et le sultan de Damas détruisit toutes les espérances des chrétiens, qui furent très-heureux d'obtenir du sultan de Damas une trêve de dix ans et dix mois. La nouvelle de la mort de la reine Blanche (1252) détermina le roi à quitter la Palestine. Il partit du port d'Acre le 24 avril 1254, débarqua le 10 juillet aux îles d'Hyères, et arriva le 5 septembre à Vincennes.

Après le départ de Louis, la discorde éclata de nouveau entre les Templiers et les Hospitaliers; ils se poursuivaient et s'attaquaient réciproquement avec une fureur que rien ne pouvait apaiser, et le sang coulait par torrents. Au bout de quelques années, un orage terrible éclata du côté de l'Égypte. Après la mort de Tourân-Schah, l'émir Azz-Eddîn Aïbek, le Turcoman, avait pris les rênes du gouvernement; d'abord comme Atabek et au nom de la reine mère Schedjr-Eddourr, ensuite comme premier sultan de la dynastie des mamelouks *Bahrites* (habitants des pays maritimes). En 1257, la reine fit étouffer Aïbek dans un bain; les émirs ayant fait mettre à mort la reine, l'émir Kotouz s'empara du gouvernement et prit le titre de sultan. En 1260, Kotouz, après avoir combattu les Tartares en Syrie, fut assassiné par Bibars Bondokdâr, auteur de l'assassinat de Tourân-Schah. Bibars s'occupa avec zèle de l'entière ruine des chrétiens de Syrie, qui avaient repris quelques forces à la faveur de la trêve qui venait d'être accordée et de l'invasion des Tartares sous Houlagou. En 1264, Bibars envahit la Palestine et marcha sur Acre, après avoir dévasté les églises de Nazareth et du mont Thabor. Bibars, qui avait commencé le siége d'Acre avec avantage, se contenta cependant de ravager les campagnes autour de la ville, et alla s'emparer de Césarée et d'Arsouf (1265). L'année suivante (1266), il prit successivement Sapheth, Joppé, Ramla et Tebnîn. Il fit ensuite la conquête d'Antioche (1268), en sorte que bientôt toutes les possessions chrétiennes de Syrie, à l'exception d'Acre et de quelques autres villes, se trouvèrent au pouvoir de Bibars.

A la nouvelle des premières victoires de Bibars, Louis IX prononça de nouveau le serment d'aller combattre les infidèles, et cette fois Henri III d'Angleterre permit à son fils Édouard de prendre part à la croisade. Louis s'embarqua de nouveau à Aigues-Mortes, en 1270, accompagné de ses trois fils, avec une armée de soixante mille hommes. On connaît l'issue funeste de l'expédition, dirigée contre le royaume de Tunis et qui se termina par la mort de Louis IX (25 août 1270).

Le prince Édouard n'arriva sur la côte de Carthage qu'après la signature de la trêve; ce fut le seul chef qui partît pour l'Orient (1271); tous les croisés réunis formaient à peine un corps de mille ou douze cents combattants. La plupart des princes chrétiens de la Syrie avaient conclu des traités avec le sultan du Caire, et n'étaient nullement disposés à s'engager dans une guerre où les faibles moyens dont disposait Édouard ne leur permettaient pas d'espérer de grands avantages. Cependant les Templiers et les Hospitaliers se réunirent au prince anglais, que sa renommée avait devancé en Orient. Cette petite armée, composée de six à sept mille hommes, après une excursion en Phénicie, marcha sur Nazareth; dont l'église avait été détruite par les soldats de Bibars. La ville fut livrée au pillage, et tous les musulmans qu'on y trouva furent cruellement massacrés. Après cette expédition, digne plutôt d'un chef de brigands que d'un prince, Édouard retourna à Saint-Jean d'Acre. Un jour qu'il était seul dans sa chambre et qu'il reposait sur un lit, un des disciples du Vieux de la montagne, envoyé, dit-on, par le gouverneur de Joppé, entra sous prétexte de remettre des lettres au prince, et se précipitant sur lui, le poignard à la main, le blessa au bras; mais Édouard terrassa l'assassin et le tua; dans la lutte il se fit lui-même une seconde blessure au front. Les blessures d'Édouard n'étaient pas mortelles, et quelques historiens en attribuent la guérison au dévouement de sa femme, la princesse Éléonore, qui suça les plaies dans la crainte que le poignard ne fût empoisonné. — Après cet événement, Édouard accepta une trêve qui lui fut proposée par le sultan d'Égypte, et retourna en Europe, sans avoir rien fait pour la cause qu'il était venu défendre.

Thibault, archidiacre de Liége, qui avait suivi les Frisons en Syrie, venait d'être appelé de Saint-Jean d'Acre pour occuper le siége pontifical, sous le nom de Grégoire X; arrivé en Europe, il fit tous ses efforts pour appeler encore une fois la chrétienté à une entreprise qui avait si souvent échoué. Les républiques italiennes, Philippe le Hardi, roi de France, et l'empereur des Grecs, Michaël Paléologue, paraissaient vouloir favoriser une nouvelle croisade contre le sanguinaire et ambitieux Bibars; mais les secours offerts étaient loin de répondre aux besoins de l'entreprise. La croisade fut sanctionnée par le concile de Lyon (1274); mais bientôt la mort de Grégoire X (janvier 1276) interrompit les préparatifs à peine commencés, et la cause des chrétiens en Palestine fut perdue sans retour.

Bibars mourut en Syrie, en 1277; les troubles causés par cette mort et par l'invasion des Tartares enhardirent les chrétiens de la Palestine, qui prirent les armes et firent quelques courses sur le territoire musulman. Kélaoun, qui avait usurpé le trône d'Égypte sur les fils de Bibars [1], vainquit les Tartares, et les chrétiens, réduits à leurs propres forces, se virent obligés de demander humblement la paix. En 1283, un traité de paix fut conclu entre Kélaoun et la principauté d'Acre; mais les chrétiens, loin de montrer la modération qui convenait à leur état de faiblesse, se portaient aux plus graves excès. Kélaoun, ayant recommencé les hostilités (1285), prit la forteresse de Markab, située entre Laodicée et Tripoli, et qui appartenait aux Hospitaliers. En 1289, la ville de Tripoli tomba au pouvoir de Kélaoun et fut détruite de fond en comble; le seigneur de Djiblé ou Djebaïl se soumit à un tribut annuel.

Le sultan menaça alors Saint-Jean d'Acre; « cependant, soit qu'il redoutât le désespoir des chrétiens, soit qu'il ne jugeât point encore le moment favorable, il céda à quelques sollicitations, et renouvela avec les habitants une trêve pour deux ans, deux mois, deux semaines, deux jours et deux heures [2]. » Quelque temps après, l'assassinat de quelques musulmans d'Acre, immolés par la vengeance d'un chrétien, dont la femme avait été séduite par un musulman, fournit à Kélaoun un prétexte pour attaquer la ville d'Acre; mais le sultan mourut au moment où il allait se mettre en marche, et son fils Khalîl, surnommé Malec-Aschraf, se chargea d'accomplir le projet de son père.

Le siége d'Acre commença au mois d'avril 1291; le sultan attaqua la ville avec des forces imposantes; son armée, composée de soixante mille cavaliers et de cent quarante mille fantassins, couvrait un espace de plusieurs lieues, et plus de trois cents machines de guerre étaient prêtes à

[1] Le fils aîné de Bibars, qui mécontenta les anciens conseillers de son père, fut relégué à Kérek, après deux ans de règne; on éleva à sa place un de ses frères, auquel Kélaoun fut donné pour régent; mais au bout de quelques mois, Kélaoun prit lui-même le titre de sultan.

[2] Michaud, *Hist. des Croisades*, t. V, p. 163.

foudroyer les remparts de la ville. L'espoir de recevoir des secours de l'Occident soutint quelque temps le courage des habitants; mais bientôt le désespoir s'empara d'eux, les rangs des défenseurs s'éclaircirent chaque jour, et la plus grande partie des habitants s'enfuirent par mer en emportant leurs richesses. Il ne resta sous les armes que douze mille guerriers intrépides, dont le courage fut paralysé par la division qui régnait parmi les chefs. Le 4 mai, le sultan donna le signal d'un assaut; le combat dura toute la journée, jusqu'à ce que la nuit força les musulmans à la retraite. Mais, pendant cette nuit, le roi de Chypre déserta avec tous ses chevaliers et trois mille combattants. Le lendemain, les musulmans donnèrent un nouvel assaut; au moyen d'une large brèche ils parvinrent à pénétrer dans la ville; mais les chrétiens, sous la conduite de Guillaume de Clermont, maréchal des Hospitaliers, firent une résistance désespérée, et, vers le soir, les musulmans se retirèrent en désordre par la brèche qu'ils avaient faite. Plusieurs autres attaques furent repoussées avec la même bravoure. Enfin, le 18 mai, le sultan donna le signal d'un nouvel assaut; l'attaque et la défense furent beaucoup plus vives encore que dans les jours précédents. Les chevaliers du Temple, qui sortirent au-devant de l'ennemi, furent repoussés et poursuivis jusqu'au pied des remparts. Dans ce combat sanglant, le grand maître des Templiers fut frappé mortellement et celui des Hospitaliers mis hors de combat. La déroute devint générale; les chrétiens, réduits à mille guerriers, furent obligés de céder à la multitude de leurs ennemis, et toute la ville fut livrée aux flammes et au carnage. Un violent orage vint ajouter aux horreurs de cette terrible journée, où s'écroula le dernier boulevard de la domination chrétienne en Palestine. Tous ceux qui purent échapper au massacre s'enfuirent vers le port. Le patriarche de Jérusalem, entraîné malgré lui et forcé de s'embarquer, reçut dans son navire tous ceux qui se présentaient; le vaisseau fut submergé, et le fidèle pasteur périt avec ceux qu'il avait voulu sauver.

Après la destruction de Saint-Jean d'Acre, les villes de Tyr, de Beirouth et de Sidon, saisies d'épouvante, ouvrirent leurs portes sans résistance. Les musulmans sévirent, par le fer et par l'incendie, contre tout ce qui pouvait rappeler le triomphe de la croix, et firent disparaître partout les traces de la domination chrétienne.

Cette domination s'était étendue sur quatre-vingts cités, sans compter un grand nombre de châteaux ou forteresses. Les possessions chrétiennes étaient divisées, au douzième siècle, en six parties : 1° possessions royales, renfermant Jérusalem, Nablous, Saint-Jean d'Acre et Tyr, avec leurs environs; 2° première baronnie, renfermant les pays de Joppé et d'Ascalon, et les seigneuries de Rama, de Mirabel et d'Ibelin; 3° deuxième baronnie, ou principauté de Galilée; 4° troisième baronnie, ou seigneuries de Sidon, de Césarée et de Scythopolis; 5° quatrième baronnie, ou seigneuries de Kérek, d'Hébron et de Montréal; 6° comté de Tripoli.

Les sultans Bahrites d'Égypte restèrent paisibles possesseurs de la Palestine jusqu'à leur chute; car les entreprises des Tartares de la Perse sous Casan ne furent qu'un orage passager qui n'eut point de suite. Les chrétiens ne pouvaient entrer dans l'église du Saint-Sépulcre que moyennant un tribut. Robert d'Anjou, roi de Naples, fit admettre à Jérusalem les disciples de saint François d'Assise, à qui furent confiés la garde des lieux saints et le soin de recevoir les voyageurs chrétiens (1313)[1]. Les Juifs étaient établis dans toutes les villes de Palestine, et y jouissaient, à ce qu'il paraît, de beaucoup de liberté. Un auteur juif de cette époque, Esthori Parchi, qui émigra de France lors de l'expulsion des Juifs par Philippe le Bel, et qui

---

[1] Voy. Poujoulat, *Histoire de Jérusalem*, t. II, p. 457 et 460.

alla s'établir à Beth-Seân, ou Scythopolis, en Palestine, parle de nombreuses troupes de pèlerins juifs qui, de Tripoli, de Hamath, de Damas, d'Alep, du Caire et d'Alexandrie, se rendaient à Jérusalem pour y célébrer les jours de fête [1]. Les Juifs habitaient dans la ville sainte un quartier particulier et y avaient plusieurs synagogues [2].

En 1382, le sultan Malec-Saleh Hadji fut dépossédé du trône d'Égypte et remplacé par Abou-Saïd Barkouk, fondateur de la dynastie des mamelouks *Borgites* (gardiens des Tours), ou circassiens. Barkouk introduisit des réformes notables dans le gouvernement de Palestine; le nouveau gouverneur qu'il y envoya en 1393 abolit tous les impôts illégaux qui avaient été introduits par les gouverneurs précédents [3].

A la fin du quatorzième siècle, sous le règne de Faradj, fils et successeur de Barkouk, la Palestine vit passer près d'elle un violent orage, qui jeta l'épouvante parmi les chrétiens comme parmi les musulmans. Timour ou Tamerlan, le célèbre empereur des Mogols, envahit alors la Syrie (1400), et fit la conquête d'Alep, d'Émesse, de Damas et de quelques autres villes; les ruines et les torrents de sang marquaient son passage. Mais pressé de se rendre dans l'Anatolie pour combattre l'empereur ottoman Bajazet, il quitta promptement la Syrie, et cette fois la Palestine échappa aux désastres de la guerre.

Pendant plus d'un siècle encore il ne se passa en Palestine aucun événement d'une haute importance; le pays resta soumis aux mamelouks circassiens. Les chrétiens y vivaient dans l'abaissement et sous une oppression tyrannique. Les souvenirs qu'y avaient laissés les guerres des croisades inspiraient aux musulmans une grande méfiance envers les chrétiens d'Europe, qui ne pouvaient aborder les lieux saints qu'en s'exposant aux plus graves dangers; les chrétiens d'Orient, les Jacobites, les Arméniens, étaient seuls restés tolérés en Palestine. En 1432, le voyageur Bertrand de la Broquière ne trouva à Jérusalem que deux moines français qui étaient obligés de subir les plus cruels traitements; les marchands chrétiens étaient enfermés chaque soir dans leurs bazars, que les musulmans ouvraient le matin à l'heure qui leur convenait. Les Juifs furent mieux traités; dans une lettre inédite, datée de l'an 1438, et adressée par un rabbin italien de Jérusalem, nommé Élie, à sa famille établie à Ferrare [1], on lit que les Juifs, se livrant à diverses industries, travaillaient comme ouvriers chez les musulmans, et qu'ils n'avaient pas à y subir les humiliations et les vexations auxquelles ils étaient exposés dans les autres pays. Les métiers qui, selon le même écrivain, s'exerçaient alors de préférence dans la ville sainte, étaient ceux de charpentier, de tailleur, de cordonnier, d'orfévre; on s'occupait aussi du commerce des soieries, dont la fabrication était abandonnée aux femmes. Ceux qui se donnaient pour médecins ou pharmaciens étaient de la plus profonde ignorance. La vie y était beaucoup moins chère que dans aucun pays d'Occident, et on y jouissait d'une grande abondance de vivres.

En 1452, sous le règne du sultan Malec-Dhaher Djakmak, il y eut une violente persécution contre les chrétiens de la Palestine. Les musulmans, par ordre du sultan, dévastèrent plusieurs couvents et démolirent les constructions nouvelles élevées par les chrétiens dans le monastère du mont Sion et dans les églises de Bethléhem et du Saint-Sépulcre. Ils prirent possession du *sépulcre de David*, et, profanant les tombeaux chrétiens qui se trou-

---

[1] Voy. Zunz, *On the Geography of Palestine, from jewish sources* (dans *the Itinerary of Benjamin of Tudela*, by *A. Asher*, t. II), p. 399.
[2] Voy. ibidem, p. 400.
[3] Voy. l'Histoire (arabe) de Jérusalem et d'Hébron, ms. ar. du fond de Saint-Germain-des-Prés, n° 100, fol. 220, *verso*.

[1] L'autographe de cette lettre se trouve à la Bibliothèque royale, à la fin du manuscrit hébreu n° 450, ancien fonds.

vaient dans ce lieu, ils jetèrent les ossements hors du lieu de leur sépulture[1]. Les moines chrétiens restèrent en possession du couvent du mont Sion, mais il leur était absolument interdit d'y faire aucune construction nouvelle; plus tard une chapelle élevée près du couvent donna lieu à de nouvelles disputes entre les musulmans et les chrétiens et fut démolie par ordre du sultan Malec-Aschraf Kayetbaï, en 1491[2].

Sous le règne de ce même sultan, un procès entre les musulmans et les Juifs, au sujet du terrain d'une synagogue, mit en émoi, pendant deux années, toute la population de la ville de Jérusalem (1473-75). Les musulmans avaient dans le quartier juif une mosquée qu'ils ne pouvaient aborder qu'en passant par une longue ruelle; par hasard une maison appartenant à la synagogue vint à s'écrouler, ce qui rendait les abords de la mosquée plus faciles. Les musulmans s'opposèrent à la reconstruction de la maison, et engagèrent un procès avec la communauté juive, prétendant que le terrain de cette maison appartenait à la mosquée. Cependant les Juifs ayant produit leurs titres, gagnèrent le procès. Les musulmans s'adressèrent alors au sultan, qui ordonna une nouvelle enquête; on gagna de faux témoins, et les Juifs, se voyant menacés, s'adressèrent à leur tour au sultan. La querelle s'étant envenimée, les musulmans démolirent la synagogue des Juifs. Sur ces entrefaites le procès fut porté devant le tribunal supérieur du Caire; les Juifs eurent gain de cause, et la synagogue fut rétablie par l'ordre du sultan, dont l'irritation contre l'iniquité des juges de Jérusalem fut telle qu'il ordonna leur arrestation. Deux des principaux juges furent destitués et exilés de Jérusalem, et un schéikh, qui avait excité le peuple à démolir la synagogue, n'échappa à la colère du sultan qu'en se réfugiant à la Mecque. Cet événement peu important en lui-même peut servir cependant à faire connaître la position des rayas et la protection que leur accordaient les sultans circassiens; il fit une grande sensation dans le pays, et l'auteur arabe qui le rapporte le présente comme un des événements les plus importants arrivés en Palestine sous le règne de Kayetbaï[1].

Les mamelouks circassiens exercèrent leur domination en Palestine jusqu'à l'année 1517, où l'empereur ottoman Sélim Ier conquit la Syrie et la Palestine sur Kansou-Gauri, avant-dernier sultan d'Égypte. La Palestine ne fit que changer de maître; le sort de ses habitants restait sous les Turcs ce qu'il avait été sous les mamelouks; mais l'Europe, qui redoutait la puissance des Turcs, fut frappée de consternation à la nouvelle de la conquête de Sélim. — Toute la Syrie, y compris la Palestine, fut divisée en cinq gouvernements ou *pachalics*, savoir: celui d'Alep, celui de Tripoli, celui de Saïda ou Sidon (transféré plus tard à Acre), celui de Damas, et enfin celui de Falestîn (ou du midi de la Palestine), dont le siége a été tantôt à Gaza, tantôt à Jérusalem. La circonscription de ces pachalics a souvent varié; mais la disposition générale s'est maintenue à peu près la même[2]. La Palestine proprement dite se composait du pachalic de Falestîn et d'une partie de ceux de Damas et d'Acre.

Pendant plus de deux siècles et demi il ne se passa en Palestine aucun changement notable. Nous ne sommes instruits de l'état du pays que par les pèlerins et les voyageurs qui le visitaient de temps à autre; mais son histoire n'offre qu'une série monotone d'événements sans importance, des troubles, des séditions, causés par l'ambi-

---

[1] Voy. Hist. de Jérusalem et d'Hébron, fol. 222, recto.
[2] Voy. le même ouvrage, vers la fin.

[1] C'est l'auteur de l'Histoire de Jérusalem et d'Hébron qui entre dans de très-longs détails sur ce procès. Voy., à la fin de l'ouvrage, les événements du règne de Kayetbaï, aux années 878-880 de l'hégire.
[2] Voy. Volney, *Voyage en Égypte et en Syrie*, t. II, ch. 2.

tion et l'avidité des pachas. L'Europe, en s'occupant d'arrêter les invasions des Turcs, s'intéressait aussi au sort des lieux saints, auxquels se rattachaient tant de souvenirs, et pour la possession desquels elle avait fait tant de vains sacrifices. Voici comment l'illustre historien des croisades, en terminant son magnifique tableau de la lutte imposante entre l'Orient et l'Occident, rend compte des efforts pacifiques faits par les souverains d'Europe pour protéger les intérêts de leurs coreligionnaires d'Orient et le culte des lieux saints[1] :

« La plupart des souverains de la chrétienté, à l'exemple de Charlemagne, mettaient leur gloire, non plus à délivrer, mais à protéger la ville de Jésus-Christ contre les violences des musulmans. Les capitulations de François Ier, renouvelées par la plupart de ses successeurs, renferment plusieurs dispositions qui tendent à assurer la paix des chrétiens et le libre exercice de la religion chrétienne dans l'Orient. Sous le règne de Henri IV, Deshayes, ambassadeur de France à Constantinople, alla visiter les fidèles de Jérusalem, et leur porta les consolations et les secours d'une charité toute royale. Le comte de Nointel, qui représentait Louis XIV auprès du sultan des Turcs, se rendit aussi dans la terre sainte, et Jérusalem reçut en triomphe l'envoyé du puissant monarque dont le crédit et la renommée allaient protéger les chrétiens jusqu'au delà des mers. Après le traité de Passarowitz, la Porte envoya une ambassade solennelle à Louis XV. Cette ambassade était chargée de présenter au roi très-chrétien un firman du Grand Seigneur, qui accordait aux catholiques de Jérusalem l'entière possession du saint Sépulcre et la liberté de réparer leurs églises. Les princes de la chrétienté envoyaient chaque année leurs tributs à la ville sainte, et dans les cérémonies solennelles, l'église de la Résurrection étalait les trésors des rois de l'Occident. Les pèlerins n'étaient plus reçus à Jérusalem par les chevaliers de Saint-Jean, mais par les gardiens du Sépulcre, qui appartenaient à la règle de saint François d'Assise. Conservant les mœurs hospitalières des temps anciens, le supérieur lavait lui-même les pieds des voyageurs, et leur donnait tous les secours nécessaires pour leur pèlerinage..... La sécurité qui régnait dans la ville de Jérusalem fit qu'on songea moins à sa délivrance. Ce qui avait suscité l'esprit des croisades dans le onzième siècle, c'était surtout la persécution dirigée contre les pèlerins, et l'état misérable dans lequel gémissaient les chrétiens d'Orient. Lorsqu'ils cessèrent d'être persécutés, et qu'ils eurent moins de misères à souffrir, des récits lamentables ne réveillèrent plus ni la pitié ni l'indignation des peuples de l'Occident, et la chrétienté se contenta d'adresser à Dieu des prières pour le maintien de la paix dans les lieux qu'il avait sanctifiés par ses miracles. Il y avait alors un esprit de résignation qui remplaçait l'enthousiasme des croisades; la cité de David et de Godefroi se confondait dans la pensée des chrétiens avec la Jérusalem céleste; et comme les orateurs sacrés disaient *qu'il fallait passer par le ciel pour arriver au territoire de Sion*, on ne dut plus s'adresser à la bravoure des guerriers, mais à la dévotion et à la charité des fidèles. »

Malheureusement les généreux efforts de quelques souverains d'Europe et la bonne volonté de la Porte ottomane échouaient souvent contre les discordes des chrétiens de Palestine; la possession des lieux consacrés par les traditions chrétiennes était un sujet de luttes continuelles entre les différentes sectes. Tantôt les Latins faisaient reconnaître leurs priviléges sous la puissante protection de l'Occident, tantôt les intrigues et l'or des Grecs l'emportaient sur les droits tant de fois garantis aux catholiques romains. Les querelles n'étaient pas moins vives entre les Grecs, les Ar-

---

[1] Michaud, *Hist. des Croisades*, à la fin du tome V.

méniens et les Abyssins; ces différentes sectes se disputaient surtout le privilége d'obtenir la descente du feu sacré; leurs supercheries et leurs récriminations réciproques donnaient souvent lieu, dans l'église du Saint-Sépulcre, aux scènes les plus révoltantes et les plus scandaleuses; l'église retentissait des éclats de rire des musulmans qui assistaient à ces scènes comme à un spectacle, et, s'il faut en croire Pietro della Valle, il s'y passait des choses bien plus convenables à des salles de spectacle et à des bacchantes qu'à des temples et à des cœurs contrits [1].

La population juive de Palestine reçut, pendant le seizième siècle, des accroissements considérables; les Juifs expulsés de l'Espagne et du Portugal se rendirent en très-grand nombre dans les pays soumis à la domination turque [2], et plusieurs rabbins espagnols allèrent s'établir en Palestine, où ils fondèrent de nouvelles écoles. Les siéges des principales d'entre elles étaient à Jérusalem, à Sapheth et à Tibériade. Vers la fin du quinzième siècle, l'illustre rabbin d'Italie Obadia de Bartenora (ou mieux Bertinoro), qui s'est rendu célèbre par son commentaire sur la Mischna, vivait à Jérusalem. L'école de Sapheth fut illustrée, vers 1530, par Jacob Berab, issu d'une famille distinguée des environs de Tolède; il convoqua à Sapheth un synode composé de vingt-cinq rabbins, et essaya de rétablir le patriarcat et l'unité de la synagogue; mais il avait trop présumé de son influence, et ses tentatives n'eurent pas de succès [3]. Les communautés de Palestine n'ont jamais pu parvenir à un état bien florissant; les Juifs n'y trouvaient pas l'occasion de s'enrichir par de grandes opérations commerciales et d'acquérir l'influence que souvent les grandes fortunes leur donnaient dans les autres pays musulmans. D'un autre côté, ils n'excitaient aucune jalousie par leur position, et vivaient en paix avec les autres habitants du pays. Depuis des siècles, les Juifs de Palestine et ceux qui dans leur vieillesse s'y rendent de l'Afrique, de la Turquie, et notamment de la Pologne, vivent, en grande partie, des aumônes qu'ils font recueillir, par des envoyés particuliers, dans toutes les communautés juives d'Orient et d'Occident.

La Palestine attire de nouveau notre attention depuis la seconde moitié du dix-huitième siècle. Comme dans les autres parties du vaste empire turc, les pachas étaient revêtus en Syrie d'un pouvoir illimité et absolu; les agas et les schéikhs qui dépendaient d'eux opprimaient comme eux les districts qui leur étaient confiés. La Porte tolérait tous ces petits tyrans, et les laissait guerroyer entre eux, pour s'enrichir à la fin des dépouilles des vaincus. Un des chefs qui eurent le plus de pouvoir et d'influence fut le schéikh Dhaher, qui, pendant près de trente ans, remplit l'Orient du bruit de ses exploits et inspira à la Porte de vives inquiétudes [1].

Dhaher, Arabe d'origine, né vers 1685 ou 1686, était issu des Beni-Ziadneh, l'une des familles les plus puissantes des Bédouins des environs du Jourdain et du lac de Tibériade. Après la mort d'Omar, son père, arrivée dans les premières années du dix-huitième siècle, il partagea le commandement avec un oncle et deux frères; la petite ville de Sapheth fut son domaine, et peu après il y ajouta Tibériade. En 1742, Dhaher, assiégé dans cette ville par le pacha de Damas, eût succombé, si une mort subite ne l'eût délivré de son ennemi. Mais, tranquille du côté des Otto-

---

[1] Voy. *Viaggi di Pietro della Valle*, t. I (Rome, 1650), p. 580. On peut comparer les passages du voyageur allemand Troïlo et de Cotwyk, cités par Raumer, *Palæstina*, p. 229-232.

[2] Encore aujourd'hui, l'espagnol est la langue la plus usitée parmi les Juifs de Turquie.

[3] Voy. Jost, *Histoire des Israélites*, t. VIII, p. 55 et suiv.

[1] Volney, dans son *Voyage en Égypte et en Syrie*, t. II, ch. I, a donné un précis de l'histoire de ce schéikh; nous en reproduirons ici les faits principaux.

mans, il se brouilla, par des discussions d'intérêt, avec son oncle et ses frères. Dhaher, après les avoir vaincus dans plusieurs combats, termina ses querelles en faisant périr ses concurrents. Alors disposant seul de toutes les forces de cette famille puissante, il ouvrit une plus grande carrière à son ambition. Le commerce qu'il faisait lui ayant fait sentir le besoin de communiquer directement avec la mer, il s'empara d'Acre, dont il fit sa résidence (1749). Par des protestations de respect et d'obéissance, accompagnées de quelques mille sequins, il sut légitimer sa conquête auprès de la Porte; Acre, qui n'était alors qu'un misérable village, reçut par ses soins quelques fortifications et acquit bientôt une grande importance. Dhaher s'occupa des soins de l'administration; il encouragea l'agriculture, réprima les courses et les pillages des tribus arabes voisines, et parvint à rétablir la sûreté dans les campagnes. Les cultivateurs musulmans et chrétiens, partout vexés et dépouillés, vinrent de toutes les parties de la Syrie se réfugier auprès de Dhaher, sous la domination duquel ils trouvaient la sécurité et la tolérance religieuse; parmi les nouveaux venus on remarquait même une colonie de Grecs de l'île de Chypre. D'autre part, Dhaher se fortifia par des alliances avec les grandes tribus du désert, et s'attacha les Motewâlis, sectaires musulmans des environs de Tyr, en les réconciliant avec les pachas de Saïda et de Damas, dont ils avaient pillé les terres, et en offrant d'être leur caution et de payer le tribut pour eux; il s'assura ainsi l'amitié d'un peuple qui pouvait mettre dix mille cavaliers sur pied. Malheureusement ses enfants, à qui il avait confié des gouvernements, n'imitaient pas sa prudence; ils vexèrent leurs sujets, pour satisfaire leur luxe. Le vieux schéikh leur fit des reproches; les querelles intervinrent bientôt, et la guerre éclata entre Dhaher et ses enfants, qui, croyant leur vieux père près de terminer sa carrière, voulaient anticiper sa succession. De son côté, la Porte ne voyait pas sans inquiétude les accroissements de Dhaher, qui ne craignit pas de demander, vers 1768, les titres de *schéikh d'Acre, prince des princes, commandant de Nazareth, de Tibériade de Sapheth, et schéikh de toute la Galilée*. La Porte accorda tout à la crainte et à l'argent; mais elle n'oublia pas les nombreux griefs qu'elle avait contre Dhaher, et notamment le pillage d'une grande caravane de la Mecque, commis en 1757, par des Arabes alliés de Dhaher, et les relations que celui-ci entretenait avec les corsaires maltais, qui venaient vendre à Acre les produits de leurs brigandages. Comme à l'ordinaire, la Porte agissait sourdement; elle stimulait les brouilleries domestiques et opposait à Dhaher des agents capables d'arrêter ses progrès, tels qu'Othman, pacha de Damas, et ses deux fils, nommés pachas de Tripoli et de Saïda (1760-65). Othman, croyant avoir trouvé le moment de frapper un coup décisif, comptait surprendre Dhaher; mais il fut battu lui-même par l'intrépide Ali, fils de Dhaher. La tyrannie d'Othman servit encore mieux les intérêts du schéikh, dont la puissance prit de nouveaux accroissements par les révoltes qui éclatèrent contre le pacha de Damas sur plusieurs points de la Palestine.

Ce fut en ces circonstances que le fameux mamelouk Ali-Bey, conquérant de la Mecque et de l'Égypte, tourna ses projets d'agrandissement vers la Syrie; il trouva un puissant allié dans le schéikh Dhaher. En 1770, Ali-Bey fit passer à Gaza un corps de mamelouks qui occupa Ramla et Lydda, et au mois de février 1771, son ami Mohammed-Bey arriva en Palestine avec la grande armée. Les troupes réunies d'Ali et de Dhaher battirent complétement le pacha de Damas; mais Mohammed-Bey, changeant subitement de dessein, reprit le chemin du Caire. Néanmoins Dhaher remporta une nouvelle victoire sur le pacha de Damas; la Porte, effrayée des revers que lui faisaient éprouver les

Russes, fit proposer à Dhaher une paix très-avantageuse; mais Ibrahim Sabbâgh, chrétien, ministre de Dhaher, espérant toujours qu'Ali-Bey viendrait conquérir la Syrie, rejeta les propositions de la Porte. Bientôt la nouvelle de l'expulsion d'Ali par Mohammed-Bey vint désabuser Ibrahim; Ali arriva à Gaza, en qualité de fugitif et de suppliant. Dhaher donna l'hospitalité à Ali, et les deux chefs remportèrent plusieurs victoires éclatantes sur les Turcs. Ali, trompé par les émissaires de Mohammed-Bey, qui lui faisaient espérer son rétablissement en Égypte, quitta la Syrie en 1773; mais il périt bientôt, victime d'une trahison. Dhaher obtint encore quelques succès contre le fameux Ahmed, surnommé *Djezzâr* (boucher), pacha de Béirouth; mais, malgré l'alliance faite avec les Druzes, sa fortune commença à l'abandonner, et la paix conclue entre la Porte et la Russie obligea le vieux schéikh à traiter avec les Turcs. L'on convint que Dhaher et ses enfants mettraient bas les armes, qu'ils conserveraient le gouvernement de leur pays et que le schéikh payerait le tribut comme par le passé. Ces propositions, arrêtées sans l'avis des fils de Dhaher, déterminèrent leur révolte. Sur ces entrefaites, Mohammed-Bey entra en Palestine (1775); Dhaher, abandonné de tous ses alliés, s'enfuit dans les montagnes, avec son ministre Ibrahim, et les mamelouks se rendirent maîtres d'Acre. Quoique la mort subite de Mohammed remît Dhaher en possession de cette ville, il y fut bientôt assiégé par les Turcs, et il reconnut trop tard que la Porte, en lui accordant la paix, n'avait voulu qu'endormir sa vigilance. Le chef des Barbaresques qui étaient à la solde de Dhaher fut d'avis qu'on achetât l'inaction du capitan-pacha, assurant qu'il était certain de le renvoyer, et même de s'en faire un ami, en lui comptant deux mille bourses; mais le ministre Ibrahim, par avarice, rejeta cet avis et voulut qu'on repoussât la force par la force. Dhaher donna raison à son ministre, et accusa de trahison le chef des Barbaresques. Celui-ci sortit à l'instant du conseil, et, rassemblant ses troupes, leur défendit de tirer sur les Turcs. Au moment du combat, Dhaher, se voyant abandonné par les Barbaresques, et ne pouvant songer à la résistance, voulut chercher son salut dans la fuite. Quoiqu'il fût alors âgé de quatre-vingt-dix ans, il monta à cheval et chercha à gagner la campagne; mais atteint d'un coup de fusil dans les reins, que lui tira un Barbaresque, Dhaher tomba de cheval; les Barbaresques accoururent aussitôt et lui coupèrent la tête; elle fut portée au capitan-pacha qui la fit saler, afin de l'apporter à Constantinople.

Après la mort de Dhaher, Djezzâr fut nommé pacha d'Acre et de Saïda, et reçut la mission d'exterminer les enfants de Dhaher et d'achever la ruine des rebelles. Il se rendit maître de trois fils du schéikh, Othman, Séid et Ahmed; Ali résista près d'une année et ne succomba que par la trahison des Barbaresques, qui, sous prétexte de réclamer son appui, s'introduisirent auprès de lui et l'assassinèrent. Le capitan-pacha fit égorger Séid, Ahmed et leurs enfants. Othman fut épargné en faveur de son talent pour la poésie et envoyé à Constantinople. Djezzâr ayant battu les Druzes et anéanti presque tous les Motewalis, obtint de nouvelles faveurs de la Porte; son pachalic reçut de grands accroissements et embrassait tout le littoral de la Palestine et toute la Galilée. Quoique le divan prît ombrage de sa fortune, il sut se maintenir dans son gouvernement, et il exerçait depuis plus de vingt ans les plus horribles vexations sur les habitants d'une grande partie de la Syrie et de la Palestine, lorsque le général Bonaparte, ayant appris les préparatifs qu'il faisait contre lui, vint des bords du Nil envahir la Palestine, afin d'empêcher les troupes rassemblées en Syrie de s'approcher de l'Égypte.

Dans les premiers jours de février 1799, l'armée française, composée des divisions Kléber, Régnier,

Lannes, Bon et Murat, et forte de treize mille hommes environ, se mit en marche vers El-Arisch; elle arriva devant cette place le 17 février; la garnison, composée de treize cents hommes, se rendit après une courte résistance, et fut renvoyée à condition de ne plus servir contre les Français. Bonaparte s'empara, avec la même facilité, de Gaza, d'où l'armée se dirigea sur Yâfa ou Joppé. Cette place, qui renfermait une assez forte garnison, donna la première l'exemple d'une vive résistance, mais qui dura à peine deux jours; attaquée le 4 mars, elle se défendit jusqu'au 6, où elle fut prise d'assaut et livrée à trente heures de pillage et de massacres. Bonaparte envoya ses aides de camp, Beauharnais et Croisier, pour apaiser la fureur des soldats; les deux officiers crurent devoir accepter les offres de paix d'environ quatre mille soldats, pour la plupart Arnautes et Albanais, qui, retranchés dans quelques vastes bâtiments, crièrent des fenêtres qu'ils voulaient bien se rendre si on voulait leur assurer la vie sauve, et déclarèrent que, dans le cas contraire, ils se défendraient jusqu'à la dernière extrémité. Lorsqu'on amena au camp ces quatre mille prisonniers, Bonaparte en fut fort embarrassé; il ne pouvait pas les envoyer en Égypte, parce qu'il n'avait pas les moyens de les faire escorter, et il ne voulait pas les renvoyer libres, de crainte qu'ils n'allassent à Acre renforcer le pacha. Après trois jours d'inutiles délibérations, Bonaparte donna l'ordre de fusiller les prisonniers; cet ordre barbare fut exécuté le 10 mars, sur le bord de la mer. « Plusieurs de ces mal« heureux, dit un témoin oculaire[1], « parvinrent à gagner à la nage quel« ques récifs assez éloignés pour que « la fusillade ne pût les atteindre. Les « soldats posaient leurs armes sur le « sable, et employaient, pour les « faire revenir, les signes égyptiens « de réconciliation en usage dans le « pays. Ils revenaient, mais à mesure « qu'ils avançaient ils trouvaient la « mort et périssaient dans les flots. Je « me bornerai à ces détails sur cette hor« rible nécessité dont je fus témoin ocu« laire. D'autres, qui l'ont vue comme « moi, m'en épargnent heureusement « le sanglant récit. Cette scène atroce « me fait encore frémir lorsque j'y « pense, comme le jour où je la vis, « et j'aimerais mieux qu'il me fût pos« sible de l'oublier que d'être forcé de « la décrire. Tout ce que l'on peut se « figurer d'affreux dans ce jour de « sang serait encore au-dessous de la « réalité. » — Les soldats français prirent, en s'arrêtant à Yâfa, les germes de la peste, qui enleva sept à huit cents hommes dans l'expédition de Syrie.

De Yâfa, Bonaparte s'avança sur Saint-Jean d'Acre, en passant par la plaine de Saron. La prise d'Acre ouvrait aux Français toute la Syrie; mais Djezzâr, qui s'était enfermé dans cette place avec une armée considérable, était décidé à se défendre jusqu'à la dernière extrémité. Il pouvait compter sur le secours de l'escadre de Sidney-Smith, qui croisait dans ces parages, et bientôt l'armée turque, réunie en Syrie, devait s'avancer de Damas et passer le Jourdain. Bonaparte se hâta de faire ouvrir la tranchée (le 20 mars). Malheureusement l'artillerie de siége qui devait venir par mer d'Alexandrie avait été enlevée par Sidney-Smith, qui allait s'en servir lui-même contre les Français. Les premières opérations du siége se firent sous le feu bien nourri des remparts et de l'artillerie que les Anglais avaient enlevée. L'artillerie de la place était dirigée par des pointeurs anglais et par un ancien émigré, Phélippeaux, officier du génie d'un grand mérite. Déjà les travaux étaient avancés, et un assaut avait été tenté, lorsque, le 1er avril, on annonça l'approche de la grande armée turque, sous le commandement d'Abdallah, pacha de Damas, qui en effet passa le Jourdain le 4 avril. Bonaparte détacha la division Kléber pour aller à la rencontre

---

[1] Voy. les Mémoires de M. de Bourrienne, t. II, p. 226.

des Turcs; le 8 avril, Junot, avec l'avant-garde de Kléber, rencontra les avant-gardes turques sur la route de Nazareth. Junot, qui n'avait que cinq cents hommes avec lui, fit des prodiges de bravoure; mais, obligé de céder au nombre, il se replia sur la division Kléber. Celle-ci s'avançait, et Bonaparte, instruit de la force de l'ennemi, vint soutenir Kléber avec la division Bon. Le 16 avril, Kléber ayant débouché, avec trois mille hommes à peine, dans la plaine d'Esdrelon, non loin du village de Fouli, trouva toute l'armée turque en bataille. Il résista pendant six heures à quinze mille fantassins et à plus de douze mille cavaliers; enfin Bonaparte étant arrivé du mont Thabor avec la division Bon, qu'il partagea en deux carrés, l'ennemi se trouva enfermé au milieu de cette division et de celle de Kléber, qui s'élança aussitôt sur le village de Fouli, et fit un grand carnage de l'ennemi. Les Turcs s'enfuirent en désordre, abandonnant leur camp, quatre cents chameaux et un butin immense au pouvoir des Français. Les fugitifs, voulant passer le Jourdain, furent attaqués par Murat, qui en tua un grand nombre.

Après cette victoire, on reprit le siége d'Acre, dont les travaux, pendant cet intervalle, avaient été continués avec ardeur. Le 7 mai, un renfort de douze mille hommes arriva dans le port d'Acre; Bonaparte voulut donner l'assaut avant que les nouvelles troupes eussent le temps de débarquer. La nuit même on monta à la brèche; plus de deux cents hommes pénétrèrent dans la ville, mais l'ennemi ayant fait une sortie, ils se trouvèrent coupés de l'armée de siége et ne purent être appuyés. En même temps les troupes débarquées s'avancèrent en bataille; une partie des braves qui avaient pénétré dans la ville parvinrent à en sortir; les autres, retranchés dans une mosquée, ne durent leur salut qu'à l'intervention de Sidney-Smith, qui, touché de leur bravoure, leur fit accorder une capitulation. Un nouvel assaut, donné le 10 mai, n'eut pas plus de succès. Bonaparte reconnut enfin qu'il serait impossible de s'emparer de cette place défendue par une nombreuse armée. Les Français avaient perdu près de trois mille hommes; on était menacé des ravages de la peste, et on annonçait l'arrivée d'une armée turque vers les bouches du Nil. Le 20 mai, Bonaparte se décida à lever le siége, qui avait duré deux mois; les Français, avant de reprendre le chemin de l'Égypte, accablèrent la ville de leurs feux et la laissèrent presque réduite en cendres. Bonaparte, arrivé à Yâfa, en fit sauter les fortifications. Il y avait dans cette ville une cinquantaine de pestiférés incurables qu'il était impossible d'emporter, et qu'il fallut abandonner à leur sort. « Bo-
« naparte dit au médecin Desgenettes
« qu'il y aurait bien plus d'humanité
« à leur administrer de l'opium qu'à
« leur laisser la vie; à quoi ce médecin fit cette réponse, fort vantée :
« *Mon métier est de les guérir, et non*
« *de les tuer.* On ne leur administra
« point d'opium, et ce fait servit à
« propager une calomnie indigne, et
« aujourd'hui détruite[1]. »

Après le départ des Français, Djezzâr, qui, pendant le siége d'Acre, avait déployé une rare valeur personnelle, reprit tout son ascendant. Le grand vizir étant arrivé en Syrie vers la fin de l'année 1799, il s'éleva entre lui et le pacha des querelles si violentes, que leurs troupes en vinrent aux mains, et se livrèrent plusieurs combats sanglants, ce qui retarda l'expédition des Turcs contre l'Égypte. Après le départ de l'armée turque, Djezzâr vint mettre le siége devant Yâfa, où les Anglais unis aux Turcs avaient bâti un bastion. Abou-Marra, favori du grand-vizir, chargé de la défense de cette place, résista pendant neuf mois aux troupes de Djezzâr, et trouva moyen de s'échapper par mer.

A la mort de Djezzâr (1804), Ismaël-Pacha se saisit de l'autorité en Palestine; il fut bientôt remplacé

[1] Thiers, *Hist. de la révolution française*, Directoire, ch. 18.

par Suléiman-Pacha. Abou-Marra, nommé pacha de Djedda, sur la mer Rouge, ayant pris sa route à travers la Palestine, s'arrêta dans Yâfa, et refusa de se rendre à son poste. Suléiman reçut ordre d'attaquer le rebelle, et Yâfa fut assiégée de nouveau. Après une faible résistance, Abou-Marra se réfugia auprès du pacha de Damas [1].

La ville de Jérusalem, dépendante du pacha de Damas, ne fut point troublée dans les événements qui signalèrent les dernières années du dix-huitième siècle. Le gouvernement de Jérusalem est resté à peu près le même depuis le commencement de la domination turque jusqu'à nos jours. Le pacha de Damas y envoyait un gouverneur, appelé *Motesellim* (dépositaire d'autorité), qui en payait une ferme, dont les fonds se tiraient du miri, des douanes et surtout de la jalousie mutuelle des différentes sectes chrétiennes, qui se disputaient sans cesse à prix d'argent la possession des lieux saints [2]. « Jérusalem, dit M. de Chateaubriand [3], est livrée à un gouverneur presque indépendant ; il peut faire impunément le mal qu'il lui plaît, sauf à en compter ensuite avec le pacha. On sait que tout supérieur en Turquie a le droit de déléguer ses pouvoirs à un inférieur ; et ses pouvoirs s'étendent toujours sur la propriété et la vie. Pour quelques bourses un janissaire devient un petit aga ; et cet aga, selon son bon plaisir, peut vous tuer ou vous permettre de racheter votre tête. Les bourreaux se multiplient ainsi dans tous les villages de la Judée. La seule chose qu'on entende dans ce pays, la seule justice dont il soit question, c'est : *Il payera dix, vingt, trente bourses; on lui donnera cinq cents coups de bâton; on lui coupera la tête.* Un acte d'injustice force à une injustice plus grande. Si l'on dépouille un paysan, on se met dans la nécessité de dépouiller le voisin ; car, pour échapper à l'hypocrite intégrité du pacha, il faut avoir, par un second crime, de quoi payer l'impunité du premier. »

Sous le rapport ecclésiastique, les catholiques sont administrés par le *gardien* (guardiano) du couvent de Saint-Sauveur ; on vante généralement le bon accueil que les pèlerins trouvent dans ce couvent. Les Grecs et les Arméniens ont leurs patriarches ; ils possèdent plusieurs couvents à Jérusalem, à Bethléhem et dans les environs.

Toute la Palestine, en deçà du Jourdain, se divise maintenant en sept districts : 1° *El-Kods*, renfermant Jérusalem, Jéricho, et environ deux cents villages; 2° *El-Khalil*, ou Hébron, et le midi de la Judée ; 3° *Gaza*, ou la côte méridionale, avec les villes de Gaza et de Yâfa, et environ trois cents villages ; 4° *Loudd*, ou les environs de l'ancienne Lydda ; 5° *Nablous*, l'ancienne Sichem et le pays de Samarie ; 6° *Areta*, le mont Carmel et une partie de la plaine d'Esdrélon ; 7° *Safad* ou *Sapheth*, l'ancienne Galilée, appelée aussi *Belâd el-Bouschra* (le pays de l'Évangile).

De nos jours, la guerre entre le vice-roi d'Égypte et le sultan a de nouveau donné quelque importance à la Palestine. Des paysans égyptiens, échappés à la tyrannie de Mohammed-Ali, s'étaient réfugiés en Syrie, et avaient trouvé protection auprès d'Abdallah, pacha d'Acre ; Mohammed-Ali demandait l'extradition des paysans, et réclamait en même temps le remboursement d'une grande somme qu'il avait payée pour obtenir la grâce d'Abdallah, lorsque celui-ci était menacé du courroux de la Porte. Mohammed-Ali demanda à la Porte l'autorisation de prendre les armes contre Abdallah; mais le divan répondit que les fellahs égyptiens étaient sujets de l'empire, et non les esclaves du pacha d'Égypte, et qu'il leur était loisible de se transporter où bon leur semblait. Cependant, après la révolte du pacha de Scutari, la Porte, voulant acheter les secours, ou tout au moins la neutralité de Mohammed-Ali, lui accorda l'autorisa-

---

[1] Voy. Chateaubriand, *Itinéraire de Paris à Jérusalem*, 3ᵉ partie.
[2] Voy. Volney, *Voyage*, t. II, ch. 6.
[3] *Itinéraire*, 5ᵉ partie.

tion de marcher en Syrie, sous les ordres du capitan-pacha. L'expédition fut retardée par les ravages du choléra. Enfin, au mois d'octobre 1831, une armée, forte de trente mille hommes, et commandée par Ibrahim-Pacha, partit du Caire, et bientôt une flotte de vingt-deux bâtiments de guerre se dirigea également sur la Syrie. Ibrahim occupa sans obstacle Gaza, Yâfa et Caïfa, et parut le 27 novembre devant Acre. Abdallah, bien qu'il n'eût qu'une garnison de deux mille hommes, faisait une vive résistance. Le sultan voulut s'interposer entre les deux pachas, et ordonna à Mohammed-Ali de suspendre les hostilités ; mais le vice-roi d'Égypte ne tint aucun compte des ordres du sultan. Un firman déclara Mohammed-Ali et son fils traîtres et rebelles. Ibrahim, laissant devant Acre cinq mille hommes pour tenir la place bloquée, se porta en avant avec le reste de son armée, vers la fin de mars 1832. Après avoir battu et détruit, près de Tripoli, une division de quinze mille hommes, commandée par Othman-Pacha (7 avril), Ibrahim ramena ses troupes devant Acre. Cette place fut prise d'assaut le 27 mai, et avec elle la Syrie et la Palestine tombèrent au pouvoir de Mohammed-Ali, qui bientôt porta ses armes victorieuses jusqu'au Taurus et à l'Euphrate.

Tandis qu'on vantait en Europe la civilisation répandue en Égypte et en Syrie par le vaste génie de Mohammed-Ali, que ses créatures représentaient comme le régénérateur de l'Orient, le tyran égyptien, s'affublant de quelques lambeaux de civilisation européenne, ne suivait que son instinct barbare et destructeur, et écrasait les peuples sous le joug le plus odieux. Mohammed-Ali n'empruntait à l'Europe que les moyens de lutter contre son souverain et de fortifier sa domination ; c'est là qu'aboutissaient les établissements industriels et scientifiques tant vantés en Europe ; le peuple n'y eut jamais aucune part. L'Égypte et la Syrie, dont un vrai génie civilisateur aurait pu faire un paradis, furent confisquées au profit d'un seul homme, et présentaient au voyageur un spectacle d'abaissement et de misère, dont on saurait difficilement se faire une idée parmi nous. La tolérance religieuse qu'on a remarquée dans Mohammed-Ali, et la sécurité avec laquelle le voyageur, dans ces derniers temps, pouvait parcourir l'Égypte et la Syrie, sont les résultats nécessaires des relations établies entre le vice-roi et l'Europe. La tolérance et la protection qu'il accorde de préférence aux Européens ne sont qu'un calcul intéressé, et les indigènes sont réduits à envier, sur le sol paternel, le sort des étrangers qui viennent l'exploiter. Un jour, quand les préventions de la politique et le froid égoïsme de la diplomatie auront fait place à la justice sévère de l'histoire, on s'étonnera que la France ait pu oublier un moment la cause de l'humanité pour servir celle de Mohammed-Ali, et on aura de la peine à croire qu'elle ait été à la veille de déclarer la guerre à l'Europe tout entière, pour conserver la Syrie au tyran d'Égypte.

Les événements de 1840 sont trop bien connus pour que nous ayons besoin de nous y arrêter. On sait que le traité du 15 juillet, signé à Londres entre l'Angleterre, la Prusse, l'Autriche et la Russie, d'une part, et la Sublime Porte, de l'autre, assurait à Mohammed-Ali l'administration héréditaire de l'Égypte, le gouvernement à vie de cette portion de la Syrie qui s'étend de la mer Rouge jusqu'à l'extrémité septentrionale du lac de Tibériade et de la Méditerranée au Jourdain (par conséquent toute la Palestine en deçà du Jourdain), et enfin le titre de pacha d'Acre avec le commandement de la forteresse. Le sultan, en faisant ces offres, y attachait la condition que Mohammed-Ali les acceptât dans l'espace de dix jours, après que la communication lui en aurait été faite à Alexandrie, et qu'il retirât immédiatement ses forces de toutes les autres parties de l'empire ottoman, qui n'étaient pas comprises dans les limites indiquées dans le traité. Le vainqueur de Nézib refusa de souscrire à cette convention, soit qu'il se sentît encouragé par la présence en Égypte des agents du ministre des affaires étrangères de France (M. Thiers), soit qu'il se fît des illusions sur ses propres forces. L'obstination de Mohammed-Ali nécessita enfin l'exécution militaire des résolutions des quatre puissances. Les forces navales combinées de l'Angleterre et de l'Autriche, secondées énergiquement par les Turcs, attaquèrent les points principaux de la côte de Syrie. Beirouth, bombardé par le commodore anglais sir Charles Napier, succomba le 11 septembre, malgré l'habile et courageuse défense de Soliman-Pacha (colonel Selves). Sidon, qui n'avait pas d'artillerie, se rendit le 21 septembre. L'explosion d'un magasin à poudre, qui tua beaucoup d'Égyptiens, hâta la reddition d'Acre, qui eut lieu le 3 novembre, après trois heures de bombardement. Les alliés en prirent possession le 4; dès lors c'en fut fait de la domination de Mohammed-Ali en Syrie. Le vice-roi conclut avec le commodore Napier une convention par laquelle il s'engagea à ordonner à son fils Ibrahim d'évacuer la Syrie, qui rentra sous la domination de la Porte.

L'esprit qui anime maintenant le gouvernement turc, et l'influence que les puissances d'Europe ont exercée récemment sur les destinées de la Palestine, assurent dorénavant aux habitants de toutes les sectes une égale protection. Le prosélytisme protestant a profité des derniers événements pour essayer d'établir à Jérusalem un foyer de propagande; pour la première fois, la ville sainte renferme dans ses murs un *siége épiscopal* protestant. Il est inutile de dire que les tentatives de l'évêque Alexandre, ex-juif, envoyé en Palestine sous les auspices de l'Angleterre et de la Prusse, n'ont eu jusqu'ici aucun succès parmi les anciens coreligionnaires du nouvel apôtre. Le sol de Jérusalem, par les souvenirs qu'il rappelle, paraît mal choisi pour faire de la propagande parmi les Juifs, et le nouveau missionnaire ne peut qu'augmenter les discordes perpétuelles entre les diverses communions chrétiennes. De leur côté, les Juifs d'Europe, pour soulager la misère de leurs frères en Palestine et leur créer un meilleur avenir, ont ouvert récemment une souscription pour fonder à Jérusalem un hospice israélite et une école où l'on introduirait un enseignement européen. En tête des souscripteurs, qui sont déjà assez nombreux, on remarque la maison Rothschild, qui consacre à cette œuvre de charité une somme de cent mille francs.

On s'est beaucoup occupé, dans ces derniers temps, des destinées futures de la Palestine, et on a formé les projets les plus singuliers. Il ne nous est pas donné de soulever le voile de l'avenir; mais, quelles que soient les destinées politiques réservées à la Palestine, elle devra rester, sous le rapport religieux, un pays neutre, où, sous la protection de la civilisation européenne qui doit y pénétrer, les hommes pieux, quelles que soient leurs croyances, se livreront en paix à l'adoration, aux regrets et à l'espérance.

FIN.

NOTE

SUR LES VOYAGES EN PALESTINE.

Nous donnons ici une courte notice, par ordre chronologique, sur les principaux *itinéraires* et *voyages* dont la lecture est utile pour acquérir une connaissance parfaite de la Terre Sainte, et qui attirent notre attention soit par leur antiquité, soit par les détails curieux et instructifs qu'ils renferment. Nous les avons consultés, en grande partie, pour notre description de la Palestine.

Le plus ancien itinéraire est celui qui est intitulé *Itinerarium a Burdigala Hierusalem usque*; l'auteur, dont le nom est inconnu, fit son voyage de Bordeaux à Jérusalem en 333, suivant le consulat qui sert de date à cet itinéraire. C'est une simple énumération de toutes les stations, avec l'indication des distances; l'auteur y a joint quelques notes sur la topographie de Jérusalem et sur plusieurs autres endroits célèbres dans les Évangiles; il parle le premier des constructions élevées par l'empereur Constantin. Cet itinéraire, publié par Wesseling, avec celui de saint Antonin (Amsterdam, 1735, in-4°), a été reproduit à la fin de l'itinéraire de M. de Chateaubriand.

Nous avons parlé (page 614) du voyage de saint Arculphe, rédigé par Adamman; il a été publié à Ingolstadt en 1619, sous ce titre : *De locis Terræ sanctæ, libri III.*

C'est surtout de l'époque des croisades que nous possédons des relations détaillées sur la Palestine et sur les pays environnants. La collection publiée par Bongars, sous le titre de *Gesta Dei per Francos*, Hanau, 1611, 2 vol. in-fol., renferme les ouvrages de plusieurs historiens des croisades qui nous fournissent une foule de détails instructifs pour la géographie, l'état physique et la topographie de la Palestine. Trois de ces ouvrages méritent particulièrement notre attention; ce sont :

1. *Willermi Tyrii Historia belli sacri.*
2. *Historia Hierosolymitana Jacobi de Vitriaco.*
3. *Liber secretorum fidelium crucis, cujus libri auctor Marinus Sanutus.*

Guillaume fut élevé à l'archevêché de Tyr en 1187. Jacques de Vitry était évêque d'Acre; il mourut en 1140. Le Vénitien Sanuto appartient à une époque plus récente; il écrivit au commencement du 14e siècle.

A l'époque des croisades viennent se placer aussi deux voyageurs juifs, Benjamin de Tudèle et Pethachia de Ratisbonne, dont les itinéraires, écrits en hébreu, renferment des détails sur l'état des Juifs dans les différentes parties du monde; l'un et l'autre visitèrent aussi la Palestine. — Benjamin, fils de Jona, de Tudèle en Espagne, entreprit son voyage en 1160. Son itinéraire fut publié pour la première fois, à Constantinople, en 1543; et il en a été fait dix autres éditions. Nous nous contentons de nommer celle de Constantin l'Empereur, accompagnée d'une traduction latine et de notes (Leyde, 1633, in-8° *Elzevir*), et que nous avons souvent citée. On en a fait d'autres traductions en latin et dans plusieurs langues modernes. Sur les différentes éditions et traductions, on peut voir la notice bibliographique qui se trouve en tête du tome 1er de la belle édition hébreu-anglaise publiée récemment par M. A. Asher, avec des notes et des dissertations de plusieurs savants : *The Itinerary of Benjamin of Tudela, translated and edited by A. Asher*, 2 vol. in-8, London and Berlin, 1840, 1841. — Les notes savantes qui accompagnent cette édition mettent dans tout leur jour la véracité et l'exactitude de la relation de Benjamin, que plusieurs savants, égarés par d'injustes préjugés, avaient traité avec trop de dédain, mettant en doute jusqu'à la réalité de son voyage. — L'itinéraire de Pethachia, beaucoup moins instructif que celui de Benjamin, a été publié en dernier lieu, par M. Carmoly, avec une traduction française et des notes, dans le *Journal asiatique* de 1831; mais l'éditeur s'est permis des interpolations dans le texte[1].

Vers la fin des croisades (1280), Brochard, religieux dominicain, fit un voyage en Palestine, où il séjourna pendant quelques années; il écrivit en 1283 une relation intitulée : *Locorum Terræ Sanctæ exactissima descriptio*, qui a été imprimée plusieurs fois et en dernier lieu comme appendice de l'*Onomasticon urbium et locorum sanctæ Scripturæ* d'Eusèbe et de

---

[1] Voy. Zunz, *On the geographical literature of the Jews* (dans l'édition de l'Itinéraire de Benjamin, par M. Asher, t. II), p. 253 et 209.

saint Jérôme, accompagné des notes de Jacques Bonfrerius et de Le Clerc (Amsterdam, 1707, in fol., p. 169 et suiv.).

Des notes importantes sur la topographie de la Palestine, disséminées dans un ouvrage rabbinique du 14⁰ siècle, ont été recueillies et publiées en anglais, par le docteur Zunz de Berlin, dans la dernière édition de l'itinéraire de Benjamin de Tudèle [1]. L'auteur dudit ouvrage, Esthori Parchi, Juif de Provence, quitta son pays, lors de la persécution des Juifs par Philippe le Bel, et alla s'établir à Béisan ou Béthseân (Scythopolis), en Palestine, où il acheva, en 1322, son ouvrage intitulé : *Caphthor wa-phérach* [2].

Une curieuse collection de voyages fut publiée en allemand, à Francfort-sur-le-Main, en 1583, 1 vol. in-fol., sous le titre de *Reyssbuch des heyligen Landes*; et en 1609, il en parut, dans la même ville, une nouvelle édition en 2 volumes in-fol., augmentée de trois voyages nouveaux. Dans cette collection on trouve vingt et un voyages, écrits primitivement en allemand, ou traduits du latin et d'autres langues européennes. On y trouve, entre autres, le voyage de Brochard, celui de Tucher de Nuremberg (1479), celui de Breitenbach (1482), celui du médecin Léonard Rauwolf d'Augsbourg (1573-76), imprimé à part en 1583, et celui du prince Radzivil (1583, 1584). La relation de Radzivil, composée de quatre lettres, fut écrite primitivement en polonais; on en a une traduction latine publiée sous le titre suivant : *Jerosolymitana peregrinatio illustrissimi principis Nicolai Christophori Radzivili*, etc. *Primum a Thoma Fretero ex Polonico sermone in Latinum translata, nunc varie aucta et correctius in lucem edita*. Anvers, 1614; in-fol.

Parmi les nombreux voyageurs du 16 siècle, ceux qui méritent encore une mention particulière sont Belon et Cotwyk (Cotovicus) :

Pierre Belon, savant médecin natif du Maine, partit pour l'Orient en 1537; ses *Observations de plusieurs singularitez et choses mémorables trouvées en Grèce, Asie, Judée*, etc., sont surtout importantes pour l'histoire naturelle. Elles ont été publiées à Paris en 1553, ensuite à Anvers, 1555; une nouvelle édition a paru à Paris, en 1588, in-4°. Belon fut assassiné au bois de Boulogne en 1564.

Jean Cotwyk, docteur en droit à Utrecht, entreprit son voyage au mois d'août 1598 et revint en Europe au mois de mai de l'année suivante. Sa relation, écrite en latin, est une des meilleures que nous ayons sur la Palestine et la Syrie; elle s'étend beaucoup sur les lieux saints. L'édition qui en a été publiée à Anvers, en 1619, in-4°, porte sur le frontispice l'inscription suivante : *Itinerarium Hierosolymitanum et Syriacum, in quo variarum gentium mores et instituta, insularum, regionum, urbium situs, una ex prisci recentiorisque sæculi usu, una cum eventis quæ auctori terra marique acciderunt, dilucide recensentur. Auctore Joanne Cotovico*.

La série des voyageurs du dix-septième siècle est ouverte par Pietro della Valle, qui parcourut l'Égypte et la Palestine avant de visiter la Perse et l'Inde. Gœthe, dans son *Divan*, a donné une esquisse de la vie aventurière et du voyage romanesque de Pietro della Valle, qui se distinguait autant par ses vastes connaissances que par son jugement et son talent d'observation; l'illustre poëte allemand avoue que c'est ce voyageur qui le premier lui a révélé avec clarté le véritable caractère de l'Orient, avec toutes ses particularités. La relation du célèbre voyageur italien est contenue dans une série de lettres, publiées sous ce titre : *Viaggi di Pietro della Valle, il Pellegrino, descritti da lui medesimo in lettere familiari al suo amico Mario Schipano, scritte dall'anno 1614 fin'al 1626*, etc. Rome, 1650-1653, 4 volumes in-4°. Il en a été publié, peu de temps après, une traduction française, sous le titre suivant : *Voyages de Pietro della Valle, gentilhomme romain, dans la Turquie, l'Égypte, la Palestine, la Perse, les Indes orientales et autres lieux*. Paris, 1661-1663, 4 vol. in-4°. Il y en a eu plusieurs autres éditions. — Il mérite d'être remarqué ici que ce fut Pietro della Valle qui le premier fit parvenir en Europe un exemplaire du Pentateuque des Samaritains; il l'acheta à Damas en 1616, pour Achille Harlay de Sancy, alors ambassadeur de France à la Porte Ottomane [1]. Cet exemplaire, donné par M. de Sancy aux Pères de l'Oratoire, se trouve maintenant à la Bibliothèque royale (manuscrits orientaux du fonds de l'Oratoire, n° 11).

Quelque temps après, Quaresmius publia sa description de la Palestine, ouvrage très-étendu, mais quelquefois trop prolixe, et qui est surtout important pour l'histoire

---

[1] Voy. l. c, p. 393-448 : *On the geography of Palestine, from jewish sources*, by Dr. Zunz.

[2] Voy. Zunz, l. c, p. 260-263.

[1] Voy. Le Long, *Bibliotheca sacra*, t. I, p. 84.

de l'église catholique en Palestine. Voici le titre de cet ouvrage : *Elucidatio Terræ Sanctæ historica, theologica, et moralis, auctore Franc. Quaresmio, olim Terræ Sanctæ Præsule et commissario apostolico.* Anvers, 1639, 2 vol. in-fol. avec des planches.

Le chevalier d'Arvieux visita, dès l'âge de 18 ans (1653), la Syrie et la Palestine, où il accompagna un de ses parents nommé consul de France à Saïda (Sidon). Plus tard il fut chargé de plusieurs missions à Tunis et à Constantinople, et en 1679, il fut nommé consul à Alep, où il mourut en 1702. Son *Voyage dans la Palestine*, etc., fut publié par M. de la Roque, Paris, 1717, in-8°; plus tard les relations de tous ses voyages parurent sous ce titre : *Mémoires du chevalier d'Arvieux, contenant ses voyages à Constantinople, dans l'Asie, la Syrie, la Palestine, l'Égypte et la Barbarie, recueillis de ses originaux*, par J. B. Labat. Paris, 1753, 6 vol. in-8°.

La *Relation d'un voyage fait au Levant*, par M. de Thevenot (Rouen et Paris, 1665, in-4°; *Suite du voyage*, etc., Paris, 1674, in-4°), est une des plus connues. Thevenot, qui voyagea de 1655 à 1659, peut encore maintenant être consulté avec fruit.

François Ferdinand de Troilo, gentilhomme allemand (de la haute Silésie), voyagea en Orient de 1666 à 1670. Son *Orientalische Reise-Beschreibung*, qui renferme beaucoup de détails sur les lieux mentionnés dans la Bible, parut d'abord à Dresde, 1677, in-4°, ensuite à Leipzig, 1717 et 1733, in-8°.

Le dernier voyageur remarquable du dix-septième siècle est Maundrell, prédicateur à la factorerie anglaise d'Alep. Nous avons de lui : *A journey from Aleppo to Jerusalem, at easter A. D. 1697*, publié à Oxford, 1703, et réimprimé plusieurs fois, avec la relation d'un autre voyage, fait par le même auteur aux bords de l'Euphrate et en Mésopotamie; la sixième édition a paru à Oxford, 1740, in-8°. Cet ouvrage est très utile pour la connaissance de la géographie et des antiquités bibliques.

Le dix-huitième siècle offre un grand nombre de voyageurs qui nous ont laissé des relations importantes à divers égards; nous devons nous contenter ici de donner les titres des principaux *voyages*, accompagnés de quelques indications rapides :

Reizen door en gedeelte van Europa, etc. (*Voyages dans une partie de l'Europe, dans l'Asie Mineure, la Syrie, la Palestine*, etc., par J. A. van Egmond, van der Nyenburg et Jean Heyman), Leyde, 1757 et 1758, 2 vol. in-4°. — Heyman, professeur de littérature orientale à Leyde, voyagea de 1700 à 1709; Egmond, ambassadeur de Hollande à Naples, voyagea de 1720 à 1723.

Thomas Shaw's Travels, etc. Oxford, 1738, in-fol.; *supplément*, etc. *ib.* 1746, in-fol. Ce voyage a été traduit en français, avec des notes et des corrections fournies par l'auteur. La Haye, 1743, 2 vol. in-4°. — Shaw, chapelain de la factorerie anglaise à Alger, de 1720 à 1732, parcourut les États barbaresques, l'Égypte et la Syrie. Il présente les résultats de ses observations dans un ordre systématique; il a toujours en vue le lecteur de la Bible, pour lequel son ouvrage est d'une haute importance.

The Travels of the late Charles Thompson, with a curious description of Jerusalem as it now appears, and other places mentioned in the Holy scriptures, etc. Dublin, 1744, 4 vol. in-4°; Londres, 1748, 3 vol. in-8° avec des planches. Thompson visita la Palestine en 1734.

Richard Pocock's Travels of the east, Londres, 1743-1748, 3 vol. in-fol.; *ib.*, 1770, 3 vol. in-4°. Une traduction française, tronquée en plusieurs endroits, parut en 1771, en 7 vol. in-12. — Pococke (qui voyagea de 1737 à 1740) a l'inconvénient de mêler à ses propres observations celles des autres voyageurs et même celles des auteurs anciens; il faut donc se garder de considérer toujours ses relations comme celles d'un témoin oculaire; mais les observations nouvelles qu'on peut puiser dans son voyage sont généralement importantes [1].

Jonas Korten's Reise nach dem weiland gelobten... Lande, etc. (Voyage de Jonas Korte à la terre jadis bénie [2], mais maintenant, depuis dix-sept siècles, chargée de malédiction, etc.); Altona, 1741, in-8°, 3e édition, augmentée de plusieurs suppléments; Halle, 1751, in-8°. — Korte, libraire à Altona, fit son voyage en Palestine dans les années 1737 et 1738; il se fait remarquer plutôt par son exaltation religieuse que par sa science; néanmoins il se montre souvent bon observateur, et il est un de ceux qui se prononcent avec le plus de hardiesse contre l'authenticité du Calvaire et du Saint-Sépulcre.

Frédéric Hasselquist, *Iter Palœsti-*

[1] Voy. Michaëlis, *Orientalische Bibliothek*, t. VIII, p. 111; Rosenmüller, *Bibl. Geographie*, t. I, p. 85.
[2] L'auteur joue sur le double sens du mot *gelobt*, qui signifie *promis* et en même temps *loué, prisé, béni*.

num, etc., Stockholm, 1757 (en suédois); Rostock, 1762, in-8° (en allemand). Une traduction française parut à Paris, 1769. — Hasselquist, disciple de l'illustre Linné, voyagea de 1749 à 1752; il mourut, dans cette dernière année, à Smyrne, et c'est à Linné qu'on doit l'édition originale de son voyage, qui est surtout important pour l'histoire naturelle.

Viaggi per l'Isola di Cipro e per la Soria e Palestina, fatti da Giovanni Mariti, Florentino, dall' anno 1760 *al* 1768, Lucques et Florence, 1769-1771, 9 vol. in-8°. Les 4 premiers volumes, consacrés au voyage proprement dit, ont été traduits en français, Paris, 1791, 2 vol. in-8°. — L'auteur a inutilement grossi son ouvrage, en y reproduisant une foule de faits déjà connus par les relations plus anciennes; il en a été publié un extrait en allemand, par Chr. Henri Hase, Altenburg, 1777, in-8°.

Voyage en Syrie et en Égypte, pendant les années 1783, 1784 *et* 1785, *par Volney.* Paris, 1787, 2 vol. in-8°; réimprimé plusieurs fois. — L'excellent ouvrage de Volney est trop connu et trop bien apprécié pour que nous ayons besoin de le caractériser. L'auteur, avec une rare modestie et une entière abnégation personnelle, nous présente, dans un ordre systématique, une foule de renseignements nouveaux et instructifs, sans jamais nous parler de sa personne ni des aventures de son voyage; presque chaque ligne de son ouvrage renferme un fait instructif.

Sur la limite du dix-huitième et du dix-neuvième siècle nous rencontrons le voyageur anglais Edward Daniel Clarke, qui parcourut l'Égypte, la Palestine et la Grèce, dans les années 1800, 1801 et 1802. Son grand ouvrage a paru à Londres en 1811 et 1812, en 5 vol. in-4°, sous le titre de *Travels in various countries of Europe, Asia and Africa*. La quatrième et dernière édition parut à Londres, 1816-1818, 8 vol. in-8°. — Clarke fait connaître surtout les anciens monuments et les inscriptions; il n'y a qu'une petite partie de son ouvrage qui s'occupe de la Palestine, et on y remarque souvent une critique exagérée qui aboutit à des paradoxes [1].

Tout le monde connaît le célèbre *Itinéraire de Paris à Jérusalem*, par M. de Chateaubriand, qui parcourut la Palestine au mois d'octobre 1806. L'illustre auteur s'était préparé à son voyage par la lecture d'une multitude d'écrivains anciens et de voyageurs de toutes les époques; il leur a emprunté une foule de faits curieux et instructifs, auxquels son style brillant a prêté un nouveau charme et qu'il a augmenté de ses considérations et de plusieurs descriptions nouvelles qui intéressent surtout le lecteur chrétien et l'artiste. Sa description de l'église du Saint-Sépulcre est d'autant plus importante, que cette église fut en grande partie dévorée par les flammes, en 1808. On doit regretter que M. de Chateaubriand n'ait pas mis plus de soin aux parties historiques de son ouvrage; son précis de l'histoire de Jérusalem renferme beaucoup de données inexactes et d'anachronismes. Ainsi, par exemple, nous lisons dans ce précis qu'il y eut une révolte des Juifs sous Justinien, l'an 501 de Jésus-Christ, tandis que Justinien ne commença à régner qu'en 527, et que ce ne furent pas les Juifs, mais les Samaritains, qui se révoltèrent sous son règne. Ce ne fut pas sous Justinien, comme le dit M. de Chateaubriand, que l'église de Jérusalem fut élevée à la dignité patriarcale, mais au commencement du règne de Marcien, vers 451 (Voy. p. 609). Omar ne fut pas assassiné à Jérusalem, en 643, mais à Médine, en 644. Le court résumé des événements de Jérusalem depuis Ahmed-ben-Touloun jusqu'aux croisades, est plein d'inexactitudes; on pourra s'en convaincre en comparant cette page de M. de Chateaubriand avec ce que nous avons dit de ces mêmes événements, d'après des sources authentiques (p. 615 à 618). L'auteur raconte aussi très-sérieusement que les mamelouks Bahrites, frappés des vertus de Louis IX, eurent un moment la pensée de briser ses fers, et de faire de leur prisonnier leur soudan. Selon M. Michaud, que sa piété chrétienne n'a pas empêché de faire une large part à la critique historique, un historien ne peut adopter ce fait sans compromettre sa véracité [1].

Nous avons déjà parlé, dans un autre endroit, des voyages de Seetzen et de Burckhardt, qui les premiers ont exploré le pays au delà du Jourdain, ou l'ancienne Pérée, ainsi que de deux autres voyageurs qui ont marché sur leurs traces, et qui çà et là ont complété leurs observations [2].

Parmi les derniers voyages en Palestine,

---

[1] Histoire des Croisades, t. IV, p. 355.
[2] Voy. ci-dessus, page 65, col. 1, note 2.— Les lettres de Seetzen, insérées dans le recueil allemand de Zach, ont été traduites en français dans les *Annales des voyages* (1809-1814); le *Voyage en Syrie et en Terre-Sainte* par Burckhardt n'a pas encore été traduit en français: Gesenius en a publié une traduction allemande, augmentée de notes, Weimar, 1823, 1824, 2 vol. in-8°.

---

[1] Comparez ci-dessus, page 44, col. 2, note 3.

ceux qui, à divers égards, attirent notre attention, sont les suivants :

Travels along the Mediterranean and parts adjacent, during the years 1816-1818, by Robert Richardson. Londres, 1822, 2 vol. in-8°.

Voyage dans le Levant en 1817 et 1818, par M. le comte de Forbin. Paris, 1819, grand in-fol. — Cet ouvrage n'est remarquable que par ses magnifiques gravures ; les descriptions de M. de Forbin, peu importantes pour la science, n'inspirent pas toujours une entière confiance [1].

Letters from Palestina, etc. Londres, 1819, in-8°, traduites en français sous le titre suivant : *Lettres sur la Palestine, la Syrie et l'Égypte, ou voyage en Galilée et en Judée, avec une relation sur la mer Morte et sur l'état présent de Jérusalem, par T. R. Joliffe,* traduites de l'anglais, par Aubert de Vitry. Paris, 1820, in-8°.

F. W. Sieber, Reise von Kairo nach Jerusalem (Voyage du Caire à Jérusalem). Prague et Leipzig, 1823, in-8°.

[1] Comparez ci-dessus, page 63, col. 1, note 1.

V. Jowett's Christian researches in Syria and the holy Land. Londres, 1825.
— L'auteur, missionnaire anglais, s'étend principalement sur l'état religieux du pays.

A. Prokesch, Reise ins heilige Land. (Voyage dans la Terre Sainte). Vienne, 1831.

G. H. de Schubert, Reise nach dem Morgenlande (Voyage en Orient). Erlangen, 1834-1840, 3 vol. — Un des voyages les plus instructifs, notamment sous le rapport de l'état physique.

Voyage en Palestine et en Syrie, par M. George Robinson, avec vues, cartes et plans, traduction revue et annotée par l'auteur. Paris, 1838, 2 vol. in-8°. — Ce voyage très-instructif renferme, à côté de faits déjà connus, beaucoup d'observations nouvelles ; la description de l'ancienne Pérée sera lue avec beaucoup d'intérêt et de fruit, même après les relations importantes de Burckhardt.

Nous sommes obligé de passer sous silence une foule d'autres voyages, et nous nous bornons à ceux qui offrent le plus d'intérêt général.

CLASSEMENT ET EXPLICATION

DES GRAVURES.

NOTA. Les gravures, empruntées en partie à des *voyages* et à d'autres ouvrages descriptifs des temps modernes, représentent quelquefois des vues, des monuments, etc., dont la description n'a pu trouver place dans ce volume. L'auteur ne s'est occupé personnellement que de celles qui se rapportent à l'histoire et aux antiquités des Hébreux, sujet principal de cet ouvrage; on trouvera ici des éclaircissements sur quelques-unes qui n'ont pas été suffisamment expliquées dans le texte.

La lettre *a* indique la première colonne et la lettre *b* la seconde.

Numéros	Pages
1 Le mont Thabor	5 *a*
2 La mer Morte	10, etc.
3 Mouton à large queue	30 *a*, *b*
4 Route suivie par les Hébreux à travers le désert	122 à 129
5 La mer Rouge à Suez	123
6 Le mont Sinaï	125 *b*
7 Plaine du Jourdain	6 *b*
8 Caractères de l'écriture hébraïque	436 à 439
9 Grand prêtre des Hébreux	
10 Prêtre hébreu	175 à 177
11 Vêtements des prêtres	

1° *Misnépheth* ou turban du grand prêtre (175 *b*); 2° *Çîç*, plaque d'or ou diadème saint (176 *b*, 177 *a*); 3° *Hoschen* ou pectoral (176 *a*, *b*); 4° *Ephod* (176 *a*); 5° *Migbaah*, ou haut bonnet des simples prêtres; (175 *b*); 6° *Chethoneth* ou tunique (175 *a*); 7° *Abnet* ou ceinture (175 *b*); 8° *Michnasaïm* ou caleçons (175 *a*); *Meil* ou tunique supérieure du grand prêtre (175 *b*, 176 *a*).

12 Le tabernacle........ 154 à 158

Au milieu du parvis on voit l'autel et le bassin d'airain (155 *b*); à l'ouest, le sanctuaire proprement dit, dont les dimensions n'ont pas été retracées par le graveur avec toute l'exactitude désirable.

13 Cèdres du Liban............ 26 *b*
14 Plan de Jérusalem au temps de sa destruction par Titus............ 44 à 48

1° La tour *Hippicos* (45 *b*); 2° porte de *Genath* ou des jardins (46 *a*), 3° la tour *Phasaël* (46 *b*); 4° la tour *Mariamne* (ib.); 5° le *Xystus* (44 *b*); 6° pont sur le *Tyropœon* (ib.); porte de la Source (46 *b*), peut-être la même que la porte *entre les deux murailles* (350 *b*, note 2).

15, 16 et 17. Instruments de musique, mentionnés dans les psaumes et dans les autres livres de l'Ancien Testament... 454 à 456

Ces trois planches, gravées d'après un livre hébreu (Voy. p. 454 *b*, note 2), où les figures se suivent de droite à gauche, ont été, par l'inadvertance du graveur, placées en sens inverse, de sorte que l'ordre des numéros n'offre pas une suite régulière d'instruments homogènes. On trouve dans le texte et dans les notes (p. 455 et 456) l'indication des instruments représentés sur les trois planches, à l'exception des fig. 4, 14, 18 et 19, dont l'existence, chez les Hébreux, est fort problématique. On consultera les passages que nous allons indiquer : 1° (455 *b*, note 6); 2° (456 *a*, note 2); 3° (ibid.); 4° *Haçocera* ou trompette, selon quelques auteurs; 5° et 6° (456 *a*, note 4); 7° (455 *b*, note 5); 8° (456 *a*, note 3); 9° (456 *b*, note 1); 10° (455 *b*, note 5); 11° (456 *a*, note 5); 12° et 13° (455 *b*, note 1); 14° *Nébel* (455 *a*) selon quelques auteurs; 15° et 16° (455 *b*, note 5); 17° (455 *b*, note 4); 18° espèce de *psaltérion* (Voy. Forkel, t. I fig. 28); 19° un *trigonum* (Forkel, fig. 23); 20° (456 *a*, note 1); 21° (455 *b*, note 3); 22° (456 *a*, note 1); 23° (455 *a*, note 3); 24° (ibid. note 4); 25° (ibid. note 2); 26° (ibid. note 6); 27° et 28° (ibid.); 29° (ibid.); 30° (455 *b*, note 2); 31° (455 *a*, note 6).

18 Pressoir et instruments aratoires. 359 à 362

1° pressoir (362 *b*, note 4); 2° et 3° des charrues (360 *a*, note 1); 4° et 5° machine à triturer le blé (361 *a*, note 1); 6° aiguillon du laboureur (360 *a*, note 3).

19 Costumes des femmes..... 366 et suiv.
20 Ustensiles de toilette pour les femmes.
.... 369 à 371

1° et 2° Vases à parfum (370 *b*, note 4); 3° et 4° boîte à onguent et flacon à essences (ibid. note 5); 5° miroir (371 *a*, note 2); 6° collier ou chaîne (369 *b*); 7° boucle d'oreille (ibid.); 8° boucle de nez (ibid.); 9° collier ou chaîne (ibid.); 10° bracelet (370 *a*).

21 Monnaies du temps des Maccabées.. 461

Ces monnaies sont gravées d'après les originaux qui se trouvent au cabinet des médailles de la Bibliothèque royale. Les numéros 1, 2, 3, représentent des monnaies d'argent; les numéros 4, 5, 6, des monnaies de cuivre. Nous allons en donner l'explication, en transcrivant les inscriptions dans l'écriture hébraïque vulgaire, dite *assyrienne* ou *carrée* (p. 437 *b*) :

1° UN SICLE. Le côté A montre un lis avec l'inscription ירושלם קדשה, *la sainte Jérusalem*. Sur le côté B on voit un vase qui, selon Rabbi Moïse ben-Nahman, ou Nachmanide, auteur du 13° siècle, représenterait le vase dans lequel se conservait la manne (Exode, 16, 33)[1], mais qui, plus probablement, représente une coupe à parfum; au-dessus du vase on voit la lettre א, qui est ici employée comme chiffre et signifie *an I* (de la délivrance), correspondant à l'an 142-141 avant l'ère chrétienne (voy. p. 509, note); autour du vase on lit les mots : שקל ישראל, *sicle d'Israël*.

[1] Voy. Azaria de Rossi, *M'cor Enaïm*, ch. 56.

2° UN DEMI-SICLE. Le côté A porte le même vase surmonté des lettres שׁ ב qui signifient שׁנת שׁתים, *an II*, et entouré des mots חצי השׁקל, *la moitié du sicle*. Sur le côté B, on lit autour d'un lis les mots ירושׁלים הקדושׁה, *la sainte Jérusalem*.

3° Cette médaille, dont le poids normal est celui des sicles, paraît être la première monnaie frappée par Siméon. Le côté A paraît représenter une corbeille avec une gerbe de blé; à gauche on voit un cédrat, et l'inscription porte לחרות ירושׁלם, *de la liberté de Jérusalem*, sans aucune notation d'année; il faut probablement sous-entendre *l'an I*, ou bien traduire : (consacré) *à la liberté de Jérusalem*. Le côté B montre un monument, probablement le mausolée élevé par le prince Siméon dans le bourg de Modéin (p. 508); à droite on voit les lettres שׁמ, à gauche, les lettres עון, formant ensemble le nom de שׁמעון, Siméon.

4° Une monnaie de cuivre, probablement la moitié du numéro 5. Sur le côté A on voit un palmier; l'inscription, irrégulièrement tracée, porte : שׁמעון נשׁיא ישׁראל, *Siméon, prince d'Israël*. Le côté B montre une tige de baumier avec l'inscription : (שׁנת אח)ת לגאלת ישׁראל, *l'an I de la délivrance d'Israël*.

5° Une monnaie de cuivre, sans doute celle que le Thalmud appelle מעה *Maâ* (l'ancienne GUÉRA) et dont 20 avaient la valeur d'un sicle d'argent. Le côté A montre une couronne de laurier dans laquelle sont inscrits les mots שׁמעון נשׁיא ישׁראל, *Siméon, prince d'Israël*. Sur le côté B on voit, autour d'un vase, la légende שׁנת אחת לגאלת יש(ראל), *l'an I de la délivrance d'Israël*.

6° Autre monnaie de cuivre, sans doute la moitié de la précédente. Le côté A représente probablement deux ceps de vigne, entre lesquels on voit une grappe de raisins; la légende porte : חצי...שׁנת ארבע, *la moitié de.... an IV*. Ce qui suivait le mot *moitié* est effacé sur les trois exemplaires que j'ai pu examiner au cabinet des médailles, il faut lire probablement מעה *Maâ*, et en effet, j'ai cru reconnaître sur l'une des médailles un cercle représentant la lettre ע. Sur le côté B, on voit un palmier, au bas duquel se trouvent deux vases qui paraissent être des mesures; l'inscription porte לגאלת ציון, *de la délivrance de Sion*.

22 | Plan du Temple construit par Hérode. 551 à 554

Nota. À l'échelle qui se trouve à côté de la fig. A, il faut lire **800** coudées, au lieu de 300.

23 Bas-relief de l'arc de Titus. Comparez 601 *a*

On y représenta, d'après les originaux, plusieurs objets sacrés du Temple de Jérusalem, tels que le chandelier à sept branches, la table des pains de proposition et les trompettes sacrées. Reland a donné une savante description de cet arc de triomphe, dans une monographie intitulée : *De spoliis templi Hierosolymitani in arcu Titiano Romæ conspicuis, liber singularis*; Utrecht, 1716, pet. in-8°. 2° édition, ib., 1775, in-8°.

24 Plan général des trois Piscines de Salomon. . . . . 57 *a, b*
25 Intérieur de la Piscine de Siloé à Jérusalem. . . . . 54 *a*
26 Monument sépulcral des rois. . 54 *b*, 55
27 Restauration du même monument, d'après Cassas.
28 Vallée de Josaphat. . . . . 53 *b*
29 Tombeau d'Absalon. . . . . *ib.*

La tradition le donne pour le monument d'Absalon (2 Sam., 18, 18); mais l'architecture est évidemment du style grec.

30 Tombeau de Zacharie. . . . . *ib.*
31 Plan des tombeaux d'Absalon et de Zacharie.
32 Restauration du monument appelé vulgairement *tombeau de Josaphat*, d'après Cassas.
33 État actuel du même monument. . . *ib.*
34 Monument sépulcral taillé dans le roc, près de Jérusalem. . . . . 381 *a*
35 Retraite des apôtres (vallée de Josaphat).

On dit que quelques apôtres se cachèrent dans ce lieu, lors de l'arrestation de Jésus.

36 Restauration du même monument, d'après Cassas.
37 Fontaine à Kana en Galilée. . . . 35 *b*
38 Ruines de Gerasa (Djérasch). . . 71 *a, b*
39 Ruines de Bostra. . . . . 70 *a*
40 Intérieur de l'église du Saint-Sépulcre. }
41 Chapelle du Saint-Sépulcre. . . . . } 608
42 Plan de l'église du Saint-Sépulcre. . }

L'édifice appelé *l'église du Saint-Sépulcre* se compose de trois églises : celle du Saint-Sépulcre, celle du Calvaire et celle de l'Invention de la croix. « L'architecture de l'église, dit M. de Chateaubriand (*Itinéraire*, 4° partie), est évidemment du siècle de Constantin : l'ordre corinthien domine partout. Les piliers sont lourds ou maigres, et leur diamètre est presque toujours sans proportion avec leur hauteur. Quelques colonnes accouplées qui portent la frise du chœur sont toutefois d'un assez bon style. L'église étant haute et développée, les corniches se profilent à l'œil avec assez de grandeur; mais, comme depuis environ soixante ans on a surbaissé l'arcade qui sépare le chœur de la nef, le rayon horizontal est brisé, et l'on ne jouit plus de l'ensemble de la voûte. — L'église n'a point de péristyle : on entre par deux portes latérales; il n'y en a plus qu'une d'ouverte. Ainsi, le monument ne paraît pas avoir eu de décorations extérieures. Il est masqué d'ailleurs par les masures et par les couvents grecs qui sont accolés aux murailles. »

L'église du Saint-Sépulcre est fort irrégulière; elle forme à peu près une croix, ayant 120 pas de long (sans compter la descente de l'Invention de la croix), et 70 pas de large. Voici les différentes parties du monument marquées sur le plan :

PALESTINE.

a, Entrée principale au midi; à l'extérieur, au point *b*, se tiennent les gardiens turcs, à côté d'une tour en ruine, *c*, l'ancien clocher. En entrant dans l'église on rencontre, *d*, la pierre de *l'onction* sur laquelle, selon la tradition chrétienne, le corps de Jésus fut oint par Joseph d'Arimathie et Nicodème; elle est couverte de marbre blanc et entourée d'une petite balustrade de fer. Elle a, selon Deshayes, huit pieds moins trois pouces de long, et deux pieds moins un pouce de large. A droite est la chapelle du Calvaire; on arrive au Calvaire, *e*, par l'escalier *f*. Il y a là deux petites chapelles voûtées; l'une au midi, *g*, à l'endroit où Jésus fut attaché à la croix; l'autre au nord, *h*, marque l'endroit où fut plantée la croix de Jésus entre celles des deux larrons. Au bas du Calvaire, aux deux points marqués par *i*, on voit le tombeau de Godefroi de Bouillon et celui de Baudouin, son frère, le premier au nord, le second au midi; les tombeaux des autres rois sont au nord de la *pierre de l'onction*, au côté méridional (*x*) du chœur des Grecs, ou de l'église du Calvaire. En allant de l'escalier du Calvaire à l'est, on rencontre une petite chapelle qui a quatre pas de long et deux et demi de large; on y voit, *k*, une colonne de marbre gris, avec des taches noires, qui a deux pieds de haut et un de diamètre, et qui marque l'endroit où l'on fit asseoir Jésus pour le couronner d'épines; on l'appelle la colonne *impropere* (corruption d'*opprobrii*). Un peu plus loin est l'escalier *l*, par lequel on descend à la chapelle de l'Invention de la croix; au point *m*, est l'autel de Sainte-Hélène; c'est là, dit-on, que l'impératrice était en prière, pendant qu'elle faisait chercher la Croix. On descend encore onze marches pour arriver à l'endroit *n*, où la croix fut trouvée. Au nord de l'escalier *l* est une autre chapelle, *o*, de cinq pas de long et de trois de large, qui marque le lieu où les soldats, après avoir dépouillé Jésus, se partagèrent ses vêtements. Un peu plus au nord, *p*, est la chapelle de Longin, qui, selon les traditions, fit pénitence en ce lieu, pour avoir percé le flanc de Jésus lorsqu'il était sur la croix. Dans l'angle nord-est est la *prison de Jésus*, ou l'endroit où il fut enfermé pendant les apprêts du supplice. En face de la chapelle *o*, à l'ouest, est un escalier *q*, par lequel on monte à l'autel de l'église du Calvaire *r*. Au milieu *ss* est le chœur de l'église, qui appartient aux Grecs; au point *t* est un cercle incrusté que les Grecs appellent le *nombril de la terre*, parce que, selon eux, c'est là qu'est le centre du monde. A l'ouest de ce chœur est l'église du Saint-Sépulcre proprement dite, qui forme la grande nef de l'édifice.

« Elle est circulaire comme le Panthéon à
« Rome, et ne reçoit le jour que par un
« dôme au-dessous duquel se trouve le
« Saint-Sépulcre. Seize colonnes de marbre
« ornent le pourtour de cette rotonde;
« elles soutiennent, en décrivant dix-sept
« arcades, une galerie supérieure, égale-
« ment composée de seize colonnes et de
« dix-sept arcades, plus petites que les co-
« lonnes et les arcades qui les portent. Des
« niches correspondantes aux arcades s'é-
« lèvent au-dessus de la frise de la dernière
« galerie, et le dôme prend sa naissance
« sur l'arc de ces niches. Celles-ci étaient
« autrefois décorées de mosaïques repré-
« sentant les douze apôtres, sainte Hélène,
« l'empereur Constantin, et trois autres
« portraits inconnus. » (Chateaubriand.)
La chapelle extérieure *u* marque la place où se tenait l'ange après la résurrection de Jésus; de là on entre par une porte basse et étroite dans la chambre sépulcrale; sur le tombeau *v*, qui a environ six pieds de long, trois pieds de large et deux pieds de profondeur, brûlent constamment un grand nombre de lampes d'or et d'argent. Les murs sont revêtus de marbre, et la voûte est entièrement noircie par la fumée des lampes. Au nord est la chapelle de l'Apparition *zz*, appartenant aux Latins; *y* marque l'endroit où Jésus, après sa résurrection, apparut à sa mère et à Marie-Madeleine.

43 Intérieur de l'église de Bethléhem. } 56 *b*.
44 Plan de l'église de Bethléhem... }

« La longue nef est ornée de quarante-huit colonnes d'ordre corinthien, placées sur quatre lignes. Ces colonnes ont deux pieds six pouces de diamètre près de la base, et dix-huit pieds de hauteur, y compris la base et le chapiteau. Comme la voûte de cette nef manque, les colonnes ne portent rien qu'une frise de bois qui remplace l'architrave et tient lieu de l'entablement entier. Une charpente à jour prend sa naissance au haut des murs et s'élève en dôme pour porter un dôme qui n'existe plus ou qui n'a jamais été achevé. On dit que cette charpente est de bois de cèdre; mais c'est une erreur. Les murs sont percés de grandes fenêtres. » (Chateaubriand.)

45 Grotte du couvent de la Nativité à Bethléhem.................. *ibid*.
46 Vue de la moderne Jérusalem... 49 à 51.
47 Entrée de l'église du Saint-Sépulcre.

« Un portail d'architecture gothique ou moresque formé de deux arceaux pointillés... Il servait sans doute originairement d'entrée latérale. Une des portes a été murée; celle qui existe est d'une construction massive, et l'on y a pratiqué une petite ouverture par laquelle on communique avec les personnes du dehors. » (Robinson, t. I, p. 46.)

48 Ruines de l'église de Saint-Pierre à Jérusalem.
49 Ruines de l'église des Sept-Douleurs à Jérusalem.
50 Mosquée d'Omar à Jérusalem... 614 *a*.

« Le parvis ou l'enceinte extérieure, a, d'après Maundrell, cinq cent vingt pas de long sur trois cent soixante-dix de large; il occupe par conséquent une grande partie du terrain renfermé dans les murs de la ville. Ces murs lui servent de limites à l'est et au midi. Il est bordé à l'ouest par une rangée de bâtiments turcs occupés par les personnes chargées du service de la mosquée, par des écoles pour les enfants (*médresés*), et par quelques oratoires particuliers. De ce côté, on y entre par quatre portes. Au septentrion, il est en partie fermé par des maisons et en partie par un mur percé de trois portes.... Quatre minarets légers s'élèvent sur les côtés de ce parvis, un dans le milieu du mur occidental, et les autres à chacun de trois de ses angles; celui du sud n'en a pas. La surface de cette enceinte est glissante et unie, bien qu'allant un peu en pente vers le côté est. Çà et là croissent quelques cyprès et différents arbustes; mais ils sont trop clair-semés pour procurer beaucoup d'ombrage. »

« Au centre de ce parvis s'élève la fameuse mosquée d'Omar, ainsi appelée parce qu'elle fut commencée par le célèbre calife de ce nom, bien qu'achevée par ses successeurs. Elle forme un octogone régulier. Un dôme sphérique, surmonté d'un croissant doré [1], la couronne. Elle est bâtie sur une plateforme élevée [2], où l'on monte par un escalier large et facile, composé de six marches. On y entre par quatre portes qui regardent les quatre points cardinaux. Trois de ces portes ont chacune un porche en bois, d'un travail gracieux et léger; celle du nord est seule ornée d'un beau portique supporté par huit colonnes en marbre, d'ordre corinthien. Les quatre côtés unis sont percés chacun de huit fenêtres; les quatre par où l'on entre n'en ont que cinq. Ces fenêtres sont ornées de verres en couleur. Chaque façade de l'édifice est encadrée, de sorte que les côtés de ces encadrements forment à chaque angle des pilastres pleins. Le bas des murs est extérieurement revêtu de marbre bleu et blanc; mais l'intérieur du parvis est entièrement pavé en marbre blanc. La partie supérieure des murs et la frise sont recouvertes de petits carreaux en émail de plusieurs couleurs, mais où néanmoins le bleu domine. Ces carreaux, entremêlés d'arabesques et de versets du Koran, se voient de loin et forment une mosaïque à la fois étrange et gracieuse. Le toit, qui s'élève en pente douce jusque vers la lanterne placée au-dessus du dôme, est couvert en plomb. Les arêtes de cette lanterne sont recouvertes de carreaux peints, ainsi que le haut du bâtiment. Le dôme est pareillement couvert en plomb.

[1] On dit que son diamètre mesure soixante-dix pieds. Sa hauteur totale est de quatre-vingt-dix.

[2] L'enceinte intérieure, à laquelle on a donné le nom de Stoa, a cent cinquante pas de longueur du nord au sud, trois cent quatre-vingt-dix-neuf de l'est à l'ouest, et mesure seize pieds à partir du sol de l'enceinte extérieure.

Cet édifice offre dans son ensemble un beau spécimen de l'architecture orientale, architecture dont le caractère plutôt élégant et léger que grandiose fait que le bâtiment contraste d'une manière frappante avec la sévérité de tout ce qui l'environne. » (Robinson, t. I, p. 99-102.)

L'intérieur de la mosquée n'a été vu que par un très-petit nombre d'Européens; car la mosquée n'est accessible qu'aux musulmans. Guillaume de Tyr, qui a pu la voir lorsqu'elle était encore entre les mains des chrétiens, ne nous apprend cependant que peu de chose sur l'intérieur. Parmi les modernes, le père Royer en fit une description fort détaillée (Voy. Chateaubriand, *Itinéraire*, t. II, note K). En 1816, Richardson, ayant soigné, comme médecin, une des autorités de Jérusalem, obtint la permission de visiter la mosquée en secret; on trouve dans son Voyage quelques détails intéressants. On peut aussi consulter la description de l'auteur arabe de *l'Histoire de Jérusalem et d'Hébron*, traduite en français par M. de Hammer, dans les *Mines de l'Orient*, t. II, p. 87 et suiv., p. 93 et suiv.

51 Chaire de la mosquée d'Omar.
52 Synagogue à Jérusalem.

Dans le fond on voit l'armoire qui renferme les livres de la Loi; à gauche est la tribune sur laquelle se fait la lecture publique du Pentateuque, et où se tient le chantre qui récite les prières.

53 Vue de Jérusalem. 51
54 Porte de Damas à Jérusalem. 50
55 Rue à Jérusalem. 51
56 Mosquée érigée à Hébron sur l'emplacement du tombeau du patriarche Abraham. . . . . 58 a.
57 Mosquée de David sur le mont Sion. 50 b.
58 Tour octogone du style ogival près de l'ancienne Samarie. 39
59 Bethléhem. 56
60 Chrétiens de Bethléhem. 56
61 Ruines d'Ascalon. 62, 63
62 Couvent Saint-Sabas et torrent de Kidron (Cédron). 8
63 Jéricho. 41
64 Vue à Naplouse ou Nablous sur l'emplacement de l'ancienne Sichem. . . . . 39 b
65 et 66 Gaza. 63
67 Palais des soudans à Gaza.
68 Vue de Tibériade. 34
69 Palestine partagée en douze tribus. 224, 225
70 Palestine sous la domination romaine. 32 b
71 Palestine moderne

TABLE DES MATIÈRES.

	Pages.
Observations préliminaires.	1
LIVRE PREMIER : État physique et topographie de la Palestine.	2
CHAPITRE PREMIER : La Palestine, ses noms, sa position, ses limites.	*ibid.*
CHAPITRE II : Géographie physique : Aspect du sol. — Montagnes. — Plaines. — Eaux. — Climat. — Phénomènes. — Fertilité.	4
CHAPITRE III : Histoire naturelle.	16
A. Minéraux	*ibid.*
B. Végétaux	17
a. Céréales et légumineuses.	*ibid.*
b. Plantes potagères et cultivées	18
c. Herbes et arbustes sauvages.	19
d. Arbustes et fleurs d'agrément. — Baumes	20
e. Matières textiles.	22
f. Vigne.	23
g Arbres fruitiers et forestiers.	24
C. Animaux.	26
a. Mollusques. — Poissons. — Reptiles.	*ibid.*
b. Insectes.	27
c. Oiseaux.	28
d. Mammifères : Animaux domestiques. — Animaux sauvages.	29
CHAPITRE IV : Division de la Palestine. — Topographie.	32
I. La Galilée.	*ibid.*
II. La Samarie.	37
III. La Judée.	40
A. Judée orientale.	41
B. Judée intérieure.	42
Jérusalem.	43
1. L'ancienne Jérusalem.	44
2. La moderne Jérusalem.	49
3. Environs de Jérusalem.	53
C. Judée occidentale	58
IV. La Pérée.	64
DEUXIÈME LIVRE : Des anciens habitants païens de la Palestine avant et après l'invasion des Hébreux sous Josué.	75
CHAPITRE PREMIER : Coup d'œil historique sur les différentes races qui occupaient la Palestine avant les Hébreux.	*ibid.*
A. Les Aborigènes ou les peuples géants.	*ibid.*
B. Les Cananéens.	77
C. Les Philistins.	82
CHAPITRE II : Civilisation des anciens habitants de la Palestine. — Langue. — Mœurs. — Religion.	86
CHAPITRE III : De quelques peuples voisins de la Palestine.	94
A. Les Ammonites.	*ibid.*
B. Les Moabites.	95
C. Les Édomites ou Iduméens.	97
D. Les Amalécites.	98
E. Les Midianites.	*ibid.*
LIVRE III : Histoire des Hébreux.	99
PREMIÈRE PÉRIODE : Origines du peuple hébreu	102
1. Les Patriarches.	*ibid.*
2. Servitude des Hébreux. — Moïse.	116
3. Sortie d'Égypte. — Législation. — Séjour dans le désert. — Conquête de la Pérée. — Mort de Moïse.	121
4. Le Pentateuque et la loi de Moïse.	132
5. Résumé de la doctrine et des lois de Moïse.	142
PREMIÈRE PARTIE : Doctrine et morale.	143
DEUXIÈME PARTIE : Culte et lois cérémonielles.	150
I. Le sanctuaire.	154
II. Les pratiques religieuses.	158
A. Les sacrifices.	*ibid.*
a. Sacrifices sanglants.	160
b. Offrandes et libations.	162
B. Pratiques personnelles.	164
a. Jeûne et prières.	*ibid.*
b. Pureté et hygiène.	*ibid.*
c. Abstinence volontaire, Naziréat.	168
III. Le sacerdoce.	169
A. Les Lévites.	171
B. Les Prêtres.	172
IV. Les temps du culte et les fêtes.	179
A. Fêtes septénaires et chronologiques.	182
a. Le Sabbat.	*ibid.*
b. Les Néoménies et le mois sabbatique.	183
c. Les années sabbatiques.	184
B. Fêtes historiques et agronomiques.	185
a. La Pâque.	186
b. La Pentecôte.	187
c. La fête des Tabernacles.	188
C. Fête religieuse : Jour des Expiations.	189
TROISIÈME PARTIE : Loi sociale.	191

TABLE DES MATIÈRES.

I. Droit politique et administratif. 192
  Les Anciens. 193
  Les chefs des tribus et des familles. 194
  Les Juges. 195
  Les Schoterim. . . . . . : . . ibid.
  Chef de l'État. 196
  Citoyens et étrangers. 197
  Droit des gens, guerre. 198
II. Droit civil. 201
  A. La famille. . . . . ibid.
  B. Obligations civiles. 210
  C. Police. 212
III. Droit pénal. : : : 213
  A. Peines. . . . . : . . . 214
  B. Crimes. 216
  C. Administration de la justice. 218
DEUXIÈME PÉRIODE : Établissement successif dans les pays de Canaan ; Juges. 220
  1. Conquête de Canaan. . . . . ibid.
  2. Juges. 230
  3. Éli et Samuel. 242
TROISIÈME PÉRIODE : Royaume uni ; de Saül jusqu'à Salomon. . . 252
  1. Règne de Saül. . . . . ibid.
  2. Règne d'Isboseth, guerre civile ; règne de David. 267
  3. Règne de Salomon. 285
QUATRIÈME PÉRIODE : Royaume divisé ; de Rehabeam jusqu'à l'exil assyrien. 298
  Observations préliminaires sur la division du territoire et sur la chronologie. . . . . ibid.
  1. De Rehabeam à Achazia. (De Jéroboam à Joram.) 301
  2. Restauration des principes théocratiques dans Juda. — Décadence et chute d'Israël. . . 322
CINQUIÈME PÉRIODE : Royaume de Juda ; de l'exil assyrien jusqu'à l'exil de Babylone. 333
  Coup d'œil sur les destinées de l'ancien pays d'Israël pendant cette dernière période. . . . 353
QUATRIÈME LIVRE : Antiquités hébraïques, ou civilisation des anciens Hébreux. 356
CHAPITRE PREMIER : Des Hébreux nomades, de la vie pastorale et de l'agriculture. . . . . ibid.
  Agriculture. 359
  Culture de la vigne. 361
  Culture des oliviers et jardinage. 362
CHAPITRE II : De la vie domestique et sociale. . . . . ibid.
  A. Habitations. . . . . ibid.
  B. Vêtements et toilette. . . . 365
  C. Nourriture. 372
  D. La vie de famille. 375

  E. Mœurs sociales. 382
  F. Arts et métiers. 387
  G. Commerce. — Mesures et poids.
  — Voyages. — Navigation. . . 393
CHAPITRE III : De la Cité et de l'État. 405
  A. La cité et la porte. . . . . ibid.
  B. L'État et la royauté. . . . 406
  C. Relations extérieures des rois.
  — Guerres. 411
  D. Le culte. 415
CHAPITRE IV : De la vie intellectuelle des Hébreux. 417
  A. Les savants. 418
  B. Les sciences. 423
  C. Les lettres. 433
    I. La langue hébraïque. . . ibid.
    II. L'écriture hébraïque. . . 436
    III. La littérature hébraïque. 439
      1. L'histoire. 440
      2. La poésie. 442
  D. Les beaux-arts. 453
CINQUIÈME LIVRE. Histoire de la Palestine et des Juifs, depuis l'exil de Babylone jusqu'à la destruction de Jérusalem par les Romains. . 458
PREMIÈRE PÉRIODE : La Palestine sous la domination persane, depuis la rentrée des Juifs jusqu'à Alexandre le Grand. 463
  1. La première colonie juive sous Zéroubabel et le grand prêtre Josué. . . . . ibid.
  2. La deuxième colonie juive. — Ezra et Néhémia. 471
  3. Fin de la domination persane. — Schisme des Samaritains. . 481
DEUXIÈME PÉRIODE : La domination gréco-macédonienne, sous Alexandre et ses successeurs, les rois d'Égypte et de Syrie, jusqu'à Antiochus Épiphanes et au soulèvement des Maccabées. 485
TROISIÈME PÉRIODE : Guerre de l'indépendance et époque du gouvernement national et libre, sous les princes de la famille des Maccabées, jusqu'à la conquête de Jérusalem par Pompée. 495
  1. Guerre des Juifs contre les Syriens ; — établissement et consolidation du gouvernement national. . . . . ibid.
  2. État religieux, intellectuel et social des Juifs à l'époque des Maccabées. 511
    Les sectes. . . . . ibid.
    La Kabbale. 519
    Synagogues, écoles et littérature. 524
    État social. 526
  3. Les princes maccabéens indé-

TABLE DES MATIÈRES.

pendants, jusqu'à la conquête de Jérusalem par Pompée. . . 527
QUATRIÈME PÉRIODE : Les Juifs sous la dépendance romaine, et leur lutte héroïque, jusqu'à la destruction de Jérusalem et du Temple par Titus. 537
1. Les derniers Maccabéens. . . *ibid.*
2. Règne d'Hérode. . . . . . : . . 544
3. Les successeurs d'Hérode. — La Judée province romaine. —
Jésus-Christ. — Agrippa. . . . 560
4. Insurrection générale des Juifs et destruction de Jérusalem. . 578
APPENDICE : Coup d'œil sur les événements arrivés en Palestine, depuis la destruction de Jérusalem jusqu'à nos jours. 604
Note sur les voyages en Palestine. 654
Classement et explication des gravures. 659

FIN DE LA TABLE DES MATIÈRES.

FAUTES ESSENTIELLES A CORRIGER.

Page 35, 2ᵉ col., lig. 4, *au lieu de* 339, *lisez* 353.
— 37, 1ʳᵉ col., — 27, — le 4, *lisez* le 18.
— 38, 2ᵉ col., — 39, — Élie, *lisez* Élisa.
— 42, — — 29, — première, *lisez* seconde.
— 48, — — 51, — 170, *lisez* 168.
— 49, 1ʳᵉ col., — 11, — 71, *lisez* 70.
— 53, — — 42, — occidental, *lisez* méridional.
— 60, — — 50, — Saint, *lisez* San.
— 71, — note 1 : *nota* : Au *plan* des ruines de Gérasa, indiqué au graveur, celui-ci a substitué la *vue* de ces ruines d'après M. de Laborde.
— 75, 2ᵉ col., lig. 5, *lisez* Moabites.
— *ib.*, — — 9, *lisez* mot que.
— 76, 1ʳᵉ col., — 9, *lisez* qui habitaient.
— *ib.*, — — 10, *lisez* de Séïr.
— 95, — — 43, *au lieu de* le, *lisez* les.
— 158, — note 2, lig. 3, *au lieu de* hæc, *lisez* huic.
— 160, 2ᵉ col., lig. 12, *lisez* offrande.
— *ib.*, — — 18, *lisez* on pouvait.
— *ib.*, — — 23, *lisez* les deux sacrifices.
— 176, 1ʳᵉ col., — 36, *au lieu de* palme, *lisez* empan.
— 177, 2ᵉ col., — 32 et 33, *lisez* qu'ils devaient employer à leur propre usage dans le lieu où se trouvait le sanctuaire central.
— 222, 1ʳᵉ col., lig. 29, *au lieu de* Yimaar, *lisez* Yaarim.
— 224, 2ᵉ col., — 24, *lisez* Thimnatha, (Ekrôn,).
— 304, 1ʳᵉ col., note 2, lig. 12, *effacez* après *mots*, la syllabe ou.
— 371, 2ᵉ col., lign. 21, *lisez* Machalaçoth.
— 395, 1ʳᵉ col., — 1, *lisez* car elle est.
— 485, — — 6, *au lieu de* LE, *lisez* AU.
— 543, 2ᵉ col., — 35 *au lieu de* Machérus, *lisez* Machéras.

NOTA. Les hébraïsants voudront rectifier l'orthographe de plusieurs mots hébreux ; le mode de transcription adopté par l'auteur n'ayant pas toujours été suivi par le correcteur, il en est résulté quelques inconséquences orthographiques.

TABLE ALPHABÉTIQUE

DES MATIÈRES CONTENUES

DANS LA PALESTINE.

AVIS. — Les deux lettres a et b qui accompagnent les chiffres de renvoi, dans le cours de cette table, désignent (a) la première colonne, et (b) la seconde colonne de chaque page.

A

Abarim (les montagnes d') s'étendent vers le sud jusque dans le territoire des Moabites; tradition qui se rattache très-probablement au *Djebel Attarous*, point culminant de ces parages, et qui en ferait le *Nebo* ou *Pisgah* de l'Ancien Testament, 6 b; station des Hébreux pendant leur marche à travers le désert, 130 b.

Ab béth-din (père du tribunal) (v. 526 b).

Abdallah, pacha de Damas, 649 b.

Abdallah, pacha d'Acre, 651 b, 652 a.

Abdon de Piréathon (le schophêt ou juge), 240 b.

Abel-Méhola, ville de la Palestine ancienne où naquit le prophète Élisa, 38 b.

Abel-Schittim (v. Nimrin).

Abiah, fils de Samuel, 248 a.

Abiam ou *Abiah*, fils de Rehabeam, second roi de Juda; son histoire, 302 a, 304 b, 305 a.

Abiathar, fils du grand prêtre Achimélech, 262 a, 277 a, 278 b, 282 b, 283 a, 286 a.

Abiézer (l'Abisoua de la Bible), grand prêtre, 242 b.

Abigail, femme de Nabal, et qui devint celle de David, 263 a, 265 b.

Abimélech, fils de Gédéon (le schophêt ou juge), fait massacrer ses frères, à l'exception de Jothâm, le plus jeune, qui se cache; il est reconnu roi; prédiction de Jothâm et son accomplissement; sa mort, 237 b—238 b.

Abisag de Sunem (v. David, 282 b — 283 a).

Abisaï, frère de Joab; 268 a, b, 269 a, 272 a, 273 a, 275 a, 277 b.

Abner, fils de Ner, cousin du roi Saül, 254 b, 268 a, 268 b, 269 a, b.

Aborigènes (les), diverses races de géants de la Palestine; leur histoire, 75 a—77 a.

Aboubecr Mohammed, fils de Tagadj, surnommé *Ikhschid*, vainqueur de la Palestine, de la Syrie et de l'Égypte, 615 b.

Abou-Djaafar Almansour, deuxième khalife de la dynastie des Abbasides, fondateur de Bagdad, 614 b.

Abou-Marra, pacha de Djedda, 651 a.

Abou-Obéida, général musulman, sous Omar, 613 b.

Abou-Saïd Barkouk, roi d'Égypte, successeur de Malec-Saleh, fondateur de la dynastie des mamelouks circassiens, 643 a.

Aboulfaradj ou *Barhebræus*, auteur oriental cité p. 616 b, 617 a.

Aboul-Fawaris, fils d'Ali et petit-fils d'Ikhschid, 615 b.

Abraham (v. Abràm, p. 102).

Abràm (père élevé), appelé plus tard Abraham (père de la multitude), patriarche fondateur des Hébreux; son histoire, 102 a—106 a; faits qui peuvent être considérés comme historiques dans sa vie, 107 b; caractère distinctif de sa croyance religieuse, 107 b—108 a; mentions diverses qui lui ont été accordées par les historiens profanes, 108 a, b.

Abreuvoirs, 357 b.

Absalom, fils de Maacha et de David; son histoire, 275 b—278 a; son tombeau, 53 b.

Absalom, fils de Jean Hyrcan, 530 a, 531 a, 536 b.

Absinthe (l') croit en Palestine; emblème chez les Hébreux, 20 a.

Acéreth (le jour de), 188 b—189 a.

Achab, fils et successeur d'Omri, septième roi d'Israël; histoire de son règne,

TABLE ALPHABÉTIQUE

307 a, 308 a, b, 309 b — 310 a, b, 311 a — 314 a.

Achan (épisode d'), 221 a.

Achaz, fils et successeur de Jotham, douzième roi de Juda; histoire de son règne, 329 a — 330 a, 331 a.

Achazia, successeur d'Achab, huitième roi d'Israël; histoire de son règne, 314 b — 315 a.

Achazia, fils et successeur de Joram roi de Juda, sixième roi de Juda; histoire de son règne, 320 a, 320 b, 321 a.

Achiah de Siloh (le prophète), 296 a.

Achiah (le grand prêtre), arrière-petit-fils d'Éli, 253 b.

Achiman (famille d') (v. Anakim (les), 75 b.)

Achimélech (le grand prêtre), 261 a, b, 262 a.

Achinoam, fille d'Achimaas, femme unique de Saül; ses fils, 254 b.

Achinoam de Yezreel, femme de David, 263 a, 265 b.

Achis, roi de Gath, 261 a, b, 264 a, 265 b.

Achitob, fils de Pinehas, fils du grand prêtre Éli, 245 a.

Achitophel de Giloh, conseiller de David; son histoire, 276 b, 277 b.

Achzib (en grec *Ecdippa*), aujourd'hui bourg de Zib, 36 b.

Acises, successeur du vice-roi frère de Sennachérib, 337 b.

Acco (Ptolémaïde, Saint-Jean d'Acre), ancienne ville phénicienne et port de mer; son histoire; sa population actuelle; son commerce; nature du sol et sa culture, 36 b — 37 a, b; son siége sous Bonaparte, 649 b — 650 b (v. Saint-Jean d'Acre).

Acra, nom donné à la basse ville de Jérusalem sous Antiochus *Epiphanes*, 494 b.

Adama, l'une des villes situées autrefois dans les environs de la mer Morte, 11 a.

Adhed Ledin-Allah (le khalife), 622 b.

Adhémar de Monteil, évêque du Puy, 618 b, 620 a.

Adi, fils d'Ahmed-ben-Touloun, 615 b.

Adoniah, le quatrième fils de David, 283 a, 283 b, 285 b, 286 a.

Adoniram, chef des corvées, 281 b, 288 a.

Adoram, chef des corvées, sous Rehabeam, 297 b.

Adoullam (ville d'), 61 a.

Adrien (l'empereur), 605 a, b, 606 a, 606 b.

Ælia (ville d') (v. Jérusalem, p. 49 a et 606 b.)

Afrique, origine palestinienne de quelques-uns des peuples qui l'habitent, 81 a, b.

Agag, roi d'Amalek, 255 a, 255 b.

Agitation et de l'*élévation* (cérémonie de l'), 161 a.

Agneau pascal (l'), 186 b.

Agrippa, gouverneur général des provinces d'Orient, 550 b, 555 a, b.

Agrippa (le roi Hérode), fils d'Aristobule et frère d'Hérodias, 568 b, 569 a, 569 b, 570 a, 570 b, 571 a, b.

Agrippa II, fils d'Hérode Agrippa, 573 b, 574 a, 574 b; 575 b, 576 a, 576 b, 577 a, 577 b, 578 a, 579 a, b, 580 a, 580 b, 588 a, 591 b, 593 b, 602 b, 603 a, 603 b.

Ahmed-ben-Touloun, gouverneur d'Égypte, puis usurpateur de la souveraineté en Palestine et en Égypte, 615 a.

Ahmed, fils du scheikh Dhaher, 648 b.

Ahmed, surnommé *Djezzâr* (boucher), pacha de Beirouth et puis d'Acre, 648 a, 648 b, 649 b, 650 b.

Ahron, frère de Moïse; son histoire, 119 b-120 a, 124 a, 125 a, 126 a, 126 b, 127 a, 127 b, 129 b, 130 b.

Aï, ville à l'est de Béthel; sac de cette ville par l'armée de Josué, 221 b — 222 a.

Aïl (l'), cultivé en Palestine, 18 b.

Aire (l') (Goren), 360 b.

Akiba (l'illustre docteur), 605 b, 606 b.

Al-Afdha-ben-Bedr, vizir et généralissime du khalife Al-Mostaali-Billah, 617 b, 618 a, 620 b, 624 a.

Al-Moaddham Tourân-Schah, fils et successeur de Malek-Saleh, 639 a, 639 b.

Albinus, gouverneur de la Judée, successeur de Porcius Festus, 576 b, 577 a, 578 a.

Alexandre (le Grand); histoire de sa domination sur les Juifs, 483 a — 485 b.

Alexandre Balas, imposteur qui se fit proclamer roi de Syrie, en se disant fils d'Antiochus Epiphanes, 504 a, 505 a, 505 b.

Alexandre, fils d'Aristobule, fils cadet de Jannée et de Salomé, 537 a, 537 b, 538 a, 538 b, 539 a.

Alexandre, fils d'Hérode et de Mariamne, fille d'Alexandra, 550 b, 555 a, 555 b, 556 a, 556 b, 557 a, 557 b.

Alexandre (le faux), prétendu fils d'Hérode, 562 a.

Alexandre (l'évêque), ex-juif converti au protestantisme, 653 b.

Alexandrie (la ville d'), 485 b.

Alexis Comnène (l'empereur), p. 618 a, b, 619 a.

Al-Hakem-Biamr-Allah, troisième khalife d'Égypte, ses cruautés inouïes envers les juifs et les chrétiens de la Palestine, 616 a-617 a.

Ali, fils du schéikh Dhaher, 647 b, 648 a, 648 b.

Allouph (v. Édomites, 97 a).

Al-Mamoun (le khalife), 615 a.

Al-Moktader (le khalife), 615 b.

Al-Mostaali-Billah, khalife d'Égypte, 617 b, 618 a.

Al-Mostanser-Billah, khalife d'Égypte, petit-fils de Al-Hakem-Biamr-Allah, 617 a, 617 b.

Al-Motamed (le khalife), 615 a.

Al-Motasem (le khalife), 615 a.

Al-Motazz (le khalife), 615 a.

Alypius d'Antioche, ancien gouverneur de la Grande-Bretagne, 609 a.

Amalécites (les) (Amalek), peuple voisin de la Palestine; leur situation; leur origine; leur histoire, 98 a, b.

Amariah (le grand prêtre), l'un des présidents du tribunal suprême institué par le roi Josaphat, 314 b.

Amasa, cousin de Joab, et neveu de David, 278 a, 278 b, 279 a, 279 b.

Amasia, fils et successeur de Joas roi de Juda, neuvième roi de Juda; histoire de son règne, 324 a, 324 b, 325 a.

Amathous, ancienne forteresse sur le Jourdain, 72 b.

Amaury, roi de Jérusalem, fils de Foulques, comte d'Anjou, 621 a, 622 b, 623 a.

Amaury II, successeur de son frère Guy de Lusignan au trône de Chypre, 633 a.

Ambivius, successeur de Coponius, gouverneur de la Judée, 563 b.

Ame; de la croyance à son immortalité, du temps de Moïse, 148 a, 150 a.

Amende (l'), but de cette peine chez les Hébreux, 215 b.

Ammon, chef des Ammonites; son origine, 94 a, b.

Ammonites (les), peuple voisin de la Palestine; leur situation; leur origine; leur histoire; villes principales, 94 a — 95 b; ils sont défaits complètement par Jephté, 239 a, b; mis en déroute par le roi Saül, 251 a.

Ammonius, ministre d'Alexandre Balas, 505 b.

Amon, fils et successeur de Manassé, quinzième roi de Juda; histoire de son règne, 340 b.

Amorites (les) de haute stature comme les cèdres, et forts comme les chênes; le troisième des cinq peuples cananéens établis en Palestine; leur histoire, 79 a, b.

Amos (le prophète), 326 a, b.

Annius Rufus, successeur d'Ambivius, gouverneur de la Judée, 563 b.

Amnon, premier-né de David, 275 b — 276 a.

Amrâm, père de Moïse, 117 b — 118 a.

Amrou, général musulman sous Omar, 614 a.

Anakim (les) (v. Rephaïm (les), 75 b).

Anciens (les) (Zekenim); ils formaient l'élément aristocratique de la république des Hébreux; origine de cette qualification; nature de leurs fonctions; exemples constatant leur existence; observations relatives à leur institution, 193 a, 194 b.

André II, roi de Hongrie, 634 a, 634 b.

Andromaque, gouverneur de la Palestine et de la Syrie pour Alexandre, 485 a.

Andronique, lieutenant d'Antiochus Épiphanes, 493 a.

Ane; historique de cet animal en Palestine, 29 b — 30 a.

Anémone (l') croît en Palestine, 21 a.

Aneth (l'), plante cultivée en Palestine, 19 a.

Anges (messagers); quelle place ils occupaient dans le monothéisme de Moïse, 144 a — 145 a. Comparez 480 b, 513 b.

Animaux; leur division par Moïse et par d'autres législateurs en purs et impurs (v. Pratiques personnelles, 166 b — 168 b).

Anjou (le comte d'), frère de Louis IX, 638 b.

Anne (tombeau d'), 53 b.

Antigonus, l'un des successeurs d'Alexandre, 485 b.

Antigonus de Socho, disciple de Siméon le Juste, 487 b — 488 a.

Antigonus, fils de Johanan ou Jean Hyrcan, 528 b, 530 a, 530 b.

Antigonus, fils du roi Aristobule, 537 a, 538 a, 539 a, 541 a, 542 a, 542 b, 543 a, 543 b, 544 a.

Antiliban (l'), l'une des deux chaînes formant les montagnes du Liban; sa géographie, 4 b — 6 b.

Antiochus II, dit Théos, roi de Syrie, 488 a.

Antiochus III, dit *le Grand*, roi de Syrie, 489 a, 489 b, 490 a.

Antiochus Epiphanes, frère et successeur de Seleucus *Philopator*, 492 a, 492 b,

493 a, 493 b, 494 a, b, 497 a, 499 a, 499 b.

Antiochus Eupator, fils et héritier d'Antiochus Epiphanes, 499 b, 501 a.

Antiochus VI (Théos), fils et successeur d'Alexandre Balas, roi de Syrie, 506 a, 506 b, 508 a.

Antiochus Sidètes, roi de Syrie, frère de Démétrius Nicator, 509 a, b, 510 a, 510 b, 511 a, 511 b.

Antiochus Gryphus, roi de Syrie, fils du second lit de Cléopâtre, femme en secondes noces d'Antiochus Sidètes, 528 a, 528 b.

Antiochus de Cyzique, frère utérin d'Antiochus Gryphus, 528 b.

Antiochus, roi de Comagène, 582 b, 588 b.

Antipas (v. Hérode Antipas, 558 b).

Antipater ou *Antipas* (l'Iduméen), 534 a, b, 535 a, 535 b, 536 a, 537 a, 537 b, 539 a, 539 b, 540 a, 540 b.

Antipater, fils aîné d'Hérode, 555 b, 556 a, 557 b, 558 a, 558 b, 559 b.

Antipatris (ville d'), bâtie sous Hérode en l'honneur de son père, 59 b et 550 a.

Antiquités hébraïques (les); définition de l'auteur, 356 a, b; leurs divisions, 356 b.

Antoine (le triumvir) en Asie, 541 b, 542 a, 543 a, 543 b, 544 a, 545 b, 546 b, 547 a.

Antonia (le château), 555 a, 579 a, 597 a.

Anville (d') cité p. 52 b.

Apellès, officier du roi Antiochus *Epiphanes*, 495 b, 496 a.

Aphek, ville au nord de la Palestine ancienne; tradition historique qui s'y rattache, 36 b.

Aphek, ville au midi de la Palestine ancienne, où les Hébreux perdirent l'arche sainte, 244 b.

Apion d'Alexandrie (le grammairien), 603 b.

Apis (le bœuf), 126 b.

Apollonia (v. Césarée, 59 b).

Apollonius, fils de Thrasée, gouverneur de la Célésyrie et de la Palestine, pour Seleucus *Philopator*, 491 a, 491 b, 494 a, b, 505 a.

Apollonius, gouverneur de Samarie, 496 b.

Appareil électrique (v. Temple, 290 b).

Apriès, roi d'Égypte, 348 a.

Aquila de Sinope ou *Akilas*, parent de l'empereur Adrien, 607 a.

Aravna ou *Ornan* (l'aire de), 281 a.

Arbre de Sodome, mentionné déjà probablement par Moïse sous le nom de *vigne de Sodome*, croît aux environs de la mer Morte; opinions diverses sur ses signes caractéristiques, 20 a, b.

Arche sainte (l') (v. Tabernacle, 157 a); son histoire, 244 b, 245 a, b, 246 a, 271 a, b, 277 a.

Archélaüs, roi de Cappadoce, beau-père d'Alexandre fils d'Hérode, 556 b, 557 a, 557 b.

Archélaüs, fils du roi Hérode et de la Samaritaine Malthacé, 558 b, 559 b, 560 b, 561 a, 561 b, 562 a, 562 b.

Arculphe (saint), évêque des Gaules au huitième siècle, 614 b.

Aristobule, fils et successeur de Johanan ou Jean Hyrcan, 528 b, 530 a, 530 b.

Aristobule, fils cadet de Jannée et de la reine Alexandra, usurpateur du trône de cette dernière, 533 b, 534 a, 535 a, 535 b, 536 a, 537 a, 537 b—538 a, 538 b.

Aristobule, fils d'Alexandre fils d'Aristobule, et d'Alexandra fille d'Hyrcan, 545 a, b, 546 a.

Aristobule, fils d'Hérode et de Mariamne fille d'Alexandra, 550 b, 555 a, 555 b, 556 a, 556 b, 557 b.

Aristomène, ministre de Ptolémée Épiphanes, 489 b.

Arnon (Wadi Moudjeb), l'une des deux rivières coulant du nord au sud, entre lesquelles s'étendent les montagnes de Basan et de Gilead, 6 a.

Arnould de Rohes, pasteur de l'église de Jérusalem, 620 b.

Aroer devant Rabbath (*Ammon*), ville sur les limites orientales de la tribu de Gad, 73 a, b.

Aroer sur l'Arnon, ville de Ruben, à la limite méridionale de la Pérée, 74 b.

Arsénius, Samaritain, ami du faux roi Julien, 610 b.

Artaxerxès ou *Arthachsastha*, réputé pour le faux Smerdis, 465 b, 466 a.

Artaxerxès Longuemain, 468 a, 473 b, 478 a.

Artaxerxès Mnémon (le roi), 481 a.

Asa, fils d'Abiam, troisième roi de Juda; histoire de son règne, 305 a, b — 306 a, b, 307 a, b.

Asaël, frère de Joab, 268 a, b.

Ascalon, surnommée par les musulmans *Arous el-Schâm* (la fiancée de la Syrie), ancienne ville de la Judée, sur la Méditerranée, entre Asdôd et Gaza; traditions historiques; description; retrait de la mer; oignons d'Ascalon (échalotes), 62 a, b — 63 a.

Aschdôd ou *Asdôd* (autrefois *Azotos*, en grec), ville de la Judée, à dix lieues au nord de Gaza, remplacée actuellement par le village d'*Esdoud*, 61 b—62 a; statue de Dagon, 245 a.

Asché, célèbre docteur de l'Académie de Sora, 608 a.

Aser (tribu d'); situation; villes principales, 225 a.

Asordan (Ésar-Haddon), fils de Sennachérib, roi de Babylone, 337 b.

Asphalte; se trouve surtout aux environs de la mer Morte; on le recueille en morceaux sur le rivage, 17 a, b.

Asphaltite (lac); sa formation, 76 b.

As-salt (forteresse d') (v. Ramoth, 72 b).

Assidéens ou Hasidim (pieux) (les), 496 b.

Assises de Jérusalem (le code des), 620 b.

Assuérus ou *Ahasveros* (le roi); observations tendant à établir son identité avec Xerxès, 468 b; son histoire et celle de la reine Esther sa femme, 468 a — 470 b; suite des observations, 470 b—471 b.

Assyrie (rois d'); noms de ceux que la Bible mentionne comme ayant fait la guerre en Palestine, 328 b.

Astharoth, ville où résidaient les rois de Basan, 69 b.

Asthoreth, divinité femelle des Cananéens; ses dénominations diverses; ses différentes attributions et ses emblèmes; siége de son culte et ses infâmes exigences, 90 a, b.

Athalie, succède à son fils Achazia comme reine de Juda; histoire de son règne, 322 a—323 a.

Athénion, favori d'Évergètes, 488 a, b.

Athénobius, favori de Démétrius Nicator, 509 b, 510 a.

Athrongé (le berger); usurpe le titre de roi de Judée, 561 a, 562 a—b.

Atlas (peuplades de l') (v. Cananéens (les), 80 b.)

Atsiz, général musulman, 617 b.

Attalus, roi de Pergame, 489 b.

Auguste (l'empereur) (v. Octavien, 549 b).

Auranitide (l'), l'une des cinq provinces du pays de la Pérée, 66 a, b.

Autel d'airain (le grand) (v. Temple, 292 a).

Autel des holocaustes (l') (v. Description du temple d'Hérode, 554 b).

Autel des parfums (l') (v. Tabernacle, 157 a).

Autel d'or (l') (v. Tabernacle, 157 a).

Autel des sacrifices (l') (v. Tabernacle, 156 b).

Autochthones de la Grèce, d'origine indienne, 153 b.

Avaris (*Héroopolis*) (la ville d'), dans la basse Égypte, 117 a.

Avoine; très-rare en Palestine, 18 a.

Awim (les), habitants primitifs de la Palestine, 76 a.

Ayoun Mousa (sources de Moïse) (v. Mer Rouge, 123 a).

Azaria (le grand prêtre), 325 b.

Azaria, grand prêtre sous Ézéchias, 332 a.

Azaria, général sous les ordres de Juda Machabée, 498 a, 499 a.

Azaria (le prophète), fils d'Oded, 305 b —306 a.

Azazel (puissant de Dieu), le plus redoutable d'entre les démons qui, suivant la croyance des peuples voisins de la Palestine, peuplaient les déserts; observations critiques relatives à cet être fictif, 190 a— 191 a. (V. aussi Schédim, 93 a.)

Aziz, successeur du khalife Moezz-Ledin-Allah, 616 a.

Azz-Eddin Aibek (l'émir), premier sultan de la dynastie des mamelouks *Baharites*, 640 a.

B

Baal (maître), le dieu supérieur des Cananéens, représentant le soleil, 89 a, b.

Baal-Berith (*dieu d'alliance*), adoré par les Hébreux idolâtres, 89 b; destruction de son temple à Sichem, 238 a.

Baalis, roi des Ammonites, 351 b.

Baal-Meon, ancienne ville de Ruben, 74 a.

Baal-Pheor (Béelphégor), dieu des Moabites; son culte infâme; son analogie avec le dieu Priape; origine de son nom, 89 b.

Baal-Zeboub (dieu des mouches); traditions diverses justifiant l'invocation de cette divinité, 28 a, b; adoré chez les Philistins, 89 b—90 a.

Baana, frère et complice de Réchab, 269 b.

Baasa, troisième roi d'Israël, usurpateur du trône de Nadab et meurtrier de ce dernier; histoire de son règne, 305 b, 306 a, b.

Baba (le Pharisien), mis à mort avec ses enfants par Hérode, 549 b.

Babylonienne (la servitude); sa durée, 461 b.

Bacchide, général de Démétrius *Soter*, 501 a, 502 a, b, 503 a, 503 b, 504 a.

Bagdad (ville de) (v. Abou-Djaafar Al-mansour).

Bagose, général persan, 481 a, b.

Bains chauds, à l'ouest près de Tibériade, et à l'est près de Gadara, maintenant *Omm-Keis*, 11 b.

Balak, roi de Moab, 131 a.

Balak, émir des Turcomans, 621 a.

Baléan d'Ibelin, chef des assiégés de Jérusalem, sous le sultan Saladin, 625 a, 626 a.

Baltasar (v. Nabonnède).

Bamoth, *hauts lieux* sur lesquels étaient adorées les divinités de la Palestine païenne; formes successives de celles-ci; lieux qui leur étaient consacrés; honneurs qui leur étaient rendus, 93 a, b.

Banias (Paneas) (le), l'un des trois petits confluents qui forment le Jourdain, 8 b.

Barak, général hébreu, 233 a, 234 b.

Barbakan, chef des Kharezmiens, 637 b.

Bar-Coziba ou *Bar-Cocheba*, c'est-à-dire fils de l'Étoile (le faux Messie), 605 b, 606 a, 606 b.

Baris (château de), appelé plus tard *Antonia*, à Jérusalem, 47 b, 508 b.

Baruch, fils de Néria, secrétaire de Jérémie, 344 b, 345 a, 350 a, 352 b, 353 a.

Barzillaï, un des hommes les plus considérables de la Pérée sous David, 277 b, 278 b, 284 a.

Basalte; il prédomine au nord-est de la Palestine dans le Basan et le Hauran; son emploi dans divers travaux anciens, 17 a.

Basan (la montagne de), faisant partie de la chaîne du Hermon, 6 a.

Bassin (le) ou *mer d'airain* (v. Temple, 292 a et 351 a, et Description du temple d'Hérode, 554 b).

Batanée (la), contrée au delà du Jourdain abondante en chênes, 7 b; l'une des cinq provinces du pays de la Pérée, 66 b — 67 a.

Bathséba (v. Uria, 274 a, b et p. 238 a, 288 b).

*Baudouin I*er, frère de Godefroy de Bouillon, 618 b, 620 b, 621 a, 661 a.

Baudouin II Dubourg, cousin et successeur du précédent, 621 a.

Baudouin III, roi de Jérusalem, fils et successeur de Foulques, 621 b, 622 a.

Baudouin IV, fils et successeur d'Amaury, 623 a, 623 b.

Baudouin V, neveu et successeur de Baudoin IV, 623 b.

Baudouin, comte de Flandre et de Hainaut, 633 a.

Baumier de la Judée (le), différent de celui de la Mecque; se cultivait dans deux jardins célèbres, près de Jéricho et d'Engadi, détruits par les Juifs dans leur guerre avec les Romains, et rétablis par ceux-ci; il suait en juin, juillet et août; manière d'obtenir le baume; documents historiques relatifs au baume de Palestine; *baume de Gilead*, 21 b—22 a.

Beauharnais, aide de camp de Bonaparte, 649 a.

Bécer (Bosor) (v. Baal-Meon).

Beerschéba ou *Bersaba* (*puits du serment*), anciennement la ville la plus méridionale de la Judée; traditions qui s'y rattachent, 58 b.

Belil (la *Farrago* des Romains), 358 b.

Belus (le) (maintenant Nahr-Halou?), petite rivière non navigable se jetant dans le golfe de Saint-Jean d'Acre, à l'ouest du Jourdain; étendue de son parcours; tradition historique, 8 a.

Ben-Ammi ou *Ammón*, fondateur des Ammonites. (V. ce dernier mot, 94 a.)

Bénaïah, chef de la garde royale sous Salomon, 286 a.

Ben-Hadad, roi de Syrie, 306 a; le deuxième du nom, 311 a—312 a, 312 b, 313 a, 319 b; le troisième du nom, 324 a—b.

Benjamin (tribu de); situation; villes principales, 224 b; moyens employés par les Hébreux pour favoriser sa reconstitution, après le sac de Gabaa, 229 b—230 a.

Benjamin de Tudèle, 628 b; son itinéraire publié d'abord à Constantinople, en 1543, et traduit et édité plus tard par Constantin Empereur (Leyde, 1633, in-8°, *Elzevir*), 654 b.

Bérénice, sœur de Ptolémée Évergètes, 488 a.

Bérénice, fille de Salomé sœur d'Hérode, femme d'Aristobule fils d'Hérode, 555 a, 556 b.

Bérénice, sœur d'Agrippa II, 574 b, 579 a, 579 b, 602 b, 603 a.

Bernard, abbé de Clairvaux, 621 b.

Bertrand de la Broquière (le voyageur), cité p. 643 b.

Besalel, artiste de la tribu de Juda, 127 b.

Bések (ville de); sa situation probable, 227 a.

Besor (le), petite rivière non navigable à l'ouest du Jourdain, se jetant dans la mer près de Gaza, 8 a, 265 b.

Bethania (village de), près de Jérusalem; traditions religieuses qui s'y rattachent; actuellement Béthanie, 56 a.

Béthar (ville de), incertitude sur sa position géographique, 606 a.

Bethbara ou *Bethabara* (lieu de passage) (v. Nimrin).

Béthel (primitivement *Louz*), petite ville d'une haute antiquité, aujourd'hui détruite; origine de son nom; traditions qui s'y rattachent, 40 a; histoire du prophète de Béthel, 302 b—303 a.

Beth-Haran (v. Nimrin).

Bethléhem, contrée vignoble de la Palestine, où il y a des chrétiens; réputation de son vin blanc, 23 b; anciennement *Ephratha*, *fertilité*; situation; produits du sol; population actuelle; monuments religieux; monument hébraïque de la *fontaine scellée*, 56 a, b—57 a, b.

Bethléhem (église de); sa description, 56 b, 661 b.

Bethphage (village de), à l'est du mont des Oliviers; tradition qui s'y rattache, 55 b—56 a.

Bethsaïda (désert de), au nord de la Palestine; tradition religieuse, 7 b.

Bethsaïda-Julias, ancienne ville au nord-est du lac de Génésareth, 68 b.

Bethsaïda (lieu de pêche), au-dessous de Capharnaoum, 34 a.

Beth-Seán (maintenant *Bisán*), ville appelée *Scythopolis* par les anciens Grecs; hypothèses relatives à l'origine de ce dernier nom, 38 a, b.

Bethulia (la ville de) (v. Yesreel ou Esdrelon (*Stradela*)).

Beth-Yeschimôth (v. Nimrin).

Bibars Bondokdâr, meurtrier et successeur de Kotouz, 640 a, b, 641 a.

Biblique (histoire); considérations critiques, 106 a—107 b.

Biléam, fameux devin de Pethôr, en Mésopotamie, 131 a.

Blanche (la reine), mère de Louis IX, 638 b, 640 a.

Blé; le plus commun en Palestine est le *froment*; objet principal de commerce et de culture chez les Hébreux; preuves historiques de cette dernière assertion; manière de le manger; usages auxquels il était consacré; époque de la récolte; espèce particulière de froment (*l'épeautre*), 18 a.

Boaz et Ruth (épisode de), 255 b—256 a.

Boaz (v. Temple, 289 b et 351 a).

Bœuf; historique de cet animal domestique en Palestine, 29 b. (V. Vache, 162 a).

Bohémond, prince de Tarente, 618 b, 620 b.

Bonaparte (le général), 648 b, 649 a, 649 b, 650 a, 650 b.

Bosra (sans doute la *Bostra* des Grecs et des Romains), ville célèbre située à l'ouest de Salkhat; discussion sur son identité; ses ruines, 70 a, b.

Bouki, grand prêtre, 242 b.

Bourrienne (de), cité p. 649 a, b.

Brabant (le duc de), 632 a.

Buckingham (le voyageur), 7 a, 65 a.

Burckhardt (le voyageur), cité p. 65 a, 73 b—74 a, 74 b, 657 b.

Burrhus, gouverneur de Néron, 576 a.

C

Cafour (l'eunuque), usurpateur du trône d'Ikhschid, 615 b.

Cailles; pluie miraculeuse de ce gibier dans le désert, 124 a et 128 b.

Caïus Caligula (l'empereur), successeur de Tibère, 568 a, 568 b, 569 a, 569 b, 570 a.

Caïus Popilius (cercle de), 494 a.

Calcaires (pierres); dominent dans les montagnes de la Palestine, 16 b.

Callimandre, général d'Antiochus de Cyzique, 528 b.

Callirrhoë (eaux thermales de), au sud-est de la mer Morte; retrouvées récemment; très-probablement le *Yémim* de la Genèse, 11 b; ville du même nom, sur la mer Morte, 75 a.

Cambyse ou *Ahasvéros*, successeur de Cyrus, 465 a; opinion de l'auteur à son sujet, 465 b; suite de ses faits et gestes, 466 a.

Canaan, le plus ancien nom de la Palestine; sa dérivation, 3.

Canaan, fils de Cham; les différents noms de ses enfants, 77 a—78 a; villes fondées par ceux-ci, et auxquelles ils donnèrent leurs noms, 78 a, b.

Canaanites (les), l'un des sept peuples mentionnés par la Bible comme habitant la Palestine, 78 b; ce qu'on en sait, 79 b.

Cananéens (peuples); du pays de Canaan; leur ancienneté en Palestine, 75 a; sur onze qu'ils étaient, six s'établissent dans la Phénicie proprement dite, ou en Syrie; les cinq autres demeurent en Palestine, 78 a, b; division de leur pays au moment de la conquête par Josué; catalogue de certains d'entre leurs rois; gouvernement; ils subissent le sort de la guerre; émigration probable d'une partie d'entre eux; quelques-uns conservent de la puissance en Palestine, même après l'invasion des Hébreux, 80 a—82 a; leurs mœurs infâmes, 88 b—89 a; leur religion basée sur le culte de la nature, 89 a; appréciation résumée de leur culte, 94 a; leur réputation de force et de stature, 128 b; histoire des quatre villes hévites de Gabaon, Caphira, Beëroth et Kiryath-Yaarim, dont les députés surprirent l'alliance de Josué, 222 a, b; importance de leurs luttes contre leur vainqueur Josué, 223 b; leur ascendant sur les Hébreux après la mort de Josué, 227 a, b; leur défaite, sous le roi Yabin, par les Hébreux, 233 a, b; habitant encore la Galilée après l'exil de Babylone, 353 b; état de leurs arts et métiers dès le temps des patriarches, 86 a, b, 387 a.

Cantique des cantiques, 297 a, 443 a, 449 b—450 a.

Capharnaoum (village de Nahoum), anciennement célèbre par le séjour qu'y fit Jésus, 34 a.

Câpre (la); croît en Palestine, 19 b.

Carmel (le mont), l'une des branches méridionales de l'Antiliban; situation, forme, élévation; signification de son nom, 5 a; autre montagne du même nom, 6 a.

Caroubier (le), dont le fruit, si commun jadis en Palestine, était donné aux bestiaux, 26 a.

Cassander, 485 b.

Cassius Longinus, l'un des meurtriers de César, 540 a, 541 a.

Cédrat (le), espèce de citronnier, croît en Palestine, 25 b.

Célestin III (le pape), 632 a.

Cendebée, général d'Antiochus *Sidètes*, 510 a.

Cep de vigne monstrueux aux environs de Saint-Jean d'Acre, 23 b.

Céréalis, général romain, 590 a.

Cerf (le), en Palestine, 32 a.

César, maître de Rome, 538 b, 540 a.

Césarée (*Cæsarea Palæstina*), ville de la Judée occidentale, sur la Méditerranée; son origine; son histoire; traditions historiques et religieuses qui s'y rattachent, 59 a, b (v. aussi 530 b).

Cestius Gallus, gouverneur de Syrie, 578 a, b, 580 a, 582 b, 583 a, 583 b.

Chacal; historique de cet animal sauvage en Palestine, 31 b—32 a.

Chandelier à sept branches (le) (v. Tabernacle, 157 a).

Chanvre (le), inconnu des anciens Hébreux; mais la *Mischna* le mentionne sous le nom de *Kanbos* ou *Kannabos* (cannabis), 22 b.

Chateaubriand (M. de), cité p. 6 b—7 a, 20 b, 42 a; 63 a, 54 b—55 a, b, 620 a, 651 a; son *Itinéraire*, 657 a, b.

Châtiment corporel (le), peine infligée aux coupables par la loi mosaïque; en quoi elle consistait, 215 a, b.

Chef de troupeau (le), 357 b—358 a.

Chefs de l'académie de la terre d'Israël (les), 627 a.

Chefs des tribus et des familles (les), représentants démocratiques formant le noyau des assemblées populaires, et réglant les intérêts nationaux chez les Hébreux; leur composition; forme probable de leur nomination; nature de leurs fonctions; forme de leur convocation, 194 b—195 a.

Chefs du domaine (les), 281 b, 358 a.

Chêne; très-répandu en Palestine, surtout à l'est du Jourdain; ses différents usages, 26 a.

Chérubins (Kéroubim), êtres symboliques, 145 a et 157 b.

Cheval; historique de cet animal en Palestine, 30 a.

Chien; historique de cet animal en Palestine, 30 b—31 a.

Chorazin ou *Corazaïn*, 34 a.

Chosroës II ou *Khosrou*, roi de Perse, 612 b.

Christianisme (le); considérations de l'auteur, 567 b—568 a.

Chronique (la); degré d'importance qu'on doit attacher aux faits qu'elle raconte touchant Manassé, fils du roi de Juda Ézéchias, 340 a (V. aussi 525 b).

Chronologie; graves difficultés qui s'élèvent relativement à celle des deux royaumes de Juda et d'Israël, 299 a—300 a; synchronisme de ces deux derniers établi d'une manière approximative, 300 a—301 a; suite de la chronologie du royaume de Juda, 333 a.

Circoncision (la); sa signification chez les Hébreux, 166 a.

Citronnier; très-répandu en Palestine, 25 b.

Claude (l'empereur), successeur de Caïus Caligula, 570 a, 571 a, 571 b, 574 a, b.

Cléopâtre, fille d'Antiochus III, et femme de Ptolémée Épiphanes, 490 a, 491 a.

Cléopâtre, fille de Ptolémée Philométor, et femme d'Alexandre Balas, 505 a, 505 b.

Cléopâtre, reine de Syrie, première femme de Démétrius Nicator, et ensuite femme d'Antiochus *Sidètes*, 509 a, 528 a, 528 b.

Cléopâtre, reine d'Égypte, et maîtresse d'Antoine, 542 a, 545 b, 546 a, 546 b, 547 a, 548 a.

Clitus de Tibériade, 587 b.

Cœlésyrie (vallée du Liban dans la Bible), 4 b.

Cohanim ou *Comarim*, nom des prêtres de la Palestine païenne; leurs coutumes religieuses, 93 b; le premier nom attribué aussi aux prêtres d'institution mosaïque, 171 b.

Cohén (prêtre, ministre) (v. David, 272 b.)

Colonnes, l'une de nuée, l'autre de feu, qui dirigeaient les Hébreux dans le désert, 122 b.

Conchylienne (la); mollusque fournissant la couleur du même nom, qui se trouvait selon Pline, sur les rivages de Tyr et sur plusieurs autres points du littoral de la Méditerranée, 26 b.

Concombre (le), cultivé dans la Palestine, 19 a.

Conrad, évêque de Hildesheim et chancelier de l'Empire, 632 a, 632 b.

Conrad III, empereur d'Allemagne, 621 b, 622 a.

Constance (l'empereur), 608 b.

Constantin (l'empereur), 608 a, b.

Copher (le), plante d'agrément parfumée, très-commune en Palestine; ses noms divers; sa description; usage que font les femmes orientales de la poudre de ses feuilles préparées, 20 b—21 a.

Coponius (le chevalier), gouverneur de la Judée, 562 b, 563 b.

Coracinus (le), poisson du lac de Génésareth, 27 a.

Corinthe (isthme de), 591 b.

Costobare, époux de Salomé sœur d'Hérode, et gouverneur de l'Idumée pour ce dernier, 549 a.

Cotonnier (le), introduit en Palestine sous les derniers rois de Juda; sa désignation incertaine; faits authentiques qui constatent sa présence sur le sol de la Palestine; semailles et récolte, 23 a.

Cotovicus (v. Jean Cotwyk).

Cour (ou *parvis*) *des Gentils* (la) (v. Description du temple d'Hérode, 552 a).

Cour des femmes (Azarath naschim) (la) (v. Description du temple d'Hérode, 552 b).

Cour des Israélites (Azarath yisrael) (la) (v. Description du temple d'Hérode, 553 a).

Cour des prêtres (Azarath cohanim) (la) (v. Description du temple d'Hérode, 553 a).

Coureurs (les) ou gardes du corps, sous Rehabeam, 304 b.

Couschán-Rischataïm, roi de Mésopotamie, 231 b—232 a.

Couthéens (les) (v. Samaritains).

Crassus (le proconsul), successeur de Gabinius dans le gouvernement de la Syrie, 538 a, b.

Création, 145 a, 425 b, 426 a, b.

Crétacées (pierres); dominent dans les montagnes de la Palestine, 16 b.

Crethi (v. David, 272 b).

Crimes; catégories reconnues par la loi mosaïque; énumération des châtiments applicables à chacun d'eux, 216 a—218 b.

Crith (le), petit torrent à l'ouest du Jourdain, dans lequel il se jette, à l'est de Samarie, 8 a.

Croisier, aide de camp de Bonaparte, 649 a.

Cuivre, mine à Antabès, nord d'Alep, 17 b.

Culte; sa définition, 150 b; sa nature sous les patriarches, *ibid.*; sa nature et ses divisions sous Moïse, 151 a—154 b; en quoi consistait le *culte quotidien* chez les Hébreux, 180 b—181 a; classification des fêtes du culte hébraïque, 181 b—182 a; son histoire après Moïse, 415 a—417 b.

Cumin (le), cultivé en Palestine, 19 a.

Cuspius Fadus, gouverneur de la Palestine, 571 b—572 a.

Cyaxare, roi des Mèdes, 342 b.

Cyaxare II (v. Darius le Mède).

Cyprès (le), bois de construction que les Hébreux tiraient en partie des pays voisins, et qui servit à l'édification du temple de Salomon, 26 b.

Cypros (château de), 550 a.

Cypros, femme d'Hérode Agrippa, 568 b.

Cyrus, roi de Perse, et plus tard de la Médie et de la Babylonie, 459 a, 460 b — 461 a, 463 b, 465 a.

D

Dagón (du mot hébreu *dag*, poisson), divinité de la Palestine païenne; symbole de la fertilité, 91 b—92 a, b.

Dan (le), l'un des trois petits confluents qui forment le Jourdain, 8 b.

Dan (tribu de); situation; villes principales, 224 b (v. aussi 33 b).

Daniel, chef des mages sous Nebuchadnessar, et ses trois amis, Hanania, Misaël et Azaria; leur histoire discutée, 459 a, b; critique relative à son *livre*, 484 b (v. aussi 525 b).

Darique (la), monnaie persane en or; son évaluation, 464 a.

Darius le Mède (Cyaxare II), 459 a, 461 a.

Darius ou *Dariavesch* (fils d'Hystape), successeur de Cambyse, 465 b, 466 a, 466 b—467 a.

Darius Nothus, roi de Perse, 481 a.

Darius (Codoman) (le roi), 481 b.

Darius ou *Arius*, roi de Sparte, 506 b.

David (le roi); son histoire, 255 b — 285 a; nom des plus célèbres héros qui lui prêtèrent appui dans ses guerres, 270 b; énumération des principaux grands dignitaires de sa cour, 272 a, b; poëtes lyriques, musiciens célèbres sous son règne, 282 b.

Debir (ville de) (v. Hebrôn, 58 b).

Debir (v. Temple, 290 b).

Déborah (abeille) (schophèt ou juge), appelée *Nebiah* (prophétesse), lève l'étendard de la révolte contre Sisera, général de Yabin, roi de Hasor, qui avait fait peser vingt années de joug sur les Hébreux; mort de Sisera prophétisée par elle; son cantique de victoire; examen de cette œuvre poétique au point de vue historique, 233 a—234 b.

Décalogue (loi de Moïse); sa proclamation sur le Sinaï; sa division en trois parties, 125 a—126 b.

Décapolis ou district des dix villes; explication de ce terme géographique fréquemment employé dans les Évangiles, 67 b —68 a.

Déchaussé, sobriquet en usage parmi les Hébreux; son origine, 204 b.

Dellius, ami du triumvir Antoine, 545 b.

De locis terræ sanctæ libri III, ouvrage rédigé d'après le voyage de saint Arculphe, par *Adamman*, et publié en 1619 à Ingolstadt, 654 a.

Démétrius, fils d'Antigonus, 485 b.

Démétrius (*Soter*), fils de Séleucus Philopator, 492 a, 499 b, 500 b—501 a, 502 a, 503 b, 504 a, 504 b, 505 a.

Démétrius Nicator (vainqueur), roi de Syrie, fils aîné de Démétrius Soter, 505 a, 505 b, 506 a, 506 b, 507 a, 508 b, 509 a, 509 b, 511 b, 527 b—528 a.

Démétrius Eucérus, fils d'Antiochus Gryphus, 532 b.

Déserts (Midbar); n'offrent pas toujours l'aspect que présente à l'idée leur dénomination, 7 b; ceux du midi de la Judée, 357 a.

Dhaker (le schéikh), fils d'Omar, 646 b, 647 a, 648 a, 648 b.

Dibôn, appelée aussi *Dibôn-Gad*, ville de Ruben, à une lieue au nord de l'Arnôn, 74 b.

Dîme Saladine (la), 629 b.

Diodotus, surnommé Tryphon, l'un des généraux d'Alexandre Balas, 506 a.

Diogène (le Sadducéen), 533 b.

Divination; en vogue chez les Cananéens; divers genres de devins chez ce peuple, 93 b—94 a.

Divisions du temps dans le calendrier mosaïque, 179 a—180 b.

Dix commandements (les); leur analyse, 126 a, b.

Dix plaies (les) d'Égypte; considérations critiques à leur sujet; leur énumération, 120 a—121 a.

Djebel-Attarous (le mont) (v. Abarim, 6 b).

Djebel-Heisch, partie S.-E. du mont Hermon, 4 b.

Djelâl-Eddîn, sultan de Khowarezm ou Kharezm, 636 a.

Dodécarchie (la) ou le *Règne des Douze*, en Égypte, 338 b.

Doëg (l'Iduméen), intendant des bergers de Saül, 262 a.

Dokhn (*holcus dochna* Linn.), espèce de millet; ses emplois divers, 18 a, b.

Domitien (l'empereur), 605 a.

Dor, ancienne ville au pied du Carmel, remplacée actuellement par le village de *Tortoura*, 59 a.

Dourra (le), espèce de *millet*; manière dont les Arabes le mangent, 18 a.

Drusille, sœur du roi Agrippa II; son histoire, 574 b.

E

Ébal (le mont), faisant partie de la montagne d'Éphraïm; sa situation et son aspect; destination que lui avait assignée la loi de Moïse, et qui fut consacrée plus tard par Josué, 5 b; Josué y construit un autel, 222 a.

Ébed-Mélech (l'eunuque); délivre Jérémie, 349 b, 350 a.

Ecclésiaste (v. *Kohéleth*), 297 a (v. aussi 525 a, b).

Ecclésiastique (livre de l'), 525 b.

Edom (le roi), 130 b.

Édomites ou Iduméens (les), peuple voisin de la Palestine; leur origine; leur situation; leur gouvernement; leur histoire; villes principales, 97 a—98 b.

Édouard (le prince), fils du roi d'Angleterre Henri III, 640 b, 641 a.

Edréi, ville du Haurân, résidence des rois de Basân, 69 b.

Edrisi, auteur arabe du douzième siècle, cité p. 49 b—50 a, 57 a.

Eglón, roi des Moabites; son histoire, 232 a, b.

Egmond (J. A. *Van*), ambassadeur de Hollande à Naples, voyageur, 656 a, b.

Égypte (le *torrent d'*) (Wadi-el-Arisch), limite méridionale de la Palestine; il tombe dans la mer près d'El-Arisch, autrefois *Rhinocoroura*, 8 a.

Ehoud (Aod) (le second schophêt ou juge); tue Eglón, roi des Moabites, qui avait rendu les Hébreux ses tributaires pendant dix-huit ans; taille ses troupes en pièces, et procure aux Hébreux une paix de quatre-vingts ans, 232 a, b.

Ehyé (*je suis*), nom du Dieu vivant, 119 a, b.

Ekrón (Accaron), ville de l'ancien territoire des Philistins, au sud-ouest de la Judée; son histoire, 61 a, b.

Ela, fils de Baasa, quatrième roi d'Israël; histoire de son règne, 305 a, 306 b.

Eléalé, ville de Ruben, dont les ruines s'appellent actuellement El-Aal (hauteur), 73 b.

Eléazar, fils et successeur d'Ahron frère de Moïse, 130 b; sa mort, 226 a.

Eléazar (le grand prêtre), frère de Siméon le Juste, 486 b, 488 a.

Eléazar, frère de Juda Maccabée, 500 a.

Eléazar, trésorier du temple sous Crassus, 538 b.

Eléazar, frère et successeur du grand prêtre Joazar, 562 a.

Eléazar (le grand prêtre), fils de Hanan, successeur d'Ismaël, 563 b.

Eléazar, fils du grand prêtre Hauania, commandant du temple, 580 b, gouverneur d'Idumée, 584 b—585 a.

Eléazar, fils de Jaïr, de la famille de Juda le Galiléen; l'un des chefs des *Zélateurs*, 581 b, 601 b—602 a.

Eléazar, fils de Saméas (héroïsme d'), 589 b.

Eléazar, fils de Simon, chef des *zélateurs*, 592 b, 594 a, b, 595 a.

Éléonore (la princesse), femme d'Édouard, fils du roi Henri III d'Angleterre, 641 a.

Elkoula (le lac d'); ses noms anciens; ses dimensions; qualités de ses eaux; sa physionomie; surnom arabe de son bord occidental; tradition historique qui s'y rattache, 8 b.

Eli (le prêtre et le schophêt ou juge); son histoire et celle de sa famille, 242 b — 243 b et 244 b—245 a.

Eliakím, successeur de l'intendant Sebna, 335 b, 336 a.

Eliasib (le grand prêtre), 477 b.

Elibus, meurtrier et successeur de Mérodach-Baladan, 337 b.

Elie (le prophète); histoire de sa vie, 308 b — 311 a, 312 b, 315 a, b, 317 b.

Élie, rabbin italien de Jérusalem au quinzième siècle, cité p. 643 b.

Éliézer de Modëin, 606 a.

Elim; campement des Hébreux dans le désert, 124 a.

Elionée (le grand prêtre), fils de Simon Cantheras, successeur de Mathias, 571 b.

Elisa ou *Elisée* (le prophète), successeur du prophète Elie; histoire de sa vie, 310 b, 315 a, b, 316 a, 317 b—319 b, 320 a, b, 324 a, b.

Elkanah (le lévite), père de Samuel, 243 b—244 a.

Elohim (v. Juges, 195 b).

Elón d'Ayyalón (le schophêt ou juge), 240 b.

El-Teym (v. Médaba, 74 a).

El-Tyh ou Thyh Beni-Israël (égarement des enfants d'Israël), désert où les Hébreux menèrent la vie nomade pendant trente-huit ans, 129 a—130 b.

Elulée, roi des Tyriens, 333 b.

Émád-Eddín Zengui, fondateur de la dynastie des Atabeks d'Irâk, 621 b.

Émicon de Leiningen (le comte), 619 a.

Emim (les) (v. Rephaïm (les), 75 b).

Emmaüs (le bourg et la ville d'), 43 b.

Encens (l'), parfum qu'on recueillait dans la Palestine ancienne, 22 a.

Endive, plante potagère cultivée en Palestine, 18 b.

En-Dór, ville célèbre par sa pythonisse, 36 b; entrevue de cette dernière avec le roi Saül, 265 a.

En-Gadi, contrée vignoble de la Palestine, 23 a.

En-Gadi, ville de la tribu de Juda, sur le milieu du rivage occidental de la mer Morte, 42 a.

En-Gadi (désert de), au sud-est de Jérusalem; aspect du sol, 7 b.

Engelbert, frère de Letholde de Tournay, 620 a.

Epha (tribu d'), 99 a.

Ephraim (forêt d'), en deçà du Jourdain, 7 b.

Ephraim (montagne d'), portion nord d'une chaîne de montagnes formant l'une des branches méridionales de l'Antiliban; sa situation respective, et ses richesses naturelles, 5 b.

Ephraïm, fils cadet de Joseph, 114 b —115 a.

Ephraïm (tribu d'); situation; villes principales, 224 b; épisode du lévite d'Ephraïm; expédition des douze tribus contre les Benjamites réunis dans la ville de Gabaa; extermination de ceux-ci, 228 b — 229 b; les Éphraïmites vaincus par Jephté, 240 a.

Ephrón, ville fortifiée au nord-ouest de Gerasa, 72 a, b.

Epicrate, général d'Antiochus de Cyzique, 528 b.

Esar-Haddon, troisième fils et successeur de Sennachérib, 337 a.

Esaü, fils d'Isaac, surnommé Edom (rouge); fondateur des Edomites, 97 a; sa naissance, 105 b; son histoire, 108 b, 109 b, 110 a, 111 a.

Escol (vallée d') (grappe), pays vignoble de la Palestine; tradition qui s'y rattache; grappes pesant jusqu'à douze livres, 23 a.

Esséniens ou Esséens (historique de la secte juive des) (v. 515 et suiv.); les livres des Esséniens (v. 525 b).

Esther (la reine) (v. Assuérus); le livre d'Esther (v. 525 b).

Esthori Parchi, auteur juif du douzième siècle, cité p. 642 b, 643 a; son ouvrage intitulé: *Caphthor wa-phérach*, 655 a.

Etham, deuxième station des Hébreux, à leur départ d'Egypte, 122 a.

Etrangers; préceptes pleins d'humanité suivis par les Hébreux à leur égard, 197 b —198 a.

Eumènes, 485 b.

Eustache de Boulogne, frère de Godefroy de Bouillon, 618 b.

Evilmérodach, fils et successeur de Nébuchadnessar, 346 a, 459 b.

Exaltation de la Croix (fête de l'), son origine, 613 a.

Expiations (jour des), appelé Yom Kippourim, fête religieuse destinée à la réconciliation du peuple hébreu avec son Dieu; son époque; cérémonial d'usage en cette circonstance, 189 a—190 a et 191 a, b.

Ezechias ou Hizkia, fils et successeur d'Achaz, treizième roi de Juda; histoire de son règne, 331 a—332 a, 333 b, 334 b —339 a.

Ezéchias, chef des mécontents en Galilée, sous Hérode, 539 b.

Ezéchiel (le prophète), 346 a; sa vie, 348 a, 459 b—460 a, 460 b; son livre, 452 a, b.

Ezob (hysope), plante aromatique, célèbre dans la loi de Moïse, et qui croît sans art en Palestine, 19 a, b, 161 b—162 a.

Ezra (le *sopher* ou *scribe*); son histoire, 471 b — 473 b, 476 a, 476 b, 477 a, b, 478 b—479 a; le livre d'Ezra (v. 525 b).

F

Faradj, fils et successeur de Abou-Saïd Barkouk, roi d'Égypte, 643 a.

Félix, affranchi de Claude, gouverneur de la Judée, 574 b, 575 a, 575 b, 576 a.

Fer, abondant, suivant Volney, dans les montagnes de Kesraouan et des Druzes, 17 b.

Fêtes (les); leur caractère moral et religieux chez les Hébreux, 181 a; leurs divisions, 181 b.

Feu sacré (v. Tabernacle, 157 b).

Fèves, *phol* en arabe, cultivées en Palestine, 18 b.

Figues, remède contre la peste, 337 a.

Figuier de Palestine; fructifie dix mois; offre trois récoltes de trois qualités différentes: figues de primeur, d'été (en arabe, *carmous*) et d'hiver; figues sèches conservées dans des masses ou *cabas*, que les Hébreux appelaient *debélim*; — les figuiers sauvages ou *sycomores*, nombreux dans la plaine de *Schefela*, autrefois; rares de nos jours; description de cet arbre, qualités de son bois, usage dont il est encore aux Orientaux, 24 b—25 a.

Flaccus, préteur de Syrie, 569 a.

Flavius Silva, gouverneur de la Judée pour Titus, successeur de Lucilius Bassus, 601 a.

Fleury (l'abbé), cité p. 385 a—386 a.

Fontaine de Marie, 54 a.

Fontaine scellée (la), 57 a, b.

Forbin (comte de), cité p. 62 b — 63 a; son ouvrage intitulé: *Voyage dans le Levant en 1817 et 1818*, 658 a.

Foulques, comte d'Anjou, roi de Jérusalem, 621 a.

Foulques, curé de Neuilly-sur-Marne, 633 a.

Frédéric II (l'empereur), roi de Jérusalem, 626 b, 634 a, 635 b, 636 a, 636 b, 638 b.

Frédéric Barberousse, 629 b, 630 a.

Frédéric de Souabe (le duc), 630 a.

Fumigations (v. Sacrifices, 163 b).

G

Gabaa (v. Guéba, 43 a).

Gabaon, l'une des villes principales de

Canaan; son histoire, 80 b. Voy. aussi *Gabeon.*

Gabaonites (les) (v. Hévites, 79 b); ils surprennent l'alliance de Josué, 222 a; description de la victoire qu'ils remportent sous les ordres de Josué contre Adoni-Sédek, roi de Jérusalem, et ses alliés, 222 b — 223 a; satisfaction qui leur est offerte par David, 279 b—280 a.

Gabinius, proconsul de Syrie, 537 b, 538 a.

Gad (tribu de), à l'est du Jourdain, 131 a.

Gad (le prophète), 261 b, 270 b—271 a, 281 a.

Gadara, ville qui faisait partie de la *Décapolis*, et dont la situation est demeurée douteuse; son histoire, 68 b—69 a, b.

Galba (l'empereur), successeur de Néron, 593 b.

Galilée (*Galil* ou *Galila, cercle, district*); origine du nom de cette contrée de la Palestine; province moderne du même nom; limites; caractère des Galiléens et ses causes; opinion que les Juifs s'en étaient formée, 32 b — 33 a; longueur et largeur; population; esprit national; division d'après la configuration du sol, 33 b.

Gallus, beau-frère et corégent de l'empereur Constance, 608 b.

Gamala, ville forte, près du lac de Génésareth, 68 b; sa destruction sous Vespasien, 591 b.

Gamaliel, dernier patriarche sous Théodose II, 609 b.

Gardien (le) (Guardiano) du couvent de Saint-Sauveur, administrateur des catholiques, 651 b.

Garizim (montagne de), faisant partie de la montagne d'Éphraïm; sa situation et son aspect; traditions qui s'y rapportent; elle est encore l'objet de la vénération des Samaritains de Nablous, 5 b—6 a; son temple, 482 a, 482 b—483 a; destination ultérieure de ce dernier, 494 b; sa destruction sous Jean Hyrcan, 527 b.

Gath, ville de la Judée, à l'est d'Ekron, patrie de Goliath; son histoire, 61 b.

Gaulanitide (la), l'une des cinq provinces du pays de la Pérée, 66 a.

Gauthier Sans-Avoir, 619 a.

Gaza, actuellement *Gaze*, ville de la Judée, à cinq lieues d'Ascalon; son histoire; sa description, 63 a, b—64 a.

Gazelle (la), en Palestine, 32 a.

Gédéon (le schophèt ou juge), fils de Joas; origine de sa mission; cause du surnom de *Jérubbaal*, qui lui fut donné; description de la guerre d'extermination qu'il fit aux Midianites, aux Amalécites et aux autres tribus bédouines de l'Orient qui, pendant sept ans, avaient ravagé la Palestine; il refuse la souveraineté héréditaire; il institue un brillant oracle (Ephod) dans Ophra; sa nombreuse postérité, 234 b—237 a.

Gelboa (le mont), extrémité nord-est de la montagne d'Éphraïm; son nom moderne; tradition historique qui s'y rapporte, 6 a.

Genèse (la); indication des peuplades comprises dans le tableau qu'elle renferme, 430 b—433 a; observation relative aux soixante-dix individus composant la famille de Jacob, qu'elle nomme comme ayant formé la souche des Hébreux en Égypte, 114 b.

Genêt (le); croît en Palestine; ses noms divers; son usage, 19 b.

Gerar, ville du territoire des Philistins, au sud-est de Gaza, sur les limites de l'Idumée, 64 a.

Gerasa (*Djerasch*), ville célèbre dans l'antiquité, à dix ou douze lieues sud-ouest de Bosra; sa description, 70 b—72 a.

Gessius Florus, successeur d'Albinus, gouverneur des Juifs, 5-8 a, 578 b, 579 a, 579 b, 580 a, 580 b, 583 a.

Gesta Dei per Francos, Hanau, 1611. Collection publiée par *Bongars*, et renfermant divers ouvrages importants pour la connaissance de l'histoire de la Palestine, 654 a.

Ghôr (vallée du), située au sud, entre le lac de Tibériade et la mer Morte, 9 b.

Gilead (la montagne de), faisant partie de la chaîne du Hermon; son nom actuel, 6 a.

Gilead (pays de) (v. *Pérée* (pays de la).

Ginée (Djennîn), ville de l'ancienne Palestine, 38 b.

Giroflée (la); croît abondamment dans la plaine de Saron, 21 a.

Glaphyre, fille d'Archelaüs, roi de Cappadoce, femme d'Alexandre, fils d'Hérode, 555 a, 556 a, 562 b.

Godefroy de Bouillon, duc de la basse Lorraine, 618 b, 619 b, 620 a, 620 b, 661 a.

Goel had-dam (*redemptor sanguinis*), 217 b—218 a.

Golan, ville lévitique, et l'une des six villes-asile; de position incertaine, 69 b.

Golgotha ou *le lieu du crâne* (*calvariæ locus*), lieu destiné aux exécutions, près du tombeau où fut déposé Jésus; sa position;

doutes relatifs a son authenticité, 52 a—53 a.

Goliath (le géant); histoire du combat singulier dans lequel il fut vaincu par David, 258 a—259 a.

Gomorrhe, l'une des villes situées autrefois dans les environs de la mer Morte, 11 a.

Gorgias, général sous les ordres de Ptolémée Macron, 497 a, b.

Gosen (pays de), situé entre la mer Rouge et le Nil, 114 a.

Gotschalk, prêtre allemand, 619 a.

Grand prêtre (le) (v. *Prêtres*, 173 b).

Grégoire (le cardinal), 618 b.

Grégoire IX (le pape), successeur d'Honorius III, 636 a, 636 b.

Grégoire X (le pape), 641 a.

Grenadier (le), autrefois très-commun en Palestine; se voit à Gaze; ancien usage de son fruit, 25 b.

Grès (couches de), çà et là dans les montagnes de la Palestine, 17 a.

Gué hinnôm (vallée de), aux environs de Jérusalem, consacrée d'abord au culte de Moloch; son nom, changé en celui de *Géhenne*, désigna ensuite l'enfer dans le Nouveau Testament, 7 a.

Guéba (Gaba), ville frontière du royaume de Juda, au nord, 42 b—43 a.

Guédalia, gouverneur qui fut donné aux Hébreux par le roi de Babylone, après que ce dernier eut détruit Jérusalem; histoire de son gouvernement, 351 a—352 a.

Guemara (la), complément du livre législatif de la *Mischna*, 608 a.

Guésem (l'Arabe); son histoire, 474 b—475 a.

Guibeón ou *Gabaon*, ville de la Judée intérieure; son histoire, 43 a.

Guibert (l'antipape), 618 b.

Guihón (piscine de), 54 b.

Guilgal ou *Galgala*, ancienne ville de la Judée, aujourd'hui détruite, 42 a; dernier campement des Hébreux avant d'entrer dans la terre promise, 220 b.

Guillaume, marquis de Montferrat, surnommé *Longue-Épée*, 623 b.

Guillaume, archevêque de Tyr, 629 b.

Guirgasites ou *Gergesites* (les), l'un des cinq peuples cananéens établis en Palestine; ce qu'on en sait, 79 b.

Guy de Lusignan, roi de Jérusalem, 623 b, 624 a, 625 a, 631 a.

H

Habacuc (le prophète), 344 a.

Hacéroth, station des Hébreux dans le désert, 129 b.

Hadad, prince iduméen, 296 b.

Hadadézer, roi de Soba, 272 a, 273 a.

Hag, nom donné aux trois fêtes de la Pâque, de la Pentecôte et des Tabernacles, chez les Hébreux, 186 a.

Hagar, servante, et plus tard seconde femme d'Abraham; son histoire (v. *Abrâm*).

Haggaï (Aggée) (le prophète), 466 a.

Hakel-dama ou le champ du sang, acheté par Judas, 54 a, b.

Haman, favori d'Assuérus; son histoire (v. *Assuérus*, 469 a—470 b).

Hanamel, cousin du prophète Jérémie, 350 a.

Hanan ou *Ananus* (le grand prêtre), fils de Seth, successeur de Joazar, 563 a.

Hanan (le grand prêtre), fils de Hanan ou Ananus, successeur de Joseph Cabi, 576 b, 577 a.

Hanan, fils de Jonathan, 583 a.

Hanan (le prêtre), commandant de Jérusalem, 584 b, 587 b, 592 a, 592 b.

Hananel (le grand prêtre), 545 a, 546 a.

Hanani (le prophète), 306 b.

Hanania (le prophète), 347 a, b.

Hanania ou *Johanan* (Jean) (le grand prêtre), fils de Nédébée, successeur de Joseph, fils de Camith, 573 b, 574 a, 577 a.

Hanon, fils de Nahas, 273 a.

Hanucca, fête de l'inauguration du nouvel autel construit par Juda Maccabée dans le parvis du temple, 497 b.

Hareth (forêt de), dans le pays de Juda, 7 b.

Hareth ou *Aretas*, roi de l'Arabie Pétrée, 534 b, 535 a; autre roi du même nom, 568 b.

Harlay de Sancy, ambassadeur de France à la Porte-Ottomane, 655 b.

Haroun (le prince), fils de Khamarouya et successeur de son frère Djéisch, 615 a, b.

Haroun-al-Raschid (le khalife), 615 a.

Hasbeni ou *Moyet-Hasbeïa* (le), l'un des trois petits confluents qui forment le Jourdain, 8 b.

Hasmonéens (v. *Maccabées*, 495 b).

Hasselquist, disciple de *Linné*, qui édita un ouvrage de lui intitulé : *Iter Palæstinum*, 656 b-657 a.

Hattath et Ascham (sacrifices *de péché et de délit*) (v. *Sacrifices*, 160 b—161 a).

Hauts lieux (les), 341 b, 416 a, b.

Hazaël, roi de Syrie, 310 b, 319 b, 323 a, 323 b, 324 a.

Hébraïque (langue); de son identité probable avec la langue phénicienne, 86 b—

88 b ; son histoire, 433 b — 436 b.

Hébreux (les) ; coup d'œil général sur la mission providentielle de ce peuple, 99 a — 100 a ; durée de son existence ; division de celle-ci en deux époques distinctes ; cinq périodes forment la première époque dite des Hébreux, 1° origine du peuple hébreu ; 2° établissement successif dans le pays de Canaan : juges ; 3° royaume uni, *de Saül jusqu'à Salomon ;* 4° royaume divisé, *de Rehabeam (Roboam) jusqu'à l'exil assyrien ;* 5° royaume de Juda, *jusqu'à l'exil de Babylone ;* histoire générale de chacune d'elles, 100 a — 101 b ; origine du nom d'*hébreu*, 102 b ; histoire de la colonie hébraïque qui vint habiter le pays de *Gosen*, en Égypte, du temps de Joseph, 116 a-117 b ; détails statistiques sur cette colonie à sa sortie d'Égypte, 121 b ; gouvernement auquel Moïse les soumit dans le désert, 125 a, b ; discussion relative aux charges qui leur étaient imposées pour soutenir le sacerdoce, 178 a — 179 b ; ils forment un État fédératif basé sur deux maximes, sous Moïse, 191 b — 192 a ; la constitution mosaïque en avait fait un corps de nation, un État qui pouvait prendre le nom de *théocratie*, avec une forme de gouvernement représentant une démocratie tempérée, 192 b ; pouvoirs de l'État, 193 a ; constitution de la société civile sous l'empire de la loi mosaïque, 197 a — 198 a ; leurs coutumes de guerre, 198 a — 200 b ; leur organisation militaire, 200 b — 201 a ; position de la femme chez eux, selon la loi mosaïque ; liberté dont elle jouissait, 201 a — 202 b ; préséance de la monogamie sur la bigamie et la polygamie, 202 b — 203 b ; formalités qui précédaient le mariage, 203 b — 204 a ; prohibitions et châtiments relatifs aux mariages entre proches parents ; liberté accordée en dehors des unions interdites, 204 a ; obligation imposée par la loi au frère de celui qui mourait sans enfants, 204 b ; lois relatives à l'adultère, 204 b — 205 a ; lois relatives au divorce, 205 a — 206 b ; rapports et devoirs réciproques établis par la loi entre les parents et les enfants, 206 a — 208 a ; des esclaves ; leur division en deux catégories ; leur condition, 208 a — 210 a ; dispositions législatives concernant : 1° le prêt, 210 a — 211 a ; 2° les dommages causés à autrui, 211 a ; 3° les dépôts, 211 a, b ; 4° les objets trouvés, 211 b ; 5° les rapports de maître à ouvrier, 211 b, et 6° les pauvres, 211 b — 212 a ; de leurs règlements de police, et particulièrement de ceux qui concernaient la prostitution, 212 a — 213 b ; leur retour à l'idolâtrie et leur anarchie, après la mort de Josué, 230 a, b ; administration civile sous le roi David, 281 a, b ; ancien état de leur agriculture ; culture, engrais, instruments aratoires, animaux de trait, semailles, moisson, battage et conservation du blé, emploi de la paille, 359 a — 361 a ; leur manière de traiter la vigne et de faire la vendange, 361 a — 362 a ; culture des oliviers et horticulture, 362 a, b ; description de leurs premières demeures, 362 b ; description de leurs villes, villages, bourgs, rues, portes, tours, pavage, puits et citernes, 362 b — 363 a ; construction, forme et disposition intérieure et extérieure des maisons, 363 a — 364 a ; meubles et objets meublants, 364 b — 365 b ; de leur costume ; ses matières premières ; ses couleurs diverses ; noms de ses différentes parties, et description de chacune d'elles pour les hommes et pour les femmes, 365 b — 368 a ; détails relatifs à leur barbe, leur chevelure, leurs parfums et leur bandeau frontal, 368 a, b ; description de leurs bijoux et de quelques autres objets de toilette pour les deux sexes, 368 b — 371 a ; précautions hygiéniques anciennement en usage, 371 a — 372 a ; énumération des aliments dont ils faisaient usage, et manières dont ils les préparaient, 372 a — 374 b ; détails concernant les anciens repas, 374 b — 375 b ; détails relatifs à la vie qu'ils menaient à l'intérieur de la famille, et à leurs cérémonies de deuil privé, 375 b — 382 a ; leur hospitalité, 382 a, b ; leur civilité ; signes et formules de politesse qu'ils employaient, 382 b — 384 b ; leurs différents genres de plaisir, 384 b — 386 a ; détails sur les actes de contrition et de deuil usités dans les calamités publiques, 386 b — 387 a ; description des arts et métiers qu'ils exerçaient ; considérations générales sur leur histoire, 387 a — 393 a ; leur commerce ; coup d'œil sur la nature et les objets de leurs transactions, 393 a — 395 b ; énumération de leurs mesures de longueur, de distance et de capacité, 395 b — 399 b ; énumération de leurs poids avec leur valeur comparée, 399 b — 400 a ; description de leurs monnaies avec leur valeur absolue en poids, 400 a — 403 a ; leurs moyens de transport, 403 a, b ; leurs voies terrestres, 403 b — 404 a ; leurs moyens de passage par eau, 404 a ; état de leur navigation, 404 a, b ; de leur correspondance écrite, 404 b — 405 a ; de leurs autorités locales ;

du siége de leurs tribunaux; de la passation des actes publics; de leur procédure; de leurs peines; des institutions de sûreté dans leurs villes, 405 a—406 b; assemblage des faits généraux recueillis dans la Bible sur la royauté chez les Hébreux, avant l'exil, constatant le pouvoir et les prérogatives qu'elle possédait dans Juda et Israel, les moyens dont elle disposait, et l'éclat qui l'entourait, 406 b—411 a; leur organisation et leur discipline militaires; solde de leurs troupes; énumération de leurs armes défensives et offensives; leur art militaire; leurs travaux de guerre; leurs coutumes guerrières, 411 a—415 a; vicissitudes de leur culte et leurs coutumes religieuses, 415 a—417 b; considérations préliminaires sur le caractère général de leur vie intellectuelle, 417 b—418 b; du rôle que jouaient chez eux les trois classes suivantes de savants: 1° celle des prêtres et lévites, 418 b—419 a, 2° celle des prophètes, 419 a—423 a, 3° celle des sages, 423 a, b; examen du degré de perfectionnement plus ou moins avancé où étaient arrivées chez eux les sciences suivantes: 1° les *mathématiques*, 423 b, 2° l'*astronomie*, 423 b—424 a, 3° la *physique* et la *médecine*, 424 a, b, 4° l'*histoire naturelle*, 424 b—425 a, 5° la *cosmogonie* et la *géogonie*, 425 b—426 b, 6° la *géographie*, 426 b—429 b, 7° l'*ethnographie*, 429 b—433 a; des sciences historique et philosophique chez eux, 433 b; histoire de leur langue, 433 b—436 b; histoire de leur écriture, 436 b—439 a; considérations générales sur leur littérature, 439 a—440 a; examen des monuments écrits de leur histoire nationale, comprenant: 1° le livre de Josué, 440 a—441 a, 2° le livre des Juges, 441 a—441 b, 3° les deux livres de Samuel et les deux livres des Rois, autrement dits *les quatre livres des Rois*, 441 b—442 a; histoire de leur poésie *lyrique*, comprenant: 1° l'hymne ou l'ode (psaume), 2° l'élégie, 3° le poëme érotique 442 a—443 a; histoire de leur poésie didactique, comprenant: la *poésie gnomique*, la *fable* et la *parabole*, les *discours prophétiques*, le *livre de Job*, 442 a—443 b; diction et images qui leur étaient familières en poésie, 443 b—445 a; forme extérieure de leur poésie, 445 a—446 a; coup d'œil sur les différentes œuvres poétiques qui nous restent d'eux, savoir: les Psaumes, les Proverbes, le livre de Job, le Cantique des Cantiques, les Lamentations, les prophéties d'Isaïe, de Jérémie, d'Ézéchiel, et de plusieurs autres prophètes, 446 b—453 a; histoire des beaux-arts qu'ils cultivaient en leur imprimant plus ou moins leur cachet, et au nombre desquels on comptait: 1° la peinture, 2° la sculpture, 3° l'architecture, 4° la poésie, 5° la musique, 453 a—454 b et 456 b—457 b, 6° la danse, 457 b—458 a; énumération et description de leurs instruments de musique, 454 b—456 b; leur situation au sein de l'empire babylonien pendant l'exil, 458 b; Cyrus leur permet de retourner en Palestine et de reconstruire le temple, 461 a, b.

Hébron, dans l'ancien pays de Juda; ses environs célèbres par leurs vignes; emploi qu'on y fait du raisin, 23 b; l'une des plus anciennes villes de Canaan, autrefois *Kiriath-Arba* (ville d'Arba); traditions qui s'y rattachent; population; sa description; monuments remarquables, 57 a—58 a, b.

Hécatée d'Abdère; son histoire, 486 a, b.

Héchal (palais) (v. Temple, 290 b).

Hél (*Antemurale*) (le) (v. Description du temple d'Hérode, 552 b).

Hélène, reine d'Adiabène; son histoire, 572 a—573 a.

Hélène, mère de l'empereur Constantin, 608 a, b.

Héliodore, courtisan du roi Séleucus Philopator, 491 b, 492 a.

Helix ianthina Linn., mollusque propre à la teinture, du littoral de la Galilée, 26 b.

Henri II, roi d'Angleterre, 629 b.

Henri, comte de Champagne, roi de Jérusalem, troisième mari d'Isabelle, fille d'Amaury et sœur de Sybille, 631 b, 632 b.

Henri VI, empereur d'Allemagne, 632 a, 632 b.

Henri III, roi d'Angleterre, 638 b, 640 b.

Héraclius (l'empereur), 612 b, 613 a, b.

Héraclius (le patriarche), 624 a.

Hermon (montagne du), l'une des branches méridionales de l'Antiliban; sa situation; son nom moderne, 4 b.

Hérodote, cité p. 153 b, 169 b.

Hérode, second fils de l'Iduméen Antipater, gouverneur de la Galilée, pétrarque de la Palestine, roi de Judée, 539 b, 540 a, 540 b; 541 a, 541 b; 542 a, 542 b; 543 a, 543 b; 544 a; histoire de son règne, 544 b—560 b.

Hérode Antipas, fils du roi Hérode et de la Samaritaine Malthacé, 558 b, 559 b, 560 b, 561 a, 561 b, 563 b, 568 b, 569 a, 569 b.

Hérode, fils d'Hérode et de la seconde Mariamne, fille du grand prêtre Simon ; 558 a.

Hérode Agrippa (le roi) (v. Agrippa Ier).

Hérode, prince de Chalcide, *gardien* du temple, 572 a, 573 a, 573 b.

Hérodias, fille d'Aristobule et femme d'Hérode Antipas, 563 b—564 a, 568 b, 569 a, 569 b.

Hérodion (château d'), bâti par Hérode, 550 a.

Hesbon, près d'Eléalé, ancienne capitale des rois amorites; son histoire, 73 b—74 a.

Héthites (les), l'un des cinq peuples cananéens établis en Palestine; ce qu'on en sait, 78 b—79 a.

Hévites (les), l'un des cinq peuples cananéens établis en Palestine; ce qu'on en sait, 79 b.

Heyman, professeur de littérature orientale à Leyde, voyageur, 656 b.

Hieromax (Scheriat-mandhour), l'une des deux rivières coulant du nord au sud, entre lesquelles s'étendent les montagnes de Basan et de Gilead, 6 a.

Hilkia ou *Helcias* (le grand prêtre), 138 a, b, 341 a, b.

Hillel (le pharisien); son interprétation célèbre de la loi mosaïque, 565 a.

Hillel (le patriarche), 609 b.

Hippone, maintenant *Bone*. (V. Cananéens (les), 81 a).

Hiram, roi de Tyr, 287 b—288 a, 294 b.

Homphroi de Thoron, mari d'Isabelle, seconde fille d'Amaury, 624 a.

Honorius III (le pape), successeur d'Innocent III, 634 a, 636 a.

Hophra, roi d'Égypte, 348 a.

Hor (mont), station des Hébreux pendant leur marche à travers le désert, 130 b.

Horim ou *Troglodytes* (les), habitants primitifs de la Palestine, 76 a.

Hoséa, meurtrier de Pékah et son successeur, dix-neuvième roi d'Israël; histoire de son règne, 332 a, b.

Hoséa (Osée) (le prophète), 327 a, b; cité p. 111 b, 328 a.

Hottëïn, village situé au pied de la colline de Koroun-hottëïn; souvenir historique qui s'y rattache, 5 b, 624 a.

Houçôth, nom donné aux pâturages, 357 a.

Hour, neveu de Moïse, 125 a, 126 b.

Howara (le puits), près d'Ayoun-Mousa; tradition qui s'y rattache, 123 b—124 a.

Hugues, comte de Vermandois, frère du roi Philippe Ier, 618 b.

Hugues III, duc de Bourgogne, 630 b.

Hulda (la prophétesse), 138 a, 341 b, 423 b.

Husaï, ami intime de David, 277 a.

Hycsos ou *Pasteurs* (dynastie égyptienne des), 116 b—117 a.

Hyène; historique de cet animal sauvage en Palestine, 31 b.

Hygiène alimentaire; division des animaux, par Moïse, en *purs* et en *impurs*; motifs, 166 b—168 b.

Hyrcan, fils de Joseph, neveu d'Onias II; son histoire, 490 a, b, 491 a.

Hyrcan (le grand prêtre), fils aîné de Jannée et d'Alexandra; héritier du trône de cette dernière, 534 a, 534 b, 535 a, 535 b, 537 a, 537 b, 539 a, 539 b, 540 a, 540 b, 541 a, 541 b, 542 a, 542 b—543 a, 545 a, b, 547 b.

I

Iaddoua ou *Jaddus* (le grand prêtre), 481 b, 484 a, b.

Iahziel (le lévite), 316 b.

Ibrahim Sabbâgh, chrétien, ministre de Dhaher, 648 a.

Ibrahim-Pacha, fils de Mohammed-Ali et gouverneur de la Syrie, 652 a, 653 a.

Ibsan (le schophèt ou juge), 240 b.

Iduméens (les) (v. Édomites).

Iehouda Al-Harizi, célèbre poëte juif d'Espagne, 629 a.

Iehouda Hallévi, poëte juif d'Espagne; son élégie sur Sion, 627 a—628 b.

Ilgazi, fils d'Ortok, gouverneur de la Palestine, 617 b, 618 a.

Immanouel (Dieu avec nous), nom d'un fils du prophète Isaïe, 329 a.

Impôts civils chez les Hébreux, 179 a.

Impropere (la colonne) (corruption d'*opprobrii*), 661 a.

Inarus (le Libyen), roi d'Égypte, 473 b.

Indigo (l'), croît sans art sur les bords du Jourdain, au pays de *Bisan*, suivant Volney, 19 b.

Innocent III (le pape), 633 a, 633 b, 634 a, 634 b.

Innocent IV (le pape), 638 b.

Ioachaz ou *Achazia*, fils de Joram, roi de Juda, 317 b.

Ioïada (le grand prêtre); son histoire et celle de sa femme Josabeth, 322 a, b.

Isaac, fils de Sarah et d'Abraham; origine de ce nom, 105 a; son histoire, 105 a, b, 108 b—110 a.

Isaac Comnène, 630 a.

Isachar (tribu d'); situation; villes principales, 225 a.

Isaïe ou *Yeschayah* (le prophète), fils d'Amos, cité p. 85 a; son histoire, 328 b, 329 b—330 a, 331 a, 333 b, 336 a, 337 a, 338 a, b, 339 a, 460 a, b.

Isboseth (le roi), successeur de Saül; son histoire, 267 b—269 b.

Ischah, nom de la femme en hébreu; son origine, 201 b.

Ismaël (Dieu exauce), fils d'Abraham et d'Hagar; sa naissance; sa postérité, 104 a; suite de son histoire, 105 a.

Ismaël, meurtrier de Guédalia, gouverneur des Hébreux, après le sac de Jérusalem, sous Sédékia, 351 b—352 b.

Ismaël (le grand prêtre), fils de Phabi, successeur de Hanan, 563 b, 575 b, 576 a, 576 b.

Ismaël-Pacha, successeur d'Ahmed *Djezzâr*, 650 b.

Israël (royaume d'); sa circonscription, 298 a; résidence de ses rois, 298 b—299 a; sa chute définitive; sa captivité, 332 b; situation de sa population après la prise de Jérusalem, sous Sédékia, 353 b—354 a; son gouvernement à la même époque, 354 a, b; état de son industrie et de son commerce, *ibid.*, 354 b—355 a; son état religieux, *ibid.*, 355 a, b.

Israélites (les), origine de ce nom de peuple, 111 a.

Itinerarium a Burdigala Hierusalem usque, le plus ancien itinéraire connu, publié par *Wesseling* (Amsterdam, 1735), 654 a.

Izabel (fille d'Ethbaal, roi de Sidon), femme d'Achab, roi d'Israël (v. Achab, 308 a et suiv. jusqu'à 321 a).

Izate, roi d'Adiabène, fils cadet d'Hélène; son histoire, 572 a—573 a.

J

Jacinthe (la), croît en Palestine, 21 a.

Jacob, fils d'Isaac; sa naissance, 105 b; son histoire, 108 b, 110 a; observation relative à la lutte qu'il soutint contre la Divinité, 111 a, b; suite de son histoire, 111 b, 112 a, 114 a—115 a, 115 b; observations critiques sur le morceau de poésie hébraïque du testament de Jacob, 115 a, b.

Jacob Berab, rabbin illustre de l'école de Sapheth, 646 a.

Jacques, frère de Jésus-Christ, 576 b.

Jadon (le prophète), 302 b.

Jaël (v. Sisera, 233 b).

Jaïr (le schophèt ou juge); ses trente fils; il gouverne vingt-deux ans, 238 b.

Jannée (Alexandre), fils de Johanan ou Jean Hyrcan, 529 b, 530 b, 531 a, 531 b, 532 a, 532 b, 533 a.

Jean-Baptiste, fils du prêtre Zacharie et d'Élisabeth, cousine de Marie, 566 a.

Jean Cotwyk (Cotovicus) (relation latine du voyage de), docteur en droit à Utrecht, publiée à Anvers, 1619, 655 a, b.

Jean de Brienne, époux de Marie, reine de Chypre, 633 a, 633 b, 634 b, 635 a, b, 642 a.

Jean de Gischala, en Galilée, fils de Lévi; son histoire, 587 a, 591 b—592 a, 594 a, 594 b, 595 a, 595 b, 596 a, 599 a, 599 b, 600 b, 601 b.

Jean, fils de Hanania, gouverneur des districts de Gophna et d'Acrabatène, 585 a.

Jean Hyrcan, fils du grand prêtre Siméon, prince des Juifs, 510 a—511 b, 526 a, 527 b—529 b. V. aussi *Johanan*.

Jean (l'Essénien), gouverneur des districts de Thamna, de Lydda, de Joppé et d'Emmaüs, 585 a.

Jean (le publicain), 578 b, 579 a.

Jébusites ou *Yébousites* (les), l'un des cinq peuples cananéens établis en Palestine; ce qu'on en sait, 79 a.

Jéhova (l'Être absolu), 126 a, 142 a; ses attributs, 143 b—144 a.

Jéhu (le prophète), fils probable de Hanani, 306 b.

Jéhu, successeur de Joram, roi d'Israël, dixième roi d'Israël; histoire de son règne, 320 a—322 a, 323 a.

Jephté ou *Yiphtah* (le schophèt ou juge); son origine; il défait les Ammonites qui pendant dix-huit ans, avaient fait peser leur joug sur la Pérée; vœu barbare qu'il prononce et qu'il accomplit sur sa propre fille; il extermine les Éphraïmites; sa mort, 239 a—240 b.

Jérémie (grotte et prison de), 54 b.

Jérémie (le prophète), cité 90 b, 95 a; son histoire, 340 a, 341 a, 342 a, 343 b, 344 a, 344 b, 345 a, 346 a—348 a, 348 b, 349 a—350 b, 351 a, b, 352 b—353 a; cité p. 386 b, 391 a; son livre, 452 a.

Jéricho, appelée aussi la *ville des Palmiers*, l'une des plus célèbres de la Judée et de la plus haute antiquité; situation; traditions historiques qui s'y rattachent; constructions; remplacée aujourd'hui par un misérable village appelé *Rihâ*; population actuelle, 41 a, b—42 a; description de son siège sous Josué; hypothèses relatives à sa destruction miraculeuse, 220 b—221 b.

Jéricho (désert de), au nord-est de Jérusalem, 7 b.

Jéroboam, premier roi d'Israël; histoire de son règne, 296 a, b, 297 a, b, 302 a—303 b, 304 b—305 a.

Jéroboam II, fils et successeur de Joas, roi d'Israël, treizième roi d'Israël; histoire de son règne, 325 a, 326 a, b, 327 a.

Jérusalem, capitale de la Palestine; ses dénominations successives, 43 b—44 a. — *Ancienne Jérusalem* : situation, topographie, 44 a, b—45 a, b; sa division par quartiers entourés de murailles; noms de celles-ci et leur construction, 45 b—46 a; tours; leurs noms, leur position, leurs dimensions et leur nombre, 46 a, b; portes; leurs noms, leur énumération dans l'ordre le plus probable, 46 b—47 a; mesure de l'enceinte; population, 47 a; rues, bazars, marchés, places, édifices et leur énumération, 47 a, b—48 a; principaux événements dont elle a été le théâtre, 48 a, b—49 a, b. — *Moderne Jérusalem* : modifications que le sol a subies, 49 b; muraille d'enceinte; portes d'entrée et leur énumération, 50 a, b—51 a; circuit du mur d'enceinte évalué en pas, 51 a; sa forme; rues; leurs noms et leur aspect général; population; édifices, 51 a, b—52 a. — Ruine de cette ville sous le règne de Sédékia, 348 b—351 a; réédification de ses murailles après la captivité de Babylone, 474 a—475 a; prise par Alexandre le Grand, 483 b—484 b; massacre de ses habitants sous Antiochus, 494 a, b; prise par Ptolémée *Soter*, 485 b; massacre général de ses habitants, et pillage de son temple par Antiochus *Epiphanes*, 493 b; sa complète désertion sous le même roi, 494 b; sa citadelle rasée par Siméon, grand prêtre et prince des Juifs, 508 b; siège de trois mois sous Pompée, 536 a, b; assiégée et mise à feu et à sang sous le roi Hérode, 544 a; ce dernier y institue des jeux publics, 549 b; histoire de son siège et de sa destruction par l'empereur Titus, 595 b—600 a; prise sous Adrien avant d'être complètement rasée et remplacée par une nouvelle ville du nom d'*Ælia*, 606 a, b; conquise par les Perses sous Chosroës II, 612 b; reprise par Héraclius, 613 a; assiégée et conquise par les généraux du kalife Omar, 613 b; par Godefroy de Bouillon, 619 b —620 a; par Saladin, 625 a—626 a; livrée à l'empereur Frédéric II, 636 b; prise par les Kharezmiens, 637 b; sa physionomie au dix-huitième siècle, 651 a, b.

Jésus ou *Josué*, frère du grand prêtre Johanan, 481 a.

Jésus (le grand prêtre), fils de Phabi, 550 b.

Jésus de Nazareth, surnommé le Christ; opinion des Juifs sur le règne *messianique*, 564 b—565 a; épithètes qui lui furent données tour à tour, 565 b; résumé de sa vie et de ses actes d'après les Évangiles, 565 b—567 b.

Jésus (le grand prêtre), fils de Damnée, successeur de Hanan, 577 a, 577 b.

Jésus ou *Josué* (le grand prêtre), fils de Gamaliel ou Gamala, successeur de Jésus, fils de Damnée, 577 b, 592 a, 592 b.

Jésus (le prophète), 584 b.

Jésus, fils de Sapphia, gouverneur d'Idumée, 584 b—585 a.

Jésus-Christ, voy. *Jésus de Nazareth*.

Jéther, fils de Gédéon, 237 a.

Jeûne (le), peu recommandé dans la loi de Moïse, 164 b; jeûnes établis après l'exil, 467 a.

Joab, fils de Serouya, sœur de David; son histoire; 268 a, b, 269 a, 270 a, 272 a, 273 a, 273 b, 274 a, 274 b, 276 a, 277 b, 278 a, 279 a, 279 b, 280 b—281 a, 283 a, 284 a, 286 a.

Joachaz ou *Sallum*, puîné de Josias, et son successeur, dix-septième roi de Juda; histoire de son règne, 343 a.

Joachaz, fils et successeur de Jéhu, onzième roi d'Israël; histoire de son règne, 323 a, b.

Joachim (tombeau de), 53 b.

Joas, fils et successeur de Joachaz, roi d'Israël, douzième roi d'Israël; histoire de son règne, 323 b, 324 a, b, 325 a.

Joas, petit-fils et successeur d'Athalie, huitième roi de Juda, 322 a, b, 323 a, 323 b, 324 a.

Joazar (le grand prêtre), frère de la femme du grand prêtre Mathias et successeur de ce dernier, 559 a, 560 b, 562 a, 562 b, 563 a.

Jochabed, mère de Moïse, 117 b—118 a.

Joël, fils de Samuel, 248 a.

Joël (le prophète), cité p. 13 b—14 a; ses prédictions, 326 b—327 a; cité p. 386 b—387 a.

Johanan (le grand prêtre), fils de Joïada; son histoire, 481 a.

Johanan, frère de Juda Maccabée, 502 b, 503 a.

Johanan ou *Jean Hyrcan*, fils et successeur du grand prêtre Siméon, fils de Matthathias, prince des Juifs, 508 b—509 a, 510 a, 510 b, 511 a, 511 b, 527 b, 528 b, 529 a, b.

Johanan, fils de Zacchaï, 593 a, 604 b.

Joïachin (appelé aussi *Jéchonia* et Con-

iakim), fils et successeur de Joïachim, dix-neuvième roi de Juda; histoire de son règne, 345 b—346 b, 459 b.

Joïada (le grand prêtre), 322 a—323 b.

Joïada (le grand prêtre), fils d'Éliasib, 477 b—478 a, 481 a.

Joïakim, nommé d'abord Éliakim, fils aîné de Josias et successeur de Joachaz, dix-huitième roi de Juda; histoire de son règne, 343 a—345 b.

Joïakim, fils du grand prêtre Josué, 472 b.

Joïakim dit Alcime (*Alkimos*) (le grand prêtre), successeur d'Onias dit *Ménélaüs*, 500 b, 501 a, 503 a, b.

Joliffe (T. R.), son ouvrage intitulé: *Letters from Palestina*, etc., 658 a.

Jonas (le prophète), fils d'Amitthaï, 326 a; livre qui porte son nom, 450 b—451 b.

Jonathan, fils du roi Saül (v. Saül, 252 b—266 a); son exhumation, 280 a.

Jonathan, fils d'Absalom, célèbre capitaine de Siméon, fils de Matthathias, 507 b.

Jonathan, frère cadet de Juda Maccabée, 498 a, 502 b, 503 a, 503 b, 504 a; il ouvre la série des grands prêtres hasmonéens, 504 b; suite de son histoire, 505 a, 505 b, 506 a, 506 b, 507 a, 507 b, 508 a.

Jonathan, fils de Hanan (le grand prêtre), 568 b, 570 b, 575 a, b.

Jonathan (le Zélateur), 602 a, b.

Jonquille (la) croit en Palestine, 21 a.

Joram, frère et successeur d'Achazia, neuvième roi d'Israël; histoire de son règne, 315 a, 315 b—317 a, 320 a, 320 b, 321 a.

Joram, premier-né de Josaphat et son successeur, beau-frère du roi Joram d'Israël, cinquième roi de Juda; histoire de son règne, 317 a, b, 320 a.

Josaphat (le roi), fils et successeur d'Asa, quatrième roi de Juda; histoire de son règne, 307 b, 313 a—314 b, 315 b, 316 a—317 a.

Josaphat (vallée de), aux environs de Jérusalem, 7 a; sa situation et sa destination, 53 b—54 a.

Joseph (tombeau de), 53 b.

Joseph, fils de Jacob, premier-né de Rachel; son histoire, 112 a—113 a; observations critiques relatives à son administration pendant son séjour en Égypte, 113 a, b; suite de son histoire, 113 b—116 a.

Joseph, neveu d'Onias II, receveur des impôts sous Évergètes, 488 a, b, 489 a, 490 b.

Joseph (le capitaine), sous les ordres de Juda Maccabée, 498 a, 499 a.

Joseph, oncle d'Hérode, 546 b, 548 a.

Joseph (le grand prêtre), dit *Caïphas* ou Caïphe, 563 b, 568 b.

Joseph (le grand prêtre), fils de Camith, successeur d'Élionée, 572 a.

Joseph Cabi (le grand prêtre), fils de Simon, successeur d'Ismael, 576 b.

Joseph, fils de Gorion, commandant de Jérusalem, 584 b.

Joseph, fils de Simon, commandant de Jéricho, 585 a.

Joseph (le prêtre), fils de Dalaï; sa mort, 599 a.

Josèphe ou *Josephus Flavius* (l'historien), gouverneur de la haute et de la basse Galilée, cité p. 393 a, b; détails sur sa vie, 585 a, b, 586 a, b, 587 a, b, 588 b, 589 a, 590 b, 591 a, 594 a, 595 b, 596 a, 596 b, 597 a, 602 b, 603 a, 603 b.

Josias, fils et successeur d'Amon, seizième roi de Juda; histoire de son règne, 340 b—343 a.

Josué, fils de Noun, successeur de Moïse; son installation, 131 b; son histoire, 220 a—226 b; cité p. 222 b—223 a; livre qui porte son nom, 440 a—441 a.

Josué (le grand prêtre), fils de Josadak, partage l'autorité de Zéroubabel sur la Judée, après la captivité de Babylone; son histoire, 463 b—468 a.

Josué dit *Jason* (le grand prêtre), frère d'Onias III, 492 a, 492 b, 493 b, 494 a.

Josué (le grand prêtre), fils de Sia, 562 a.

Jotapat, ville de la Galilée, 588 b; histoire de son siège, sous Vespasien, 588 b—590 b.

Jotham, le plus jeune fils de Gédéon, 237 b—238 a.

Jotham, fils et successeur d'Ouzia ou Ozias, onzième roi de Juda; histoire de son règne, 326 a, 328 a, 328 b—329 a.

Jourdain (la plaine du), la plus importante de la Palestine; ses dénominations diverses, sa situation, son étendue; nom et usage particuliers d'une de ses parties, 6 b.

Jourdain (le fleuve du), le seul qui mérite ce titre en Palestine; son nom en hébreu; il est formé par le confluent de trois petites rivières; sa véritable source; elle paraît être en rapport avec le lac *Birket-el-Ram*, autrefois Phiala, qui en est distant de deux lieues au nord-est; preuve historique rapportée par Josèphe à ce sujet, 8 b; son parcours, 8 b—9 a, b; il se jette dans la *mer Morte;* largeur, profondeur, sinuosités de son lit; il débordait jadis vers l'équinoxe du printemps; cause probable de la cessation ou de la diminution de ce dernier phénomène; contraste entre l'aspect de son embouchure et celui du lac de Tibériade qu'il traverse, 9 b—10 a; description de son passage miraculeux par les Hébreux; réflexions à ce sujet, 220 a, b; histoire de l'autel construit sur ses bords par les tribus de Ruben, de Gad et de Manassé, 225 b—226 a.

Jowett (V.); ses *Christian researches in Syria and the holy Land*, 658 b.

Jubilé (année du); particularités relatives à sa célébration; origine de son nom, 185 a, b.

Juda (désert de), le plus important au midi de la Palestine; il contenait six villes; sa situation, 7 b.

Juda (montagne de), portion sud d'une chaîne de montagnes formant l'une des branches méridionales de l'Anti-Liban; sa situation respective, 5 b; sa situation géographique; nom qu'elle portait avant la conquête des Hébreux, 6 a.

Juda (pays de), voy. *Judée*.

Juda, troisième fils du prêtre Matthathias, surnommé *Makkabi* ou *Maccabée*, son histoire, 495 b, 496 b, 497 a, 498 a, 498 b, 499 a, 499 b, 500 a, 501 a, 501 b, 502 a, 502 b.

Juda, fils du grand prêtre Siméon, prince des Juifs, 510 a.

Juda (le docteur Pharisien), fils de Sariphée, 558 b—559 a.

Juda le Gaulanite, dit le Galiléen, chef des *zélateurs*, 563 a.

Juda (Rabbi), surnommé le *Saint*, 607 b.

Judas, fils d'Ézéchias de Galilée, 561 a.

Judée (pays de); limites; aspect du sol; produits naturels; il était divisé en onze *toparchies*, 40 b—41 a; situation, enclaves, division en quatre districts, statistique, villes principales de la tribu de Juda, 224 a. — Pays de Juda du temps du royaume divisé; sa circonscription, 298 a, b; irrégularité des limites entre les deux royaumes d'Israël et de Juda, 298 b; sa renaissance passagère au moment de la chute du royaume d'Israël, 332 b—333 a; noms de quelques capitaines distingués du pays qui revinrent d'émigration après l'installation du gouverneur Guédalia, et leur histoire, 351 b et suiv.; émigration de ses habitants après la ruine de Jérusalem, sous Sédékia, 352 b— 353 b; son histoire générale après la déportation de ses habitants dans la Babylonie, 458 a—463 a.

Judith (l'histoire *apocryphe* de), 340 a.

Jugement de Dieu (appel au), chez les Hébreux, 205 a.

Juges (les) Elohim (divins), choisis par le peuple hébreu; qualités qu'on exigeait d'eux; distinction dont ils étaient l'objet, 195 b; période des Juges, 230 b; ce qu'on sait des chefs hébreux qui prirent le même nom après la mort de Josué, 230 b—231 a.

Juges (livre des), son appréciation, 231 a, b, 441 a, b.

Juges d'Israël (tombeaux des), 55 b.

Juifs (les). (V. Yehoudim, 462 a.)

Julien (l'empereur), surnommé l'Apostat, 608 b, 609 a.

Julien, chef des Samaritains, sous l'empereur Justinien, 610 a.

Junot, 650 a.

Justin II, successeur de l'empereur Justinien, 611 a.

Justinien (l'empereur), 610 a, 610 b.

Justus, chef des Samaritains sous le règne de Zénon, 610 a.

Justus de Tibériade, adversaire de Josèphe, 585 b, 587 a, b, 603 b.

K

Kabbale (doctrine juive de la); son histoire. (V. 519 b et suiv.)

Kadesch, station des Hébreux dans le désert, 128 b et 130 a.

Kadmoni, une des peuplades primitives de la Palestine, 76 a.

Kahal ou *Édah*, assemblée des représentants sous le régime démocratique fondé par Moïse, 193 a.

Kana (maintenant *Kefer Kanna*), ville de la Palestine, célèbre par le premier miracle de Jésus, 35 b.

Kanah (le), petite rivière non navigable à l'ouest du Jourdain, 8 a.

Kèdes, ancienne ville de la Palestine, 33 b.

Kélaoun, usurpateur du trône d'Égypte sur les fils de Bibars, 641 a, b.

Kenath (Canatha), appelée aussi *Nobah*, ville à l'est de Draa, l'une de celles de Décapolis, 69 b.

Kéni, une des peuplades primitives de la Palestine, 76 a.

Kenisi, une des peuplades primitives de la Palestine, 76 a.

Kermès (le) (coccus des anciens), insecte

de l'ordre des hémiptères, qui fournissait aux Hébreux leur teinture cramoisie, 28 b.

Keroué Haëdah, ou *Kerié moëd* (convoqués à l'assemblée); représentants du peuple sous Moïse, 193 a.

Ketoura, troisième femme d'Abraham. (V. Abrâm, 105 b.)

Khaled, général musulman, 613 b.

Khalil, surnommé *Malec-Aschraf*, fils de Kélaoun, 641 b, 642 a.

Khamarouya, fils aîné et successeur d'Ahmed-ben-Touloun, 615 a.

Kharezmiens (les); histoire de leur invasion en Palestine au temps de Djenghiz-Khan, 637 b—638 b.

Khotba (la prière pour le souverain), chez les musulmans, 617 b.

Kibrôth Hatthaawa (tombeaux de la convoitise), 128 b.

Kidron (le) (Cédron), petit torrent à l'ouest du Jourdain, se jetant dans la mer Morte, 8 a, b.

Kilidj Arslân, sultan d'Iconium, 630 a.

Kimham, fils de Barzillaï, 278 b.

Kinnéreth, ancienne ville de la Palestine, 33 b—34 a.

Kir (pays de), 330 a.

Kis, père du roi Saül, 249 a, 254 b.

Kison (le) (*Nahr-el-Mokatta* et *Nahr-Haïfa*), petite rivière non navigable se jetant dans le golfe d'Acre, à l'ouest du Jourdain, près de Haïfa; son parcours; phénomène qu'il présente en hiver; tradition historique qui s'y rattache, 8 a.

Kléber, 650 a.

Kocemim. (V. Divination, 93 b.)

Kohéleth (l'Ecclésiaste), 297 a, 436 b, 448 a, 525 a, b.

Korah (le lévite); son histoire et celle de sa postérité, 129 b—130 a.

Koroun-Hotteïn (les cornes de Hotteïn), colline oblongue située entre le Thabor et Safed; origine de son nom, tradition religieuse qui s'y rapporte, nom que lui donnent les chrétiens, 5 a, b.

Korte, libraire à Altona, voyageur en Palestine, auteur d'un ouvrage intitulé : *Reise nach dem Weiland gelobten... Lande*, etc., 656 b.

Kotouz (l'émir), successeur d'Azz-Eddin Aïbek, 640 a.

L

Laban, oncle de Jacob le patriarche, 110 b, 111 a.

Laïsch, ville phénicienne, mise à sac par les Danites, 228 a, b.

Laitue (la) cultivée en Palestine, 18 b.

Laomédon de Mitylène, 485 b.

Lapin, historique de ce gibier en Palestine, 32 a.

Lasthène (le Crétois), gouverneur de la Syrie pour Démétrius Nicator, 505 b.

Léa, première femme de Jacob le patriarche, 110 b.

Léhi (mâchoire), origine de ce nom de lieu, 241 b.

Lentilles, cultivées en Palestine, 18 b.

Léontopolis (temple de), rival de celui de Jérusalem, 500 b; sa destruction, 602 a.

Lèpre (la); prescriptions de Moïse à l'égard de cette maladie épidémique, 165 a—166 a.

Letholde de Tournay, gentilhomme flamand, 620 a.

Lévi (tribu de); destination spéciale de ses enfants dans le désert, 158 a ; fonctions qu'ils remplirent plus tard; leur dénombrement, leur classification en deux catégories, leur division par familles, 171 a, b ; sa statistique, du temps de Moïse, comparée à celle des autres tribus, 178 a ; partage qui lui fut fait par Josué, 225 a, b.

Lévites (les), préposés à la garde du sanctuaire; leur emploi; cérémonie de leur installation ; leurs droits de cité; leurs revenus ; impôt dont ils étaient frappés ; privilèges dont ils jouissaient, 171 b—172 b ; leur division en quatre ordres, et subdivisions de ces ordres sous David, 282 a, b ; leurs fonctions d'écrivains, 437 a.

Liban (montagnes du), leur nom tiré de l'hébreu; ce qu'il signifie ; leur géographie, 4 b.

Lièvre, historique de ce gibier en Palestine, 32 a.

Limaçon (le), mollusque qu'on retrouve en Palestine, 26 b.

Lin, cultivé dans la Palestine, déjà avant l'entrée des Hébreux ; preuves historiques de son antique usage, 22 a, b.

Lion, historique de cet animal sauvage en Palestine, 31 a.

Lis (le), croît abondamment dans la plaine de Saron, 21 a.

Lischeath Hagazîth, salle des séances du Synedrium. (V. Descrip. du Temple d'Hérode, 553 a.)

Lois pénales, but et esprit dans lequel Moïse institua les siennes, 213 b—214 a.

Longin (la chapelle de), 661 a.

Lot, neveu d'Abraham; son histoire. (V. Abrâm.)

Lôt (le), produit végétal du pays de Gilead; il est considéré, à défaut de certitude, comme étant le *ladanum* fourni par le *ciste*, 22 a.

Louis VII, roi de France, 621 b, 622 a.

Louis IX, roi de France, 638 b, 639 a, 639 b, 640 a, 640 b.

Loup, historique de cet animal sauvage en Palestine, 31 b.

Lucilius Bassus, gouverneur de la Judée pour Titus. 601 a, b.

Lydda ou *Lod* (Diospolis), ville de la Judée occidentale à trois lieues à l'est de Yâfa; son histoire; sa physionomie et son nom actuels, 60 b et 608 b.

Lysias, général d'Antiochus *Epiphanes*, 497 a, 497 b, 499 b, 500 a, 500 b, 501 a.

Lysimaque, 485 b; substitut du grand prêtre Onias dit *Ménélaüs*, 493 a, b.

M

Maacha, princesse de Gessur, femme de David, 275 b; discussion relative à son identité avec la femme de Rehabeam, du même nom, 302 a; suite de l'histoire de cette dernière, 305 a.

Maccabées (les). (V. Matthathias, 495 b.)

Machérous (forteresse de), 67 b, 601 a, b.

Madian (ville de). (V. Midianites, 98 b.)

Maher-schalal-hasch-baz (*hâte-butin*, *presse-pillage*), nom d'un fils du prophète Isaïe, 330 a.

Mahnaïm (deux camps), ville au S.-O. de Gérasa, sur les limites de Manassé et de Gad; traditions qui s'y rattachent, 72 b.

Maïmonide, ou *Moïse-ben-Maïmoun*, 628 b; cité 153 a et *passim*.

Maison de la forêt du Liban (la), ou *Palais du roi*, 47 b, 294 a, b.

Makad-Sidna-Mousa (le siège de notre seigneur Moïse), 125 a.

Malachi, le dernier de tous les prophètes; ce qu'on en sait, 478 b.

Malec-Adel Seïf-Eddin, frère de Saladin, 626 a, 630 b, 632 a, 632 b, 633 a, 633 b, 634 a, 634 b, 635 a.

Malec-Afdhal Noureddin, premier fils de Saladin, roi de Damas, de Jérusalem et de la Célésyrie, 632 a.

Malec-Aschraf Kayetbaï (le sultan), 644 a.

Malec-Aziz Othman, deuxième fils de Saladin, roi d'Égypte, 632 a.

Malec-Camel, roi d'Égypte, fils aîné de Malec-Adel, frère de Saladin, 634 a, 635 a, 635 b, 636 a, 636 b, 637 a.

Malec-Dhaher Djakmak (le sultan), 643 b.

Malec-Dhaher-Gazi, troisième fils de Saladin, roi d'Alep, 632 a.

Malec-Moaddham, roi de Syrie et de Palestine, fils cadet de Malek-Adel, frère de Saladin, 634 a, 635 b, 636 a.

Malec-Saleh, fils et successeur de Malec-Camel, 637 a, 637 b, 639 a.

Malec-Saleh Hadji (le sultan), 643 a.

Malec-Schah, fils du sultan Alp-Arslân le Seldjoukide, 617 b.

Malich, concurrent d'Antipater, 540 a, 540 b, 541 a, 542 b, 547 a, 547 b.

Manassé, fils aîné de Joseph, 114 b — 115 a.

Manassé (tribu de), situation de la première partie, 131 b; situation de la deuxième partie, villes principales, 224 b —225 a.

Manassé, fils et successeur d'Ézéchias, quatorzième roi de Juda; histoire de son règne. 339 a—340 b.

Manassé, frère du grand prêtre Iaddoua; son histoire, 481 b—482 b.

Manassé (le grand prêtre), fils de Iaddoua, 488 a.

Manassé, gouverneur de la Pérée, 585 a.

Mandragore (la), croît sans culture en Palestine; ancienne superstition encore accréditée à son sujet dans tout l'Orient, 21 a.

Manne du désert, observations critiques à ce sujet, 124 a, b.

Manuel Comnène (l'empereur grec), 621 b.

Marah (amère), quatrième station des Hébreux à leur départ d'Égypte, 123 b— 124 a.

Marcellus, gouverneur de Judée et de Samarie en remplacement de Ponce Pilate, 568 a.

Marcien, successeur de l'empereur Théodose II, 609 b.

Mardochée, père adoptif de la reine Esther et dignitaire de la cour d'Assuérus; son histoire. (V. Assuérus, 468 a—470 b.)

Mariamne, fille de Salomé ou Alexandra et femme d'Hérode, 541 a, 544 a, 545 b, 546 a, 546 b, 548 a, 548 b, 549 a.

Mariamne, fille du prêtre Simon, fils de Boëthus, et femme d'Hérode, 550 b, 558 b.

Marie (fontaine de), 54 a.

Marie (sépulcre de), 53 b.

Marie, femme de Pérée; épisode du siège de Jérusalem par Titus, 597 b.

Marie, fille d'Isabelle et de Conrad, marquis de Tyr, reine de Chypre, 633 a.

Marsus, gouverneur de Syrie, successeur de Pétrone, 570 b, 571 a, 571 b.

Masora (tradition), nom donné au travail critique entrepris sur le texte hébreu de la Bible, par l'académie de Tibériade, 611 b.

Mathias (le docteur pharisien), fils de Margaloth, 558 b--559 a.

Mathias (le grand prêtre), fils de Théophile, 558 b, 559 a; — autre pontife du même nom, 578 a, 592 a, 596 b.

Mathias (le grand prêtre), fils de Hanan, 570 b.

Matthathias (le prêtre), père des *Maccabées*, 495 b, 496 a.

Matthathias, fils du grand prêtre Siméon, prince des Juifs, 510 b.

Maundrell, prédicateur à la factorerie anglaise d'Alep, auteur d'un ouvrage intitulé : *A journey from Aleppo to Jerusalem*, 656 a.

Mazzalôth, les constellations du zodiaque, 91 b.

Mecaschscheftm (astrologues). (V. Divination, 93 b.)

Mecque (pèlerinage de la); durée de son interruption par suite de l'invasion des Karmates, 615 b.

Médaba, ville de Ruben, dont les ruines existent encore à quelques lieues S.-E. de Hesbôn, 74 a.

Méditerranée; ses dénominations dans la Bible, 7 b.

Mégabyze, beau-frère d'Artaxercès et gouverneur de la Syrie, 473 b.

Megiddo, ville de la Palestine ancienne, 36 b, 342 b, 343 a.

Méir (le prêtre), fils de Belga; sa mort, 599 a.

Melchisédek, roi de Salem; discussion relative à ce personnage de la Genèse, 92 a, b.

Mélech, nom donné aux rois de Canaan, 80 a.

Memnon, successeur d'Andromaque, gouverneur du pays en deçà de l'Euphrate, sous Alexandre, 485 a.

Menahem, meurtrier de Sallum et usurpateur de son trône, seizième roi d'Israël; histoire de son règne, 327 b—328 a.

Menahem, petit-fils de Juda le Galiléen, 581 a, 581 b, 585 b.

Menthe (la), cultivée en Palestine, 19 a.

Menu bétail, brebis, chèvre (*chèvre de Mambre*), agneau, bélier, 30 a, b.

Meônenim. (V. Divination, 93 b.)

Méphiboseth, fils de Jonathan; son histoire, 269 b, 272 b, 278 b—279 a.

Mer Morte, noms divers qui lui ont été attribués et leur origine; poids spécifique de ses eaux; tradition historique qui s'y rattache; hypothèses relatives à la consommation des eaux que le Jourdain verse dans son sein; 10 a, b; longueur et largeur; son lit recouvre une ancienne vallée; prétendue origine de sa formation; hypothèse à ce sujet, 11 a; analyse de ses eaux; leur propriété, 17 a, b.

Mer Rouge, traversée miraculeusement par les Hébreux, 122 b—123 a; observations critiques à ce sujet, 123 b.

Mérodach-Baladan, roi de Babylone, vassal de Sennachérib, 337 b.

Merôm (hauteur) (*eaux de*). (V. Elhoula, 8 b.)

Mésa, roi de Moab, 314 b, 316 a, b.

MASSIE (le), 409 a, 421 a, 564 b, 565 a.

Métempsycose (la), 148 a, 513 a, 522 a.

Métilius (le centurion), 581 b.

Méton (calendrier grec de), 609 b.

Michaël Paléologue, empereur des Grecs, 641 a.

Michah de Moréseth (le prophète), 339 a.

Michah (l'idole de), épisode, 227 a—228 b.

Michaïah (le prophète), 313 b—314 a.

Michal, fille cadette du roi Saül; histoire de son mariage avec David, 259 b—260 a, 263 a, 269 a.

Michaud, l'historien des Croisades, cité p. 625 b—626 a, 631 a, 631 b, 645 a, b.

Michla ou *Guedéra* (parc des troupeaux), 357 a.

Michmas, ville près de Gabaa, au nord de Jérusalem, 252 b.

Midbar. (V. Déserts, 7 b et 357 a.)

Midian, fondateur des Midianites. (V. ce dernier mot, 98 b.)

Midianites (les), peuple voisin de la Palestine; leur origine; leur situation probable; leur histoire, 98 b—99 a; guerre d'extermination ordonnée contre eux par Moïse, 131 a; histoire de leur extermination sous Gédéon, 234 b—237 a.

Mikra-Kodesch (convocation sainte), qualification donnée par Moïse aux jours de fête, 183 a.

Minha (offrande). (V. Sacrifices, 162 b.)

Minnith, ville importante des Ammonites. (V. ce dernier mot, 94 a.)

Miriam (Marie), sœur de Moïse, 117 b, 130 a.

Mischcán (le). (V. Tabernacle, 155 a.)

Mischna (répétition ou seconde loi), recueil des codes partiels et des lois traditionnelles des écoles pharisiennes. Sa division en six parties appelées *Sedarim* (ordres), savoir: 1° *Séder Zeraim* (des semences); 2° *Séder Moëd* (des fêtes); 3° *Séder Naschim* (des femmes); 4° *Séder Nezikin* (des dommages); 5° *Séder Kodaschim* (des choses saintes); 6° *Séder Tohoroth* (des purifications), 607 b—608 a.

Mispah ou *Mispé-Gilead* (ville de), 239 a, 352 a.

Mithridate (l'Arsacide), roi des Parthes, 509 a.

Moab, fondateur des Moabites. (V. ce dernier mot, 95 b.)

Moab (les plaines de); situation; leur nom actuel, tradition historique, 7 a; pays de vignobles à l'est du Jourdain, 23 b; théâtre du triomphe des Hébreux marchant à la conquête de la terre promise, 130 b—131 a.

Moabites (les), peuple voisin de la Palestine; leur origine; leur situation, leur histoire; villes principales, 95 b—97 a; ils sont massacrés par les Hébreux commandés par Ehoud, 232 a, b.

Modaim ou *Modéïn* (bourg de), sur une montagne de même nom, près de Lydda, 61 a, 495 b; mausolée de Modéïn, élevé par Siméon fils de Matthathias, 508 a.

Moezz-Ledin-Allah, khalife de la dynastie des Fatimites en Afrique, 616 a.

Mohammed-Ali, 651 b, 652 a, 652 b, 653 a.

Mohammed-Bey, ami et allié d'Ali-Bey, 647 b, 648 a.

Mohar, prix que l'époux payait au père de sa fiancée, chez les Hébreux, 203 b.

Moïn, prince de Damas, 622 a.

Moïse (*Mosché*, tiré de l'eau), prophète, législateur des Hébreux; cité p. 77 a; son histoire, 117 b—132 a; cité p. 146 a, b.

Moloch ou *Molech* (roi), dieu cananéen adoré jadis par les Hébreux idolâtres et considéré par les Ammonites comme leur protecteur; discussion relative à l'identité qui aurait existé entre ce dieu et Baal; sa statue, sacrifices qu'on lui offrait; usages barbares au moyen desquels on cherchait à diminuer l'horreur de ce culte; contrées auxquelles il s'étendait, 90 b—91 b.

Monnaie chez les Hébreux, 400 a—403 b; description de différentes pièces de monnaie du temps des Maccabées, 659 b, 660 a.

Monobaze, roi d'Adiabène, fils aîné d'Hélène, successeur d'Izate; son histoire, 572 b—573 a.

Monothéisme, exposé de cette religion dont Abraham est le premier apôtre, 107 b—108 a.

Montagne du temple (la). (V. description du temple d'Hérode, 551 b.)

Montagnes de la Palestine; leur description, 4 a et suiv.

Moria (le mont), l'une des célèbres hauteurs de Jérusalem, 6 a, 44 b.

Mosaïque (législation), examen critique relatif à son authenticité, 139 b—142 b; analyse de ses principaux préceptes moraux; résumé de la doctrine générale dont elle est la base, 145 a—150 b; difficultés qu'on rencontre dans la recherche des institutions primitives de Moïse, 192 b—196 a; de son influence sur le commerce en général, 393 a.

Mosché. (V. Moïse, 118 a.)

Motesellim (dépositaire d'autorité), nom du gouverneur de Jérusalem, 651 a.

Motewalis (les), sectaires musulmans des environs de Tyr, 647 a.

Mugil (le), poisson du lac de Tibériade et du Nil, 27 a.

Mulet, historique de cet animal en Palestine, 30 a.

Murat (le général), 650 a.

Murex trunculus Linn., mollusque du littoral de la Galilée, propre à la teinture, 26 b.

Myrrhe (la), parfum qu'on recueillait dans la Palestine ancienne, 22 a.

N

Naama (l'Ammonite), femme de Salomon, 286 a.

Nabal (histoire de), 262 b—263 a.

Nabi, interprète de la loi mosaïque. (V. Prophètes.)

Nabonnède (Belsassar ou Baltasar), roi de Babylone, 460 b, 461 a.

Nabopolassar, roi chaldéen à Babylone, 342 b.

Naboth (histoire de), 312 b.

Nabuchodonosor. (V. Nébuchadnessar.)

Nadab, fils de Jéroboam, deuxième roi d'Israël, histoire de son règne, 305 a, b.

Nahas, roi des Ammonites, 251 a, 273 a.

Nahum (le prophète), 333 b—334 a, 339 a.

Naïm, ancienne petite ville de la Palestine, célèbre par un miracle de Jésus, 36 b.

Naphthali (montagne de), l'une des branches méridionales de l'Anti-Liban; situation; dénomination, 4 b.

Naphthali (tribu de), situation; villes principales, 225 a.

Napier (le commodore sir *Charles*), 653 a.

Narcisse (le), croît abondamment dans la plaine de Saron, 21 a.

Nâsi (prince), chez les Hévites, 80 b. (V. aussi *Chefs des tribus*, etc., 195 a et 526 b.)

Nathan (le prophète), 271 a, 271 b, 274 b, 275 a, 283 a, 283 b.

Nazareth (aujourd'hui *Nasra*), ville qui donna son nom à Jésus, où il fit son éducation, et qui fut la demeure de ses parents; son histoire; composition de sa population; monuments traditionnels, 35 b—36 a, b, 640 b.

Nazir ou Naziréen, *séparé, distingué* (vœu de); obligations rigoureuses qui en découlaient; motifs qui auraient engagé Moïse à en tolérer l'usage; origine. (V. *Pratiques personnelles*, 168 b—169 b.)

Nebiim. (V. Prophètes, 247 a.)

Nébo (le mont). (V. Djebel-Attarous, 6 b.)

Nébo, ville située près de la mer Morte et de la montagne de même nom, 74 b—75 a.

Nébuchadnessar ou *Nabuchodonosor*, prince royal de Babylone, auteur de la fin tragique du royaume de Juda, 343 b—344 a, 345 a, b, 346 b, 350 b, 351 a, 459 a.

Nébuzaradan, chef des gardes du corps de Nébuchadnessar, 351 a, b, 353 a.

Néchao II, fils et successeur de Psammétique, 342 b, 343 a, 343 b, 344 a.

Necoth (le), produit végétal du pays de Gilead; considéré, à défaut de certitude sur le sens primitif du mot, comme étant la *gomme adragant* que donne la *tragacanthe*, 22 a.

Nécromancie (la). (V. Divination, 93 b.)

Néhémia, gouverneur de la Judée, après la captivité de Babylone; son histoire, 473 b—479 a; le livre de Néhémia. (V. 525 b.)

Néhustha (la reine), mère de Joïachin, roi de Juda, 346 a.

Néoménies (les), fêtes de la nouvelle lune, chez les Hébreux; particularités relatives à leur célébration; origine de leur institution, 183 b—184 a.

Nephilim (les). (V. Anakim (les), 75 b.)

Néron (l'empereur), successeur de Claude, 574 b, 576 b, 588 a, 591 b, 593 b.

Nésech (libations). (V. Sacrifices, 163 a.)

Nethinim. (V. Hébreux; vicissitudes de leur culte, 415 b et 463 a.)

Nicanor, général de Ptolémée *Soter*, 485 b.

Nicanor, général sous les ordres de Ptolémée Macron, 497 a, 497 b, 501 a, b.

Nicanor (fête de), 501 b.

Nicéphore Phocas (l'empereur), 615 b.

Nicodème (le Pharisien), 566 b.

Nids, disposition spéciale de la loi de Moïse à leur égard; exposé des motifs, 29 a.

Nielle (la), cultivée en Palestine, 19 a.

Niger de Pérée, gouverneur d'Idumée, 585 a, 588 a.

Nimrin (ruines de), sans doute le Beth-Nimra de la Bible, au S.-O. d'As-Salt, 73 a.

Ninive; date de sa destruction, 342 b.

Noarus ou *Varus*, gouverneur du royaume d'Agrippa, 582 a.

Nochrijja. (V. Zarah, 213 b.)

Nombril de la terre (le), 661 a.

Noms de personnes; leur signification générale chez les Hébreux, 376 b—377 a.

Noureddin, fils de Zengui, 622 a, 622 b.

Numénius, ambassadeur de Johanan ou Jean Hyrcan, 528 a.

O

Obadia, intendant de la maison du roi Achab, 308 a; son entrevue avec le prophète Élie, 309 b.

Obadia (le prophète), 452 b—453 a.

Obadia de Bartenora, ou mieux Bertinoro, illustre rabbin d'Italie, 646 a.

Ochus (le roi), 481 a, 481 b.

Octavien (le triumvir), empereur sous le nom d'*Auguste*, 547 b, 548 a, 548 b, 549 b, 550 b, 551 a, 556 a, 557 a, 557 b, 559 b, 560 b, 561 a, 561 b, 562 a, 563 b.

Oded (le prophète) de Samarie, 330 a.

Offrande du bois (l'), 581 a.

Og, roi du pays de Basân, 131 a.

Ohel-Moëd (tente de rendez-vous), tente où Jéhova devait se manifester à Moïse, 127 a.

Oholiab, artiste de la tribu de Dan, 127 b.

Oignon (l'), cultivé en Palestine, 18 b.

Oint de la guerre (l'), prêtre supérieur, presque égal en dignité au grand prêtre. (V. Prêtres, 174 a.)

Oiseaux; espèces que la loi de Moïse défendait de manger aux Israélites; qualification qui leur était donnée; oiseaux d'offrande; *columba Palestinæ*, espèce remarquable de Palestine; absence de l'oie, et surtout du coq, parmi les animaux domestiques de la Judée, 28 b—29 a.

Olah (holocauste). (**V.** Sacrifices, 160 a, b.)

Olivier (l'), très-répandu en Palestine, surtout dans la contrée de la *Scheféla*, au sud-ouest, entre Yâfa et Jérusalem; il atteint la hauteur du hêtre à Ramla; l'huile d'olive objet du commerce des anciens Hébreux avec la Phénicie et l'Égypte; les olives de Palestine préférables à celles de Provence. — L'olivier sauvage aux environs de Jéricho; emploi de l'huile extraite de son fruit, 24 a, b.

Oliviers (la montagne des), appendice de la montagne de Juda, l'une des célèbres hauteurs de Jérusalem; son aspect, 6 a; elle est presque dépouillée d'oliviers actuellement, 24 a; situation et configuration; traditions qui s'y rattachent; ses horizons. — *Jardin des Oliviers* (*Gethsemani*, pressoir d'huile, maintenant *Djesmaniyyé*), situé au pied de la montagne du même nom; sa description, 63 a, b.

Omar (le khalife), 613 b, 614 a, b.

Omar (mosquée d'); sa description, 661 b—662 b.

Omri, successeur de Zimri, sixième roi d'Israël; histoire de son règne, 307 a.

Onction (l'), cérémonie de consécration chez les Hébreux, 249 b, 409 a.

Onction (la pierre de l'), 661 a.

Onias (Honio) (le grand prêtre), 484 b, 506 b.

Onias II (le grand prêtre), fils de Siméon le Juste, 488 a.

Onias III (le grand prêtre), fils de Siméon II, 491 a, 491 b, 492 a, 493 a, 500 b.

Onias, fils d'Onias III, et neveu de *Jason* et de *Ménélaüs*, 500 b.

Onias, dit *Ménélaüs* (le grand prêtre), frère de Josué, dit *Jason*, 492 b, 493 a, 493 b, 500 b.

Onias (le temple d'), à Léontopolis, en Égypte, 500 b, 602 a.

Onias (Honia ou Honi), 534 b.

Ophir (pays d'), sa situation géographique, 295 a.

Ophra, ville du canton de Manassé, célèbre par l'apparition du prophète qui arma le bras de Gédéon contre les ennemis de la Palestine, 234 b—235 a; son oracle célèbre, 237 a.

Oranger, croît en grande quantité en Palestine, 25 b.

Orge, peu estimée en Palestine, destinée aux chevaux; on la coupe à la fin de mars, 18 a.

Origan (l'), plante aromatique de la famille des labiées et analogue à notre *hysope*; elle croît sans culture en Palestine; noms divers qui lui ont été donnés; servait à des usages religieux, 19 a, b, 161 b, 165 b.

Ortok, Turc, gouverneur de Jérusalem, 617 b.

Osarsiphus (v. Moïse, 118 a).

Osée (le prophète), v. Hoséa.

Osochór, pharaon d'Égypte, cinquième roi de la XXIe dynastie, 286 a, b.

Othman, pacha de Damas, 647 b.

Othman, fils du schéikh Dhaher, 648 b.

Othman-Pacha, 652 a.

Othon (l'empereur), successeur de Galba, 593 b.

Othniel (le premier schophét ou juge), défait Couschân-Rischataïm, roi de Mésopotamie, et procure quarante ans de paix aux Hébreux, 231 b—232 a.

Oulam (πρόναος) (v. Temple, 288 b).

Ourim (les), espèces d'oracles, 176 a, b.

Ours; historique de cet animal sauvage en Palestine; (ursus syriacus), 31 a, b.

Ouzi, grand prêtre, 243 a.

Ouzia ou *Ozias*, fils et successeur d'Amasia, dixième roi de Juda; histoire de son règne, 325 a—326 a, 328 a, b.

P

Pacorus, prince parthe, envahit l'Asie Mineure, 542 a, 542 b.

Pains azymes; leur nature et leur usage, 186 b.

Pains de proposition (table des), (v. Tabernacle, 157 a).

Pakkouôth (les), espèce de *concombres sauvages*, amers (cucumeres asinini), croissent en Palestine, 20 a.

Palais du roi appelé la *maison de la forêt du Liban*, habitation du roi Salomon; 47 b; temps employé à sa construction; sa description, 294 a, b.

Palestine, considérations générales, 1 a —2 b; situation, étendue, 2 b; dénomination dérivée de l'hébreu, 2 b—3 a; dénominations diverses sous lesquelles elle a été tour à tour désignée jusqu'à nos jours, 3 a; difficulté de bien fixer ses limites, 3 a, b; sa délimitation la plus probable, 3 b; géologie, 4 a, b; elle est désignée dans la Bible comme un pays de montagnes, 4 a; elle est peu abondante en bois, 7 b; description générale de ses eaux, 7 b; flux et reflux peu sensibles sur ses côtes méditerranéennes, 7 b; plusieurs sources chaudes, 11 b; variété de son climat et de sa végétation, 11 b—12 a; lever et coucher du soleil dans les solstices d'été et d'hiver; variation progressive de la longueur des jours; division de l'année en deux saisons; effet de la rosée; été, saison des pluies (*pluies hâtives*), semailles d'hiver; intensité du froid dans certaines régions; dernière pluie (*pluie tardive*), récolte du froment et de l'orge, semailles d'été, leur moisson, vendanges, 12 a, b; régularité des vents, époques de leur retour, surnom de certains d'entre eux, effet de quelques autres, 12 b; tremblements de terre, souvenirs historiques qui s'y rattachent, Jérusalem toujours épargnée par ce fléau, 12 b—13 a, b; nuées de sauterelles, leurs ravages, 13 b—14 a; fertilité du sol, 14 a, b—15 a; population ancienne, son estimation approximative, 15 a—16 a; minéralogie; les métaux essentiels y sont rares, 17 b; ses jardins riches en parfums variés, 20 b; célèbre autrefois pour son baume, 21 a; la configuration de son sol est favorable à la culture de la vigne, 23 a; elle a conservé cette dernière plante, qui atteint un immense développement sous son climat, même sous le gouvernement des Turcs; le raisin y était, pour la plupart, rouge, 23 b; elle possède, indépendamment de beaucoup d'autres, tous les arbres fruitiers communs dans nos contrées, 24 a; sa zoologie ne diffère point de celle des pays circonvoisins, 26 b; elle possède tous nos animaux domestiques, plus le *buffle* et le *chameau* à une bosse, 29 b; divisée d'abord en douze cantons et puis en deux royaumes sous les Hébreux, en quatre provinces depuis les Maccabées jusqu'à la destruction de Jérusalem par Titus: causes qui militent en faveur de l'adoption de cette dernière division comme base de sa topographie, 32 b; son histoire primitive réduite aux renseignements conservés dans les livres sacrés des Hébreux; trois races l'occupèrent avant les Hébreux, 75 a; origine de son nom, 83 a; elle offrait des traces de civilisation dès la plus haute antiquité, 86 a, b; probabilités concourant à établir que le langage de ses premiers habitants a dû être l'hébreu, 86 b—88 a; tout le midi, depuis Kadès-Barnea jusque vers Gaza, à l'exception des villes des Philistins, conquis par les Hébreux sous Josué, ainsi qu'une grande partie des villes du nord, 223 a, b; elle conserve des habitants israélites après la chute du royaume d'Israël, 354 a; situation de la Palestine septentrionale après l'exil des dix tribus, 354 a —355 b; résumé de son histoire pendant l'exil babylonien, et division de celle-ci en quatre périodes, depuis la fin de l'exil jusqu'à la destruction de Jérusalem par les Romains, 458 a—463 a; coup d'œil général sur ses destinées depuis la destruction de Jérusalem jusqu'à nos jours, 604 et suiv.; énumération des six parties dans lesquelles étaient divisées les possessions chrétiennes au douzième siècle, en Palestine, 642 b; division du pays en *pachalics*, 644 b; sa division actuelle en sept districts, 651 b.

Pallas, frère de l'affranchi Félix, 576 a.

Palmier; celui de la Palestine très-renommé; il a presque disparu de la contrée, 25 a, b.

Palmyre. (V. *Tadmor*.)

Paneas ou *Cæsarea Philippi*, ville de la Gaulanitide, au pied du Hermon; son origine; traditions qui s'y rattachent; ses noms divers; ce qu'elle est actuellement, 68 a, b.

Panthère ou *once* (en arabe *Namer*), 31 b.

Papyrus (le), croît en Palestine, 19 b.

Pâque (fête de), appelée aussi *Hag Hammaccoth* (fête des azymes), célébrée chez les Hébreux en commémoration de la sortie d'Égypte; particularités de son cérémonial, 186 b—187 a. (V. aussi 121 a.)

Parocheth. (V. *Tabernacle*, 156 a.)

Parvis extérieur. (V. *Temple*, 291 b.)

Parvis intérieur. (V. *Temple*, 291 b.)

Pastèque (la), cultivée en Palestine, 19 a.

Pastorale (vie), voy. *Patriarches*.

Patriarcat (le); son abaissement chez les Juifs au temps d'Arcadius; nouveau patriarcat de l'Église de Jérusalem sous le règne de Marcien, 609 b.

Patriarches (les); leur manière de vivre en général; leur industrie; pays qu'ils occupaient; entretien et direction de leurs troupeaux; accoutrement et salaire des pasteurs; emploi des loisirs de ceux-ci; composition, culture et revenu des troupeaux; chasse et brigandage, 356 a—359 a.

Paul (l'apôtre), 575 a.

Peine capitale (la) chez les Hébreux; ses différents modes d'application, 214 a, b.

Pékah (Phacée), meurtrier de Pékahia et usurpateur de son trône, dix-huitième roi d'Israël; histoire de son règne, 328 a, 330 b.

Pékahia (Phacéia), fils et successeur de Menahem, dix-septième roi d'Israël, 328 a.

Pélage, évêque d'Albano, 635 a, 635 b.

Péloghim (divisions, eaux divisées), nom qu'on donnait aux ruisseaux, 359 b.

Pella (forteresse de), 67 b; les Juifs chrétiens y cherchent un refuge, 584 a.

Penouel ou Phanuel (face de Dieu), ville près de Gerasa, 72 b.

Pentateuque (le), nom des cinq livres de Moïse; leur énumération; exposition des principes qu'il renferme; examen critique des preuves avancées pour et contre son authenticité, 132 a—139 b; histoire critique de la version grecque qui en aurait été faite à l'instigation de Ptolémée Philadelphe et d'après le conseil de Démétrius de Phalère, 486 b—487 b.

Pentateuque des Samaritains, 138 a, 487 b; premier exemplaire introduit en Europe, 655 b.

Pentecôte (fête de la); époque de sa célébration chez les Hébreux; origine de son nom; sa signification; son cérémonial; sa coïncidence avec l'époque de la proclamation du Décalogue, 187 a—188 a.

Perdiccas, régent de l'empire macédonien, 485 b.

Pérée (Περαία, Peræa) (pays de la), ou de Giléad, à l'est du Jourdain; origine de son nom; sa division en quatre plateaux; sa division par provinces pendant la période gréco-romaine; difficulté de fixer les limites et les localités de ces dernières; énumération des districts dont se compose maintenant l'ancienne Pérée, 64 b—65 a, b.

Pérée (la), l'une des provinces du pays de la Pérée, 67 a, b.

Pescennius Niger, compétiteur de Septime Sévère, 607 a.

Péthachia (le voyageur), de Ratisbonne, 57 a, 629 a; son itinéraire, 654 b.

Pétrone, gouverneur de Syrie en place de Vitellius, 569 b, 570 a, 570 b.

Peuple, sa division maintenue par Moïse à l'instar de l'Orient, 191 b.

Phannias (le dernier grand prêtre), successeur de Mathias, 592 a.

Pharamia (la ville de), non loin des ruines de Thanis et de Péluse, 621 a.

Pharisiens (secte juive des). (V. 512 b et suiv.)

Phasaël, fils aîné d'Antipater et frère d'Hérode, gouverneur de Jérusalem, 539 b, 540 b, 541 a; tétrarque de Palestine, 541 b, 542 a, 542 b.

Phasaël (tour et ville de), 46 b, 550 a, b.

Phélippeaux, ancien émigré, officier du génie, 649 b.

Phéniciens (les). (V. Canaan, fils de Cham, 77 b.)

Phérizites (les), l'un des sept peuples mentionnés par la Bible comme habitant la Palestine, 78 b; ce qu'on en sait, 79 b—80 a.

Phéroras (le tétrarque), frère d'Hérode, 551 a, 555 b, 556 b, 557 a, 557 b, 558 a, 558 b.

Phiala (le lac), maintenant *Birket-el-Râm*, 8 b.

Philippe III, roi de Macédoine, 489 a.

Philippe (le Phrygien), gouverneur de Jérusalem pour Antiochus *Epiphanes*, 493 b, 496 a.

Philippe, ami d'Antiochus *Epiphanes* et curateur de son fils, 499 a, b, 500 a.

Philippe (le tétrarque), fils du roi Hérode, 558 b, 559 b, 561 b, 563 b, 568 a, 569 a.

Philippe-Auguste, roi de France, 629 b, 630 a, 630 b, 633 b.

Philippe le Hardi, roi de France, 641 a.

Philistins (les), *Pelischthim, Caphthorim*; situation de leur territoire, 61 a; discussion relative à leur origine, 82 a—83 a; haute antiquité à laquelle remonte leur présence en Palestine; pourquoi le Pentateuque n'en a point fait mention parmi les peuples que les Hébreux devaient expulser; nom de leurs principautés et titre que prenaient leurs princes, 83 a—84 a; événements les plus remarquables de leur histoire; comment ils disparaissent, 84 a—86 a.

Philon de Byblos, cité p. 92 a.

Philon (le philosophe), 569 b; cité p. 512 b—518 b.

Phoul, roi d'Assyrie, 327 b—328 a.

Phraates, roi des Parthes, 511 b; — autre roi de ce nom, 545 b.

Phtah (le) des Égyptiens, 334 b.

Pierre du secours (la), monument élevé par Samuel aux environs de Beth-Car, 246 b.

Pierre l'Ermite, promoteur des Croisades, 618 a, 618 b, 619 a.

Pietro della Valle, célèbre voyageur, 655 b; cité p. 646 a.

Pi-Hahiroth, troisième station des Hébreux à leur départ d'Égypte, 122 a, b.

Pinehas, fils du grand prêtre Éléazar; son histoire, 131 a, 225 b, 227 b, 229 a, b.

Pison (*Lucius Cornélius*), consul, 509 b.

Pistachier (le), croit en Palestine, 25 b—26 a.

Pithom (ville de), en Égypte, 117 b.

Placidus, général romain, 588 b, 593 a.

Pléthi. (V. David, 272 b.)

Pococke (Richard), voyageur, 656 b.

Pompée, 535 a, 535 b, 536 a, 536 b, 537 a, 539 a.

Ponce Pilate, gouverneur de la Judée, successeur de Valérius Gratus, 564 a, b, 568 a.

Pont des fils de Jacob (Djisr Beni-Yacoub), 9 a. (V. aussi p. 404 a.)
Poppée (l'impératrice), femme de Néron, 576 b. 585 b.
Porc (le); historique de cet animal domestique en Palestine, 30 b.
Porcius Festus, gouverneur de la Judée en place de l'affranchi Félix, 576 a, 576 b.
Porreau (le), cultivé en Palestine, 18 b.
Porte des Chevaux (la), 322 b.
Porte de Suse (la) (V. descript. du temple d'Hérode, 552 a.)
Porte de Nicanor (la). (V. descript. du temple d'Hérode, 552 b.)
Portique (le). (V. Temple, 291 a.)
Portique de Salomon. (V. Temple, 291 b.)
Portique royal (le). (V. descript. du temple d'Hérode, 552 a.)
Potiphar, 112 b.
Pourpre (la), mollusque sur plusieurs points du littoral de la Méditerranée, 26 b.
Pratiques religieuses personnelles chez les Hébreux, 164 b—169 b.
Prémices et Dimes, 163 b, 178 a, b, 179 a.
Prémices (jour des) (v. Pentecôte, 187 b).
Premier-né, mâle. (V. Sacrifices, 164 a.)
Prêtres (les), lévites de la famille d'Ahron, frère de Moïse, chargés du *sacerdoce* proprement dit; conditions de leur admission; obligations qui leur étaient imposées; nature de leurs fonctions, 172—173 b.
— *Grand prêtre* ou *prêtre oint*; obligations imposées à son ministère; nature de ses fonctions; cérémonie de son installation, 173 b—174 b. Description détaillée des vêtements sacerdotaux, 175 a—177 a; biens propres aux prêtres; leurs revenus; leurs privilèges; position opulente du grand prêtre, 177 a—178 a; leur division en vingt-quatre classes ou familles sous le roi David, 282 b.
Prière (la); prescriptions de Moïse à cet égard, 164 b; usage des Hébreux avant l'exil, 417 b.
Primats (les); fonctions qu'ils remplissaient chez les Juifs au temps de Constantin, 608 a.
Prison (la); pourquoi l'application de cette peine avait été écartée par la loi mosaïque, 215 b—216 a; existe sous les rois, 406 a, b.
Procope, auteur païen du sixième siècle, cité p. 81 a.
Prokesch (A.), voyageur, 658 b.
Prophètes (*Nebiim*) (*écoles de*), fondées par Samuel; villes où ils résidaient; but de l'institution, 247 a, b; les prophètes considérés sous le rapport moral et intellectuel, 419 a—422 b; littérature prophétique, 450 b—453 a.
Prophétisme (le), véritable sacerdoce des Hébreux, 170 a, 326 b.
Proverbes (livre des), v. *Sentences*.
Psammétique (le roi), 342 b.
Psammis, fils de Néchao, roi d'Égypte, 345 b.
Ptolémaïde (v. *Acco*).
Ptolémée Soter, roi d'Égypte, 485 b, 486 a.
Ptolémée Philadelphe (le roi), 486 b, 488 a.
Ptolémée Évergètes, fils et successeur du roi Ptolémée Philadelphe, 488 a—489 a.
Ptolémée Philopator, 489 a.
Ptolémée V, surnommé *Epiphanes*, héritier de Philopator, 489 a, 491 a.
Ptolémée Philométor, 491 a, 493 b, 494 a, 500 b, 505 a, 505 b.
Ptolémée Macron, 493 b, 497 a.
Ptolémée Physcon, frère du roi Ptolémée Philométor, 494 a, 528 a.
Ptolémée, fils d'Aboub, gendre de Siméon, 510 a, 510 b, 511 a.
Ptolémée Lathyre, 531 a, b.

Q

Quadratus, gouverneur de Syrie, 574 a.
Quarantania (la montagne de), au nord de la plaine de Jéricho; traditions religieuses qui s'y rattachent; origine de son nom, 6 a.
Quaresmius; sa description en latin de la Palestine, qu'il publia à Anvers en 1639, 655 b—656 a.
Quirinus, proconsul de Syrie, 562 b.

R

Raamsès (ville de), en Égypte, 117 b.
Rabbah ou *Rabbath Ammôn*, capitale des Ammonites (v. ce dernier mot, 94 a).
Rabina, disciple du docteur Asché, 608 a.
Rabsaké (grand échanson), général assyrien, 335 a, 336 a.
Rabsaris (chef des eunuques), général assyrien, 335 a.
Rachel, deuxième femme de Jacob; son tombeau, 57 a; son histoire, 110 b, 112 a.
Rahab (la courtisane), 220 a.
Raisin; sa maturité hâtive en Palestine; époque des vendanges, 24 a.
Rama (*Ramathaïm-Sophim*), ville de la

Judée intérieure, où naquit et résida le prophète et juge Samuel, 43 a, b, 243 b.

Ramla, ville de la Judée occidentale, à une demi-lieue sud de Lydda; sa situation; son histoire; son aspect; son commerce et ses édifices, 60 b--61 a.

Ramoth ou *Ramathmisphé*, ville lévitique et ville asile, une des plus grandes de la tribu de Gad, au midi du Yabbok; son histoire, 72 b--73 a, 313 a, 314 a, 320 a.

Raphia, actuellement *Refah*, ville appartenant aujourd'hui à l'Égypte, à sept lieues N.-E. d'El-Arisch, 64 a, b.

Raphidim, campement des Hébreux dans le désert, 125 a.

Rationalistes (les), 136 a.

Raymond, comte de Toulouse, 618 b, 619 b.

Raymond III, comte de Tripoli, 623 a, 623 b, 624 a, 624 b.

Rebecca, femme d'Isaac; son histoire (v. Abram), 105 b.

Réchab, assassin d'Isboseth, 269 b.

Réchabites (les); leur histoire, 344 b.

Rehabeam (v. Roboam).

Renard; historique de cet animal sauvage en Palestine, 31 b.

Renaud de Châtillon, prince d'Antioche, 622 b, 624 a, 625 a.

Rephaïm (géants) (vallée de), aux environs de Jérusalem, 7 a.

Rephaïm (les) (aborigènes), descendants de Rapha, race gigantesque qui peupla primitivement la Palestine; énumération des diverses peuplades dont elle était formée, et circonscription de chacune d'elles, 75 a—76 b; leur histoire, 76 b—77 a.

Rephaïm (les) proprement dits (v. Rephaïm (les), 75 b).

Reptiles; plusieurs espèces de lézards et de serpents; huit espèces dont parle Moïse; six d'entre elles appartiennent aux *sauriens*; ils sont encore nombreux en Palestine et en Syrie; point de serpents venimeux en Judée, 27 a.

Résin, roi de Syrie, 329 a, 330 a.

Retranchement (le), peine infligée aux coupables par la loi mosaïque; difficulté de la spécifier, 214 b—215 a.

Rezón, roi de Damas, 296 b.

Rhodogune, fille de Mithridate l'Arsacide et femme de Démétrius Nicator, 509 a.

Richard Cœur de Lion, fils de Henri II, 629 b, 630 a, 630 b, 631 a, 631 b.

Richard de Cornouailles, frère du roi d'Angleterre Henri III, et neveu de Richard Cœur de Lion, 637 a, b.

Richardson, le voyageur, 658 a.

Ricin (le), croît en Palestine; noms divers sous lesquels il a été désigné, 19 b.

Rispah, maîtresse de Saül, 280 a.

Riz, cultivé maintenant avec succès sur les bords du lac d'*El-Houla*, 18 a.

Robert, comte de Flandre, 618 b.

Robert de Courçon, légat du pape Innocent III près la cour de France, 633 b, 635 a.

Robert, duc de Normandie, fils aîné de Guillaume le Conquérant, 618 b.

Robert d'Anjou, roi de Naples, 642 b.

Robinson (George), auteur d'une relation de voyage en Palestine et en Syrie, 658 b; cité p. 661 b, 662 a, b.

Roboam (Rehabeam), premier roi de Juda, fils aîné, successeur du roi Salomon; sa naissance, 286 a; histoire de son règne, 297 a, b, 303 a—304 b.

Roghel (le chêne dit), 54 a.

Rois (v. *Hébreux*).

Rosch (le); son nom attribué tour à tour par divers commentateurs à la *coloquinte*, à la *ciguë*, à la *zizanie* (ζιζάνιον, lolium temulentum, l'ivraie annuelle, en arabe Ziouân); il croît en Palestine, 20 a.

Rosch Béth-ab ou Nasi (v. *Chefs des tribus*, etc., 195 a).

Roseau de marais (le), croît en Palestine; son usage suivant Pline, 19 b.

Roses (les), croissent abondamment dans la plaine de Saron; description de la *rose de Jéricho* (anastatica hierochuntica Linn.); traditions qui s'y rattachent, 21 a.

Rothschild (la maison), 653 b.

Roxane, fille d'Hérode, 562 a.

Ruben (tribu de), à l'est du Jourdain, 131 a.

Rue (la), cultivée en Palestine, 19 a.

Rufus (*Tinnius*), commandant de la Judée, 606 a.

S

Saba (Méroé) (ville royale de), 118 b.

Sabas, supérieur général des monastères de la Palestine, 610 b.

Sabbat (le) (Schabbath, cessator), origine de sa célébration; règles relatives à son observation, 182 a—183 b; *année de sabbat*, appelée aussi Schemitta (relâche, abandon), 185 a.

Sabbatiques (mois et années), 184 a—185 a.

Sabiens ou *Sabéens*, 153 a.

Sabinus, gouverneur de Syrie, 561 a.

Sacerdoce; considérations générales sur

la nature de son institution chez les Hébreux; statistique, division, 169 b—171 b.

Sacrifice expiatoire (le), peine ecclésiastique, 215 b.

Sacrifices (les); considérations générales; prescriptions de Moïse à cet égard; leur division, 158 et suiv.; du sacrifice de la jeune vache représentant l'assassin absent, 161 b; du sacrifice de la *vache rousse*, 161 b—162 a.

Sadok (le prêtre), 277 a, 278 b, 283 a, 283 b, 286 a.

Sadok (le Pharisien), chef des zélateurs, 563 a.

Saducéens (secte juive des); sa prétendue origine, 488 a; son histoire (V. 514 b et suiv.)

Saint Antonin (itinéraire de), 654 a, cité par extrait touchant les croyances populaires de la Palestine chrétienne, à la fin du sixième siècle, 611 b—612 b.

Saint des Saints (V. *Tabernacle*, 156 a).

Saint-Élie (couvent de), bâti par les *Carmélites*, en 1180, sur le mont Carmel; vicissitudes de cet établissement, 5 a.

Saint François d'Assise (les disciples de), 642 b.

Saint-Jean d'Acre, l'ancienne *Acco* ou *Ptolémaïde*; origine de son nouveau nom; importance de cette ville pendant les croisades, 37 a; conquise sur Saladin, par Richard Cœur de Lion et Philippe-Auguste, 630 a; reprise, au bout d'un siècle, par les musulmans, 642 a; conquise par les Turcs; devient un pachalik, 644 b; tombe au pouvoir de Scheikh Dhaher, 647 a; assiégée et prise par les troupes de la Porte, 648 a; vainement assiégée par Bonaparte, 649 b—650 b; prise d'assaut par Ibrahim-Pacha, 652 a; enlevée par les Anglais à Mohammed-Ali, 653 a.

Saint-Jean d'Acre (golfe de), le plus important de la Palestine, 7 b.

Saint-Jean (ordre des chevaliers de) ou des *Hospitaliers*, 621 a.

Saint Jérôme, cité p. 2 b, 10 a, 300 b, 385 a, 422 b, et *passim*.

Saint Sépulcre; opinions relatives à son authenticité, 52 a—53 a.

Saint-Sépulcre (église du); auteur et date de sa construction, 608 b; incendiée en 615, 613 a; détruite de nouveau sous le khalifat d'Al-Hakem-Biamr-Allah, 616 b; reconstruite sous le khalifat d'Al-Mostanser-Billah, 617 a; sa grande croix renversée et ses cloches fondues, 626 b; description de son plan, 660 b—661 b; description de son entrée, 661 b.

Saladin (le sultan) (V. *Salaheddín*).

Salaheddín Yousouf, fils d'Ayyoub et neveu de Schirkou, célèbre sous le nom de *Saladin*, 623 a, 623 b, 624 a, 624 b. 625 a, 625 b, 626 a, 626 b, 629 a, 630 a, 630 b, 631 a, 631 b, 632 a.

Salcha, ville frontière du royaume de Basàn, 69 b—70 a.

Salem ou *Salumias*, petite ville près de laquelle Jean baptisait, 38 b.

Sallum, usurpateur du trône de Zacharie et meurtrier de ce dernier, quinzième roi d'Israël, 327 b.

Salmanassar, roi d'Assyrie, 332 a, 332 b, 333 a, 333 b.

Salomé ou *Alexandra* (la reine), femme d'Aristobule, successeur de Jean Hyrcan, 530 a, 530 b.

Salomé, sœur d'Hérode, 546 b, 548 b, 549 a, 549 b, 555 b, 556 b, 557 b, 558 a, 559 a, 559 b, 560 b, 561 a, 562 a, 563 b.

Salomé, fille d'Hérode, 562 a.

Salomon ou *Schelomo* (le roi), surnommé par le prophète Nathan *Yedidyah* (aimé de Dieu), 275 a; histoire de son règne, 285 a —297 a; grands dignitaires du commencement de son règne, 286 b—287 a.

Samarie (pays de) ou de *Nablous*; origine de son nom; limites; nature et productions du sol; richesse et sécurité de sa population; secte des *Samaritains*, 37 b—38 a.

Samarie, *Schomrôn* (ville de), appelée aussi *Sébasté* (mot grec, en latin *Augusta*), et *Sebastiyya* par les écrivains arabes du moyen âge; son histoire, 39 a, b.

Samaritains, appelés aussi *Couthéens* (secte des), 355 b; histoire de son schisme; ses doctrines religieuses, 481 b—482 b.

Samgar (le troisième schophêt ou juge) défait les Philistins, 232 b.

Samson (ou mieux *Simsôn*) (le prétendu schophêt ou juge), l'Hercule des Hébreux; considérations relatives au degré d'autorité et à l'existence de ce personnage; son origine extraordinaire; récit de ses exploits et de sa mort, 240 b—242 a.

Samuel (le prophète et le dernier schophêt ou juge d'Israël), son histoire, 243 b —264 a.

Sanaballète (le Couthéen), 481 b, 482 a.

Sanballat (le Horonite), gouverneur du roi de Perse Artaxerxès, 474 b—475 a.

Sanctuaire central (le) sous Moïse; sa haute signification, 154 b.

Sanglier (le); historique de cet animal sauvage en Palestine, 31 b.

Sanhérib ou *Sennachérib* (le roi), successeur de Sargon, roi d'Assyrie, 334 b, 335 a, 336 b, 337 a.

Saphet, maintenant *Safad*, ancienne ville de la Palestine existant encore, 35 a.

Saponaire (la), croît en Palestine; 19 b.

Saraï, nommée ensuite *Sarah* (maîtresse, princesse), première femme d'Abraham; son histoire (v. *Abram*), 102 b—105 b.

Saréha-Réchousch, ou chefs du domaine royal, sous le roi David; leur nombre et leurs attributions, 281 b.

Sargon (le roi), successeur de Salmanassar, 333 b.

Saron (la plaine de), célèbre par ses pâturages; sa situation probable, 7 a.

Satan, 145 a, 190 b, 448 a, 449 b, 513 b, 521 a, 522 a.

Saül (le roi); son histoire, 249 a—267 b; son exhumation, 280 a.

Sauterelles, insectes redoutables par leur nombre en Palestine, 13 b — 14 a; discussion au sujet de leurs noms; pouvaient servir de nourriture, 27 b—28 a.

Saxe (le duc de), 632 a, 632 b.

Scaurus, général de Pompée, 535 a, 537 a.

Schaharbarz, gendre du roi persan Chosroës II, 612 b.

Schawer (le vizir), 622 b.

Schédim (démons) et *Seirim* (boucs, satyres), divinités païennes malfaisantes de la Palestine, président aux campagnes, 93 a; démons selon la doctrine des kabbalistes, 522 a.

Schéfelah (la), probablement la plaine qui s'étend de Yâfa jusqu'à Gaza, 7 a.

Scheibân, fils d'Ahmed-ben-Touloun, usurpateur du trône d'Égypte; en lui s'éteint la dynastie des *Toulounides*, 615 b.

Scheol; séjour des morts suivant la croyance des Hébreux; 149 a, b, 150 a.

Scheriat-el-Mandhour ou *Menadhiré* (le), petite rivière à l'est du Jourdain; ses deux autres noms; ses sources, nature de son lit; largeur à sa sortie; situation de son embouchure, 11 a.

Schesch (le) (en grec et en latin *byssus*); confondu par les savants modernes avec le coton; fil particulier de lin, suivant les anciens rabbins (v. *Lin*), 22 a, b; le vêtement des prêtres hébreux en était tissu, 174 b—175 a.

Schirkou, lieutenant de Noureddin, 622 b, 623 b.

Schlegel (Frédéric), cité p. 148 b.

Schophet (*Chef de l'État*), magistrat électif dépositaire du pouvoir exécutif, et lieutenant du roi invisible chez les Hébreux;

forme de son installation; examen des faits se rattachant à l'exercice de cette dignité, 196 b — 197 a; *Schophetim*, chefs républicains après Josué, 230 et suiv.

Schoter; sens de ce mot hébreu, 196 a.

Schoterim (les), noms de certains officiers pendant la servitude en Égypte; nature de leurs fonctions, 116 b; espèce de magistrats greffiers électifs, attachés aux juges et aux *Anciens*; nature de leurs fonctions; distinction dont ils étaient l'objet, 195 b—196 a.

Schour (désert de), maintenant *Al-Djôfâr*, au sud-ouest de la Palestine, 123 b.

Schubert (G. H. de) le voyageur, 658 b; cité p. 5 a.

Scorpion, insecte habitant particulièrement les environs de la mer Morte, 27 a.

Scythes (invasion des) en Judée, 342 a, b.

Seba, fils de Bichri, 279 a, 279 b.

Sebna, intendant de la maison du roi Ézéchias, 335 a, b, 336 a.

Seboïm, l'une des villes situées autrefois dans les environs de la mer Morte, 11 a.

Sédékia (nommé d'abord *Matthania*), fils de Josias, oncle et successeur de Joïachin, vingtième et dernier roi de Juda; histoire de son règne, 346 b—350 b, 459 a.

Seetzen (le voyageur), 657 b, cité p. 71 a —72 a.

Séir (les montagnes de), auxquelles se joignent les deux chaînes à l'est et à l'ouest du Jourdain; leur nom actuel, 6 b.

Sel, se trouve surtout aux environs de la mer Morte, 17 a; usage du sel dans les sacrifices; symbole d'une alliance durable, 162 b — 163 a.

Seleucus, l'un des successeurs d'Alexandre, 485 b.

Seleucus Philopator, roi de Syrie, 491 a, 491 b, 492 a.

Seleucus, fils et successeur éphémère de Démétrius Nicator, 528 a.

Sélim Ier (l'empereur ottoman), 644 b.

Semaïa (le faux prophète), 347 a.

Sénevé (le), cultivé d'abord dans les jardins, croît maintenant sans culture en Palestine; sa graine passée en proverbe, 19 a.

Sennachérib (v. *Sanhérib*).

Sentences ou *proverbes*, 297 a, 339 a, 443 a; livre des *Proverbes*, 447 b — 448 a.

Séphania (Sophonias) (le prophète), 341 a.

Séphania, commandant du temple; son histoire, 347 a, 348 b, 349 a, 351 a.

Sépher Hayyaschar (le livre du juste), 222 b.

Sephora, femme de Moïse et fille de Jéthro; 118 b—119 a.

Sephoris (*Diocæsarea*), ancienne capitale de la Galilée, remplacée maintenant par le village de *Safouri*; célèbre par le séjour des parents de Marie, 35 a, b; brûlée sous le règne de Constance, 608 b.

Sept; influence mystérieuse de ce nombre sur les institutions religieuses de Moïse, 181 a, b.

Sépulcres des rois, près de la grotte de Jérémie; description, 54 b—55 b.

Séraïa, fils de Néria, conseiller intime de Sédékia; mission qui lui est donnée par le prophète Jérémie, 247 b—248 a.

Séraphins (v. *Chérubins*, 145 a).

Sergius, évêque de Césarée, 610 b—611 a.

Séron, général de l'armée de Célésyrie, 496 b.

Serpent d'airain (le), 331 a.

Serviteur de Jéhova (le), parti religieux que désignait cette qualification, 460 a.

Sésaï (famille de) (v. *Anakim* (les), 75 b.)

Sésame (le), se trouve abondamment en Palestine, suivant Volney, 19 b.

Séthon ou *Zet*, roi de la basse Égypte, 334 b, 335 a.

Sévère (Jules), 606 a.

Sextus César, gouverneur de Syrie pour César, 339 a, 539 b—540 a.

Shaw, voyageur, 656 b.

Siba, serviteur de Saül, 272 b, 277 a, 278 b, 279 a.

Sibma, ancienne ville de Ruben, 74 a.

Sibylle (la princesse), sœur de Baudouin IV et femme de Guy de Lusignan, 623 b, 624 a.

Sicaires (les), 575 a.

Sichem (Nablous), ville lévitique, une des plus anciennes du pays de Canaan, considérable encore aujourd'hui; sa situation, son fondateur; traditions qui s'y rattachent; population et ses traits distinctifs; gouvernement, 39 b—40 a; sa destruction sous Abimélech, 238 a.

Sicle, poids et monnaie, 399 b—403 a; description du sicle du temps des Maccabées, 659 b.

Sidney Smith (l'amiral), 649 b, 650 a.

Sieber (F. W.), voyageur, 658 a.

Sihon, roi des Amorites, 131 a.

Siloé (source de); la seule source d'eau vive que possède la ville de Jérusalem; son historique, 54 a.

Siloh, ville de l'ancienne Palestine, dépositaire du tabernacle, 40 a, 223 b, 229 b, 242 b.

Silurus (le), poisson du lac de Tibériade et du Nil, 27 a.

Siméi de Bahurim (histoire de), 277 a, b, 278 b, 284 a, 286 a.

Siméon (tribu de), situation, villes principales, 224 a, b; son émigration, 298 b.

Siméon le Juste, fils et successeur du grand prêtre Onias, 486 a, 488 a.

Siméon II (le grand prêtre), fils d'Onias, 489 a, 490 b, 491 a.

Siméon, deuxième fils de Matthathias, 496 b, 498 a, 498 b, 502 b, 503 a, 503 b, 506 a, 506 b, 507 a, 507 b, 508 a; reconnu grand prêtre et chef de la nation juive par Démétrius Nicator, 508 b; suite de son histoire, 509 a, 509 b, 510 a, 510 b.

Siméon, fils de Schatach, restaurateur de la doctrine pharisienne, 532 b—533 a.

Siméon, fils de Gamaliel, 592 a, 604 b.

Siméon, patriarche grec, 620 b.

Simon, commandant du temple sous Séleucus Philopator, 491 b, 492 a.

Simon (le grand prêtre), fils de Boëthus, 550 b, 558 b.

Simon, esclave du roi Hérode, 561 a.

Simon (le grand prêtre), fils de Kamhith, 563 b.

Simon Cantheras (le grand prêtre), successeur de Théophile, 570 b.

Simon de Scythopolis, 582 a.

Simon, fils de Gioras, chef des zélateurs, 583 a, 588 a, 594 a, 594 b, 595 a, 595 b, 596 a, b, 599 a, 599 b, 600 b—601 a.

Sin (désert de), vers le mont Sinaï, 124 a.

Sion (la montagne de), appendice de la montagne de Juda, l'une des célèbres hauteurs de Jérusalem, 6 a; le fort de Sion surnommé la *ville de David*, 270 a.

Siroës, fils du roi Chosroës II, 613 a.

Sisac ou *Scheschonk*, roi d'Égypte, 296 b, 304 a, b.

Sisera, général cananéen sous le roi Yabin, 233 a, b.

Sittim (bois de), bois de construction que les Hébreux tiraient, en partie, des pays voisins, et qui servit à établir le *tabernacle*, 26 a.

So ou *Sévé* (Sevechus), roi d'Éthiopie, 332 a.

Soar ou *Segor*, ville de la vallée de Siddim, en Judée; son histoire; ses noms divers; situation, population actuelle, climat, 42 b.

Socman, fils d'Ortok, gouverneur de la Palestine, 617 b, 618 a.

Sodome, l'une des villes situées autrefois dans les environs de la mer Morte, 11 a.

Sogdien, roi de Perse, 481 a.

Sohem, roi d'Iturée, 582 b, 588 b.

Soixante-dix (conseil des), élu par Moïse, 194 a.

Soliman, khalife ommiade, 614 b.

Soliman-Pacha (colonel Selves), 653 a.

Sopherim ou *scribes* (les); leurs fonctions chez les Juifs, 512 a.

Sophronius (le patriarche), 613 b, 614 a.

Sorek (vallée de), 23 a.

Sostrate, commandant de la forteresse de Jérusalem, 493 a.

Soufre, se trouve surtout aux environs de la mer Morte, 17 a, b.

Sparus (le), poisson du lac du Tibériade et du Nil, 27 a.

Sphinx (les) (v. *Chérubins*, 157 b.)

Succoth (cabanes, tentes), ville près de Gérasa, 72 b; nom de la première station des Hébreux à leur départ d'Égypte, 122 a.

Suléiman-Pacha, successeur d'Ismaël-Pacha, 650 b—651 a.

Supernaturalistes (les), 136 a.

Syllée, ministre du roi Obodas, 557 a.

Symbolisme, définition, 151 b.

Synagogues (les); époque présumée de leur origine, 458 b; répandues dans toute les villes de la Judée par le *scribe* Ezra, 479 a; le grand synode ou *la grande synagogue* appelée par les Juifs *Kénéseth Ha-Guedolah*, 479 b—480 a. (V. aussi 524 b et suiv.).

Synedrium (le), 194 a, 526 a, et 544 b, 545 a.

Synode (le grand). (V. *Synagogues*, 479 b).

T

Tabariyya (v. Tibériade (lac de)).

Tabernacle (Mischcàn), temple portatif des Hébreux; examen critique sur sa construction, 127 b—128 a; sa description détaillée, 154 b—158 a; sa place; sa garde et ses conservateurs pendant le séjour dans le désert, 158 a; ce qu'il devint, 158 b.

Tabernacles ou *des Cabanes* (Succoth) (fête des); son époque; particularités de son cérémonial, 188 a—189 a, 364 a.

Tâdj-al-Daula-Toutousch, frère de Malec-Schah, 617 b.

Tadmor (Palmyre), ville bâtie par Salomon, 294 b.

Talion (droit du); en quoi il consistait, et quelle était sa valeur chez les Hébreux, 215 b.

Tamerlan ou *Timour*, le célèbre empereur des Mogols, 643 a.

Tamim, surnommé *Abou-Harb*, 615 a.

Tancrède, 618 b, 620 b.

Taphnes ou *Daphné*, ville de la basse Égypte, où, selon les traditions, le prophète Jérémie fut lapidé, 353 a.

Tarichée, ancienne ville de la Palestine, 35 a, 586 b; conquise par Vespasien, 591 b.

Tatthenaï, gouverneur persan des pays en deçà de l'Euphrate, 466 b.

Tazette (la), croit dans les environs du Carmel, 21 a.

Temple de Jérusalem; choix de son emplacement, 281 a; préparatifs de son établissement, 281 b—282 a; auteur de son plan, 283 b; matériaux et ouvriers employés à sa construction; durée des travaux; impossibilité d'en donner une description exacte; modèle de l'édifice; sa description extérieure et intérieure; description de ses deux parvis intérieur et extérieur; énumération des objets sacrés qui garnissaient le sanctuaire; époque de son achèvement; sa dédicace, 288 b—294 a; sa destruction, 351 a; histoire de sa réédification après la captivité de Babylone, et ses proportions, 464 a—468 b; sa purification sous Juda Maccabée, 497 b; sa reconstruction sous le règne du roi Hérode, et sa description, 551 a—554 b; histoire de sa destruction sous Titus, 598 a—599 b; vaines tentatives en faveur de sa reconstruction sous Julien *l'Apostat* en 363, 609 a.

Temple (ordre des chevaliers du), 621 a.

Térébinthe (le), 26 a.

Thaanach, ville de la Palestine ancienne, 36 b.

Thabor (le mont), l'une des branches méridionales de l'Anti-Liban, 5 a.

Thalmaï (famille de) (v. Anakîm (les), 75b).

Thalmud (doctrine) (le), 608 a.

Thamar, fille de Maacha et de David; son histoire, 275 b.

Thammouz ou *Adonis*, dieu des Syriens, 92 b—93 a.

Tharah, père d'Abraham, 102 a.

Tharbis, femme de Moïse, 118 b.

Tharthân, général du roi assyrien Sargon, 333 b, 334 a, 335 b.

Thecoa, patrie du prophète Amos, 57 b.

Théman, petit-fils d'Ésaü (v. Édomites, 97 a); ville du même nom, 98 a.

Théophile (le grand prêtre), frère et successeur de Jonathan, fils de Hanan, 568 b.

Thérapeutes (les) ou *médecins*, 515 b.

Thermoutis, fille de Pharaon, 118 a.

Theudas (le prétendu prophète), 572 a.

Thévenot, voyageur, 656 a.

Thibault, archidiacre de Liège (v. Grégoire X).

Thibaut, comte de Champagne et roi de Navarre, 637 a.

Thibni, concurrent d'Omri, roi d'Israël, 307 a.

Thiers (l'historien), cité p. 650 b, 653 a.

Thiglath-Piléser, roi d'Assyrie, 330 a, b.

Thimna ou *Thamnatha* (ville de), 61 a.

Thimnath, contrée vignoble de la Palestine, 23 a.

Thimnath-Sérah, ville de l'ancienne Palestine, 40 b; propriété de Josué, fils de Noun, 226 a.

Thirsa, résidence des rois d'Israël, 40 b, 209 a.

Thoï, roi de Hamath, 272 a.

Thola (le schophêt ou juge), 238 b.

Thompson, voyageur, 656 b.

Thorah (la), nom donné à la doctrine de Moïse; division de celle-ci en trois parties principales, 142 b—143 a.

Thummim (v. Ourîm).

Tibère (l'empereur), 563 b, 568 a, 568 b, 569 a.

Tibère Alexandre (le juif apostat), gouverneur de la Palestine en place de Cuspius Fadus, 572 a, 573 a.

Tibériade ou *Tabariyya*, une des principales villes de la Galilée; origine, situation, climat, population; soumise par Vespasien; académie; l'un des siéges épiscopaux de la Palestine sous Constantin; conquise par les Arabes.—*Tabariyya* (moderne Tibériade): construction, situation, population et ses divisions; eaux thermales, 34 a, b—35 a. (V. aussi 586 b, 587 a, 587 b, 591 b, 607 a, b, 608 a, 624 b.)

Tibériade (lac de), traversé par le Jourdain; ses noms divers; son aspect; qualités de son climat; villes qui animaient autrefois ses bords; longueur et largeur; pêche; tradition historique qui s'y rattache, 9 a, b; théâtre d'un combat naval sous Vespasien, 591 b.

Tigranes, roi d'Arménie, 535 a.

Timothée, général ammonite, 498 a, 498 b.

Tirhaka, roi d'Éthiopie, 336 a, 336 b.

Tirşathâ, titre honorifique; sa signification probable, 477 a.

Titus (l'empereur), fils et successeur de Vespasien, 588 a, b, 590 a, 590 b, 591 a, 593 b, 594 a, 594 b, 595 a, 595 b, 596 a, 596 b, 597 a, 598 a, 598 b, 599 a, 599 b, 600 a, 601 a, 603 a.

Titus (bas-relief de l'arc de), 660 a, b.

Tobie (l'Ammonite), 474 b—475 a, 477 b, 478 a.

Tonte des brebis (la), 358 b.

Tortue (la), reptile vivant en Palestine, 27 a.

Toutousch (v. *Tâdj-al-Daula*).

Trachonitide (la), l'une des cinq provinces du pays de la Pérée, 65 b—66 a.

Tribunaux hébreux; leur siége; leur temps d'audience; la forme de leur procédure; les droits de la défense; formalités relatives à l'exécution de leurs jugements, 218 b—219 b, 405 b, 406 a.

Tribus (physionomie des) après la mort de Josué, 226 b—227 b; schisme des dix tribus, sous Roboam, 297 b—298 a; désignation de ces dernières et leurs limites, 298 a.

Troïlo (Ferdinand de); son voyage en Orient, 656 a.

Tryphon, promoteur d'Antiochus VI au trône de Syrie, et usurpateur des droits de ce dernier, 507 a, 507 b, 508 a, 509 b.

Typologie, définition, 151 b.

U

Urbain II (le pape), 618 b.

Urbain III (le pape), 629 b.

Uria (histoire d'), officier de l'armée de David, et de sa femme Bathséba, 274 a, b.

Uria (le prêtre), 330 b.

Uria (le prophète), 343 b.

V

Vache (la); observations relatives à cet animal, considéré comme un symbole par différents peuples, 162 a, b.

Valeran, comte de Limbourg, 632 a.

Valérius Gratus, gouverneur de la Judée pour Tibère, 563 a.

Vallée du Liban; elle sépare les deux chaînes principales qui forment les montagnes du Liban proprement dites; ses dénominations diverses, 4 b.

Varus, 561 a, 561 b.

Veau d'or (idolâtrie du), 126 a—127 a, 302 a.

Ventidius Cumanus, gouverneur de Judée en place de Tibère Alexandre, 573 a, 573 b, 574 a, 574 b.

Verre (le) (Zechouchith), 389 a. (V. aussi 8 a.)

Vespasien (l'empereur), 588 a, 588 b, 589 a, 589 b, 590 a, 590 b, 591 a, 591 b, 593 a, 593 b, 594 a, 595 a, 601 a, 602 a, 603 b.

Vigne, plante luxuriante sur le sol de la Palestine, 23 a, b—24 a.

Villes d'asile; leur origine, 217 b—218 a; noms et situation des trois premières, 131 b; noms et situation des trois autres ajoutées à celles-ci par Josué, 225 b.

Vitellius, gouverneur général de Syrie, 568 a, 568 b.

Vitellius (l'empereur) succède à Othon, 593 b.

Vœu, coutume religieuse des Hébreux, 164 a.

Volkmar, prêtre allemand, 619 a.

Volney, cité p. 10 a, b, 11 a, 13 b, 15 a, 20 a, 56 b, 58 a, b, 63 b—64 a; son *Voyage*, 657 a.

Vraie croix (la), 608 b, 613 a, 624 b.

W

Wadi El-schéikh (v. Sin, 124 a).

Wadi-Gharandel, à trois lieues d'Howara (v. Elim, 124 a).

Wadi-Mocatteb (v. Sin, 124 a).

Wadi-Moudjeb (le), dans la Bible *Arnon*; son origine, son parcours, son embouchure, 11 b.

Wadi-Zerka (v. Zerka).

X

Xerxès, 468 a.
Xerxès II, roi de Perse, 481 a.

Y

Yabbok (le) (v. Zerka, 11 a.)

Yabesch ou *Jabes-Galaad*, ville au nord-ouest de Gerasa, 72 a, b, 251 a, 266 b.

Yabin, roi cananéen résidant à Hasor, 80 a, 223 a; autre roi de ce nom, 81 b, 233 a.

Yabné (en grec *Jamnia*), ville de la Judée, à trois lieues de Ramla; son histoire, 61 a, 604 b.

Yachin (v. *Temple*, 289 b et 351 a.)

Yaezer, ville lévitique, à 10 milles à l'ouest de Philadelphie, 73 a, b.

Yâfa (golfe de), sur la Méditerranée; mauvais port; cause de son importance, 7 b.

Yafo, en grec *Joppé*, et *Yâfa* en arabe, ville située sur la Méditerranée; son histoire; population actuelle; ses environs, son port, 59 b—60 b.

Yahas (Jasa), ancienne ville de Ruben, au nord-ouest de Médaba et au sud-ouest de Dibòn, 74 a, b.

Yahwé (celui qui est; le dieu Jéhova de Moïse); idée qu'il faut s'en former, d'après le législateur des Hébreux, 143 a—144 b.

Yehoudim (les) ou *Judéens*, appelés par corruption *Juifs;* division de leur histoire depuis la fin de l'exil jusqu'à la destruction de Jérusalem par les Romains, 462 a; considérations générales sur les modifications qu'avait subies leur constitution à cette époque, 462 b, 463 a; histoire de la première colonie juive, après la captivité de Babylone, sous la domination persane, 463 a—471 b; histoire de la deuxième colonie juive, 471 b—481 a; leur histoire pendant les dernières années de la domination persane, 481 a—485 a; sous la domination gréco-macédonienne, 485 a—495 b; leur guerre contre les Syriens; établissement et consolidation de leur gouvernement national, 495 b—511 b; examen général de leurs diverses sectes religieuses, 512 et suiv.; leurs synagogues, 524 b—525 a; organisation de leur enseignement national, 525 a; examen des divers monuments littéraires qu'ils nous ont laissés, 525 a—526 a; organisation de leur état social à l'époque des rois maccabéens, 526 a—527 b; histoire de leur indépendance sous les princes maccabéens, jusqu'à la conquête de Jérusalem par Pompée, 527 b; changement du royaume des Hasmonéens en une *ethnarchie*, 536 b; leur situation à la fin du règne d'Hérode, 569 a, b; leur histoire sous la domination romaine, 569 b—578 b; histoire de leur insurrection générale jusqu'à la destruction de Jérusalem, 578 b—603 b; efforts désespérés qu'ils tentent pour recouvrer leur indépendance sous les règnes de Trajan et d'Adrien, 605 a, b, 606 a, b; ce qu'ils devinrent ensuite comme société religieuse, 607 a—608 a; leur situation sous le règne de l'empereur Constantin, 608 b; diminution de leur importance politique depuis la mort de Julien l'Apostat jusqu'à Théodose, 609 b; dureté de leur condition à la suite des croisades, 626 b—627 a.

Yézid, général musulman, 614 a.

Yezreel ou *Esdrelon* (la plaine de), au sud du Thabor; son nom actuel, son étendue, sa physionomie; nature et aspect du sol; traditions historiques qui s'y rattachent, 7 a.

Yezreel ou *Esdrelon* (Stradela), l'une des villes les plus importantes du royaume d'Israël; son histoire, 38 b—39 a.

Yideonim (v. *Divination*, 93 b).

Yobel, instrument à vent (V. *Jubilé*, 185 b).

Yolande, fille et héritière de Jean de Brienne, deuxième femme de Frédéric II, 636 a.

Z

Zabulon (tribu de); situation, villes principales, 225 a.

Zacharie (tombeau de), 53 b.

Zacharie, fils et successeur de Jéroboam II, quatorzième roi d'Israël, histoire de son règne, 327 b.

Zacharie (le prophète), fils de Béréchia, 466 a, b, 467 a.

Zacharie, fils de Baruch, 592 b.

Zacharie, fils de Phalec, chef des *zélateurs*, 592 b.

Zacharie (le patriarche), 613 a.

Zakén ou *Scheïkh*, nom des chefs de familles des Hébreux, 116 a, 193 a.

Zakkoum (l'arbre du), existant encore en Palestine; sa description; vertu de l'huile qu'on en tire, et qui était le *myrobolan* des anciens, 22 a.

Zamzummim (les). (V. *Rephaïm* (les), 75 b.)

Zarah (étrangère), application de ce mot, 213 b.

Zared (le torrent de) (probablement le *Wadi-Kerek*), 130 b.

Zébach Schelamim (*sacrifice pacifique*), (V. *Sacrifices*, 161 a—161 b.)

Zébadiah, fils d'Ismaël, chef de la tribu de Juda, collègue d'Amariah, 314 b.

Zebina (Alexandre), prétendant au trône de Démétrius Nicator, 528 a, 528 b.

Zekénim (V. *Anciens* (les)).

Zélateurs (le parti des), 563 a, 580 b.

Zend-Avesta (religion du); son essence, 460 b—461 a.

Zénodore (le tétrarque), 550 b.

Zénon Cotylas, prince de Philadelphie (*Rabbath-Ammon*), 511 a.

Zénon (l'empereur), 610 a.

Zérach (l'Éthiopien); discussion historique à son sujet, 305 b.

Zerka (le), le Yabbok de la Bible, petite rivière à l'est du Jourdain, dans lequel elle se jette, 11 a, b.

Zéroubabel, arrière-petit-fils du roi Joïachin, prince de la Judée, après la captivité de Babylone; son histoire, 463 b—468 a.

Zeuxis, général d'Antiochus III, 490 a.

Zichri, héros éphraïmite, 330 a.

Zimiscès, meurtrier et successeur de l'empereur Nicéphore Phocas, 615 b, 616 a.

Zimri, chef d'une famille de la tribu de Siméon, 131 a.

Zimri, usurpateur du trône d'Éla, et meurtrier de ce dernier; cinquième roi d'Israël; histoire de son règne, 306 b—307 a.

Ziph (désert de), au sud-est de Jérusalem, aspect du sol, 7 b.

Zouzim (les). (V. *Rephaïm* (les) 75 b.)

AVIS.

La planche n° 21, renfermant des dessins de monnaies *non numérotés*, a été remplacée par une autre, gravée d'après les originaux du Cabinet des médailles et à laquelle s'adapte notre description, pages 659 et 660. Cette seconde planche 21 n'ayant pas été tirée assez à temps pour pouvoir être jointe à tous les exemplaires, nous croyons nécessaire de donner ici quelques éclaircissements pour servir à ceux qui ne possèdent que la première planche. Celle-ci renferme: 1° Une monnaie de cuivre, montrant d'un côté un palmier avec une inscription mal tracée (probablement des fragments des mots *Siméon, prince d'Israël*), et de l'autre une grappe de raisin, avec l'inscription: *L'an I de la délivrance d'Israël*. — 2° Une monnaie de cuivre, pareille à celle que nous avons décrite sous le n° 5. — 3° Un demi-sicle, tel que nous l'avons décrit sous le n° 2, avec cette différence que le vase est surmonté d'un *aleph*, signifiant *l'an I*. — 4° Un sicle conforme au n° 1 de notre description. — 5° Une monnaie de cuivre montrant d'un côté une espèce de lyre, avec l'inscription: *L'an I de la délivrance d'Israël*, et de l'autre une branche de palmier entourée d'une couronne de laurier et de l'inscription: *Siméon, prince d'Israël*. — 6° Une monnaie de cuivre conforme au n° 4 de notre description.

PALESTINE.

Mount Tabor.

PALESTINE.

La Mer Morte.

PALESTINE.

Mouton à longue queue.

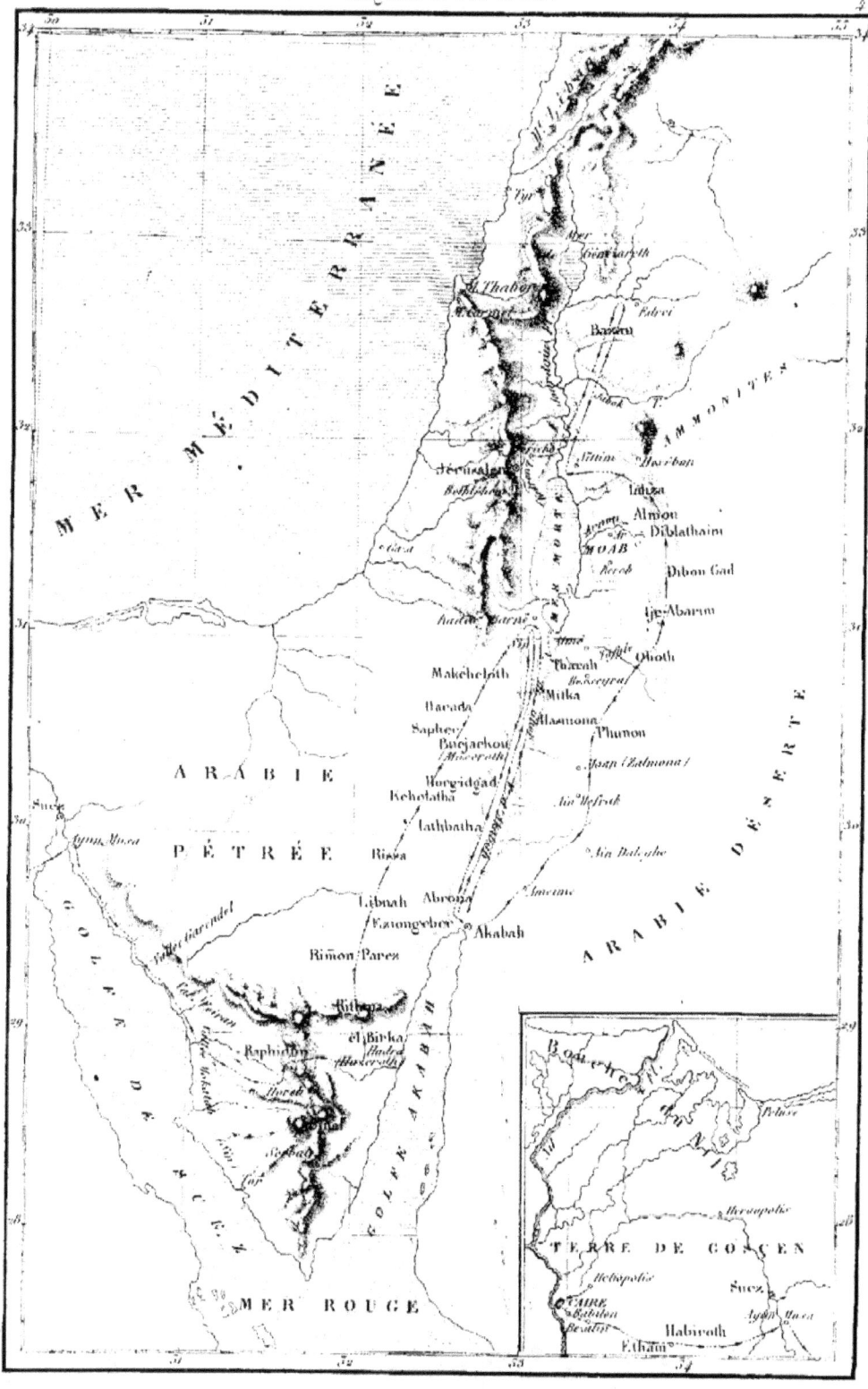

PALESTINE.
Longitude de l'Ile de Fer.

Route suivie par les Hébreux à travers le désert.

PALESTINE.

PALESTINE

PALESTINE.

Fleuve du Jourdain.

PALESTINE

1	2	3	4	5
✕ ✕ ✕	⩘ ⲭ Ⲋ Ⲋ	א	א	Gutturale très faible
9 9 ˀ	⊿ ⊍ ⨺ ⨺ ⨺	⪉	ב	B
1 ⁊ 7	⌐⊺ ⊺⊺	⨺	ג	GH
⨺ 9 4	⨺ ⨺	⨺	ד	D
⨺ ⨺ ⨺	⨺ ⨺	⨺	ה	H doux
7 1 ⁊	⨺ ⨺ ⨺ ⨺	⨺	ו	OU (W)
Z 2 1		⨺	ז	Z
⨺ ⨺ ⨺	⨺ ⨺	⨺	ח	H dur ou KH
⨺ ⨺ ⨺		⨺	ט	T
⨺ ⨺ ⨺	⨺ ⨺ ⨺	⨺	יד	I ou Y
⨺ ⨺ ⨺	⨺ ⨺	⨺	כ	K
⨺ ⨺ ⨺	⨺ ⨺	⨺	ל	L
⨺ ⨺ ⨺	⨺ ⨺ ⨺	⨺	מ ם	M
⨺ ⨺ ⨺	⨺ ⨺ ⨺	⨺	נ ן	N
⨺ ⨺ ⨺		⨺	ס	S
O O U	⨺ ⨺ O	⨺	ע	Gutturale forte
⨺ ⨺ ⨺		⨺	פ ף	P
⨺ ⨺ ⨺	⨺ ⨺ ⨺	⨺	צ ץ	Ç
⨺ ⨺ ⨺	P P	⨺	ק	K h h
⨺ ⨺ ⨺	9 9	⨺	ר	R
⨺ ⨺ ⨺	W W	⨺	ש	S ou SCH
⨺ ⨺ ⨺	⨺ ⨺ ⨺	⨺	ת	TH

PALESTINE

Grand Prêtre.

PALESTINE.

Prêtre.

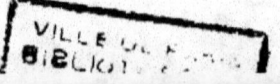

PALESTINE

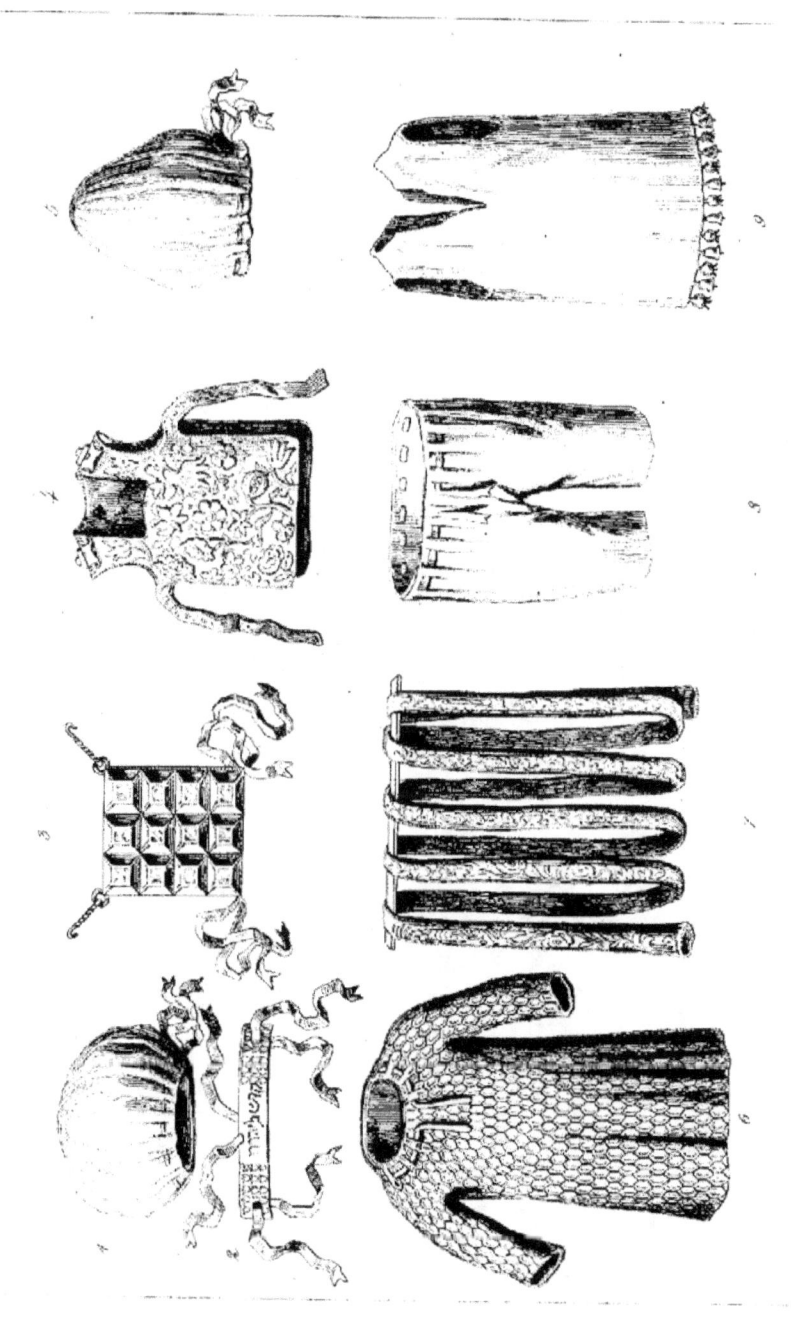

PALESTINE

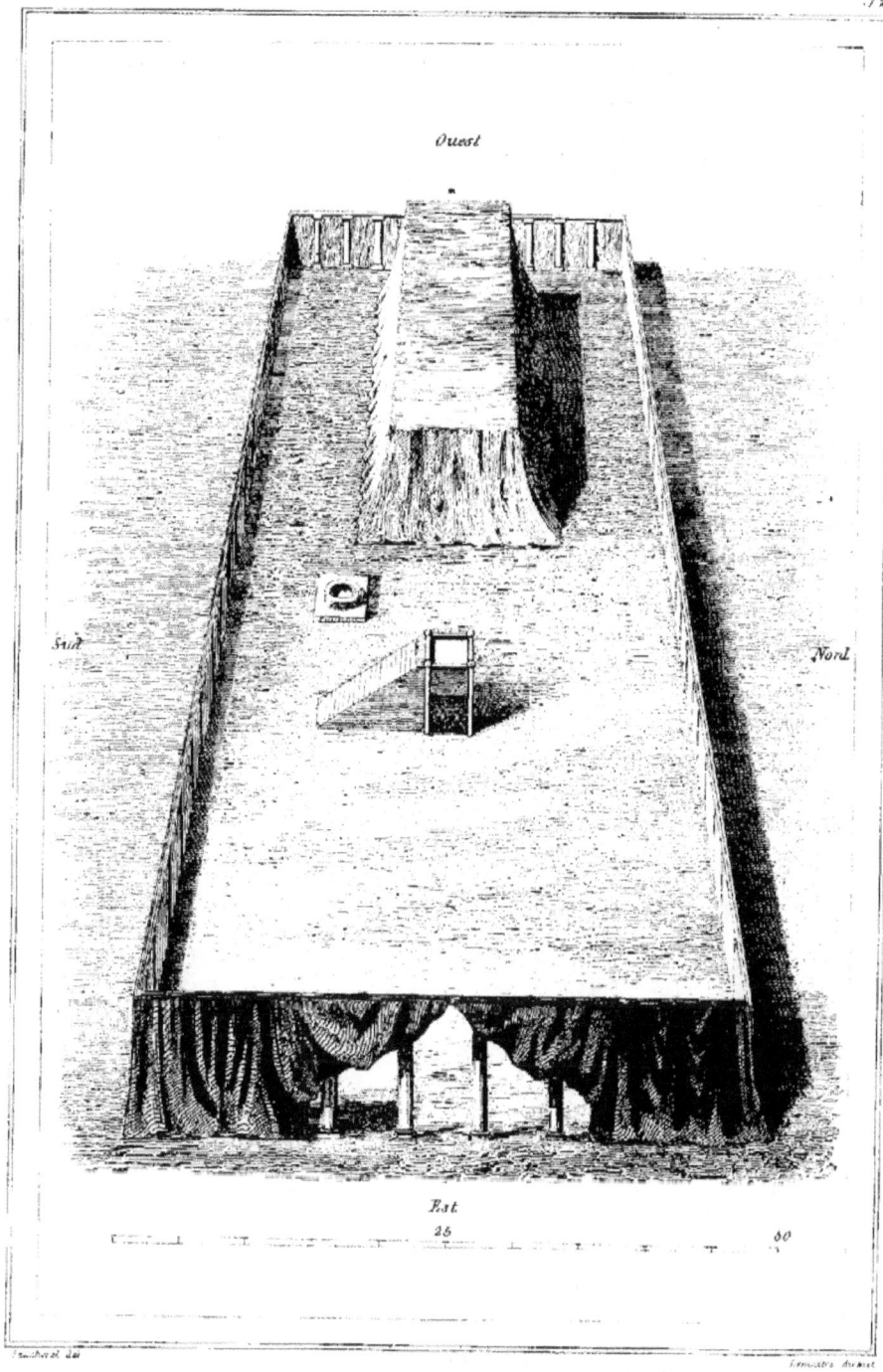

Le Tabernacle.

PALESTINE

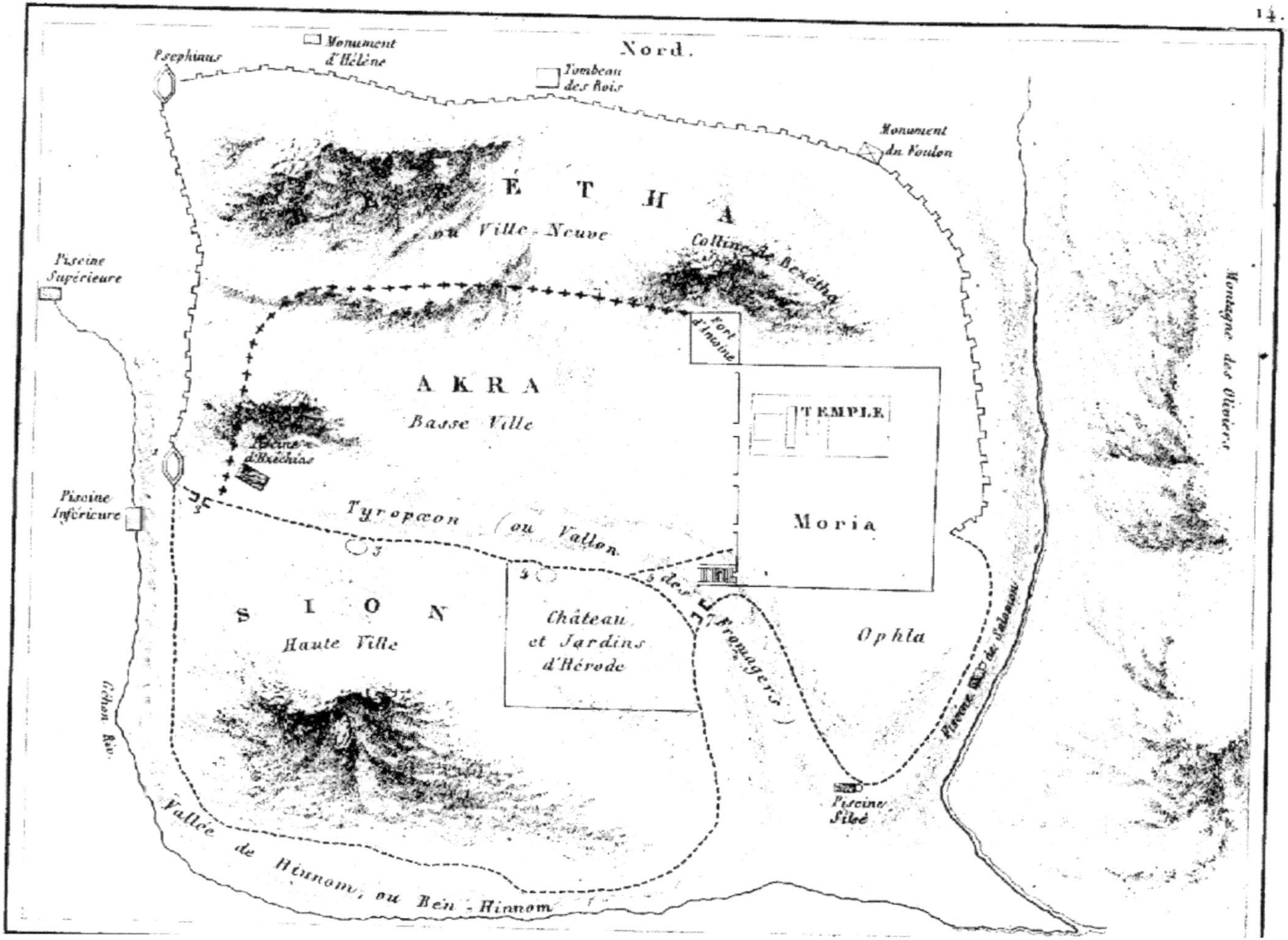
Nord.
Psephinus
Monument d'Hélène
Tombeau des Rois
Monument du Foulon
ÉTHA
ou Ville-Neuve
Colline de Bezetha
Fort d'Antoine
Piscine Supérieure
AKRA
Basse Ville
Piscine d'Ezéchias
TEMPLE
Piscine Inférieure
Tyropœon (ou Vallon des Fromagers)
Moria
SION
Haute Ville
Château et Jardins d'Hérode
Ophla
Piscine de Salomon
Montagne des Oliviers
Géhon Riv.
Piscine Siloé
Vallée de Hinnom, ou Ben-Hinnom

PALESTINE

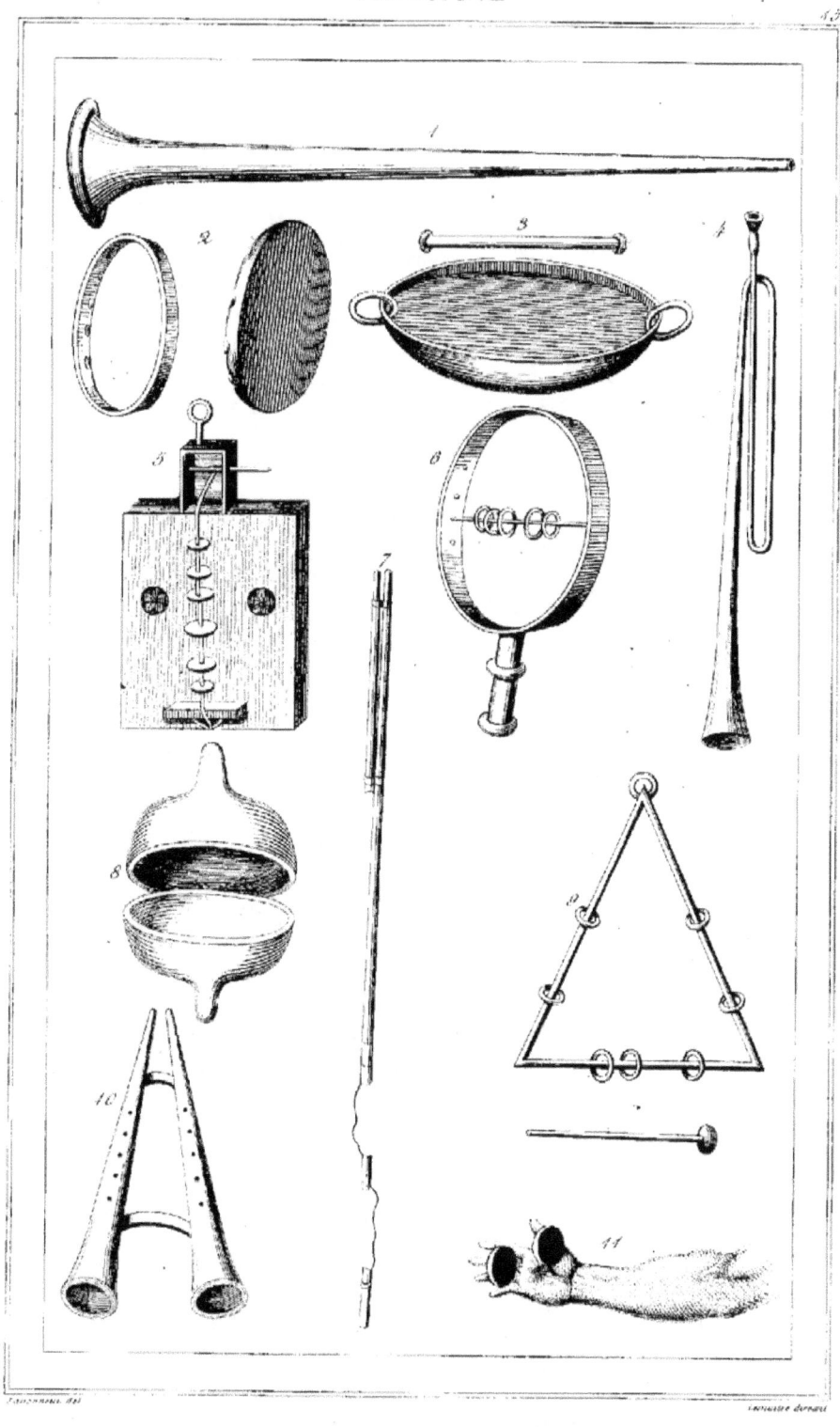

Instruments de Musique mentionnés dans les Psaumes.

PALESTINE

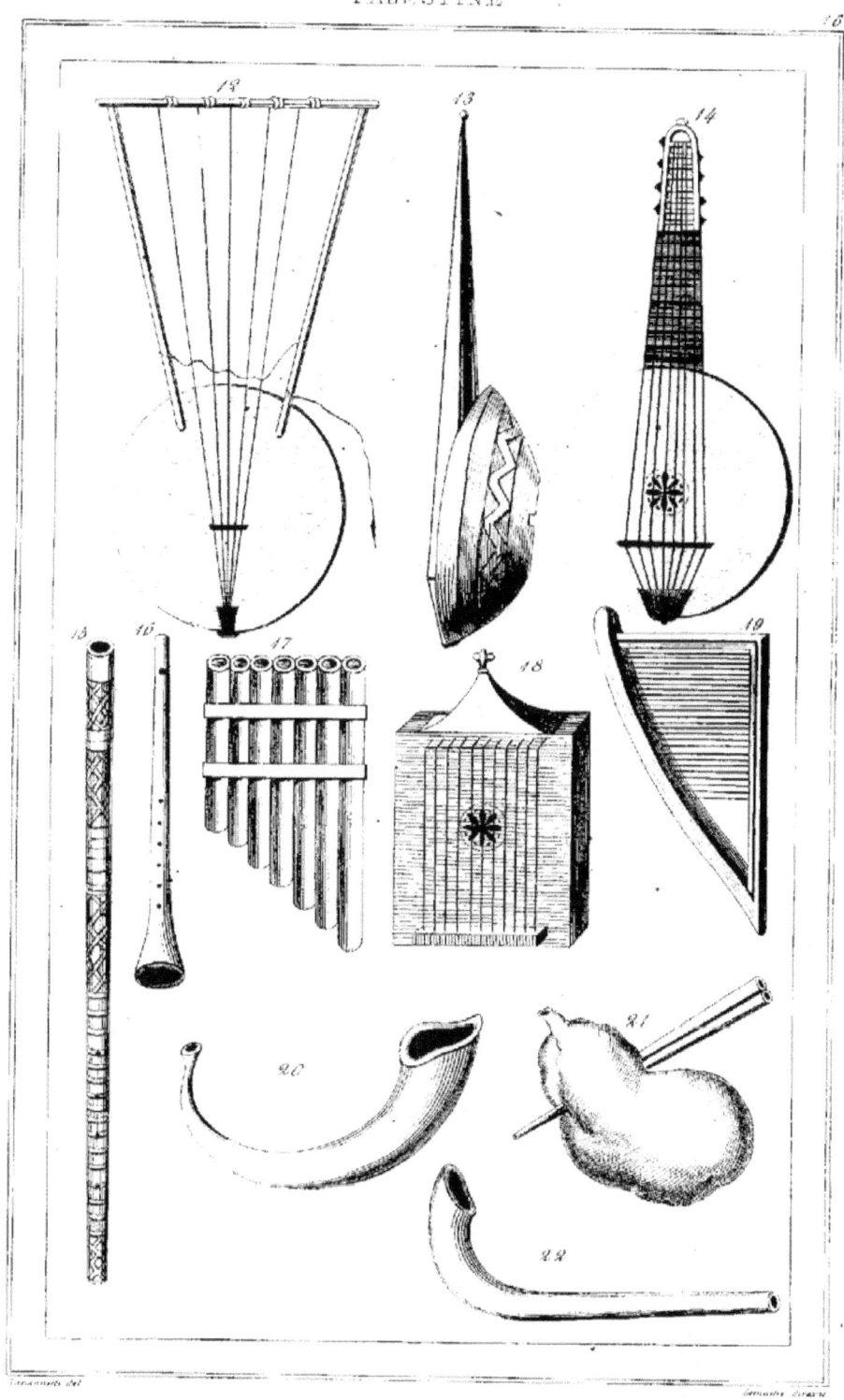

Instruments de Musique mentionnés dans les Psaumes.

PALESTINE.

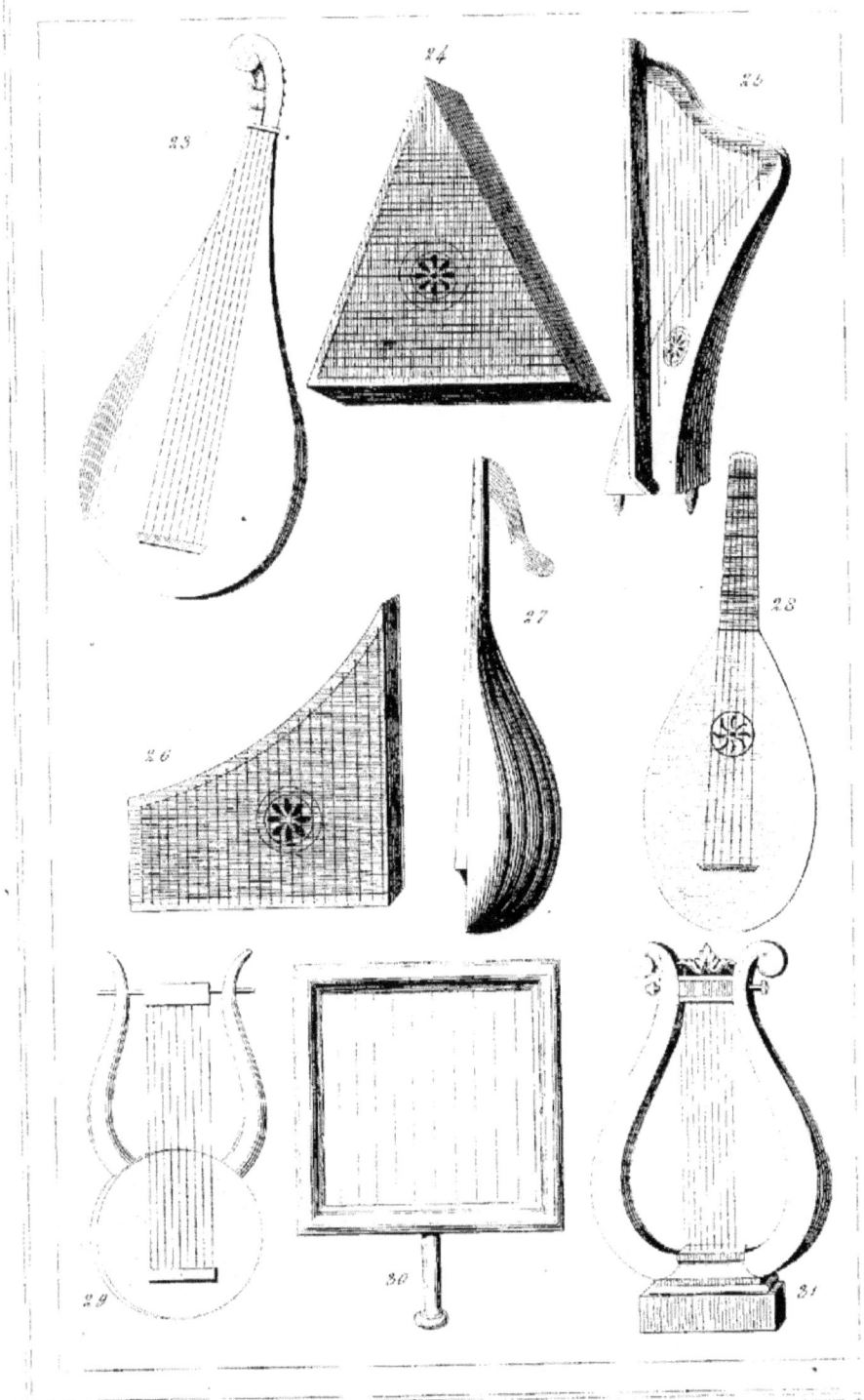

PALESTINE.

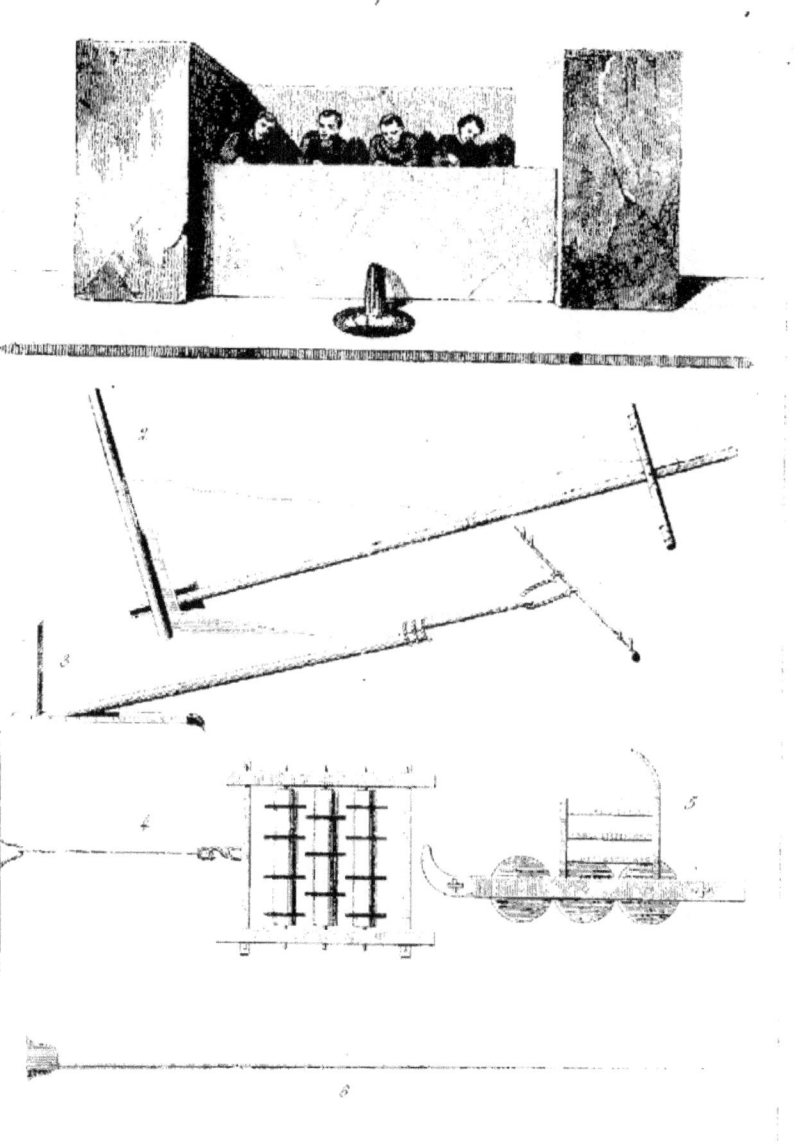

PALESTINE.

PALESTINE

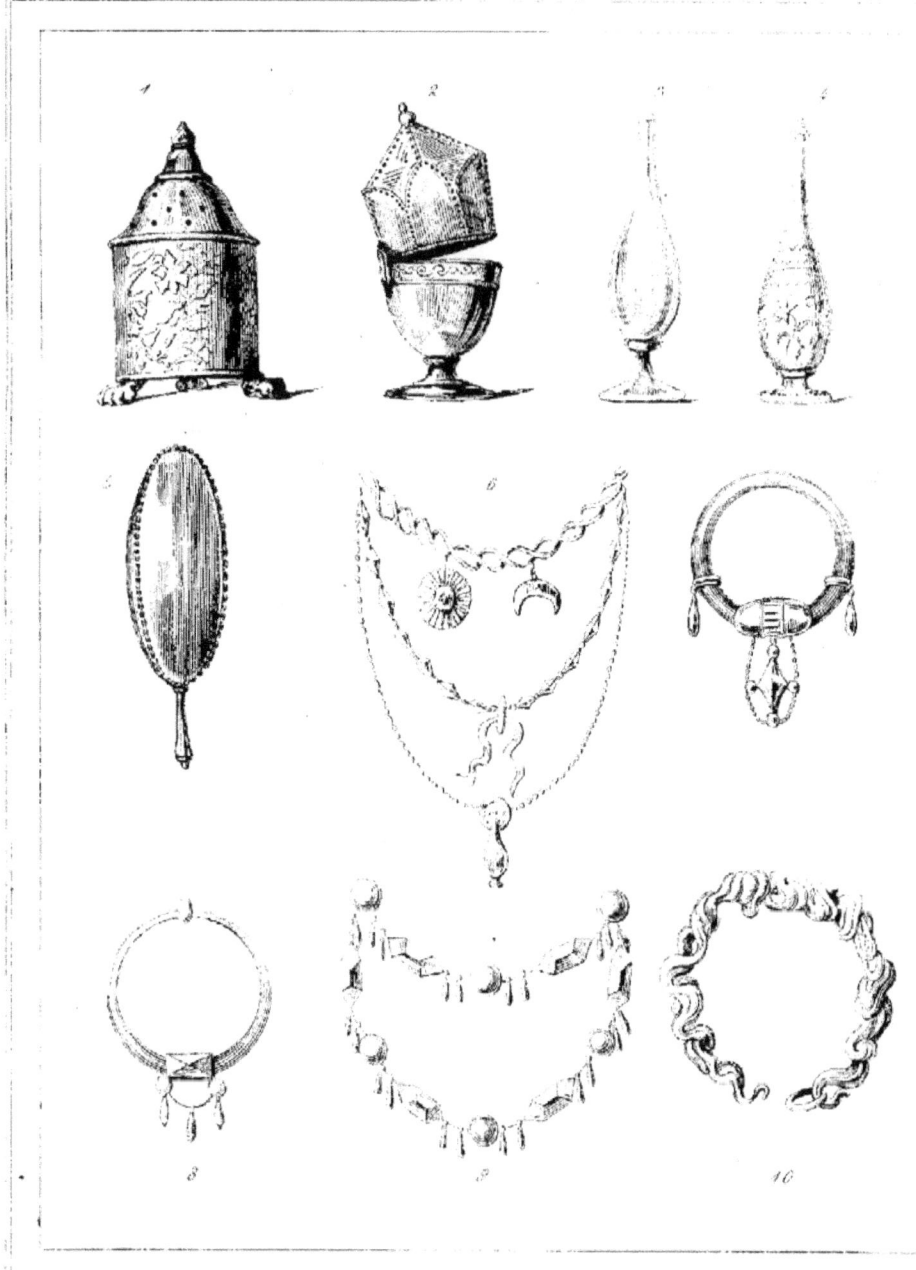

PALESTINE

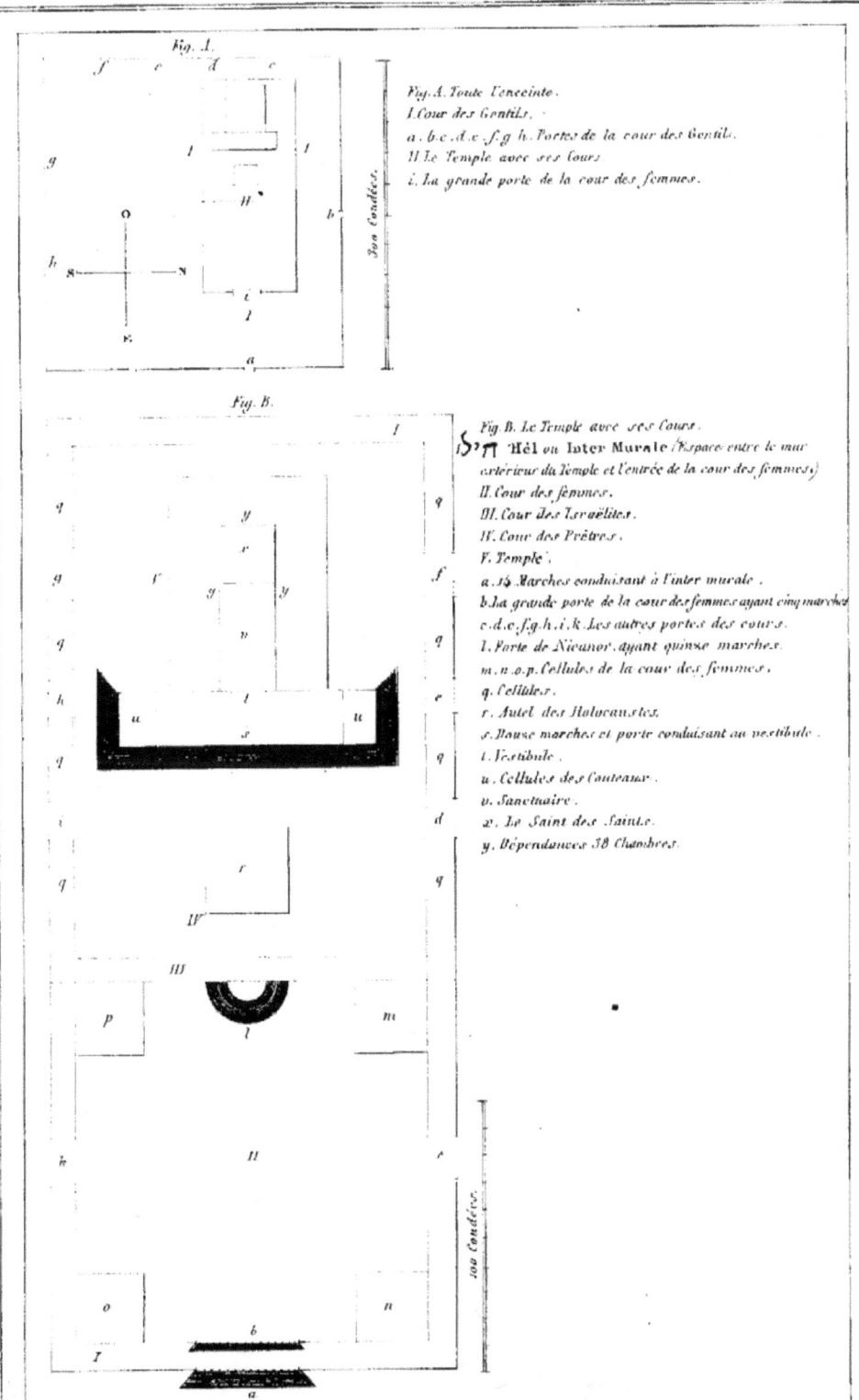

Fig. A. Toute l'enceinte.
I. Cour des Gentils.
a.b.c.d.e.f.g.h. Portes de la cour des Gentils.
II. Le Temple avec ses cours.
i. La grande porte de la cour des femmes.

Fig. B. Le Temple avec ses Cours.
S״ח Hèl ou Inter Murale (Espace entre le mur extérieur du Temple et l'entrée de la cour des femmes.)
II. Cour des femmes.
III. Cour des Israëlites.
IV. Cour des Prêtres.
V. Temple.
a. 14 Marches conduisant à l'inter murale.
b. La grande porte de la cour des femmes ayant cinq marches
c.d.e.f.g.h.i.k. Les autres portes des cours.
l. Porte de Nicanor ayant quinze marches.
m.n.o.p. Cellules de la cour des femmes.
q. Cellules.
r. Autel des Holocaustes.
s. Douze marches et porte conduisant au vestibule.
t. Vestibule.
u. Cellules des Couteaux.
v. Sanctuaire.
x. Le Saint des Saints.
y. Dépendances 38 Chambres.

PALESTINE.

PALESTINE.

Bas-relief de l'Arc de Titus.

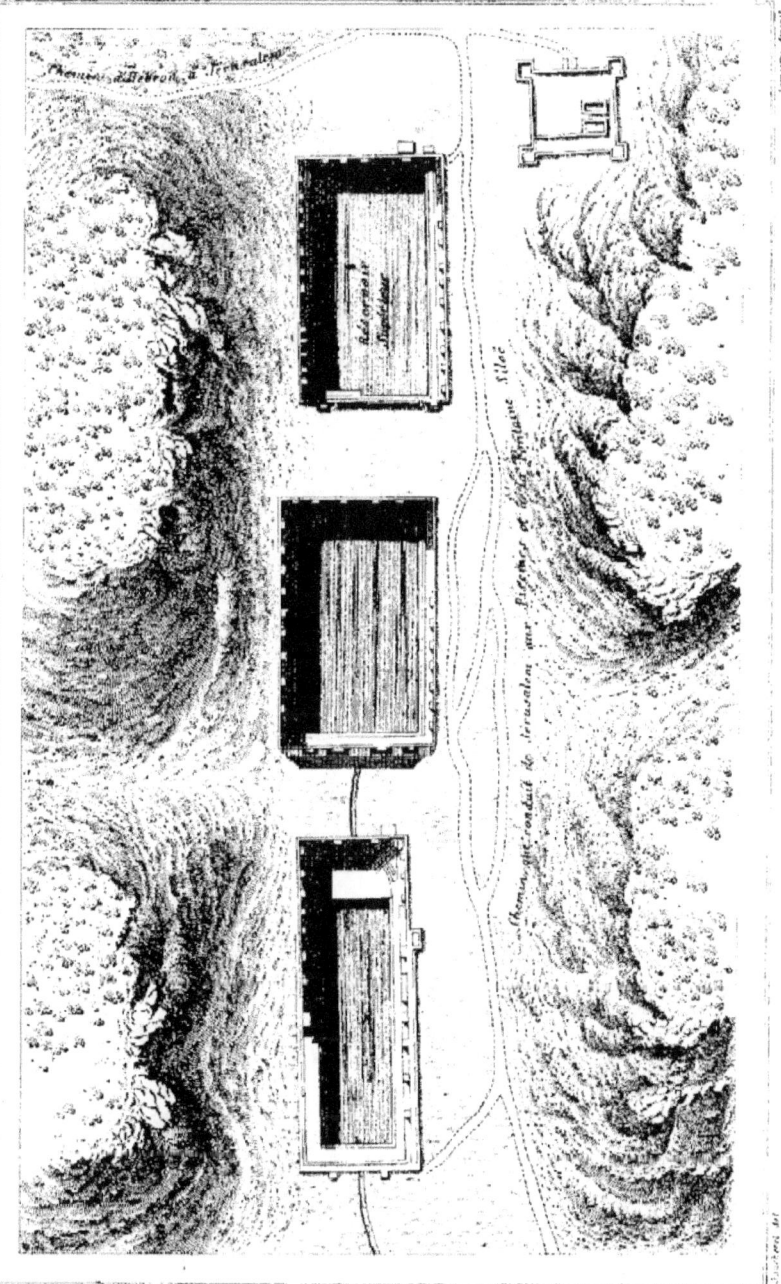

Plan général des trois Bassins de Salomon.

PALESTINE.

PALESTINE.

Monument réputé des Rois de Juda.

PALESTINE.

PALESTINE

PALESTINE.

Tombeau de Zacharie

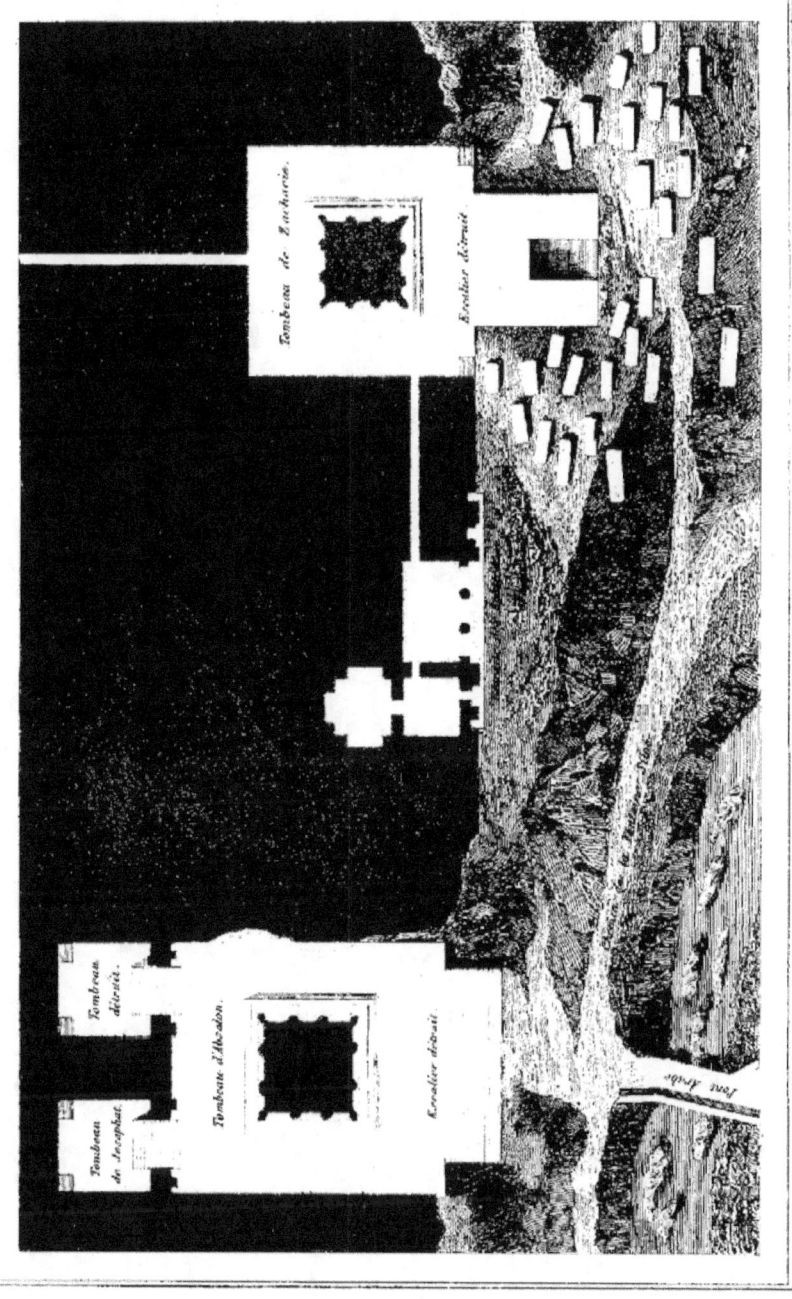

Plan des Tombeaux d'Absalon et de Zacharie.

PALESTINE.

Restauration du Tombeau de Josaphat.

PALESTINE

PALESTINE.

Monument Sépulcral taillé dans le roc, près de Jérusalem.

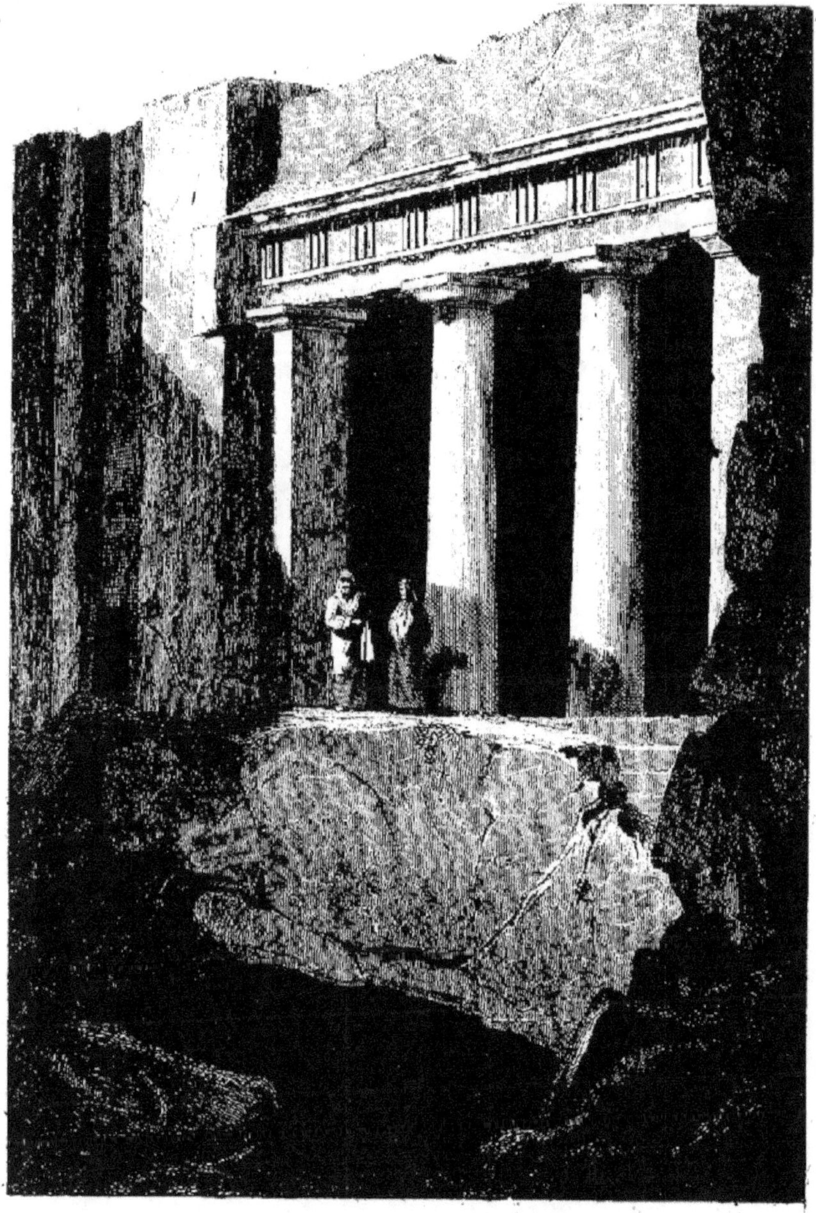

PALESTINE.

Retraite des Apôtres, Vallée de Josaphat.

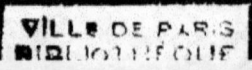

PALESTINE.

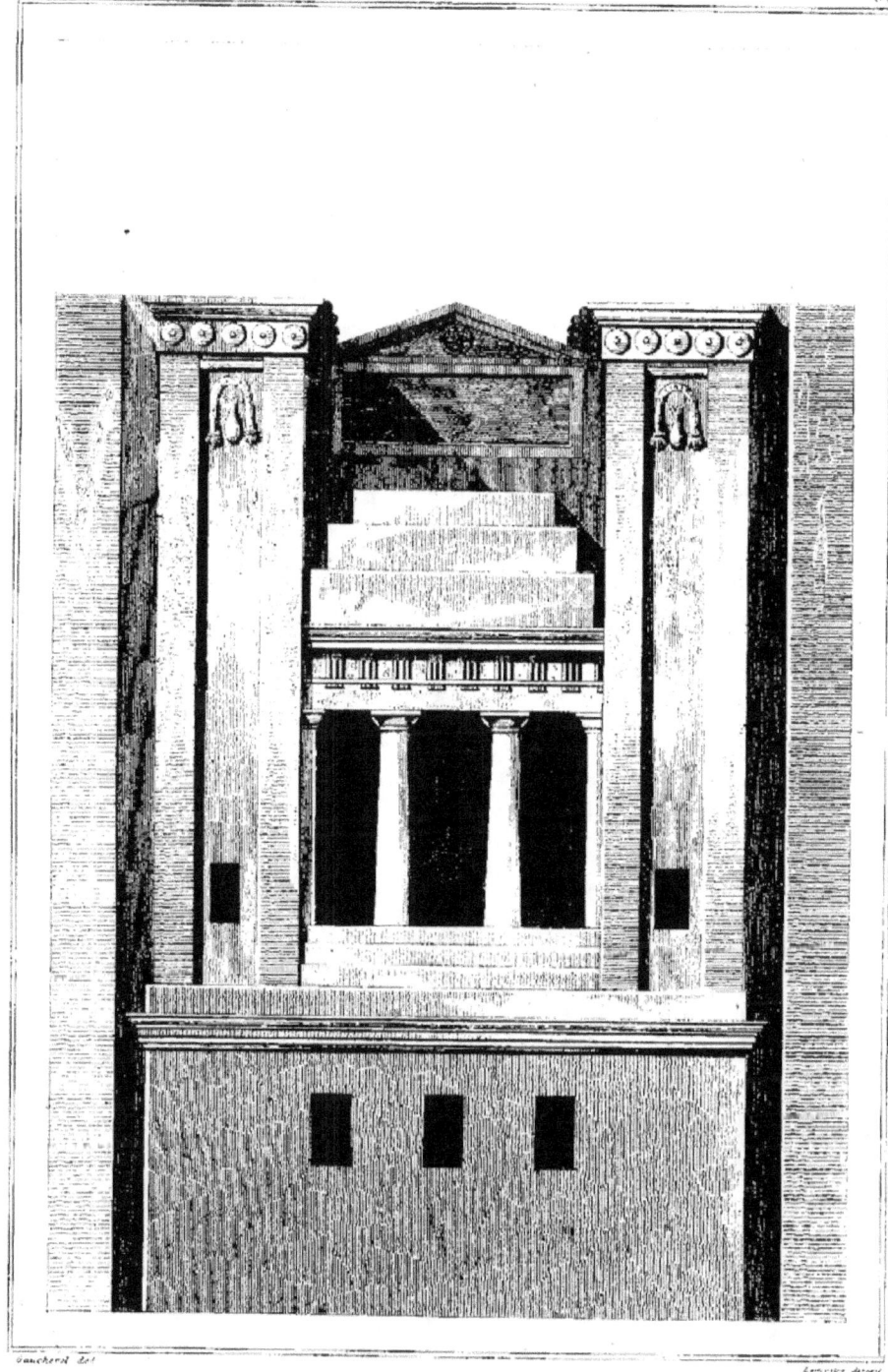

PALESTINE.

Fontaine à Cana en Galilée

PALESTINE.

PALESTINE

PALESTINE.

Eglise du St Sépulchre à Jérusalem.

Chapelle du St Sépulchre à Jérusalem.

PALESTINE

Nord

PALESTINE

Église de Bethléem

PALESTINE

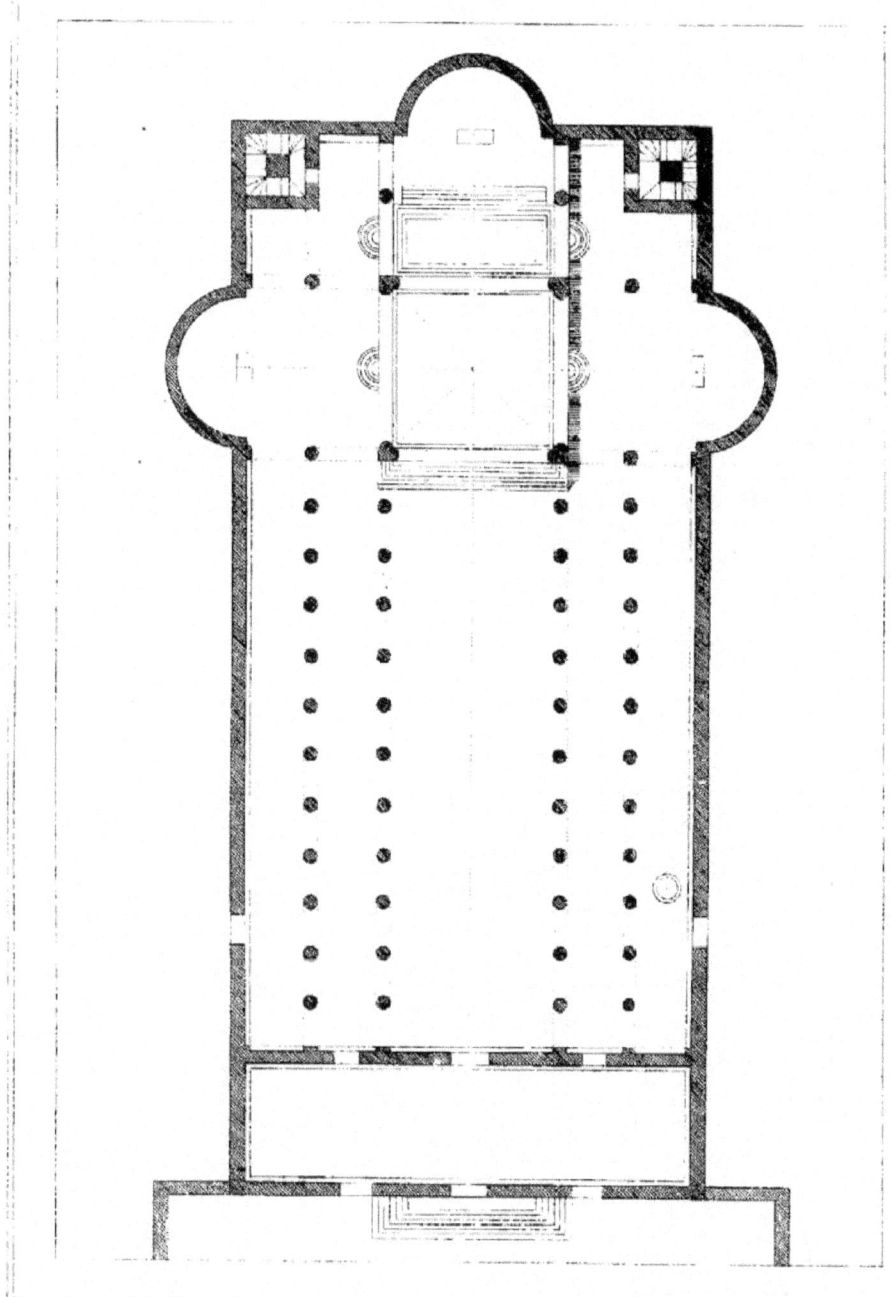

Plan de l'Église de Bethléem.

Couvent de la Nativité à Bethléem

PALESTINE.

PALESTINE.

PALESTINE.

Ruines de l'Église St Pierre à Jérusalem.

PALESTINE.

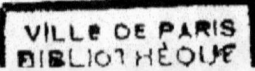

PALESTINE.

Mosque of Omar, at Jerusalem.

Chaire de la Mosquée d'Omar à Jérusalem.

PALESTINE.

Synagogue à Jérusalem.

PALESTINE

Vue de Jérusalem

PALESTINE.

Porte de Damas à Jérusalem.

PALESTINE

Rue à Jérusalem

PALESTINE.

Mosquée de David, sur le Mont Sion, à Jérusalem.

PALESTINE.

Samaria

PALESTINE.

Bethlehem

Chrétiens de Bethléem

PALESTINE.

Ruins d'Ascalon.

Couvent d'St Saba et Torrent de Cédron.

Jericho.

PALESTINE.

Vue de Népolouse sur l'emplacement de l'ancienne Sichem.

PALESTINE.

Gaza.

PALESTINE.

Gaza.

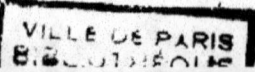

PALESTINE.

Palais des Soudans à Gaza.

PALESTINE.

Jericho.

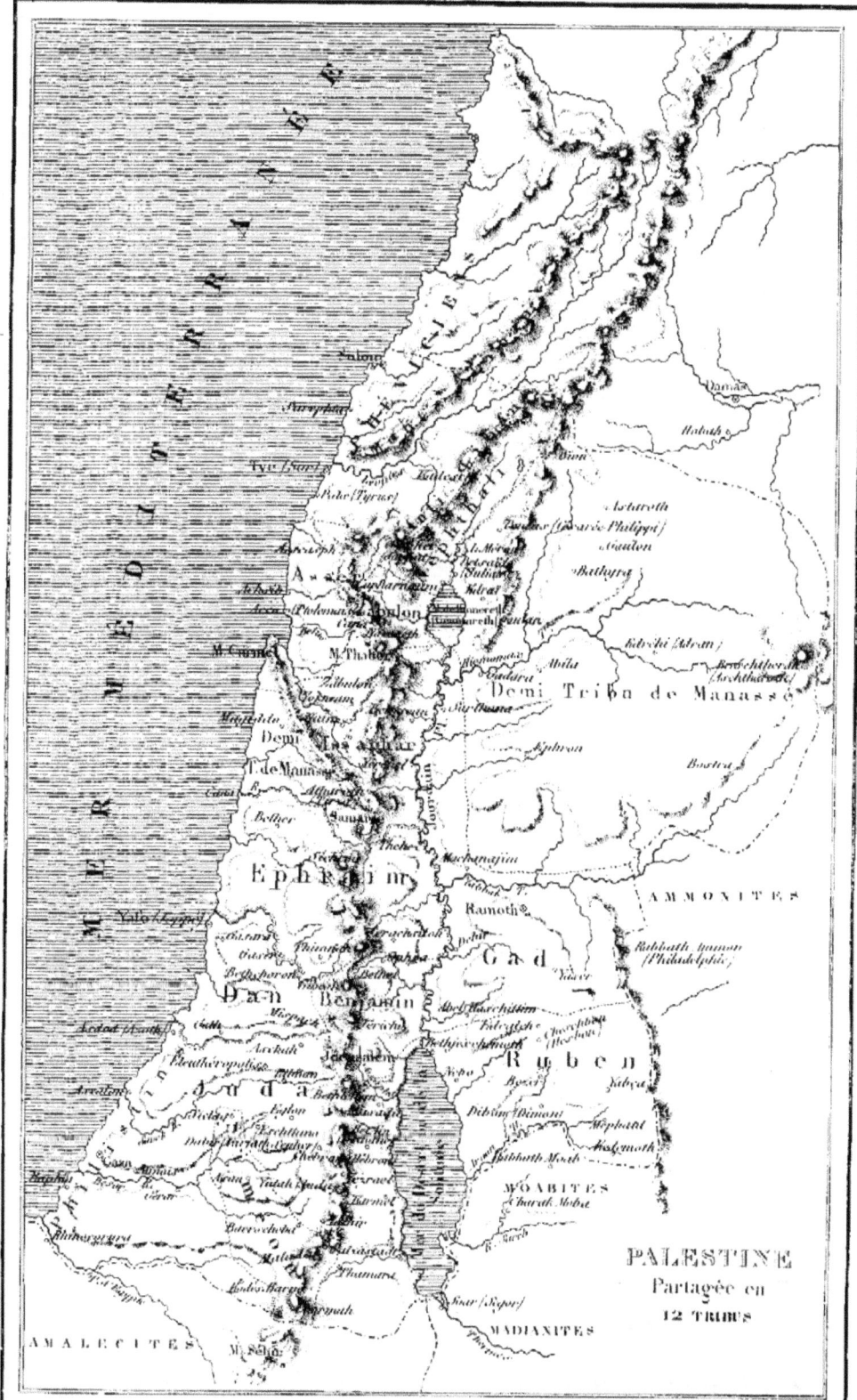

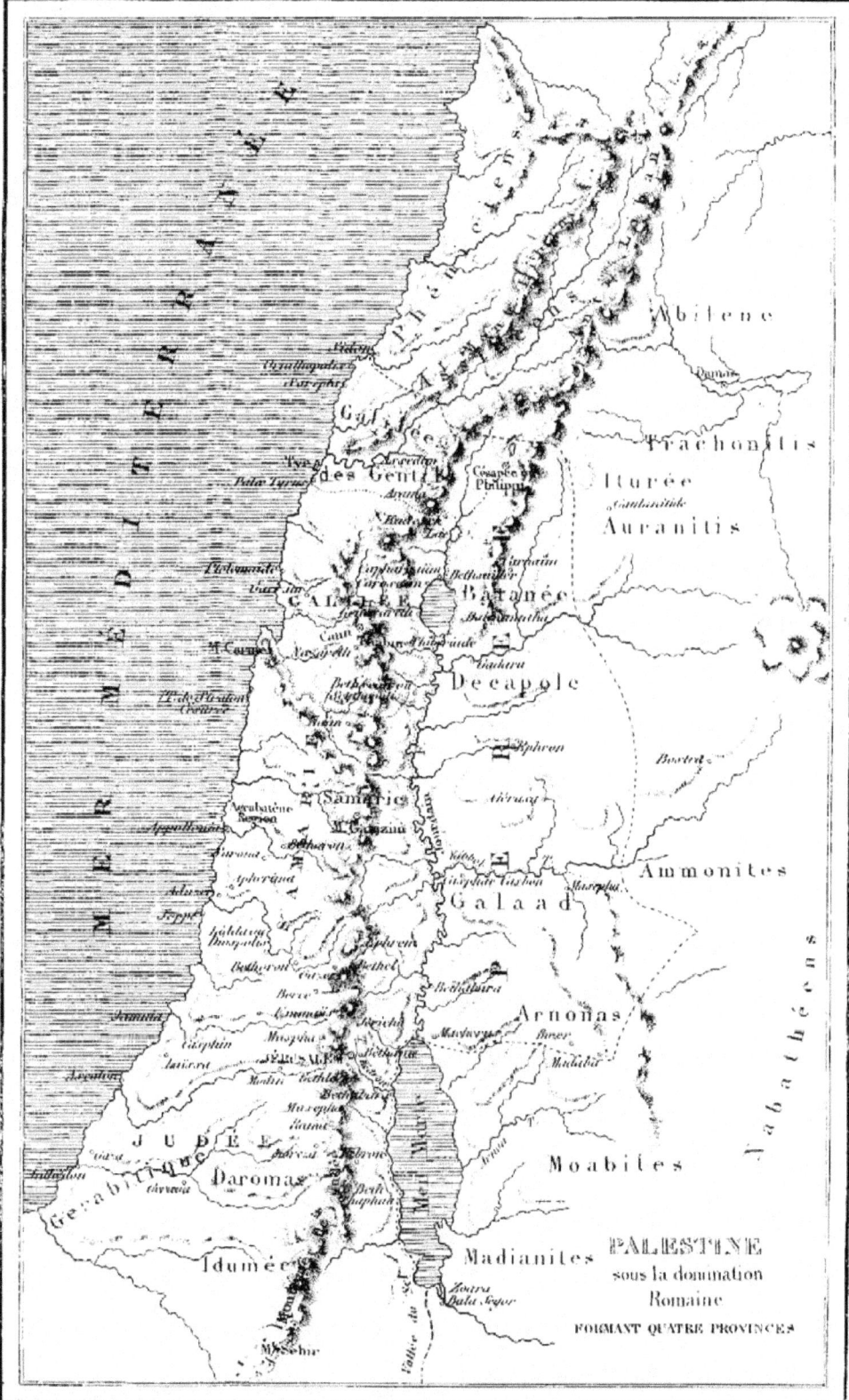

www.ingramcontent.com/pod-product-compliance
Lightning Source LLC
Chambersburg PA
CBHW070901300426
44113CB00008B/914